以厚積薄發四字篆印一方
贈高等教育出版社

# 厚積薄發

李嵐清

二〇〇七年初秋

生也有涯
学無止境

任继愈

教育部哲学社会科学研究后期资助项目

# 宏观金融工程：区域卷（上册）

Hongguan Jinrong Gongcheng: Quyu Juan Shangce

○ 叶永刚　宋凌峰　张　培　等著

高等教育出版社·北京
HIGHER EDUCATION PRESS　BEIJING

**图书在版编目(CIP)数据**

宏观金融工程. 区域卷:全2册/叶永刚等著. —北京:
高等教育出版社,2013.3
ISBN 978-7-04-035220-7

Ⅰ.①宏… Ⅱ.①叶… Ⅲ.①金融工程-研究
Ⅳ.①F830.49

中国版本图书馆 CIP 数据核字(2012)第266847号

策划编辑 蒋忠秀　责任编辑 蒋忠秀　封面设计 张 志　版式设计 童 丹
责任校对 殷 然　责任印制 张福涛

出版发行 高等教育出版社
社　　址 北京市西城区德外大街4号
邮政编码 100120
印　　刷 北京市白帆印务有限公司
开　　本 787mm×1092mm 1/16
本册印张 31.5
本册字数 560千字
插　　页 2
购书热线 010-58581118

咨询电话 400-810-0598
网　　址 http://www.hep.edu.cn
　　　　 http://www.hep.com.cn
网上订购 http://www.landraco.com
　　　　 http://www.landraco.com.cn
版　　次 2013年3月第1版
印　　次 2013年3月第1次印刷
总 定 价 128.00元


物 料 号 35220-00

# 总　序

哲学社会科学是探索人类社会和精神世界奥秘、揭示其发展规律的科学，是我们认识世界、改造世界的有力武器。哲学社会科学的发展水平，体现着一个国家和民族的思维能力、精神状态和文明素质，其研究能力和科研成果是综合国力的重要组成部分。没有繁荣发展的哲学社会科学，就没有文化的影响力和凝聚力，就没有真正强大的国家。

党中央高度重视哲学社会科学事业。改革开放以来，特别是党的十六大以来，以胡锦涛同志为总书记的党中央就繁荣发展哲学社会科学作出了一系列重大决策，党的十七大报告明确提出："繁荣发展哲学社会科学，推进学科体系、学术观点、科研方法创新，鼓励哲学社会科学界为党和人民事业发挥思想库作用，推动我国哲学社会科学优秀成果和优秀人才走向世界。"党中央在新时期对繁荣发展哲学社会科学提出的新任务、新要求，为哲学社会科学的进一步繁荣发展指明了方向，开辟了广阔前景。在全面建设小康社会的关键时期，进一步繁荣发展哲学社会科学，大力提高哲学社会科学研究质量，努力构建以马克思主义为指导，具有中国特色、中国风格、中国气派的哲学社会科学，推动社会主义文化大发展大繁荣，具有十分重大的意义。

高等学校哲学社会科学人才密集，力量雄厚，学科齐全，是我国哲学社会科学事业的主力军。长期以来，广大高校哲学社会科学工作者献身科学，甘于寂寞，刻苦钻研，无私奉献，开拓创新，为推进马克思主义中国化，为服务党和政府的决策，为弘扬优秀传统文化、培育民族精神，为培养社会主义合格建设者和可靠接班人作出了重要贡献。本世纪头 20 年，是我国经济社会发展的重要战略机遇期，高校哲学社会科学面临着难得的发展机遇。我们要以高度的责任感和使命感、强烈的忧患意识和宽广的世界眼光，深入学习贯彻党的十七大精神，始终坚持马克思主义在哲学社会科学的指导地位，认清形势，明确任务，振奋精神，锐意创新，为全面建设小康社会、构建社会主义和谐社会发挥思想库作用，进一步推进高校哲学社会科学全面协调可持续发展。

哲学社会科学研究是一项光荣而神圣的社会事业，是一种繁重而复杂的创造性劳动。精品源于艰辛，质量在于创新。高质量的学术成果离不开严谨的科学态度，离不开辛勤的劳动，离不开创新。树立严谨而不保守、活跃而不轻浮、锐意创新而不哗众取宠、追求真理而不追名逐利的良好学风，是繁荣发展高校哲学社会科学的重要保障。建设具有中国特色的哲学社会科学，必须营造有利于学者潜心学问、勇于创新的学术氛围，必须树立良好的学风。为此，自 2006 年始，教育部实施了高校哲学社会科学研究后期资助项目计划，旨在鼓励高校教师潜心学术，厚积薄发，勇于理论创新，推出精品力作。原中央政治局常委、国务院副总理李岚清同志欣然为后期资助项目题字“厚积薄发”，并篆刻同名印章一枚，国家图书馆名誉馆长任继愈先生亦为此题字“生也有涯，学无止境”，此举充分体现了他们对繁荣发展高校哲学社会科学事业的高度重视、深切勉励和由衷期望。

展望未来，夺取全面建设小康社会新胜利、谱写人民美好生活新篇章的宏伟目标和崇高使命，呼唤着每一位高校哲学社会科学工作者的热情和智慧。让我们坚持以马克思主义为指导，深入贯彻落实科学发展观，求真务实，与时俱进，以优异成绩开创哲学社会科学繁荣发展的新局面。

教育部社会科学司

# 丛书前言

（一）

2010年的夏天，我们趟过了又一条用自己的汗水流淌而成的河流。当爬上河岸时，我们终于可以坐在草地上，喘一口气了，因为我们终于完成了宏观金融工程主体框架的设计与写作任务。

（二）

我们写作这套丛书的目的，是要告诉世人金融工程不仅可以应用于微观，而且可以应用于宏观。我们将金融工程理解为一般金融工程、微观金融工程和宏观金融工程。在国外，金融工程发端于微观，主要研究金融资产定价、金融产品创新和金融风险管理等问题。而现在，国外学术界已经开始考虑运用微观金融工程的方法来解决宏观金融问题。本丛书力求达到的目标便是明确提出宏观金融工程的概念并构建一个成形的理论框架，再将这种框架运用到国内外宏观金融的系统分析中去。

（三）

我们从1997年开始在珞珈山上的这座美丽的大学开设金融工程课程，2001年和兄弟院校一起，在华夏大地上创办了金融工程专业。我们从微观金融工程讲起，讲到了宏观领域，在解决中国实际问题的过程中，感到有必要将它拓展到宏观领域。我们十分感激中国人民大学的黄达老师，当他听说我们想拓展该领域时，给予了我们积极的鼓励和支持。每一次在金融学年会上遇到黄老师，黄老师都要问起："宏观金融工程进展如何？"我们觉得，如果不完成此项研究工作，便辜负了黄达老师等前辈对我们的殷切期望。

2007年的春天，在昆明第七次中国金融工程学年会上，当我们在会议上报告了宏观金融工程的基本框架后，同行们给予了积极的反馈与鼓励，我们深深地感谢大家。

我们的宏观金融工程研究工作起步于2000年，先后完成了武汉市汉江规划融资体系研究、黄陂县域融资规模研究、武汉市金融规划项目研究和湖北省金融风险与金融安全问题研究等课题。在此基础上，我们开始构建宏观金融工程理论框架和体系。2006年，我们在前期大量研究全面风险管理体系的基础上，初步完成了宏观风险管理体系的框架设计。2007年上半年开始了宏观经济资本管理体系的研究与探讨工作。在此之后，我们又运用这些基本原理与方法来研究国际金融危机。现在，我们已经完成了四卷本内容的写作。

**（四）**

按照我们的设计，卷一为理论卷，卷二为国别卷，卷三为区域卷，卷四为宏观经济资本卷。

在卷一中，我们设计和构建了宏观金融工程的基本框架。

我们首先在查阅国内外大量文献资料的基础上，探讨了宏观金融工程的概念及其基本框架，接着运用资产负债表的方法，研究和编制了宏观资产负债表。我们将国家从整体上看做一个企业，将各个行业、区域或行政区划看做子公司。我们从结构和整体上编制出宏观资产负债表，该表的编制使宏观金融工程的研究具备了微观分析的基础。

我们还运用期权定价和或有权益的分析方法研究和编制了宏观或有权益资产负债表。该表的编制，使宏观资产负债表从历史数据成为反映当前市场变化的现行数据，使宏观金融的静态分析成为动态分析。

运用宏观资产负债表和宏观或有权益资产负债表的相关数据和指标，我们构建了宏观金融风险的指标，并在宏观压力测试和蒙特卡罗模拟的基础上，构造了宏观金融的风险指数与安全区域。

宏观或有权益资产负债表的构建，使得我们能够较为客观与科学地测度出宏观资产的风险值（VaR），这为我们构建宏观经济资本体系打下了一个良好的基础。我们不仅构建了该体系，而且构建了反映宏观风险的宏观经济考核体系，从而为国家经济发展战略的实施与落实奠定了一个更为科学和客观的基础。

**（五）**

在卷二中，我们运用卷一构建的理论框架，对世界上主要国家的风险进行了具体的研究与分析。

我们编制出了每一个选定国家的宏观资产负债表和宏观或有权益资产负债表。通过风险指标的变化情况考察了金融风险产生的原因及其传递。

我们对主要国家的风险进行分析，不仅是为了总结金融风险和危机的经验教训，也是为了在此基础上，为宏观风险测度与控制建立一套较为科学的机制与方法。

（六）

在卷三中，我们运用卷一的理论框架及分析方法，研究和编制了中国的四大部门和区域的宏观资产负债表与或有权益资产负债表，并对部门和区域的风险现状进行了具体分析与探讨。

我们不仅将宏观金融工程的方法运用于区域分析，而且运用于部门分析。我们在此卷中主要对金融部门和企业部门进行深入研究和探讨，并第一次将金融部门和企业部门作为一个整体进行结构上的动态分析。

（七）

在卷四中，我们在定量分析与定性分析的基础上，构建出了基于宏观资产VaR测度的宏观经济资本体系。

在该经济资本体系中，我们针对政府、金融、企业和家户四大部门的实际情况展开了具体分析，从而构建出宏观经济风险准备体系，其中包括有关银行部门的金融稳定基金体系、有关证券的证券稳定基金体系、有关保险的保险稳定基金体系、有关各行业和各行政区划的稳定基金体系等。

有了宏观经济资本体系，我们还计算出宏观经济资本必要回报率，并据此对相关部门和行政区划进行考核。这种宏观经济考核体系的构建必须与宏观经济发展战略目标的实现紧密结合起来，这种结合使金融与经济发展之间的关系更为明晰，使金融对经济发展的促进作用得到有效控制和保障。

（八）

宏观金融工程的研究，跟踪和吸收了国外有关金融工程研究和宏观金融研究的最新动态和成果，查阅和研究了国内老一辈金融学家和中青年同行们长期以来的有关研究成果，并在此前提下，突出了学术的原创特色和实践意义。

其一，本项研究首次提出了宏观金融工程和宏观经济资本的概念，并在此基础上构建了宏观金融工程和宏观经济资本的理论体系。

其二，本项研究运用宏观金融工程的方法，研究和编制出了中国部门总体和结构的宏观资产负债表以及或有权益资产负债表，从而为中国的宏观风险管理和资源配置奠定了更为科学和宏观的基础。

其三，本项研究对世界上代表性国家和地区进行风险分析，从而为中国的宏观风险管理提供了依据和参考。

其四，本项研究通过国家经济资本体系的构建，为宏观经济风险管理构建了一个行之有效的操作平台。

其五，本项研究将宏观风险管理和经济增长联系起来，为宏观经济发展战略的构建实施提供了强有力的理论依据和保障机制。

其六，本项研究综合运用了资产负债表方法、期权定价方法、微分方程方法、蒙特卡罗模拟、情景分析和压力测试等现代金融分析方法，将微观分析与宏观分析结合，将静态分析与动态分析结合，从而构建出了一个较为成形的学科体系。

## （九）

尽管我们已经做了大量工作，但宏观金融工程的研究对于我们来说，仅仅只是开始，我们还有大量的工作需要进行：我们的理论体系还需要进一步完善；我们的国别分析还需要进一步拓展；我们对中国的实践还需要从总体和结构上进一步突破和充实；我们对宏观经济资本体系的研究和中国宏观经济发展的深入研究才刚刚起步；我们对国际金融危机的探讨也还需要进一步深化。

然而，我们深信，坚冰已经打破，航道已经开通，我们的研究工作一定能够更深入地进行，一定会有更多的人加入到我们的研究行列中来。

## （十）

我们从2010年汗水流淌而成的河流之中，爬上了河岸。我们将在短暂的小憩之后，很快进入新的研究阵地。我们期待着，我们渴望着，蓝天白云之下，一片金灿灿的收成！

叶永刚

2010 年 8 月

于珞珈山

# 分卷前言

随着我国改革开放的深入和世界经济格局的变化，中国在国际舞台上的作用和地位日趋显著，同时经济和金融增长模式也面临重要转变。中国地域辽阔，各地区区位、资源、经济和金融发展的状况差异悬殊，因此各地区所面临的风险差异也很大。如何认识中国的宏观金融风险状况？其成因和趋势怎样？中国四大部门的风险状况如何？中国各省（市、自治区）的宏观金融风险状况如何？全书拟应用宏观金融工程的相关原理对以上问题作深入分析。

在过去30年中，中国先后提出并实施了经济特区建设、西部大开发、中部崛起、振兴东北老工业基地和都市圈建设等发展战略，加之历史因素，东、中、西三大经济带经济迅速发展的同时也加剧了区域间的不平衡性，经济增长差距不断加大，所面临的风险也呈现出不同的特征。本书在对中国四大部门进行宏观金融风险分析的基础上，分别对东、中、西地区以及各省（市、自治区）的金融风险进行研究。

通过对全国整体的研究发现，中国金融部门在2002—2009年各季度数据在2006年发生了突出的变化，当年中国工商银行和中国银行上市带来的股权市值的巨大变动，使得金融部门的流动比率、资产负债率大幅下降。在或有资产负债表分析中，资产市值、负债市值、权益市值的上升趋势与账面基本相同，但或有资产负债率明显低于账面资产负债率。风险表的指标体系中，中国金融部门资产市值波动率的变化呈现剧烈波动，而违约距离在样本区间内呈现震荡下降的趋势。我国上市金融企业的账面价值和市值基本上是比较接近和吻合的，而资产市值则大体上在波动中增长，说明金融危机对我国造成了一定程度的影响，但银行业的稳健经营极其有效地抵御了金融危机的冲击。中国企业部门包括上市企业部门（1 600多家非金融上市企业）和《中国人民银行统计季报》中所采样的5 000家样本企业，这两个群体的账面资产负债表和或有资产负债表均反映出资产负债率呈现逐年上升的趋势，反映了当前上市企业普遍面临的风险状况。或有资产负债表反映的趋势和历史资本市场的变化趋势趋同，资产市值和权益市值的最高点出现在2007年。此后受国际金融危机的影响，市场和价格等经济因素急剧变化，外需下滑、内需不振的双重打击使得企业部门经济运行的压力增大，企业部门资产总值回落，增幅下降。而中国的公共部门（包括央行）和家户部门面临的风险较小，中国公共部门目前在货币错配和资本结构方面不存在明显的漏洞，有相当充足的外汇储备来抵御来自国际投机资本的冲击，但要注意防范部门间的风险传导。

通过对东、中、西三大区域的研究发现，西部金融部门面临着较为严重的结构性矛盾，持续增加的中长期贷款需求与存款结构存在明显的结构性错配。而且从各区域金融部门的贷款余额占总资产的比例来看，东部最高，中部次之，西部最小。但从趋势上来看，贷款余额占总资产的比例呈现下降趋势，银行业资产呈多样化发展趋势。

从中国内地31个省（市、自治区）金融部门的风险状况来看，宁夏、浙江的存贷比在样本区间一直处于高位，青海在2003年和2004年出现了存贷比超过100%的情形，因此这几个省份要特别注意调整存贷比，避免风险过大。而西藏的存贷比一直排在全国的末位，这与西藏所处的地理位置及人文环境有关，可考虑适当提高存贷比。从外币存贷比的比较分析来看，各地区的外币错配风险差异较大。从中长期贷款的比较分析来看，各省的中长期贷款都有增长的趋势，这与各省份的逐年增长的投资建设有关，其中，贵州和海南的中长期贷款占比过高，需要加以关注。从中国内地31个省（市、自治区）企业部门的风险状况来看，2008年资产负债率最高的5个省（市、自治区）分别是山西、贵州、宁夏、天津和广西，流动比率最低的5个省（市、自治区）是山西、吉林、宁夏、青海、黑龙江，违约距离最小的5个省（市、自治区）是广西、陕西、天津、甘肃、西藏。全国企业部门整体的风险趋势比较一致，在2008年达到样本期内的最大值。

本书的整体结构和章节安排由叶永刚、宋凌峰和张培确定，各章的主要作者是：第1章刘敏、卢英；第2章游珊珊、郑小娟；第3章张道涛、郑小娟；第4章郑小娟、张道涛；第5章游珊珊、张道涛；第6章游珊珊、张道涛；第7章叶昂、游珊珊；第8章郑小娟、张道涛；第9、10章叶昂；第11章张道涛；第12章叶昂；第13章张道涛；第14章张道涛、叶昂；第15章张道涛；第16章陈锐、张立；第17、18、19章陈昊；第20章陈锐、张立；第 21 章陈锐、张立；第 22、23、24 章张立；第 25 章陈昊；第 26 章卢英、郑小娟；第 27 章何梦舒、卢英；第 28 章何梦舒；第 29 章裴沛、何梦舒；第 30 章裴沛；第 31 章何梦舒；第 32 章裴沛；第 33 章裴沛、卢英；第 34 章裴沛、何梦舒；第 35 章裴沛；第 36 章卢英、何梦舒；第 37、39 章蔡燕；第 38 章许茜茜。本书的统稿工作由叶永刚、宋凌峰和卢英共同完成。

由于数据的局限，本书对中国内地 31 个省（市、自治区）以及港澳台的金融部门和企业部门进行了研究，而应给予同样关注的公共部门和家户部门则未包括在本书范围之内。本书后续的研究将进一步研究公共部门和家户部门的资产负债表编制方法和或有权益资产负债表编制方法。

# 目　　录

## 第 2 篇　中部宏观金融风险研究

# 第 1 章　中国宏观金融风险研究



2007 年 8 月次贷危机开始席卷美国、欧盟和日本等地的金融市场，并造成全球范围内的金融危机。此次危机引起美国经济乃至全球经济增长放缓，对中国经济的影响也不容忽视。虽然中国经济发展仍保持稳定增长的态势，但增速趋缓，同时中国宏观经济发展的潜在风险加大。本章首先详细阐述了国内外有关中国宏观金融风险的相关理论，然后运用资产负债表和或有权益资产负债表方法定性识别和定量检测中国宏观金融风险，并对中国金融部门、企业部门、公共部门和家户部门金融风险状况进行深入的分析，最后，给出中国宏观金融风险研究对防范金融风险的借鉴意义及相关政策建议。

## 第 1 节　引言

引言部分首先分析了中国宏观金融风险论题在当今国际国内经济、政治背景下的重要意义，然后从理论研究和实证结果两方面对国际国内宏观金融风险的研究成果进行分类评述，并在此基础上提出本章结构和研究对象。

### 一、研究背景及意义

近 10 年来，我国经济保持平稳快速发展，GDP 和人民生活水平也都有了巨大的提高。

进入 2008 年，我国经济经历了特大自然灾害、全球金融危机等诸多不利因素的冲击，经济增长下行压力明显加大，但在及时有效的宏观调控下，我国经济基本维持了平稳发展。2008 年，我国国内生产总值（GDP）为 30.1 万亿元，同比增长 9%，增速比上年低 4 个百分点①。2009 年 GDP 达到 33.5 万亿元，同比增长 8.7%，② 我国经济基本度过了困难时期。2010 年，国际经济环境更加严峻，我国经济也面临更大的压力。从外部环境看，全球经济外需不足的局面及影响还在持续，2010 年年初爆发的欧洲主权债务危机无异于雪上加霜，复苏将是一个缓慢曲折的过程；从国内经济看，经济回升的基础还不稳定，一些深层次矛盾特别是结构性矛盾仍然突出，经济增长的内生动力不足，部分行业产能过剩，银行不良资产潜在风险增大。

为了汲取此次国际金融危机的教训和规避未来可能发生的金融安全威胁，必须对我国宏观金融风险进行全面系统的研究。

## 二、中国宏观金融风险研究综述

国内外专家对金融风险及有关问题做过许多有益的研究。下文将从国家和部门两个层次对宏观金融风险研究现状进行系统介绍和分析。

### （一）中国宏观金融风险评价指标体系研究

宏观金融风险指标体系的研究可以分为两个部分，第一部分介绍国外宏观金融风险评价指标体系，具有代表性的包括富兰德指数、国际各国投资指南、欧洲货币国家风险等级表、国际风险监测指标等。第二部分评述国内评价指标体系，主要有刘遵义提出的金融危机指标体系，赵英等提出的国家经济安全指标体系，中国人民银行湖北分行提出的金融风险监测预警指标，陈秀英提出的金融危机预警指标体系，国家统计局课题组提出的国家经济安全指标体系。此外，还有朱晓丹的关于中国宏观金融风险的构成和陈守东、马辉、穆春舟等构建的反映金融风险状况的预警指标体系。下面简要介绍宏观金融风险指标体系的研究内容。

#### 1. 国外评价指标体系

20 世纪 60 年代以来，国际上许多机构立足于国家的角度进行了风险问题的研究，提出了很多有代表性的衡量、评估和判断国家风险的指标体系和方法，旨在为投资者提供所投资地区风险状况的信息，确保投资者的利益。

---

① 数据来源：《中国统计年鉴 2009》。

② 数据来源：国家统计局。

（1）富兰德指数

20 世纪 60 年代末期，美国商业环境风险情报研究所的 F·T·汉厄教授设计了反映国家风险大小的一种评价指数——国家风险预测指数，亦称富兰德指数，该指数是 3 个定性定量评级体系的总和指标。其中，定量评级体系侧重评估一国的外债偿付能力，包括外汇收入、外债数量、外汇储备状况及政府融资能力等 4 个方面的评分；定性评级体系主要考察该国的经济管理能力、外债结构、外汇管制状况、政府贪污情况以及政府应付外债困难的措施等 5 个方面；环境评估体系包括政府风险指数、商业环境指数及社会政治环境指数。三个评级体系在富兰德指数中的比重分别是 50%、25% 和 25%。富兰德指数以 0~100 表示，指数越高，表明该国风险越低，信誉地位越巩固。风险等级正好相反，一到三级风险依次递增。美国商业环境情报所（BERI）定期发布富兰德指数报告，公布各国的富兰德指数。该情报所根据数据既对即期风险情况给予综合打分，还对未来一年和五年的综合分数进行预测。

富兰德指数是早期提出的比较有影响的一个指标体系，反映了各国国家风险的等级。但在具体的评级体系分类上不是十分明晰，而且一到三级的分类不能完全区分国与国之间的风险差异。该指标中定量评级体系侧重评估一国外债水平、强调政府融资能力的比重，这对我们研究中国宏观金融风险中公共部门结构分析提供了依据。

（2）国际各国投资指南

在富兰德指数的基础上，由国际商业交流有限公司出版的《国际各国投资指南》对其指标体系的三个类别进行了明确的划分，即政治、金融和经济三大类风险，比重同前者一样，分别为 50%、25% 和 25%。另外，对风险等级也细分为 5 个等级：高——0~49.5，中上——50~59.5，中——60~69.5，低——70~84.5，极低——85~100。该指南定期对世界上 100 多个国家或地区的风险状况进行评估排名，列出每个国家的三种风险及综合风险的指数。

（3）欧洲货币国家风险等级表

由《欧洲货币》（EURO-MONEY）于每年 9 月或 10 月定期公布，从进入国际金融市场能力（比重为 20%）、贸易融资水平（10%）、偿付债券和贷款本息能力（15%）、重排债务难易度（5%）、政治风险情况（20%）、二级市场活跃度（30%）等方面综合反映一国在国际金融市场上的形象和地位。

（4）国际风险监测指标

基于对国际上 18 家银行和跨国公司的国际风险监测，美国银行家欧·梅耶从国家宏观经济状况、对外贸易联系、国家政治社会环境三个维度建立国际风险监测指标体系。其中，国家宏观经济状况的指标体系主要涉及与 GDP 相关的变量，对外贸易联系的指标体系主要涉及进出口、外汇储备相关的变量，国家政治社会环境的指标体系则涵盖了人口、教育、政府、政治等非金融因素，指标范围较为广泛（整个指标体系一共有 113 个指标）。

欧·梅耶的国家风险监测指标划分得十分细致，但也为各个指标具体的评分增加了难度。因为在评分时数据不仅有限而且多数来源于统计机构外部，不能完全准确地反映实际情况。我国的金融风险研究可以对其加以借鉴，从而选取符合我国国情的指标监测金融风险。

2. 国内评价指标体系

国内关于金融风险指标体系的研究是从 20 世纪 90 年代开始的，基本模式是建立一个指标体系，然后根据指标体系对每一个指标进行总体的描述分析。

刘遵义（1995）提出 10 个东南亚金融危机的预测指标：实际汇率、实际 GDP 增长率、相对通货膨胀率、国际国内利率差、实际利率、国内储蓄率、国际贸易平衡、国际经常项目平衡、外国组合投资、外商直接投资比例等。

赵英等（1994）设计的国家经济安全监测指标体系具有国内经济状况指标体系、国际经济联系指标体系、社会与政治因素指标体系、国家防务指标体系和生态环境指标体系共 5 个子系统以及基本指标 41 个。该指标体系从内容看，比较全面，但还有许多指标并不具体，难以操作，计算方法也不清楚，因而很难全面、系统、客观地评价我国宏观金融风险的状况。

中国人民银行湖北分行在研究报告《金融风险监测、预警及防范对策研究》中提出，金融风险来自系统和非系统风险，为此金融风险指标体系也分为系统金融风险监测指标体系（包括利率风险、货币风险、政策风险、国际收支风险等）和非系统金融风险指标体系（包括信用风险指标、流动性风险指标、经营风险指标、资本风险指标等），并提出了每个指标的极值、预警值及变动区间。

陈秀英、刘志强（1999）提出的金融预警指标体系包括与 GDP、长短期外债、货币供应量、通货膨胀率、利率、汇率、资本充足率、股市价格指数、贸易额等指标相关的共 20 个指标，由于指标的全面性和针对性，它对于判断金融风险具有一定的参考价值。

从 1998 年年初开始，国家统计局课题组开展了国家经济安全问题的专题研究，提出了《中国国家经济安全问题研究（征求意见稿）》，对中国宏观金融风险进行了全面系统的研究。课题组指出宏观金融风险指的是引发整个金融系统出现严重动荡的可能性，诸如存款挤兑、金融企业大量倒闭、汇率急剧变动、恶性通货膨胀等。根据中国现有的经营领域与范围，中国的金融风险可以分为以下四种类型：泡沫经济型或简称泡沫型金融风险，外资冲击型金融风险，国债风险，银行坏账累积型金融风险。然后，该报告提出了金融风险的评估指标体系，在充分吸收国内外相关研究成果基础上，结合我国金融风险的特殊性和数据索取的可能性，遵循指标体系小而精的原则，选取了 5 个方面，共 18 项反映金融风险的指标，如宏观经济环境的评估指标、银行坏账累积型风险的评估指标、泡沫经济型风险的评估指标、国债风险的评估指标、外资冲击型风险的评估指标等，并结合国际公认标准和我国实情确定评估指标临界点。

旨在防范与化解宏观金融风险的财政政策取向，朱晓丹（2007）从四个方面详细分析了中国宏观金融风险的构成，如图 1.1。

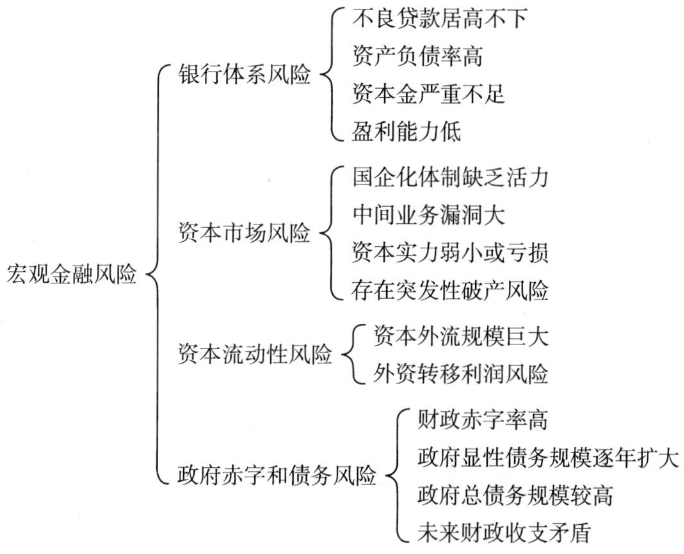


图 1.1　中国宏观金融风险的构成

陈守东、马辉、穆春舟等（吉林大学课题组）在《2008 年中国金融风险预警研究》中基于 Logit 模型构建了一套能科学、全面、灵敏地反映金融风险状况的预警指标体系，并且运用因子分析法合成我国金融风险指数建立预警信号灯系统，描述和预测中国整体金融风险状况。研究报告从四个层面选取 31 个指标构成金融风险监测指标体系，包括：宏观经济指标——实体经济部门和财政部门的相关指标，反映宏观经济环境稳定性；金融系统指标——监测银行危机和货币危机的指标，反映金融市场稳定性；泡沫风险指标——监测资产价格变化导致的风险；全球经济指标——揭示国外主要经济实体的变化对国内的影响。

回顾我国金融风险指标体系的发展，可以看出很多学者和机构试图建立一个全面、有效的监控体系来实时监测国家风险状况，各个时期提出的指标呈现越来越完备和易于计量的趋势，很多指标对我们的研究也具有借鉴意义。如2008年中国金融风险预警研究中宏观经济指标体系分为实体经济部门和财政部门两方面，这对我们的金融部门、企业部门和公共部门的研究都有指导作用。然后是金融系统指标，本章将中央银行从公共部门中分离出来单独研究，目的是测试银行体系的稳定性。

**（二）中国宏观金融风险实证研究**

中国宏观金融风险的实证研究从多个角度展开，包括从银行业和公众的角度，从宏观经济政策与金融风险相关性的角度，从汇率、利率波动与金融风险相关性的角度以及从研究方法的角度等进行研究。

陈学彬（1997）、许涤龙和李正辉（2001）从银行业和公众角度出发，运用完全信息条件下的博弈理论，分析了宏观金融风险主体——中央银行和公众之间的博弈行为，论述了我国银行不良资产、通货膨胀及金融稳定的关系。通过建立宏观金融博弈模型，研究者指出在我国不良贷款数额相当大的情况下，银行面临的风险程度相当高，中央银行通过自身的博弈行为使得货币政策总是有推升通货膨胀的倾向，而公众有不断扩大自己产出的倾向，破坏了价格稳定的目标，使中央银行处于“两难境地”。

胡燕京、高会丽（2002）从定量分析的角度，运用因子多变量统计分析中现行的金融风险预警方法，即综合评分数学统计方法，选取5个方面的17个指标作为中国金融风险预警的原始指标，对中国金融风险的现状进行了定量分析，得出初步结论：中国金融运行于高风险区间。金融风险不仅与资本市场现状相关，也与近年实行的积极财政政策效应相关；外国投机资本对中国货币金融市场尚不构成严重冲击。李正辉、邓晓卓（2005）根据统计指标体系的构建原则，建立了包括宏观经济环境、银行呆坏账、泡沫、国债和外资冲击在内的宏观金融风险测度指标体系，利用映射法原则将原始指标区间化。然后，根据层次分析法确定风险权重，进而构造了我国宏观金融风险测度的理论模型。王晋斌、朱戎等（2008）提出实施金融大发展战略，化解宏观金融风险，从金融层面、实体经济层面和货币政策等方面研究了金融利益调整下中国宏观金融面临的冲击，认为金融渠道调整所导致的大宗产品价格上涨与美元贬值等因素，可能会导致中国未来一段时期贸易条件进一步恶化；而大宗产品价格上涨带来的“价格超调”进一步增加了中国通胀的压力。与此同时，通胀压力下的紧缩政策与不景气的房地产市场降低了企业的财务流动性。所有这些因素都会导致企业财务状况与经济基本面的恶化，进而降低银行信贷资产的质量，增加整个金融体系的系统性风险。

南旭光（2006）在等比例危险模型（PHM）中利用汇率、外汇储备和利率三项指标组合而成的外汇压力指数来衡量金融危机程度，并得出两点结论：名义利率上升会增加贷款成本，增加金融危机发生的概率；金融危机的发生要视 CPI，即通货膨胀程度而定，这对我国预警指标体系的建立具有很好的应用价值。朱晓丹（2007）提出中国宏观金融风险主要表现在银行体系风险、资本市场风险、资本流动性风险、政府赤字和债务风险四个方面。陈守东、马辉、穆春舟（2008）通过建立宏观经济风险预警模型、货币危机预警模型、银行危机预警模型和资产泡沫预警模型全面监测预警我国的金融风险情况。2008 年风险预警结果显示：宏观经济、货币危机和银行危机预警模型没有发出风险信号，而以股票市场和房地产市场为主要载体的资产泡沫预警模型发出了较强的风险预警信号，需要重点关注。文章还运用因子分析法合成我国金融风险指数构造预警信号灯系统，经预测发现，2008 年我国整体金融风险不容乐观。国内其他一些非线性预警模型诸如基于案例推理的模型和动态信息融合法等，虽然对解决我国金融预警问题有一定的现实意义，但是由于运用上不很成熟，所以模型中指标体系的设置也就没有得到深入的研究。

庄剑达（2002）建立了宏观金融风险管理的 VaR 模型，并对模型中各个市场因子和因变量作了详细的解释与改进，使得这个模型更加适合中国国情，也更具应用性，得出的结论是在中国宏观金融风险管理中引入 VaR，可以起到测量中国宏观金融风险的大小，对宏观金融风险加以有效管理并防范金融危机的预警作用。张元萍（2003）利用 STV 横截面回归模型和 KLR 信号分析法对我国发生金融危机的可能性进行了实证分析。胡燕京、高会丽、徐建锋（2003）突破传统的风险预警模式，运用改进的 BP 神经网络方法，即人工神经网络（Artificial Neural Networks，ANN）建立中国金融风险预警模型，对中国金融风险的现状进行了定量分析，得出初步结论认为中国金融运行于高风险区间。石柱鲜（2005）利用三元 Logit 模型对我国外汇风险预警进行了实证分析。陈守东（2006）采用因子分析法研究我国金融风险的来源，运用 Logit 模型建立我国金融风险的预警体系。

**（三）四大部门风险研究综述**

1. 金融部门风险研究

金融部门作为国家金融体系的重要组成部分，在经济中的风险分配和风险传导中发挥重要作用，金融部门的不稳定极易给国家经济发展和社会稳定带来极大冲击。Allen（2004）运用违约概率模型分析了阿根廷、乌拉圭、土耳其、巴西、秘鲁和黎巴嫩等国金融部门的脆弱性。姚枝仲、章奇、邹光（2003）通过计算各商业银行相对风险指数并对其进行排序，得出银行综合风险指数由低到高顺序排列的十个银行分别为：中国银行、中国工商银行、中国建设银行、招商银行、中国农业银行、中信银行、交通银行、民生银行、上海浦东发展银行、兴业银行。梁素萍（2009）认为金融部门的风险具有易发性、传染性和致命性，类似于人体的免疫系统，认为金融审计是金融部门的"免疫系统"，应科学构建金融审计系统规避金融部门风险。

2. 企业部门风险研究

企业部门是中国经济运行的主体，现有中国企业部门的风险研究主要集中于预警理论。Merton（1974）提出公司债务价值可以利用期权定价理论进行计算。随后 KMV 公司将该思想运用到上市公司，开发出计算上市公司违约概率的评级模型。随后 Sobehart，Keenan（2001）、Crosbie，Bohn（2002）、Gray（2002）、Gray，Merton，Bodie（2003）、Merxe，Garry（2003）等都以 Merton 的思想作为基础开发出各种违约概率模型。Gray，Merton，Bodie（2003）提出将或有权益分析方法和资产负债表分析方法结合，建立企业部门整体的或有权益资产负债表，并以此为基础分析企业部门整体的风险。袁兴林与黄运成（1988）运用 DI 和 CI 方法计算出我国工业生产景气循环的基准周期。王铁铭（2003）从传导路径入手，结合宏微观分析方法研究了企业财务危机与宏观金融风险之间的相关性，得出国有企业通过对商业银行的负债将自身风险传导到了商业银行，商业银行又通过央行的负债将风险转嫁给了央行，使得我国的金融风险产生于微观，集中于宏观。

3. 公共部门风险研究

Blejer 和 Schumacher（1998）、Cornelius（2000）首次使用 VaR 指标对公共部门（包括中央银行）的风险进行分析。具体操作是首先编制中央银行和公共部门资产负债表，然后构造相应部门投资组合的市场价值，在此基础上计算 VaR 值，最后分析影响 VaR 价值的因素。Blejer 和 Schumacher（1998）、Cornelius（2000）提出使用 VaR 指标对中央银行和公共部门的风险进行分析，将微观金融风险管理的方法运用于宏观金融风险管理，为宏观金融风险分析提供新视角和方法。但仅仅使用折现的方法构造部门资产组合市场价值的局限性比较明显，原因在于部分资产的未来现金流和折现系数难以确定。Gray、Merton 和 Bodie（2002）将 Gropp、Vesala 和 Vulpes（2002）及 Blejer 和 Schumacher（1998）

的分析结合进来，提出使用或有权益方法从股票和债权市场价格信息获取部门资产的市场信息来编制市场价值资产负债表，从而为风险分析提供了比较客观的依据。

马丁·冯彼得（2003）在《公共部门风险管理》一书中基于“组织风险管理”（即ORM）的理念和原理介绍风险管理思想，强调风险管理是涉及全组织以及组织中所有成员的管理职能。唐钧（2008）基于加拿大政府风险管理的经验对全球公共部门风险管理的规律和创新趋势作了详细介绍，提出将风险预警机制和风险决策机制纳入公共部门日常决策中，逐步适应和改善风险决策。陈振海（2009）基于美国海关引入风险管理技术到政府部门的实践与启示，为中国公共部门实行“最优化”的发展目标。

4. 家户部门风险研究

关于家户部门金融风险的研究较少，原因主要有两点：其一，家户部门的金融风险问题并不十分突出，因为家户部门在整个国家金融体系中属于比较稳定的部门；其二，家户部门的个体数量庞大，分散程度高，数据收集和整理工作难度较大。但是家户部门的风险分析仍然具有重要意义，因为该部门在国家整体资产中所占份额较大，而且家户部门与金融部门的借贷关系及其持有基础货币而与公共部门的关系都直接或间接地影响其他部门和国家整体的金融稳定性。家庭部门金融风险的研究对于家户部门资产负债结构研究、风险资产偏好及家户部门风险状况的研究都有着十分重要的推动作用。

Jan Willem van den End（2005）以MfRisk模型为基础，基于Merton框架计算了荷兰家户部门的违约概率和违约损失，并对比金融部门显示的风险信息，分析了部门间的相互联系和影响。Campbell（2006）提出家庭金融应与资产定价、公司金融等并立，作为一个独立的金融研究方向，研究家庭如何通过金融资产的配置达到其目的。

在很长一段时间里，国内学者对家户部门的相关研究并不多，且多偏向对居民资产负债结构以及对不同资产偏好的分析，且多为对流量数据的研究，而未基于此对家户部门所面临的风险进行进一步分析，以下是近年来我国家户部门研究的相关文献。

龙志和（2001）基于1980—1998年的相关数据，对中国居民储蓄及其增长情况、居民储蓄结构变化、居民银行存款变动及经济体制改革以来的居民资产变动进行了分析，得到的主要结论是经济体制改革以来，居民储蓄增长迅速，且银行存款是居民金融性储蓄的主要部分，农户存款占比下降，1980年代后期开始居民资产超过收入，资产结构中房产为主体，金融性储蓄中有价证券与保险比例偏低。邢大伟（2008）基于扬州市农村经济调查队统计（2001—2006）相关数据，对农村居民资产拥有现状、居民资产结构进行了分析，并指出当前农村居民资产选择存在的问题主要表现为居民可选择金融资产品种受限、储蓄存款与有价证券的比例严重失调、实物资产供给不足、农村居民资产选择行为未完全步入市场化道路等，从而提出一系列优化农村居民资产选择的建议。陈国进、姚佳（2008）首先在理论上分析了居民家庭金融资产组合影响因素，主要包括背景风险（劳动收入、自有房产等）、交易成本（税收、证券交易成本）等、人口统计特征等。基于1992—2006年数据的研究表明因受财产总量、家庭风险、金融意识及金融发展的约束，我国居民金融资产逐渐多元化，然而仍以储蓄存款为主，风险资产比重较低，从而提出扩大中等收入阶层比重，提高低收入阶层的收入水平，推进社会保障制度改革等一系列建议。易纲、宋旺（2008）从住户部门、非金融企业部门和金融机构部门三个主要部门出发，分析其2004、2005年的资金运用以及来源结构，研究表明住户部门资金主要流向银行存款，保险资产增长迅速，债券占证券的比例明显低于股票；住户部门资金的来源主要是收入与积累的财富，主要外部融资来源是从金融机构获得的贷款，且中长期贷款比重较高。然而该文章仅对住户部门主要资金运用与来源进行了一定的分析，并未编制较为详细的资产负债表，而且仅依赖金融资产讨论中国住户部门，忽略了住户部门的实物资产，而实际上实物资产在中国住户部门的资产结构中占据了很大比例。陈彦斌、霍震、陈军（2009）基于2005年、2007年“投资者行为调查”数据研究了我国城镇居民财产分布的现状，构建了包含个体风险、总体风险和灾难风险的动态随机一般均衡模型（DSGE），数值校准方法的计算结果表明在引入资本灾难风险的模型下，贫困群体持有的财产份额下降，富有群体份额上升，能够较好地模拟中国城镇居民财产分布状况。分析结果表明灾难风险对居民的行为模式以及宏观经济的发展有着显著的影响。刘向耘、牛慕鸿、杨娉（2009）基于2004—2007年相关数据编制了中国居民资产负债表，并从定性角度从风险及资产配置效率两方面进行分析。文中对居民资产负债的分类主要依据中国金融年鉴中资金流量统计（金融交易账户），将资产分为金融资产与实物资产，其中金融资产包括本币通货、存款、证券、证券投资基金份额、证券客户保证金、保险准备金、结算资金及其他，实物资产包括房地产、私人拥有机动车、农村生产性固定资产；负债主要包括金融负债,即贷款。基于中国居民资产负债表分析了中国居民的资产结构与特征，并从静态、动态与效率三方面对居民资产负债状况进行分析与评价，结论表明居民部门负债水平较低、资产负债表稳定性较强、资产负债结构需改善，进而提出改善居民资产结构、提高居民资产负债配置效率以促进居民消费增长与国民经济发展等政策建议。该文基于实际数据与较为详细的资产负债结构对中国家户部门的风险与效率进行分析，编制了十分详细的家户部门资产负债表，这对于家户部门风险研究有着十分重要的指导意义。

## 三、研究思路

### （一）本章结构

本章共分6节。第1节为引言部分，主要说明研究背景、研究目的和文章结构；然后对中国宏观金融风险作了理论概述，从方法和实证两方面总结国内外中国宏观金融风险和四大部门（金融部门、企业部门、公共部门、家户部门）风险的相关理论和研究现状。第2、3节通过分析中国金融部门（包括上市金融业和银行业）和中国企业部门（全国1 600多家上市企业和人民银行公布的全国5 000户企业）的资产负债表来定性研究中国金融风险，包括到期日错配和货币错配以及资本结构和清偿能力问题；通过计算资产市值、资产市值波动率和违约距离等指标，编制或有权益资产负债表，对中国金融部门和上市部门进行风险检测；然后基于最新的季度数据，进行了压力测试和敏感性分析，考察中国金融部门和企业部门应对利率风险的能力。第4、5节编制中国公共部门（含中央银行）和家户部门资产负债表，从账面角度分析两大部门的风险状况。第6节总结当前中国宏观金融风险变化趋势并对中国金融风险防范提出政策建议。

### （二）研究对象

本书主要研究一国或地区经济主要四个部门的资产负债表。这四个部门分别是：公共部门、金融部门和企业部门和家户部门。

金融部门：包括各类公共的和私有的商业银行、存款机构、基金和养老金、保险证券公司和其他非银行金融中介机构。文章的研究包含两部分：上市金融部门和金融部门。其中上市金融部门选取的对象是30家上市金融企业（银行业、证券业、保险业）；金融部门则是以最具代表性的银行业金融机构数据为对象进行研究。

企业部门：包括各类非金融类大企业和机构，如规模以上工业企业、建筑业企业、房地产行业企业、批发零售企业等。相应的，企业部门的研究也分为上市企业部门和企业部门两部门。在样本区间内，符合数据要求的中国上市企业共有1 570家（剔除创业板、中小企业板、金融企业等）；企业部门整体选取的是中国5 000家企业的统计数据，主要来自中国人民银行统计季报。

公共部门：包括中央政府、地方政府、中央银行等。除了整个公共部门（政府和中央银行）的研究外，中央银行作为特殊的公共部门被抽离出来单独分析。

家户部门：包括个人、家户和各种小型企业。

本章在对经济部门进行划分的基础上，对上述四个部门的资产负债表进行风险分析。

根据中国金融风险研究总体思路，基于资产负债表方法的实证研究主要包括对全国各部门风险的识别和度量，包括资产负债表、或有权益资产负债表、风险表、压力测试和敏感性分析。需要特别说明的是，在我国现阶段政治体制格局下，公共部门和家户部门存在的风险极低，同时考虑到两个部门数据的可获得性，所以在我们实证研究的范围内重点研究两者的资产负债表部分，详见第 4、5 节，而对于中国宏观金融风险的主体中国金融部门、企业部门，本章则会进行全面的风险的识别和度量，详见第 1、2 节。

图 1.2 为中国金融风险研究总体思路。

- 国家金融风险识别和度量
  - 金融部门风险研究
    - 资产负债表分析
    - 或有权益资产负债表
      - 上市金融部门（30 家）
      - 金融部门（银行业金融机构）
    - 风险表
    - 压力测试及敏感性分析
  - 企业部门风险研究
    - 资产负债表分析
    - 或有权益资产负债表
      - 上市企业部门（1 600 多家）
      - 企业部门（5 000 户企业）
    - 风险表
    - 压力测试及敏感性分析
  - 公共部门风险研究：资产负债表分析（中央银行资产负债表）
  - 家户部门风险研究：资产负债表分析

图 1.2　中国金融风险研究总体思路

## 四、小结

本节以中国宏观金融风险为中心，基于全国四大部门比较系统地梳理了关于金融风险理论和研究的发展状况。目前，国内外对于宏观金融风险的相关研究大多停留在定性地建立指标体系的基础上，实证研究还不够深入，缺乏具体明确的方法来准确计量宏观金融风险，定性与定量结合不够。本研究将金融风险与宏观经济密切联系起来，将金融系统作为联系宏观经济的枢纽，能更好地说明金融风险的大小、传导以及对整体宏观经济方面的影响，无论是金融系统本身的脆弱性还是由实体经济引致的脆弱性都可以在本系统中得到预警提示。

## 第 2 节　中国金融部门风险分析

金融部门在现代金融体系和金融市场中占据着核心地位，防范金融业风险对于控制整个国家的金融风险从而防范金融危机的爆发具有重要意义。近年来，随着我国金融改革和金融开放的不断推进，银行业竞争不断增强，不仅要面对国内同业的竞争，也要面临国际强手的挑战，从而面临着更多的不确定性和挑战，银行业的风险也在上升。所以，金融部门的风险检测对于研究整个国家的宏观金融风险具有重要意义。

### 一、中国上市金融部门资产负债表分析

中国上市金融部门的研究选取海通证券（600837）、安信信托（600816）、中国平安（601318）、招商银行（600036）、兴业银行（601166）、南京银行（601009）、中信银行（601998）、深发展（000001）、陕国投（000563）、工商银行（601398）、国金证券（600109）、中国太保（601601）、建设银行（601939）、浦发银行（600000）、太平洋（601099）、北京银行（601169）、中国人寿（601628）、民生银行（600016）、中信证券（600030）、宁波银行（002142）、交通银行（601328）、国元证券（000728）、宏源证券（000562）、东北证券（000686）、长江证券（000783）、中国银行（601988）、华夏银行（600015）、西南证券（600369）、光大证券（601788）、招商证券（600999）、广发证券（000776）共 31 家上市银行、证券、保险公司的数据作为研究对象。

#### （一）中国上市金融部门资产负债表

中国上市金融部门的样本空间选取的是 2001 年至 2010 年第一季度资产负债表的季度数据，详细数据编制如表 1.1（其中 2001 年第一季度和第三季度由于数据缺失未列入分析，但不影响对总体趋势的分析）。

从表 1.1 可以看出，2001 年到 2006 年第二季度，我国上市金融部门的总资产呈现稳定增长态势，说明我国的金融业发展健康。2006 年第三季度开始上市金融部门资产大幅跨越式上升，一直到 2010 年突破 500 000 亿元大关。与此相对应，负债和流动负债也呈现出不断增长的趋势。

表 1.1　中国上市金融部门资产负债表　　单位：亿元

| 时间 | 流动资产 | 长期资产 | 总资产 | 流动负债 | 长期负债 | 总负债 | 所有者权益 |
|---|---|---|---|---|---|---|---|
| 2001Q2 | 2 594.25 | 966.91 | 3 561.15 | 2 423.68 | 883.84 | 3 307.52 | 253.63 |
| 2001Q4 | 3 302.34 | 1 182.63 | 4 484.96 | 3 205.80 | 1 054.55 | 4 260.35 | 224.61 |
| 2002Q1 | 3 281.08 | 1 210.13 | 4 491.21 | 3 246.51 | 1 015.67 | 4 262.18 | 229.03 |
| 2002Q2 | 6 370.29 | 2 348.38 | 8 718.67 | 7 021.52 | 1 301.76 | 8 323.28 | 395.38 |
| 2002Q3 | 7 223.15 | 2 490.15 | 9 713.31 | 7 859.50 | 1 447.22 | 9 306.72 | 406.59 |
| 2002Q4 | 8 034.78 | 2 772.54 | 10 807.32 | 8 883.73 | 1 528.76 | 10 412.49 | 394.83 |
| 2003Q1 | 7 815.92 | 3 408.45 | 11 224.37 | 9 083.41 | 1 654.94 | 10 738.36 | 486.01 |
| 2003Q2 | 9 506.94 | 3 645.82 | 13 152.76 | 10 717.44 | 1 932.48 | 12 649.92 | 502.83 |
| 2003Q3 | 10 984.00 | 5 065.02 | 16 049.02 | 12 909.81 | 2 519.85 | 15 429.66 | 619.36 |
| 2003Q4 | 11 910.87 | 5 128.20 | 17 039.06 | 13 715.19 | 2 679.51 | 16 394.70 | 644.36 |
| 2004Q1 | 11 974.48 | 5 686.38 | 17 660.86 | 14 210.43 | 2 777.39 | 16 987.82 | 673.04 |
| 2004Q2 | 12 658.50 | 5 914.39 | 18 572.89 | 14 816.17 | 3 065.10 | 17 881.27 | 691.63 |
| 2004Q3 | 12 666.05 | 6 490.58 | 19 156.62 | 15 244.04 | 3 198.17 | 18 442.21 | 714.42 |
| 2004Q4 | 13 869.84 | 6 544.23 | 20 414.06 | 16 208.84 | 3 472.07 | 19 680.90 | 733.16 |
| 2005Q1 | 13 686.68 | 7 126.30 | 20 812.98 | 16 481.77 | 3 571.92 | 20 053.69 | 759.29 |
| 2005Q2 | 15 078.62 | 7 305.01 | 22 383.63 | 17 813.83 | 3 808.84 | 21 622.67 | 760.96 |
| 2005Q3 | 15 479.28 | 7 757.08 | 23 236.36 | 18 434.75 | 4 008.64 | 22 443.39 | 792.97 |
| 2005Q4 | 16 946.23 | 7 884.87 | 24 831.10 | 19 745.33 | 4 255.36 | 24 000.70 | 830.40 |
| 2006Q1 | 23 019.19 | 2 677.74 | 25 696.93 | 22 224.51 | 2 555.13 | 24 779.64 | 917.28 |
| 2006Q2 | 23 998.95 | 3 793.25 | 27 792.20 | 24 220.61 | 2 558.00 | 26 778.61 | 1 013.59 |
| 2006Q3 | 80 170.31 | 1 278.85 | 81 449.17 | 75 879.31 | 284.60 | 76 163.91 | 5 285.26 |
| 2006Q4 | 74 524.20 | 84 912.74 | 159 436.93 | 146 993.08 | 2 182.69 | 149 175.76 | 10 261.17 |
| 2007Q1 | 44 223.50 | 142 831.61 | 187 055.11 | 158 185.99 | 15 718.47 | 173 904.46 | 13 150.65 |
| 2007Q2 | 52 335.97 | 179 049.32 | 231 385.29 | 199 512.37 | 16 046.59 | 215 558.96 | 15 826.33 |
| 2007Q3 | 66 046.43 | 246 403.96 | 312 450.39 | 273 191.89 | 17 754.95 | 290 946.84 | 21 503.55 |
| 2007Q4 | 71 437.61 | 249 330.09 | 320 767.70 | 290 071.32 | 7 193.25 | 297 264.57 | 23 503.14 |
| 2008Q1 | 76 640.72 | 259 997.58 | 336 638.29 | 305 073.91 | 7 478.81 | 312 552.73 | 24 085.57 |
| 2008Q2 | 80 222.80 | 267 318.73 | 347 541.53 | 315 795.76 | 8 093.75 | 323 889.51 | 23 652.02 |
| 2008Q3 | 84 820.32 | 269 650.32 | 354 470.64 | 321 352.38 | 8 424.30 | 329 776.68 | 24 693.96 |
| 2008Q4 | 93 292.86 | 278 788.23 | 372 081.09 | 338 673.91 | 8 242.19 | 346 916.10 | 25 164.99 |
| 2009Q1 | 110 865.08 | 307 838.83 | 418 703.92 | 382 891.13 | 9 322.27 | 392 213.40 | 26 490.52 |
| 2009Q2 | 110 651.77 | 332 953.64 | 443 605.40 | 407 022.71 | 9 987.18 | 417 009.89 | 26 595.51 |
| 2009Q3 | 106 722.39 | 346 950.10 | 453 672.49 | 415 718.07 | 9 959.35 | 425 677.42 | 27 995.07 |
| 2009Q4 | 111 959.55 | 359 691.53 | 471 651.09 | 430 728.38 | 10 390.71 | 441 119.08 | 30 532.00 |
| 2010Q1 | 123 407.72 | 380 553.09 | 503 960.81 | 460 020.52 | 11 346.13 | 471 366.65 | 32 594.16 |

注：总资产和总负债数据来自国泰君安数据库（CSMAR 中国上市公司财务报表数据库）；上市各股的流动资产、流动负债季度数据来自金库网（http：//share.jinku.com）等经整理而成。

流动资产在 2001—2010 年随总资产保持较快增长，但在 2007 年股市上升期，全年四个季度值均小于 2006 年同期水平；2009 年金融危机期间，第三季度相比前两个季度也有明显下降。

### （二）中国上市金融部门资产负债表分析

下面将从期限错配风险、资本结构风险及清偿力风险三个角度分析资产负债表反映的上市金融部门风险状况。

1. 期限错配风险分析

如图 1.3，中国上市金融部门期限结构存在较大变化，2001 年至 2006 年年末流动比率维持在较高水平，流动资产略小于流动负债，此时金融行业还处在保守的期限匹配阶段。随着 2006 年年末《外资银行管理条例》生效，标志着银行业全面开放；中行、工行 A 股 IPO 成功发行，两行筹资额各数百亿元。截至 2006 年年末工行 A 股市值已过万亿元大关。此外，“保险第一股”中国人寿在海外上市三年后终于回归 A 股，是继工行、中行、中石化之后的 A 股第四大上市公司。随着资本市场的蓬勃发展和金融行业的全面发展，金融部门的流动比率发生巨大变化，由 2006 年第三季度的 1 左右骤降至 2007 年的 0.2 左右的水平，之后维持这个水平没有太大变化。从数据看，除了受几种大型银行股上市的影响，金融部门的比率在其他各季度未出现大幅变化。

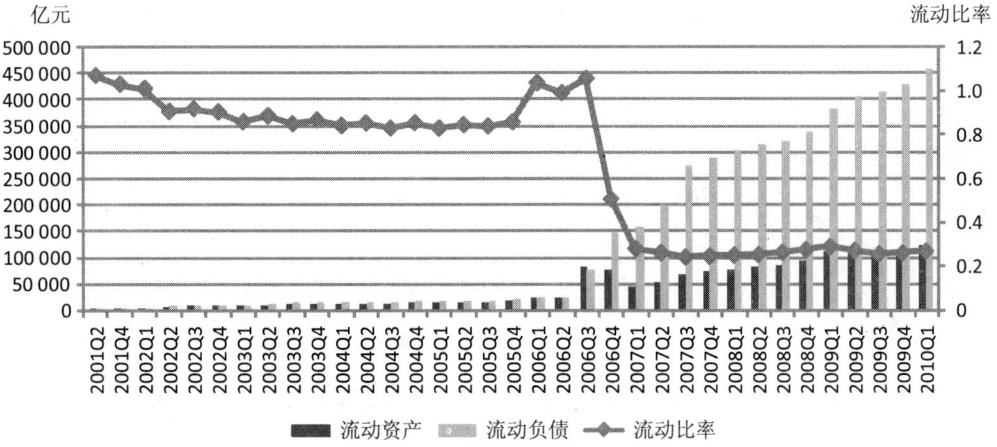


图 1.3　中国上市金融部门期限结构

如图 1.4，流动资产占比与图 1.3 中流动比率的变化较为一致，但变化先于流动比率。2001 年至 2005 年流动资产占比保持在 0.7 左右水平，从 2006 年第一季度开始震荡攀升到 2006 年第三季度到达最高水平后下降到 0.2 并维持到现在，这一时间段内，总资产大

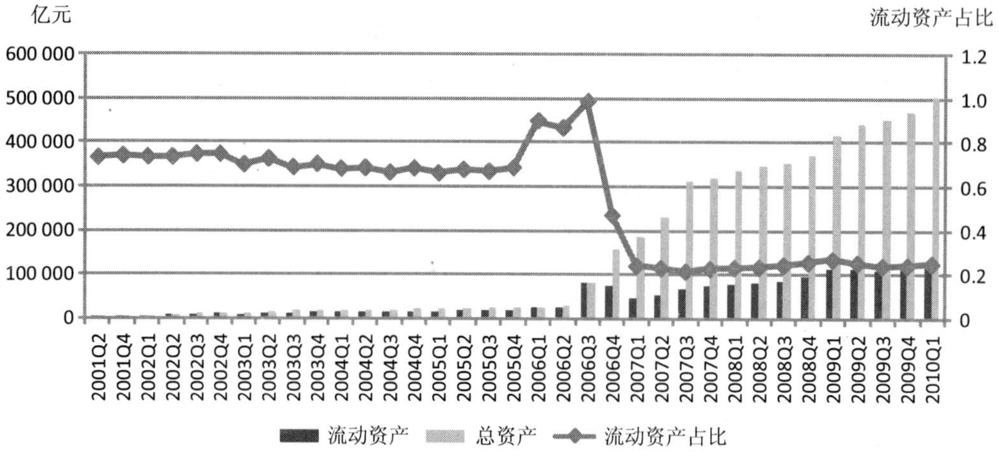


图 1.4　中国上市金融部门流动资产与总资产

幅增长，但流动资产却增长缓慢，长期资产占比迅速增加。资本市场从 2006 年年末开始进入繁荣阶段，企业资金需求加大，推动银行贷款业务全面发展，长期资产占比高达 80%。由于长期资产的流动性较差，因此上市银行应注意控制贷款的期限比例。

2. 资本结构分析

在 2001—2005 年期间，中国上市金融部门还处在初始发展阶段，资产负债率维持在 96% 的高位水平。但随着资本市场的进一步发展，2006 年以后，金融业发展迅速，资产、负债和所有者权益规模均处于稳定上升态势，如图 1.5。

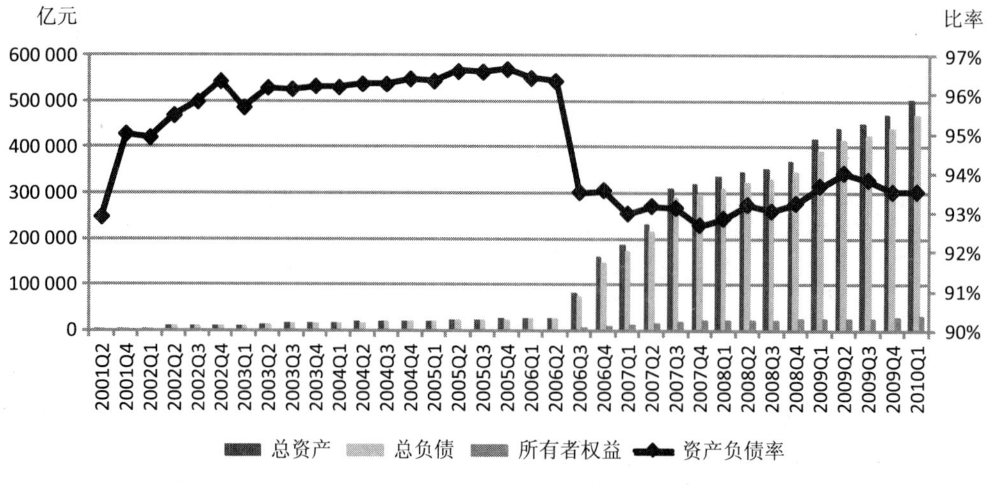


图 1.5　中国上市金融部门资本结构

负债经营是银行经营的主要特征，我国银行业的资产负债率一直处于96%左右。随着资本市场的发展，银行开始进行股权融资，对债务融资的依赖程度降低，资产负债率有所降低，从2006年的96%下降到2008年的93%左右。金融部门资本结构错配风险降低，资本结构有所合理化。

3. 清偿力风险分析

如图1.6，产权比率同其他指标一样在研究区间内的变化分为两个阶段，先是在高位（25左右）维持波动，后在2006年降至15左右并维持至今，与资产负债率相对应，负债经营的金融部门（特别是银行业）的产权比率均达到15或更高。2006年以前股市低迷，金融部门的负债远远高于所有者权益，后来随着2007年股市利好，产权比率恢复到2001年的水平。

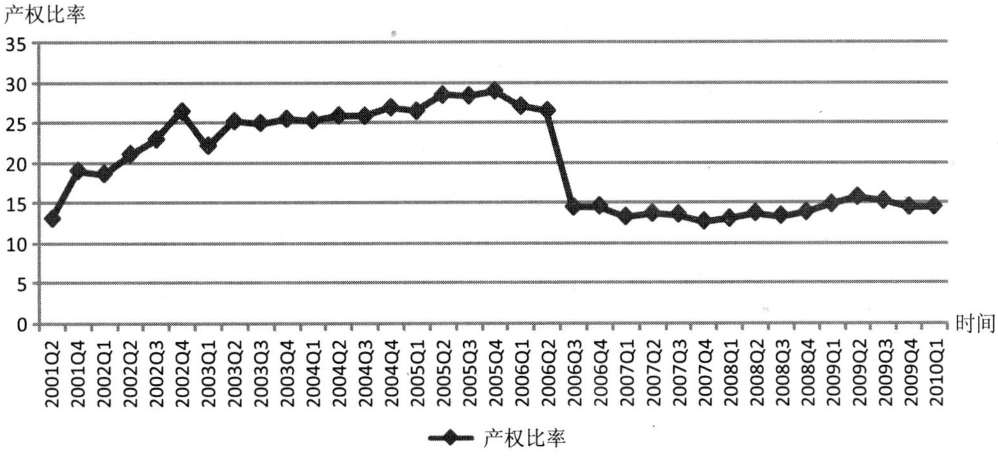


图1.6 中国上市金融部门产权比率

**（三）小结**

上市金融部门的账面情况在波动中趋于稳定发展。从账面价值和财务比率的角度，可将研究区间分为两个阶段，2001年至2006年第三季度和2006年至2010年第一季度。前一时间段内金融部门上市企业数目不多，且上市企业账面价值较小，负债占资产的比重较大。后一阶段随着资本市场的不断开放，中国工商银行、中国建设银行、中国银行等几家大企业入市，所有者权益占比有所提高，资产负债率下降2%~3%，并趋于正常的波动中。另外，不可忽视外部冲击对金融行业稳定性的影响，2008年金融危机使金融部门资产负债率有所上升，2009年第三季度达94%左右。

## 二、中国上市金融部门或有权益资产负债表分析

基于账面资产负债表分析对部门的市场风险作用有限，下文将引入或有权益分析法研究上市金融部门的实际风险，主要包括或有权益资产负债表的构建与分析、资产市场价值的计算、风险指标的选取和风险表的编制以及基于现实数据进行的利率压力测试和敏感性分析等。

### （一）或有权益资产负债表分析

中国上市金融部门或有权益资产负债表的无风险利率、违约点、权益市值、权益市值波动率作为输入数据，详见附表 1。根据或有权益资产负债表编制范式和输入参数，通过 MATLAB 计算可得或有权益资产负债表以及风险指标表。表 1.2 为中国上市金融部门或有权益资产负债表。

**表 1.2　中国上市金融部门或有权益资产负债表**　　单位：亿元

| 年份 | 资产市值 | 负债市值 | 权益市值 | 年份 | 资产市值 | 负债市值 | 权益市值 |
|---|---|---|---|---|---|---|---|
| 2001Q2 | 6 367.51 | 3 102.12 | 3 265.39 | 2006Q1 | 25 831.20 | 23 070.55 | 2 760.65 |
| 2001Q4 | 6 439.55 | 3 647.65 | 2 791.90 | 2006Q2 | 29 989.31 | 26 171.78 | 3 817.53 |
| 2002Q1 | 6 586.69 | 4 006.41 | 2 580.28 | 2006Q3 | 86 235.12 | 74 444.87 | 11 790.25 |
| 2002Q2 | 12 108.97 | 7 523.19 | 4 585.78 | 2006Q4 | 183 624.68 | 144 338.95 | 39 285.73 |
| 2002Q3 | 13 163.35 | 8 943.94 | 4 219.41 | 2007Q1 | 223 314.48 | 169 046.76 | 54 267.72 |
| 2002Q4 | 12 807.87 | 9 466.66 | 3 341.21 | 2007Q2 | 269 446.60 | 201 997.65 | 67448.95 |
| 2003Q1 | 13 875.50 | 9 727.16 | 4 148.34 | 2007Q3 | 391 159.68 | 272 615.14 | 118 544.54 |
| 2003Q2 | 15 510.09 | 11 459.88 | 4 050.21 | 2007Q4 | 412 162.95 | 282 648.36 | 129 514.59 |
| 2003Q3 | 17 443.13 | 13 893.67 | 3 549.46 | 2008Q1 | 382 388.09 | 297 454.44 | 84 933.65 |
| 2003Q4 | 18 675.65 | 14 761.63 | 3 914.02 | 2008Q2 | 379 573.25 | 308 790.09 | 70 783.16 |
| 2004Q1 | 19 615.89 | 15 297.62 | 4 318.27 | 2008Q3 | 376 027.03 | 315 456.35 | 60 570.68 |
| 2004Q2 | 19 087.13 | 16 017.08 | 3 070.05 | 2008Q4 | 380 073.97 | 333 335.27 | 46 738.70 |
| 2004Q3 | 19 740.14 | 16 512.58 | 3 227.56 | 2009Q1 | 437 546.51 | 379 151.88 | 58 394.63 |
| 2004Q4 | 20 318.08 | 17 560.24 | 2 757.84 | 2009Q2 | 483 089.11 | 403 135.14 | 79 953.97 |
| 2005Q1 | 20 528.36 | 17 862.34 | 2 666.02 | 2009Q3 | 485 274.85 | 411 547.96 | 73 726.89 |
| 2005Q2 | 21 542.19 | 19 315.53 | 2 226.66 | 2009Q4 | 512 210.38 | 425 911.59 | 86 298.79 |
| 2005Q3 | 22 431.88 | 19 986.34 | 2 445.54 | 2010Q1 | 536 711.85 | 455 381.58 | 81 330.27 |
| 2005Q4 | 23 819.72 | 21 386.41 | 2 433.31 | | | | |

我国金融业上市企业较少，但中国工商银行和建设银行等银行业上市企业资产市值较大，到 2006 年年底达到 183 624.68 亿元。2007 年由于股市行情转好，资产市值进一步增加，2007 年年末达到最大值 412 162.95 亿元；债务市值和权益市值也在 2007 年达到顶峰，分别

为 282 648.36 亿元和 129 514.59 亿元。2008 年金融危机的爆发使得市值大幅缩水，2008 年第四季度跌破 80 000 亿元，相比 2007 年最高水平下降 63.91%。2009 年，随着政府一系列经济刺激计划的出台，经济开始复苏，中国上市金融部门资产市值开始回升，2009 年第四季度超过 500 000 亿元，恢复快速增长。图 1.7 为中国上市金融部门或有资本结构。

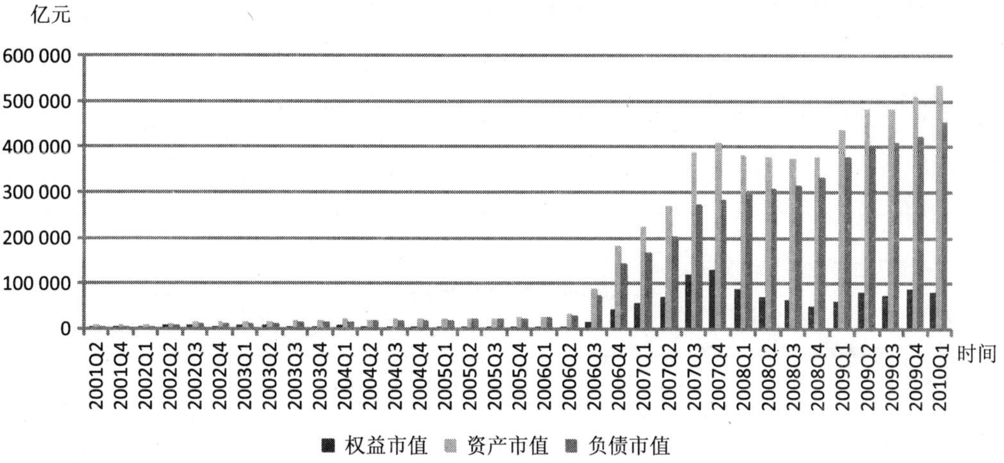


图 1.7　中国上市金融部门或有资本结构

结合表 1.1 的账面资产负债表和表 1.3 的或有资产负债表，下面分别对资产账面价值和资产市场价值，负债账面价值和负债市场价值，账面资产负债率和或有资产负债率进行比较分析。

如图 1.8，中国上市金融部门资产账面价值与市场价值变动趋势基本一致，2007 年由于股市大涨从而使资产市值达到一个新的高度，两者开始发生偏离；2008 年资产市值增速

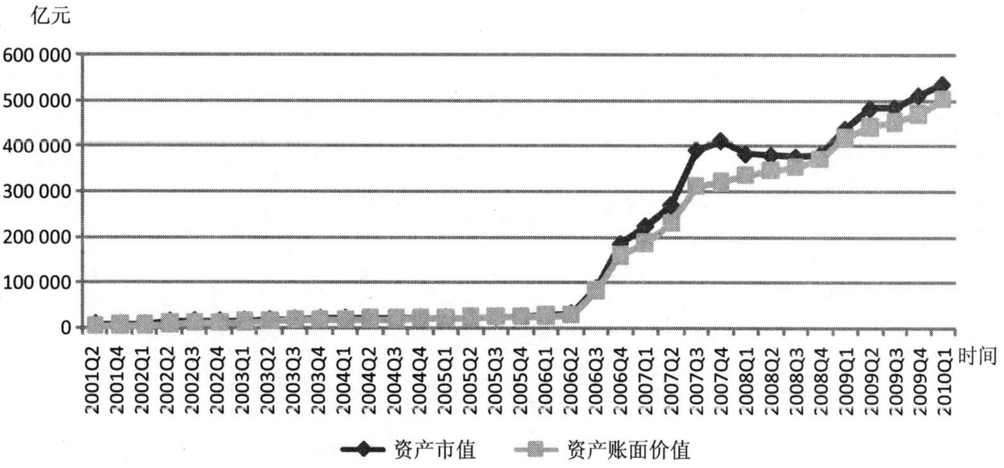


图 1.8　中国上市金融部门资产市值与账面价值

减慢，两者在年末趋于重合；2009 年资产市值开始回升，偏离账面价值。但总体而言，中国上市金融部门的市场价值并未显著偏离理论价值，投资者对市场价值的评价是理性的。

如图 1.9 所示，相对于上市金融部门账面价值资产负债率变化趋势，或有资产负债率波动更为剧烈。在样本年限内，或有资产负债率小于账面价值的资产负债率，表明以市场公允价值计量的部门风险小于账面价值显示的风险，但是，市场价值的不稳定性也使得以市场公允价值计量的风险的可信度降低。总体而言，2001 年至 2010 第一季度各季度上市金融部门债务融资所占比重处于相当高的水平，相应存在一定的资本结构错配风险。

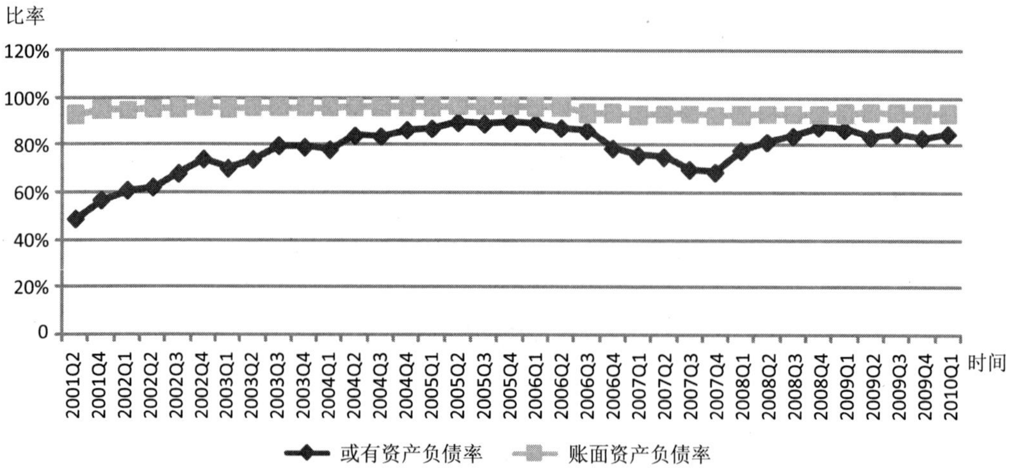


图 1.9　中国上市金融部门资产负债率

从资产市值与违约点来看，如图 1.10，从 2001 年到 2010 年第一季度，资产市值一直远远大于违约点。一般来说，资产市值小于违约点时，部门就会发生清偿力危机，

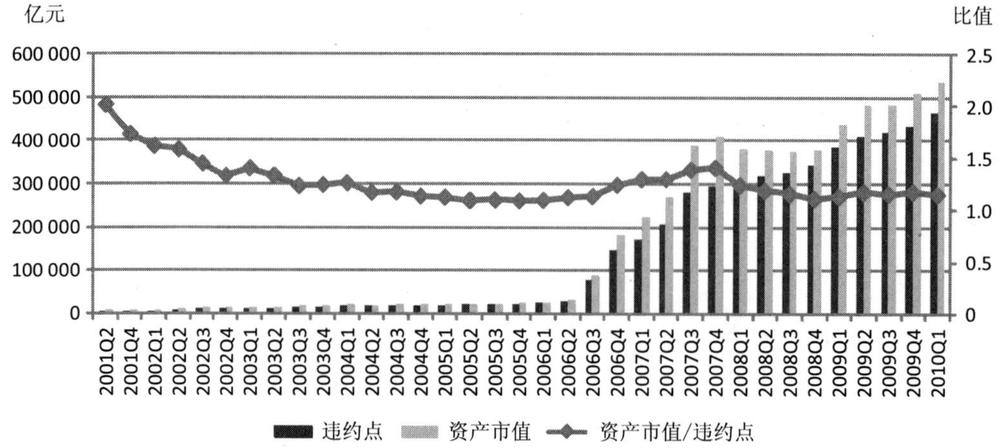


图 1.10　中国上市金融部门资产市值和违约点比较

从而发生违约。中国金融的风险状况在2005年达到最差，在2006年和2007年有显著的改善。

## （二）风险表分析

表1.3构造出了中国上市金融部门呈现的各种风险指标。为了更清晰地看出这些风险指标所呈现的宏观风险特征，应对风险表中的各项指标进行单独分析。

**表1.3　中国上市金融部门风险指标**

| 时间 | 资产市值波动率 | 违约概率 | 违约距离 |
|---|---|---|---|
| 2001Q2 | 15.55% | 0 | 3.229 016 2 |
| 2001Q4 | 13.78% | 0 | 3.050 210 6 |
| 2002Q1 | 15.17% | 0.70% | 2.497 184 8 |
| 2002Q2 | 13.11% | 0.02% | 2.793 647 2 |
| 2002Q3 | 6.17% | 0 | 4.973 586 1 |
| 2002Q4 | 5.10% | 0 | 4.841 360 7 |
| 2003Q1 | 8.35% | 0 | 3.423 096 8 |
| 2003Q2 | 8.55% | 0.02% | 2.887 034 1 |
| 2003Q3 | 4.31% | 0 | 4.350 174 6 |
| 2003Q4 | 5.93% | 0 | 3.269 863 0 |
| 2004Q1 | 6.63% | 0 | 3.089 196 2 |
| 2004Q2 | 4.87% | 0.02% | 2.946 523 3 |
| 2004Q3 | 4.55% | 0 | 3.228 364 9 |
| 2004Q4 | 2.89% | 0 | 4.045 132 4 |
| 2005Q1 | 3.78% | 0.01% | 2.916 398 4 |
| 2005Q2 | 4.58% | 0.81% | 1.850 594 9 |
| 2005Q3 | 3.08% | 0 | 2.884 982 0 |
| 2005Q4 | 3.10% | 0.03% | 2.635 945 5 |
| 2006Q1 | 2.69% | 0 | 3.213 236 4 |
| 2006Q2 | 4.32% | 0.09% | 2.489 900 9 |
| 2006Q3 | 3.14% | 0 | 3.731 560 2 |
| 2006Q4 | 7.46% | 0.07% | 2.594 309 1 |
| 2007Q1 | 11.68% | 0.89% | 1.948 208 1 |
| 2007Q2 | 9.17% | 0.10% | 2.491 625 6 |
| 2007Q3 | 10.70% | 0.04% | 2.607 034 6 |
| 2007Q4 | 11.99% | 0.10% | 2.397 602 3 |
| 2008Q1 | 10.18% | 0.70% | 1.890 554 7 |
| 2008Q2 | 9.44% | 1.38% | 1.665 669 1 |
| 2008Q3 | 9.16% | 2.38% | 1.465 594 2 |
| 2008Q4 | 6.26% | 1.61% | 1.567 051 2 |
| 2009Q1 | 4.84% | 0.16% | 2.358 590 9 |
| 2009Q2 | 4.53% | 0 | 3.247 508 6 |
| 2009Q3 | 5.47% | 0.14% | 2.434 539 9 |
| 2009Q4 | 4.33% | 0 | 3.442 094 3 |
| 2010Q1 | 3.34% | 0 | 3.964 306 0 |

如图 1.11，这一时期的资产市值波动率波动幅度较为剧烈，且呈现一定的周期性。从 2001 年到 2006 年在周期波动中下降至 20% 左右，从 2006 年起资产市值波动率陡然攀升到历史高水平，说明在金融危机期间，上市金融部门的资产市值波动变大，不太稳定。2008 年市值波动幅度进一步增大，2009 年有所改善，下降到 20% 左右的历史较低水平。

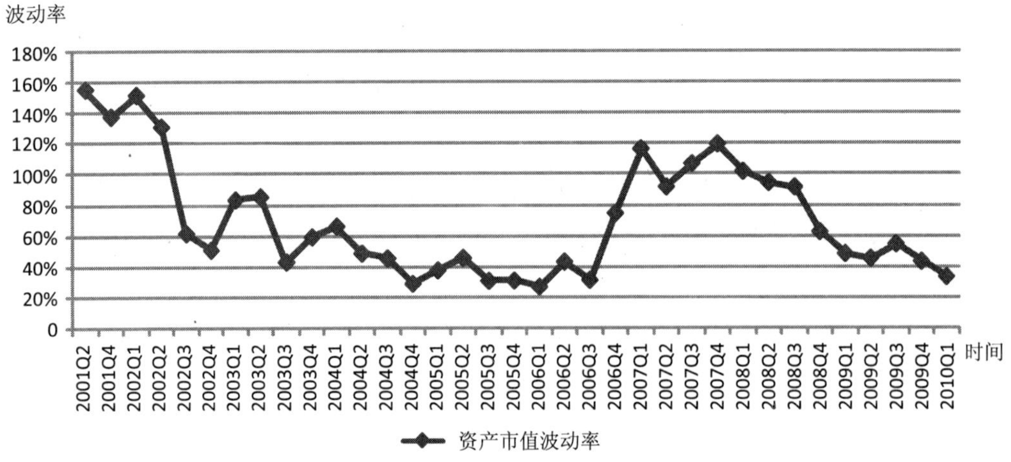


图 1.11　中国上市金融部门资产市值波动率

如图 1.12，在样本区间内，中国上市金融部门的违约距离基于 3 的平均水平上下波动，但总体呈现下降趋势；且每一季度末违约距离都会反转上升，但每年的最高值都小于前一年。2008 年，违约距离达到历史最低值，这主要是由于金融危机爆发，资产市值出现缩水，同时负债又显著增加，违约点提高，违约距离进一步降低，风险也相应增加。2009 年违约距离开始上升，未来金融系统的风险问题会进一步缓和。

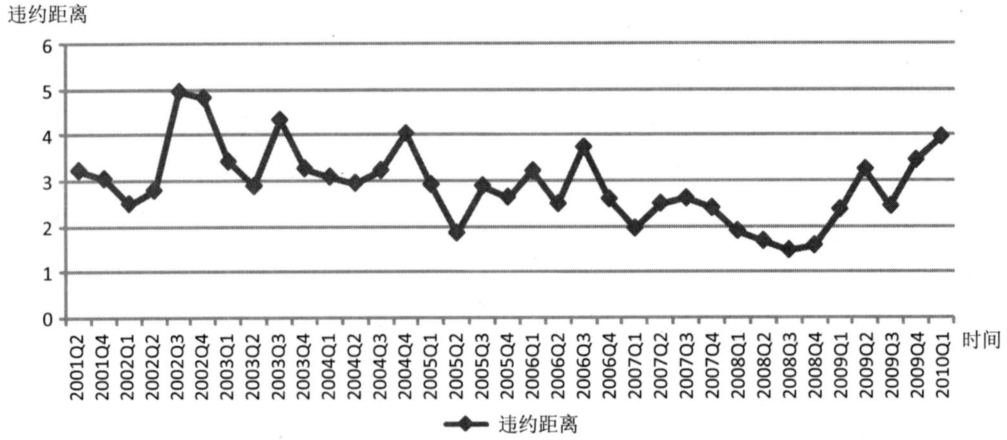


图 1.12　中国上市金融部门违约距离

### （三）压力测试和敏感性分析

以 2010 年第一季度的上市金融部门为例，压力测试分析当利率发生急剧的升降时各指标的变化，计算结果如表 1.4。

表 1.4　中国上市金融部门压力测试结果

| 风险指标 | 情景 1（实际利率 2.25%） | 情景 2（利率下调至 1%） | 情景 3（利率上调至 10%） |
|---|---|---|---|
| 资产市场价值（亿元） | 536 711.85 | 542 416.60 | 502 716.22 |
| 资产市值波动率 | 3.34% | 3.30% | 3.56% |
| 违约概率 | 0 | 0 | 0 |
| 违约距离 | 3.964 306 | 4.282 842 | 2.066 714 |

当无风险利率在短时间内大幅度下降至 1% 时，资产市值波动率、违约概率及违约距离等风险指标变化均不大。但当利率上调至 10% 时，违约距离显著减小，风险加大。

上市金融部门利率敏感度测试基于利率微调。同样采用部门 2010 年一季度现实数据，并将利率上调至 2.52%，进行测试。调整利率后的计算结果如表 1.5。

表 1.5　中国上市金融部门敏感性测试结果

| 风险指标 | 情景 1（实际利率 2.25%） | 情景 2（利率调整至 2.52%） |
|---|---|---|
| 资产市场价值（亿元） | 536 711.85 | 535 547.62 |
| 资产市值波动率 | 3.34% | 3.35% |
| 违约概率 | 0 | 0 |
| 违约距离 | 3.964 306 | 3.899 086 |

当利率微小波动的时候，风险指标变化不大，这说明金融部门的抗压能力强，敏感性较差。

上述数据表明，中国上市金融部门资产市场价值相对利率大幅变化，基本风险指标变化幅度较弱，说明上市金融部门在面对利率冲击时，其风险承受能力较强。敏感性测试的结果也显示对于利率微调，上市金融部门的反应比较稳定。但值得关注的是，当利率显著上升时，违约距离出现了明显下降，可见上市金融部门还无法完全应对大幅的利率调整引起的冲击。

## 三、中国金融部门资产负债表分析

中国金融部门分为存款性公司和其他金融性公司，其中，存款性公司包括货币当局和其他存款性公司。货币当局主要指中国人民银行，对央行的分析将放在下一部分讨论；其他存款性公司包括四大国有商业银行、其他国有银行、股份制商业银行、合作金融机构、中国邮政储蓄银行、财务公司。下文将基于中国银行业监督管理委员会统计的银行业金融机构资产负债表来分析金融部门的风险状况，银行业金融机构包括政策性银行、国有商业银行、股份制商业银行、城市商业银行、农村商业银行、农村合作银行、城市信用社、农村信用社、邮政储蓄银行、外资银行和非银行金融机构。

### （一）中国金融部门资产负债表

表 1.6 即为银行业金融机构资产负债表，样本区间选取的是 2003 年至 2010 年第一季度资产负债表的季度数据，详细数据编制如表 1.6。

**表 1.6　中国金融部门资产负债表**　　单位：亿元

| 时间 | 总资产 | 总负债 | 所有者权益 |
|---|---|---|---|
| 2003Q1 | 245 870.4 | 235 848.9 | 10 021.5 |
| 2003Q2 | 259 407.1 | 248 940.4 | 10 466.7 |
| 2003Q3 | 268 955.4 | 258 653.9 | 10 301.5 |
| 2003Q4 | 277 184.0 | 266 478.5 | 10 705.6 |
| 2004Q1 | 288 406.0 | 277 594.2 | 10 811.8 |
| 2004Q2 | 297 540.0 | 286 530.4 | 11 009.6 |
| 2004Q3 | 301 499.0 | 290 209.7 | 11 289.3 |
| 2004Q4 | 315 989.8 | 303 252.5 | 12 737.3 |
| 2005Q1 | 328 782.8 | 315 704.6 | 13 078.2 |
| 2005Q2 | 345 567.1 | 331 189.5 | 14 377.6 |
| 2005Q3 | 359 644.6 | 344 580.3 | 15 064.3 |
| 2005Q4 | 374 696.9 | 358 070.4 | 16 626.5 |
| 2006Q1 | 391 927.0 | 374 501.5 | 17 425.5 |
| 2006Q2 | 409 511.6 | 390 332.2 | 19 179.4 |
| 2006Q3 | 420 846.3 | 400 508.9 | 20 337.4 |
| 2006Q4 | 439 499.7 | 417 105.9 | 22 393.8 |
| 2007Q1 | 459 288.8 | 435 444.2 | 23 844.6 |
| 2007Q2 | 485 130.0 | 459 535.0 | 25 595.0 |
| 2007Q3 | 506 163.1 | 478 369.7 | 27 793.4 |
| 2007Q4 | 525 982.5 | 495 675.4 | 30 307.1 |
| 2008Q1 | 555 022.1 | 522 418.1 | 32 604.0 |
| 2008Q2 | 577 419.6 | 544 001.0 | 33 418.6 |
| 2008Q3 | 593 473.8 | 557 918.8 | 35 555.0 |
| 2008Q4 | 623 912.9 | 586 015.6 | 37 897.3 |
| 2009Q1 | 694 394.2 | 654 973.5 | 39 420.7 |

续表

| 时间 | 总资产 | 总负债 | 所有者权益 |
|---|---|---|---|
| 2009Q2 | 737 438.1 | 697 612.3 | 39 825.8 |
| 2009Q3 | 753 125.2 | 711 277.9 | 41 847.3 |
| 2009Q4 | 787 690.5 | 743 348.6 | 44 341.9 |
| 2010Q1 | 842 565.4 | 795 053.8 | 47 511.6 |
| 2010Q2 | 872 025.1 | 823 147.1 | 48 878.0 |

注：中国金融部门资产负债表法的分析涵盖了全国各省（市、自治区）全部金融类金融机构（含农村信用社、邮政储蓄局），2004—2010 年银行业金融机构资产负债表数据来自中国银行业监督管理委员会网站（http://www.cbrc.gov.cn/chinese/info/twohome/index.jsp?itemCode=9），利用 2004 年季度同比增长率可以推算出 2003 年各季度值。

2000 年以后，我国金融部门的总资产依然保持稳定的增长趋势，说明我国的金融业发展依然健康。同时，资产负债率从 2000 年到 2005 年一直处于 96% 左右，比较稳定，虽然处于高位，但是稳定的走势说明我国的金融业依然处于稳健经营的状态。2006 年，中国人民银行两次利用利率杠杆进行宏观调控，一年期贷款利率两次上调 0.27%，存款基准利率上调 0.27%，并三次上调法定存款准备金。除此以外，中国人民银行还分别于 5 月和 6 月在银行间市场各定向发行票据 1 000 亿元，一年间数次加息、提高准备金率，并通过频繁的公开市场操作大举回笼资金。另外，由于汇金公司分别向几大国有商业银行注资，使金融部门的资产负债率降低至 93%。2007 年，QDII 宣告放行，QDII 的推出在图 1.13 中表现为 2007 年年初银行业的资产负债率开始上升，此后虽有下降，但一直稳定在 94% 的水平。到了 2008 年第三季度，次贷危机发生后，美国政府宣布接管“两房”、

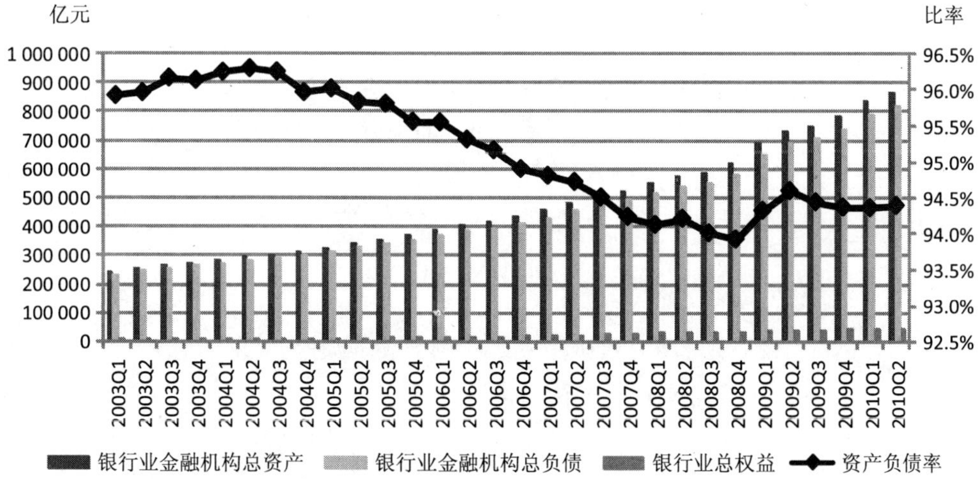


图 1.13　中国金融部门资本结构

政府出资救助美国国际集团（AIG）等一系列救市措施。我国也实施了宽松的货币政策，央行两次下调一年期人民币存贷款基准利率和存款类金融机构人民币存款准备金率，对储蓄存款暂免征收个人所得税。2009 年第二季度资产负债率显著上升到 94.5%。2008 年第四季度，中国实施了一系列金融监管措施，加强金融风险防范，使得第四季度金融部门的资产负债比率又返回到稳定水平（94%）。

**（二）中国金融部门资产负债表指标分析**

1. 资本结构分析

在 2003—2009 年期间，中国金融部门发展迅速，资产、负债和所有者权益规模均处于稳定上升趋势。随着资本市场的发展，部门股权融资增加，对债务融资的依赖程度降低，资产负债率走势趋于降低，从早前的 96% 下降到近年来的 94% 左右，但仍处于高位运行。

2. 清偿力风险分析

如图 1.14，产权比率在 11 年间保持了缓慢下降的趋势。2008 年年末产权比率降至 15 左右，进入 2010 年有缓慢上升的趋势，但总的来说，中国上市金融部门的清偿力在最近 10 年有很大改善。

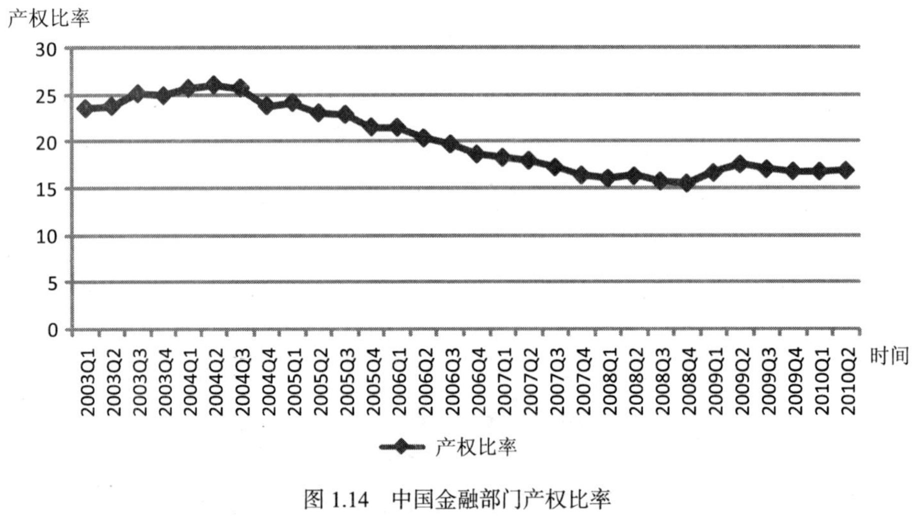


图 1.14　中国金融部门产权比率

3. 商业银行[①]流动性分析

图 1.15 显示中国金融部门中商业银行的流动比率趋于稳定发展，从 2008 年的 0.46 的

① 商业银行包括大型商业银行、股份制商业银行、城市商业银行、农村商业银行和外资银行；大型商业银行包括中国工商银行、中国农业银行、中国银行、中国建设银行、交通银行；股份制商业银行包括中信银行、光大银行、华夏银行、广东发展银行、深圳发展银行、招商银行、上海浦东发展银行、兴业银行、中国民生银行、恒丰银行、浙商银行、渤海银行。

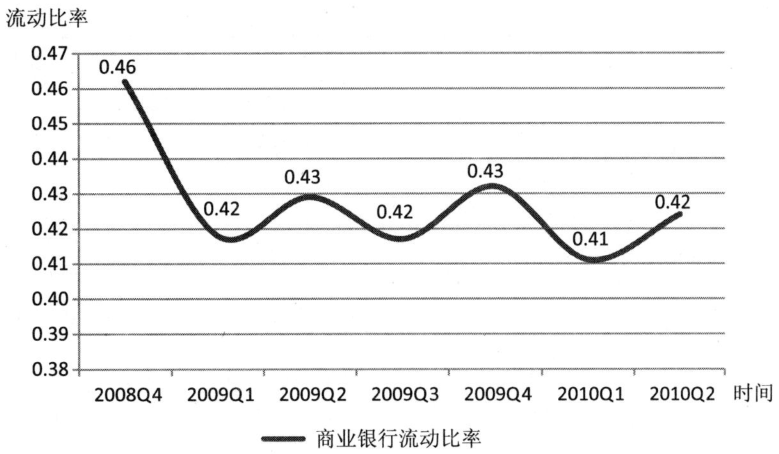


图 1.15　中国商业银行流动比率[①]

下降至 0.41 和 0.42 左右，说明在金融危机后，中国银行业趋于更为稳健的发展方向。



## 四、中国金融部门或有权益资产负债表分析

在金融部门资产负债表分析的基础上，接下来进行中国金融部门（包括上市与非上市金融机构）或有权益资产负债表及风险表等一系列风险分析。

### （一）中国金融部门或有权益资产负债表分析

基于金融部门资产负债表计算出无风险利率、违约点、权益市值和波动率等输入参数，详见附表 2，可以得出中国金融部门 2001 年至 2010 年第一季度中国金融部门或有资产负债表，如表 1.7。相应的中国金融部门或有权益资本结构如图 1.16。

**表 1.7　中国金融部门或有资产负债表**　　单位：亿元

| 时间 | 资产市值 | 负债市值 | 权益市值 |
|---|---|---|---|
| 2003Q1 | 316 745.12 | 231 207.35 | 85 537.77 |
| 2003Q2 | 328 414.62 | 244 107.24 | 84 307.38 |
| 2003Q3 | 312 647.93 | 253 611.26 | 59 036.67 |
| 2003Q4 | 326 436.13 | 261 407.91 | 65 028.22 |
| 2004Q1 | 341 510.26 | 272 141.38 | 69 368.88 |
| 2004Q2 | 329 509.96 | 280 639.61 | 48 870.35 |
| 2004Q3 | 335 554.97 | 284 552.76 | 51 002.21 |
| 2004Q4 | 344 646.47 | 296 733.93 | 47 912.54 |
| 2005Q1 | 354 615.19 | 308 694.89 | 45 920.30 |

① 数据来源于中国银行业监督管理委员会网站：http://www.cbrc.gov.cn/chinese/info/twohome/index.jsp?itemCode=9；流动比率 = 流动资产 / 流动负债。

续表

| 时间 | 资产市值 | 负债市值 | 权益市值 |
|---|---|---|---|
| 2005Q2 | 366 792.37 | 324 721.50 | 42 070.87 |
| 2005Q3 | 383 345.58 | 336 886.87 | 46 458.71 |
| 2005Q4 | 398 890.43 | 350 170.21 | 48 720.22 |
| 2006Q1 | 418 599.05 | 366 155.37 | 52 443.68 |
| 2006Q2 | 453 956.35 | 381 720.03 | 72 236.32 |
| 2006Q3 | 436 554.70 | 391 186.44 | 45 368.26 |
| 2006Q4 | 492 602.07 | 406 865.56 | 85 736.51 |
| 2007Q1 | 524 819.12 | 426 421.54 | 98 397.58 |
| 2007Q2 | 555 692.70 | 446 611.45 | 109 081.25 |
| 2007Q3 | 615 661.80 | 462 442.66 | 153 219.14 |
| 2007Q4 | 644 378.02 | 477 370.05 | 167 007.97 |
| 2008Q1 | 618 020.61 | 503 048.15 | 114 972.46 |
| 2008Q2 | 624 921.15 | 524 909.63 | 100 011.52 |
| 2008Q3 | 627 658.65 | 540 447.42 | 87 211.23 |
| 2008Q4 | 639 929.04 | 569 542.73 | 70 386.31 |
| 2009Q1 | 727 675.56 | 640 778.16 | 86 897.40 |
| 2009Q2 | 802 254.15 | 682 526.00 | 119 728.15 |
| 2009Q3 | 806 055.68 | 695 848.00 | 110 207.68 |
| 2009Q4 | 852 063.33 | 726 730.83 | 125 332.50 |
| 2010Q1 | 895 826.87 | 777 274.01 | 118 552.86 |

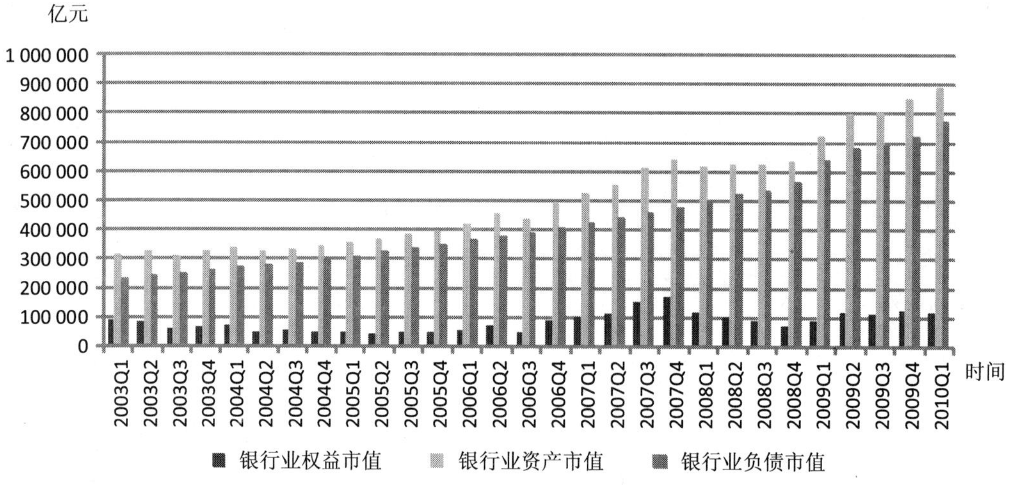


图 1.16 中国金融部门或有权益资本结构

为便于分析，将中国金融部门的资产市值和账面资产绘制为图 1.17，我国金融企业的账面价值和市值在研究区间内的变化趋势基本吻合，说明投资者对银行业的定价比较理性。

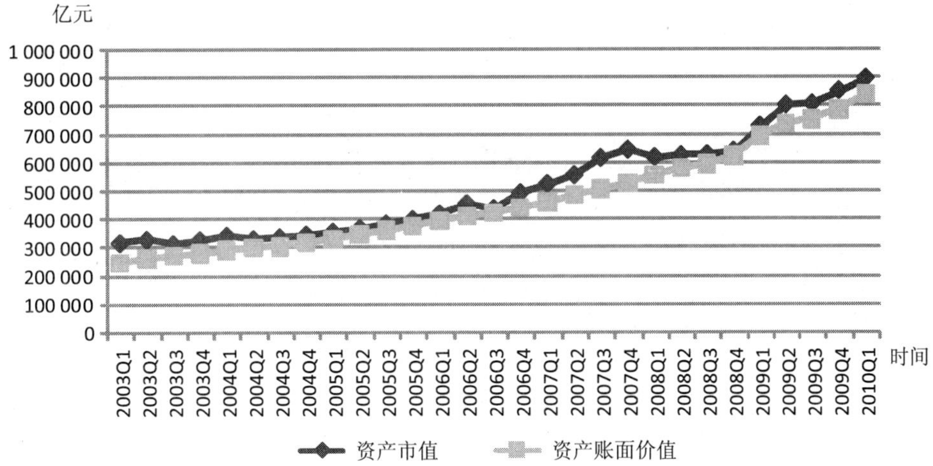


图 1.17 中国金融部门资产账面价值和市值比较

其中，我国银行业账面价值基本变化不大，按照一定的趋势稳步增长，说明金融部门的发展比较稳定。而资产的市场价值虽然大体上也是增长，但是波动却比较明显。

综合来看，2006 年第一季度到 2006 年第三季度，我国银行业的账面价值略高于市值，这个时候我国股市还处于低谷时期，之后 2006 年年底我国股市大涨，所以银行业的市场价值一跃超过账面价值，并且在股市高涨阶段一直保持此趋势。然而，随着金融危机来袭和我国股市走低，2008 年第一季度开始，银行业资产价值开始缓慢下跌，但是到 2008 年年底已经恢复上扬趋势。

如图 1.18，2005 年股市大跌，股市融资减少，通过扩大负债规模，使得资产负债率达到高点，接近账面比率。2007 年股市的大涨使得上市部门的账面权益和权益市值急剧增长，股权融资更容易，或有资产负债率大幅下降，严重偏离账面比率。2008 年股市回落，或有资产负债率开始回升。2009 年，股市波动对于上市企业的账面价值影响更大，经过 2005—2008 年的大起大落之后，2009 年下半年或有资产负债率变化平稳，与账面价值平行发展，两者距离保持在 10% 并有缩小趋势。

如图 1.19，2003 年到 2009 年第三季度，资产市值一直远远大于违约点。一般而言，资产市值小于违约点时，企业就发生清偿力危机，从而发生违约。风险状况在 2005 年处于最差水平，进入 2006 年和 2007 年有显著改善，2007 年资本市场大幅上涨的行情，

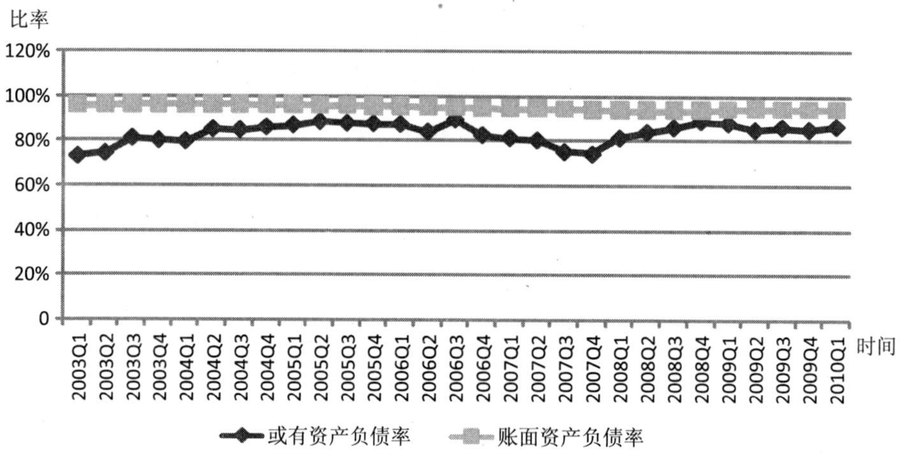


图 1.18　中国金融部门账面资产负债率和或有资产负债率比较

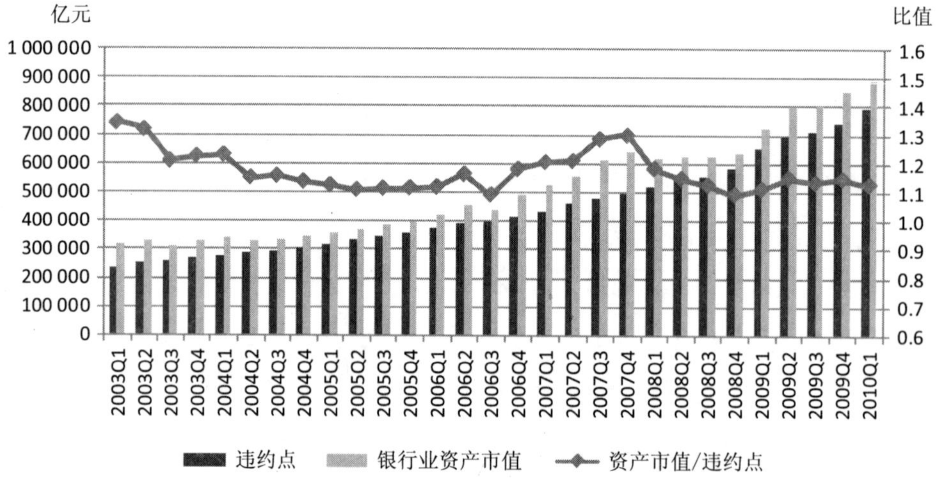


图 1.19　中国金融部门资产市值和违约点比较

对上市企业资产市值名义值的影响较大，市场对中国整体经济有利好预期而对整体金融部门的发展看好，融资通道拓宽，通过资本市场直接融资规模扩大，违约风险降低。在2008 年，资产市值大幅下降，这说明违约点相对于资产市值来说越来越高，可作为缓冲风险的区域相对越来越狭窄。进入 2009 年风险状况有所改善。

**（二）中国金融部门风险表分析**

基于表 1.8 的结果，以下将以资产市值的波动率与违约距离为例，分析中国金融部门的整体风险问题。

表 1.8　中国金融部门风险指标

| 时间 | 资产市值波动率 | 违约概率 | 违约距离 |
|---|---|---|---|
| 2003Q1 | 7.54% | 0 | 3.388 878 88 |
| 2003Q2 | 8.40% | 0.02% | 2.880 962 16 |
| 2003Q3 | 4.00% | 0 | 4.314 339 53 |
| 2003Q4 | 5.64% | 0 | 3.258 511 99 |
| 2004Q1 | 6.12% | 0.01% | 3.060 350 81 |
| 2004Q2 | 4.49% | 0.02% | 2.905 476 39 |
| 2004Q3 | 4.23% | 0 | 3.197 586 46 |
| 2004Q4 | 2.96% | 0 | 4.061 303 55 |
| 2005Q1 | 3.76% | 0.01% | 2.914 376 20 |
| 2005Q2 | 5.08% | 0.76% | 1.912 281 76 |
| 2005Q3 | 3.42% | 0 | 2.954 375 18 |
| 2005Q4 | 3.71% | 0.02% | 2.760 450 42 |
| 2006Q1 | 3.16% | 0 | 3.336 373 99 |
| 2006Q2 | 5.40% | 0.07% | 2.596 213 51 |
| 2006Q3 | 2.38% | 0 | 3.466 031 06 |
| 2006Q4 | 6.07% | 0.09% | 2.524 019 43 |
| 2007Q1 | 9.02% | 1.05% | 1.887 095 55 |
| 2007Q2 | 7.20% | 0.13% | 2.404 831 08 |
| 2007Q3 | 8.79% | 0.06% | 2.537 807 91 |
| 2007Q4 | 9.90% | 0.14% | 2.331 993 88 |
| 2008Q1 | 8.53% | 0.79% | 1.813 126 22 |
| 2008Q2 | 8.12% | 1.47% | 1.595 595 16 |
| 2008Q3 | 7.90% | 2.42% | 1.405 698 63 |
| 2008Q4 | 5.60% | 1.67% | 1.504 156 96 |
| 2009Q1 | 4.34% | 0.17% | 2.304 592 72 |
| 2009Q2 | 4.08% | 0 | 3.193 041 62 |
| 2009Q3 | 4.92% | 0.15% | 2.390 018 66 |
| 2009Q4 | 3.78% | 0 | 3.376 681 51 |
| 2010Q1 | 2.91% | 0 | 3.859 433 62 |

由图 1.20 可以看出资产市值波动率波动较为剧烈，尤其在 2007 年年末 2008 年年初达到历史最高水平。进入 2009 年波动率开始下降，2010 年第一季度已降至历史最低水平，说明金融部门的总体风险趋于缓和。

如图 1.21，违约距离变动趋势与图 1.20 所示的波动率变动大致相反，在 2008 年年末处于波谷（低于 1.5），这从另一方面反映了中国金融部门已从危机中逐步恢复，风险状况有明显改善。

全国金融部门整体的违约距离较小，这说明中国目前的各类金融机构都是高负债经

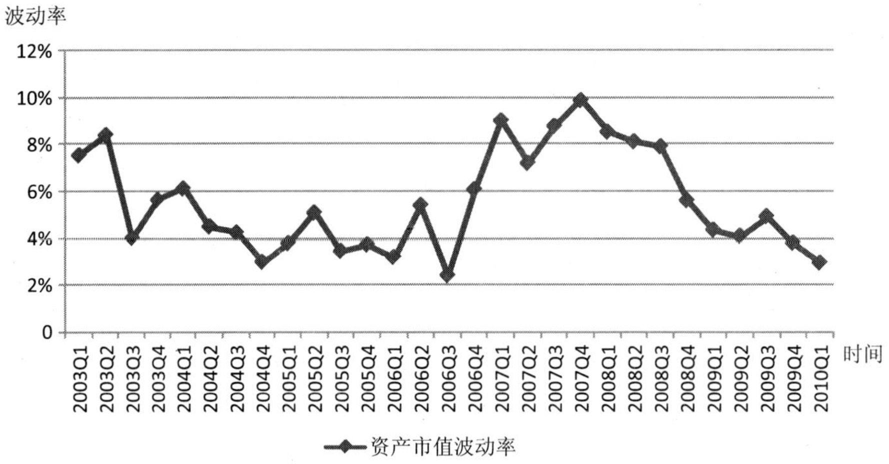


图 1.20　中国金融部门资产市值波动率

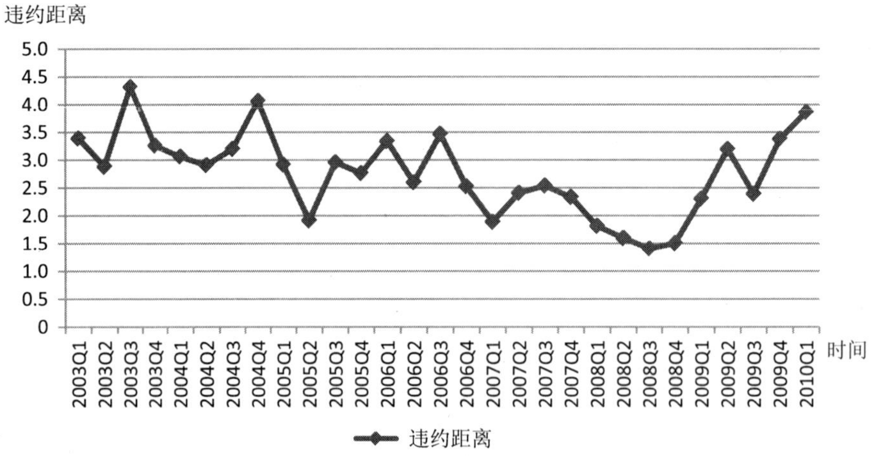


图 1.21　中国金融部门违约距离

营，总资产与违约点相差无几，必然造成各自的违约距离都很小。这与中国目前的金融体系及金融市场结构也有关系，金融机构有国家的隐形担保，资本充足率较低也可以正常运营。

### （三）中国金融部门压力测试和敏感性分析

以 2010 年第一季度中国银行业为例，压力测试分析当利率发生急剧的升降时各指标的变化，计算结果如表 1.9。

当无风险利率在短时间内大幅度下调至 1% 时，风险指标的变化均不显著。但当利率上调时，违约距离降至 1.65 左右，变动幅度大于上市金融部门，显示出整个银行业的抗风险性弱于上市银行业。目前上市的银行部门形成了以三大国有商业银行( 中国银行，

表 1.9　中国金融部门压力测试结果

| 风险指标 | 情景 1（实际利率 2.25%） | 情景 2（利率下调至 1%） | 情景 3（利率上调至 10%） |
|---|---|---|---|
| 资产市场价值（亿元） | 895 826.87 | 905 765.04 | 837 986.71 |
| 资产市值波动率 | 2.91% | 2.88% | 3.12% |
| 违约概率 | 0 | 0 | 0 |
| 违约距离 | 3.859 434 | 4.239 671 | 1.644 134 |

中国工商银行，中国建设银行）为代表的体系，国有股股权集中度高，银行绩效和风险稳定性更好。但整个银行业平均的绩效水平和抗压能力则有所下降，在对抗风险的反应上类似企业部门，利率下调时，风险减小，利率上调时，风险增大。

金融部门利率敏感度测试基于利率微调。同样采用金融部门 2010 年第一季度现实数据，并将利率上调至 2.52% 进行测试，调整利率后的计算结果如表 1.10。

表 1.10　中国金融部门敏感性测试结果

| 风险指标 | 情景 1（实际利率 2.25%） | 情景 2（利率调整至 2.52%） |
|---|---|---|
| 资产市场价值（亿元） | 895 826.87 | 894 435.53 |
| 资产市值波动率 | 2.91% | 2.92% |
| 违约概率 | 0 | 0 |
| 违约距离 | 3.859 434 | 3.804 648 |

当利率微小波动的时候，所有指标几乎不变，这说明金融部门的抗压能力强，敏感性较差。

上述数据表明，中国金融部门在利率微调时，各风险指标变化不明显，说明中国银行业可以在一定程度上抵抗金融市场的冲击。但当利率上下调整扩大时，从违约距离的变化可以看出，银行业面临着潜在的市场风险。

**（四）小结**

综上所述，近几年以来，中国金融部门在面临国际国内的风险考验时受到一定的冲击，尤其是 2008 年国际金融危机的影响使我国银行业产生了不小的波动，但宏观经济稳定快速的增长环境，以及中国对资本项目的管制，使得中国银行业在国际金融市场的参与度较低，中国银行业整体的优异表现使得风险都在可控范围之内，2006 年至 2008 年我国金融部门发展较为稳定，资产市值和账面价值比较接近，说明金融部门整体未受到外部不利因素的巨大冲击，充分体现了我国金融监管的有效性，银行业以及整个金融体系维持了相当程度的稳定。

## 第 3 节　中国企业部门风险分析

企业部门是金融风险研究的主要对象，相对于金融机构，企业部门缺乏统一的监管和保护，其风险暴露相对较大，因而呈现出不同的风险特征。企业部门包括各大型非金融企业和机构，同金融部门一样，企业部门的研究分为上市企业部门和企业部门两部分。上市企业部门的研究对象为中国上市的 1 600 多家非金融企业，企业部门研究选取的是人民银行定期公布的中国 5 000 家企业的数据。

### 一、中国上市企业部门资产负债表分析

本小节研究的中国上市企业部门是以国内 1 600 多家上市企业（剔除金融板块、创业板及 B 股）为样本，财务数据年份从 2001 年 1 月 1 日至 2010 年 3 月 31 日，所采用数据为季度数据（其中 2001 年第一季度和第三季度由于数据缺失未列入分析，但不影响对总体趋势的分析）。

**（一）中国上市企业部门资产负债表编制**

表 1.11 摘录每年各季度末企业部门的资产负债表数据，汇总可得中国上市企业部门的资产负债表，本书只基于获得的全部数据做出对中国企业部门宏观风险情况的判断。

**表 1.11　中国上市企业部门资产负债表**　　单位：亿元

| 时间 | 流动资产 | 长期资产 | 总资产 | 流动负债 | 长期负债 | 总负债 | 所有者权益 |
|---|---|---|---|---|---|---|---|
| 2001Q2 | 8 853.46 | 8 084.87 | 16 938.33 | 5 611.49 | 1 504.41 | 7 115.90 | 9 822.43 |
| 2001Q4 | 10 276.04 | 12 036.31 | 22 312.35 | 7 805.48 | 2 519.24 | 10 324.72 | 11 987.63 |
| 2002Q1 | 10 600.02 | 12 490.78 | 23 090.81 | 8 051.25 | 2 633.80 | 10 685.05 | 12 405.76 |
| 2002Q2 | 10 850.21 | 12 953.48 | 23 803.69 | 8 169.60 | 2 750.28 | 10 919.87 | 12 883.82 |
| 2002Q3 | 11 158.48 | 13 408.54 | 24 567.02 | 8 423.37 | 2 785.24 | 11 208.61 | 13 358.41 |
| 2002Q4 | 11 521.81 | 15 247.76 | 26 769.57 | 9 672.36 | 3 270.66 | 12 943.02 | 13 826.55 |
| 2003Q1 | 11 750.41 | 16 040.77 | 27 791.18 | 9 737.41 | 3 388.19 | 13 125.60 | 14 665.58 |
| 2003Q2 | 12 422.10 | 16 034.22 | 28 456.32 | 10 236.14 | 3 562.64 | 13 798.78 | 14 657.54 |
| 2003Q3 | 13 062.57 | 17 910.02 | 30 972.58 | 11 245.44 | 3 900.03 | 15 145.47 | 15 827.11 |
| 2003Q4 | 13 550.25 | 18 290.26 | 31 840.51 | 11 619.70 | 4 107.05 | 15 726.75 | 16 113.76 |
| 2004Q1 | 14 063.71 | 18 260.75 | 32 324.46 | 11 853.72 | 4 216.57 | 16 070.29 | 16 254.17 |
| 2004Q2 | 15 418.65 | 19 785.01 | 35 203.66 | 13 337.66 | 4 568.14 | 17 905.80 | 17 297.86 |
| 2004Q3 | 16 077.55 | 20 554.02 | 36 631.57 | 13 771.48 | 4 846.16 | 18 617.64 | 18 013.93 |
| 2004Q4 | 15 945.99 | 22 049.00 | 37 994.99 | 14 577.10 | 5 124.24 | 19 701.34 | 18 293.65 |

续表

| 时间 | 流动资产 | 长期资产 | 总资产 | 流动负债 | 长期负债 | 总负债 | 所有者权益 |
|---|---|---|---|---|---|---|---|
| 2005Q1 | 16 343.11 | 22 770.49 | 39 113.60 | 14 975.73 | 5 555.02 | 20 530.75 | 18 582.85 |
| 2005Q2 | 17 477.35 | 24 226.45 | 41 703.80 | 16 542.52 | 6 035.84 | 22 578.35 | 19 125.44 |
| 2005Q3 | 17 625.27 | 24 622.36 | 42 247.63 | 16 724.15 | 6 229.18 | 22 953.33 | 19 294.30 |
| 2005Q4 | 17 425.67 | 25 679.18 | 43 104.85 | 17 459.15 | 5 928.74 | 23 387.88 | 19 716.97 |
| 2006Q1 | 17 730.92 | 25 651.87 | 43 382.79 | 17 589.87 | 6 023.29 | 23 613.16 | 19 769.63 |
| 2006Q2 | 18 790.58 | 27 435.65 | 46 226.23 | 19 493.89 | 6 428.48 | 25 922.37 | 20 303.86 |
| 2006Q3 | 19 997.88 | 29 439.98 | 49 437.86 | 20 414.19 | 7 125.73 | 27 539.91 | 21 897.95 |
| 2006Q4 | 21 003.06 | 32 791.35 | 53 794.41 | 21 894.97 | 7 858.65 | 29 753.62 | 24 040.79 |
| 2007Q1 | 22 902.14 | 34 038.65 | 56 940.78 | 23 143.92 | 8 237.73 | 31 381.66 | 25 559.12 |
| 2007Q2 | 25 020.67 | 36 409.84 | 61 430.51 | 25 114.28 | 8 987.54 | 34 101.83 | 27 328.68 |
| 2007Q3 | 27 557.14 | 38 624.30 | 66 181.44 | 26 885.53 | 9 698.21 | 36 583.74 | 29 597.70 |
| 2007Q4 | 34 612.94 | 52 027.51 | 86 640.44 | 33 014.34 | 11 844.10 | 44 858.44 | 41 782.00 |
| 2008Q1 | 41 020.42 | 53 497.07 | 94 517.49 | 36 894.89 | 13 098.23 | 49 993.12 | 44 524.37 |
| 2008Q2 | 43 180.29 | 56 402.04 | 99 582.33 | 39 592.49 | 14 316.90 | 53 909.39 | 45 672.94 |
| 2008Q3 | 45 263.52 | 58 968.85 | 104 232.37 | 41 586.55 | 15 430.38 | 57 016.93 | 47 215.44 |
| 2008Q4 | 41 723.43 | 65 112.40 | 106 835.83 | 41 529.11 | 16 202.75 | 57 731.86 | 49 103.97 |
| 2009Q1 | 43 569.54 | 65 708.20 | 109 277.75 | 42 241.06 | 17 363.84 | 59 604.90 | 49 672.85 |
| 2009Q2 | 46 282.68 | 68 375.33 | 114 658.01 | 45 007.59 | 18 631.30 | 63 638.89 | 51 019.12 |
| 2009Q3 | 55 400.66 | 72 981.19 | 128 381.85 | 51 597.26 | 21 892.37 | 73 489.63 | 54 892.22 |
| 2009Q4 | 56 921.72 | 79 211.36 | 136 133.08 | 54 359.62 | 23 596.96 | 77 956.58 | 58 176.50 |
| 2010Q1 | 64 742.74 | 80 982.62 | 145 725.36 | 58 326.67 | 25 667.65 | 83 994.32 | 61 731.04 |

中国上市企业相关财务数据来源：总资产和总负债数据来自国泰君安数据库（CSMAR 中国上市公司财务报表数据库）；上市各股的流动资产，流动负债季度数据来自金库网（http：//share.jinku.com）。

### （二）中国上市企业部门资产负债表分析

基于表 1.11 的账面基本情况，下面从期限错配、资本结构、清偿力几个方面对上市企业部门的账面指标进行深入分析。

1. 期限错配分析

中国上市企业部门 2001 年至 2009 年各季度的流动资产、流动负债及流动比率的变化情况如图 1.22。

中国上市企业部门流动资产和流动负债在 2001 年至 2010 年第一季度期间稳步增长。流动比率呈逐步下降趋势，但大多数季度都保持在 1 之上，流动资产可以抵偿流动负债；除此之外，流动比率低于 1 的季度为 2005 年第四季度至 2007 年第一季度，2008 年第四季度，这几个期间的上市企业部门存在一定的期限错配风险，2006 年和 2007 年股市全

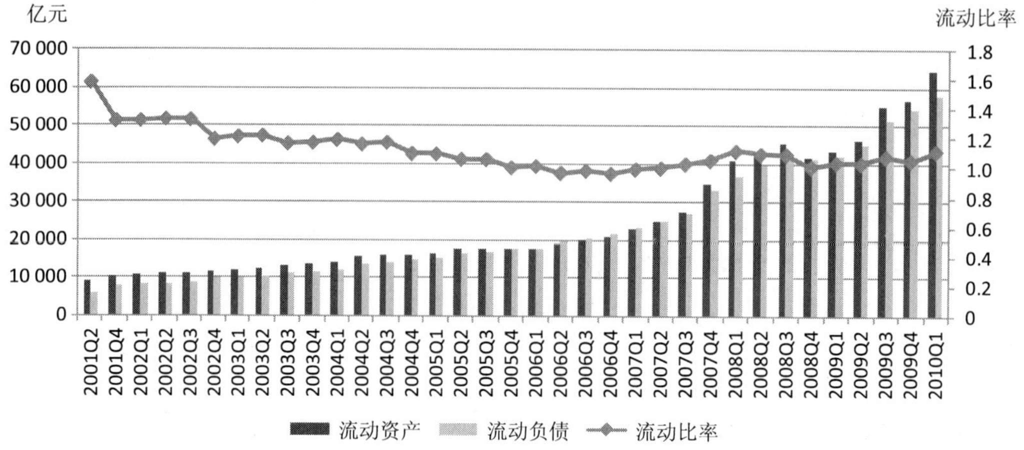


图 1.22　中国上市企业部门流动资产负债比较

面回温，上市企业负债经营规模增大，企业在融资活动中负债融资比例增加，流动负债增大。2008 年受国际金融危机影响，上市企业财务状况受到不同程度的冲击，企业短期偿债能力减弱，但随着经济复苏，2009 年开始流动比率恢复至 1。

如图 1.23，从中国上市企业部门流动资产与总资产比例看，除了 2001 年流动负债与长期负债各占一半，以后各年各季度的流动资产占比都维持在 40%~45% 之间，即总资产中以长期资产为主，资产的流动性不足，存在一定程度的期限错配风险。

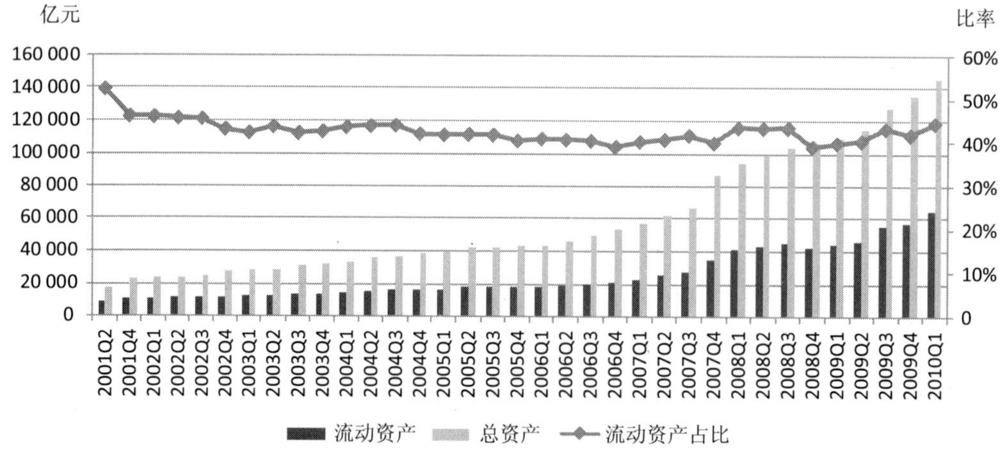


图 1.23　中国上市企业部门流动资产与总资产

2. 资本结构分析

在 2001 年至 2010 年第一季度期间，中国上市企业部门快速发展，资产、负债规模均处于上升态势，但负债显然增幅更为迅速，使得资产负债率缓步攀升，如图 1.24。

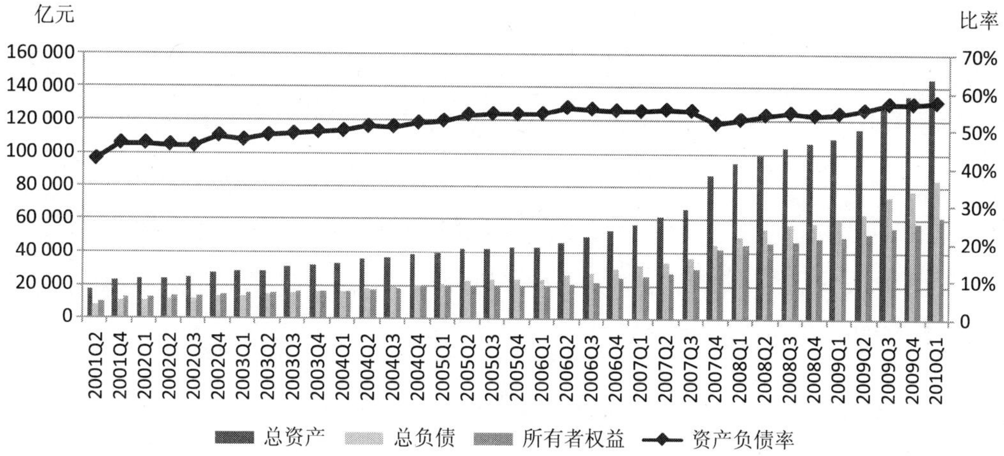


图 1.24　中国上市企业部门资本结构

从 2001 年的 42% 上升到 2010 年的 58%，资本结构错配风险在上升，但均未超出企业部门资产负债率的上限 60% 的标准，企业部门未曾出现资不抵债的情形。但就资产负债率上升的变化趋势可以看出，中国上市企业部门未从根本上扭转对债务融资的依赖性，还应继续致力于降低上市企业部门的资产负债率。

3. 清偿力风险分析

从以上的资本结构、期限错配看，中国上市企业部门的期限结构和资本结构潜在风险缓慢增大，所以应加强风险控制。另外，企业部门的产权比率应该在 1.5 附近。如果产权比率过高，一旦环境出现不利变化通常就会面临清偿力风险和利率风险。

如图 1.25，中国上市企业部门的产权比率在 10 年间呈不断上升趋势，逐渐接近 1.5

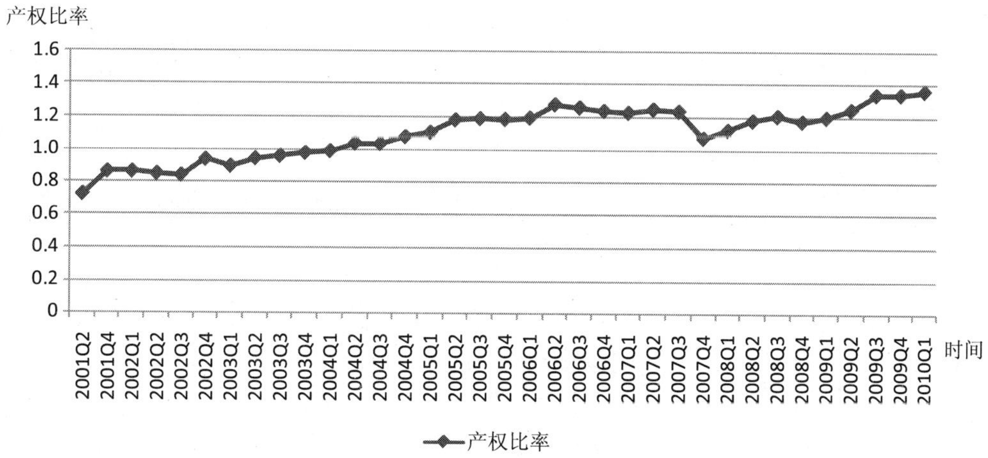


图 1.25　中国上市企业部门产权比率

的临界水平。其中，2007 年资本市场的迅猛发展使得更多的企业上市，使得股权融资增加，债务融资减少，产权比率下降。

通过对中国上市企业部门资产负债表分析，初步了解了上市企业部门的风险状况，从企业账面指标可以看出，随着中国经济的不断发展和金融市场的进一步开放，中国企业面临的风险不断加大，尤其反映在长短期偿债能力上。但由历史信息和账面价值所反映的风险状况并不能反映投资者对未来的预期和不同时期的市场风险，需要进一步运用或有权益分析法进行更深入的风险分析。

## 二、中国上市企业部门或有权益资产负债表分析

### （一）中国上市企业部门或有资产负债表编制及分析

对中国上市企业进行或有权益分析时，这里选取的指标是中国 1 600 多家上市公司，首先将有关所需数据整理如表 1.12。所需数据均来自国泰君安数据库以及招商证券股票分析软件。股票价格采用前复权的方法，剔除创业板和 B 股，每个非金融上市企业的股权市值通过股票价格乘以现有股本数得到，加总处理后可得上市企业部门日股权市值，进一步计算即可得上市企业部门的季度权益市值波动率；输入参数中的股权市值采用季度末数据；上市企业部门的债务违约点通过短期债务加一半的长期债务获得。具体可得 2001 年到 2010 年第一季度中国上市企业部门或有权益资产负债表的输入参数如附表 3 所示。

通过 MATLAB 编程计算，可得中国上市企业部门或有权益资产负债表（表 1.12）以及中国上市企业部门风险指标表。

**表 1.12　中国上市企业部门或有权益资产负债表**　　单位：亿元

| 时间 | 资产市值 | 负债市值 | 权益市值 | 时间 | 资产市值 | 负债市值 | 权益市值 |
|---|---|---|---|---|---|---|---|
| 2001Q2 | 50 420.92 | 6 221.17 | 44 199.75 | 2003Q4 | 46 294.28 | 13 408.94 | 32 885.34 |
| 2001Q4 | 43 131.44 | 8 859.32 | 34 272.12 | 2004Q1 | 53 702.35 | 13 693.19 | 40 009.16 |
| 2002Q1 | 43 162.48 | 9 169.60 | 33 992.89 | 2004Q2 | 46 628.27 | 15 318.40 | 31 309.87 |
| 2002Q2 | 47 261.05 | 9 353.62 | 37 907.43 | 2004Q3 | 47 757.14 | 15 876.58 | 31 880.56 |
| 2002Q3 | 44 122.30 | 9 624.79 | 34 497.52 | 2004Q4 | 45 146.31 | 16 774.69 | 28 371.62 |
| 2002Q4 | 40 165.37 | 11 086.33 | 29 079.04 | 2005Q1 | 43 752.50 | 17 359.79 | 26 392.71 |
| 2003Q1 | 44 004.57 | 11 208.16 | 32 796.41 | 2005Q2 | 42 584.31 | 19 125.15 | 23 459.16 |
| 2003Q2 | 43 784.89 | 11 778.38 | 32 006.51 | 2005Q3 | 45 200.41 | 19 397.44 | 25 802.97 |
| 2003Q3 | 42 532.11 | 12 939.45 | 29 592.66 | 2005Q4 | 45 573.52 | 19 966.81 | 25 606.71 |

续表

| 时间 | 资产市值 | 负债市值 | 权益市值 | 时间 | 资产市值 | 负债市值 | 权益市值 |
|---|---|---|---|---|---|---|---|
| 2006Q1 | 49 764.29 | 20 142.65 | 29 621.64 | 2008Q2 | 189 130.77 | 44 894.11 | 144 236.66 |
| 2006Q2 | 64 145.55 | 22 206.68 | 41 938.87 | 2008Q3 | 164 781.04 | 47 311.47 | 117 469.57 |
| 2006Q3 | 67 973.67 | 23 400.80 | 44 572.87 | 2008Q4 | 144 759.00 | 48 059.60 | 96 699.40 |
| 2006Q4 | 87 350.26 | 25 179.30 | 62 170.96 | 2009Q1 | 180 507.75 | 49 800.08 | 130 707.67 |
| 2007Q1 | 119 672.59 | 26 578.41 | 93 094.18 | 2009Q2 | 214 098.08 | 53 122.05 | 160 976.03 |
| 2007Q2 | 158 372.42 | 28 771.47 | 129 600.95 | 2009Q3 | 220 987.10 | 61 141.00 | 159 846.10 |
| 2007Q3 | 231 031.22 | 30 656.80 | 200 374.42 | 2009Q4 | 261 543.18 | 64 709.01 | 196 834.17 |
| 2007Q4 | 307 757.04 | 37 439.36 | 270 317.68 | 2010Q1 | 264 371.94 | 69 586.78 | 194 785.16 |
| 2008Q1 | 228 493.31 | 41 701.46 | 186 791.85 | | | | |

2001—2006 年，中国上市企业部门资产市值随季度增长缓慢，之后由于股市行情转好，资产市值大幅增加，至 2007 年年初突破 10 万亿元，并在 2007 年年末达到历史最高水平 30 万亿元左右。之后受国际金融危机影响，资产市值在 2008 年持续下降，后在 2009 年、2010 年股市逐步调整，市值有所反弹。进一步分析发现，资产市值变化主要是受到权益市值变化的影响，2006 年之前，每年各季度权益市值起伏不定，2007 年开始各季度市值随季度攀升，仅在 2008 年年末有所下降，且在 10 万亿元之下，为历史最低水平。企业部门或有资产增加的同时，风险负债稳定增加，每年均保持 10% 以下的季度增长率（季度增长率平均值）。但值得注意的是，2007 年第四季度和 2009 年负债市值大幅增加，这主要是与这两年资本市场的蓬勃发展引起的高负债融资有关。

图 1.26 显示出或有资产负债结构，资产和权益的市值呈现相似的变化趋势，均在

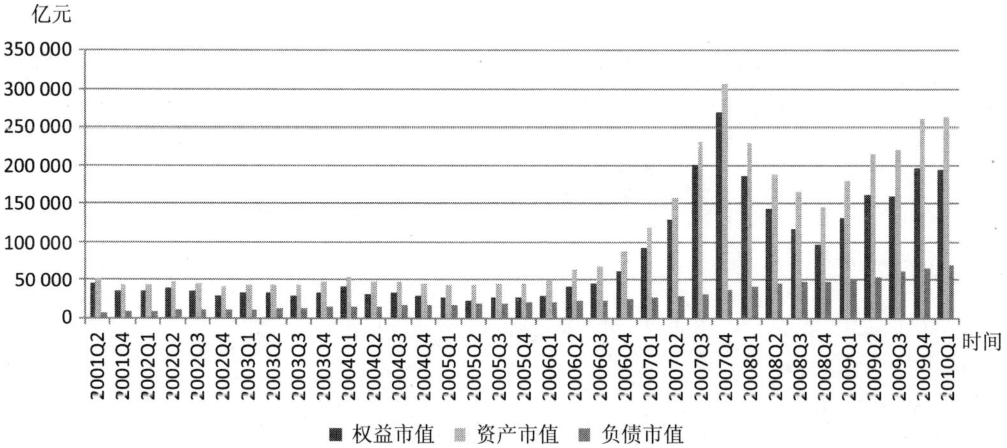


图 1.26　中国上市企业部门或有权益资本结构

2007 年达到历史最高水平，后在 2008 年受到国际金融危机冲击而振荡下降，2009 年开始逐步回升。

结合账面资产负债表和或有权益资产负债表（表 1.14 和表 1.16），下面分别对资产账面价值和资产市场价值，账面资产负债率和或有资产负债率作比较。

如图 1.27，2001—2005 年资产市场价值和资产账面价值差距不大，说明这段时间上市企业部门的市场价值评价是理性的。2007 年由于股市大爆发从而使资产市值达到一个新的高度，市场价值显著偏离账面价值。2008 年市值随股市回落而回落，2009 年有所回升。在样本年限内，资产账面价值均低于资产市值，说明企业部门的市场价值长期被高估。2007 年以后上市企业部门的市场价值上升幅度大于下降幅度，说明上市部门对股市下降的敏感程度不如对股市上涨的敏感程度。

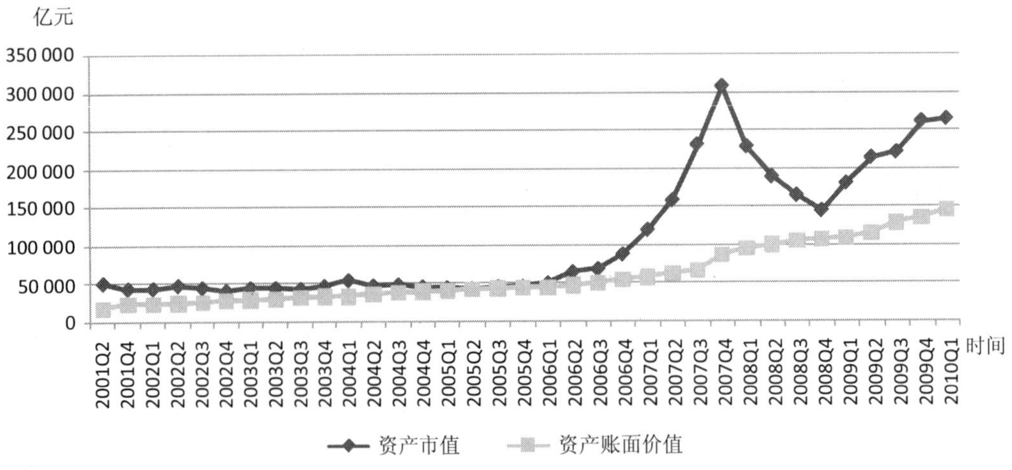


图 1.27　中国上市企业部门资产市值与账面价值比较

图 1.28 显示出中国上市企业部门负债账面价值和市场价值变化趋势较为一致，且各季度负债市场价值比账面价值小 16% 左右（各季度负债账面价值与市场价值比较的平均值）。负债市值与负债账面价值的差额实际是企业的看跌期权，上市企业部门负债市值随着负债账面价值上升而上升，看跌期权的价值较小，但期权相对价值在逐年攀升，所以违约风险值得关注。

如图 1.29，相对于上市企业部门账面价值资产负债率变化趋势，或有资产负债率波动较大，且或有资产负债率的变动先于账面资产负债率。在样本期限内，或有资产负债率小于账面价值的资产负债率，表明以市场公允价值计量的企业风险是小于账面价值显示的企业风险的，但是，市场价值的不稳定性也使得以市场公允价值计量的企业风险的

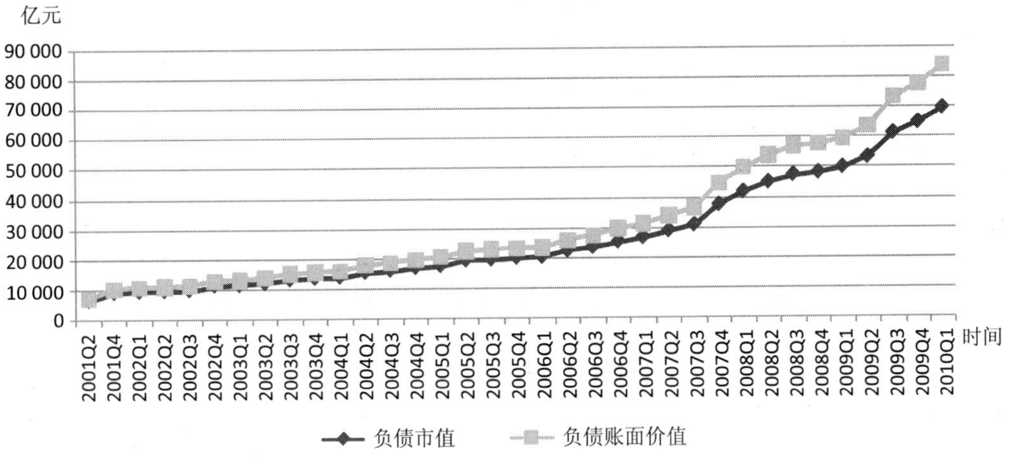


图 1.28　中国上市企业部门负债市值与账面价值比较

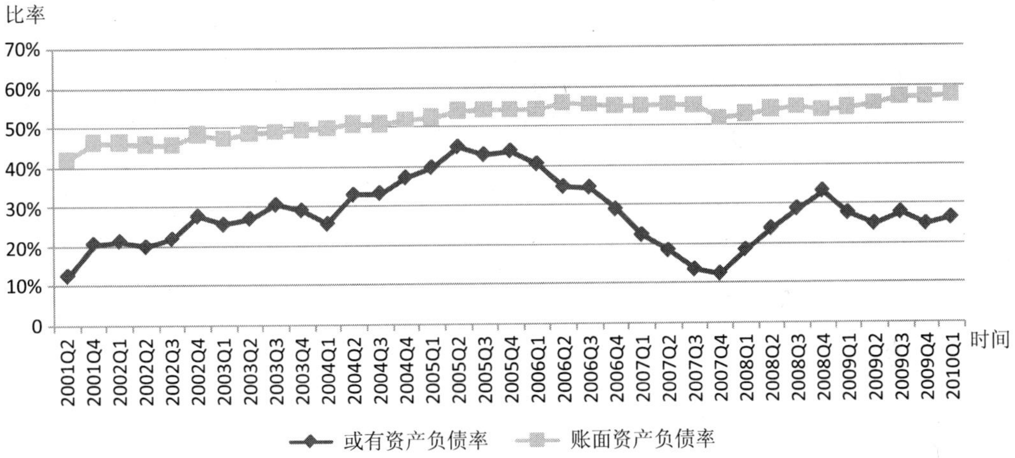


图 1.29　中国上市企业部门资产负债率比较

可信度降低。总体而言，2001—2009 年上市企业部门债务融资所占比重接近于 60%，相应存在一定的资本结构错配风险。面对企业部门资产结构存在的问题，需要优化企业部门资本结构，增加股权融资比例，促进企业部门的可持续发展。

如图 1.30，从资产市值与违约点看，2001 年第一季度至 2010 年第三季度的资产市值一直远远大于违约点。企业部门风险状况在 2005 年达到最差，在 2006 年和 2007 年有显著的改善，2007 年资本市场大幅上涨的行情，对上市企业的资产市值名义值的影响较大，市场对中国整体经济报有好的预期而对整体企业部门的发展看好，企业融资通道拓宽，通过资本市场直接融资规模扩大，违约风险降低。

在 2008 年，资产市值大幅下降，这说明违约点相对于资产市值来说越来越高，可作

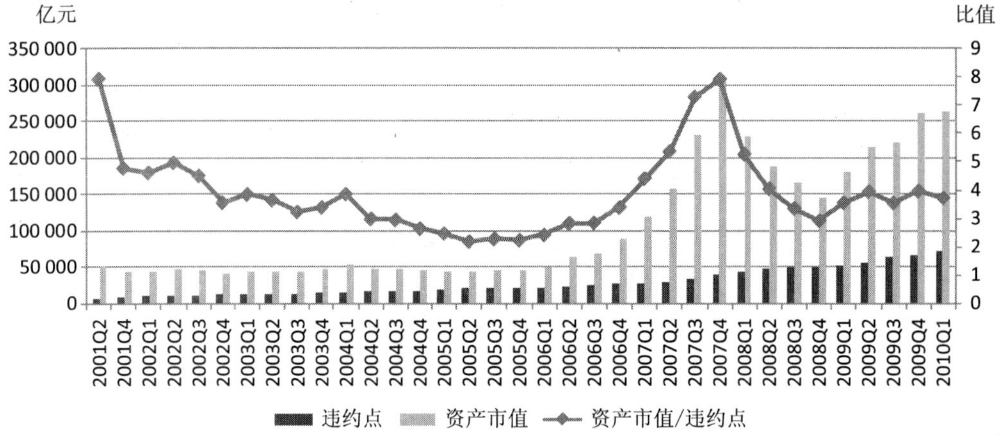


图 1.30　中国上市企业部门资产市值和违约点比较

为缓冲风险的区域相对越来越狭窄。2009 年情况有所改善。在资本市场快速发展的契机下，应改善企业质量，并支持更多的企业上市融资，以改变现今受资本市场行情好坏影响过大、波动率过大的局面，进一步分散风险。

**（二）中国上市企业部门风险表分析**

基于资产市场价值和无风险利率等相关信息，可以得到一系列基准风险指标，从而总体上把握上市企业部门宏观金融风险状况，并对由这种风险所产生的潜在危机进行有效的预警。

表 1.13 构造出中国上市企业部门呈现的各种风险指标。为了更清晰地看出这些风险指标所呈现的宏观风险特征，图 1.31 和图 1.32 描绘了上市公司各项指标的变化趋势。

**表 1.13　中国上市企业部门风险表**

| 时间 | 资产市值波动率 | 违约概率 | 违约距离 |
|---|---|---|---|
| 2001Q2 | 10.01% | 0 | 8.730 553 657 |
| 2001Q4 | 27.81% | 0 | 2.840 382 777 |
| 2002Q1 | 30.95% | 0 | 2.529 860 049 |
| 2002Q2 | 25.13% | 0 | 3.175 336 097 |
| 2002Q3 | 9.61% | 0 | 8.092 275 015 |
| 2002Q4 | 15.56% | 0 | 4.616 552 649 |
| 2003Q1 | 16.57% | 0 | 4.468 573 477 |
| 2003Q2 | 15.20% | 0 | 4.773 968 169 |
| 2003Q3 | 9.37% | 0 | 7.365 108 577 |
| 2003Q4 | 15.22% | 0 | 4.630 346 372 |
| 2004Q1 | 15.70% | 0 | 4.712 181 821 |
| 2004Q2 | 14.17% | 0 | 4.693 616 156 |
| 2004Q3 | 18.92% | 0 | 3.493 190 935 |

续表

| 时间 | 资产市值波动率 | 违约概率 | 违约距离 |
|---|---|---|---|
| 2004Q4 | 13.84% | 0 | 4.482 926 199 |
| 2005Q1 | 14.36% | 0 | 4.138 895 850 |
| 2005Q2 | 18.00% | 0 | 3.003 114 426 |
| 2005Q3 | 14.70% | 0 | 3.818 196 993 |
| 2005Q4 | 9.41% | 0 | 5.861 575 711 |
| 2006Q1 | 9.89% | 0 | 5.928 019 002 |
| 2006Q2 | 19.29% | 0 | 3.349 458 673 |
| 2006Q3 | 15.40% | 0 | 4.202 970 116 |
| 2006Q4 | 16.31% | 0 | 4.316 429 147 |
| 2007Q1 | 30.37% | 0 | 2.542 709 517 |
| 2007Q2 | 35.24% | 0 | 2.307 370 803 |
| 2007Q3 | 29.98% | 0 | 2.877 628 868 |
| 2007Q4 | 30.14% | 0 | 2.897 770 440 |
| 2008Q1 | 35.66% | 0 | 2.271 299 219 |
| 2008Q2 | 39.23% | 0 | 1.918 689 398 |
| 2008Q3 | 32.79% | 0 | 2.136 986 760 |
| 2008Q4 | 30.06% | 0 | 2.186 358 423 |
| 2009Q1 | 24.68% | 0 | 2.908 551 947 |
| 2009Q2 | 17.67% | 0 | 4.222 721 643 |
| 2009Q3 | 29.12% | 0 | 2.461 845 778 |
| 2009Q4 | 19.94% | 0 | 3.745 732 227 |
| 2010Q1 | 14.30% | 0 | 5.109 188 987 |

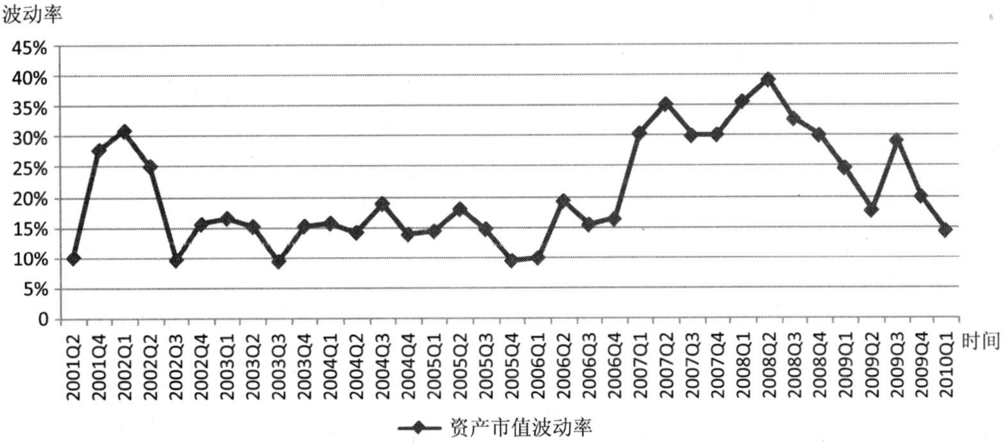


图 1.31　中国上市企业部门资产市值波动率

如图 1.31，上市企业的市值波动率在振荡中有所攀升，从 2002 年到 2006 年市值波动率保持在 30% 以下，中国上市企业部门在此区间内市值比较稳定。但是从 2007 年年

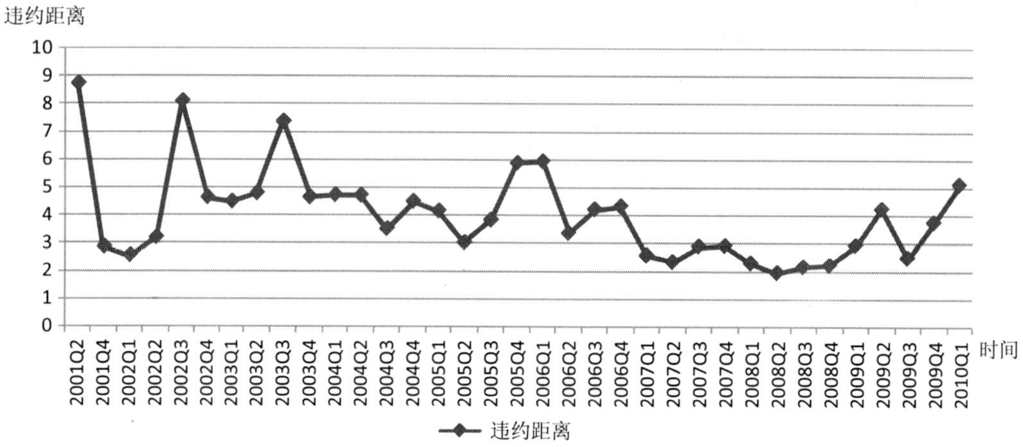


图 1.32　中国上市企业部门违约距离

初受股市全面回温影响，市值波动率开始攀升，到 2008 年国际金融危机蔓延，上市企业部门的市场价值波动进一步变大。2009 年随着宏观金融经济的恢复，波动率水平有所下降，但仍有反弹的风险。

如图 1.32，在样本区间内，中国上市企业部门的违约距离在波动中趋于下降，且各季度呈现一定的周期性变化。2008 年违约距离降至历史最低值，2009 年小幅上涨又受到国际（欧洲主权债务危机）国内（房产市场的大幅波动）不稳定形势的影响，进入第三季度又开始下降，预计未来违约距离仍处于起伏波动之中。

**（三）中国上市企业部门压力测试和敏感性分析**

以 2010 年一季度中国上市企业部门为例，压力测试分析当利率发生急剧升降时各指标的变化，计算结果如表 1.14。

**表 1.14　中国上市企业部门压力测试**

| 风险指标 | 情景 1<br>（实际利率 2.25%） | 情景 2<br>（利率下调至 1%） | 情景 3<br>（利率上调至 10%） |
|---|---|---|---|
| 资产市场价值（亿元） | 264 371.94 | 265 248.69 | 259 161.66 |
| 资产市值波动率 | 1.43% | 1.43% | 1.46% |
| 违约概率 | 0 | 0 | 0 |
| 违约距离 | 5.109 189 | 5.132 356 | 4.971 615 |

表 1.14 显示，当无风险利率在短时间内大幅度上升或下降时，主要的风险指标变化均不大。因此，大幅度波动的利率政策对上市企业的影响较小。

上市企业部门利率敏感度测试基于利率微调。同样采用部门 2010 年第一季度现实数据，并将利率上调至 2.52%，进行测试。调整利率后的计算结果如表 1.15。

**表 1.15　中国上市企业部门敏感性测试结果**

| 风险指标 | 情景 1（实际利率 2.25%） | 情景 2（利率调整至 2.52%） |
| --- | --- | --- |
| 资产市场价值（亿元） | 264 371.94 | 264 177.37 |
| 资产市值波动率 | 1.43% | 1.43% |
| 违约概率 | 0 | 0 |
| 违约距离 | 5.109 189 | 5.104 108 |

以 2010 年第一季度中国上市企业部门作为分析对象，当利率微小波动的时候，所有指标几乎不变，这说明上市企业部门的抗压能力强，敏感性较差。

上述数据表明，中国上市企业部门资产市值对利率大幅变化，违约距离等没有随之有较大幅度的变化，说明上市企业部门在面对利率冲击时，其风险承受能力较强。当利率微调时，违约概率几乎没有变化，违约距离和资产市值波动率都没有很大调整，可见上市企业部门对于利率的小幅调整所带来的冲击能较好应对，对于利率微调，上市企业部门的反映比较稳定。



## 三、中国企业部门资产负债表分析

近年来，特别是 2007 年在宏观经济快速增长、市场需求旺盛和出口不断增长的环境下，全年企业部门总产值和利润实现高速增长。但是，2008 年我国企业部门经济经历了上半年快速平稳增长、下半年增速大幅下滑的起伏波动过程。随着中央宏观调控的层层推进，2009 年年初企业部门开始逐步扭转经济下滑的趋势，以较快增长速度平稳发展。

### （一）中国企业部门资产负债表编制

中国企业部门的数据选取《中国人民银行统计季报》中所采样的 5 000 家样本企业为样本，财务数据年份从 2001 年第一季度至 2009 年第四季度（季度数据）。表 1.16 是摘录每季度末企业部门的资产负债表数据汇总而得。

**表 1.16　中国企业部门资产负债表**　　单位：亿元

| 时间 | 流动资产 | 长期资产 | 总资产 | 流动负债 | 长期负债 | 总负债 | 所有者权益 |
| --- | --- | --- | --- | --- | --- | --- | --- |
| 2001Q1 | 21 304.83 | 22 030.59 | 49 254.07 | 19 619.92 | 9 060.92 | 28 680.84 | 20 573.23 |
| 2001Q2 | 21 173.52 | 21 692.30 | 48 876.77 | 19 763.61 | 8 956.44 | 28 720.05 | 20 156.72 |
| 2001Q3 | 21 750.36 | 22 042.10 | 49 879.77 | 20 168.38 | 9 173.09 | 29 341.47 | 20 538.30 |
| 2001Q4 | 20 140.10 | 21 429.82 | 47 750.47 | 19 060.26 | 8 354.29 | 27 414.55 | 20 335.92 |
| 2002Q1 | 20 625.72 | 21 572.85 | 48 672.73 | 19 751.62 | 8 525.21 | 28 276.83 | 20 395.90 |
| 2002Q2 | 22 245.27 | 23 423.71 | 52 359.97 | 21 232.04 | 9 256.68 | 30 488.72 | 21 871.25 |
| 2002Q3 | 22 177.84 | 23 152.32 | 51 876.05 | 20 926.41 | 9 014.47 | 29 940.88 | 21 935.17 |

续表

| 时间 | 流动资产 | 长期资产 | 总资产 | 流动负债 | 长期负债 | 总负债 | 所有者权益 |
|---|---|---|---|---|---|---|---|
| 2002Q4 | 21 769.66 | 23 087.07 | 51 541.89 | 20 717.26 | 8 710.25 | 29 427.51 | 22 114.38 |
| 2003Q1 | 22 265.11 | 22 438.47 | 51 122.93 | 21 271.72 | 8 353.67 | 29 625.39 | 21 497.54 |
| 2003Q2 | 23 722.51 | 24 030.98 | 54 317.48 | 22 741.85 | 8 681.93 | 31 423.78 | 22 893.70 |
| 2003Q3 | 24 613.68 | 24 351.44 | 55 590.70 | 23 526.14 | 8 608.46 | 32 134.60 | 23 456.10 |
| 2003Q4 | 23 955.45 | 22 863.23 | 53 507.73 | 23 032.16 | 8 325.44 | 31 357.60 | 22 150.13 |
| 2004Q1 | 26 835.30 | 25 618.17 | 59 556.81 | 25 639.20 | 8 907.18 | 34 546.38 | 25 010.43 |
| 2004Q2 | 28 603.51 | 26 371.32 | 62 335.13 | 27 348.86 | 9 146.67 | 36 495.53 | 25 839.60 |
| 2004Q3 | 27 833.51 | 24 925.65 | 59 538.63 | 26 328.68 | 8 387.37 | 34 716.05 | 24 822.58 |
| 2004Q4 | 27 620.63 | 24 097.84 | 58 540.35 | 25 657.83 | 8 716.74 | 34 374.56 | 24 165.79 |
| 2005Q1 | 30 082.37 | 27 975.04 | 64 901.21 | 28 408.23 | 9 156.58 | 37 564.81 | 27 336.40 |
| 2005Q2 | 32 178.95 | 29 113.94 | 67 643.82 | 29 700.86 | 9 777.79 | 39 478.65 | 28 165.16 |
| 2005Q3 | 31 117.86 | 27 517.92 | 64 383.07 | 28 408.65 | 9 066.75 | 37 475.39 | 26 907.68 |
| 2005Q4 | 30 520.80 | 26 531.73 | 64 337.09 | 28 942.03 | 9 344.34 | 38 286.37 | 26 050.72 |
| 2006Q1 | 33 361.35 | 31 248.12 | 71 883.93 | 32 016.08 | 9 852.48 | 41 868.56 | 30 015.37 |
| 2006Q2 | 35 429.02 | 32 549.38 | 74 722.96 | 33 235.26 | 10 618.68 | 43 853.94 | 30 869.02 |
| 2006Q3 | 34 603.06 | 30 820.07 | 71 490.86 | 31 902.91 | 9 801.15 | 41 704.06 | 29 786.80 |
| 2006Q4 | 34 213.82 | 29 980.85 | 72 370.97 | 32 675.55 | 10 232.05 | 42 907.60 | 29 463.37 |
| 2007Q1 | 38 031.94 | 35 279.13 | 81 825.46 | 36 306.23 | 11 241.68 | 47 547.91 | 34 277.55 |
| 2007Q2 | 41 133.10 | 36 552.96 | 85 680.07 | 38 287.02 | 11 584.98 | 49 872.00 | 35 808.06 |
| 2007Q3 | 40 970.03 | 35 073.24 | 83 425.03 | 37 390.21 | 11 094.91 | 48 485.12 | 34 939.91 |
| 2007Q4 | 41 877.71 | 34 148.19 | 86 110.70 | 39 341.36 | 11 766.86 | 51 108.22 | 35 002.48 |
| 2008Q1 | 47 311.73 | 39 900.70 | 97 334.93 | 44 075.77 | 13 051.59 | 57 127.36 | 40 207.57 |
| 2008Q2 | 51 622.03 | 41 560.71 | 102 573.69 | 46 901.61 | 13 705.03 | 60 606.64 | 41 967.05 |
| 2008Q3 | 51 417.39 | 39 352.17 | 99 395.69 | 45 765.62 | 13 169.65 | 58 935.27 | 40 460.42 |
| 2008Q4 | 47 531.20 | 38 963.08 | 98 673.49 | 45 399.93 | 13 790.76 | 59 190.69 | 39 482.80 |
| 2009Q1 | 51 049.36 | 45 885.81 | 109 544.63 | 49 408.94 | 15 505.29 | 64 914.23 | 44 630.40 |
| 2009Q2 | 54 925.84 | 47 753.26 | 114 463.73 | 51 779.38 | 16 898.30 | 68 677.68 | 45 786.05 |
| 2009Q3 | 54 708.10 | 45 412.40 | 110 780.06 | 49 564.17 | 16 830.81 | 66 394.98 | 44 385.08 |
| 2009Q4 | 63 406.69 | 50 634.83 | 126 535.86 | 55 561.43 | 22 284.00 | 77 845.43 | 48 690.43 |

注：5 000 户企业相关财务数据于《中国人民银行统计季报》2004 年第二季度开始采用相对数表示，本表数据采用其同比增长率直接计算而得。

表 1.16 反映了中国整体企业的发展状况，总资产保持长期增长趋势，一般第二、四季度季末资产值要高于第一、三季度，这和不同行业的发展周期相关。流动资产从 2001—2004 年一直以较平稳的速度增长，但从 2008 年开始，增长规模变大，企业资金流动变得频繁。长期资产增长在 2005 年之后增长速度加快，说明企业基础建设投资增大，用以扩大生产的固定投资增多。负债在研究区间内一直保持较平稳的增长趋势，所

有者权益的增长情况相同，反映出企业通过加强债务融资和股权融资来支持资本的扩大。2008年,债务融资增长量是股权融资增长量的2倍,企业债务融资得到了金融部门的支持。债务融资主要的增长来自流动负债；长期负债每年稳定增长，增长量在2008年发生明显变化，说明这一年企业部门中长期建设力度加强。综合来看，企业部门的加速发展发生在2005年之后，债务融资和股权融资都在这一轮企业发展过程中发挥了重要作用。

**（二）中国企业部门资产负债表指标分析**

1. 期限错配分析

图1.33显示了企业部门2001年至2009年的流动资产和流动负债情况，流动资产在2001—2009年间稳定增加。流动比率在历年都大于1,流动资产足以覆盖全部的流动负债,流动资产与流动负债显示了较好的匹配性。

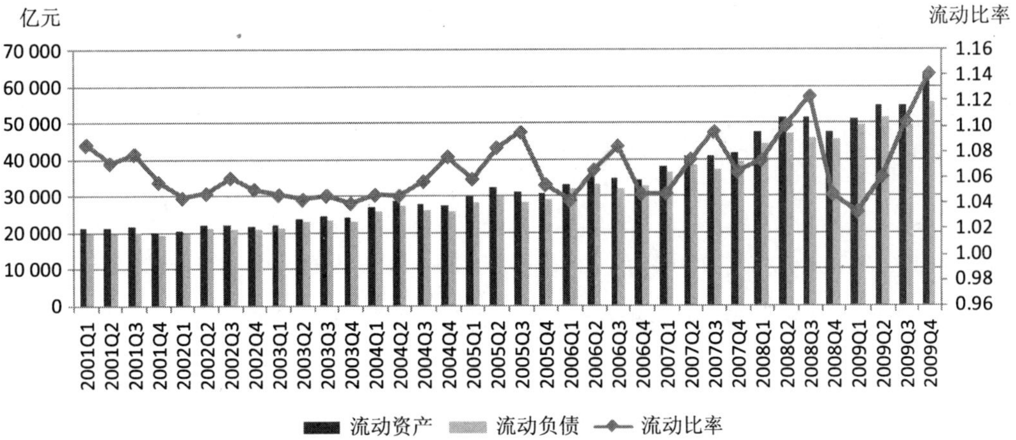

图1.33　中国企业部门流动资产和流动负债

如图1.34，从企业部门流动资产与总资产比例看，总资产中长期资产和流动资产占比大致相同，两者比例均衡。

2001年，由于股市一直处于牛市，企业倾向于股权融资，减少负债融资比例。此后股市一路走低，企业融资又转向更为稳定的债务融资方式，流动比率也回归骤变前的水平（0.9左右）。从2005年开始，资产负债率的季节性波动较为突出。2008年6月企业部门的流动资产额约为53 955亿元，流动负债额约为49 037亿元，差额约为4 918亿元。而11月份企业部门的流动资产额约为49 000亿元，流动负债额约为48 410亿元，差额约为590亿元,两者差额有缩小的趋势。尽管各种生产资料的价格出现高位回落之势,但是大部分企业仍然认为未来物价上涨的压力很大；而存货尤其是原材料的堆积占用了大量的资金，导致上述流动受阻、支付能力下降的情况出现。

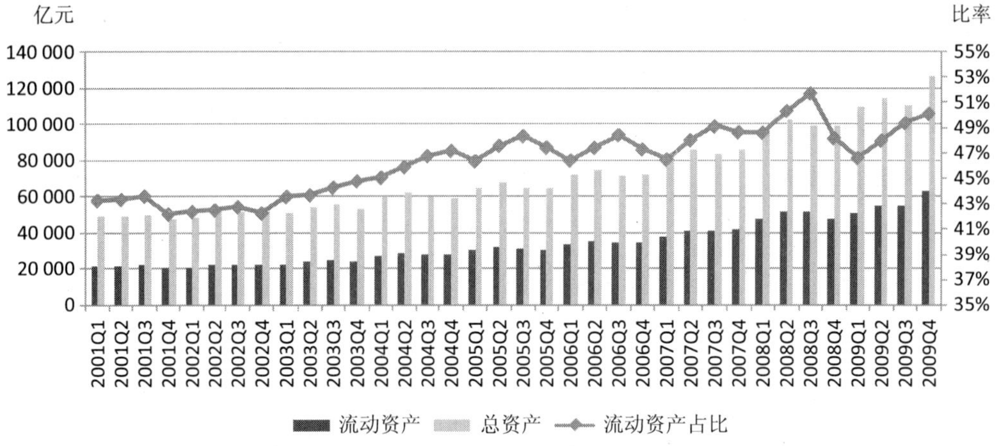


图 1.34　中国企业部门流动资产与总资产比例

总体来说，中国企业部门对于短期资产与短期负债的配置，基本能够满足其在发生特殊情况时偿还债务的要求，但是近期企业的流动性问题逐渐显现，流动性风险逐渐加大。

2. 资本结构分析

在 2001—2009 年期间，企业部门发展迅速，资产、负债和所有者权益规模均处于稳定上升趋势。随着资本市场的发展，企业开始进行股权融资，对债务融资的依赖程度降低，资产负债率有所降低，从 2001 年的 69% 下降到 2009 年的 59%。中国企业部门资本结构错配风险降低，资本结构有所合理化。2001—2009 年间企业部门未曾出现资不抵债的情形，如图 1.35。

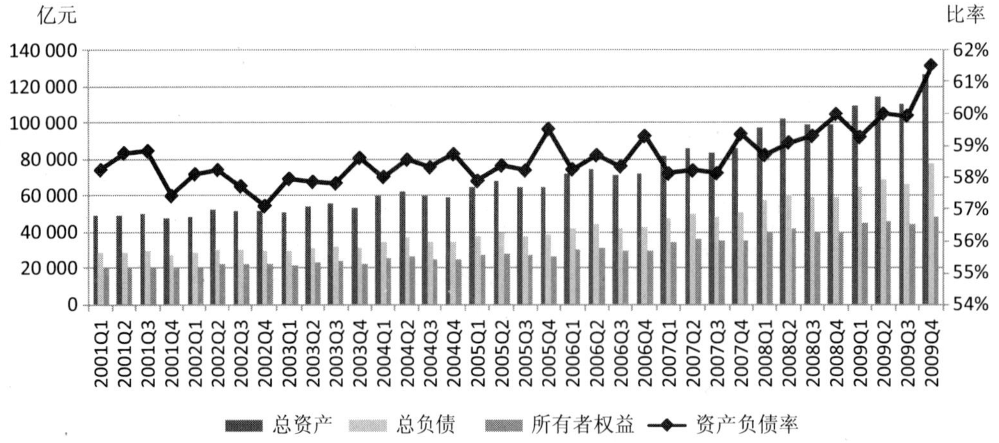


图 1.35　中国企业部门资本结构

至 2002 年，我国资本市场开放，IPO 和再融资的重新开闸，使得直接融资渠道更加顺畅，大部分企业都获益匪浅。灵活运用股票市场进行融资，使得企业的资金运用效率有了显著提高。中国企业部门的资产负债比逐步下降，期间也有一定的波动，但总体保持下降趋势；在2002年之后资产负债比率保持相对稳定，在60%以下小幅波动。而在2008年，受全球金融危机影响，股票市场出现巨幅波动，直接融资受阻，企业部门转变融资策略，资产负债率趋于上升，由年初的59%逐渐增加到12月份的60%，开始振荡上升。

3. 清偿力风险分析

如图1.36，企业部门产权比率在波动中不断上升，说明企业的债务清偿压力不断增大，清偿力风险值得关注。

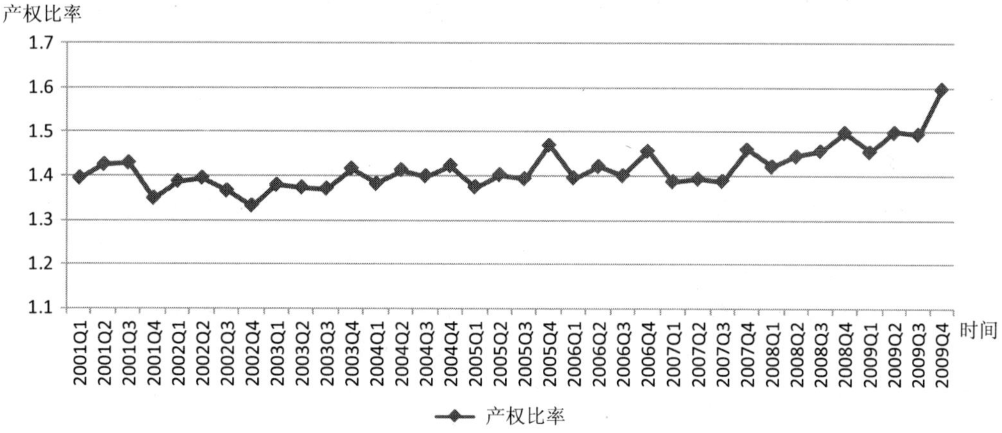


图1.36　中国企业部门产权比率

综上所述，从对中国企业部门的资产、负债和所有者权益综合分析看，资本结构方面保持着相对合理的结构，权益占总资产的比重先逐渐增大后略有减少，但仍占主要部分，对企业融资起着重要作用；而总资产和总负债相比虽然也保持较大的差额，但是资产负债率在2008年年底出现了快速的增加。

## 四、中国企业部门或有权益资产负债表分析

基于中国上市企业部门数据套算，可以间接获得中国企业部门（5 000家样本企业）整体的或有权益资产负债表。

### （一）中国企业部门或有权益资产负债表分析

由或有权益资产负债表编制范式和输入参数，详见附表4，通过MATLAB编程计算，即得到中国企业部门或有权益资产负债表。

由表1.17中数据分析可知企业部门的或有权益总体情况和变化趋势。随着近年股市的大幅上涨，资产市值在研究区间内总体呈上涨趋势，但在各年各个季度市值波动不一，

负债市值在2001—2009年稳定攀升。

表1.17　中国企业部门或有权益资产负债表　　　　单位：亿元

| 时间 | 资产市值 | 负债市值 | 权益市值 | 时间 | 资产市值 | 负债市值 | 权益市值 |
|---|---|---|---|---|---|---|---|
| 2001Q2 | 114 398.86 | 23 696.10 | 90 702.76 | 2005Q4 | 66 700.69 | 32 868.23 | 33 832.46 |
| 2001Q4 | 80 857.51 | 22 718.01 | 58 139.50 | 2006Q1 | 81 064.26 | 36 091.02 | 44 973.24 |
| 2002Q1 | 79 400.89 | 23 514.29 | 55 886.60 | 2006Q2 | 101 445.10 | 37 683.25 | 63 761.85 |
| 2002Q2 | 89 704.91 | 25 354.19 | 64 350.73 | 2006Q3 | 96 569.20 | 35 938.72 | 60 630.48 |
| 2002Q3 | 81 585.27 | 24 938.67 | 56 646.61 | 2006Q4 | 113 052.98 | 36 858.89 | 76 194.09 |
| 2002Q4 | 71 089.65 | 24 580.23 | 46 509.42 | 2007Q1 | 165 706.32 | 40 856.95 | 124 849.36 |
| 2003Q1 | 73 025.34 | 24 950.73 | 48 074.62 | 2007Q2 | 212 605.61 | 42 792.82 | 169 812.79 |
| 2003Q2 | 76 548.96 | 26 557.80 | 49 991.16 | 2007Q3 | 277 935.45 | 41 394.64 | 236 540.81 |
| 2003Q3 | 71 157.85 | 27 300.93 | 43 856.92 | 2007Q4 | 269 935.70 | 43 479.58 | 226 456.13 |
| 2003Q4 | 71 863.85 | 26 659.35 | 45 204.50 | 2008Q1 | 217 219.84 | 48 538.15 | 168 681.68 |
| 2004Q1 | 91 066.25 | 29 503.80 | 61 562.45 | 2008Q2 | 184 221.33 | 51 688.00 | 132 533.33 |
| 2004Q2 | 78 072.15 | 31 301.35 | 46 770.79 | 2008Q3 | 150 995.13 | 50 331.71 | 100 663.42 |
| 2004Q3 | 73 857.84 | 29 927.53 | 43 930.31 | 2008Q4 | 131 069.27 | 50 671.01 | 80 398.26 |
| 2004Q4 | 66 852.66 | 29 373.94 | 37 478.72 | 2009Q1 | 173 222.70 | 55 783.58 | 117 439.12 |
| 2005Q1 | 71 079.12 | 32 253.98 | 38 825.14 | 2009Q2 | 203 370.01 | 58 905.43 | 144 464.58 |
| 2005Q2 | 68 366.65 | 33 819.42 | 34 547.24 | 2009Q3 | 185 957.45 | 56 708.14 | 129 249.31 |
| 2005Q3 | 68 190.87 | 32 206.24 | 35 984.63 | 2009Q4 | 229 975.69 | 65 236.66 | 164 739.03 |

图1.37显示了与上市企业部门（图1.26）相似的变化趋势，即资产市值的变化基本是与权益市值的变化同步的，负债市值在各年基本上处于稳定增长状态。

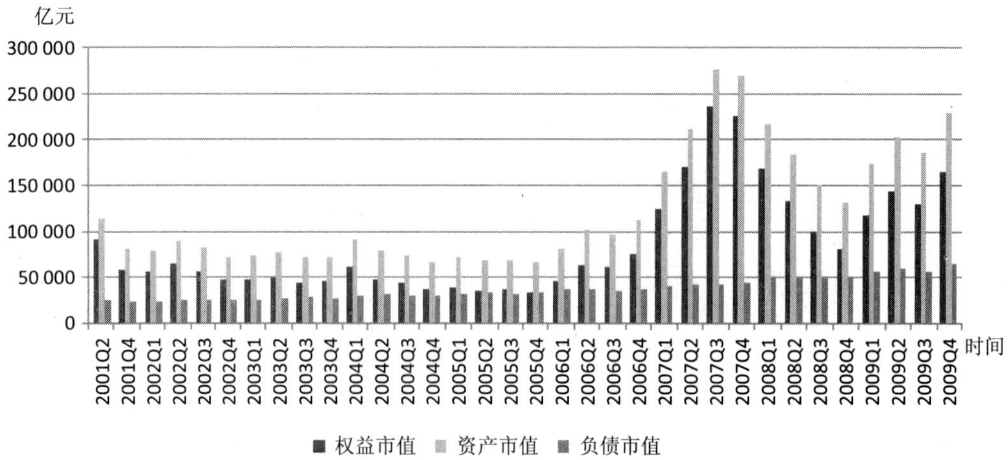


图1.37　中国企业部门或有权益资本结构

如图 1.38，在样本区间内，资产市值始终高于资产账面价值，说明企业部门的市值一直被高估，企业的资产有泡沫存在。2005 年资产市值最为接近账面水平。但 2006 年后，随着股市的复苏，资产市值较账面水平大幅上升。至 2007 年，资产市值呈爆炸式增长，严重偏离资产账面价值的增长，这跟 2007 年股市兴盛密切相关。2008 年股市回落，资产市值也向实际账面价值靠拢。特别是 2008 年第四季度，受紧缩的经济环境影响，投资者投资谨慎，定价趋于理性，市值向账面水平趋近。

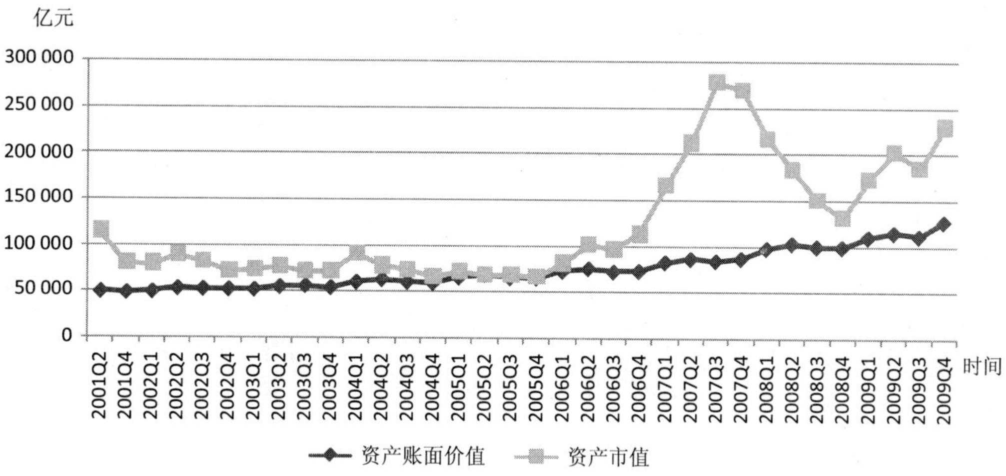


图 1.38　中国企业部门资产市值和账面价值

如图 1.39，企业部门负债市值小于负债账面价值。与资产市值以及账面价值的差额相比，负债市值与负债账面价值的差额很小，说明资产市值的增长主要是因为权益市值的增长。企业部门负债市值随着负债账面价值上升而上升，看跌期权的价值较小，违约

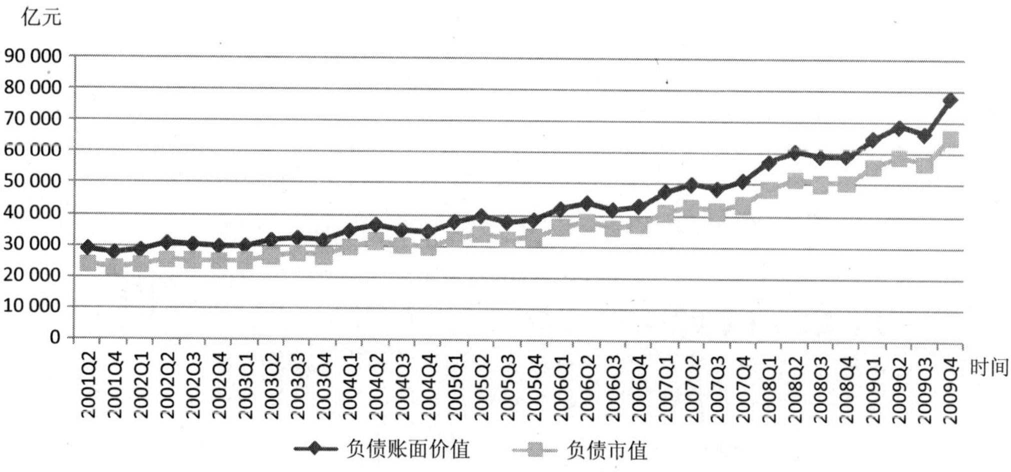


图 1.39　中国企业部门负债市值和负债账面价值

风险较小。

相对于企业部门账面价值资产负债率变化趋势，或有资产负债率波动较大。在样本区间内，账面价值的资产负债率始终大于或有资产负债率，表明以市场公允价值计量的真实企业风险是小于账面价值显示的金融风险的。2007 年股市大涨使得企业部门的账面权益和权益市值急剧增长，股权融资更容易，或有资产负债率大幅下降，2008 年股市回落账面资产负债率回升。对于企业部门而言，账面资产负债率受股市影响不明显。

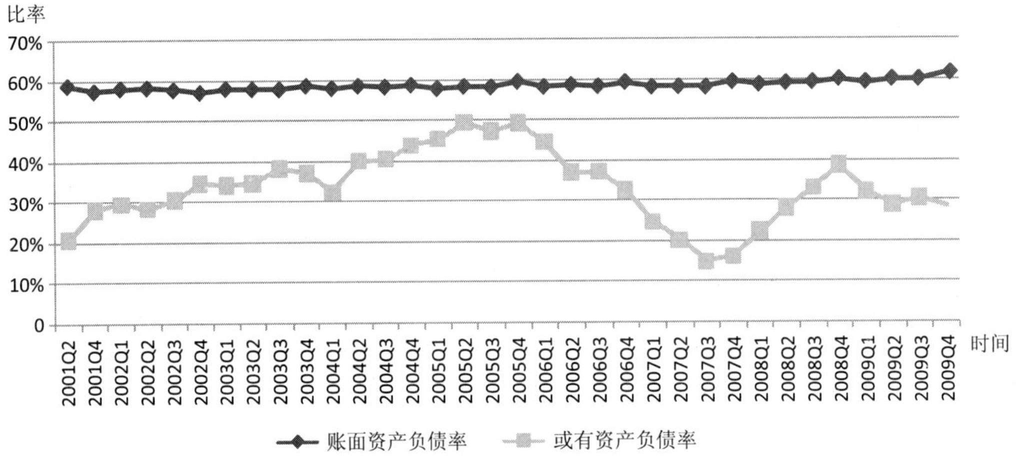


图 1.40　中国企业部门资产负债率比较

图 1.41 中，资产市值一直远远大于违约点。从两者之间的倍数关系看，2007 年资本市场大幅上涨的行情，对上市企业的资产市值名义值的影响较大，企业融资通道拓宽，通过资本市场直接融资规模扩大，违约风险降低。

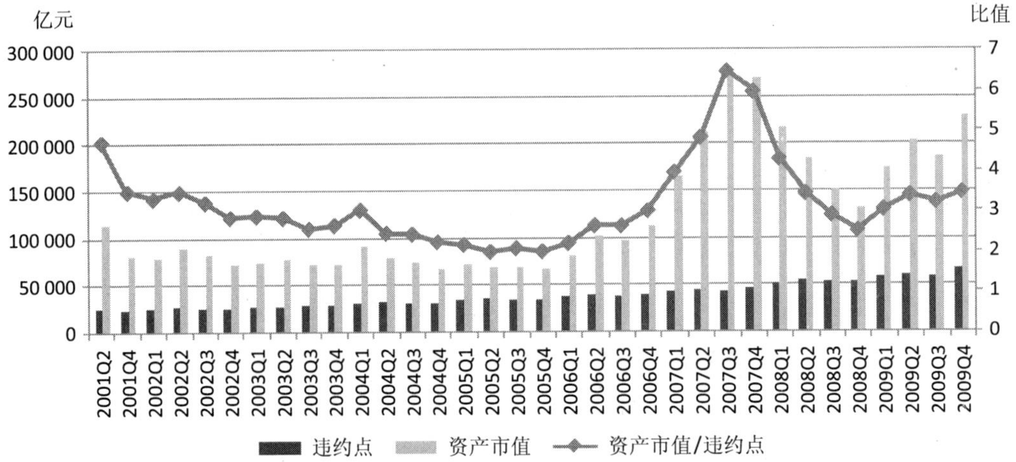


图 1.41　中国企业部门资产市值和违约点比较

2008 年的违约点和资产市值的差距相对下降了很多，资产市值依然高于违约点，可作为缓冲风险的区域相对越来越狭窄。

### （二）中国企业部门风险表分析

从表 1.18 中企业部门的若干风险指标及图 1.42 和 1.43 能够清晰地观察到企业总体的宏观风险情况。

**表 1.18　中国企业部门风险表**

| 时间 | 资产市值波动率 | 违约概率 | 违约距离 | 时间 | 资产市值波动率 | 违约概率 | 违约距离 |
|---|---|---|---|---|---|---|---|
| 2001Q2 | 9.05% | 0 | 8.706 264 | 2005Q4 | 8.50% | 0 | 5.836 194 |
| 2001Q4 | 25.16% | 0 | 2.831 918 | 2006Q1 | 9.21% | 0 | 5.908 350 |
| 2002Q1 | 27.66% | 0 | 2.521 817 | 2006Q2 | 18.54% | 0 | 3.344 357 |
| 2002Q2 | 22.48% | 0 | 3.166 173 | 2006Q3 | 14.75% | 0 | 4.196 887 |
| 2002Q3 | 8.53% | 0 | 8.066 203 | 2006Q4 | 15.45% | 0 | 4.308 085 |
| 2002Q4 | 14.06% | 0 | 4.602 774 | 2007Q1 | 29.41% | 0 | 2.539 713 |
| 2003Q1 | 14.63% | 0 | 4.452 627 | 2007Q2 | 34.39% | 0 | 2.304 975 |
| 2003Q2 | 13.58% | 0 | 4.759 012 | 2007Q3 | 29.41% | 0 | 2.874 756 |
| 2003Q3 | 8.30% | 0 | 7.339 105 | 2007Q4 | 28.79% | 0 | 2.891 499 |
| 2003Q4 | 13.48% | 0 | 4.612 819 | 2008Q1 | 33.87% | 0 | 2.264 787 |
| 2004Q1 | 14.25% | 0 | 4.698 861 | 2008Q2 | 37.03% | 0.057% | 1.912 695 |
| 2004Q2 | 12.64% | 0 | 4.676 617 | 2008Q3 | 30.68% | 0.030% | 2.129 358 |
| 2004Q3 | 16.86% | 0 | 3.480 512 | 2008Q4 | 27.61% | 0.047% | 2.176 950 |
| 2004Q4 | 12.34% | 0 | 4.463 547 | 2009Q1 | 23.10% | 0 | 2.900 305 |
| 2005Q1 | 13.00% | 0 | 4.122 284 | 2009Q2 | 16.70% | 0 | 4.215 400 |
| 2005Q2 | 16.51% | 0 | 2.991 659 | 2009Q3 | 27.99% | 0 | 2.459 006 |
| 2005Q3 | 13.58% | 0 | 3.805 288 | 2009Q4 | 18.98% | 0 | 3.739 936 |

图 1.42　中国企业部门资产市值波动率

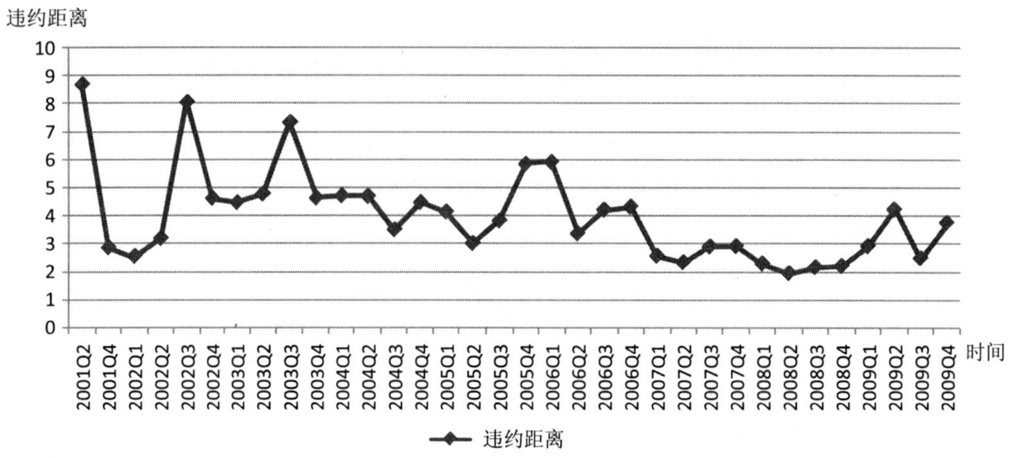


图 1.43　中国企业部门违约距离

资产市值波动率从 2001—2006 年维持在比较稳定的区间内，2007 年后我国股市大涨大落，所以导致股市波动比较剧烈，因而导致波动率增大，波动率增大的过程实质上就是风险积累的过程。特别是 2008 年第二季度波动率达到 37%，使得风险急剧上升，之后稍有下降，这与金融危机爆发前后对中国企业部门的影响是相符合的。

如图 1.43，在样本区间内，违约距离在波动中趋于下降，即企业部门所面临的风险逐渐增加。与资产市值波动率的变化相对应，违约距离在 2007 年到 2009 年的波动程度与 2002 年和 2006 年相比趋于稳定，基本在 2~4 间波动，有利于采取风险控制措施。

### （三）中国企业部门压力测试和敏感性分析

以 2009 年第 4 季度中国企业部门为例，计算当利率大幅下降至 1% 和大幅增加至 10% 时的情况，具体如表 1.19。

**表 1.19　中国企业部门压力测试**

| 指标 | 情景 1（现实利率 2.25%） | 情景 2（利率下调至 1%） | 情景 3（利率上调至 10%） |
|---|---|---|---|
| 资产市值（单位：亿元） | 229 975.69 | 230 634.65 | 225 074.71 |
| 资产价值波动率 | 18.98% | 18.92% | 19.39% |
| 违约概率 | 0 | 0 | 0 |
| 违约距离 | 3.739 936 | 3.756 344 | 3.627 971 |

基于表 1.19 的压力测试指标结果，资产价值波动率和违约距离对利率的调整变化并不敏感，企业部门对利率风险有较强的抵抗力。

以 2009 年第四季度中国企业部门为例，分析当利率发生微小变化时各指标的变化，本文调整利率至 2.52%，计算结果如表 1.20。

**表 1.20　中国企业部门敏感性测试**

| 指标 | 情景 1（现实利率 2.25%） | 情景 2（利率上调至 2.52%） |
|---|---|---|
| 资产市值 | 229 975.69 | 229 769.77 |
| 资产市值波动率 | 18.98% | 19.00% |
| 违约概率 | 0 | 0 |
| 违约距离 | 3.739 936 | 3.735 463 |

从表 1.20 的敏感性测试指标结果看，企业部门对利率变动的敏感性比较低，资产市值随利率的下降而略微增加，资产市值波动率和违约距离几乎未受影响，因此，总的来说，企业部门对利率的变化不是很敏感。

通过压力测试和敏感性分析，可以看到，利率变动时企业部门资产市值变化不大；从违约距离看，利率调高时违约距离变小，利率调低时违约距离变大，但是变动的幅度很小，几乎可以忽略不计。说明企业部门的资产市值对利率巨大变化的抗压力是比较强的，敏感度较低。

**（四）小结**

2002—2008 年中国经济继续保持着稳健的上升势头，虽然受到很多不利因素的影响，尤其是 2007—2008 年，中国股市大跌，世界金融危机，汶川大地震等都对我国经济稳定发展提出了挑战。在企业部门方面，2007 年以前资产市值和账面价值比较接近，但在 2007—2008 年间由于股市的巨幅波动以及国际金融危机的影响，企业部门受到巨大冲击，伴随着股票市场的波动，企业部门的资产市值偏离账面价值并出现大幅震荡，最高达到 250 亿元，而账面价值一直在 100 亿元左右的水平浮动。之后，政府加强了对金融危机的调控措施，推出了一系列利好政策，如证券交易印花税只向出让方征收；国资委支持央企增持或回购上市公司股份；汇金公司将在二级市场自主购入工、中、建三行股票等刺激股市回升，使得在 2008 年年末企业部门的资产市场价值又恢复到接近账面价值的水平。2009 年，随着中央各项宏观调控政策的出台和实施，我国企业部门出现了一系列积极的变化，各行业经济逐步从冲击中恢复增长，未来有希望实现企业的平稳较快增长。

## 第 4 节　中国公共部门风险分析

公共部门资产负债表由中央银行资产负债以及财政部门资产负债组成。其中，中央银行账目的明细项目划分遵循《中国金融年鉴》货币当局资产负债表中的明细项目，财政部门的明细账目划分遵循《中国会计年鉴》的明细账目。政府部门的基础货币与中央银行储备货币的账目重叠，故从政府部门的负债账目中剔除基础货币。且中央银行资产账目中含有对政府部门的债权，中央银行与政府部门资产负债表合并的时候对这个账目进行了冲销。

## 一、公共部门资产负债表分析

公共部门资产负债表可以直接反映一个国家或区域政府部门的风险承受能力，它的构成可以决定一个国家或区域是否能够有效地隔离全球经济波动对其造成的影响，也反映了一个国家或区域宏观经济政策的有效性。本节首先将中央银行资产负债以及政府部门资产负债联合起来建立公共部门总的资产负债表，然后再将数据获取更为全面的中央银行数据单独列出来进行更深入的分析。

### （一）公共部门资产负债表编制及其数据来源

表 1.21 为中国公共部门资产负债表（含细项），其中 2008 年政府部门数据有所缺失，但不影响对整体趋势的分析。

**表 1.21　公共部门资产负债表**　　单位：亿元

| 年份 | 2001 | 2002 | 2003 | 2004 |
|---|---|---|---|---|
| **中央银行资产** | | | | |
| 国外资产 | 19 860.40 | 23 242.85 | 31 141.85 | 46 960.13 |
| 外汇 | 18 850.19 | 22 107.39 | 29 841.80 | 45 939.99 |
| 黄金 | 256.00 | 337.24 | 337.24 | 337.24 |
| 其他国外资产 | 754.21 | 798.22 | 962.81 | 682.90 |
| 对存款货币银行债权 | 11 311.60 | 9 982.56 | 10 619.47 | 9 376.35 |
| 对非货币金融机构债权 | 8 547.31 | 9 546.07 | 8 619.29 | 9 912.94 |
| 对非金融部门债权 | 0.00 | 206.74 | 206.25 | 136.25 |
| 其他资产 | — | 5 266.29 | 8 516.19 | 9 300.05 |
| **政府** | | | | |
| 国有净资产 | 87 541.91 | 96 949.27 | 104 997.18 | 115 211.97 |
| 经营性资产 | 61 436.24 | 66 543.13 | 70 990.80 | 76 763.20 |
| 非经营性资产 | 26 105.67 | 30 406.14 | 34 006.38 | 38 448.77 |
| 土地 | 260 250.00 | 280 549.50 | 305 518.40 | 336 070.20 |
| **公共部门资产合计** | 387 511.20 | 425 743.30 | 469 618.60 | 526 967.90 |
| **中央银行负债** | | | | |
| 储备货币 | 39 851.73 | 45 138.18 | 52 841.36 | 58 856.11 |
| 发行货币 | 16 868.71 | 18 589.10 | 21 240.48 | 23 104.00 |
| 对金融机构负债 | 17 089.13 | 19 138.35 | 22 558.04 | 35 672.79 |
| 准备金存款 | 17 089.13 | 19 138.35 | 22 558.04 | 35 672.79 |

续表

| 年份 | 2001 | 2002 | 2003 | 2004 |
| --- | --- | --- | --- | --- |
| 非金融机构存款 | 5 893.89 | 7 410.73 | 9 042.84 | 79.32 |
| 债券 | 0 | 1 487.50 | 3 031.55 | 11 079.01 |
| 国外负债 | — | 423.06 | 482.58 | 562.28 |
| 自有资金 | 355.21 | 219.75 | 219.75 | 219.75 |
| 其他（净） | –516.79 | 753.66 | 474.11 | 2 105.96 |
| **政府** | | | | |
| 外债（Y） | 4 120.00 | 4 178.20 | 4 363.74 | 2 778.00 |
| 内债（Y） | 15 962.47 | 18 522.58 | 21 733.87 | 28 460.15 |
| **公共部门负债合计** | 59 772.62 | 70 722.93 | 83 146.96 | 104 061.30 |
| **公共部门所有者权益合计** | 327 738.60 | 355 020.30 | 386 471.70 | 422 906.60 |
| 年份 | 2005 | 2006 | 2007 | 2008 |
| **中央银行资产** | | | | |
| 国外资产 | 63 339.16 | 85 772.64 | 124 825.18 | 162 543.52 |
| 外汇 | 62 139.96 | 84 360.81 | 115 168.71 | 149 624.26 |
| 黄金 | 337.24 | 337.24 | 337.24 | 337.24 |
| 其他国外资产 | 861.96 | 1 074.59 | 9 319.23 | 12 582.02 |
| 对存款货币银行债权 | 7 817.72 | 6 516.71 | 7 862.80 | 8 432.50 |
| 对非货币金融机构债权 | 18 100.40 | 21 949.75 | 12 972.34 | 11 852.66 |
| 对非金融部门债权 | 66.73 | 66.34 | 63.59 | 44.12 |
| 其他资产 | 11 459.57 | 11 412.84 | 7 098.18 | 8 027.20 |
| **政府** | | | | |
| 国有净资产 | 132 046.40 | 147 866.66 | 200 585.43 | 227 495.62 |
| 经营性资产 | 88 404.50 | 98 014.40 | 144 595.60 | 166 210.80 |
| 非经营性资产 | 43 641.90 | 49 852.26 | 55 989.83 | 61 284.82 |
| 土地 | 362 619.80 | 351 729.60 | 373 426.90 | 386 870.27 |
| **公共部门资产合计** | 595 449.80 | 625 314.50 | 726 834.40 | 805 265.90 |
| **中央银行负债** | | | | |
| 储备货币 | 64 343.13 | 77 757.83 | 101 545.4 | 129 222.33 |
| 发行货币 | 25 853.97 | 29 138.70 | 32 971.58 | 37 115.76 |
| 对金融机构负债 | 38 391.25 | 48 459.26 | 68 415.86 | 92 106.57 |
| 准备金存款 | 38 391.25 | 48 223.90 | 68 094.84 | 91 894.72 |
| 非金融机构存款 | 97.91 | 159.87 | 157.96 | 591.20 |
| 债券 | 20 296.00 | 29 740.58 | 34 469.13 | 45 779.83 |
| 国外负债 | 641.57 | 926.33 | 947.28 | 732.59 |
| 自有资金 | 219.75 | 219.75 | 219.75 | 219.75 |
| 其他（净） | 10 648.33 | 9 719.55 | 14 837.14 | 13 586.45 |
| **政府** | | | | |
| 外债（Y） | 2 729.76 | 2 672.74 | 2 598.99 | 2 316.78 |

续表

| 年份 | 2005 | 2006 | 2007 | 2008 |
|---|---|---|---|---|
| 内债（Y） | 31 848.59 | 34 380.24 | 51 467.39 | 53 271.54 |
| **公共部门负债合计** | 130 727.10 | 155 417.00 | 206 085.10 | 245 129.30 |
| **公共部门所有者权益合计** | 464 722.60 | 469 897.50 | 520 749.30 | 560 136.60 |

注：① 中央银行的资产负债表及其明细项目数据来自《中国金融年鉴》。

② 国有净资产分为全国国有企业（经营性资产）和行政事业单位（非经营性资产）两部分，数据来自《中国会计年鉴》国有企业资产负债表和行政事业单位资产负债简表。

③ 政府部门的内债数据来自《中国财政年鉴（2002—2008）》中的财政债务余额、财政发行债务简表和财政债务还本付息项目以及全国人民代表大会的记者采访《我国将实行国债余额管理制度》。2008 年财政内债数据来自中国金融网文章《2008 年末中央财政国债余额 53 271.54 亿元》，http：//active.zgjrw.com/News/2009624/News/977745014310.shtml.

④ 政府部门的外债数据来自国家外汇管理局的网站《中国对外债务总表》。

⑤ 2000 年土地资产总值数据来自记者采访国土资源部部长的相关报道（王一娟，政府供地行为将严格规范，《经济参考报》2001.6.1），土地价格的增长率数据来自中国土地交易价格指数（资料来源：国家统计局，国家发改委，国家信息中心）。

### （二）公共部门的资产负债表分析

1. 资本结构分析

表 1.22 显示公共部门的资本结构，与国外公共部门高负债相比，我国公共部门的资产负债率从 2001 年到 2008 年以来一直保持在较低水平，债务风险的压力并不是很大。但这 7 年来公共部门负债所占比例有逐年上升的趋势（图 1.44），也就是说公共部门这几年增强了债务融资的比例，尤其是 2007 年公共部门总负债增长率达到 32%，其中主要的增长因素是政府内债。2007 年，中国投资有限责任公司（中投公司）的注册成立导致中国国债余额大增。为成立该公司，财政部发行了 1.55 万亿元的特别国债用以购买 2 000 亿

**表 1.22　公共部门资产负债表**　　单位：亿元

| 年份 | 2001 | 2002 | 2003 | 2004 |
|---|---|---|---|---|
| 公共部门总资产 | 387 511.20 | 425 743.30 | 469 618.60 | 526 967.90 |
| 公共部门总负债 | 59 772.62 | 70 722.93 | 83 146.96 | 104 061.30 |
| 公共部门总权益 | 327 738.60 | 355 020.30 | 386 471.70 | 422 906.60 |
| 资产负债率 | 15.42% | 16.61% | 17.71% | 19.75% |
| 年份 | 2005 | 2006 | 2007 | 2008 |
| 公共部门总资产 | 595 449.8 | 625 314.5 | 726 834.4 | 805 265.9 |
| 公共部门总负债 | 130 727.1 | 155 417 | 206 085.1 | 245 129.3 |
| 公共部门总权益 | 464 722.6 | 469 897.5 | 520 749.3 | 560 136.6 |
| 资产负债率 | 21.95% | 24.85% | 28.35% | 30.44% |

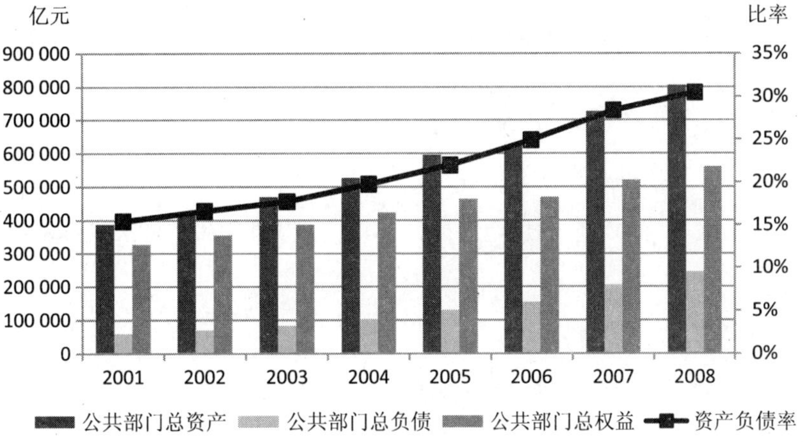


图 1.44　公共部门资本结构

美元外汇，使得当年中国发行的国债总额达到约 2.35 万亿元，比上年增加 1.46 万亿元。截至 2007 年年底，中国国债内债余额首次超过 5 万亿元，较 2003 年年底增加一倍。

2. 清偿力风险分析

表 1.22 和图 1.45 显示了 2001—2008 年公共部门产权比率的变化趋势，产权比率从 2001 年的约 0.2 快速攀升至 2008 年约 0.45，预计这一比率会进一步上升，公共部门的清偿力风险值得密切关注。

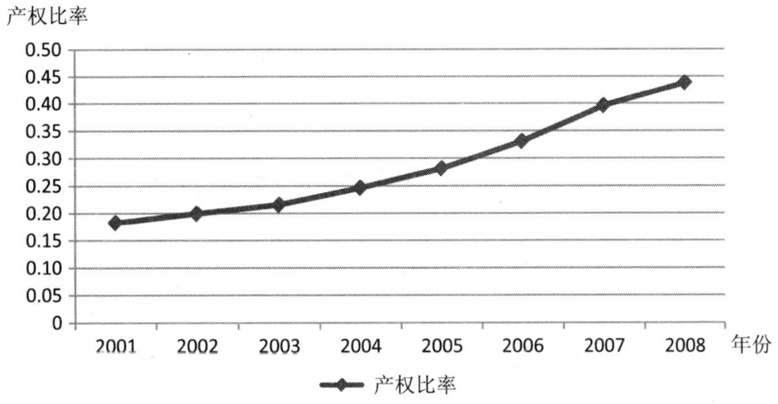


图 1.45　公共部门产权比率

## （三）小结

公共部门资产负债表中，资产远远大于负债，从表面上看是相当安全的。因此，从资产负债表的细项中，如外汇资产和负债，国有企业的资产和负债来进行分析。另外，有些资产的变现能力是相当弱的，如土地。因此，直接将资产整体和负债进行比较是不妥的。可以考虑在目前的公共部门资产负债表的基础上，再进一步编写公共部门的金融资产负债表，即中央银行资产负债表。

## 二、中央银行资产负债表分析

由于中国公共部门的数据来源面较窄，其中政府部门的财政数据不是十分全面，为进一步深入分析我国公共部门的风险特征，下文将公共部门中的中央银行单列出来，以得到更为细致准确的结论。

### （一）中央银行资产负债表

由表 1.22 中相关项可以整理出中央银行资产负债表，如表 1.23。

表 1.23　中央银行资产负债表　　单位：亿元

| 年份 | 2001 | 2002 | 2003 | 2004 |
|---|---|---|---|---|
| 外币资产 | 19 860.40 | 23 242.85 | 31 141.85 | 46 960.13 |
| 本币资产 | 19 858.91 | 25 001.66 | 27 961.20 | 28 725.59 |
| 总资产 | 39 719.31 | 48 244.51 | 59 103.05 | 75 685.72 |
| 外币负债 | — | 423.06 | 482.58 | 562.28 |
| 本币负债 | 39 851.73 | 45 138.18 | 52 841.36 | 58 856.11 |
| 总负债 | 39 851.73 | 45 561.24 | 53 323.94 | 59 418.39 |
| 总权益 | −132.42 | 2 683.27 | 5 779.11 | 16 267.33 |
| 资产负债率 | 100.33% | 94.44% | 90.22% | 78.51% |
| 年份 | 2005 | 2006 | 2007 | 2008 |
| 外币资产 | 63 339.16 | 85 772.64 | 124 825.18 | 162 543.52 |
| 本币资产 | 37 444.42 | 39 945.64 | 27 996.91 | 28 356.48 |
| 总资产 | 100 783.58 | 125 718.28 | 152 822.09 | 190 900.00 |
| 外币负债 | 641.57 | 926.33 | 947.28 | 732.59 |
| 本币负债 | 64 343.13 | 77 757.83 | 101 545.40 | 129 222.33 |
| 总负债 | 64 984.70 | 78 684.16 | 102 492.68 | 129 954.92 |
| 总权益 | 35 798.88 | 47 034.12 | 50 329.41 | 60 945.08 |
| 资产负债率 | 64.48% | 62.59% | 67.07% | 68.07% |

注：本表数据来自中国人民银行网站统计数据。

### （二）中央银行的资产负债表分析

1. 货币错配分析

如图 1.46，我国中央银行的外币资产与本币资产在 2001—2003 年间相差不多，可是随后几年，外币资产都远远大于本币资产，高额的外汇储备在汇率不稳定的时候易带来很大风险，一国外汇储备必须处在合理值，使得既能维持金融安全，也避免汇率风险。

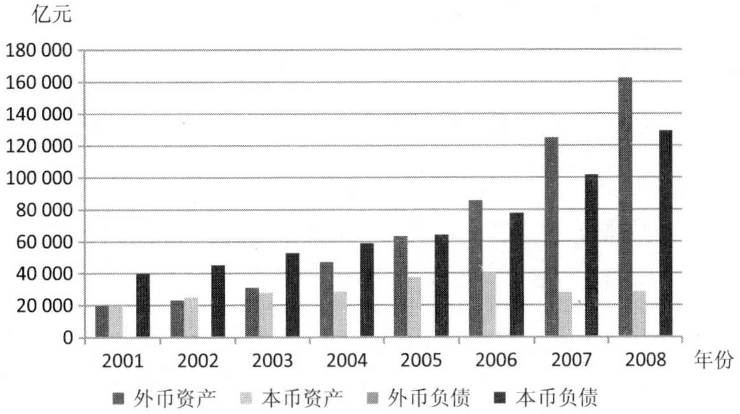


图 1.46　中央银行货币结构

如表 1.24，外币资产率（外币资产 / 总资产）呈上升趋势，从 2001 年的 0.50 平稳上升到 2008 年的 0.85。外币负债率（外币负债 / 总负债）则保持稳定为 0.01。

**表 1.24　中央银行外币资产率和外币负债率**

| 时间 | 2001 | 2002 | 2003 | 2004 | 2005 | 2006 | 2007 | 2008 |
|---|---|---|---|---|---|---|---|---|
| 外币资产率 | 0.50 | 0.48 | 0.53 | 0.62 | 0.63 | 0.68 | 0.82 | 0.85 |
| 外币负债率 | — | 0.01 | 0.01 | 0.01 | 0.01 | 0.01 | 0.01 | 0.01 |

2. 资本结构分析

如图 1.47，中央银行总资产从 2001 年的 39 719.31 亿元上升到 2008 年的 190 900 亿元，7 年间上涨了 381%，年均增长 54.4%。总资产的大幅上升主要是由国外资产项中的外汇持续增长所致，另外，国外资产中的其他国外资产在 2007 和 2008 年迅速增长，尤其是 2007 年该项增长率达到 767%，央行其他国外资产项包括央行与政府、外国央行和

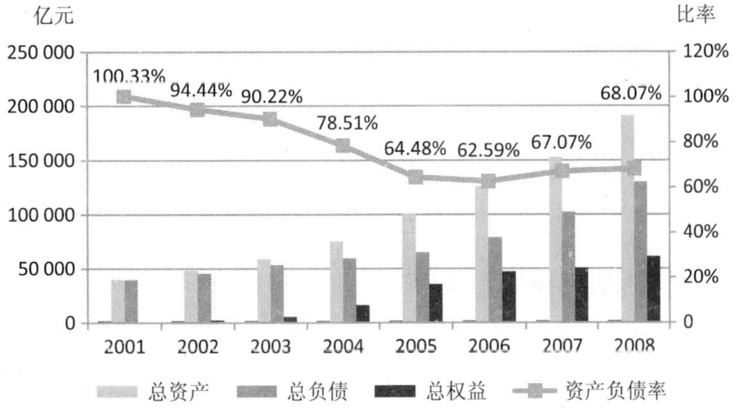


图 1.47　中央银行资本结构

国际金融机构之间的交易，在2007年随着国内资本市场的繁荣发展，中央银行与国际金融市场的交流也日趋频繁。

2001—2003年的资产负债率较高，徘徊在100%左右，其中，2001年的资产负债率大于100%，情况比较特殊。随后的资产负债率开始下降，近年来受国际金融波动的影响，资产负债率有上升的趋势，但总体而言我国中央银行的资本结构趋于安全。

3. 清偿力风险分析

从图1.48可以看到，除了2001年出现权益为负的情况之外，其他时间中央银行权益比率都是正值，且整体呈现上升趋势，说明我国央行对政府债务的依赖在不断下降。2006年之后，权益比率开始下降，主要是中央银行负债增加，其中增速最为明显的是对金融机构负债项，其在2007年和2008年的增长率分别达到41.2%和34.6%。

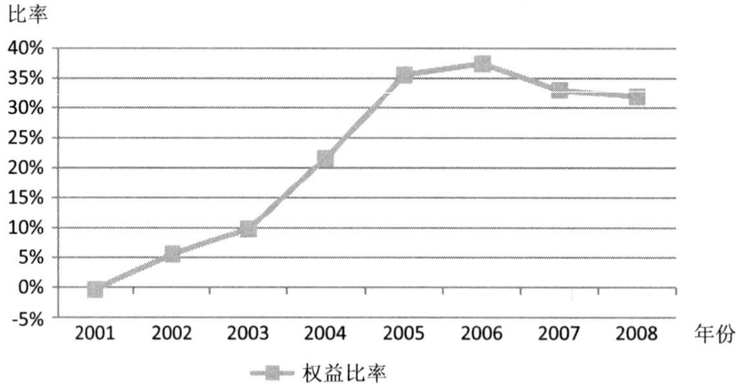


图1.48　中央银行权益比率

**（三）小结**

在分别进行货币错配风险分析、资本结构分析和清偿力风险分析之后，可以看到，我国中央银行的风险从整体上来说是比较小且比较稳定的，但仍需防范国际金融不稳定因素的冲击。

## 第5节　中国家户部门风险分析

家户部门在国家整体资产中所占份额较大，而且家户部门与金融部门的借贷关系以及其持有基础货币而与公共部门的关系都直接或间接地影响其他部门和国家整体的金融稳定性，对家户部门进行风险分析仍然具有重要意义。但由于家户部门的个体数量庞大，分散程度高，数据收集和整理工作的难度限制了相关的研究发展，加上家户部门在整个国家金融体系中属于比较稳定的部门，所以其风险问题并不十分突出。

## 一、家户部门资产负债表及其数据来源

### （一）家户部门资产负债表编制

家户部门资产负债情况见表 1.25。

**表 1.25　家户部门资产负债表**　　单位：亿元

| 年份 | 2002 | 2003 | 2004 | 2005 | 2006 | 2007 | 2008 |
|---|---|---|---|---|---|---|---|
| 金融资产 | 123 300.00 | — | — | — | — | — | — |
| 储蓄 | 86 910.60 | 103 617.65 | 119 555.39 | 141 051.99 | 161 587.30 | 172 534.19 | 217 885.40 |
| 活期储蓄 | 28 121.70 | 35 118.98 | 41 416.53 | 48 787.45 | 58 575.92 | 67 599.74 | 78 585.20 |
| 定期储蓄 | 58 788.90 | 68 498.67 | 78 138.86 | 92 263.54 | 103 011.38 | 104 934.45 | 45 353.00 |
| 股票 | — | — | — | — | — | — | — |
| 债券 | — | — | — | — | — | — | — |
| 手存现金 | 14 340.74 | 16 389.18 | 17 818.44 | 19 945.73 | 2 523.95 | 2 741.16 | — |
| 其他（储蓄性保险、住房公积金存款等） | — | — | — | — | — | — | — |
| 房产 | 200 117.20 | — | — | — | — | — | — |
| 生产性固定资产 | 13 273.60 | — | — | — | — | — | — |
| 耐用消费品价值 | 23 985.12 | — | — | — | — | — | — |
| 其他资产 | 4 358.68 | — | — | — | — | — | — |
| 家户部门资产合计 | 365 034.60 | 385 615.60 | 407 786.60 | 429 334.60 | — | — | — |
| 个人消费贷款 | 10 669.00 | 15 736.00 | 20 000.00 | 22 000.00 | 34 052.00 | 32 751.41 | 37 234.85 |
| 个人住房贷款 | 8 258.00 | 11 780.00 | 16 000.00 | 18 400.00 | 19 853.00 | 27 000.00 | — |
| 汽车消费贷款 | 1 149.92 | — | — | — | — | — | — |
| 其他贷款 | 1 261.08 | — | — | — | — | — | — |
| 家户部门负债合计 | 10 669.00 | 15 736.00 | 20 000.00 | 22 000.00 | 34 052.00 | 32 751.41 | 37 234.85 |
| 家户部门净资产 | 354 365.60 | 369 879.60 | 387 786.60 | 407 334.60 | — | — | — |
| 家户部门总资产合计 | 365 034.60 | 385 615.60 | 407 786.60 | 429 334.60 | — | — | — |

### （二）家户部门资产负债表的数据来源及编制说明

1. 家户部门资产负债表 2002 年的数据主要根据中国社会科学院 2002 年的调研所得。其中，根据《中国统计年鉴 2003》修正了金融资产的数据。2002 年金融性资产总

量的计算方法：根据《中国金融统计年鉴 2003》，城市可支配收入 7 703 元，农村纯收入 2 476 元，根据上面人口数近似得到全国居民可支配收入总数为 58 051 亿元，然后根据《中国统计年鉴 2004》第 357 页，《中国金融统计年鉴 2004》第 420~421 页得到中国居民金融资产占当年可支配收入的 21.4%，得到居民金融资产为 123 299.846 5 亿元，近似为 123 300 亿元。2002 年资产部分除金融资产的其他各项数据来自 2003 年年初由中国社会科学院经济研究所收入分配课题组进行的第三次全国住户抽样调查。

2. 储蓄项的数据来自《中国金融统计年鉴》2003 年至 2009 年。

3. 手存现金以住户通货替代，住户通货的增量数据来自《中国金融统计年鉴》第三部分统计篇中金融业务综合统计部分的资金流量表。

4. 个人消费贷款及子项数据来自《中华人民共和国国民经济和社会发展统计公报》。

5. 在计算总资产增长过程中使用了《中国统计年鉴》数据，2003—2008 年的数据是根据每年居民可支配收入减去居民消费总额后的差加上每年新增个人消费贷款总额后的和作为总资产年增长量加入最后的总资产中，而总资产的具体子项由于缺少必要数据来源，无法得知。详见附表 5。

6. 部分数据的修正参考了 2002 年中国统计局城调队对城镇居民的抽样调查报告，并以此数据为基准计算以后各年数据。

## 二、家户部门的资产负债表分析

### （一）总体分析

1. 静态分析

居民负债主要是个人消费性贷款，分为三大部分，第一部分是个人住房贷款，第二部分是汽车消费贷款，第三部分是其他耐用消费品贷款。2002 年个人消费性贷款余额为 10 669 亿元，其中个人住房贷款余额为 8 258 亿元，占 77.4%，汽车消费贷款余额为 1 149.92 亿元，占 10.78%，其他耐用消费品贷款余额为 1 261.08 亿元，占 11.82%。截至 2007 年，个人住房贷款仍是居民负债的主要组成部分，所占比例达到 82.44%。个人住房贷款的坏账率不到 0.5%，相对于国有企业的高坏账率，个人住房贷款是金融部门的优质贷款。2002 年个人住房贷款余额只占居民总资产的 2.9%，而居民的金融资产中储蓄 2002 年年末就达到 86 910.7 亿元，接近个人消费性贷款余额的 8 倍，不算其他流动性较强的资产，居民是完全有能力偿还债务的。

2. 动态分析

2002—2005 年居民消费贷款余额分别为 10 669 亿元、15 736 亿元、20 000 亿元和 22 000 亿元，占居民总资产比率分别为 2.92%、4.08%、4.9%和 5.12%，可以看出负债比例逐年上升，同时储蓄比率分别为 23.81%、26.87%、29.32%和 32.85%，增长速度快于负债增长速度，居民偿债能力愈来愈强。

从总资产看，2002 年居民总资产为 365 034.6 亿元，2003 年为 385 615.6 亿元，2004 年为 407 786.6 亿元，2005 年为 429 334.6 亿元，2003—2005 年居民总资产增长率分别为 5.638 1%、5.749 5% 和 5.284 1%，2003—2005 年居民总资产增长率是比较稳定的，导致 2005 年居民总资产增长率降低的部分原因可能是 2005 年 3 月 17 日央行调整了个人住房贷款的利率，导致当年住房贷款增加额度大幅下降，进而使得居民总资产增加幅度减缓。居民总资产的增长与公共部门总资产的增加有着密切关系。

如图 1.49，从储蓄看，2002—2007 年，居民储蓄稳步增加，居民储蓄是金融部门资产的主要来源。金融部门发生危机，容易造成银行挤兑，引发更大的危机。为避免这种危机，国有商业银行含有政府的隐性担保，所以我国家户部门的风险很小。

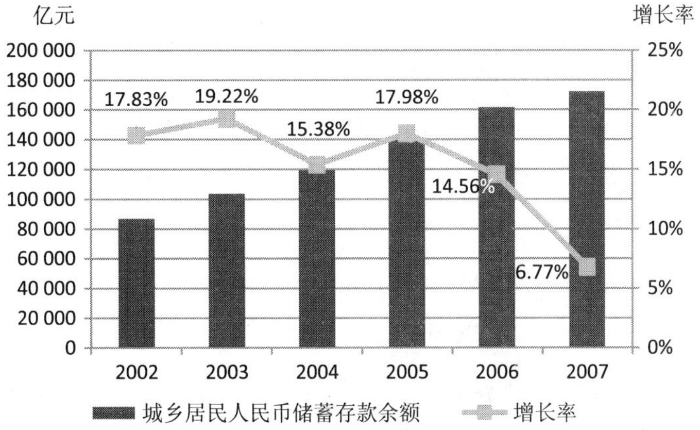


图 1.49　城乡居民人民币储蓄存款余额及其增长率

3. 结论

我国家户部门资产负债表显示，其资产远远大于负债，而且中国居民手中持有大量的流动资产，同时只拥有少额短期负债，大部分负债都是长期负债，所以中国居民的偿债能力是非常好的。居民小量违约情况的发生一方面可能是由于中国居民财产分布不均的情况造成，社科院经济研究所调查报告显示 2002 年最富有的 1/10 人口拥有了 40%以上的总财富，所以我国低收入居民可能存在一定还贷困难（尤其是房贷还款困难），未来政府需要出台更为有效的政策稳定房价。

### （二）期限错配风险

从表 1.26 可以看出，我国居民负债占活期储蓄的比率逐年上升，居民的清偿压力逐步增大。2009 年房市投资升温，个人住房贷款成本大幅上升，家户部门的流动性风险值得关注。

表 1.26　家户部门负债占活期储蓄比率

| 2002 | 2003 | 2004 | 2005 | 2006 | 2007 |
|---|---|---|---|---|---|
| 37.938 7% | 44.808 0% | 48.289 9% | 45.093 5% | 46.586 4% | 46.487 5% |

### （三）货币错配风险

由于我国对外币的严格控制，居民除持有少量用于旅游、留学等外币，手中持有的绝大多数资产都为人民币。2002 年国家统计局城调队调研结果显示，外币资产占居民金融资产的 7.6%。随着 2005 年 7 月人民币汇率改为钉住一篮子货币，以及人民币汇率的走强，我国居民持有的外币资产逐步减少，居民的货币错配问题基本不存在。

## 三、小结

尽管我国存款利率不断下降，但我国居民储蓄余额占总资产的比率依然逐年上升，2005 年已达到 32% 以上，一方面说明我国居民的投资渠道较少，尽管真实存款利率已为负数，但居民由于缺乏更有效的投资渠道，居民储蓄绝大部分仍存放在金融部门；另一方面说明由于我国医疗、教育、住房、养老保险等体制方面的问题，我国居民储蓄的预防性动机较强。尽管缺乏 2003—2005 年我国居民金融资产的总量数据，但是可以预见我国居民的金融资产存量是在快速上升的，和房产共同构成我国居民资产的主要部分。同时，居民负债这一部分为个人消费性贷款，存量只占金融资产的 1/10 不到，而金融资产大部分都是流动性较好的短期资产。例如，2002 年我国居民个人消费性贷款总额为 10 669 亿元，而活期储蓄余额就达到了 28 121.71 亿元，所以基本上我国居民不存在清偿问题。

对于货币错配问题，由于我国严格的外汇管制政策，居民手中持有的外汇余额并不多，2002 年国家统计局城调队调研结果显示，外币资产占居民金融资产的 7.6%，同时居民负债中不存在外币负债，所以居民资产负债表中货币错配问题基本不存在。

## 第6节　结论及政策建议

### 一、中国宏观金融风险总结

本文基于资产负债表账面分析、或有权益资产负债表、风险表、压力测试及敏感性分析等方法对中国金融风险进行了全面的定性和定量分析。

**（一）中国金融部门风险小结**

金融部门分为上市金融部门（包含银行、证券、保险等上市公司）和金融部门（主要是银行类金融机构）。从上市金融部门账面看，在2002—2009年各季度总资产、总负债和所有者权益均保持上涨趋势，流动资产在每年第一季度有周期性上浮的趋势，但总体上也呈不断上升势头。在比率分析方面，流动比率、资产负债率、产权比率变动趋势相同，突出的变化发生在2006年中国工商银行和中国银行上市带来的股权市值巨大变动，使得上述三个比率大幅下降。在或有资产负债表分析中，资产市值、负债市值、权益市值的上升趋势与账面基本相同，但或有资产负债率明显低于账面资产负债率（约20%左右）。风险表的指标体系中，资产市值波动率呈现剧烈变化，而违约距离在样本区间内呈现震荡下降的趋势。

压力测试中，利率下调引起的资产市场价值和违约距离的变化大于利率上调引起的变化，其他指标随利率变化引起的反应较小。敏感性测试中，利率上调27个基点引起资产市值下降25个基点，违约距离上涨2.87%，风险略有下降。综上所述，可以看出上市金融部门的风险状况基本在可控范围内，主要波动来自于大型银行上市引起的市值上升，但之后保持稳定的增长趋势。

金融部门（主要是银行业金融机构）的资产负债率和产权比率也呈下降趋势，但幅度较为平缓。我国金融部门的总资产在研究期间内呈现稳定增长态势，说明我国的金融业发展健康，增速稳定。金融部门中商业银行的流动性比例近年来稳定在40%左右，银行业的发展趋向于稳定经营。总的来看，在所研究的10年（2001—2010年）中，特别是美国次贷危机爆发后，中国金融部门在防范金融风险方面采取了十分谨慎和卓有成效的措施。通过计算和观察资产市值、资产市值波动率和违约距离等指标，在研究时间段内，我国上市金融企业的账面价值和市值基本上比较接近和吻合，说明投资者对银行业的定价比较理性。其中，我国银行的账面价值基本变化不大，是按照一定的趋势在稳步增长，说明金融部门的发展比较稳定。而资产的市场价值则大体上在波动中增长，说明国际金融危机对我国造成一定程度的影响，但是影响不是特别显著，银行业的稳健经营极其有效地抵御了金融危机的冲击。

**（二）中国企业部门风险小结**

相比金融部门，企业部门的风险敞口更大，是承受宏观风险的主体。但本文认为虽然遭受了自美国次贷危机以来等一系列的冲击，企业整体的资产负债率比较合理，总体上盈利能力较强，风险尚在可控范围之内，保持了较好的发展态势。

基于选取的上市 1 600 多家企业季度数据，上市企业部门的账面指标，如资产负债率、产权比率均呈现逐年上升的趋势，反映了当前上市企业普遍面临的风险状况。或有资产负债表反映的趋势和历史资本市场的变化趋势趋同，资产市值和权益市值的最高点出现在 2007 年之后，受国际金融危机的影响，市场和价格等经济因素急剧变化，外需下滑、内需不振的双重打击使得企业部门经济运行的压力增大，企业部门资产总值回落，增幅下降。

以 5 000 家企业为代表对全国整体企业部门进行风险研究。从账面资产负债表和或有权益资产负债表看，反映出与上市企业部门类似的趋势。但显然，企业整体（上市与非上市企业）的资产和权益市值更接近于账面水平，定价更为合理。而上市企业部门受到直接的市场冲击和价格波动，市值大幅偏离账面价值，但市值的不稳定性也使得以市场公允价值计量的企业风险的可信度降低。

在风险指标的分析中，企业部门的情形不是十分乐观。资产市值波动率变动趋势不稳定，违约距离在波动中趋于下降。企业部门压力测试结果显示部门的资产市值对利率巨大变化的抗压力是很强的，敏感度很低，说明目前中国企业部门应对利率风险的能力较强。

中国公共部门（包括央行）和家户部门面临的风险较小，中国公共部门目前在货币错配和资本结构方面不存在明显的漏洞，有相当充足的外汇储备来抵御来自国际投机资本的冲击，但要注意防范部门间的风险传导。

整体看，中国经济体是比较稳固和健康的。中国面对美国次贷危机导致的金融危机采取了比较有效的措施，外汇储备充足，外债结构和数量合理，在外汇管理能力上也有了长足的进步，有效地促使了中国经济在危机中持续健康的发展。

## 二、中国宏观金融风险政策建议

基于本章对中国宏观金融风险状况的系统分析，下面对我国部门乃至全国的金融风险控制提出政策建议，为后续的宏观金融风险研究提供参考。

**（一）中国金融部门风险政策建议**

我国上市金融部门（主要是上市银行业）股权集中度较高，国有股仍是重要持股主体。国家持股可以为银行经营提供隐形担保，支撑潜在的信用风险，从而维持银行业的稳定发展，即使面对危机的冲击也能安全过渡。但值得注意的是，从次贷危机中美国大型金融机构先后倒闭和愈演愈烈的欧洲主权债务危机中，可以看到金融（银行）体系的内在脆弱性问题不可忽视。

金融体系内在的脆弱性决定了对金融机构尤其是银行系统进行监管的客观必然性。随着国际化发展进程的加速，以及我国资本市场的不断开放，各种不稳定因素将会时时冲击我国的银行体系。因此，在我国建立健全一套适用的金融监管体系是十分必要的。

第一，银行监管法规建设。随着金融开放的深入和外资银行的进入，我国应加强与国外金融监管当局尤其是发达国家金融监管法律方面的沟通与交流，借鉴和学习国外有效的监管法律，并且全面规范外资银行在我国境内的业务经营活动。从而，不断完善我国银行监管中的相关法律法规。

第二，银行业信息披露制度。银行监管应注重完善银行机构的信息披露制度，明确界定应披露的信息内容。其次，银行监管机构应采用现场检查和非现场监督等多种方式加强对信息披露的监管，保证银行机构所披露信息的真实性。最后，在加强监管银行信息披露有效性的同时，银行监管机构还要注重信息披露的持续性。

第三，银行监管预警体系。在对银行进行有效监管的同时，应建立相应的预警体系。在我国，可以对异常金融变动进行预测的银行风险预警系统还未正式建立，现在还缺少评价考核银行业市场风险的标准，这不利于在危机发生前采取防范措施。因此，有必要建立一套科学的银行业风险识别、评估、报警的预警系统。本章所论述的宏观金融风险评估方法及相应的风险指标评估结果可以为银行业的风险预警提供有效的建议。

**（二）中国企业部门风险政策建议**

企业部门受金融危机冲击的不利影响主要表现在两方面：一是经济发展受阻导致外需下降，出口企业的冲击度最高；二是国际金融经济不稳定引发的消极情绪直接反映在资本投资上，股票市场出现不稳定性，资本市场交易低迷。所以针对以上两点，必须采取有力措施才能控制危机的扩大和蔓延。

第一，扩大内需，加快经济结构调整。从已有经验不难得出，中国内需的强劲增长不仅可以避免因外需急剧下滑可能带来的衰退风险，同时中国经济也对世界经济的稳定做出了贡献。从经济结构看，应加快发展服务经济，提高第三产业在国民经济中的比重。加快经济结构调整，控制和压缩过剩的工业产能，将更多的资源转移到第三产业，鼓励企业技改投资和服务业发展，增加就业机会，提高居民可支配收入。同时，企业应在资本市场快速发展的契机下，加大对企业本身质量的改善，以改变现今受资本市场行情好坏影响过大，波动率过大的局面，进一步分散风险。

第二，外贸企业发展多元化。外贸企业为缓解出口压力，应摆脱单一贸易依赖，考虑更加广阔的出口渠道，把更多国家和地区的市场纳入我国企业的出口市场考虑范围，并积极开发国内市场。

**（三）中国公共部门和家户部门风险政策建议**

中国公共部门和家户部门的资产负债表相当稳健。公共部门中，我国政府部门资本结构对债务的依赖度较低，这与国外政府部门的资本构成截然不同，家户部门账面资产中居民储蓄占绝大部分，这与我国居民的储蓄传统有关，庞大的储蓄保障使得家户部门债务负担较低。这两个部门的稳定发展也为我国金融部门、企业部门以及全国经济在危机中平稳过渡发挥了很大作用。

为了实现经济进一步稳定增长，必须扩大消费需求，公共部门需实行积极的财政政策，加大财政对于低收入群体的转移性支出力度，切实提高居民可支配收入，加强社会保障和民生建设以拉动消费。

**（四）中国宏观整体风险政策建议**

第一，密切监测国际经济形势。国际经济形势存在很多不确定性，可能对中国经济产生负面影响。为此，应加强对国际金融风险形势的监测，重点关注各国金融市场账面变化及市场走势。对可能出现的风险提前预警，以防对中国出口和经济增长带来的更大压力。

第二，加强宏观调控和政策引导。经济稳定是金融稳定的基础，充足的流动性和不断健全的金融市场可以增强消费者的心理预期，弱化金融危机的不利影响，从而从根本上控制风险。

第三，加强海外投资保护。国际金融市场瞬息万变，海外投资存在着巨大的风险。此次金融危机爆发，国内金融机构由于投资次贷相关产品均遭受了不同程度的经济损失。在投资海外金融市场时，要对国际金融市场的风险具有清醒的认识，加强对国际经济和国际金融市场运行规律的研究与分析，建立和完善海外金融投资的风险监测、风险预警和风险防范机制。

# 附录

**附表 1　中国上市金融部门或有权益资产负债表输入数据**　　　单位：亿元

| 时间 | 无风险利率（%） | 违约点 | 权益市值 | 权益市值波动率 |
|---|---|---|---|---|
| 2001Q2 | 2.25 | 3 171.22 | 3 265.39 | 0.303 103 24 |
| 2001Q4 | 2.25 | 3 733.07 | 2 791.90 | 0.317 868 16 |
| 2002Q1 | 2.13 | 4 091.11 | 2 580.28 | 0.387 079 01 |
| 2002Q2 | 1.98 | 7 672.40 | 4 585.78 | 0.346 247 11 |
| 2002Q3 | 1.98 | 9 122.21 | 4 219.41 | 0.192 563 06 |
| 2002Q4 | 1.98 | 9 648.11 | 3 341.21 | 0.195 277 29 |
| 2003Q1 | 1.98 | 9 911.07 | 4 148.34 | 0.279 074 65 |
| 2003Q2 | 1.98 | 11 683.68 | 4 050.21 | 0.327 123 43 |
| 2003Q3 | 1.98 | 14 169.89 | 3 549.46 | 0.211 977 45 |
| 2003Q4 | 1.98 | 15 054.94 | 3 914.02 | 0.282 882 23 |
| 2004Q1 | 1.98 | 15 599.12 | 4 318.27 | 0.301 050 85 |
| 2004Q2 | 1.98 | 16 348.72 | 3 070.05 | 0.302 762 47 |
| 2004Q3 | 1.98 | 16 843.12 | 3 227.56 | 0.278 022 73 |
| 2004Q4 | 2.17 | 17 944.87 | 2 757.84 | 0.212 731 6 |
| 2005Q1 | 2.25 | 18 267.73 | 2 666.02 | 0.290 711 23 |
| 2005Q2 | 2.25 | 19 718.25 | 2 226.66 | 0.439 041 34 |
| 2005Q3 | 2.25 | 20 439.07 | 2 445.54 | 0.282 417 86 |
| 2005Q4 | 2.25 | 21 873.02 | 2 433.31 | 0.303 430 35 |
| 2006Q1 | 2.25 | 23 595.52 | 2 760.65 | 0.252 028 21 |
| 2006Q2 | 2.25 | 26 764.22 | 3 817.53 | 0.339 020 86 |
| 2006Q3 | 2.38 | 76 145.80 | 11 790.25 | 0.229 207 26 |
| 2006Q4 | 2.52 | 148 084.42 | 39 285.73 | 0.348 563 32 |
| 2007Q1 | 2.56 | 172 510.22 | 54 267.72 | 0.476 274 82 |
| 2007Q2 | 2.92 | 207 866.23 | 67 448.95 | 0.366 077 22 |
| 2007Q3 | 3.44 | 282 069.36 | 118 544.54 | 0.352 838 52 |
| 2007Q4 | 3.90 | 293 667.94 | 129 514.59 | 0.381 219 25 |
| 2008Q1 | 4.14 | 308 813.32 | 84 933.65 | 0.454 960 44 |
| 2008Q2 | 4.14 | 319 842.64 | 70 783.16 | 0.499 633 62 |
| 2008Q3 | 4.14 | 325 564.53 | 60 570.68 | 0.554 813 50 |
| 2008Q4 | 3.27 | 342 795.01 | 46 738.70 | 0.500 757 92 |
| 2009Q1 | 2.25 | 387 552.27 | 58 394.63 | 0.362 387 52 |
| 2009Q2 | 2.25 | 412 016.30 | 79 953.97 | 0.273 635 48 |
| 2009Q3 | 2.25 | 420 697.75 | 73 726.89 | 0.359 282 03 |
| 2009Q4 | 2.25 | 435 923.73 | 86 298.79 | 0.256 891 37 |
| 2010Q1 | 2.25 | 465 693.58 | 81 330.27 | 0.220 257 48 |

附表 2　中国金融部门或有权益计算输入参数　　单位：亿元

| 时间 | 无风险利率（%） | 违约点 | 权益市值 | 权益市值波动率 |
|---|---|---|---|---|
| 2003Q1 | 1.98 | 235 848.94 | 85 537.77 | 0.279 074 655 |
| 2003Q2 | 1.98 | 248 940.40 | 84 307.38 | 0.327 123 427 |
| 2003Q3 | 1.98 | 258 653.92 | 59 036.67 | 0.211 977 453 |
| 2003Q4 | 1.98 | 266 478.47 | 65 028.22 | 0.282 882 227 |
| 2004Q1 | 1.98 | 277 594.20 | 69 368.88 | 0.301 050 852 |
| 2004Q2 | 1.98 | 286 530.40 | 48 870.35 | 0.302 762 472 |
| 2004Q3 | 1.98 | 290 209.70 | 51 002.21 | 0.278 022 729 |
| 2004Q4 | 2.17 | 303 252.50 | 47 912.54 | 0.212 731 597 |
| 2005Q1 | 2.25 | 315 704.60 | 45 920.31 | 0.290 711 228 |
| 2005Q2 | 2.25 | 331 189.50 | 42 070.87 | 0.439 041 338 |
| 2005Q3 | 2.25 | 344 580.30 | 46 458.71 | 0.282 417 858 |
| 2005Q4 | 2.25 | 358 070.40 | 48 720.22 | 0.303 430 351 |
| 2006Q1 | 2.25 | 374 501.50 | 52 443.68 | 0.252 028 215 |
| 2006Q2 | 2.25 | 390 332.20 | 72 236.32 | 0.339 020 862 |
| 2006Q3 | 2.38 | 400 508.90 | 45 368.26 | 0.229 207 262 |
| 2006Q4 | 2.52 | 417 105.90 | 85 736.51 | 0.348 563 319 |
| 2007Q1 | 2.56 | 435 444.20 | 98 397.58 | 0.476 274 822 |
| 2007Q2 | 2.92 | 459 535.00 | 109 081.25 | 0.366 077 222 |
| 2007Q3 | 3.44 | 478 369.70 | 153 219.14 | 0.352 838 521 |
| 2007Q4 | 3.90 | 495 675.40 | 167 007.97 | 0.381 219 245 |
| 2008Q1 | 4.14 | 522 418.10 | 114 972.46 | 0.454 960 441 |
| 2008Q2 | 4.14 | 544 001.00 | 100 011.51 | 0.499 633 618 |
| 2008Q3 | 4.14 | 557 918.80 | 87 211.23 | 0.554 813 501 |
| 2008Q4 | 3.27 | 586 015.60 | 70 386.31 | 0.500 757 916 |
| 2009Q1 | 2.25 | 654 973.50 | 86 897.40 | 0.362 387 52 |
| 2009Q2 | 2.25 | 697 612.30 | 119 728.14 | 0.273 635 478 |
| 2009Q3 | 2.25 | 711 277.90 | 110 207.68 | 0.359 282 032 |
| 2009Q4 | 2.25 | 743 348.60 | 125 332.51 | 0.256 891 371 |
| 2010Q1 | 2.25 | 795 053.80 | 118 552.86 | 0.220 257 48 |

附表 3　中国上市企业部门或有权益资产负债表输入参数　　单位：亿元

| 时间 | 无风险利率（%） | 违约点 | 权益市值 | 权益市值波动率 |
|---|---|---|---|---|
| 2001Q2 | 2.25 | 6 363.69 | 44 199.75 | 0.114 172 |
| 2001Q4 | 2.25 | 9 065.10 | 34 272.12 | 0.349 968 |
| 2002Q1 | 2.13 | 9 368.15 | 33 992.89 | 0.392 975 |
| 2002Q2 | 1.98 | 9 544.74 | 37 907.43 | 0.313 353 |
| 2002Q3 | 1.98 | 9 815.99 | 34 497.52 | 0.122 888 |

续表

| 时间 | 无风险利率（%） | 违约点 | 权益市值 | 权益市值波动率 |
|---|---|---|---|---|
| 2002Q4 | 1.98 | 11 307.69 | 29 079.04 | 0.214 962 |
| 2003Q1 | 1.98 | 11 431.51 | 32 796.41 | 0.222 259 |
| 2003Q2 | 1.98 | 12 017.46 | 32 006.51 | 0.207 913 |
| 2003Q3 | 1.98 | 13 195.45 | 29 592.66 | 0.134 596 |
| 2003Q4 | 1.98 | 13 673.22 | 32 885.34 | 0.214 222 |
| 2004Q1 | 1.98 | 13 962.01 | 40 009.16 | 0.210 78 |
| 2004Q2 | 1.98 | 15 621.73 | 31 309.87 | 0.210 985 |
| 2004Q3 | 1.98 | 16 194.56 | 31 880.56 | 0.283 417 |
| 2004Q4 | 2.17 | 17 139.22 | 28 371.62 | 0.220 194 |
| 2005Q1 | 2.25 | 17 753.24 | 26 392.71 | 0.238 005 |
| 2005Q2 | 2.25 | 19 560.44 | 23 459.16 | 0.326 808 |
| 2005Q3 | 2.25 | 19 838.74 | 25 802.97 | 0.257 424 |
| 2005Q4 | 2.25 | 20 423.51 | 25 606.71 | 0.167 564 |
| 2006Q1 | 2.25 | 20 601.51 | 29 621.64 | 0.166 078 |
| 2006Q2 | 2.25 | 22 708.13 | 41 938.87 | 0.294 977 |
| 2006Q3 | 2.38 | 23 977.05 | 44 572.87 | 0.234 872 |
| 2006Q4 | 2.52 | 25 824.30 | 62 170.96 | 0.229 272 |
| 2007Q1 | 2.56 | 27 262.79 | 93 094.18 | 0.390 382 |
| 2007Q2 | 2.92 | 29 608.06 | 129 600.95 | 0.430 575 |
| 2007Q3 | 3.44 | 31 734.63 | 200 374.42 | 0.345 643 |
| 2007Q4 | 3.90 | 38 936.39 | 270 317.68 | 0.343 186 |
| 2008Q1 | 4.14 | 43 444.00 | 186 791.85 | 0.436 15 |
| 2008Q2 | 4.14 | 46 750.94 | 144 236.66 | 0.514 356 |
| 2008Q3 | 4.14 | 49 301.74 | 117 469.57 | 0.459 973 |
| 2008Q4 | 3.27 | 49 630.48 | 96 699.40 | 0.449 858 |
| 2009Q1 | 2.25 | 50 922.98 | 130 707.67 | 0.340 85 |
| 2009Q2 | 2.25 | 54 323.24 | 160 976.03 | 0.235 043 |
| 2009Q3 | 2.25 | 62 543.44 | 159 846.10 | 0.402 643 |
| 2009Q4 | 2.25 | 66 158.10 | 196 834.17 | 0.264 994 |
| 2010Q1 | 2.25 | 71 160.50 | 194 785.16 | 0.194 141 |

**附表 4　中国企业部门或有权益资产负债表输入参数**　　单位：亿元

| 时间 | 无风险利率（%） | 违约点 | 权益市值 | 权益市值波动率 |
|---|---|---|---|---|
| 2001Q2 | 2.25 | 24 241.83 | 90 702.76 | 0.114 171 933 |
| 2001Q4 | 2.25 | 23 237.41 | 58 139.50 | 0.349 968 030 |
| 2002Q1 | 2.13 | 24 014.23 | 55 886.60 | 0.392 974 846 |
| 2002Q2 | 1.98 | 25 860.38 | 64 350.73 | 0.313 352 895 |
| 2002Q3 | 1.98 | 25 433.65 | 56 646.61 | 0.122 888 033 |

续表

| 时间 | 无风险利率（%） | 违约点 | 权益市值 | 权益市值波动率 |
|---|---|---|---|---|
| 2002Q4 | 1.98 | 25 072.39 | 46 509.42 | 0.214 962 172 |
| 2003Q1 | 1.98 | 25 448.56 | 48 074.62 | 0.222 259 189 |
| 2003Q2 | 1.98 | 27 082.82 | 49 991.16 | 0.207 912 798 |
| 2003Q3 | 1.98 | 27 830.37 | 43 856.92 | 0.134 596 210 |
| 2003Q4 | 1.98 | 27 194.88 | 45 204.50 | 0.214 222 465 |
| 2004Q1 | 1.98 | 30 092.79 | 61 562.45 | 0.210 780 312 |
| 2004Q2 | 1.98 | 31 922.20 | 46 770.79 | 0.210 984 612 |
| 2004Q3 | 1.98 | 30 522.37 | 43 930.31 | 0.283 416 853 |
| 2004Q4 | 2.17 | 30 016.19 | 37 478.72 | 0.220 194 462 |
| 2005Q1 | 2.25 | 32 986.52 | 38 825.14 | 0.238 004 650 |
| 2005Q2 | 2.25 | 34 589.76 | 34 547.24 | 0.326 808 098 |
| 2005Q3 | 2.25 | 32 942.02 | 35 984.63 | 0.257 424 261 |
| 2005Q4 | 2.25 | 33 614.20 | 33 832.46 | 0.167 564 213 |
| 2006Q1 | 2.25 | 36 942.32 | 44 973.24 | 0.166 078 312 |
| 2006Q2 | 2.25 | 38 544.60 | 63 761.85 | 0.294 977 269 |
| 2006Q3 | 2.38 | 36 803.49 | 60 630.48 | 0.234 872 389 |
| 2006Q4 | 2.52 | 37 791.58 | 76 194.09 | 0.229 272 449 |
| 2007Q1 | 2.56 | 41 927.07 | 124 849.36 | 0.390 382 184 |
| 2007Q2 | 2.92 | 44 079.51 | 169 812.79 | 0.430 574 563 |
| 2007Q3 | 3.44 | 42 937.66 | 236 540.81 | 0.345 643 029 |
| 2007Q4 | 3.90 | 45 224.79 | 226 456.13 | 0.343 185 843 |
| 2008Q1 | 4.14 | 50 601.56 | 168 681.68 | 0.436 150 270 |
| 2008Q2 | 4.14 | 53 754.12 | 132 533.33 | 0.514 355 656 |
| 2008Q3 | 4.14 | 52 350.44 | 100 663.42 | 0.459 972 959 |
| 2008Q4 | 3.27 | 52 295.31 | 80 398.26 | 0.449 857 731 |
| 2009Q1 | 2.25 | 57 161.58 | 117 439.12 | 0.340 849 890 |
| 2009Q2 | 2.25 | 60 228.53 | 144 464.58 | 0.235 042 990 |
| 2009Q3 | 2.25 | 57 979.57 | 129 249.31 | 0.402 643 441 |
| 2009Q4 | 2.25 | 66 703.43 | 164 739.03 | 0.264 993 632 |

注：企业部门权益市值根据上市企业权益市值 / 上市企业总权益 = 企业部门的权益市值 / 企业部门的总权益进行套算，权益市值波动率用上市企业的权益市值波动率代替。

**附表 5　2003—2008 年家户部门总资产增量计算的相关细项**

| 年份 | 2003 | 2004 | 2005 | 2006 | 2007 | 2008 |
|---|---|---|---|---|---|---|
| 总人口（亿） | 12.922 7 | 12.998 8 | 13.075 6 | 13.144 8 | 13.212 9 | 13.280 2 |
| 城镇居民人口（亿） | 5.237 6 | 5.428 3 | 5.621 2 | 5.770 6 | 5.937 9 | 6.066 7 |
| 农村人口（亿） | 7.685 0 | 7.570 5 | 7.454 4 | 7.374 2 | 7.275 0 | 7.213 5 |
| 城镇居民人均可支配收入（元） | 8 472 | 9 422 | 10 493 | 11 760 | 13 786 | 15 781 |

续表

| 年份 | 2003 | 2004 | 2005 | 2006 | 2007 | 2008 |
|---|---|---|---|---|---|---|
| 农村居民人均纯收入（元） | 2 622 | 2 936 | 3 255 | 3 587 | 4 140 | 4 761 |
| 城镇居民人均消费性支出（元） | 6 511 | 7 182 | 7 943 | 8 697 | 9 997 | 11 243 |
| 农村居民人均生活消费支出（元） | 1 943 | 2 185 | 2 555 | 4 485 | 5 138 | 5 916 |
| 城镇居民人均净资产增加（元） | 1 961.2 | 2 240 | 2 550 | — | — | — |
| 农村居民人均净资产增加（元） | 679.2 | 751 | 700 | — | — | — |
| 城镇居民净资产增加（亿元） | 10 270 | 12 159 | 14 334 | — | — | — |
| 农村居民净资产增加（亿元） | 5 220 | 5 685 | 5 218 | — | — | — |
| 家户部门净资产增量（亿元） | 15 490 | 17 844 | 19 552 | — | — | — |
| 人民币消费贷款余额增加额(亿元） | 5 091 | 4 327 | 1 996 | — | — | — |
| 个人住房贷款增加额（亿元） | 3 528 | 4 073 | 2 444 | — | — | — |
| 家户部门总资产增量（亿元） | 20 581 | 22 171 | 21 548 | — | — | — |

# 第2章　中国宏观金融风险比较研究



在过去30年中，为加快国内市场经济建设，中国先后提出实施了经济特区建设、西部大开发等发展战略，这些发展战略促进经济迅速发展的同时，也加剧了区域间的不平衡性，东、中、西三大经济带的经济发展水平差距不断加大，所面临的风险也呈现不同的特征。在对中国四大经济部门进行宏观金融风险分析的基础上，本章将分别对东、中、西地区以及各内陆省（市、自治区）金融风险进行比较研究。

## 第1节　引言

2008年以来，在国际金融危机的影响下，欧美国家债务风险不断凸显并在国际市场上广泛传导，对中国金融市场和实体经济均造成了不同程度的影响和冲击，加之中国在改革开放以来的快速发展过程中积累了一系列问题，当前的国内外形势迫切要求中国加快发现并解决区域经济结构失衡的问题，加强宏观风险的防范与管理。为对中国宏观金融风险结构进行深入分析，以下对相关研究背景、理论及实践基础进行介绍。

### 一、研究背景及思路

中国在过去的发展过程中，由于不同地区在生产要素禀赋、经济基础和发展战略等方面不同，区域间形成了由北向南、自西向东递升的产业梯度结构，经济总量及结构的区域化特征明显，东部地区所具的比较优势吸引全国各地资源的注入甚至出现局部流动性过剩，而中西部地区发展相对缺乏资源支持。中西部地区经济发展程度尤其是金融市场建设远落后于东部地区。自2005年以来，中西部地区GDP在全国的总占比一直低于50%。根据2008年国民经济运行数据，东部地区GDP达到16.22万亿元，在全国30.07万亿元的GDP中占比约为53.95%，中西部地区19个省份的地区GDP占比明显偏低。在金融市场上，中西部地区的相关总量指标占比大多也不超过50%，资本市场发展的劣势尤为显著，我国经济金融发展的结构性失衡问题十分突出。

自国际金融危机爆发以来，中国受到国际上多种市场因素和政策因素的影响，经济金融发展面临着诸多难题，如外部需求收缩、部分行业产能过剩、企业生产经营困难、城镇失业人员增多等，中国东部沿海发达地区经济外向程度高，所受影响尤为明显，在金融危机期间由于出口受阻导致大量中小企业倒闭。2009年以来，中国的各项经济指标开始出现回暖迹象，工业生产、社会固定资产投资、国内生产总值及金融机构存贷额、深市和沪市指数等数据均表明经济向上的动力在增强，但到目前为止，中国经济尚未克服结构性失衡问题，且不能摆脱世界经济衰退、国内通胀压力加大、外贸出口受阻和部分行业产能过剩等风险，经济回升基础存在诸多不稳定因素，经济能否持续复苏仍存在一定的不确定性。

目前，在中国经济增长模式亟待转变的情形下，对国内区域经济金融运行特征进行研究以提出系统的宏观风险管理思路具有重要的理论与实践价值。而随着区域间经济增长差距的拉大，国内外影响经济金融稳健运行的不确定性因素上升，中国应根据区域经济结构特征对宏观金融风险实施差异化的管理策略。因此，基于对中国经济金融运行的整体风险研究，需要依据一定的标准进行宏观金融风险的结构化分析。本章将依据东、中、西三大经济带①的划分，基于资产负债表和或有资产负债表分析方法对三大区域的宏观金融风险进行比较。同时，由于区域内各省份的经济金融运行状况仍存在很大的差异，所暴露出来的风险也具有不同的特征，由此也将对中国大陆31个省份的主要经济部门的风险状况进行比较。本章在对东、中、西部地区宏观金融风险和省域宏观金融风险分别进行结构性分析的基础上，针对不同区域的风险特征提出相应的管理对策，为我国宏观金

① 根据国家统计局对中国大陆三大经济带的划分标准，东部地区包括北京、上海、广东、江苏、浙江、福建、山东、广西、辽宁、天津、河北、海南12个省（市、自治区），中部地区包括山西、内蒙古、吉林、黑龙江、安徽、江西、河南、湖北、湖南9个省（市、自治区），西部地区包括重庆、四川、贵州、云南、西藏、陕西、甘肃、宁夏、青海、新疆10个省（市、自治区）。为简单起见，文中将“各省（市、自治区）”均简称为“各省份”。

融风险管理提供依据。

## 二、文献综述

目前关于中国金融风险的研究多局限于单个市场或行业，较少与宏观经济运行相联系，但中微观层面的相关研究能够为宏观金融风险的结构性分析提供一定的支持。以下基于本书第1章所做的文献综述，对中国区域金融风险和省域金融风险的相关研究进行补充，为中国宏观金融风险的比较研究提供分析基础。

### （一）中国区域金融风险相关研究

目前有关区域金融风险的研究大多介于个体金融风险和系统金融风险之间，并与区域经济运行有着密切联系。区域经济运行一般涉及区域划分，根据不同的标准中国可以划分为不同的区域。相关研究有按行政区域标准划分为华北、东北、华东、华南、中南、西南、西北七大经济区，或者划分为东北、黄河中下游、长江中下游、东南沿海、西南、西北六大综合经济区；有根据都市经济圈建设划分为九大经济区，第一种划分法包括东北、环渤海、黄河中游流域、长江三角洲、长江中游、东南沿海、西北和西南等，第二种划法包括东北、北部沿海、北部内陆、东部沿海、东部内陆、中部内陆、南部沿海、西部内陆和西南内陆等。本书的研究是基于国家统计局“三大经济带”的划分方法，将中国大陆31个省份划分为东、中、西地区，以下对区域金融风险的相关研究进行简单介绍。

东部地区集中了全国最具经济活力和发展实力的长三角、珠三角和京津冀三大经济圈，是中国经济最为活跃的地区，经济金融市场化程度最高，但在金融市场不断发展壮大过程中暴露的风险也最为突出。因此，关于东部地区金融风险的研究开始较早，且主要集中于对东部金融发展与经济增长的实证关系以及微观金融组织的金融风险的研究。该领域主要研究有：宋艺和赵黎明（2003）、韩大海（2007）、李中（2008）、肖姣姣（2008）以及钟士取（2008）等。

随着中部崛起战略的提出，中部地区的经济增长不断加快，内蒙古、河南、湖北与湖南等省份的一些主要经济指标开始进入全国前列，但由于国家对中部省份的支持力度相对最弱，中部地区经济发展程度仍相对落后。目前，中部地区金融风险研究的相关文献主要有：罗秀娟和孙压超（2005）、田霖（2007）、曹立（2007）、刘创刚（2007）等。

西部地区受经济总量小、发展基础薄弱、产业结构相对单一、企业竞争力不强等多重因素制约，经济发展在三个区域中相对落后，但随着国家一系列扶持政策的推动，经济正在加速发展中。目前，主要的文献集中在围绕西部大开发展开的区域金融差异、区域经济增长和区域融资等方面分析，主要有：余长福和徐敬跃（1991）、刘生仁和郭振海等（1998）、江其务（2000）、谢平（2001）、杨明基等（2002）、周立（2002）、周好文等（2004）、庞正阳（2008）、陈长民（2008）、李敬与冉光和（2008）等。

**（二）中国省域金融风险相关研究**

目前有关中国省域金融风险的研究较多，且侧重点各有不同，但很少进行系统全面的比较。谢平（2004）指出中国各省的投资环境、不良资产状况、投资的地区分布均存在很大差异或不平衡性，地区风险的差异影响我国投资、贷款、劳动力转移等经济方面；同时提出根据产权保护程度、法律公正程度、地方政府的信誉度计算省域风险系数的方法，以及通过一定的金融工具在省与省之间进行风险对冲。黄建忠、毛恩荣（2008）在研究全球金融危机对我国实体经济的影响时，通过人均经济指标、经济活动主体特征、贸易方式、经济开放程度等比较认为代表中国四大区域经济发展模式的苏州地区、温州地区、泉州地区及东莞地区经济也遭受了不同程度的冲击，并通过比较2008年四种模式下的外贸出口额、失业率等经济指标分析了各地区的经济稳定性和抗风险能力。以上就省域金融风险比较的相关文献进行了简单介绍，有关各省金融风险的相关研究将在本书后面章节中进行系统归纳。

## 第2节　中国东、中、西地区金融风险比较研究

中国经济在近30年的高速增长过程中，区域经济的不平衡性也在加剧，东、中、西三大经济带的发展呈现出明显梯度差异，其中东部是发展最快的地区，中部次之，而西部的经济实力远弱于东、中地区。相应地，三大区域在发展过程中面临的金融风险也各具特征，本节将基于东、中、西地区的资产负债表以及或有资产负债表，就中国宏观金融风险进行结构性分析。

### 一、中国东、中、西地区金融部门风险比较

中国东、中、西地区金融部门资产负债表主要涵盖银行类金融机构的数据，包括资产总额，以及存款余额、贷款余额等存贷数据。以下从两个方面就金融部门的宏观风险进行比较，一是各地区的金融资源总量，二是各地区的存贷结构，以此来揭示东、中、

西地区金融部门的发展水平与风险特征。

**（一）东、中、西地区金融资源总量比较**

中国各地区金融市场建设基础和发展速度不同，无论从金融部门资产总量，还是金融机构和从业人员的数量，东部地区均远超过中西部，历年来金融资源大多集中在东部，尤其是沿海发达地区，如图 2.1 所示，金融资源总量存在明显梯度差异。截至 2008 年年底，全国各地区银行业金融机构个数 18.7 万个，资产总额达 623 912.9 亿元。其中，东部 12 省共有银行类金融机构（总部除外）86 429 个，法人机构 1 450 个，资产规模达 389 105.1 亿元；中部 9 省所含银行类金融机构（总部除外）个数达 60 910 个，法人机构 1 458 个，资产总额计 114 923 亿元；而西部地区银行类金融机构（总部除外）个数为 40 140 个，资产总额为 78 339.7 亿元，约占全国 12.6%，不及东部的 1/4[①]。东部地区在金融发展中所体现出的绝对优势，与我国经济发展战略有着不可分割的关系，如在改革开放初期率先建立的四个经济特区均位于东部沿海发达地区，其在利用外资技术、获得外商销售渠道，以及引进先进技术和现代企业理念等方面开创了走向国际的通道，加快了金融资源的积累。随着金融部门资源的持续增加，东部地区一度呈现流动性过剩、泡沫泛滥等金融问题，东部地区金融风险也比中、西部地区更为显著。

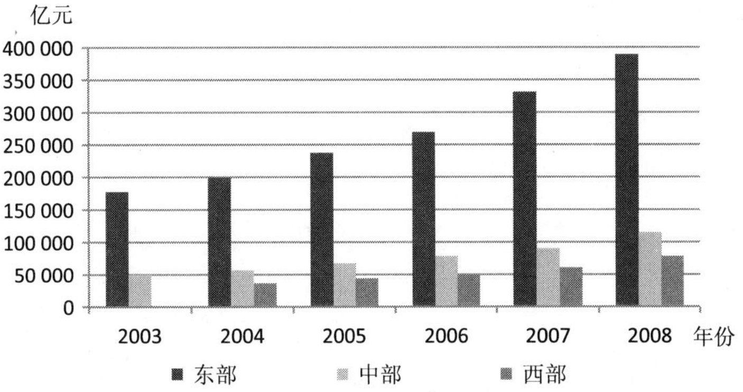


图 2.1　各地区金融部门总资产

近年来，在国家实施西部大开发战略和中部崛起战略的背景下，中西部地区各省份加快了经济建设步伐，金融资源总量不断提高。从各地区金融部门总资产增长速度看，2005 年以来均保持在 10% 以上，如图 2.2 所示。而在 2007 年，我国资本市场活跃，为金融业发展最快的东部地区提供了新的增长动力，金融部门资产进一步扩大，增长率也

① 数据来源于《2008 年中国区域金融运行报告》。

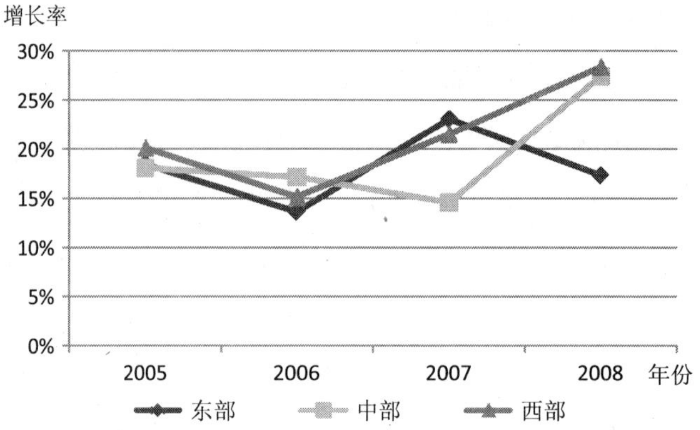


图 2.2　各地区金融部门资产增长率

达到五年来的最高水平，相对 2006 年年末增长约 23%。总体看，由于中西部地区金融市场建设处于发展初期，其金融资源总量的增长速度快于东部地区，特别是在 2008 年国际金融危机的影响下，东部地区因外向程度高等因素导致经济增长回落，而中西部地区经济金融运行相对较稳健，金融部门总资产的同比增长率均超过 25%。尽管中西部地区在国家政策的支持下加快了经济建设步伐，但由于地区建设基础与东部存在的显著差距，区域间经济金融的绝对差距依然在扩大，区域不平衡性显著。

**（二）东、中、西地区金融部门存贷结构比较分析**

2003—2008 年间，东、中、西三个地区存贷比的变化趋势较为一致，且总体上呈现下降的趋势，如图 2.3 所示。东部地区存贷比在 2006 年之前为三个地区最低，但自 2007 年起升至三个地区最高。中部与西部地区存贷比相差不大，均呈显著下降趋势，分别从 2003 年的 83.92%、80.86% 下降至 2008 年的 62.19%、65.25%。因此，就银行类机构的

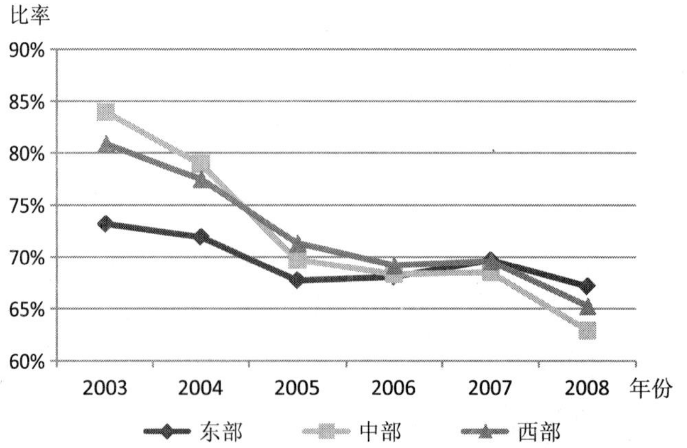


图 2.3　各地区金融部门存贷比

存贷比而言，中西部金融部门风险下降明显，而东部相对较为平稳，存贷比从2003年的73.16%到2008年的67.15%，相应风险下降幅度不大。与中国人民银行规定的75%存贷比标准相比，2005年后东、中、西地区的存贷比均低于这一上限。

金融部门的资产中贷款占很大比重，从贷款余额占总资产的比例看，西部最高，中部次之，东部最小，如图2.4。值得关注的是，在2008年东、中、西三个区域的位次发生了变化，中部的贷款余额占总资产比例下降的幅度大于东部和西部区域，成为三个区域中最低的一个。在各地区的贷款余额中，中长期贷款比重呈总体上升趋势，如图2.5。中长期贷款作为长期资产的一部分，主要投向基础设施行业，同时，以个人住房贷款为主的个人中长期消费贷款增长较快，东部地区在2008年新增的中长期贷款中，个人中长期消费贷款较2007年提高了27个百分点。西部地区金融机构多元化发展滞后，经济增

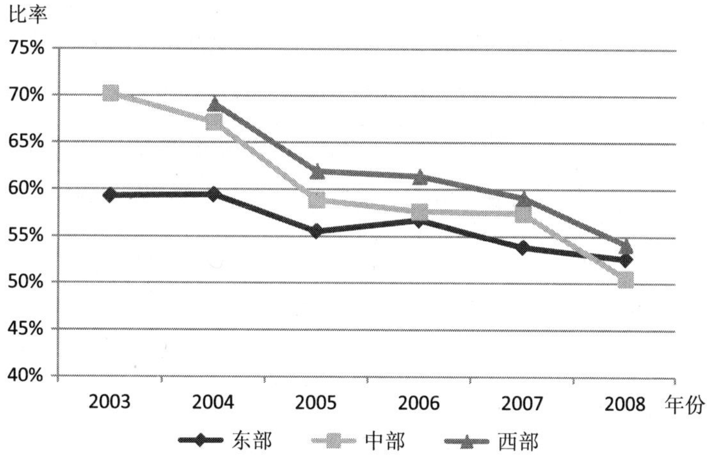


图2.4　各地区金融部门贷款余额占总资产的比重

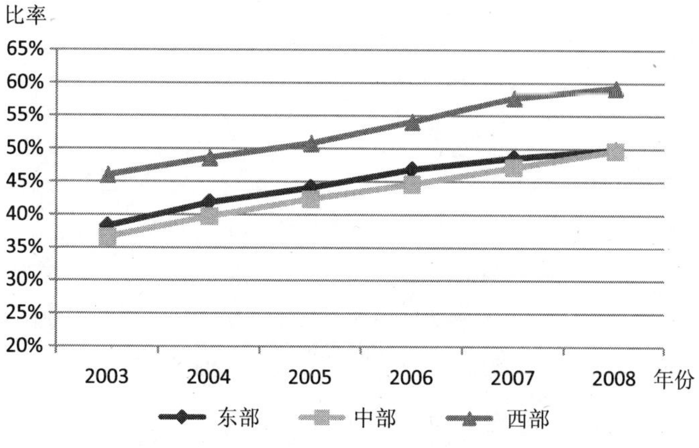


图2.5　各地区金融部门贷款结构（中长期贷款/贷款余额）

长对固定资产投资的依赖度较高，中长期信贷资金的需求大，当前银行业金融机构资金来源短期化、资金运用长期化趋势明显。2008 年东部、中部新增贷款的中长期贷款占比约为 49%，而西部地区接近 60%，西部金融部门期限错配风险最为显著。

## 二、中国东、中、西地区上市企业部门风险比较

上市企业作为企业部门的一个群体，主要涵盖在国内上市的非金融企业，以下主要基于上市企业部门的资产负债表和或有权益资产负债表，对我国东、中、西地区上市企业部门风险进行比较。

### （一）上市企业资产负债表比较分析

2002 年以来，我国东、中、西地区上市企业不断增加，资产规模持续扩大，如图 2.6。2002—2006 年间，各地区资产增速相差不大，但东部地区上市企业规模远高于中西部地区，在 2007 年资本市场活跃时期，东部地区上市企业资产增速大幅上升。截至 2008 年年末，东部地区上市公司数占全国的 65%，而中、西部共占 35%。在经济发展过程中，中部地区获得政策支持不足，经济发展相对缓慢，特别是 2008 年和 2009 年中部地区上市企业部门的资产增长率明显低于东部和西部。从上市企业部门的流动比率看，2001—2006 年间东、中、西地区均呈下降趋势，如图 2.7，2001—2003 年间中部地区上市企业流动比率最高，2004—2009 年间西部地区流动比率最高。九年来，西部地区上市企业流动比率均高于 1，期限错配风险较小，而东部、中部地区在 2005 年后一度出现流动资产不足以偿付流动负债的情形，期限错配风险凸显。

从各企业部门资产负债率看，东、中、西地区均呈上升趋势，如图 2.8，2001—2003

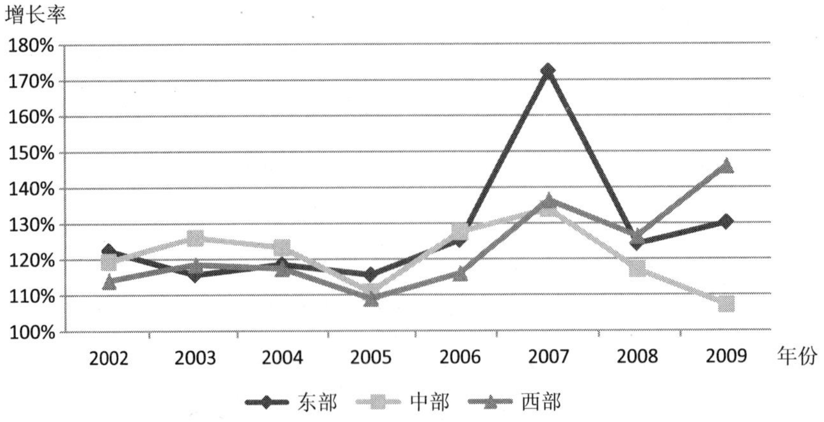


图 2.6 各地区上市企业资产增长率

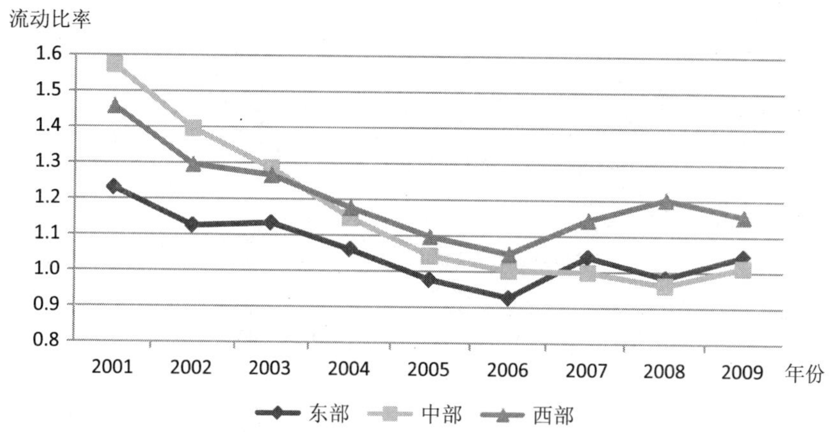


图 2.7　各地区上市企业流动比率

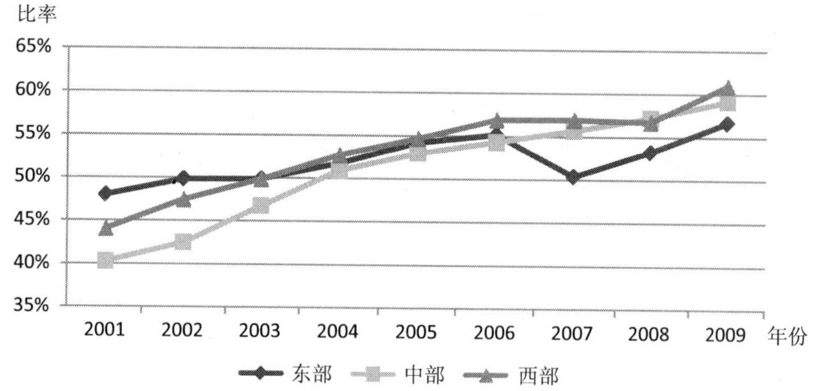


图 2.8　各地区上市企业部门资产负债率

年间东部地区相对较高，2004—2009 年西部地区相对较高。各地区资产负债率总体攀升，表明上市企业债务融资依赖度加大，清偿力风险也相应上升。从 2008 年上市公司募集资金额统计看，东部地区上市公司通过发行募集到的资金是西部地区的 4.69 倍，中部地区上市公司通过发行募集到的资金是西部地区的 2 倍，可见西部地区资本市场的滞后制约了上市企业的权益融资规模，并由此引发较高的清偿力风险。

**（二）上市企业部门或有权益资产负债表比较分析**

对于上市企业部门或有权益资产负债表的比较，主要针东、中、西地区的资产市值波动率、或有资产负债率和违约距离进行分析，如图 2.9、图 2.10、图 2.11，由于或有资产负债表主要受资本市场的影响，各地区的相关指标变化趋势基本一致。首先，从资产市值波动率来看，2007 年东、中、西地区均达到最大，较 2001—2006 年大幅增加，2008 年、2009 年这一指标有所下降，其中东部下降幅度最为明显；其次，从或有资产负债率看，

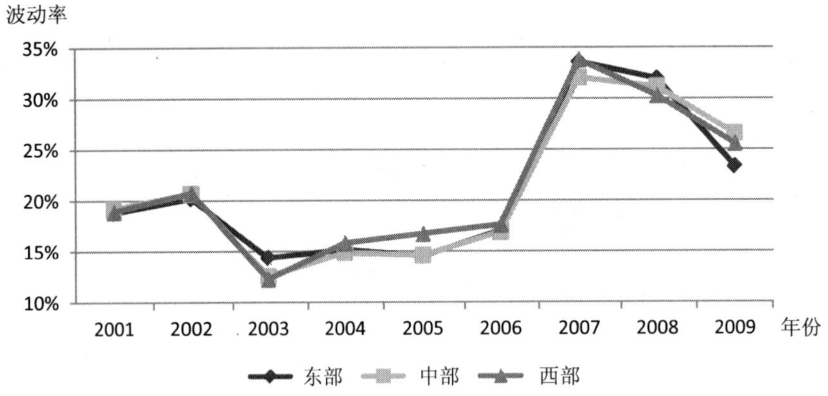


图 2.9　各地区上市企业部门资产市值波动率

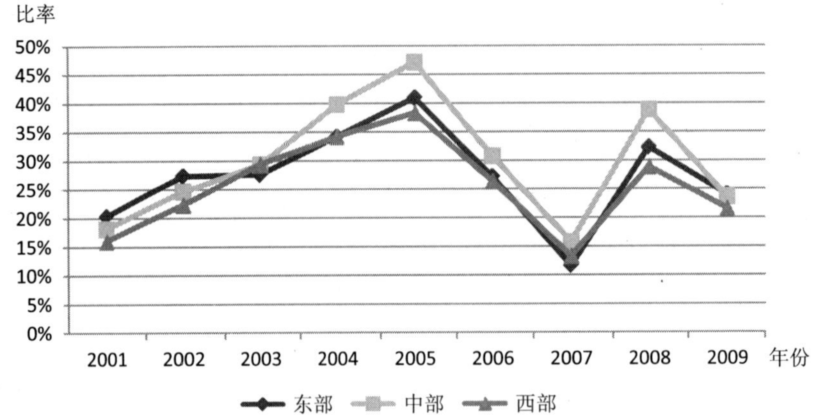


图 2.10　各地区上市企业部门或有资产负债率

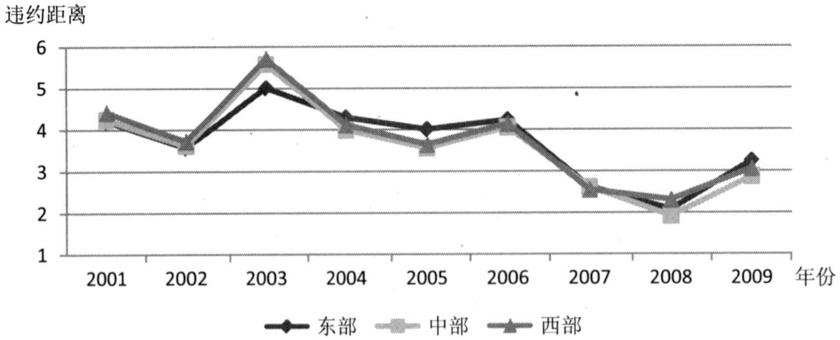


图 2.11　各地区上市企业部门的违约距离

各地区在 2001—2005 年间呈上升趋势，在 2006—2009 年间波动下行，其中 2007 年上市企业或有资产负债率最低，但中部地区总体略高于东、西部地区。第三，从违约距离看，2001—2006 年各地区这一指标均在 4 左右波动，2007 年、2008 年连续下降，违约风险上升，但2009年违约距离较2008年有一定幅度的回升，上市企业的违约风险有所缓解。

## 三、中国东、中、西地区企业部门风险比较

对于各地区企业部门风险的比较，主要基于2003—2008年由全部国有及规模以上非国有工业企业、餐饮业、批发零售业以及建筑业等四大行业数据构成的资产负债表，以及结合市场信息构建的或有权益资产负债表。

### （一）企业部门资产负债表比较分析

改革开放以来，中国经济保持了近30年的高速增长，各地区企业部门迅速发展。2003—2008年间，东、中、西地区企业部门总资产保持稳定增长，但东部地区企业部门资产总量要远大于中、西部地区，图2.12给出了各地区总资产规模。从企业部门的资产增长率看，2005年至2008年资产增长率的增长趋势一致，2008年中、西部地区资产增长率显著高于东部。



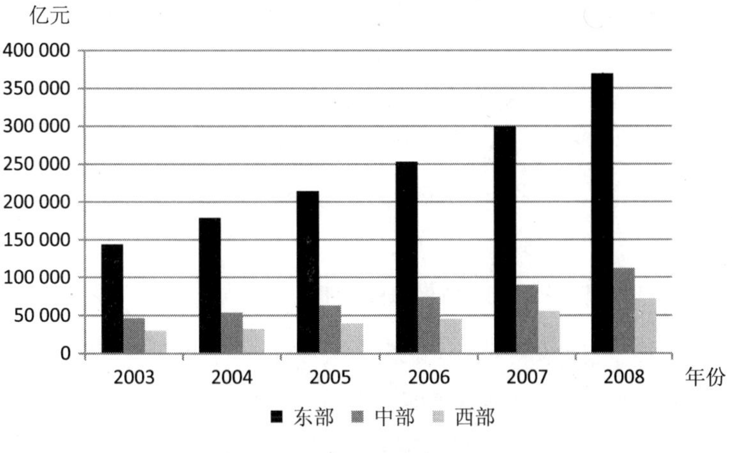


图2.12　各地区企业部门总资产

各地区企业部门的流动比率，2003—2008年间变化幅度较小，如图2.13，2005—2008年间东部地区流动比率最大，西部次之，中部最小，这与上市企业部门比较结果有显著差异。2008年东、西部地区企业部门的流动比率分别为1.11、1.07，而中部为0.99，可见中部地区上市企业有一定的期限错配风险。结合各地区企业部门的资产负债率，如图2.14，2003年以来东部地区资产负债率下降趋势较明显，2004—2007年间中部地区资产负债率相对较高，西部地区较大。但2007—2008年地区间的差异缩小，东、中、西地区资产负债率水平接近，清偿力风险较小。

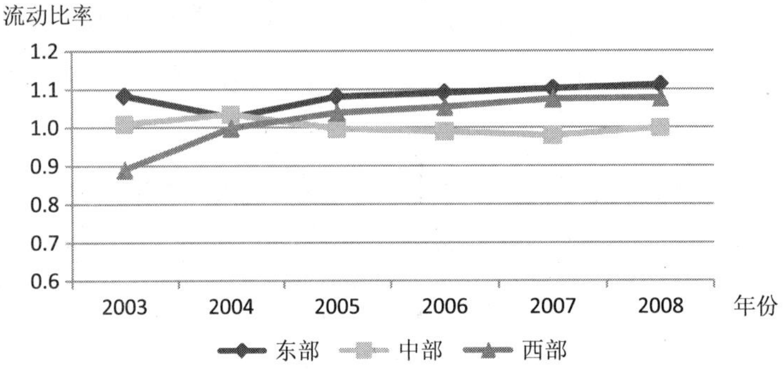


图 2.13　各地区企业部门流动比率

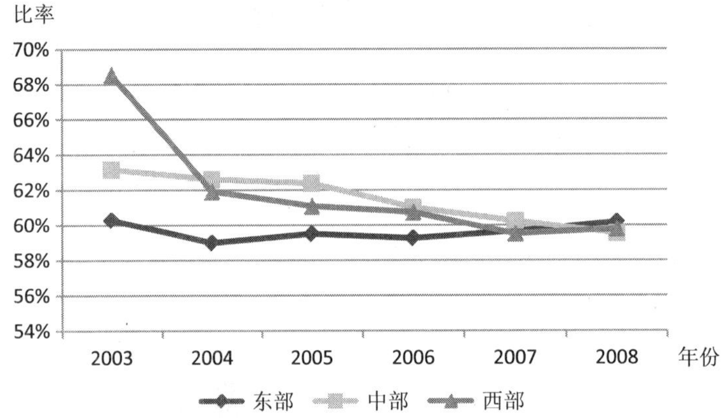


图 2.14　各地区企业部门资产负债率

**（二）企业部门或有权益资产负债表比较分析**

对于企业部门或有权益资产负债表的比较，主要针对各地区的资产市值波动率、或有资产负债率和违约距离进行分析，如图 2.15、图 2.16、图 2.17，企业部门的或有权益资产负债表主要受资本市场的影响，各地区的相关指标变化趋势仍较为一致。第一，从资产市值波动率看，2003—2007 年间呈总体上升趋势，2007 年东、中、西地区的这一指标值分别为 31.54%、31.14%、33.48%，达到五年来最高水平，在 2008 年有小幅下降，各地区的资产市值波动幅度差异很小；第二，从或有资产负债率看，各地区在 2003—2005 年间呈上升趋势，2006 年、2007 年连续下降，相比较，中部地区最高，东部地区次之，西部地区最低，各地区在 2007 年资产市值波动幅度为六年来最小，但在 2008 年均有不同程度的增加，且东部、中部地区上升幅度较一致；第三，从违约距离看，东、中、西地区呈总体下降趋势，2008 年达到近年来最低水平，违约风险大幅度上升，与上市企业违约风险变化趋势较一致。

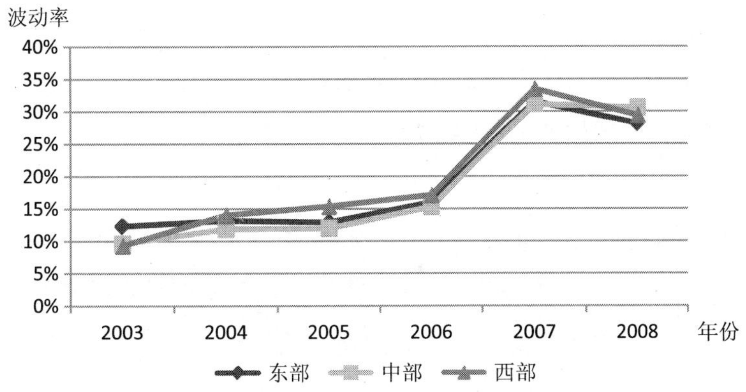


图 2.15　各地区企业部门资产市值波动率

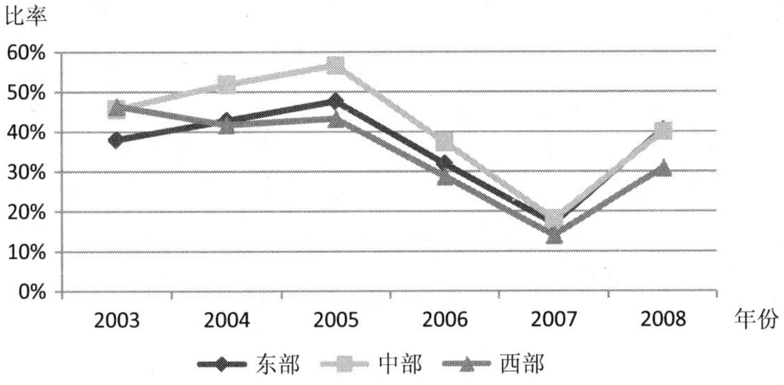


图 2.16　各地区企业部门或有资产负债率

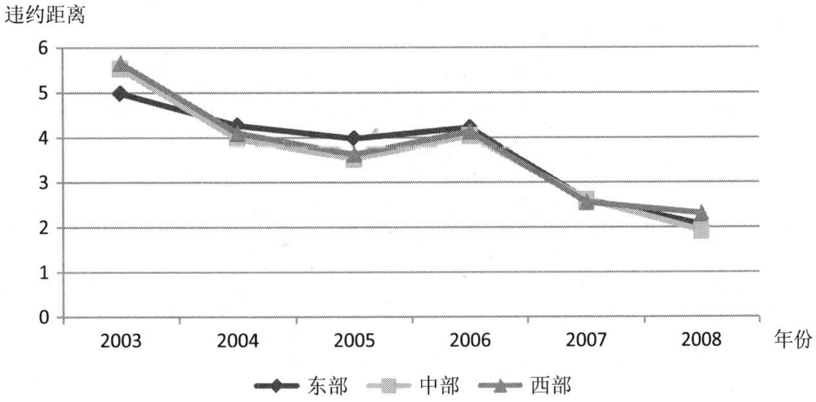


图 2.17　各地区企业部门违约距离

## 第3节　中国省域金融风险比较研究

本节基于中国31个省（市、自治区）（未包括台湾）的省域宏观金融风险进行比较分析，其中金融部门主要基于银行类存贷结构，企业部门主要基于资产负债表和或有权益资产负债表，同时就各省份的相关指标进行省份排序和风险梯度分析。

### 一、中国省域金融部门风险比较

#### （一）省域金融部门存贷结构比较分析

省域金融部门存贷结构的比较主要对2003—2008年各省份存贷比、外币存贷比及中长期贷款比率等进行对比分析。首先，从各省份存贷比率看，2008年宁夏、浙江、福建、云南、天津、重庆、山东、吉林和贵州9个省份的金融部门存贷比都超过75%。结合表2.1给出的各省份2003—2008年的存贷比，宁夏、浙江金融部门存贷比偏高，青海金融部门存贷比在2003年和2004年高达102.65%和102.37%，这些省份金融部门的风险较高。西藏的存贷比为全国最低，长期在50%以下，且呈总体下降趋势，2008年仅为26.45%，金融部门资金外流导致资源资源利用不足，河北、北京、黑龙江、山西等地存贷比相对也处于较低水平，金融部门风险低，但有待于提高资金利用率以支持经济发展。特别是西藏长期以来对政府财政资金的依赖性强，财政投入对信贷投入形成了一定的“挤出效应”，且社会各层面的金融意识还不强，应大力加快金融市场的发展，以此带动西藏经济的跨越式增长。

**表2.1　各省份金融部门存贷比**

| 年份 | 2003 | 2004 | 2005 | 2006 | 2007 | 2008 |
|---|---|---|---|---|---|---|
| 宁夏 | 88.80% | 90.55% | 84.71% | 87.16% | 92.88% | 88.49% |
| 浙江 | 82.08% | 83.91% | 81.08% | 83.01% | 85.91% | 83.59% |
| 福建 | 71.05% | 73.56% | 70.73% | 73.26% | 82.17% | 81.27% |
| 云南 | 78.85% | 77.09% | 77.52% | 78.40% | 79.47% | 78.50% |
| 天津 | 86.83% | 80.68% | 77.54% | 79.19% | 79.39% | 77.24% |
| 重庆 | 84.45% | 80.61% | 78.99% | 75.15% | 75.90% | 77.17% |
| 山东 | 86.93% | 81.98% | 79.38% | 81.08% | 81.55% | 76.67% |
| 吉林 | 99.07% | 93.69% | 77.75% | 77.32% | 80.78% | 76.03% |
| 贵州 | 90.02% | 86.85% | 83.03% | 81.68% | 81.93% | 75.40% |

续表

| 年份 | 2003 | 2004 | 2005 | 2006 | 2007 | 2008 |
|---|---|---|---|---|---|---|
| 青海 | 102.65% | 102.37% | 86.96% | 80.76% | 79.82% | 74.40% |
| 广西 | 72.51% | 74.50% | 72.84% | 72.31% | 74.66% | 72.23% |
| 内蒙古 | 92.97% | 87.10% | 78.58% | 79.50% | 76.27% | 71.53% |
| 江苏 | 75.22% | 75.05% | 71.35% | 72.54% | 74.24% | 71.15% |
| 河南 | 85.88% | 81.57% | 74.56% | 74.64% | 76.11% | 68.05% |
| 上海 | 76.04% | 74.88% | 72.03% | 70.32% | 71.61% | 67.90% |
| 安徽 | 81.68% | 78.16% | 72.49% | 72.52% | 72.21% | 67.67% |
| 辽宁 | 81.31% | 75.95% | 66.63% | 67.05% | 68.65% | 65.76% |
| 湖南 | 81.63% | 77.75% | 69.66% | 67.10% | 67.26% | 64.85% |
| 湖北 | 82.46% | 78.01% | 70.38% | 69.03% | 69.47% | 64.47% |
| 江西 | 78.69% | 76.20% | 67.94% | 66.37% | 68.58% | 63.53% |
| 四川 | 82.32% | 77.13% | 68.64% | 67.01% | 66.83% | 60.65% |
| 广东 | 65.68% | 66.03% | 61.02% | 59.95% | 62.54% | 60.29% |
| 海南 | 83.27% | 79.41% | 76.50% | 71.99% | 65.56% | 58.85% |
| 甘肃 | 82.34% | 76.28% | 66.28% | 63.79% | 65.03% | 58.33% |
| 陕西 | 74.18% | 70.92% | 61.73% | 60.04% | 60.53% | 56.73% |
| 新疆 | 79.29% | 75.50% | 69.10% | 60.98% | 59.66% | 53.80% |
| 河北 | 71.28% | 66.41% | 59.52% | 59.01% | 58.63% | 53.27% |
| 北京 | 58.82% | 57.09% | 52.94% | 53.65% | 52.68% | 52.32% |
| 黑龙江 | 82.16% | 75.39% | 59.53% | 57.28% | 56.55% | 50.61% |
| 山西 | 77.39% | 69.79% | 60.53% | 56.36% | 54.53% | 47.10% |
| 西藏 | 44.99% | 46.38% | 39.29% | 37.40% | 34.78% | 26.45% |



进一步根据2003—2008年各省份存贷比的变化趋势对省份进行分类，以判断风险变化趋势。其中，山东、天津和河南的变化趋势较一致，存贷比呈总体向下趋势，但2006—2007年又向上波动；浙江和福建的变化趋势较一致；甘肃、陕西、江西、贵州、湖南、湖北和上海的变化趋势较一致，总体呈下降趋势，但2007年向上波动；黑龙江、山西、海南、新疆、四川和青海的变化趋势一致，2003—2008年持续下降，风险持续减小；而北京、广东、江苏、广西、云南和宁夏的存贷比波动不大，期间金融部门风险无显著变化，如图2.18。

其次，从金融部门外币存贷比看，如表2.2，省域存贷比处于很高的水平，且总体呈上升趋势，2008年新疆和海南的存贷比分别达到366%、360%，山东、甘肃、湖北的存贷比也高于200%，四川、湖南、北京、广东、宁夏、上海等外币存贷比在100%~200%之间，货币错配风险显著；广西、河南、福建、重庆、吉林、黑龙江、河北和西藏等八个省份的外币存贷比在85%以下，外币错配风险不显著。结合各省份金融部门外币存贷

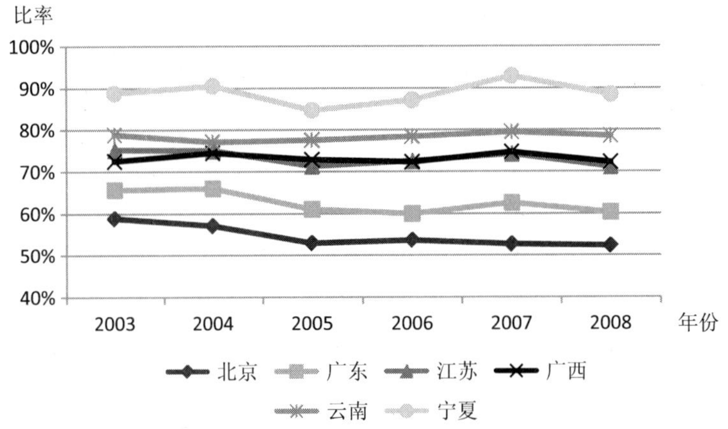


图 2.18　存贷比波动较小的省份

比的变化趋势判断货币错配风险的变化。其中，广东、湖北和上海外币存贷比变化趋势一致，2003—2008 年间呈总体上升趋势，且均在 2007 年达到存贷比最高；新疆、陕西和四川的外币存贷比呈持续上升趋势，其中新疆的增幅最大，从 2003 年 107% 持续增长至 2008 年 366%，如图 2.19 所示。

表 2.2　各省份金融部门外币存贷比

| 年份 | 2003 | 2004 | 2005 | 2006 | 2007 | 2008 |
|---|---|---|---|---|---|---|
| 新疆 | 107% | 122% | 199% | 244% | 345% | 366% |
| 海南 | 243% | 246% | 304% | 278% | 355% | 360% |
| 山东 | 123% | 112% | 131% | 137% | 215% | 239% |
| 甘肃 | 52% | 46% | 54% | 79% | 249% | 216% |
| 湖北 | 126% | 142% | 144% | 192% | 247% | 212% |
| 四川 | 104% | 109% | 108% | 120% | 155% | 183% |
| 湖南 | 98% | 96% | 89% | 75% | 167% | 165% |
| 北京 | 34% | 45% | 69% | 101% | 88% | 162% |
| 广东 | 72% | 96% | 108% | 110% | 161% | 154% |
| 宁夏 | 266% | 87% | 94% | 115% | 123% | 154% |
| 上海 | 96% | 113% | 126% | 129% | 170% | 151% |
| 青海 | 32% | 35% | 64% | 96% | 71% | 140% |
| 山西 | 111% | 123% | 160% | 115% | 171% | 134% |
| 江西 | 74% | 91% | 70% | 66% | 105% | 124% |
| 云南 | 80% | 73% | 73% | 84% | 139% | 107% |
| 陕西 | 41% | 58% | 58% | 71% | 84% | 104% |
| 辽宁 | 76% | 75% | 67% | 61% | 58% | 103% |
| 浙江 | 62% | 102% | 90% | 102% | 151% | 102% |
| 安徽 | 147% | 132% | 114% | 94% | 108% | 97% |
| 贵州 | 203% | 71% | 97% | 78% | 133% | 93% |

续表

| 年份 | 2003 | 2004 | 2005 | 2006 | 2007 | 2008 |
|---|---|---|---|---|---|---|
| 内蒙古 | 127% | 98% | 88% | 90% | 109% | 92% |
| 江苏 | 93% | 98% | 108% | 104% | 132% | 88% |
| 天津 | 105% | 79% | 72% | 85% | 97% | 88% |
| 广西 | 65% | 40% | 80% | 72% | 85% | 85% |
| 河南 | 120% | 61% | 94% | 84% | 104% | 85% |
| 福建 | 56% | 83% | 85% | 79% | 138% | 83% |
| 重庆 | 112% | 96% | 105% | 47% | 50% | 79% |
| 吉林 | 96% | 107% | 66% | 47% | 69% | 78% |
| 黑龙江 | 67% | 53% | 54% | 51% | 76% | 73% |
| 河北 | 76% | 60% | 53% | 55% | 75% | 39% |
| 西藏 | 40% | 37% | 33% | 33% | 30% | 27% |

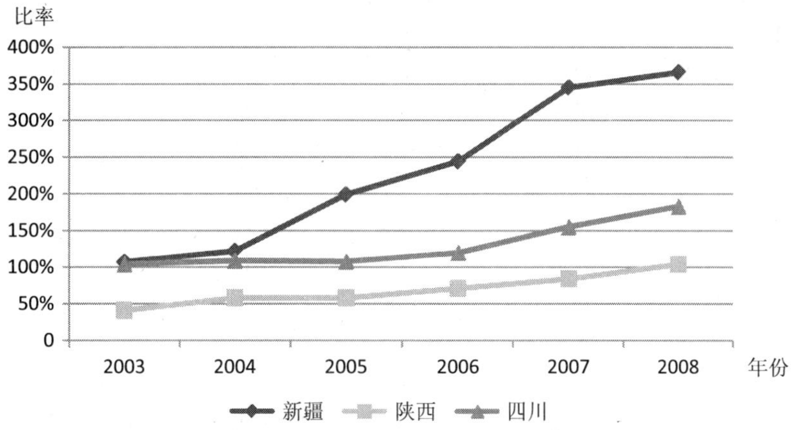


图 2.19　外币存贷比持续上升的省份

第三，如表 2.3，从 2008 年各省份金融部门中长期贷款占比看，贵州、海南的中长期贷款占比超过 70%，西藏、青海、广西、重庆、北京的中长期贷款占比在 60%~70% 之间，由此产生的流动性风险值得注意。大部分省市包括广东、陕西、云南、四川、湖北等都在 50%~60% 之间，只有河北、吉林、上海、山西、江苏、黑龙江、河南、山东和浙江的中长期贷款比例在 50% 以下，贷款余额中以短期贷款为主。海南、云南中长期贷款占比的变化趋势较一致，2003—2007 年呈上升趋势，2008 年出现下降；江苏在 2005 年出现下调，但整体保持了平缓的上升趋势；上海在 2003—2006 年保持上升趋势，在 2007 年出现了短暂的下降；青海在 2004 年及 2007 年都出现了向下波动；宁夏、浙江、新疆的中长期贷款占比总体较稳定，新疆在 2007—2008 年呈上升趋势，如图 2.20；其余省份的中长期贷款占比则都呈现明显上升趋势。

**表 2.3　各省份金融部门中长期贷款占比（中长期贷款 / 贷款余额）**

| 年份 | 2003 | 2004 | 2005 | 2006 | 2007 | 2008 |
|---|---|---|---|---|---|---|
| 贵州 | 59.56% | 62.49% | 63.27% | 65.77% | 69.31% | 72.32% |
| 海南 | 58.02% | 65.37% | 68.76% | 73.44% | 73.79% | 70.23% |
| 西藏 | 48.76% | 48.96% | 52.54% | 54.53% | 55.99% | 68.22% |
| 青海 | 62.38% | 62.21% | 67.78% | 68.39% | 65.30% | 67.84% |
| 广西 | 50.26% | 57.05% | 59.22% | 62.79% | 65.52% | 66.71% |
| 重庆 | 43.02% | 46.93% | 48.30% | 55.24% | 62.61% | 64.89% |
| 北京 | 52.62% | 55.29% | 56.29% | 61.46% | 61.51% | 63.83% |
| 广东 | 42.45% | 44.97% | 49.16% | 54.16% | 57.56% | 59.27% |
| 陕西 | 42.47% | 45.00% | 48.03% | 53.23% | 56.92% | 57.86% |
| 云南 | 48.23% | 52.89% | 55.72% | 56.88% | 59.10% | 57.68% |
| 四川 | 43.92% | 45.92% | 48.40% | 51.28% | 55.32% | 57.22% |
| 湖北 | 43.61% | 45.59% | 48.58% | 51.24% | 54.56% | 57.15% |
| 内蒙古 | 44.36% | 49.44% | 51.99% | 52.51% | 55.54% | 56.99% |
| 天津 | 41.58% | 44.62% | 47.76% | 51.72% | 54.41% | 56.93% |
| 宁夏 | 53.93% | 55.54% | 54.82% | 54.06% | 53.75% | 56.66% |
| 湖南 | 39.28% | 41.58% | 46.36% | 48.98% | 52.67% | 54.10% |
| 福建 | 41.15% | 42.76% | 45.76% | 49.06% | 52.62% | 53.52% |
| 安徽 | 32.19% | 36.43% | 39.94% | 43.27% | 46.31% | 51.71% |
| 甘肃 | 42.49% | 43.43% | 46.07% | 49.27% | 51.27% | 51.43% |
| 新疆 | 43.31% | 44.46% | 43.50% | 44.05% | 47.73% | 51.07% |
| 江西 | 38.68% | 44.96% | 45.15% | 47.29% | 49.11% | 50.99% |
| 辽宁 | 33.40% | 38.46% | 43.16% | 45.50% | 49.45% | 50.14% |
| 河北 | 34.22% | 36.03% | 38.55% | 40.82% | 46.01% | 49.47% |
| 吉林 | 33.96% | 37.64% | 40.85% | 44.22% | 47.45% | 47.81% |
| 上海 | 34.64% | 40.45% | 45.48% | 48.18% | 46.78% | 47.41% |
| 山西 | 35.78% | 39.03% | 39.67% | 42.20% | 42.25% | 45.74% |
| 江苏 | 31.29% | 36.55% | 36.50% | 39.80% | 42.74% | 44.09% |
| 黑龙江 | 33.33% | 35.00% | 37.88% | 39.30% | 41.22% | 43.06% |
| 河南 | 32.59% | 34.78% | 36.48% | 37.76% | 39.55% | 41.41% |
| 山东 | 30.26% | 33.29% | 34.03% | 34.87% | 37.38% | 39.25% |
| 浙江 | 34.95% | 37.48% | 37.03% | 36.28% | 36.00% | 36.22% |

图 2.20 为中长期贷款占比波动较小的省份。

### （二）省域金融部门的风险梯度结构

省域金融部门的风险梯度结构分别依据各省份金融部门的存贷比、外币存贷比及中长期贷款占比三个指标构建，根据各省相应指标值的排序将企业部门的风险划分为三个梯度区。其中，梯度下限为历年各省指标值的最小值，梯度上限为历年各省指标值的最

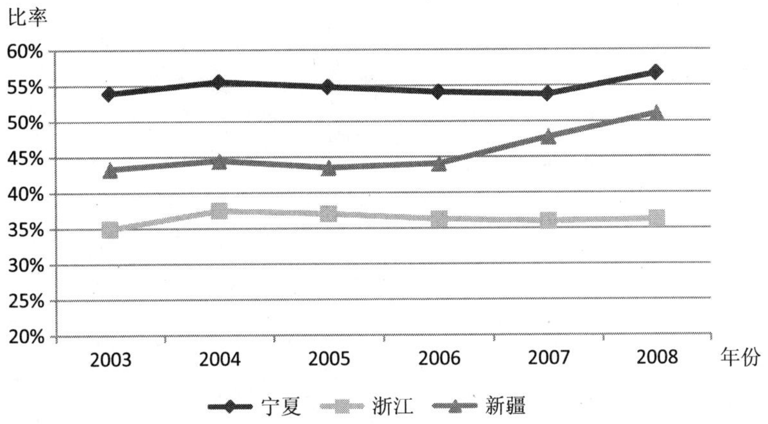

图 2.20　中长期贷款占比波动较小的省份

大值；梯度下限以上至梯度线 1 以下是梯度 1 区，包括 8 个省份；梯度线 1 及以上至梯度线 2 以下是梯度 2 区，包括 15 个省份；梯度线 2 及以上至梯度上限是梯度 3 区，包括 8 个省份。

基于金融部门存贷比的风险梯度结构如图 2.21，2003—2008 年间，处于梯度下限的省份均为西藏，处于梯度上限的省份为青海（2003、2004、2005）和宁夏（2006、2007、2008）两省，处于梯度 1 区的省份有上海（2003、2004）、辽宁（2005）、甘肃（2006、2007）和海南（2008），处于梯度 2 区的省份则有河南（2003、2004）、吉林（2005、2008）、云南（2006、2007），其他省份均位于梯度 1 区、2 区、3 区内（不含边界）。

基于金融部门外币存贷比的风险梯度结构如图 2.22，2003—2008 年间，处于梯度下限的省份为青海（2003、2004）和西藏（2005、2006、2007、2008），处于梯度上限的省

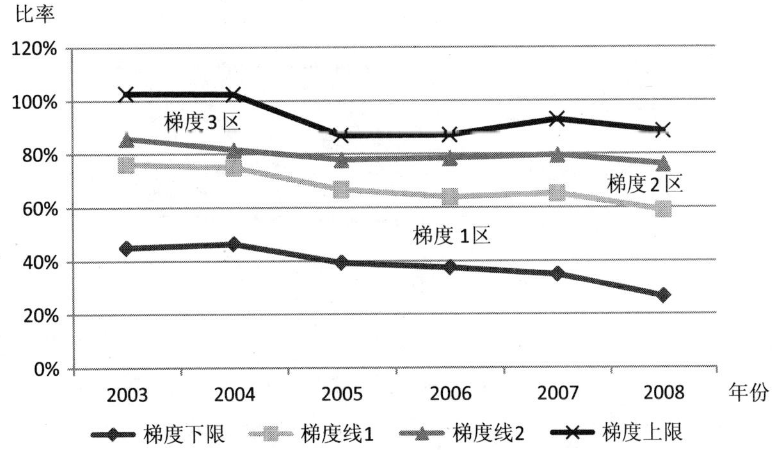

图 2.21　基于省域金融部门存贷比的风险梯度结构

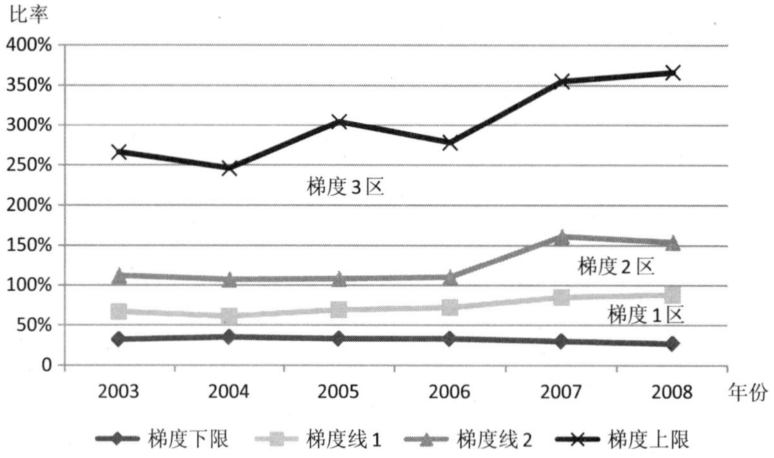


图 2.22　基于省域金融部门外币存贷比的风险梯度结构

份分别是宁夏（2003）、海南（2004、2005、2006、2007）和新疆（2008），处于梯度1区的省份有黑龙江（2003）、河南（2004）、北京（2005）、广西（2006、2007）和江苏（2008），处于梯度2区的省份则有重庆（2003）、吉林（2004）、广东（2005、2006、2007）和宁夏（2008），其他省份均位于梯度1区、2区、3区内（不含边界）。

基于金融部门中长期贷款占比的风险梯度结构如图2.23，2003—2008年间，处于梯度下限的省份为山东（2003、2004、2005、2006）和浙江（2007、2008），处于梯度上限的省份分别是青海（2003）、海南（2004、2005、2006、2007）和贵州（2008），处于梯度1区的省份有上海（2003）、辽宁（2004）、吉林（2005）、新疆（2006）、上海（2007）和河北（2008），处于梯度2区的省份则有云南（2003）、内蒙古（2004）、西藏（2005、

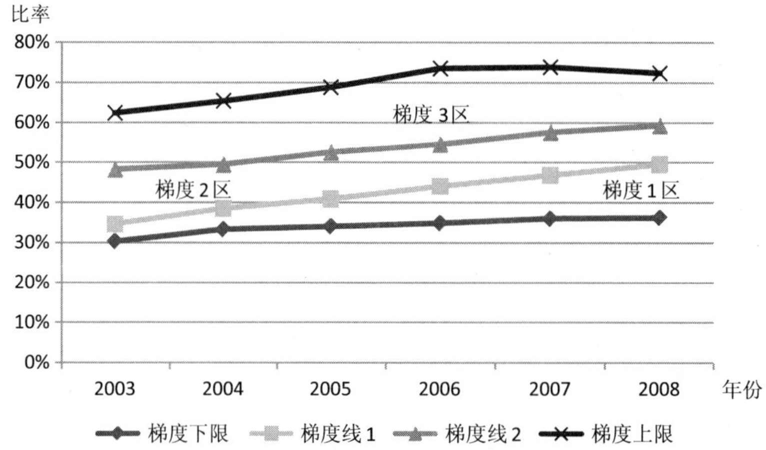


图 2.23　基于长期贷款占总贷款之比的风险梯度结构

2006）和广东（2007、2008），其他省份均位于梯度1区、2区、3区内（不含边界）。

## 二、中国省域企业部门风险比较

### （一）省域企业部门资产负债表比较分析

省域企业部门资产负债表的比较主要基于2003—2008年各省份的资产负债率和流动比率进行风险排名，排名越靠前，相应的风险越大。根据企业部门资产负债率的风险排名结果如表2.4，2003年资产负债率最高的5个省份是宁夏、青海、贵州、陕西、甘肃，均为西部省份，相应风险最高；资产负债率最低的5个省份是西藏、黑龙江、上海、海南、福建，其中3个为东部省份、1个中部、1个西部，相应风险最低。2008年，基于资产负债率进行风险排名，风险最高的5个省份分别为山西、贵州、宁夏、天津和广西，而风险较小的省份为西藏、黑龙江、福建、新疆、海南，其中2个为东部省份，2个为西部省份，1个为中部省份。结合各区域内省份在2003—2008年间的风险变化趋势，相对于全国，东部多数省份风险呈上升态势；西部各省的情况差异较大，如贵州和西藏的风险无明显变化，而四川和重庆的风险则有上升的趋势，新疆、甘肃、青海和陕西风险呈下降趋势，云南和宁夏的风险状况也有较大波动；对于中部省份，江西、河南、吉林风险呈下降趋势，湖北、黑龙江、山西风险状况变化不大，而湖南、安徽、内蒙古的风险有升有降。



**表2.4　基于各省份企业部门资产负债率的风险排名**

| 年份 | 2003 | 2004 | 2005 | 2006 | 2007 | 2008 | 趋势 |
|---|---|---|---|---|---|---|---|
| 北京 | 8 | 29 | 30 | 29 | 29 | 22 | 波动↑ |
| 广东 | 24 | 18 | 20 | 20 | 18 | 14 | 波动↑ |
| 河北 | 17 | 10 | 12 | 7 | 13 | 7 | 波动↑↓ |
| 上海 | 29 | 25 | 27 | 26 | 23 | 16 | 波动↑ |
| 浙江 | 23 | 17 | 17 | 14 | 9 | 6 | 波动↑ |
| 江苏 | 14 | 8 | 9 | 9 | 1 | 11 | 波动↑↓ |
| 山东 | 19 | 19 | 19 | 18 | 21 | 25 | 波动↓ |
| 广西 | 11 | 6 | 13 | 10 | 7 | 5 | 波动↑ |
| 天津 | 15 | 14 | 5 | 5 | 3 | 4 | 波动↑ |
| 辽宁 | 20 | 15 | 18 | 19 | 12 | 13 | 波动↑ |
| 福建 | 27 | 28 | 29 | 27 | 24 | 29 | 平稳→ |
| 海南 | 28 | 26 | 26 | 15 | 27 | 27 | 波动↑↓ |
| 贵州 | 3 | 3 | 3 | 2 | 4 | 2 | 平稳→ |
| 云南 | 12 | 24 | 28 | 24 | 28 | 18 | 波动↑↓ |

续表

| 年份 | 2003 | 2004 | 2005 | 2006 | 2007 | 2008 | 趋势 |
|---|---|---|---|---|---|---|---|
| 四川 | 26 | 20 | 16 | 13 | 14 | 12 | 波动↑ |
| 重庆 | 25 | 23 | 24 | 21 | 10 | 9 | 波动↑ |
| 新疆 | 21 | 21 | 21 | 22 | 26 | 28 | 波动↓ |
| 宁夏 | 1 | 7 | 10 | 6 | 6 | 3 | 波动↑↓ |
| 青海 | 2 | 1 | 2 | 3 | 8 | 10 | 波动↓ |
| 甘肃 | 5 | 16 | 22 | 17 | 19 | 24 | 波动↓ |
| 西藏 | 31 | 30 | 31 | 30 | 31 | 31 | 平稳→ |
| 陕西 | 4 | 5 | 4 | 10 | 15 | 20 | 波动↓ |
| 湖南 | 13 | 11 | 15 | 16 | 22 | 17 | 波动↑↓ |
| 安徽 | 18 | 13 | 11 | 4 | 5 | 8 | 波动↑↓ |
| 江西 | 7 | 4 | 8 | 11 | 16 | 19 | 波动↓ |
| 河南 | 9 | 6 | 7 | 8 | 17 | 23 | 波动↓ |
| 湖北 | 22 | 22 | 23 | 25 | 25 | 26 | 平稳→ |
| 黑龙江 | 30 | 27 | 25 | 28 | 30 | 30 | 平稳→ |
| 吉林 | 10 | 9 | 6 | 23 | 20 | 21 | 波动↓ |
| 山西 | 6 | 2 | 1 | 1 | 2 | 1 | 平稳→ |
| 内蒙古 | 16 | 12 | 14 | 12 | 11 | 15 | 波动↑↓ |

注：表中最后一列“趋势”表示各省份在2003—2008年的风险趋势变化：→表示风险相对于全国整体来说趋于稳定，↓表示风险相对于全国整体来说趋于下降，↑表示风险相对于全国整体来说趋于上升，↑↓表示风险相对于全国整体来说不稳定，有升有降。

基于企业部门流动比率的风险排名结果如表2.5，2003年，风险最高的5个省份是宁夏、青海、甘肃、陕西、贵州，均为西部省份，说明西部企业部门资产负债表反映的期限错配风险较高，风险最低的5个省份是上海、北京、福建、浙江和广东，均为东部省份。2008年，风险较高的省份包括山西、吉林、宁夏、青海、黑龙江、内蒙古等，均为中西部省份，风险较低的省份包括西藏、重庆、北京、福建、上海、新疆等，其中3个是东部省份。结合各区域内省份在2003—2008年间的风险变化趋势，其中，有16个省份的风险有上下波动，其中6个是东部省份，7个是西部省份，3个是中部省份；上海、江苏、辽宁、四川和青海等5个省的风险相对稳定，其中3个是东部省份，2个是西部省份；浙江、福建、江西、湖北、黑龙江、山西和内蒙古等7个省的风险呈上升趋势，其中2个是东部省份，5个是中部省份；山东、陕西和河南的风险排名呈下降趋势。特别地，西藏在2004—2008年风险均为全国最小。

表 2.5 基于各省份企业部门流动比率的风险排名

| 年份 | 2003 | 2004 | 2005 | 2006 | 2007 | 2008 | 趋势 |
| --- | --- | --- | --- | --- | --- | --- | --- |
| 北京 | 21 | 18 | 16 | 14 | 15 | 18 | 波动↑↓ |
| 广东 | 18 | 14 | 17 | 15 | 19 | 15 | 波动↑↓ |
| 河北 | 8 | 5 | 4 | 2 | 8 | 2 | 波动↑↓ |
| 上海 | 22 | 20 | 20 | 18 | 20 | 17 | 平稳→ |
| 浙江 | 19 | 17 | 18 | 13 | 14 | 11 | 波动↑ |
| 江苏 | 12 | 9 | 12 | 10 | 13 | 11 | 平稳→ |
| 山东 | 9 | 2 | 2 | 7 | 13 | 10 | 波动↓ |
| 广西 | 6 | 7 | 6 | 7 | 17 | 4 | 波动↑↓ |
| 天津 | 8 | 9 | 5 | 3 | 3 | 8 | 波动↑↓ |
| 辽宁 | 9 | 8 | 10 | 11 | 11 | 7 | 平稳→ |
| 福建 | 20 | 21 | 19 | 16 | 22 | 17 | 波动↑ |
| 海南 | 10 | 13 | 20 | 18 | 20 | 14 | 波动↑↓ |
| 贵州 | 5 | 7 | 5 | 6 | 10 | 6 | 波动↑↓ |
| 云南 | 11 | 19 | 18 | 17 | 21 | 15 | 波动↑↓ |
| 四川 | 15 | 15 | 11 | 11 | 15 | 13 | 平稳→ |
| 重庆 | 14 | 17 | 15 | 12 | 18 | 19 | 波动↑↓ |
| 新疆 | 10 | 9 | 10 | 14 | 13 | 16 | 波动↑↓ |
| 宁夏 | 1 | 1 | 11 | 8 | 6 | 3 | 波动↑↓ |
| 青海 | 2 | 4 | 2 | 4 | 2 | 4 | 平稳→ |
| 甘肃 | 3 | 7 | 14 | 7 | 14 | 12 | 波动↑↓ |
| 西藏 | 15 | 23 | 21 | 19 | 23 | 20 | 波动↑↓ |
| 陕西 | 4 | 4 | 6 | 5 | 9 | 10 | 波动↓ |
| 湖南 | 10 | 12 | 13 | 10 | 16 | 12 | 波动↑↓ |
| 安徽 | 13 | 10 | 14 | 2 | 1 | 5 | 波动↑↓ |
| 江西 | 17 | 16 | 13 | 9 | 12 | 9 | 波动↑ |
| 河南 | 8 | 8 | 8 | 7 | 11 | 11 | 波动↓ |
| 湖北 | 16 | 22 | 9 | 9 | 11 | 7 | 波动↑ |
| 黑龙江 | 8 | 6 | 3 | 3 | 6 | 4 | 波动↑ |
| 吉林 | 6 | 3 | 1 | 1 | 5 | 2 | 波动↑↓ |
| 山西 | 14 | 11 | 8 | 4 | 4 | 1 | 波动↑ |
| 内蒙古 | 7 | 7 | 7 | 5 | 7 | 4 | 波动↑ |

注：表中最后一列“趋势”表示各省份在 2003—2008 年的风险趋势变化，各符号意义同表 2.4。

### （二）省域或有权益资产负债表比较分析

省域企业部门或有权益资产负债表的比较主要基于 2003—2008 年各省份的违约距离进行风险排名，同样，排名越靠前，相应的风险越大。表 2.6 给出基于我国各省企业部门违约距离风险排名的结果，2003 年，风险最高的 5 个省份是青海、北京、山西、贵州、宁夏，其中 3 个是西部省份，1 个是中部省份，1 个是东部省份；风险最小的 5 个省份是湖南、新疆、西藏、安徽、浙江，其中2个是西部省份，2个是中部省份，1个是东部省份。2008年，风险最高的5个省份是广西、陕西、天津、甘肃、西藏，其中3个是西部省份，2个是东部省份；风险最小的5省份是湖南、安徽、江西、贵州、云南，其中2个是西部省份，3个是中部省份。结合各区域内省份在2003—2008年间的风险变化趋势，有19个省份风险有升有降，其中包括6个东部省份、7个中部省份、6个西部省份；北京、贵州、宁夏和青海等4个省份的风险呈下降态势，其中包括1个东部省份、4个西部省份；浙江、广西、天津、辽宁、福建和新疆等6个省份风险呈上升态势，其中包括5个东部省份、1个西部省份；湖南和安徽风险趋于稳定，均为中部省份。

**表2.6　基于各省企业部门违约距离的风险排名**

| 年份 | 2003 | 2004 | 2005 | 2006 | 2007 | 2008 | 趋势 |
|---|---|---|---|---|---|---|---|
| 北京 | 2 | 9 | 17 | 14 | 12 | 26 | 波动↓ |
| 广东 | 12 | 13 | 14 | 25 | 28 | 19 | 波动↑↓ |
| 河北 | 13 | 11 | 12 | 12 | 6 | 18 | 波动↑↓ |
| 上海 | 8 | 19 | 27 | 28 | 24 | 17 | 波动↑↓ |
| 浙江 | 27 | 20 | 19 | 20 | 19 | 16 | 波动↑ |
| 江苏 | 22 | 22 | 3 | 21 | 29 | 22 | 波动↑↓ |
| 山东 | 18 | 26 | 18 | 22 | 22 | 21 | 波动↑↓ |
| 广西 | 15 | 17 | 15 | 7 | 4 | 1 | 波动↑ |
| 天津 | 21 | 27 | 25 | 5 | 7 | 3 | 波动↑ |
| 辽宁 | 23 | 18 | 28 | 24 | 15 | 9 | 波动↑ |
| 福建 | 19 | 24 | 26 | 23 | 20 | 8 | 波动↑ |
| 海南 | 7 | 8 | 16 | 18 | 13 | 6 | 波动↑↓ |
| 贵州 | 4 | 2 | 10 | 8 | 26 | 28 | 波动↓ |
| 云南 | 9 | 5 | 13 | 11 | 3 | 27 | 波动↑↓ |
| 四川 | 11 | 14 | 23 | 9 | 27 | 25 | 波动↑↓ |
| 重庆 | 14 | 5 | 5 | 15 | 8 | 14 | 波动↑↓ |
| 新疆 | 30 | 23 | 22 | 19 | 25 | 10 | 波动↑ |
| 宁夏 | 5 | 10 | 9 | 17 | 23 | 24 | 波动↓ |
| 青海 | 1 | 1 | 1 | 4 | 5 | 23 | 波动↓ |
| 甘肃 | 16 | 21 | 24 | 27 | 2 | 4 | 波动↑↓ |
| 西藏 | 29 | 3 | 2 | 2 | 9 | 5 | 波动↑↓ |
| 陕西 | 24 | 16 | 11 | 3 | 21 | 2 | 波动↑↓ |
| 湖南 | 31 | 30 | 31 | 31 | 31 | 31 | 平稳→ |
| 安徽 | 28 | 29 | 30 | 30 | 30 | 30 | 平稳→ |
| 江西 | 26 | 28 | 29 | 13 | 14 | 29 | 波动↑↓ |
| 河南 | 17 | 25 | 21 | 29 | 18 | 20 | 波动↑↓ |
| 湖北 | 20 | 6 | 6 | 16 | 10 | 15 | 波动↑↓ |
| 黑龙江 | 25 | 12 | 8 | 6 | 17 | 13 | 波动↑↓ |

续表

| 年份 | 2003 | 2004 | 2005 | 2006 | 2007 | 2008 | 趋势 |
|---|---|---|---|---|---|---|---|
| 吉林 | 6 | 7 | 7 | 26 | 16 | 12 | 波动↑↓ |
| 山西 | 3 | 4 | 4 | 1 | 1 | 11 | 波动↑↓ |
| 内蒙古 | 10 | 15 | 20 | 10 | 11 | 7 | 波动↑↓ |

注：表中最后一列“趋势”表示各省份在 2003—2008 年的风险趋势变化，各符号意义同表 2.4。

### （三）省域企业部门风险梯度结构

省域企业部门的风险梯度结构分别依据账面价值的资产负债率、流动比率以及市值的违约距离来构建，根据各省相应指标值的排序将企业部门的风险划分为三个梯度区。与金融部门风险梯度划分方法一致，梯度下限为历年各省指标值的最小值，梯度上限为历年各省指标值的最大值；梯度下限以上至梯度线 1 以下是梯度 1 区，包括 8 个省份；梯度线 1 及以上至梯度线 2 以下是梯度 2 区，包括 15 个省份；梯度线 2 及以上至梯度上限是梯度 3 区，包括 8 个省份。

基于企业部门资产负债率，如图 2.24，2003—2008 年间，处于梯度下限的省份均为西藏，处于梯度上限的省份分别是宁夏（2003）、青海（2004）、山西（2005、2006、2008）、江苏（2007），处于梯度 1 区的省份有浙江（2003）、湖北（2004、2005）、新疆（2006）、上海（2007）、河南（2008），处于梯度 2 区的省份则有北京（2003）、宁夏（2004）、江西（2005）、河南（2006）、青海（2007）、安徽（2008），其他省份均位于梯度 1 区、2 区、3 区内（不含边界）。

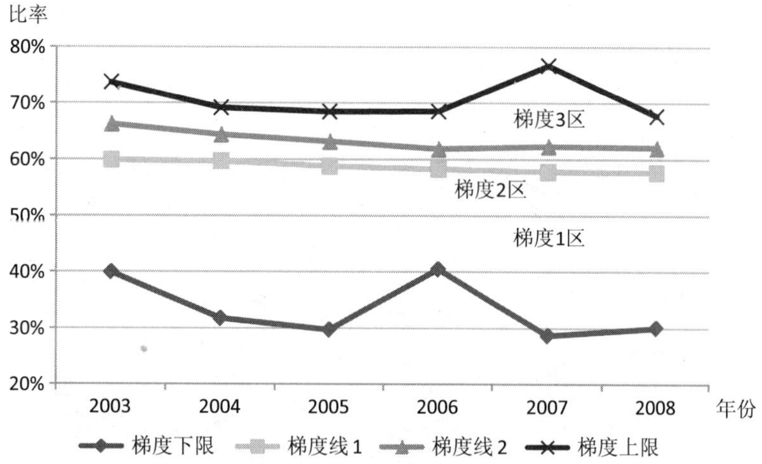


图 2.24　基于企业部门资产负债率的风险梯度结构

基于企业部门流动比率，如图 2.25，2003—2008 年间，处于梯度下限的省份分别是宁夏（2003、2004）、吉林（2005、2006）、安徽（2007）、山西（2008），处于梯度上限的省份除2003年时为海南外其他年份均为西藏，处于梯度1区的省份有河南（2003）、贵州（2004）、广西（2005）、内蒙古（2006）、河北（2007）、安徽（2008），处于梯度2区的省份包括湖北（2003）、重庆（2004）、北京（2005、2006）、广西（2007）、云南（2008），其他省份亦均位于梯度1区、2区、3区内（不含边界）。

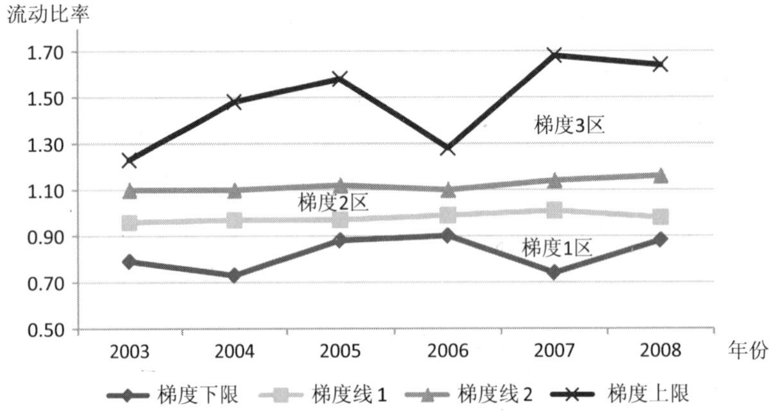


图2.25　基于企业部门流动比率的风险梯度结构

结合市场信息，基于违约距离划分企业部门风险梯度区，如图2.26，2003—2008年间，处于梯度下限的省份分别是青海（2003、2004、2005）、山西（2006、2007）、广西（2008），处于梯度上限的省份均为湖南，处于梯度1区的省份有云南（2003）、海南（2004）、宁夏（2005）、四川（2006）、西藏（2007）、辽宁（2008），形成梯度2区的省份包括陕西（2003）、

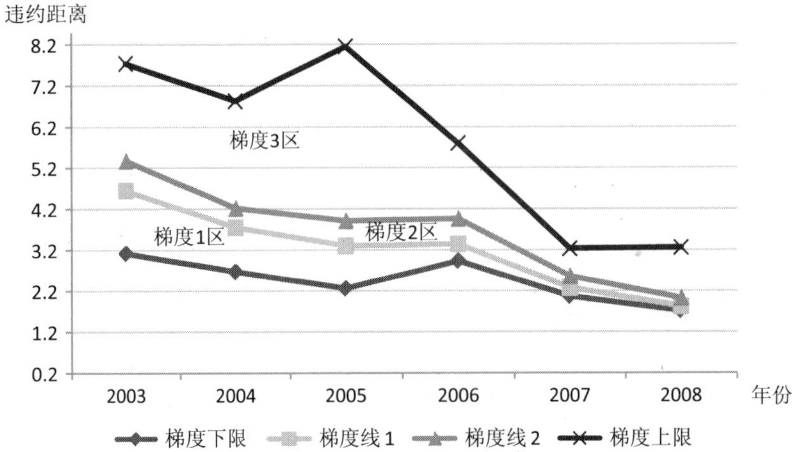


图2.26　基于企业部门违约距离的风险梯度结构

新疆（2004）、甘肃（2005）、辽宁（2006）、上海（2007）、宁夏（2008），同理，其他省份亦均位于梯度1区、2区、3区内（不含边界）。

## 第4节　结论及政策建议

### 一、结论

本章在对各地区宏观金融风险研究相关文献进行归纳的基础上，对各地区和省份的宏观金融风险进行了比较研究，从基于账面价值的资产负债表，以及或有权益资产负债表两个方面分别对各地区宏观经济运行过程中的潜在风险进行了比较。对东、中、西部地区金融部门、企业部门的比较分析，发现对于三大区域的经济金融发展，不仅表现出绝对差异，而且相对差异也较大，以下重点对各地区金融部门的存贷结构比较、上市企业部门的比较、企业部门总体的比较进行总结。

首先，无论从金融部门资产总量，还是金融机构和从业人员的数量，东部地区均远超过中西部，历年来金融资源大多集中在东部；从金融部门银行类的存贷比看，中西部金融部门风险下降明显，而东部相对较为平稳，存贷比从2003年73.16%到2008年67.15%，相应风险下降幅度不大，与中国人民银行规定的75%的存贷比标准相比，2005年后东、中、西地区的存贷比均低于这一上限；2008年东部、中部新增贷款的中长期贷款占比约为49%，而西部地区接近60%，西部金融部门期限错配风险最为显著。

其次，从上市企业资产负债表比较看，东部地区上市企业规模远高于中西部地区，在2007年资本市场活跃时期，东部地区上市企业资产增速大幅上升；2001—2009年西部地区上市企业流动比率均高于1，期限错配风险较小，而东部、中部地区在2005年后一度出现流动资产不足以偿付流动负债的情形，期限错配风险凸显；东、中、西地区资产负债率均呈上升趋势，上市企业债务融资依赖度的加大，清偿力风险也相应上升，且2004年以来西部地区相对较高。

再则，从企业部门资产负债表比较看，各地区企业部门的流动比率，2003—2008年间变化幅度较小，2005—2008年间东部地区流动比率最大，西部次之，中部最小，2008年东、西部地区企业部门的流动比率分别为1.11、1.07，而中部为0.99，可见中部地区上市企业有一定的期限错配风险；2003年以来东部地区资产负债率下降趋势较明显，

2004—2007年间中部地区资产负债率相对较高，西部地区较大。但2007—2008年地区间的差异缩小，东、中、西地区资产负债率水平接近，清偿力风险较小。

第四，或有权益资产负债表的比较，主要针对各地区企业部门的资产市值波动率、或有资产负债率和违约距离进行分析，由于受资本市场的影响显著，各地区的相关指标变化趋势较一致。从资产市值波动率看，2003—2007年间呈总体上升趋势，在2008年有小幅下降，各地区的资产市值波动幅度差异很小；从或有资产负债率看，各地区在2003—2005年间呈上升趋势，2006年、2007年连续下降，相比较，中部地区最高，东部地区次之，西部地区最低；从违约距离看，东、中、西地区呈总体下降趋势，2008年达到近年来最低水平，违约风险大幅度上升，与上市企业违约风险变化趋势较一致。

对于省域宏观金融风险的比较，包括各省份的金融部门存贷结构比较、企业部门资产负债表、或有权益资产负债表的比较。

第一，各省份金融部门的存贷结构比较主要针对资产规模、银行类存贷比、外币存贷比以及中长期贷款占比。从各省份存贷比看，2008年宁夏、浙江、福建、云南、天津、重庆、山东、吉林和贵州9个省份的金融部门存贷比都超过75%；省域存贷比处于很高的水平，且总体呈上升趋势，2008年新疆和海南的存贷比分别达到366%、360%，山东、甘肃、湖北的存贷比也高于200%；从2008年各省份金融部门中长期贷款占比看，贵州、海南的中长期贷款占比超过70%，西藏、青海、广西、重庆、北京的中长期贷款占比在60%~70%之间，由此产生的流动性风险值得注意。

第二，省域企业部门资产负债表的比较主要基于2003—2008年各省份的资产负债率、流动比率和违约距离进行风险排名，排名越靠前，相应的风险越大。基于资产负债率的风险排名显示，2008年风险最高的5个省份分别为山西、贵州、宁夏、天津和广西，而风险较小的省份是西藏、黑龙江、福建、新疆、海南；基于流动比率的风险排名显示，2008年风险较高的省份包括山西、吉林、宁夏、青海、黑龙江、内蒙古等，均为中西部省份，风险较低的省份包括西藏、重庆、北京、福建、上海、新疆等，其中3个是东部省份；基于违约距离的风险排名显示，2008年风险较高省份是广西、陕西、天津、甘肃、西藏，其中3个是西部省份，2个是东部省份；风险较小省份是湖南、安徽、江西、贵州、云南，其中2个是西部省份，3个是中部省份。

## 二、政策建议

2008年在国际金融危机的影响下，我国经济金融形势复杂多变，保证区域经济安全和金融稳定成为发展要务。在区域经济金融一体化进程加快的背景下，风险的传导速度加快、影响范围扩大，因此需及时有效地监测、防范并化解区域金融风险，以下为东、中、西地区的经济金融发展提出政策建议。

第一，东部地区属于外向型经济，国际金融危机期间受影响相对较大，在后危机时代，东部地区需以地区特征和产业布局完成产业升级，通过有效利用自身的资金、技术和人才优势，发展先进制造业、现代服务业和高新技术产业，提升企业自主创新能力，推动产业结构升级和体制创新。同时稳步推进加工贸易转型升级，改善加工贸易发展环境，加大品牌战略投入，增加产品附加值，更好地辐射和带动中西部地区发展。针对目前外部需求萎缩的形势，东部地区应积极采取各项政策措施，加大对外贸出口的支持力度，稳定美国、欧盟等重点市场，大力开拓新兴市场，实现新一轮经济增长。

第二，中部是国际资本和沿海产业转移的热点地区，在进一步发展中，应加快企业技术改造，增强自主创新能力，推动多种形式的兼并重组，形成一批特色鲜明、综合竞争力强的产业集群。作为粮食主产区之一，随着国家对粮食生产的扶持力度不断加大，中部地区应继续提高农业的现代化程度，加大水利重点工程等农村基础设施的投资力度，提高农业综合生产能力，提高农产品附加值。良好的区位、交通、资源等优势也有利于中部地区建设综合交通运输体系，发挥枢纽作用，大力发展商品贸易和现代物流业。同时应该加快金融市场建设，推进武汉城市圈和长株潭城市群“两型”社会建设综合配套改革工作，最终实现经济的跨越式增长。

第三，西部地区经济金融发展总体滞后，随着2008年下半年国际大宗商品价格持续回落，资源型工业经济受影响显著，但这也给西部地区调整经济结构带来契机。在经济发展和承接产业转移的过程中，西部地区要充分借鉴东中部地区发展的经验和教训，增强承接产业转移的主动性，营造良好的投资环境，并与自身产业布局、结构调整和节能环保等要求紧密结合。同时，西部地区应加大生态保护和环境建设力度，继续做好退耕还林、还草工作，强化重点流域、区域污染防治，加快草原生态恢复、沙漠治理等。通过综合推进西部地区的经济金融发展进程，以有效缓解我国经济结构性失衡问题。

# 附录

附表 1　各省份企业部门资产负债率汇总

| 年份 | 2003 | 2004 | 2005 | 2006 | 2007 | 2008 |
|---|---|---|---|---|---|---|
| 山西 | 68.31% | 68.38% | 68.46% | 68.53% | 68.11% | 67.70% |
| 贵州 | 71.39% | 67.21% | 65.86% | 66.11% | 64.44% | 65.54% |
| 宁夏 | 73.68% | 64.38% | 62.72% | 62.22% | 63.49% | 65.19% |
| 天津 | 63.24% | 61.67% | 63.68% | 62.98% | 65.44% | 64.89% |
| 广西 | 64.93% | 64.47% | 62.06% | 61.72% | 62.62% | 64.47% |
| 浙江 | 59.86% | 60.99% | 61.38% | 60.76% | 61.67% | 63.83% |
| 河北 | 62.62% | 63.25% | 62.24% | 61.93% | 60.39% | 62.15% |
| 安徽 | 62.13% | 62.06% | 62.55% | 63.46% | 63.78% | 62.06% |
| 重庆 | 58.98% | 59.12% | 58.64% | 58.93% | 61.19% | 61.62% |
| 青海 | 71.41% | 69.14% | 66.45% | 64.78% | 62.29% | 61.43% |
| 江苏 | 63.51% | 63.85% | 62.96% | 61.80% | 76.68% | 60.65% |
| 四川 | 58.24% | 60.28% | 61.80% | 60.77% | 60.17% | 60.56% |
| 辽宁 | 61.42% | 61.45% | 60.74% | 59.40% | 60.54% | 60.37% |
| 广东 | 59.49% | 60.76% | 60.35% | 59.12% | 59.34% | 60.06% |
| 内蒙古 | 63.18% | 62.59% | 62.00% | 61.41% | 60.61% | 59.84% |
| 上海 | 54.15% | 55.40% | 56.09% | 55.89% | 57.79% | 59.41% |
| 湖南 | 64.48% | 63.02% | 61.84% | 60.37% | 58.19% | 59.18% |
| 云南 | 64.62% | 57.65% | 55.56% | 57.12% | 55.85% | 58.77% |
| 江西 | 66.68% | 64.89% | 63.14% | 61.42% | 59.78% | 58.21% |
| 陕西 | 70.69% | 64.69% | 63.98% | 61.72% | 59.87% | 58.14% |
| 吉林 | 65.22% | 63.31% | 63.18% | 57.35% | 58.27% | 57.83% |
| 北京 | 66.23% | 47.68% | 50.37% | 52.23% | 53.56% | 57.82% |
| 河南 | 65.80% | 64.47% | 63.16% | 61.85% | 59.70% | 57.65% |
| 甘肃 | 70.07% | 61.27% | 59.68% | 59.87% | 58.53% | 57.39% |
| 山东 | 61.63% | 60.74% | 60.40% | 59.80% | 58.21% | 57.16% |
| 湖北 | 60.62% | 59.67% | 58.76% | 56.65% | 57.22% | 56.97% |
| 海南 | 54.76% | 54.79% | 56.60% | 60.74% | 56.01% | 56.85% |
| 新疆 | 60.72% | 60.23% | 59.75% | 58.24% | 56.56% | 56.18% |
| 福建 | 56.50% | 51.93% | 54.89% | 55.58% | 57.36% | 55.57% |
| 黑龙江 | 53.20% | 54.27% | 57.52% | 54.95% | 52.51% | 53.68% |
| 西藏 | 39.92% | 31.73% | 29.72% | 40.48% | 28.70% | 30.06% |

**附表 2 各省份企业部门流动比率**

| 年份 | 2003 | 2004 | 2005 | 2006 | 2007 | 2008 |
|---|---|---|---|---|---|---|
| 西藏 | 1.09 | 1.48 | 1.58 | 1.28 | 1.68 | 1.64 |
| 重庆 | 1.05 | 1.10 | 1.10 | 1.08 | 1.15 | 1.44 |
| 北京 | 1.19 | 1.15 | 1.12 | 1.10 | 1.09 | 1.24 |
| 福建 | 1.17 | 1.30 | 1.21 | 1.20 | 1.39 | 1.22 |
| 上海 | 1.23 | 1.22 | 1.22 | 1.23 | 1.20 | 1.22 |
| 新疆 | 1.00 | 0.99 | 1.02 | 1.10 | 1.06 | 1.18 |
| 云南 | 1.01 | 1.19 | 1.20 | 1.21 | 1.22 | 1.16 |
| 广东 | 1.14 | 1.05 | 1.14 | 1.16 | 1.18 | 1.16 |
| 海南 | 1.23 | 1.04 | 1.22 | 1.23 | 1.20 | 1.15 |
| 四川 | 1.09 | 1.07 | 1.03 | 1.07 | 1.09 | 1.10 |
| 甘肃 | 0.86 | 0.97 | 1.07 | 1.01 | 1.07 | 1.09 |
| 湖南 | 1.00 | 1.03 | 1.06 | 1.05 | 1.13 | 1.09 |
| 江苏 | 1.02 | 0.99 | 1.04 | 1.05 | 1.06 | 1.08 |
| 浙江 | 1.16 | 1.10 | 1.20 | 1.09 | 1.07 | 1.08 |
| 河南 | 0.96 | 0.98 | 0.99 | 1.01 | 1.04 | 1.08 |
| 陕西 | 0.87 | 0.93 | 0.97 | 0.99 | 1.02 | 1.07 |
| 山东 | 0.99 | 0.78 | 0.91 | 1.01 | 1.06 | 1.07 |
| 江西 | 1.11 | 1.09 | 1.06 | 1.04 | 1.05 | 1.06 |
| 天津 | 0.96 | 0.99 | 0.96 | 0.95 | 0.91 | 1.05 |
| 辽宁 | 0.99 | 0.98 | 1.02 | 1.07 | 1.04 | 1.04 |
| 湖北省 | 1.10 | 1.38 | 1.01 | 1.04 | 1.04 | 1.04 |
| 贵州 | 0.88 | 0.97 | 0.96 | 1.00 | 1.03 | 1.00 |
| 安徽 | 1.03 | 1.00 | 1.07 | 0.94 | 0.74 | 0.98 |
| 黑龙江 | 0.96 | 0.96 | 0.94 | 0.95 | 0.97 | 0.96 |
| 青海 | 0.85 | 0.93 | 0.91 | 0.96 | 0.90 | 0.96 |
| 广西 | 0.93 | 0.97 | 0.97 | 1.01 | 1.14 | 0.96 |
| 内蒙古 | 0.95 | 0.97 | 0.98 | 0.99 | 0.98 | 0.96 |
| 宁夏 | 0.79 | 0.73 | 1.03 | 1.03 | 0.97 | 0.95 |
| 河北 | 0.96 | 0.94 | 0.95 | 0.94 | 1.01 | 0.94 |
| 吉林 | 0.93 | 0.87 | 0.88 | 0.90 | 0.96 | 0.94 |
| 山西 | 1.05 | 1.02 | 0.99 | 0.96 | 0.92 | 0.88 |

附表 3　各省份企业部门资产市值波动率

| 年份 | 2003 | 2004 | 2005 | 2006 | 2007 | 2008 |
|---|---|---|---|---|---|---|
| 西藏 | 13.71% | 23.55% | 29.39% | 29.71% | 41.95% | 49.35% |
| 新疆 | 9.23% | 14.82% | 15.68% | 20.76% | 36.46% | 47.02% |
| 广东 | 15.96% | 18.30% | 20.25% | 20.12% | 33.81% | 41.63% |
| 青海 | 25.21% | 27.90% | 32.78% | 27.03% | 40.53% | 41.03% |
| 甘肃 | 10.86% | 13.78% | 13.63% | 14.42% | 40.65% | 37.72% |
| 黑龙江 | 11.71% | 14.53% | 14.84% | 20.46% | 34.11% | 37.02% |
| 福建 | 11.66% | 14.53% | 13.70% | 18.11% | 32.34% | 36.42% |
| 浙江 | 11.54% | 15.17% | 15.26% | 18.48% | 34.04% | 36.04% |
| 贵州 | 14.26% | 18.28% | 19.43% | 25.97% | 35.17% | 35.56% |
| 陕西 | 9.51% | 11.56% | 14.91% | 24.00% | 34.37% | 34.17% |
| 海南 | 16.43% | 18.27% | 17.19% | 18.13% | 36.24% | 33.83% |
| 吉林 | 10.96% | 11.08% | 11.71% | 15.70% | 34.52% | 33.16% |
| 四川 | 9.56% | 12.79% | 12.81% | 21.48% | 32.96% | 32.89% |
| 江苏 | 9.90% | 11.19% | 2.29% | 17.14% | 29.91% | 32.56% |
| 湖北 | 11.40% | 14.71% | 13.46% | 17.58% | 35.78% | 31.74% |
| 河南 | 9.98% | 10.72% | 10.42% | 13.91% | 33.67% | 31.22% |
| 山东 | 11.18% | 11.38% | 11.98% | 16.24% | 32.35% | 30.85% |
| 云南 | 12.89% | 17.97% | 17.69% | 22.00% | 40.71% | 29.99% |
| 宁夏 | 10.34% | 13.19% | 14.75% | 16.65% | 32.99% | 29.78% |
| 重庆 | 11.12% | 14.05% | 13.41% | 17.59% | 34.74% | 29.71% |
| 山西 | 14.34% | 15.85% | 15.57% | 19.73% | 39.14% | 29.60% |
| 广西 | 10.49% | 11.58% | 12.34% | 18.80% | 35.22% | 29.57% |
| 天津 | 11.64% | 11.82% | 12.82% | 22.23% | 36.25% | 29.17% |
| 北京 | 13.20% | 16.57% | 15.97% | 20.53% | 37.39% | 28.84% |
| 辽宁 | 11.23% | 12.76% | 12.24% | 15.52% | 31.83% | 27.78% |
| 河北 | 9.05% | 9.74% | 10.24% | 13.95% | 34.70% | 27.71% |
| 上海 | 13.98% | 13.77% | 12.24% | 15.53% | 31.03% | 27.30% |
| 内蒙古 | 10.64% | 10.93% | 10.98% | 16.57% | 32.52% | 26.50% |
| 江西 | 9.97% | 10.23% | 9.41% | 17.84% | 34.20% | 20.35% |
| 湖南 | 6.64% | 6.80% | 5.25% | 10.82% | 25.44% | 19.31% |
| 安徽 | 9.28% | 8.33% | 7.01% | 11.66% | 26.45% | 17.83% |

附表 4　各省份企业部门违约距离

| 年份 | 2003 | 2004 | 2005 | 2006 | 2007 | 2008 |
|---|---|---|---|---|---|---|
| 湖南 | 7.740 2 | 6.828 7 | 8.152 6 | 5.794 9 | 3.229 8 | 3.252 1 |
| 安徽 | 5.937 3 | 5.727 8 | 6.151 5 | 5.176 6 | 2.887 1 | 2.884 8 |
| 江西 | 5.684 5 | 4.762 0 | 4.875 8 | 3.497 2 | 2.367 8 | 2.617 4 |
| 贵州 | 4.231 5 | 3.393 7 | 3.333 8 | 3.292 4 | 2.620 3 | 2.317 8 |
| 云南 | 4.644 6 | 3.526 2 | 3.365 6 | 3.402 8 | 2.180 3 | 2.215 7 |
| 北京 | 3.918 6 | 3.799 1 | 3.616 9 | 3.512 7 | 2.321 6 | 2.150 0 |
| 四川 | 4.950 9 | 3.993 2 | 3.858 1 | 3.338 8 | 2.639 6 | 2.125 0 |
| 宁夏 | 4.360 6 | 3.823 1 | 3.299 3 | 3.662 1 | 2.524 2 | 2.021 0 |
| 青海 | 3.117 0 | 2.667 0 | 2.258 6 | 3.050 4 | 2.219 1 | 1.994 0 |
| 江苏 | 5.286 1 | 4.206 5 | 2.891 5 | 3.804 1 | 2.691 0 | 1.978 0 |
| 山东 | 5.097 2 | 4.406 7 | 3.810 5 | 3.862 6 | 2.521 1 | 1.969 7 |
| 河南 | 5.073 5 | 4.252 7 | 3.825 6 | 4.265 1 | 2.439 6 | 1.960 2 |
| 广东 | 4.954 7 | 3.906 2 | 3.509 1 | 3.975 9 | 2.682 0 | 1.941 3 |
| 河北 | 4.974 1 | 3.851 8 | 3.338 8 | 3.435 1 | 2.248 8 | 1.912 1 |
| 上海 | 4.642 2 | 4.182 3 | 4.073 8 | 4.199 4 | 2.556 9 | 1.873 7 |
| 浙江 | 5.892 8 | 4.194 4 | 3.812 1 | 3.757 7 | 2.457 0 | 1.868 8 |
| 湖北 | 5.189 2 | 3.550 0 | 3.242 9 | 3.627 0 | 2.279 3 | 1.848 6 |
| 重庆 | 5.022 1 | 3.526 2 | 3.216 0 | 3.586 0 | 2.268 0 | 1.847 5 |
| 黑龙江 | 5.663 8 | 3.878 0 | 3.266 3 | 3.233 3 | 2.438 1 | 1.840 1 |
| 吉林 | 4.535 7 | 3.728 7 | 3.250 0 | 4.139 7 | 2.378 2 | 1.836 2 |
| 山西 | 4.207 9 | 3.517 0 | 2.922 3 | 2.928 8 | 2.064 7 | 1.822 2 |
| 新疆 | 7.565 9 | 4.218 8 | 3.834 3 | 3.726 7 | 2.586 1 | 1.821 4 |
| 辽宁 | 5.362 1 | 4.158 7 | 4.243 8 | 3.960 6 | 2.368 8 | 1.819 7 |
| 福建 | 5.102 4 | 4.235 4 | 3.966 4 | 3.863 3 | 2.499 6 | 1.805 4 |
| 内蒙古 | 4.911 9 | 4.062 1 | 3.814 0 | 3.374 4 | 2.291 8 | 1.796 4 |
| 海南 | 4.539 5 | 3.751 3 | 3.588 5 | 3.684 8 | 2.323 5 | 1.784 7 |
| 西藏 | 6.134 8 | 3.498 7 | 2.834 0 | 2.938 1 | 2.271 2 | 1.778 0 |
| 甘肃 | 5.051 8 | 4.205 2 | 3.907 9 | 4.192 1 | 2.088 5 | 1.763 4 |
| 天津 | 5.280 1 | 4.628 2 | 3.918 7 | 3.135 6 | 2.260 7 | 1.750 2 |
| 陕西 | 5.372 4 | 4.124 3 | 3.334 9 | 2.963 4 | 2.516 8 | 1.749 7 |
| 广西 | 5.039 4 | 4.128 6 | 3.565 8 | 3.262 3 | 2.185 7 | 1.711 0 |

# 第1篇

# 东部宏观金融风险研究

# 第3章　东部宏观金融风险总论



由美国次贷危机引发的金融危机在全球范围广泛传播，如何积极有效的管理金融风险已成为世界各国关注的重大问题。东部作为中国最发达的地区，金融市场建设相对完善，而相应的金融稳定问题也更为社会所关注。本章将分别从资产负债表和或有权益资产负债表两个层面，通过总量分析和结构性分析对中国东部地区主要经济部门金融风险问题进行研究，并提出相应的风险防控策略。

## 第1节　引言

改革开放以来，中国东部经历了近30年的高速增长，经济金融在快速发展的同时也积聚了大量的风险，而风险的形成与地区经济金融状况密切相关。本节将在介绍东部地区经济金融运行概况的基础上，对东部地区宏观金融风险研究的相关文献进行归纳。

### 一、东部经济运行概况

根据国家统计局在2003年提出的区域划分标准，中国东部地区由北京、天津、河北、上海、江苏、浙江、辽宁、福建、山东、广东、广西、海南等12个省（市、自治区）[①] 构

① 简单起见，以下分析将“各省（市、自治区）”简称为“各省份”。

成，其集中了全国最具经济活力和发展实力的长三角、珠三角和京津冀三大经济圈。改革开放以来，国家长期在东部进行实验性政策研究，先后建立了若干经济特区、保税区、经济开发区等，这些优惠政策极大地推动了东部经济的率先发展。2005 年以来，东部 12 省创造的 GDP 总量在全国占比均在 60% 以上，见图 3.1。2009 年，东部实现地区生产总值 21.74 万亿，占全国总额 64.84%，其中广东省经济总量居于东部乃至全国各省份之首，山东省和江苏省、浙江省等地的经济总量也居于全国前列。此外，上海市、北京市和天津市是全国人均地区生产总值最高的三个省份[①]。同时，表 3.1 中的数据也表明了东部内陆省份与沿海省份在经济发展程度上的差距。

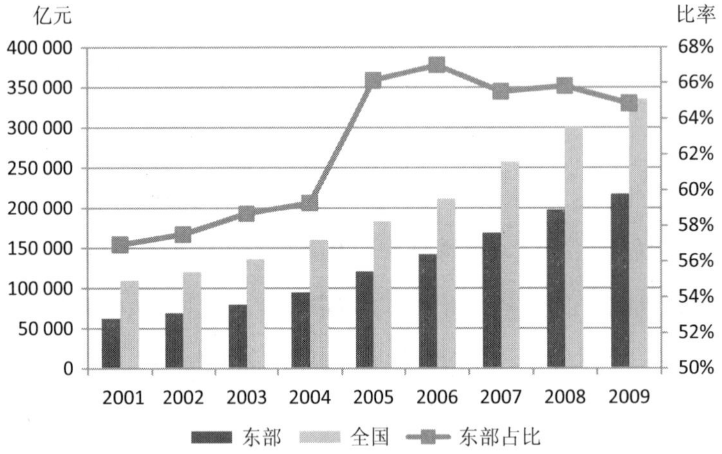


图 3.1 东部 GDP 和全国 GDP 对比

**表 3.1 东部各省 GDP** 单位：亿元

| 年份 | 2001 | 2002 | 2003 | 2004 | 2005 | 2006 | 2007 | 2008 | 2009 |
|---|---|---|---|---|---|---|---|---|---|
| 广东 | 10 556 | 11 674 | 13 449 | 16 039 | 21 701 | 25 968 | 31 084 | 35 696 | 39 082 |
| 山东 | 9 438 | 10 552 | 12 078 | 15 022 | 18 517 | 22 077 | 25 888 | 31 072 | 33 805 |
| 江苏 | 8 582 | 9 511 | 10 636 | 12 451 | 18 272 | 21 548 | 25 560 | 30 000 | 34 061 |
| 浙江 | 6 700 | 7 670 | 9 200 | 11 243 | 13 365 | 15 649 | 18 638 | 21 486 | 22 832 |
| 河北 | 5 516 | 6 018 | 6 921 | 8 477 | 10 096 | 11 660 | 13 863 | 16 188 | 17 027 |
| 上海 | 4 950 | 5 408 | 6 694 | 7 450 | 9 143 | 10 296 | 12 001 | 13 698 | 14 901 |
| 辽宁 | 5 033 | 5 458 | 6 002 | 6 672 | 8 009 | 9 251 | 11 023 | 13 461 | 15 066 |
| 福建 | 4 072 | 4 467 | 4 983 | 5 763 | 6 568 | 7 584 | 9 249 | 10 823 | 11 950 |
| 北京 | 2 817 | 3 130 | 3 611 | 4 283 | 6 814 | 7 720 | 9 006 | 10 488 | 11 866 |
| 广西 | 2 279 | 2 523 | 2 821 | 3 433 | 4 075 | 4 828 | 5 955 | 7 171 | 7 700 |
| 天津 | 1 919 | 2 150 | 2 578 | 3 110 | 3 697 | 4 344 | 5 050 | 6 354 | 7 501 |

① 根据《2008 年中国区域金融运行报告》及各省份《2008 年金融运行报告》计算得到。

续表

| 年份 | 2001 | 2002 | 2003 | 2004 | 2005 | 2006 | 2007 | 2008 | 2009 |
|---|---|---|---|---|---|---|---|---|---|
| 海南 | 579 | 642 | 713 | 819 | 905 | 1 052 | 1 223 | 1 459 | 1 647 |
| 东部 | 62 441 | 69 203 | 79 686 | 94 762 | 121 162 | 141 977 | 168 540 | 197 896 | 217 437 |
| 全国 | 109 655 | 120 332 | 135 822 | 159 878 | 183 217 | 211 923 | 257 305 | 300 670 | 335 353 |
| 东部占比 | 56.94% | 57.51% | 58.67% | 59.27% | 66.13% | 66.99% | 65.50% | 65.82% | 64.84% |

注：本表数据来源于 2002—2009 年《中国统计年鉴》。

东部地区雄厚的经济实力吸引了全国各地资源的注入，然而也面临着局部流动性过剩、区域性通货膨胀、资产价格泡沫、金融机构结构和设置不合理等一系列问题。2008 年，由美国次贷危机引发的全球性金融危机在世界范围内不断蔓延，我国东部地区由于对国际市场需求的依赖而使实体经济受到了较大冲击。从 2009 年 1—5 月份全国各地工业经济、社会消费、进出口贸易、固定资产投资等经济运行情况看，东部地区增速明显放缓。相对实体经济来说，金融发展受金融危机的影响不大，但面对严峻的外部环境，加之在前期快速发展过程中积累的各种问题，东部地区经济发展面临着很大的压力，宏观金融风险逐步显现。

### 二、东部金融运行概况

东部拥有国内最发达的金融市场，如老牌的金融中心北京、发展中的国际金融中心上海等。目前，全国性金融机构总部大都集中在东部，包括两大证券交易所，以及大部分的全国性金融机构总部、期货交易所和产权交易中心等，涵盖了从国有大型股份制商业银行、非银行金融机构、地区商业银行到小额贷款公司、金融互助协会等类型的金融组织机构，这些丰富的金融资源表明了东部地区的金融实力，以及在我国金融体系中举足轻重的地位，把握东部地区金融建设的力度对于维护金融市场稳定、实现我国金融可持续发展具有重要意义。

选取 1995 年、2000 年、2008 年等年年末的存款余额和贷款余额，来分析东部地区的存贷状况。如表 3.2，1995 年东部地区的存款余额和贷款余额分别是 25 029.6 亿元、19 100.9 亿元，在全国所占比重分别是 49.22%、40.88%；2000 年，存款余额和贷款余额分别增长至 59 757.3 亿元、42 841.6 亿元，五年时间里均增加一倍以上，在全国所占比重也上升，尤其贷款余额在全国所占的比重增加了近五个百分点，达到 45.49%。2008 年年末，东部地区的存款余额和贷款余额分别为 243 637 亿元、164 575 亿元，在全国所占比重均超过 50%，达到 53.41%、54.52%；同年东部地区经济总量分别为中、西部地区的

1.28 倍和 2.44 倍，但它的贷款余额达到了中、西部地区的 1.97 倍和 3.06 倍，存款余额为后两者的 1.83 倍和 3.07 倍。可见，区域金融市场建设与经济发展水平密切相关，同时也可看出区域间的金融差异较经济发展差异更明显。

**表 3.2　东部地区存款余额及其在全国所占比重**

| 指标 | 1995 年 | | 2000 年 | | 2008 年 | |
|---|---|---|---|---|---|---|
| | 存款余额 | 贷款余额 | 存款余额 | 贷款余额 | 存款余额 | 贷款余额 |
| 总量（亿元） | 25 029.6 | 19 100.9 | 59 757.3 | 42 841.6 | 243 637.0 | 164 575.0 |
| 比重（%） | 49.22 | 40.88 | 50.05 | 45.49 | 53.41 | 54.52 |

注：本表数据来源于 2009 年《中国统计年鉴》，经进一步统计处理得到。

此外，广义货币供应量与国内生产总值的比值，即 $M_2$/GDP，是衡量经济货币化的一个指标。因缺乏 $M_2$ 的省份数据，我们以存款余额与货币净投放之和代替，以此选取 1995 年、2000 年和 2008 年我国东、中、西部地区 $M_2$/GDP 指标值，进行比较。如表 3.3，1995 年东、中、西部地区该指标值分别为 1.02、0.78 和 0.85，2000 年该指标值分别为 1.40、1.05 和 1.17，2008 年该指标值分别为 1.65、1.14 和 1.29，可见我国各地区的货币化程度在不断提高，相比较，东部地区的货币化程度最高，西部地区居次，中部地区最低。经济货币化是金融深化的基础，金融深化又反映了市场经济下金融效率的高低。东、中、西部地区货币化程度的差异体现了我国金融资源在区域分布上的非平衡性，这种金融非均衡性又会加大各地区经济发展水平的差距，并将对区域间经济金融的良性循环产生不利影响。

**表 3.3　东、中、西地区货币供应量（$M_2$）及其在国内生产总值（GDP）中所占比重**

| 指标 | 1995 年 | | | 2000 年 | | | 2008 年 | | |
|---|---|---|---|---|---|---|---|---|---|
| | 东 | 中 | 西 | 东 | 中 | 西 | 东 | 中 | 西 |
| M2（亿元） | 25 000.3 | 16 538.1 | 9 960.2 | 60 601.8 | 37 735.6 | 22 200.0 | 246 420.0 | 133 303.0 | 78 767.9 |
| GDP(亿元） | 24 538.3 | 21 335.4 | 11 661.6 | 43 407.5 | 36 091.9 | 19 004.7 | 149 108.0 | 116 885.0 | 61 226.3 |
| M2/GDP | 1.02 | 0.78 | 0.85 | 1.40 | 1.05 | 1.17 | 1.65 | 1.14 | 1.29 |

注：本表数据来源于 1996 年、2001 年和 2009 年《中国金融年鉴》。

总体而言，相对中西部地区，东部地区金融发展相对成熟，但在发展过程中积累的各种风险亦不容忽视。改革开放以来，我国在东部地区相继推出多项优惠政策，发挥出了巨大的虹吸效应和短期积聚效应，为东部地区经济建设提供了充足的资金支持，但同时导致了局部流动性过剩和资产价格泡沫等问题。同时，金融体制改革实行集约化经营使得金融机构撤出农村和乡镇，并进一步聚集在城市。由于金融机构设置不合理和自身经营机制存在的问题，导致城市金融资源激烈竞争和农村金融资源匮乏，不利于东部地区的协调发展，经济金融发展过程中潜在的风险不断加大。目前，东部地区经济发展正处于由粗放型向集约型过渡的关键时期，如何在这一时期有效识别区域宏观金融风险并加大风险管理的力度，是保证东部地区经济协调发展和金融稳健运行的不容忽视问题。

### 三、文献综述

伴随着亚洲金融危机、美国次贷危机的相继爆发，国内外越来越注重对宏观金融风险的研究。目前，关于金融风险的研究多从区域金融差异和区域经济增长着手，集中于中微观层次风险的研究，对于东部地区宏观金融风险的已有研究，亦强调金融发展和经济增长的关系，主要对单个省份、单个行业或单个金融机构的金融风险等进行分析。

宋艺、赵黎明（2003）以省（市、自治区）作为基本区域经济单元，针对东部地区经济发展不平衡问题进行分析，并揭示东部地区发展不平衡的一般趋势及空间特征，较深入地探讨了差距形成的原因。韩大海（2007）通过分析 GDP 增量与贷款增量之比这一指标，揭示出 1995 年以来东部地区资金使用效率低于内陆欠发达地区，同时，巨额银行信贷资金、外贸盈余资金、民间闲散资金及外来投机资金等在东部地区的大中城市炒作房地产和股票、拉升本币，也是影响经济平稳运行的关键因素。李中（2008）结合金融发展和经济增长理论、区域金融理论分析了长三角地区金融发展对经济增长影响的历史演变。肖姣姣（2008）研究了金融发展与经济增长的相互作用机制及传递途径，认为中国金融发展对经济增长的促进作用具有明显的区域差异，东部地区作用最大，西部地区次之，中部地区作用最小。

目前有关中微观层次的金融风险管理理论已较为成熟，但缺乏对宏观金融风险系统全面的量化分析，东部地区宏观金融风险相关研究也多集中于金融市场风险研究，尚未与宏观经济运行结合起来。本章将基于宏观金融工程理论，运用资产负债表法和或有权益法进行总量分析和结构性分析，从而较好地把握东部地区风险状况。

## 第 2 节　东部部门资产负债表编制及分析

本节研究针对中国东部地区两大经济部门——金融部门和企业部门，根据国家统计局及东部各省份统计机构公布的相关数据，编制账面价值的宏观资产负债表，并就部门的资本结构错配、期限错配、货币错配和部门清偿力风险等进行分析。

## 一、东部金融部门资产负债表编制及分析

金融部门通常涵盖政策性银行、商业银行、金融资产管理公司、保险公司、信托投资公司、证券公司、财务公司、信用合作组织等多种形式的金融企业，也即金融企业体系除中央银行之外的组织机构。随着金融市场建设步伐的加快，东部地区金融部门规模持续扩大，金融体系趋于完善。截至 2008 年年底，东部地区银行类金融分支机构数（总部除外）达 86 429 个，法人机构 1 450 个，贷款余额和存款余额分别达到 204 557.16 亿元、304 591.08 亿元，在全国的占比分别为 67.1% 和 66.0%；同时，辖区内设有证券公司 75 个、基金公司 64 个和期货公司 120 个，2008 年年末上市公司数达 1 031 家，当年通过 A 股筹资共计 2 446.24 亿元，通过国内债券筹资共计 7 721.5 亿元，其中通过短期融资债券筹资 3 638.1 亿元；此外，总部设在辖区内的保险公司有 56 个，保险公司分支机构有 14 653 个，财产险和人寿险的保费收入分别为 1 820.8 亿元、4 061.04 亿元[①]。根据现有数据编制的东部地区金融部门资产负债表主要涵盖银行类金融机构，包括各省份国有商业银行、政策性商业银行、股份制商业银行、城市商业银行、城市信用社、农村合作机构、财务公司、邮政储蓄银行、外资银行和农村新型金融机构等，如表 3.4。

### （一）金融部门资产负债表编制

东部金融部门资产负债表如表 3.4 所示。

**表 3.4　东部金融部门资产负债表**　　单位：亿元

| 年份 | 2003 | 2004 | 2005 | 2006 | 2007 | 2008 |
|---|---|---|---|---|---|---|
| **总资产** | 177 471.78 | 200 203.70 | 237 156.30 | 269 494.10 | 331 670.60 | 389 105.10 |
| 贷款余额 | 105 221.70 | 118 979.40 | 131 696.60 | 152 940.90 | 178 549.00 | 204 609.50 |
| 短期贷款 | 57 016.89 | 59 164.99 | 57 142.30 | 64 060.68 | 76 211.20 | 82 132.01 |
| 票据融资 | — | — | 9 862.33 | 10 237.91 | 6 938.58 | 11 717.66 |
| 中长期贷款 | 40 255.71 | 49 794.37 | 58 052.45 | 71 652.72 | 86 766.10 | 102 042.30 |
| 本币贷款 | 98 137.58 | 110 407.40 | 122 281.40 | 142 372.50 | 166 242.20 | 192 048.60 |
| 外币贷款 | 7 107.52 | 8 572.02 | 9 415.27 | 10 568.43 | 12 306.78 | 12 560.92 |
| **总负债和权益** | 161 530.10 | 200 203.70 | 237 156.30 | 269 494.10 | 331 670.60 | 389 105.10 |
| 存款余额 | 143 820.10 | 165 434.30 | 194 490.50 | 224 727.20 | 256 194.00 | 304 704.30 |
| 企业存款 | 51 757.40 | 60 709.28 | 68 923.88 | 80 858.13 | 97 709.47 | 109 429.20 |
| 居民储蓄 | 66 152.33 | 75 430.79 | 88 573.89 | 101 540.40 | 106 510.40 | 134 597.20 |
| 活期存款 | 32 167.44 | 37 532.83 | 43 144.90 | 50 407.79 | 56 952.39 | 64 282.81 |

① 数据来源于东部各省份《金融运行报告》关于银行业、证券业、保险业发展的统计数据。

续表

| 年份 | 2003 | 2004 | 2005 | 2006 | 2007 | 2008 |
|---|---|---|---|---|---|---|
| 定期存款 | 44 875.40 | 51 111.44 | 61 744.67 | 69 716.66 | 71 185.17 | 93 147.59 |
| 本币存款 | 134 002.50 | 155 556.50 | 184 864.70 | 214 849.40 | 246 989.50 | 295 598.00 |
| 外币存款 | 9 819.88 | 9 877.78 | 9 625.89 | 9 877.81 | 9 204.54 | 9 106.47 |

注：各省金融部门资产负债表涵盖银行类金融机构资产负债表，数据来源于《中国统计年鉴》、各省份《统计年鉴》及《金融运行报告》，具体如下：

①总资产、总负债和权益、贷款余额、短期贷款、票据融资、中长期贷款、存款余额、企业存款、居民储蓄、本币存款、外币存款、本币贷款和外币贷款数据从 2004—2008 年各省份金融运行报告获得，2003 年数据根据 2004 年的增长率计算得出。

②活期存款、定期存款从 2003—2008 年各省份统计年鉴获得。

### （二）金融部门资产负债表分析

1. 资本结构分析

金融部门的资本结构直接关系到区域金融安全，以及能否支持经济健康快速地发展。如图 3.2，2003—2008 年间，东部地区金融部门资产规模持续扩大，总资产由 2003 年 177 471.80 亿元增长至 2008 年 389 105.10 亿元。对于贷款余额和存款余额，其分别是金融部门总资产和总负债中的主要项目，例如，2003 年东部金融部门的存贷比为 59.29%，之后呈波动下降趋势，至 2008 年为 52.58%，可见金融部门其他资产业务经营能力在提高，资产构成在逐步优化。

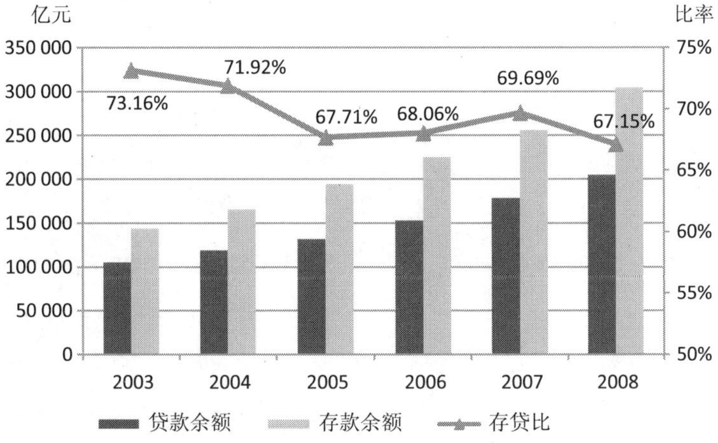


图 3.2　东部金融部门存贷余额及存贷比

从东部金融部门存贷结构看，2003—2008 年贷款余额和存款余额稳定增长，贷款余额、存款余额分别从 2003 年 105 221.70 亿元、143 820.10 亿元增长至 2008 年 389 105.10 亿元、304 704.30 亿元。总体而言，存款增长较贷款增长更快，金融部门存贷比呈波动下降趋势，从 2003 年 73.16% 减少至 2008 年 67.15%，为六年来最低水平。

上述图表分析结果主要归因于两个方面，一是从 2003 年开始的金融体制改革，特别是三大商业银行（中、工、建）及其分支机构剥离不良资产，使商业银行的资产负债状况得到明显改善，部分商业银行上市也使商业银行的治理结构和经营形势趋向好转；二是金融债务融资的比例有所下降，东部地区商业银行和企业上市比例上升，股权融资为银行和企业带来了双赢。

2. 期限错配分析

如图 3.3，东部地区金融部门的各项贷款余额中，中长期贷款的比重不到一半，说明资金运用多投向了短期贷款，中长期资产的比重较小。但是中长期贷款的比重呈上升趋势，中长期贷款占贷款余额的比重从 2003 年的 38.26% 提高到 2008 年的 49.87%，说明东部地区对中长期贷款的需求上升。

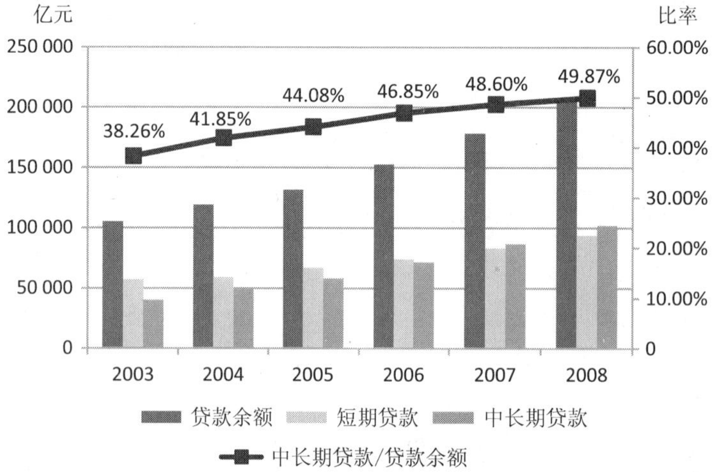


图 3.3　东部金融部门贷款结构

如图 3.4，2003—2008 年东部的定期存款比重超过一半。2007—2008 年由于央行调息频繁，使得居民储蓄以短期为主。目前来看，东部资产负债期限错配风险尚不明显，但是银行的资金来源开始偏向短期性的居民储蓄，这在一定程度上加大了潜在的期限错配风险。

从资金来源的地区分布看，银行存款是东部地区资金的主要来源，由于资本市场活跃、通货膨胀预期上升，各地区居民存款和企业存款活期化趋势比较明显。贷款作为资产中的一个重要部分，各地区中长期贷款比重在不断提高，2008 年海南、广西、广东新增中长期贷款在新增贷款中的占比均超过 80%。中长期贷款作为长期资产的一部分，主

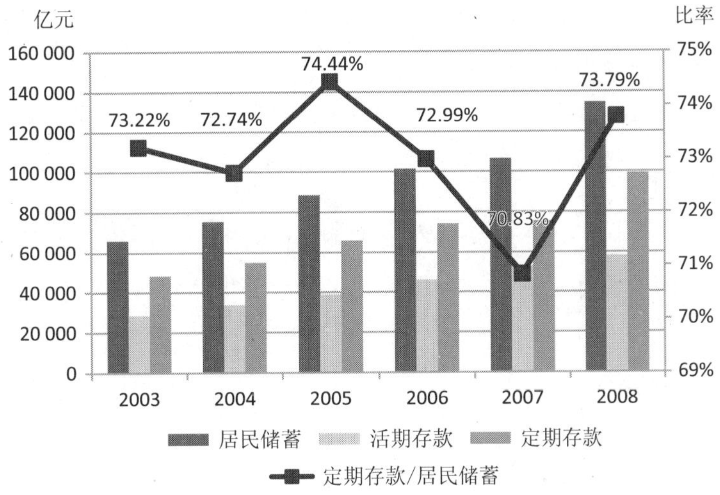


图 3.4　东部金融部门存款结构

要投向基础设施行业，同时，以个人住房贷款为主的个人中长期消费贷款增长较快，东部地区在 2008 年新增的中长期贷款中，个人中长期消费贷款较 2007 年提高了 27 个百分点。在负债活期化趋势加剧的背景下，长期资产占比持续攀升使金融部门资产负债期限结构错配的问题更为突出，由此可能产生的流动性风险和利率风险值得关注。

3. 货币错配分析

从东部金融部门币种结构来看，外币资产在缓慢增长的同时外币负债无明显上升，历年的外币资产均大于外币负债。同时，总资产中的外币资产占比和总负债中的外币负债占比均在下降，且外币负债占比下降较快，符合东部经济外向型加工业的特点，外贸依赖度高，外贸顺差大。图 3.5 是东部金融部门币种结构。

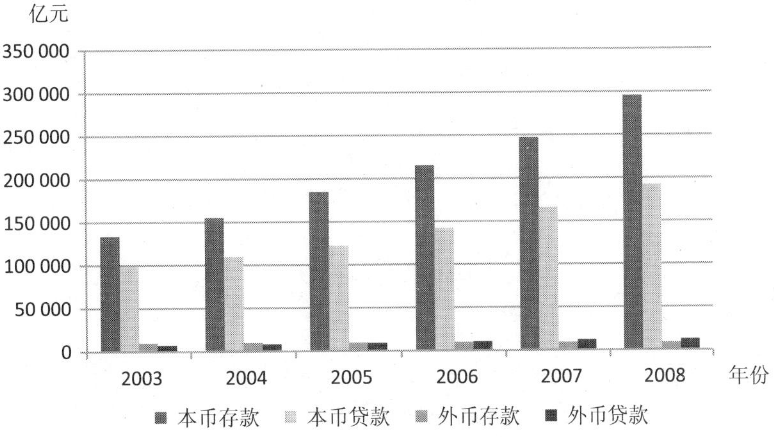


图 3.5　东部金融部门币种结构

对于东部金融部门的外币资产，金融危机对其影响较大。从负债结构看，近年来由于受人民币升值预期的影响，全国大部门省市外币存款余额下降，2008 年东部地区外币存款较 2007 年减少了 28.07 亿美元，数量和占比同时下降，这样就可以解释 2008 年外币负债减少的现象。由于东部地区经济外向程度较高，外币存款在本外币各项存款中的比重仍高于中西部。东部地区外币贷款占比和外币存款占比都呈现下降趋势，但作为资金来源的外币存款占比下降更快，可见东部地区货币错配风险呈增大趋势，如图 3.6 所示。

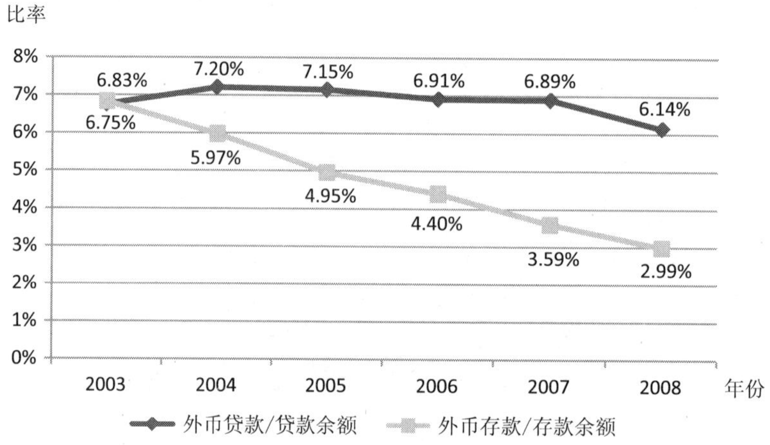


图 3.6　东部金融部门外币存款和外币贷款比较

如图 3.7，东部地区外汇流动性明显不足。东部地区外币存贷比从 2003 年的 72.38% 提高到 2008 年的 137.93%，从 2006 年开始外币存贷比超过 100%，货币错配风险开始明显上升。

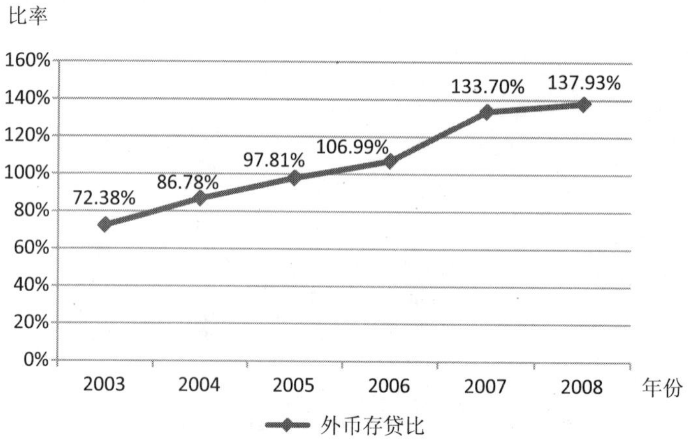


图 3.7　东部金融部门外币存贷比

## 二、东部企业部门资产负债表编制及分析

### （一）企业部门资产负债表编制

考虑数据的可获得性，企业部门资产负债表主要考察东部 12 个省份的全部国有及规模以上非国有工业企业、餐饮业、批发零售业以及建筑业，编制 1998—2008 年资产负债表。

### （二）企业部门资产负债表分析

根据东部地区 1998—2008 年企业部门合并而得的资产负债表（见表 3.5）所包含科

**表 3.5　东部企业部门资产负债表**　　单位：亿元

| 年份 | 总资产 | 流动资产 | 长期资产 | 总负债 | 流动负债 | 长期负债 | 所有者权益 |
|---|---|---|---|---|---|---|---|
| 1998 | 89 165.54 | 44 327.35 | 44 838.19 | 54 979.25 | 42 487.50 | 12 491.74 | 34 186.29 |
| 1999 | 95 954.26 | 47 183.39 | 48 770.87 | 60 979.84 | 46 894.73 | 14 085.10 | 34 974.42 |
| 2000 | 103 909.92 | 51 844.38 | 52 065.54 | 64 818.60 | 49 987.31 | 14 831.30 | 39 091.31 |
| 2001 | 111 981.53 | 55 597.22 | 56 384.31 | 67 537.14 | 52 620.82 | 14 916.33 | 44 444.39 |
| 2002 | 121 408.22 | 62 881.84 | 58 526.38 | 74 537.00 | 59 222.96 | 15 314.05 | 46 871.22 |
| 2003 | 144 402.16 | 75 787.09 | 68 615.07 | 87 058.97 | 69 980.77 | 17 078.20 | 57 343.19 |
| 2004 | 179 239.33 | 91 735.70 | 87 503.64 | 105 718.96 | 89 262.36 | 16 456.60 | 73 520.37 |
| 2005 | 214 301.59 | 113 791.39 | 100 510.20 | 127 491.30 | 105 255.82 | 22 235.48 | 86 810.29 |
| 2006 | 253 090.78 | 136 296.09 | 116 794.68 | 149 927.04 | 124 934.07 | 24 992.97 | 103 163.74 |
| 2007 | 299 633.21 | 165 602.54 | 134 030.67 | 178 741.28 | 150 330.83 | 28 410.45 | 120 891.93 |
| 2008 | 369 639.86 | 205 303.89 | 164 335.97 | 222 457.52 | 184 732.99 | 37 724.53 | 147 182.34 |

注：本表数据来源于 1998—2008 年《中国统计年鉴》和各省份统计年鉴，具体如下：

① 工业企业数据来源于各地区规模以上工业企业主要指标统计表，建筑业企业数据来源于各地区建筑业企业资产统计表、各地区建筑业企业负债及所有者权益统计表，餐饮业数据来源于各地区限额以上餐饮业资产及负债统计表，批发零售企业数据来源于各地区限额以上批发和零售业资产及负债统计表。

② 工业行业数据来源于中国统计年鉴——各地区规模以上工业企业主要指标统计表；建筑业资产、流动资产数据来源于中国统计年鉴——各地区建筑业企业资产统计表，负债、流动负债数据来源于中国统计年鉴——各地区建筑业企业负债及所有者权益统计表；批发零售业数据来源于各地区限额以上批发和零售业资产及负债统计表；餐饮业数据来源于各地区限额以上餐饮业资产及负债统计表。

③ 对工业企业、建筑业企业、批发零售业、餐饮业部分缺失数据进行估算处理。相对建筑业、批发零售业及餐饮业，工业企业的资产负债在企业部门总的资产负债中占比最高，统计数据基本无缺失；餐饮业、批发零售及建筑业在总体中占比较低，统计数据存在个别缺失情况，对于缺失数据进行估算补齐后产生偏差对总体分析的影响不大。

④ 全部国有及规模以上非国有工业企业 2004 年流动负债数据缺失，以 2003 年流动负债的年增长率替代，估算出 2004 年流动负债，并进一步计算出长期负债；建筑业企业 2004 年统计数据中资产负债数据缺失，均以 2003 年各指标的年增长率替代，估算出 2004 年资产、负债、流动资产和流动负债，并进一步计算出长期资产负债；限额以上餐饮企业、限额以上批发零售业 2002—2007 年流动负债数据缺失，以前三年的流动负债 / 总负债的均值作为当年的比例，结合总负债得到流动负债缺失数据的合理取代值，并进一步计算出长期负债。

目（总资产、总负债、总权益、流动资产、流动负债以及长期资产和长期负债等），分析企业部门的期限错配、资本结构错配以及清偿力，识别东部地区企业部门内部潜在的风险。

1. 期限错配分析

如图 3.8，1998 年以来，东部地区企业部门流动资产、长期资产以及流动负债均稳步上升，流动资产和流动负债上升幅度明显，长期负债一直处于较低水平。十年间，长期负债由 12 491.743 2 亿元增加到 37 224.53 亿元，增幅超过 100%，年均增长率为 11.11%，基本与我国经济增长速度相一致；而流动负债由 42 487.502 8 亿元增加到 184 732.99 亿元，增幅为 334.7%，年均增长率为 28.2%，增长较快，风险较大，这也可能与东部第三产业发展程度高、短期借款比例上升有关。

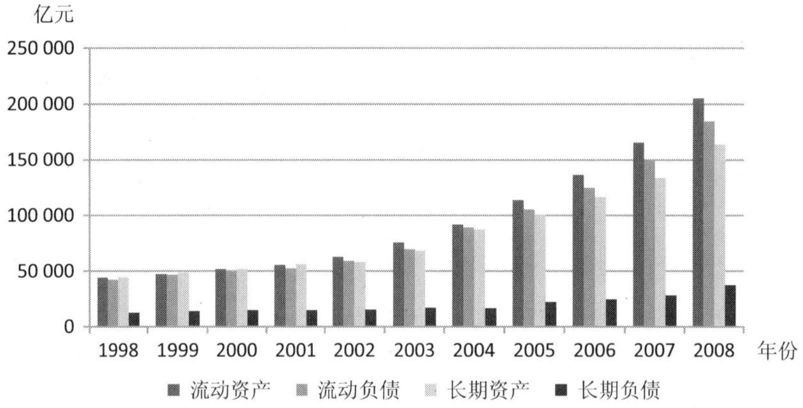


图 3.8　东部企业部门资产负债期限结构

如图 3.9，1998 年，企业部门总资产流动资产占比为 49.71%，表明企业部门非流动资产占较大比重；流动负债为 42 487.502 8 亿元，长期负债为 12 491.743 2 亿元（流动负

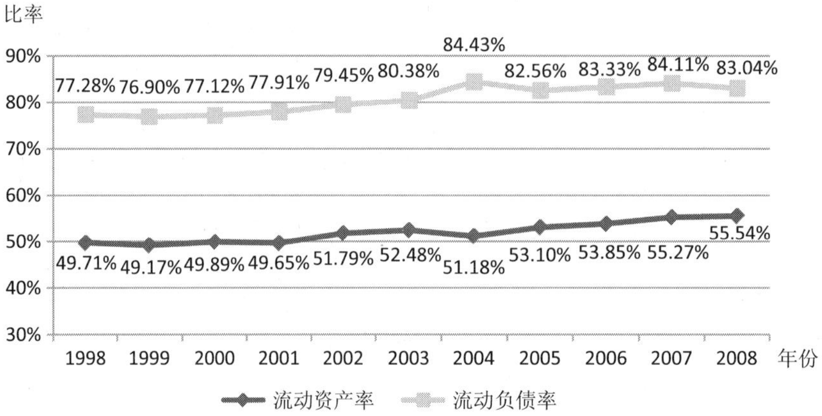


图 3.9　东部企业部门流动资产率和流动负债率

债与长期负债比率为 3.40），流动负债远高于长期负债。企业流动资产与长期资产比率接近于 1，但负债主要是流动负债，对到期负债企业没有十分充足的流动资产予以偿付，企业资产负债期限结构存在错配问题。特别是非流动资产多为固定利率的，而流动负债多为浮动利率的，如果利率上升，企业部门的利息支付增加，企业将面临较高的利率风险。1998 年以来，企业资产中流动资产占比呈上升趋势，到 2002 年为 51.79%，表明总资产中流动资产超过长期资产，开始占据主导地位，2002 年流动负债为 59 222.954 8 亿元，长期负债为 15 314.047 8（流动负债与长期负债比率为 3.87）。随着流动资产占比的逐步提高，截至 2008 年，该比率达 55.4%，流动负债为 184 732.99 亿元，长期负债为 37 724.53 亿元（流动负债与长期负债比率为 4.89）。

1999 年来，东部企业部门的流动资产和流动负债基本维持着缓慢增长的趋势，其中，流动资产的增长速度要快于流动负债。这在流动资产和流动负债的差额上也有体现。具体来看，1998 年企业部门的流动资产略高于流动负债，1999—2001 年间差额变化不大，但 2005 年后两者差额明显增大。总体来说，1998—2008 年之间，东部企业部门的流动资产总额都超过了其流动负债总额，两者差额呈现逐渐扩大的趋势，企业部门的财务状况逐年在向好的方面发展，如图 3.10。

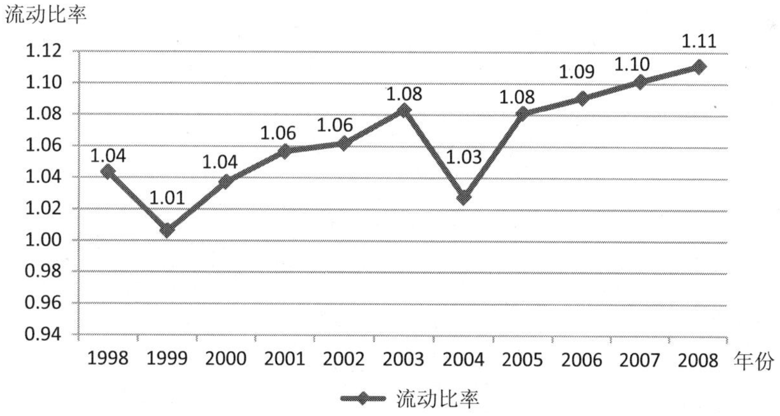


图 3.10　东部企业部门流动比率

1998 年流动比率为 1.04，1999 年下降到最低点 1.01，之后开始逐步提高，到 2003 年达到 1.08，在 2004 年出现较大的波动，流动比率快速下降至 1.082，但属于暂时变化，之后开始上升，2008 年流动比率为 1.11。流动资产虽然高于流动负债，但相差幅度较小，企业日常经营状况仍可能因负债压力而受到影响，但随着流动比率的逐步提高，期限错配风险在不断下降。

2. 资本结构与清偿力风险分析

根据图 3.11，计算出东部企业部门资产负债率，据此绘图 3.12。1998 年，东部地区企业部门的资产负债率为 61.66%，1999 年该比率上升到最高点 63.55%，此后呈现下降趋势，2001 年下降至 60.31%，经过短暂的上升，到 2004 年资产负债率下降到 58.98%，2008 年为 60.18%，该指标值处于合理水平，东部地区应保持此水平，将风险控制在一定范围内。

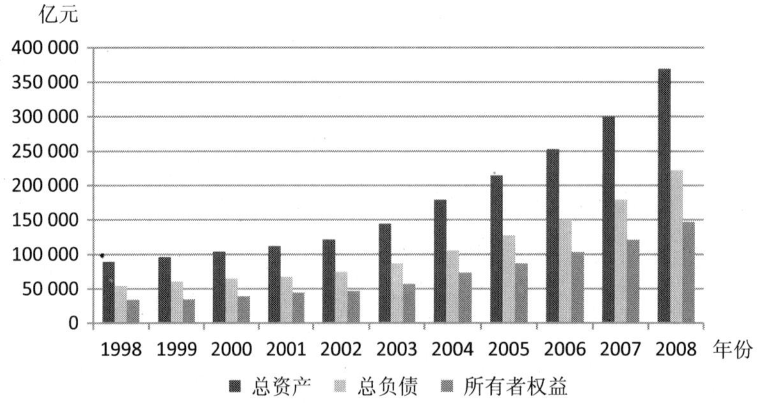


图 3.11　东部企业部门资本结构

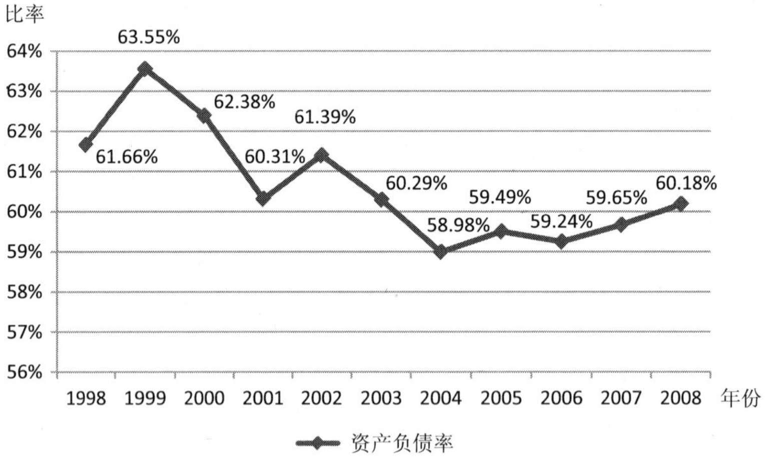


图 3.12　东部企业部门资产负债率

考察东部地区企业部门的产权比率（总负债 / 股东权益）。如图 3.13，1998 年产权比率是 1.61，1999 年上升到 1.74，之后整体呈现下降趋势，2004 年为最低点 1.44，2008 年该比率为 1.51，相对处于较高水平，表明企业部门杠杆率较高。从综合资产负债率和

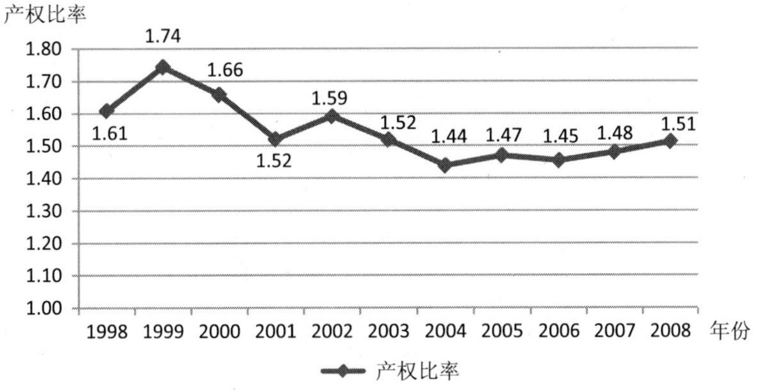


图 3.13　东部企业部门产权比率

股权比率来讲，东部地区企业财务结构还是比较稳健的，总体来说，企业部门未出现资不抵债的情形，权益为正，权益占比亦处于较为合理的水平，整体清偿力风险不大。

### （三）上市企业部门资产负债表分析

东部上市企业部门资产负债表见表 3.6。

**表 3.6　东部上市企业部门资产负债表**　　单位：亿元

| 年份 | 总资产 | 流动资产 | 长期资产 | 总负债 | 流动负债 | 长期负债 | 所有者权益 |
|---|---|---|---|---|---|---|---|
| 2001 | 15 538.11 | 6 730.30 | 8 807.81 | 7 456.74 | 5 468.61 | 1 988.14 | 8 081.37 |
| 2002 | 19 024.18 | 7 681.72 | 11 342.46 | 9 479.88 | 6 824.89 | 2 654.99 | 9 544.30 |
| 2003 | 22 005.15 | 8 912.63 | 13 092.52 | 10 975.50 | 7 865.37 | 3 110.13 | 11 029.65 |
| 2004 | 26 072.49 | 10 217.72 | 15 854.77 | 13 491.28 | 9 628.49 | 3 862.79 | 12 581.21 |
| 2005 | 30 142.53 | 11 551.94 | 18 590.59 | 16 334.59 | 11 824.41 | 4 510.18 | 13 807.94 |
| 2006 | 37 765.66 | 13 979.37 | 23 786.29 | 20 842.64 | 15 072.90 | 5 769.74 | 16 923.02 |
| 2007 | 65 085.63 | 24 755.51 | 40 330.12 | 32 798.18 | 23 757.38 | 9 040.81 | 32 287.45 |
| 2008 | 80 845.34 | 29 961.95 | 50 883.39 | 43 039.64 | 30 449.58 | 12 590.05 | 37 805.70 |
| 2009 | 105 196.77 | 43 275.97 | 61 920.80 | 59 635.19 | 41 413.21 | 18 221.98 | 45 561.58 |

注：本表数据来自国泰君安数据库统计数据，及金融界网站上市公司相关财务统计数据。

1. 期限错配分析

如图 3.14，2001 年来东部地区上市企业部门流动资产、长期资产以及流动负债均稳步上升，流动资产和流动负债上升幅度明显，长期负债一直处于较低水平。十年间，长期负债由 1 988.14 亿元增加到 2009 年的 18 221.98 亿元，年均增长率为 31.5%，增幅显著大于经济增长速度；而流动负债由 5 468.61 亿元增加到 41 413.21 亿元，增幅为 618.82%，年均增长率为 28.3%，增长较快，风险较大，这也可能与东部第三产业发展程度高，短期、临时性借款比例上升有关。

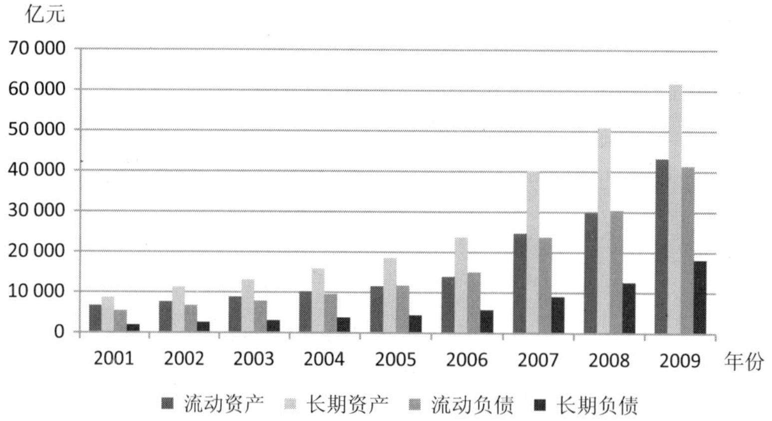


图 3.14　东部上市企业部门资产负债期限结构

如图 3.15，2001 年，东部企业部门总资产流动资产率为 43.31%，表明企业部门非流动资产占较大比重；流动负债为 5 468.61 亿元，长期负债为 1 988.15 亿元（流动负债与长期负债比率为 2.75），流动负债远高于长期负债。企业流动资产与长期资产比率接近于 1，但负债主要是流动负债，负债到期时企业没有十分充足的流动资产予以偿付，企业资产负债期限结构存在错配问题。特别是非流动资产多为固定利率的，而流动负债多为浮动利率的，如果利率上升，企业部门的利息支付增加，企业将面临较高的利率风险。1998 年以来，企业资产中流动资产率呈下降趋势，到 2002 年为 40.38%，表明总资产中流动资产小于长期资产。截至 2009 年，该比率达 41.14%，流动负债为 41 413.21 亿元，长期负债为 18 221.98 亿元（流动负债与长期负债比率为 2.27）。从以上数据看，2001—2009 年间企业部门资产负债期限错配风险加大。

2001 年来，东部企业部门的流动资产和流动负债均维持稳步增长的趋势，其中，流

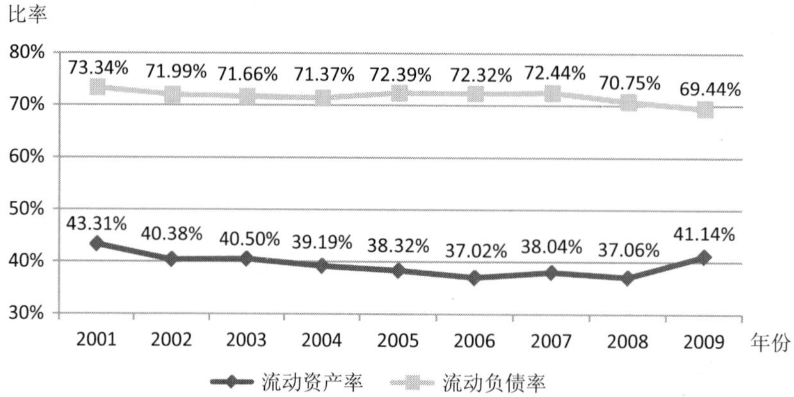


图 3.15　东部上市企业部门流动资产率和流动负债率

动资产的增长速度快于流动负债。这在流动资产和流动负债的差额上也有体现，具体来看，流动比率从 2001 年的 1.23 持续下降到 2005 年的 0.93，2006 年以后开始上升，到 2009 年该值为 1.04，如图 3.16。

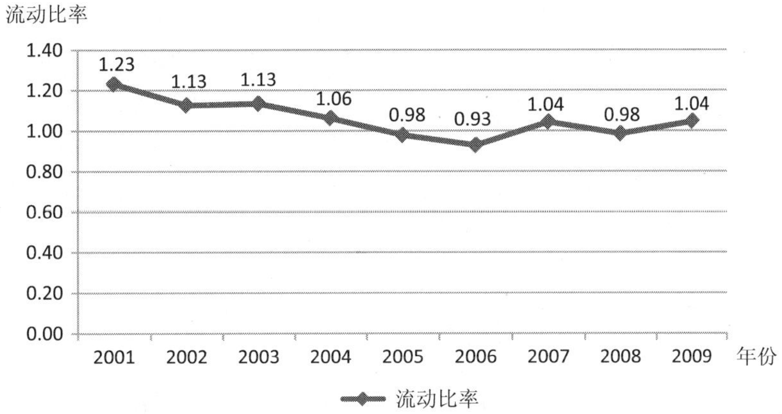


图 3.16　东部上市企业部门流动比率



2. 资本结构与清偿力风险分析

如图 3.17，2001—2009 年间，东部地区上市企业部门规模持续扩大，以四大行业为代表，总资产从 2001 年 15 538.11 亿元增加为 2009 年的 105 196.77 亿元，总负债由 7 456.74 亿元增加至 59 635.19 亿元。

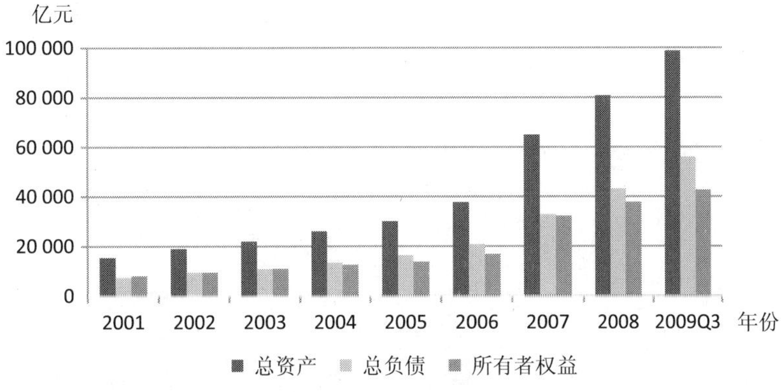


图 3.17　东部上市企业部门资本结构

如图 3.18，2001 年，东部地区企业部门的资产负债率为 47.99%，持续上升至 2006 年的 55.19%，2007 年短暂下降至 50.39%，受次贷危机的影响，2008 年东部地区上市企业部门资产负债率上升 3 个百分点至 53.24%，截至 2009 年，又上升至 56.69%。该指标值处于较高水平，表明东部地区对负债融资依赖程度较高。

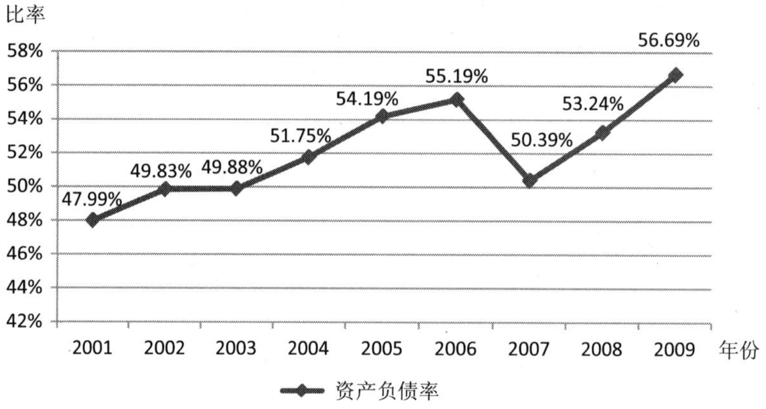


图 3.18　东部上市企业部门资产负债率

2001—2009 年我国企业部门的清偿能力下降。但是随着经济周期和产业结构调整，未来的清偿力风险值得密切关注。如图 3.19，2001 年产权比率是 0.92，之后整体呈现上升趋势，到 2008 年达到 1.32，处于较高水平，表明企业部门杠杆率较高。

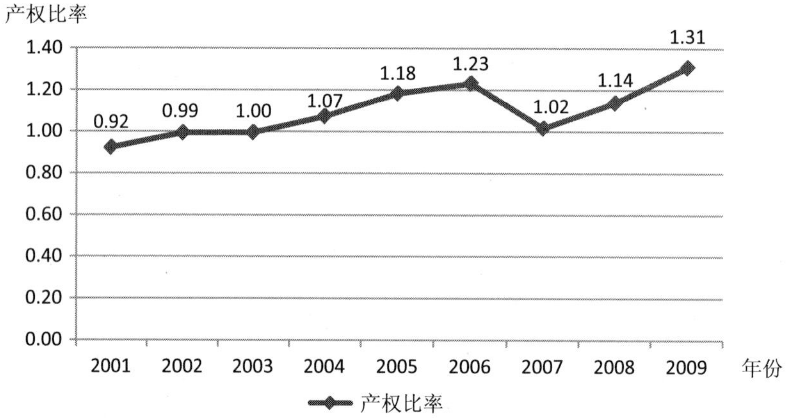


图 3.19　东部地区上市企业部门产权比率

我国东部企业部门对以上 3 类风险中的 2 类风险表现出良好的抗风险能力，其资本结构以及清偿力分析中，均无不安全因素显现，这与我国东部近年来经济快速发展有着必然的联系。

## 三、小结

东部地区金融部门资产负债状况得到了明显的改善，商业银行和企业上市比例上升，股权融资为银行和企业带来了双赢，贷款余额占总资产比重几年来逐渐下降，资产结构逐渐优化；中长期贷款占贷款余额的比重不断攀升，期限错配风险呈上升趋势；外币贷款持续增长，外币存款波动较大，外币存贷比在 2007 年和 2008 年快速增长，货币错配问题较为突出，总体来说东部地区金融部门面临的风险较高。

东部企业部门 1998—2008 年间流动资产总额都超过了其流动负债总额，两者差额呈现逐渐扩大的趋势，企业部门的财务状况逐年在向好的方面发展，但由于长期资产和短期负债的主导地位使得资产负债期限错配问题不容忽视；随着资产负债率的下降，资本结构错配问题和清偿力问题逐步缓解。

东部地区上市企业部门的流动比率近年来呈现下降趋势，期限错配风险加大；随着资产负债率的逐步上升，资本结构错配问题和清偿力问题值得密切关注。

## 第 3 节　东部或有权益资产负债表编制及分析



通过对金融部门和企业部门资产负债表分析，初步了解了东部地区的风险状况，但由历史信息和账面价值反映的风险状况并不代表各部门的实际风险。本节运用或有权益分析进行的实证研究反映的是部门和整体实际风险，主要包括或有权益资产负债表的编制与分析、风险指标的选取和风险表的编制，以及基于现实数据进行的利率压力测试和敏感性分析。

### 一、上市企业部门或有权益资产负债表编制分析

确定编制上市企业部门或有权益资产负债表的输入参数。股权市值和权益市值波动率根据国信股票分析软件东部十二省市板块中的数据得到，股票价格采用前复权的方法后，每个企业（不包括金融企业）的股权市值可通过股票价格乘以现有股本数得到，加总处理后可得东部地区上市企业部门日股权市值，进一步计算即可得企业部门的年权益市值波动率；输入参数中的股权市值采用年末数据；上市企业部门的违约点通过短期债务加一半的长期债务获得。具体可得 2001—2009 年东部地区上市企业部门或有权益资产负债表的输入参数如表 3.7。

**（一）或有权益资产负债表分析**

根据或有权益资产负债表编制范式和输入参数，通过 MATLAB 编程计算，即得到东部地区上市企业部门或有权益资产负债表，如表 3.8。

表 3.7　东部上市企业部门或有权益资产负债表输入参数

| 年份 | 权益市值（亿元） | 违约点（亿元） | 权益市值波动率 | 无风险利率 |
|---|---|---|---|---|
| 2001 | 24 744.92 | 6 462.68 | 23.61% | 2.25% |
| 2002 | 21 218.84 | 8 152.39 | 27.79% | 2.02% |
| 2003 | 24 223.54 | 9 420.43 | 19.85% | 1.98% |
| 2004 | 21 839.51 | 11 559.89 | 23.06% | 2.03% |
| 2005 | 19 884.69 | 14 079.50 | 24.59% | 2.25% |
| 2006 | 47 022.80 | 17 957.77 | 23.42% | 2.35% |
| 2007 | 207 621.03 | 28 277.78 | 38.00% | 3.26% |
| 2008 | 74 234.30 | 36 744.61 | 47.14% | 3.92% |
| 2009 | 147 178.41 | 47 608.51 | 30.66% | 2.25% |

注：本表数据来源于中国人民银行统计数据，金融界上市公司数据，以及国信证券上市公司数据。

表 3.8　东部上市企业部门或有权益资产负债表　　单位：亿元

| 年份 | 资产市值 | 负债市值 | 权益市值 | 年份 | 资产市值 | 负债市值 | 权益市值 |
|---|---|---|---|---|---|---|---|
| 2001 | 31 061.04 | 6 316.11 | 24 744.92 | 2006 | 64 562.30 | 17 539.51 | 47 022.80 |
| 2002 | 29 207.68 | 7 988.84 | 21 218.84 | 2007 | 234 975.07 | 27 354.03 | 207 621.03 |
| 2003 | 33 458.71 | 9 235.17 | 24 223.54 | 2008 | 109 606.94 | 35 372.65 | 74 234.30 |
| 2004 | 33 168.74 | 11 329.23 | 21 839.51 | 2009 | 193 723.04 | 46 544.63 | 147 178.41 |
| 2005 | 33 649.88 | 13 765.19 | 19 884.69 | | | | |

结合东部地区上市企业部门 2001—2009 年或有权益资产负债表进行分析，基于市场价值的资本结构是较为合理的，权益市值在总资产市值中占有很高的比例，这与账面价值的分析一致。总体看来，资产账面价值从 2001 年的 15 538 亿元增长到 2009 年的 98 864 亿元，资产市值从 2001 年 31 061 亿上升到 193 723 亿，上市企业部门的资产账面价值和资产市场价值呈现上升的趋势。2006 年、2007 年随着资本市场发展的加快，股票市场波动性增大、收益率增加，资产市值大幅提升，2007 年达到最大值 234 975 亿元。同时，权益市值也达到最大值 207 621 亿元。2008 年国际金融危机蔓延，国内资本市场受到严重影响，股指大幅下跌，资产市值和权益市值分别下降 53.35%、64.25%，而负债市值增加 29.31%。2009 年，随着全球经济的复苏，资本市场开始活跃，截至 2009 年，权益市值为 147 178 亿元，同比增长 98.26%，资产市值也增长至 193 723 亿元，如图 3.20。

从东部地区上市企业部门的账面价值和资产价值在 2001—2009 年的走势看，东部地区上市企业部门资产账面价值在 2001—2009 年平稳增加，资产市值在 2001—2007 年间先降后升，2001—2006 年资产市值和资产账面价值差距不大，说明这段时间东部地区上

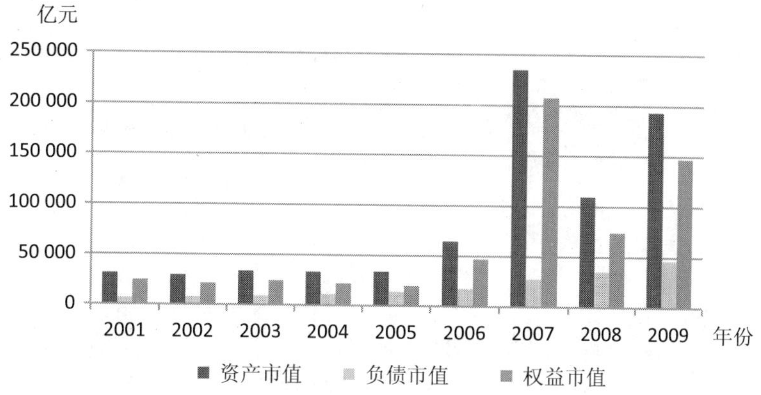


图 3.20　东部上市企业部门或有权益资产负债表资本结构

市企业部门的市值评价是理性的。2007 年由于股市大涨从而使资产市值达到一个新的高度，2008 年资产市值随股市回落而回落，2009 年有所回升，如图 3.21。

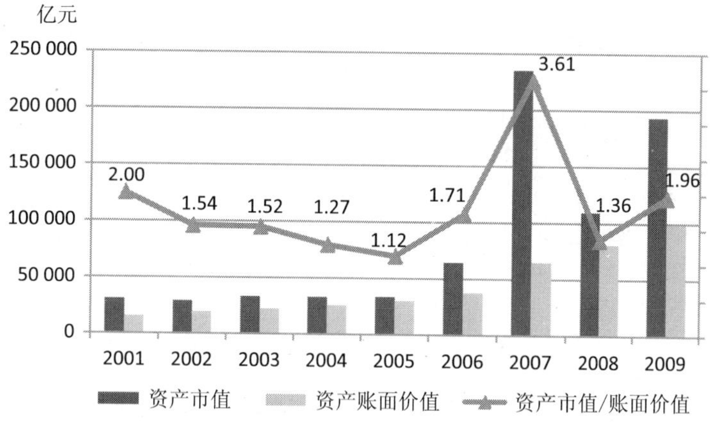


图 3.21　东部上市企业部门资产账面价值与市值

如图 3.22，东部地区上市企业部门负债市值小于负债账面价值。与资产市值以及账面价值的差额相比，负债市值与负债账面价值的差额很小，说明资产市值的增长主要是因为权益市值的增长。东部地区上市企业部门负债市值随着负债账面价值上升而上升，看跌期权的价值较小，违约风险较小。

与账面价值资产负债表相比，或有资产负债率均低于 50%，低于账面价值资产负债率，2005 年最高，2006—2007 年连续下降至 11.64%，2008 年随着国际金融危机的蔓延，上市企业或有资产负债率约增加 19 个百分点，但仍低于 2001—2005 年间的或有资产负债率，如图 3.23。随着资本市场的发展，愈来愈多的企业开始通过资本市场融资，2007 年资产

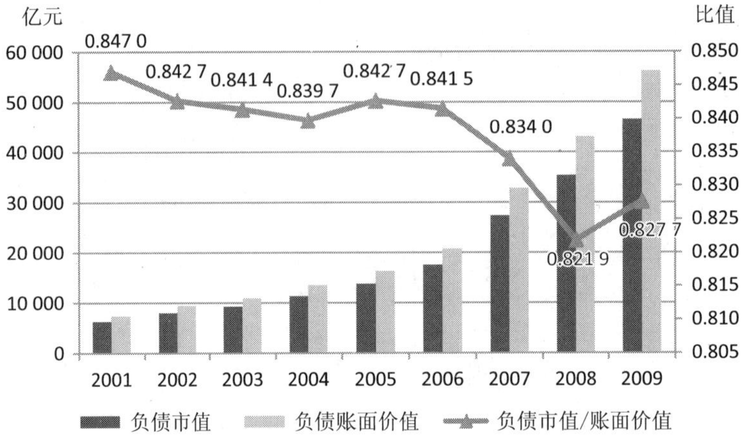


图 3.22　东部上市企业部门负债账面价值与市场价值

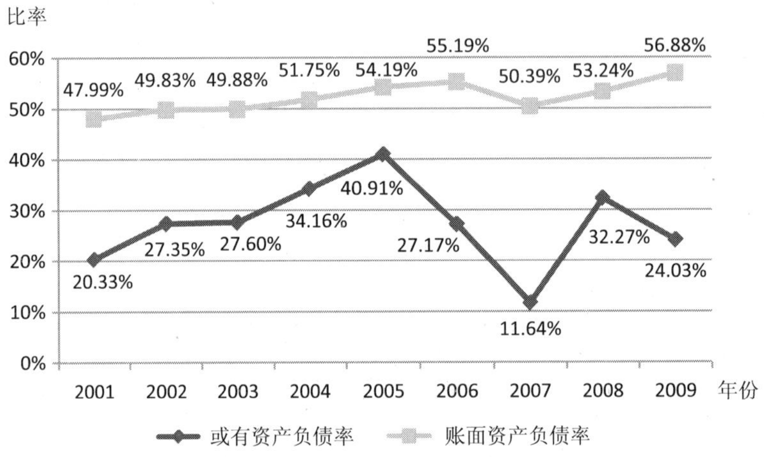


图 3.23　东部上市企业或有资产负债率和账面资产负债率

负债率降至 50.39%，股权融资比例达到几年来最高。但金融危机爆发以后，资本市场融资受阻，上市企业的债务融资率增加，2008 年上市企业或有资产负债率达到 53.24%，较 2007 年增加 3 个百分点，2009 年或有资产负债率持续上升至 56.88%，资本结构错配风险和清偿力风险都在加大。一般而言，上市企业账面价值资产负债率维持在 40% 左右为最优，一般不应高于 50%，上市企业的总体账面资产负债率反映出了企业部门的问题，金融机构承担风险仍偏高。

如图 3.24，随着东部地区上市企业数量的增加，上市企业违约点也在逐年递增，截至 2009 年，上市企业总体违约点达到 47 608 亿元；而资产市值受股市行情影响较大，资本市场较为活跃的时候，资产市值一般较高。资产市值与违约点两者之比在 2001—2005

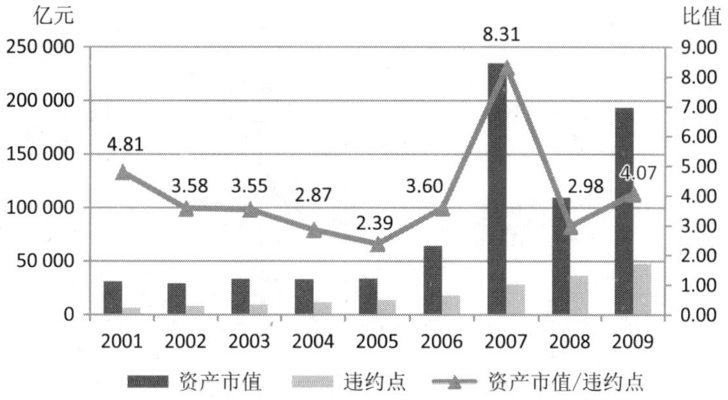


图 3.24　东部上市企业资产市值和违约点比较

年间小幅波动，2007 年随着资本市场的活跃，股价上涨，资产市值达到历史最高点，达到违约点的 8 倍以上，这其中也隐含了所未能观察到的资产价格泡沫。2008 年、2009 年资产市值与违约点之比接近于 2006 年的水平。

**（二）风险表分析**

从上市企业部门资产市值波动率趋势图看，上市企业部门的资产市值波动率在 2001 年至 2006 年期间没有明显的趋势，但在 2007 年波动率显著提高至 33.58%，2009 年又下降至 23.29%（见表 3.9 和图 3.25）。从图 3.26 可以看出，东部地区上市企业部门违约距离整体呈下降趋势，说明违约风险有增大趋势，在 2006 年之前违约距离都在 3.5 以上，风险状况比较良好，而 2007 年下降至 2.62，2008 年受次贷危机影响继续下降至历年最低点 2.08，2009 年随着经济的逐渐复苏，情况有所好转，违约距离回升至 3.24，如图 3.26。

**表 3.9　东部上市区企业部门风险表**

| 年份 | 资产市值波动率 | 违约概率 | 违约距离 | 年份 | 资产市值波动率 | 违约概率 | 违约距离 |
|---|---|---|---|---|---|---|---|
| 2001 | 18.81% | 0 | 4.211 0 | 2006 | 17.06% | 0 | 4.232 0 |
| 2002 | 20.19% | 0 | 3.570 3 | 2007 | 33.58% | 0 | 2.619 7 |
| 2003 | 14.37% | 0 | 4.999 9 | 2008 | 31.94% | 0.036% | 2.081 4 |
| 2004 | 15.18% | 0 | 4.291 1 | 2009 | 23.29% | 0 | 3.237 9 |
| 2005 | 14.53% | 0 | 4.002 9 | | | | |

从 2001—2009 年的趋势看，整个东部企业的经济情况是比较稳定的，尽管相对金融部门来讲企业部门的资产市值波动率要高，但资产市值波动率和违约距离都在不大的幅度内波动，违约概率和信用溢价近似为 0，可见，东部企业部门的违约风险还不明显，但是近几年违约距离的变化比较明显，下降幅度比较大，随之而产生的违约风险

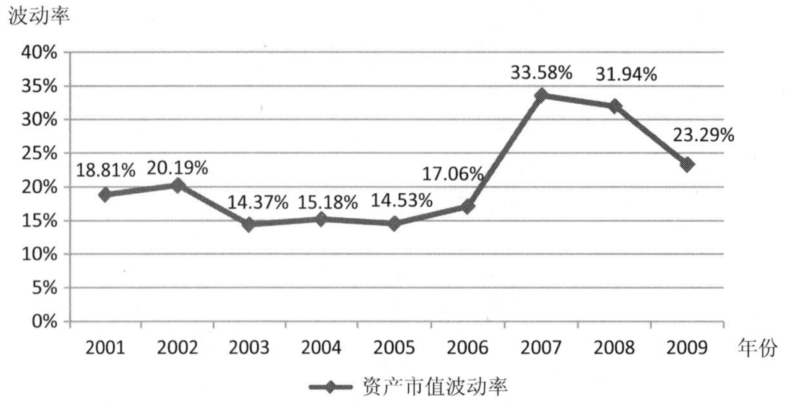


图 3.25　东部上市企业部门资产市值波动率

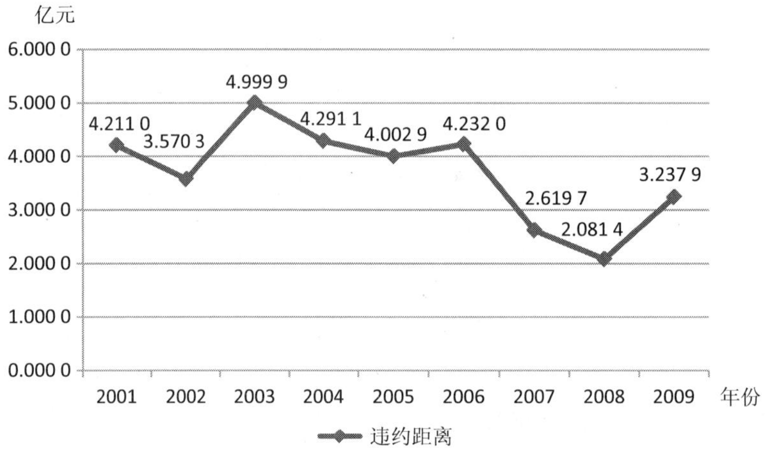


图 3.26　东部上市企业部门违约距离

值得关注。

**（三）压力测试和敏感性分析**

本节主要采用压力测试和敏感性分析来判断利率变动对金融部门和企业部门的影响。如表 3.10，对于上市企业部门的压力测试和敏感度分析同样基于上市企业在 2008 年的现实利率及或有权益资产负债表和各风险指标，从违约距离来看，利率调高时违约距离变小，利率调低时违约距离变大，但是变动的幅度很小。当利率上调至 10% 或下调至 1% 时，企业部门的资产市值、负债市值、违约距离和违约概率的变化更为不显著，而违约概率和信用溢价几乎没有变化，依然可近似等于 0。同样，表 3.11 敏感度分析的结果表明上市企业部门随利率的变动引致各指标的变化很小，违约概率和信用溢价的变化亦难以观察到。可见企业部门对利率的变化很不敏感，比金融部门更能抵抗利率变化冲击带来的压力。

表 3.10　东部上市企业部门利率压力测试

| 风险指标 | 情景 1（实际利率 2.25%） | 情景 2（利率下调至 1%） | 情景 3（利率上调至 10%） |
|---|---|---|---|
| 资产市值（亿元） | 193 723.04 | 194 312.30 | 190 264.89 |
| 资产市值波动率 | 23.29% | 23.22% | 23.72% |
| 违约概率 | 0 | 0 | 0 |
| 违约距离 | 3.237 9 | 3.251 1 | 3.161 3 |

表 3.11　东部上市企业部门利率敏感性分析

| 风险指标 | 情景 1（实际利率 2.25%） | 情景 2（利率上调至 2.52%） |
|---|---|---|
| 资产市值（亿元） | 193 723.04 | 193 613.20 |
| 资产市值波动率 | 23.29% | 23.31% |
| 违约概率 | 0 | 0 |
| 违约距离 | 3.237 9 | 3.235 5 |

通过压力测试和敏感性分析，可以看到东部上市企业对于利率变化带来的冲击具有很高的抵抗力，利率的变化不会带来无法抵御的大幅度风险的增加，从这一方面看，东部上市企业经济金融运行较为安全。

## 二、东部企业部门或有权益资产负债表编制分析

企业部门或有权益资产负债表的输入参数中，股权市值和权益市值波动率根据国信股票分析软件东部十省市的板块中的数据得到，股票价格采用前复权的方法后，每个企业（不包括金融企业）的股权市值可通过股票价格乘以现有股本数得到，加总处理后可得东部地区上市企业部门日股权市值，进一步计算即可得企业部门的年权益市值波动率；输入参数中的股权市值采用年末数据；企业部门的违约点通过短期债务加一半的长期债务获得。具体可得 1998—2008 年东部地区企业部门或有权益资产负债表的输入参数（见表 3.12）。

表 3.12　东部企业部门或有权益资产负债表输入参数

| 年份 | 权益市值（亿元） | 违约点（亿元） | 权益市值波动率 | 无风险利率 |
|---|---|---|---|---|
| 2001 | 136 087.51 | 60 078.99 | 23.61% | 2.25% |
| 2002 | 104 203.90 | 66 879.99 | 27.79% | 2.02% |
| 2003 | 125 938.30 | 78 519.87 | 19.85% | 1.98% |
| 2004 | 127 622.77 | 97 490.66 | 23.06% | 2.03% |
| 2005 | 125 014.73 | 116 373.56 | 24.59% | 2.25% |
| 2006 | 286 653.77 | 137 430.56 | 23.42% | 2.35% |
| 2007 | 777 382.82 | 164 536.06 | 38.00% | 3.26% |
| 2008 | 289 003.43 | 203 595.26 | 47.14% | 3.92% |

数据来源：中国人民银行统计数据，金融界上市公司数据，以及国信证券上市公司数据。

### （一）或有权益资产负债表分析

根据上表或有权益资产负债表编制范式和输入参数，通过 matlab 编程计算，即得到东部地区上市企业部门或有权益资产负债表，如表 3.13。

表 3.13　东部企业部门或有权益资产负债表　　单位：亿元

| 年份 | 资产市值 | 债务市值 | 权益市值 | 年份 | 资产市值 | 债务市值 | 权益市值 |
|---|---|---|---|---|---|---|---|
| 2001 | 194 843.99 | 58 756.48 | 136 087.51 | 2005 | 238 809.90 | 113 795.17 | 125 014.73 |
| 2002 | 169 748.32 | 65 544.42 | 104 203.90 | 2006 | 420 879.74 | 134 225.97 | 286 653.77 |
| 2003 | 202 917.60 | 76 979.30 | 125 938.30 | 2007 | 936 552.17 | 159 169.35 | 777 382.82 |
| 2004 | 223 148.82 | 95 526.05 | 127 622.77 | 2008 | 485 163.79 | 196 160.36 | 289 003.43 |

如图 3.27 东部地区企业部门资产市值在 2001—2005 年间无显著趋势变化，2001 年资产市值为 194 843.99 亿元，2002 年或有资产市值和权益市值下降，2003—2005 年负债市值持续上升，权益市值持续下降，资产市值总体变化不大。2006 年资产市值和权益市值大幅升水，2007 年增长更为快速，分别较 2006 年增加 1.2 倍和 1.7 倍。2008 年国内资本市场受到国际金融危机严重影响，股指大幅下跌，企业部门权益市值和资产市值缩水率达到 48.19% 和 62.82%，市场公允价值下降，企业部门风险陡然增加，但相对上市企业群体，企业部门在股指上涨或下跌过程中资产市值变化略缓，受资本市场的影响小一些。

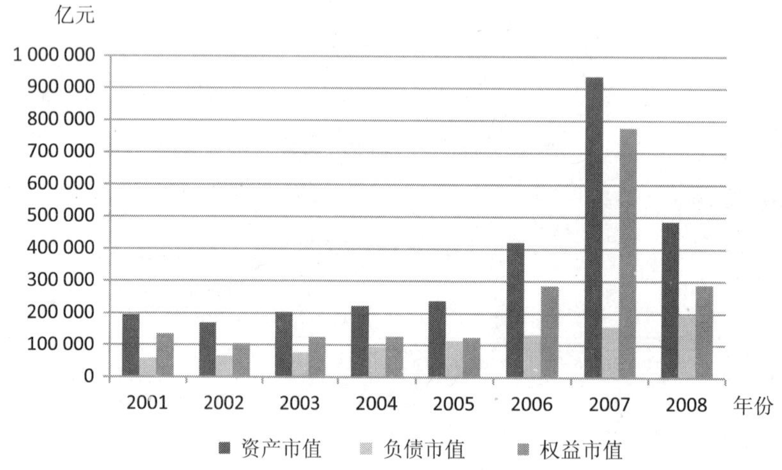


图 3.27　东部企业部门或有权益资产负债表资本结构

根据图 3.28，从东部地区企业部门的账面价值和资产市值在 2001—2008 年的走势看，东部地区企业部门资产账面 2001—2008 年平稳增加，资产市值在 2001—2007 年间先降后升，2001—2006 年资产市值和资产账面价值差距不大，说明这段时间东部地区企业部

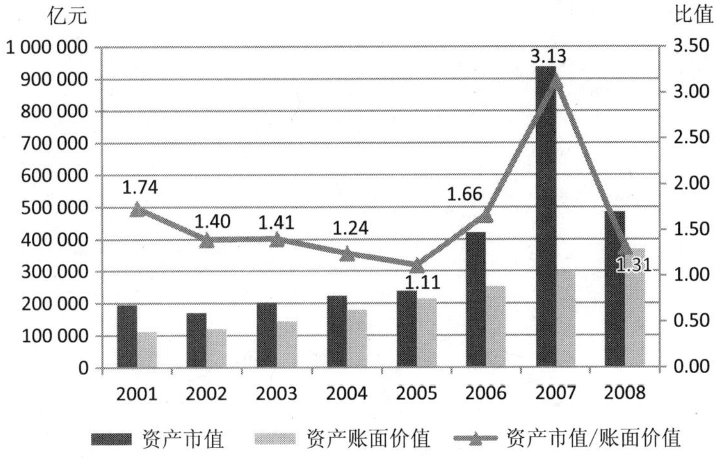


图 3.28 东部企业部门资产账面价值与市值

门的市值评价是理性的。2007 年由于股市大涨从而使资产市值达到一个新的高度，2008 年随股市回落而回落。

如图 3.29，东部地区企业部门负债市值小于负债账面价值。与资产市场价值以及账面价值的差额相比，负债市值与负债账面价值的差额很小，说明资产市值的增长主要是因为权益市值的增长。东部地区企业部门负债市值随着负债账面价值上升而上升，看跌期权的价值较小，违约风险较小。

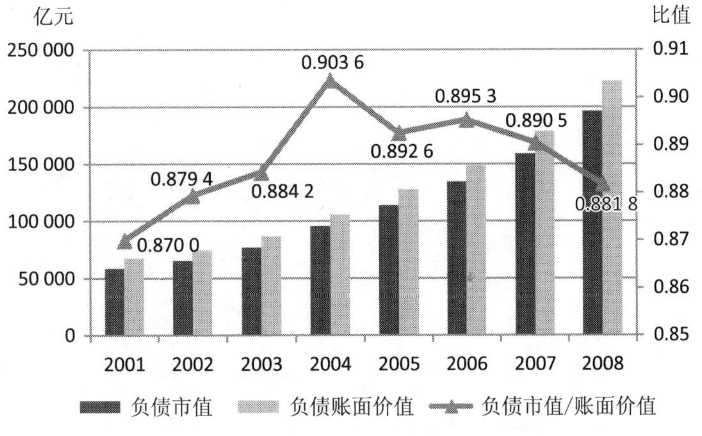


图 3.29 东部企业部门负债账面价值与市值

与企业部门账面价值的资产负债率相比，或有资产负债率波动性更大，随市场变化更为显著。如图 3.30，2001—2008 年间，企业部门账面价值资产负债率呈缓慢上升趋势，而或有资产负债率整体较低，但变化幅度更大，2001 年为 30.16%，2002 年上升至

图 3.30　东部企业或有资产负债率和账面资产负债率

38.61%，2005 年上升至 47.65%，2006—2007 年连续两年下跌，2008 年增加 40.43 个百分点。整体趋势与上市企业的或有资产负债率一致，但总体高于上市企业 3~5 个百分点，无论上市企业还是企业部门整体，在 2008 年所体现出来的风险均较上一年急剧上升，国内企业部门的市场价值受金融危机的影响甚为严重。

通过比较企业部门资产市值和违约点，如图 3.31，企业部门违约点整体变化较为平稳，截至 2008 年末，由四大行业数据组成企业部门违约点达到 203 595 亿元，为上市企业两倍多；而资产市值变化幅度较大，资产市值与违约点的比值波动范围也较大，其中 2007 年资产市值与违约点的比值最大，为 5.69 倍，而 2005 年资产市值仅为违约点的 2.05 倍，与 2008 年的 2.38 倍相比，2005 年企业部门的风险更大。而上市企业这一比值在 2008 年较 2005 年更低，受金融危机影响显然更深，进一步说明资本市场的发展拓宽了企业的融资渠道，但也表明随着经济全球化的发展，国际或国内的金融风险通过资本市场更能影响到企业的发展。

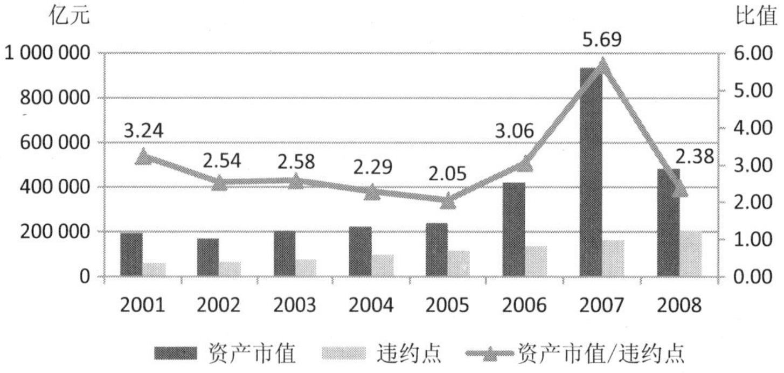


图 3.31　东部企业资产市值和违约点比较

### （二）风险表分析

表 3.14 是东部企业部门风险表。

**表 3.14　东部企业部门风险表**

| 年份 | 资产市值波动率 | 违约概率 | 违约距离 | 年份 | 资产市值波动率 | 违约概率 | 违约距离 |
|---|---|---|---|---|---|---|---|
| 2001 | 16.49% | 0 | 4.194 2 | 2005 | 12.87% | 0 | 3.982 7 |
| 2002 | 17.06% | 0 | 3.552 3 | 2006 | 15.95% | 0 | 4.222 2 |
| 2003 | 12.32% | 0 | 4.976 2 | 2007 | 31.54% | 0 | 2.613 5 |
| 2004 | 13.19% | 0 | 4.269 8 | 2008 | 28.11% | 0.100 7% | 2.064 7 |

从企业部门资产市值波动率趋势图看，上市企业部门的波动率没有明显的趋势，在 12%~17% 之间振荡，而违约距离亦未出现明显的变化趋势，在 4.5~7 之间波动，见图 3.32 和图 3.33。

从 2001—2008 年 8 年的趋势来看，整个东部的企业的经济情况是比较稳定的，尽管相对金融部门来讲企业部门的资产市值波动率更高，但资产市值波动率和违约距离都在不

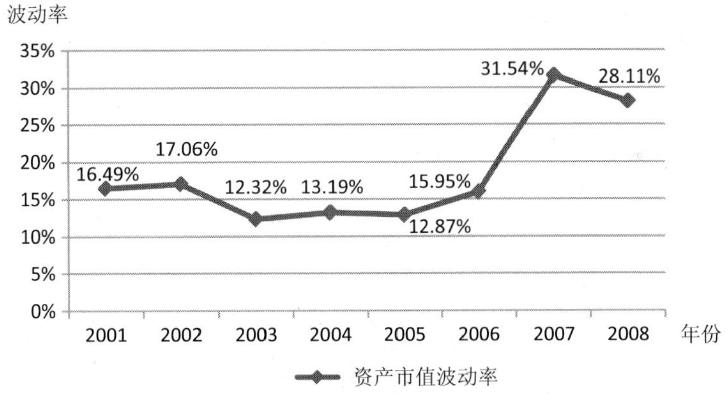


图 3.32　东部企业部门资产市值波动率

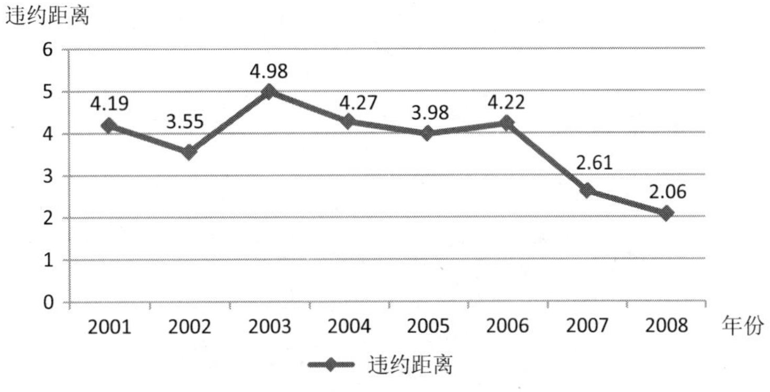


图 3.33　东部企业部门违约距离

大的幅度内波动，违约概率和信用溢价近似为 0，可见，东部企业部门的违约风险是很小的。

### （三）压力测试和敏感性分析

对于企业部门的压力测试和敏感度分析同样基于企业部门在 2008 年的现实利率及或有权益资产负债表和各风险指标，从违约距离看，利率调高时违约距离变大，利率调低时违约距离变小，但是变动的幅度很小。当利率上调至 10% 或下调至 1% 时，企业部门的资产市值、负债市值、违约距离和违约概率的变化更为不显著，而违约概率和信用溢价几乎没有变化，依然可近似等于 0，如表 3.15。

表 3.15　东部企业部门利率压力测试

| 风险指标 | 情景 1（实际利率 3.92%） | 情景 2（利率下调至 1%） | 情景 3（利率上调至 10%） |
|---|---|---|---|
| 资产市场价值（亿元） | 485 163.79 | 491 305.10 | 473 603.67 |
| 资产市值波动率 | 28.11% | 27.77% | 28.79% |
| 违约概率 | 0.100 7% | 0.100 7% | 0.085 7% |
| 违约距离 | 2.064 7 | 2.109 0 | 1.980 2 |
| 信用溢价 | 0.001 941 | 0.002 066 | 0.001 652 |

同样，表 3.16 敏感性分析的结果表明上市企业部门随利率的变动引致各指标的变化很小，违约概率和信用溢价的变化亦难以观察到。可见企业部门对利率的变化很不敏感，比金融部门更能抵抗利率变化冲击带来的压力。

表 3.16　东部企业部门利率敏感性分析

| 风险指标 | 情景 1（实际利率 3.92%） | 情景 2（利率上调至 4.19%） |
|---|---|---|
| 资产市值（亿元） | 485 163.79 | 484 658.03 |
| 资产市值波动率 | 28.11% | 28.14% |
| 违约概率 | 0.100 7% | 0.099 9% |
| 违约距离 | 2.064 7 | 2.061 0 |
| 信用溢价 | 0.001 941 | 0.001 926 |

## 三、小结

东部地区上市企业部门和企业部门的资产市值和权益市值规模均呈现上升趋势。通过或有权益资产负债表分析表明上市企业部门风险较高，其中，或有资产负债率处于上升趋势，直到 2007 年有所下降。但总体较账面价值资产负债率低，而权益市值因受证券市场影响在 2002—2005 年间持续下降，2006 年、2007 年骤然上升，相应 2006 年上市企业部门存在的资本结构错配风险和清偿力风险较 2005 年有小幅改善；同时，分析显示企业部门或有资产负债率在2005—2007年间持续下降，其2007年的实际资本结构错配风险也是显著高于账面价值错配风险的，2008年出现向上趋势，由或有权益资产负债表所反映的企业部门风险并非呈逐步改善的趋势。

从风险指标测度的结果看，2001—2008年间上市企业部门和企业部门变化趋势相似，2007年资产市值波动率最大。而企业部门违约距离较上市企业部门大，面临违约风险小。同时，采用2008年现实数据进行压力测试和敏感性分析，结果表明东部地区上市企业部门和企业部门对利率变动风险抵抗力较强，利率微调对部门的或有权益资产负债表的影响基本可以忽略，受到影响的风险指标有违约概率、信用溢价或违约距离，两部门对利率变化的敏感性很小。

## 第4节　东部宏观金融风险结构分析



在前面的三节中，用资产负债表法、或有权益法和风险指标法分析了东部金融部门和企业部门的整体金融风险情况，然而仅仅对东部整体的金融风险进行考察是不够的。正如绪论中所提到的，由于我国客观存在地区间经济发展水平、财政和金融资源发展不均衡等问题，即使在经济发展水平整体较高的东部的不同地区，金融风险也存在明显的差异。这一节按照不同的划分标准对东部地区的内部风险差异进行比较分析。

### 一、基于资产负债表框架的东部省份宏观金融风险比较分析

#### （一）东部各省份金融部门比较分析

东部地区经济的发达带动了金融部门的快速发展，总体来说，金融部门发达程度远高于全国平均水平，但东部地区内不同省市还是存在着很大的差异。首先，就各省市金融部门资产在东部总资产的份额来讲，2004年，广东位于首位，资产占有份额为18.81%，其次为北京（14.97%）、上海（12.81%）、浙江（9.87%），占有份额最少的省份是海南，只有0.58%，如图3.34。经过4年的发展，广东资产份额尽管下降到了18.00%，但仍位于首位，其次是北京（15.84%）、上海（13.74%）、江苏（11.40%），占比最低依然为海南（0.73%），如图3.35。金融部门资产的份额可以说明该地区金融发达程度，由上述分析可见，金融的发达程度显然与一个地区经济发达程度紧密相关，经济发展越快，对金融要求越高，地区金融部门发展就越快。

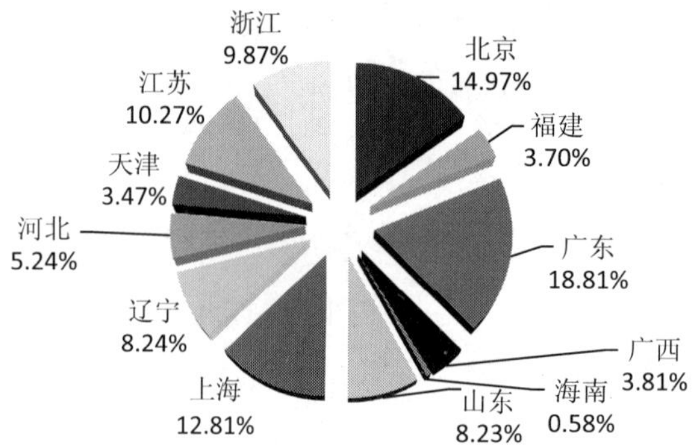


图 3.34　2004 年东部各省份金融部门资产份额

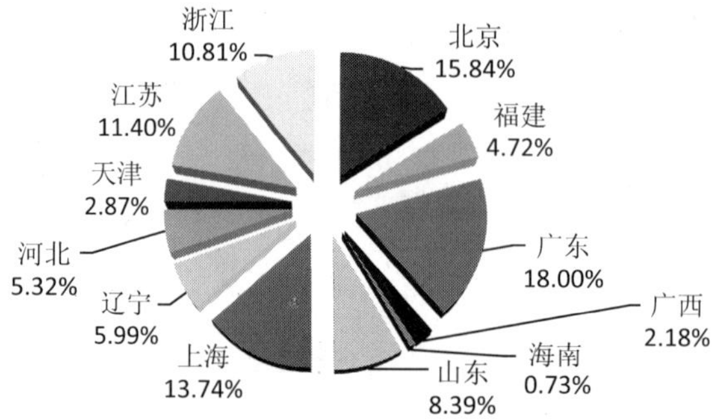


图 3.35　2008 年东部各省份金融部门资产份额

从表 3.17 可以看出，浙江、福建、山东和天津的存贷比例都超过了 75%，可见这几个省的存贷比例过高，一旦发生风险，将会无法应对日常现金支取和日常结算的需要；而北京、上海、广东、海南、辽宁和河北的存贷比例比较合适，都没有超过 75%。

**表 3.17　东部各省份金融部门存贷比**

| 年份 | 2003 | 2004 | 2005 | 2006 | 2007 | 2008 |
|---|---|---|---|---|---|---|
| 北京 | 58.82% | 57.09% | 52.94% | 53.65% | 52.68% | 52.32% |
| 上海 | 76.04% | 74.88% | 72.03% | 70.32% | 71.61% | 67.90% |
| 广东 | 65.68% | 66.03% | 61.02% | 59.95% | 62.54% | 60.29% |
| 江苏 | 75.22% | 75.05% | 71.35% | 72.54% | 74.24% | 71.15% |
| 浙江 | 82.08% | 83.91% | 81.08% | 83.01% | 85.91% | 83.59% |
| 福建 | 71.05% | 73.56% | 70.73% | 73.26% | 82.17% | 81.27% |
| 广西 | 72.51% | 74.50% | 72.84% | 72.31% | 74.66% | 72.23% |
| 海南 | 83.27% | 79.41% | 76.50% | 71.99% | 65.56% | 58.85% |
| 山东 | 86.93% | 81.98% | 79.38% | 81.08% | 81.55% | 76.67% |
| 辽宁 | 81.31% | 75.95% | 66.63% | 67.05% | 68.65% | 65.76% |
| 河北 | 71.28% | 66.41% | 59.52% | 59.01% | 58.63% | 53.27% |
| 天津 | 86.83% | 80.68% | 77.54% | 79.19% | 79.39% | 77.24% |

如表 3.18，受人民币升值预期的影响，东部各省份本币存款的比重呈上升趋势，外币存款率不断下降；受经济外向程度的影响，外币存款率存在明显的梯度差异，北京货币错配风险逐年上升，外币存款 / 外币贷款的比值从 2003 年的 2.96 下降到 2008 年的 0.62，上海 2004 年至 2006 年保持在 0.8 左右，而 2007 年大幅下降至 0.59，2008 年有所上升但仍然只有 0.66；广东对外币需求比较大，该指标从 2003 年的 1.39 下降至 2008 年的 0.65，而长三角的江苏和浙江的货币错配风险相比其他三省小一些，2008 年该指标值分别为 1.14 和 0.98。

**表 3.18　东部各省份外币存款 / 外币贷款**

| 年份 | 2003 | 2004 | 2005 | 2006 | 2007 | 2008 |
|---|---|---|---|---|---|---|
| 北京 | 2.96 | 2.21 | 1.46 | 0.99 | 1.14 | 0.62 |
| 上海 | 1.04 | 0.88 | 0.80 | 0.77 | 0.59 | 0.66 |
| 广东 | 1.39 | 1.04 | 0.93 | 0.91 | 0.62 | 0.65 |
| 江苏 | 1.08 | 1.02 | 0.93 | 0.96 | 0.76 | 1.14 |
| 浙江 | 1.62 | 0.98 | 1.11 | 0.99 | 0.66 | 0.98 |

同时，与资本市场活跃、通货膨胀预期上升相适应，东部多数省份居民存款和企业存款呈活期化趋势，资金的运用却呈现出长期化趋势，短期贷款率下降，由此产生的期限错配问题是存在区域内差异的。其中，北京、广西和海南的中长期贷款占比近年来都比较高，上海、浙江和山东的中长期贷款占比近年来都比较低，如表 3.19。

**表 3.19　东部各省份中长期贷款占贷款总额的比例**

| 年份 | 2003 | 2004 | 2005 | 2006 | 2007 | 2008 |
|---|---|---|---|---|---|---|
| 北京 | 52.62% | 55.29% | 56.29% | 61.46% | 61.51% | 63.83% |
| 上海 | 34.64% | 40.45% | 45.48% | 48.18% | 46.78% | 47.41% |
| 广东 | 42.45% | 44.97% | 49.16% | 54.16% | 57.56% | 59.27% |
| 江苏 | 31.29% | 36.55% | 36.50% | 39.80% | 42.74% | 44.09% |
| 浙江 | 34.95% | 37.48% | 37.03% | 36.28% | 36.00% | 36.22% |
| 福建 | 41.15% | 42.76% | 45.76% | 49.06% | 52.62% | 53.52% |
| 广西 | 50.26% | 57.05% | 59.22% | 62.79% | 65.52% | 66.71% |
| 海南 | 58.02% | 65.37% | 68.76% | 73.44% | 73.79% | 70.23% |
| 山东 | 30.26% | 33.29% | 34.03% | 34.87% | 37.38% | 39.25% |
| 辽宁 | 33.40% | 38.46% | 43.16% | 45.50% | 49.45% | 50.14% |
| 河北 | 34.22% | 36.03% | 38.55% | 40.82% | 46.01% | 49.47% |
| 天津 | 41.58% | 44.62% | 47.76% | 51.72% | 54.41% | 56.93% |

这主要是由于东部各省份金融发展不平衡，部分省市可持续发展能力、经济开放度、人民生活及保障水平偏低：一方面，法制环境差，社会成员法律意识不强，地方性法规

创制滞后；另一方面，地方政府行为理念错位，政府“点菜”、银行“埋单”等行政干预金融的问题时有发生；另外，中介机构不健全，银企关系欠融洽，不良贷款比例大，金融债权保护不力；最后，金融服务的软硬条件差，金融生态环境及金融系统不健全，省市间、金融部门间、部门与企业间、部门与政府间金融交易结算系统相互割裂。这些情况综合造成了这种“短存长贷”的局面，在经济繁荣期，这种负面影响会被掩饰起来，而一旦经济陷入周期性低谷，则会放大银行经营失败的风险。

**（二）东部各省份企业部门比较分析**

由于资源禀赋和发展基础的不同，东部各省份企业部门的发展有着较大的差异。根据各省企业部门的资产负债表，首先从各省份在东部资产总额中的份额看，在1998年，广东省资产份额最高，为17.94%，其次，江苏省为13.11%，上海为11.60%，山东为11.48%；海南企业资产份额最低，只有0.57%，其次广西为2.45%，远远低于平均占比份额。经过11年的发展，到2008年，江苏居于首位，占16.22%，广东在东部地区企业资产占比降低为15.48%，退居第二，其次为山东12.82%，浙江为12.57%，海南企业资产份额依然最低并进一步下降至0.43%。浙江从1998年的第6位提高到第4位，这与浙江省近年来企业的快速发展有着必然联系，如图3.36。

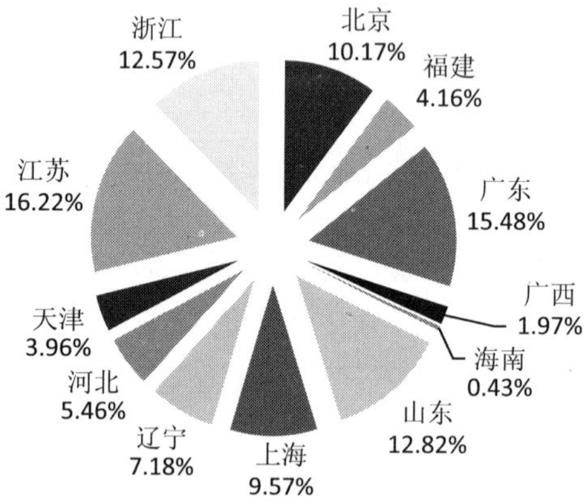


图3.36　2008年东部各省份资产份额

从企业部门资产负债率看，大部分省份处于50%~70%之间，较为稳定。北京、天津、河北、辽宁、上海、浙江1998年来处于均衡的水平，未呈现出某一特定的变化趋势，山东、广东、广西的企业部门的资产负债率整体为下降，即清偿力在不断提高，如表3.20。

**表3.20　东部各省份企业部门资产负债率**

| 年份 | 1998 | 1999 | 2000 | 2001 | 2002 | 2003 | 2004 | 2005 | 2006 | 2007 | 2008 |
|---|---|---|---|---|---|---|---|---|---|---|---|
| 北京 | 59.82% | 68.10% | 64.38% | 61.87% | 62.44% | 66.23% | 47.68% | 50.37% | 52.23% | 53.56% | 57.82% |
| 福建 | 57.98% | 60.79% | 60.37% | 58.90% | 57.88% | 56.50% | 51.93% | 54.89% | 55.58% | 57.36% | 55.57% |
| 广东 | 65.48% | 62.62% | 61.29% | 59.82% | 59.15% | 59.49% | 60.76% | 60.35% | 59.12% | 59.34% | 60.06% |
| 广西 | 70.17% | 69.79% | 67.96% | 61.93% | 64.31% | 64.93% | 64.47% | 62.06% | 61.72% | 62.62% | 64.47% |
| 海南 | 73.77% | 71.28% | 68.08% | 62.11% | 54.94% | 54.76% | 54.79% | 56.60% | 60.74% | 56.01% | 56.85% |
| 山东 | 66.99% | 66.42% | 65.68% | 63.21% | 62.33% | 61.63% | 60.74% | 60.40% | 59.80% | 58.21% | 57.16% |
| 上海 | 58.14% | 57.11% | 54.32% | 51.07% | 53.85% | 54.15% | 55.40% | 56.09% | 55.89% | 57.79% | 59.41% |

续表

| 年份 | 1998 | 1999 | 2000 | 2001 | 2002 | 2003 | 2004 | 2005 | 2006 | 2007 | 2008 |
|---|---|---|---|---|---|---|---|---|---|---|---|
| 辽宁 | 67.65% | 62.76% | 63.41% | 61.47% | 61.79% | 61.42% | 61.45% | 60.74% | 59.40% | 60.54% | 60.37% |
| 河北 | 65.24% | 63.10% | 63.93% | 64.69% | 63.47% | 62.62% | 63.25% | 62.24% | 61.93% | 60.39% | 62.15% |
| 天津 | 69.36% | 67.19% | 65.96% | 64.02% | 62.97% | 63.24% | 61.67% | 63.68% | 62.98% | 65.44% | 64.89% |
| 江苏 | — | 64.94% | 64.43% | 62.54% | 67.87% | 63.51% | 63.85% | 62.96% | 61.80% | 76.68% | 60.65% |
| 浙江 | 65.82% | 59.73% | 60.01% | 57.92% | 58.10% | 59.86% | 60.99% | 61.38% | 60.76% | 61.67% | 63.83% |

数据来源：根据东部各省编制的企业部门资产负债表计算得出。

从东部地区企业部门流动比率看，北京、福建和上海企业部门流动比率最高，且总体处于上升趋势，短期偿债能力强，期限错配风险很小；天津、江苏和浙江省企业部门期限错配程度与东部总体基本保持一致；广西和河北期限错配问题最为严重，流动资产长期小于流动负债，由此反映出的期限错配问题较其他省份更为突出，如表 3.21。

**表 3.21　东部各省份企业部门流动比率**

| 年份 | 1998 | 1999 | 2000 | 2001 | 2002 | 2003 | 2004 | 2005 | 2006 | 2007 | 2008 |
|---|---|---|---|---|---|---|---|---|---|---|---|
| 北京 | 1.31 | 1.09 | 1.12 | 1.14 | 1.18 | 1.19 | 1.15 | 1.12 | 1.10 | 1.09 | 1.24 |
| 福建 | 1.07 | 1.05 | 1,08 | 1.12 | 1.17 | 1.17 | 1.30 | 1.21 | 1.20 | 1.39 | 1.22 |
| 广东 | 0.99 | 1.03 | 1.05 | 1.09 | 1.11 | 1.14 | 1.05 | 1.14 | 1.16 | 1.18 | 1.16 |
| 广西 | 0.85 | 0.80 | 0.88 | 0.90 | 0.91 | 0.93 | 0.97 | 0.97 | 1.01 | 1.14 | 0.96 |
| 海南 | 0.89 | 0.87 | 0.99 | 1.01 | 1.20 | 1.23 | 1.04 | 1.22 | 1.23 | 1.20 | 1.15 |
| 山东 | 0.94 | 0.94 | 0.97 | 0.99 | 0.99 | 0.99 | 0.78 | 0.91 | 1.01 | 1.06 | 1.07 |
| 上海 | 1.08 | 1.10 | 1.16 | 1.20 | 1.22 | 1.23 | 1.22 | 1.22 | 1.23 | 1.20 | 1.22 |
| 辽宁 | 0.91 | 0.95 | 0.97 | 0.97 | 0.96 | 0.99 | 0.98 | 1.02 | 1.07 | 1.04 | 1.04 |
| 河北 | 0.94 | 0.95 | 0.94 | 0.94 | 0.94 | 0.96 | 0.94 | 0.95 | 0.94 | 1.01 | 0.94 |
| 天津 | 0.94 | 0.95 | 0.95 | 0.95 | 0.93 | 0.96 | 0.99 | 0.96 | 0.95 | 0.91 | 1.05 |
| 江苏 | — | 1.00 | 1.04 | 1.04 | 1.05 | 1.02 | 0.99 | 1.04 | 1.05 | 1.06 | 1.08 |
| 浙江 | 1.04 | 1.06 | 1.10 | 1.12 | 1.14 | 1.16 | 1.10 | 1.20 | 1.09 | 1.07 | 1.08 |

数据来源：根据东部各省编制的企业部门资产负债表计算得出。

## 二、基于或有权益分析方法的东部省份宏观金融风险比较分析

### （一）东部各省上市企业部门或有权益比较分析

东部省份上市企业部门的资产市值波动率普遍比中西部要高，尤其是沿海省份。在 2006 年，由于市场环境的变化，交易的活跃，东部所有省份资产市值波动率上升到 30% 以上。收益波动率的增加加大了东部上市企业部门的风险，见表 3.22。

表 3.22 东部各省上市企业部门资产市值波动率

| 年份 | 2001 | 2002 | 2003 | 2004 | 2005 | 2006 | 2007 | 2008 | 2009Q3 |
|---|---|---|---|---|---|---|---|---|---|
| 北京 | 17.29% | 17.40% | 17.38% | 16.14% | 15.67% | 20.49% | 39.06% | 32.72% | 20.35% |
| 福建 | 18.48% | 21.16% | 12.19% | 14.13% | 13.49% | 17.46% | 31.56% | 37.10% | 31.01% |
| 广东 | 24.35% | 28.31% | 18.16% | 19.47% | 20.46% | 20.51% | 34.06% | 42.00% | 32.88% |
| 广西 | 22.43% | 23.60% | 13.81% | 14.41% | 13.81% | 20.53% | 36.94% | 32.50% | 27.28% |
| 海南 | 18.72% | 21.72% | 14.35% | 15.41% | 13.32% | 17.04% | 34.82% | 29.48% | 26.10% |
| 山东 | 19.88% | 21.68% | 14.52% | 14.67% | 14.30% | 17.61% | 33.33% | 31.89% | 25.84% |
| 上海 | 19.46% | 19.34% | 15.18% | 15.64% | 14.10% | 16.76% | 32.91% | 30.27% | 20.22% |
| 辽宁 | 15.75% | 17.57% | 12.47% | 14.57% | 13.25% | 16.43% | 34.33% | 30.34% | 20.14% |
| 河北 | 19.43% | 19.87% | 10.93% | 11.64% | 11.28% | 13.87% | 34.40% | 27.06% | 23.21% |
| 天津 | 18.91% | 20.80% | 13.18% | 13.50% | 15.24% | 24.04% | 39.82% | 38.26% | 26.72% |
| 江苏 | 19.23% | 19.03% | 12.87% | 13.94% | 14.76% | 18.28% | 31.03% | 33.66% | 26.83% |
| 浙江 | 19.97% | 20.08% | 12.45% | 16.24% | 15.64% | 18.65% | 34.98% | 38.82% | 26.86% |

如表 3.23，从 2003 年以来，东部整体的违约状况逐渐变坏。2005 年各省份的违约距离都下降至历年最低点，从数据上还可以显示虽然 2007 年股市行情大好，但是各省份违约距离却大幅度下降，违约风险大幅增加，2008 年违约距离继续下降，而且比 2005 年股市行情低点时还要小，可以显示金融危机的爆发对实体经济影响深远，而 2005 年虽然股市低迷，但是对实体经济影响不大。

表 3.23 东部各省上市企业部门违约距离比较

| 年份 | 2001 | 2002 | 2003 | 2004 | 2005 | 2006 | 2007 | 2008 | 2009Q3 |
|---|---|---|---|---|---|---|---|---|---|
| 北京 | 3.82 | 3.46 | 3.96 | 3.80 | 3.61 | 3.51 | 2.33 | 2.17 | 3.49 |
| 福建 | 4.10 | 3.36 | 5.11 | 4.23 | 3.96 | 3.86 | 2.50 | 1.81 | 2.52 |
| 广东 | 3.93 | 3.25 | 4.97 | 3.91 | 3.51 | 3.98 | 2.68 | 1.94 | 2.80 |
| 广西 | 3.79 | 3.34 | 5.09 | 4.16 | 3.59 | 3.27 | 2.19 | 1.72 | 2.76 |
| 海南 | 4.20 | 3.35 | 4.52 | 3.73 | 3.55 | 3.68 | 2.32 | 1.77 | 2.68 |
| 山东 | 4.11 | 3.47 | 5.14 | 4.45 | 3.84 | 3.87 | 2.52 | 1.97 | 3.01 |
| 上海 | 3.99 | 3.51 | 4.65 | 4.20 | 4.10 | 4.21 | 2.56 | 1.88 | 3.35 |
| 辽宁 | 4.79 | 3.84 | 5.38 | 4.18 | 4.26 | 3.97 | 2.38 | 1.83 | 3.10 |
| 河北 | 3.63 | 3.12 | 5.01 | 3.88 | 3.36 | 3.43 | 2.25 | 1.91 | 2.76 |
| 天津 | 4.27 | 3.53 | 5.30 | 4.65 | 3.95 | 3.14 | 2.27 | 1.78 | 2.76 |
| 江苏 | 4.34 | 4.08 | 5.34 | 4.24 | 3.73 | 3.81 | 2.70 | 1.98 | 3.01 |
| 浙江 | 4.30 | 3.95 | 5.90 | 4.20 | 3.81 | 3.76 | 2.46 | 1.88 | 3.04 |

### （二）东部各省份企业部门或有权益比较分析

从东部各省份资产市值波动率可以看出，沿海省份广东、江苏、浙江波动率高于其他省份，其中广东的波动率最高，而同样作为一线城市的北京和上海波动率要小一些，可见北京和上海的上市公司受金融危机影响要小于以民营企业为主的广东、江苏和浙江。从整体看，东部各省波动率都是从2006年开始上升，在2006年之前比较稳定，见表3.24。

**表3.24　东部各省企业部门资产市值波动率**

| 年份 | 2001 | 2002 | 2003 | 2004 | 2005 | 2006 | 2007 | 2008 |
|---|---|---|---|---|---|---|---|---|
| 北京 | 14.16% | 13.62% | 13.20% | 16.57% | 15.97% | 20.53% | 37.39% | 28.84% |
| 福建 | 16.83% | 19.41% | 11.66% | 14.53% | 13.70% | 18.11% | 32.34% | 36.42% |
| 广东 | 22.80% | 25.75% | 15.96% | 18.30% | 20.25% | 20.12% | 33.81% | 41.63% |
| 广西 | 18.38% | 17.79% | 10.49% | 11.58% | 12.34% | 18.80% | 35.22% | 29.57% |
| 海南 | 18.46% | 22.93% | 16.43% | 18.27% | 17.19% | 18.13% | 36.24% | 33.83% |
| 山东 | 16.05% | 17.13% | 11.18% | 11.38% | 11.98% | 16.24% | 32.35% | 30.85% |
| 上海 | 18.99% | 18.36% | 13.98% | 13.77% | 12.24% | 15.53% | 31.03% | 27.30% |
| 辽宁 | 13.70% | 15.58% | 11.23% | 12.76% | 12.24% | 15.52% | 31.83% | 27.78% |
| 河北 | 14.84% | 15.13% | 9.05% | 9.74% | 10.24% | 13.95% | 34.70% | 27.71% |
| 天津 | 16.14% | 18.00% | 11.64% | 11.82% | 12.82% | 22.23% | 36.25% | 29.17% |
| 江苏 | 14.34% | 14.81% | 9.90% | 11.19% | 2.29% | 17.14% | 29.91% | 32.56% |
| 浙江 | 18.51% | 18.83% | 11.54% | 15.17% | 15.26% | 18.48% | 34.04% | 36.04% |

从东部各省违约距离可以看出，从2003年以来，东部整体的违约状况逐渐变坏。2005年各省的违约距离都下降至历年最低点，从数据上还可以显示2007年虽然股市行情大好，但是各省违约距离却大幅度下降，违约风险大幅增加，2008年违约距离继续下降，而且比2005年股市行情低点时还要小，可以显示金融危机的爆发对实体经济影响深远，而2005年虽然股市低迷，但是对实体经济影响不大，见表3.25。

**表3.25　东部各省企业部门违约距离比较**

| 年份 | 2001 | 2002 | 2003 | 2004 | 2005 | 2006 | 2007 | 2008 |
|---|---|---|---|---|---|---|---|---|
| 北京 | 3.79 | 3.43 | 3.92 | 3.80 | 3.62 | 3.51 | 2.32 | 2.15 |
| 福建 | 4.09 | 3.35 | 5.10 | 4.24 | 3.97 | 3.86 | 2.50 | 1.81 |
| 广东 | 3.92 | 3.25 | 4.95 | 3.91 | 3.51 | 3.98 | 2.68 | 1.94 |
| 广西 | 3.77 | 3.31 | 5.04 | 4.13 | 3.57 | 3.26 | 2.19 | 1.71 |
| 海南 | 4.20 | 3.35 | 4.54 | 3.75 | 3.59 | 3.68 | 2.32 | 1.78 |
| 山东 | 4.08 | 3.45 | 5.10 | 4.41 | 3.81 | 3.86 | 2.52 | 1.97 |
| 上海 | 3.98 | 3.51 | 4.64 | 4.18 | 4.07 | 4.20 | 2.56 | 1.87 |
| 辽宁 | 4.77 | 3.82 | 5.36 | 4.16 | 4.24 | 3.96 | 2.37 | 1.82 |
| 河北 | 3.60 | 3.09 | 4.97 | 3.85 | 3.34 | 3.44 | 2.25 | 1.91 |
| 天津 | 4.24 | 3.51 | 5.28 | 4.63 | 3.92 | 3.14 | 2.26 | 1.75 |
| 江苏 | 4.30 | 4.05 | 5.29 | 4.21 | 2.89 | 3.80 | 2.69 | 1.98 |
| 浙江 | 4.29 | 3.94 | 5.89 | 4.19 | 3.81 | 3.76 | 2.46 | 1.87 |

## 第5节　结论及政策建议

### 一、结论

本章共有5节内容。第1节对中国东部地区金融风险研究相关文献进行综述。第2节运用资产负债表方法对中国东部地区宏观金融风险进行实证研究。在对金融部门和企业部门资本结构进行初步判定的基础上，通过资本结构分析、期限错配分析、货币错配分析和清偿力风险分析等对部门风险状况进行进一步分析，以此通过各部门资产、负债、权益的关系揭示其风险状况。第3节运用或有权益分析法对中国东部地区宏观金融风险进行实证研究。选取风险指标（如资产市值波动率、违约距离、违约概率等）编制风险表对部门风险进行进一步测度，并利用2008年现实数据分别对两大部门进行利率压力测试和敏感性分析。第4节是对中国东部地区宏观金融风险的结构性分析。第5节是结论和政策建议。综合东部宏观金融风险实证分析的结果，提出维护东部地区经济安全与金融稳定行之有效的宏观金融风险防范政策建议。

基于资产负债表分析法对中国东部地区两个主要经济部门的宏观金融风险进行实证研究，分别编制金融部门和企业部门资产负债表，并根据所包含科目进行相关金融风险分析。金融部门涵盖中国东部地区银行业金融机构，通过2003—2008年五年数据分析表明东部地区资产负债状况得到了明显的改善，商业银行和企业上市比例上升，股权融资为银行和企业带来了双赢，贷款余额占总资产比例今年来逐渐下降，资产结构逐渐优化；中长期贷款占贷款余额的比例不断攀升，期限错配风险呈上升趋势；外币贷款持续增长，外币存款波动较大，外币存贷比在2007年和2008年快速增长，货币错配问题较为突出，总体来说东部地区金融部门面临的风险较高。

企业部门涵盖中国东部地区12个省份的工业企业、餐饮业、批发零售业以及建筑业几个产业部门，编制1998—2008年企业部门资产负债表。东部企业部门1998—2008年间流动资产总额都超过了其流动负债总额，两者差额呈现逐渐扩大的趋势，企业部门的财务状况逐年在向好的方面发展，但由于长期资产和短期负债的主导地位使得期限错配问题不容忽视；随着资产负债率的下降，资本结构错配问题和清偿力问题逐步缓解，但因未从根本上扭转对债务融投资的依赖性，使得企业部门总体风险仍不可忽视。东部地区上市企业部门的流动比率近年来呈现下降趋势，期限错配风险加大；随着资产负债率的逐步上升，资本结构错配问题和清偿力问题值得密切关注。

从或有权益资产负债表看，基本与部门资产负债表账面价值的分析一致，上市金融部门的基于市值的资本结构逐步合理化，上市企业部门权益占比处于较高的水平。对于资产市值，上市金融部门的资产市值和账面价值相差不多，资产质量较高；而上市企业部门的资产缩水现象较为严重，很大部分的资产无法被市场认可，但由于其具有很高的权益占比，不大可能出现明显的清偿力风险。

东部地区上市企业部门和企业部门的资产市值和权益市值规模均呈现上升趋势。通过或有权益资产负债表分析表明上市企业部门风险较高，其中，或有资产负债率处于上升趋势，直到 2007 年有所下降。但总体较账面价值资产负债率低，而权益市值因受证券市场影响在 2002—2005 年间持续下降，2006 年、2007 年骤然上升，相应 2006 年上市企业部门存在的资本结构错配风险和清偿力风险较 2005 年有小幅改善；同时，分析显示企业部门或有资产负债率在 2005—2007 年间持续下降，其 2007 年的实际资本结构错配风险也是显著高于账面价值错配风险的，2008 年出现向上趋势，由或有权益资产负债表所反映的企业部门风险并非呈逐步改善的趋势。

从风险指标测度的结果看，2001—2008 年间上市企业部门和企业部门变化趋势相似，2007 年资产市值波动率最大。而企业部门违约距离较上市企业部门大，面临违约风险小。同时，采用 2008 年现实数据进行压力测试和敏感性分析，结果表明东部地区上市企业部门和企业部门对利率变动风险抵抗力较强，利率微调对部门的或有权益资产负债表的影响基本可以忽略，受到影响的风险指标有违约概率、信用溢价或违约距离，两部门对利率变化的敏感性很小。

东部地区各省从金融发展状况可以分为几类，北京、上海为我国大多数金融机构的总部所在地和金融中心，广东、浙江、江苏经济发展程度高，是我国的金融大省，而其他省市如广西、海南、山东、辽宁等则相对落后一些。东部地区大部分省份金融部门的存贷比近年来都有所下降，东部地区各省的中长期贷款占贷款余额的比例不断增长，期限错配风险有加剧趋势。东部地区企业部门中，广东省的资产份额居于首位，其次为江苏和上海，海南企业部门所占资产份额最低。东部地区各省上市企业部门违约距离比较，福建省的上市企业部门的违约距离最低，信用风险状况有待进一步改善。从 2003 年以来，东部整体的违约状况逐渐变坏。2005 年各省的违约距离都下降至历年最低点，从数据上还可以显示 2007 年虽然股市行情大好，但是各省违约距离却大幅度下降，违约风险大幅增加，2008年违约距离继续下降，而且比2005年股市行情低点时还要小，可以显示金融危机的爆发对实体经济影响深远，而2005年虽然股市低迷，但是对实体经济影响不大。

## 二、政策建议

首先，东部地区的发展需加速金融改革并完善市场体系。东部经济发展的特点是非国有经济发展迅速，对GDP的贡献超过了70%，但是非国有企业贷款难，而民间社会资金实力雄厚、地下金融发达。加速金融改革建立与东部经济相适应的金融体系，是经济发展和化解地下金融风险的迫切要求。发展民间金融机构，并将其纳入监管体系，既有利于防范地下金融活动带来的区域金融风险，也有利于中小企业的融资，缓解现有商业银行的信贷压力，转移部分风险。

其次，在东部建立金融安全区。建立金融安全区包括两个层面的内容，一是打破现有的以行政区划为主导的金融监管体系，建立不以行政区划为限制的、以产业和经济发展为导向的、具有同质性经济状态的金融监管区，并设立在中央银行统一货币政策下享有有限决策权的金融监管机构，在央行统一货币政策指导下，落实微调机制，保证统一货币政策的有效实施；二是建立与区域金融相适应的金融风险监控机制和风险处理系统，如在经济发达的长三角、珠三角设置较高级别的分支监管机构，建立针对某些金融活动特别活跃地区的专门的金融监管机构。由于这类机构具有同质性的特点，不仅有利于监管活动跨行政区的实施，也有利于兼顾不同地区的不同金融诉求，降低监管成本，提高监管效率，更有利于缩小区域金融差异。

第三，要进一步加强区域金融合作。随着越来越的区域性金融机构和企业跨区域的经营，同一货币政策和环境下的资本和货物自由流动决定了稳定区域金融安全必须加强区域之间的合作。区域金融合作包括两方面的内容：一是商业金融机构之间的相互授信，二是监管当局的监管合作。不管是哪种合作，两者的目标是一致的：防止金融风险，打击金融犯罪。一方面，区域金融风险具有爆发力强、传染快的特点。区域金融合作有利于建立跨区域的区域金融风险预防联动机制，在一地爆发危机时能及时地传达给另一地，在区域之间设置隔离带，防止危机的传播；另一方面，区域金融合作，有利于区域间的信息交流，减少信息的不对称，有利于机构之间共享成功的经验和吸取失败的教训。

第四，重视宏观金融风险的防范和管理。东部地区在经历近30年增长的同时积累了大量的风险，风险的累积通常导致宏观金融风险凸显并具有引发金融危机可能性，而风险的有效预防和控制要求结合理论研究对风险进行识别、量化，并采取必要的措施进行防范和管理。目前，国内外关于宏观金融风险的研究尚未形成体系，而20世纪90年代以来世界范围内金融危机的频繁发生，要求各国加强对宏观金融风险的防控。东部地区集合了全国最具经济活力和发展实力的长三角、珠三角和京津冀三大经济圈，其金融的平稳运行必然是建立在对宏观金融风险的有效管理上，最终确保经济的可持续发展和区域经济安全。

# 第 4 章　北京市宏观金融风险研究



北京市是我国政治、经济、文化中心，是我国四大商业银行的总部所在地，在全国乃至全球都有很高的战略地位。随着金融危机影响的深化，我国经济及金融发展面临诸多不确定因素，北京市经济状况直接影响中国经济的整体格局。本章将基于账面价值和市值的宏观资产负债表对北京市主要经济部门运行中潜在的风险进行识别和度量，并提出相关政策建议。

## 第 1 节　引言

改革开放以来，北京经济及金融继续保持了平稳较快的发展步伐，创建了较完善的经济环境、社会环境和城市环境，已初步具有服务主导型和总部经济的特征，目前面临进一步的产业升级和经济结构调整。北京市金融风险的研究与其宏观经济金融状况密切相关，以下介绍北京市经济金融运行概况，并对相关文献进行归纳总结。

### 一、北京市经济金融概况

**（一）北京市经济运行概况**

北京市大力发展以高新技术为核心的首都经济，2003 年起围绕“新北京、新奥运”的战略构想，以保持经济平稳较快增长、加快结构调整步伐、转变经济增长方式、推动和谐社会建设作为经济社会发展的主线，促进北京市经济发展的体制创新、结构调整、环境优化和首都经济的全面发展，如图 4.1，2001—2007 年北京市地区生产总值连续 7 年保持两位数增长。表 4.1 是 2001—2008 年北京市地区生产总值数据。

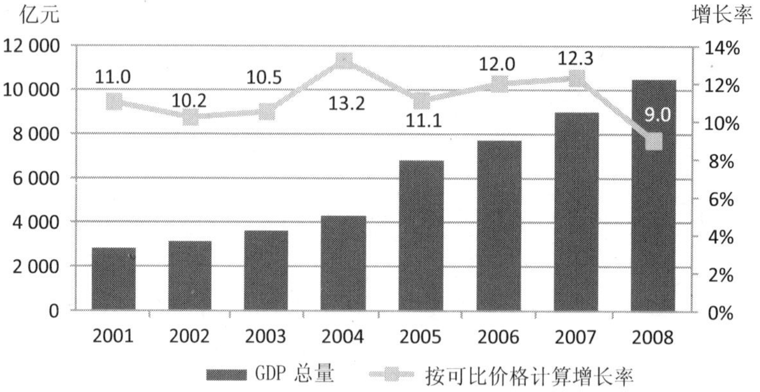


图 4.1 北京市地区生产总值（GDP）与增长率[①]

**表 4.1 2001—2008 年北京市地区生产总值（GDP）** 单位：亿元

| 年份 | 2001 | 2002 | 2003 | 2004 | 2005 | 2006 | 2007 | 2008 |
|---|---|---|---|---|---|---|---|---|
| GDP | 2 817.6 | 3 130.0 | 3 611.9 | 4 283.3 | 6 814.5 | 7 720.3 | 9 006.2 | 10 488.0 |

注：本表数据来源于 2001—2008 年北京市国民经济和社会发展统计公报。

2008 年受到国际金融危机的影响，北京市经济增长放缓，全年实现地区生产总值 10 488 亿元，比上年增长 9%，较上年回落 3.3 个百分点。其中，第一产业增加值达 112.8 亿元，增长 1.1%；第二产业增加值达 2 693.2 亿元，增长 2.4%；第三产业增加值达 7 682 亿元，增长 11.7%。随着信息传输、计算机服务和软件业、批发和零售业、租赁和商务服务业等第三产业发展的加快，三次产业的构成由 2007 年的 1.1∶26.8∶72.1 调整为 2008 年的 1.1∶25.7∶73.2，而在 2001 年时三次产业构成为 2.2∶30.8∶67.0，经济结构进一步优化。从表 4.2 可以看出，北京市现代服务业对 GDP 贡献达到了一半以上，而以工业为主的第二产业贡献只有 25.68%。各行业所面临的宏观金融风险各有不同，工业企业对原材料价格、国际贸易环境、金融环境等比较敏感，而现代服务业如以计算机服务和软件业为代表的高科技产业受市场需求和金融环境影响比较大。

从投资构成和投资效益看，北京市全社会固定资产构成中，国有经济成分偏高，投资来源市场化程度低，而且除商业辐射力外，北京在全国经济中的地位下降，开放度也

① 数据来源：2001—2008 年北京市国民经济和社会发展统计公报。

**表 4.2　2008 年北京市地区生产总值构成**

| 指标 | GDP（亿元） | 比上年增长 | 占 GDP 比重 |
|---|---|---|---|
| 地区生产总值 | 10 488.0 | 9.0% | 100.00% |
| 其中：高技术产业 | 759.5 | 9.5% | 7.24% |
| 其中：现代服务业 | 5 958.9 | 12.9% | 56.82% |
| 第一产业 | 112.8 | 1.1% | 1.08% |
| 第二产业 | 2 693.2 | 2.4% | 25.68% |
| 工业 | 2 198.5 | 2.2% | 20.96% |
| 建筑业 | 494.7 | 3.7% | 4.72% |
| 第三产业 | 7 682.0 | 11.7% | 73.25% |
| 其中：信息传输、计算机服务和软件业 | 976.7 | 16.8% | 9.31% |
| 其中：批发和零售业 | 1 060.9 | 15.6% | 10.12% |
| 其中：金融业 | 1 493.6 | 9.2% | 14.24% |
| 其中：房地产业 | 610.8 | −11.4% | 5.82% |

注：本表数据来源于《2008 年北京市国民经济和社会发展统计公报》。

低于全国先进水平。从经济总量看，北京市地区生产总值在全国的占比持续下降，而多数经济指标增长率也偏低。自 1985 年以来，北京市经济不稳定及高通胀问题比较明显，直接影响社会稳定和经济稳定。

**（二）北京市金融运行概况**

经过多年的发展，北京市金融体系日趋完善，金融业务向现代化、多样化方向发展，金融业发展环境进一步优化，为首都经济平稳较快发展提供了保障；同时，北京经济的较快增长，也为金融业发展不断注入新动力。金融机构贷款保持稳步增长，保险业稳定发展；企业融资日趋多元化，短期融资券、中期票据、企业债等债券型融资规模不断扩大，中小企业融资环境得到改善。从表 4.3 可以看出，金融业已成为北京市的重点产业之一，金融业的产值从 2004 年的 598.6 亿元增加到 2008 年的 1 493.6 亿元，增长了近 1.5 倍，并且金融产值对 GDP 的贡献率也在提高，2008 年北京市金融业对 GDP 的贡献率达到 14.24%，该比率已经超过上海同期水平。

**表 4.3　北京市历年金融业产值及占 GDP 比重**

| 年份 | 2004 | 2005 | 2006 | 2007 | 2008 |
|---|---|---|---|---|---|
| 金融产值（亿元） | 598.6 | 792.8 | 963.1 | 1 126.3 | 1 493.6 |
| GDP（亿元） | 4 283.3 | 6 814.5 | 7 720.3 | 9 006.2 | 10 488.0 |
| 占 GDP 比重 | 13.98% | 11.63% | 12.47% | 12.51% | 14.24% |

从表 4.4 可以看出，银行业总资产规模增长较快，2005 年时资产总额为 37 766 亿元，而在 2008 年达到了 61 649 亿元；银行机构个数变化不大，从 2005 年的 3 351 个增加到

2008 年的 3 478 个；外资银行机构个数增加较多，2008 年外资银行机构在北京有 153 个；外资银行的资产规模增长更快，从 2005 年的 711.1 亿元增加到 2008 年的 1 857 亿元。

**表 4.4　北京市历年银行机构个数和资产**

| 年份 | 2005 | 2006 | 2007 | 2008 |
|---|---|---|---|---|
| 机构数量（个） | 3 351 | 3 301 | 3 379 | 3 478 |
| 其中：外资银行（个） | 124 | 117 | 158 | 153 |
| 从业人数（人） | 60 970 | 69 197 | 77 621 | 80 921 |
| 资产总额（亿元） | 37 766 | 44 406 | 51 619 | 61 649 |
| 其中：外资银行（亿元） | 711.1 | 1 062 | 1 702 | 1 857 |

2008 年末全市金融机构本外币存款余额 43 980.7 亿元，比 2007 年增加 6 255.8 亿元，增加额比上年多 2 362.2 亿元；证券业受国内外环境影响较大，全年证券市场各类证券成交额 62 773.6 亿元，比上年下降 35.9%（上年较前年增长 4 倍）；保险业发展较为平稳，全年实现原保险保费收入 585.9 亿元，比上年增长 17.7%。①

北京的金融业发展仍然面临不少的困难和瓶颈。一方面，北京金融发展战略不明确，缺乏作为可持续发展支撑点的准确定位；另一方面，北京金融发展战略尚未与国家发展战略有效对接，亟待完善相关金融政策支撑体系，为北京金融业的腾飞奠定基础。在北京金融产业保持较快增长、金融发展环境不断优化、金融业集聚效应初步显现的形势下，对北京宏观金融风险进行研究，提出有效防范与管理措施，既是理论上亟待解决的重大问题，也是与首都经济社会发展相适应的现代金融发展战略要求。

## 二、文献综述

有关北京金融风险研究的相关文献多围绕北京市“首都经济”或“总部经济”建设展开，如谢太峰（2008）、吉林（2008）、李晓峰（2009）等探讨了北京市金融发展模式的选择以及总部金融建设，刘毅、于薇等（2008）则强调了北京市金融安全的重要性，段向云（2009）分析了金融危机对我国制造业发展产生的影响。

谢太峰（2008）对北京市金融资源配置模式的特点进行分析，认为“单中心”模式应是北京金融业发展和金融资源空间整合较为理想的模式选择，即要突出金融街的金融中心地位，促进各种存量和增量金融资源向金融街聚集，从而避免金融资源配置的分散化、“多中心”模式下所产生的内部过度竞争问题。吉林（2008）认为北京具有发展股权投资

① 数据来源：《2008 年北京金融运行报告》。

业的优势。李晓峰（2009）指出总部金融是北京市发展总部经济的重要组成部分，对于推动经济结构调整和产业优化升级以及建成具有国际影响力的金融中心城市有重要作用，并且可以通过增强金融的集聚力、辐射力以及高端信息服务功能和创新功能等加快总部金融建设。

刘毅、于薇（2008）指出北京金融的平稳运行关系全国的金融安全、经济安全和政治安全，且随着金融发展环境的优化、监管体系的完善、基础设施硬件的建设等，金融机构向北京集聚态势明显，对外资金融机构竞争、国际游资冲击和金融风险的跨境传播等应加以关注，逐步建立金融安全预警机制，并加强金融监管。从而在政府的引导下，完善金融市场基础设施、健全金融市场运行机制、有规划地引进金融产业链欠缺环节的金融机构等，全面维护金融市场安全。段向云（2009）以深圳、上海、北京、天津四地制造业 A 股上市公司为样本，对比上市公司的净利润、净资产收益率和主营业务率分析了 2008 年国际金融危机对我国制造业盈利的影响，认为珠三角地区由于国际化程度最高、经济主要靠出口拉动，受国际金融危机影响最大，其次是长三角地区，北京属于京津—环渤海地区，制造业发展受影响最小。

北京市金融风险的相关研究在不同角度涉及了北京经济发展可能出现的风险，但多基于微观层面数量分析或宏观层面的定性分析，尚未通过合适的宏观分析方法研究北京市金融风险。本章基于北京市经济金融发展现状和国内外相关研究，运用宏观金融工程的方法来研究北京市宏观金融风险。



## 第 2 节　北京市部门资产负债表编制及分析

本节选取金融部门和企业部门编制宏观资产负债表，采用资产负债表法分析北京市主要经济部门的风险，包括资本结构风险、货币错配风险、清偿力风险等，以此反映北京市宏观经济运行潜在的风险。

### 一、北京市金融部门资产负债表编制及分析

#### （一）金融部门资产负债表编制

截至 2008 年年末，北京市共有商业银行分支机构 1 610 个、农村合作机构 694 个、邮政储蓄 518 个、股份制商业银行 316 个、外资银行 153 个等，各银行类分支机构共计

3 478 个；总部设在辖区内的证券公司、基金公司和期货公司分别有 15 个、12 个和 19 个；总部设在辖区内的保险公司 10 个，财产险和寿险的分支机构共 663 个，已形成较为完善的金融市场体系。以下根据现有数据编制北京市金融部门 2003—2008 年资产负债表，主要涵盖全市银行业金融机构，如表 4.5。

**表 4.5　北京市金融部门资产负债表**　　单位：亿元

| 年份 | 2003 | 2004 | 2005 | 2006 | 2007 | 2008 |
|---|---|---|---|---|---|---|
| **总资产** | **26 632.30** | **29 972.20** | **37 766.60** | **44 406.00** | **51 619.00** | **61 649.00** |
| 贷款余额 | 12 043.09 | 13 577.45 | 15 335.46 | 18 131.59 | 19 861.46 | 23 010.66 |
| 短期贷款 | 4 580.31 | 5 012.40 | 5 167.16 | 5 377.08 | 6 418.22 | 7 109.89 |
| 票据融资 | 917.27 | 786.16 | 1 139.97 | 1 072.72 | 705.25 | 910.10 |
| 中长期贷款 | 6 337.40 | 7 506.42 | 8 632.35 | 11 142.78 | 12 217.61 | 14 688.50 |
| 本币贷款 | 11 314.70 | 12 600.20 | 13 834.50 | 15 632.70 | 17 812.47 | 19 985.04 |
| 外币贷款 | 728.39 | 977.25 | 1 500.96 | 2 498.89 | 2 048.99 | 3 025.62 |
| **总负债和权益** | **26 632.30** | **29 972.20** | **37 766.60** | **44 406.00** | **51 619.00** | **61 649.00** |
| 存款余额 | 20 475.98 | 23 781.35 | 28 970.01 | 33 793.31 | 37 700.25 | 43 980.70 |
| 企业存款 | 10 887.55 | 13 243.10 | 16 339.96 | 19 177.41 | 22 049.58 | 24 310.50 |
| 储蓄存款 | 6 441.39 | 7 154.30 | 8 315.83 | 9 515.01 | 9 743.50 | 12 538.12 |
| 活期存款 | 8 102.79 | 9 703.89 | 10 859.90 | 12 517.51 | 14 662.31 | 15 090.68 |
| 定期存款 | 9 226.15 | 10 693.51 | 13 795.90 | 16 174.91 | 17 130.76 | 21 757.95 |
| 本币存款 | 18 321.90 | 21 625.90 | 26 785.90 | 31 313.77 | 35 369.70 | 42 107.56 |
| 外币存款 | 2 154.08 | 2 155.45 | 2 184.11 | 2 479.54 | 2 330.55 | 1 873.14 |

注：本表数据来源于 2004—2008 年《北京市金融运行报告》和 2009 年《北京市统计年鉴》，具体如下：

① 总资产、总负债和权益数据从 2003—2008 年《北京市金融运行报告》获得。

② 贷款余额、存款余额、短期贷款、票据融资、中长期贷款、企业存款、居民储蓄、活期存款、定期存款、本外币贷款和本外币存款数据从《2009 年北京市统计年鉴》获得。

### （二）金融部门资产负债表分析

1. 资本结构分析

从北京市金融部门存贷变化看，贷款增速总体较存款增速低，2003—2008 年，贷款余额从 12 043.09 亿元增长至 23 010.66 亿元，存款余额从 20 475.98 亿元增长至 43 980.7 亿元，如图 4.2。北京市金融部门存贷比总体呈下降趋势，从 2003 年的 58.82% 降至 2008 年的 52.32%，大大低于我国央行规定的商业银行最高存贷比 75%，较低的存贷比在增加金融部门抗风险能力的同时，也限制了金融部门的盈利。北京市金融部门存贷比比全国其他省市要偏低，主要是因为北京市的产业构成中工业占比不大，主要以现代服

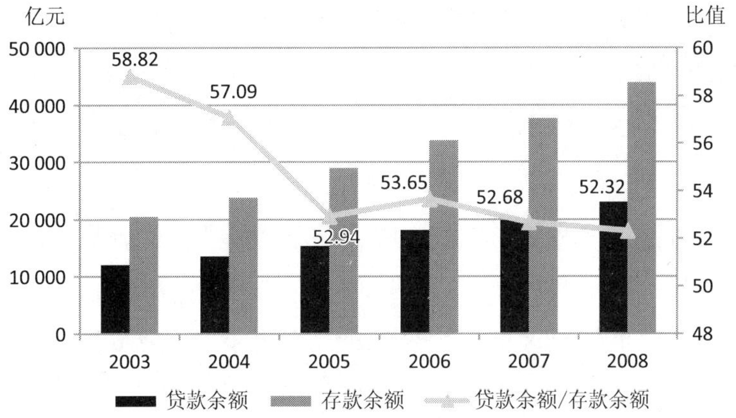

图 4.2　北京市金融部门存贷比

务业为主，而工业对贷款需求较大。

具体而言，2007 年部分资金流入资本市场，储蓄存款大幅减少，贷款余额和存款余额增速也下降为 9.54% 和 11.56%，较上年分别回落 8.7 个和 5.1 个百分点。2008 年国内资本市场受国际市场的影响，资本市场融资减少且投资风险加大，随着国家实施适度宽松的货币政策，贷款余额增速较上年提高了 6.3 个百分点；居民储蓄意愿增强，人民币存款新增额创历史新高，较上年同比提高 8.1 个百分点，但企业存款同比少增 4.7 个百分点。

金融部门总资产持续扩大，从 2003 年 26 632.30 亿元增长至 2008 年 61 649.00 亿元，如图 4.3，总资产增长率在 2005 年达到最高。2006 年、2007 年资产增速有所下调，但仍保持在 15% 以上，且资产质量不断改善，不良贷款率呈下降趋势，银行类金融机构盈利

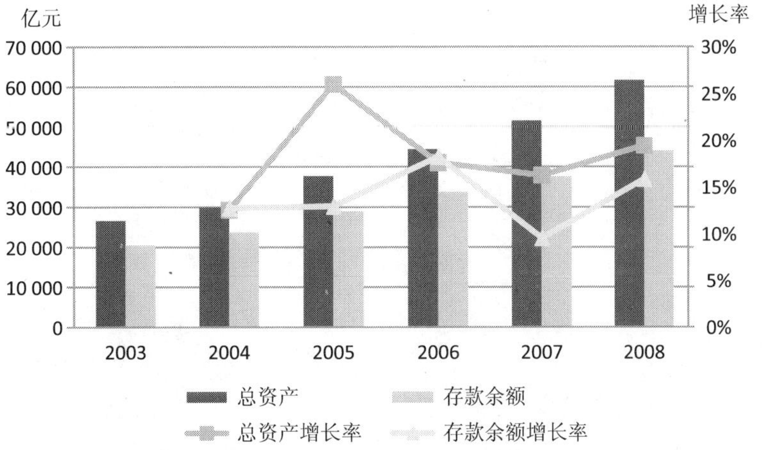

图 4.3　北京市金融部门总资产、存款余额及其增长率

水平进一步提高。2008 年，北京市银行类金融机构资产规模快速增长，资产质量不断改善，不良贷款余额和不良贷款率均降至历史最低点，资产总额较上年增长 19.43%，但利润增速回落。

结合金融部门的存贷结构，对总资产与存款余额进行比较，可反映出金融部门的资产结构变化情况。存款余额在总负债中一般占到 80% 以上，北京市金融部门总资产和存款余额均呈持续扩大趋势，但 2003—2008 年，总资产的增长总体快于存款余额的增长，特别是 2007 年和 2008 年总资产增长连续高于存款余额增长，表明了金融部门对债务融资的依赖程度在逐步下降，资本结构错配风险和清偿力风险相应降低，可见随着市场化程度的提高，金融部门融资渠道多元化，改善了部门的资本结构问题和清偿力问题。

2. 期限错配分析

金融部门期限错配风险应结合存贷期限结构分析，通过比较短期贷款、票据融资、中长期贷款与企业存款和储蓄存款中的活期存款和定期存款进行分析。中长期贷款从 2003 年的 6 337.4 亿元扩大至 2008 年的 14 688.5 亿元，相应中长期贷款比率也由 52.62% 提高到 63.83%，如图 4.4。短期贷款受短期融资券等直接融资方式影响小幅增长，但在贷款总额中所占比率呈总体下降的态势，票据融资规模在 2006 年、2007 年显著下降。2008 年，信贷资金重点用以支持基础设施和高端产业，中长期贷款需求呈上升趋势，同时在国际金融危机的影响下，商业银行开展票据贴现业务的意愿趋强，票据融资有较大幅度回升。

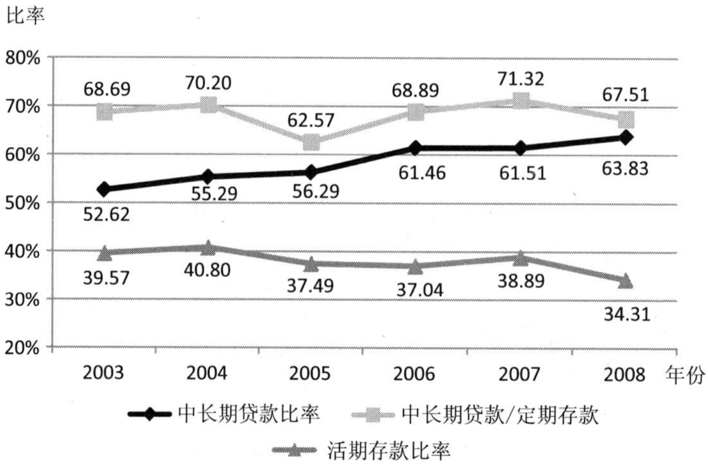


图 4.4　北京市金融部门存贷期限结构

从图 4.4 中的企业存款和储蓄存款的活期比率看，2003—2006 年间波动下行，2007 年随着资本市场的进一步活跃，存款活期化趋强，同业存款大幅增长，存款总额中活期存款比率上升至 38.89%。2008 年资本市场分流减弱，储蓄存款快速增长，定期化趋势明显。中长期贷款余额与定期存款余额之比波动幅度不大，2007 年达最大值 71.32%，2008 年下降至 67.51%，总体处于较为适度的水平。综合上述分析可见，北京市金融部门期限错配风险较小。

3. 货币错配分析

金融部门货币错配风险通过金融部门存贷款的货币结构进行分析。2003—2008 年间，北京市金融部门外币贷款总体呈扩大趋势。2006 年外币贷款大幅增加，由于国际市场利率上调，短期外币贷款需求减小，中长期外币贷款相应增加，同比多增 19.4 个百分点。2008 年伴随着人民币的升值预期，外汇贷款增长较快，但下半年因国际金融危机影响扩大，国内外经济下行压力加大，人民币升值预期下降，外汇贷款有效需求减弱，但全年外币贷款仍较 2007 年增长 47.67%。相对于外币贷款需求的增长，外币存款增加很少，而且为应对汇率变动，企业偏好活期存款，同时在人民币升值预期的影响下，外汇储蓄向人民币储蓄转移明显。将外币折算成人民币以后，2007 年和 2008 年外币存款持续减少。

随着北京市存款余额的持续扩大，外币存款占总存款比率总体呈下降趋势，由 2003 年的 10.52% 逐步减少至 2008 年的 4.26%，如图 4.5。同时，北京市外币存贷比由 2003 年的 33.81% 持续上升至 2006 年的 100.78%，2007 年有所下降；2008 年随着外币贷款的

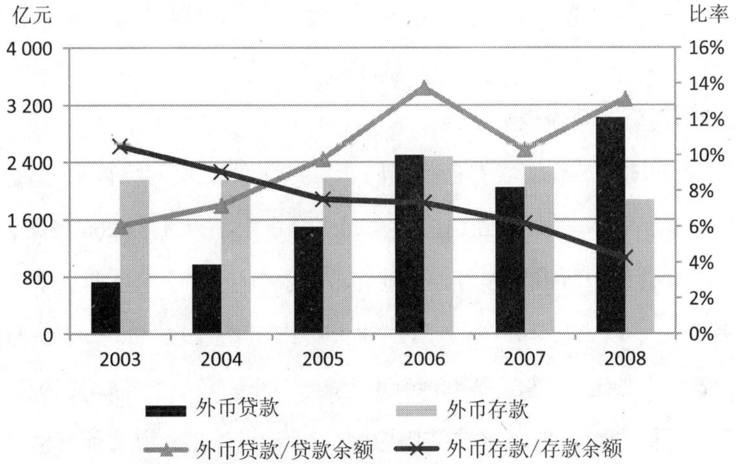


图 4.5 北京市金融部门外币贷款比率与外币存款比率

快速增长，外币存贷比达到历史最高点 161.53%。而本币存贷比从 2003 年的 61.76% 下降至 2008 年的 47.46%，如图 4.6，与本币资金充裕相反，外汇流动性明显不足，以此看来，金融部门货币错配风险较高，而且 2008 年进一步加剧，金融部门的外币资产和外币负债难以匹配。

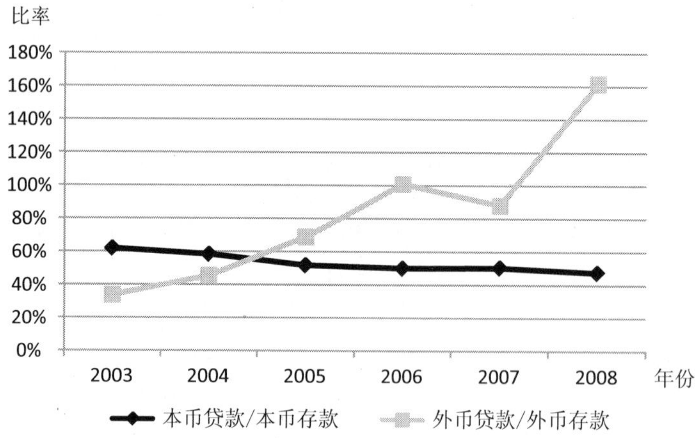


图 4.6　北京市金融部门本币存贷比与外币存贷比

## 二、北京市企业部门资产负债表编制及分析

### （一）企业部门资产负债表编制

随着三次产业的发展和结构调整，北京市企业部门规模不断扩大。2008 年，在国际金融危机的影响下，北京市工业生产增速放缓，企业利润出现下降，发展面临的不确定性加大。本节根据现有数据编制 1998—2008 年北京市企业部门资产负债表，主要包括规模以上工业企业、建筑业企业、限额以上餐饮企业以及限额以上批发零售企业四大行业，如表 4.6。

### （二）企业部门资产负债表分析

随着国民经济的发展，北京市企业部门总资产负债规模持续扩大，截止到 2008 年年末，企业部门总资产和总负债分别达到 37 598.99 亿元和 21 739.66 亿元；按四大行业资产在企业部门总资产中所占份额看，工业企业最高 44.69%，其次批发零售业资产占比为 38.97%，建筑业资产占比 14.87%，餐饮业资产占比 0.57%，如图 4.7。对北京市企业部门资产负债表初步判定，1998—2008 年间总资产高于总负债，流动资产高于流动负债，表明北京市企业部门资产负债表整体结构稳健。以下结合北京市实际经济状况，对北京市企业部门宏观金融风险做进一步分析。

**表 4.6　1998—2008 年北京市企业部门资产负债表**　　单位：亿元

| 年份 | 总资产 | 流动资产 | 长期资产 | 总负债 | 流动负债 | 长期负债 | 所有者权益 |
|---|---|---|---|---|---|---|---|
| 1998 | 7 241.31 | 4 130.73 | 3 110.58 | 4 331.45 | 3 144.56 | 1 186.89 | 2 909.86 |
| 1999 | 7 745.53 | 4 401.75 | 3 343.78 | 5 274.48 | 4 042.98 | 1 231.50 | 2 471.05 |
| 2000 | 8 271.87 | 4 710.51 | 3 561.36 | 5 325.65 | 4 211.12 | 1 114.53 | 2 946.22 |
| 2001 | 8 781.26 | 4 935.26 | 3 846.00 | 5 432.79 | 4 332.75 | 1 100.04 | 3 348.47 |
| 2002 | 9 257.06 | 5 448.46 | 3 808.60 | 5 779.76 | 4 622.61 | 1 157.15 | 3 477.30 |
| 2003 | 11 432.95 | 6 482.24 | 4 950.71 | 7 571.76 | 5 449.05 | 2 122.71 | 3 861.18 |
| 2004 | 20 455.40 | 8 715.83 | 11 739.57 | 9 753.24 | 7 610.56 | 2 142.68 | 10 702.15 |
| 2005 | 22 313.46 | 10 487.94 | 11 825.52 | 11 239.42 | 9 359.59 | 1 879.83 | 11 074.03 |
| 2006 | 26 092.75 | 12 595.81 | 13 496.94 | 13 628.82 | 11 499.50 | 2 129.32 | 12 463.93 |
| 2007 | 31 255.88 | 15 816.56 | 15 439.32 | 16 740.85 | 14 535.18 | 2 205.67 | 14 515.04 |
| 2008 | 37 598.99 | 21 092.26 | 16 506.73 | 21 739.66 | 16 943.37 | 4 796.29 | 15 859.33 |

注：本表数据来源于 1999—2009 年《中国统计年鉴》和《北京市统计年鉴》，涵盖北京市规模以上工业企业、所有建筑业企业、限额以上餐饮企业以及限额以上批发零售企业等四大行业。编制过程如下：

① 工业企业数据来源于各地区规模以上工业企业主要指标统计表，建筑业企业数据来源于各地区建筑业企业资产统计表、各地区建筑业企业负债及所有者权益统计表，餐饮业数据来源于各地区限额以上餐饮业资产及负债统计表，批发零售企业数据来源于各地区限额以上批发和零售业资产及负债统计表。

② 对缺失数据进行处理。针对 2002—2003 年餐饮、批发零售业缺少的流动负债数据，以 1999—2001 年的流动比率为基础进行滚动估算，取前 3 年的均值进行代替，然后结合相应行业的总负债即可得到。相对建筑业、批发零售业及餐饮业，工业企业的资产负债在企业部门总的资产负债中占比最高，统计数据无缺失；对餐饮业、批发零售个别缺失数据进行估算补齐后不影响总体部门分析。

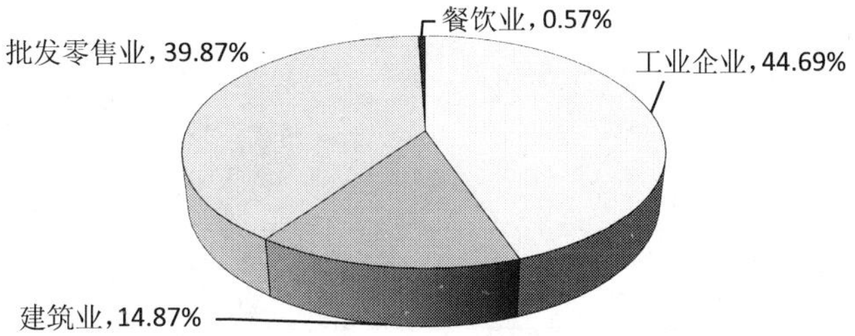


图 4.7　北京市四大行业资产占企业部门总资产中的比重

1. 资本结构分析

北京市于 1997 年提出“首都经济”的发展思路及方向，加快产业结构战略性调整，鼓励高新技术产业和现代服务业的发展，推动了北京市经济的平稳较快增长。2007 年之前，随着工业结构的改善，工业生产综合效益不断提高，高端产业发展优势明显，建筑业也保持平稳较快发展；第三产业中的批发零售业、餐饮业以及资产负债表未进行考察的交通运输业、仓储邮政业、房地产业等服务性行业均保持快速发展。1998—2008 年间，北京市企业部门规模持续扩大，以四大行业为代表，总资产从 1998 年的 7 241.31 亿元增加到 2008 年的 37 598.99 亿元，总负债由 4 331.45 亿元增加至 21 739.66 亿元，如图 4.8。企业部门对债务融资仍有较高的依赖性，2004 年资产负债率减小至 47.68%，资本结构问题有所改善，但 2005 年以来呈持续上升态势，资本结构错配风险继续扩大，如图 4.9。

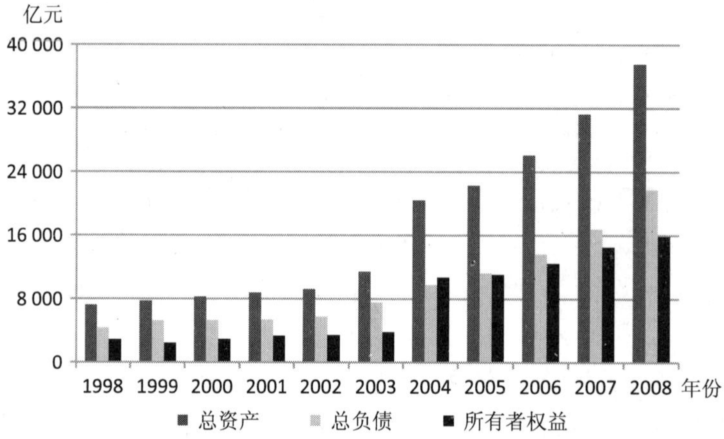


图 4.8　北京市企业部门资本结构

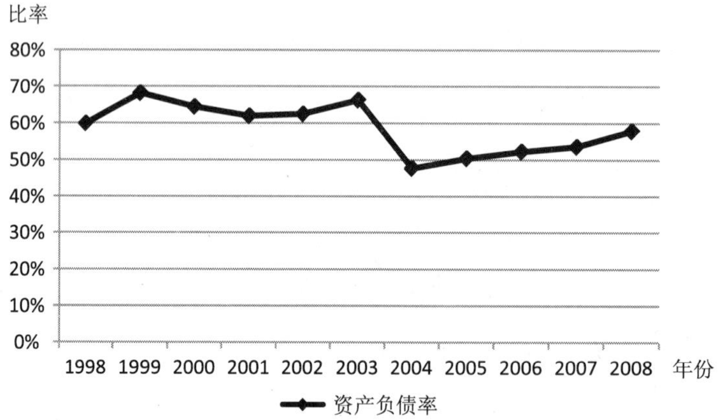


图 4.9　北京市企业部门资产负债率

2008 年北京市经济发展受国际金融危机影响较大，全年工业实现产值 2 198.5 亿元，同比增长 2.2%，较 2007 年下降 11.8 个百分点；建筑业实现产值 494.7 亿元，同比增长 3.7%，较上年回落 7 个百分点；而批发零售业实现产值 1 060.9 亿元，同比多增 3.6 个百分点；在工业生产增长趋缓的情况下，北京市服务业发展相对比较平稳，对首都经济起到重要的支撑作用。从四大行业的总资产增长看，规模以上工业企业总资产为 16 802.42 亿元，较上年同期增长 3.62%，而其资产负债率较 2007 年提高了 8 个百分点，可见工业企业资产的增加很大程度上依靠债务融资；建筑业总资产为 5 590.87 亿元，增长率达 19.92%，但资产负债率相应增加 1.65 个百分点；限额以上批发零售业总资产为 14 991.9 亿元，增长率为 46.75%，同时资产负债率下降约 4 个百分点；餐饮业总资产为 213.8 亿元，增长率为 31.48%，资产负债率增加 0.78 个百分点，进一步表明第三产业对企业部门发展的贡献率加大。同时也表明 2008 年企业部门在规模扩大的同时，也增加了企业部门的资本结构错配风险。

2. 期限错配分析

从北京市企业部门资产负债的期限结构看，如图 4.10，流动资产率总体高于流动负债率。其中，1998—2003 年间，企业部门流动资产率处于 56%~59% 之间，2004 年有显著下降，流动资产率缩小至 42.61%，2005 年以来持续提高至 2008 年 56.10%；相比而言，企业部门流动负债率长期高于 70%，最小值为 2003 年的 71.97%，2004 年起持续增加至 2008 年的最大值 86.82%，2009 年有所下降。流动资产始终高于流动负债，出现流动负债支付不足的可能性较小。同时，从流动比率看，如图 4.11，2008 年企业部门期限错配问题有较大改善，流动资产达到流动负债的 1.245 倍，可见企业部门期限错配风险也在逐步减小。

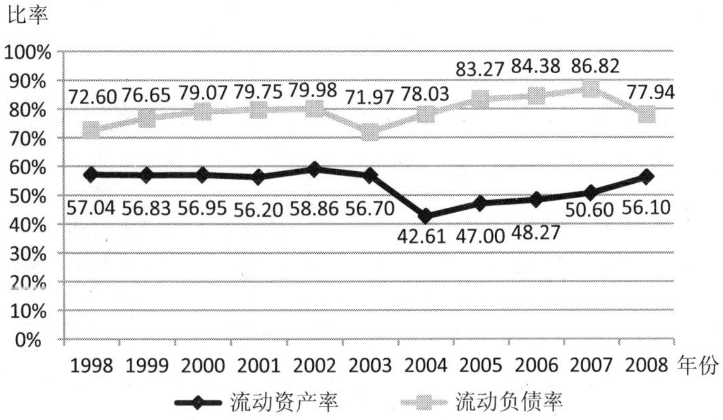


图 4.10　北京市企业部门流动资产率与流动负债率

3. 清偿力风险分析

北京市企业部门的产权比率在 1998—2008 年间波动较大，2004 年达到最低点，2005 年后产权比率逐年上升，2008 年增至 1.371，企业部门的清偿力有所下降，如图

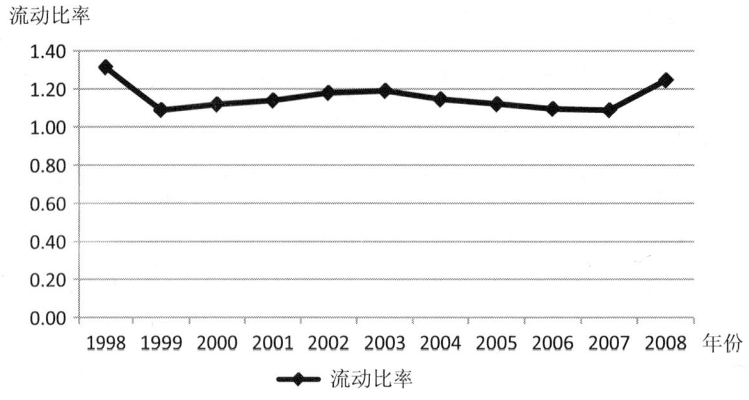


图 4.11　北京市企业部门流动比率

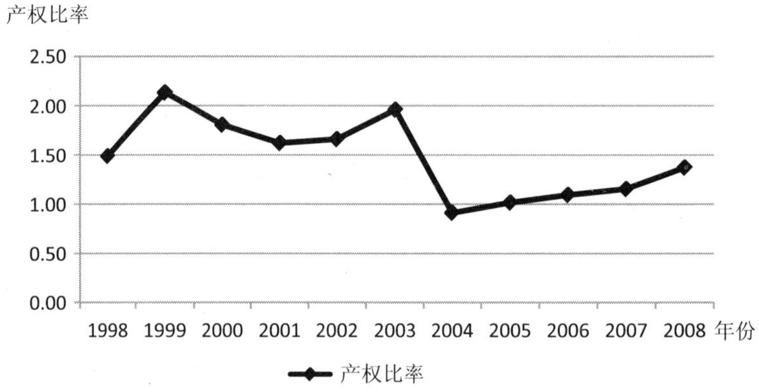


图 4.12　北京市企业部门产权比率

4.12。在国际金融危机的影响下，权益增长缓慢，企业发展很大程度上依赖于债务融资，债权人权益保障程度降低。

目前，北京市企业部门的发展对债务融资依赖较高，特别是在国际金融危机的影响下，负债较资产有更快的增长速度。对于首都经济发展和企业部门建设，应充分利用城市各种资源禀赋，发挥北京市在金融、电子信息、光机电、生物医药、汽车制造、新材料等领域的产业优势，吸引具有国际影响力的跨国公司以及研发中心入京，从而依托于产业发展，构建多中心、多层次、功能完善的总部经济体系，通过积极的金融创新为企业发展提供多元化的投融资平台，在经济金融发展的同时，改善企业部门的清偿力风险，促进企业部门稳定健康发展。

## 三、小结

对北京市金融部门和企业部门宏观运行状况的分析表明这两大经济部门均存在不同程度的风险。首先，对金融部门资本结构的分析，表明 2003—2008 年间金融部门对债务融资的依赖程度在逐步下降，改善了存在的资本结构问题和清偿力问题；但与本币资金充裕相反，金融部门外汇流动性明显不足，货币错配风险较高，而且 2008 年进一步加剧，金融部门的外币资产和外币负债难以匹配；金融部门期限错配风险较小。企业部门对债务融资仍有较高的依赖性，2004 年资产负债率减小至 47.68%，资本结构有所改善，但 2005 年以来负债率呈持续上升态势，资本结构错配风险继续扩大；流动资产率、流动负债率以及流动比率表明企业部门错配风险在逐步减小；同时，企业部门产权比率长期处于 1 以上，清偿力风险显著。2008 年在国际金融危机的影响下，资本市场融资困难，企业发展很大程度上依赖于债务融资，企业部门有待发挥产业优势去解决面临的宏观风险问题。

# 第 3 节　北京市或有权益资产负债表编制及分析

在对北京市主要经济部门账面价值的资产负债表分析的基础上，结合市场化信息编制非金融性上市企业和企业部门整体的或有权益资产负债表、风险表，衡量部门的实际市场风险以及对风险的抵抗能力。

## 一、北京市上市企业或有权益资产负债表编制及分析

上市企业的或有权益资产负债表输入数据有权益市值、违约点、权益市值波动率和无风险利率。其中，权益市值和权益市值波动率根据股票分析软件北京市板块中的数据得到，对股票价格进行前复权，通过股票价格和现有股本数计算上市企业（非金融性）权益市值，加总处理后即得北京市上市企业日权益市值，进一步计算即可得上市企业的年权益市值波动率；输入参数中的权益市值采用年末数据；上市企业的违约点根据上市企业资产负债表，如表 4.7，以短期债务与一半的长期债务加总得到；无风险利率是对一年期存款利率进行加权计算得到的年度值。2001—2009 年北京市上市企业或有权益资产负债表的输入参数如表 4.8。

表 4.7 北京市上市企业账面价值资产负债表 单位：亿元

| 年份 | 总资产 | 总负债 | 所有者权益 | 年份 | 总资产 | 总负债 | 所有者权益 |
|---|---|---|---|---|---|---|---|
| 2001 | 5 430.97 | 2 769.24 | 2 661.73 | 2006 | 12 142.05 | 6 740.31 | 5 401.74 |
| 2002 | 5 779.68 | 2 954.90 | 2 824.78 | 2007 | 30 474.17 | 14 110.55 | 16 363.62 |
| 2003 | 6 723.74 | 3 356.06 | 3 367.68 | 2008 | 38 548.19 | 19 154.15 | 19 394.04 |
| 2004 | 7 882.04 | 4 052.38 | 3 829.66 | 2009 | 53 033.07 | 29 495.48 | 23 537.59 |
| 2005 | 9 127.08 | 4 951.99 | 4 175.09 | | | | |

注：本表数据来源于国泰君安数据库上市企业财务数据统计表。

表 4.8 北京市上市企业或有权益资产负债表输入参数

| 年份 | 无风险利率 | 违约点（亿元） | 权益市值（亿元） | 权益市值波动率 |
|---|---|---|---|---|
| 2001 | 2.25% | 2 327.944 | 4 577.669 | 25.89% |
| 2002 | 2.02% | 2 469.551 | 3 779.437 | 28.55% |
| 2003 | 1.98% | 2 791.695 | 6 198.693 | 25.06% |
| 2004 | 2.03% | 3 335.181 | 5 342.874 | 26.01% |
| 2005 | 2.25% | 4 060.675 | 5 393.812 | 27.21% |
| 2006 | 2.35% | 5 486.643 | 14 201.800 | 28.22% |
| 2007 | 3.26% | 11 746.480 | 116 614.900 | 42.86% |
| 2008 | 3.92% | 15 959.190 | 39 529.060 | 45.42% |
| 2009 | 2.25% | 24 550.930 | 67 512.870 | 31.02% |

注：权益市值和权益市值波动率数据来源于招商银行股票交易软件，无风险利率数据来源于中国人民银行，违约点数据来源于国泰君安数据库上市企业财务数据统计表。

### （一）或有权益资产负债表分析

根据北京市上市企业部门的或有权益资产负债表输入数据，通过 MATLAB 编程计算得到北京市上市企业部门或有权益资产负债表，如表 4.9。

表 4.9 北京市上市企业部门或有权益资产负债表 单位：亿元

| 年份 | 资产市值 | 负债市值 | 权益市值 | 年份 | 资产市值 | 负债市值 | 权益市值 |
|---|---|---|---|---|---|---|---|
| 2001 | 6 853.92 | 2 276.25 | 4 577.67 | 2006 | 19 559.43 | 5 357.63 | 14 201.80 |
| 2002 | 6 199.23 | 2 419.79 | 3 779.44 | 2007 | 127 984.96 | 11 370.03 | 116 614.93 |
| 2003 | 8 935.41 | 2 736.72 | 6 198.69 | 2008 | 54 876.27 | 15 347.21 | 39 529.06 |
| 2004 | 8 611.37 | 3 268.50 | 5 342.87 | 2009 | 91 513.74 | 24 000.87 | 67 512.87 |
| 2005 | 9 363.65 | 3 969.84 | 5 393.81 | | | | |

北京市上市企业部门资产市值在 2001—2005 年间变化幅度较小，最高为 2005 年 9 363.65 亿元，最小为 2002 年 6 199.23 亿元。2006 年、2007 年随着资本市场发展的加快，股票市场波动性增大，收益率增加，资产市值大幅提升，2007 年达到最大值 127 984.96 亿元。同时，权益市值也达到最大值 116 614.93 亿元。2008 年国际金融危机的蔓延，国内资

本市场受到严重影响，股指大幅下跌，资产市值和权益市值分别下降57.12%、66.13%，而负债市值增加39.98%。2009年，随着全球经济的复苏，资本市场开始活跃，截至2009年，权益市值为67 512.87亿元，资产市场价值也增长至91 513.74亿元，如图4.13。

图4.14是北京市上市企业部门资产市值和资产账面价值的比较图。北京上市企业资产账面价值2001—2009年平稳增加，资产市值在2001—2007年先降后升，2001—2006年资产市值和资产账面价值差距不大，说明这段时间北京上市企业的市值评价是理性的。由于2007年股市大爆发，资产市值达到一个新的高度。资产市值2008年随股市回落而回落，2009年有所回升。

如图4.15，北京市上市企业负债市值小于负债账面价值。与资产市值以及账面价值的差额相比，负债市值与负债账面价值的差额很小，说明资产市值的增长主要是因为权



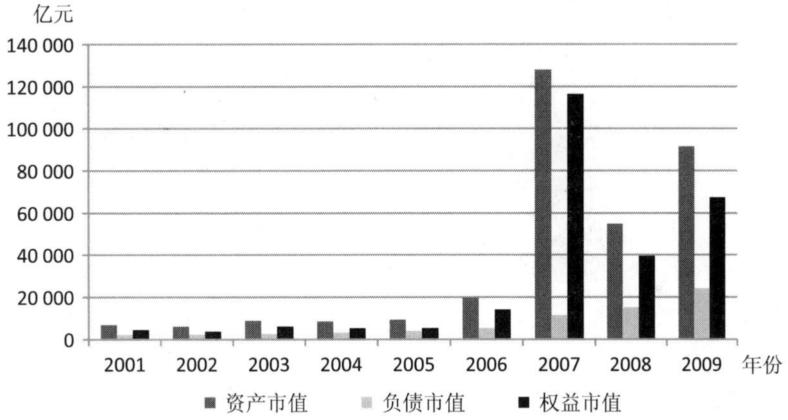


图4.13 北京市上市企业部门或有权益资本结构

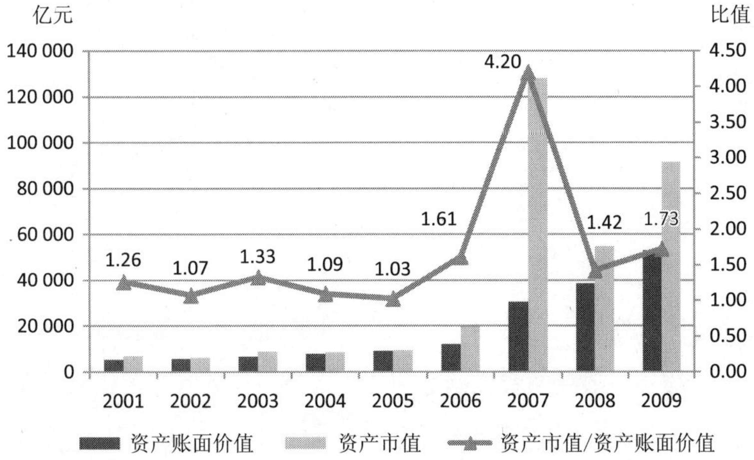


图4.14 北京市上市企业资产账面价值与资产市值比较

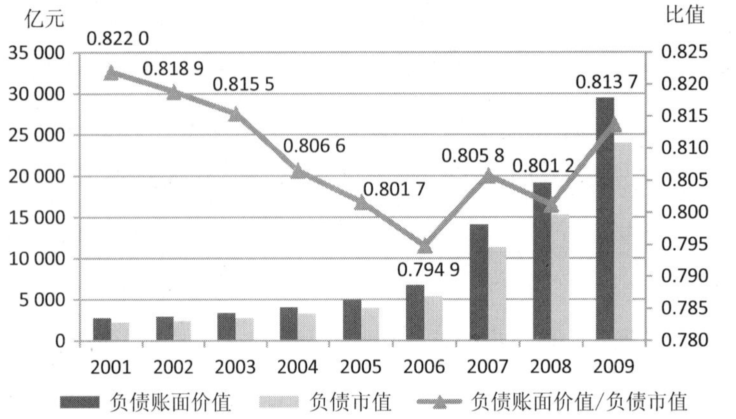


图 4.15　北京市上市企业负债账面价值与负债市值比较

益市值的增长。北京上市企业负债市值随着负债账面价值上升而上升，看跌期权的价值较小，违约风险较小。

与账面价值资产负债表相比，或有资产负债率均低于 50%，低于账面价值资产负债率，2005 年最高，2006—2007 年连续下降至 8.88%，2008 年随着国际金融危机的蔓延，上市企业或有资产负债率约增加 19 个百分点，但仍低于 2001—2005 年的或有资产负债率，如图 4.16。

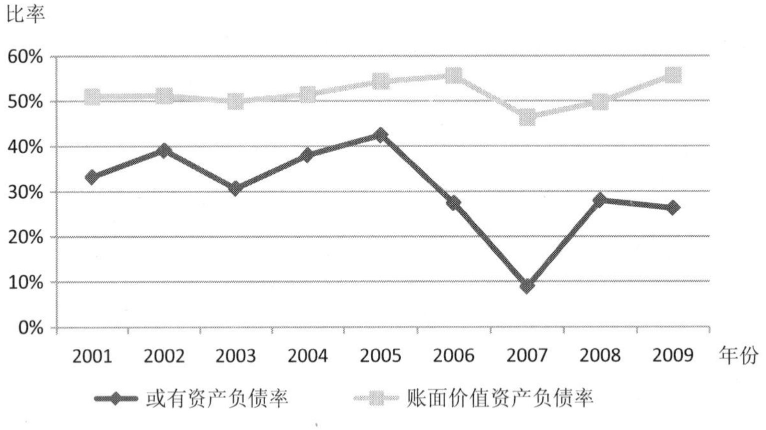


图 4.16　北京市上市企业或有资产负债率

随着资本市场的发展，越来越多的企业开始通过资本市场融资，2007 年或有资产负债率降至 50% 以下，股权融资比例达到几年来最高。但国际金融危机爆发以后，资本市场融资受阻，上市企业的债务融资率增加，如图 4.16，2008 年上市企业或有资产负债率达到 49.69%，较 2007 年增加 3.39 个百分点，2009 年或有资产负债率持续上升至

55.62%，资本结构错配风险和清偿力风险都在加大。

如图 4.17，随着北京市上市企业数量的增加，上市企业违约点也在逐年递增，截至 2009 年，上市企业总体违约点达到 24 550.93 亿元；而资产市值受股市行情影响较大，资本市场较为活跃的时候，资产市值一般较高。资产市值与违约点两者之比在 2001—2005 年小幅波动，2007 年随着资本市场的活跃，股价上涨，资产市值达到历史最高点，达到违约点的 10 倍以上，这其中也隐含了一定程度的资产价格泡沫。2008 年、2009 年资产市值与违约点之比接近于 2006 年的水平。

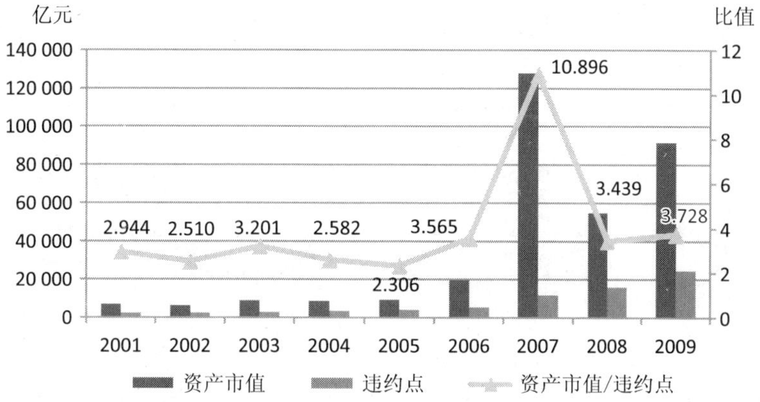


图 4.17　北京市上市企业资产市值和违约点比较

通过或有权益资产负债表分析，结合市场信息表明北京市上市企业在 2005 年风险最高，2008 年、2009 年或有资产负债率以及资产市值和违约点之比均与 2006 年较为接近，可以说明北京上市企业受国际金融危机的影响较上海、广东等省份小得多。

**（二）风险表分析**

基于或有权益资产负债表分析，采用上市企业无风险利率、违约点、权益市值及其波动率，可以进一步编制出上市企业的风险表，包括资产市值波动率、违约概率、违约距离。运用 MATLAB 编程计算即得出北京市上市企业的相关风险指标，如表 4.10。

**表 4.10　北京市上市企业风险表**

| 年份 | 资产市值波动率 | 违约概率 | 违约距离 | 年份 | 资产市值波动率 | 违约概率 | 违约距离 |
|---|---|---|---|---|---|---|---|
| 2001 | 17.29% | 0 | 3.818 6 | 2006 | 20.49% | 0 | 3.511 1 |
| 2002 | 17.40% | 0 | 3.456 8 | 2007 | 39.06% | 0 | 2.325 4 |
| 2003 | 17.38% | 0 | 3.955 2 | 2008 | 32.72% | 0 | 2.167 4 |
| 2004 | 16.14% | 0 | 3.796 1 | 2009 | 22.88% | 0 | 3.197 5 |
| 2005 | 15.67% | 0 | 3.613 7 | | | | |

如图 4.18，资产市值波动率在 2001—2005 年波动较小，2007 年大幅上升，资产市值波动率增加 18.57 个百分点，而权益市值波动率增加 14.6 个百分点。2008 年股市低迷，股指大幅波动，权益市值波动率再度大幅上升，而资产市值波动率因权益市值下降、无风险利率上升等因素而下降，2009 年国内资本市场好转，股指回升，上市企业资产市值波动率和权益市值波动率等均回落。

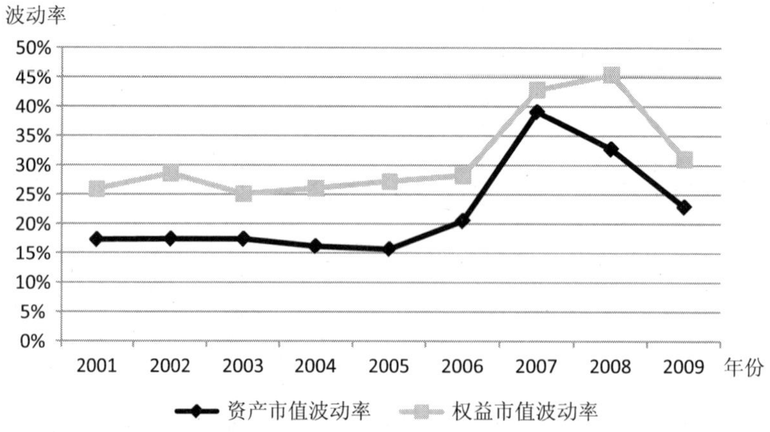


图 4.18　北京市上市企业资产市值波动率

如图 4.19，根据上市企业的违约距离，进一步表明 2001—2009 年上市企业的风险变化，2003 年违约距离最大为 3.955 2，表明 2001 年以来，上市企业在 2003 年违约风险为最低，之后上市企业的违约风险整体扩大，资本市场的发展在带来机遇的同时也带来了风险。2007 年是国内资本市场较为繁荣的时期，上市企业在资产市值波动率加大的压力下，违约距离大幅下降，违约风险增加，2008 年在国际金融危机的影响下，上市企业风

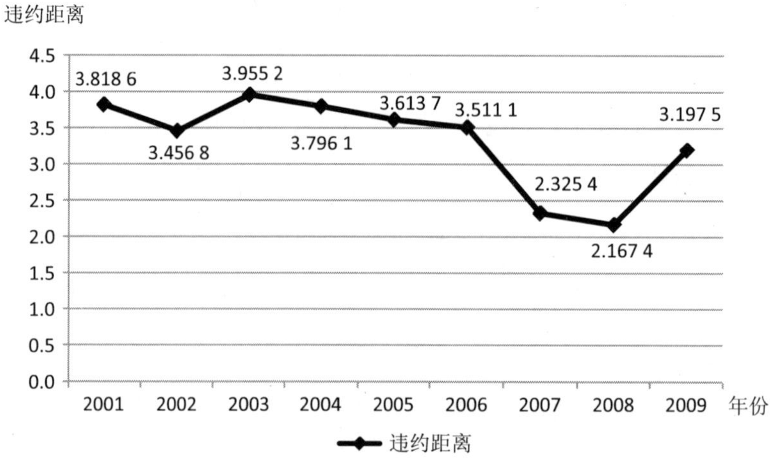


图 4.19　北京市上市企业违约距离

险达到最高，违约距离仅为 2.167 4。而 2009 年违约距离增加，基于市场价值的分析表明上市企业违约风险下降，而账面价值资产负债表未能反映出来。

## 二、北京市企业部门或有权益资产负债编制及分析

企业部门的或有权益资产负债表输入数据同样包括无风险利率、违约点、权益市值及其波动率。其中，企业部门整体的权益市值采用上市企业的市净率估算，即以上市企业权益市值与权益账面价值之比，结合企业部门整体的权益账面价值得到；权益市值波动率以上市企业指标值替代；企业的违约点根据企业部门资产负债表，以短期债务与一半的长期债务加总得到；无风险利率同样采用一年期存款利率加权的年度值。表 4.11 即为 2001—2008 年北京市企业部门或有权益资产负债表的输入参数。

**表 4.11　北京市企业部门或有权益资产负债表输入参数**　　单位：亿元

| 年份 | 无风险利率 | 违约点 | 权益市值 | 权益市值波动率 |
|---|---|---|---|---|
| 2001 | 2.25% | 4 882.77 | 5 758.72 | 25.89% |
| 2002 | 2.02% | 5 201.19 | 4 652.49 | 28.55% |
| 2003 | 1.98% | 6 510.41 | 7 107.05 | 25.06% |
| 2004 | 2.03% | 8 681.90 | 14 930.90 | 26.01% |
| 2005 | 2.25% | 10 299.51 | 14 306.58 | 27.21% |
| 2006 | 2.35% | 12 564.16 | 32 769.13 | 28.22% |
| 2007 | 3.26% | 15 638.01 | 103 441.10 | 42.86% |
| 2008 | 3.92% | 19 341.52 | 32 324.59 | 45.42% |

### （一）或有权益资产负债表分析

根据北京市企业或有权益资产负债表输入数据，通过 MATLAB 编程计算即得到北京市企业部门或有权益资产负债表，如表 4.12。

**表 4.12　北京市企业部门或有权益资产负债表**　　单位：亿元

| 年份 | 2001 | 2002 | 2003 | 2004 | 2005 | 2006 | 2007 | 2008 |
|---|---|---|---|---|---|---|---|---|
| 资产市值 | 10 532.70 | 9 752.23 | 13 489.18 | 23 437.78 | 24 378.45 | 45 057.51 | 118 569.25 | 50 911.25 |
| 负债市值 | 4 773.98 | 5 099.74 | 6 382.13 | 8 506.88 | 10 071.87 | 12 288.38 | 15 128.15 | 18 586.66 |
| 权益市值 | 5 758.72 | 4 652.49 | 7 107.05 | 14 930.90 | 14 306.58 | 32 769.13 | 103 441.10 | 32 324.59 |

北京市企业部门资产市值在 2001—2005 年间呈波动性上涨，2001 年资产市值为 10 532.70 亿元，2002 年资产市值和权益市值下降，2003—2005 年负债市值持续上升。2006 年资产市值和权益市值大幅上升，2007 年两者分别较 2006 年增加 1.63 倍和 2.15 倍。2008 年国内资本市场受到国际金融危机影响严重，股指大幅下跌，企业部门权益市值和

资产市值缩水达到57.06%和68.75%，市场公允价值下降，企业部门市场风险凸显，与上市企业市场价值变化情况较接近，如图4.20。

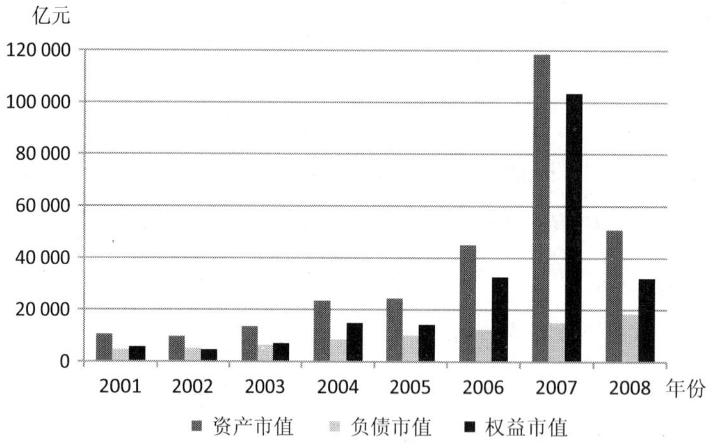


图4.20　北京市企业部门或有权益资本结构

图4.21是北京市企业部门资产市值和资产账面价值的比较图。北京企业部门资产账面价值在2001—2008年平稳增加，资产市值在2001—2007年间先降后升，2001—2006年资产市值和资产账面价值差距不大，说明这段时间北京企业部门的市值评价是理性的。2007年由于股市大涨从而使资产市值达到一个新的高度，2008年资产市值随股市回落而回落，2009年有所回升。

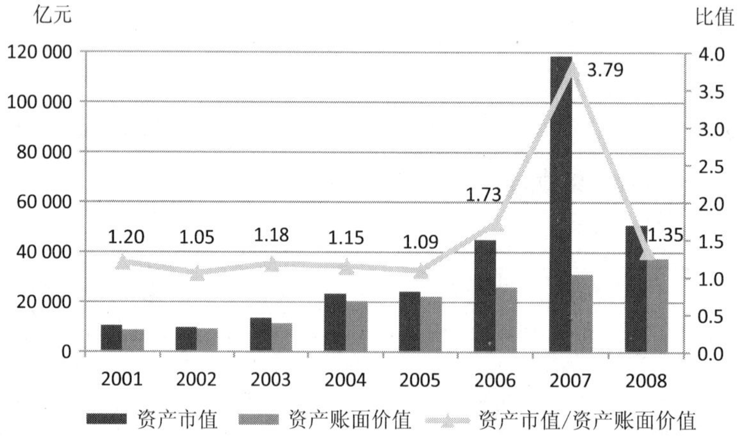


图4.21　北京市企业部门资产账面价值与资产市值

如图4.22，北京市企业部门负债市值小于负债账面价值。与资产市值以及账面价值的差额相比，负债市值与负债账面价值的差额很小，说明资产市值的增长主要是因为权益市值的增长。负债市值与负债账面价值的差额实际是企业的看跌期权。北京企业部门

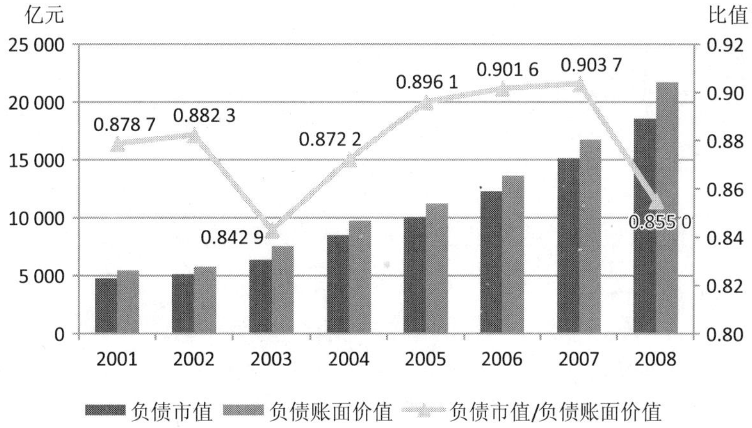


图 4.22　北京市企业部门负债账面价值与负债市值

负债市值随着负债账面价值上升而上升，看跌期权的价值较小，违约风险较小。

与企业部门账面价值资产负债率相比，或有资产负债率波动性更大，随市场变化更为显著。2005 年以前，除 2003 年外，企业部门资产负债率和或有资产负债率变化趋势基本一致；2006 年、2007 年或有资产负债率大幅下降，2008 年上升至 36.51%；2004—2008 年间，企业部门或有资产负债率呈缓慢上升趋势，如图 4.23。

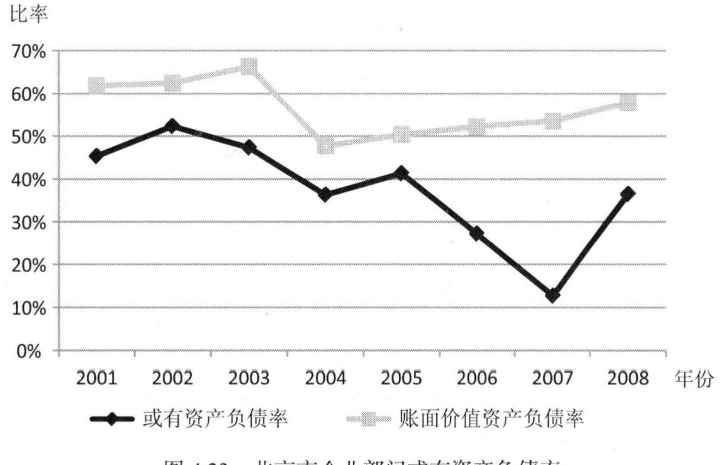


图 4.23　北京市企业部门或有资产负债率

通过比较企业部门资产市值和违约点，如图 4.24，企业部门违约点整体变化较为平稳，截至 2008 年年末，由四大行业数据组成的企业部门违约点达到 19 341.52 亿元，较上市企业高 3 382.33 亿元；而资产市值变化幅度较大，与违约点的比值波动范围也较大，2007 年最大，资产市值为违约点的 7.58 倍，而在 2003 年仅为违约点的 2.07 倍，与 2008

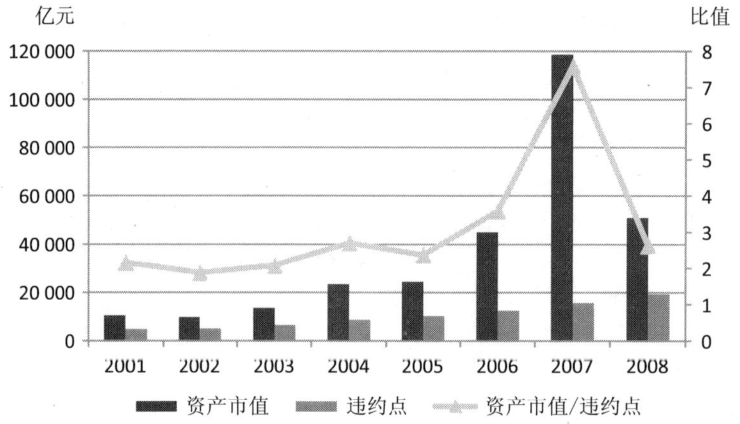


图 4.24　北京市企业部门资产市值和违约点

年的 2.63 倍相比，2005 年及之前的违约风险更显著。

**（二）风险表分析**

以下根据无风险利率，以及企业部门的违约点、权益市值及其波动率，编制企业部门的风险表，结合市场信息对企业部门运行的风险做进一步分析。运用 MATLAB 编程计算即得出北京市企业部门的相关风险指标，如资产市值波动率、违约概率和违约距离，如表 4.13。

**表 4.13　北京市企业部门风险表**

| 年份 | 资产波动率 | 违约概率 | 违约距离 | 年份 | 资产波动率 | 违约概率 | 违约距离 |
|---|---|---|---|---|---|---|---|
| 2001 | 14.16% | 0 | 3.789 3 | 2005 | 15.97% | 0 | 3.616 9 |
| 2002 | 13.62% | 0 | 3.426 0 | 2006 | 20.53% | 0 | 3.512 7 |
| 2003 | 13.20% | 0 | 3.918 6 | 2007 | 37.39% | 0 | 2.321 6 |
| 2004 | 16.57% | 0 | 3.799 1 | 2008 | 28.84% | 0.04% | 2.150 0 |

根据计算得到的 2001—2008 年企业部门资产市值波动率，如图 4.25。资产市值波动率在 2001—2005 年间变化不大，其中 2003 年最小为 13.2%，2006 年、2007 年连续上涨至 37.39%。2008 年资产市值波动率有所下降，减至 28.84%。相对于上市企业部门，企业部门资产市值波动率总体略低一些，而这一指标所反映的是资产市值随市场变化的可能性，判断企业部门的总体市场风险，要结合资产市值以及下一步的分析进行判断。

如图 4.26，根据上市企业的违约距离，2001 年违约距离为 3.79，2002 年下降，2003 年上升至最高点 3.92，之后持续下降，至 2008 年达到最低点 2.15。由此看来，2003 年风险最小，而 2008 年风险最高，风险表中的违约概率也达到历史最高（明显大于 0），企业部门违约的可能性有 0.04%。结合第二节对企业部门资产负债账面价值的分析，可

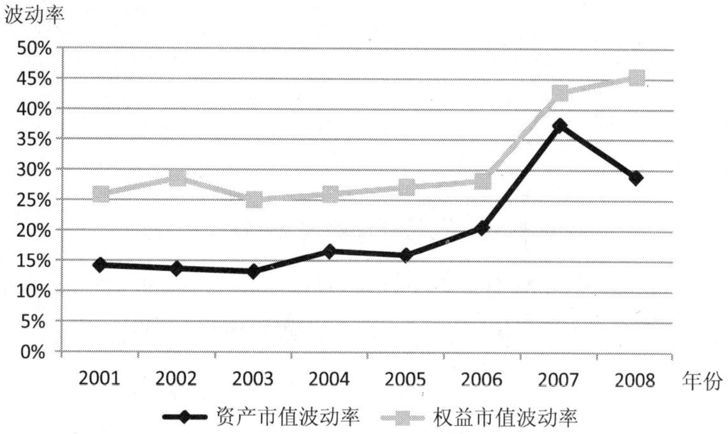


图 4.25　北京市企业部门资产市值波动率

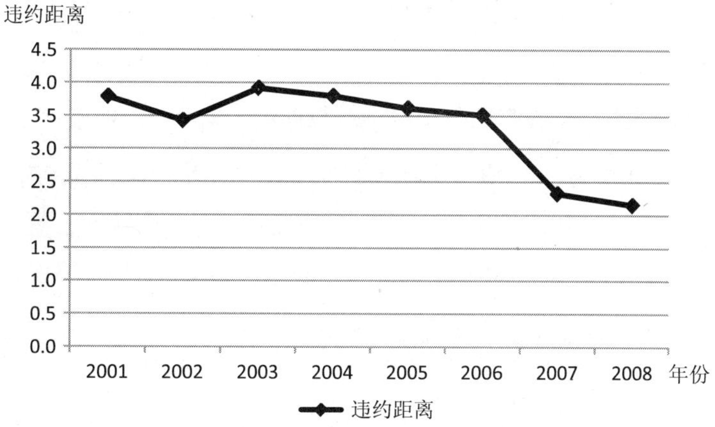


图 4.26　北京市企业部门违约距离

见 2008 年在资本结构错配风险和清偿力风险增加的同时，随着市场公允价值下降，企业部门违约风险凸显。

## 三、小结

本节运用或有权益法编制北京市上市企业和企业部门整体或有权益资产负债表和风险表。对上市企业分析基于非金融性上市企业的账面合并资产负债表进行，企业部门分析基于由四大行业数据构成的账面合并资产负债表进行，分析结果大体一致。基于市场信息的或有权益资产负债表及相关指标分析表明企业部门 2008 年风险较高，尽管 2008 年市值高于 2006 年，但违约概率明显增加，违约距离降至历史最低点，企业部门受国际金融危机影响明显。

## 第4节 结论及政策建议

本章在对北京市经济金融运行概况以及相关文献进行归纳的基础上，基于账面价值资产负债表对北京市金融部门和企业部门在运行过程中潜在的风险进行了分析，并结合市场信息编制上市企业和企业部门整体或有权益资产负债表以分析宏观经济运行过程中的潜在风险。

在基于账面价值的资产负债表分析中，发现金融部门和企业部门均存在不同程度和不同种类的风险。针对金融部门的研究表明：2003—2008年，北京市金融部门对债务融资的依赖程度逐步下降，改善了存在的资本结构问题和清偿力问题；但与本币资金充裕相反，金融部门外汇流动性明显不足，货币错配风险较高，而且2008年进一步加剧，金融部门的外币资产和外币负债难以匹配；金融部门期限错配风险较小。对企业部门的分析表明：资本结构问题有所改善，2004年资产负债率减小至样本期间内的最低点47.68%，但2005年以来呈持续上升态势；通过流动资产率、流动负债率以及流动比率表明企业部门期限错配风险在逐步减小。2008年在国际金融危机的影响下，资本市场融资困难，企业发展很大程度上依赖于债务融资，企业部门的产业优势有待发挥。

基于市场价值的或有权益资产负债表及相关指标分析中，将上市企业作为北京企业部门的一个群体进行了单独分析，企业部门的权益市值以上市企业为基础进行估算，并直接采用上市企业权益市值波动率。分析结果显示：北京市企业部门资产市值在2001—2005年间呈波动性上涨，2006年资产市值和权益市值大幅上升，2007年两者增速进一步加大，分别较2006年增加1.63倍和2.15倍。2008年国内资本市场受到国际金融危机严重影响，股指大幅下跌，企业部门权益市值和资产市值缩水达到57.06%和68.75%，市值下降，企业部门市场风险凸显，与上市企业市值变化情况较接近。同时，与企业部门账面价值的资产负债率相比，样本期间内或有资产负债率均低于50%，且波动随市场变化更为显著；北京市上市企业部门或有资产负债率在2005年最高，2007年降至最低点，仅为8.88%，2008年随着国际金融危机的蔓延，上市企业部门或有资产负债率约增加19个百分点。针对违约距离的分析表明2003年企业部门总体风险最小，2008年风险最高，违约概率也达到历史最高，明显大于0，企业部门受国际金融危机影响明显。对此，提出如下几点建议：

（1）构建具有首都经济特色的金融体系

一是要建立以现代服务为核心的产业专项发展基金，促进金融的可持续发展。二是要创新产业融资渠道，实现金融资本与高科技企业、项目的深度结合。三是充分发挥北京作为政府金融监管和决策管理平台的优势，统筹国内外经济金融资源，扩大首都北京的国际影响力，吸引更多资源配置到首都金融的发展链条中。

（2）协调总部经济与产业发展的关系

总部经济发展需要相关的现代服务业、高新技术产业、现代制造业为之配套，总部经济的发展不但产生大量的生产型服务需求，而且对合理配套半径之内的生产制造提出要求。

（3）建立完善的宏观风险防控体系

面对 20 世纪 90 年代以来频繁发生的金融危机，区域经济金融的稳健运行与宏观风险有效管理密切联系，北京作为我国政治、经济和文化中心，其风险状况往往起到风向标的作用。要构建北京市宏观金融风险防控体系，有效对宏观金融风险进行识别和度量，并建立起针对区域经济和金融突发事件的应急管理机制，最终构建具有预警功能和应急功能的风险管理系统，保证北京市经济安全和金融稳定。

# 第 5 章　天津市宏观金融风险研究

国家对天津滨海新区先行、先试的若干重大政策，包括国企改革、金融改革创新、涉外体制改革等方面，对天津市的发展起到了重大推动作用。从金融改革创新方面来讲，滨海新区各类的股权投资基金和创业风险投资基金就达到了 355 家，在全国具有领先地位，各类股权投资基金集中度也是最高的。但在发展过程中，天津面临的宏观金融风险也不容忽视。本章将基于账面价值和市场价值的宏观资产负债表对天津市主要经济部门的风险进行识别和度量，并提出相关建议。

## 第 1 节　引言

本节主要介绍天津市的经济运行概况和金融运行概况，并概述国内关于天津市金融风险的相关研究。

### 一、天津市经济金融概况

**（一）天津市经济运行概况**

2001 年以来，天津市经济发展速度显著提高，生产总值从 2001 年的 1 919 亿元增加到 2008 年的 6 354 亿元，增长了 3 倍多，而且 2003 年以来增长速度明显加快，年均增长率在 14% 以上。

如表 5.1，天津市 2008 年完成地区生产总值（GDP）6 354 亿元，净增 1 304 亿元，同比增长 16.5%。全社会固定资产投资完成 3 404 亿元，增长 42.5%，增幅比上年加快 12.9 个百分点，对经济增长具有明显带动作用，全年投资贡献率达 76%，高于消费和净出口对经济增长的贡献水平。城市居民人均可支配收入达到 19 423 元，增长 18.7%，增速创 1997 年以来新高，扣除价格因素实际增长 12.6%。农村居民人均纯收入 9 670 元，增长 10.5%。全年社会消费品零售总额完成 2 001 亿元，名义增速 24.5%，同比提高 6.3 个百分点，扣除物价因素，实际增长 18.5%，为 1997 年以来的最好水平。2008 年累计进出口总值 805.4 亿美元，天津利用外资情况呈现外商投资项目数减少，但合同利用外资额和实际利用外资额增长较快[①]。图 5.1 为天津市 2001—2008 年 GDP 数据。

**表 5.1　天津市 2001—2008 年生产总值**　　单位：亿元

| 年份 | 2001 | 2002 | 2003 | 2004 | 2005 | 2006 | 2007 | 2008 |
|---|---|---|---|---|---|---|---|---|
| GDP | 1 919.09 | 2 150.76 | 2 578.03 | 3 110.97 | 3 697.62 | 4 344.27 | 5 050.40 | 6 354.38 |

数据来源：《天津市统计年鉴》。

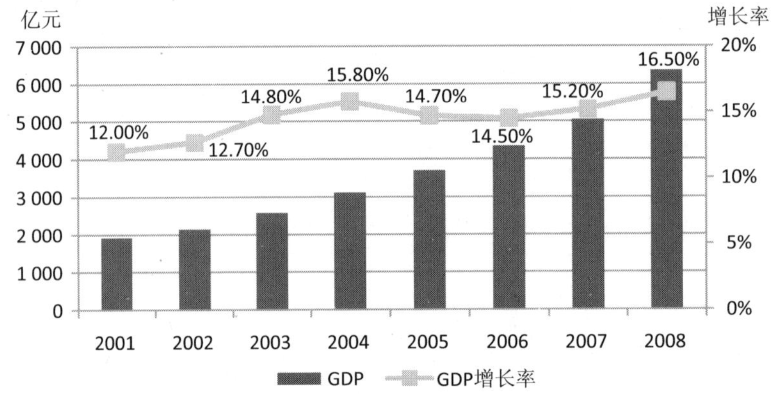


图 5.1　天津市 2001—2008 年 GDP

**（二）天津市金融运行概况**

随着经济的高速发展，天津市的金融也得到了快速发展。推进金融改革创新先行先试，建设与北方经济中心相适应的现代金融服务体系和金融改革创新试验基地的政策，为天津金融业发展注入了新的活力。

从天津市银行业的状况看，银行业总资产规模增长较快，2005 年资产总额为 7 533.6 亿元，而在 2008 年达到了 11 172 亿元；银行机构数量变化不大，从 2005 年的 2 433 个

① 数据来源：《2008 年天津市金融运行报告》。

增加到2008年的2 376个；从业人数从2005年的38 990人增加到2008年的111 720人。2008年是天津市经济开发区的投资年，并且是滨海新区成立十三周年，国内外的投资迅速增加。天津市2008年存款增速保持较高水平，定期储蓄存款大量增加，是上年定期储蓄存款增量的6.9倍。

天津市6家期货公司资产总额为10.1亿元，净资产为3.2亿元；上市公司的规模不断扩大，截至2008年年末全市共有28家上市公司，总股本达到334亿元，实现累计融资91.3亿元。天津市资本市场相对活跃，对于公司融资行为已为天津投资主导型经济增长模式提供了极其便利的条件。另外，票据市场增速也超过去年同期，增速超过20%。

2008年天津市银行间外汇市场表现较为活跃，银行间外汇市场累积成交额接近70亿美元，实现同比增长67.2%，市场显示供过于求，但是两者的差额在逐步缩小。2007年金融危机以来全球经济动荡加剧，加之通货膨胀等频发，作为重要的投资和避险工具，黄金的需求大幅上升，交易量和成交额都实现了较大幅度的增长。新兴的衍生品市场快速发展，债券远期、外币掉期、人民币外汇远期都实现不同程度的增长。



## 二、文献综述

目前，我国学术界对于天津宏观金融风险的研究非常少，以介绍金融发展历史和现状居多，少有相关的实证研究。而对于天津经济的研究虽然多，但也少有实证方面的分析，多是从现实情况出发提出政策建议。以下是近年来比较典型的相关研究文献。

王立国（2001）认为天津经济发展应特别注意发挥资本市场，尤其是证券市场的作用。天津资本市场发展选择在市场广度上下工夫，通过资产证券化试点工程，与股票市场发展双管齐下，则更为科学合理。调整天津资本市场发展战略，要加快资产证券化步伐，积极争取在津组建滨海发展银行与东北亚银行，扶持高科技企业及大型民营企业上市，实施大券商战略，加大风险资本投入。

逄锦聚、蒋殿春、范小云（2003）以天津为例，运用计量的方法，对实现目标所需投资进行了预测，对融资的可能性和制约因素进行了分析，提出了发展金融市场、拓宽融资渠道、加强投融资力度的建议。

杨红员（2007）认为金融是经济的核心，发展天津经济离不开天津金融市场的发展。本文从区域金融市场的特点出发，分析了天津市金融市场的优势与不足，进而对如何完善天津市金融市场提出了建设性意见。

## 第 2 节　天津市部门资产负债表编制及分析

本节基于资产负债表方法的实证研究主要包括对天津市金融部门和企业部门风险的识别和度量，以及对整体风险进行基于账面价值的评判。

### 一、天津市金融部门资产负债表编制及分析

#### （一）天津市金融部门资产负债表编制

截至 2008 年年末，天津市银行类金融机构营业网点达 2 376 个，其中国有商业银行分支机构 1 090 个、农村合作机构 574 个，金融市场规模持续扩大。鉴于银行业在金融业中的主体地位，以下编制的天津市金融部门 2003—2008 年资产负债表主要涵盖天津市银行类金融机构，如表 5.3。

**表 5.2　天津市金融部门资产负债表**　　单位：亿元

| 年份 | 2003 | 2004 | 2005 | 2006 | 2007 | 2008 |
|---|---|---|---|---|---|---|
| **总资产** | 6 200.7 | 6 938.6 | 7 533.6 | 8 093.0 | 10 213.0 | 11 172.0 |
| 贷款余额 | 3 786.1 | 4 146.5 | 4 722.4 | 5 415.7 | 6 543.8 | 7 689.1 |
| 短期贷款 | 1 776.4 | 1 923.3 | 2 078.0 | 2 239.2 | 2 643.9 | 2 638.0 |
| 票据融资 | 259.7 | 184.8 | 225.1 | 286.8 | 215.3 | 419.3 |
| 中长期贷款 | 1 574.4 | 1 850.0 | 2 255.2 | 2 800.9 | 3 560.6 | 4 377.2 |
| 本币贷款 | 3 450.3 | 3 838.6 | 4 452.6 | 5 182.8 | 6 241.1 | 7 383.3 |
| 外币贷款 | 335.8 | 307.9 | 269.8 | 232.9 | 302.7 | 305.8 |
| **总负债和权益** | 6 200.7 | 6 938.6 | 7 533.6 | 8 093.0 | 10 213.0 | 11 172.0 |
| 存款余额 | 4 360.4 | 5 139.7 | 6 090.5 | 6 839.2 | 8 242.1 | 9 954.2 |
| 企业存款 | 1 688.7 | 2 058.9 | 2 449.0 | 2 834.8 | 3 615.8 | 3 955.7 |
| 居民储蓄 | 1 825.3 | 2 116.7 | 2 462.4 | 2 811.0 | 3 078.7 | 3 956.9 |
| 活期存款 | 531.3 | 641.3 | 765.0 | 899.2 | 1 042.1 | 1 183.8 |
| 定期存款 | 1 294.0 | 1 475.4 | 1 697.4 | 1 911.8 | 2 036.6 | 2 773.1 |
| 本币存款 | 4 040.5 | 4 750.3 | 5 714.9 | 6 564.5 | 7 930.3 | 9 606.4 |
| 外币存款 | 319.9 | 389.4 | 375.6 | 274.7 | 311.8 | 347.8 |

注：天津市金融部门资产负债表涵盖银行类金融机构资产负债表，数据来源于《中国统计年鉴》、《天津市统计年鉴》、《天津市金融运行报告》等，具体如下：

① 总资产、总负债和权益、贷款余额、短期贷款、中长期贷款、存款余额数据从 2004—2008 年《天津市金融运行报告》获得，2003 年数据根据 2004 年的增长率推算出。

② 本币贷款和外币贷款，本币存款和外币存款数据从 2004—2008 年《天津市金融运行报告》中附表获得，2003 年数据根据 2004 年的增长率推算出。

③ 企业存款、居民储蓄、活期存款、定期存款和票据融资数据从 2004—2008 年《天津市统计年鉴》获得。其中，居民储蓄、活期存款和定期存款为中资银行机构数据不包括外币。

### （二）天津市金融部门资产负债表分析

1. 资本结构错配分析

从天津市金融部门存贷变化看，2003—2008 年，贷款余额从 3 786.1 亿元增长至 7 689.1 亿元，存款从 4 360.4 亿元增长至 9 954.2 亿元，贷款增速总体较存款增速低，如图 5.2。天津市金融部门存贷比总体呈下降趋势，从 2003 年的 86.53% 降至 2008 年的 77.24%，但仍然比较高。

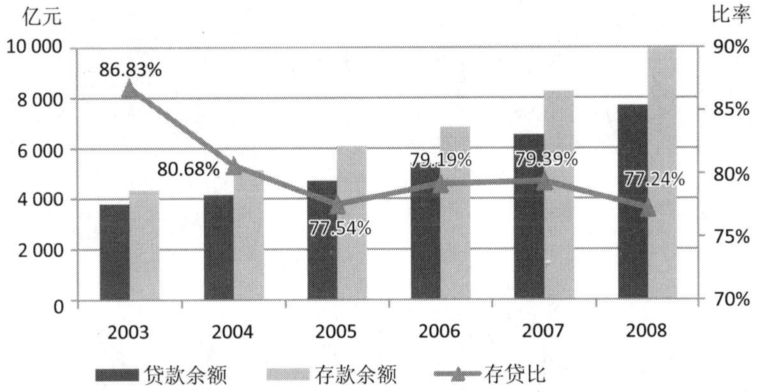


图 5.2　天津市金融部门存贷比

如图 5.3，天津市金融部门资产规模在 2003—2008 年间平稳增加，并且在最近两年加速增长。从资产构成看，2003—2008 年各项贷款余额占总资产的比重有上升趋势，天津市金融部门资产结构有待进一步优化，其他资产业务发展有待加强。

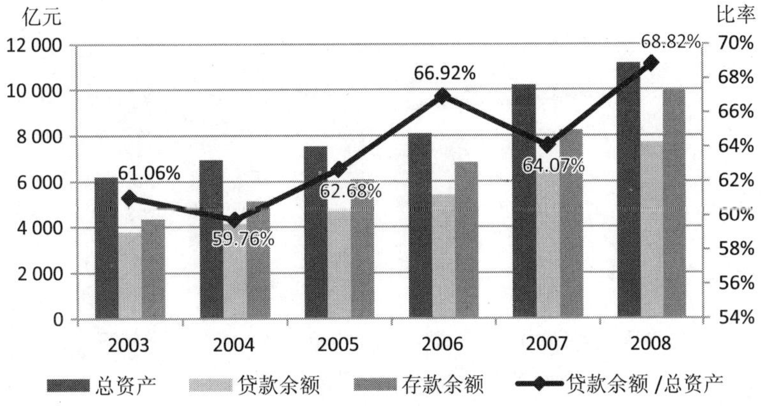


图 5.3　天津市金融部门资本结构

2. 期限错配风险分析

天津市金融部门的各项贷款余额中，中长期贷款的比重有增长的趋势，资金运用越来越多的投向了中长期贷款，短期资产的比重较小，如图 5.4。2008 年，天津市贷款增量创出历史新高，其中中长期贷款额度增加相对较多，并且显示出贷款方向的集中性，对水利等民生领域的投资有加大趋势。

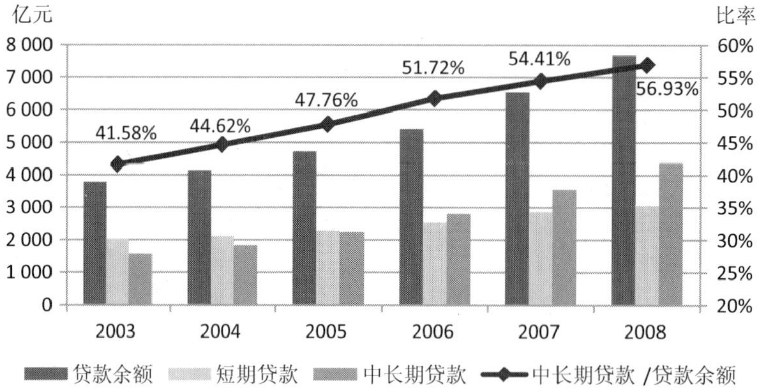


图 5.4　天津市金融部门贷款结构

在 2003—2008 年，天津市定期存款的比重虽然有所下降，但是 2007 年出现的最小值为 66.15%，定期存款仍然超过了居民储蓄的一半以上，如图 5.5。2008 年天津市储蓄存款增加较多，定期化趋势更加明显，存款增速保持较高水平，定期储蓄存款大量增加，是上年定期储蓄存款增量的 6.9 倍。资本市场受股市大跌影响，同时基金、理财等个人投资市场也出现不景气，导致一大部分资金开始回流银行。

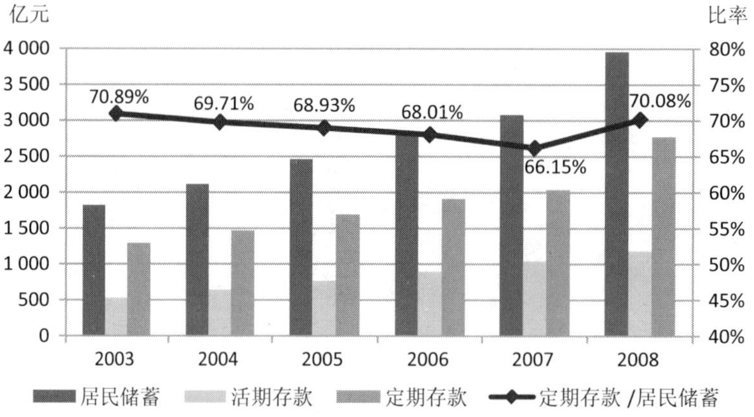


图 5.5　天津市金融部门存款结构

综合看，天津市金融部门资金投向有长期化趋势，但是资金来源的期限比较稳定，定期存款占据较大比重，总体而言天津市期限错配风险不大。

3. 货币错配风险分析

如图 5.6，天津市金融部门本币存贷比逐年缓慢下降，从 2003 年的 85.4% 降至 2008 年的 76.9%，十分接近于规定的商业银行最高的存贷比例 75%。而外币存贷比波动较大，2005 年最低时仅为 71.8%，整体看，天津市的外币存贷比较低。

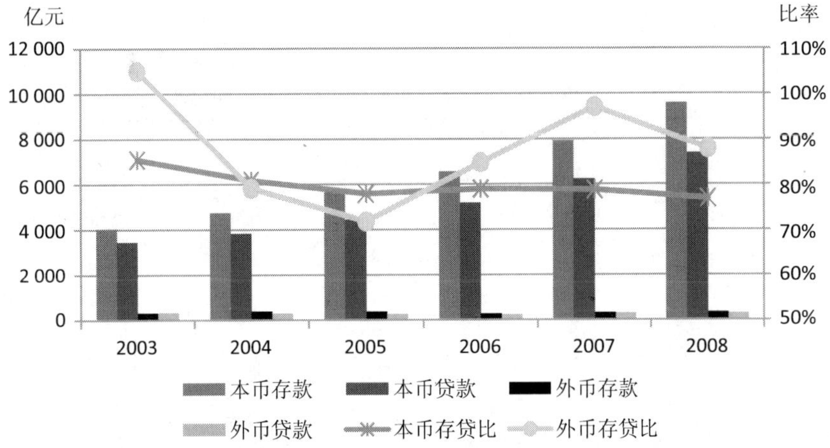


图 5.6　天津市金融部门币种结构

从天津市金融部门币种结构看，天津市外币存款率和外币贷款率均呈下降趋势。2001—2008 年间，外币贷款占贷款余额的比率从 8.87% 持续下降至 3.98%；而外币存款占存款余额的比率从 7.34% 先上升至 7.43% 后持续降至 3.49%，如图 5.7。综合看，天津市金融部门面临的货币错配风险不大。

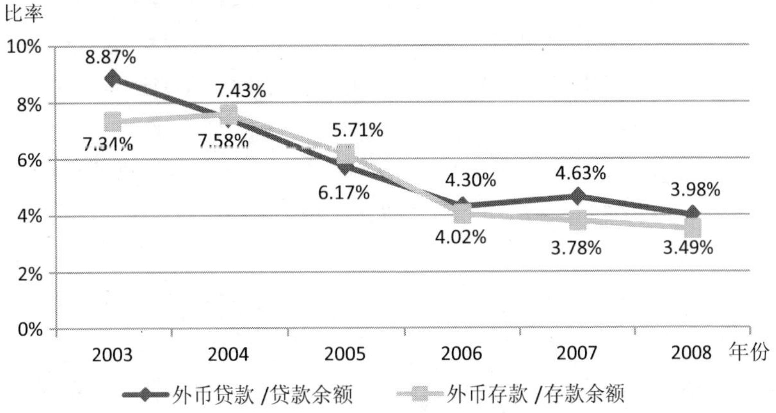


图 5.7　天津市金融部门外币存款占比和外币贷款占比

## 二、天津市企业部门宏观金融风险分析

### （一）企业部门资产负债表的编制

本小节主要考察天津市国有及规模以上非国有工业企业、所有建筑业企业、限额以上餐饮企业以及限额以上批发零售企业资产负债情况，编制企业部门1998—2008年资产负债表，如表5.3。

表5.3　1998—2008年天津市企业部门资产负债表　　单位：亿元

| 年份 | 总资产 | 流动资产 | 长期资产 | 总负债 | 流动负债 | 长期负债 | 总权益 |
|---|---|---|---|---|---|---|---|
| 1998 | 4 051.40 | 1 984.25 | 2 067.15 | 2 687.09 | 1 949.03 | 738.06 | 1 364.31 |
| 1999 | 4 357.07 | 2 083.49 | 2 273.58 | 2 806.62 | 2 044.61 | 762.01 | 1 550.45 |
| 2000 | 4 785.34 | 2 356.33 | 2 429.01 | 3 067.20 | 2 309.15 | 758.05 | 1 718.14 |
| 2001 | 5 163.61 | 2 491.15 | 2 672.46 | 3 211.41 | 2 409.65 | 801.76 | 1 952.20 |
| 2002 | 5 499.54 | 2 731.72 | 2 767.82 | 3 372.19 | 2 670.73 | 701.46 | 2 127.35 |
| 2003 | 5 923.08 | 3 123.11 | 2 799.97 | 3 690.87 | 2 954.98 | 735.89 | 2 232.20 |
| 2004 | 6 789.16 | 3 639.80 | 3 149.36 | 4 148.60 | 3 725.87 | 422.73 | 2 640.56 |
| 2005 | 8 402.20 | 4 823.65 | 3 578.55 | 5 238.66 | 4 496.77 | 741.89 | 3 163.54 |
| 2006 | 9 432.57 | 5 408.19 | 4 024.38 | 5 807.57 | 5 074.14 | 733.43 | 3 625.01 |
| 2007 | 11 281.46 | 6 573.68 | 4 707.78 | 7 225.08 | 6 317.45 | 907.63 | 4 056.37 |
| 2008 | 14 625.53 | 8 538.33 | 6 087.20 | 9 490.91 | 8 152.50 | 1 338.41 | 5 134.62 |

注：本表数据来源于1999—2008年《中国统计年鉴》，具体如下：

① 工业行业数据来源于中国统计年鉴——各地区规模以上工业企业主要指标统计表；建筑业资产、流动资产来源于中国统计年鉴——各地区建筑业企业资产统计表，负债、流动负债来源于中国统计年鉴——各地区建筑业企业负债及所有者权益统计表；批发零售业数据来源于各地区限额以上批发和零售业资产及负债统计表；餐饮业数据来源于各地区限额以上餐饮业资产及负债统计表。

② 对工业企业、建筑业企业、批发零售业、餐饮业部分缺失数据进行估算处理。相对建筑业、批发零售业及餐饮业，工业企业的资产负债在企业部门总的资产负债中占比最高，统计数据基本无缺失；餐饮业、批发零售及建筑业在总体中占比较低，统计数据存在个别缺失情况，对于缺失数据进行估算补齐后产生偏差对总体分析的影响不大。

③ 全部国有及规模以上非国有工业企业在2002年、2004年流动负债缺失，分别以2001年和2003年流动负债中值，以及2003年和2005年流动负债中值代替；建筑业2004年所有资产负债表数据缺失，均以2003年和2005年均值代替；批发零售业2004年总资产、流动资产和总负债数据缺失，均以2003年和2005年均值代替；餐饮业2004年总资产、流动资产和总负债数据缺失，均以2003年和2005年均值代替；批发零售业2002—2008年流动负债数据缺失，基于1999—2001年流动负债率（流动负债/总负债）分别取三年期滚动均值，并结合总负债进行估算；餐饮业2002—2008年的流动负债数据缺失，基于1999—2001年流动负债率（流动负债/总负债）分别取三年期滚动均值，并结合总负债进行估算。

### （二）企业部门资产负债表分析

天津市企业部门总资产负债规模持续扩大，截至2008年年末，企业部门总资产和总负债分别达到14 625.53亿元和9 490.91亿元；按四大行业资产在企业部门总资产中所占份额看，工业企业最高70.77%，其次批发零售业资产占比为17.86%，建筑业资产占比10.95%，餐饮业资产占比0.42%，如图5.8。以下结合天津市实际经济状况，对天津市企业部门宏观金融风险做进一步分析。

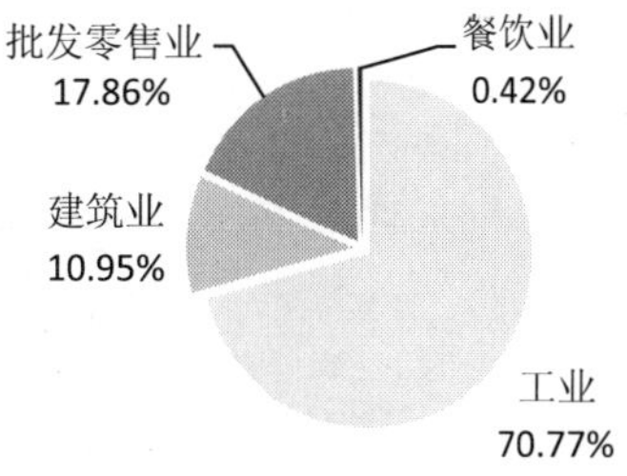


图5.8　天津市2008年四大行业资产占企业部门总资产的比重

1. 资本结构错配分析

如图5.9，天津市企业部门发展迅速，总资产由1998年的4 051.40亿元增长到2008年的14 625.53亿元，11年间一直保持上升的趋势。同时，负债的数量也随之增加，1998年负债为2 687.09亿元，到2008年时增加了3倍多。

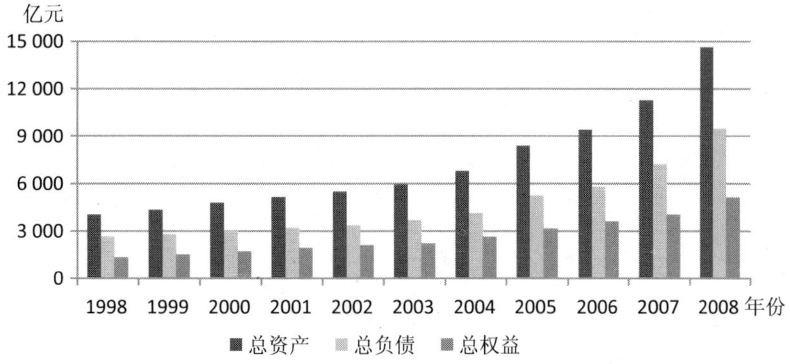


图5.9　天津市企业部门资本结构

从图5.10可以看出，天津市企业部门资产负债率从1998年到2001年呈现下降趋势，从66.32%下降到61.32%。而从2003年到2008年呈波动上升的趋势，样本区间内的最小值为2004年的61.11%。总体而言，天津市企业部门资产负债率在61%~67%间波动，资本结构存在一定的风险，天津市企业部门应继续致力于改善经营管理，稳步提升其盈利能力。

2. 期限错配风险分析

如图5.11，在样本区间内，天津市企业部门流动资产从1 984.25亿元增加到8 538.33亿元。流动资产在总资产中的比重保持上升趋势，从1998年的72.5%增加到2008年的85.9%。流动比率除2004年以外都在1以上，2008年流动比率上升至1.05，风险有所好转。

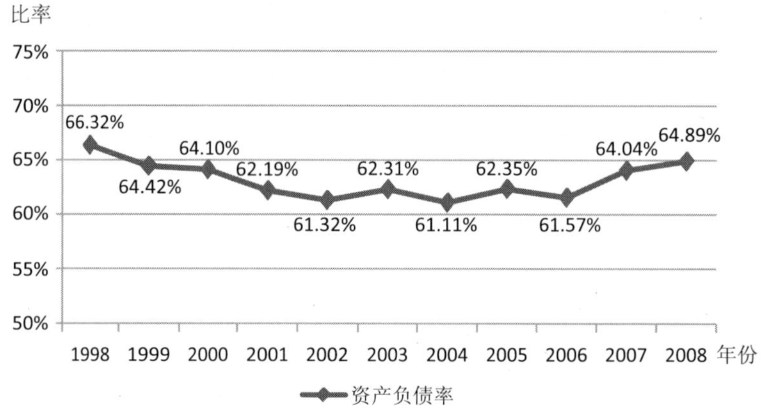


图 5.10　天津市企业部门资产负债率

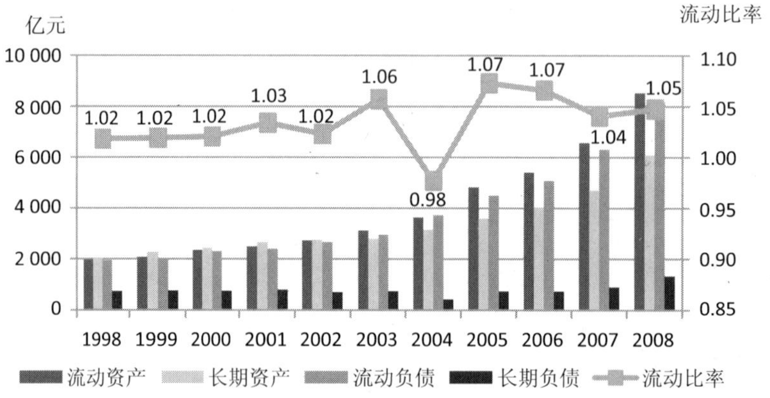


图 5.11　天津市企业部门期限结构

从天津市企业部门资产负债的期限结构看，如图 5.12，流动负债率总体高于流动资产率。其中，1998—2008 年间，天津市企业部门流动资产率持续上升，至 2008 年提高

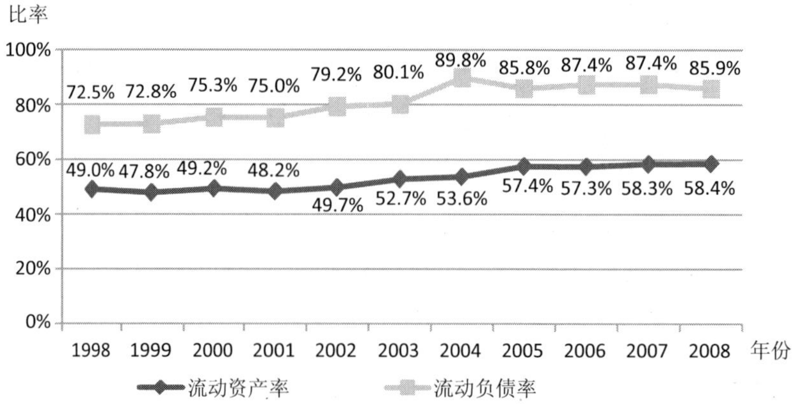


图 5.12　天津市企业部门流动资产率与流动负债率

至 58.4%；相比而言，天津市企业部门流动负债率最小值为 1998 年的 72.5%，2004 年达到最大值 89.8%，2004 年以后保持在 85% 左右。可见，企业部门的负债中绝大部分为流动负债，短期偿债压力较大。

3. 清偿能力风险分析

从图5.13看，天津市企业部门的产权比率从1998年到2008年经历了先降后升的趋势。具体来说，天津市企业部门的产权比率在 2004 年达到最低点 1.57，2004 年以后逐年增加，到 2008 年产权比率为 1.85。总的来说，天津市企业部门的产权比率偏高，面临一定的清偿力风险。

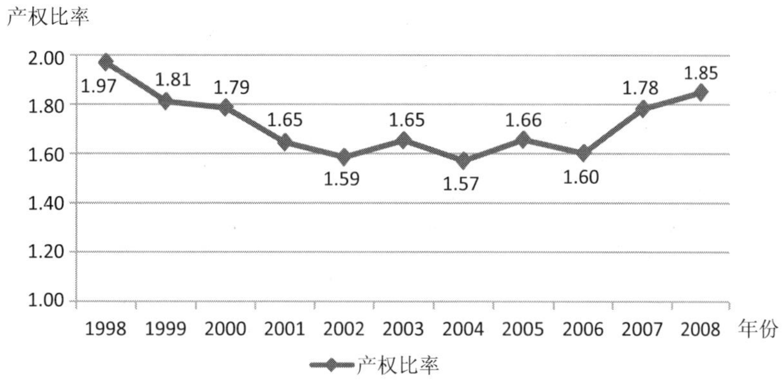


图 5.13　天津市企业部门产权比率

## 第 3 节　天津市或有权益资产负债表编制及分析

本节主要是采用或有权益资产负债表的方法进行金融部门和企业部分或有权益资产负债表的编制和分析。

### 一、天津市上市企业部门或有权益资产负债表编制及分析

上市企业部门的或有权益资产负债表输入数据有：权益市值、违约点、权益市值波动率和无风险利率，其中，权益市值和权益市值波动率根据国信股票分析软件天津市板块中的数据得到，股票价格采用前复权的方法后，每个企业（不包括金融企业）的权益市值可通过股票价格乘以现有股本数得到，加总处理后可得天津上市企业部门日权益市值，进一步计算即可得企业部门的年权益市值波动率；输入参数中的权益市值采用年

末数据；上市企业部门的违约点通过短期债务加一半的长期债务获得。具体可得2001—2009年天津上市企业部门或有权益资产负债表的输入参数如表5.4。

**表5.4 天津市上市企业部门或有权益资产负债表相关数据**

| 年份 | 权益市值 | 违约点 | 权益市值波动率 | 无风险利率 |
|---|---|---|---|---|
| 2001 | 755.91 | 180.51 | 23.32% | 2.25% |
| 2002 | 631.51 | 228.05 | 28.16% | 2.02% |
| 2003 | 635.06 | 271.67 | 18.71% | 1.98% |
| 2004 | 520.87 | 305.35 | 21.26% | 2.03% |
| 2005 | 505.89 | 330.34 | 24.97% | 2.25% |
| 2006 | 1 200.00 | 384.75 | 31.57% | 2.35% |
| 2007 | 9 480.00 | 1 009.07 | 43.92% | 3.26% |
| 2008 | 2 590.00 | 1 200.98 | 55.31% | 3.92% |
| 2009 | 4 767.14 | 1 446.82 | 39.09% | 2.25% |

通过MATLAB编程处理得到天津市上市企业部门或有权益表，如表5.5。

**表5.5 天津市上市企业部门或有权益资产负债表** 单位：亿元

| 年份 | 资产市值 | 债务市值 | 权益市值 | 年份 | 资产市值 | 债务市值 | 权益市值 |
|---|---|---|---|---|---|---|---|
| 2001 | 932.41 | 176.5 | 755.91 | 2006 | 1 575.90 | 375.90 | 1 200.00 |
| 2002 | 855.06 | 223.55 | 631.51 | 2007 | 10 456.44 | 976.44 | 9 480.00 |
| 2003 | 901.47 | 266.41 | 635.06 | 2008 | 3 751.62 | 1 161.62 | 2 590.00 |
| 2004 | 820.37 | 299.50 | 520.87 | 2009 | 6 181.79 | 1 414.65 | 4 767.14 |
| 2005 | 828.90 | 323.01 | 505.89 | | | | |

### （一）或有权益资产负债表分析

天津市企业部门债务市值从2001年到2009年总体保持了上升的趋势。从2001年的176.5亿元增长到2009年的1 414.65亿元。权益市值从2001年到2007年也保持增长，在2007年出现爆炸性增长，达到了9 480亿元。2008年和2009年又恢复到总体的增长路线上。总体来看，2002年至2005年，债务市值的增长速度略高于权益市值。但是在2006年、2007年和2009年，债务市值的增长速度要远远低于权益市值的增长速度。

从图5.15可以看出，天津市权益市值增长率在2002年到2005年一直都比较平缓，2006年和2007年有较大幅度的增加，增长率分别达到137.21%和690.00%，受金融危机的影响，天津市权益市值在2008年出现大幅下降，下降幅度达到72.68%。与上证指数的变化相比较可以反映出天津市权益市值受大盘影响的程度，2002年到2005年天津市权益市值变化趋势跟大盘情况一致。2008年天津市上市公司权益市值下降了72.68%，比

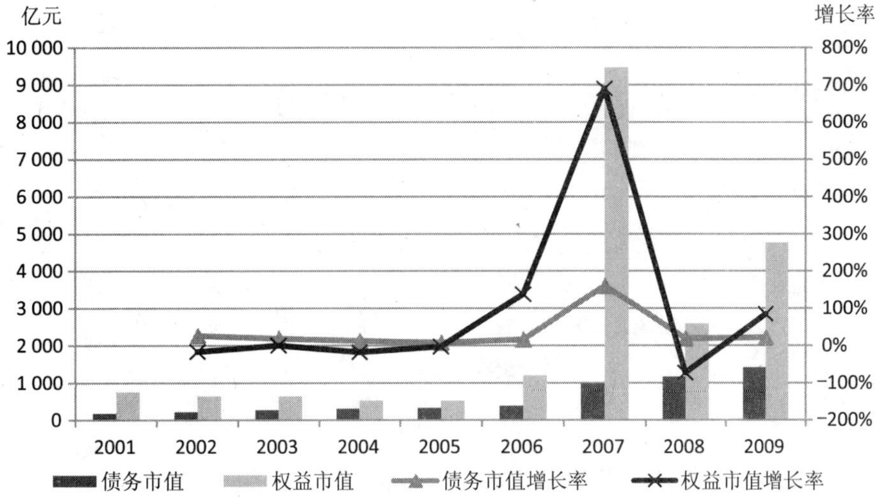


图 5.14　天津市上市企业部门债务市值和权益市值

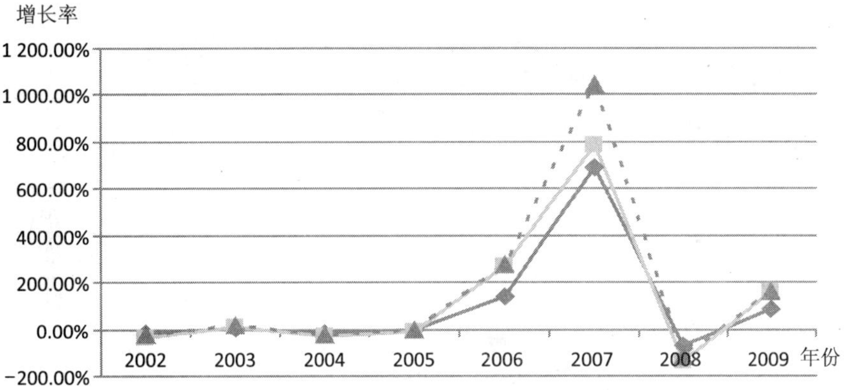


图 5.15　天津市上市企业部门权益市值、上证指数和权益账面价值的增长率

大盘下降幅度 65.39% 稍微大一点，而权益账面价值增长了 20.27%。

从图 5.16 可以看到，2001 年到 2007 年天津市企业部门资产账面价值和市值都在增长。其中，资产市值在 2001 年到 2006 年小幅增长，2007 年突然出现了一个飞跃。2007 年市值的高速增长与股票市场的过度繁荣是分不开的。总之，7 年间天津市企业部门的资产市值一直都高于账面价值，显示出其资产质量被市场认同，投资者信心稳定。

从图 5.17 可以看出，天津市上市企业部门或有资产负债率波动较大，最高在 2005 年达 38.97%，最小的是 2007 年仅为 9.34%。总体来看，天津市上市企业部门或有资产负债率远远低于账面价值的资产负债率。

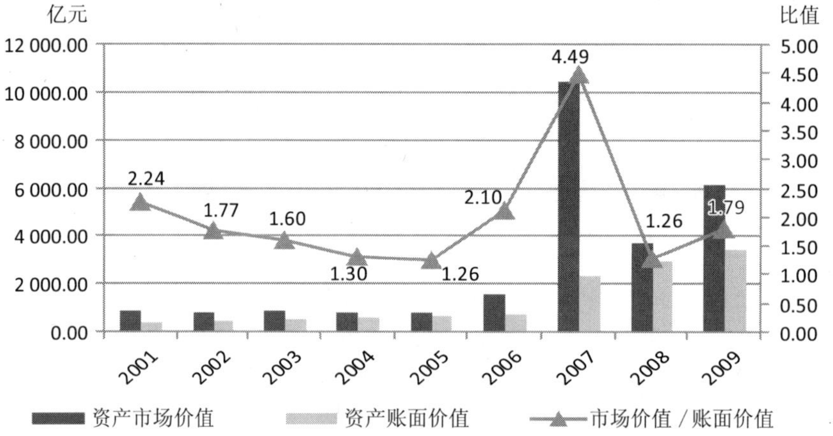


图 5.16　天津市上市企业部门资产账面价值和市场价值

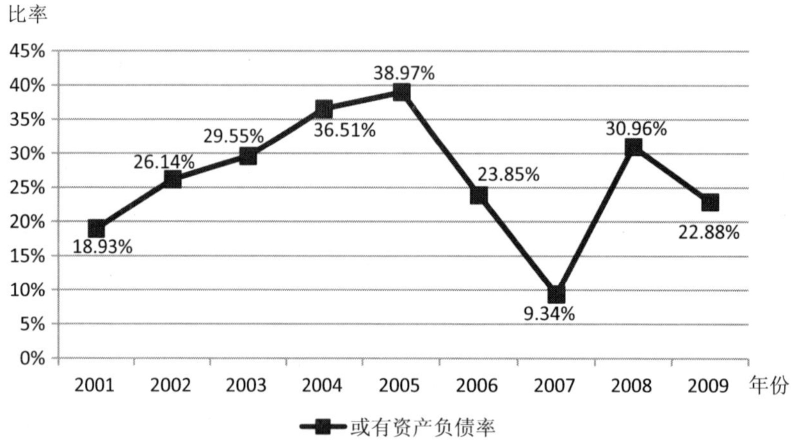


图 5.17　天津市上市企业部门或有资产负债率

### （二）风险表分析

根据风险指标的求解模型，输入各已知变量，运用 MATLAB 求解得出天津市上市企业部门的风险指标，所编制风险表如表 5.6。

**表 5.6　天津市上市企业部门风险表**

| 年份 | 资产市值波动率 | 违约概率 | 违约距离 | 年份 | 资产市值波动率 | 违约概率 | 违约距离 |
|---|---|---|---|---|---|---|---|
| 2001 | 18.91% | 0 | 4.265 4 | 2006 | 24.04% | 0 | 3.144 0 |
| 2002 | 20.80% | 0 | 3.525 6 | 2007 | 39.82% | 0 | 2.268 9 |
| 2003 | 13.18% | 0 | 5.300 9 | 2008 | 38.26% | 0.19% | 1.776 9 |
| 2004 | 13.50% | 0 | 4.649 1 | 2009 | 30.14% | 0 | 2.541 0 |
| 2005 | 15.24% | 0 | 3.947 0 | | | | |

以下根据风险表中的指标分析天津市上市企业部门的风险。

从图 5.18 中可以看出，从 2001 年到 2006 年，天津市上市企业部门资产市值波动率变化不大。2006 年以后，资产市值波动率开始上升，并且在 2007 年达到 39.82%，成为样本时间段内的最大值，之后又下降。总体来看，天津市上市企业部门资产市值波动率和权益市值波动率在全国处于较高水平。

图 5.18　天津市上市企业部门资产市值波动率

如图 5.19，从 2001 年至 2008 年，天津市上市企业部门违约距离总体呈现减小的趋势。在 2007 年，资产市值波动率增加，违约距离减小。综合三种风险指标来看，2003 年至 2007 年该时间段内，上市企业部门所面临的风险逐渐增大，并且违约概率也在上升。

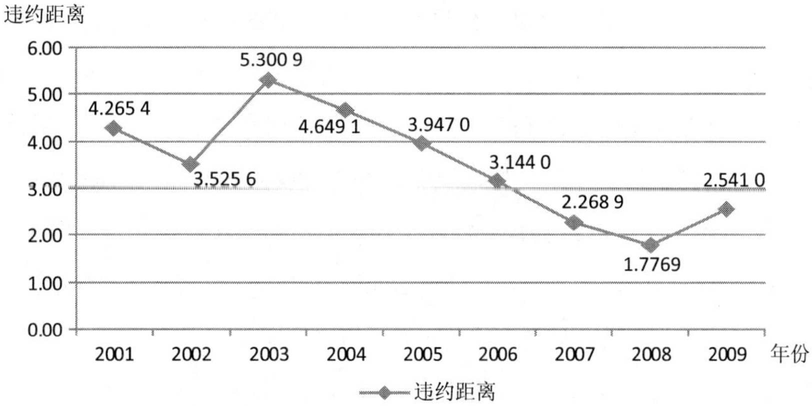


图 5.19　天津市上市企业部门违约距离

## 二、天津市企业部门或有权益资产负债表编制及分析

根据处理企业部门整体或有权益相关数据的方法，整理相关数据如表 5.7。

**表 5.7　天津市企业部门或有权益资产负债表输入数据**

| 年份 | 权益市值 | 违约点 | 权益市值波动率 | 无风险利率 |
|---|---|---|---|---|
| 2001 | 6 590.52 | 2 810.53 | 23.32% | 2.25% |
| 2002 | 5 526.76 | 3 021.46 | 28.16% | 2.02% |
| 2003 | 5 525.27 | 3 322.93 | 18.71% | 1.98% |
| 2004 | 4 786.86 | 3 937.24 | 21.26% | 2.03% |
| 2005 | 5 259.28 | 4 867.71 | 24.97% | 2.25% |
| 2006 | 13 296.79 | 5 440.85 | 31.57% | 2.35% |
| 2007 | 32 797.04 | 6 771.27 | 43.92% | 3.26% |
| 2008 | 9 430.81 | 8 821.71 | 55.31% | 3.92% |

通过 matlab 编程处理得到天津市企业部门或有权益表，如表 5.8。

**表 5.8　天津市企业部门或有权益资产负债表**　　单位：亿元

| 年份 | 资产市值 | 债务市值 | 权益市值 | 年份 | 资产市值 | 债务市值 | 权益市值 |
|---|---|---|---|---|---|---|---|
| 2001 | 9 338.77 | 2 748.25 | 6 590.52 | 2005 | 10 018.93 | 4 759.65 | 5 259.28 |
| 2002 | 8 487.72 | 2 960.96 | 5 526.76 | 2006 | 18 615.51 | 5 318.71 | 13 296.79 |
| 2003 | 8 782.42 | 3 257.15 | 5 525.27 | 2007 | 39 356.45 | 6 559.41 | 32 797.04 |
| 2004 | 8 645.07 | 3 858.21 | 4 786.86 | 2008 | 18 019.92 | 8 589.11 | 9 430.81 |

### （一）或有权益资产负债表分析

天津市企业部门资产市值在 2001—2004 年间变化比较平稳，2001 年资产市值为 9 338.77 亿元，2002 年资产市值和权益市值下降，2003—2005 年负债市值持续上升。2006 年资产市值和权益市值大幅升水，2007 年两者增速进一步加大。2008 年国内资本市场大幅下跌，企业部门权益市值和资产市值缩水率达到 54.21% 和 71.24%，如图 5.20。

如图 5.21，天津企业部门资产账面价值在 2001—2008 年间平稳增加，资产市场价值在 2001—2007 年间先降后升，2001—2006 年资产市值和资产账面价值差距不大，说明这段时间天津企业部门的市值评价是理性的。2007 年由于股市大涨从而使资产市值达到一个新的高度，2008 年随股市回落而回落，2009 年有所回升。

如图 5.22，天津市企业部门或有资产负债率波动较大，最高值在 2005 年，达 48.66%，最小值为 2007 年的 17.48%。2006 年、2007 年或有资产负债率大幅下降，2008 年上升至 47.66%；2004—2008 年间，企业部门资产负债率呈缓慢上升趋势。

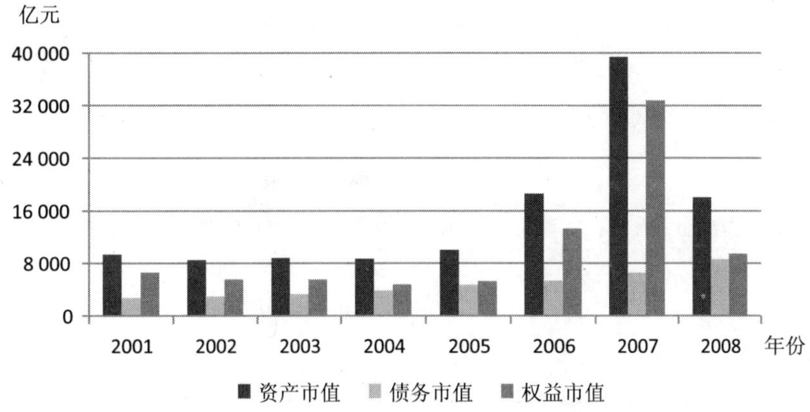


图 5.20　天津市企业部门或有权益资本结构

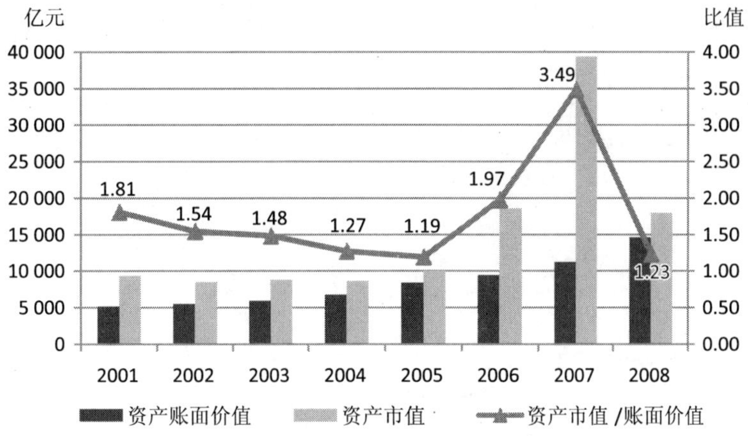


图 5.21　天津市企业部门资产账面价值与资产市值比较

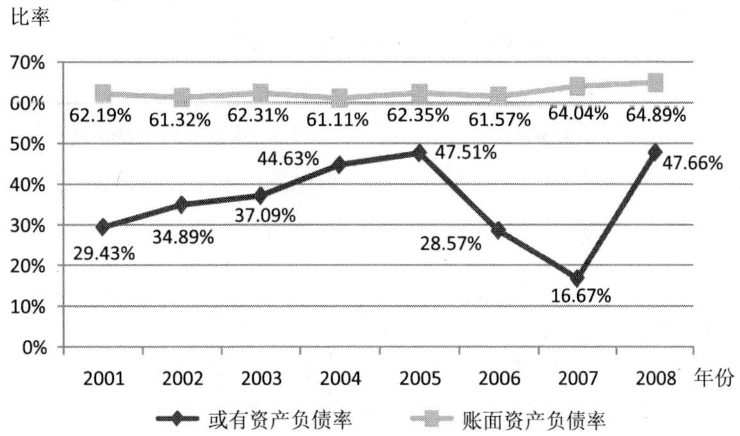


图 5.22　天津市企业部门或有资产负债率

### （二）风险表分析

根据风险指标的求解模型，输入各已知变量，运用 MATLAB 求解得出天津市企业部门的风险指标，所编制风险表如表 5.9。

**表 5.9 天津市企业部门风险表**

| 年份 | 资产市值波动率 | 违约概率 | 违约距离 | 年份 | 资产市值波动率 | 违约概率 | 违约距离 |
|---|---|---|---|---|---|---|---|
| 2001 | 16.46% | 0 | 4.25 | 2005 | 13.11% | 0 | 3.92 |
| 2002 | 18.34% | 0 | 3.51 | 2006 | 22.55% | 0 | 3.14 |
| 2003 | 11.77% | 0 | 5.28 | 2007 | 36.60% | 0 | 2.26 |
| 2004 | 11.77% | 0 | 4.63 | 2008 | 29.16% | 0 | 1.75 |

下面分别分析天津市企业部门的风险指标。

从图 5.23 中可以看到，天津市企业部门的资产市值波动率在 2001 年至 2005 年间比较平稳，波动幅度不是很大，在 2006 年和 2007 年两年间出现了大幅的上涨，2008 年又有所下降。

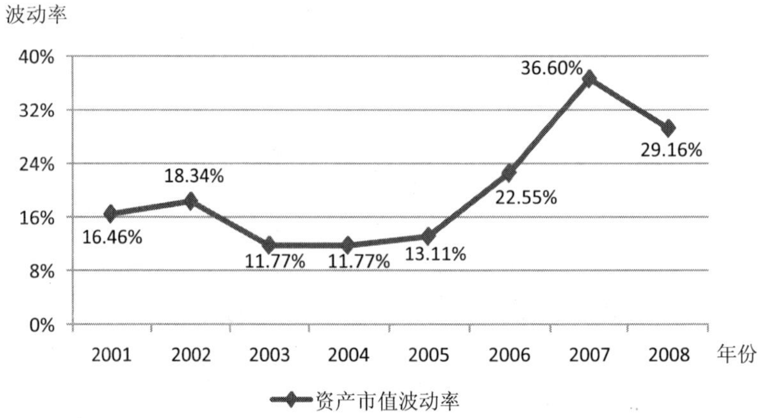


图 5.23 天津市企业部门资产市值波动率

从图 5.24 看，天津市企业部门的违约距离在 2003 年至 2008 年间持续下降，违约风险持续上升。其中，违约距离于 2008 年达到样本期间内的最低点，仅为 1.75。

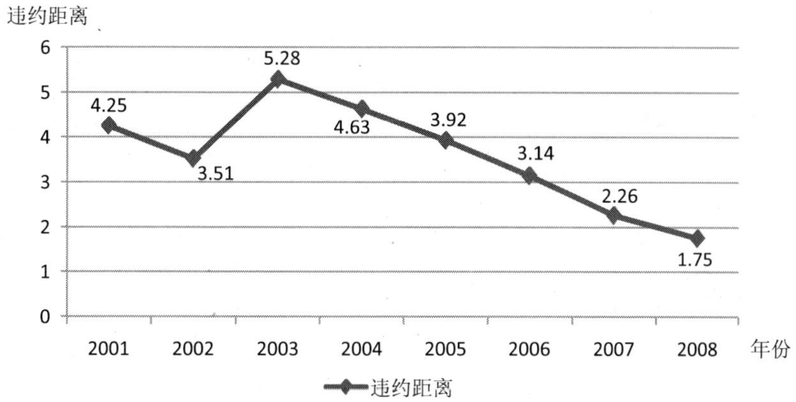


图 5.24　天津市企业部门违约距离

## 第 4 节　结论及政策建议

本章在对天津市经济金融运行概况以及相关文献进行归纳的基础上，基于账面价值资产负债表对天津市金融部门和企业部门在运行过程中潜在的风险进行了分析，并结合市场信息编制上市企业和企业部门整体的或有权益资产负债表以分析宏观经济运行过程中的潜在风险。

首先，在基于账面价值的资产负债表分析中，发现金融部门和企业部门均存在不同程度和不同类别的风险。金融部门资产负债表主要涵盖银行类金融机构，分析表明天津市金融部门面临着一定的期限矛盾，持续增加的中长期贷款需求与存款结构存在一定的结构性错配，并且外币存贷比较低。通过对企业部门的资产负债表分析可以看出，企业部门期限错配风险逐步改善，但不容忽视的是，企业部门的负债中绝大部分为流动负债。而且，随着总资产规模持续扩大，总负债以更快的速度增长，资产负债率略微偏高，样本区间内的最小值为 61.67%，天津市企业部门应关注企业部门的资产负债率，企业部门有待通过合理途径增加股权融资比例。

其次，基于市场价值的或有权益资产负债表及相关指标分析中，企业部门的或有权益资产负债表的输入参数中，权益市值以上市企业为基础进行估算，用上市企业权益市值波动率替代企业部门的波动率。上市企业和企业部门资产市值在 2001—2005 年间变化幅度较小，2006 年和 2007 年随着资本市场发展的加快，股票市场波动性增大，收益率增加，资产市值在 2007 年大幅提升，达到了样本区间内的最大值。由于 2008 年金融危机的蔓延，国内资本市场受到严重影响，上市企业和企业部门市场价值均大幅下滑，上市企业和企业部门各项指标均表明了违约风险的上升。2009 年，随着全球经济的复苏，资本市场开始活跃，上市企业运营所面临的违约风险也在下降，资产市场价值也增长至 6 181.79 亿元。综合看来，基于市场信息的或有权益资产负债表及相关指标分析表明企业部门在 2005 年和 2008 年风险较高，尤其 2008 年企业部门的违约概率骤升。

对此，提出如下几点建议：

（1）组建大型金融控股集团

天津目前的金融资源相对分散，并且缺乏大型的金融机构总部以及金融集团等，这在很大程度上限制了天津市金融实力的进一步提高，为此必须通过各种途径，如收购、兼并等措施构建大型金融控股集团。同时，鉴于天津市滨海新区发展的实际，可以通过更多的政策引导大型金融机构在这里落户，通过大规模资源整合实现天津金融的做大做强。

（2）大力推动天津离岸金融市场建设

离岸金融市场是金融市场的重要组成部分，也是提升金融核心竞争力必不可少的组成部分，为此天津市必须大力发展离岸金融市场，加强离岸金融市场建设。可以逐步深化人民币经常项目下的外汇管理制度改革，推广符合国际惯例的做法，以顺利开展离岸金融市场业务。在完善金融市场结构的基础上逐步发展建立离岸证券金融交易市场，吸引越来越多的境外企业在天津上市，提升天津金融市场的质量和核心竞争力，并逐步扩大天津金融业规模。

# 第 6 章　河北省宏观金融风险研究



河北与北京、天津共同构成的京津冀经济区内拥有近 1.2 亿消费群体，市场容量占全国大陆总量的 10% 以上，是全国市场容量最大的地区之一。经过多年发展，全省现已形成化工（医药）、冶金、建材、机械、食品五大支柱产业，与经济的快速发展不同，金融服务业没有得到迅速的提高，面临着各种宏观金融风险。本章将基于账面价值和市场价值的宏观资产负债表对河北省主要经济部门运行潜在的风险进行识别和度量，并提出相关政策建议。

## 第 1 节　引言

本节主要介绍河北省的经济运行概况和金融运行概况，并对国内关于河北省金融风险的相关研究做一小结。

### 一、河北省经济金融概况

**（一）河北省经济运行概况**

河北省是我国最大的产棉基地，其他农作物有小麦、玉米、花生等。河北省国民经济保持平稳较快增长，生产总值从 2001 年的 5 516.76 亿元增加到 2008 年的 16 188.6 亿元，如表 6.1，如图 6.1，2003—2008 年间，河北省生产总值持续保持两位数增长。但河北省经济结构性矛盾仍较突出，特别是产业结构不合理，对资源的依赖较强。

**表 6.1　河北省生产总值**　　单位：亿元

| 年份 | 2001 | 2002 | 2003 | 2004 | 2005 | 2006 | 2007 | 2008 |
|---|---|---|---|---|---|---|---|---|
| GDP | 5 516.76 | 6 018.28 | 6 921.29 | 8 477.63 | 10 096.11 | 11 660.40 | 13 863.50 | 16 188.60 |

注：本表数据来源于 2001—2008 年河北省统计公报。

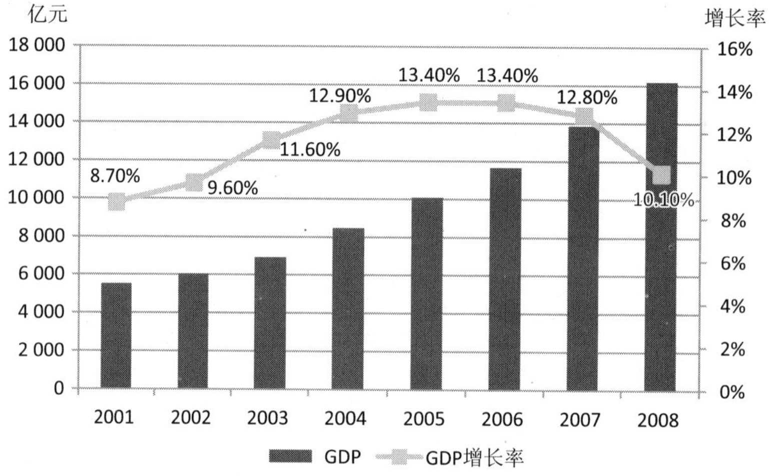


图 6.1　河北省历年 GDP 变化趋势

河北省 2008 年地区生产总值比上年增长 10.1%，人均 GDP 达 23 239 元。投资需求贡献率同比提高了 3 个百分点，全社会固定资产投资完成 8 800 亿元，增长 28% 左右，其中城镇固定资产投资完成 7 410 亿元，增长 30%，增速比上年分别加快 3.6 和 2.9 个百分点。社会消费品零售总额完成 4 880 亿元，增长 22% 以上。在金融危机、贸易伙伴需求疲软等不利因素影响下，全年河北省进出口仍然实现了良好增长，完成 380 亿美元，增长 49% 左右；其中出口总值达 233 亿美元，增长 37%。河北省 2008 年实际利用外资 36 亿美元，增长 20% 左右[①]。

### （二）河北省金融运行概况

河北省金融市场发展迅速，竞争能力有所提高。全省金融产业增加值 2008 年达到 419 亿元，占全省生产总值的 2.59%，金融产业对经济增长的贡献率为 2.6%，直接拉动经济增长 0.2 个百分点。

从表 6.2 可以看出，银行业总资产规模增长较快，2005 年时资产总额为 12 328.9 亿元，

① 数据来源于《河北省 2008 年金融运行报告》。

而在2008年达到了20 708亿元；银行机构个数有所减少，从2005年的10 720个减少到2008年的9 952个；从业人员从2005年的135 512人增加至2008年的140 134人。

**表6.2　河北省历年银行机构个数和资产**

| 指标 | 2005 | 2006 | 2007 | 2008 |
|---|---|---|---|---|
| 资产总额（亿元） | 12 328.9 | 14 145 | 16 264 | 20 708 |
| 从业人数（人） | 135 512 | 136 032 | 147 219 | 140 134 |
| 机构数量（个） | 10 720 | 10 232 | 10 048 | 9 952 |

注：本表数据来源于《2005—2008年河北省金融运行报告》。

截至2008年年末，河北省银行业金融机构总资产达到20 708亿元，比上年增加4 444亿元。2008年，全省银行业金融机构本外币存款余额达17 844.8亿元，居全国第9位。① 截至2008年年末，全省有上市公司56家，累计直接融资870亿元。其中2008年直接融资210亿元，占全部融资的比重达到14.72%。证券市场平稳发展，全年有4家企业在美国首发上市，融资630万美元，6家上市企业实现再融资63.3亿元，占全国融资比例由2007年的0.9%提高到2008年的1.9%。期货市场发展较快，但与经济发达地区还有较大差距。短期融资融券注册额度为108亿元，发行金额63亿元。债券回购业务交易量大幅增长，其中质押式回购同比增长47.7%，买断式回购同比增长733.8%。商业承兑汇票业务得到了快速发展，2008年全年累计签发52.2亿元，大大改善了河北省票据市场融资结构。

与沿海省市相比，河北省金融发展仍然面临诸多问题，如金融产业发展相对滞后以及金融结构矛盾突出、直接融资比例偏低、地方金融机构实力相对薄弱等问题。金融对经济的贡献度较低，金融产业增加值占GDP的比重与全国平均水平还有一定的差距。金融市场发育尚不成熟，金融资源配置效率低，2008年存贷比为53.27%，在全国属于偏低水平。

## 二、文献综述

目前，我国学术界研究河北宏观金融风险的文献比较少，且现有文献大多主要研究河北经济运行，以下是比较典型的相关文献。

樊亚宾（2008）认为通过引进和监管外商直接投资，以促进河北经济发展方式的转变是一种合理而可行的选择。因此，应采取引导外商直接投资的产业方向、促进外商直接投资技术溢出等措施，将外商直接投资纳入到转变河北经济发展方式的轨道上，从而推动河北经济又好又快发展。

① 数据来源：《2008年河北金融运行报告》。

王喜平（2006）利用河北省1989—2003年的相关宏观经济统计数据，测算对外贸易经济对经济增长的贡献和拉动度及对外贸易与河北省经济增长之间的数量关系。通过实证分析，得出了进出口贸易能促进河北省的经济增长，并促进河北省的经济可持续发展的结论。由于出口对河北经济增长具有更大的促进和拉动作用，出口比进口具有更高的产出弹性，加大出口工作力度，从而增加出口对经济增长的拉动作用，应该成为河北经济工作中一项长期的政策选择。因此，大力开发国外市场，千方百计增加出口，提高河北GDP的出口弹性，对促进河北经济增长来说，既是紧迫任务，也是长期战略选择。

刘成林（2007）分析得出目前投资是河北经济增长的主导动力，消费拉动经济增长的能力仍显不足。但从发展趋势看，如果不积极转变经济增长方式，推动经济增长由投资主导向投资、消费共同主导转变，河北经济发展将越发受制于宏观环境的变化，从而给经济增长造成隐患。服务业发展水平的滞后，弱化了消费对经济增长的拉动作用。大力发展服务业成为适应消费结构升级、推动消费热点转化为经济增长点的重要途径。

赵秀恒、张杨（2007）利用一系列数据对比，找到了影响河北经济增长速度的因素：第二产业贡献率降低，对经济增长速度的拉动作用减弱；消费、投资及净出口的需求不足；开放程度不高，参与世界经济活动的能力较低，影响了本省经济的增长速度；科技创新能力较差。最后提出了如下建议：继续扩大投资规模，提高投资率，促进河北经济的快速发展；提高城乡居民收入，刺激居民的消费需求；进一步推进改革开放，扩大利用外资规模，提升净出口力度；充分利用环京津的资源优势，抓住“十一五”的发展机遇，实现河北经济的跨越式发展。

## 第2节　河北省部门资产负债表编制及分析

本节使用国家资产负债表方法对河北省的经济和金融风险问题进行研究，基于资产负债表方法的实证研究主要包括对河北省金融部门和企业部门风险的识别和度量，以及对整体风险进行基于账面价值的评判。

### 一、河北省金融部门资产负债表编制及分析

#### （一）金融部门资产负债表编制

本章编制河北省金融部门2003—2008年资产负债表如表6.3，主要涵盖全省银行业

金融机构。

表 6.3　河北省金融部门资产负债表　　单位：亿元

| 年份 | 2003 | 2004 | 2005 | 2006 | 2007 | 2008 |
|---|---|---|---|---|---|---|
| **总资产** | 9 223.0 | 10 482.0 | 12 328.9 | 14 145.0 | 16 264.0 | 20 708.0 |
| 贷款余额 | 5 785.7 | 6 233.9 | 6 480.8 | 7 480.2 | 8 486.5 | 9 506.7 |
| 短期贷款 | 3 366.7 | 3 444.9 | 3 395.5 | 3 752.8 | 4 114.2 | 4 136.0 |
| 票据融资 | — | — | 434.6 | 624.7 | 408.6 | 621.7 |
| 中长期贷款 | 1 980.0 | 2 246.2 | 2 498.6 | 3 053.5 | 3 904.7 | 4 702.6 |
| 本币贷款 | 5 667.9 | 6 152.2 | 6 415.2 | 7 411.9 | 8 397.8 | 9 453.3 |
| 外币贷款 | 117.8 | 81.7 | 65.6 | 68.3 | 88.7 | 53.4 |
| **总负债和权益** | 9 223.0 | 10 482.0 | 12 328.9 | 14 145.0 | 16 264.0 | 20 708.0 |
| 存款余额 | 8 116.5 | 9 386.5 | 10 888.3 | 12 675.9 | 14 474.3 | 17 844.8 |
| 企业存款 | 1 732.4 | 2 083.6 | 2 360.3 | 2 870.4 | 3 592.5 | 4 129.7 |
| 居民储蓄 | 5 457.0 | 6 207.5 | 7 084.1 | 8 014.2 | 8 922.4 | 11 435.6 |
| 活期存款 | 1 392.9 | 1 690.2 | 1 987.3 | 2 407.4 | 2 827.7 | 3 461.4 |
| 定期存款 | 4 064.1 | 4 517.3 | 5 096.8 | 5 606.8 | 6 094.7 | 7 974.2 |
| 本币存款 | 7 960.8 | 9 249.9 | 10 764.9 | 12 551.6 | 14 355.6 | 17 709.0 |
| 外币存款 | 155.7 | 136.6 | 123.4 | 124.3 | 118.7 | 135.8 |

注：河北省金融部门资产负债表涵盖银行类金融机构资产负债表，数据来源于《中国统计年鉴》、《河北省统计年鉴》、《河北省金融运行报告》等，具体如下：

① 总资产、总负债和权益、贷款余额、短期贷款、中长期贷款、存款余额数据从 2004—2008 年《河北省金融运行报告》获得，2003 年数据根据 2004 年的增长率推算出。

② 本币贷款和外币贷款，本币存款和外币存款数据从 2004—2008 年《河北省金融运行报告》中附表获得，2003 年数据根据 2004 年的增长率推算出。

③ 企业存款、居民储蓄、活期存款、定期存款和票据融资数据从 2004—2008 年《河北省统计年鉴》获得。其中，居民储蓄、活期存款和定期存款以及 2002 年至 2005 年的企业存款为中资银行机构数据不包括外币。

### （二）金融部门资产负债表分析

1. 资本结构错配分析

如图 6.2，河北省金融部门贷款余额和存款余额持续增长，分别由 2003 年 5 785.7 亿元、8 116.5 亿元增长至 2009 年 9 506.7 亿元、17 844.8 亿元。2007 年，在连续调高准备金率和利率的作用下，贷款增速由年初的 17.4% 下降到年末的 13.4%；2008 年国际金融危机背景下，为适应形势发展和变化的需要，河北省研究制定了《关于加大信贷投入支持全省经济平稳较快增长的指导意见》，明确了“九条”扩大内需保增长的具体措施，河北省银行业支持经济发展的作用明显增强，信贷投放力度加大，人民币贷款增量首次突破千亿元，贷款增速较上年提高 3 个百分点。对于存款余额，在 2003—2006 年间，由于资本

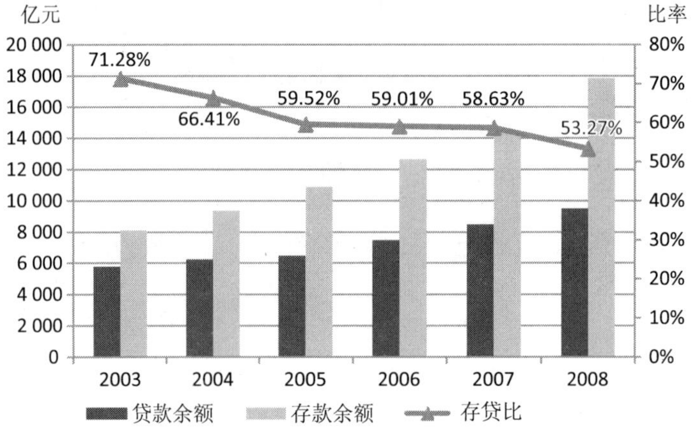


图 6.2　河北省金融部门存贷比

市场的储蓄分流一定程度上导致了存款增速下降，2007 年起存款增速逐步上升，2009 年随着全球经济回暖，金融部门贷款余额和存款均大幅增长。从存贷比看，河北省金融部门存贷比总体呈下降趋势，从 2003 年为 71.28% 降至 2008 年 53.27%，均低于我国央行规定的商业银行最高存贷比 75%，与全国变化趋势较为一致。

如图 6.3，河北省金融部门资产规模在 2003—2008 年间平稳增加，并且表现出了加速增长的态势。截至 2008 年年底，资产总额达 20 708 亿元，在金融危机背景下，河北省金融部门资产增长仍然保持了 27.32% 的高速增长。2003—2008 年各项贷款余额占总资产的比重逐年下降，说明河北省金融部门资产结构逐渐优化，其他资产业务发展力度加强。

2. 期限错配风险分析

如图 6.4，河北省金融部门的各项贷款余额中，中长期贷款的比重在逐年增长，说

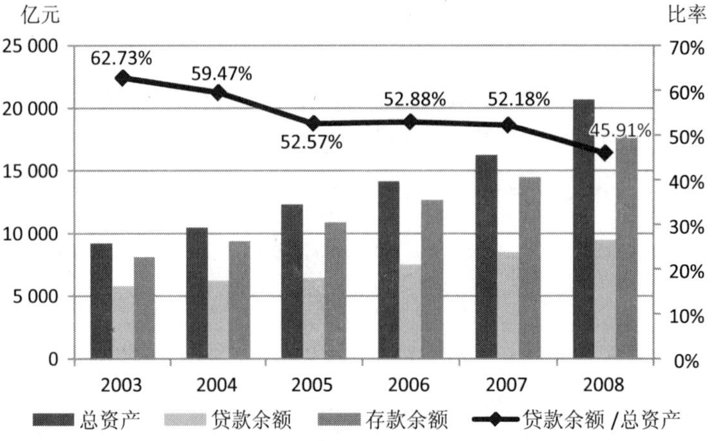


图 6.3　河北省金融部门资本结构

明资金运用逐步转向了中长期贷款，但短期资产的比重较大。2008 年，河北省贷款投向集中度较高，制造业新增贷款 483.1 亿元，交通运输、仓储和邮政业新增贷款 209.1 亿元，电力、燃气及水的生产和供应业新增贷款 170.3 亿元，三类行业占新增贷款的 60.5%。而这些行业的贷款需求多为中长期贷款，导致河北省贷款资金长期化趋势明显，2008 年河北省中长期贷款占贷款余额比重为 49.47%，同比提升 3.46 个百分点。

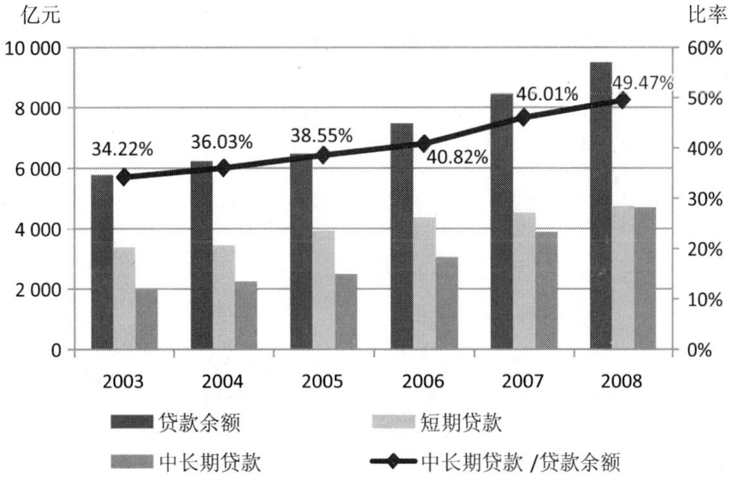


图 6.4　河北省金融部门贷款结构

如图 6.5，在 2003—2005 年，定期存款的比重逐年减小，从 2003 年的 74.47% 降低至 2007 年的 68.31%，在 2008 年上升至 69.73%。总体而言，河北省存款构成中活期存款所占比重不大，相比其他省份而言，河北省存款活期化现象不严重。从存款活期比率看，

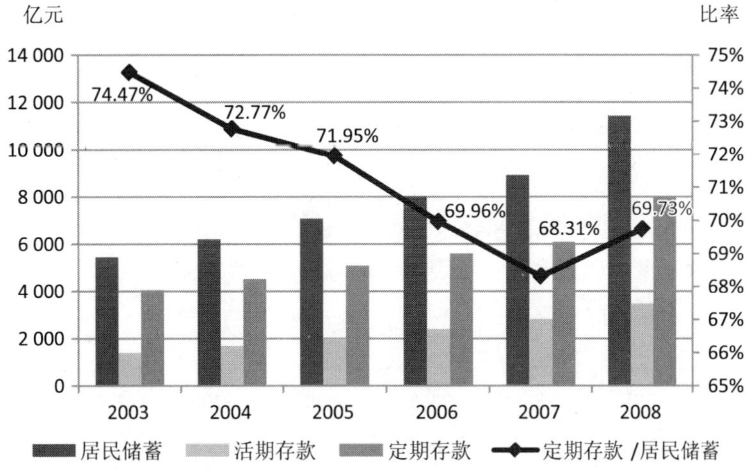


图 6.5　河北省金融部门存款结构

2003—2007年间呈上升趋势，活期存款所占比重从2003年的25.53%上升至2007年的31.69%，2007年股票市场持续上扬、资本市场的波动性加大、股票收益率提高、消费持续活跃且房地产市场交易量的放大促使储蓄存款持续分流，活期比率达2003年以来最高。2008年，居民储蓄受资本市场的低迷和市场利率下行预期等因素影响，储蓄存款活期化趋弱，储蓄存款活期比率下降30.29%。

综合以上分析，河北省储蓄存款中定期存款仍然占主要部分，资金来源比较稳定，贷款主要投向制造业等，中长期化趋势明显，河北省金融部门期限错配风险不大。

3. 货币错配风险分析

如图6.6和图6.7，从河北省金融部门币种结构看，2003—2008年间，外币贷款占贷款余额的比率从2.04%持续下降至0.91%后，2007年上升为1.05%，在2008年又下降

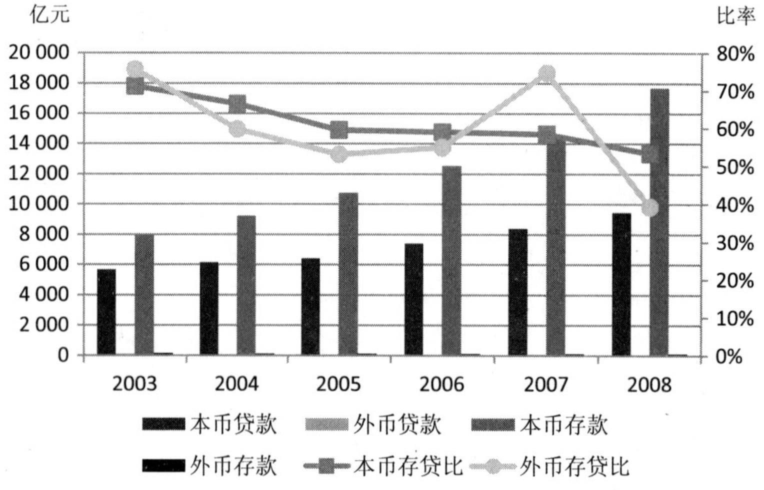


图6.6 河北省金融部门币种结构

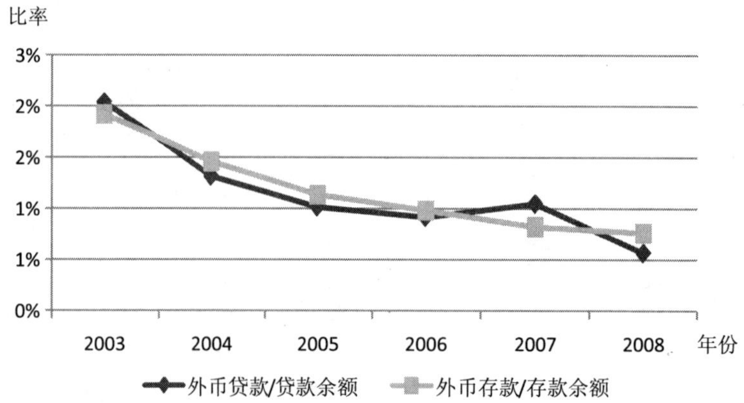


图6.7 河北省金融部门外币存款和外币贷款

至 0.56%；而外币存款占存款余额的比率从 1.92% 降至 0.76%。外币存贷比在 2006 年之前持续下降，2007 年大幅度上升至 74.73%，2008 年又大幅下降至 39.32%，与外币存贷比波动较大不同，本币存贷比比较稳定。河北省货币错配风险不大。

## 二、河北省企业部门宏观金融风险分析

### （一）企业部门资产负债表的编制

本文主要考察河北省国有及规模以上非国有工业企业、所有建筑业企业、限额以上餐饮企业以及限额以上批发零售企业资产负债情况，编制企业部门 1998—2008 年资产负债表，如表 6.4。

**表 6.4　1998—2007 年河北省企业部门资产负债表**　　单位：亿元

| 年份 | 总资产 | 流动资产 | 长期资产 | 总负债 | 流动负债 | 长期负债 | 总权益 |
|---|---|---|---|---|---|---|---|
| 1998 | 5 414.74 | 2 383.95 | 3 030.79 | 3 532.50 | 2 535.89 | 996.61 | 1 882.24 |
| 1999 | 5 927.20 | 2 529.36 | 3 397.84 | 3 739.95 | 2 663.92 | 1 076.03 | 2 187.25 |
| 2000 | 6 202.96 | 2 657.71 | 3 545.25 | 3 965.45 | 2 823.38 | 1 142.07 | 2 237.51 |
| 2001 | 6 804.66 | 2 904.94 | 3 899.72 | 4 401.82 | 3 088.14 | 1 313.68 | 2 402.84 |
| 2002 | 7 242.49 | 3 122.93 | 4 119.56 | 4 596.58 | 3 318.87 | 1 277.71 | 2 645.91 |
| 2003 | 8 294.60 | 3 695.27 | 4 599.33 | 5 194.44 | 3 846.24 | 1 348.20 | 3 100.16 |
| 2004 | 9 331.17 | 4 211.02 | 5 120.15 | 5 901.87 | 4 490.13 | 1 411.74 | 3 429.30 |
| 2005 | 11 144.67 | 5 132.42 | 6 012.25 | 6 936.31 | 5 422.27 | 1 514.04 | 4 208.36 |
| 2006 | 13 043.54 | 5 962.12 | 7 081.42 | 8 078.38 | 6 314.48 | 1 763.90 | 4 965.16 |
| 2007 | 15 804.93 | 7 402.46 | 8 402.47 | 9 544.12 | 7 365.50 | 2 178.62 | 6 252.81 |
| 2008 | 20 193.62 | 9 280.62 | 10 913.00 | 12 551.19 | 9 908.66 | 2 642.53 | 7 642.43 |

注：本表数据来源于 1998—2009 年《中国统计年鉴》和《河北省统计年鉴》，具体如下：

① 工业行业数据来源于《中国统计年鉴》——各地区规模以上工业企业主要指标统计表；建筑业资产、流动资产数据来源于《中国统计年鉴》——各地区建筑业企业资产统计表，负债、流动负债数据来源于《中国统计年鉴》——各地区建筑业企业负债及所有者权益统计表；批发零售业数据来源于各地区限额以上批发和零售业资产及负债统计表；餐饮业数据来源于各地区限额以上餐饮业资产及负债统计表。

② 对工业企业、建筑业企业、批发零售业、餐饮业部分缺失数据进行估算处理。相对建筑业、批发零售业及餐饮业，工业企业的资产负债在企业部门总的资产负债中占比最高，统计数据基本无缺失；餐饮业、批发零售及建筑业在总体中占比较低，统计数据存在个别缺失情况，对于缺失数据进行估算补齐后产生的偏差对总体分析影响不大。

③ 全部国有及规模以上非国有工业企业 2004 年流动负债数据缺失，以 2003 年流动负债的年增长率进行替代，估算出 2004 年的流动负债，并进一步计算出长期负债；建筑业企业 2004 年统计数据中资产负债数据缺失，均以 2003 年各指标的年增长率替代，估算出 2004 年资产、负债、流动资产和流动负债，并进一步计算出长期资产负债；限额以上餐饮企业、限额以上批发零售业 2002—2008 年流动负债缺失，以前三年的流动负债 / 总负债的均值作为当年的比例，结合总负债得到流动负债缺失数据的合理替代值，并进一步计算出长期负债。

### （二）企业部门资产负债分析

河北省企业部门总资产负债规模持续扩大，截至2008年年末，由四大行业组成的企业部门总资产和总负债分别达到20 193.62亿元、12 551.19亿元。工业企业资产在四大行业中占据绝对比重达到85.48%，因此工业企业的经营状况直接影响企业部门整体的发展。此外，随着第二、三产业对经济发展贡献的加大，建筑业、批发零售业、餐饮业等均快速发展，在企业部门总资产的比重分别为7.93%、6.47%和0.12%，如图6.8。而本节资产负债表中未进行考察的行业，如住宿业、房地产业等，也为企业部门的发展提供了强有力的支撑。以下结合河北省实际经济状况，对河北省企业部门宏观金融风险做进一步分析。

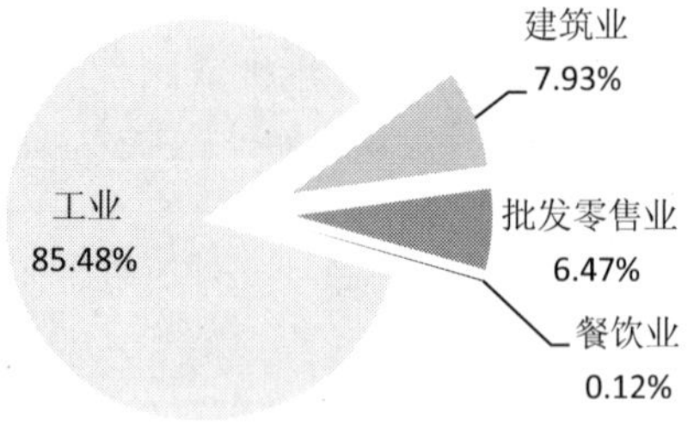


图6.8　河北省企业部门四大行业资产比重

1. 资本结构风险分析

河北省企业部门总资产和总负债都在稳步增长，从图6.9中可以看出河北省企业部门的总资产、总负债和总权益都保持了稳定的增长。1998—2008年间，河北省企业部门规模持续扩大，以四大行业为代表，总资产从1998年5 414.74亿元增加至2008年20 193.62亿元，总负债由3 532.5亿元增加至12 551.19亿元。2008年，河北省加快传统产业优化整合步伐，全部工业增加值增长11.2%，装备制造业、高新技术产业完成增加值快于全省工业平均增速。与工业企业相比，2008年河北省消费业增长速度加快，由于城乡居民收入水平稳步提高，为居民扩大消费提供了支撑，河北省社会消费品零售总额增速高位攀升，为12年来最高水平，批发和零售业增长平稳，住宿和餐饮业保持较快增长。

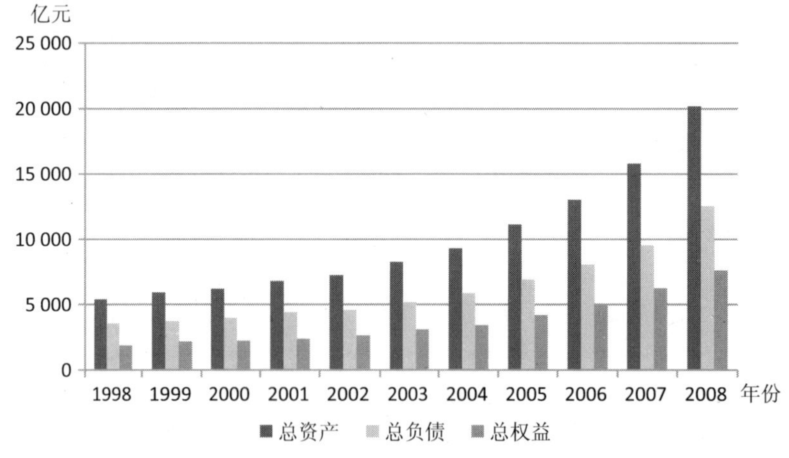


图6.9　河北省企业部门资本结构

从图 6.10 可以看出，企业部门对债务融资仍有较高的依赖性，2007 年资产负债率减小至 60.39%，资本结构问题有所改善，但 2008 年又上升至 62.15%，资本结构错配风险继续扩大。1998—2008 年，河北省企业部门资产负债率波动性下降，但资产负债率均在 60% 以上，存在一定的资本结构错配风险，有待于增加股权融资比例，降低对债务融资的依赖程度。

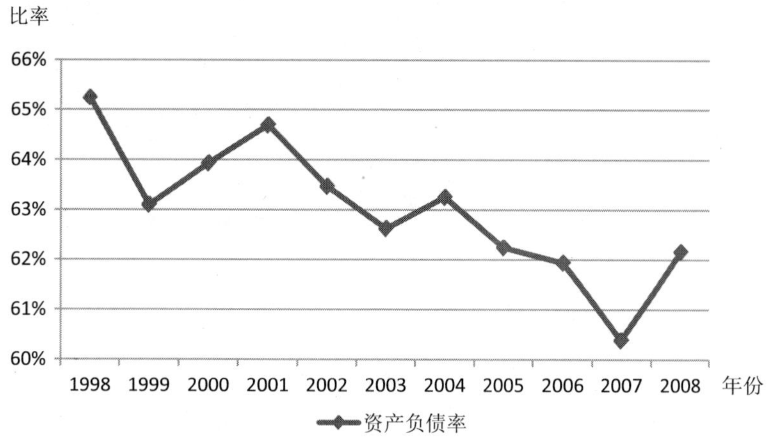


图 6.10　河北省企业部门资产负债率

2. 期限错配风险分析

如图 6.11，河北省企业部门的流动资产、长期资产、流动负债和长期负债都呈现稳定的增长趋势。从数额看，11 年间除 2007 年外流动资产均低于流动负债，河北省企业部门期限错配风险较大。流动比率在 2007 年之前始终保持在 0.94 左右，2007 年有比较

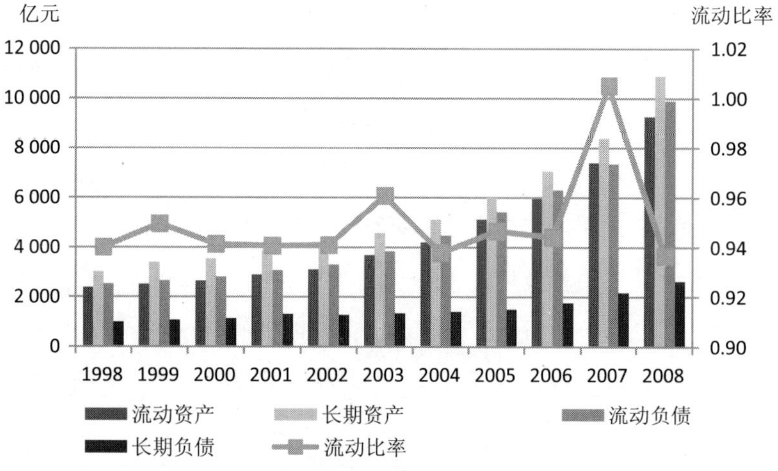


图 6.11　河北省企业部门期限结构

明显的上升，2008 年回落到 0.94。

如图 6.12，从河北省企业部门的流动资产率和流动负债率的趋势图可以看出，河北省企业部门的流动资产率和流动负债率都比较稳定，流动资产率总体高于流动负债率。1998—2008 年间，企业部门流动资产率始终处于 70% 以上，且持续上升，到 2008 年达到最高值 79%；相比而言，企业部门流动负债率长期处于 40% 以上，在 2003 年之前变化不大，处于 43% 左右，2004 年起持续增加至 2008 年的 46%。

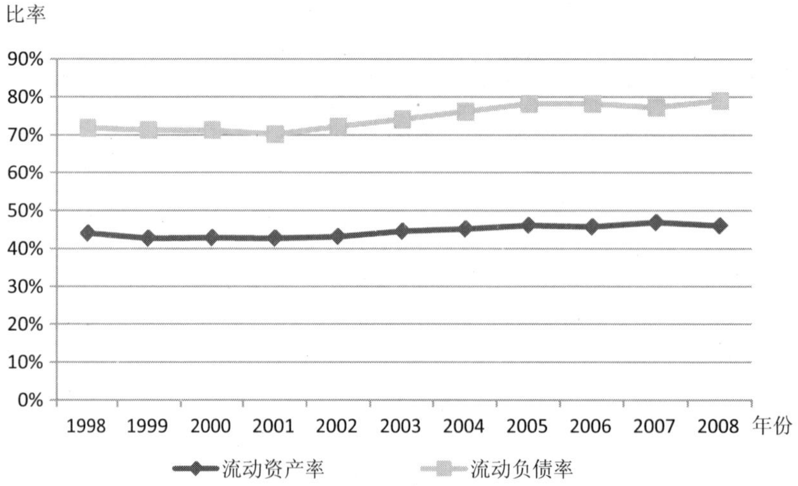


图 6.12　河北省企业部门流动资产率与流动负债率

3. 清偿力风险分析

对于河北省企业部门，产权比率长期处于较高的水平，在 1998—2008 年间波动不大，都在 1.5 以上。产权比率在 2007 年下降至最低值 1.53，但 2008 年又增至 1.64，企业部门的清偿力下降，如图 6.13。在国际金融危机的影响下，资本市场融资困难，企业发展很大程度上依赖于债务融资，债权人权益保障程度降低。

随着河北省资本市场的发展，企业部门对债权融资的依赖程度可能进一步降低，但在国内外经济金融环境存在诸多不确定因素的情形下，企业部门的清偿力风险在近期难以得到有效缓解。河北省同其他内陆省份面临同样的问题，需要进行金融市场创新，以改善融资结构，使目前融资风险主要集中在银行的现状得以改善。同时，为支持中小企业的发展，金融市场对其的支持力度应加大，在国家发展环渤海的大环境下，依托政策优势，发挥河北省的产业特色，与北京、天津等城市形成产业互补，使河北省的经济发展迈上新的台阶。

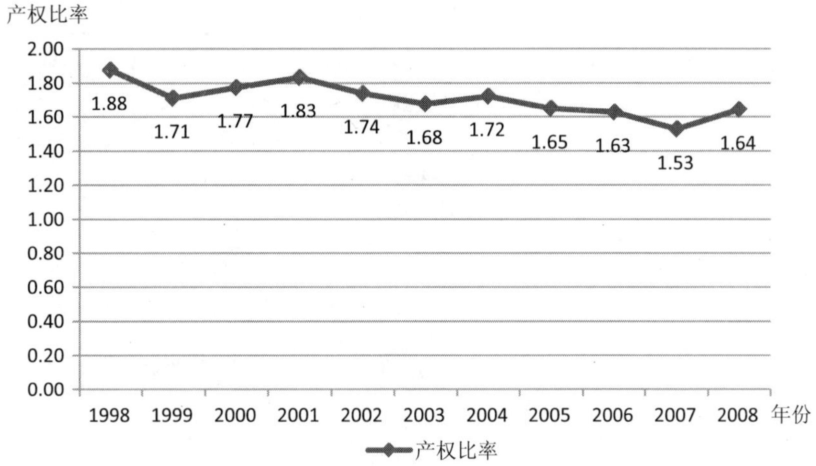


图 6.13　河北省企业部门产权比率

## 第 3 节　河北省或有权益资产负债表编制及分析

在对河北省主要经济部门账面价值的资产负债表分析的基础上，结合市场化信息编制非金融性上市企业和企业部门整体的或有权益资产负债表、风险表，衡量部门的实际市场风险以及对风险的抵抗能力。

### 一、河北省上市企业部门或有权益资产负债表编制及分析

上市企业部门的或有权益资产负债表输入数据有权益市值、违约点、权益市值波动率和无风险利率，其中，权益市值和权益市值波动率根据国信股票分析软件河北省板块中的数据得到，股票价格采用前复权的方法后，每个企业（不包括金融企业）的权益市值可通过股票价格乘以现有股本数得到，加总处理后可得河北省上市企业部门日权益市值，进一步计算即可得企业部门的年权益市值波动率；输入参数中的权益市值采用年末数据；上市企业部门的违约点通过短期债务加一半的长期债务获得。具体可得 2001—2009 年河北省上市企业部门或有权益资产负债表的输入参数如表 6.5。

**表 6.5　河北省上市企业部门或有权益资产负债表输入数据**

| 年份 | 权益市值（亿元） | 违约点（亿元） | 权益市值波动率 | 无风险利率 |
|---|---|---|---|---|
| 2001 | 581.45 | 240.35 | 27.28% | 2.25% |
| 2002 | 500.08 | 302.65 | 31.65% | 2.02% |
| 2003 | 526.37 | 427.47 | 19.64% | 1.98% |

续表

| 年份 | 权益市值（亿元） | 违约点（亿元） | 权益市值波动率 | 无风险利率 |
|---|---|---|---|---|
| 2004 | 457.64 | 541.91 | 25.15% | 2.03% |
| 2005 | 405.63 | 641.87 | 28.72% | 2.25% |
| 2006 | 740.54 | 794.61 | 28.40% | 2.35% |
| 2007 | 3 350.00 | 972.38 | 44.07% | 3.26% |
| 2008 | 1 330.00 | 1 207.24 | 50.65% | 3.92% |
| 2009 | 3 279.10 | 1 494.39 | 40.23% | 2.25% |

表 6.6 就是河北省上市企业部门或有权益资产负债表的相关数据。然后通过 MATLAB 编程处理得到河北省上市企业部门或有权益表。

**表 6.6　河北省上市企业部门或有权益资产负债表**　　单位：亿元

| 年份 | 资产市值 | 债务市值 | 权益市值 | 年份 | 资产市值 | 债务市值 | 权益市值 |
|---|---|---|---|---|---|---|---|
| 2001 | 816.50 | 235.05 | 581.45 | 2006 | 1 515.72 | 775.18 | 740.54 |
| 2002 | 796.63 | 296.55 | 500.08 | 2007 | 4 291.35 | 941.35 | 3 350.00 |
| 2003 | 945.50 | 419.13 | 526.37 | 2008 | 2 497.74 | 1 167.74 | 1 330.00 |
| 2004 | 988.98 | 531.34 | 457.64 | 2009 | 4 739.94 | 1 460.84 | 3 279.10 |
| 2005 | 1 033.24 | 627.61 | 405.63 | | | | |

### （一）或有权益资产负债表分析

河北省企业部门资产市值从 2001 年到 2009 年总体上保持了上升的趋势，如图 6.14，从 2001 年的 816.50 亿元，增长到 2009 年的 4 739.94 元，并在 2009 年达到了极大值。企业部门的债务市值和权益市值在 2001 年到 2006 年间比较平稳，在 2007 年达到极大值，分别为 941.35 亿元和 3 350 亿元。

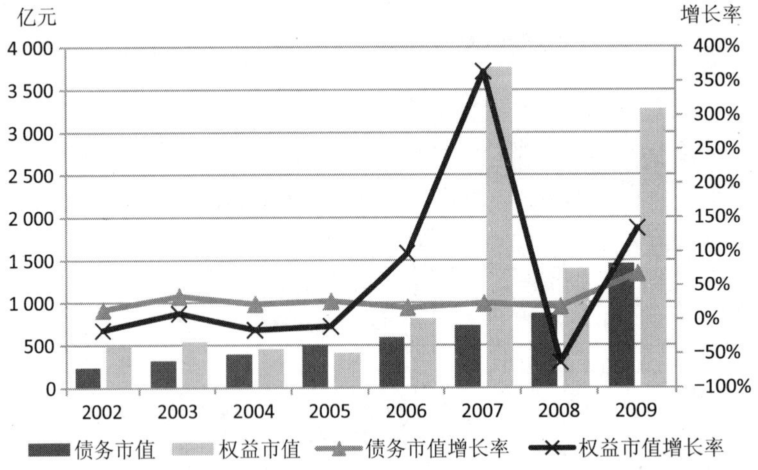


图 6.14　河北省上市企业部门债务市值和权益市值

从图 6.15 可以看到，2001 年到 2007 年河北省企业部门资产账面价值和市场价值都在增长。其中，资产市值在 2001 年到 2005 年小幅缓慢增长，2006 和 2007 年两年间突然出现了一个飞跃。2006 年、2007 年市场价值的高速增长与那两年股票市场的过度繁荣是分不开的，尤其是 2007 年，由于投资过热和热钱涌入，资产市值大幅增加。九年间除了 2004 年和 2005 年，河北省企业部门的资产市值一直都高于账面价值，一方面显示出其资产质量被市场认同，投资者信心稳定，一方面也表现出市场过热，市场价值虚高，有潜在的泡沫风险。

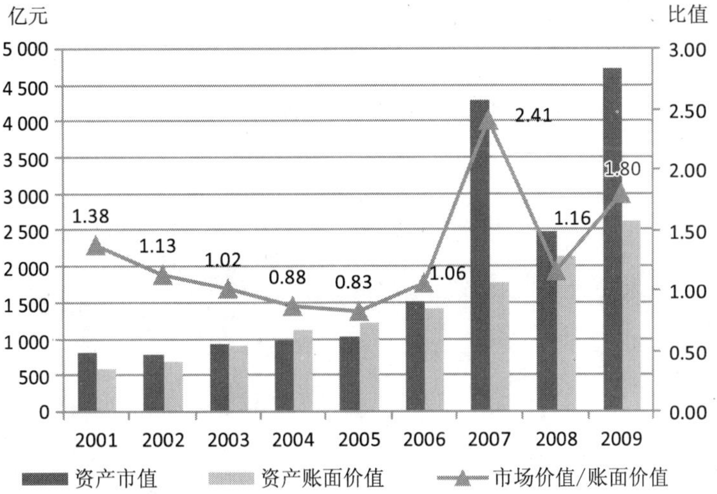


图 6.15　河北省上市企业部门资产账面价值和市场价值

如图 6.16，河北省或有资产负债率波动较大，最高在 2005 年达 60.74%，最小为 2007 年 21.94%。面对河北省企业部门资产结构存在的问题，需进一步优化企业部门资本

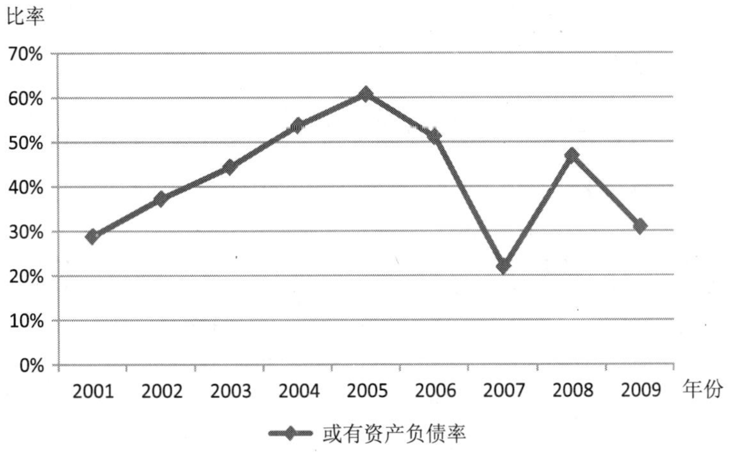


图 6.16　河北省上市企业部门或有资产负债率

结构，减少金融部门承担的风险，引导企业部门和金融部门迈向可持续发展。

从图 6.17 可以看出，2001—2006 年间资产市值一直远远大于违约点。虽然资产市值远远大于违约点，但是两者之间的倍数关系有所降低，特别是在 2005 年，资产市值已经降为违约点的 1.61 倍，这说明违约点相对于资产市值来说越来越大，可作为缓冲风险的区域相对越来越狭窄。从以上的分析可以看出，河北省上市企业部门的风险状况在 2005 年达到最差，在 2006 年和 2007 年有显著的改善，但同时也应发现，2007 年资本市场大幅上涨的行情，对河北省上市企业资产市值名义值的影响较大，原因是市场对中国整体经济抱有好的预期而对整体企业部门的发展看好，公允市场价值提高，企业融资渠道拓宽，通过资本市场直接融资规模扩大，违约风险降低。河北省应该在资本市场快速发展的契机下，加大对企业本身质量的改善，并支持更多的企业上市融资，以改变现今受资本市场行情影响过大，波动率过大的局面，进一步分散风险。

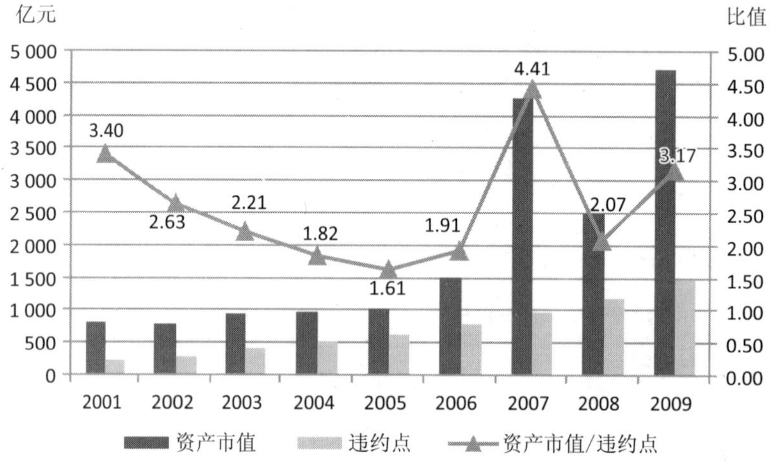


图 6.17　河北省上市企业部门资产市值和违约点比较

## （二）风险表分析

根据风险指标的求解模型，输入各已知变量，运用 MATLAB 求解得出河北省上市企业部门的风险指标，所编制风险表如表 6.7。

**表 6.7　河北省上市企业部门风险表**

| 年份 | 资产市值波动率 | 违约概率 | 违约距离 | 年份 | 资产市值波动率 | 违约概率 | 违约距离 |
|---|---|---|---|---|---|---|---|
| 2001 | 19.43% | 0 | 3.631 8 | 2006 | 13.87% | 0 | 3.430 4 |
| 2002 | 19.87% | 0 | 3.121 4 | 2007 | 34.40% | 0 | 2.248 0 |
| 2003 | 10.93% | 0 | 5.012 0 | 2008 | 27.06% | 0.35% | 1.909 0 |
| 2004 | 11.64% | 0 | 3.883 7 | 2009 | 27.83% | 0 | 2.460 2 |
| 2005 | 11.28% | 0 | 3.359 3 | | | | |

上市企业部门资产市值波动率在2006年之前相对平稳，2007年变化较大，2008年受金融危机影响，资产缩水比较严重，波动率有所降低，如图6.18。

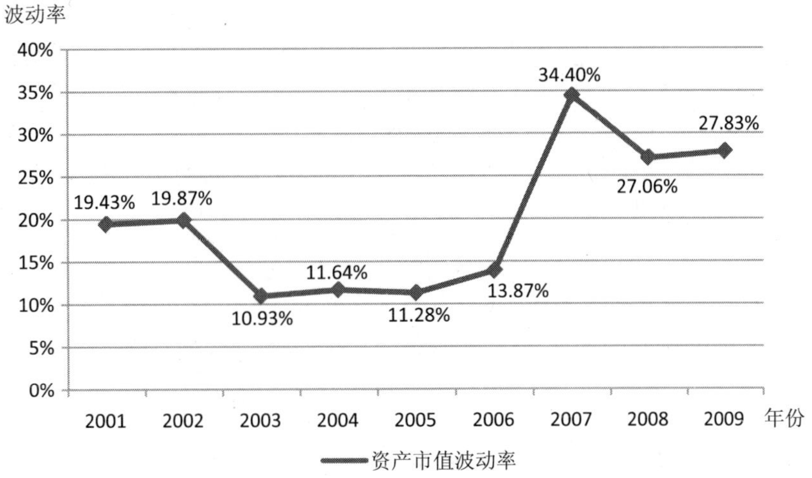


图6.18 河北省上市企业部门资产市值波动率

从图6.18中可以看出，从2003年到2006年，资产市值波动率基本没变化。在2006年以后，资产市值波动率开始上升，并且在2007年达到34.4%且为样本区间内的最大值。之后资产市值波动率又开始下降，在2009年为27.83%。

如图6.19，从2003年至2007年，河北省上市企业违约距离总体呈现减小的趋势。在2007年，当资产市值波动率增加的时候，相应的违约距离在减小，上市企业部门所面临的风险逐渐增大，违约概率相应上升。

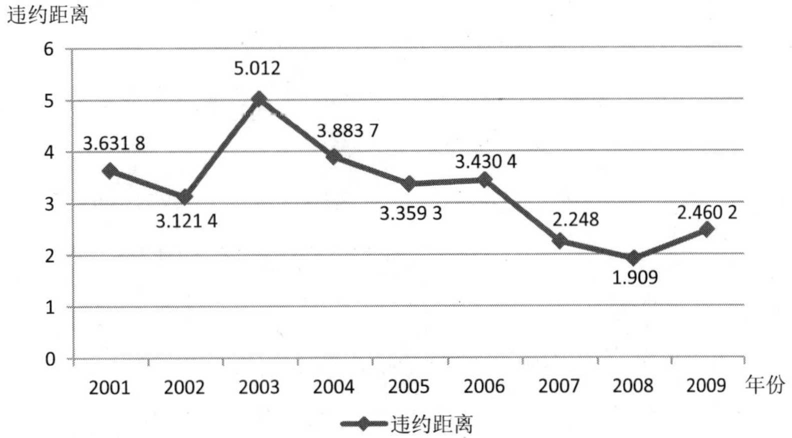


图6.19 河北省上市企业部门违约距离

## 二、河北省企业部门或有权益资产负债表编制及分析

根据处理企业部门整体或有权益相关数据的方法，整理相关数据如表 6.8。

**表 6.8　河北省企业部门或有权益资产负债表输入数据**

| 年份 | 权益市值（亿元） | 违约点（亿元） | 权益市值波动率 | 无风险利率 |
|---|---|---|---|---|
| 2001 | 4 365.31 | 3 744.98 | 27.28% | 2.25% |
| 2002 | 3 553.48 | 3 957.73 | 31.65% | 2.02% |
| 2003 | 3 786.97 | 4 520.34 | 19.64% | 1.98% |
| 2004 | 3 217.41 | 5 196.00 | 25.15% | 2.03% |
| 2005 | 3 345.78 | 6 179.29 | 28.72% | 2.25% |
| 2006 | 6 787.41 | 7 196.43 | 28.40% | 2.35% |
| 2007 | 30 307.55 | 8 454.81 | 44.07% | 3.26% |
| 2008 | 13 025.32 | 11 229.93 | 50.65% | 3.92% |

通过 matlab 编程处理得到河北省企业部门或有权益资产负债表如表 6.9。

**表 6.9　河北省企业部门或有权益资产负债表**　　单位：亿元

| 年份 | 资产市值 | 债务市值 | 权益市值 | 年份 | 资产市值 | 债务市值 | 权益市值 |
|---|---|---|---|---|---|---|---|
| 2001 | 8 026.71 | 3 661.40 | 4 365.31 | 2005 | 9 387.89 | 6 042.10 | 3 345.78 |
| 2002 | 7 432.62 | 3 879.14 | 3 553.48 | 2006 | 13 817.15 | 7 029.73 | 6 787.41 |
| 2003 | 8 219.11 | 4 432.14 | 3 786.97 | 2007 | 38 490.65 | 8 183.10 | 30 307.55 |
| 2004 | 8 313.60 | 5 096.19 | 3 217.41 | 2008 | 23 885.14 | 10 859.82 | 4 365.31 |

### （一）或有权益资产负债表分析

河北省上市企业或有权益资产负债表的数据显示，资产与股权的市值在这 8 年间都呈现相同的变化趋势，只是变化幅度有所差异。这两者基本与中国股市的走势相对应，在 2007 年随着股市转牛，资产市值和股权市值大幅提升，其中，资产市值达到历年最大值。随着大盘的走低，资产与股权的市值下降，如图 6.20。

如图 6.21，在 2002 年到 2004 年间，权益市值的增长率与大盘走势相符，之后在 2005 年走势低于大盘，2006 年和 2007 年超过大盘。

如图 6.22，河北省企业部门或有资产负债率波动较大，最高在 2005 年达 64.36%，最低在 2007 年为 21.26%。面对河北省企业部门资产结构存在的问题，需进一步优化企业部门资本结构，减少金融部门承担的风险。

从图 6.23 可以看出，从 2001 年到 2007 年，资产市值一直远远大于违约点。资产市值和违约点之间的倍数关系有所降低，特别是在 2005 年，资产市值已经降为违约点的 1.52 倍，这说明可作为缓冲风险的区域相对越来越狭窄。

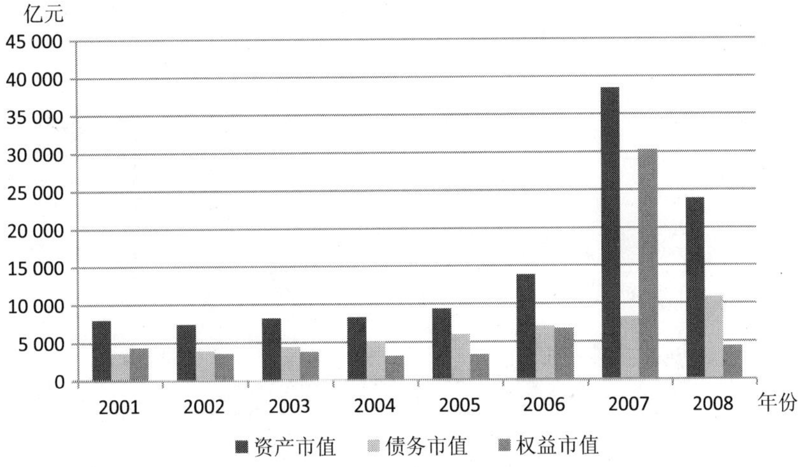


图 6.20　河北省企业部门债务市值和权益市值

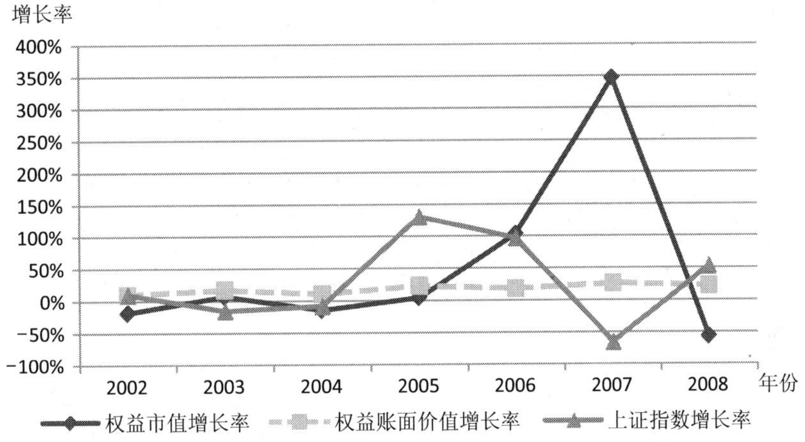


图 6.21　河北省企业部门权益市值、账面价值与上证指数增长率比较

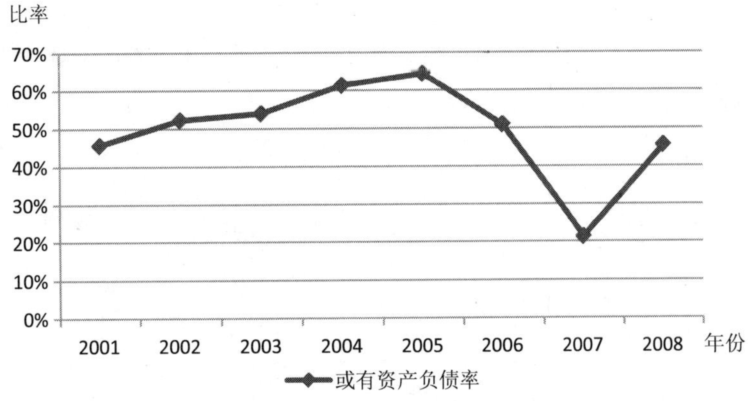


图 6.22　河北省企业部门或有资产负债率

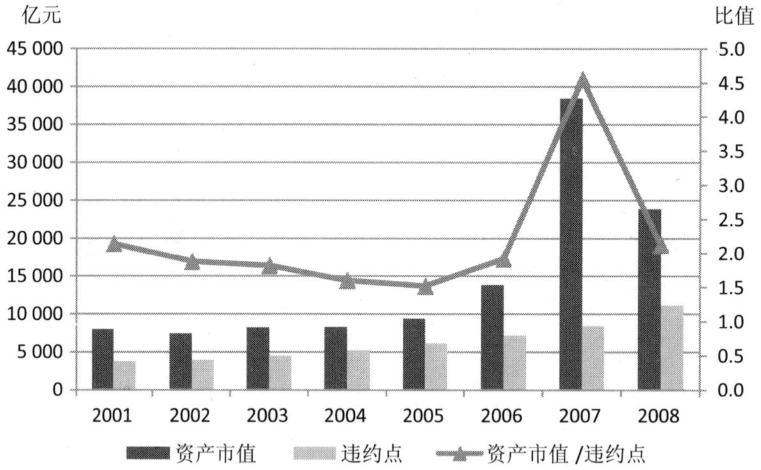


图 6.23　河北省企业部门资产市值和违约点

### （二）风险表分析

根据风险指标的求解模型，输入各已知变量，运用 MATLAB 求解即得出河北省企业部门的风险指标，所编制风险表如表 6.10。

**表 6.10　河北省企业部门风险表**

| 年份 | 资产波动率 | 违约概率 | 违约距离 | 年份 | 资产波动率 | 违约概率 | 违约距离 |
|---|---|---|---|---|---|---|---|
| 2001 | 14.84% | 0 | 3.595 2 | 2005 | 10.24% | 0 | 3.338 8 |
| 2002 | 15.13% | 0 | 3.089 8 | 2006 | 13.95% | 0 | 3.435 1 |
| 2003 | 9.05% | 0 | 4.974 1 | 2007 | 34.70% | 0 | 2.248 8 |
| 2004 | 9.74% | 0 | 3.851 8 | 2008 | 27.71% | 0.32% | 1.912 1 |

从表 6.10 可以看出河北省除在 2008 年有非常小概率的违约风险以外，其他几年风险很小。下面根据资产市值波动率和违约距离的走势图分析河北省企业部门风险状况。

如图 6.24，2003 年至 2006 年的风险都比较稳定且相对 2001 年和 2002 年风险有所下降，2007 年资产市值波动率突然上升至 34.7%，风险大大增大。2008 年下降到 27.71%，风险有所缓和。

如图 6.25，企业部门的违约距离所表现出来的风险和资产市值波动率所表现的风险大致一致。

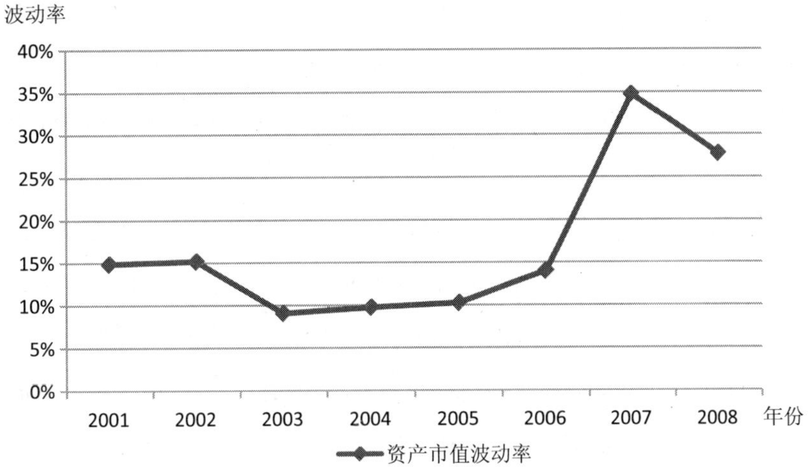


图 6.24　河北省企业部门资产市值波动率

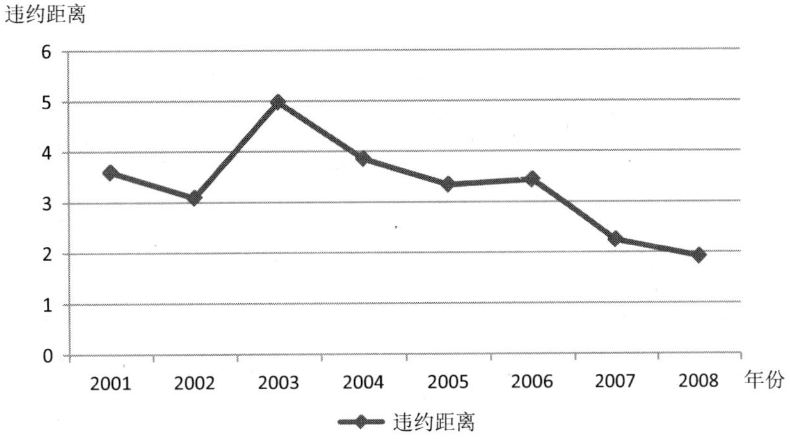


图 6.25　河北省企业部门违约距离

## 第 4 节　结论及政策建议

本章在对河北省经济金融运行概况以及相关文献进行归纳的基础上，基于账面价值资产负债表对河北省金融部门和企业部门在运行过程中潜在的风险进行了分析，并结合市场信息编制上市企业和企业部门整体的或有权益资产负债表，分析宏观经济运行过程中的潜在风险。

首先，在基于账面价值的资产负债表分析中，发现金融部门和企业部门均存在不同程度和不同类别的风险。结果表明河北省金融部门资本结构逐渐优化，其他资产业务发展力度也大大加强，就目前来看，河北省期限错配风险还不明显，但是银行的资金来源开始偏向短期性的居民储蓄，这在一定程度上加大了潜在的期限错配风险。在人民币升值预期与美元贷款利率相对较低等因素的影响下，外汇贷款需求增加，外币贷款长期高于外币负债，且差额在不断扩大，河北省金融部门面临的货币错配风险不断加大。通过对企业部门的资产负债表分析得到，企业部门的资本结构比较稳定。企业部门期限错配风险已逐步减小，但是随着总资产规模持续扩大，总负债以更快的速度增长，资产负债率也一直处于高位，样本区间内的最小值为60.39%，河北省企业部门应继续致力于降低企业部门的资产负债率，企业部门有待通过合理途径增加股权融资比例。

其次，基于市场价值的或有权益资产负债表及相关指标分析中，将上市企业作为企业部门的一个群体进行了单独分析，企业部门的或有权益资产负债表的输入参数中，权益市值以上市企业为基础进行估算，并直接采用上市企业权益市值波动率。上市企业和企业部门资产市值在2001—2005年间变化幅度较小，2006年和2007年随着资本市场发展的加快，股票市场波动性增大，收益率增加，资产市值在2007年大幅提升，达到了样本区间内的最大值。然而这其中也隐含了所未能观察到的资产价格泡沫。由于2008年金融危机的蔓延，国内资本市场受到严重影响，上市企业和企业部门公允价值均大幅下滑，上市企业和企业部门各项指标均表明了违约风险的上升。2009年，随着全球经济的复苏，资本市场开始活跃，上市企业运营所面临的违约风险也在下降，资产市值也增长至4 739.94亿元。综合看，基于市场信息的或有权益资产负债表及相关指标分析表明企业部门在2005年和2008年风险较高，尤其2008年企业部门的违约概率骤升。

基于以上分析，提出如下几点建议：

（1）扩大股票市场规模，发展企业债券市场，进一步完善河北资本市场。一是扩大河北上市企业规模，开辟河北场外股票交易市场。河北省可以以石家庄现有证券交易网络为基础开辟场外交易市场，积极鼓励一些质量较好、效益较高但尚不具备在深、沪上市的企业将其股票进行场外交易，以期能够在河北省形成一个场内交易与场外交易并举的股票交易市场。二是培育河北企业债券市场，拓宽企业融资渠道。在当前河北省企业自有资金不足、银行“惜贷”和上市融资困难的情况下，大力发展河北企业债券市场正是适时之举。

（2）保障农村金融供给，加大农村金融支持力度。支持农业银行、邮政储蓄银行在农村地区加快发展，完善河北农村信用社的治理结构，支持农村小额贷款公司和乡镇银行的发展。充分发挥金融在建设社会主义新农村建设中的积极作用，完善以合作金融机构为主体，政策性、商业性及其他类型的金融机构为辅助的农村金融服务体系，为农村城市化、农村产业化提供优质金融服务。

# 第7章　辽宁省金融风险研究



国家振兴东北老工业基地的政策实行以来，辽宁省经济快速发展，作为服务型和支持型的金融业也得到完善和发展，但发展过程中所带来的金融风险也不容忽视，需要进行分析以有效防范各类风险。本章基于账面价值和市场价值的宏观资产负债表对辽宁省主要经济部门运行潜在的风险进行识别和度量，并提出相关政策建议。

## 第1节　引言

宏观金融风险的研究与区域经济金融运行有密切联系，本部分首先对辽宁的经济金融运行情况进行介绍，然后对相关研究辽宁省宏观金融风险的文章进行介绍。

### 一、辽宁省经济金融概况

**（一）辽宁省经济运行概况**

自2005年以来辽宁牢牢把握了老工业基地振兴和沿海开放的双重机遇，经济综合实力有了全面的增长。其经济保持强劲发展，综合经济实力呈现逆势而上的态势，各项经济指标在全国位次稳步上升。辽宁经济总量2005年以来增长速度一直超过沿海发达省份平均水平，其他主要经济指标均保持快速增长，2007年经济总量突破1万亿元。

从表7.1可以看出，1998年辽宁省GDP为3 881.7亿元，2008年增长到13 461.6亿元。

在2005年之前，辽宁省的GDP增长率一直保持在10%左右，在2005年之后有了一个飞跃，GDP增长率达到20%，如图7.1。辽宁沿海地区拥有着丰富的资源，但是一直未得到有效的开发和利用。2005年辽宁开始推行的沿海开发政策对其经济发展产生很强的推动力。

**表7.1　辽宁省1998—2008年国内生产总值**　　单位：亿元

| 年份 | 1998 | 1999 | 2000 | 2001 | 2002 | 2003 |
|---|---|---|---|---|---|---|
| GDP | 3 881.7 | 4 171.7 | 4 669.1 | 5 033.1 | 5 458.2 | 6 002.5 |
| 年份 | 2004 | 2005 | 2006 | 2007 | 2008 | |
| GDP | 6 672.0 | 8 009.0 | 9 251.2 | 11 023.5 | 13 461.6 | |

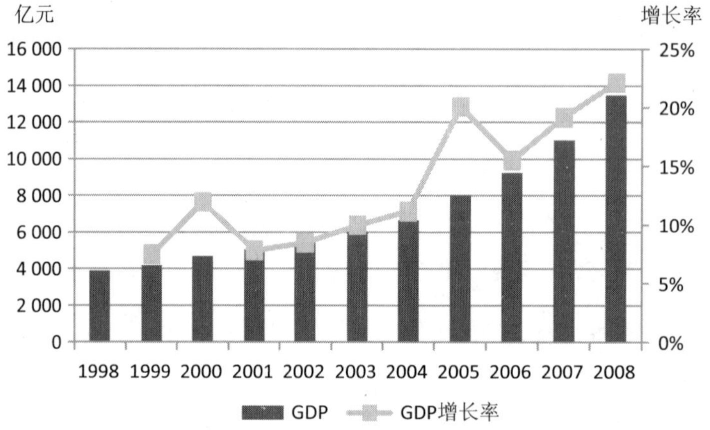


图7.1　辽宁省1998—2008年GDP

2004—2008年，辽宁省国民经济持续稳定发展，经济结构不断优化。固定资产投资持续增长，2004—2008年固定资产投资总额增长率维持在30%以上。居民收入快速增长，消费需求日渐旺盛。对外贸易也稳定增长，出口结构进一步优化，实际利用外资效果明显，辽宁省对外投资也稳步发展。

**（二）辽宁省金融运行概况**

2004—2008年辽宁省金融业保持稳健运行态势，利率浮动空间进一步扩大，农村信用社改革取得较大进展，证券市场运营平稳，保险市场发展较快。

银行业金融机构在竞争整合中发展，产业集中度进一步提高，机构个数从2004年的12 531个减少到2008年的8 423个，但总资产却稳步增长，从2004年的16 494.57亿元增长到2008年的23 323亿元。银行类金融机构存贷款总量稳步增长，业务量大幅增长，银行管理和经营得到显著改善。

证券业基础制度建设进一步加强，资本市场改革不断深化。到2006年，辽宁省51

家上市公司全部完成股改或进入程序，为辽宁企业上市创造了有利条件。到2008年，辽宁省股改清欠工作和上市公司治理专项活动完成，证券市场健康发展。

### 二、文献综述

辽宁金融方面的文献主要对辽宁的产业结构问题和目前面临的经济问题进行了相关分析，主要有以下几点。

刘洪德（2003）认为盲目投入造成了资源利用率的降低和区域经济发展的不合理，强调要优先发展沈阳、大连，进而有效地辐射到周边地区，才能最大限度地提高资源的利用率。辽宁经济应首先立足重工业，同时发展高新技术产业和第三产业。

张献和（2006）认为不良贷款是辽宁金融生态环境差的直接结果，体制和制度的缺陷是辽宁的金融生态环境得不到有效改善的根本原因。改善金融生态环境要发挥政府的主导和企业及金融部门的主体作用，通过改革创新，建设金融诚信文化。

曹占英（2007）认为重化工业化与城市化互动增强了产业发展的关联性，使经济高增长更加具有可持续性。辽宁已经把加快城市化发展，逐步消除二元结构，作为调整结构、扩大内需的长期战略。重化工业和城市化加速发展将进一步增强产业发展的关联效应。从发展和对外开放经济的角度分析，辽宁可以利用自身的各种优势条件进行区域资源互补，构成以自然资源、农业资源以及劳动力资源为物质基础，实现引进资金、技术和设备等资源的“引力论”效应。

姜健力（2008）认为辽宁省出现的“经济增长与经济实物总量增加”的反差，实际上反映的是速度与数量和质量之间的失衡。也就是说，如果没有其他原因，这反映出辽宁省经济，特别是第二产业产出的附加值较低，市场价格较低，产出的收益水平较低。这种现象或许能说明辽宁经济增长与财政收入增加、居民收入提高不相协调的原因。

## 第2节　辽宁省部门资产负债表编制及分析

将辽宁省看作一个整体，本节使用宏观资产负债表方法对辽宁省的经济和金融风险问题进行研究。本节基于资产负债表方法的实证研究主要包括对辽宁省金融部门和企业部门风险的识别和度量，以及对整体风险进行基于账面价值的评判。

## 一、辽宁省金融部门资产负债表编制及分析

### （一）金融部门资产负债表编制

本章编制辽宁省金融部门 2003—2008 年资产负债表，如表 7.2，主要涵盖全省银行业金融机构。

表 7.2　辽宁省金融部门资产负债表　　单位：亿元

| 年份 | 2003 | 2004 | 2005 | 2006 | 2007 | 2008 |
|---|---|---|---|---|---|---|
| **总资产** | — | 16 494.6 | 14 812.0 | 16 828.8 | 19 122.0 | 23 323.0 |
| 贷款余额 | 7 744.2 | 8 153.0 | 8 305.6 | 9 456.2 | 10 762.8 | 12 348.4 |
| 短期贷款 | 4 488.5 | 4 448.2 | 3 923.9 | 4 311.8 | 4 879.6 | 5 132.8 |
| 票据融资 | — | — | 662.6 | 732.9 | 4 51.9 | 869.9 |
| 中长期贷款 | 2 586.9 | 3 135.6 | 3 584.4 | 4 302.5 | 5 321.7 | 6 191.3 |
| 本币贷款 | 7 307.2 | 7 753.0 | 7 982.4 | 9 160.0 | 10 475.1 | 11 891.1 |
| 外币贷款 | 437.0 | 400.0 | 323.2 | 296.2 | 287.7 | 457.3 |
| **总负债和权益** | — | 16 494.6 | 14 812.0 | 16 828.8 | 19 122.0 | 23 323.0 |
| 存款余额 | 9 524.7 | 10 734.0 | 12 464.7 | 14 102.8 | 15 677.8 | 18 778.4 |
| 企业存款 | 2 182.3 | 2 816.8 | 3 133.7 | 4 000.5 | 5 043.9 | 5 626.9 |
| 居民储蓄 | 5 434.739 3 | 6 048.518 5 | 6 950.236 9 | 7 999.9 | 8 285.6 | 10 352.4 |
| 活期存款 | 1 462.642 2 | 1 659.086 5 | 1 897.181 5 | 2 230.598 5 | 2 517.375 4 | 2 749.748 2 |
| 定期存款 | 3 972.097 1 | 4 389.432 | 5 053.055 3 | 5 470.587 2 | 5 545.666 6 | 7 377.559 6 |
| 本币存款 | 8 948.9 | 10 203.6 | 11 982.5 | 13 614.0 | 15 177.8 | 18 333.3 |
| 外币存款 | 575.8 | 530.4 | 482.2 | 488.8 | 500.0 | 445.1 |

注：辽宁省金融部门资产负债表涵盖银行类金融机构资产负债表，数据来源于《中国统计年鉴》、《辽宁省统计年鉴》、《辽宁省金融运行报告》等，具体如下：

① 总资产、总负债和权益、贷款余额、短期贷款、中长期贷款、存款余额数据从 2004—2008 年《辽宁省金融运行报告》获得，2003 年数据根据 2004 年的增长率推算出。

② 本币贷款和外币贷款，本币存款和外币存款数据从 2004—2008 年《辽宁省金融运行报告》中附表获得，2003 年数据根据 2004 年的增长率推算出。

③ 企业存款、居民储蓄、活期存款、定期存款和票据融资数据从 2004—2008 年《辽宁省统计年鉴》获得。其中，居民储蓄、活期存款和定期存款以及 2003 年至 2005 年的企业存款为中资银行机构数据不包括外币。

### （二）金融部门资产负债表分析

下面从资本结构错配、期限错配和货币错配三方面分析辽宁省金融部门的金融风险状况。

1. 资本结构错配分析

如图 7.2，辽宁省金融部门资产规模在 2005 年有所下降，之后保持平稳增长。从资产构成看，截至 2008 年年底，资产总额达 23 323 亿元，2004—2008 年各项贷款余额占总资产的比重维持在 50% 左右，最低为 2004 年的 49.43%，最高为 2007 年的 56.28%，说明辽宁省金融部门资产结构比较稳定。

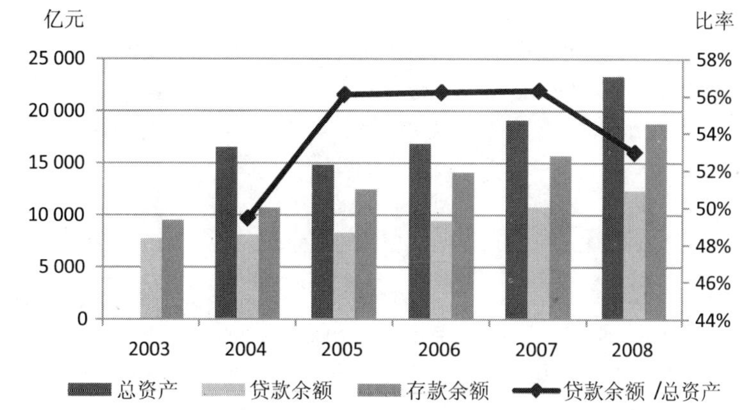


图 7.2　辽宁省金融部门存贷款结构图

2. 期限错配风险分析

如图 7.3，辽宁省金融部门的各项贷款余额中，中长期贷款的比重持续稳定增长，说明资金运用越来越多的投向了中长期贷款，有可能造成金融机构短期资金流动性不足的风险。

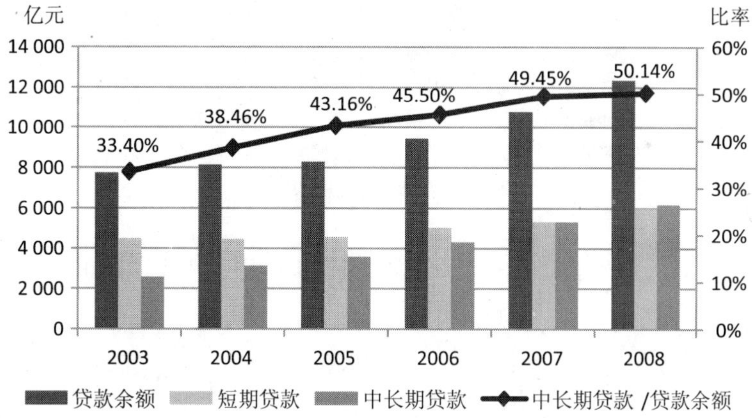


图 7.3　辽宁省金融部门贷款结构

如图 7.4，在 2003—2005 年，辽宁省金融部门定期存款的比重超过一半，2007 年的最小值也为 68.78%。综合看，辽宁省金融部门的资金运用表现出长期化趋势，而资金来源变化不大，期限错配风险值得关注。

3. 货币错配风险分析

如图 7.5，2001—2008 年间，辽宁省金融部门本币存款和本币贷款都保持稳定上涨趋势，而外币贷款和外币存款的变化较小。辽宁省金融部门本币存贷比自 2003 年以来就呈现出稳定下降的趋势，到 2008 时仅为 64.86%；而且外币存贷比也稳定下降，仅 2008

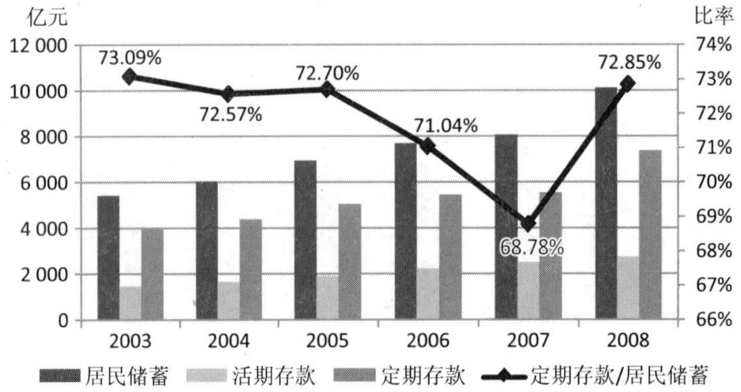


图 7.4　辽宁省金融部门存款结构

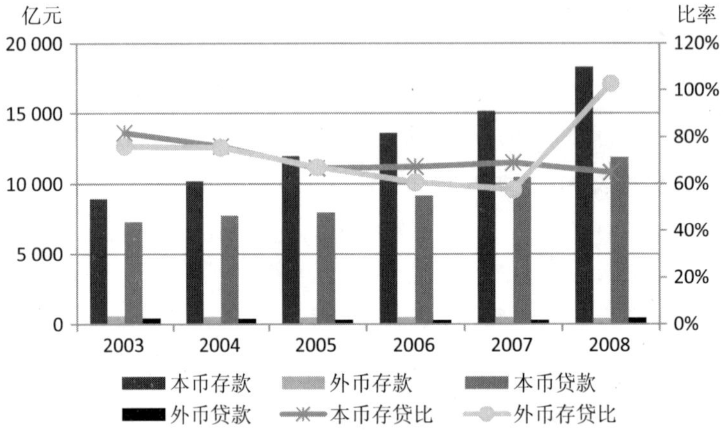


图 7.5　辽宁省金融部门本外币存贷比

年出现了大幅的上涨。整体而言，辽宁省金融部门的本币存贷比和外币存贷比在全国范围内均属于较低水平，货币错配风险较低。

如图 7.6，辽宁省金融部门外币贷款占贷款余额的比率从 5.64% 持续下降至 2.67% 后，

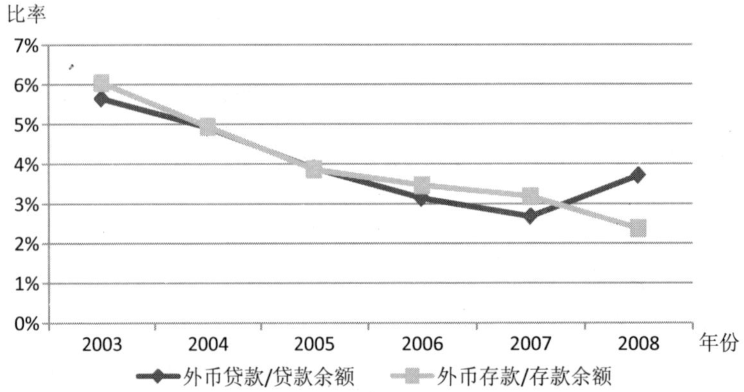


图 7.6　辽宁省金融部门外币贷款占比和外币存款占比

2008年上升为3.70%；而外币存款占存款余额的比率从6.05%降至2.37%。目前，在人民币升值预期与美元贷款利率相对较低等因素的影响下，外币贷款需求增加，因此在2008年出现了贷款所占比率高于存款所占比率的情况。总的来说，辽宁省金融部门面临的货币错配风险较小。

## 二、辽宁省企业部门资产负债表分析

### （一）企业部门资产负债表的编制

表7.3是辽宁省企业部门资产负债表。

**表7.3　1998—2008年辽宁省企业部门资产负债表**　　单位：亿元

| 年份 | 总资产 | 流动资产 | 长期资产 | 总负债 | 流动负债 | 长期负债 | 总权益 |
|---|---|---|---|---|---|---|---|
| 1998 | 8 155.11 | 3 683.34 | 4 471.77 | 5 517.12 | 4 025.62 | 1 491.50 | 2 637.99 |
| 1999 | 8 993.30 | 4 005.23 | 4 988.07 | 5 643.89 | 4 217.78 | 1 426.11 | 3 349.41 |
| 2000 | 9 463.76 | 4 268.11 | 5 195.65 | 6 000.75 | 4 397.80 | 1 602.95 | 3 463.01 |
| 2001 | 10 205.91 | 4 552.26 | 5 653.65 | 6 273.13 | 4 714.01 | 1 559.12 | 3 932.78 |
| 2002 | 10 904.90 | 4 900.61 | 6 004.29 | 6 738.40 | 5 087.93 | 1 650.47 | 4 166.50 |
| 2003 | 11 314.11 | 5 352.53 | 5 961.58 | 6 949.18 | 5 421.73 | 1 527.45 | 4 364.93 |
| 2004 | 12 495.50 | 5 954.48 | 6 541.02 | 7 678.75 | 6 062.05 | 1 616.70 | 4 816.75 |
| 2005 | 14 638.97 | 7 308.56 | 7 330.41 | 8 891.45 | 7 140.15 | 1 751.30 | 5 747.52 |
| 2006 | 17 226.57 | 8 719.22 | 8 507.35 | 10 233.32 | 8 180.55 | 2 052.77 | 6 993.25 |
| 2007 | 20 614.33 | 10 527.67 | 10 086.66 | 12 480.59 | 10 118.82 | 2 361.77 | 8 133.74 |
| 2008 | 26 524.07 | 13 115.62 | 13 408.45 | 16 011.30 | 12 614.31 | 3 396.99 | 10 512.77 |

注：本表数据来源于1998—2009年《中国统计年鉴》和《辽宁省统计年鉴》，具体如下：

① 工业行业数据来源于《中国统计年鉴》——各地区规模以上工业企业主要指标统计表；建筑业资产、流动资产数据来源于《中国统计年鉴》——各地区建筑业企业资产统计表，负债、流动负债数据来源于《中国统计年鉴》——各地区建筑业企业负债及所有者权益统计表；批发零售业数据来源于各地区限额以上批发和零售业资产及负债统计表；餐饮业数据来源于各地区限额以上餐饮业资产及负债统计表。

② 对工业企业、建筑业企业、批发零售业、餐饮业部分缺失数据进行估算处理。相对建筑业、批发零售业及餐饮业，工业企业的资产负债在企业部门总的资产负债中占比最高，统计数据基本无缺失；餐饮业、批发零售及建筑业在总体中占比较低，统计数据存在个别缺失情况，对于缺失数据进行估算补齐后产生的偏差对总体分析影响不大。

③ 全部国有及规模以上非国有工业企业2004年流动负债数据缺失，以2003年流动负债的年增长率进行替代，估算出2004年的流动负债，并进一步计算出长期负债；建筑业企业2004年统计数据中资产负债数据缺失，均以2003年各指标的年增长率替代，估算出2004年资产、负债、流动资产和流动负债，并进一步计算出长期资产负债；限额以上餐饮企业、限额以上批发零售业2002—2008年流动负债数据缺失，以前三年的流动负债/总负债的均值作为当年的比例，结合总负债得到流动负债缺失数据的合理替代值，并进一步计算出长期负债。

### （二）企业部门资产负债表分析

1. 资本结构错配分析

如图 7.7，1998—2008 年，辽宁省企业部门资产负债都在逐年稳定递增，整体发展状况良好。1998 年企业部门总资产为 8 155.11 亿元，经过 10 年的发展，截至 2008 年年底总资产达 26 524.07 亿元；总负债增长相对缓慢，11 年间从 5 517.12 亿元扩大到 16 011.30 亿元。

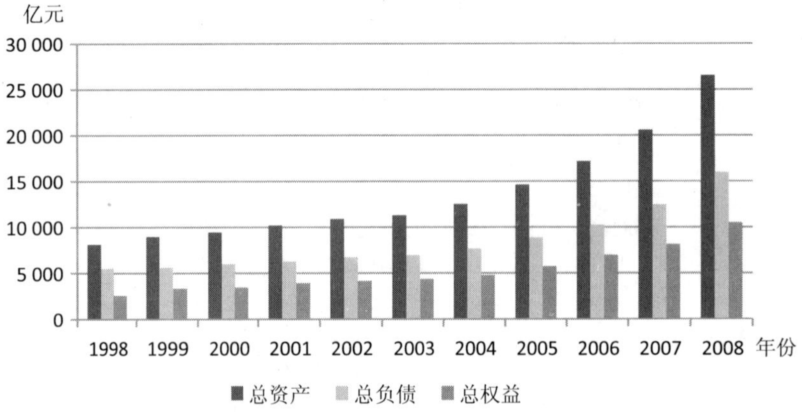


图 7.7　辽宁省企业部门资本结构（单位：亿元）

如图 7.8，辽宁省企业部门的资产负债率不断下降，从 1998 年 67.65% 下降至 2008 年 60.37%，2006 年达到最低点，可见其对债务融资的依赖程度降低，资本结构错配风险降低，资本结构有所优化。2001—2008 年间，辽宁省企业部门资产负债率均处于 59%~62% 的水平，这种水平比较合理，债务清偿能力较强。

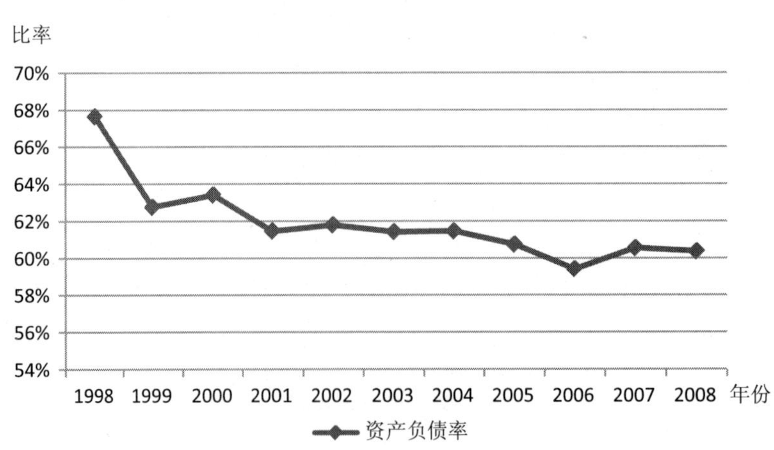


图 7.8　辽宁省企业部门资产负债率

2. 期限错配风险分析

如图 7.9，辽宁省企业部门流动资产、长期资产和流动负债均呈稳定增长趋势，其中，流动资产在 1998 年至 2008 年从 3 683.34 亿元增加到 13 115.62 亿元。而长期负债增长缓慢，这导致总负债中流动负债所占的比例越来越大，2007 年时达到最高点 81.08%，如图 7.10。

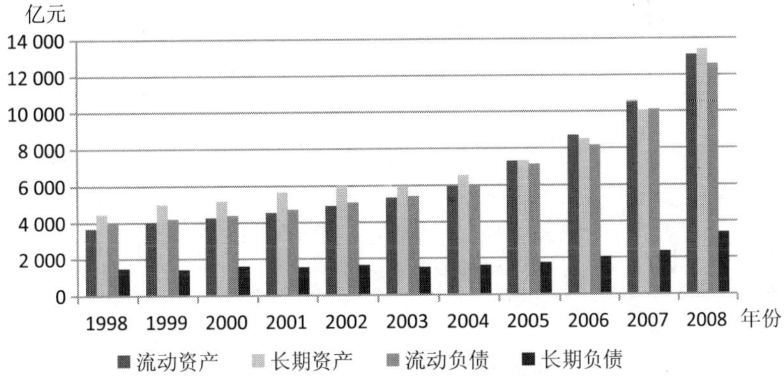


图 7.9 辽宁省企业部门期限结构

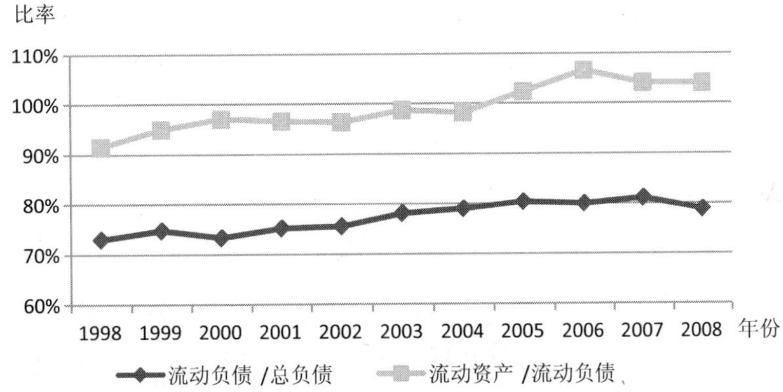


图 7.10 辽宁省企业部门流动资产和流动负债

辽宁省企业部门的流动比率从 1998 年以来一直呈现比较稳定的上升趋势，自 2004 年起出现了大幅增长的趋势，如图 7.10。2004 年之前流动负债是大于流动资产的，自 2004 年之后，流动资产开始高于流动负债，辽宁省的期限错配风险开始持续降低。

3. 清偿能力风险分析

如图 7.11，从 1999 年开始，产权比率呈稳定的下降趋势，但是下降幅度很小，而且 2007—2008 年还略有回升。总体看，最低点 2006 年的产权比率也达到 1.463 3，因此辽宁省企业部门的清偿力风险较小。

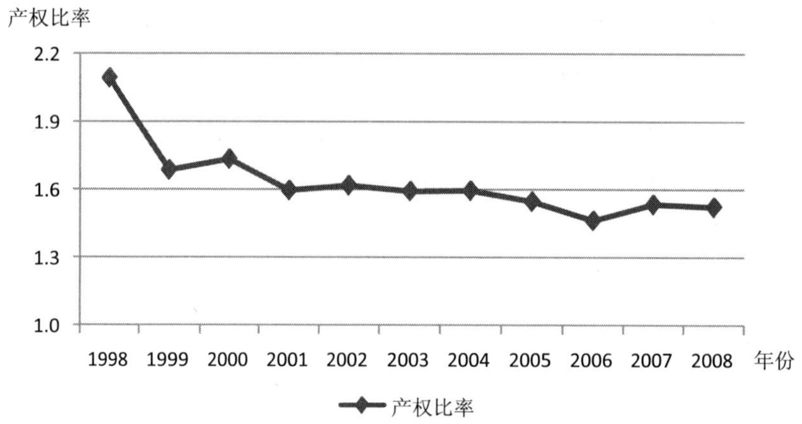


图 7.11　辽宁省企业部门产权比率

## 第 3 节　辽宁省或有权益资产负债表编制及分析

本节在对辽宁省主要经济部门账面价值的资产负债表分析的基础上，结合市场化信息编制上市企业和企业部门整体的或有权益资产负债表、风险表，衡量部门的实际市场风险以及对风险的抵抗能力。

### 一、辽宁省上市企业部门或有权益资产负债表的编制和分析

上市企业部门的或有权益资产负债表输入数据有权益市值、违约点、权益市值波动率和无风险利率，其中，权益市值和权益市值波动率根据国信股票分析软件辽宁省板块中的数据得到，股票价格采用前复权的方法后，每个企业（不包括金融企业）的权益市值可通过股票价格乘以现有股本数得到，加总处理后可得辽宁省上市企业部门日权益市值，进一步计算即可得企业部门的年权益市值波动率；输入参数中的权益市值采用年末数据；上市企业部门的违约点通过短期债务加一半的长期债务获得。具体可得 2001—2009 年辽宁省上市企业部门或有权益资产负债表的输入参数如表 7.4。

**表 7.4　辽宁省上市企业部门或有权益资产负债表相关数据**

| 年份 | 权益市值（亿元） | 违约点（亿元） | 权益市值波动率 | 无风险利率 |
|---|---|---|---|---|
| 2001 | 1 459.41 | 471.39 | 20.72% | 2.25% |
| 2002 | 1 223.48 | 584.26 | 25.82% | 2.02% |
| 2003 | 1 357.47 | 661.65 | 18.41% | 1.98% |
| 2004 | 1 136.85 | 722.83 | 23.63% | 2.03% |
| 2005 | 1 028.11 | 780.51 | 23.09% | 2.25% |

续表

| 年份 | 权益市值（亿元） | 违约点（亿元） | 权益市值波动率 | 无风险利率 |
|---|---|---|---|---|
| 2006 | 2 178.39 | 1 148.80 | 24.89% | 2.35% |
| 2007 | 6 387.69 | 1 431.71 | 41.78% | 3.26% |
| 2008 | 2 193.10 | 1 712.86 | 53.12% | 3.92% |
| 2009 | 4 620.00 | 2 231.39 | 35.26% | 2.25% |

辽宁省上市企业部门的或有权益的资产负债表的相关数据，通过 MATLAB 编程处理得到辽宁省上市企业部门或有权益表，如表 7.5。

**表 7.5　辽宁省上市企业部门或有权益资产负债表**　　单位：亿元

| 年份 | 资产市值 | 债务市值 | 权益市值 | 年份 | 资产市值 | 债务市值 | 权益市值 |
|---|---|---|---|---|---|---|---|
| 2001 | 1 921.00 | 461.59 | 1 459.41 | 2006 | 3 302.16 | 1 123.77 | 2 178.39 |
| 2002 | 1 792.49 | 569.01 | 1 223.48 | 2007 | 7 775.03 | 1 387.34 | 6 387.69 |
| 2003 | 2 008.72 | 651.25 | 1 357.47 | 2008 | 3 850.02 | 1 656.92 | 2 193.10 |
| 2004 | 1 848.23 | 711.38 | 1 136.85 | 2009 | 6 801.79 | 2 181.80 | 4 622.79 |
| 2005 | 1 791.22 | 763.11 | 1 028.11 | | | | |

### （一）或有权益资产负债表分析

从图 7.12 可以看出，辽宁省上市企业部门资产市值在 2001—2005 年间保持在 1 800 亿元左右，2006 年、2007 年由于股市行情转好，资产市值大幅增加，2007 年达到最大值 7 775.03 亿元。权益市值于 2006 年和 2007 年有较大幅度的增加，增长率分别达到 111.88% 和 193.23%，并在 2007 年达到顶峰，为 6 387.69 亿元。受金融危机的影响，辽宁省权益市值 2008 年出现大幅下降，下降幅度达到 65.67%。

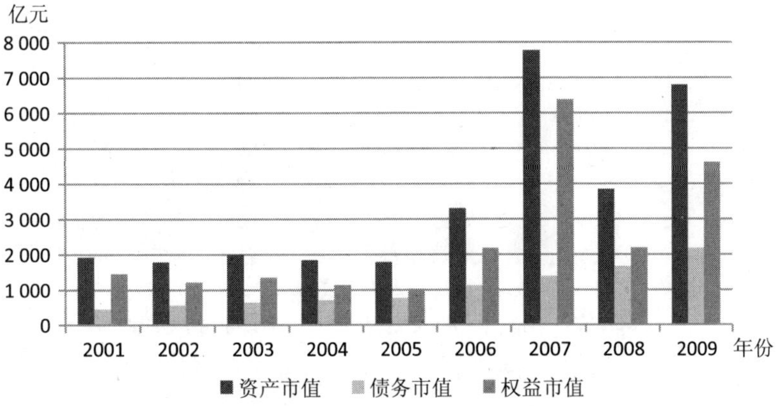


图 7.12　辽宁省上市企业部门或有权益资本结构

如图 7.13，辽宁省上市企业部门或有资产负债率波动较大，2001—2005 年逐年缓慢增长，2005 年达到高点后迅速回落，并于 2007 年达到样本期间内的最低点为 17.84%，之后又暴涨，于 2008 年达到样本区间内的最高点为 43.04%，2009 年又有所回落。总体看，辽宁省上市企业部门或有资产负债率受中国股市行情影响很大，风险较大的年份是 2005 年和 2008 年。

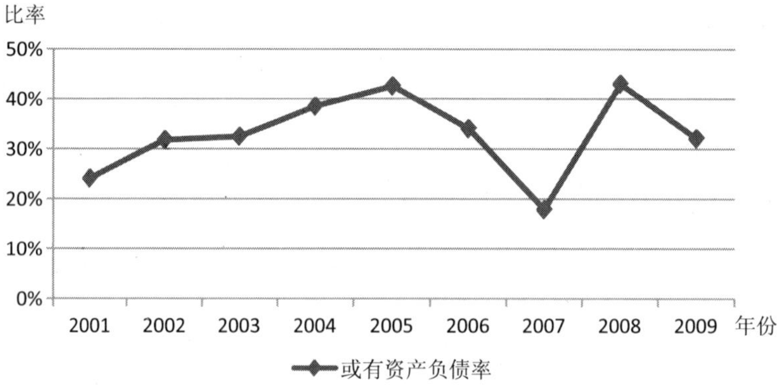


图 7.13　辽宁省上市企业部门或有资产负债率

从图 7.14 中可以看出，从 2001 年到 2006 年，辽宁省上市企业部门资产市值一直远远大于违约点，但是两者之间的倍数关系有所降低，特别是在 2005 年和 2008 年，资产市值已经降到不到违约点的 2.3 倍。

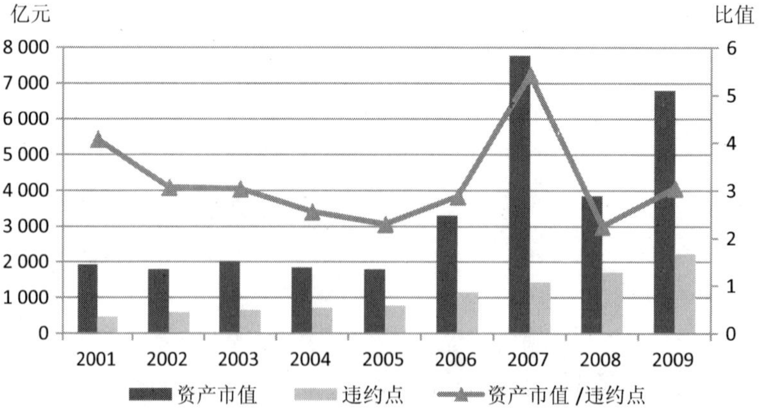


图 7.14　辽宁省上市企业部门资产市值和违约点

**（二）风险表的编制和分析**

编制辽宁省上市企业部门风险表，如表 7.6。

**表 7.6　辽宁省上市企业部门风险表**

| 年份 | 资产市值波动率 | 违约概率 | 违约距离 | 年份 | 资产市值波动率 | 违约概率 | 违约距离 |
|---|---|---|---|---|---|---|---|
| 2001 | 15.75% | 0 | 4.791 8 | 2006 | 16.43% | 0 | 3.969 3 |
| 2002 | 17.57% | 0 | 3.836 3 | 2007 | 34.33% | 0 | 2.376 2 |
| 2003 | 12.47% | 0 | 5.379 8 | 2008 | 30.34% | 0.41% | 1.829 8 |
| 2004 | 14.57% | 0 | 4.178 6 | 2009 | 23.95% | 1.84% | 1.854 9 |
| 2005 | 13.25% | 0 | 4.257 7 | | | | |

从图 7.15 看，辽宁省上市企业的资产市值波动率 2001 年到 2006 年都保持着较低的水准，但是从 2006 年以后开始猛然上涨，2007 年达到最高峰 34.33%，然后才开始缓慢下降。

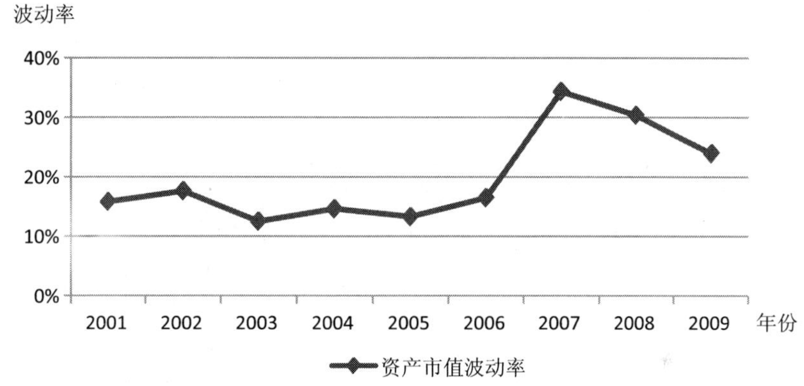


图 7.15　辽宁省上市企业部门资产市值波动率

如图 7.16，辽宁省上市企业部门违约距离在 2001—2006 年间在 4 左右波动，之后呈现出明显的下降趋势，并于 2008 年降至最低点，2009 年违约距离出现了微小上升。2008—2009 年正是金融危机对中国影响最大的两年，辽宁省上市企业部门的违约距离明

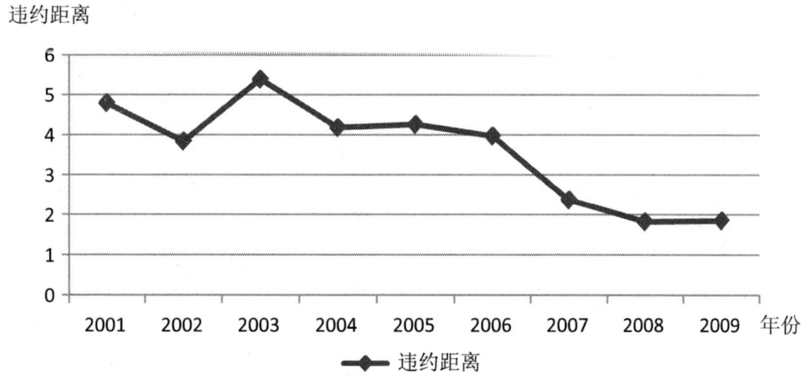


图 7.16　辽宁省上市企业部门违约距离

显下降，违约概率也明显增加。

## 二、辽宁省企业部门或有权益资产负债表编制及分析

根据处理企业部门整体或有权益相关数据的方法，整理相关数据如表 7.7。

**表 7.7　辽宁省企业部门或有权益资产负债表输入数据**

| 年份 | 权益市值（亿元） | 违约点（亿元） | 权益市值波动率 | 无风险利率 |
|---|---|---|---|---|
| 2001 | 10 489.15 | 5 493.57 | 20.72% | 2.25% |
| 2002 | 8 824.16 | 5 913.17 | 25.82% | 2.02% |
| 2003 | 9 486.29 | 6 185.45 | 18.41% | 1.98% |
| 2004 | 7 908.52 | 6 870.4 | 23.63% | 2.03% |
| 2005 | 8 848.95 | 8 015.8 | 23.09% | 2.25% |
| 2006 | 14 861.79 | 9 206.94 | 24.89% | 2.35% |
| 2007 | 35 015.85 | 11 299.71 | 41.78% | 3.26% |
| 2008 | 15 050.99 | 14 312.81 | 53.12% | 3.92% |

通过 MATLAB 编程处理得到辽宁省企业部门或有权益表，如表 7.8。

**表 7.8　辽宁省企业部门或有权益资产负债表**　　单位：亿元

| 年份 | 资产市值 | 债务市值 | 权益市值 | 年份 | 资产市值 | 债务市值 | 权益市值 |
|---|---|---|---|---|---|---|---|
| 2001 | 15 859.67 | 5 370.52 | 10 489.15 | 2005 | 16 686.91 | 7 837.96 | 8 848.95 |
| 2002 | 14 619.43 | 5 795.27 | 8 824.16 | 2006 | 23 892.15 | 9 030.36 | 14 861.79 |
| 2003 | 15 550.40 | 6 064.11 | 9 486.29 | 2007 | 45 937.50 | 10 921.65 | 35 015.85 |
| 2004 | 14 640.65 | 6 732.13 | 7 908.52 | 2008 | 28 943.07 | 13 892.08 | 15 050.99 |

### （一）或有权益资产负债表分析

如图 7.17，辽宁省企业部门的债务市值在 2001—2008 年期间一直保持增长。资产市值和权益市值的变化情况一致，在 2001 年至 2005 年间波动较小，随后 2006—2007 年迅

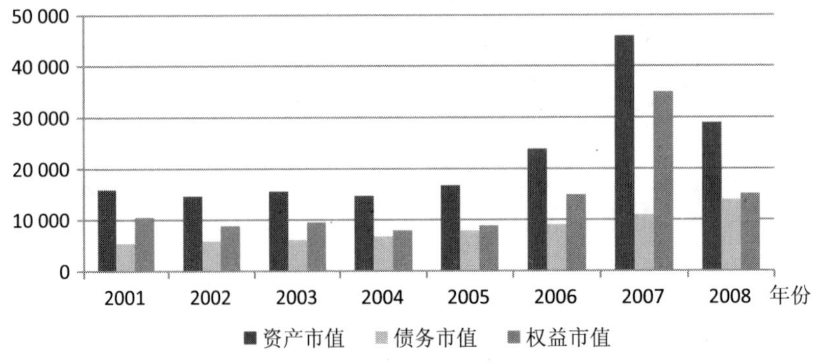


图 7.17　辽宁省企业部门或有权益资本结构

速增加，并在 2007 年达到极大值，在 2008 年又回落。

如图 7.18 所示，辽宁省企业部门或有资产负债率在 2001—2005 年间逐渐增加，2006 年和 2007 年迅速降低，并于 2007 年达到波谷，仅为 23.78%，之后 2008 年又迅速增加达到样本期间内的最大值。

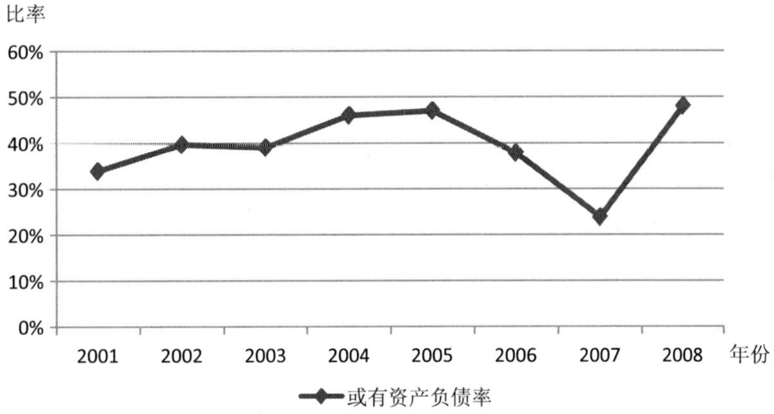


图 7.18　辽宁省企业部门或有资产负债率

从图 7.19 可以看出，从 2001 年到 2008 年，资产市值一直远远大于违约点，但是两者之间的倍数关系有所降低，特别是在 2005 年资产市值已经降为违约点的 2.08 倍，该值与 2008 年的指标值非常接近。

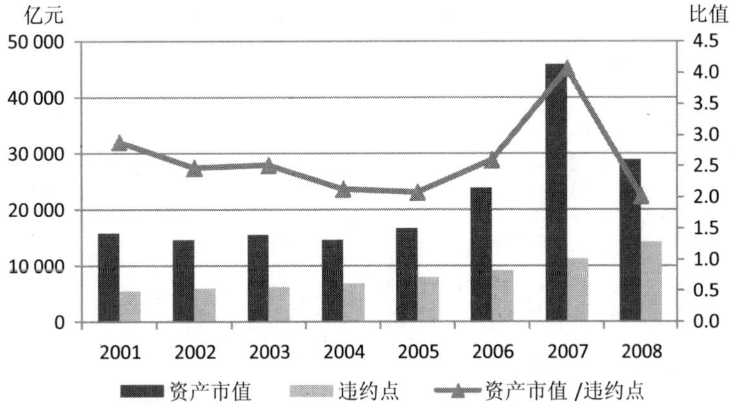


图 7.19　辽宁省企业部门资产市值和违约点

**（二）风险表分析**

根据风险指标的求解模型，输入各已知变量，运用 MATLAB 求解即得出辽宁省企业部门的风险指标，所编制风险表如表 7.9。

表 7.9　辽宁省企业部门风险表

| 年份 | 资产市值波动率 | 违约概率 | 违约距离 | 年份 | 资产市值波动率 | 违约概率 | 违约距离 |
|---|---|---|---|---|---|---|---|
| 2001 | 13.70% | 0 | 4.769 7 | 2005 | 12.24% | 0 | 4.243 8 |
| 2002 | 15.58% | 0 | 3.821 8 | 2006 | 15.52% | 0 | 3.960 6 |
| 2003 | 11.23% | 0 | 5.362 1 | 2007 | 31.83% | 0 | 2.368 8 |
| 2004 | 12.76% | 0 | 4.158 7 | 2008 | 27.78% | 0.56% | 1.819 7 |

从图 7.20 中可以看出，辽宁省企业部门的或有权益波动率在 2006 年之前还比较平稳，一直维持在 13% 左右，但是自 2006 年以后开始了飞速上升，并于 2007 年达到样本区间内的最大值 31.83%。

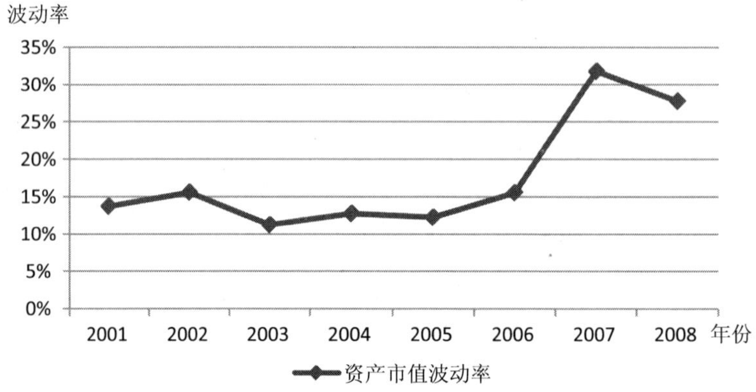


图 7.20　辽宁省企业部门资产市值波动率

从图 7.21 可以看出，自 2006 年开始辽宁省企业部门的违约距离呈现下降趋势，违约风险明显增大，并于 2008 年开始其违约风险的增大趋势有所减缓，这一状况和股市泡沫与金融危机都有一定的联系。

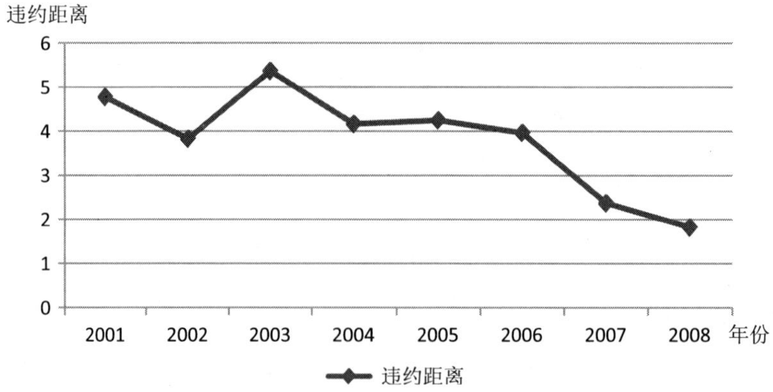


图 7.21　辽宁省企业部门违约距离

## 第 4 节　结论及政策建议

本章在对辽宁省经济金融运行概况以及相关文献进行归纳的基础上，基于账面价值资产负债表对辽宁省金融部部门和企业部门在运行过程中潜在的风险进行了分析，并结合市场信息编制上市企业和企业部门整体的或有权益资产负债表，然后分析宏观经济运行过程中的潜在风险。

首先，在基于账面价值的资产负债表分析中，发现金融部门和企业部门均存在不同程度和不同类别的风险。辽宁省金融部门的各项贷款余额中，中长期贷款的比重缓慢增长，资金运用越来越多的投向了中长期贷款，面临的货币错配风险较小。辽宁省企业部门的资本结构比较稳定，资产负债率有所下降，期限错配风险逐步改善，企业部门盈利能力总体增强。

其次，基于市场价值的或有权益资产负债表及相关指标分析中，上市企业和企业部门资产市值在 2001—2005 年间变化幅度较小，2006 年和 2007 年随着资本市场发展的加快，股票市场波动性增大，资产市值在 2007 年达到了样本区间内的最大值。2009 年，随着全球经济的复苏，资本市场开始活跃，截至 2009 年，上市企业部门所面临的违约风险也在下降，资产市值也增长至 6 801.79 亿元。综合看，基于市场信息的或有权益资产负债表及相关指标分析表明企业部门在 2005 年和 2008 年风险较高，尤其 2008 年企业部门的违约概率骤升。

面对国外、国内的双重市场压力，辽宁经济不仅要实现既定的增长目标，更重要的是要实现经济增长的可持续性。针对辽宁省面临的宏观金融风险，提出如下两点建议：

（1）积极完善辽宁的财政支持政策，筹建辽宁沿海经济带产业发展基金，延长财政税收增量返还政策的时限，适当增加招商引资奖励政策措施的资金规模。

（2）充分发挥辽宁的市场机制作用，注重市场化财政手段的运用。从收入角度看，要充分重视租金、国有企业利润、行政性收费等市场化机制明显的手段的应用。从支出角度看，除了一般政府性支出，也要积极引入市场机制，如积极采用财政小额贷款、周转金、贷款贴息、担保等手段。

# 第 8 章　上海市宏观金融风险研究



上海市作为中国金融、商业、科技的建设中心，在全国经济建设和社会发展中具有十分重要的地位。近年来上海市不断转变经济增长方式、加快经济结构调整，服务经济、工业经济和农业经济等持续发展，但随着国际金融危机的爆发和蔓延，上海市经济下行压力加大，经济金融发展面临的不确定性凸显。本章将对上海市主要经济部门宏观运行过程中存在的金融风险进行识别和度量，并就相关风险提出防范和管理建议。

## 第 1 节　引言

随着世界经济一体化和金融市场全球化的深入发展，国际环境的变化对各国经济金融发展的影响不断加强，对国家或地区宏观层面风险的研究也得到社会各界愈来愈多的关注。宏观金融风险的研究与区域经济金融运行有密切联系，以下介绍上海市经济金融概况，并对相关研究文献进行归纳整理。

### 一、上海市经济金融概况

**（一）上海市经济运行概况**

上海市地处亚洲大陆东沿，长江三角洲前缘，地理位置优越，是我国长三角地区的中心城市。1990年国务院在上海浦东实行经济技术开发区和经济特区的优惠政策，加快了浦东新区建设，上海市经济迅猛发展，自1992年经济连续16年保持两位数增长，2007年实现GDP 12 001.16亿元，如表8.1所示。2008年随着国际金融危机影响的扩散，国内外需求减弱，资本市场和房地产市场进入调整阶段，上海市第二、三产业增长明显下滑，经济增长趋缓，全市实现GDP 13 698.15亿元，同比增长9.7%，较2007年回落4.6个百分点。2009年上海市持续受到国际金融危机的冲击，同时面临经济发展转型的难题，成为浦东开发开放以来经济最困难的时期。2009年全年实现GDP 14 900.93亿元，按可比价格计算，较上年增长8.2%，如图8.1所示。其中第一产业增加值达113.82亿元，下降1.1%；第二产业增加值达5 939.96亿元，增长3.1%；第三产业增加值达8 847.15亿元，增长12.6%。

表8.1　2001—2009年上海市GDP　　单位：亿元

| 年份 | 2001 | 2002 | 2003 | 2004 | 2005 | 2006 | 2007 | 2008 | 2009 |
|---|---|---|---|---|---|---|---|---|---|
| GDP | 4 950.84 | 5 408.76 | 6 694.23 | 7 450.27 | 9 143.95 | 10 296.97 | 12 001.16 | 13 698.15 | 14 900.93 |

注：本表数据来源于2008年、2009年上海市国民经济和社会发展统计公报。

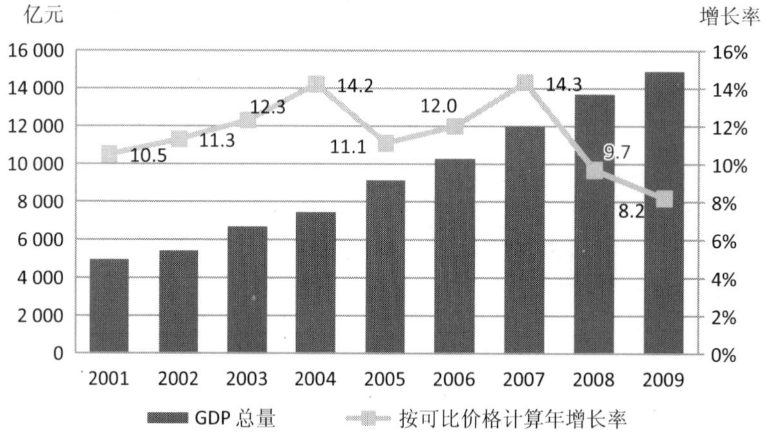


图8.1　上海市国内生产总值及其增长率①

2009年GDP季度数据显示上海市经济呈逐季回升趋势：第一季度增长率为3.1%，第二季度增长率为7.9%，第三季度增长率为9.8%，第四季度增长率为11.2%。与此同时，上海市产业结构进一步调整，全年第三产业增加值在CDP中占比达59.4%，其中金融业、批发零售业和房地产业增长率分别达到25.6%、13.6%、30%。依据规模以上工业总产

① 本图数据来源于2008年和2009年上海市国民经济和社会发展统计公报。

值走势，第一季度下降 9.9%，第二季度下降 1.6%，第三季度增长 4.7%，第四季度增长 18.4%，工业生产同比由降转升，全年六个重点发展工业行业完成工业总产值 15 346.24 亿元。此外，上海市城市基础设施投资增长加快，固定资产投资也保持较为适度的增长，2009 年完成固定资产投资 5 273.44 亿元，同比增长 9.2%。总体而言，上海市第二、三产业对经济增长的贡献在不断加大，产业发展的协调性逐步加强，经济运行总体平稳。

**（二）上海市金融运行概况**

随着国际金融中心建设的推进，上海市金融集聚能力不断加强，货币市场和资本市场的融资规模持续扩大。2008 年国际金融危机的爆发对上海市金融发展形成较大的压力，贷款余额增长明显放缓，较 2007 年下降 5.4 个百分点，金融业经营利润下滑。2009 年我国金融市场形势有所好转，至年末上海市金融机构各项存款余额 44 620.27 亿元，同比增长 25.38%，较上年约增加 8 个百分点；同时，各项贷款余额达 29 684.1 亿元，同比增长 22.83%，较上年增加 11.5 个百分点。其中，中长期贷款比例的持续扩大，信贷供求的结构性矛盾进一步显现。①

上海市是我国资本市场建设最为发达的省市之一，2006 年初步形成了较为完善的现代金融市场体系，资本市场的融资功能增强。2007 年通过发行可转换债券、发行新股、再次发行的融资额分别为 52.6 亿元、4 379.92 亿元、2 236.43 亿元，资本市场总融资规模达 6 668.95 亿元，为 2006 年融资规模的 3.8 倍。同时上海证券交易所的各类有价证券、期货市场、银行间同业拆借市场、黄金市场等的成交金额均大幅提升，金融创新功能增强。2008 年由国际金融危机引发的金融动荡加大了国内资本市场的不确定性，资本市场总体融资规模大幅下降，上海证券交易所各类有价证券成交金额比 2007 年下降 28.5%，但期货市场、银行间同业拆借与债券市场以及上海黄金交易所的成交金额均保持增长。

与证券业的发展相比，保险市场发展较为平稳，但保险公司的投资收益率与资本市场的发展密切相关。在国际金融危机的影响下，2008 年上海市保费收入仍保持 24.3% 的增长率，实现保费收入 600.06 亿元。其中，中资保险公司保费收入为 500.35 亿元，比上年增长 38.6%；外资保险公司保费收入 99.71 亿元，下降 18.1%。2009 年上海市银行业、证券业和保险业等均开始好转。

总体而言，在全球经济面临下行压力的国际环境下，上海经济金融发展面临着多重困难，存在制约经济可持续发展的外在环境因素和自身结构性因素，但也面临着重要的

① 数据来源：《2008 年上海金融运行报告》。

发展机遇，可以把金融危机转化为结构调整、发展方式转变的契机，充分吸取美国次贷危机的经验教训，在发展过程中加强金融风险的防范和管理，保证区域的经济安全和金融稳定。

## 二、文献综述

目前，上海市金融风险研究的相关文献多围绕上海国际金融中心的构建展开，以下从三个方面来论述主要的文献。

一部分学者探讨了构建国际金融中心过程中可能面临的风险。李方（1993）从拓展上海离岸金融的角度分析了可能出现的风险，包括有场无市的风险、银行制度创新风险、内向渗透效应风险、银行信用风险和国际金融投机风险等，可通过政府采取支持政策和积极措施、加快金融改革并建立现代银行制度、建立和完善相关管理体制和法规体系以及增强国内银行的清偿能力和防范国际金融投机风险的能力等进行风险防范。郑伟军、俞兆华等（1998）分析了上海监管工作与《巴塞尔协议》的差距，认为上海作为我国经济金融发展中心，银行资本充足率与协议要求尚有差距，银行内部控制体系不够健全，金融监管手段不充分，化解金融风险的应急措施不完善，建议实施人民银行主导监管、各商业银行自身监管、社会补充监管，通过系统的管理实现金融风险的防范和化解。王欣欣、储敏伟（2006）研究了上海国际金融中心建设中存在的三大类型金融市场风险，包括市场估值体系不健全情形下的定价风险、市场快速扩张下的资产泡沫风险，以及在监管机制不到位的情况下国内资本市场和国际游资投机行为的跨市场风险。因此，应考虑完善金融市场的基础运行机制、健全金融机构的风险管理机制、理顺市场化的监管机制、构建市场风险监测与分析机制以及建立多层次的风险应急处置机制，对金融市场风险实施管理。

另一部分学者分析了当前国际金融危机下上海市金融的发展方向。韩文亮、戚焱（2009）指出金融海啸在对上海金融发展模式形成挑战的同时，全球经济和金融调整以及结构的变化也为上海带来了发展机遇，应把握上海国际金融中心建设的途径和优势，巩固金融中心的基础和强化金融中心的功能，充分发挥金融的渗透性、金融业和航运业的耦合效应以及金融的杠杆作用，从而确保上海金融业在对内对外交往中的积极作用。韩汉君（2009）认为在全球金融危机的背景下，金融服务应立足于实体经济寻求突破，通过人民币结算中心建设、证券市场创新发展、发展商品期货市场和金融业务创新等为制造业、农业以及贸易经济等提供服务，从而随着实体经济规模的扩大和经济国际化水平的提高加快国际金融中心建设。

还有学者通过计量经济学的方法探讨了上海市金融发展与经济增长的关系。谢太峰、王子博（2009）以人均国内生产总值作为区域经济增长指标，并以金融机构（包括银行业和非银行业金融机构）贷款总额占国内生产总值的比例作为衡量区域金融发展水平的指标，通过计量经济学的方法构建误差修正模型，就上海区域发展和区域经济增长的关系进行实证研究，认为金融业的发展对经济增长具有巨大的拉动作用，由国际金融中心建设推进带来的金融业的持续繁荣将会促使上海经济在较长的时期内保持更快的增速。

上海市金融风险的相关研究从不同角度和不同层次探讨了上海经济发展和区域经济效应问题，且多基于微观层面，尚未从宏观角度定量地研究上海市金融风险，但对于本章的研究具有一定的借鉴价值和启示意义。基于上海市经济金融概况和相关文献的研究，本章运用宏观金融工程的方法来研究与上海市宏观经济运行相联系的金融风险。



## 第2节 上海市部门资产负债表编制及分析

本节选取金融部门和企业部门，根据现有数据编制部门宏观资产负债表，基于账面价值的资产负债表对上海市主要经济部门的资本结构风险、期限错配风险、货币错配风险、清偿力风险等进行识别和度量，从而反映上海市宏观经济运行潜在的风险。

### 一、上海市金融部门资产负债表编制及分析

#### （一）金融部门资产负债表编制

截至2008年年末，上海市辖区内共有银行业机构124个，保险业机构291个，证券业机构94个，已形成较为完善的金融市场体系。以下根据现有数据编制上海市金融部门2003—2008年资产负债表，主要涵盖全市银行业金融机构，如表8.2所示。

**表8.2 上海市金融部门资产负债表** 单位：亿元

| 年份 | 2003 | 2004 | 2005 | 2006 | 2007 | 2008 |
|---|---|---|---|---|---|---|
| **总资产** | 22 774.87 | 25 647.09 | 30 032.74 | 36 189.00 | 52 030.00 | 53 478.00 |
| 贷款余额 | 13 168.05 | 14 972.01 | 16 798.12 | 18 603.92 | 21 709.95 | 24 166.12 |
| 本币贷款 | 11 520.30 | 12 849.39 | 14 380.39 | 15 982.28 | 18 595.80 | 21 236.21 |

续表

| 年份 | 2003 | 2004 | 2005 | 2006 | 2007 | 2008 |
|---|---|---|---|---|---|---|
| 外币贷款 | 1 671.20 | 2 122.63 | 2 417.73 | 2 621.65 | 3 114.15 | 2 929.91 |
| **总负债和权益** | 22 774.87 | 25 647.09 | 30 032.74 | 36 189.00 | 52 030.00 | 53 478.00 |
| 存款余额 | 17 318.38 | 19 994.05 | 23 320.86 | 26 454.88 | 30 315.53 | 35 589.07 |
| 本币存款 | 15 579.11 | 18 118.50 | 21 395.90 | 24 428.60 | 28 489.00 | 33 644.00 |
| 外币存款 | 1 741.53 | 1 875.51 | 1 925.00 | 2 026.27 | 1 826.50 | 1 945.22 |

注：上海市金融部门资产负债表涵盖银行类金融机构资产负债表，数据来源于2005—2009年《上海市统计年鉴》、2005—2008年《上海市金融运行报告》等。具体如下：总资产、总负债和权益数据从2005—2008年《上海市金融运行报告》获得，2003年和2004年数据从中国金融网公布数据得到；贷款余额、存款余额、本外币贷款和本外币存款数据从《2009年上海市统计年鉴》获得，本外币贷款和本外币存款分别由中资金融机构统计数据和外资金融机构统计数据加总得到。

### （二）金融部门资产负债表分析

根据2003—2008年全国银行业金融机构的资本结构看，贷款余额在总资产中占比达50%以上，存款余额在总负债中占比达80%。以下基于银行类金融机构的存贷结构分析金融部门运行过程中存在的风险。

1. 资本结构分析

随着金融市场的发展，上海市金融部门贷款余额和存款余额持续增长，分别由2003年的13 168.05亿元、17 318.38亿元增长至2008年的24 166.12亿元、35 589.07亿元，如图8.2所示。随着上海市经济的发展、企业经营的改善和房地产市场的扩大，企业信贷需求和基建信贷需求成为贷款增长的主要动力，贷款余额增速在2007年达到16.7%。2008年国际金融危机导致出口型和劳动密集型企业生产经营出现困难，商业银行对这些企业的贷款紧缩，同时房地产市场也面临着不确定性，最终导致贷款增速减缓，全年增

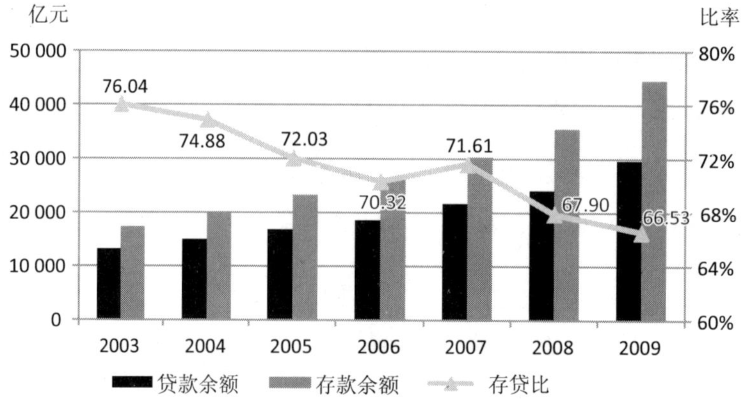


图8.2　上海市金融部门存贷款余额与存贷比

长率下降 5.4 个百分点。在 2003—2006 年间，由于资本市场的储蓄分流一定程度上导致了存款增速下降，2007 年起存款余额增速逐步上升，2009 年随着全球经济回暖，金融部门贷款余额和存款余额均大幅增长。

上海市金融部门存贷比总体呈下降趋势，从 2003 年的 76.04% 降至 2009 年的 66.53%，2007 年因信贷需求旺盛略有上升，但均低于我国央行规定的商业银行最高存贷比 75%，与全国变化趋势较为一致。

上海市金融部门资产规模持续扩大，总资产从 2003 年的 22 774.87 亿元增长至 2008 年的 53 478 亿元，如图 8.3 所示。随着金融机构集聚的加快，金融部门总资产增长率持续上升，2007 年增长最快，较上年增加 43.77%。其中 2007 年上海市新增各类金融机构 100 个，相比 2005 年新增 73 个，相比 2006 年新增 53 个，2007 年有较大突破，其中新增银行业机构 27 个。上海市金融部门总资产和存款余额均呈持续扩大趋势，但 2003—2008 年间，总资产的增长总体快于存款余额的增长，间接表明金融部门对债务融资的依赖程度在逐步下降，可见随着市场化程度的提高，金融部门融资渠道多元化改善了部门的资本结构问题和清偿力问题。2008 年受国际金融危机的影响，上海市金融部门资产增长大幅回落，全年增长率仅为 2.78%，其中新增的 82 个金融机构中，仅有 12 个属于银行业；但存款余额增长率加大，资本结构错配风险和清偿力风险上升。

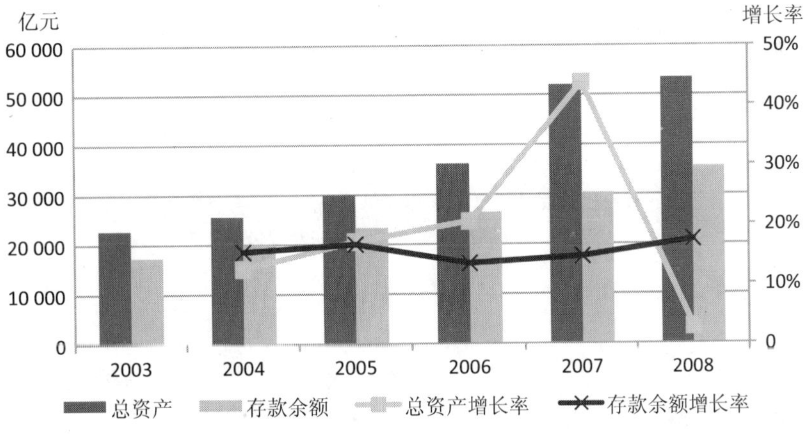


图 8.3　上海市金融部门总资产与增长率

2. 期限错配分析

上海市中资金融机构本币存贷期限结构如表 8.3 所示。上海市中资金融机构本币存贷款与上海市金融部门存贷款整体变化趋势基本一致，可以通过中资金融机构本币存贷期限结构来分析金融部门的期限错配风险。如图 8.4 所示，中长期贷款占比（中长期贷

表 8.3 上海市中资金融机构本币存贷期限结构 单位：亿元

| 年份 | 2003 | 2004 | 2005 | 2006 | 2007 | 2008 |
|---|---|---|---|---|---|---|
| **贷款余额** | 11 182.21 | 12 380.21 | 13 709.78 | 14 826.93 | 16 607.77 | 18 987.39 |
| 短期贷款 | 5 052.02 | 4 880.22 | 4 728.63 | 4 674.67 | 5 691.66 | 6 347.12 |
| 中长期贷款 | 4 561.50 | 6 056.11 | 7 640.02 | 8 963.10 | 10 156.13 | 11 457.35 |
| 票据融资 | 846.89 | 713.30 | 1 007.36 | 964.02 | 506.63 | 824.64 |
| 其他贷款 | 721.80 | 730.58 | 333.77 | 225.14 | 253.35 | 358.28 |
| **存款余额** | 15 275.41 | 17 691.88 | 20 779.87 | 23 535.24 | 27 044.75 | 31 897.77 |
| 企业存款 | 8 110.88 | 9 439.47 | 10 270.29 | 11 565.63 | 13 586.77 | 15 387.07 |
| 活期存款 | 6 190.46 | 7 173.04 | 7 280.87 | 8 349.92 | 9 516.28 | 9 546.93 |
| 定期存款 | 1 920.42 | 2 266.43 | 2 989.42 | 3 215.71 | 4 070.49 | 5 840.14 |
| 储蓄存款 | 5 103.15 | 6 116.13 | 7 665.60 | 8 726.99 | 8 695.41 | 1 1367.30 |
| 活期存款 | 1 640.86 | 1 886.15 | 2 179.02 | 2 566.39 | 2 946.48 | 3 345.90 |
| 定期存款 | 3 462.29 | 4 229.98 | 5 486.58 | 6 160.60 | 5 748.93 | 8 021.40 |
| 其他存款 | 2 061.38 | 2 136.28 | 2 843.98 | 3 242.62 | 4 762.57 | 5 143.40 |

注：本表数据来源于《2009 年上海市统计年鉴》中金融业中资金融机构人民币存款余额和贷款余额。

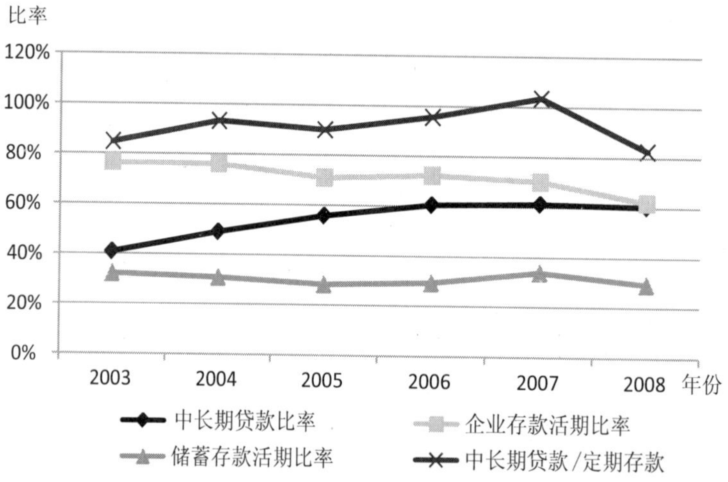


图 8.4 上海市中资金融机构存贷期限结构

款/贷款余额）呈上升趋势，2003 年为 40.79%，2004—2006 年间中长期贷款增长最快，截至 2007 年年末达最大值 61.15%。2007 年中资金融机构的新增贷款主要投向交通仓储邮政业、批发和零售业、制造业、房地产业、租赁商务服务业和水利环境公共设施业等，上海市的重大建设项目建设在前期对短期贷款需求的增加，促使短期贷款增长较快，而票据融资的需求主体为“非战略性”企业客户，而银行一般优先满足“战略性”的大企业客户的贷款需求而使得票据融资出现大幅下降。2008 年国际金融危机蔓延，商业银行风险防范意识增加，缩减一般贷款投放力度，开展票据贴现业务的意愿趋强，票据融资增加较多。

如图 8.4，从企业存款活期比率和储蓄存款活期比率看，2003—2005 年间呈下降趋势。2006 年企业支付能力增强，且活跃的资本市场增加了微观主体的流动性偏好，企业存款和储蓄存款的活期比率均有所上升。2007 年股票市场持续上扬、资本市场的波动性加大、股票收益率提高、消费持续活跃且房地产市场交易量放大，促使储蓄存款持续分流，活期比率达 2003 年以来的最高 33.89%。2008 年居民储蓄受资本市场的低迷和市场利率下行预期等因素影响，储蓄存款活期化意愿趋弱，储蓄存款活期比率下降；而企业由于效益下降经营性资金减少，同时存货占用企业资金上升，使得企业用款大量增加，活期存款基本与 2007 年年末持平。同时中长期贷款余额与定期存款余额之比在 2003 年为 84.74%，2007 年达最大值 103%，存在一定的存贷款期限错配，2008 年下降至 82.66%，期限错配状况有所改善。

3. 货币错配分析

相对于本币存贷款余额的增长，2003—2008 年间上海市外币存贷款规模增长趋缓，如表 8.2 所示。2003 年外币贷款和外币存款分别为 1 671.2 亿元、1 741.53 亿元。2005—2006 年受国内外汇资金供求形势变化以及国际外汇市场利率上升影响，外币存贷款利率持续走高；2007 年受外债限额管理政策和国际市场资金供求的影响，上海市美元存贷利率进行整理，美联储连续下调联邦基金利率，上海市大额美元协议存款利率由 1 月份的 4.10% 迅速下降至 12 月份的 2.81%。同时受人民币升值的影响，2007 年年末外币存款额较上年末减少 9.86%，但外币贷款额大幅增加，较上年年末增加 18.79%。2008 年进出口受金融危机影响加大，外币贷款有效需求下降，同时人民币升值预期减弱，外币贷款减少，较 2007 年下降 5.9%。

随着上海市外币贷款规模的扩大，外币存款变化幅度缩小。同时受美联储利率和人民币汇率的影响，外币存款占比总体下降，由 2003 年 10.06% 逐步减少至 2008 年 5.47%，如图 8.5。同时上海市外币存贷比由 2003 年 95.96% 持续上升至 2007 年 170.5%，2008 年有所下降，但仍处于 150.62% 的高水平。而本币存贷比持续下降，从 2003 年的 73.95% 下降至 2008 年的 63.12%，如图 8.6，与本币资金充裕相反，外汇流动性明显不足。如果将外币贷款比率看作金融部门整体的外币资产率，而将外币存款比率看作金融部门整体的外币负债率，同样存在本外币资产和本外币负债不匹配的情形，存在货币错配风险，而且在 2003—2007 年的货币错配风险在持续扩大，2008 年有所改善。

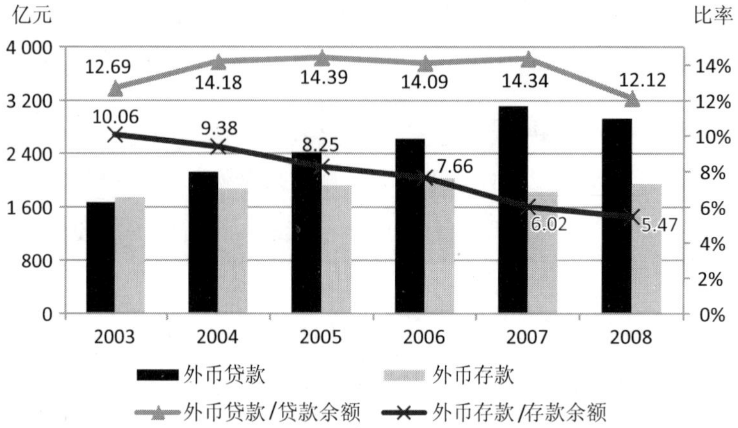


图 8.5　上海市金融部门外币贷款占比与外币存款占比

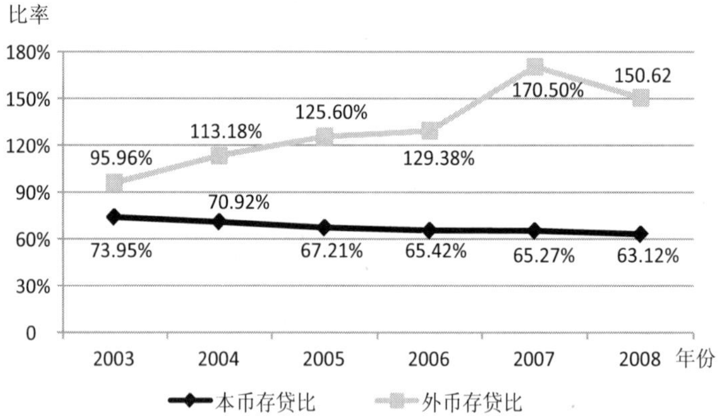


图 8.6　上海市金融部门本币存贷比与外币存贷比

## 二、上海市企业部门资产负债表编制及分析

### （一）企业部门资产负债表编制

随着国民经济的发展，上海市企业部门不断发展壮大，但我国经济持续多年的高速增长过程中也积累了一系列问题。2008 年国际金融危机的蔓延导致外部需求趋弱，我国沿海发达城市大量进出口和劳动密集型企业出现倒闭，工业增长明显回落，实体经济较虚拟经济受到的冲击更为显明。本节根据现有数据编制 1998—2008 年上海市企业部门资产负债表，涵盖规模以上工业企业、所有建筑业企业、限额以上餐饮企业以及限额以上批发零售企业四大行业，如表 8.4。

表 8.4　1998—2008 年上海市企业部门资产负债表　　单位：亿元

| 年份 | 总资产 | 流动资产 | 长期资产 | 总负债 | 流动负债 | 长期负债 | 所有者权益 |
|---|---|---|---|---|---|---|---|
| 1998 | 10 339.02 | 5 204.77 | 5 134.25 | 6 010.60 | 4 836.48 | 1 174.12 | 4 328.42 |
| 1999 | 11 075.41 | 5 539.85 | 5 535.56 | 6 324.98 | 5 029.30 | 1 295.68 | 4 750.43 |
| 2000 | 11 847.06 | 5 958.47 | 5 888.59 | 6 434.97 | 5 145.53 | 1 289.44 | 5 412.09 |
| 2001 | 12 933.16 | 6 405.96 | 6 527.20 | 6 604.66 | 5 358.05 | 1 246.61 | 6 328.50 |
| 2002 | 13 293.39 | 7 188.38 | 6 105.01 | 7 158.03 | 5 870.52 | 1 287.51 | 6 135.36 |
| 2003 | 15 424.70 | 8 713.31 | 6 711.39 | 8 352.01 | 7 112.63 | 1 239.38 | 7 072.69 |
| 2004 | 18 641.88 | 10 776.63 | 7 865.25 | 10 326.94 | 8 850.75 | 1 476.19 | 8 314.94 |
| 2005 | 22 004.43 | 12 839.74 | 9 164.69 | 12 341.67 | 10 543.60 | 1 798.07 | 9 662.76 |
| 2006 | 24 885.07 | 14 626.96 | 10 258.11 | 13 909.41 | 11 880.83 | 2 028.58 | 10 975.66 |
| 2007 | 28 684.12 | 17 214.00 | 11 470.12 | 16 575.80 | 14 342.84 | 2 232.96 | 12 108.32 |
| 2008 | 35 392.54 | 21 768.26 | 13 624.28 | 21 025.15 | 17 848.40 | 3 176.75 | 14 367.38 |

注：本表数据来源于 1999—2009 年《中国统计年鉴》，涵盖上海市规模以上工业企业、所有建筑业企业、限额以上餐饮企业以及限额以上批发零售企业等四大行业。编制过程如下：

① 工业企业数据来源于各地区规模以上工业企业主要指标统计表，建筑业企业数据来源于各地区建筑业企业资产统计表、各地区建筑业企业负债及所有者权益统计表，餐饮业数据来源于各地区限额以上餐饮业资产及负债统计表，批发零售企业数据来源于各地区限额以上批发和零售业资产及负债统计表。

② 对缺失数据进行处理。对于 2004 年餐饮、批发零售、建筑业三行业缺少的总资产、流动资产和总负债数据，以 2003 年和 2005 年相应指标的中间值替代；对于 2004 年工业企业和建筑业缺少的流动负债，取 2003 年和 2005 年流动比率（流动负债 / 总负债）中值，结合总负债即可得到；对于 2002—2008 年餐饮、批发零售行业缺少的流动负债数据，以 1999—2001 年的流动比率为基础进行滚动估算，取前三年的均值进行替代，然后结合相应行业的总负债即可得到。

③ 相对建筑业、批发零售业及餐饮业，工业企业的资产负债在企业部门总的资产负债中占比最高，统计数据无缺失；餐饮业、批发零售及建筑业在总体中占比较低，对个别缺失数据进行估算补齐后不影响总体部门分析。

### （二）企业部门资产负债表分析

随着各行业的发展，上海市企业部门总资产负债规模持续扩大，截至 2008 年年末，由四大行业组成的企业部门总资产和总负债分别达到 35 392.54 亿元、21 025.15 亿元。具体而言，随着第三产业发展加速，工业企业在企业部门所占份额有所下降，但仍为企业部门主导行业，2008 年其资产在企业部门总资产的比重为 64.28%，如图 8.7。可见工业企业的经营状况很大程度上影响到企业部门整体的发展。此外，随着第二、三产业对经济发展贡献的加大，建筑业、批发零售业、餐饮业等均快速发展，在企业部门总资产

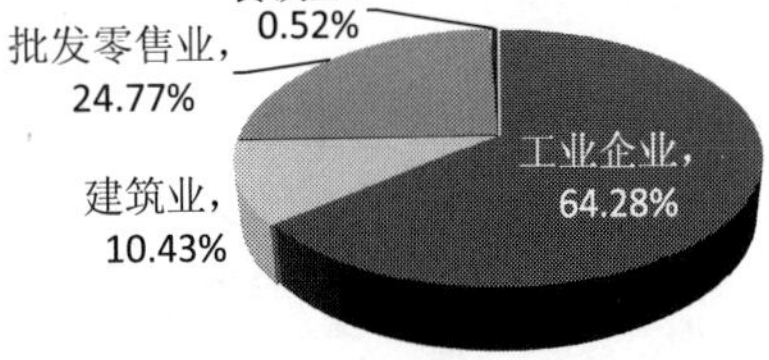


图 8.7　上海市企业部门四大行业资产在企业部门总资产中的比重

的比重分别为 10.43%、24.77%、0.52%，而本节资产负债表中未进行考察的行业，如住宿业、房地产业等，也为企业部门的发展提供了强有力的支撑。

上海市企业部门资产负债表表明，1998—2008 年间总资产高于总负债，所有者权益始终为正，且从 2002 年起流动资产增速加大，均高于长期资产增长以及流动负债增长，11 年间流动资产均大于流动负债，表明上海市企业部门资产负债表整体呈稳健结构。以下结合上海市实际经济状况，对上海市企业部门宏观金融风险做进一步分析。

1. 资本结构分析

自浦东开发开放以来，随着产业基地的建设，上海市全面推动工业新高地建设，工业园区集聚效应不断增强，适应消费结构升级和市场需求的工业产品产量大幅提高，电子信息产品制造业、汽车制造业、石油化工及精细化工制造业、精品钢材制造业、成套设备制造业、生物医药制造业等六大重点发展工业行业的竞争力不断增强，上海市工业生产总体保持快速增长。其次，上海市建筑业企业通过深化改革，形成投资多元化、管理社会化、经营市场化的新机制，并逐步向技术密集、管理密集、资金密集相结合的方向调整，随着市场竞争力的增强，经营效益不断提高。同时，餐饮业和批发零售业也在快速发展。总体看，上海市企业部门资产和负债规模呈持续扩大趋势，如图 8.8。其中，1998—2001 年间总资产增长快于总负债增长，总资产由 10 339.02 亿元增加至 12 933.16 亿元，总负债由 6 010.6 亿元增加至 6 604.66 亿元；2002 年起，总负债增长快于总资产增长，资产负债率呈现上升趋势，如图 8.9，2008 年达最高点 59.41%，未来的资本结构错配风险值得关注。

2008 年，在国际金融危机的影响下，工业企业经济效益总体下降，六大重点工业企业完成工业总产值 15 664.26 亿元，占全市规模以上工业总产值的比重达到 64.2%；

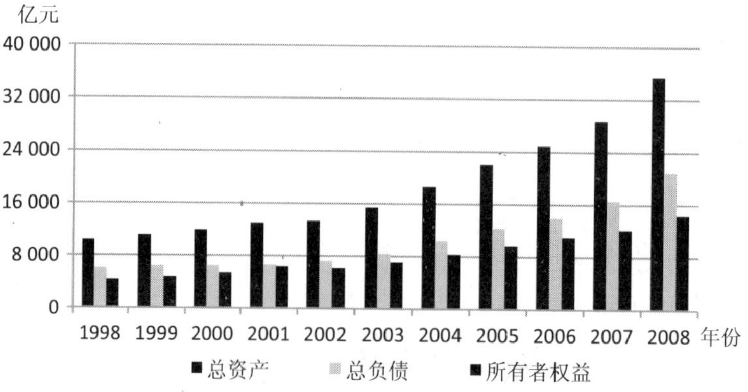


图 8.8　上海市企业部门资本结构

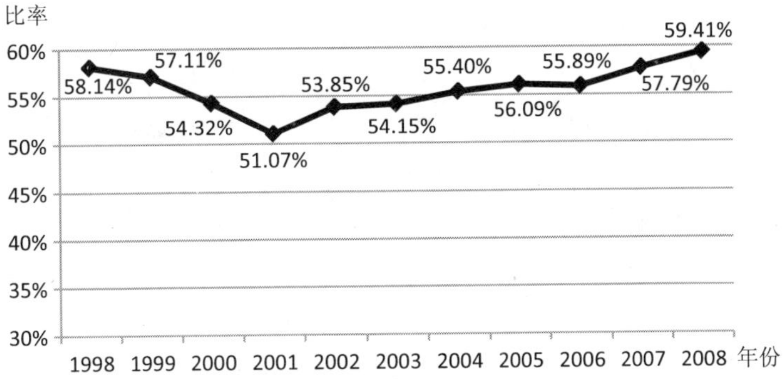


图 8.9 上海市企业部门资产负债率

规模以上工业企业总资产达 22 750.35 亿元，较上年同期增长 10.1%，但总资产的增长很大程度上依赖于债务融资的扩大。与工业企业相比，建筑业企业发展较为稳定，2008 年实现总产值 3 071.76 亿元，比上年增长 21.7%，总资产增长至 8 766.4 亿元，尚未受到国际金融危机的影响。同时，商品市场流通规模进一步扩大，批发零售业企业总资产达到 8 766.4 亿元，较上年同期增长 75.79%；餐饮企业总资产为 183.7 亿元，较上年同期增长 40.23%。综合而言，如图 8.9，2008 年企业部门在总资产增长 23.39% 的同时，总负债以更快的速度增长，较 2007 年年末增长 26.84%，资产负债率提高了 1.6 个百分点，企业部门债务融资力度的加大使其在金融危机下总资产仍有明显增长，在一定程度上掩盖了金融危机带来的负面作用，但同时也加大了企业部门潜在的资本结构错配风险。

2. 期限错配分析

从上海市企业部门资本期限结构看，自 2002 年以来，流动资产率和流动负债率均有提高，而且流动资产增长快于长期资产增长，流动资产率呈上升趋势，并维持在 50% 以上。相比而言，企业部门流动负债率保持在 80% 左右，总负债中以流动负债为主，如图 8.10。但流动资产增长快于流动负债增长，且流动资产与流动负债的差额也在扩大，基本不可能出现流动负债支付不足的情况。同时，1998 年流动资产略高于流动负债，1999—2002 年间大幅提升，2002 年流动比率达到 1.224，企业部门资本结构期限错配风险已逐步改善，2003—2008 年间无明显变化趋势，保持在 1.20~1.24 之间，目前不存在明显的资本结构期限错配风险，见图 8.11。

3. 清偿力风险分析

如图 8.12，上海市企业部门产权比率在 1998—2001 年间呈下降趋势，2001 年达到最低，仅为 1.044，2002 年之后产权比率呈持续上升态势，2008 年达到样本期限内的最

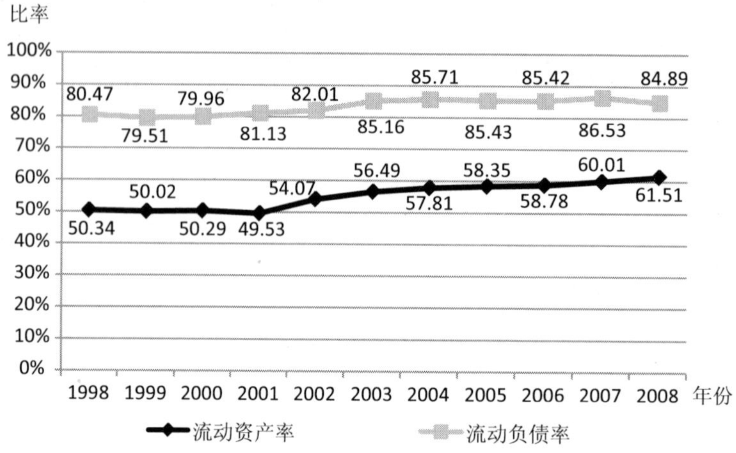


图 8.10　上海市企业部门流动资产率与流动负债率

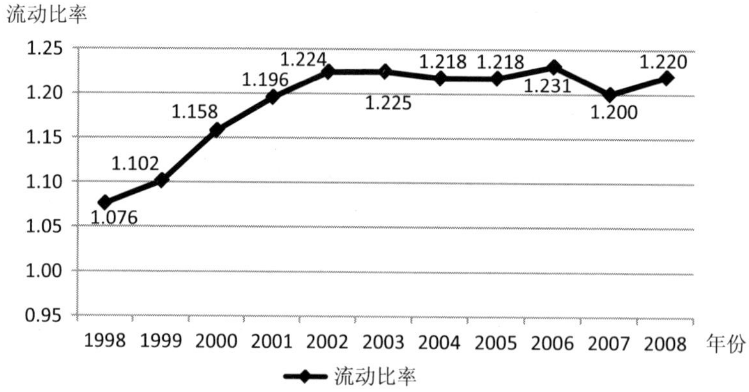


图 8.11　上海市企业部门流动比率

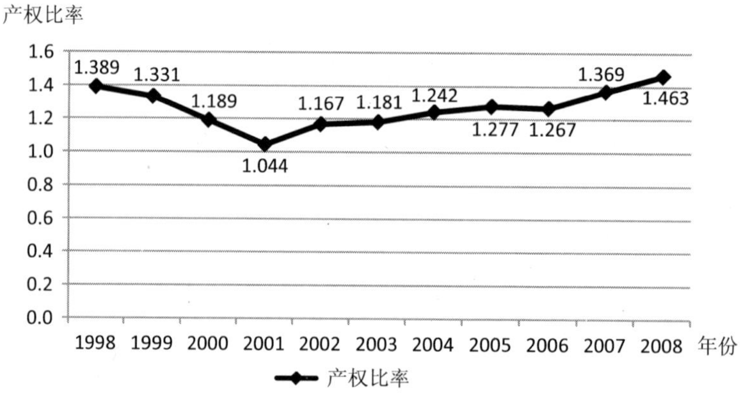


图 8.12　上海市企业部门产权比率

高点为 1.463，企业部门的清偿力下降趋势明显。

尽管 2008 年企业部门资产负债保持快速增长，但是这是建立在债务性融资基础上的发展，从而加大了企业部门的清偿力风险。上海市资本市场发达，企业的发展可通过资本市场寻求有效的市场化融资。尤其是对于电子信息产品制造业、汽车制造业、石油化工及精细化工制造业、精品钢材制造业、成套设备制造业、生物医药制造业六大工业企业，目前已发展壮大，并在全国范围内占有广泛的市场，可以通过新股 IPO 融资或再发行融资等方式有效解决企业部门的清偿力问题。对企业部门来讲，当前国际金融危机对第三产业的影响主要体现在房地产业，随着第二、三产业在上海市经济发展中市场份额的加大，上海市应加强与产业政策的协调配合，积极推进金融创新，多渠道筹集建设发展资金，促进企业部门健康发展。

### 三、小结

对上海市金融部门和企业部门宏观运行状况进行的分析表明这两大经济部门均存在不同程度和不同类别的风险。首先，对金融部门总资产和信贷结构的分析表明整体资本结构错配问题有所改善，但面临存款期限与持续增加的中长期贷款之间的结构性错配；同时，外币存款难以满足持续增加的外币贷款需求，尽管在 2008 年随着贷款增长的放缓，期限错配和货币错配有所改善；而且金融部门存款余额增长率大大高于总资产的增长，资本结构错配风险和清偿力风险相应上升。对于企业部门来讲，不存在期限错配风险，但是随着总资产规模持续扩大，总负债以更快的速度增长，2002 年以来对债务融资依赖性的加大也使得资本结构错配风险和清偿力风险逐渐凸显，特别是 2008 年总负债的大幅增加掩盖了金融危机对企业部门的影响，资产负债率达到 11 年来的最高点，企业部门有待增加所有者权益的比例。

## 第 3 节　上海市或有权益资产负债表编制及分析

本节基于上海市主要经济部门账面价值的资产负债表分析，加入市场化信息编制非金融性上市企业和企业部门整体的或有权益资产负债表、风险表，来衡量部门的经济价值和存在的风险。

## 一、上海市上市企业部门或有权益资产负债表编制及分析

表 8.5 是上海市上市企业账面价值资产负债表。2001—2009 年上海市上市企业或有权益资产负债表的输入参数如表 8.6 所示。

**表 8.5　上海市上市企业账面价值资产负债表**　　单位：亿元

| 年份 | 总资产 | 总负债 | 所有者权益 | 年份 | 总资产 | 总负债 | 所有者权益 |
|---|---|---|---|---|---|---|---|
| 2001 | 3 893.82 | 1 939.32 | 1 954.50 | 2006 | 9 833.97 | 4 987.87 | 4 846.10 |
| 2002 | 5 883.34 | 3 060.54 | 2 822.80 | 2007 | 12 475.71 | 6 299.75 | 6 175.96 |
| 2003 | 6 436.64 | 3 211.55 | 3 225.09 | 2008 | 16 580.16 | 9 017.30 | 7 562.86 |
| 2004 | 6 936.63 | 3 364.14 | 3 572.49 | 2009 | 18 566.62 | 10 207.73 | 8 358.89 |
| 2005 | 8 078.36 | 3 981.95 | 4 096.41 | | | | |

注：本表数据来源于国泰君安数据库上市企业财务数据统计表。

**表 8.6　上海市上市企业或有权益资产负债表输入参数**

| 年份 | 权益市值（亿元） | 违约点（亿元） | 权益市值波动率 | 无风险利率 |
|---|---|---|---|---|
| 2001 | 5 768.94 | 1 659.75 | 24.93% | 2.25% |
| 2002 | 5 488.93 | 2 564.00 | 28.19% | 2.02% |
| 2003 | 6 588.17 | 2 720.39 | 21.32% | 1.98% |
| 2004 | 5 675.32 | 2 932.86 | 23.56% | 2.03% |
| 2005 | 4 935.49 | 3 549.19 | 24.01% | 2.25% |
| 2006 | 10 801.83 | 4 465.09 | 23.52% | 2.35% |
| 2007 | 30 550.02 | 5 641.27 | 38.79% | 3.26% |
| 2008 | 11 025.67 | 8 106.70 | 51.64% | 3.92% |
| 2009 | 22 053.03 | 9 136.20 | 32.28% | 2.25% |

注：权益市值和权益市值波动率数据来源于招商银行股票交易软件，无风险利率数据来源于中国人民银行，违约点数据来源于国泰君安数据库上市企业财务数据统计表。

### （一）或有权益资产负债表分析

根据上海市上市企业的或有权益资产负债表输入数据，通过 MATLAB 编程计算得到上海市上市企业或有权益资产负债表，如表 8.7。

**表 8.7　上海市上市企业部门或有权益资产负债表**　　单位：亿元

| 年份 | 资产市值 | 负债市值 | 权益市值 | 年份 | 资产市值 | 负债市值 | 权益市值 |
|---|---|---|---|---|---|---|---|
| 2001 | 7 391.45 | 1 622.51 | 5 768.94 | 2006 | 15 163.03 | 4 361.20 | 10 801.83 |
| 2002 | 8 001.49 | 2 512.56 | 5 488.93 | 2007 | 36 010.81 | 5 460.79 | 30 550.02 |
| 2003 | 9 254.73 | 2 666.56 | 6 588.17 | 2008 | 18 864.97 | 7 839.30 | 11 025.67 |
| 2004 | 8 549.87 | 2 874.55 | 5 675.32 | 2009 | 30 984.51 | 8 930.98 | 22 053.53 |
| 2005 | 8 405.14 | 3 469.65 | 4 935.49 | | | | |

如图 8.13，上海市上市企业部门资产市值在 2001—2005 年间变化幅度较小，最高为 2003 年的 9 254.73 亿元，最小为 2001 年的 7 391.45 亿元。2006 年、2007 年随着资本市场发展的加快，股票市场波动性增大、收益率增加，资产市值大幅提升，2007 年达到最大值 36 010.81 亿元。同时，权益市值也达到最大值 30 550.02 亿元。2008 年国际金融危机蔓延，国内资本市场受到严重影响，股指大幅下跌，资产市值和权益市值分别下降 47.61%、63.91%，而负债市值增加 43.56%。2009 年，随着全球经济的复苏，资本市场开始活跃，截至 2009 年，上海市上市企业部门权益市值为 22 053.53 亿元，资产市场价值也增至 30 984.51 亿元。

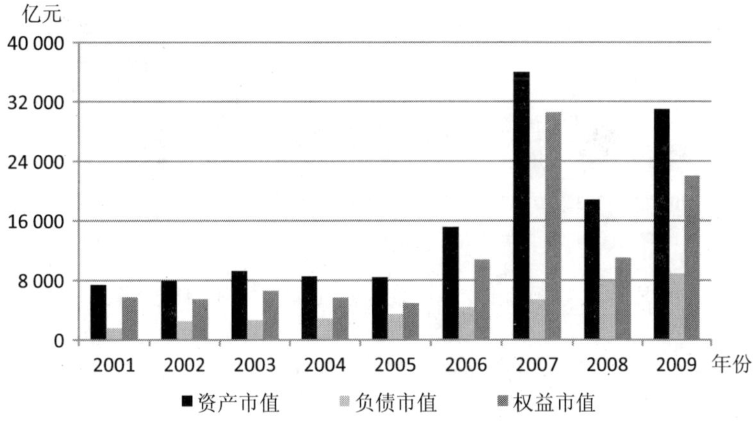

图 8.13　上海市上市企业部门或有权益资本结构

如图 8.14，上海上市企业部门资产账面价值在 2001—2009 年间平稳增加，资产市值波动较大，2001—2006 年资产市值和资产账面价值差距不大，2007 年资本市场的活跃使

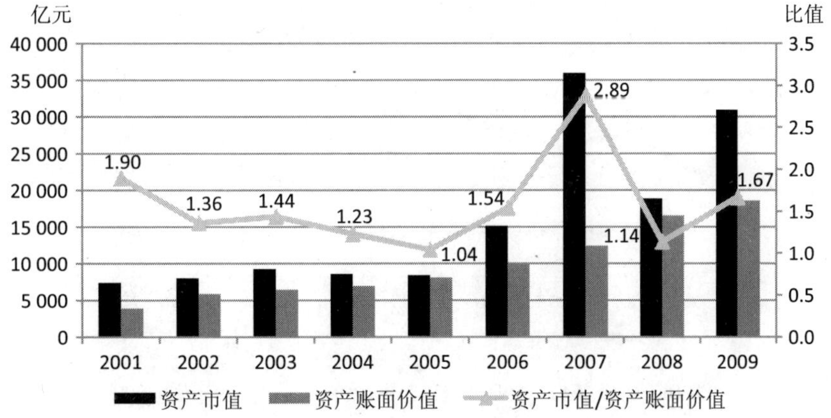

图 8.14　上海市上市企业部门资产市值与账面价值的比较

资产市值达到一个新的高度，2008 年资产市值随股市回落而回落，2009 年有所回升。

如图 8.15，上海上市企业部门负债市值小于负债账面价值。与资产市值与账面价值的差额相比债务市值与负债账面价值的差额很小，说明资产市值的增长主要归因于权益市值的增长。上海上市企业负债市值随着负债账面价值上升而上升，看跌期权的价值较小，违约风险较小。

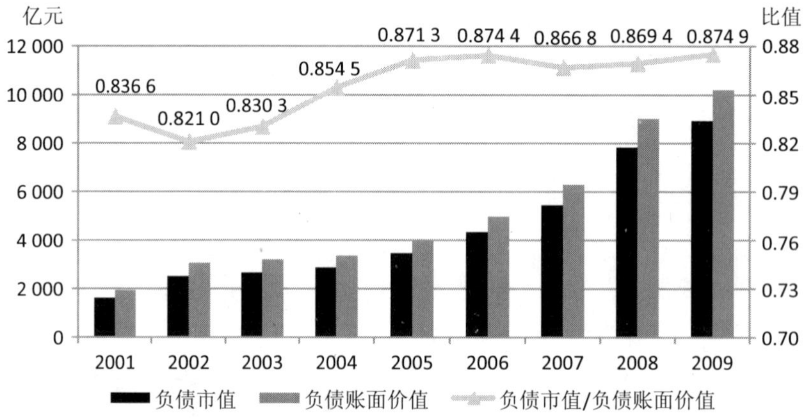


图 8.15　上海市上市企业部门负债市值与账面价值的比较

如图 8.16，上海市上市企业部门或有资产负债率均低于 50%，低于账面价值资产负债率，其中，2007 年达到最小值，或有资产负债率仅为 15.16%。2008 年随着国际金融危机的蔓延，上海市上市企业部门或有资产负债率约增加 26 个百分点，违约风险大幅上升。

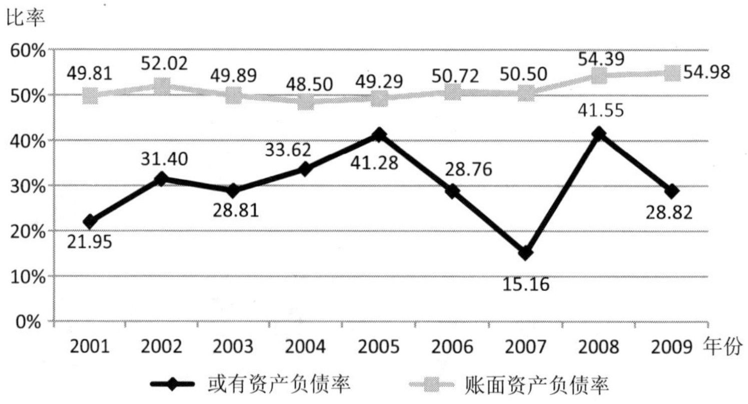


图 8.16　上海市上市企业部门账面资产负债率与或有资产负债率

如图 8.17，随着上海市上市企业数量的增加，上市企业违约点也在逐年递增，截至 2009 年，上市企业总体违约点达到 9 136.20 亿元；而资产市值受股市行情影响较大，资本市场较为活跃的时候，资产市值一般较高。就上海上市企业，资产市值与违约点两者之比在 2001—2005 年间小幅波动，整体下降，2007 年随着资本市场的膨胀，股价上涨，资产市值达到历史最高点，达到违约点的 6 倍以上，这其中也隐含了所未能观察到的资产价格泡沫。2008 年资产市值与违约点之比低于 2005 年的水平。2009 年伴随全球经济回暖，上市企业运营所面临的违约风险也在下降。

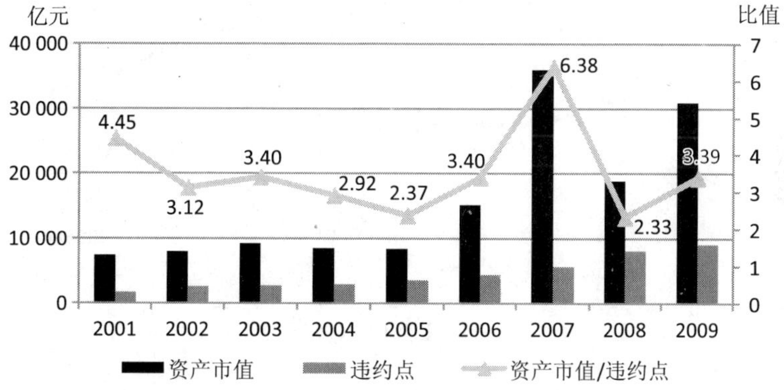


图 8.17　上海市上市企业部门资产市值和违约点比较

### （二）风险表分析

基于或有权益资产负债表分析，采用上市企业无风险利率、违约点、权益市值及其波动率，可以进一步编制出上市企业的风险表，包括资产市值波动率、违约概率和违约距离。运用 MATLAB 编程计算即得出上海市上市企业的相关风险指标，如表 8.8。

**表 8.8　上海市上市企业部门风险表**

| 年份 | 资产市值波动率 | 违约概率 | 违约距离 |
|---|---|---|---|
| 2001 | 19.46% | 0 | 3.985 4 |
| 2002 | 19.34% | 0 | 3.514 1 |
| 2003 | 15.18% | 0 | 4.652 2 |
| 2004 | 15.64% | 0 | 4.200 7 |
| 2005 | 14.10% | 0 | 4.097 9 |
| 2006 | 16.76% | 0 | 4.210 8 |
| 2007 | 32.91% | 0 | 2.562 7 |
| 2008 | 30.27% | 0.28% | 1.884 2 |
| 2009 | 22.97% | 0 | 3.069 2 |

如图 8.18，上海市上市企业部门资产市值波动率在 2001—2006 年波动较小，2007

年大幅上升，资产市值波动率增加 16.15 个百分点，而权益市值波动率增加 15.3 个百分点。2008 年股市低迷，股指大幅波动，上海市上市企业部门的权益市值波动率再度大幅上升，而资产市值波动率因权益市值下降、无风险利率变动等因素而下降。2009 年国内经济复苏，上海市上市企业部门资产市值波动率和权益市值波动率均减小。

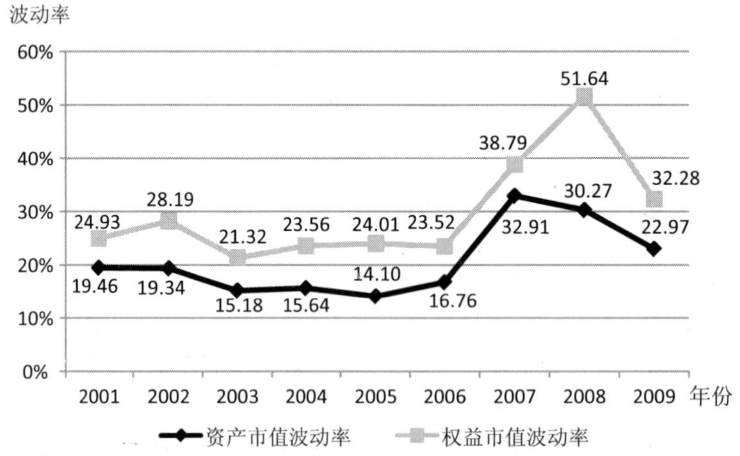


图 8.18　上海市上市企业部门资产市值波动率

如图 8.19，2003 年上海市上市企业部门的违约距离最大，表明其在 2003 年违约风险为最低，之后上海市上市企业部门的违约风险整体扩大，资本市场的发展在带来机遇的同时也带来了风险。2008 年在金融危机的影响下，上海市上市企业部门风险达到最高，违约距离仅为 1.884 2，这一点与账面价值资产负债表所体现的较为一致，2008 年账面价值资产负债率达到 2001 年来最高点，可见资本结构错配风险和清偿力风险增加的同时，

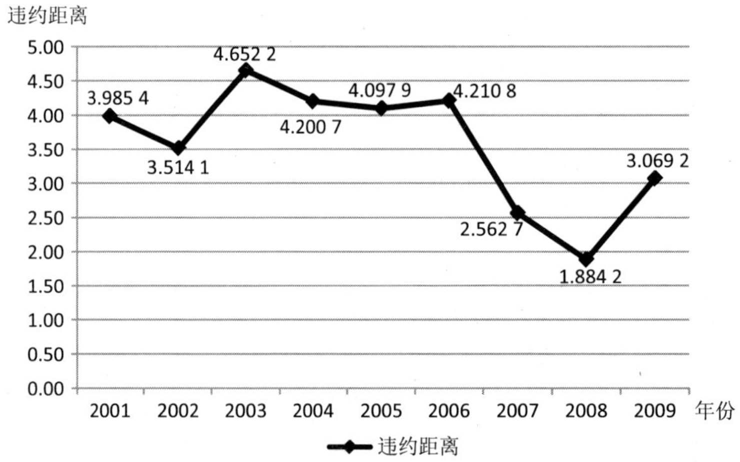


图 8.19　上海市上市企业部门违约距离

的确增加了企业的市场违约风险。而 2009 年违约距离增加，基于市场价值的分析表明上市企业违约风险下降，而账面价值资产负债表未能很好地反映出来。

## 二、上海市企业部门或有权益资产负债表编制及分析

表 8.9 为 2001—2008 年上海市企业部门或有权益资产负债表的输入参数。

**表 8.9　上海市企业部门或有权益资产负债表输入参数**

| 年份 | 权益市值（亿元） | 违约点（亿元） | 权益市值波动率 | 无风险利率 |
|---|---|---|---|---|
| 2001 | 18 679.30 | 5 981.36 | 24.93% | 2.25% |
| 2002 | 11 930.20 | 6 514.28 | 28.19% | 2.02% |
| 2003 | 144 48.01 | 7 732.32 | 21.32% | 1.98% |
| 2004 | 132 09.24 | 9 588.85 | 23.56% | 2.03% |
| 2005 | 116 42.01 | 11 442.64 | 24.01% | 2.25% |
| 2006 | 244 64.47 | 12 895.12 | 23.52% | 2.35% |
| 2007 | 598 95.07 | 15 459.32 | 38.79% | 3.26% |
| 2008 | 209 45.79 | 19 436.78 | 51.64% | 3.92% |

注：权益市值数据根据表 8.4、表 8.5 和 表 8.6 得出，权益市值波动率采用表 8.6 中的波动率，来源于招商银行股票交易软件，无风险利率数据来源于中国人民银行，违约点根据表 8.4 得到。

### （一）或有权益资产负债表分析

根据上海市企业的或有权益资产负债表输入数据，通过 MATLAB 编程计算即得到上海市企业部门或有权益资产负债表，如表 8.10。

**表 8.10　上海市企业部门或有权益资产负债表**　　单位：亿元

| 年份 | 2001 | 2002 | 2003 | 2004 | 2005 | 2006 | 2007 | 2008 |
|---|---|---|---|---|---|---|---|---|
| 资产市值 | 24 525.92 | 18 312.86 | 22 033.20 | 22 604.24 | 22 829.96 | 37 057.60 | 74 868.88 | 39 797.02 |
| 负债市值 | 5 846.62 | 6 382.66 | 7 585.19 | 9 395.00 | 11 187.95 | 12 593.13 | 14 973.81 | 18 851.23 |
| 权益市值 | 18 679.30 | 11 930.20 | 14 448.01 | 13 209.24 | 11 642.01 | 24 464.47 | 59 895.07 | 20 945.79 |

上海市企业部门资产市值在 2001—2005 年间无显著趋势变化，2001 年资产市值为 24 525.92 亿元，2002 年资产市值和权益市值下降，2003—2005 年，负债市值持续上升，权益市值持续下降，资产市值总体变化不大。2006 年资产市值和权益市值大幅升水，2007 年增长更为快速，分别较 2006 年增加 1.02 倍和 1.45 倍，如图 8.20。2008 年国内资本市场受到国际金融危机严重影响，股指大幅下跌，企业部门权益市值和资产市值缩水率达到 46.8% 和 65.03%，市值下降，企业部门风险陡然增加，但相对上市企业群体，企业部门在股指上涨或下跌过程中资产市值变化略缓，受资本市场的影响小一些。

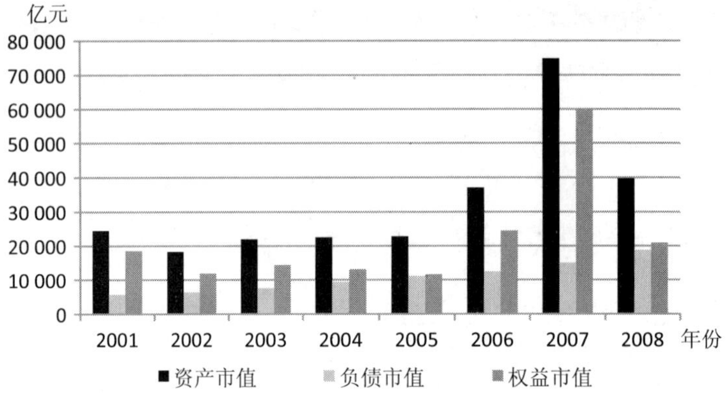


图 8.20　上海市企业部门或有权益资本结构

如图 8.21，上海市企业部门资产账面价值在 2001—2009 年平稳增加，资产市值在 2001—2006 年间波动较小，并且资产市值和资产账面价值差距不大。2007 年由于资本市场的活跃从而使资产市值达到一个新的高度，资产市值高达资产账面价值的 2.61 倍，是样本区间内的最大值。

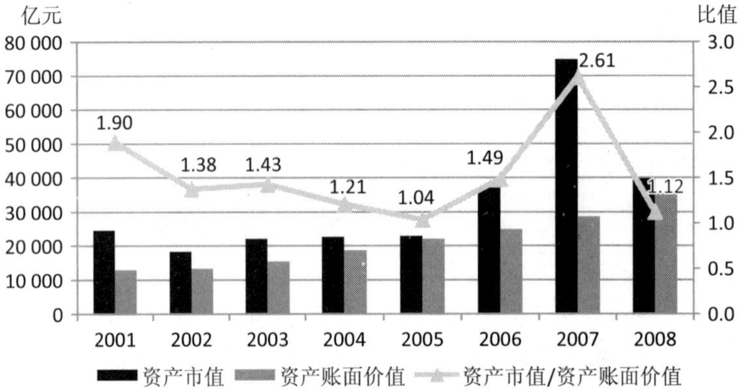


图 8.21　上海市企业部门资产市值与账面价值的比较

如图 8.22，2001—2008 年间，上海市企业部门账面价值资产负债率呈缓慢上升趋势，而或有资产负债率整体水平较低，但变化幅度更大，2001 年为 23.84%，之后持续上升至 2005 年，达到样本区间内的波峰为 49.01%，2006—2007 年连续两年下跌，2008 年增加 17.4 个百分点。整体趋势与上市企业的或有资产负债率一致，但总体高于上市企业 3~5 个百分点，无论上市企业还是企业部门整体，在 2008 年所体现出来的风险都较上一年急剧上升。

如图 8.23，上海市企业部门违约点整体变化较为平稳，截至 2008 年年末，由四大行

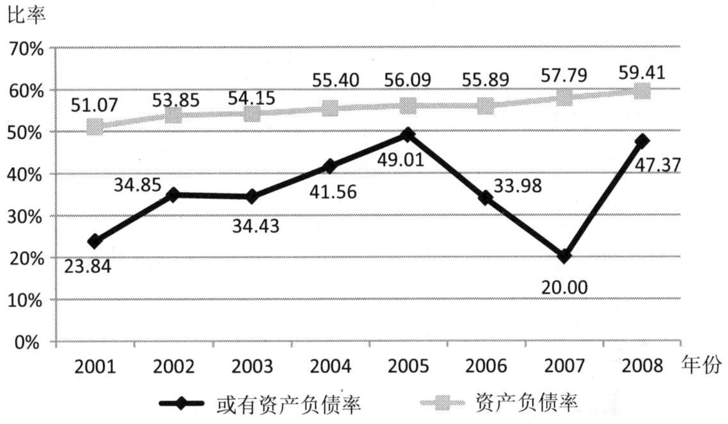


图 8.22　上海市企业部门资产负债率与或有资产负债率

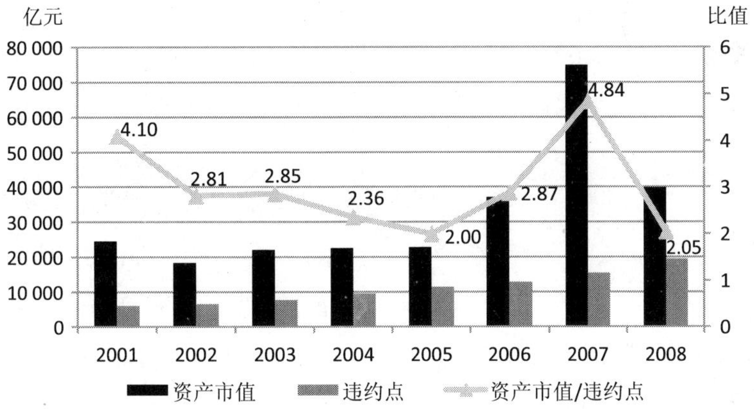


图 8.23　上海市企业部门资产市值和违约点比较

业数据组成的企业部门违约点达到 19 436.78 亿元，是上市企业部门的两倍多；而资产市值变化幅度较大，与违约点的比值波动范围也较大，2007 年最大，资产市值为违约点的 4.84 倍，而在 2005 年仅为违约点的 2 倍，与 2008 年相比，2005 年企业部门的风险更大。而上市企业这一比值在 2008 年较 2005 年更低，受金融危机影响更大。

### （二）风险表分析

运用 matlab 编程计算即得出上海市企业部门的相关风险指标，如表 8.11。

**表 8.11　上海市企业部门风险表**

| 年份 | 资产市值波动率 | 违约概率 | 违约距离 | 年份 | 资产市值波动率 | 违约概率 | 违约距离 |
|---|---|---|---|---|---|---|---|
| 2001 | 18.99% | 0 | 3.982 4 | 2005 | 12.24% | 0 | 4.073 8 |
| 2002 | 18.36% | 0 | 3.508 3 | 2006 | 15.53% | 0 | 4.199 4 |
| 2003 | 13.98% | 0 | 4.642 2 | 2007 | 31.03% | 0 | 2.556 9 |
| 2004 | 13.77% | 0 | 4.182 3 | 2008 | 27.30% | 0.42% | 1.873 7 |

如图 8.24，上海市企业部门的资产市值波动率在 2001—2005 年间缓慢下降，到 2005 年达到样本区间内的最小值，为 12.24%，2006 年、2007 年连续上涨至 31.03%，2008 年依然维持高位，为 27.3%。

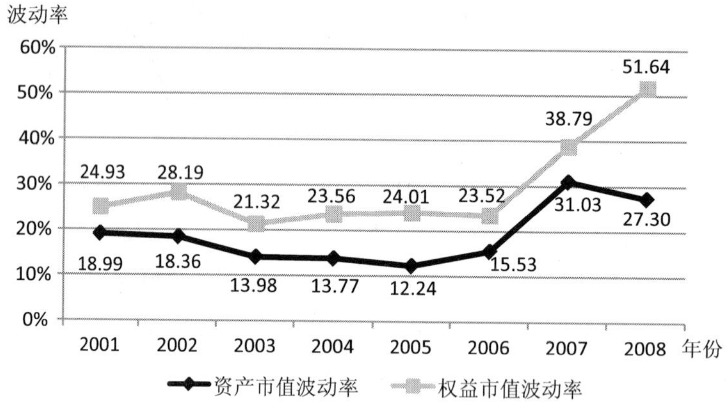


图 8.24　上海市企业部门资产市值波动率

如图 8.25，2001—2006 年上海市企业部门违约距离在 4 左右波动，其中，2003 年达到样本期限内的最高点，为 4.642 2。2007 年开始，上海市企业部门违约距离急剧下滑，至 2008 年达到最低点 1.873 7。由此看来，上海市企业部门违约风险在 2003 年最小，而在 2008 年风险最高，风险表中的违约概率也达到样本期限内的最高值且明显大于 0，为 0.42%。综合第二节对企业部门资产负债账面价值的分析，可见 2008 年资本结构错配风险和清偿力风险增加的同时，随着市值下降，企业部门违约风险凸显。

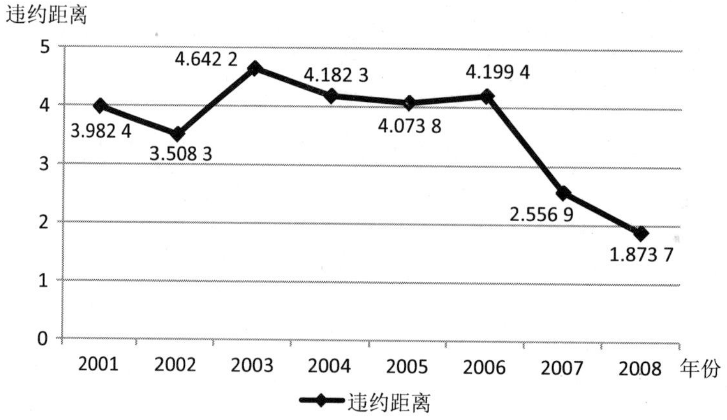


图 8.25　上海市企业部门违约距离

### 三、小结

本节运用宏观金融工程分析中的或有权益法，编制上海市上市企业部门和企业部门或有权益资产负债表和风险表。上市企业基本属于企业部门的一个群体，其分析基于非金融性上市企业的账面合并资产负债表进行，企业部门分析基于由四大行业数据构成的账面合并资产负债表进行，分析结果总体趋势一致。基于市场信息的或有权益资产负债表及相关指标分析表明企业部门在2008年风险较高，市值急剧下降，企业部门的违约概率骤升。同时，分析也表明资本市场对上市企业部门影响更为明显。

## 第4节　结论及政策建议



本章在对上海市经济金融运行概况以及相关文献进行归纳的基础上，基于账面价值资产负债表对上海市金融部门和企业部门在运行过程中潜在的风险进行了分析，并结合市场信息编制上市企业和企业部门整体的或有权益资产负债表分析宏观经济运行过程中的潜在风险。

首先，在基于账面价值的资产负债表分析中，发现金融部门和企业部门均存在不同程度和不同类别的风险。金融部门资产负债表主要涵盖银行类金融机构，并主要通过信贷结构来对金融部门进行资本结构分析、期限错配分析和货币错配分析，结果表明上海市金融部门面临着存款结构与贷款结构之间的期限错配；外币存款难以满足持续增加的外币贷款需求，但2008年随着贷款增长的放缓，期限错配和货币错配有所改善；同时，2008年金融部门存款余额增长率大大高于总资产的增长，资本结构错配风险和清偿力风险可能相应加大。由规模以上工业企业、所有建筑业企业、限额以上餐饮企业以及限额以上批发零售企业四大行业数据构成的企业部门资产负债表中，期限错配风险已逐步改善，但是随着总资产规模持续扩大，总负债以更快的速度增长，2002年以来资本结构错配风险和清偿力风险开始凸显，特别是2008年总负债的大幅增加在一定程度上掩盖了金融危机对企业部门的影响，资产负债率达到1998年来的最高点59.41%，未来的潜在资本结构错配风险值得关注。

其次，基于资产市值的或有权益资产负债表及相关指标分析表明：上海市上市企业部门和企业部门资产市值在2001—2005年间变化幅度均较小，2006年、2007年随着资本市场发展的加快，资产市值波动率增加，资产市值在2007年大幅提升。随着2008年国际金融危机的蔓延，国内资本市场受到严重影响，上海市上市部门企业和企业部门公允价值均大幅下滑，上市企业部门和企业部门各项指标均表明了违约风险的上升。2009年随着全球经济的复苏，资本市场开始活跃，上市企业部门运营所面临的违约风险也在下降，资产市值也增长至26 772.90亿元。综合看，基于市场信息的或有权益资产负债表及相关指标分析表明企业部门在2008年风险较高，企业部门的违约概率骤升。同时，分析也表明资本市场对上市企业影响更为明显。

此外，从当前国际因素看，金融环境恶化、贸易壁垒抬高，全球经济运行风险不断加剧，而且这些不确定因素有可能进一步凸显，也将必然影响上海进出口贸易；上海市金融市场的加快开放，极易受到国际热钱的冲击。从当前国内因素看，随着中央采取更有力的调控措施，政策环境、金融环境和需求环境将可能出现收紧；同时，随着宏观调控的加强，股市、房市仍存在较高的波动风险，人民币升值预期的增强，使上海市在利用外资方面也面临一定的风险。上海是全国证券交易中心和重要房地产市场，如果人民币大幅度升值，上海可能因外资撤离导致股市房市因需求下降而出现大幅下落，影响区域的金融稳定和经济安全。对此，提出如下几点建议：

（1）充分利用资本市场加快经济结构的战略性调整

加快国资国企改革，改变政府调控方式，用市场手段引导企业重组，加强对国有股权的价值化、市场化运作，充分利用好资本市场这一平台，促进国资有序进退，组建优势企业集团，搞活国有经济，增强国有企业主业竞争力，为经济发展注入新的动力。同时，要积极发挥资本市场的招商引资作用，利用股权并购引进外资的新方式，特别是要发挥上海国有企业组织资源和无形资产较多的优势，引入跨国集团和民营资本参与上海国有企业重组，积极鼓励外资和民营资本与国有资本的战略融合。

（2）加快上海债券期货市场发展

国际金融中心的建设要求金融业全面发展，在股票市场发展的同时，加强债券和期货两个市场的建设，抓住人民币流通机遇，将人民币国际债券确立为上海国际金融中心的特色。通过积极发挥上海金融市场比较优势，利用股指期货出台的机遇，吸引国内外公司总部入沪，做强本地期货经营机构，积极发展期货交易。此外，应积极探索人民币金融衍生产品创新的可能，形成人民币金融产品开发交易中心，推动人民币的国际化进程。

（3）鼓励企业“走出去”

一方面，要充分利用人民币持续升值和国家放宽用汇限制的机遇，培育跨国公司，加快确立全球商品生产链的节点地位；另一方面，要加快走向国内市场，支持企业通过联合投资、收购、兼并、参股、控股等多种形式，到内地设立生产基地、分支机构和销售网点，加快构建上海企业在全国的布点。最终通过企业的跨区域发展，提高企业一体化组织、协调和控制能力，积极服务全国，增强城市辐射功能，进一步推动区域经济合作发展。

# 第 9 章　江苏省宏观金融风险研究



江苏省是长江三角洲经济区的重要组成部分，在中国东部的经济体系中占有举足轻重的地位。江苏省民营经济发达，经济外向程度相对较高，近年来经济得到快速发展。与此同时，在经济发展过程中也积累了各种风险，本章分别从资产负债表和或有权益两个方面，通过总量分析和结构性分析来研究江苏主要经济部门金融风险的来源及构成，并提出相应的风险防范及管理措施。

## 第 1 节　引言

江苏省经济金融近年来保持了平稳较快的发展步伐，尤其是民营经济发展迅速，成为具有中国特色的民营经济模式，但是目前面临着进一步的产业升级和经济结构调整。江苏省金融风险的研究与其宏观经济金融状况密切相关，以下介绍江苏省经济金融运行概况，并对相关文献进行归纳总结。

### 一、江苏省经济金融概况

**（一）江苏省经济运行概况**

改革开放以来，江苏省逐步确立“富民强省、两个率先”的总定位、总目标，制定实施科教兴省、经济国际化、区域共同发展、城市化、可持续发展五大战略，经济发展一直走在全国前列。江苏外商投资项目主要分布在电子、轻工、纺织、化工、机械等行业，近年来能源、交通、基础工业和高新技术项目的投资开始增多。此外，江苏的汽车工业生产规模居全国第四，纺织工业是江苏的传统优势产业，冶金工业方面，其先进的大功率电炉拥有量居全国首位，有色金属加工能力为全国第一。从 GDP 历史数据看，江苏在 2003 年之前的增长率都在 10% 左右，从 2003 年开始增长速度加快，增长速度达到 17% 以上，如表 9.1。

**表 9.1　江苏省地区生产总值（GDP）**　　单位：亿元

| 年份 | 2000 | 2001 | 2002 | 2003 | 2004 | 2005 | 2006 | 2007 | 2008 |
|---|---|---|---|---|---|---|---|---|---|
| 地区生产总值 | 8 553.69 | 9 456.84 | 10 606.85 | 12 442.87 | 15 003.60 | 18 305.66 | 21 645.08 | 25 741.15 | 30 312.61 |

数据来源：《2009 年江苏省统计年鉴》。

如图 9.1，2008 年江苏省地区生产总值突破 30 000 亿元，比上年增长 17.76% 左右。其中，第一、第二、第三产业增加值分别增长 4.0 %、12.9% 和 12.7%，三次产业增加值比例调整为 6.9 : 55.0 : 38.1。先进制造业水平提升，全年实现高新技术产业产值 18 402 亿元，占规模以上工业企业产值的 28.0%，同比提高 1 个百分点。服务业尤其是现代服务业加快发展，实现增加值 11 656 亿元，比 2007 年增长 12.6%，占地区生产总值的比重为 38.5%，比 2007 年提高 0.8 个百分点。非公有制经济进一步发展，实现增加值在地区生产总值中的份额达 63.2%，其中私营个体经济比重为 37.1%，分别提高 0.4 和 1.1 个百分点。表 9.2 为 2008 年江苏省地区生产总值构成。

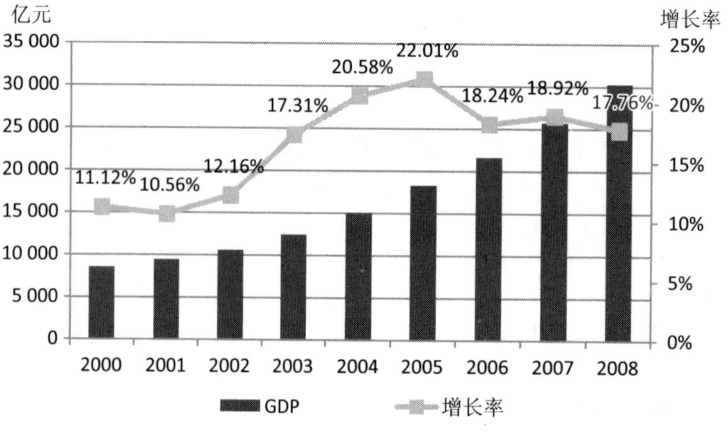


图 9.1　江苏省 2000—2008 年 GDP

**表 9.2　2008 年江苏省地区生产总值（GDP）构成**　　单位：亿元

| 指标 | 2008 年 GDP | 占 GDP 比重（%） |
|---|---|---|
| 地区生产总值 | 30 312.61 | 100 |
| 第一产业 | 2 100.00 | 6.9 |
| 第二产业 | 16 663.81 | 55.0 |
| 工业 | 15 068.98 | 49.7 |
| 建筑业 | 1 594.83 | 5.3 |
| 第三产业 | 11 548.80 | 38.1 |
| 交通运输、仓储和邮政业 | 1 218.81 | 4.0 |
| 批发和零售业 | 3 026.27 | 10.0 |
| 金融业 | 1 483.23 | 4.9 |
| 房地产业 | 1 220.98 | 4.0 |

注：本表数据来源于 2008 年江苏省国民经济和社会发展统计公报。

### （二）江苏省金融运行概况

江苏作为沿海地区经济发达的省份，金融业也得到了迅速的发展，银行业金融机构综合实力逐渐增强，资产质量与效益稳步提升，证券业发展的基础进一步夯实，上市公司数量逐渐增加。同时，地区经济良好的增长潜力和金融业对外开放程度的不断提升，吸引省外机构和外资机构纷纷加快布局江苏，江苏金融业集聚度进一步提高。从表 9.3 可以看出，江苏省金融业的产值从 2004 年的 440.50 亿元增加到 2008 年的 1 483.23 亿元，增长幅度超过 300%，并且金融产值对 GDP 的贡献率也在提高，2008 年江苏省金融业对 GDP 的贡献率达到 4.9%。虽然江苏省金融业对 GDP 的贡献率相对而言不高，但是其绝对值在全国处于前列。表 9.3 为江苏省金融业产值及占 GDP 的比重。

**表 9.3　江苏省历年金融业产值及占 GDP 比重**

| | 2004 | 2005 | 2006 | 2007 | 2008 |
|---|---|---|---|---|---|
| 金融业产值（亿元） | 440.50 | 562.42 | 723.79 | 1 202.10 | 1 483.23 |
| GDP（亿元） | 15 003.60 | 18 305.66 | 21 645.08 | 25 741.15 | 30 312.61 |
| 金融业产值占 GDP 比重（%） | 2.9 | 3.1 | 3.3 | 4.7 | 4.9 |

注：本表数据来源于 2004—2008 年江苏省国民经济和社会发展统计公报。

在长期的金融发展过程中，江苏省充分认识到金融业的发展潜力与时代机遇，在认真贯彻执行国家相关宏观调控政策措施的基础上，着力于经营管理与金融服务的改善，积极优化信贷结构，逐步推进金融创新。通过市场准入等的调整逐渐解决金融结构性供给不足及市场区域性发育不完善等问题，在培养与引进金融业市场竞争主体的过程中汇聚了更多的金融资源。江苏省金融业在自身发展的同时，有力推动了全省经济的又好又快发展，促进了经济的良性持续增长。

全省金融机构存款余额从2003年年末的16 162.62亿元增长到2008年年末的38 063.4亿元，增长了135.50%，其中居民储蓄与企业存款分别增长121.48%与125.31%，两者增幅相近。江苏省金融机构贷款余额从2003年年末的12 157.28亿元增长到2008年年末的27 081.1亿元，增长了122.76%，其中短期贷款、中长期贷款分别增长了71.74%与213.91%，显然中长期贷款增长幅度远远大于短期贷款。

全省境内上市公司从2003年年末的81家增加为2008年年末的117家，2003年在上交所与深交所筹得资金为48.7亿元，2008年增加到97.2亿元，增幅达99.59%，表明江苏省通过股票市场融资能力大大提升。证券营业部从2003年的182家增加到2008年的210家，增加了15%；期货经纪公司营业部从15家增加到53家，增幅达253.33%。

全年保费收入从2003年的383.2亿元增长至2008年的775.4亿元，增幅为102.35%，其中财产险收入、寿险收入、健康险和意外伤害险收入增长率分别为193.53%、78.02%和166.53%。全年保险业赔付额从2003年的79.9亿元增长到2008年的267亿元，增幅达234.17%，其中财产险赔付、寿险赔付、健康险和意外伤害险赔付的增长率分别为221.55%、263.14%和152.29%。

## 二、文献综述

江苏金融方面的文献主要集中在江苏省过于依赖加工贸易的现状问题以及如何进一步完善金融市场，同时也有一些学者研究了江苏金融与长三角金融关系以及金融生态建设等问题，但是总体上缺乏对江苏宏观金融风险研究的文献。

万解秋（2008）认为虽然人民币升值暂时并没有恶化江苏省的对外贸易情况，但是从中长期看，江苏省对外贸易的发展如何应对人民币升值的挑战仍是值得探讨的问题。为了提高江苏省出口企业的利润空间，降低由于人民币升值给其带来的负面影响，就必须提高加工贸易产业层次，引导加工贸易企业进一步延伸产业链，提高加工贸易的附加值。随着经济全球化日益加深，产品同质化竞争日趋激烈，必须打破对加工贸易的依赖，构建新的贸易发展模式，注重发展一般贸易，提升中高端产品的国际竞争力，严格控制高耗能、高污染产品出口，才能促进江苏由外贸大省向外贸强省的转变。

吴先满（2008）认为自2003年以来的五年间，中国经济完成了由稳健货币政策到从紧货币政策的转变。在国际国内资金充裕的情况下，2007年江苏经济持续快速增长，金融运行平稳，金融市场稳步发展，资金供给充足，但银行储蓄存款分流明显，中长期贷款不断上升，房地产信贷活跃，金融风险犹存，需要保持警惕。应对的根本措施是要加强与改善金融调控，提升金融服务，稳定金融市场，扶持地方金融业做大做强。

陆岷峰、高文芳（2008）研究了江苏金融与长三角关系问题，认为随着金融一体化发展，江苏金融应该加快融入长三角金融。在仔细分析江苏金融发展面临的问题，与长三角金融融合的主要障碍基础上，从利用上交所融资功能、推进江苏现代金融结算系统等六大方面提出了融入长三角金融合作的具体建议。

江苏金融生态建设研究课题组（2005）研究了江苏金融生态建设情况，认为金融生态的改善对江苏金融发展乃至宏观经济发展都有重大意义，但是目前存在很多发展的制约因素，主要有法律法规不健全、行政干预仍然存在、信用体系不完善等几个方面，并提出了改善金融生态建设的具体措施，主要包括推动信用体系建设、夯实法律基础、深化国有商业银行改革、扩大直接融资比例、加强诚信建设等。



## 第2节　江苏省部门资产负债表编制及分析

### 一、江苏省金融部门的资产负债表编制及分析

**（一）金融部门资产负债表编制**

截至2008年，江苏省辖区内共有商业银行分支机构4 941个、农村合作机构3 039个、邮政储蓄2 391个、股份制商业银行306个、外资银行30个等，各银行类分支机构共计11 326个；总部设在辖区内的证券公司、期货公司分别有6个、11个；保险公司分支机构共64个，已形成较为完善的金融市场体系。以下根据现有数据编制江苏省金融部门2003—2008年资产负债表，主要涵盖全省银行业金融机构，如表9.4。

**表9.4　江苏省金融机构资产负债表**　　单位：亿元

| 年份 | 2003 | 2004 | 2005 | 2006 | 2007 | 2008 |
|---|---|---|---|---|---|---|
| **总资产** | 17 658.78 | 20 567.80 | 26 018.26 | 28 654.20 | 36 942.50 | 44 349.00 |
| 贷款余额 | 12 157.28 | 14 286.85 | 16 282.60 | 19 383.70 | 23 265.80 | 27 081.10 |
| 短期贷款 | 7 282.58 | 7 702.71 | 8 215.00 | 9 598.40 | 11 495.10 | 12 507.30 |
| 票据融资 | — | — | 1 740.90 | 1 765.60 | 1 349.50 | 2 205.10 |
| 中长期贷款 | 3 803.89 | 5 222.28 | 5 943.90 | 7 714.90 | 9 943.40 | 11 940.70 |
| 本币贷款 | 11 430.79 | 13 480.98 | 15 396.60 | 18 485.00 | 22 092.10 | 26 160.70 |

续表

| 年份 | 2003 | 2004 | 2005 | 2006 | 2007 | 2008 |
|---|---|---|---|---|---|---|
| 外币贷款 | 726.49 | 805.87 | 886.00 | 898.70 | 1 173.70 | 920.40 |
| **总负债和权益** | 17 658.78 | 20 567.80 | 26 018.26 | 28 654.20 | 36 942.50 | 44 349.00 |
| 存款余额 | 16 162.62 | 19 036.18 | 22 821.60 | 26 723.00 | 31 338.00 | 38 063.40 |
| 企业存款 | 5 723.28 | 6 749.58 | 7 531.70 | 9 011.30 | 11 527.00 | 12 895.30 |
| 居民储蓄 | 7 638.18 | 8 863.10 | 10 860.60 | 12 454.90 | 13 213.11 | 16 916.74 |
| 活期存款 | 2 050.10 | 2 401.35 | 2 918.80 | 3 501.11 | 4 068.54 | 4 728.25 |
| 定期存款 | 5 588.08 | 6 461.75 | 7 941.80 | 8 953.79 | 9 144.57 | 12 188.49 |
| 本币存款 | 15 377.91 | 18 211.02 | 22 001.40 | 25 860.50 | 30 450.50 | 37 017.50 |
| 外币存款 | 784.71 | 825.16 | 820.20 | 862.50 | 887.50 | 1 045.90 |

注：本表数据来源于 2004—2008 年《江苏省金融运行报告》和 2009 年《江苏省统计年鉴》，具体如下：

① 总资产、总负债和权益从 2003—2008 年《江苏省金融运行报告》获得；

② 贷款余额、存款余额、短期贷款、票据融资、中长期贷款、企业存款、居民储蓄、活期存款、定期存款、本外币贷款和本外币存款从《2009 年江苏省统计年鉴》获得。

### （二）金融部门资产负债表分析

1. 资本结构错配分析

如图 9.2，江苏省金融部门贷款增速较存款增速低，2003—2008 年贷款余额从 12 157.28 亿元增长至 27 081.1 亿元，存款约从 16 162.62 亿元增长至 38 063.4 亿元。而贷款余额占总资产比率在 60%~70% 之间波动，2008 年有所下降。

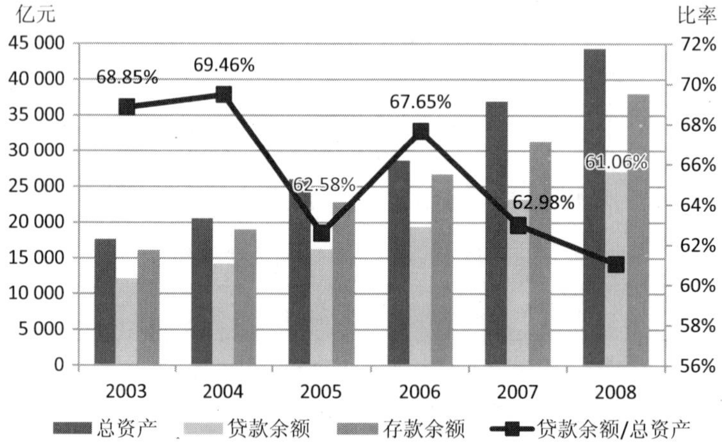


图 9.2　江苏省金融部门存贷款结构

金融部门总资产规模持续扩大，从 2003 年的 17 658.78 亿元增长至 2008 年的 44 349 亿元。2006 年资产增速有所下调，但随后 2007 年、2008 年增速又达到了

20% 以上。2008 年，面对国际金融危机，江苏省银行类金融机构资产规模依然快速增长，资产质量有所改善，不良贷款余额和不良贷款率均降至历史最低点，资产总额较上年增长 20.05%。

如图 9.3，2004—2008 年江苏省存款余额增速都在 17% 以上，在 2007 年资本市场分流较多的情况下，增速仍然达到了 17.27%，2008 年资本市场和房地产市场对人民币存款的分流作用显著减弱，全年人民币存款同比多增 1 976.6 亿元。贷款余额增速仅仅在 2004 年低于 15%，其余年份增速都在 16% 以上，2008 年进一步调整金融支持结构，全省农、林、牧、渔业贷款新增 182.8 亿元，同比多增 109.3 亿元，对第三产业的信贷投放也持续增加，第三产业贷款同比多增 780.1 亿元。江苏省金融部门存贷比总体呈下降趋势，从 2003 年的 75.22% 降至 2008 年的 71.15%，低于我国央行规定的商业银行最高存贷比 75%，说明其资金运用多元化，资本结构逐步得到优化，资本结构错配风险不明显。

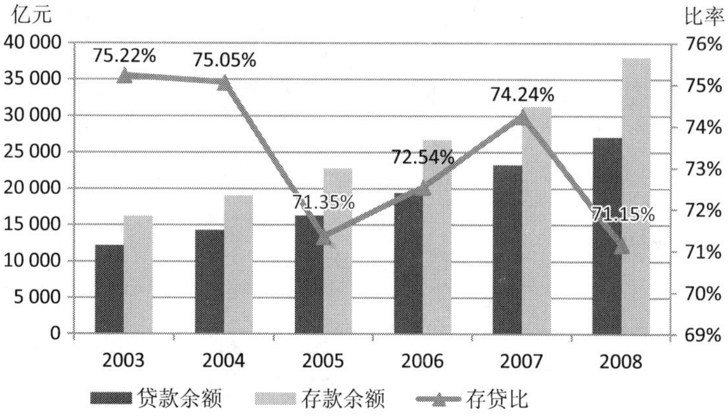


图 9.3　江苏省金融部门存贷款余额与存贷比

2. 期限错配风险分析

如图 9.4，江苏省金融部门 2003—2008 年短期贷款和中长期贷款的变化方向为短期贷款和中长期贷款都逐年增加，其中中长期贷款增长相对较快。江苏省的金融部门短期贷款由 2003 年的 7 282.58 亿元上升至 2008 年的 12 507.3 亿元，翻了近一番，其中长期贷款从 2003 年的 3 803.89 亿元逐年上升，至 2008 年上升至 11 940.7 亿元，中长期贷款占比也在 2003—2008 年间逐年稳步上升，从 31.29% 上升至 44.09%。中长期贷款多投向基础设施建设以及房地产、制造业等，江苏省中长期贷款近年逐渐增加，这与我国其他省份类似。总的来说，随着中长期贷款所占比率的增加，江苏省金融部门贷款呈现长期化趋势。

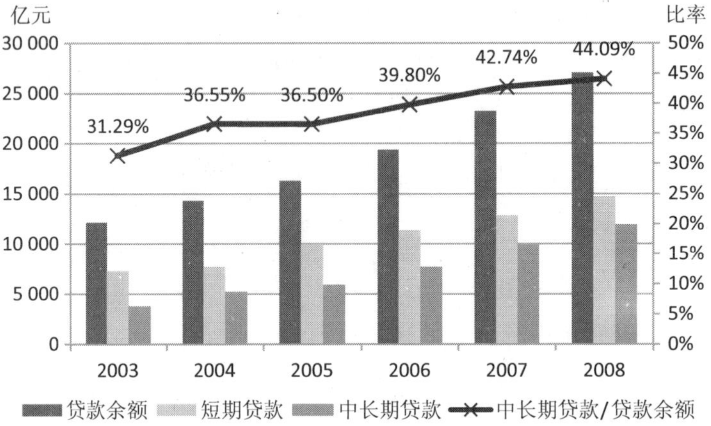


图 9.4　江苏省金融部门贷款结构

如图 9.5，2003—2006 年江苏省居民储蓄中定期存款占比超过 70%，2007 年略有下降，一方面是因为 2007 年央行调息频繁，另一方面是因为股市持续高涨，一部分居民拿出定期储蓄投入股市。目前来看，江苏省期限错配风险还不明显，但是随着中长期贷款占比逐渐增加，定期存款占比总体上并没有较大变化，未来江苏省期限错配风险值得关注。

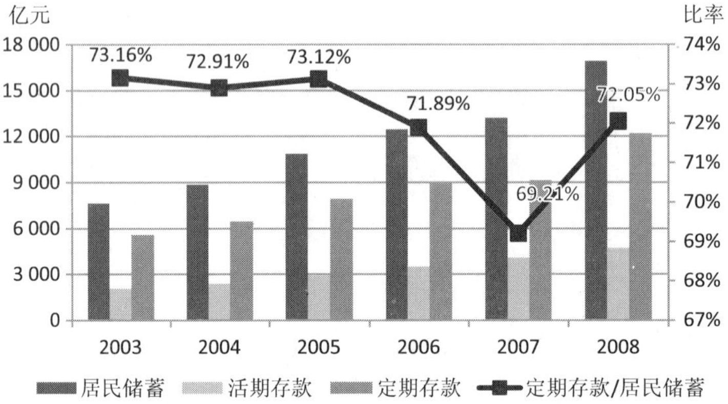


图 9.5　江苏省居民储蓄结构

3. 货币错配风险分析

江苏省外币存贷款规模持续增加，外币存款从 2003 年的 784.71 亿元增加到 2008 年的 1 045.9 亿元，外币贷款从 2003 年的 726.49 亿元增加到 2008 年的 920.4 亿元。2008 年受进出口贸易增速快速回落影响，经济主体持有外汇贷款的意愿下降，江苏省外汇贷款自第二季度以来逐季减少，且降幅逐步扩大，全年外币贷款比 2007 年减少

253.3亿元。

如图9.6，江苏省金融部门的本币存款和本币贷款均呈现平稳上升的趋势，而且本币存贷比在70%的水平左右波动。江苏省的外币存款和外币贷款在波动中略有增加，外币存贷比在2003—2007年呈现上涨趋势，但是2008年出现了大幅下降。因此，江苏省金融部门的外币错配风险不容忽视。

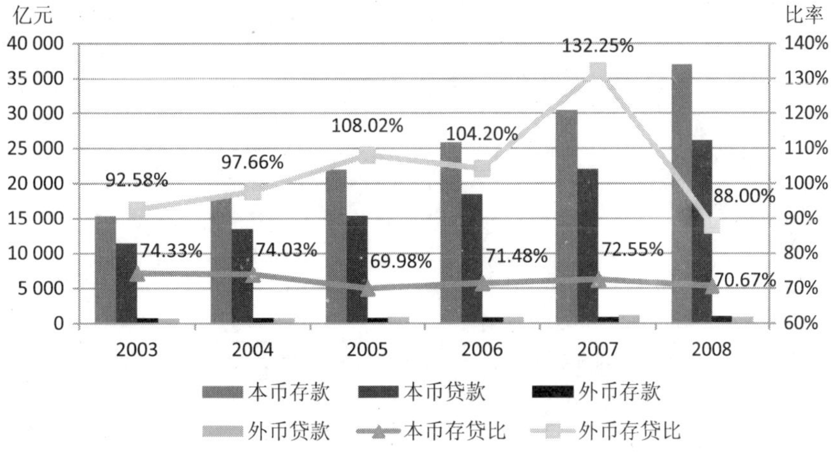


图9.6 江苏省金融部门本、外币存贷款

如图9.7，江苏省金融部门外币存贷款虽然在总值上仍然保持小幅增长，但是其所占存贷款余额的比率却呈下降趋势。综合图9.6和图9.7，可见江苏省金融部门潜在的货币错配风险并不大。

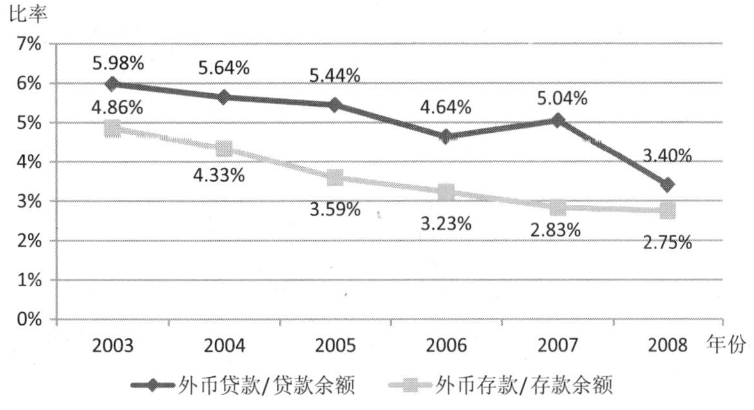


图9.7 江苏省金融部门外币存款占比和外币贷款占比

## 二、江苏省企业部门资产负债表编制及分析

### （一）企业部门资产负债表编制

江苏省企业部门资产负债情况如表 9.5 所示。

表 9.5　江苏省企业部门资产负债表　　单位：亿元

| 年份 | 总资产 | 流动资产 | 长期资产 | 总负债 | 流动负债 | 长期负债 | 所有者权益 |
|---|---|---|---|---|---|---|---|
| 1999 | 12 568.44 | 6 690.10 | 5 878.33 | 8 162.03 | 6 711.13 | 1 441.17 | 4 410.38 |
| 2000 | 13 924.34 | 7 572.26 | 6 388.55 | 8 970.79 | 7 313.33 | 1 657.45 | 4 953.55 |
| 2001 | 14 788.66 | 7 892.59 | 6 896.07 | 9 249.51 | 7 573.16 | 1 649.79 | 5 058.19 |
| 2002 | 15 239.69 | 9 069.31 | 7 654.61 | 10 343.33 | 8 653.09 | 1 690.23 | 6 368.90 |
| 2003 | 20 266.69 | 11 274.60 | 8 992.09 | 12 872.31 | 11 022.82 | 1 849.48 | 7 357.24 |
| 2004 | 25 051.13 | 13 576.21 | 11 474.92 | 15 994.95 | 13 680.12 | 2 314.82 | 9 056.23 |
| 2005 | 31 123.25 | 17 470.68 | 13 652.56 | 19 594.86 | 16 724.95 | 2 869.91 | 11 527.13 |
| 2006 | 37 190.71 | 21 333.74 | 15 856.97 | 22 982.96 | 20 313.98 | 2 668.97 | 14 205.73 |
| 2007 | 45 941.71 | 26 831.07 | 19 110.63 | 28 516.79 | 25 342.93 | 3 173.85 | 17 422.56 |
| 2008 | 59 969.54 | 34 240.74 | 25 728.81 | 36 373.81 | 31 697.25 | 4 676.55 | 23 595.74 |

注：本表数据来源于 1998—2008 年《中国统计年鉴》和《江苏省统计年鉴》，具体如下：

① 工业行业数据来源于《中国统计年鉴》——各地区规模以上工业企业主要指标统计表；建筑业资产、流动资产数据来源于《中国统计年鉴》——各地区建筑业企业资产统计表，负债、流动负债数据来源于《中国统计年鉴》——各地区建筑业企业负债及所有者权益统计表；批发零售业数据来源于各地区限额以上批发和零售业资产及负债统计表；餐饮业数据来源于各地区限额以上餐饮业资产及负债统计表。

② 对工业企业、建筑业企业、批发零售业、餐饮业部分缺失数据进行估算处理。相对建筑业、批发零售业及餐饮业，工业企业的资产负债在企业部门总的资产负债中占比最高，统计数据基本无缺失；餐饮业、批发零售及建筑业资产负债在总体中占比较低，统计数据存在个别缺失情况，对于缺失数据进行估算补齐后产生的偏差对总体分析影响不大。

③ 全部国有及规模以上非国有工业企业 2004 年流动负债数据缺失，以 2003 年流动负债的年增长率进行替代，估算出 2004 年的流动负债，并进一步计算长期负债；建筑业企业 2004 年统计数据中资产负债数据缺失，均以 2003 年各指标的年增长率替代，估算出 2004 年资产、负债、流动资产和流动负债，并进一步计算长期资产负债；限额以上餐饮企业、限额以上批发零售业 2002—2007 年流动负债数据缺失，以前三年的流动负债 / 总负债的均值作为当年的比例，结合总负债得到流动负债缺失数据的合理替代值，并进一步计算长期负债。

### （二）企业部门资产负债表分析

1. 资本结构错配分析

图 9.8 和图 9.9 清楚地显示了江苏省企业部门资产与负债的变动情况。1999—2008 年，江苏省企业部门的资产与负债都逐年增加。而江苏省企业部门资产负债率，除 2002 年突然增加到 67.87% 外，其余年份呈下降趋势，到 2008 年降到 60.65%。可见，江苏省企业部门的资本结构错配风险正在逐步改善。

2. 期限错配风险

如图 9.10 和图 9.11，江苏省企业部门的流动资产与流动负债在 1999—2008 年期间

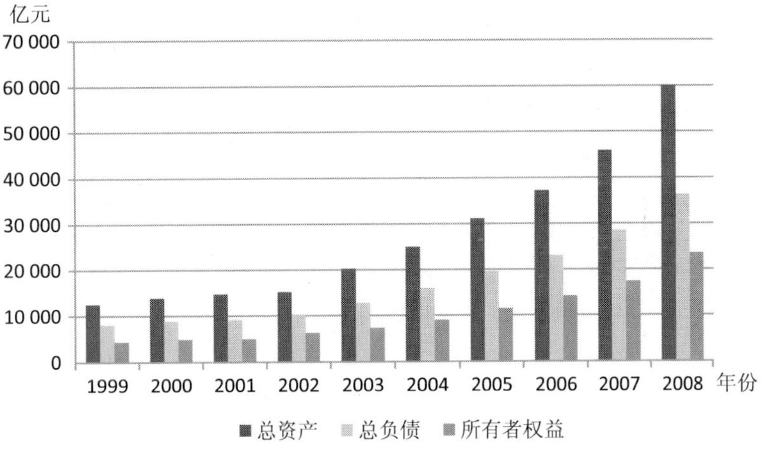


图 9.8　江苏省企业部门资本结构

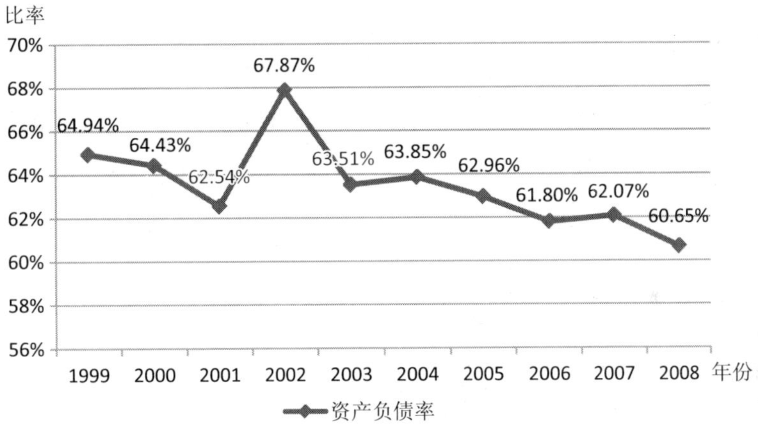


图 9.9　江苏省企业部门资产负债率

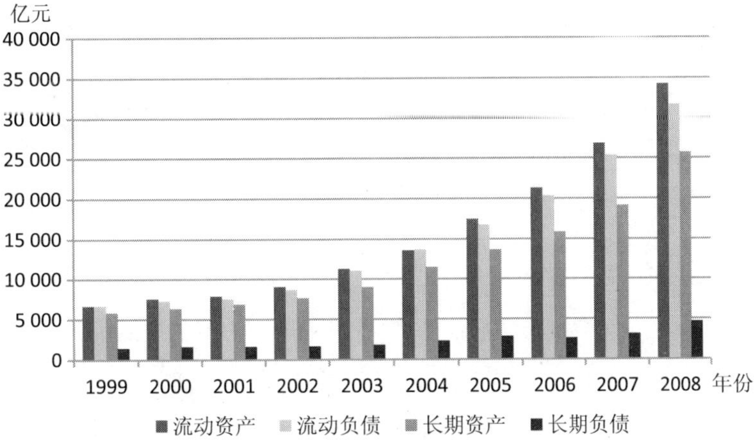


图 9.10　江苏省企业部门资产负债期限结构

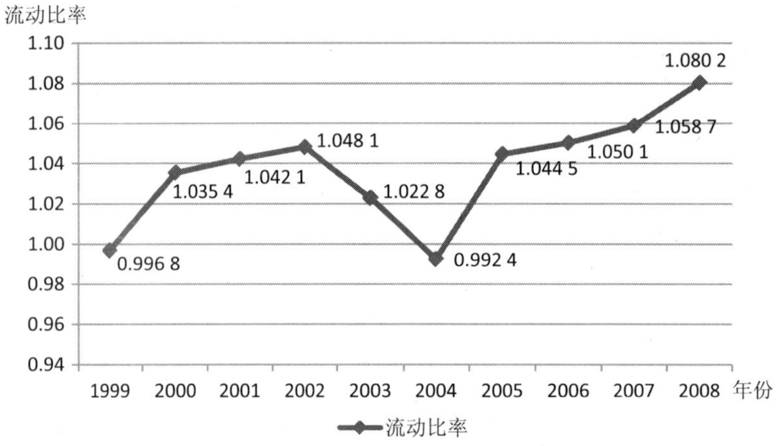


图 9.11　江苏省企业部门流动比率

逐年上升且相差不大。1999 年江苏省企业部门流动比率略小于 1，之后到 2002 年期间，其短期资产负债率小幅上升，2002 年达到 1.05 左右；2002 年到 2004 年期间下降，最低至 0.99，2005 年以后又逐渐上升。总体来说，流动比率在 1 上下波动且呈逐步上升趋势，说明其短期资产与短期负债相当，且江苏省企业部门近年来逐步加大对资产与负债期限错配的管理，不存在明显的期限错配风险。

3. 清偿力风险分析

图 9.12 清晰地显示出江苏省企业部门产权比率的变化情况。江苏省企业部门的产权比总体看呈现下降趋势，到 2008 年该比例达到 1.54，属于比较适宜的水平，江苏省企业部门不存在明显的清偿力风险。

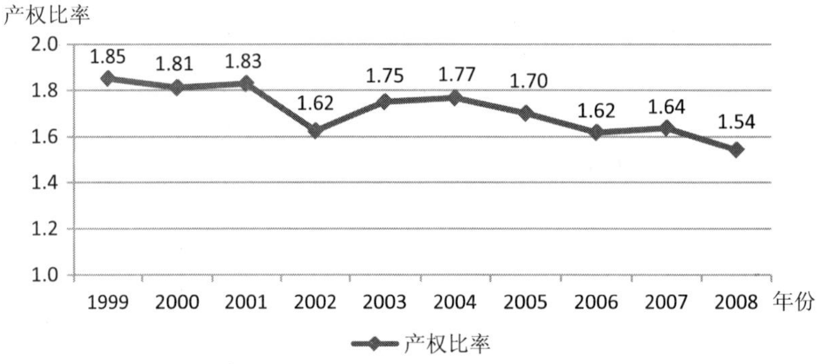


图 9.12　江苏省企业部门产权比率

## 第 3 节　江苏省或有权益资产负债表编制及分析

在对江苏省主要经济部门账面价值的资产负债表分析的基础上，结合市场化信息编制非金融性上市企业部门和企业部门整体的或有权益资产负债表、风险表，衡量部门的实际市场风险以及对风险的抵抗能力。

### 一、江苏省上市企业部门或有权益资产负债表的编制和分析

#### （一）江苏省上市企业部门或有权益资产负债表的编制和分析

表 9.6 为江苏省上市企业部门或有权益资产负债表的输入数据，通过 MATLAB 计算得到江苏企业部门的资产市值，进而得到江苏省上市企业部门或有权益资产负债表。之后在此或有权益资产负债表基础上得到江苏省上市企业部门的风险表，并且对一系列风险指标进行分析。

**表 9.6　江苏省上市企业部门或有权益资产负债表输入数据**

| 年份 | 无风险利率 | 违约点（亿元） | 权益市值（亿元） | 权益市值波动率 |
|---|---|---|---|---|
| 2001 | 2.25% | 370.52 | 1 875.41 | 22.94% |
| 2002 | 2.02% | 481.72 | 1 687.72 | 24.36% |
| 2003 | 1.98% | 714.31 | 1 582.00 | 18.57% |
| 2004 | 2.03% | 967.23 | 1 420.26 | 23.25% |
| 2005 | 2.25% | 1 165.67 | 1 451.52 | 26.35% |
| 2006 | 2.35% | 1 383.48 | 3 214.08 | 25.96% |
| 2007 | 3.26% | 1 752.82 | 9 017.76 | 36.87% |
| 2008 | 3.92% | 1 969.46 | 4 018.85 | 49.52% |
| 2009 | 2.25% | 2 220.16 | 10 021.45 | 33.00% |

数据来源：上市企业部门的数据来自上交所和深交所，所有者权益的收益率年波动率是基于江苏省所有上市公司的相关数据处理得到，考虑到 5 年内上市公司的股改、定向增发等影响股价和股本总数变动的因素，对股票价格采取了向前复权的方法，并且取用现有的总股本数。

如表 9.7，作为在全国经济较为发达的省份，江苏省的上市公司较多，上市公司的权益市值在 2001 年就达 1 875.41 亿元，2002—2005 年由于股票市场萎缩，权益市值也在不断减小，2004 年到了最低点，但是 2006 年有很大的提升，这和我国证券市场的发展是密切相关的。而债务市值从 2001 年到 2009 年逐年增加，2003—2004 年增速较快，2005 年、2006 年增加速度有放缓趋势。2004 年、2005 年权益市值减小，而债务市值却

持续增加，这说明在一定程度上存在潜在金融风险。

**表 9.7　江苏省上市企业部门或有权益资产负债表**　　单位：亿元

| 年份 | 资产市值 | 债务市值 | 权益市值 | 年份 | 资产市值 | 债务市值 | 权益市值 |
|---|---|---|---|---|---|---|---|
| 2001 | 2 237.83 | 362.42 | 1 875.41 | 2006 | 4 565.60 | 1 351.52 | 3 214.08 |
| 2002 | 2 159.86 | 472.14 | 1 687.72 | 2007 | 10 715.35 | 1 697.59 | 9 017.76 |
| 2003 | 2 282.43 | 700.43 | 1 582.00 | 2008 | 5 915.75 | 1 896.90 | 4 018.85 |
| 2004 | 2 367.93 | 947.67 | 1 420.26 | 2009 | 12 191.12 | 2 169.64 | 10 021.45 |
| 2005 | 2 591.33 | 1 139.80 | 1 451.52 | | | | |

如图 9.13，江苏省资产市值、债务市值、权益市值在 2006 年之前仅有小幅波动，并且规模上额度较小，反映出江苏省上市企业市场价值较为稳定。但是 2006 年开始随着金融市场牛市的到来，江苏省上市企业市场价值随着股市的起伏而大幅波动，其中在 2007 年达到了一个高点，2008 年金融市场重挫的情况下市场价值大幅下降，2009 年金融市

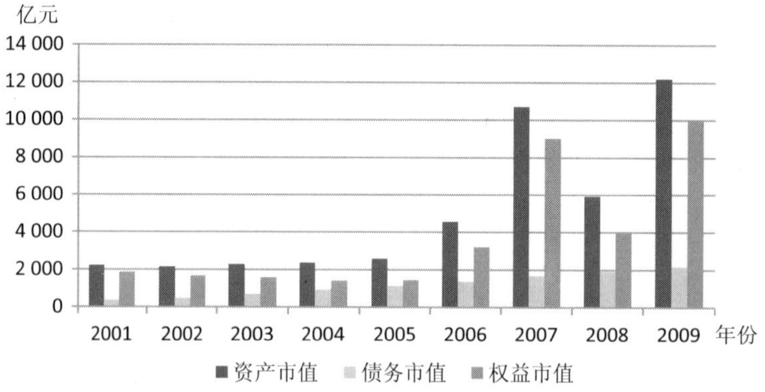


图 9.13　江苏省上市企业部门或有权益资本结构

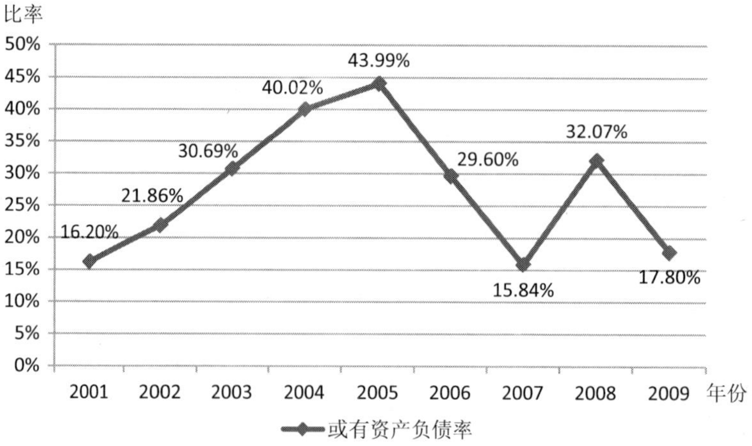


图 9.14　江苏省上市企业部门或有资产负债率

场回暖，流动性持续向好，市场价值再次大幅上扬。图 9.14 从负债市值、资产市值的相对变化即或有资产负债率分析了江苏省上市企业的市场价值变化，可知或有资产负债率 2001 年开始持续上升，2005 年达到最高点 43.99%，随后股市繁荣权益市值大幅上升，导致或有资产负债率大幅下降。总之，江苏省上市企业或有资产负债率远低于账面价值资产负债率，并且与股票市场呈现出相似的波动性，需要加强防范系统性风险的发生。

### （二）风险表分析

编制江苏省上市企业部门风险表如表 9.8。

**表 9.8　江苏省上市企业部门风险表**

| 年份 | 资产市值波动率 | 违约概率 | 违约距离 | 年份 | 资产市值波动率 | 违约概率 | 违约距离 |
|---|---|---|---|---|---|---|---|
| 2001 | 19.23% | 0 | 4.339 5 | 2006 | 18.28% | 0 | 3.813 2 |
| 2002 | 19.03% | 0 | 4.082 3 | 2007 | 31.03% | 0 | 2.695 1 |
| 2003 | 12.87% | 0 | 5.337 0 | 2008 | 33.66% | 0 | 1.981 7 |
| 2004 | 13.94% | 0 | 4.242 7 | 2009 | 27.13% | 0 | 3.015 1 |
| 2005 | 14.76% | 0 | 3.726 8 | | | | |

如图 9.15、图 9.16，江苏省上市企业部门宏观风险总体上呈现扩大的趋势。从资产市值波动率看，经历了由相对高点降低再大幅上涨的过程，其中 2003—2005 年资产市值波动率处于低谷，2006 年、2007 年随着股市暴涨而上涨，在 2008 年达到峰顶 33.66%，2009 年出现下降。违约概率一直保持在较低的水平，2008 年达到峰值，违约风险较大。从违约距离角度看，总体上呈现下降趋势，2001—2006 年在波动中下降，2007 年的大牛市使得权益大幅上涨，泡沫的集聚也使得企业部门违约风险加大，违约距离缩小，2008 年年底爆发的国际金融危机使得违约距离进一步缩小，2009 年危机逐渐缓和，股市适量

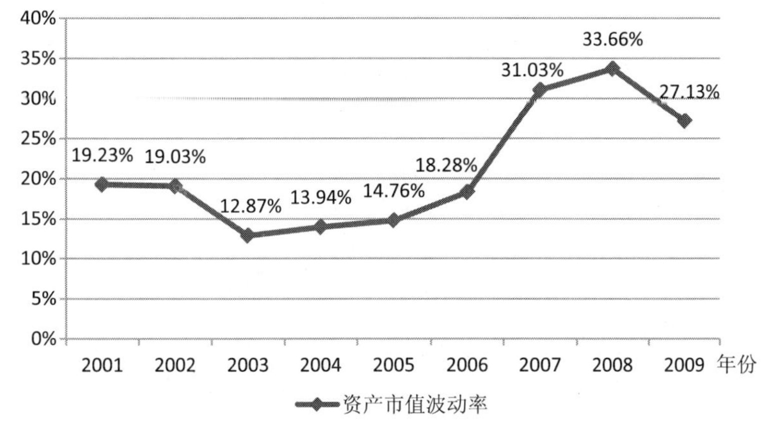


图 9.15　江苏省上市企业部门资产市值波动率

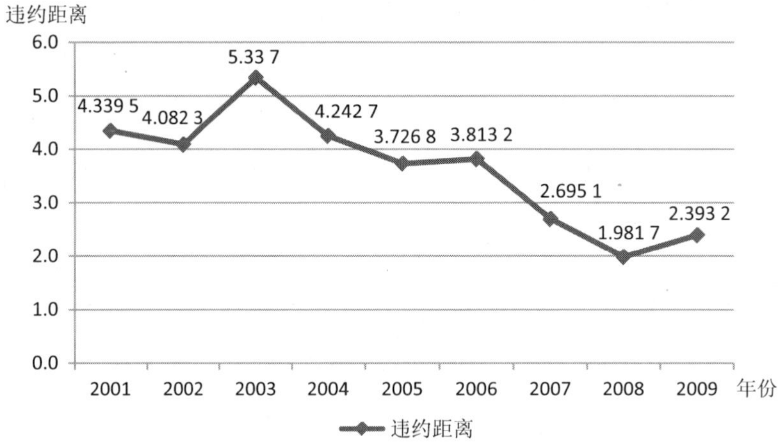


图 9.16　江苏省上市企业部门违约距离

上涨带动违约距离上涨，风险下降。因此可以将江苏省上市企业部门风险大致分为两个阶段，2006 年前总体运行较平衡，风险相对较小，2006 年后由于经济金融整体运行变化较大，资产市值波动率较大，违约风险较大，2009 年略有缓和。因此从客观上说，江苏省上市企业部门还需要加大对来自证券等金融市场的金融风险的抵抗力。

## 二、江苏省企业部门或有权益资产负债表的编制和分析

江苏省企业部门或有权益资产负债表输入数据有权益市值、违约点、权益市值波动率和无风险利率，其中，股权市值通过对上市企业部门进行套算得到，权益市值波动率采用与上市企业部门相同的数据，企业部门的违约点通过国家统计局统计公报中的短期债务加一半的长期债务获得。表 9.9 是江苏省企业部门的输入参数。

**表 9.9　江苏省企业部门或有权益输入数据**

| 年份 | 无风险利率 | 违约点（亿元） | 权益市值（亿元） | 年份 | 无风险利率 | 违约点（亿元） | 权益市值（亿元） |
|---|---|---|---|---|---|---|---|
| 2001 | 2.25% | 8 398.06 | 13 694.80 | 2005 | 2.25% | 18 159.90 | 16 918.80 |
| 2002 | 2.02% | 9 498.21 | 14 437.90 | 2006 | 2.35% | 21 648.50 | 41 050.10 |
| 2003 | 1.98% | 11 947.60 | 13 371.30 | 2007 | 3.26% | 26 929.90 | 112 012.00 |
| 2004 | 2.03% | 14 837.50 | 13 489.80 | 2008 | 3.92% | 34 035.50 | 62 806.70 |

### （一）企业部门或有权益资产负债表分析

将表 9.9 的参数输入计算机进行方程组计算后得到企业部门或有权益资产负债表，如表 9.10。

表 9.10　江苏省企业部门或有权益资产负债表　　单位：亿元

| 年份 | 资产市值 | 债务市值 | 权益市值 | 年份 | 资产市值 | 债务市值 | 权益市值 |
|---|---|---|---|---|---|---|---|
| 2001 | 21 911.68 | 8 216.88 | 13 694.80 | 2005 | 34 676.17 | 17 757.37 | 16 918.80 |
| 2002 | 23 746.74 | 9 308.84 | 14 437.90 | 2006 | 62 190.90 | 21 140.80 | 41 050.10 |
| 2003 | 25 071.19 | 11 699.89 | 13 371.30 | 2007 | 138 082.79 | 26 070.79 | 112 012.00 |
| 2004 | 28 028.04 | 14 538.24 | 13 489.80 | 2008 | 95 607.50 | 32 800.80 | 62 806.70 |

如图 9.17，江苏省企业部门资产市值在 2005 年之前保持着稳定的增幅，2006 年之后随着经济的好转和股市的回暖开始迅速增长，2007 年达到峰值；权益市值也在 2007 年达到顶峰，为 112 012.00 亿元。2008 年国际金融危机的爆发使得市值大幅减少，资产市值下降 30.76%，权益市值下降 43.92%。

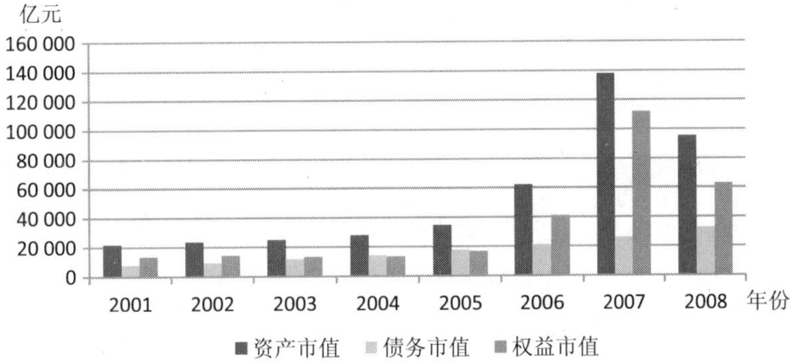

图 9.17　江苏省企业部门或有权益资本结构

如图 9.18，从整体趋势看，江苏省企业部门或有资产负债率在 2004 年以前基本保持上升趋势，2005—2007 年间呈下降趋势，尤其是 2006 年和 2007 年下降幅度较大，主要原因是当时的股市上涨，资产市值大幅增加导致了或有资产负债率的下降。但是该趋势

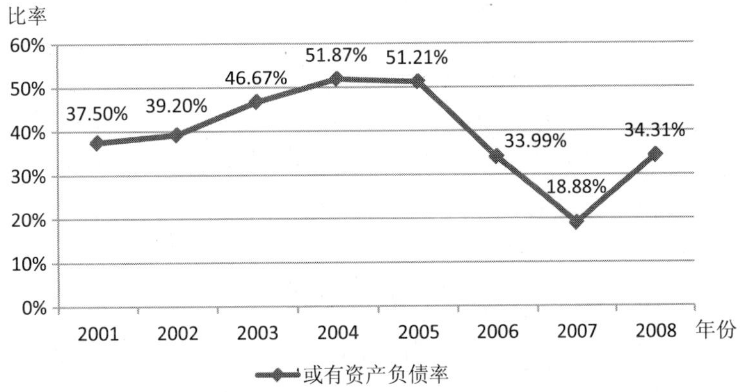

图 9.18　江苏省企业部门或有资产负债率

并没有持续很久，2008 年受到股市泡沫破灭的影响，资产市值大幅下跌，其或有资产负债率开始大幅上升。

### （二）风险表分析

根据风险指标的求解模型，输入各已知变量，运用 MATLAB 求解即得出江苏省企业部门的风险指标，所编制风险表如表 9.11。

表 9.11 江苏省企业部门风险表

| 年份 | 资产市值波动率 | 违约概率 | 违约距离 | 年份 | 资产市值波动率 | 违约概率 | 违约距离 |
|---|---|---|---|---|---|---|---|
| 2001 | 14.34% | 0 | 4.300 3 | 2005 | 12.29% | 0 | 2.891 5 |
| 2002 | 14.81% | 0 | 4.051 7 | 2006 | 17.14% | 0 | 3.804 1 |
| 2003 | 9.90% | 0 | 5.286 1 | 2007 | 29.91% | 0 | 2.691 0 |
| 2004 | 11.19% | 0 | 4.206 5 | 2008 | 32.56% | 0 | 1.978 0 |

江苏省企业部门资产市值波动率在 2001—2006 年总体上波动不大，但是，2007 年和 2008 年出现大幅上升，体现出风险的集聚。

从图 9.19 中数据看，2001—2005 年江苏省企业部门运行是比较安全的。从违约距离反映的特征看，江苏省企业部门的金融风险是呈上升趋势，随着 2003 年我国宏观经济的高速发展，企业不断增加，企业的经济实力也得到极大增强，企业更多地参与到多渠道的融资环境中，受股市波动影响增大。

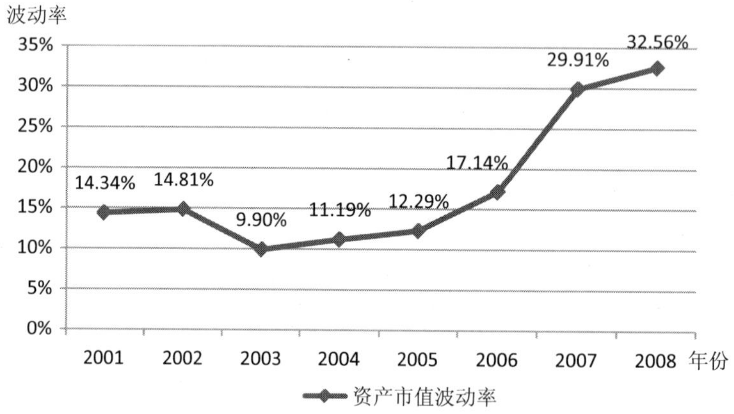


图 9.19 江苏省企业部门资产市值波动率

如图 9.20，违约距离的变化从另一个角度说明了这个问题。江苏省上市企业违约距离自 2001 年来总体呈现下降的趋势，并且 2004 年之后，违约距离一直低于 4，2008 年甚至低于 2，说明江苏省企业部门风险逐渐加大。

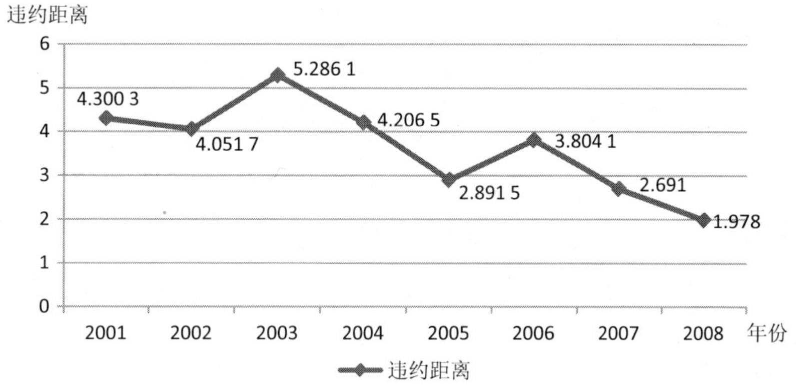


图 9.20　江苏省企业部门违约距离

## 第 4 节　结论及政策建议

基于账面价值的资产负债表分析可以看出，江苏金融机构资本结构错配风险不明显，存贷比低于央行规定的比例，并且资金运用呈现多元化。中长期项目的贷款呈增长趋势，居民储蓄中定期存款占比较高但有下降趋势，表现出一定的期限错配风险。江苏进出口贸易发达，外币存贷规模相对较大，并且存在一定货币错配风险，在人民币升值背景下需要加强防范货币错配风险。基于账面资产负债表对企业部门的分析发现，企业部门的资本结构错配风险和期限错配风险正在逐步改善，清偿力风险不大。

基于市场价值的资产负债表的分析可以看出，江苏省上市企业部门的资产市值来自 2006 年和 2007 年大幅增长，主要原因是权益市值大幅增加；2008 年由于国际金融危机的爆发，权益市值大幅缩水，或有资产负债率上升到 30% 左右。总体看还是存在一定的风险。

鉴于江苏省经济金融存在的问题，提出以下建议：

第一，针对江苏省金融部门目前存在的期限错配问题，应该不断调整信贷结构，减少借短贷长的资金营运模式，加强对贷款期限结构的管理，并且注重贷款投向的多元化，提高资金使用效率和安全度；二是注意期限匹配，各商业银行应注意贷款期限结构不合理的现状，避免短存长贷带来的流动性风险的增长。

第二，完善江苏的金融组织体系。积极引进和筹建金融租赁公司、信托投资公司、汽车金融公司、企业集团财务公司、基金管理公司等一批新的非银行金融机构。建立担保和信用评估等金融中介服务机构，为金融业发展提供良好的信用环境，加快金融市场建设步伐，建立相对完善的金融市场体系，促进商业信用票据化，加快货币市场成员的多元化建设，推动符合条件的法人金融机构、商业银行二级分行、城乡信用社联社和各类非银行金融机构等加入银行间同业拆借市场和债券市场。

第三，应该注重全面发展江苏的综合金融产业。充分发挥资本市场的作用，鼓励和推动运营规范的优质企业上市融资。对市场实行自然淘汰，清理掉那些高能耗、高污染、低效益的小作坊和小企业。保险业作为经济助推器和社会稳定器，意义重大并且发展空间巨大，必须逐步调整和完善。不断推动江苏地方金融机构走向全国，发展到一定阶段时参与全球竞争，并借此进一步提高全省金融业核心竞争力。

# 第 10 章　浙江省金融风险研究



浙江省是中国对外开放程度较高的省份，以民营经济形式出现的轻工业、加工制造业、集体工业尤为发达，并具有"块状经济、产业集群"等特征。然而，浙江省经济在得到迅速发展的同时也面临诸多风险和挑战。本章将基于账面价值和市场价值的宏观资产负债表对浙江省主要经济部门运行潜在的风险进行识别和度量，并提出相关政策建议。

## 第 1 节　引言

本节主要对浙江省经济发展和金融市场建设等进行论述，并对相关风险研究文献进行归纳总结，为本章浙江省金融风险研究提供相关借鉴。

### 一、浙江省经济金融概况

**（一）浙江省经济运行概况**

20 世纪 80 年代以来，浙江省国民经济保持较快增长，经济发展长期处于中国领先水平。如表 10.1，2001 年，浙江省实现 GDP 共计 6 898.34 亿元，其中，第一、二、三产业增加值结构为 10.3：51.3：38.4；2002—2007 年间，GDP 增长率保持 12% 以上，2007 年全省 GDP 达到 18 780.44 亿元，其中三次产业构成为 5.5：54.1：40.4，第一产业比重下降，第三产业比重增加，产业结构呈调整趋势。2008 年以来，由于国际金融危机的发生及蔓延，浙江省经济受到的冲击较为严重，出口导向型企业大量倒闭，国民经济增长明显回落，2008 年 GDP 增长率降至八年来最低 10.1%；2009 年 GDP 增长率进一步下降，全年实现 GDP 共计 22 832 亿元，同比增长 8.9%，三次产业增加值分别增长 2.3%、6.8% 和 12.5%，第一、二、三产业结构比调整至 5.1 : 51.9 : 43。[①] 当前浙江省出现的经济增长放缓与经济结构问题密切相关，在发展初期，浙江省通过发挥地理和人力资源等成本优势，大力发展外向型加工产业，推动了省域经济特别是民营经济的迅猛发展，然而，过度集中的劳动密集型产业在一定程度上又抑制了经济的可持续发展，特别是集中的外向型加工企业，其对国际环境极为敏感，因而经济运行也面临着更为复杂的风险。目前，浙江省经济发展已遇到严重的资源瓶颈，如何在长三角经济圈建设的大背景下有效地调整经济结构、提高资源转化和宏观风险控制能力，是浙江省在未来发展中最重要的问题。图 10.1 是浙江省 GDP 及其增长率。

**表 10.1　2001—2009 年浙江省国内生产总值（GDP）**　　单位：亿元

| 年份 | 2001 | 2002 | 2003 | 2004 | 2005 | 2006 | 2007 | 2008 | 2009 |
|---|---|---|---|---|---|---|---|---|---|
| GDP | 6 898.34 | 8 003.67 | 9 705.02 | 11 648.70 | 13 437.85 | 15 742.51 | 18 780.44 | 21 486.92 | 22 832.00 |

注：2001—2005 年数据来源于 2006 年《中国统计年鉴》；2006—2008 年数据来源于 2009 年《中国统计年鉴》；2009 年数据来源于 2009 年浙江省国民经济和社会发展统计公报。

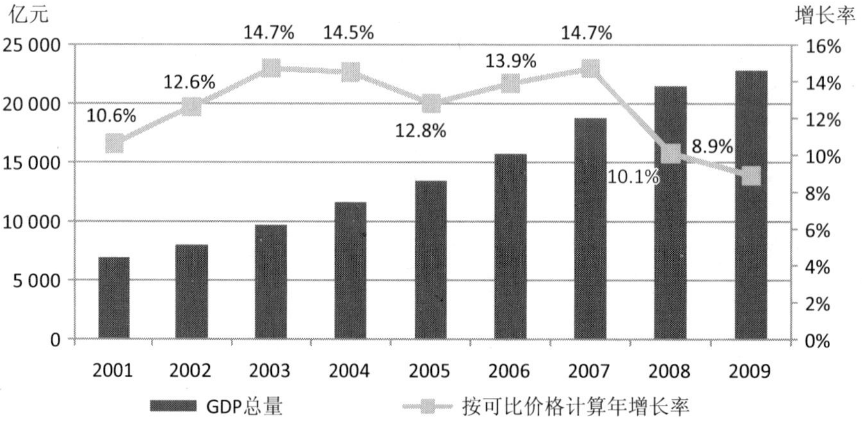


图 10.1　浙江省 GDP 及其增长率

**（二）浙江省金融运行概况**

金融业作为浙江省第三产业中的重要组成部分，目前已形成银行、保险、证券、信托、租赁等共同发展的多元化格局，较好地促进了省域金融资源的优化配置，发挥了金

① 数据来源：历年《中国统计年鉴》和历年《浙江省国民经济和社会发展统计公报》。

融市场的融资功能。随着金融业的较快发展，业务规模不断扩大，金融业产值持续增长。2009 年，浙江省共有银行类分支机构 9 526 个，资产总额达到 5.4 万亿以上，年末金融机构各项存款余额和贷款余额分别为 4.5 万亿、3.9 万亿。随着资本市场的发展，市场体系有所完善，2009 年非金融机构融资取得突破性进展，同比增长 98.8%，全年以贷款、债券、股票获得融资的比例为 92.6：4.6：2.8，企业融资虽呈多元化发展，但银行贷款仍是企业融资的主要途径[①]。

民间金融是浙江省金融业发展的最大特色，在一定程度上解决了民营企业特别是中小民营企业资金不足的问题，为其省域经济建设提供了资本支持。然而，民间金融在促进地区经济增长的同时，也带来了一定的负面影响：一方面削弱央行的货币政策效应，不利于经济结构调整；另一方面由于民间金融的监管难度大，易对正规金融秩序和利率水平形成冲击，出现高利率市场均衡，引致市场投机行为，这样不利于金融风险的防范与管理。那么，如何在发挥民间金融对经济推动作用的同时降低其不良影响？这需要建立完善的金融监管体系，然而当前浙江省金融监管体系并不健全，尤其对民间金融机构的监管存在着较大的问题。同时，浙江省银行业在金融体系中起主导作用，证券和保险市场规模偏小，信托和租赁业发展相对缓慢，金融组织体系有待进一步调整，进而完善金融市场的融资及风险控制功能，并提高金融产值对地区经济增长的直接贡献。



## 二、文献综述

关于浙江省金融风险的文献多集中于该省经济发展模式、金融发展与经济增长的关系、金融生态问题或某一金融行业发展及监管对策等方面。其中，中国人民银行杭州中心支行课题组（2006）研究表明浙江省已初步确立了金融大省的地位，但金融业发展仍存在产值化程度低、发展不平衡、潜在风险不容忽视、金融生态有待完善等问题，且在进一步的发展中须重视金融的产业地位，并积极发展多元金融体系、推动金融改革开放和加强金融服务创新，同时科学推进金融生态环境建设并充分发挥政府在金融发展中的作用。陆妙燕（2007）对浙江省金融生态现状、问题及其演化潜力进行研究，认为浙江省金融生态总体状况良好，但金融业自身发展及其与经济发展的协调性仍存在问题。同时，在以民营经济为主导的发展模式与实体经济支撑下逐年上升的金

① 数据来源：《2009年浙江省金融运行报告》。

融业绩指数，为金融生态优化提供了良好的外部基础条件，并鉴于与长三角金融生态体系的密切关系，均表明了浙江省金融生态发展的巨大潜力。郭福春（2007）对浙江省金融发展与经济增长的实证分析表明两者可以相互促进，并形成一条因果关系链条，在具体的发展路径选择上须处理好经济增长与金融发展、民间金融与正式金融以及市场规律与政府引导等相关因素间的关系。张敏（2008）认为金融市场的发展对外商直接投资（FDI）的溢出效应有显著影响，而随着FDI在浙江省经济中比重的增加，合理利用外资并提高FDI对浙江地区经济的正溢出效应，是关系到浙江省经济建设的重要问题。

随着2008年国际金融危机的爆发和蔓延，理论界和实务界也加大了对浙江省在危机期间出现经济下滑的原因以及在进一步发展中如何进行经济模式选择等问题的关注。王美福、傅吉青（2008）指出全球金融危机影响下浙江省经济的大幅下滑，归因于经济本身已进入调整期，以及由于浙江经济外向程度高、生产性资源约束、企业组织规模小和国家政策的调整等因素加剧了企业生产经营的困难。同时，浙江省统计局对全省约3 500家企业的调查显示，企业生产经营总体上保持正常，但资金偏紧、订单减少、投资意愿不强且对近期经济形势预判不乐观，经济下行趋势可能加深。潘毅刚（2009）认为全球金融危机期间浙江省经济的下滑，是由经济本身周期性回落、按照宏观调控政策调整的理性回调以及国际经济环境变化等三个方面引起的，并强调以外需拉动为主的增长机遇，在“保稳定”中平衡国内外市场，加快“工业型经济”向“服务型经济”的转变，同时需警惕体制机制倒退和重新走上粗放型发展模式的风险。梅世文（2009）认为浙江省金融产业的发展，应通过建立金融控股公司、中小企业银行、产业基金以及不断完善担保、再担保和保险、再保险体系，来构建多功能、多层次金融体系，并需要进一步优化金融创新环境、建设浙江省民间金融中心、推动地方金融产业国际化、加快辅助性金融机构建设等，进而实现金融的“保障、创新、防范、发展”功能。杨莉（2010）认为经济发展走出去、企业机制灵活、产业集群以及产业和市场的并行发展等理念形成了浙江省经济发展的独特模式。闫真宇（2010）认为当前浙江经济金融面临经济增长的内生动力不足、出口形势仍不乐观、货币信贷支持经济转型发展的难度增加、企业转型升级困难及其生产经营中的成本压力可能继续加大等问题，并从地方政府和中央政府等角度出发提出相关对策。

## 第 2 节　浙江省部门资产负债表编制及分析

### 一、浙江省金融部门资产负债表编制及分析

#### （一）金融部门资产负债表编制

2009 年，浙江省现有国有商业银行、政策性银行、股份制商业银行、城市商业银行、城市信用社、农村合作机构、财务公司、邮政储蓄、外资银行以及农村新型机构 9 526 个，从业人数达到 186 714 人；同时，证券业规模进一步扩大，年末总部设在辖区的证券公司、基金公司和期货公司分别为 3 个、1 个和 13 个，上市公司共计 141 家，融资规模有了新的突破，全年通过股票融资 287 亿元，通过债券融资 474 亿元；保险市场体系进一步完善，年末保险公司分支机构共计 56 个，总部设在辖区的保险公司数为 2 个，保费收入和保险密度均有所提高①。以下编制金融部门资产负债表主要涵盖银行类金融机构，如表 10.2。

**表 10.2　浙江省金融部门资产负债表**　　单位：亿元

| 年份 | 2003 | 2004 | 2005 | 2006 | 2007 | 2008 |
|---|---|---|---|---|---|---|
| **总资产** | 17 123.40 | 19 759.10 | 23 966.47 | 28 367.00 | 33 906.00 | 42 069.00 |
| 贷款余额 | 12 648.30 | 14 982.50 | 17 122.14 | 20 768.40 | 24 939.89 | 29 658.67 |
| 短期贷款 | 7 349.00 | 8 363.60 | 9 449.30 | 11 961.20 | 14 825.62 | 17 219.69 |
| 票据融资 | 493.31 | 502.35 | 800.50 | 797.30 | 497.13 | 1 047.57 |
| 中长期贷款 | 4 420.70 | 5 615.20 | 6 340.05 | 7 534.10 | 8 978.24 | 10 742.81 |
| 本币贷款 | 12 242.90 | 14 350.80 | 16 557.67 | 20 153.90 | 24 144.42 | 28 967.81 |
| 外币贷款 | 405.40 | 631.70 | 564.47 | 614.50 | 795.47 | 690.86 |
| **总负债和权益** | 17 123.40 | 19 759.10 | 23 966.47 | 28 367.00 | 33 906.00 | 42 069.00 |
| 存款余额 | 15 408.80 | 17 855.10 | 21 117.94 | 25 019.30 | 29 030.33 | 35 481.20 |
| 企业存款 | 5 664.90 | 6 558.10 | 7 088.27 | 8 616.40 | 10 456.84 | 11 490.12 |
| 居民储蓄 | 6 453.30 | 7 364.10 | 8 746.02 | 10 802.30 | 11 381.16 | 14 804.54 |
| 活期存款 | 2 322.20 | 2 737.40 | 3 272.70 | 4 013.50 | 4 560.07 | — |
| 定期存款 | 4 130.00 | 4 626.70 | 5 473.30 | 6 459.00 | 6 600.00 | — |
| 本币存款 | 14 750.50 | 17 236.60 | 20 494.16 | 24 413.90 | 28 504.46 | 34 806.43 |
| 外币存款 | 658.30 | 618.50 | 623.78 | 605.40 | 525.87 | 674.77 |

注：本表数据来源于 2001—2008 年《浙江省金融运行报告》以及《浙江省统计年鉴》。

① 数据来源：《2009年浙江省金融运行报告》。

### （二）金融部门资产负债表分析

浙江省银行业在金融部门占有主导地位，且在2003—2008年间，贷款余额在总资产中的比重、存款余额在总负债和权益中的比重均呈总体下降趋势，但二者分别保持在70%和84%以上，如图10.2。银行业随着业务范围的不断拓展，对贷款和存款的依赖性有所缓解，但贷款余额仍是银行业总资产的主要内容，存款余额也仍是银行业总负债的主要内容。以下结合银行业存贷结构、总资产等指标对浙江省金融部门风险进行探讨。

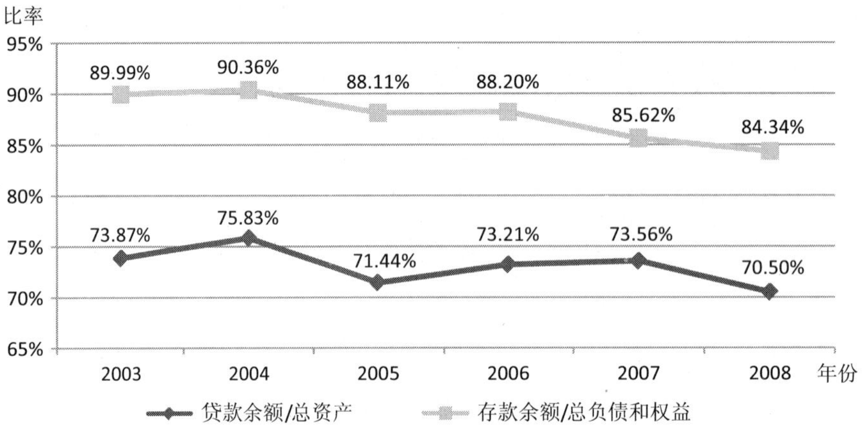


图10.2　浙江省金融部门存贷状况

1. 资本结构分析

从金融部门存贷结构看，浙江省存款余额和贷款余额保持较快的增速，2003—2008年间，贷款余额从1.26万亿元增长至2.97万亿元，存款余额从1.54万亿元增长至3.55万亿元，如图10.3。存贷比长期处于80%以上，其中最高为2007年85.91%，2008年有所下降，但相对东部其他省份仍处于较高的水平，同时也高于我国央行规定的商业银行最高存贷比75%，这主要源于浙江省基建贷款的需求，以及制造业、批发零售业、交通运输业等产业升级过程中的资金需求，同时，随着金融市场功能的进一步完善，金融对经济发展过程中的薄弱环节给予了较大的贷款支持，如农业建设、中小企业发展等。从金融部门抵抗风险的角度看，较高的存贷比可能引致支付风险。

金融部门存款余额是负债中的主要部分，以下对总资产和存款余额的变化进行分析，如图10.4。对于存款余额的增长，其中储蓄存款易因资本市场变化出现明显波动，在2008年国际金融危机的影响下，浙江省企业部门经营成本增加、盈利能力下降，致使企业存款增速放缓，但证券市场和房地产相对低迷致使储蓄存款回流，存款余额增速总体

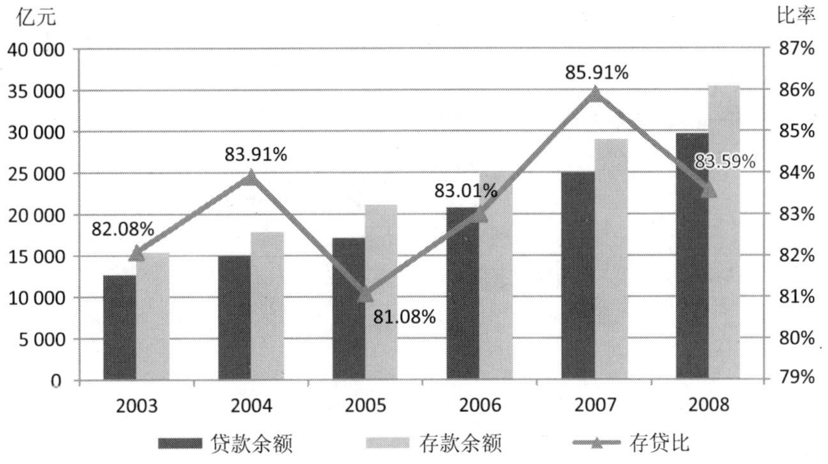


图 10.3 浙江省金融部门存贷款余额与存贷比

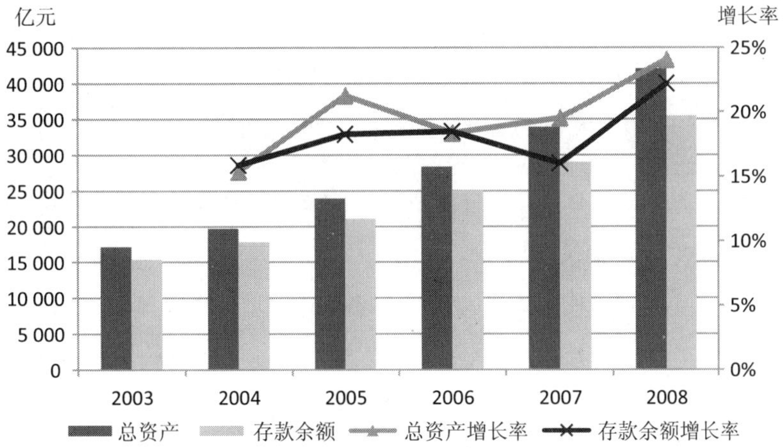


图 10.4 浙江省金融部门总资产、存款余额及其增长率

上升。与存款余额增长相比，总资产增长更为快速，2003—2008 年间，存款余额从 1.5 万亿元增长至 3.5 万亿元，总资产从 1.7 万亿元增长至 4.2 万亿元。2007 年以来，伴随我国对外开放程度的提高，浙江省外资金融机构进驻步伐的加快和商业银行业务的拓展支持了总资产的快速增长。总体而言，浙江省金融部门存款余额与总资产比值下降，表明其对债务融资的依赖性降低，资本结构风险和清偿力风险减小。

2. 期限错配分析

如图 10.5，在 2007 年美国次贷危机发生以前，住房和汽车消费对贷款需求持续上升，同时，农业贷款、中小企业贷款、个人贷款等稳定增长，推动了贷款规模的持续扩大，但短期贷款新增占比总体下降，中长期贷款新增占比不断上升。2003—2007 年，短期贷款从 0.73 万亿元增加至 1.48 万亿元，中长期贷款从 0.44 万亿元增加至约 0.9 万亿元。2008 年国际金融危机爆发后，投资风险加大，居民收入预期下降，个人贷款增长下降明显，同时银行对企业放贷更为谨慎，贷款余额增长较上年回落 1.1 个百分点。票据融资在 2008 年有新的突破，规模达到 0.1 万亿元，较上年增长 1 倍多。

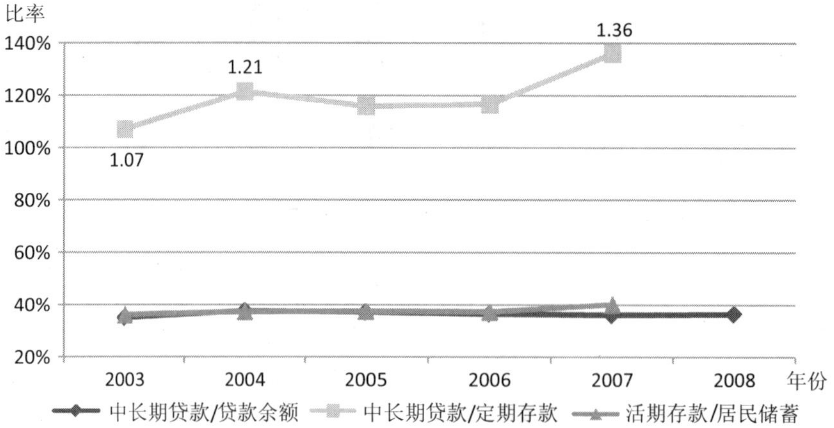


图 10.5　浙江省金融部门存贷期限结构

从企业存款和居民储蓄看，企业存款多属于活期，而居民储蓄的活期化趋势亦较为明显。2003—2008 年，企业存款从 0.57 万亿元增长至 1.15 万亿元，居民储蓄从 0.65 万亿元增长至 1.48 万亿元。相比较而言，2005 年企业存款增长率仅为 8.08%，较上年增长回落 8 个百分点以上，这一方面归因于近年来浙江省企业经营效益下降且资金周转效率差，另一方面归因于企业存款转为商业汇票承兑保证金存款以及银行审慎发放贷款等因素；2006 年，随着企业效益的好转以及信贷投放派生效应的充分发挥，企业存款大幅增长，较上年增长提高 13 个百分点以上。2008 年由于受国际金融危机的影响和内部因素的制约，企业存款增长大幅回落，较上年增幅下降约 11 个百分点，增长率为 9.88%。而储蓄存款在股市和房市低迷时期回流通常较为明显，自 2003 年以来，居民储蓄中的活期存款比率整体呈上升趋势，2003 年活期存款比率为 35.98%，2005 年上升至 37.42%，2007 年上升至 40.07%。结合上述分析，中长期贷款与定期存款的比率总体呈上升趋势，贷款的中长期化与存款的活期化表明了浙江省金融部门期限错配风险呈上升趋势。

3. 货币错配分析

历年来，金融部门外币存款和外币贷款占有份额较小，2003—2007 年间外币贷款总体呈上涨趋势，从 2003 年 405.4 亿元上升至 2007 年 795.47 亿元，在 2008 年金融危机的影响下，外币贷款有所回落，降至 690.86 亿元。相比较，2003—2007 年间，外币存款规模呈总体下降趋势，2003 年的外币存款是 658.3 亿元，随着人民币升值预期的加大，企业与个人持汇意愿下降，2007 年外币存款已降至 525.87 亿元。2008 年以来，人民币升值预期相对平稳，人们的持汇意愿上升，年末外币存款增加至 674.77 亿元，如图 10.6。

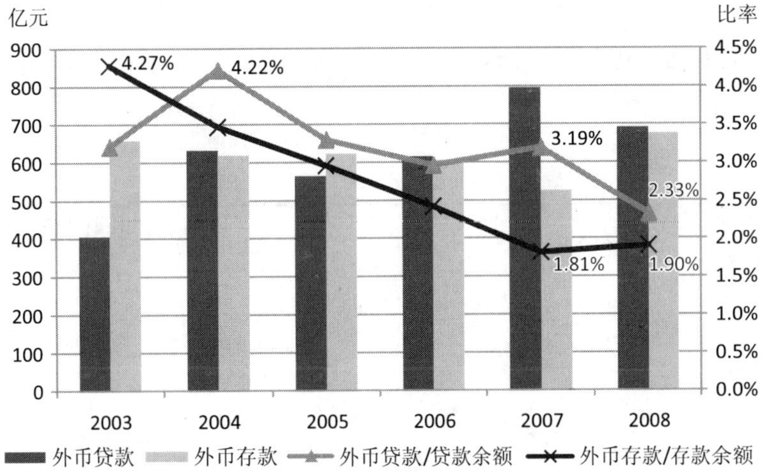


图 10.6　浙江省金融部门外币贷款比率与外币存款比率

相对本币存贷款的较快增长，浙江省外币贷款增长缓慢，而外币存款呈总体下降趋势，由此外币存贷款在存贷款总额中所占比例持续下降，截至 2008 年，外币贷款率（外币贷款 / 贷款余额）和外币存款率（外币存款 / 存款余额）分别是 2.3% 和 1.9%。从金融部门的存贷比来看，如图 10.7，浙江省本币存贷比保持在 80%~85% 之间，外币存贷比长期处于很高的水平，其中在 2007 年达到最大值 151.27%，2008 年有所回落，减少至 102.38%，但仍大于 1，如图 10.7，可见外汇流动性不足，金融部门货币错配风险较高，但在 2008 年错配状况较 2007 年有所改善。

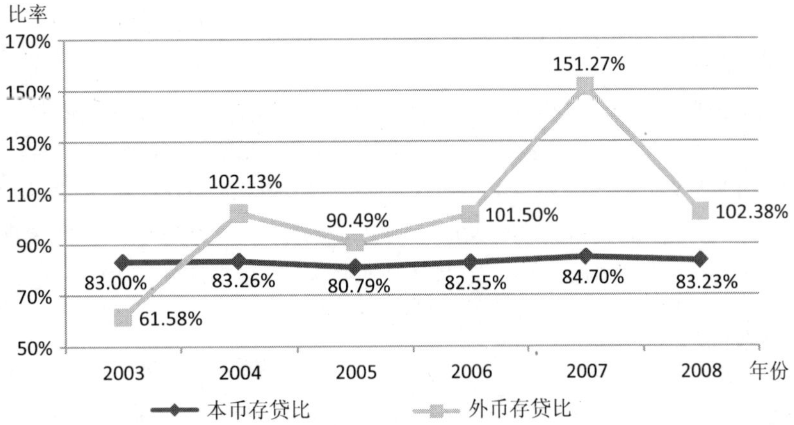


图 10.7　浙江省金融部门本币存贷比与外币存贷比

## 二、浙江省企业部门资产负债表编制及分析

### （一）企业部门资产负债表的编制

本文主要考察浙江省全部国有及规模以上非国有工业企业、所有建筑业企业、限额以上餐饮企业以及限额以上批发零售企业资产负债情况，编制 1998—2008 年企业部门资产负债表，如表 10.3。

**表 10.3　浙江省企业部门资产负债表**　　单位：亿元

| 年份 | 总资产 | 流动资产 | 长期资产 | 总负债 | 流动负债 | 长期负债 | 所有者权益 |
|---|---|---|---|---|---|---|---|
| 1998 | 7 083.84 | 3 990.34 | 2 942.28 | 4 662.59 | 3 830.80 | 825.33 | 2 915.68 |
| 1999 | 8 460.95 | 4 354.43 | 3 813.12 | 5 053.53 | 4 094.09 | 947.11 | 3 407.42 |
| 2000 | 9 291.85 | 4 961.69 | 4 330.15 | 5 575.97 | 4 511.95 | 1 064.01 | 3 715.88 |
| 2001 | 10 573.76 | 5 671.29 | 4 902.46 | 6 124.80 | 5 041.66 | 1 083.13 | 4 448.96 |
| 2002 | 12 603.18 | 6 901.53 | 5 701.64 | 7 322.19 | 6 042.32 | 1 279.86 | 5 280.99 |
| 2003 | 16 337.84 | 9 302.00 | 7 035.83 | 9 779.64 | 8 023.89 | 1 755.75 | 6 558.19 |
| 2004 | 20 318.62 | 11 226.13 | 9 092.49 | 12 392.58 | 10 213.74 | 2 178.84 | 8 341.22 |
| 2005 | 26 412.07 | 15 341.54 | 11 070.52 | 16 210.74 | 12 816.07 | 3 394.66 | 10 201.32 |
| 2006 | 27 962.55 | 15 818.56 | 11 895.42 | 16 989.95 | 14 548.15 | 2 441.79 | 10 954.58 |
| 2007 | 34 257.47 | 19 921.20 | 13 625.36 | 21 125.97 | 18 558.62 | 2 567.35 | 13 120.65 |
| 2008 | 46 447.37 | 28 160.15 | 18 287.22 | 29 648.02 | 26 021.03 | 3 626.99 | 16 799.35 |

注：本表数据来源于 1998—2008 年《中国统计年鉴》和《浙江省统计年鉴》，具体如下：

① 工业行业数据来源于《中国统计年鉴》——各地区规模以上工业企业主要指标统计表；建筑业资产、流动资产数据来源于《中国统计年鉴》——各地区建筑业企业资产统计表，负债、流动负债数据来源于《中国统计年鉴》——各地区建筑业企业负债及所有者权益统计表；批发零售业数据来源于各地区限额以上批发和零售业资产及负债统计表；餐饮业数据来源于各地区限额以上餐饮业资产及负债统计表。

② 对工业企业、建筑业企业、批发零售业、餐饮业部分缺失数据进行估算处理。相对建筑业、批发零售业及餐饮业，工业企业的资产负债在企业部门总的资产负债中占比最高，统计数据基本无缺失；餐饮业、批发零售及建筑业资产负债在总体中占比较低，统计数据存在个别缺失情况，对于缺失数据进行估算补齐后产生的偏差对总体分析的影响不大。

③ 全部国有及规模以上非国有工业企业 2004 年流动负债数据缺失，以 2003 年流动负债的年增长率替代，估算出 2004 年的流动负债，并进一步计算长期负债；建筑业企业 2004 年统计数据中资产负债数据缺失，均以 2003 年各指标的年增长率替代，估算出 2004 年资产、负债、流动资产和流动负债，并进一步计算长期资产负债；限额以上餐饮企业、限额以上批发零售业 2002—2007 年流动负债数据缺失，以前三年的流动负债 / 总负债的均值作为当年的比例，结合总负债得到流动负债缺失数据的合理替代值，并进一步计算长期负债。

### （二）企业部门资产负债表分析

1. 资本结构分析

随着经济的发展，浙江省企业部门资产负债规模持续扩大，1998—2008 年间，总

资产从 0.71 万亿元增长至 4.64 万亿元，总负债则从 0.47 万亿元增长至 2.96 万亿元，如图 10.8。2001 年以前，总资产增长较总负债增长更快，资产负债率呈总体下降趋势，自 2002 年以来，总负债增长更快，资产负债率不断攀升，2008 年企业部门资产负债率达到 63.83%，企业部门资本结构错配风险呈上升趋势。随着经济转型步伐的加快，浙江省企业部门资本结构问题会逐步缓解。

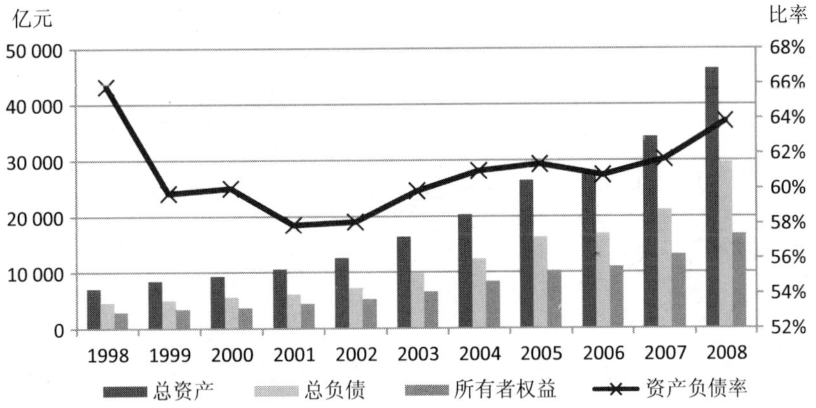


图 10.8　浙江省企业部门资本结构

2. 期限错配分析

从企业部门资产和负债的期限结构看，流动资产、长期资产、流动负债和长期负债等规模总体呈持续上升趋势，1998—2008 年间，流动资产从 0.399 万亿元增长至 2.816 万亿元，长期资产从 0.294 万亿元增长至 1.829 万亿元，流动负债从 0.383 万亿元增长至 2.602 万亿元，长期负债从 0.083 万亿元增长至 0.363 万亿元。从流动资产占总资产比重和流动负债占总负债比重看，均呈上升趋势，如图 10.9。

如图 10.10，1998—2003 年间浙江省企业部门流动比率持续上升，尚未出现明显的期限错配问题。2005 年以来，随着流动负债的增长加快，流动比率持续下降，至 2008 年流动比率为 1.082。整体看，11 年间浙江省企业部门流动比率均大于 1，期限错配风险较小，但变化趋势不稳定，未来需加强这方面的管理。

3. 清偿力风险分析

2002 年以来资本结构问题的凸显，表明浙江省企业部门清偿力风险加大。从产权比率来看，如图 10.11 所示，呈先下降后上升的趋势，1998 年产权比率是 1.599，2001 年产权比率是 1.377，之后呈总体上升趋势，2008 年产权比率是 1.765，浙江省企业部门清偿力风险凸显，对债务融资的依赖性有待改善。

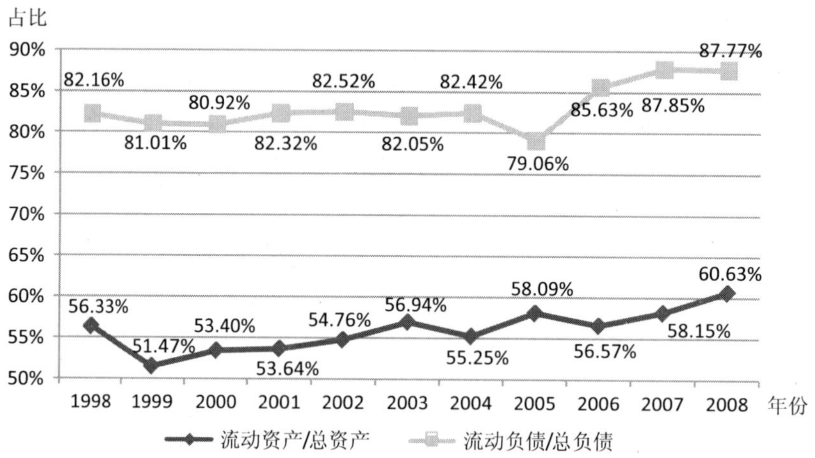


图 10.9　浙江省企业部门流动资产占总资产比重和流动负债占总负债比重

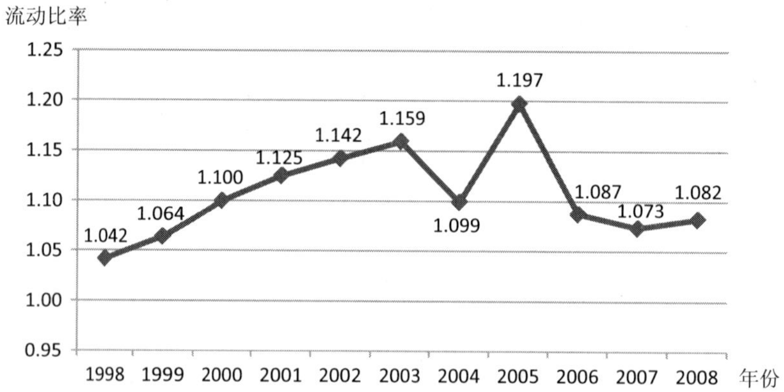


图 10.10　浙江省企业部门流动比率

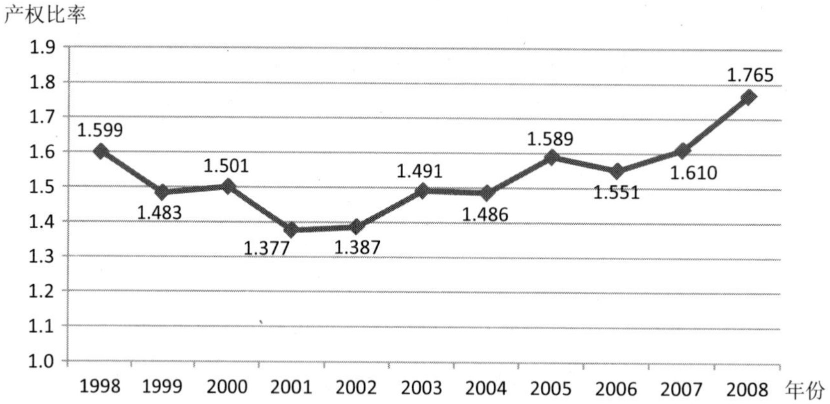


图 10.11　浙江省企业部门产权比率

## 第 3 节　浙江省或有权益资产负债表编制及分析

### 一、浙江省上市企业部门或有权益资产负债编制及分析

浙江省上市企业部门或有权益资产负债表输入数据包括无风险利率、违约点、权益市值及其波动率。其中，无风险利率根据中国人民银行公布的一年期存款利率加权得到；违约点根据上市企业资产负债表得到，等于流动负债与一半的长期负债之和；对于权益市值及其波动率采用股票分析软件中浙江省板块数据，对股票价格进行前复权后，各企业（不含金融企业）的权益市值通过股票价格乘以现有股本数得到，加总处理后即得浙江省上市企业部门每日权益市值，并进一步计算得到企业部门的年度权益市值波动率，输入参数中的权益市值采用年末数据。2001—2009 年浙江省上市企业或有权益资产负债表的各输入参数如表 10.4。

**表 10.4　浙江省上市企业部门或有权益输入参数**

| 年份 | 无风险利率 | 违约点（亿元） | 权益市值（亿元） | 权益市值波动率 |
|---|---|---|---|---|
| 2001 | 2.25% | 265.84 | 1 621.15 | 23.17% |
| 2002 | 2.02% | 352.91 | 1 361.30 | 25.19% |
| 2003 | 1.98% | 444.62 | 1 242.33 | 16.82% |
| 2004 | 2.03% | 544.94 | 1 182.71 | 23.57% |
| 2005 | 2.25% | 741.59 | 1 113.50 | 25.82% |
| 2006 | 2.35% | 845.04 | 2 004.79 | 26.33% |
| 2007 | 3.26% | 1 049.92 | 6 502.52 | 40.45% |
| 2008 | 3.92% | 1 129.22 | 3 070.05 | 52.56% |
| 2009 | 2.25% | 2 469.99 | 7 410.72 | 32.75% |

注：无风险利率数据来源于中国人民银行，违约点数据来源于国泰君安数据库上市企业财务数据统计表，权益市值和权益市值波动率数据来源于招商银行股票交易软件。

**（一）或有权益资产负债表分析**

综合各输入参数，经 MATLAB 计算得到浙江省上市企业部门或有权益资产负债表，如表 10.5。

结合市场信息构建的或有权益资产负债表，与浙江省账面价值资产负债表所反映的情况不尽相同。首先，从或有资产负债表资本结构看，如图 10.12，2001—2005 年

表 10.5　浙江省上市企业部门或有权益资产负债表　　单位：亿元

| 年份 | 资产市值 | 负债市值 | 权益市值 | 年份 | 资产市值 | 负债市值 | 权益市值 |
|---|---|---|---|---|---|---|---|
| 2001 | 1 880.94 | 259.79 | 1 621.15 | 2006 | 2 830.26 | 825.47 | 2 004.79 |
| 2002 | 1 707.07 | 345.77 | 1 361.30 | 2007 | 7 518.54 | 1 016.02 | 6 502.52 |
| 2003 | 1 677.15 | 434.82 | 1 242.33 | 2008 | 4 158.38 | 1 088.33 | 3 070.05 |
| 2004 | 1 716.70 | 533.99 | 1 182.71 | 2009 | 9 819.20 | 2 408.48 | 7 410.72 |
| 2005 | 1 837.28 | 723.78 | 1 113.50 | | | | |

权益市值和资产市值无明显变化趋势，相对波动幅度较小。2006 年以后，权益市值和资产市值大幅上涨，尤其是 2007 年权益市值增加两倍多，资产市值也增长了 1.65 倍。2008 年在证券市场整体低迷的情形下，权益市值和资产市值大幅缩水，两者分别下降了 52.78% 和 44.69%。2009 年随着全球经济的回暖，证券市场交易活跃，股票交易额大幅上涨，股票价格总体回升，年末权益市值和资产市值分别达到了 7 410.72 亿元和 9 819.20 亿元。相比较，负债市值的变化较平稳，2001—2008 年呈平稳上升趋势，2009 年上涨幅度显著，较上年增加 1.21 倍。值得关注的是，2008 年金融危机对非上市企业的冲击远大于上市企业受到的影响，在此尚未反映出来。

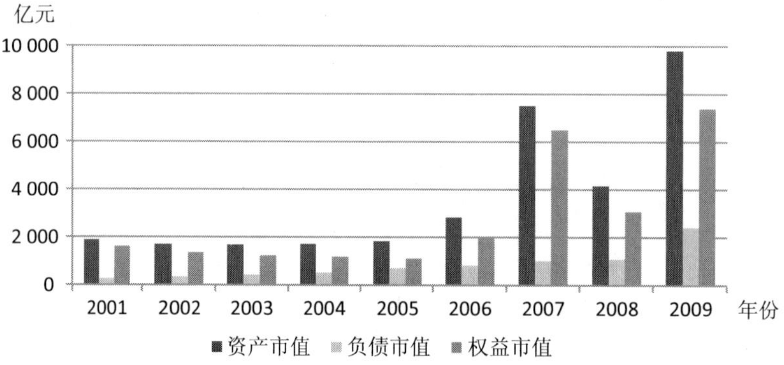


图 10.12　浙江省上市企业部门或有权益资本结构

如图 10.13，浙江省上市企业部门或有资产负债率在 2001—2005 年间持续上升，从 2001 年的 13.81% 增加至 2005 年的 39.39%，2006 年、2007 年或有资产负债率大幅回落。可见随着资本市场的发展，越来越多的企业开始走向资本市场进行多渠道融资，其中，2007 年浙江省上市企业股权融资比例达到七年来最高。2008 年受金融危机影响，资本市场融资受阻，上市企业的债务融资率再次上升，2008 年上市企业或有资产负债率较 2007 年增加了近 13 个百分点，2009 年略降至 24.53%，清偿力风险无明显缓解。多年来的发展过程中，浙江省形成了大量代工类纯出口型的企业，并长期依赖低成本劳动力在出口

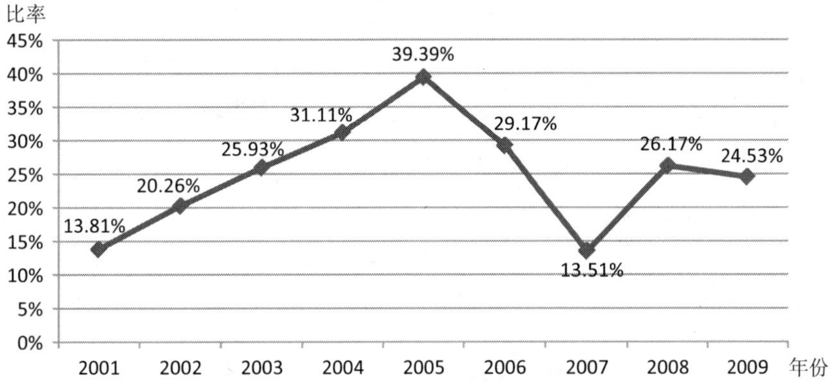


图 10.13　浙江省上市企业部门或有资产负债率

中发挥优势，但是在危机爆发后国际市场的需求下降引致出口减少，使得大量中小企业破产，浙江省在实际中所受到的冲击要高于上述数据分析的结果。

**（二）风险表分析**

基于或有权益资产负债表分析，以下采用上市企业无风险利率、违约点、权益市值及其波动率等输入参数，进一步构建上市企业的风险表，主要有资产市值波动率、违约概率、违约距离，如表 10.6。

**表 10.6　浙江上市企业部门风险表**

| 年份 | 资产市值波动率 | 违约概率 | 违约距离 | 年份 | 资产市值波动率 | 违约概率 | 违约距离 |
|---|---|---|---|---|---|---|---|
| 2001 | 19.97% | 0 | 4.300 5 | 2006 | 18.65% | 0 | 3.760 2 |
| 2002 | 20.08% | 0 | 3.949 8 | 2007 | 34.98% | 0 | 2.459 6 |
| 2003 | 12.45% | 0 | 5.901 8 | 2008 | 38.82% | 0 | 1.876 3 |
| 2004 | 16.24% | 0 | 4.203 5 | 2009 | 24.71% | 137% | 1.403 4 |
| 2005 | 15.64% | 0 | 3.812 4 | | | | |

对于浙江省上市企业部门风险表，首先对资产市值波动率进行分析，如图 10.14。2001—2006 年间，浙江省上市企业部门资产市值波动率较小，期间最小值为 2003 年的 12.45%，最大值为 2002 年的 20.08%。2007 年证券市场开始活跃，上市企业在资本市场融资规模加大，年度资产市值波动率达到 34.98%。2008 年股市低迷，股指大幅波动，资产市值波动率进一步加大，达到八年来最高水平 38.82%。2009 年随着经济回暖，国内资本市场好转，股指回升，上市企业资产市值波动率回落，风险下降。

对于浙江省上市企业的违约距离，如图 10.15，2001—2009 年间，违约距离处于 1~6 之间，最大为 2003 年 5.901 8，相应违约风险最小。究其原因，2002 年处于牛市末期熊市初期，资产价值开始缩水，上市企业股票价格开始剧烈波动，上市企业经营风险加大

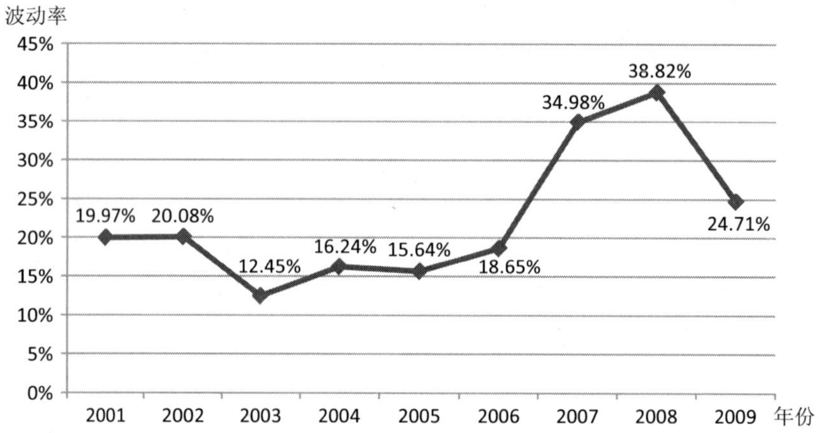


图 10.14　浙江上市企业资产市值波动率

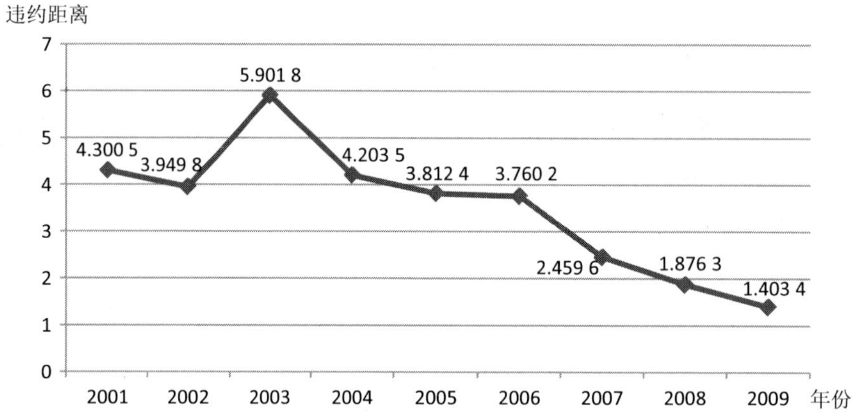


图 10.15　浙江上市企业违约距离

直接导致投资者风险加大，而之后的几年，资产价值急剧缩水，上市企业市场风险得到释放。2004 年以来，违约距离持续下降，截至 2009 年，违约距离降至 1.403 4，违约风险也达到历史最高水平。期间，2007 年在国内资本市场较为繁荣的时期，浙江省上市企业资产价值数倍增长，价格波动急剧扩大，并重新加剧上市企业风险，虽然市值也急剧增加，但是波动率的上升最终导致违约距离下降，上市企业违约风险仍在扩大，2008 年在金融危机的影响下，上市企业风险进一步上升。与账面价值资产负债表所反映的有所不同，2009 年在国内经济逐步回暖之际，股市行情好转，违约距离仍显示潜在波动压力下违约风险的上升。

## 二、浙江省企业部门或有权益资产负债编制及分析

浙江省企业部门的或有权益资产负债表输入数据有无风险利率、违约点、权益市值及其波动率，其中，无风险利率和权益市值波动率同上市企业部门；违约点根据表 10.3 中短期债务和一半的长期债务加总后得到；权益市值根据上市企业的市净率进行估算得到。浙江省企业部门或有权益资产负债表各输入参数如表 10.7。

**表 10.7　浙江省企业部门或有权益输入数据**

| 年份 | 无风险利率 | 违约点（亿元） | 权益市值（亿元） | 权益市值波动率 |
|---|---|---|---|---|
| 2001 | 2.25% | 5 583.23 | 21 650.60 | 23.17% |
| 2002 | 2.02% | 6 682.25 | 19 399.46 | 25.19% |
| 2003 | 1.98% | 8 901.77 | 19 145.92 | 16.82% |
| 2004 | 2.03% | 11 303.16 | 20 016.97 | 23.57% |
| 2005 | 2.25% | 14 513.40 | 20 459.15 | 25.82% |
| 2006 | 2.35% | 15 769.05 | 36 249.24 | 26.33% |
| 2007 | 3.26% | 19 842.30 | 102 149.53 | 40.45% |
| 2008 | 3.92% | 27 834.53 | 58 401.13 | 52.56% |

### （一）企业部门或有权益资产负债表分析

将表 10.7 中的输入参数经 MATLAB 程序计算,即得到企业部门或有权益资产负债表，如表 10.8。

**表 10.8　浙江省企业部门或有权益资产负债表**　　单位：亿元

| 年份 | 资产市值 | 负债市值 | 权益市值 | 年份 | 资产市值 | 负债市值 | 权益市值 |
|---|---|---|---|---|---|---|---|
| 2001 | 27 157.55 | 5 506.95 | 21 650.60 | 2005 | 34 691.13 | 14 231.98 | 20 459.15 |
| 2002 | 25 947.50 | 6 548.04 | 19 399.46 | 2006 | 51 585.00 | 15 335.76 | 36 249.24 |
| 2003 | 27 828.70 | 8 682.78 | 19 145.92 | 2007 | 121 201.50 | 19 051.97 | 102 149.53 |
| 2004 | 31 075.00 | 11 058.03 | 20 016.97 | 2008 | 85 264.00 | 26 862.87 | 58 401.13 |

从浙江省企业部门或有资产负债表看，其显示出来的或有资本结构状况与账面价值的资本结构有较大的不同。如图 10.16，从资产市值变化看，其在 2004 年之后有较为明显的增长，且每年都保持着较高的增幅。2006 年、2007 年由于股市行情转好，资产市值大幅上升，2007 年达到最大值 121 201.5 亿元，权益市值也在 2007 年达到顶峰，为 102 149.53 亿元。2008 年国际金融危机爆发后，权益市值和资产市值均大幅缩水，其中，资产市值减少 29.65%，权益市值减少 42.82%。相比较，负债市值变化趋势较一致，呈持续扩大趋势，但股市较活跃时期，负债市值增速远低于权益市值增速，表明企业部门在面对股市利好的时候经营方略仍然趋向保守。

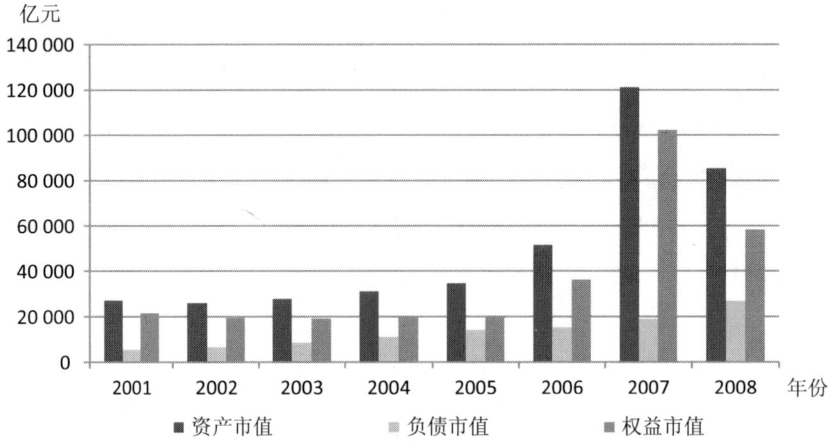


图 10.16　浙江省企业部门或有权益资本结构

企业部门或有资产负债率与上市企业的整体趋势较一致，2001—2005 年间，从 20.28% 持续上升至 41.02%，但总体高于上市企业的或有资产负债率水平，2006 年、2007 年企业部门或有资产负债率持续下降至 7 年来的最低，相应的清偿力风险也降至最低。2008 年在外部经济环境和内部结构性失衡等因素的影响下，或有资产负债率有所反弹，可见 2008 年企业部门整体清偿力水平要高于 2004—2006 年的状况。

**（二）风险表分析**

根据企业部门无风险利率、违约点、权益市值及其波动率等输入参数，进一步编制企业部门的风险表，包括资产市值波动率、违约概率和违约距离，如表 10.9。

**表 10.9　浙江省企业部门风险表**

| 年份 | 资产市值波动率 | 违约概率 | 违约距离 | 年份 | 资产市值波动率 | 违约概率 | 违约距离 |
|---|---|---|---|---|---|---|---|
| 2001 | 18.51% | 0 | 4.291 6 | 2005 | 15.26% | 0 | 3.812 1 |
| 2002 | 18.83% | 0 | 3.943 0 | 2006 | 18.48% | 0 | 3.757 7 |
| 2003 | 11.54% | 0 | 5.892 8 | 2007 | 34.04% | 0 | 2.457 0 |
| 2004 | 15.17% | 0 | 4.194 4 | 2008 | 36.04% | 0 | 1.868 8 |

首先分析风险表中的资产市值波动率，如图 10.17，其在 2001—2006 年间变化不大，其中波动率最小的是 2003 年，仅为 11.54%，相应地资产市值偏离预期水平的可能性也是最小的。2007—2008 年，国内证券市场波动幅度较大，资产市值与权益市值变化趋势较为一致，资产市值波动率达到几年来的最高水平，2008 年资产市值波动率达到 36.04%，资产市值偏离预期水平的可能性也达到最大。与上市企业相比，企业部门资产市值波动率略低，但风险趋势基本一致。从另一角度考虑，或有资产负债率远小于账面

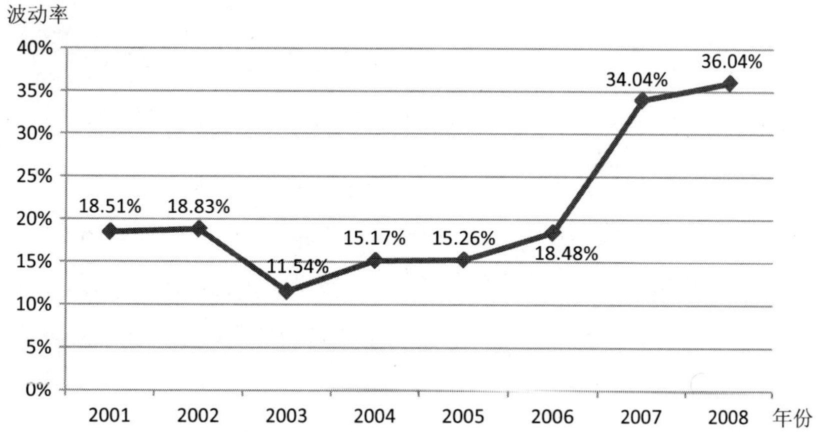


图 10.17　浙江省企业部门资产市值波动率

价值的资产负债率，可见市场估值下的实际风险低于账面价值显示出的风险水平，企业部门清偿力风险不如账面价值的风险显著。

从浙江省企业部门违约距离看，如图 10.18，2001—2004 年处于较高的水平，均大于 4，违约概率几乎为 0，企业部门运行较平稳。2005 年以来，违约距离持续减小，2007 年降至 2.457，相应地企业部门违约风险也在持续攀升，特别是 2008 年在国际金融危机的影响下，企业部门违约风险进一步扩大，这与账面价值资产负债表所反映出的情况较为一致，可见 2005 年以来浙江省经济运行的潜在风险在持续扩大，违约可能性也在上升。

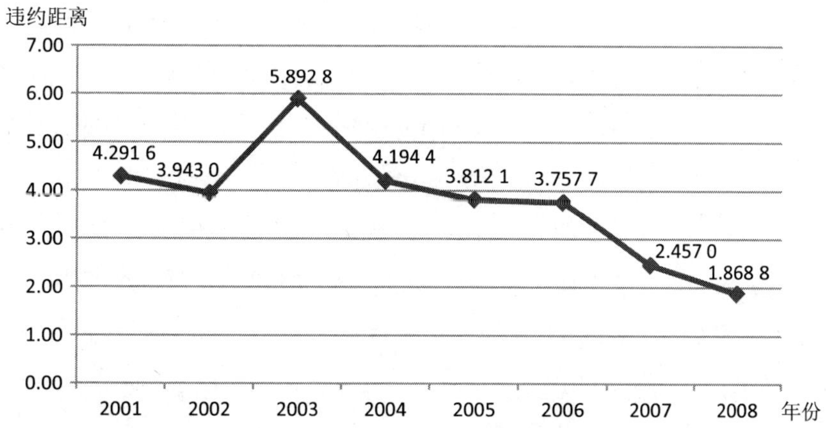


图 10.18　浙江省企业部门违约距离

## 第4节　结论及政策建议

本章在对浙江省经济金融背景介绍和文献研究的基础上，从账面价值资产负债表和或有权益资产负债表两个层面研究了浙江省的金融风险状况。其中，账面价值资产负债表分析针对浙江省金融部门和企业部门，或有权益资产负债表分析针对上市企业部门和企业部门整体。

对账面价值的资产负债表分析表明，金融部门和企业部门近年在发展的同时也积累了不同类型和不同程度的风险。金融部门资产负债表分析结合总资产状况和存贷结构进行，其中，2003—2008年间金融存贷比长期处于80%以上，显著高于北京、上海等地，较高的存贷比也意味着面临较高的支付风险。浙江省随着外资金融机构进驻步伐的加快和商业银行业务的拓展，在支持总资产快速增长的同时，也降低了部门债务融资比例，对于改善部门资本结构问题和清偿力问题发挥了重要作用。从存贷款的期限结构看，在2007年美国次贷危机发生以前，浙江省随着贷款规模的持续扩大，短期贷款新增占比总体下降，中长期贷款新增占比不断上升；从企业存款和居民储蓄看，企业存款多属于活期，而居民储蓄的活期化趋势亦较为明显，浙江省金融部门期限错配风险呈上升趋势。从存贷的币种结构看，外币存款不足以支持外币贷款的需求，流动性明显不足，可见金融部门货币错配风险显著，但2008年货币错配状况有所改善。通过对企业部门资产负债表的分析，自2002年以来，资产负债率不断增加，企业部门资本结构错配风险呈上升趋势，清偿力风险凸显。从流动比率看，2005年以来，随着流动负债增长加快，流动比率持续下降，企业部门期限错配风险逐步加大。随着经济转型步伐的加快，浙江省企业部门风险可能得到改善，从而扭转各类风险不断加大的趋势。

结合或有权益资产负债表的分析表明，2005年以来浙江省经济运行过程的风险的确在上升。首先，对上市企业或有权益资产负债表的分析表明2001—2005年间或有资产负债率持续上升，但随着资本市场的发展，或有资产负债率在2006年、2007年大幅回落，2008年受国际金融危机影响，资本市场融资受阻，或有资产负债率较2007年增加了近13个百分点，2009年略降至24.53%，清偿力风险无明显缓解。同时，结合上市企业的违约距离进行分析，表明2004年以来违约风险持续上升，并在2008年达到八年来最高水平。2009年，在国内经济逐步回暖之际，股市行情好转，但违约距离仍显示出了潜在的波动压力，违约风险较 2008 年更为显著。对于企业部门整体，与上市企业风险状况较为一致，但或有资产负债率水平和资产市值波动率略低。2005 年以来，企业部门违约距离持续减小，相应地，企业部门违约风险在不断加大，特别是 2008 年在国际金融危机的影响下，企业部门违约风险进一步扩大，这与账面价值资产负债表所反映的情况较为一致，可见 2005 年以来浙江省经济运行的潜在风险在持续扩大，违约可能性也在上升。

综合对浙江省主要经济部门的资产负债表的分析和或有资产负债表的分析，提出如下几点建议：

（1）积极改善经济发展过程中出现的结构性失衡问题，逐步降低对粗放式增长的依赖，面对资源不足的状况，在加大资源吸引力度的同时更重要的是提高资源转化能力，发展高效生态农业、先进制造业和现代服务业，提高出口产品的附加值，有效推动产业梯度优化升级。

（2）协调发展国有金融、地方金融、中小金融和民间金融，形成完善的金融支持体系，为浙江省基础建设、产业发展提供充足的资金支持。同时，要加强金融监管体系建设，尤其对于民间金融监管不足的状况，需要大力规范市场秩序，推动金融的可持续发展。

（3）要加强宏观金融风险防范和管理，面对国际上时有发生的货币危机、债务危机，以及 2005 年以来浙江省经济运行过程中的风险，可从公共部门、金融部门、企业部门和家户部门等不同层面构建完善的风险指标体系。其中，公共部门需重点针对政府债务风险进行管理。通过对宏观风险的有效识别、度量和监测，最终形成完善的风险预警和控制体系。

# 第 11 章　福建省宏观金融风险研究



随着海峡西岸经济区的建立，福建省面临着前所未有的发展机遇，福建在经济发展中所暴露出来的宏观金融风险需要予以研究和防范。本章将分别从资产负债表和或有权益资产负债表两个方面，通过总量分析和结构性分析来研究福建主要经济部门金融风险的来源及构成，并提出相应的风险防范及管理措施。

## 第 1 节　引言

福建的主导工业是电子信息、机械装备、石油化工，食品工业也是一大支柱，制糖、制茶、罐头工业居全国前列。本部分首先介绍福建省经济金融概况，梳理有关金融风险方面的文献，作为本文的研究背景。

### 一、福建省经济金融概况

#### （一）福建省经济运行概况

进入 21 世纪以来，国内外宏观经济环境复杂多变，而福建省则全面推进海峡西岸建设，经济社会持续、协调、全面发展。金融危机后，“保增长、扩内需、调结构、重民生”政策措施的出台，以及闽台经贸合作交流的加强，为福建加快产业转型升级、完善基础设施、保障和改善民生创造了重要条件。如表 11.1，在 2000 年至 2008 年间，福建省国内生产总值（GDP）由 3 764.54 亿元增长到 10 823.11 亿元，GDP 呈加速增长态势。

**表 11.1　福建省近年来 GDP**　　单位：亿元

| 年份 | 1998 | 1999 | 2000 | 2001 | 2002 | 2003 |
|---|---|---|---|---|---|---|
| GDP | 3 159.91 | 3 414.19 | 3 764.54 | 4 072.85 | 4 467.55 | 4 983.67 |
| 年份 | 2004 | 2005 | 2006 | 2007 | 2008 | |
| GDP | 5 763.35 | 6 568.93 | 7 584.36 | 9 249.13 | 10 823.11 | |

注：数据来源于福建省历年统计年鉴。

2008 年，经济总体上呈平稳较快发展，生产总值突破万亿大关，较上一年增长 13.0%，人均 GDP 超过 4 000 美元，如图 11.1；三次产业和三大需求结构有所调整；各类价格涨幅回落；城乡居民收入稳定增长；民生保障进一步改善，闽台合作不断深化。

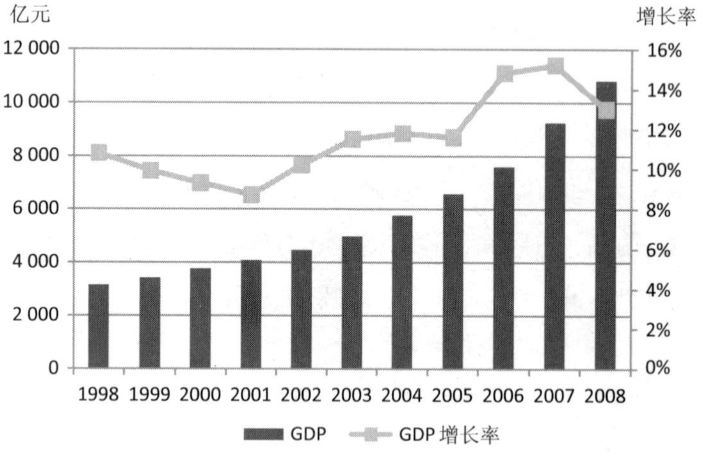


图 11.1　福建省历年 GDP 及其增长率

### （二）福建省金融运行概况

随着改革开放的深入和经济的迅速发展，福建省逐步设立了一批新型的金融机构，形成在中央银行宏观调控和监管下，以国有独资商业银行、国家政策性银行为主体，多种金融机构并存、分工协作的金融机构体系。但由于整体市场发展仍不成熟，也面临各种问题。

2008 年福建省金融机构各项存款增幅比 2007 年年末提高 5.3 个百分点，其中人民币储蓄存款增幅较 2007 年年末提高 19.2 个百分点，人民币企业存款增幅较上年末降低 8 个百分点。外汇存款由负增长转为快速增长，人民币贷款增长 20.2%，外币贷款受人民币升值放缓影响下降 27.2%。中长期贷款增长放缓，但增加额占比仍高达 51.8%，票据融资增长 187.2%，短期贷款仅增长 11.9%。从贷款投向看，新增公司类贷款的 52.7% 投向基础设施和制造业，由于房地产市场低迷，个人住房贷款增长放缓，个人消费贷款增速持续回落。

如表 11.2，银行业总资产规模增长较快，2005 年资产总额为 10 378.6 亿元，而在 2008 年达到了 18 349.1 亿元，银行机构数量变化不大，从 2005 年的 5 654 家减少到 2008 年的 5 318 家。外资银行机构数量增加较多，2008 年外资银行机构在福建有 30 家，外资银行的资产规模增长幅度更快，从 2005 年的 260 亿元增加到 2008 年的 464.1 亿元。

**表 11.2　福建省历年银行机构数量和资产总额**

| 指标 | 2005 | 2006 | 2007 | 2008 |
|---|---|---|---|---|
| 机构个数（个） | 5 654 | 5 221 | 5 267 | 5 318 |
| 其中：外资银行 | 16 | 18 | 26 | 30 |
| 从业人数（人） | 82 293 | 82 705 | 85 936 | 90 282 |
| 资产总额（亿元） | 10 378.6 | 12 143.6 | 15 244.4 | 18 349.1 |
| 其中：外资银行 | 260.0 | 349.2 | 465.4 | 464.1 |

注：数据来源于福建省金融运行报告。

## 二、福建省金融风险文献综述

综观各类针对福建省经济发展研究的文献，从宏观上来研究福建省金融问题的文献不多，而研究金融安全方面的文献几乎没有。

卢盛荣、李文溥（2006）等人在分析福建经济增长率变化时认为自 20 世纪 90 年代中期以来，福建经济虽然仍然保持高增长态势，但是与苏、浙、粤等省相比，增长率却出现递减的趋势，并从供给和需求两方面分析认为福建具有最强国际竞争力的低技能劳动密集型产业的国际竞争力正在衰减，正在崛起的有一定技能的劳动密集型产业机械设备制造业和电子信息产品制造业还不能替代前者，而列为三大主导产业之一的石油加工和化学产品制造业的竞争力还很弱，因此用 GDP 和全社会资本存量、劳动投入计算的全要素生产率增长缓慢，对经济增长的贡献下降。同时净出口、政府支出与居民消费的波动性正趋于减弱，使福建省实际产出波动性有所下降。

陈志强和李朝武（2007）分析了从紧的货币政策对福建经济的影响，认为从紧的货币政策会造成投资拉动经济增长的难度加大、内部需求有效扩大的难度加大和外向型经济风险日渐增大，并认为从发展速度看，福建省投资增长速度较快，但由于福建省基础较差，基数较小，仍属必要的恢复增长。

戴湘毅和王晓文（2008）在分析固定资产投资对福建经济增长作用时得出的结果表明福建的投资规模与经济增长有较高的协调度，保持目前的投资增长速度较为适宜；总体上存在着效益低下的问题，应加快投资体制改革，强化国有企业投资管理；外资对福建经济增长有第一位的作用，应该加大引进外资的力度。

## 第2节　福建省部门资产负债表编制及分析

本节选取金融部门和企业部门编制宏观资产负债表，采用资产负债表法分析福建省主要经济部门的风险，包括资本结构风险、货币错配风险、清偿力风险等，以此反映福建省宏观经济运行潜在的风险。以下基于账面价值的资产负债表对福建省金融部门和企业部门进行风险的识别和度量。

### 一、福建金融部门资产负债表编制及分析

#### （一）金融部门资产负债表编制

本部分编制福建省金融部门2003—2008年的资产负债表，经过数据整理得出2003年至2008年福建金融部门的资产负债表，如表11.3所示。

**表11.3　福建省金融部门资产负债表**　　单位：亿元

| 年份 | 2003 | 2004 | 2005 | 2006 | 2007 | 2008 |
|---|---|---|---|---|---|---|
| **总资产** | 6 497.0 | 7 407.0 | 10 378.6 | 12 143.6 | 15 244.4 | 18 349.1 |
| 贷款余额 | 4 045.4 | 4 745.2 | 5 413.5 | 6 784.0 | 8 522.6 | 9 891.7 |
| 短期贷款 | 2 207.7 | 2 430.3 | 2 522.6 | 3 086.5 | 3 723.7 | 3 972.3 |
| 票据融资 | — | — | 325.3 | 284.1 | 188.6 | 541.2 |
| 中长期贷款 | 1 664.6 | 2 029.2 | 2 477.4 | 3 328.1 | 4 484.5 | 5 294.5 |
| 本币贷款 | 3 758.2 | 4 367.0 | 5 068.7 | 6 447.7 | 8 065.7 | 9 585.9 |
| 外币贷款 | 287.2 | 378.2 | 344.8 | 336.3 | 456.9 | 305.8 |
| **总负债和权益** | 6 497.0 | 7 407.0 | 10 378.6 | 12 143.6 | 15 244.4 | 18 349.1 |
| 存款余额 | 5 693.4 | 6 450.6 | 7 654.1 | 9 260.2 | 10 372.3 | 12 172.1 |
| 企业存款 | 1 572.2 | 1 842.6 | 2 164.9 | 2 891.6 | 3 344.2 | 3 663.7 |
| 居民储蓄 | 2 924.5 | 3 322.3 | 3 903.0 | 4 711.3 | 4 865.9 | 6 010.1 |
| 本币存款 | 5 178.1 | 5 992.8 | 7 248.4 | 8 836.3 | 10 040.2 | 11 804.4 |
| 外币存款 | 515.3 | 457.8 | 405.7 | 423.9 | 332.1 | 367.7 |

注：福建省金融部门资产负债表涵盖银行类金融机构资产负债表，数据来源于《福建省统计年鉴》、《福建省金融运行报告》等，具体如下：总资产、总负债和权益、贷款余额、短期贷款、票据融资、中长期贷款、本币贷款和外币贷款数据从2004—2008年的《福建省金融运行报告》获得，2003年数据根据2004年的增长率推算得出。

### （二）金融部门资产负债表分析

1. 资本结构错配分析

从福建省金融部门存贷变化看，贷款增速总体较存款增速低，2003—2008 年，贷款余额从 4 045.4 亿元增长至 9 891.69 亿元，存款从 5 693.38 亿元增长至 12 172.08 亿元，如图 11.2。福建省金融部门存贷比总体呈上升趋势，从 2003 年的 71.05% 增加至 2008 年的 81.27%，福建省金融部门存贷比偏高，存在一定的资本结构错配风险。2008 年，资本市场和房地产市场等投资收益下降，使居民资金持续回流银行，人民币储蓄存款增幅较 2007 年年末提高 19.2 个百分点，而由于企业经营效益下滑，人民币企业存款增幅较 2007 年年末降低 8 个百分点。而企业贷款需求在金融危机后有所放缓，全年贷款增速下降，2008 年存贷比相比 2007 年下降 0.9 个百分点。

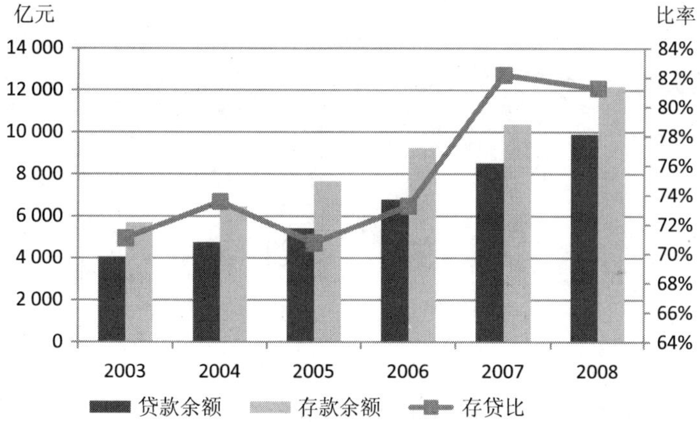


图 11.2　福建省金融部门存贷比

福建省金融部门资产规模在 2003—2008 年间平稳增加，从资产构成看，截至 2008 年年底，资产总额达 18 349.1 亿元，同比增长 20.36%，2003—2008 年各项贷款余额占总资产的比重逐年下降，如图 11.3。

2. 期限错配分析

如图 11.4，福建省金融部门的各项贷款余额中，中长期贷款的比重在 2007 年以后超过一半，说明资金多投向了中长期贷款，短期资产的比重较小。2008 年贷款中长期化趋势增强，受房地产开发贷款和个人住房贷款萎缩的影响，中长期贷款增长放缓，但增加额占比仍高达 51.8%，而票据融资受金融机构兼顾流动性管理及收入结构调整的影响，增长 187.2%，短期贷款仅增长 11.9%。

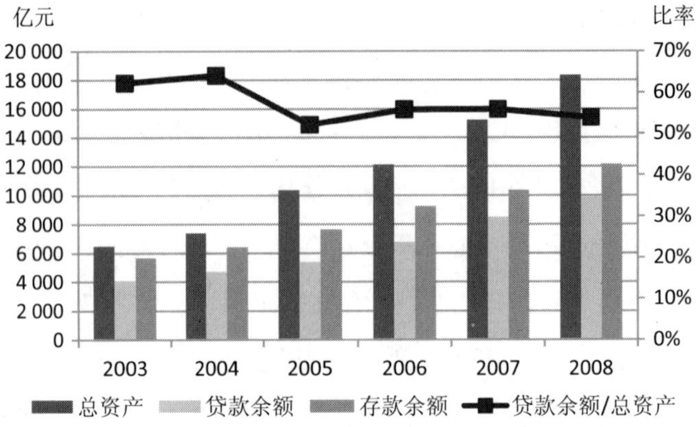


图 11.3　福建省金融部门资本结构

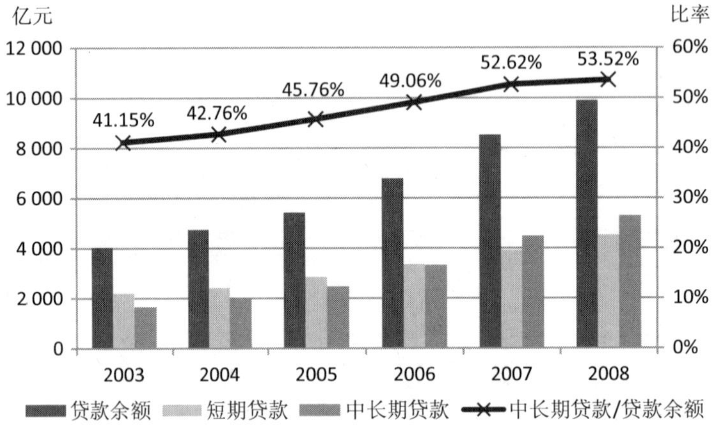


图 11.4　福建省金融部门贷款结构

如图 11.5，在 2003—2006 年，定期存款的比重超过一半，2006 年以后下降到低于一半。2007 年随着资本市场的进一步活跃，存款活期化趋强，同业存款大幅增长，存款总额中活期存款比率上升至 51.4%。2008 年资本市场分流减弱，储蓄存款快速增长，存款出现定期化趋势，51.3% 的人民币新增存款来自定期储蓄。

综合看，福建省银行业金融机构资金运用长期化趋势比较明显，而资金来源比较不稳定，2007 年之前活期化趋势明显，2008 年资本市场分流减弱，存款出现定期化，但活期存款仍然占到接近一半的比例。负债短期化、长期资产占比持续攀升，使福建省金融部门存在一定的期限错配风险。

3. 货币错配风险分析

从福建省金融部门币种结构看，外币存款占比和外币贷款占比均呈下降趋势，

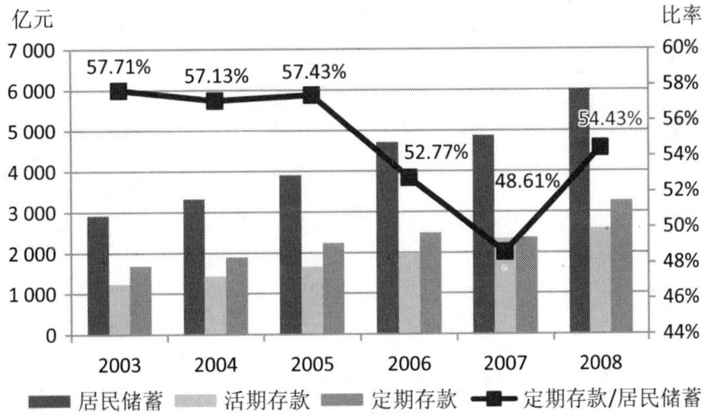


图 11.5　福建省金融部门存款结构

且前者下降更快。2003—2008 年间，外币贷款占贷款余额的比率从 7.10% 持续下降至 3.09%；而外币存款占存款余额的比率从 9.05% 降至 3.02%，如图 11.7。2008 年福建省外汇存款由负增长转为快速增长，年末外汇存款增速首次超过人民币存款，主要是受人民币升值预期下降，以及股市、楼市低迷导致企业和居民结汇意愿降低的影响。目前，在人民币升值预期与美元贷款利率相对较低等因素的影响下，外汇贷款需求增加，但福建省外币存款也有明显增加，除 2007 年外币存款低于外币贷款外，其他几年外币存款均高于外币贷款，可见福建省金融部门货币错配风险不明显，如图 11.6。

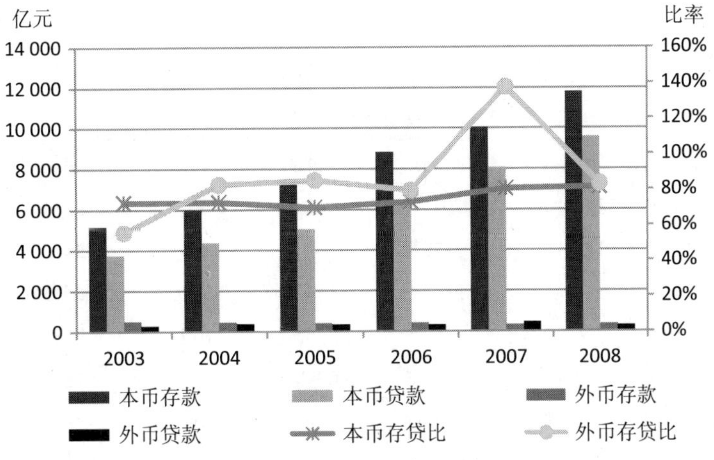


图 11.6　福建省金融部门币种结构

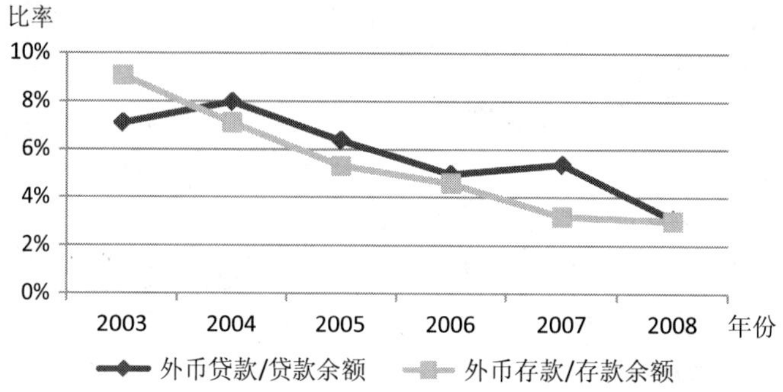


图 11.7 福建省金融部门外币存款和外币贷款占比

从福建省金融部门本外币资产与负债的变动可以看出，福建省金融部门的本外币资产与负债有着大致相同的变化趋势，从 2003 年到 2008 年期间处于稳定上升的阶段，其中本币资产和负债均远高于外币资产与负债，也就是说，本外币的资产与负债净值均为正值。目前人民币对主要外币汇率持续保持上升态势，对于福建省金融部门所持有的净头寸而言，风险不大。另外，各主要金融机构的服务对象主要是国内的居民和企业，汇率变化带来的影响相对较小。

## 二、福建企业部门资产负债表编制及分析

### （一）企业部门资产负债表的编制

企业部门主要考察 1998—2008 年福建省全部国有及规模以上非国有工业企业、限额以上餐饮企业、限额以上批发零售业以及所有建筑业企业，并由此编制 1998—2008 年资产负债表，数据整理如表 11.4。

**表 11.4 福建省企业部门资产负债表** 单位：亿元

| 年份 | 总资产 | 流动资产 | 长期资产 | 总负债 | 流动负债 | 长期负债 | 所有者权益 |
|---|---|---|---|---|---|---|---|
| 1998 | 3 476.08 | 1 774.24 | 1 701.84 | 2 015.51 | 1 661.62 | 353.89 | 1 460.57 |
| 1999 | 3 882.29 | 1 908.65 | 1 973.64 | 2 359.85 | 1 817.48 | 542.37 | 1 522.44 |
| 2000 | 4 380.31 | 2 107.62 | 2 272.69 | 2 644.26 | 1 950.31 | 693.96 | 1 736.05 |
| 2001 | 4 714.44 | 2 255.29 | 2 459.15 | 2 776.61 | 2 011.40 | 765.21 | 1 937.83 |
| 2002 | 5 355.48 | 2 705.32 | 2 650.16 | 3 099.75 | 2 317.73 | 782.03 | 2 255.73 |
| 2003 | 6 412.60 | 3 378.93 | 3 033.67 | 3 622.97 | 2 885.27 | 737.70 | 2 789.63 |
| 2004 | 8 122.22 | 4 089.67 | 4 032.55 | 4 217.89 | 3 139.87 | 1 078.02 | 3 904.33 |
| 2005 | 8 769.40 | 4 831.71 | 3 937.69 | 4 813.85 | 3 999.64 | 814.21 | 3 955.55 |
| 2006 | 10 451.34 | 5 817.82 | 4 633.52 | 5 809.30 | 4 862.45 | 946.84 | 4 642.05 |

续表

| 年份 | 总资产 | 流动资产 | 长期资产 | 总负债 | 流动负债 | 长期负债 | 所有者权益 |
|---|---|---|---|---|---|---|---|
| 2007 | 13 052.07 | 7 241.72 | 5 810.35 | 7 486.73 | 5 198.64 | 2 288.09 | 5 565.34 |
| 2008 | 15 394.66 | 8 451.59 | 6 943.07 | 8 554.39 | 6 922.57 | 1 631.81 | 6 840.27 |

注：本表数据来源于 1998—2008 年《中国统计年鉴》和《福建省统计年鉴》，具体如下：

① 工业行业数据来源于《中国统计年鉴》——各地区规模以上工业企业主要指标统计表；建筑业资产、流动资产数据来源于《中国统计年鉴》——各地区建筑业企业资产统计表，负债、流动负债数据来源于《中国统计年鉴》——各地区建筑业企业负债及所有者权益统计表；批发零售业数据来源于各地区限额以上批发和零售业资产及负债统计表；餐饮业数据来源于各地区限额以上餐饮业资产及负债统计表。

② 对工业企业、建筑业企业、批发零售业、餐饮业部分缺失数据进行估算处理。相对建筑业、批发零售业及餐饮业，工业企业的资产负债在企业部门总的资产负债中占比最高，统计数据基本无缺失；餐饮业、批发零售及建筑业在总体中占比较低，统计数据存在个别缺失情况，对于缺失数据进行估算补齐后产生的偏差对总体分析影响不大。

③ 全部国有及规模以上非国有工业企业 2004 年流动负债数据缺失，以 2003 年流动负债的年增长率进行替代，估算出 2004 年的流动负债，并进一步计算出长期负债；建筑业企业 2004 年统计数据中资产负债数据缺失，均以 2003 年各指标的年增长率替代，估算出 2004 年资产、负债、流动资产和流动负债，并进一步计算出长期资产负债；限额以上餐饮企业、限额以上批发零售业 2002—2007 年流动负债数据缺失，以前三年的流动负债 / 总负债的均值作为当年的比例，结合总负债得到流动负债缺失数据的合理替代值，并进一步计算出长期负债。

### （二）企业部门资产负债表分析

福建省企业部门总资产负债规模持续扩大，截至 2008 年年末，企业部门总资产和总负债分别达到 15 394.66 亿元和 8 554.39 亿元；按四大行业资产在企业部门总资产中所占份额来看，工业企业最高，为 75.97%，其次批发零售业资产占比为 15.68%，建筑业资产占比为 8.09%，餐饮业资产占比为 0.26%，如图 11.8。以下结合福建省实际经济状况，对福建省企业部门宏观金融风险做进一步分析。

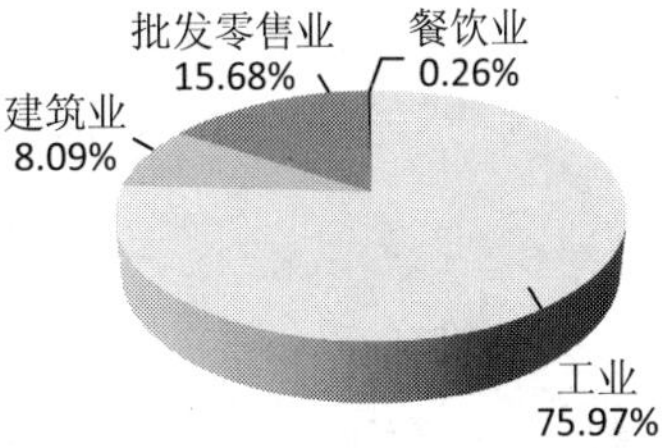


图 11.8　福建省 2008 年四大行业资产占企业部门总资产的比重

1. 资本结构错配分析

从福建省企业部门总资产、总负债以及总权益的变动可以看出，福建省企业部门的负债与权益有着大致相同的变化趋势，从 1998 年到 2008 年期间处于稳定上升的阶段，并且自 2004 年起增长趋势加快。1998—2008 年间，福建省企业部门资产规模持续扩大，以四大行业为代表，总资产从 1998 年的 3 476.08 亿元增加到 2008 年的 15 394.66 亿元，总负债由 2 015.51 亿元增加至 8 554.39 亿元，如图 11.9。同时，企业部门的债务融资水平较合理，2004 年资产负债率减小至 51.9%，但 2005 年以来呈持续上升态势。总的来说，福建省企业部门资产负债率在样本区间内低于 61%，资本结构错配风险较小。

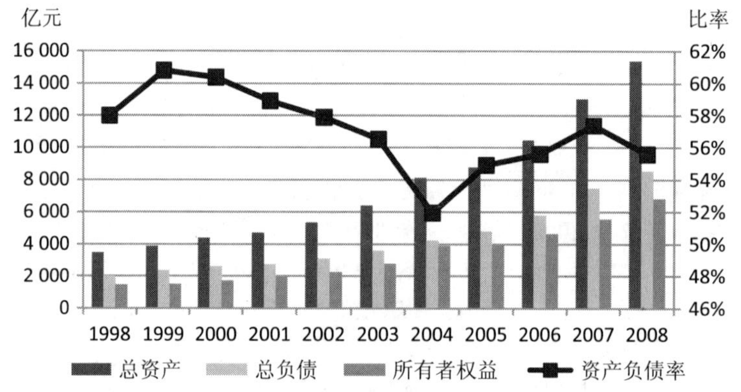


图 11.9 福建省企业部门资本结构

2. 期限错配风险分析

从福建省企业部门短期资产与负债的变动中可以看出，福建省企业部门的短期资产与负债有着大致相同的变化趋势，1998 年到 2008 年期间处于稳定上升阶段，并且自 2001 年起发展趋势明显加快，如图 11.10。总体看，流动比率在 2007 年时最高达到 1.39，而在 1999 年时达到最低的 1.05。福建企业部门在 1998 年到 2008 年期间的流动资产都高于流动负债，流动资产负债比虽有所起伏，但总体而言保持稳定。福建省企业部门潜在的期限错配问题不明显，流动性相对充足。

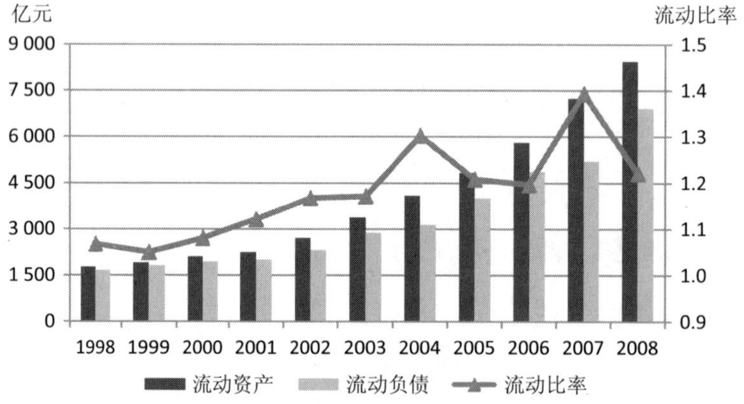


图 11.10 福建省企业部门流动资产和流动负债

3. 清偿力风险分析

1998—2008 年间福建省企业部门未曾出现资不抵债的情形，产权比率变化不大，2004 年达到最低值 1.08，并且大部分年份该指标值低于 1.5，企业部门清偿力问题较小，如图 11.11。

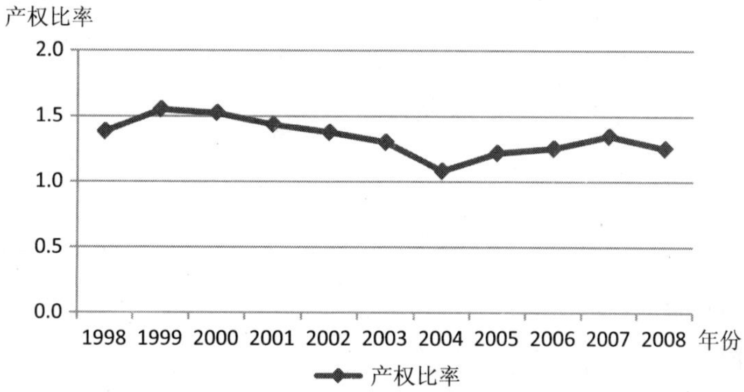


图 11.11　福建省企业部门产权比率

## 第 3 节　福建省或有权益资产负债表编制及分析



在对福建省主要经济部门账面价值的资产负债表分析的基础上，结合市场化信息编制非金融性上市企业和企业部门整体的或有权益资产负债表、风险表，衡量部门的实际市场风险以及对风险的抵抗能力。

### 一、福建省上市企业部门或有权益资产负债表编制及分析

上市企业部门或有权益资产负债表输入数据中，权益市值和权益市值波动率根据国信股票分析软件福建省板块中的数据得到，股票价格采用前复权的方法后，每个企业（不包括金融企业）的权益市值可通过股票价格乘以现有股本数得到，加总处理后可得福建省上市企业部门日权益市值，进一步计算即可得企业部门的年权益市值波动率；输入参数中的权益市值采用年末数据；上市企业部门的违约点通过短期债务加一半的长期债务获得。具体可得 2001　2009 年福建省上市企业部门或有权益资产负债表的输入参数如表 11.5。

**表 11.5　福建省上市企业部门或有权益输入数据**

| 年份 | 权益市值（亿元） | 违约点（亿元） | 权益市值波动率 | 无风险利率 |
|---|---|---|---|---|
| 2001 | 637.93 | 202.83 | 24.22% | 2.25% |
| 2002 | 594.37 | 240.16 | 29.52% | 2.02% |
| 2003 | 528.75 | 316.55 | 19.34% | 1.98% |
| 2004 | 498.71 | 331.08 | 23.32% | 2.03% |
| 2005 | 446.22 | 381.23 | 24.75% | 2.25% |

续表

| 年份 | 权益市值（亿元） | 违约点（亿元） | 权益市值波动率 | 无风险利率 |
|---|---|---|---|---|
| 2006 | 998.62 | 478.77 | 25.63% | 2.35% |
| 2007 | 2 606.80 | 695.25 | 39.71% | 3.26% |
| 2008 | 1 725.73 | 834.64 | 54.34% | 3.92% |
| 2009 | 4 015.01 | 1 083.47 | 39.40% | 2.25% |

**（一）或有权益资产负债表分析**

根据福建省上市企业部门的或有权益资产负债表输入数据，通过 MATLAB 编程处理得到福建省上市企业部门或有权益资产负债表，如表 11.6。

**表 11.6　福建省上市企业部门或有权益资产负债表**　　单位：亿元

| 年份 | 资产市值 | 债务市值 | 权益市值 | 年份 | 资产市值 | 债务市值 | 权益市值 |
|---|---|---|---|---|---|---|---|
| 2001 | 836.32 | 198.39 | 637.93 | 2006 | 1 466.22 | 467.60 | 998.62 |
| 2002 | 829.14 | 234.77 | 594.37 | 2007 | 3 280.01 | 673.21 | 2 606.80 |
| 2003 | 839.12 | 310.37 | 528.75 | 2008 | 2 532.51 | 806.78 | 1 725.73 |
| 2004 | 822.87 | 324.16 | 498.71 | 2009 | 5 073.97 | 1 058.96 | 4 015.01 |
| 2005 | 818.93 | 372.71 | 446.22 | | | | |

福建省上市企业部门资产市值在 2005 年之前变化不大，在 820 亿元左右，2006 年、2007 年由于股市行情转好，资产市值大幅增加，2007 年达到最大值 3 280.01 亿元；权益市值也在 2007 年达到顶峰，为 2 606.8 亿元。2008 年金融危机的爆发使得市值大幅缩水，资产市值下降 22.79%，权益市值下降 33.8%，而债务市值上升了 19.84%。2009 年，由于资本市场行情好转，福建省上市企业资产市值和权益市值都大幅度增加，分别达到 5 073.97 亿元和 4 015.01 亿元，如图 11.12。

从 2001—2009 年或有权益资本结构看，福建省上市企业部门依然存在较高的风险，

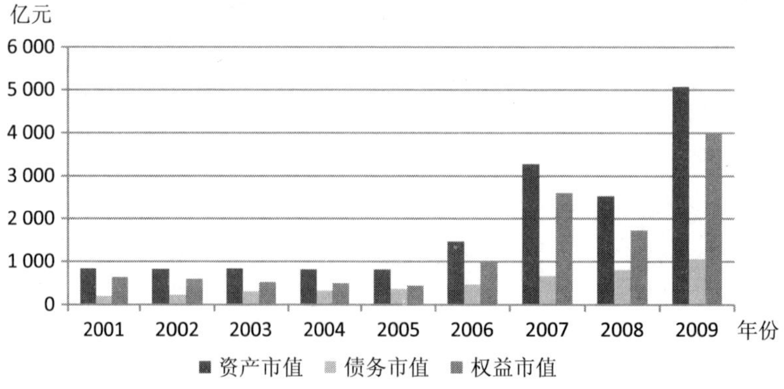


图 11.12　福建省企业部门或有权益资本结构

其中债务市值与权益市值的比率在 2007 年为 0.25∶1，2008 年上升至 0.46∶1，违约风险在 2008 年大幅上升，而 2009 年该比率又下降至 0.27∶1。福建省或有资产负债率波动较大，最高在 2005 年达 45.51%，最小为 2007 年 20.52%，如图 11.13。

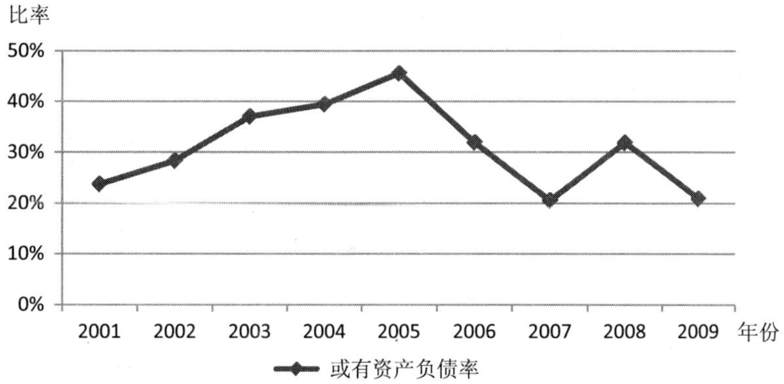


图 11.13　福建省上市企业部门或有资产负债率

如图 11.14，福建省上市企业部门违约点值逐年递增，资产市值与违约点两者之比在 2001—2005 年间持续下降，从 2001 年的 4.12 降至 2005 年的 2.15，2007 年上升至 4.72，2008 年下降为 3.03，2009 年又上升为 4.68。从总体看，资产都是大大高于违约点的，发生信用违约的风险较小。

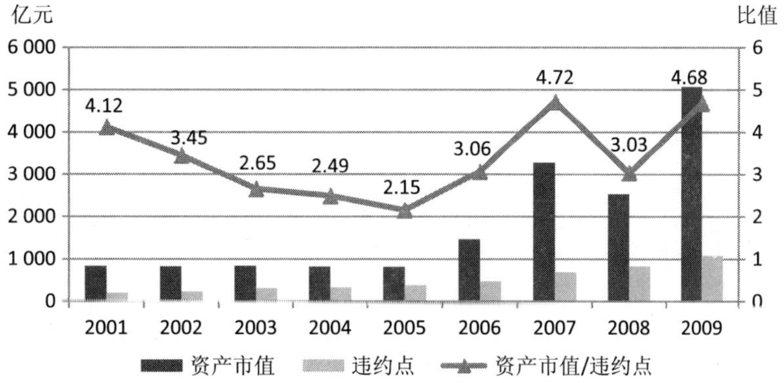


图 11.14　福建省上市企业部门资产市值和违约点

## （二）风险表分析

福建上市企业部门的资产市值波动率、违约距离、违约概率等均可利用或有权益的分析结果直接计算得出，如表 11.7。

表 11.7 福建省上市企业部门风险指标

| 年份 | 资产市值波动率 | 违约概率 | 违约距离 | 年份 | 资产市值波动率 | 违约概率 | 违约距离 |
|---|---|---|---|---|---|---|---|
| 2001 | 18.48% | 0 | 4.099 6 | 2006 | 17.46% | 0 | 3.858 0 |
| 2002 | 21.16% | 0 | 3.357 6 | 2007 | 31.56% | 0 | 2.497 2 |
| 2003 | 12.19% | 0 | 5.110 3 | 2008 | 37.10% | 0.18% | 1.807 2 |
| 2004 | 14.13% | 0 | 4.229 9 | 2009 | 31.18% | 0 | 2.522 7 |
| 2005 | 13.49% | 0 | 3.963 4 | | | | |

从图 11.15 可以看出，福建上市企业部门的违约距离在 2003 年时达到最大，此后在 2007 年达到最小；在 2003 年前企业部门的违约距离变化不大。这与 2007 年股市大涨有很大关系，2007 年上证指数从 3400 点上涨到 5400 点，大部分上市企业的估值水平都处于历史性高位，企业的资产市值和资产市值收益率变化都很大，违约距离减小。

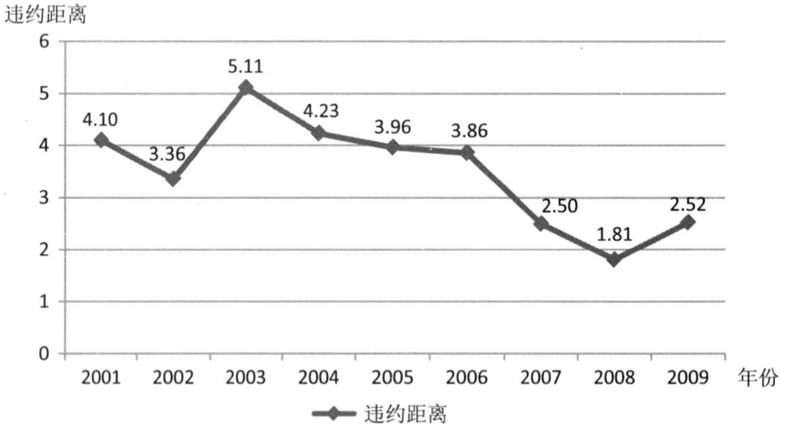


图 11.15 福建省上市企业部门违约距离

## 二、福建省企业部门或有权益资产负债表编制及分析

企业部门的或有权益资产负债表输入数据同样包括无风险利率、违约点、权益市值及其波动率。其中，企业部门整体的权益市值采用上市企业的市净率估算，即以上市企业权益市值与权益账面价值之比，结合企业部门整体的权益账面价值得到；权益市值波动率以上市企业指标值替代；企业的违约点根据企业部门资产负债表，如表 11.4，以短期债务与一半的长期债务加总得到；无风险利率同样采用一年期存款利率加权的年度值。表 11.8 即为 2001—2008 年福建省企业部门或有权益资产负债表的输入参数。

表 11.8　福建省企业部门或有权益输入数据

| 年份 | 权益市值（亿元） | 违约点（亿元） | 权益市值波动率 | 无风险利率 |
|---|---|---|---|---|
| 2001 | 5 327.486 | 2 394.005 | 24.22% | 2.25% |
| 2002 | 5 092.713 | 2 708.745 | 29.52% | 2.02% |
| 2003 | 4 840.872 | 3 254.120 | 19.34% | 1.98% |
| 2004 | 5 962.700 | 3 678.880 | 23.32% | 2.03% |
| 2005 | 5 344.335 | 4 406.745 | 24.75% | 2.25% |
| 2006 | 12 554.930 | 5 335.870 | 25.63% | 2.35% |
| 2007 | 26 957.320 | 6 342.685 | 39.71% | 3.26% |
| 2008 | 15 111.200 | 7 738.475 | 54.34% | 3.92% |

### （一）或有权益资产负债表分析

根据福建省企业部门或有权益资产负债表的输入数据，通过 MATLAB 编程处理得到福建省企业部门或有权益表，如表 11.9。

表 11.9　福建省企业部门或有权益资产负债表　　　　单位：亿元

| 年份 | 资产市值 | 债务市值 | 权益市值 | 年份 | 资产市值 | 债务市值 | 权益市值 |
|---|---|---|---|---|---|---|---|
| 2001 | 7 667.590 | 2 340.104 | 5 327.486 | 2005 | 9 653.196 | 4 308.861 | 5 344.335 |
| 2002 | 7 747.285 | 2 654.572 | 5 092.713 | 2006 | 17 768.322 | 5 213.392 | 12 554.930 |
| 2003 | 8 031.003 | 3 190.131 | 4 840.872 | 2007 | 33 096.833 | 6 139.503 | 26 957.320 |
| 2004 | 9 567.152 | 3 604.452 | 5 962.700 | 2008 | 22 595.026 | 7 483.826 | 15 111.200 |

福建省企业部门资产市值在 2001—2007 年间持续上涨，2001 年资产市值为 7 667.59 亿元，2008 年增加至 22 595.026 亿元。2006 年资产市值和权益市值大幅升水，2007 年两者增速进一步加大，分别较 2006 年增加 86.27% 和 114.72%。2008 年国内资本市场受到国际金融危机严重影响，股指大幅下跌，企业部门权益市值和资产市值缩水率达到 31.73% 和 43.94%，市值下降，企业部门市场风险凸显，与上市企业资产市值变化情况较接近，如图 11.16。

如图 11.17，与企业部门账面价值的资产负债率相比，或有资产负债率波动性更大，随市场变化更为显著。2005 年以前，福建省企业部门或有资产负债率持续上升，从 2001 年的 30.52% 增加至 2005 年的 44.64%，2006 年、2007 年或有资产负债率大幅下降，2008 年上升至 33.12%。

如图 11.18，从福建省企业部门市场价值和账面价值的比较看，2003 年前（包括 2003 年），企业部门的资产市值高于其账面价值。福建省企业部门资产账面价值在 2001—2008 间平稳增加，资产市值在 2001—2007 年间先降后升，2001—2006 年资产市值和资产账面价值差距不大，说明这段时间福建省企业部门的资产市值评价是理性的。2007 年

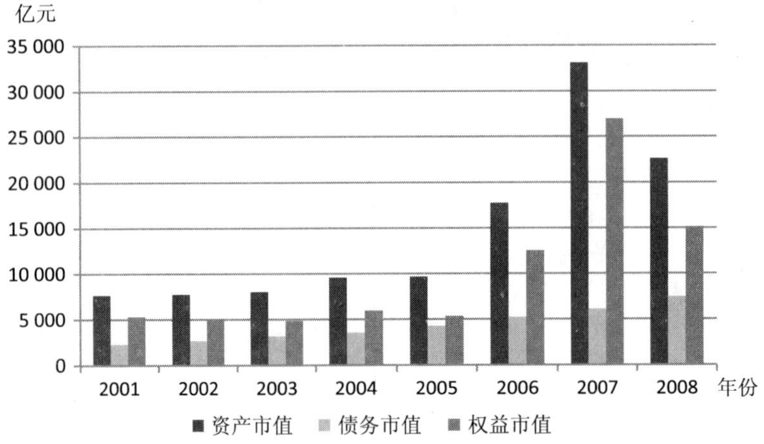


图 11.16　福建省企业部门或有权益资本结构

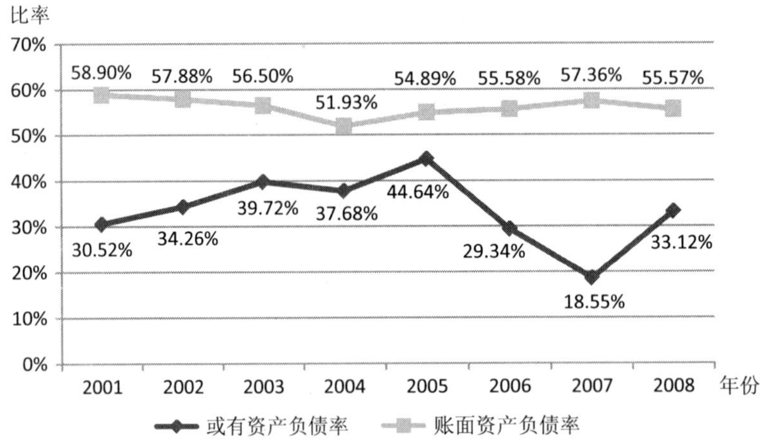


图 11.17　福建省企业部门或有资产负债率与账面资产负债率

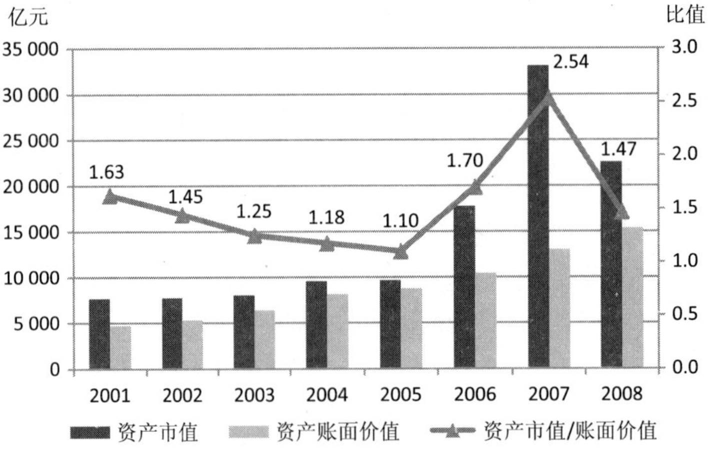


图 11.18　福建省企业部门资产价值变化图

由于股市大爆发从而使资产市值达到一个新的高度，2008 年随股市回落而回落，2009 年有所回升。

**（二）风险表分析**

福建省企业部门风险情况见表 11.10。

**表 11.10　福建省企业部门风险表**

| 年份 | 资产市值波动率 | 违约概率 | 违约距离 | 年份 | 资产市值波动率 | 违约概率 | 违约距离 |
|---|---|---|---|---|---|---|---|
| 2001 | 16.83% | 0 | 4.086 869 | 2005 | 13.70% | 0 | 3.966 444 |
| 2002 | 19.41% | 0 | 3.351 061 | 2006 | 18.11% | 0 | 3.863 302 |
| 2003 | 11.66% | 0 | 5.102 429 | 2007 | 32.34% | 0 | 2.499 568 |
| 2004 | 14.53% | 0 | 4.235 413 | 2008 | 36.42% | 0.21% | 1.805 382 |

从图 11.19 可以看出，福建企业部门的违约距离在 2003 年时达到最大，在 2008 年达到最小；在 2004 年前企业部门的违约距离变化不大。福建省 2001 年违约距离约为 4.09，2002 年下降，2003 年上升至最高点约 5.1，之后持续下降至 2008 年达到最低点 1.81。由此看来，2003 年风险最小，而 2008 年风险最高，风险表中的违约概率也达到历史最高并明显大于 0，企业部门违约的可能性为 0.21%。可见福建省企业部门 2008 年资本结构错配风险和清偿力风险增加的同时，随着市场公允价值下降，企业部门违约风险凸显。

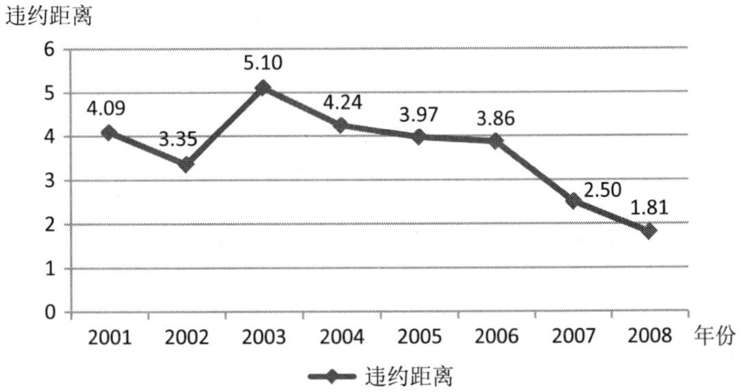


图 11.19　福建省企业部门违约距离

## 第 4 节　结论及政策建议

本章在对福建经济金融运行概况以及相关文献进行归纳的基础上，基于账面价值资产负债表对福建金融部门和企业部门在运行过程中潜在的风险进行了分析，并结合市场信息编制上市企业和企业部门整体的或有权益资产负债表，分析宏观经济运行过程中的潜在风险。

金融部门的研究表明：福建省经济增长对中长期信贷资金的需求较大，银行业金融机构资金运用长期化趋势明显，使福建金融部门存在潜在的期限错配风险。除2007年外，其余年份外币存款均高于外币贷款，可见福建省金融部门不存在货币错配风险。

对企业部门的分析表明，1998—2008年福建省企业部门资产负债率低于61%，2004年资产负债率减小至51.93%，资本结构错配风险较小；流动资产高于流动负债，期限错配问题不明显，流动性相对充足。同时，企业部门产权比率长期处于1.5以下，具有较小的清偿力风险。

基于市场价值的或有权益资产负债表及相关指标分析中，分析结果显示：上市企业和企业部门整体趋势基本一致。2008年国内资本市场受到国际金融危机严重影响，上市企业部门权益市值和资产市值缩水率达到22.79%和33.80%，市值下降，企业部门市场风险凸显，但与其他省市横向比较，其他省市缩水率都达到50%左右，可见福建受影响程度要小一些。根据违约距离，表明2003年企业部门总体风险最小，2008年风险最高，违约概率也达到历史最高，明显大于0，企业部门受国际金融危机影响明显。

对于福建省的宏观金融风险管理提出以下建议：

（1）强化闽台金融产业对接，拓展闽台金融合作领域。适当放宽台湾地区金融机构在福建开展业务的条件，鼓励两岸银行业、保险业和证券业的合作，放宽具备条件的台资集团来闽设立财务公司，以解决在闽台商融资问题。其次，建立“双门双马”自由贸易区和金融实验区。将我国台湾金门和福建厦门、我国台湾马祖和福建马尾列为自由贸易区。

（2）积极推动企业上市，提高上市公司质量。福建资本市场应加强上市公司综合监管，提高上市公司规范运作水平和回报投资者的能力，强化证券期货经营机构风险防范、控制机制。

# 第12章　山东省宏观金融风险研究



山东是我国重要的重工业区和众多对外出口海港所在地，经济总量在全国处于领先地位。山东省在经济发展过程中也面临各方面的宏观金融风险，本章将基于账面价值和市场价值的宏观资产负债表对山东省主要经济部门运行潜在的风险进行识别和度量，并提出相关建议。

## 第1节　引言

山东省在发展过程中所面临的宏观经济金融风险与其经济金融发展状况是密切相关的，本节主要介绍山东省的经济运行概况和金融运行概况，并概述国内关于山东省金融风险的相关研究文献。

### 一、山东省经济金融概况

**（一）山东省经济运行概况**

2003年以来，山东省经济发展较快，固定资产投资稳步增长，消费也呈现繁荣景象，物价稳定，产业结构更加合理化。如表12.1和图12.1，2003年生产总值为12 078亿元，2004年为15 022亿元，之后每年都保持了较高的稳定的增长率，到2008年达到31 072亿元，按可比价格计算，比上年增长20%。人均生产总值达到27 723元（按年均汇率折算为 3 646 美元），增长 13.5%，居民收入的持续增长推动了消费市场持续繁荣，但是农村消费增长依然慢于城市，消费的二元结构没有从根本上改变。投资重点突出，向基础设施建设、自主创新等重点领域倾斜，投资结构逐渐优化，发展方式不断改善，经济发展质量不断提升。

表 12.1 山东省 2003—2008 年生产总值（GDP） 单位：亿元

| 年份 | 2003 | 2004 | 2005 | 2006 | 2007 | 2008 |
|---|---|---|---|---|---|---|
| GDP | 12 078 | 15 022 | 18 517 | 22 077 | 25 888 | 31 072 |

数据来源：2000—2008 年山东省国民经济和社会发展统计公报。

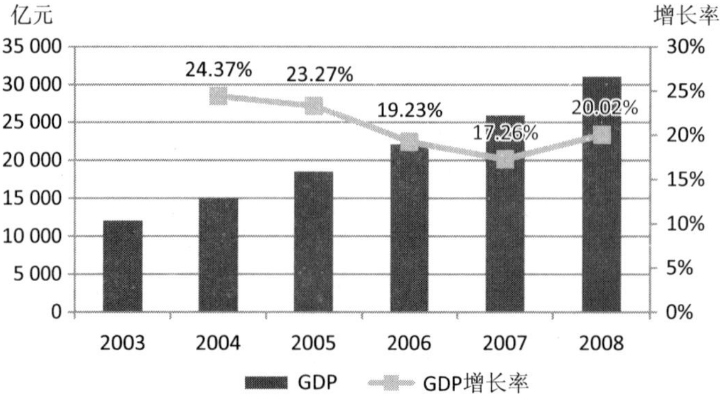


图 12.1 山东省历年 GDP 变化

2008 年三次产业结构更加优化，第一产业增加值为 2 509.1 亿元，增长 4.0%；第二产业增加值为 14 773.4 亿元，增长 15.8%，其中，工业增加值达 13 411.2 亿元，增长 16.7%；第三产业为增加值 8 605.2 亿元，增长 14.5%。三次产业比例由 9.7 : 57.7 : 32.6 调整为 9.7 : 57.1 : 33.2。进出口商品结构优化，对外贸易渐趋均衡，利用外资的质量也得到提高，加快走出去步伐，进一步与国际接轨。2003 年以来物价水平波动较大，在一定程度上不利于经济稳定，但是就业形势较为稳定，劳动力价格稳步提升。

从总体看，山东的经济体制侧重于实业，其第二产业占 GDP 总量的 60% 以上，而重工业又占到第二产业的 65% 以上。这一特点和山东的地理位置是紧密相关的，山东省拥有着丰富的煤炭、石油和各种金属矿产，东面临海又拥有着全国最优良的港口，对其发展重工业和对外出口贸易有着其他地区无法比拟的优势，自新中国成立以来就是我国的工业大省。全省积极推进区域经济协调发展，在充分利用自身优势的基础上，抓住各种发展机遇，推进全省经济快速发展。

### （二）山东省金融运行概况

改革开放以来，山东省金融市场体系日趋完善，社会资金配置和使用效率稳步提高，金融市场交易较为活跃，投融资环境进一步优化，资金渠道更加畅通，金融生态环境得到改善，金融逐步发挥出融通资金和助推地方经济发展的作用。

山东省金融业务总量和金融机构的种类、数量均居全国前列，金融体系在实现和维护宏观经济稳定、支持经济结构调整等方面都发挥了十分重要的作用。然而，作为全国的经济大省，同时也是金融大省，山东却并不是金融强省，金融业的整体竞争力还没有达到全国先进水平，特别是与北京、上海、广东等省市相比，不论是金融业的整体水平与质量，还是金融对经济发展的支持力度都还有一定差距。

2003 年以来山东的金融发展取得了很大进步，金融资产总值飞速增加，2008 年资产总额达到 32 652 亿元，较 2007 年增长了 22.8%，在资产规模增长的同时，资产运用效率也得到提高。存贷款余额增长幅度较大，2008 年各项存款余额创 10 年来新高，同时贷款投向结构进一步优化，对重点领域、民生行业更加关注。

全省证券行业风险控制体制逐渐完善，运营更加规范，融资和资源配置功能不断加强，期货交易发展较快，企业股权融资比例提高，2008 年全省 18 家企业实现首发上市，11 家公司再融资，私募融资达 30 亿，良好的资金渠道保证了实体经济的发展。2008 年保险规模居全国第三位，保险深度和密度不断提高，经济补偿功能增强。总体看，山东省金融自 2003 年以来取得了较快的发展。

## 二、文献综述

研究山东省金融风险的文献主要涉及以下几个方面：经济发展与金融发展的关系、金融资源的配置等。以下对相关文献进行介绍。

经济发展与金融发展的关系方面，杨子强（2005）认为山东省金融业发展滞后于经济发展主要表现为三方面：一是金融总量与经济总量不相称；二是金融业结构存在缺陷，金融市场存在一定垄断；三是金融生态环境与发达省市相比还有差距，一定程度上限制了金融发展和区外资金流入。宁素（2007）认为目前山东省在金融资源配置上仍然存在一系列与经济发展不协调或不完全协调的问题，有些问题这几年还有进一步加重的迹象，主要表现为：直接融资比重偏低，金融体系结构性失衡；国有独资商业银行仍占据垄断地位；金融体系不适应多种所有制经济和中小企业迅速发展的需要；县域金融配置功能弱化，有限的金融资源趋利外溢严重；农村信用社难以承担农村金融主力军的重任等。

刘大可（2000）认为，山东省城镇居民的金融资产状况有如下特点：手持现金和银行存款是最主要的金融资产；风险性金融资产占比较低，且波动幅度较小；储蓄保险所占比重较低，且发展缓慢。从这些特点可以看出，山东省城镇居民金融资产结构不尽合理，所应采取的对策主要是：深化改革，减少居民预期的不确定性；规范有价证券市场，改革交易估算方式；深化金融体制改革，创新金融资产品种等。中国人民银行济南分行课题组（2005）通过对山东半岛城市与长三角、珠三角地区城市经济金融发展的比较，得到了山东半岛城市存在金融规模差距、金融合作相对落后以及金融市场体系和功能有较大差距这三大差距，并对山东省城市金融供求进行了进一步分析，最后针对所有问题提出了政策建议。张恩众、石颖（2007）认为股票市场是山东省金融市场发展的突破口。他们认为相对于广大中小企业的需求而言，我国股票市场的发展相对滞后，因此发展区域性股票市场势在必行。在区域性股票市场的上市资源、政府对区域性证券市场的管理经验、投资者风险承受力等方面山东都具有相对优势。建议山东省政府从规范非上市股份公司治理结构、学习国内外证券市场监管经验、加强与中央及社会各界沟通三方面入手做好区域性股票市场建设的基础工作。杨子强（2008）指出做大做强山东金融产业的战略重点在于：①培育多元化市场主体，确立金融产业化组织构架；②以构建金融中心为支点，合理安排金融区域布局；③合理调整融资结构，完善金融市场体系；④采取多种举措，优化金融生态环境；⑤拓展外围平台，完善金融支持服务体系。

段敏（2006）提出了山东房地产所存在的金融风险主要有：假按揭现象突出、企业资本金不足、融资渠道单一，同时在文章中也指出了防范房地产金融风险的措施包括强化信贷管理、拓宽融资渠道、创新贷款产品、严格宏观调控、增强风险预警。刘峰、石永（2007）也对外汇保险业存在的金融风险及防范对策做了总结，认为外汇保险业主要存在缺乏专业人才、部分保险机构在外汇管理方面操作不合规以及政策方面存在制约外汇保险业务发展的因素等问题，也针对以上问题提出了对策和建议。

## 第 2 节　山东省部门资产负债表编制及其分析

山东宏观金融风险主要来自金融部门和企业部门，本节通过编制山东各部门资产负债表和或有权益资产负债表方法并对此进行分析，识别和度量这两个部门的风险，并对山东整体风险进行基于资产负债表方法的评判和展望。

## 一、金融部门的资产负债表编制及分析

### （一）金融部门资产负债表编制

表 12.2 为山东省金融部门的资产负债表，下面的各项分析均是基于该表做出的。

**表 12.2　山东省金融部门资产负债表**　　单位：亿元

| 年份 | 2003 | 2004 | 2005 | 2006 | 2007 | 2008 |
|---|---|---|---|---|---|---|
| **总资产** | 14 699.1 | 16 479.6 | 20 315.0 | 23 365.9 | 26 597.0 | 32 652.0 |
| 贷款余额 | 11 157.1 | 12 219.3 | 13 873.9 | 16 221.8 | 18 279.9 | 20 927.8 |
| 短期贷款 | 6 441.3 | 6 811.6 | 7 361.2 | 8 516.1 | 9 933.7 | 10 580.1 |
| 票据融资 | 636.2 | 824.7 | 1 219.6 | 1 436.4 | 1 247.3 | 1 780.7 |
| 中长期贷款 | 3 376.3 | 4 067.8 | 4 720.8 | 5 656.8 | 6 832.2 | 8 213.8 |
| 本币贷款 | 10 675.5 | 11 782.8 | 13 381.8 | 15 709.6 | 17 545.1 | 20 053.9 |
| 外币贷款 | 481.6 | 436.5 | 492.1 | 512.2 | 734.8 | 873.9 |
| **总负债和权益** | 14 699.1 | 16 479.6 | 20 315.0 | 23 365.9 | 26 597.0 | 32 652.0 |
| 存款余额 | 12 834.6 | 14 904.9 | 17 478.0 | 20 006.6 | 22 414.4 | 27 295.3 |
| 企业存款 | 3 397.4 | 3 873.0 | 4 123.9 | 4 774.6 | 5 910.2 | 6 829.0 |
| 居民储蓄 | 6 770.4 | 7 721.5 | 9 035.1 | 10 358.0 | 11 438.1 | 14 382.2 |
| 活期存款 | 1 914.2 | 2 256.4 | 2 649.4 | 3 204.0 | 3 648.7 | 4 254.5 |
| 定期存款 | 4 854.2 | 5 465.1 | 6 385.7 | 7 154.0 | 7 789.4 | 10 127.7 |
| 本币存款 | 12 443.1 | 14 514.3 | 17 103.5 | 19 634.0 | 22 072.3 | 26 930.2 |
| 外币存款 | 391.4 | 390.6 | 374.5 | 372.6 | 342.1 | 365.1 |

注：本表数据来源于 2004—2008 年《山东省金融运行报告》和 2009 年《山东省统计年鉴》，具体如下：

① 总资产、总负债和权益数据从 2003—2008 年《山东省金融运行报告》获得；

② 贷款余额、存款余额、短期贷款、票据融资、中长期贷款、企业存款、居民储蓄、活期存款、定期存款、本外币贷款和本外币存款数据从《2009 年山东省统计年鉴》获得。

### （二）金融部门资产负债表分析

1. 资本结构错配分析

从图 12.2 可以看出，山东省金融部门总资产稳步扩张，2008 年增幅达到 22.8%，存贷款余额都有较大幅度增长，显示出全省金融规模的扩大。总资产规模扩大的同时，质量也有较大提高，不良资产余额及占比都有降低。同时贷款余额在总资产中的比重自 2003 年以来不断下降，2008 年下降为 64.09%，说明山东省金融部门逐渐改变传统的单一金融模式，积极开拓新业务，资金运用方式多样化。

如图 12.3，山东省存贷款余额稳步增长的同时，存贷比在不断下降，从 2003 年的 86.93% 降到 2008 年的 76.67%，也显示了金融部门资金运用的多元化，以及整个金融部

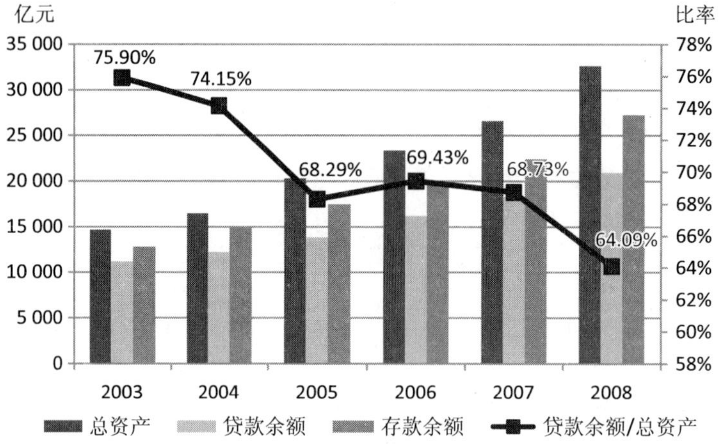


图 12.2　山东金融部门存贷结构

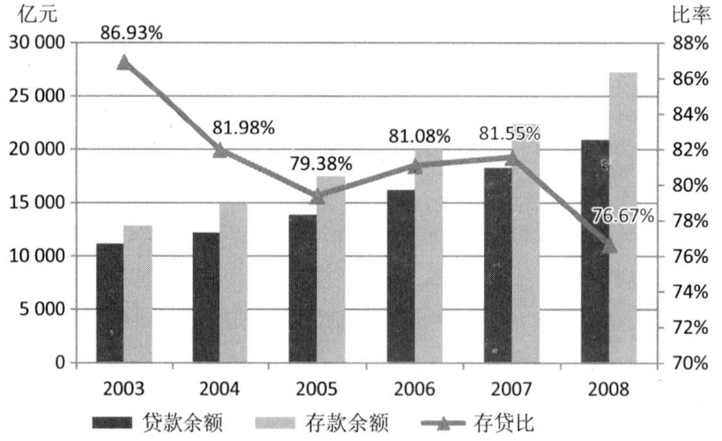


图 12.3　山东金融部门存贷比

门资本结构的优化。

2. 期限错配风险分析

如图 12.4，中长期贷款比率在 30% 到 40% 之间，且一直呈现稳定上升趋势，对于高负债的银行部门来说，这个比率较低，期限错配风险相对较小。然而，中长期贷款占比处于上升趋势中，到 2007 年和 2008 年已经比 2003 年上升了近 10 个百分点，虽然总体占比不高但其所面临的风险在逐步加大。

如图 12.5，在 2003—2005 年，定期存款的比重皆超过 70%，2006 年以后下降到 70% 以下。2007 年由于央行调息频繁，使得居民储蓄以短期为主。目前看，山东省金融部门期限错配风险还不明显，但是银行的资金来源开始偏向短期性的居民储蓄，这在一定程度上加大了潜在的期限错配风险。在股市、楼市低迷的背景下，储蓄存款大幅增加，

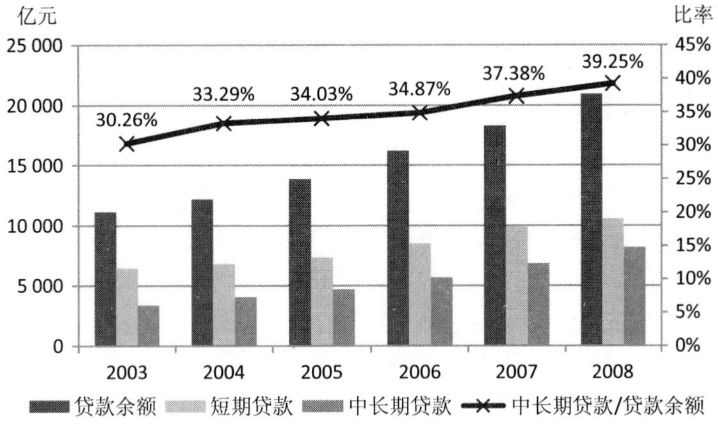


图 12.4　山东省金融部门贷款期限结构

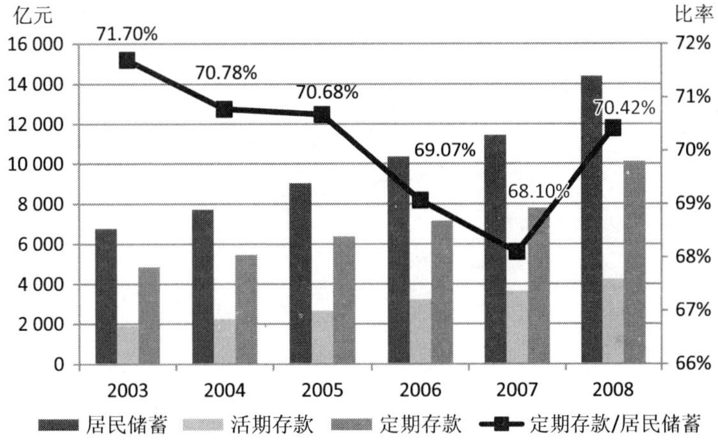


图 12.5　山东省金融部门存款结构

定期化趋势增强，新增额及同比新增额均创 10 年新高。

3. 货币错配风险分析

从图 12.6 和图 12.7 中可以看出，山东省金融部门外币存贷款总值一直保持小幅增长，其中外币存款占存款余额的比率呈下降趋势，外币贷款占贷款余额的比率一直在 4% 上下波动。货币错配的风险暴露于本币升值方面，这会导致以本币计算的外币净资产缩水。在 2005 年后山东省的外币净资产出现了较大幅度的增长，外币贷款呈上升趋势。2008 年，随着人民币升值步伐放缓，企业和居民结汇意愿明显减弱，外币存款小幅增加，而由于外贸形势恶化和人民币升值预期减弱，外币贷款连续七个月下降。可见，山东省金融部门存在潜在的货币错配风险。

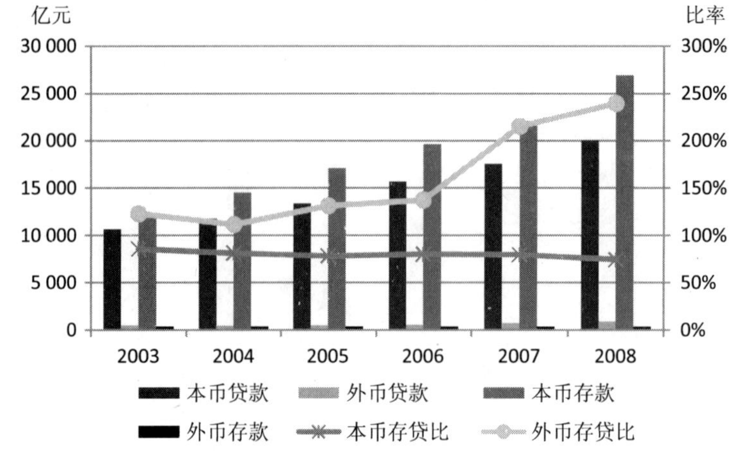


图 12.6　山东省金融部门本外币存贷比

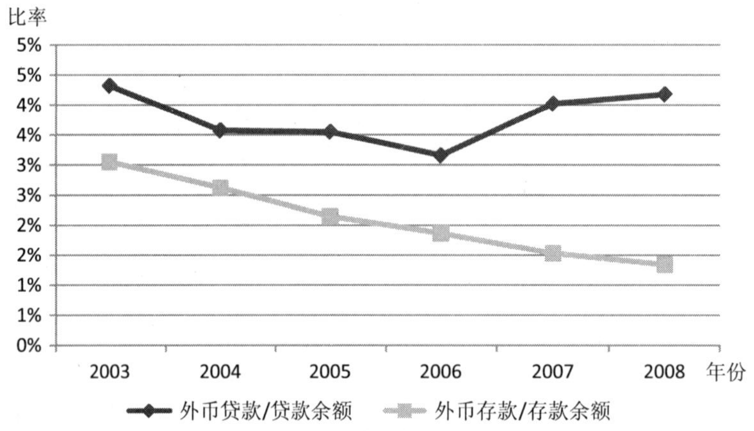


图 12.7　山东省金融部门外币存贷款结构

## 二、企业部门资产负债表编制及分析

### （一）企业部门资产负债表编制

表 12.3 为山东省企业部门资产负债表。

### （二）企业部门资产负债表分析

随着国民经济的发展，山东省企业部门总资产负债规模持续增长，截至 2008 年年末，企业部门总资产和总负债分别达到 47 396.99 亿元和 27 092.67 亿元；按各行业资产在企业部门总资产中所占份额来看，工业企业最高，达 81.57%，其次批发零售餐饮业资产占比为 13.45%，建筑业资产占比 4.98%，如图 12.8。

表 12.3　山东省企业部门资产负债表　　单位：亿元

| 年份 | 总资产 | 流动资产 | 长期资产 | 总负债 | 流动负债 | 长期负债 | 总权益 |
|---|---|---|---|---|---|---|---|
| 1998 | 10 237.54 | 4 847.07 | 5 390.47 | 6 858.02 | 5 153.85 | 1 704.17 | 3 379.52 |
| 1999 | 10 930.68 | 5 121.44 | 5 809.24 | 7 260.39 | 5 431.78 | 1 828.61 | 3 670.29 |
| 2000 | 11 808.49 | 5 460.90 | 6 347.59 | 7 756.17 | 5 614.54 | 2 141.63 | 4 052.32 |
| 2001 | 12 877.47 | 6 025.23 | 6 852.24 | 8 139.88 | 6 091.63 | 2 048.25 | 4 737.59 |
| 2002 | 14 610.98 | 6 895.36 | 7 715.62 | 9 107.50 | 6 945.46 | 2 162.04 | 5 503.48 |
| 2003 | 17 571.35 | 8 420.76 | 9 150.59 | 10 829.45 | 8 486.55 | 2 342.90 | 6 741.90 |
| 2004 | 21 410.22 | 9 699.41 | 11 710.82 | 13 004.52 | 12 418.35 | 586.17 | 8 405.70 |
| 2005 | 26 601.21 | 11 718.27 | 14 882.94 | 16 067.91 | 12 842.74 | 3 225.17 | 10 533.30 |
| 2006 | 31 530.43 | 15 142.54 | 16 387.89 | 18 855.31 | 15 049.15 | 3 806.16 | 12 675.12 |
| 2007 | 38 106.87 | 18 321.83 | 19 785.04 | 22 183.32 | 17 289.14 | 4 894.18 | 15 923.55 |
| 2008 | 47 396.99 | 23 006.84 | 24 390.15 | 27 092.67 | 21 587.08 | 5 505.59 | 20 304.32 |

注：本表数据来源于 1998—2008 年《中国统计年鉴》和《山东省统计年鉴》，具体如下：

① 工业行业数据来源于中国统计年鉴——各地区规模以上工业企业主要指标统计表；建筑业资产、流动资产数据来源于《中国统计年鉴》——各地区建筑业企业资产统计表，负债、流动负债数据来源于《中国统计年鉴》——各地区建筑业企业负债及所有者权益统计表；批发零售业数据来源于各地区限额以上批发和零售业资产及负债统计表；餐饮业数据来源于各地区限额以上餐饮业资产及负债统计表。

② 对工业企业、建筑业企业、批发零售业、餐饮业部分缺失数据进行估算处理。相对建筑业、批发零售业及餐饮业，工业企业的资产负债在企业部门总的资产负债中占比最高，统计数据基本无缺失；餐饮业、批发零售及建筑业在总体中占比较低，统计数据存在个别缺失情况，对于缺失数据进行估算补齐后产生的偏差对总体分析影响不大。

③ 全部国有及规模以上非国有工业企业 2004 年流动负债数据缺失，以 2003 年流动负债的年增长率进行替代，估算出 2004 年的流动负债，并进一步计算出长期负债；建筑业企业 2004 年统计数据中资产负债缺失，均以 2003 年各指标的年增长率替代，估算出 2004 年资产和负债、流动资产和流动负债，并进一步计算出长期资产和负债；限额以上餐饮企业、限额以上批发零售业 2002—2007 年流动负债数据缺失，以前三年的流动负债 / 总负债的均值作为当年的比例，结合总负债得到流动负债缺失数据的合理替代值，并进一步计算出长期负债。

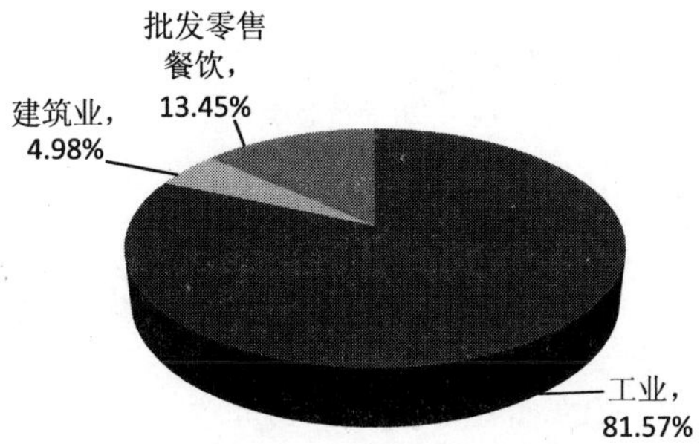


图 12.8　山东省企业部门四大行业资产在企业部门总资产中的比重

1. 资本结构错配风险分析

图 12.9 和图 12.10 清楚地显示了山东省企业部门资产与负债的变动情况。从 1998 年至 2008 年，山东省非金融部门的资产与负债逐年增加，其中总资产的增长速度一直大于总负债的增长速度，其资产负债率一直呈下降趋势，2007 年到 2008 年由于金融危机的影响，下降趋势有所减缓。这表明山东省企业部门的资本结构合理，没有明显的资本结构错配风险。

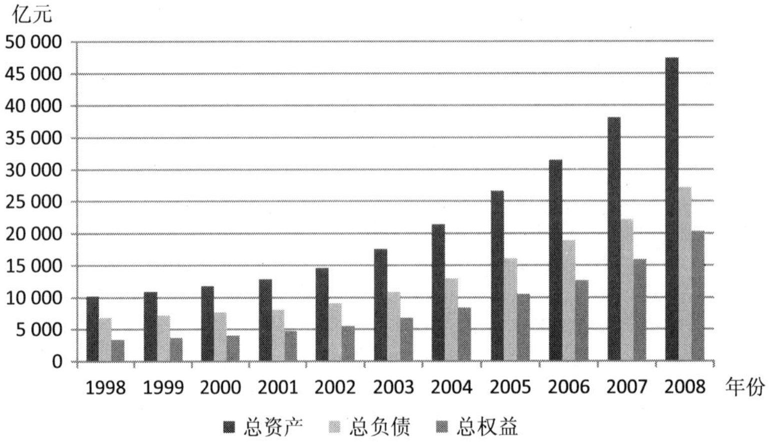


图 12.9　山东省企业部门资本结构

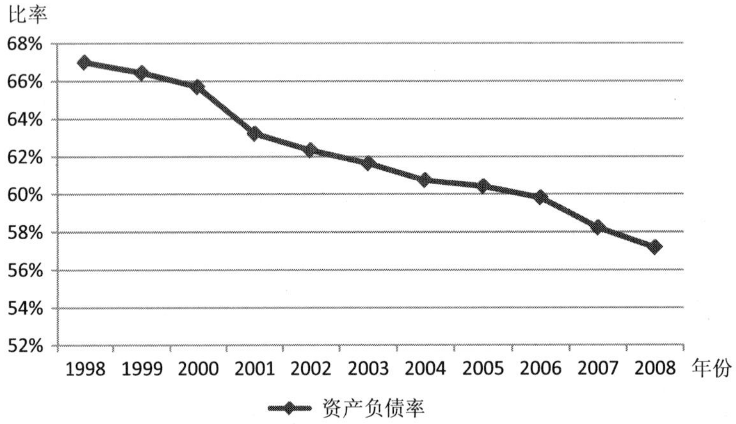


图 12.10　山东省企业部门资产负债率

2. 期限错配风险分析

如图 12.11 和图 12.12，山东省企业部门流动资产与流动负债从 1998 年到 2008 年逐年上升，1998—2003 年山东省企业部门的流动比率略小于 1，之后的 2004 年，其流动比

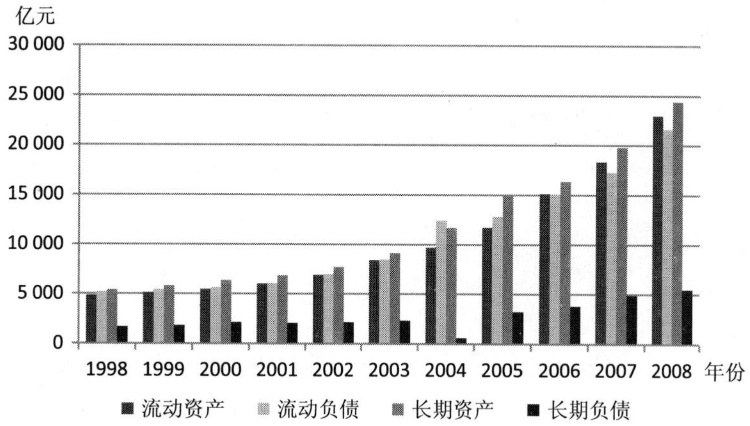


图 12.11　山东省企业部门期限结构

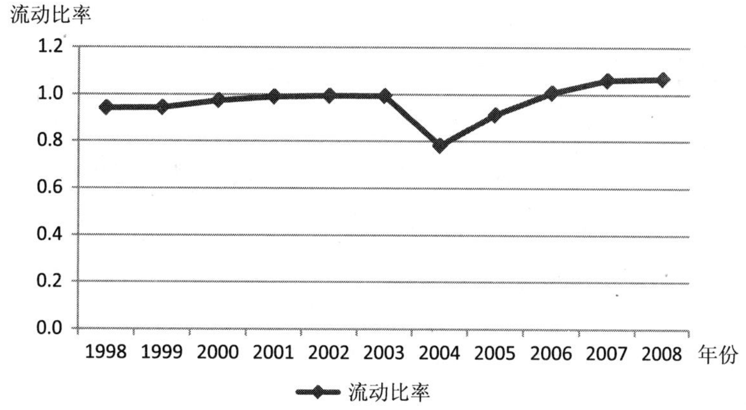


图 12.12　山东省企业部门流动比率

率有大幅的下降，下降到 0.8 左右；2005 年到 2008 年期间，该指标又恢复到了 1 左右。总体来说，流动比率在 1 上下波动，说明其短期资产与短期负债相当，山东省企业部门不存在明显的期限错配风险。

3. 清偿力风险分析

从图 12.13 中可以看出山东省企业部门的产权比率呈下降趋势，山东省企业部门资产的增长速度快于负债的增长速度，这说明山东省企业部门的资产增长越来越依赖于权益的增长而不是负债的增长，从这个发展趋势看，其清偿力风险是相对较小的。

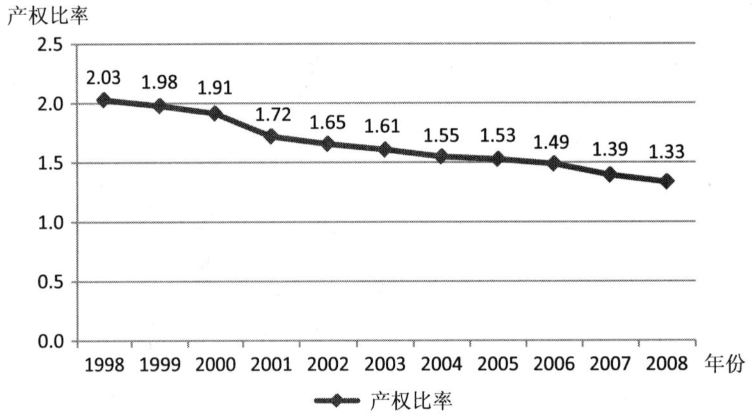


图 12.13　山东省企业部门产权比率

## 第 3 节　山东省或有权益资产负债表编制及分析

上节通过编制金融部门和企业部门的资产负债表分析了山东省整体的宏观金融风险情况，本节通过收集山东省上市公司的股权价格、股本总数及上市公司的负债情况等数据，编制山东省或有权益资产负债表并进行分析。

### 一、上市企业部门或有权益资产负债表分析

#### （一）或有权益资产负债表分析

表 12.4 为山东省上市企业部门或有权益资产负债表的相关输入数据。

**表 12.4　山东省上市企业部门或有权益资产负债表相关数据**

| 年份 | 权益市值（亿元） | 违约点（亿元） | 权益市值波动率 | 无风险利率 |
|---|---|---|---|---|
| 2001 | 1 877.44 | 419.75 | 24.23% | 2.25% |
| 2002 | 1 584.33 | 516.15 | 28.60% | 2.02% |
| 2003 | 1 655.72 | 559.30 | 19.33% | 1.98% |
| 2004 | 1 590.44 | 839.11 | 22.25% | 2.03% |
| 2005 | 1 462.63 | 1 177.60 | 25.56% | 2.25% |
| 2006 | 3 291.49 | 1 519.54 | 25.54% | 2.35% |
| 2007 | 10 178.19 | 1 908.83 | 39.38% | 3.26% |
| 2008 | 4 097.53 | 2 362.09 | 49.57% | 3.92% |
| 2009 | 9 483.26 | 2 882.95 | 33.01% | 2.25% |

注：上市企业部门数据来自同花顺股票分析软件。所有者权益的收益率年波动率是基于山东省上市公司的相关数据处理得到，其中对股票价格采取了向前复权的方法，并且取用现有的总股本数。

根据山东省上市企业部门或有权益资产负债表的输入数据，通过 MATLAB 编程处理得到山东省上市企业部门或有权益资产负债表，如表 12.5。

**表 12.5　山东省上市企业部门或有权益资产负债表**　　单位：亿元

| 年份 | 资产市值 | 债务市值 | 权益市值 | 年份 | 资产市值 | 债务市值 | 权益市值 |
|---|---|---|---|---|---|---|---|
| 2001 | 2 287.66 | 410.22 | 1 877.44 | 2006 | 4 772.66 | 1 481.17 | 3 291.49 |
| 2002 | 2 090.13 | 505.80 | 1 584.33 | 2007 | 12 025.54 | 1 847.35 | 10 178.19 |
| 2003 | 2 204.18 | 548.46 | 1 655.72 | 2008 | 6 374.73 | 2 277.21 | 4 097.53 |
| 2004 | 2 412.70 | 822.26 | 1 590.44 | 2009 | 12 302.26 | 2 818.89 | 9 483.26 |
| 2005 | 2 614.09 | 1 151.46 | 1 462.63 | | | | |

如图 12.14，权益市值在 2005 年为最小，当年的国内证券市场正处于比较低迷的时期，相应的负债市值比较高。2007 年上市公司资产市值大幅上升，其中权益的市值比重增加较快，而负债市值只是绝对数量上升，实际增速不如权益市值增速快。但是 2008 年受美国金融危机的影响，股市大幅缩水一半以上，从而导致资产市值大幅减少。

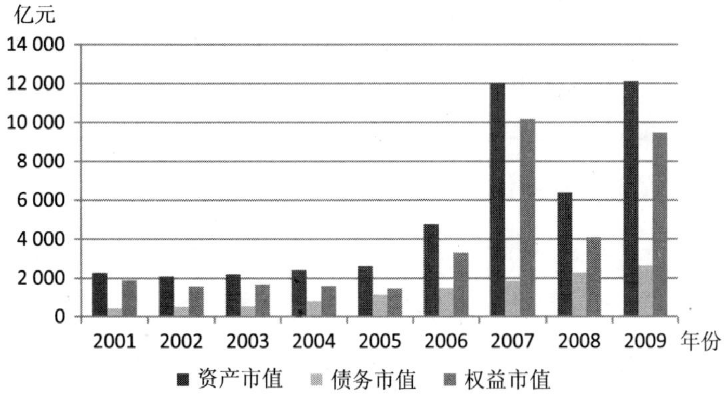


图 12.14　山东省上市企业部门或有权益资本结构

如图 12.15，2005 年之前或有资产负债率处于稳定上升趋势，2006 年到 2007 年则出现大幅下降，主要是因为这两年间中国股市出现迅猛的发展，大大推动了山东上市企业的升值，但是过于快速的发展也为之后的泡沫破灭埋下了伏笔。2008 年受到金融危机的影响其或有资产负债率出现明显的大幅上升，直到 2009 年金融危机冲击减缓才又开始下降。

**（二）风险表分析**

在上一节中，得到了山东上市企业部门的或有权益资产负债表，通过相关公式在计算机上的计算得到山东省上市企业部门的风险表，如表 12.6。

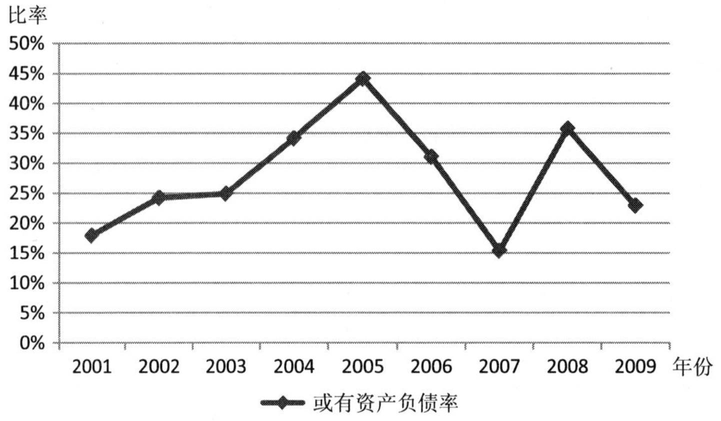


图 12.15　山东省上市企业部门或有资产负债率

**表 12.6　山东省上市企业部门风险表**

| 年份 | 资产市值波动率 | 违约概率 | 违约距离 | 年份 | 资产市值波动率 | 违约概率 | 违约距离 |
|---|---|---|---|---|---|---|---|
| 2001 | 19.88% | 0 | 4.106 52 | 2006 | 17.61% | 0 | 3.871 54 |
| 2002 | 21.68% | 0 | 3.473 62 | 2007 | 33.33% | 0 | 2.524 02 |
| 2003 | 14.52% | 0 | 5.138 76 | 2008 | 31.89% | 0.10% | 1.973 60 |
| 2004 | 14.67% | 0 | 4.446 87 | 2009 | 25.84% | 0 | 2.885 80 |
| 2005 | 14.30% | 0 | 3.841 95 | | | | |

从图 12.16 和图 12.17 观察到山东省上市企业总体的宏观风险情况。权益市值波动率 2001—2006 年维持在比较稳定的区间内，2007 年由于我国股市大涨，导致股市波动比较剧烈，因而资产市值波动率显著增大，2008 年由于遇到全球金融海啸，股市跳水，因而资产市值波动率仍然维持在高位。同时，违约距离处于逐渐减少的趋势，从 2006 年开始，违约距离开始大幅度降低，主要是由于市场的波动过大，从而导致市场不稳定，因而存

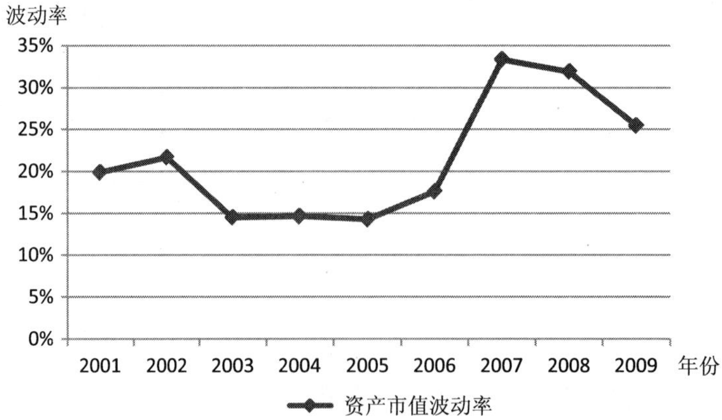


图 12.16　山东省上市企业部门资产市值波动率

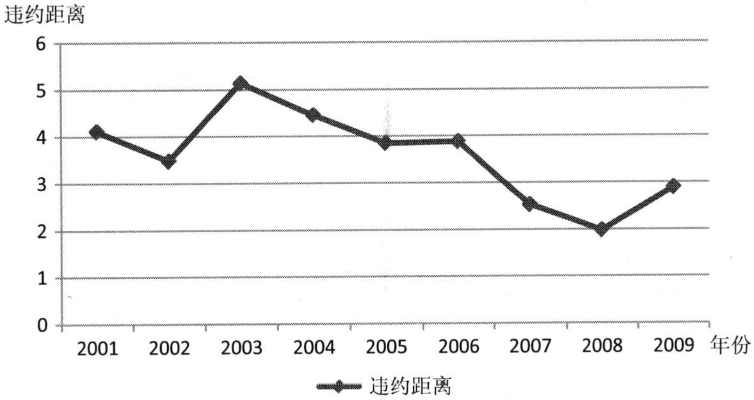


图 12.17 山东省上市企业部门违约距离

在潜在违约风险。而在 2008 年，次贷危机席卷全球，流动性紧缩，于是违约距离进一步减少。2008 年的违约概率相较前几年明显变大，风险显著提高，必须引起警惕。



## 二、企业部门或有权益资产负债表编制及分析

根据处理企业部门整体或有权益相关数据的方法，整理相关数据如表 12.7。

**表 12.7 山东省企业部门或有权益资产负债表输入数据**

| 年份 | 权益市值（亿元） | 违约点（亿元） | 权益市值波动率 | 无风险利率 |
|---|---|---|---|---|
| 2001 | 13 653.19 | 7 115.76 | 24.23% | 2.25% |
| 2002 | 11 755.55 | 8 026.48 | 28.60% | 2.02% |
| 2003 | 12 987.88 | 9 658.00 | 19.33% | 1.98% |
| 2004 | 13 043.63 | 12 711.44 | 22.25% | 2.03% |
| 2005 | 12 458.58 | 14 455.33 | 25.56% | 2.25% |
| 2006 | 28 934.35 | 16 952.23 | 25.54% | 2.35% |
| 2007 | 87 846.48 | 19 736.23 | 39.38% | 3.26% |
| 2008 | 38 566.31 | 24 339.88 | 49.57% | 3.92% |

### （一）或有权益资产负债表分析

从表 12.8 可以看出，山东省企业部门资产市值除 2002 年略有降低外，皆稳定增长，并且在 2007 年实现跨越式增长，突破十万亿元，主要是因为资本市场行情较好，其中权益市值增幅较大，负债没有显著增加。权益市值在 2001—2005 年都处于低位徘徊，并且在 2002 年达到最低点，与这段时期国内证券市场低迷密切相关，之后 2006 年和 2007 年实现大幅增长，2008 年受全球金融危机影响，波及企业部门，导致全省企业总的资产市值、权益市值大幅减少。反观债务市值，2001—2008 年都有稳步的增长，反映了企业部门注

意运用财务杠杆，拓宽融资渠道。

**表 12.8　山东省企业部门或有权益资产负债表**　　单位：亿元

| 年份 | 资产市值 | 债务市值 | 权益市值 | 年份 | 资产市值 | 债务市值 | 权益市值 |
|---|---|---|---|---|---|---|---|
| 2001 | 20 609.51 | 6 956.32 | 13 653.19 | 2005 | 26 590.52 | 14 131.94 | 12 458.58 |
| 2002 | 19 622.87 | 7 867.32 | 11 755.55 | 2006 | 45 492.11 | 16 557.76 | 28 934.35 |
| 2003 | 22 456.08 | 9 468.20 | 12 987.88 | 2007 | 106 953.10 | 19 106.62 | 87 846.48 |
| 2004 | 25 500.24 | 12 456.61 | 13 043.63 | 2008 | 62 043.54 | 23 477.23 | 38 566.31 |

**（二）风险表分析**

在上一节中，得到了山东企业部门的或有权益资产负债表，通过公式在计算机上计算得到表 12.9。

**表 12.9　山东省企业部门风险表**

| 年份 | 资产市值波动率 | 违约概率 | 违约距离 | 年份 | 资产市值波动率 | 违约概率 | 违约距离 |
|---|---|---|---|---|---|---|---|
| 2001 | 16.05% | 0 | 4.079 207 | 2005 | 11.98% | 0 | 3.810 502 |
| 2002 | 17.13% | 0 | 3.448 999 | 2006 | 16.24% | 0 | 3.862 582 |
| 2003 | 11.18% | 0 | 5.097 231 | 2007 | 32.34% | 0 | 2.521 091 |
| 2004 | 11.38% | 0 | 4.406 668 | 2008 | 30.85% | 0.13% | 1.969 702 |

从图 12.18 和图 12.19 可以清楚地看到山东省企业部门总体的宏观风险情况。从资产市值波动率看，2002 年之后开始下降，并且在低位维持到 2005 年，然后波动率开始上升，在 2007 年大幅增长，反映了全省企业部门不确定性的提高，之后 2008 年略微下降。主要原因在于，2007 年我国股市出现异常繁荣的大牛市，导致股市波动比较剧烈，进而导致资产市值波动率的剧增。而在 2008 年全球性金融危机的影响下，股市受到致命打击，资产泡沫破裂，导致资本市场剧烈波动，从而资产市值仍然维持较高的波动率。

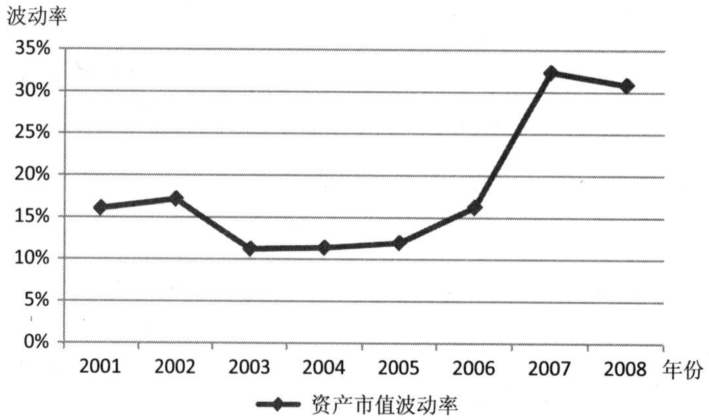


图 12.18　山东省企业部门资产市值波动率

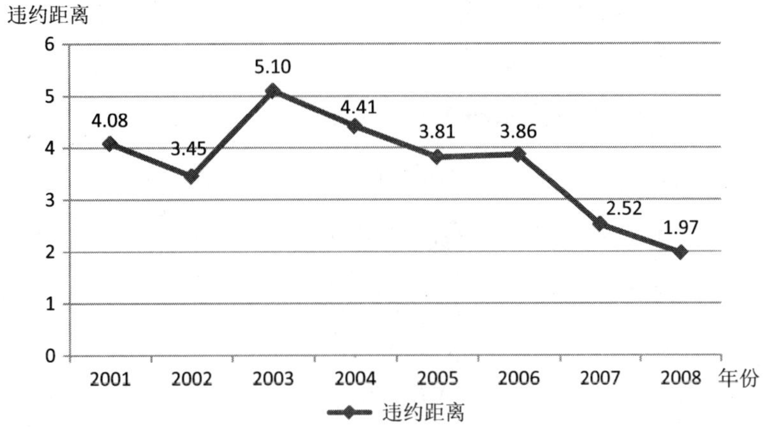


图 12.19 山东省企业部门违约距离

从 2001 年以来的违约距离可以看出，除了 2003 年由于行业调整、市场较为稳定等原因违约距离略有扩大外，其他年份的违约距离都处于下降趋势中，但是在 2006 年以前都处于一个高位，也就是说全省企业部门的违约风险极低。但是之后的 2007 年、2008 年违约距离剧烈下降，违约风险明显增加。主要原因在于次贷危机给企业运营带来风险。

总体看，2008 年山东省企业部门的风险显著提高，必须引起足够的重视，采取积极的措施严加防范。



## 第 4 节 结论及政策建议

从整体情况看，山东省的产业结构基本合理，但是第三产业的占比稍显偏低。金融业和企业部门的发展都相当的稳定，总体风险较小，但是可以看到，2008 年来受次贷危机的影响，山东的经济形势出现明显的波动，从资产市值波动率和负债率看，2008 年的违约概率也明显大于 0。这说明山东的经济还存在一定的问题,需要进一步的完善和发展。

从企业部门资产负债表看，1998 年至 2008 年，山东省非金融部门的总资产与总负债逐年增加，其中总资产的增长速度一直大于总负债的增长速度，其资产负债率一直呈下降趋势，2007 年到 2008 年由于金融危机的影响，下降的趋势有所减缓。这表明山东省企业部门的资本结构较合理，没有很明显的资本结构问题。

从权益资产负债表看，金融部门 2004 年时权益比率还处于下降趋势，但是从 2004 年以后权益比率开始有所回升，这主要是因为 2004 年以来多家国有银行相继上市，汇金公司分别对其进行注资来补充资本金，使得银行部门的权益迅速增加。但是 2008 年受到金融危机影响又出现了下降。资产市值波动率和违约距离在 2007 年和 2008 年有剧烈变化，显示出全球金融市场的剧烈波动对企业运营的影响，同时表明山东省企业部门风险显著提高。

总体来说，山东省必须推行稳定的经济政策，并积极探索金融创新，推进金融改革，完善产业结构和金融机制，结合当地特点，以金融助推实体经济发展，才能降低风险，促进全省经济的稳定发展。针对以上分析，提出以下政策建议：

（1）鉴于山东省金融机构较高的存贷比，需加强银行贷款的管理，努力使银行存贷比降到 75% 的标准以下，不然将会使潜在的银行系统风险加大。山东省金融机构外币贷款规模也较大，也需加强外币业务的管理。

（2）山东省经济外向度较高，国际贸易对山东经济的发展至关重要，在相关进出口优惠政策的辅助下，还需要金融机构加强资金支持力度，以及提供更多样的金融产品，为外贸企业提供更好更全面的防范汇率风险的工具，以此促进山东外贸的良性发展。

# 第 13 章　广东省宏观金融风险研究



长期以来，珠三角地区作为广东省乃至全国的经济增长点，对我国经济金融的发展做出了重要贡献，但在发展过程中也积累了一系列问题。广东省的经济中民营经济占了很大比重，其中，加工制造业占有较大比重。随着金融危机的爆发，广东省暴露出来的风险也相对较大。基于账面价值和市场价值的资产负债表方法，本章将对广东主要部门进行风险度量并提出相关建议。

## 第 1 节　引言

广东作为改革开放的前沿地，外向型经济占比高。虽然当前广东经济面临着不少困难和挑战，但 30 年的改革开放为广东经济发展打下了坚实基础，珠三角依然是我国最具经济活力的地区之一。本节对广东省金融经济运行概况进行分析，并对现有相关文献进行总结，为广东省金融风险的研究提供借鉴。

### 一、广东省经济金融概况

#### （一）广东省经济运行概况

改革开放推动广东形成了全方位、多层次、宽领域的对外开放新格局，经济和社会快速发展，取得了令人瞩目的成就。广东省国内生产总值从 2000 年的 9 506.04 亿元增加到 2008 年的 35 696.46 亿元，增长幅度接近 3 倍，且 2003 年来增速明显提高，如表 13.1 和图 13.1。

表 13.1　2000—2008 年广东省国内生产总值（GDP）　　单位：亿元

| 年份 | 2000 | 2001 | 2002 | 2003 | 2004 | 2005 | 2006 | 2007 | 2008 |
|---|---|---|---|---|---|---|---|---|---|
| GDP | 9 506.04 | 10 556.47 | 11 674.4 | 13 449.93 | 16 039.46 | 21 701.28 | 25 968.55 | 31 084.40 | 35 696.46 |

注：数据来源于广东省历年统计年鉴。

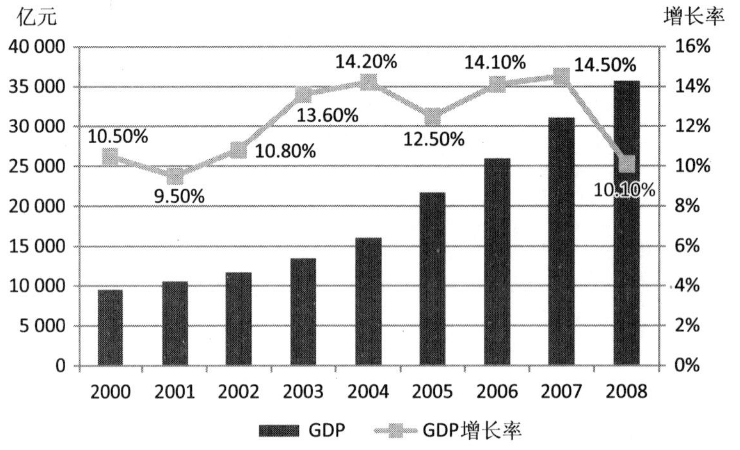


图 13.1　广东省 2000—2008 年 GDP 及其增长率

广东省经济构成中，第二产业占据主导地位，且第二产业产值占 GDP 比重近年来有所上升，2000 年为 46.5%，而到 2008 年达到 51.6%；而第三产业所占比重变化不大，2005 年以来一直保持在 43% 左右，如表 13.2。广东省以加工制造业为主，随着美国次贷危机的爆发，广东省的经济结构暴露出来的风险也在加大，2008 年珠三角地区大量工厂倒闭，企业部门在应对风险方面能力不足，面临产业结构调整的较大压力，从低端制造业转向提供高附加值产品是广东今后的发展方向。

表 13.2　广东省产业结构　　单位：%

| 年份 | 2000 | 2005 | 2007 | 2008 |
|---|---|---|---|---|
| 地区生产总值产业结构 | | | | |
| 第一产业 | 9.2 | 6.4 | 5.4 | 5.5 |
| 第二产业 | 46.5 | 50.7 | 51.3 | 51.6 |
| 第三产业 | 44.3 | 42.9 | 43.3 | 42.9 |
| 国内支出结构 | | | | |
| 最终消费 | 53.2 | 51.6 | 48.8 | 49.4 |
| 居民消费 | 41.7 | 40.2 | 38.2 | 38.3 |
| 政府消费 | 11.5 | 11.4 | 10.6 | 11.1 |
| 资本形成总额 | 35.9 | 37.5 | 35.9 | 36.3 |
| 净出口 | 10.9 | 11.0 | 15.3 | 14.3 |

注：数据来源于广东省历年统计年鉴。

广东省2008年国内生产总值为35 696.5亿元，增长10.1%，增幅比2007年回落4.4个百分点。其中，第一、二、三产业分别增长3.7%、11.4%和9.1%。全社会固定资产投资突破万亿元大关，达到11 181亿元，同比增长16.5%，增幅比上年回落1.5个百分点。受国际金融危机冲击，广东进出口增长均明显下降，全年进出口贸易总额6 833亿美元，增长7.8%，增幅同比回落12.4个百分点。其中，出口总额和进口总额分别增长9.4%和5.4%，增幅同比分别下降12.8和12.1个百分点。全年实际利用外资达191.7亿元，同比增长11.9%。全省2008年城镇居民人均可支配收入19 732元，同比增长11.5%，增幅同比提高1个百分点；农村居民人均现金收入6 399元，同比增长13.8%，增幅同比提高3.1个百分点。全年社会消费品零售总额12 772亿元，增长20.3%，增幅比上年提高4.1个百分点。

**（二）广东省金融运行概况**

广东在金融改革开放中先行一步，从金融相对落后的省份迅速崛起成为全国金融大省，极大促进了广东的经济发展。近几年广东省金融业产值呈现大幅度增长趋势，金融发展逐渐完善，2006年广东省金融业产值为756.58亿元，对GDP贡献率为2.91%。而经过两年发展到2008年时金融业产值达到2 117.35亿元，对GDP贡献率也达到5.93%，从绝对量上广东省金融业产值高于北京，但是对GDP贡献率却明显低于北京，如表13.3。

**表13.3　广东省历年金融业产值及占GDP比重**

| 年份 | 2006 | 2007 | 2008 |
|---|---|---|---|
| 金融业产值（亿元） | 756.58 | 1 221.17 | 2 117.35 |
| GDP（亿元） | 25 968.55 | 31 084.40 | 35 696.46 |
| 金融业产值占GDP比重 | 2.91% | 3.93% | 5.93% |

注：数据来源于广东省历年统计年鉴。

广东省2008年金融机构资产总额比上年增长15.2%，不良贷款率比2008年年初下降3.6个百分点。各项存款平稳增长，储蓄存款大幅回流。截至2008年年末，广东省本外币各项存款余额为56 119.3亿元，同比增长14.6%，增幅比上年提高1.4个百分点；本外币各项贷款余额为33 835.8亿元，同比增长12.6%，增速比上年下降4个百分点。广东省2008年非金融机构融资总量为4 856.7亿元,同比下降21.1%。受资本市场下行影响，股票融资下降较多，占比比上年下降10.4个百分点；随着公司质量的不断提高，债券融资增长迅速，其融资占比比上年大幅提高4.7个百分点。

2008年广东省证券市场直接融资487.4亿元，股票基金交易金额为225 176.7亿元，分别比2007年减少727.3亿元和19 572.2亿元。在股市震荡下行的情况下,企业改制上市步伐放缓，2008年新增上市公司14家，比2007年少增10家。上市公司并购重组稳步推进，公司债券融资增长迅速。截至2008年年末，广东省期货公司总资产达107亿元，比上年增长10.7%。

## 二、文献综述

广东省作为我国最大的金融中心之一，吸引了国内外众多研究者的目光，他们全面研究广东省的经济和金融发展状况。如：王硕平（2004）根据广东地方金融的现状与特点，分析了广东地方金融在观念、体制、机制、管理等方面存在的问题，并在充分阐述改革必要性的基础上，提出了改革的目标和设想。吴昌南（2005）提出广东省作为“泛珠三角”区域金融中心的地位不可动摇，并且广东省需要发挥区域金融中心的带头作用，引领“泛珠三角”地区的其他省市共同发展。与此同时，马经（2005）也提出广东省如果想保持和巩固金融中心的地位，必须加强金融生态环境建设，推动经济增长方式转变，积极构建信用的产权基础，完善区域信用管理体系，健全地方金融法制，抓紧制定地方金融产业政策。姜永宏（2006）指出广东要实现由金融大省到金融强省的根本转变，必须实施金融创新与改革、区域金融合作、金融安全、金融人才和协调发展五大战略。江振华（2006）也同时指出广东要建成金融强省必须做到以下四点：与香港金融市场紧密合作；充分发挥“泛珠三角”区域金融中心的作用；打造高级别金融中心CBO；振兴本地金融机构及培育本地金融品牌。

随着国际金融环境的起伏波动和广东省自身金融状况的震荡发展，越来越多的学者开始关注广东省金融发展过程中的风险情况，对广东省金融风险的研究也渐渐全面丰富起来。区少芳（2000）认为广东省作为对外开放的大省，在大规模利用外资弥补自身资金不足的同时，也带来了相当大的金融风险；将由外资带来的风险分为外债风险、外商直接投资中的金融风险和境外投资风险，并在此基础上提出化解金融风险、有效合理利用外资的基本思路。郁方（2005）则从宏观的角度剖析了广东经济发展中面临的金融风险对其经济发展的危害，指出市场发育不完善和秩序混乱是广东省金融风险产生的机制性因素，而产业结构的内部缺陷是金融风险的根源。因此，防止金融危机的发生和蔓延，要从体制改革和强化管理入手，以防止风险的进一步积累，走出潜在性金融危机。张海梅、曾长兴（2008）从风险主体角度研究了广东金融风险，认为广东金融风险主要有银行体系、资本市场和政府债务金融风险三大类，并且通过实证得出结论及给出政策建议：广东金融发展总体处于安全状态，但银行体系风险偏高，资本市场风险因素在增加，政府财政赤字也蕴涵着风险，因此需要重视金融风险的监控与防范工作，各金融监管机构之间应加强合作，提高银行资产运营效益，完善市场规范和交易监管，各地财政要达到动态平衡。陈欣欣、寿志敏（2009）对金融危机下广东省的失业问题进行了实证分析，运用了计量方法研究进出口贸易以及外商直接投资对就业产生的不同影响，得出出口、进口、FDI与就业之间存在唯一的协整关系。在此结论上，他们认为广东省应鼓励和引导更多的国有企业、集体企业加入到对外贸易出口队伍中，制定相关政策吸引外商直接向第三产业投资，从而创造更多的就业机会。

除了对广东省整体宏观金融风险的研究之外，还有一些学者对广东省各行业的金融风险情况进行了分析。钱达（2003）对房地产投资增长过猛、高档房地产开发过多等现象进行了定性分析，并对由此形成的房地产金融风险的控制问题给出了合理建议。陈可嘉、黄瑾等（2008）对广东省房地产金融风险做了更为细致的实证分析，通过参考现有房地产金融风险分析的主要因素，从金融机构、房地产开发企业及购房者三方面对当前房地产市场的风险状况进行分析，并通过定量的方法估算当前广州房地产市场的投机程度，最后提出相应的防范房地产金融风险的建议。

随着世界金融海啸的进一步加剧，人们对金融业的行业监管也进行很多研究。卢小平（2009）提出中国保险公司等金融机构应该加强对信用风险的管理，建立健全信用风险防范机制。谭砚文、彭素（2009）对金融危机可能给广东农业经济发展带来的危害进行了研究，认为金融危机的演化将会显著降低农民的经济收入，影响土地流转政策的有效尝试，威胁广东农村及整个社会的政治稳定及和谐发展。

另外，对于广东省陶瓷、运输、畜牧、造纸、纺织、玻璃、IT等行业发展中面临的金融风险在各相关类型的期刊中都有比较详细的描述。在众多学者对广东省各行业金融风险状况进行研究的同时，也有学者对一些具有典型性的企业进行了更细化的风险分析。例如，李桂生（2009）通过深入了解金融海啸影响下的广东省江门市外资企业现状，分析了以江门市为代表的珠三角外资企业面临的问题，并提出了帮助江门市政府抗击金融海啸的政策建议。

上述文献为本章的撰写提供了广阔的视野，为本章对于广东省金融风险的理解和描述奠定了坚实的基础。但是，在上述提到的文献中，绝大部分是定性分析，或者是加入简单数据对比的定量分析。本章在宏观金融风险分析的视角下，按照部门类别运用资产负债表方法和或有权益资产负债表方法对广东省金融风险状况进行系统的分析，这在有关广东省金融风险的分析中尚属首次。

## 第2节　广东省部门资产负债表编制及分析

本节针对广东省主要经济部门——金融部门和企业部门编制宏观资产负债表，就其账面价值进行资本结构、货币结构、期限结构的错配分析以及部门清偿力分析等，以此来衡量与广东省宏观经济运行相关的金融风险。

## 一、广东省金融部门资产负债表编制及分析

### （一）金融部门资产负债表编制

截至2008年年末，广东省银行类金融机构营业网点（不含总部）达14 363个，其中国有商业银行分支机构5 860个、农村合作机构5 964个；总部设在辖区内的证券公司、基金公司和期货公司分别为23个、20个和24个；总部设在辖区内的保险公司12个，保险公司分支机构4 817个，金融市场规模持续扩大。以下编制的广东省金融部门2003—2008年资产负债表主要涵盖广东省银行类金融机构，如表13.4。

**表13.4　广东省金融部门资产负债表**　　单位：亿元

| 年份 | 2003 | 2004 | 2005 | 2006 | 2007 | 2008 |
|---|---|---|---|---|---|---|
| **总资产** | 33 847.50 | 37 667.50 | 42 460.00 | 49 812.00 | 60 815.00 | 70 040.00 |
| 贷款余额 | 19 463.92 | 21 955.30 | 23 261.21 | 25 935.19 | 30 617.27 | 33 835.86 |
| 短期贷款 | 9 928.40 | 9 777.20 | 8 883.41 | 9 048.93 | 10 807.49 | 10 602.56 |
| 票据融资 | — | — | 2 174.90 | 2 145.47 | 1 265.65 | 2 298.02 |
| 中长期贷款 | 8 262.40 | 9 873.90 | 11 436.23 | 14 047.54 | 17 623.12 | 20 053.09 |
| 本币贷款 | 17 738.05 | 19 671.50 | 20 880.30 | 23 617.50 | 27 497.90 | 31 044.90 |
| 外币贷款 | 1 725.87 | 2 283.80 | 2 380.91 | 2 317.69 | 3 119.37 | 2 790.96 |
| **总负债和权益** | 33 847.50 | 37 667.50 | 42 460.00 | 49 812.00 | 60 815.00 | 70 040.00 |
| 存款余额 | 29 636.36 | 33 252.00 | 38 119.91 | 43 262.20 | 48 955.02 | 56 119.26 |
| 企业存款 | 9 684.01 | 10 710.92 | 12 042.66 | 13 598.39 | 16 672.23 | 18 713.72 |
| 居民储蓄 | 15 590.68 | 17 631.07 | 20 267.76 | 22 677.19 | 23 013.34 | 28 181.18 |
| 活期存款 | 6 763.71 | 7 974.72 | 9 161.67 | 10 777.33 | 11 871.68 | 13 129.42 |
| 定期存款 | 8 826.97 | 9 656.35 | 11 106.09 | 11 899.86 | 11 141.66 | 15 051.76 |
| 本币存款 | 27 245.90 | 30 869.60 | 35 908.11 | 41 146.60 | 47 016.50 | 54 309.60 |
| 外币存款 | 2 390.46 | 2 382.40 | 2 211.80 | 2 115.60 | 1 938.52 | 1 809.66 |

注：广东省金融部门资产负债表涵盖银行类金融机构资产负债表，数据来源于《中国统计年鉴》、《广东省统计年鉴》、《广东省金融运行报告》等，具体如下：

① 总资产、总负债和权益数据从2004—2008年《广东省金融运行报告》获得，2003年数据根据2004年的增长率推算出。

② 贷款余额、短期贷款、票据融资、中长期贷款数据从2004—2008年《广东省统计年鉴》获得，本币贷款和外币贷款数据从2004—2008年《广东省金融运行报告》中附表获得，2003年数据根据2004年的增长率推算出。

③ 存款余额、企业存款、居民储蓄、活期存款和定期存款数据从2004—2008年《广东省统计年鉴》获得，本币存款和外币存款数据从2004—2008年《广东省金融运行报告》中附表获得，2003年数据根据2004年的增长率推算出。

## （二）金融部门资产负债表分析

1. 资本结构错配分析

如图 13.2，广东省金融部门资产规模在 2003—2008 年间平稳增加，从资产构成看，截至 2008 年年底，资产总额达 70 040 亿元，同比增长 15.17%，各项贷款余额 2003—2008 年占总资产的比重逐年下降。广东省 2003 年至 2008 年各项存款余额高于贷款余额，说明资金来源稳定。2003—2008 年广东省金融部门存贷比总体呈下降趋势，从 2003 年的 65.68% 降至 2008 年的 60.29%，低于我国央行规定的商业银行最高存贷比 75%，较低的存贷比在增加金融部门抗风险能力的同时，也抑制了金融部门的盈利。

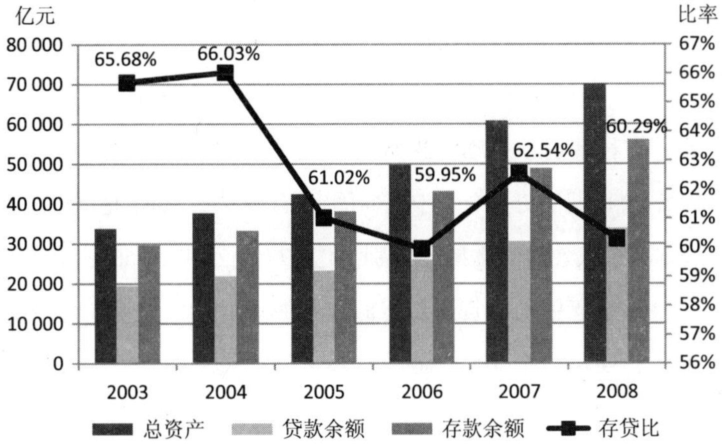


图 13.2　广东省金融部门资本结构

广东省金融部门总资产持续扩大，从 2003 年的 33 847.5 亿元增长至 2008 年的 70 040 亿元，如图 13.3，总资产增长率在 2007 年达到最高。2008 年，面对国际金融危机，

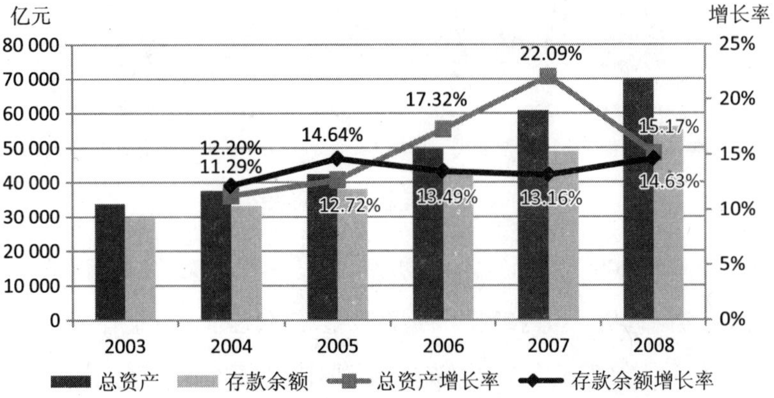


图 13.3　广东省金融部门总资产、存款余额及其增长率

广东省银行类金融机构资产规模和质量进一步提高，全年金融机构资产总额比上年增长15.2%，不良贷款率比年初下降3.6个百分点。金融机构资金来源充裕，但受经济回调影响，盈利有所下降。

银行类金融机构的负债主要由存款构成，这里用存款余额代替负债与总资产进行比较，分析金融部门的资本结构变化情况。如图13.3，广东省金融部门总资产和存款余额均呈持续扩大趋势，但2003—2008年间，总资产的增长总体快于存款余额的增长，特别是2006年和2007年总资产增长显著高于存款余额增长，资本结构错配风险和清偿力风险相应降低。可见随着市场化程度的提高，金融部门的融资渠道多元化和盈利能力的改善，广东省金融部门的资本结构问题和清偿力问题得到了缓解。

2. 期限错配分析

如图13.4，广东省金融部门的各项贷款余额中，中长期贷款的比重超过一半，说明贷款增长主要由中长期贷款拉动。2008年广东省中长期贷款对贷款增长的贡献率达64.2%，从投向看，中长期信贷资金集中流向固定资产投资，而房地产信贷供需萎缩，全年房地产开发贷款和个人住房贷款同比分别少增477亿元和1 266亿元。2008年中长期贷款增速为13.79%，全年中长期贷款新增额占各项贷款的比重为59.27%，同比上升了1.7个百分点，贷款长期化趋势有所加强。

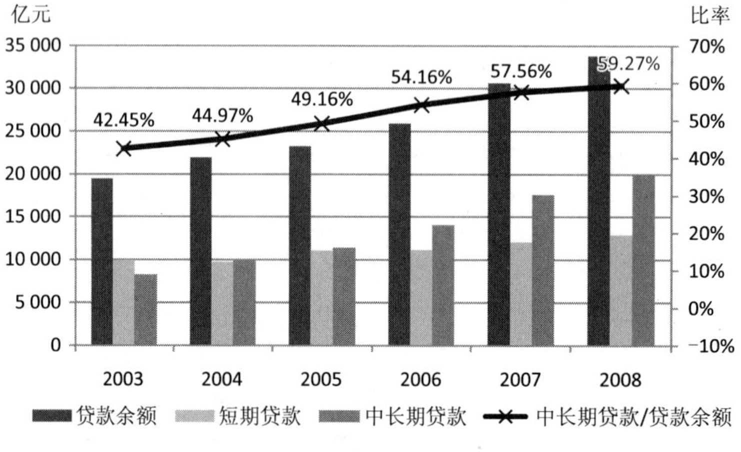


图13.4　广东省金融部门贷款结构

如图13.5，2003—2005年，定期存款的比重超过一半，2006年以后下降到一半以内。2008年，在国际金融危机及国内经济下行背景下，广东省企业资金有所收紧，企业存款同比少增1 130亿元，储蓄存款大幅回流，增幅同比提高20.6个百分点，新增人民币储蓄存款中定期存款占到75.1%。目前来看，广东省期限错配风险还不明显，但是银行的资金运用开始偏向中长期贷款，这在一定程度上加大了潜在的期限错配风险。

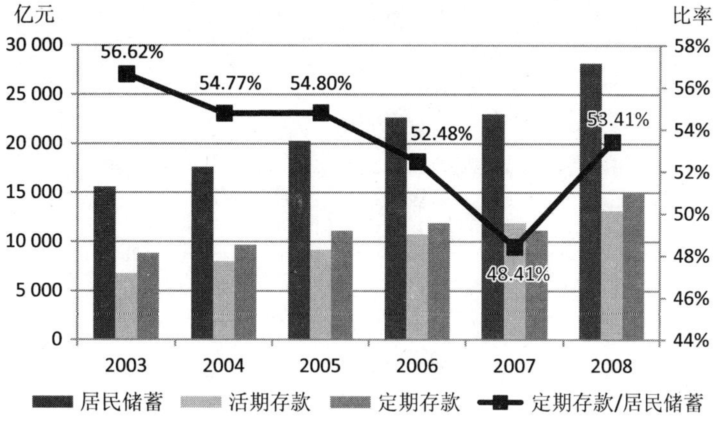


图 13.5 广东省金融部门存款结构

3. 货币错配分析

如图 13.6 和图 13.7，从广东省金融部门币种结构看，2003—2008 年外币存贷比持续上升，从 2003 年的 72.2% 上升至 2008 年的 154.23%，货币错配风险加大。广东省外币存款率和外币贷款率均呈下降趋势，且前者下降更快。2003—2008 年间，外币贷款占贷款余额的比率从 10.4% 持续下降至 8.25%；而外币存款占存款余额的比率从 8.07% 降至 3.22%。

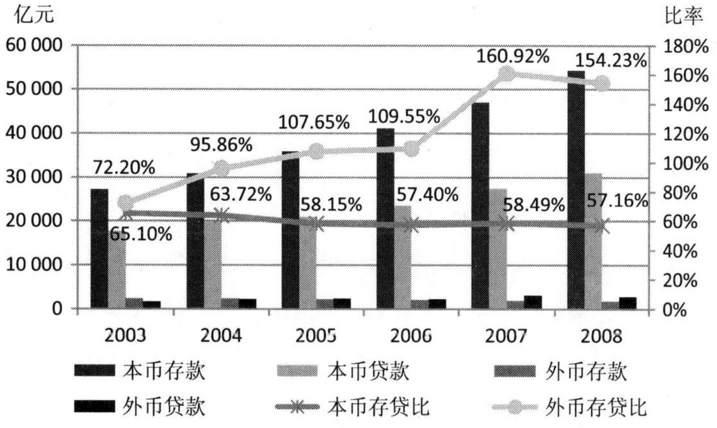


图 13.6 广东省金融部门币种结构

2004 年到 2008 年外币资产呈上升趋势，外币负债不断下降，两者差距逐渐加大，尤其是 2007 年外币资产增幅明显。广东省外币存贷比持续增加，从 2003 年的 72.2% 增加至 2008 年的 154.23%。与本币资金充裕相反，外汇流动性明显不足，以此看来，金融部门货币错配风险较高，而且 2008 年进一步加剧，金融部门的外币资产和外币负债难以匹配。

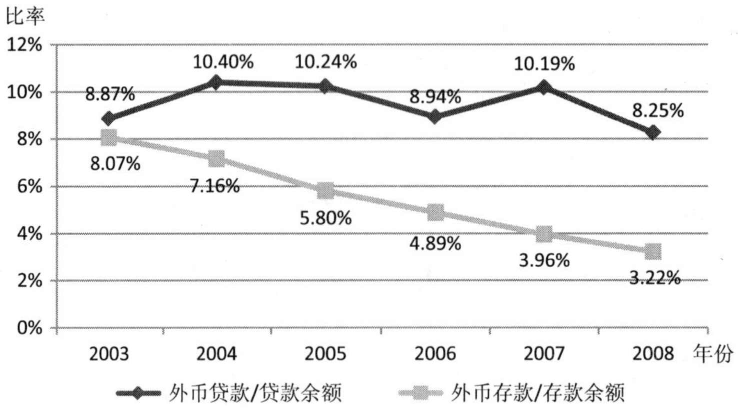


图 13.7　广东省金融部门外币存款占比和外币贷款占比

## 二、广东省企业部门资产负债表编制及分析

### （一）企业部门资产负债表编制

根据中国国家统计局的最新统计数据，将广东省四个主要行业，即工业、餐饮业、批发零售业和建筑业的各项数据加总，整理得到广东省企业部门 1998 年到 2008 年 11 年间的资产负债表，如表 13.5。

### （二）企业部门资产负债表分析

广东省企业部门总资产负债规模持续扩大，截至 2008 年年末，企业部门总资产和总负债分别达到 57 216.19 亿元和 34 365.6 亿元；按四大行业资产在广东省企业部门总资产中所占份额看，工业企业的资产占比最高，达到了 79.96%；批发零售业次之，资产占比为 13.06%，如图 13.8。珠三角区域以制造业为主，制造业产值在我国占有较大比重，所以广东省企业部门总资产构成中工业占据绝对的比重。因此，广东省企业部门的风险可能主要集中在工业企业，尤其是制造业行业。以下结合广东省实际经济状况，对广东省企业部门宏观金融风险做进一步分析。

1. 资本结构分析

如图 13.9，1998 年到 2008 年，广东省企业部门资产、负债和所有者权益都在逐年上升，总资产从 1998 年的 15 998.44 亿元增加到 2008 年的 57 216.19 亿元，总负债由 10 475.39 亿元增加至 34 365.6 亿元。2004—2005 年其资产负债率略有上升，由于 2004 年广东省政府开始加强对中小企业融资的信用担保体系建设，一系列的扶持和规范政策使得企业更倾向于债务融资，而且 2004 年所有者权益增长缓慢，这些导致广东省企业部

**表 13.5　广东省企业部门资产负债表**　　单位：亿元

| 年份 | 总资产 | 流动资产 | 长期资产 | 总负债 | 流动负债 | 长期负债 | 所有者权益 |
|---|---|---|---|---|---|---|---|
| 1998 | 15 998.44 | 8 156.66 | 7 841.77 | 10 475.39 | 8 235.73 | 2 239.66 | 5 523.05 |
| 1999 | 16 770.58 | 8 653.27 | 8 117.31 | 10 502.36 | 8 380.73 | 2 121.63 | 6 268.21 |
| 2000 | 17 907.87 | 9 396.42 | 8 511.45 | 10 975.32 | 8 934.50 | 2 040.82 | 6 932.55 |
| 2001 | 18 993.52 | 10 112.61 | 8 880.91 | 11 362.66 | 9 295.90 | 2 066.77 | 7 630.85 |
| 2002 | 21 174.01 | 11 539.98 | 9 634.03 | 12 525.40 | 10 402.31 | 2 123.09 | 8 648.61 |
| 2003 | 24 113.46 | 13 488.92 | 10 624.54 | 14 345.06 | 11 866.82 | 2 478.24 | 9 768.40 |
| 2004 | 27 808.97 | 15 594.43 | 12 214.54 | 16 897.14 | 14 793.08 | 2 104.07 | 10 911.82 |
| 2005 | 34 110.80 | 20 222.28 | 13 888.52 | 20 584.96 | 17 756.60 | 2 828.36 | 13 525.85 |
| 2006 | 41 657.71 | 23 992.51 | 17 665.20 | 24 627.97 | 20 720.43 | 3 907.54 | 17 029.74 |
| 2007 | 48 847.94 | 28 963.57 | 19 884.37 | 28 985.53 | 24 544.20 | 4 441.33 | 19 862.41 |
| 2008 | 57 216.19 | 33 619.41 | 23 596.77 | 34 365.60 | 28 974.13 | 5 391.47 | 22 850.59 |

注：本表数据来源于 1998—2008 年《中国统计年鉴》和《广东省统计年鉴》，具体如下：

① 工业行业数据来源于《中国统计年鉴》——各地区规模以上工业企业主要指标统计表；建筑业资产、流动资产数据来源于《中国统计年鉴》——各地区建筑业企业资产统计表，负债、流动负债数据来源于《中国统计年鉴》——各地区建筑业企业负债及所有者权益统计表；批发零售业数据来源于各地区限额以上批发和零售业资产及负债统计表；餐饮业数据来源于各地区限额以上餐饮业资产及负债统计表。

② 对工业企业、建筑业企业、批发零售业、餐饮业部分缺失数据进行估算处理。相对建筑业、批发零售业及餐饮业，工业企业的资产负债在企业部门总的资产负债中占比最高，统计数据基本无缺失；餐饮业、批发零售及建筑业在总体中占比较低，统计数据存在个别缺失情况，对于缺失数据进行估算补齐后产生的偏差对总体分析影响不大。

③ 全部国有及规模以上非国有工业企业 2004 年流动负债数据缺失，以 2003 年流动负债的年增长率进行替代，估算出 2004 年的流动负债，并进一步计算出长期负债；建筑业企业 2004 年统计数据中资产负债数据缺失，均以 2003 年各指标的年增长率替代，估算出 2004 年的资产负债、流动资产和流动负债，并进一步计算出长期资产、负债；限额以上餐饮企业、限额以上批发零售业 2002—2007 年流动负债数据缺失，以前三年的流动负债 / 总负债的均值作为当年的比例，结合总负债得到流动负债缺失数据的合理替代值，并进一步计算出长期负债。

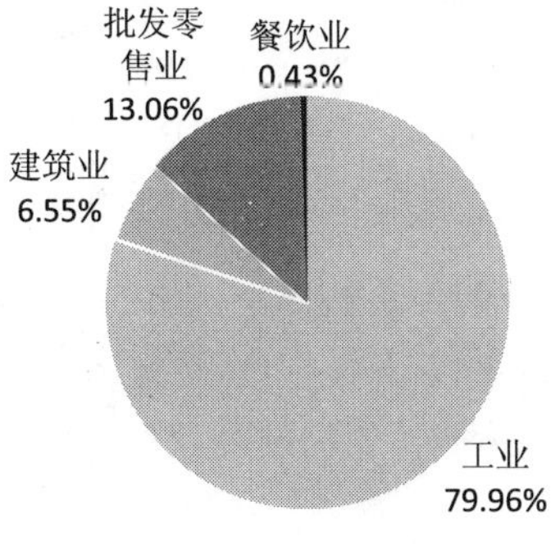


图 13.8　广东省 2008 年四大行业资产占企业部门总资产的比重

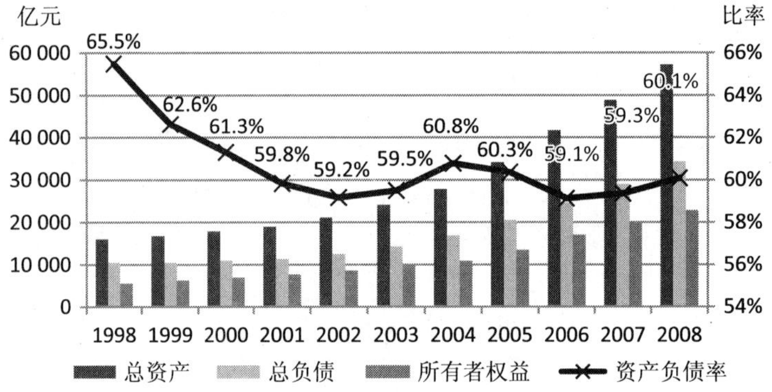


图 13.9 广东省企业部门资本结构

门资产负债率在 2004 年上升至 60.8%，并在此后处于 60% 左右的水平，资产负债率较高，企业部门存在潜在的资本结构风险。

2. 期限错配分析

从广东省企业部门资产负债的期限结构看，如图 13.10，流动负债占总负债的比重总体高于流动资产占总资产的比重。其中，1998—2004 年间，企业部门流动负债占总负债比重总体呈现上升趋势，2006 年有一定下降，流动负债占比缩小至 84.1%，2006 年以来变化不大；相比而言，企业部门流动资产占比长期低于 60%，但 1998 年—2008 年间持续上升，从 1998 年的 51% 上升至 2008 年的 58.8%。从数额看，11 年间除 1998 年外流动资产均高于流动负债，出现流动负债支付不足的可能性较小。同时，从流动比率看，如图 13.11，2007 年企业部门期限错配问题有较大降低，流动资产达到流动负债的 1.18 倍，

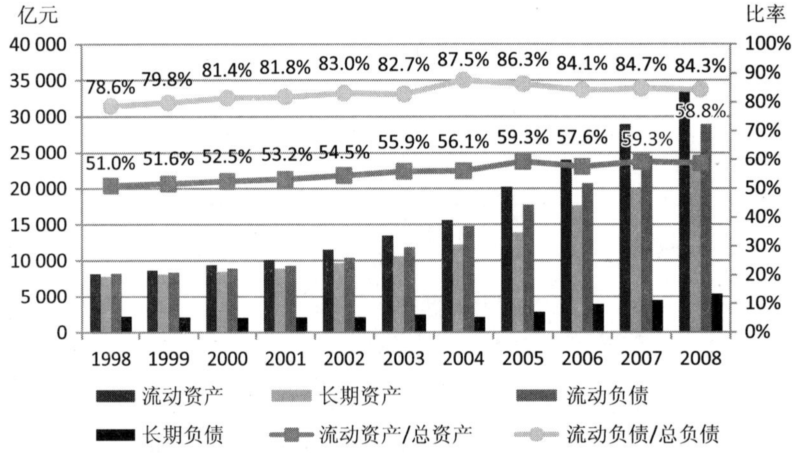


图 13.10 广东省企业部门流动资产和流动负债

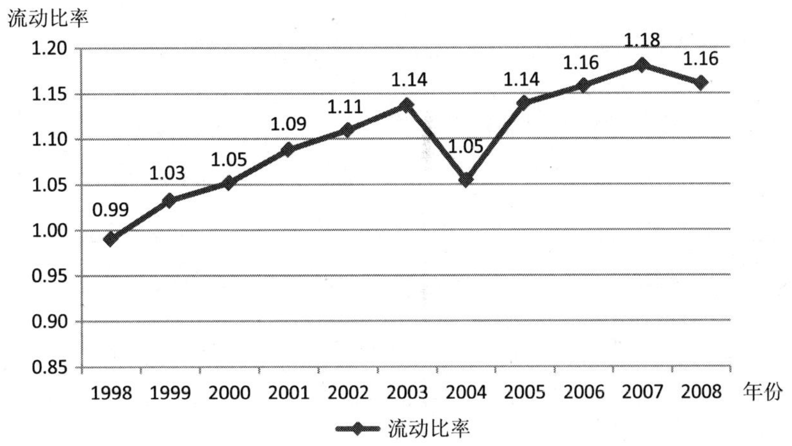


图 13.11　广东省企业部门流动比率

可见企业部门期限错配风险也在逐步降低，但 2008 年有所下降。

3. 清偿力风险分析

广东省企业部门的产权比率在 1998—2002 年间总体呈下降趋势，2002 年达到最低点。2004 年和 2005 年有所上升，2008 年为 1.5，企业部门的清偿力有所下降，如图 13.12。在国际金融危机的影响下，权益增长缓慢，企业发展很大程度上依赖于债务融资，债权人权益保障程度降低。

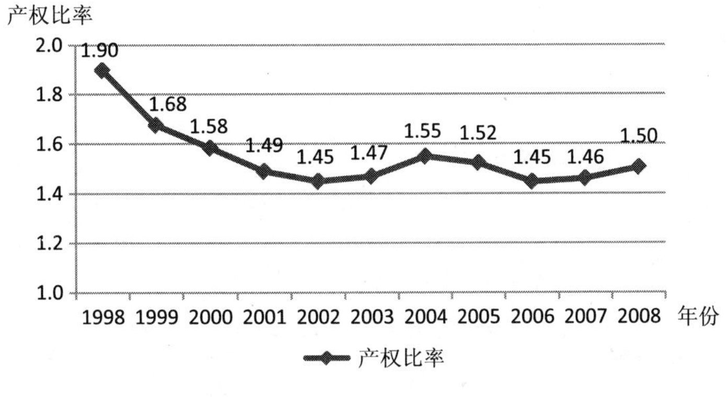


图 13.12　广东省企业部门产权比率

## 第 3 节　广东省或有权益资产负债表编制及分析

本节采用或有权益资产负债表的方法进行金融部门和企业部门或有权益资产负债表的编制和分析。

## 一、广东省上市企业部门或有权益资产负债表编制及分析

广东省上市企业部门或有权益资产负债表输入数据中的权益市值和权益市值波动率根据股票交易软件广东省板块中的数据得到，股票价格采用前复权的方法后，每个企业（不包括金融企业）的权益市值可通过股票价格乘以现有股本数得到，加总处理后可得广东省上市企业部门日权益市值，进一步计算可得企业部门的年权益市值波动率；输入参数中的权益市值采用年末数据；上市企业部门的违约点通过短期债务加一半的长期债务获得。具体可得 2001—2009 年广东省上市企业部门或有权益资产负债表的输入参数，如表 13.6。

**表 13.6　广东省上市企业部门或有权益资产负债表输入数据**

| 年份 | 权益市值（亿元） | 违约点（亿元） | 权益市值波动率 | 无风险利率 |
|---|---|---|---|---|
| 2001 | 2 559.76 | 114.79 | 25.42% | 2.25% |
| 2002 | 2 118.68 | 180.89 | 30.69% | 2.02% |
| 2003 | 1 881.82 | 203.43 | 20.08% | 1.98% |
| 2004 | 2 148.67 | 666.82 | 25.40% | 2.03% |
| 2005 | 2 115.44 | 822.74 | 25.24% | 2.25% |
| 2006 | 4 544.39 | 1 020.11 | 25.01% | 2.35% |
| 2007 | 15 769.95 | 1 494.23 | 37.18% | 3.26% |
| 2008 | 7 328.62 | 1 636.59 | 51.01% | 3.92% |
| 2009 | 23 349.14 | 2 058.08 | 35.61% | 2.25% |

注：权益市值和权益市值波动率数据来源于招商银行股票交易软件，无风险利率数据来源于中国人民银行，违约点数据来源于国泰君安数据库上市企业财务数据统计表。

### （一）或有权益资产负债表分析

根据广东省上市企业部门或有权益资产负债表的输入数据，通过 MATLAB 编程处理得到广东省上市企业部门或有权益资产负债表，如表 13.7。

**表 13.7　广东省上市企业部门或有权益资产负债表**　　单位：亿元

| 年份 | 资产市值 | 债务市值 | 权益市值 | 年份 | 资产市值 | 债务市值 | 权益市值 |
|---|---|---|---|---|---|---|---|
| 2001 | 2 671.75 | 111.99 | 2 559.76 | 2006 | 5 540.75 | 996.36 | 4 544.39 |
| 2002 | 2 296.12 | 177.44 | 2 118.68 | 2007 | 17 216.79 | 1 446.84 | 15 769.95 |
| 2003 | 2 081.29 | 199.47 | 1 881.82 | 2008 | 8 902.44 | 1 573.82 | 7 328.62 |
| 2004 | 2 801.87 | 653.20 | 2 148.67 | 2009 | 25 363.00 | 2 013.86 | 23 349.14 |
| 2005 | 2 919.84 | 804.40 | 2 115.44 | | | | |

如图 13.13，广东省上市企业部门资产市值在 2005 年之前变化不大，均在 3 000 亿元左右，2006 年、2007 年由于股市行情转好，资产市值大幅增加，2007 年达到最大

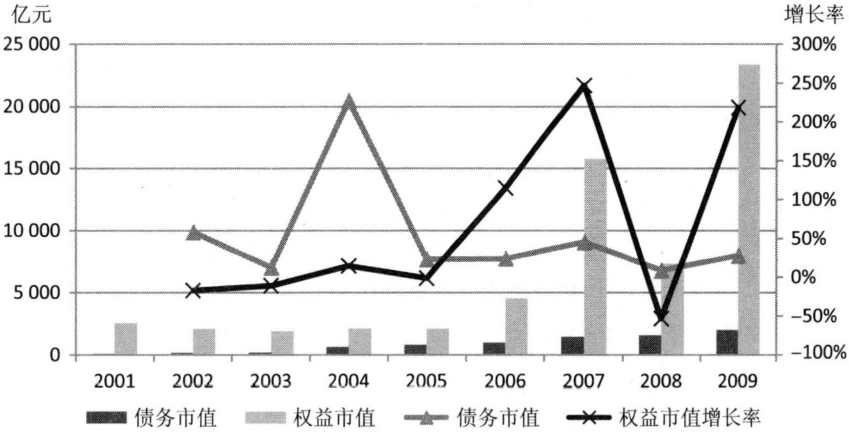


图 13.13　广东省上市企业部门债务市值和权益市值

值 17 216.79 亿元；债务市值和权益市值也在 2007 年达到顶峰，分别为 1 446.84 亿元和 15 769.95 亿元。2008 年金融危机的爆发使得市值大幅缩水，资产市值下降 48.29%，权益市值下降 53.53%。2009 年，随着国家宏观调控的逐步实施，广东省上市企业资产市值和权益市值相对 2008 年大幅增加，增长幅度分别达到 184.9% 和 218.6%。

从图 13.14 可以看出，广东省权益市值增长率在 2002 年到 2005 年一直都比较平缓，2006 年和 2007 年有较大幅度的增加，增长率分别达到 114.82% 和 247.02%，受金融危机的影响，广东省上市企业部门权益市值在 2008 年大幅下降，下降幅度达到 53.53%，2009 年增长 218.60%。与上证指数的变化相比较，可以反映广东省权益市值受大盘影响的程度，2002 年、2003 年和 2005 年广东省权益市值变化趋势跟大盘情况一致，2004 年

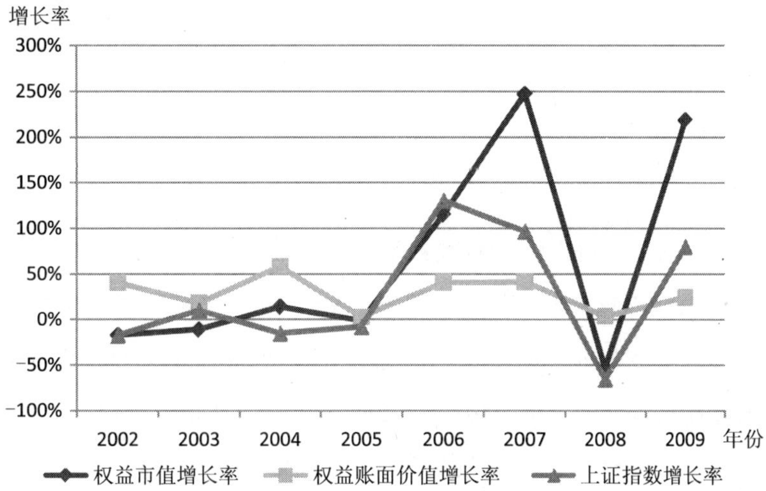


图 13.14　广东省上市企业部门权益市值、上证指数、权益账面价值增长率

由于广东省新上市公司达到10家，导致权益市值在大盘下跌15.4%的背景下还能保持14.18%的增长；从2006年和2007年的情况看，广东省上市公司权益市值增长率明显快于上证指数增长率，从一个侧面反映了广东的企业在全国来说具有竞争力，应该进一步加大扶持龙头、名牌、质优、新型的行业领头羊。2008年广东省上市公司权益市值下降幅度比大盘少12%，而权益账面价值增长了3.74%，说明广东省上市公司具有一定的抗风险能力，在金融危机的背景下还能保持一定的增长。

从图13.15可以看到，2001年到2007年广东省上市企业部门资产账面价值和市值都在增长。其中，资产市值在2001年到2005年小幅缓慢增长，2006年和2007年两年间突然出现了飞跃。2006—2007年市值的高速增长与那两年股票市场的过度繁荣是分不开的，尤其是2007年，投资过热，热钱涌入，部分投资者失去理智，导致市场价值远远脱离账面价值。总之，广东省企业部门的资产市值一直都高于账面价值，一方面显示出其资产质量被市场认同，投资者信心稳定，另一方面也表现出市场过热，市场价值可能偏高，有潜在的泡沫风险。

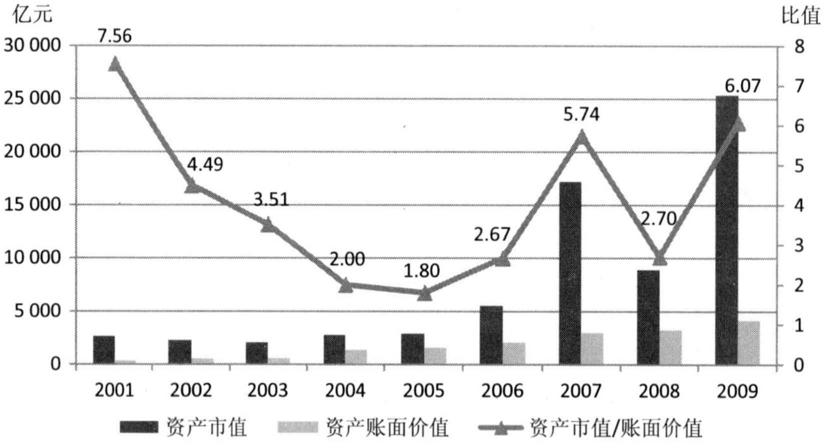


图13.15　广东省上市企业部门资产账面价值和市值

广东省或有资产负债率波动较大，最高是2005年达27.55%，最小为2001年的4.19%，如图13.16。面对广东省企业部门资产结构存在的问题，需进一步优化企业部门资本结构，减少市场变化带来的风险，引导企业部门和金融部门可持续发展。

从图13.17中可以看出，从2001年到2006年，资产市值一直远远大于违约点，但是两者之间的倍数关系有所降低，特别是在2005年，资产市值已经降为违约点的3.55倍，这说明违约点相对于资产市值来说越来越高，可作为缓冲风险的区域相对越来越狭窄。

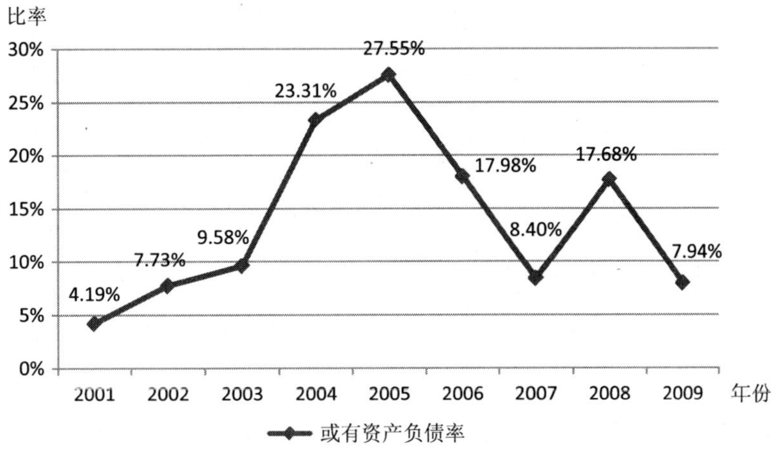


图 13.16 广东省上市企业部门或有资产负债率

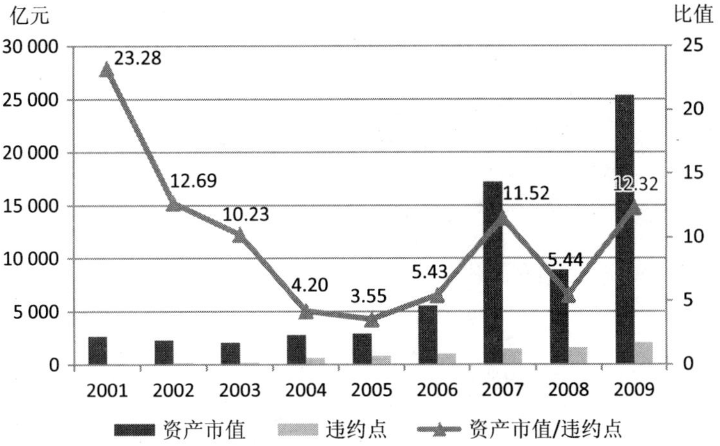


图 13.17 广东省上市企业部门资产市值和违约点比较

可以看出，广东的上市企业部门的风险状况在 2005 年达到最差，在 2006 年和 2007 年有显著的改善。但同时也发现，2007 年资本市场大幅上涨的行情，对广东省上市企业的资产市值名义值影响较大，原因是市场对中国整体经济抱有好的预期而对整体企业部门的发展看好，市场价值提高，企业融资通道拓宽，通过资本市场直接融资规模扩大，违约风险降低。广东应该在资本市场快速发展的契机下，加大对企业本身质量的改善，并支持更多的企业上市融资。

**（二）风险表分析**

根据风险指标的求解模型，输入各已知变量，运用 MATLAB 求解，得出广东省上市企业部门的风险指标，所编制的风险表如表 13.8。

表 13.8　广东省上市企业部门风险表

| 年份 | 资产市值波动率 | 违约概率 | 违约距离 | 年份 | 资产市值波动率 | 违约概率 | 违约距离 |
|---|---|---|---|---|---|---|---|
| 2001 | 24.35% | 0 | 3.930 163 | 2006 | 20.51% | 0 | 3.978 362 |
| 2002 | 28.31% | 0 | 3.253 982 | 2007 | 34.06% | 0 | 2.681 434 |
| 2003 | 18.15% | 0 | 4.969 652 | 2008 | 42.00% | 0 | 1.943 455 |
| 2004 | 19.47% | 0 | 3.912 889 | 2009Q3 | 32.88% | 0 | 2.803 254 |
| 2005 | 20.46% | 0 | 3.510 370 | | | | |

广东省上市企业部门资产市值波动率在2006年之前相对平稳，2007年和2008年波动率均处于相对较高的水平，如图13.18。除2002年以外，广东省上市企业部门波动率在2001年到2005均比较稳定地保持在较低点，而在2006—2007年里突然放大，其原因可能与2006年年底至2007年年底股市行情大幅波动有关，股票市值波动加大。

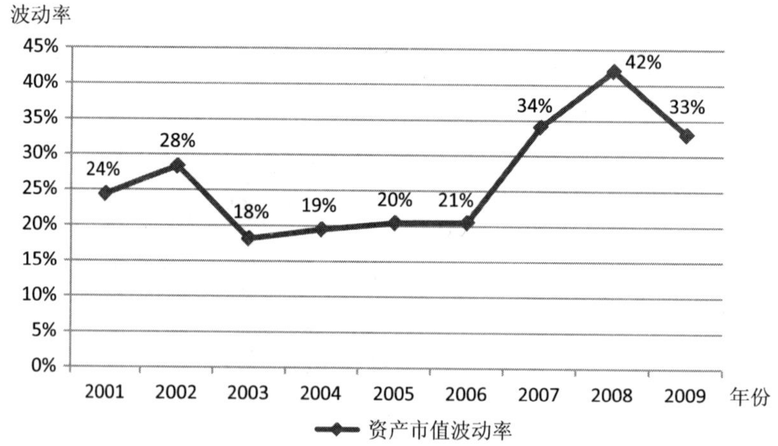


图 13.18　广东省上市企业部门资产市值波动率

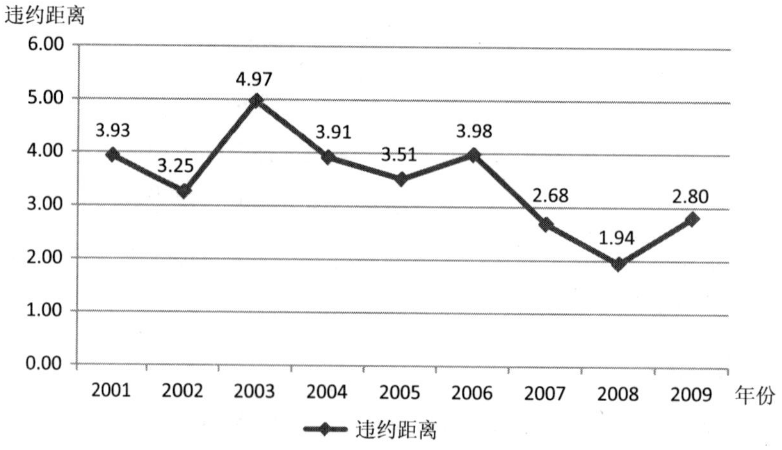


图 13.19　广东省上市企业部门违约距离

如图 13.19，广东省上市企业部门违约距离在 2003—2005 年间变化不大，2006 年略有上升，2007 年和 2008 年明显下降。违约距离的最低点，表明 2008 年是样本区间内上市企业部门违约风险最高的年份。

## 二、广东省企业部门或有权益资产负债表编制及分析

根据处理企业部门整体或有权益相关数据的方法，整理相关数据如表 13.9。

**表 13.9　广东省企业部门或有权益资产负债表输入数据**

| 年份 | 权益市值（亿元） | 违约点（亿元） | 权益市值波动率 | 无风险利率 |
|---|---|---|---|---|
| 2001 | 87 849.02 | 10 329.29 | 25.42% | 2.25% |
| 2002 | 58 655.60 | 11 463.86 | 30.68% | 2.02% |
| 2003 | 49 725.39 | 13 105.94 | 20.08% | 1.98% |
| 2004 | 40 061.15 | 15 845.12 | 25.40% | 2.03% |
| 2005 | 47 475.76 | 19 170.78 | 25.24% | 2.25% |
| 2006 | 91 293.45 | 22 674.20 | 25.01% | 2.35% |
| 2007 | 261 399.40 | 26 764.87 | 37.18% | 3.26% |
| 2008 | 134 708.70 | 31 669.87 | 51.01% | 3.92% |

注：权益市值根据表 13.5 和表 13.6 得出，权益市值波动率采用表 13.6 中的波动率，来源于招商银行股票交易软件，无风险利率来源于中国人民银行，违约点来源于根据表 13.5 得到。

### （一）或有权益资产负债表分析

通过 MATLAB 编程处理得到广东省企业部门或有权益资产负债表，如表 13.10。

**表 13.10　广东省企业部门或有权益资产负债表**　　单位：亿元

| 年份 | 资产市值 | 债务市值 | 权益市值 | 年份 | 资产市值 | 债务市值 | 权益市值 |
|---|---|---|---|---|---|---|---|
| 2001 | 97 951.64 | 10 102.62 | 87 849.02 | 2005 | 66 216.87 | 18 741.11 | 47 475.76 |
| 2002 | 69 888.15 | 11 232.55 | 58 655.60 | 2006 | 113 432.05 | 22 138.60 | 91 293.45 |
| 2003 | 62 579.42 | 12 854.03 | 49 725.39 | 2007 | 287 538.93 | 26 139.53 | 261 399.40 |
| 2004 | 55 584.78 | 15 523.63 | 40 061.15 | 2008 | 165 018.56 | 30 309.86 | 134 708.70 |

如图 13.20，广东省企业部门资产市值从 2001 年到 2005 年都保持在稳定的水平上。广东省企业部门的权益市值在 2001 年到 2005 年也比较稳定。在 2006 年，广东省的权益市值有了爆发性的上扬，如图 13.21。出现此现象显然是与 2006 年和 2007 年的证券市场行情相关，上证综指在 2005 年到达 998 点的低点后转头向上，到 2006 年年末的 2 675 点，增长约 1.6 倍。

从广东省企业部门债务市值的情况看，债务市值在 2001—2006 年期间一直保持绝对数量的增长。而对比广东省债务市值和权益市值的增长率，发现债务市值在

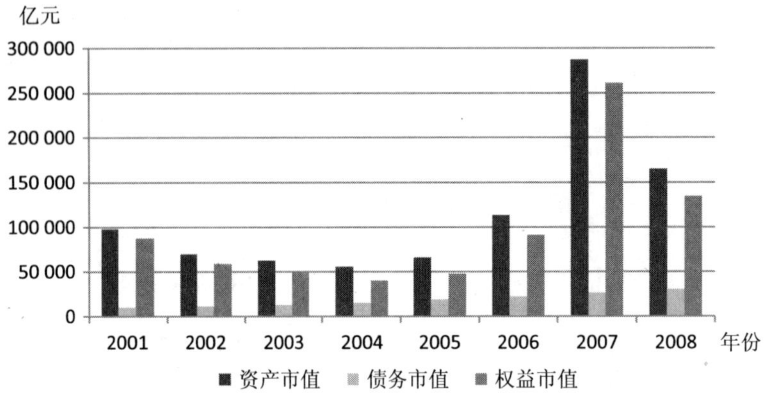


图 13.20　广东省企业部门或有权益资本结构

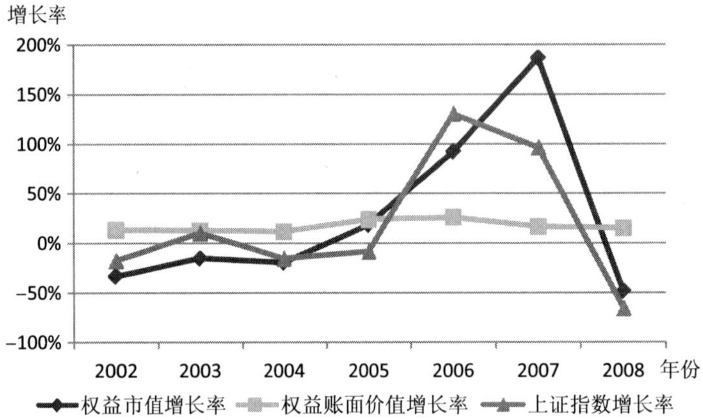


图 13.21　广东省企业部门权益市值与账面价值

2006 年的增长慢于权益市值增长，改变了 2006 年以前债务市值大于权益市值增长的状况。债务市值增长低于权益市值的增长，显示了广东省企业部门应对风险的能力有所改善。

如图 13.22，广东省企业部门或有资产负债率波动较大，2005 年高达 28.30%，2007 年低至 9.09%。并且，2008 年的该指标值也仅为 18.37%。

从图 13.23 可以看出，从 2001 年到 2007 年，资产市值一直远远大于违约点。资产市值和违约点之间的倍数关系有所降低，特别是在 2005 年，资产市值已经降为违约点的 3.45 倍，说明违约点相对于资产市值来说越来越高，可作为缓冲风险的区域相对越来越狭窄。

**（二）风险表分析**

根据风险指标的求解模型，输入各已知变量，运用 MATLAB 求解得出广东省企业部

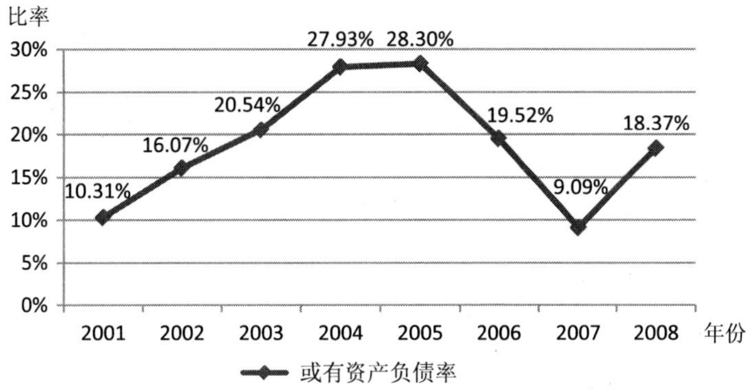


图 13.22　广东省企业部门或有资产负债率

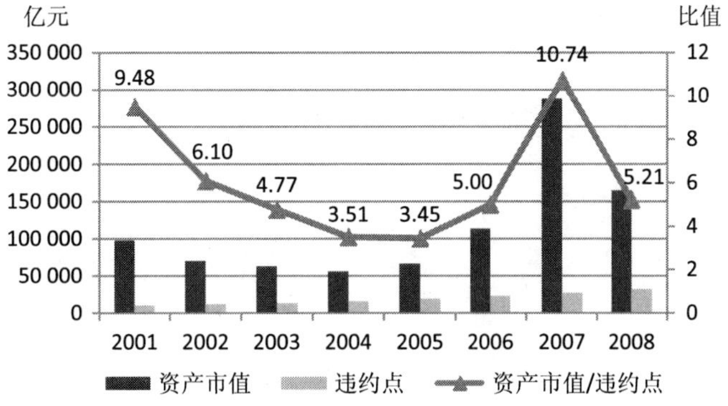


图 13.23　广东省企业部门资产市值和违约点比较



门的风险指标，所编制的风险表如表 13.11。

**表 13.11　广东省企业部门风险表**

| 年份 | 资产市值波动率 | 违约概率 | 违约距离 | 年份 | 资产市值波动率 | 违约概率 | 违约距离 |
|---|---|---|---|---|---|---|---|
| 2001 | 22.80% | 0 | 3.924 07 | 2005 | 20.25% | 0 | 3.509 09 |
| 2002 | 25.75% | 0 | 3.246 61 | 2006 | 20.12% | 0 | 3.975 94 |
| 2003 | 15.96% | 0 | 4.954 73 | 2007 | 33.81% | 0 | 2.682 03 |
| 2004 | 18.30% | 0 | 3.906 21 | 2008 | 41.63% | 0 | 1.941 29 |

如图 13.24，广东省上市企业部门的资产市值波动率在 2001—2006 年变化较小，而 2006 年以后该指标值一路上升，至 2008 年时达到 41.63%。

如图 13.25，广东省上市企业部门 2001 年违约距离为 3.92，2002 年下降，2003 年上升至最高点 4.95，之后持续下降，至 2008 年达到最低点 1.94。由此看来，2003 年风险最小，而 2008 年风险最高。综合第二节对企业部门资产负债账面价值的分析，可见 2008 年资本结构错配风险和清偿力风险增加的同时，随着市场公允价值下降，企业部门违约风险凸显。

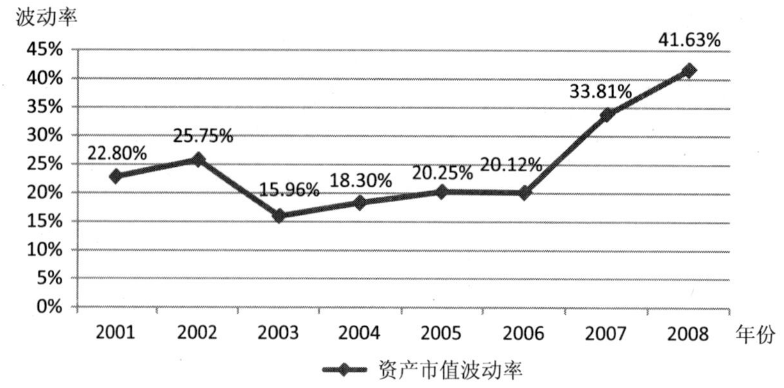


图 13.24　广东省企业部门资产市值波动率

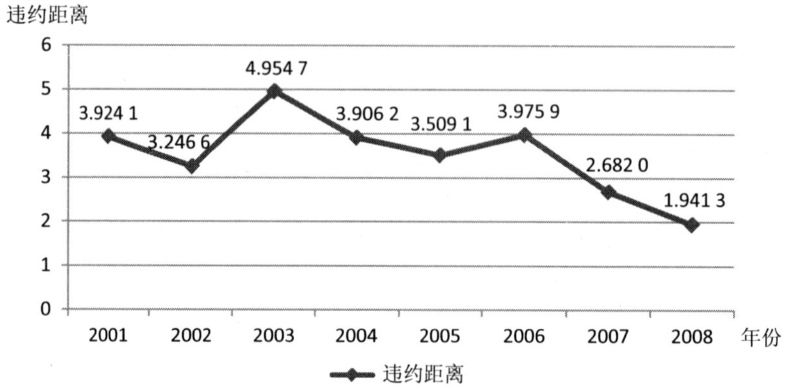


图 13.25　广东省企业部门违约距离

## 第 4 节　结论及政策建议

本章运用资产负债表和或有权益资产负债表方法对广东省的宏观金融风险进行了分析，以求了解广东省应对金融危机的能力，为进一步改善广东省金融环境提供合理的政策建议。

首先通过传统的资产负债表来识别广东省金融部门和企业部门的风险。广东省金融部门资本结构风险不明显但金融部门外汇流动性明显不足，货币错配风险较高，而且 2008 年进一步加剧，金融部门的外币资产和外币负债难以匹配。同时企业部门分析表明对债务融资仍有较高的依赖性，1998—2008 年资产负债率始终高于 59%，2004 年资产负债率减小至 60.3%，资本结构问题有所改善，但 2005 年以来呈持续上升态势，资本结构错配风险继续扩大；企业的流动资产占比、流动负债占比以及流动比率表明企业部门资产负债错配风险在逐步改善；同时，企业部门产权比率长期处于 1.4 以上，具有一定的清偿力风险。

其次，通过编制或有权益资产负债表，比较上市企业部门和企业部门两个部门的资产市场价值和账面价值，以此来分析资产被市场认可的程度和存在的泡沫风险隐患。广东省企业部门资产市值在 2001—2005 年间呈波动性上涨，2006 年资产市值和权益市值大幅升水，2007 年两者增速进一步加大，2008 年国内资本市场受到国际金融危机严重影响，企业部门权益市值和资产市值缩水率达到 48.29% 和 53.53%，市场公允价值下降，企业部门市场风险凸显。对违约距离的分析表明 2003 年广东省企业部门总体风险最小，2008 年风险最高，违约概率也达到历史最高，企业部门受国际金融危机影响明显。

基于上述分析，我们认为控制广东省各部门风险，应着重解决以下几方面的问题：

（1）深化珠三角区域的金融合作，构建一体化金融体系。珠三角区域在后金融危机时代面临产业结构转型、升级等问题，传统的加工制造产业为我国的经济发展做出了卓越的贡献，但如今已面临较大的发展瓶颈，在国际产业链的竞争中处于相对弱势的地位，珠三角区域既要继续发展传统产业，同时也要在此基础上进行产业链整合，并发展新兴产业。金融作为其重要的支持服务业，应打破地区限制，构建珠三角一体化金融体系，为珠三角区域的产业升级提供更大的支持。

（2）加大中小企业融资扶持力度，解决中小企业融资难的问题。广东省经济外向程度较高，其中中小企业占据较大的市场份额，而一直以来中小企业融资面临较大的问题。中小企业由于融资困难，得不到相应的资金支持，发展受到制约。中国银行广东分行、深圳发展银行等在中小企业融资问题上已经迈出了一步，但对于中小企业的资金支持还远远不够，广东省应继续通过政策扶持、金融创新等手段加大中小企业融资支持力度，促进其快速发展。

# 第14章　广西壮族自治区宏观金融风险研究

广西全称为广西壮族自治区，其省会南宁是东盟十国和中国合作的重要地点。广西壮族自治区地处祖国南疆，是西南地区最便捷的出海通道，也是中国西部资源型经济与东南开放型经济的结合部，在中国与东南亚的经济交往中占有重要地位。本章分别从资产负债表和或有权益两个方面来研究广西主要经济部门金融风险，并提出相应风险防范及管理措施。



## 第1节　引言

随着中国—东盟自由贸易区建设的推进，广西在国内，乃至国际区域发展战略中的优势地位逐渐凸显。目前，国内与国际区域经济金融的发展形势为广西银行业的国际化发展提供了前所未有的机遇。本节对广西的经济金融情况进行介绍，并对相关研究广西宏观金融风险的文献进行了总结归纳。

### 一、广西经济金融概况

#### （一）广西经济运行概况

近年来广西经济得到了快速发展，如表14.1，生产总值从1998年的1 911.30亿元增加到2008年的7 171.58亿元，增长幅度达到3倍以上。尤其是2008年《广西北部湾经济区发展规划》获国家批准实施，标志着广西北部湾经济区的发展已经上升为国家战略，同时也意味着整个广西经济都面临着由内向型经济向外向型、由均衡型发展向非均衡型的战略转变。

**表 14.1　广西 1998 年来生产总值（GDP）**　　单位：亿元

| 年份 | 1998 | 1999 | 2000 | 2001 | 2002 | 2003 |
|---|---|---|---|---|---|---|
| GDP | 1 911.30 | 1 971.41 | 2 080.04 | 2 279.34 | 2 523.73 | 2 821.11 |
| 年份 | 2004 | 2005 | 2006 | 2007 | 2008 | |
| GDP | 3 433.50 | 4 075.75 | 4 828.51 | 5 955.65 | 7 171.58 | |

如图 14.1，2008 年广西实现生产总值 7 171.6 亿元，自 2002 年以来保持了两位数的增长。在经济增长、城乡居民收入较快增加以及国家扩大内需政策等有利因素的带动下，消费市场增长明显加快，社会消费品零售总额突破 2 000 亿元，增幅高于上年同期及全国平均水平。进出口总额同比增长 43.2%，但受外需减弱拖累，年末出口呈下行趋势。贸易顺差同比增长 49.4%，增速有所放缓。出口商品结构有所优化，市场结构更趋多元化。

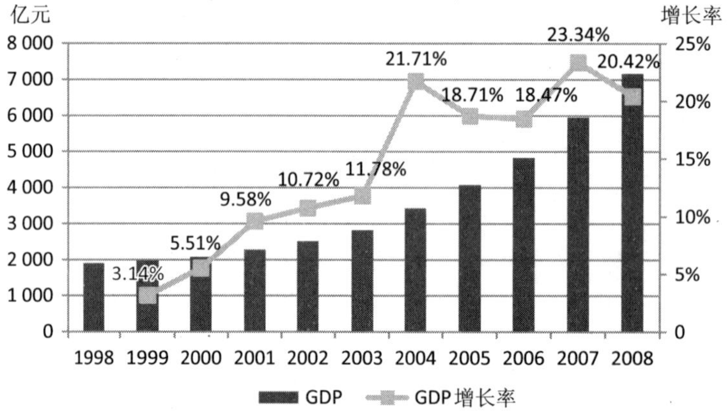


图 14.1　广西 1998—2008 年 GDP 变化趋势

广西每个市县几乎都有一定少数民族分布，少数民族人口占广西总人口的 38.54%。少数民族地区是广西贫困人员较为集中的区域，广西 12 个少数民族自治县就有 10 个列为国家扶贫工作重点对象，另两个则是自治区定点扶贫对象。民族地区经济实力弱，城乡二元结构突出，可以看出广西经济目前的一个重要问题就是解决少数民族居住地区经济增长的问题。

**（二）广西金融运行概况**

广西在国内和国际区域发展战略中优势地位的凸显，以及经济区发展战略转变对金融机构提出了更高的要求，广西金融机构改革创新力度不断加大，发展速度越来越快，风险管控能力不断增强，经营效益持续提升。但同时期广西银行业的改革发展与全国金融业改革发展的整体进程相比，仍有较大差距，面临经济社会快速发展对金融服务的需求与金融市场主体偏少、竞争不够、服务不充分之间的矛盾等。其金融业总体规模偏小，发展稳定性较差，2009 年金融业增加值为 332.68 亿元，占 GDP 比重为 4.29%，占第三产业比重为 11.4%，比上年增长 36.3%，高于自治区 GDP 增速 22.4 个百分点，拉动 GDP 增长 1.4 个百分点，可见广西金融业发展迅速。

广西银行业稳步发展，资产质量效益显著提高。2009 年，广西银行类金融机构资产规模达到 11 563 亿元，存、贷款余额分别为 9 638.9 亿元与 7 360.4 亿元，两者增量均逾 2 000 亿元。同时资产质量得到改善，不良贷款余额与比率实现“双降”。银行类金融机构数量达到 5 384 个,资产总额达到 11 563 亿元。2009 年证券营业部实现净利润 14.9 亿元，同比增长 77%，期货营业部利润同比增长 12%，证券市场融资功能得到扩展，全年新增上市公司 1 家，年末有 26 家国内上市公司，市价总值为 1 274.04 亿元，相比于 2008 年年末增长 164.1%。2009 年 A 股筹资 9.1 亿元，通过国内债券筹资 42.5 亿元。2009 年保险业总资产达到 274.4 亿元，同比增长 19.3%，全年保费收入与赔款给付分别为 148.6 亿元、44.4 亿元，同比分别增长 11.3% 与 5%，保费收入中人寿险保费收入占比为 66.6%，达 98.9 亿元，保险密度达到 307.3 元 / 人，保险深度为 1.9%，仍有较大的增长空间。可见广西壮族自治区金融业正在经历三大主体共同发展的过程，然而发展水平不尽相同。



## 二、文献综述

目前，我国学术界对于广西宏观金融风险的研究非常少，介绍金融发展历史和现状的居多，更没有相关的实证研究。而对于广西经济的研究虽然多，但也少有实证方面的分析，多是从现实情况出发提出政策建议。以下是近年来比较典型的相关文献。

谢海波（2002）面对区域性金融风险的上升之势,对广西金融业进行实地调查、研究、整理后，分析了广西金融风险的现状和成因，提出应促进广西地区加强金融监管，保证金融的良性运行，以此促进经济的健康发展，并找出区域性金融风险的一般规律性。范吴宇（2007）从分析广西金融生态环境入手，经过对广西各种金融生态环境变化的调研，认为广西经济建设中存在经济环境较差、金融服务水平不高、金融市场不发达、融资渠道狭窄、金融中介机构不规范等障碍，金融生态环境总体水平不高。针对当前存在的主要问题,提出了优化金融生态建设的建议,为促进广西经济金融的良性互动及可持续发展,消除金融生态建设障碍,探寻适合广西经济金融发展的道路出谋划策。此外,探索开展“广西金融生态评价体系"的定量研究，尝试从经济基础、金融深化程度、地方政府公共服务、社会信用水平及法治环境等多方面来监测评价，探索一条进一步研究广西金融生态环境的道路。甘海源（2007）认为广西在金融上的改革相对滞后，与经济快速发展的势头不相符合。表现在：金融结构不合理，金融风险加大，金融效率不高，金融市场不完善等。黄良波（2009）对广西金融业五十年来的发展历程进行了系统回顾，全面总结了广西金融改革与发展的成就，同时深入分析了当前广西金融发展中存在的问题。在此基础上，就如何贯彻落实科学发展观，促进广西金融又好又快发展提出了对策建议。刘明显、黄晓虹（2009）认为广西经济金融呈现快速、健康、平稳的发展态势，但发展的过程中也存在诸多矛盾和问题。其中最大的问题是广西经济金融的发展远远落后于全国水平，存在金融业总体规模偏小，金融资源配置不合理等问题，就此本章指出应遵循在政府扶持、引导和推动下，充分发挥市场自发力量、按国际化和市场化的原则最终促成广西金融支持体系的形成，拓宽投融资渠道。

## 第 2 节　广西部门资产负债表编制及分析

本节基于资产负债表方法的实证研究主要包括对广西金融部门和企业部门风险的识别和度量，以及对整体风险进行基于账面价值的评估。

### 一、广西金融部门资产负债表编制及分析

#### （一）金融部门资产负债表编制

经过数据整理得出 2003—2008 年广西金融部门资产负债表如表 14.2。

**表 14.2　广西金融部门资产负债表**　　单位：亿元

| 年份 | 2003 | 2004 | 2005 | 2006 | 2007 | 2008 |
|---|---|---|---|---|---|---|
| **总资产** | 6 873.5 | 7 622.7 | 10 341.6 | 5 659.6 | 6 660.7 | 8 484.0 |
| 贷款余额 | 2 347.8 | 2 786.8 | 3 104.6 | 3 636.9 | 4 331.0 | 5 110.0 |
| 短期贷款 | 1 089.1 | 1 088.2 | 1 157.5 | 1 246.9 | 1 414.9 | 1 541.7 |
| 票据融资 | — | — | 96.9 | 92.7 | 58.5 | 139.1 |
| 中长期贷款 | 1 180.1 | 1 589.9 | 1 838.4 | 2 283.6 | 2 837.7 | 3 408.9 |
| 本币贷款 | 2 299.75 | 2 759.7 | 3 056.9 | 3 595.3 | 4 287.8 | 5 066.6 |
| 外币贷款 | 48.05 | 27.1 | 47.7 | 41.6 | 43.2 | 43.4 |

续表

| 年份 | 2003 | 2004 | 2005 | 2006 | 2007 | 2008 |
|---|---|---|---|---|---|---|
| **总负债和权益** | 6 873.5 | 7 622.7 | 10 341.6 | 5 659.6 | 6 660.7 | 8 484.0 |
| 存款余额 | 3 237.9 | 3 740.6 | 4 262.3 | 5 029.5 | 5 801.0 | 7 075.0 |
| 企业存款 | 791.5 | 959.1 | 1 012.5 | 1 218.4 | 1 458.9 | 1 847.5 |
| 居民储蓄 | 1 967.9 | 2 240.1 | 2 561.3 | 2 986.2 | 3 214.7 | 3 880.0 |
| 活期存款 | 938.89 | 1 111.38 | 1 276.1 | 1 514.1 | 1 749.5 | 2 019.7 |
| 定期存款 | 1 032.77 | 1 128.72 | 1 285.3 | 1 432.1 | 1 435.8 | 1 832.3 |
| 本币存款 | 3 164.0 | 3 673.2 | 4 202.8 | 4 971.9 | 5 749.9 | 7 024.1 |
| 外币存款 | 73.9 | 67.4 | 59.5 | 57.6 | 51.1 | 50.9 |

注：广西金融部门资产负债表涵盖银行类金融机构资产负债表，数据来源于《广西统计年鉴》、《广西金融运行报告》等，具体如下：

① 总资产、总负债和权益、贷款余额、短期贷款、票据融资、中长期贷款、本币贷款和外币贷款数据从2004—2008年《广西金融运行报告》获得，2003年数据根据2004年的增长率推算出；

② 活期存款和定期存款数据从2004—2008年《广西统计年鉴》获得。



### （二）金融部门资产负债表分析

1. 资本结构风险分析

如图14.2，广西金融部门总资产状况大致可以分为两个阶段，且在两阶段内总资产都呈现逐步上升的趋势，2005年前整体处于高位，并在2005年达到峰值10 341.6亿元；2006年较2005年出现突然且较剧烈的下滑，达到低点5 659.6亿元，萎缩近一半，一直到2008年仍然还未达到2005年的高点。主要原因可能是国有商业银行股份制改革的深化，2006年工商银行和中国银行上市后分别加大了对分支机构的整合力度，使得广西银行业机构大量精简，总资产也表现出大幅度的下滑。贷款余额与存款余额均稳步上升，存贷

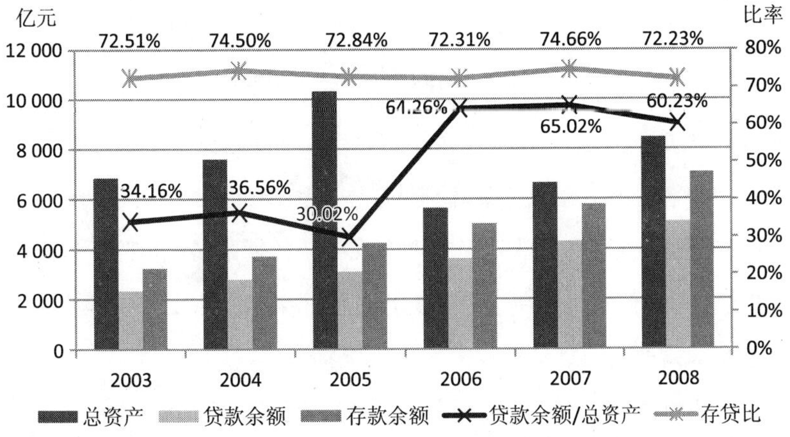


图14.2　广西金融部门存贷款结构

比在 72%~75% 之间浮动，比较稳定。而由于总资产的两阶段状况，贷款余额与总资产之比也呈现十分明显的两阶段现象。

广西 2003—2008 年各项存款余额高于贷款余额，说明资金来源稳定。负债的主要部分是存款，存款在总负债和权益的比重也逐渐下降，除了债务融资以外，其他筹措资金的渠道也有所发展，但力度仍然不够。

2. 期限错配分析

如图 14.3，广西金融部门的各项贷款余额中，中长期贷款的比重超过一半，且近年来逐年上升，说明资金运用多投向了中长期贷款，短期贷款的比重较小。贷款期限结构恶化，中长期贷款增速快于短期贷款。2008 年年末短期贷款增速为 14.08%，而中长期贷款增速为 20.13%。全年中长期贷款新增额占各项贷款的比重为 66.71 %，同比上升了 2.2 个百分点，贷款长期化有所加强。由于金融组织创新不足，金融机构多元化发展滞后，广西经济增长对中长期信贷资金的需求较大，银行业金融机构资金来源短期化、资金运用长期化趋势明显，令广西金融部门期限错配问题日益突出，由此可能产生的流动性风险和利率风险值得关注。

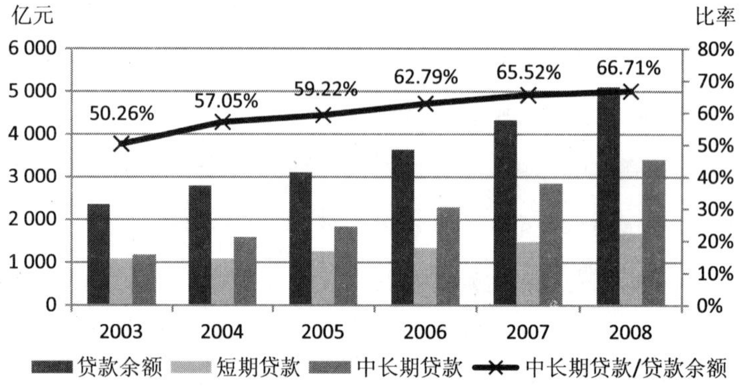


图 14.3　广西金融部门贷款结构

如图 14.4，定期存款在居民储蓄的占比总体呈现下降趋势，在 2003—2005 年，定期存款的比重超过一半，2006 年以后下降到低于一半。2007—2008 年由于央行调息频繁，使得居民储蓄以短期为主。目前来看，广西存在一定的期限错配风险，银行的资金来源开始偏向短期性的居民储蓄，这在一定程度上加大了潜在的期限错配风险。

3. 货币错配风险分析

从广西金融部门币种结构看，广西由于经济外向程度低，外汇资产在总资产中的比重低于其他省份，外币存款率和外币贷款率均呈下降趋势，且前者下降更快。从图 14.5

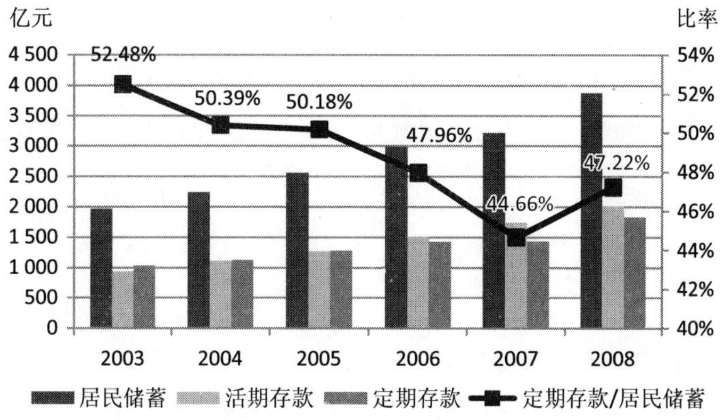


图 14.4 广西金融部门存款结构

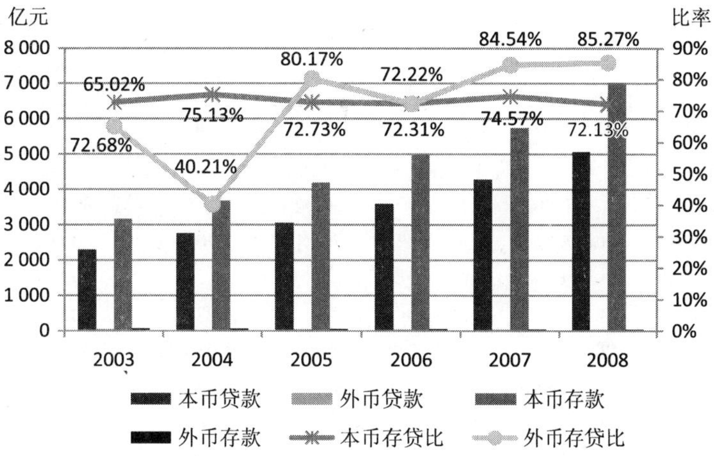


图 14.5 广西金融部门币种结构

看，广西的外币存贷总量都较小，对金融部门整体形势影响不大，外币贷款自 2004 年开始呈现小幅上升的趋势。从图 14.6 看，2003—2008 年间，外币贷款占贷款余额的比率从

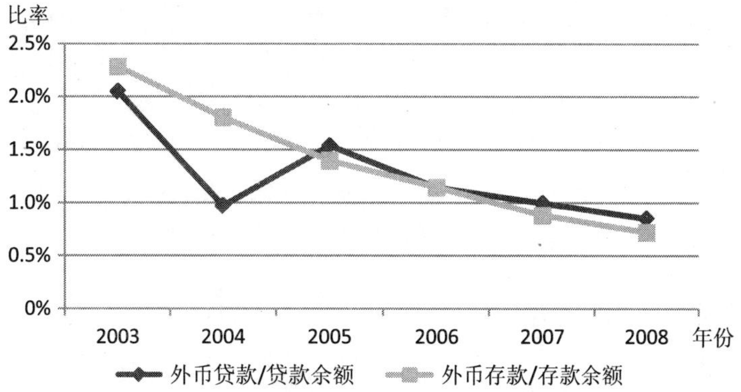


图 14.6 广西金融部门外币存款占比和外币贷款占比

2.05% 持续下降至 0.85%；而外币存款占存款余额的比率从 2.28% 降至 0.72%。

目前人民币对主要外币汇率持续保持上升态势，广西金融部门所持有的净头寸很小，虽然其总量呈现增长趋势，但是增长速度较缓慢，外币存贷款所占存款余额与贷款余额比例也很小，总体来说基本上不存在货币错配风险。

## 二、广西企业部门资产负债表分析

### （一）企业部门资产负债表编制

企业部门主要考察 1998—2008 年广西全部国有及规模以上非国有工业企业、限额以上餐饮企业、限额以上批发零售业以及所有建筑业企业，并由此编制 1998—2008 年资产负债表。数据整理如表 14.3。

表 14.3　广西企业部门资产负债表　　单位：亿元

| 年份 | 总资产 | 流动资产 | 长期资产 | 总负债 | 流动负债 | 长期负债 | 所有者权益 |
|---|---|---|---|---|---|---|---|
| 1998 | 2 181.30 | 989.56 | 1 191.74 | 1 530.57 | 1 167.72 | 362.85 | 650.73 |
| 1999 | 2 017.70 | 810.70 | 1 207.00 | 1 408.23 | 1 016.37 | 391.86 | 609.47 |
| 2000 | 2 506.19 | 1 055.32 | 1 450.87 | 1 703.15 | 1 202.18 | 500.97 | 803.05 |
| 2001 | 2 701.19 | 1 052.19 | 1 649.00 | 1 672.79 | 1 170.08 | 502.71 | 1 028.40 |
| 2002 | 2 703.57 | 1 120.36 | 1 583.21 | 1 738.70 | 1 236.22 | 502.47 | 964.87 |
| 2003 | 2 816.75 | 1 189.60 | 1 627.15 | 1 829.01 | 1 285.37 | 543.64 | 987.74 |
| 2004 | 3 261.42 | 1 387.85 | 1 873.57 | 2 102.79 | 1 431.52 | 671.28 | 1 158.63 |
| 2005 | 3 900.80 | 1 720.35 | 2 180.45 | 2 420.73 | 1 769.40 | 651.33 | 1 480.08 |
| 2006 | 4 404.08 | 2 023.16 | 2 380.92 | 2 718.05 | 2 007.79 | 710.26 | 1 686.03 |
| 2007 | 5 781.55 | 2 630.64 | 3 150.91 | 3 620.19 | 2 308.16 | 1 312.03 | 2 162.39 |
| 2008 | 7 300.35 | 3 283.41 | 4 016.94 | 4 706.65 | 3 412.75 | 1 293.90 | 2 593.70 |

注：本表数据来源于 1999—2009 年《中国统计年鉴》和《广西统计年鉴》，涵盖广西规模以上工业企业、所有建筑业企业、限额以上餐饮企业以及限额以上批发零售企业等四大行业。编制过程如下：

① 工业企业数据来源于各地区规模以上工业企业主要指标统计表，建筑业企业数据来源于各地区建筑业企业资产统计表、各地区建筑业企业负债及所有者权益统计表，餐饮业数据来源于各地区限额以上餐饮业资产及负债统计表，批发零售企业数据来源于各地区限额以上批发和零售业资产及负债统计表。

② 对缺失数据进行处理。对 2002—2003 年餐饮、批发零售业缺少的流动负债数据，以 1999—2001 年的流动比率为基础进行滚动估算，取前三年的均值进行代替，然后结合相应行业的总负债即可得到。相对建筑业、批发零售业及餐饮业，工业企业的资产负债在企业部门总的资产负债中占比最高，统计数据无缺失；对餐饮业、批发零售业个别缺失数据进行估算补齐后不影响总体部门分析。

### （二）企业部门资产负债表分析

1. 资本结构错配分析

如图 14.7，从广西企业部门总资产、总负债以及总权益的变动中可以看出，广西企

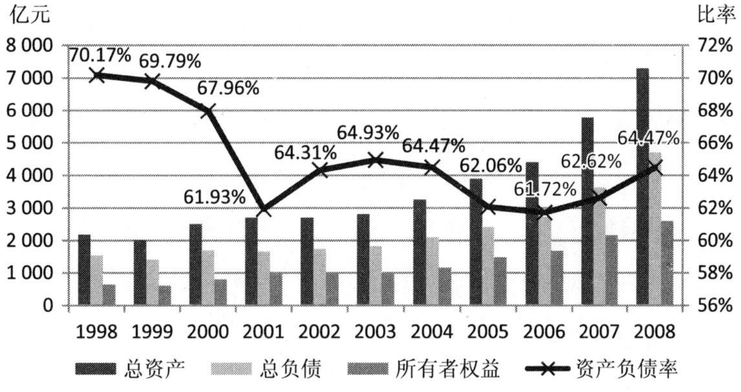


图 14.7　广西企业部门资本结构

业部门的负债与权益有着大致相同的变化趋势，1998—2008 年期间处于稳定上升的阶段。

从资产负债率看，广西企业部门的资产负债率在 2005—2008 年间总体保持上升趋势。在考察期间里，资产负债率最高达到 70%，最低达到 61.72%。目前我国整体经济环境较稳定，经济发展势头良好，广西企业部门的资产负债率也处于一个略显偏高的水准，总体来说资本结构的问题不很明显。

2. 期限错配风险分析

如图 14.8，广西企业部门的流动资产与流动负债有着大致相同的变化趋势，从 1998 年到 2003 年期间处于相对稳定的阶段，在 2003 年之后，开始出现较大幅度的增长，一直持续到 2008 年。在考察的期限内，短期负债与短期资产变化明显，在 2005 之前，流动负债均大于流动资产，2006 年出现了流动资产与流动负债基本持平的状况，2007 年流动资产大于流动负债，流动比率总体保持上升趋势。总的来说，广西企业部门在 1998—

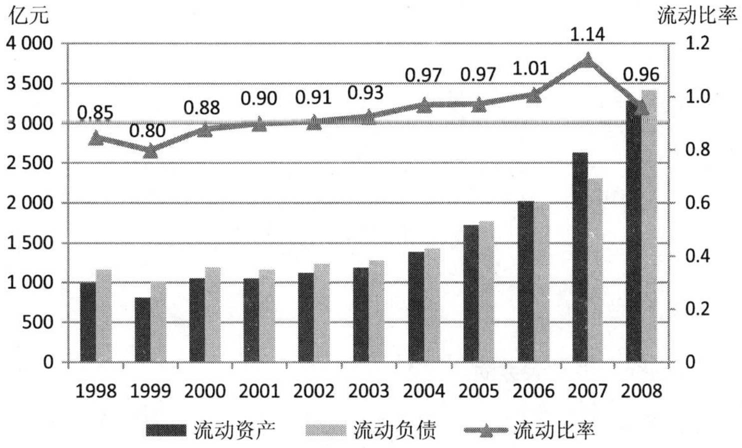


图 14.8　广西企业部门流动资产与流动负债

2007 年期间大部分年份的流动资产都低于流动负债，短期资产负债率在波动中上升。广西企业部门存在一定的期限错配问题，流动性略显不足。

3. 清偿力风险分析

从图 14.9 可以看出广西企业部门在 1998—2008 年负债和权益的变化情况。产权比率在观察期内一直在 1.5~2.4 范围内波动，2000 年前大于 2.1，2000 年后小于 1.9。广西产权比率较全国其他省份偏高，虽然整体较 2000 年之前低，然而近年来又有上升的趋势，存在一定的清偿力风险，需进一步改善。

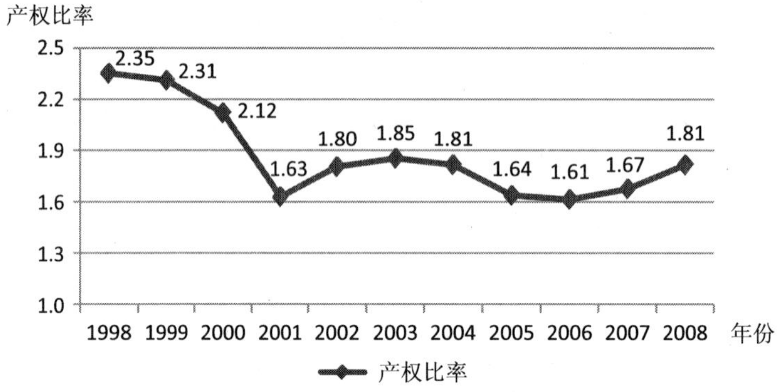


图 14.9 广西企业部门产权比率

从上述对广西企业部门资产负债表的分析看，广西企业部门面临以下几类风险：广西企业部门负债占总资产比率略偏高，存在一定的资本结构错配风险；资产流动性不足，观察期内多数年份流动资产不抵流动负债，存在一定的期限错配风险；产权比率偏高，存在一定的清偿力风险。

## 第 3 节 广西或有权益资产负债表编制及分析

### 一、广西上市企业部门或有权益资产负债表编制及分析

2001—2009 年广西上市企业部门或有权益资产负债表的输入参数如表 14.4。

**（一）或有权益资产负债表分析**

根据广西上市企业部门或有权益资产负债表的输入数据，通过 MATLAB 编程处理得到广西上市企业部门或有权益资产负债表，如表 14.5。

**表 14.4　广西上市企业部门或有权益输入数据**

| 年份 | 权益市值（亿元） | 违约点（亿元） | 权益市值波动率 | 无风险利率 |
|---|---|---|---|---|
| 2001 | 350.75 | 61.42 | 26.28% | 2.25% |
| 2002 | 276.62 | 73.71 | 29.77% | 2.02% |
| 2003 | 260.28 | 109.37 | 19.50% | 1.98% |
| 2004 | 243.66 | 160.38 | 23.70% | 2.03% |
| 2005 | 200.14 | 199.50 | 27.27% | 2.25% |
| 2006 | 415.39 | 200.51 | 30.21% | 2.35% |
| 2007 | 1 409.81 | 330.28 | 45.32% | 3.26% |
| 2008 | 475.04 | 367.15 | 56.60% | 3.92% |
| 2009 | 1 247.91 | 426.01 | 36.00% | 2.25% |

**表 14.5　广西上市企业部门或有权益资产负债表**　　　　单位：亿元

| 年份 | 资产市值 | 债务市值 | 权益市值 | 年份 | 资产市值 | 债务市值 | 权益市值 |
|---|---|---|---|---|---|---|---|
| 2001 | 410.82 | 60.07 | 350.75 | 2006 | 611.24 | 195.85 | 415.39 |
| 2002 | 348.88 | 72.26 | 276.62 | 2007 | 1 729.48 | 319.67 | 1 409.81 |
| 2003 | 367.52 | 107.24 | 260.28 | 2008 | 832.63 | 357.59 | 475.04 |
| 2004 | 400.81 | 157.15 | 243.66 | 2009 | 1 664.39 | 416.48 | 1 247.91 |
| 2005 | 395.27 | 195.13 | 200.14 | | | | |

图 14.10 是广西上市企业部门或有权益资本结构。从广西企业部门资产市值和账面价值的比较来看，资产市值在大部分年份高于资产账面价值，仅在 2005 年账面价值高于资产市场价值，而在 2005 年之后发生了较大幅度的上升。因此，或有资产负债率在 2005 年与 2008 年水平较高，2009 年较 2008 年有较大幅度的下降。图 14.11 是广西上市企业部门或有资产负债率。

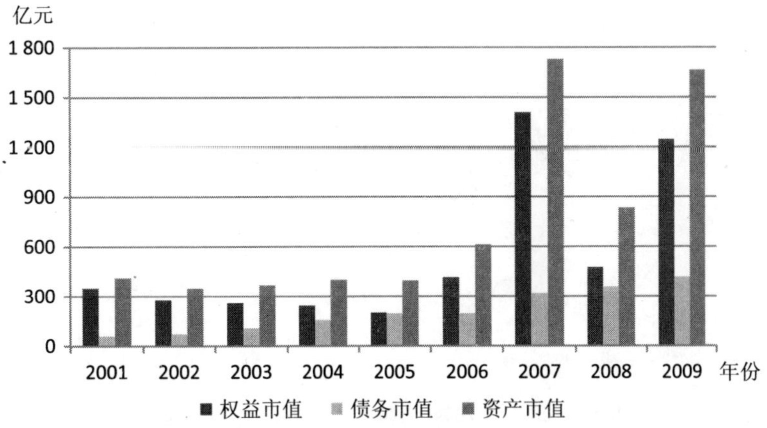


图 14.10　广西上市企业部门或有权益资本结构

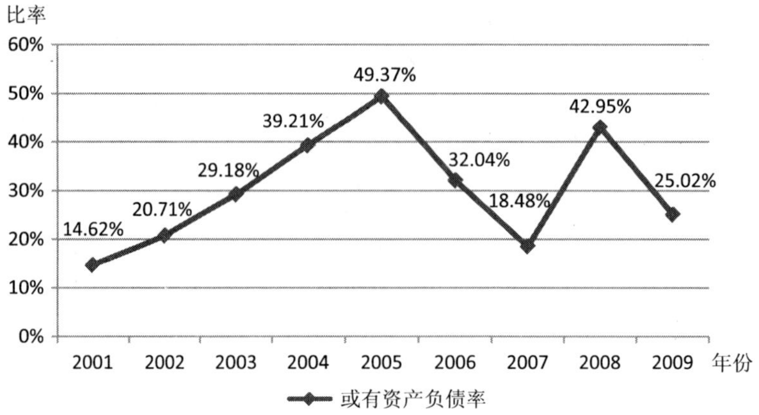


图 14.11　广西上市企业部门或有资产负债率

## （二）风险表分析

广西上市企业部门的资产市值波动率、违约距离、违约概率等均可利用或有权益的分析结果直接计算得到，如表 14.6。

**表 14.6　广西上市企业部门风险表**

| 年份 | 资产市值波动率 | 违约概率 | 违约距离 | 年份 | 资产市值波动率 | 违约概率 | 违约距离 |
|---|---|---|---|---|---|---|---|
| 2001 | 22.43% | 0 | 3.791 14 | 2006 | 20.53% | 0 | 3.272 82 |
| 2002 | 23.60% | 0 | 3.341 49 | 2007 | 36.94% | 0 | 2.189 98 |
| 2003 | 13.81% | 0 | 5.085 18 | 2008 | 32.50% | 0.66% | 1.719 95 |
| 2004 | 14.41% | 0 | 4.163 42 | 2009 | 26.00% | 0 | 2.758 54 |
| 2005 | 13.81% | 0 | 3.587 01 | | | | |

如图 14.12，广西上市企业部门的违约距离在 2003 年之后逐渐减小；在 2008 年企业部门的违约距离为 1.98，风险水平较高。大牛市让整个股市充满了泡沫，也给经济

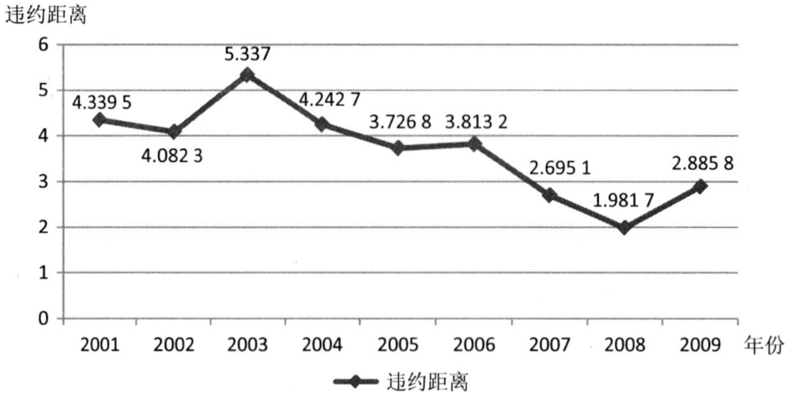


图 14.12　广西上市企业部门违约距离

运行带来了巨大的风险，之后的泡沫破灭导致企业的违约风险大大增加。2008 年影响全球的金融危机则使上市企业部门的风险达到了最高点。直到 2009 年，总体情况才有所好转。

如图 14.13，企业部门的资产市值波动率在 2006 年和 2007 年有较大幅度的上升，而在此前的几年时间里变化幅度不大。资产市值波动率在 2001—2006 间保持稳定，在 2007 年出现大幅上升，并持续到 2008 年，可见股票市场的大幅波动，给资产市值的稳定性带来了较大的影响。

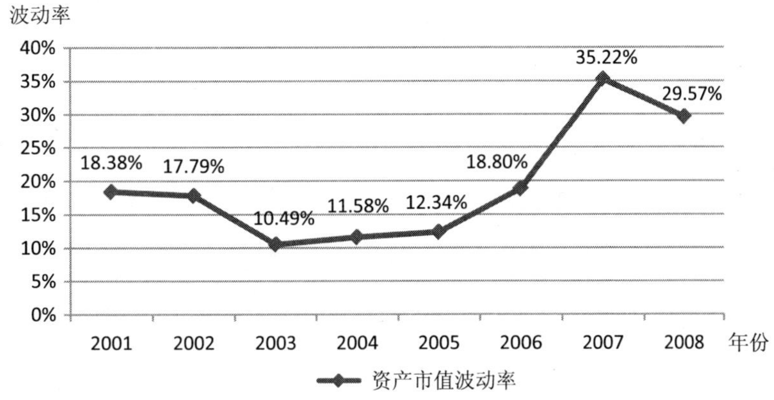


图 14.13　广西上市企业部门资产市值波动率

## 二、广西企业部门或有权益资产负债表编制及分析

根据前文所述处理企业部门整体或有权益相关数据的方法，整理相关数据如表 14.7。

**表 14.7　广西企业部门或有权益输入数据**

| 年份 | 权益市值（亿元） | 违约点（亿元） | 权益市值波动率 | 无风险利率 |
|---|---|---|---|---|
| 2001 | 3 236.29 | 1 421.44 | 26.28% | 2.25% |
| 2002 | 2 166.12 | 1 487.46 | 29.77% | 2.02% |
| 2003 | 1 776.87 | 1 557.19 | 19.50% | 1.98% |
| 2004 | 1 654.23 | 1 767.16 | 23.70% | 2.03% |
| 2005 | 1 692.02 | 2 095.07 | 27.27% | 2.25% |
| 2006 | 3 804.35 | 2 362.92 | 30.21% | 2.35% |
| 2007 | 10 007.97 | 2 964.18 | 45.32% | 3.26% |
| 2008 | 4 253.70 | 4 059.70 | 56.60% | 3.92% |

### （一）或有权益资产负债表分析

通过 MATLAB 编程处理得到广西企业部门或有权益资产负债表，如表 14.8。

表 14.8　广西企业部门或有权益资产负债表　　单位：亿元

| 年份 | 资产市值 | 债务市值 | 权益市值 | 年份 | 资产市值 | 债务市值 | 权益市值 |
|---|---|---|---|---|---|---|---|
| 2001 | 4 626.28 | 1 389.99 | 3 236.29 | 2005 | 3 740.22 | 2 048.20 | 1 692.02 |
| 2002 | 3 623.92 | 1 457.80 | 2 166.12 | 2006 | 6 112.64 | 2 308.29 | 3 804.38 |
| 2003 | 3 303.65 | 1 526.78 | 1 776.87 | 2007 | 12 877.79 | 2 869.83 | 10 007.97 |
| 2004 | 3 385.88 | 1 731.65 | 1 654.23 | 2008 | 8 216.02 | 3 962.32 | 4 253.70 |

如表 14.8，广西企业部门资产市值在 2001—2005 年保持相对稳定的水平，平均约为 3 500 亿元。同期权益市值的波动较大，且呈稳步下降的趋势，从 2001 年的 3 236.29 亿元减少到 2005 年的 1 692.02 亿元。而 2006 年广西的权益市值呈爆发性上涨，达到 3 804.38 亿元，2007 年更是达到了 10 007.97 亿元。此现象显然与 2006 年和 2007 年的证券市场行情相关，上证综指在 2005 年到达 998 点的低点后转头向上，到 2006 年年末为 2 675 点，增长约 1.6 倍。

广西企业部门债务市值在 2001—2005 年期间一直保持绝对数量的增长。而比较广西负债市值和权益市值的增长情况，如图 14.14，可发现债务市值在 2006 年后的增长慢于权益市值增长，一改 2006 年以前债务市值小幅上涨而权益市值下跌的状况。债务市值增长低于权益市值的增长，显示出广西企业部门应对风险的能力有所改善。

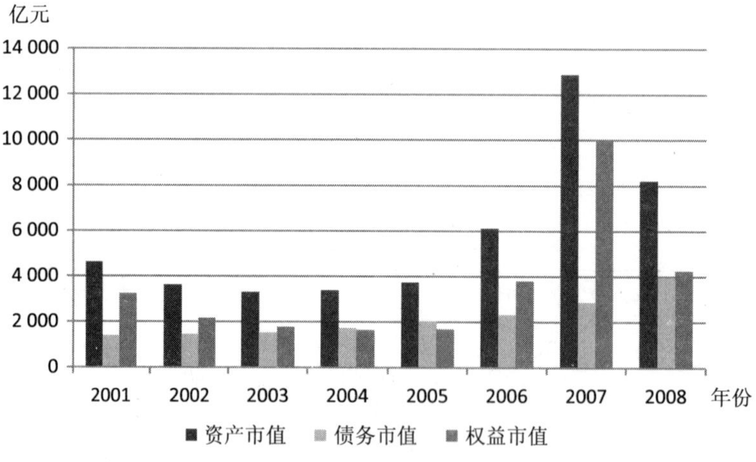


图 14.14　广西企业部门或有权益资本结构

广西在 2006 年以前，通过国内 A 股市场直接融资不畅，导致企业部门的资本结构中负债占大部分，金融机构承担企业的大部分风险，非金融部门的经营成本也较高。如图 14.15，或有资产负债率波动较大，最高在 2005 年达 54.76%，最低为 2007 年 22.29%，2008 年又一次爆发性上涨，达到 48.23%，这与 2008 年金融危机有密切的关联。针对这

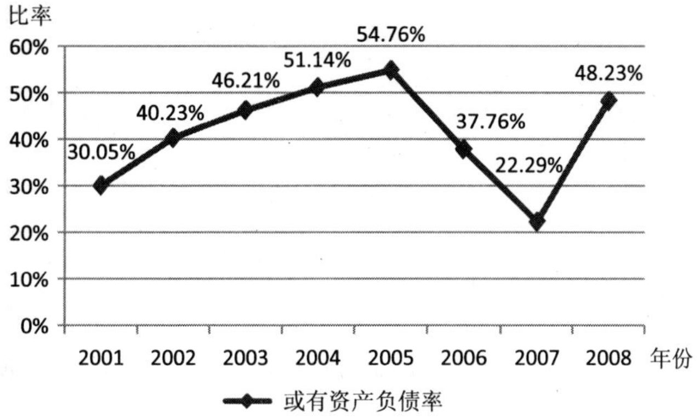


图 14.15 广西企业部门或有资产负债率

些广西企业部门资产结构存在的问题，需进一步优化企业部门资本结构，减少金融部门承担的风险，引导企业部门和金融部门可持续发展。

从图 14.16 可以看出，2001—2008 年，资产市值一直保持大于违约点的状态。但是从两者之间的倍数看，其比例却呈现降低的趋势，特别是 2005 年，资产市值已经降为违约点的 1.79 倍，说明违约点相对于资产市值来说越来越高，可作为缓冲风险的区域相对越来越狭窄。2006—2007 年随着资本市场的大幅上涨，状况出现明显的好转，原因是市场对中国整体经济抱有好的预期，从而对整体企业部门的发展看好，市场公允价值提高，企业融资通道拓宽，通过资本市场直接融资规模扩大，违约风险降低。但是 2008 年由于受到金融风暴的影响又跌回相对比较危险的位置。

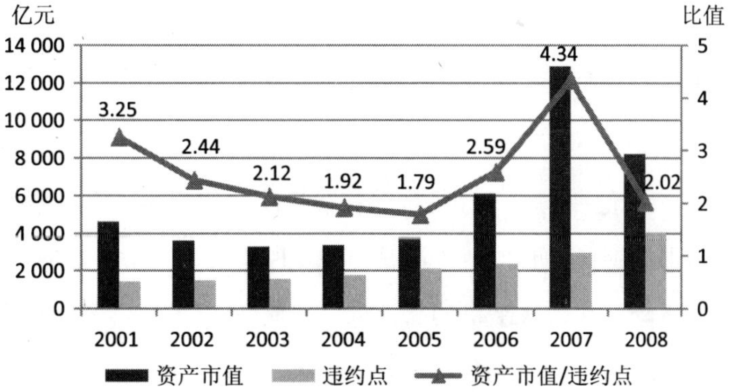


图 14.16 广西企业部门资产市值和违约点比较

**（二）风险表分析**

广西企业部门的资产市值波动率、违约距离、违约概率等均可利用或有权益的分析结果直接计算而得，如表 14.9。

表 14.9 广西企业部门风险表

| 年份 | 资产市值波动率 | 违约概率 | 违约距离 | 年份 | 资产市值波动率 | 违约概率 | 违约距离 |
|---|---|---|---|---|---|---|---|
| 2001 | 18.38% | 0 | 3.768 813 | 2005 | 12.34% | 0 | 3.565 842 |
| 2002 | 17.79% | 0 | 3.313 146 | 2006 | 18.80% | 0 | 3.262 307 |
| 2003 | 10.49% | 0 | 5.039 410 | 2007 | 35.22% | 0 | 2.185 691 |
| 2004 | 11.58% | 0 | 4.128 616 | 2008 | 29.57% | 0.89% | 1.711 010 |

如图 14.17，广西企业部门违约距离经过 2001—2003 年的短期波动后，自 2004 年起保持了持续 5 年的下降趋势，同时违约距离下降速度较平均，从 2003 年的 5.04 下降至 2008 年的 1.71，已经出现了明显的违约风险。这说明广西企业部门在发展壮大的过程中，风险管理与控制意识相对薄弱，可能出现了忽视风险管理，侧重于创造 GDP 的现象，从而造成其违约距离持续下降，违约风险持续上升的结果。在接下来的发展过程中，广西企业部门需加强风险控制，权衡风险与发展的关系，在控制风险的条件下发展区域经济。

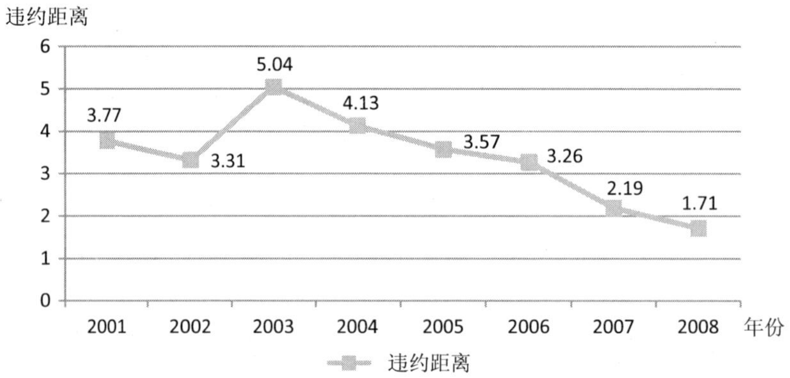


图 14.17 广西企业部门违约距离

图 14.18 中资产市值波动率与违约风险指标反映出的违约风险趋势较一致，可以看出广西的企业部门违约风险自 2004 年以来呈现不断上升的趋势。2008 年资产市值波动率较 2007 年有所下降，然而水平仍偏高，另一方面 2008 年的违约概率高达 0.89%，较 2007 年提高了 2 个数量级，可以认为 2008 年广西企业部门违约风险达到了高点，这应该与股市泡沫破灭和 2007—2008 年的金融危机有关。

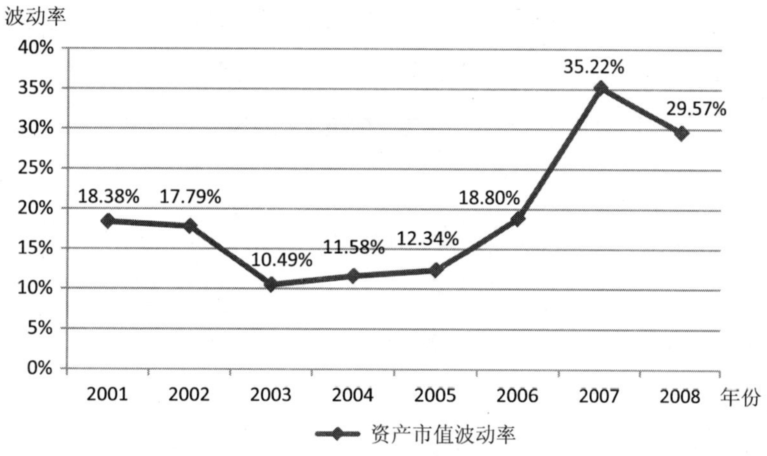


图 14.18　广西企业部门资产市值波动率

## 第 4 节　结论及政策建议

本章在对广西经济金融运行概况以及相关文献进行归纳的基础上，基于账面价值资产负债表对广西金融部门和企业部门在运行过程中潜在的风险进行了分析，并结合市场信息编制上市企业和企业部门整体的或有权益资产负债表，分析宏观经济运行过程中的潜在风险。

金融部门的研究表明，2003—2008 年间广西金融部门对债务融资的依赖程度逐步下降，改善了存在的资本结构问题和清偿力问题。金融部门外币资产与外币负债总量较小，对整体部门运行不会产生大的冲击，同时外币存贷比水平较低，因此基本不存在货币错配风险。企业部门整体分析表明其对债务融资仍有较高的依赖性，1998—2008 年资产负债率始终高于 60%，2006 年资产负债率减小至 61.72%，资本结构问题有所改善，但 2005 年以来呈持续上升态势，资本结构错配风险继续扩大；流动资产长期不抵流动负债，然而从趋势角度看，流动资产率、流动负债率以及流动比率均表明企业部门错配风险在逐步改善；同时，企业部门产权比率长期处于 1.5 以上，清偿力风险显著。

基于市场价值或有权益资产负债表及相关指标的分析，广西企业部门资产市值在 2001—2005 年间呈波动性上涨，2006 年资产市值和权益市值大幅升水，2007 年两者增速进一步加大，分别较 2006 年增加 2.8 倍和 3.4 倍。2008 年国内资本市场受到国际金融危机严重影响，企业部门权益市值和资产市值缩水率达到 51% 和 66%，市场公允价值下降，企业部门市场风险凸显，与上市企业市场价值变化情况接近。根据对违约距离的相关分析可知总体违约风险在扩大，2003 年企业部门总体风险最小，2008 年风险最高，违约概率也达到历史最高点，企业部门受国际金融危机影响明显。

根据上述结论以及相关分析，控制广西各部门金融风险，应着重解决以下几方面的问题：

（1）拓宽企业融资渠道，逐步使其摆脱对债务融资的依赖性。企业部门资产负债率过高且自 2006 年以来持续增长的现象说明广西企业部门资产结构中债务融资比重过大，2008 年末已达到 64.47%，从而会大大增加企业负担，进而对区域经济发展造成进一步的负面影响。因此广西应积极建立未上市股权交易系统，对满足一定资质的企业提供一定的税收减免或其他优惠政策，并积极推动区内优质企业上市融资等，以扶助企业以较低成本获取所需资金。

（2）优化金融业结构，促进银行、证券、保险三领域齐头并进，以实现金融业稳步发展。当前广西金融业发展水平偏低，同时也存在金融业结构不均衡的现状。直接表现之一即为保险业保险深度偏低，2008 年仅为 1.9%，有较大的增长空间。保险业对经济发展的稳定性有着十分直接的重大意义，一旦保险业的发展大幅落后于实体经济或其他金融行业，将会大大增加系统的脆弱性，因此广西应大力促进金融业各领域协同发展。

# 第 15 章　海南省宏观金融风险研究



海南依托资源和环境优势，其农产品及海产品加工业等发展迅速，旅游业也已成为拉动海南经济增长的重要动力之一。经历了 20 世纪 90 年代初的房地产泡沫，海南的金融经济发展留下了许多遗留问题，随着国家批准海南建设国际旅游岛，海南能否避免再次面临泡沫问题迫在眉睫。本章将分别从资产负债表和或有权益两个方面，通过总量分析和结构性分析来研究海南主要经济部门金融风险的来源及构成，并提出相应风险防范及管理措施。

## 第 1 节　引言

近年来，海南经济得到迅速发展，随之面临的各种风险也加大。本部分首先对海南的经济金融运行情况进行介绍，并对相关研究海南省宏观金融风险的文章进行归纳总结，为后文的分析提供借鉴。

### 一、海南省经济金融概况

**（一）海南省经济运行概况**

海南省在经历了 20 世纪 90 年代初期资产泡沫打击后，经济发展受到一定制约。1998 年以来海南省依托当地资源优势，发展优势产业，经济发展速度加快，生产总值从

442.13 亿元增长到 2008 年的 1 459 亿元，增长近 300%，如表 15.1、图 15.1。海南省经济总量和人均产值都得到了快速发展，但是海南省经济总量仍然偏低，且相对优势产业以及相关配套并没有建立，作为全国最大的经济特区，海南面临前所未有的发展机遇的同时，也面临发展瓶颈。

**表 15.1 海南省 1998—2008 年生产总值（GDP）** 单位：亿元

| 年份 | 1998 | 1999 | 2000 | 2001 | 2002 | 2003 | 2004 | 2005 | 2006 | 2007 | 2008 |
|---|---|---|---|---|---|---|---|---|---|---|---|
| GDP | 442.13 | 476.67 | 526.82 | 579.17 | 642.73 | 713.96 | 819.66 | 905.03 | 1 052.85 | 1 223.00 | 1 459.00 |

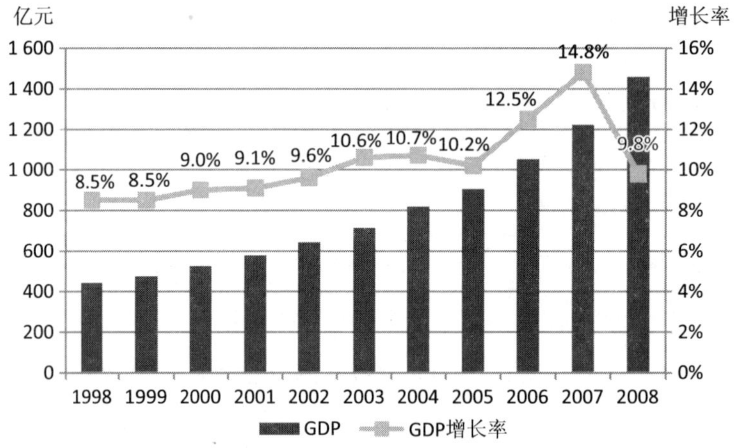


图 15.1 海南省 1998—2008 年 GDP

如表 15.2，从海南省的经济结构可以看出，海南省三大产业发展相对其他省份而言比较平衡，且近年来变化不大，海南有着得天独厚的自然资源，由旅游业带动的第三产业发展对其经济贡献最大，但是 2005 年以来海南省第三产业对 GDP 的贡献并没有加大，反而从 41.3% 下降到 2008 年的 40.25%。

**表 15.2 海南省经济结构** 单位：亿元

| 年份 | 2005 | 2006 | 2007 | 2008 |
|---|---|---|---|---|
| 生产总值 | 905.03 | 1 052.85 | 1 223.28 | 1 459.23 |
| 第一产业 | 300.75 | 344.48 | 361.07 | 437.61 |
| 第二产业 | 230.53 | 287.86 | 364.26 | 434.40 |
| 第三产业 | 373.75 | 420.51 | 497.95 | 587.22 |
| 比重 | | | | |
| 第一产业 | 33.23% | 32.72% | 29.50% | 29.98% |
| 第二产业 | 25.47% | 27.34% | 29.78% | 29.77% |
| 第三产业 | 41.30% | 39.94% | 40.72% | 40.25% |

注：数据来源于海南省历年统计年鉴。

### （二）海南省金融运行概况

海南省金融业改革持续深化，产品和服务创新不断深入推进，保险产品覆盖范围也持续扩大，金融业支持经济社会发展的能力不断增强。但同时，由于海南省经济总量不大，经济结构比较单一，加上 20 世纪 90 年代初的房地产市场泡沫化发展，沉重打击了金融体系的健康发展，海南省的金融市场发展总体比较落后。

从海南省银行业的状况看，如表 15.3，银行业总资产规模增长较快，2005 年资产总额为 1 202.5 亿元，而在 2008 年达到了 2 832 亿元；银行机构数量变化不大，甚至有所减少，从 2005 年的 1 310 个减少到 2008 年的 1 225 个；从业人数也变化不大，从 2005 年的 17 067 人增加到 2008 年的 17 526 人。

表 15.3　海南省 2005—2008 年银行机构数量和资产

| 指标 | 2005 | 2006 | 2007 | 2008 |
| --- | --- | --- | --- | --- |
| 资产总额（亿元） | 1 202.5 | 1 830.0 | 2 257.0 | 2 832.0 |
| 从业人数（人） | 17 067 | 19 560 | 16 814 | 17 526 |
| 机构数量（个） | 1 310 | 1 230 | 1 231 | 1 225 |

数据来源：海南省历年金融运行报告。

从传统银行业看，2008 年海南省银行业发展状况持续改善，存款和贷款增速均明显加快，其中存款定期化趋势较为明显，由于资本市场不景气等原因，储蓄存款有显著回流，同时企业存款增长速度减缓；贷款方面，除贷款额有大幅增长外，信贷的结构也有所优化，短期贷款占比提高，期限结构明显改善。

其他金融市场方面，在全国资本市场整体低迷的背景下，海南省证券市场也深受宏观经济影响，证券公司营业收入和盈利能力都出现明显下降。保险业则发展比较稳健，特别是农业保险的保障功能得到了进一步发挥。除此之外，海南省金融业也暴露出一些问题，包括融资结构不够优化，直接融资渠道较少、品种单一等。

## 二、文献综述

对海南省金融风险的研究是最近几年才开始的，这方面的文献主要集中于单个区域和行业，侧重于实际，具有一定的参考价值。崔光庆、王景武（2006）认为海南房地产金融泡沫的形成是制度变迁过程中，地方政府为发展经济过度扩充金融机构的结果。刘仁伍（2002）认为过高的金融相关比率是造成海南金融泡沫产生的重要原因之一，1988—1998 年国有银行为逃避金融监管在海南成立了几十家城市信用社和信托投资公司，由于这些金融机构复杂的产权关系和与国营企业的联系，关联交易严重扭曲了金融交易的本质要求，使金融机构和非金融机构陷入了金融泡沫。朱军（2007）分析了海南省三亚市房地产金融风险，由于三亚市房地产市场存在一些与全国其他城市不同的特点，如开发投资资金来源中银行占比较高，个人购房客户主要来自岛外，住房闲置率高等，其认为三亚市房地产市场存在一定的潜在风险，并提出对策建议。符瑞武（2009）通过对海南省相关数据的实证分析，认为从长期看，宏观经济波动与金融稳定指标之间存在长期稳定的经济关系，而在短期内，国民生产总值、上证指数的波动和实际利率水平的变化对区域金融稳定有较为显著的影响，而固定资产投资、区域信贷余额、房地产价格波动、城镇居民可支配收入的变动在短期内对海南金融稳定的影响并不显著。

## 第 2 节　海南省部门资产负债表编制及分析

本节选取金融部门和企业部门数据编制宏观资产负债表，采用资产负债表法分析海南省主要经济部门的风险，包括资本结构风险、货币错配风险、清偿力风险等，以此反映海南省宏观经济运行潜在的风险。以下基于账面价值的资产负债表对海南省金融部门和企业部门进行风险的识别和度量。

### 一、海南省金融部门资产负债表编制及分析

#### （一）金融部门资产负债表编制

本节编制海南省金融部门 2003—2008 年资产负债表，如表 15.4。

**表 15.4 海南省金融部门资产负债表**　　单位：亿元

| 年份 | 2003 | 2004 | 2005 | 2006 | 2007 | 2008 |
|---|---|---|---|---|---|---|
| **总资产** | — | 1 165.5 | 1 202.5 | 1 830.0 | 2 257.0 | 2 832.0 |
| 贷款余额 | 874.7 | 920.6 | 996.3 | 1 123.3 | 1 228.0 | 1 383.4 |
| 短期贷款 | 301.6 | 271.1 | 260.1 | 247.1 | 263.1 | 344.6 |
| 票据融资 | — | — | 34.6 | 35.2 | 44.2 | 60.3 |
| 中长期贷款 | 507.5 | 601.8 | 685.1 | 824.9 | 906.2 | 971.6 |
| 本币贷款 | 732.0 | 801.2 | 874.3 | 993.8 | 1 086.9 | 1 219.8 |
| 外币贷款 | 142.7 | 119.4 | 122.0 | 129.5 | 141.1 | 163.6 |
| **总负债和权益** |  | 1 165.5 | 1 202.5 | 1 830 | 2257.0 | 2 832.0 |
| 存款余额 | 1 050.5 | 1 159.3 | 1 302.3 | 1 560.3 | 1 873.0 | 2 350.9 |
| 企业存款 | 322.2 | 374.1 | 406.7 | 538.2 | 724.3 | 917.8 |

续表

| 年份 | 2003 | 2004 | 2005 | 2006 | 2007 | 2008 |
|---|---|---|---|---|---|---|
| 居民储蓄 | 545.8 | 645.5 | 722.0 | 812.2 | 878.9 | 1 075.2 |
| 活期存款 | 250.5 | 292.4 | 327.0 | 386.2 | 450.9 | — |
| 定期存款 | 296.4 | 323.5 | 370.6 | 404.4 | 412.2 | — |
| 本币存款 | 991.7 | 1 110.8 | 1 262.2 | 1 513.7 | 1 833.2 | 2 305.5 |
| 外币存款 | 58.8 | 48.5 | 40.1 | 46.6 | 39.8 | 45.4 |

注：海南省金融部门资产负债表涵盖银行类金融机构资产负债表，数据来源于《海南省金融运行报告》，总资产、总负债和权益、贷款余额、短期贷款、票据融资、中长期贷款、本币贷款和外币贷款数据从 2004—2008 年《海南省金融运行报告》获得，2003 年数据根据 2004 年的增长率推算出。

### （二）金融部门资产负债表分析

1. 资本结构错配分析

从海南省金融部门存贷变化看，贷款增速总体较存款增速低，2003—2008 年，贷款余额从 874.7 亿元增长至 1 383.4 亿元，存款从 1 050.5 亿元增长至 2 350.9 亿元，如图 15.2。海南省金融部门存贷比总体呈下降趋势，从 2003 年的 83.27% 降至 2008 年的 58.85%，降幅比较明显，较低的存贷比在增加金融部门抗风险能力的同时，也抑制了金融部门的盈利。

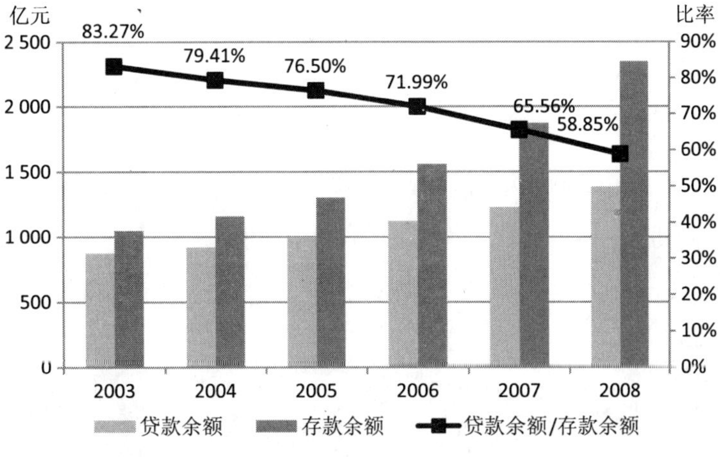


图 15.2　海南省金融部门存款余额、贷款余额及存贷比

如图 15.3，海南省金融部门总资产在 2004—2008 年间平稳增加，并且在最近两年里表现出了加速的态势。而海南省金融部门贷款余额从 2003 年的 874.7 亿元增加至 2008 年的 1 383.4 亿元，这期间海南省对基础设施建设投入加大，相应贷款需求增速明显增加，同时为服务农户资金需求，海南省创新了短期贷款模式如“琼中模式”与“格莱珉模式”等。

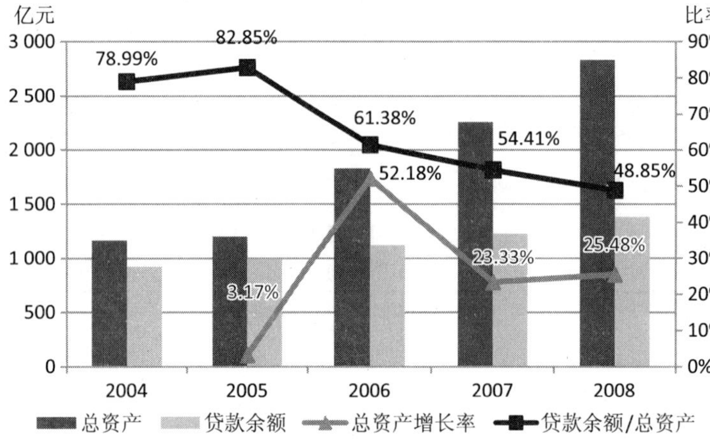


图 15.3 海南省金融部门总资产、贷款余额及其增长率

同时，海南省金融部门各项贷款余额占总资产的比重逐年下降，说明贷款规模仍不够大，存在进一步扩大的空间。

2. 期限错配风险分析

如图 15.4，海南省金融部门的各项贷款余额中，中长期贷款的比重超过一半，说明资金运用多投向了中长期贷款，短期资产的比重较小。2003—2007 年贷款期限结构显著恶化，短期贷款加速增长。而 2008 年年末短期贷款增速同比加快 31.7 个百分点，原因主要是海南省的重大建设项目前期对短期贷款需求较大。2008 年中长期贷款新增额占各项贷款的比重为 70.23%，同比下降了 3.56 个百分点，贷款短期化趋势明显，中长期化有所减弱。

如图 15.5，在 2003—2005 年，海南省金融部门定期存款占居民储蓄的比重超过一半，2006 年以后下降到低于一半。海南省经济增长对中长期信贷资金的需求较大，而定期存

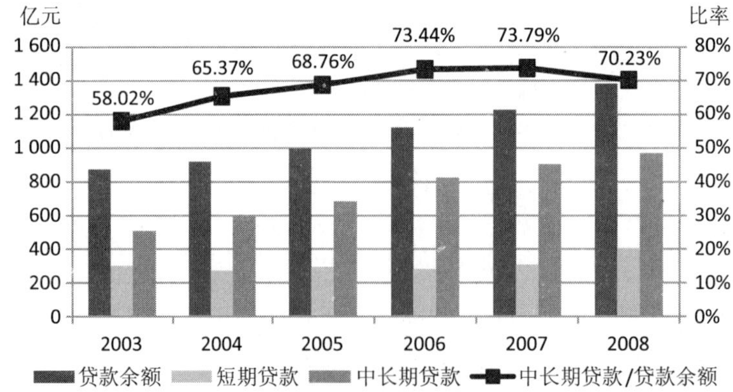


图 15.4 海南省金融部门贷款结构

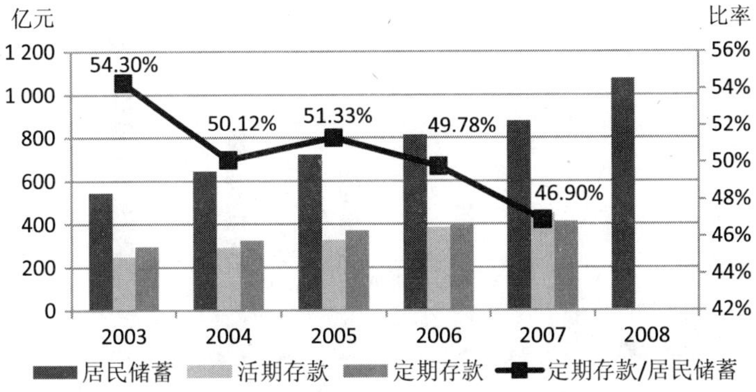


图 15.5　海南省金融部门存款结构

款占居民储蓄的比例呈下降趋势，这些使海南金融部门期限错配问题日益突出，由此可能产生的流动性风险和利率风险值得关注。

3. 货币错配风险分析

如图 15.6，2003—2008 年间，海南省金融部门外币贷款占贷款余额的比率从 16.31% 持续下降至 11.49% 后，2008 年上升为 11.83%；而外币存款占存款余额的比率从 5.6% 降至 1.93%。海南省外币存款率和外币贷款率均呈下降趋势，且前者下降更快。

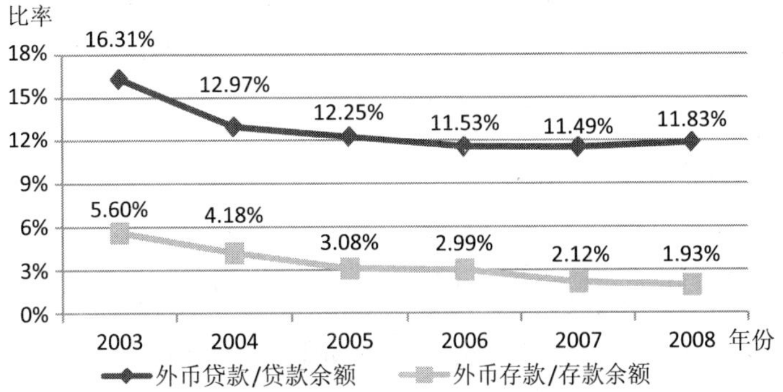


图 15.6　海南省金融部门外币存款和外币贷款比较

从图 15.7 海南省金融部门币种结构看，本币存贷比在样本期间内持续下降，到 2008 年时该指标值仅为 52.91%，远远低于 75%；而外币存贷比在样本期间内快速攀升，仅在 2006 年略有回落，到 2008 年时已高达 360.35%。总体看，海南省金融部门外币存贷比在样本区间内很高，远高于国内许多其他省份。在人民币升值预期与美元贷款利率相对较低等因素的影响下，外汇贷款需求增加，外币贷款长期高于外币存款，且差额在不断扩大，说明海南省金融部门面临的货币错配风险不断加大。

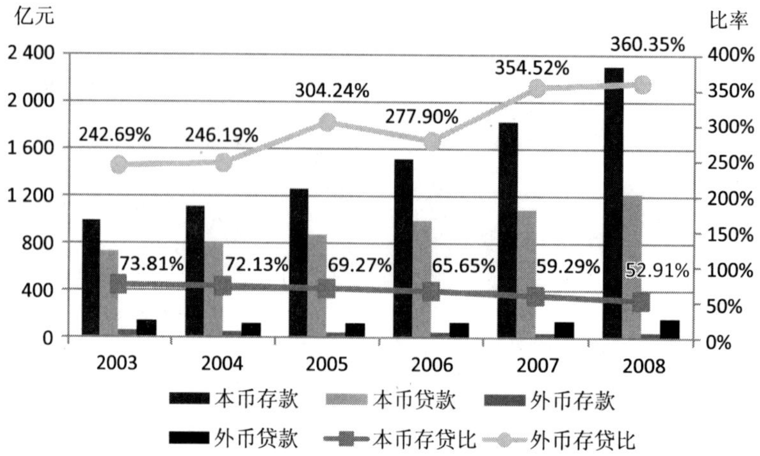


图 15.7 海南省金融部门币种结构

## 二、海南省企业部门资产负债表编制及分析

### （一）企业部门资产负债表的编制

目前国际经济环境变化的不确定因素和潜在风险的增加，海南经济运行中的一些问题和深层次矛盾可能在企业部门有进一步反映。本文主要考察海南省国有及规模以上非国有工业企业、所有建筑业企业、限额以上餐饮企业以及限额以上批发零售企业资产负债情况，编制企业部门1998—2008年资产负债表，如表15.5。

### （二）企业部门资产负债表分析

海南具有独特的旅游资源，它以建设“国际旅游岛”为契机，加大资金投入和资源整合力度，发展以旅游业为龙头的现代服务业，带动房地产业、交通、物流、住宿、餐饮业等产业快速发展。如表15.5，海南省企业部门总资产和总负债规模持续扩大，截至2008年年末，企业部门总资产和总负债分别达到1 580.01亿元和898.17亿元。从四大行业资产在企业部门总资产中所占份额看，如图15.8，工业企业份额最高，为76.44%，其次批发零售业资产占比为17.9%，建筑业资产占比5.27%，餐饮业资产占比0.39%。由于上述四个行业不能代表海南省的主导产业，因此在分析企业部门的风险状况时，可能具有一定的片面性。由于工业占据四大行业的主要部分，下文的分析揭示的主要是海南省企业部门

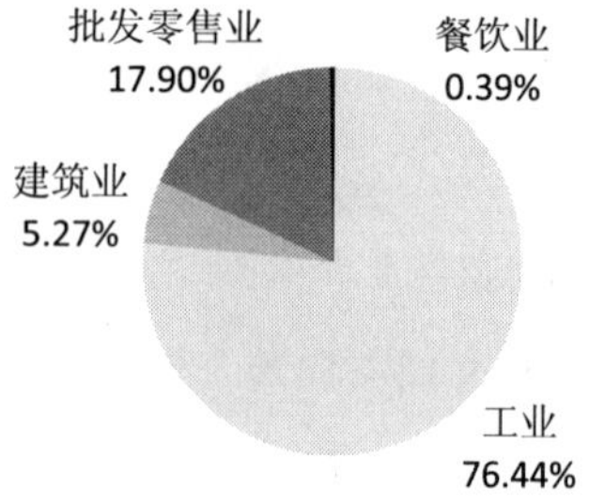


图 15.8 2008年海南省四大行业资产占企业部门总资产的比重

**表 15.5　1998—2008 年海南省企业部门资产负债表**　　单位：亿元

| 年份 | 总资产 | 流动资产 | 长期资产 | 总负债 | 流动负债 | 长期负债 | 总权益 |
|---|---|---|---|---|---|---|---|
| 1998 | 508.97 | 197.63 | 311.34 | 375.47 | 221.94 | 153.53 | 133.50 |
| 1999 | 584.52 | 224.89 | 359.63 | 416.64 | 258.73 | 157.92 | 167.88 |
| 2000 | 551.66 | 224.73 | 326.93 | 375.55 | 228.04 | 147.51 | 176.11 |
| 2001 | 518.02 | 207.86 | 310.16 | 321.75 | 205.64 | 116.11 | 196.26 |
| 2002 | 581.43 | 259.38 | 322.05 | 319.41 | 216.48 | 102.93 | 262.02 |
| 2003 | 605.65 | 270.61 | 335.04 | 331.63 | 220.46 | 111.17 | 274.03 |
| 2004 | 634.55 | 284.79 | 349.76 | 347.67 | 273.48 | 74.18 | 286.88 |
| 2005 | 976.44 | 409.25 | 567.18 | 552.63 | 334.35 | 218.28 | 423.81 |
| 2006 | 1 177.31 | 489.76 | 687.55 | 715.14 | 396.82 | 318.31 | 462.18 |
| 2007 | 1 339.63 | 592.20 | 747.43 | 750.27 | 493.97 | 256.29 | 589.36 |
| 2008 | 1 580.01 | 746.66 | 833.34 | 898.17 | 650.94 | 247.23 | 681.84 |

注：本表数据来源 1998—2008 年《中国统计年鉴》和《海南省统计年鉴》，具体如下：

① 工业行业数据来源于《中国统计年鉴》——各地区规模以上工业企业主要指标统计表；建筑业资产、流动资产数据来源于《中国统计年鉴》——各地区建筑业企业资产统计表，负债、流动负债数据来源于《中国统计年鉴》——各地区建筑业企业负债及所有者权益统计表；批发零售业数据来源于各地区限额以上批发和零售业资产及负债统计表；餐饮业数据来源于各地区限额以上餐饮业资产及负债统计表。

② 对工业企业、建筑业企业、批发零售业、餐饮业部分缺失数据进行估算处理。相对建筑业、批发零售业及餐饮业，工业企业的资产负债在企业部门总的资产负债中占比最高，统计数据基本无缺失；餐饮业、批发零售及建筑业在总体中占比较低，统计数据存在个别缺失情况，对于缺失数据进行估算补齐后产生的偏差对总体分析影响不大。

③ 全部国有及规模以上非国有工业企业 2004 年流动负债数据缺失，以 2003 年流动负债的年增长率进行替代，估算出 2004 年的流动负债，并进一步计算出长期负债；建筑业企业 2004 年统计数据中资产负债数据缺失，均以 2003 年各指标的年增长率替代，估算出 2004 年资产、负债、流动资产和流动负债，并进一步计算出长期资产和负债；限额以上餐饮企业、限额以上批发零售业 2002—2007 年流动负债数据缺失，以前三年的流动负债 / 总负债的均值作为当年的比例，结合总负债得到流动负债缺失数据的合理替代值，并进一步计算出长期负债。

中工业行业的风险状况。

1. 资本结构错配分析

如图 15.9，1998 年企业部门总资产为 508.97 亿元，2008 年年底总资产达 1 580.01 亿元；总负债增长相对缓慢，11 年间从 375.47 亿元增加到 898.17 亿元，主要原因是海南省企业部门发展加快，资产负债规模持续扩大。同时，随着资本市场改革的进一步深化，海南省企业部门开始通过资本市场融资，对债务融资的依赖程度降低，资产负债率不断下降，从 1998 年 73.77% 下降至 2008 年 56.85%，错配风险降低，资本结构有所合理化，如图 15.10。

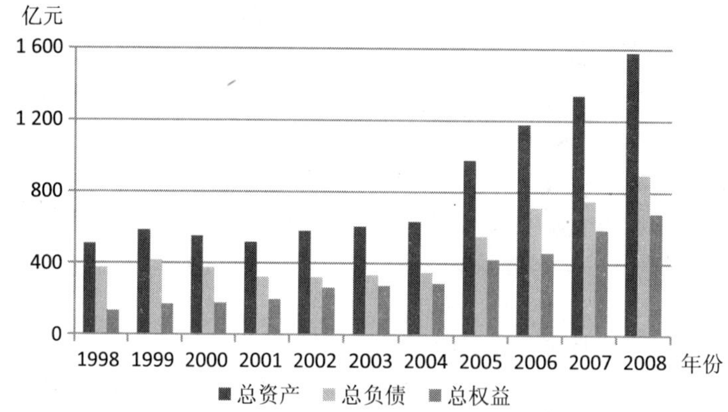


图 15.9　海南省企业部门资本结构

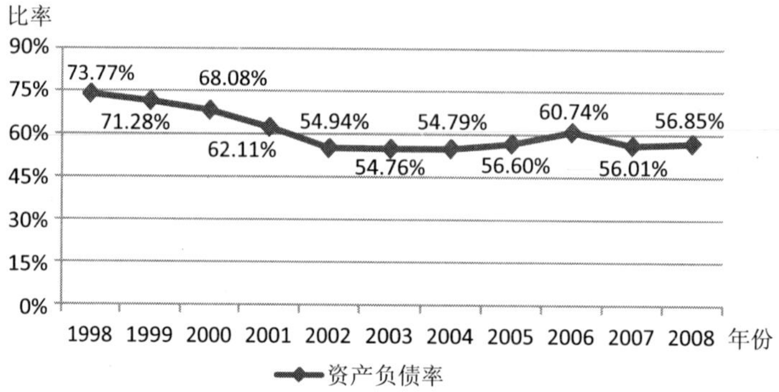


图 15.10　海南省企业部门资产负债率

2. 期限错配风险分析

如图 15.11，从资产负债表期限结构看，海南省企业部门总资产中以长期资产为主，而总负债中则以流动负债为主，存在一定的期限错配风险，但从数额看，流动资产增速快于流动负债增速，所面临的风险有所降低。

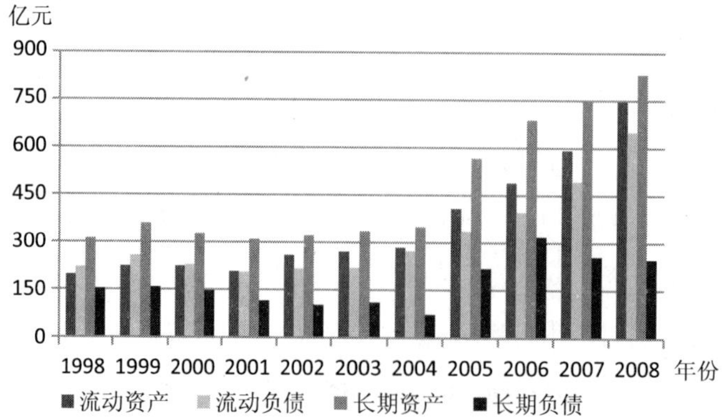


图 15.11　海南省企业部门期限结构

如图 15.12，2001 年企业部门流动资产开始超过流动负债，流动比率升至 1.01，此后的大部分年份里，流动比率保持在较高的水平，说明随着海南产业结构的不断调整升级，企业部门资本的期限结构逐步合理化，2008 年流动比率略有下降，为 1.15，企业部门期限错配风险并不明显。

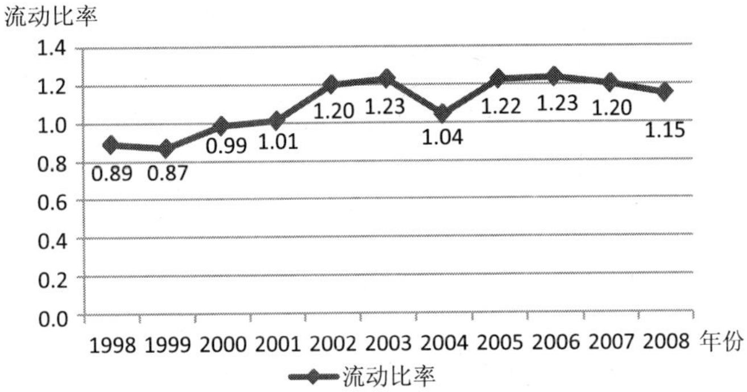


图 15.12　海南省企业部门流动比率

3. 清偿力风险分析

如图 15.13，1998—2003 年间海南省企业部门产权比率快速下降，从 2.81 下降至 1.22，之后维持在 1.2~1.5，显示出海南省企业部门的负债和权益比例较为平衡。总的来说，企业部门清偿能力有所提高，风险得到缓解。

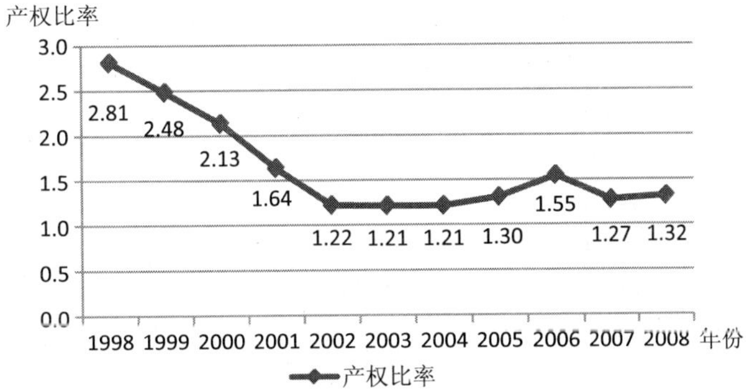


图 15.13　海南省企业部门产权比率

三、小结

从上述对海南省金融部门和企业部门资产负债表的分析看，海南省金融部门和企业部门面临不同程度的几类风险。从海南省金融部门资产负债表的分析看，总体状况良好，资本结构合理，清偿力充足，但存在一定的期限错配风险。海南省企业部门资本结构错配风险近年来有所降低，资本结构逐渐合理化，期限错配问题也有所缓解。

## 第3节 海南省或有权益资产负债表编制及分析

本节在对海南省主要经济部门账面价值的资产负债表分析的基础上，结合市场化信息编制非金融性上市企业和企业部门整体或有权益资产负债表、风险表，衡量各部门的实际市场风险以及对风险的抵抗能力。

### 一、海南省上市企业部门或有权益资产负债表编制及分析

海南省上市企业部门的或有权益资产负债表输入数据中的权益市值和权益市值波动率根据国信股票分析软件海南省板块中的数据得到，股票价格采用前复权的方法后，每个企业（不包括金融企业）的权益市值可通过股票价格乘以现有股本数得到，加总处理后可得海南省上市企业部门日权益市值，进一步计算即可得企业部门的年权益市值波动率；输入参数中的权益市值采用年末数据；上市企业部门的违约点通过短期债务加一半的长期债务获得。具体可得2001—2009年海南省上市企业部门或有权益资产负债表的输入参数，如表15.6。

**表15.6　海南省上市企业部门或有权益资产负债表输入数据**

| 年份 | 权益市值（亿元） | 违约点（亿元） | 权益市值波动率 | 无风险利率 |
|---|---|---|---|---|
| 2001 | 611.95 | 164.46 | 23.64% | 2.25% |
| 2002 | 506.91 | 188.71 | 29.64% | 2.02% |
| 2003 | 447.62 | 239.49 | 21.88% | 1.98% |
| 2004 | 375.43 | 273.62 | 26.41% | 2.03% |
| 2005 | 282.36 | 307.33 | 27.50% | 2.25% |
| 2006 | 539.62 | 317.14 | 26.83% | 2.35% |
| 2007 | 1 561.09 | 368.82 | 42.78% | 3.26% |
| 2008 | 463.16 | 413.77 | 54.73% | 3.92% |
| 2009 | 1 070.82 | 523.52 | 37.20% | 2.25% |

#### （一）或有权益资产负债表分析

根据海南省上市企业部门或有权益资产负债表的输入数据，通过MATLAB编程处理得到海南省上市企业部门或有权益资产负债表，如表15.7。

表 15.7 海南省上市企业部门或有权益资产负债表 单位：亿元

| 年份 | 资产市值 | 债务市值 | 权益市值 | 年份 | 资产市值 | 债务市值 | 权益市值 |
|---|---|---|---|---|---|---|---|
| 2001 | 772.74 | 160.79 | 611.95 | 2006 | 849.90 | 310.28 | 539.62 |
| 2002 | 691.81 | 184.90 | 506.91 | 2007 | 1 918.19 | 357.10 | 1 561.09 |
| 2003 | 682.63 | 235.01 | 447.62 | 2008 | 865.52 | 402.37 | 463.16 |
| 2004 | 643.86 | 268.43 | 375.43 | 2009 | 1 582.67 | 511.85 | 1 070.82 |
| 2005 | 582.85 | 300.49 | 282.36 | | | | |

如图 15.14，海南省上市企业部门资产市值在 2005 年之前变化不大，在 700 亿元左右，2006 年、2007 年由于股市行情转好，资产市值大幅增加，2007 年达到最大值 1 918.19 亿元；权益市值也在 2007 年达到顶峰，为 1 561.09 亿元。2008 年金融危机的爆发使得市值大幅缩水，资产市值下降 54.88%，权益市值下降 70.33%，而债务市值上升了 12.68%。2009 年，由于资本市场行情好转，海南省上市企业资产市值和权益市值都大幅度增加，分别为 1 582.67 亿元和 1 070.82 亿元。

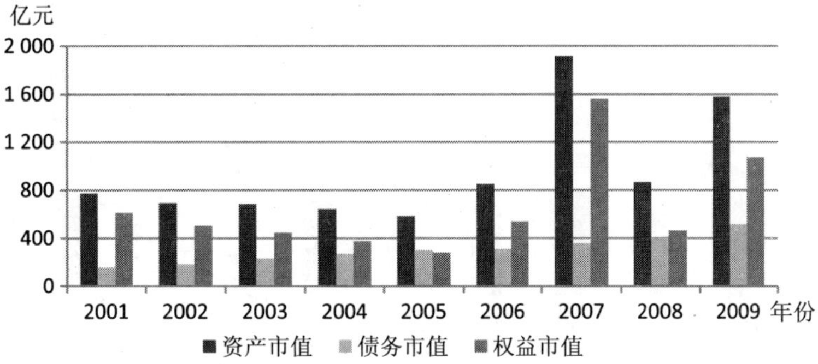


图 15.14 海南省企业部门或有权益资本结构

从或有权益资本结构看，2001—2009 年，海南省企业部门依然存在较高的风险。其中债务市值与权益市值的比率 2007 年为 0.23 : 1，2008 年上升至 0.87 : 1，说明清偿力风险在 2008 年大幅上升。该比率在 2009 年又下降至 0.48 : 1，清偿力风险有所缓解。

从资产负债率看，如图 15.15，海南省上市企业部门或有资产负债率波动较大，最高为 2005 年的 51.56%，最低为 2007 年的 18.62%。与账面价值资产负债表相比，或有资产负债率较低，基本上低于 50%。2008 年，随着国际金融危机的蔓延，上市企业或有资产负债率比 2007 年约增加 30 个百分点，但仍低于 2005 年的或有资产负债率，2009 年又下降至 32.34%，总的来说或有资产负债率处于较低水平，或有资本错配风险不明显。

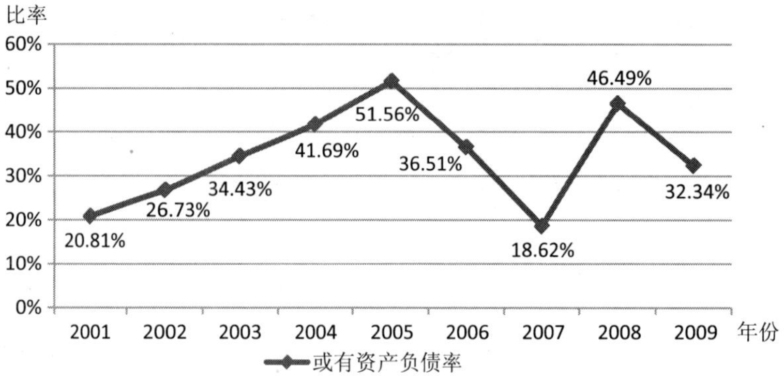


图 15.15　海南省上市企业部门或有资产负债率

如图 15.16，2001—2009 年，海南省上市企业部门违约点值逐年递增，资产市值与违约点两者之比在 2001—2005 年间持续下降，从 4.7 降至 2.68，2007 年回升至 5.2，此后又下降，2009 年为 3.02。从总体看，历年资产市值都大大高于违约点，说明违约风险较小。

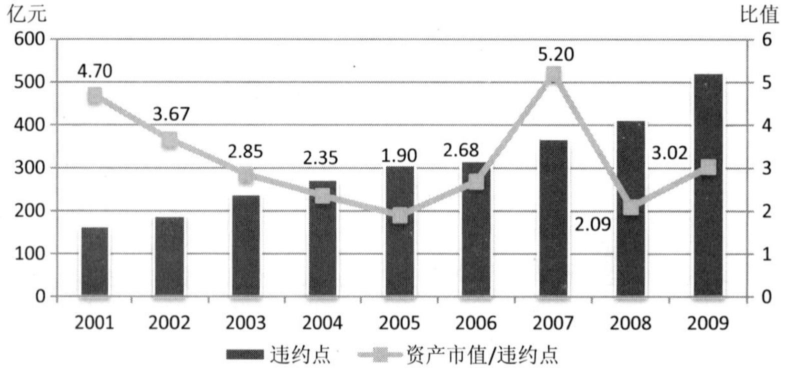


图 15.16　海南省上市企业部门资产市值和违约点比较

**（二）风险表分析**

根据风险指标的求解模型，输入各已知变量，运用 MATLAB 求解得出海南省上市企业部门的风险指标，所编制风险表如表 15.8 所示。

**表 15.8　海南省上市企业部门风险表**

| 年份 | 资产市值波动率 | 违约概率 | 违约距离 | 年份 | 资产市值波动率 | 违约概率 | 违约距离 |
|---|---|---|---|---|---|---|---|
| 2001 | 18.72% | 0 | 4.204 14 | 2006 | 17.04% | 0 | 3.678 95 |
| 2002 | 21.72% | 0 | 3.348 48 | 2007 | 34.82% | 0 | 2.319 74 |
| 2003 | 14.35% | 0 | 4.523 33 | 2008 | 29.48% | 0.64% | 1.770 61 |
| 2004 | 15.41% | 0 | 3.732 65 | 2009 | 25.17% | 0 | 2.659 24 |
| 2005 | 13.32% | 0 | 3.548 09 | | | | |

如图 15.17，2001—2009 年间，海南省上市企业部门资产市值波动率在 2006 年之前相对平稳，2007 年、2008 年和 2009 年波动率均处于相对较高的水平。

图 15.17　海南省上市企业部门资产市值波动率

如图 15.18，2001—2008 年间违约距离的下降，进一步表明上市企业部门违约风险有上升趋势。说明海南省上市企业受宏观经济形势影响较大，状况有所恶化，2008 年违约风险较大。2009 年违约距离显著增加，风险状况缓解，显示海南省上市企业经营恢复较快。

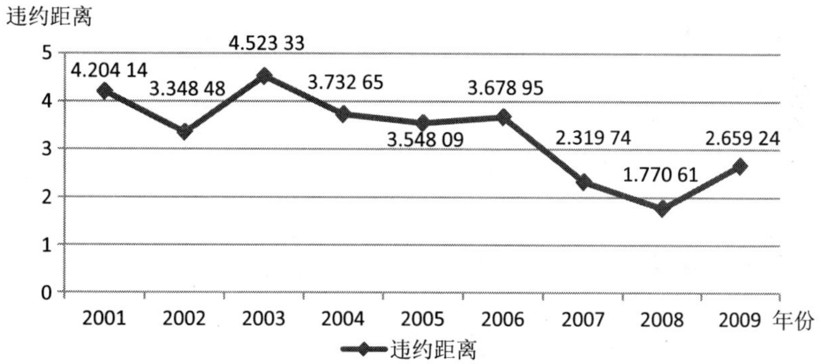


图 15.18　海南省上市企业部门违约距离

## 二、海南省企业部门或有权益资产负债表编制及分析

根据处理企业部门整体或有权益相关数据的方法，整理相关数据如表 15.9。

### （一）或有权益资产负债表分析

通过 MATLAB 编程处理得到海南省企业部门或有权益资产负债表，如表 15.10。

表 15.9　海南省企业部门或有权益资产负债表输入数据

| 年份 | 权益市值（亿元） | 违约点（亿元） | 权益市值波动率 | 无风险利率 |
|---|---|---|---|---|
| 2001 | 917.847 | 263.695 | 23.64% | 2.25% |
| 2002 | 897.921 | 267.945 | 29.64% | 2.02% |
| 2003 | 816.364 | 276.045 | 21.88% | 1.98% |
| 2004 | 682.357 | 310.570 | 26.41% | 2.03% |
| 2005 | 723.612 | 443.490 | 27.50% | 2.25% |
| 2006 | 1 132.395 | 555.975 | 26.83% | 2.35% |
| 2007 | 3 337.237 | 622.115 | 42.78% | 3.26% |
| 2008 | 1 203.990 | 774.555 | 54.73% | 3.92% |

表 15.10　海南省企业部门或有权益资产负债表　　单位：亿元

| 年份 | 资产市值 | 债务市值 | 权益市值 | 年份 | 资产市值 | 债务市值 | 权益市值 |
|---|---|---|---|---|---|---|---|
| 2001 | 1 175.763 | 257.916 | 917.847 | 2005 | 1 157.779 | 434.167 | 723.612 |
| 2002 | 1 160.563 | 262.642 | 897.921 | 2006 | 1 675.386 | 542.991 | 1 132.395 |
| 2003 | 1 086.989 | 270.625 | 816.364 | 2007 | 3 939.612 | 602.375 | 3 337.237 |
| 2004 | 986.688 | 304.331 | 682.357 | 2008 | 1 954.979 | 750.989 | 1 203.990 |

如图 15.19，海南企业部门资产市值从 2001 年到 2005 年都保持在稳定的水平，平均水平约为 1 000 亿元，同期权益市值的波动较大。海南的企业部门的权益市值从 2001 年的 917.847 亿元减少到 2005 年的 723.612 亿元。而在 2006 年，海南的权益市值有了一个爆发性的上涨，达到 1 132.395 亿元，2007 年更是达到了 3 337.237 亿元。2008 年国内资本市场受到国际金融危机的严重影响，股指大幅下跌，企业部门权益市值和资产市值缩水率达到 50.37% 和 63.92%，市场公允价值下降，企业部门市场风险凸显，与上市企业市场价值变化情况较接近。

从海南省企业部门的债务市值情况看，债务市值在 2001—2006 年期间一直保持绝对

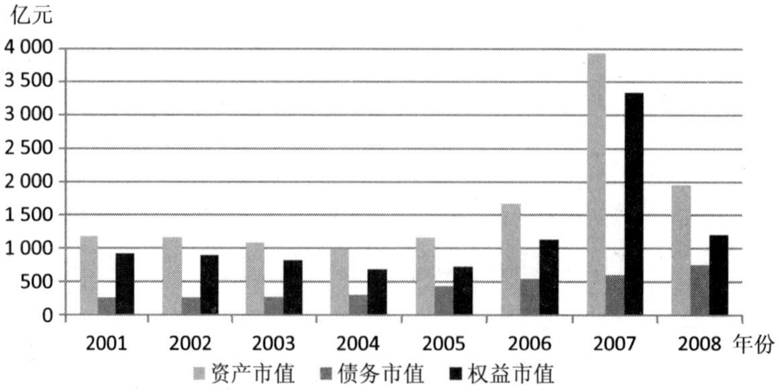


图 15.19　海南省企业部门或有权益资本结构

数量的增长。而比较海南省债务市值和权益市值的增长率，可以看出债务市值在2006年的增长慢于权益市值增长，不同于2006年以前债务市值大于权益市值增长的状况。债务市值增长低于权益市值的增长，显示了海南省企业部门应对风险的能力有所改善。

如图15.20，海南省企业部门或有资产负债率在2005年之前持续增加，2005年达到最大值37.5%，随后两年有所降低，2007年降至15.29%后2008年又大幅增加至38.41%。或有资产负债率在2006—2008年出现的大幅波动与宏观经济的表现一致，在股市表现最好的2007年，或有资产负债率达到了15.29%的最低水平。2008年，在金融危机背景下，或有资产负债率有了显著上升，但仍处于较低水平，说明企业部门资本结构比较健康，或有资本结构风险不明显。

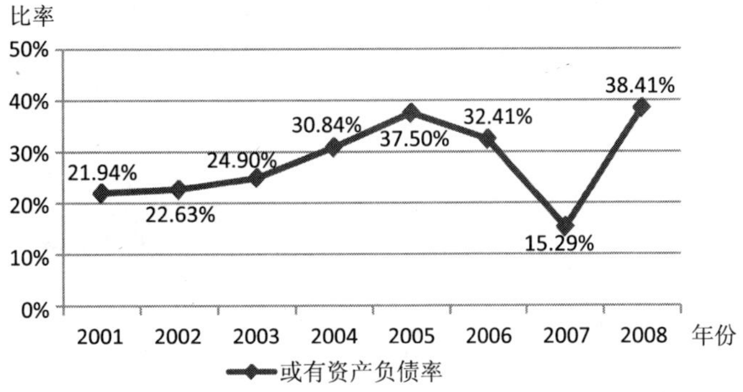


图15.20　海南省企业部门或有资产负债率

如图15.21，从2001年到2007年，资产市值一直远远大于违约点。虽然资产市值远远大于违约点，但是两者的比率有所降低，特别是在2005年，两者之比已经降为2.61，这说明相对资产市值，违约点越来越高，可作为缓冲风险的区域相对越来越狭窄。

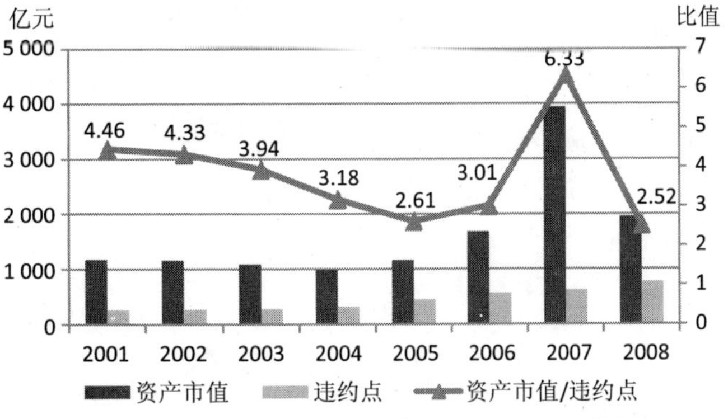


图15.21　海南省企业部门资产市值和违约点比较

## （二）风险表分析

根据风险指标的求解模型，输入各已知变量，运用 MATLAB 求解得出海南省企业部门的风险指标，所编制的风险表如表 15.11。

**表 15.11 海南省企业部门风险表**

| 年份 | 资产市值波动率 | 违约概率 | 违约距离 | 年份 | 资产市值波动率 | 违约概率 | 违约距离 |
|---|---|---|---|---|---|---|---|
| 2001 | 18.46% | 0 | 4.202 7 | 2005 | 17.19% | 0 | 3.588 5 |
| 2002 | 22.93% | 0 | 3.353 8 | 2006 | 18.13% | 0 | 3.684 8 |
| 2003 | 16.43% | 0 | 4.539 5 | 2007 | 36.24% | 0 | 2.323 5 |
| 2004 | 18.27% | 0 | 3.751 3 | 2008 | 33.83% | 0.36% | 1.784 7 |

如图 15.22，资产市值波动率在 2001—2005 年间变化不大，其中 2003 年为最低水平 16.43%，2006 年、2007 年连续上涨至 36.24%。2008 年资产市值波动率有所下降，降至 33.83%。相对于上市企业部门，企业部门资产市值波动率总体略低一些。

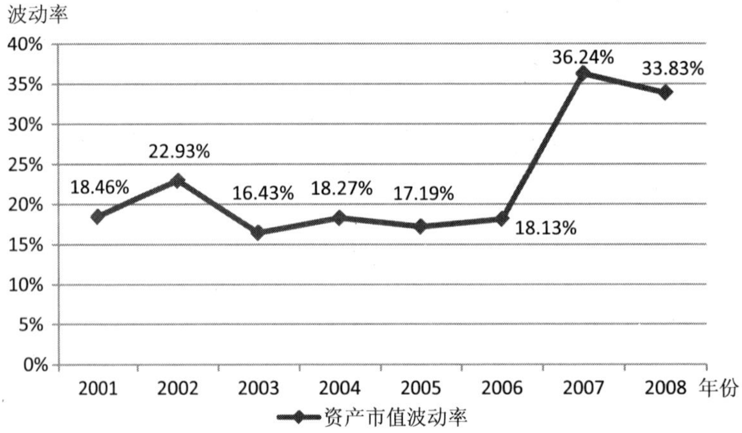


图 15.22 海南省企业部门资产市值波动率

如图 15.23，根据上市企业的违约距离，2001 年违约距离为 4.202 7，2003 年上升至最高点 4.539 5，之后持续下降，至 2008 年达到最低点 1.784 7。由此看来，2003 年违约风险最小，而 2008 年违约风险最高，风险表中的违约概率也达到历史最高，企业部门违约的可能性有 0.04%。

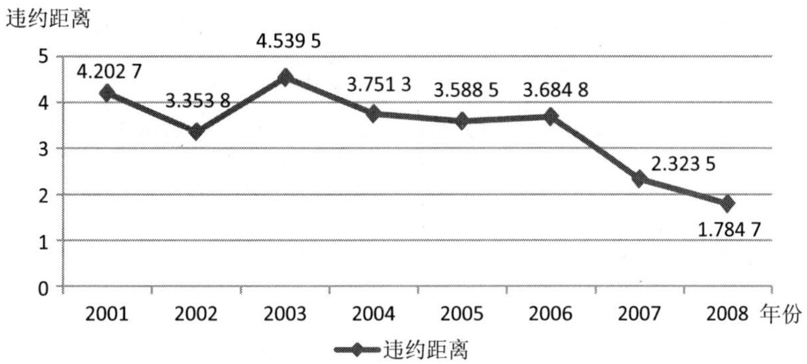


图 15.23　海南省企业部门违约距离

## 第 4 节　结论及政策建议

本章在对海南省经济金融运行概况以及相关文献进行归纳的基础上，基于账面价值资产负债表对海南省金融部部门和企业部门在运行过程中潜在的风险进行了分析，并结合市场信息编制上市企业和企业部门整体或有权益资产负债表，分析宏观经济运行过程中的潜在风险。

海南省金融部门资产规模平稳增加，从资产构成看，各项贷款余额占总资产的比重逐年下降，海南省金融部门资产结构逐渐优化，其他资产业务发展力度加强。随着近年来海南省对固定资产投资力度加大，海南省金融部门资金多流向中长期贷款，由此产生的期限错配风险加大。海南省金融机构总体发展程度不高，外币存贷比有加大趋势，货币错配风险加大。企业部门分析表明，1998 年以来其资产负债率有下降趋势，资本结构错配风险有所好转；流动资产率、流动负债率以及流动比率的分析表明企业部门期限错配状况在逐步改善。

基于市场价值的或有权益资产负债表及相关指标分析中，海南省上市企业部门资产市值在 2001—2005 年间呈波动性上涨，2006 年资产市值和权益市值大幅升水，2007 年两者增速进一步加大，2008 年国内资本市场受到国际金融危机严重影响，股指大幅下跌，企业部门权益市值和资产市值缩水率达到 54.88% 和 70.33%，市场公允价值下降，企业部门市场风险凸显。2009 年，由于资本市场行情好转，海南省上市企业资产市值和权益市值都大幅度增加。同时，与企业部门账面价值的资产负债率相比，或有资产负债率均低于 50%，且波动性更大，随市场变化更为显著。从违约距离看，2003 年企业部门违约风险最小，2008 年违约风险最高，企业部门受国际金融危机影响明显。

根据本文对海南省经济金融部门宏观金融风险的研究，针对目前存在的一些问题，本文建议从以下几方面进行改善：

（1）大力改善海南省金融投资环境，吸引岛外资金。由于海南省存在着资金不足的问题，因此需要采取措施吸引省外的资金包括外资，从而增加社会资金总量。例如可以通过选择一批好项目，吸收省外大型企业投资以及国外投资，这对于海南省经济实力的迅速提高、海南省经济健康和可持续发展具有深远的意义。

（2）充分发挥政策性银行的功能，以弥补商业性金融机构的不足。由于海南省经济基础比较薄弱，特别是在基础设施建设以及公共产品行业发展方面较为缺乏资金支持。而由于商业银行类的金融机构是以营利为目的，难以主动涉足投资这类虽然社会效益高但投资回报时间长、收益不明显的大型公共产品项目，因此需要充分发挥政策性银行、政策性财政资金的作用。

（3）整顿海南资本市场，为企业发展提供良好的融资渠道。要通过整顿和规范海南资本市场，使其规范化、法制化，还其生存和发展的清洁环境，重新树立投资者对海南资本市场的信心。

# 第2篇

# 中部宏观金融风险研究

# 第 16 章　中部宏观金融风险总论



改革开放以来，中国中部经济和金融在快速发展的同时也累积了大量的风险。相比较而言，中部金融从规模与实力上距离东部发达地区存在一定的差距，相关金融机构与金融市场的风险积累与扩散不容忽视，本章运用资产负债表法和或有权益分析法，通过总量分析和结构性分析来研究中部主要经济部门金融风险的来源及构成，并提出相应风险防范及管理措施。

## 第 1 节　引言

2008 年，中部九省实现地区生产总值 86 036 亿元，占全国总额的 27.4%，中部地区的河南、湖北与湖南三省为全国人均地区生产总值最高的三个地区[①]。经过近 30 年发展，中部地区金融体系初具雏形，金融机构种类齐全，涵盖银行、证券、保险等重要金融机构以及部分金融工具交易市场，但与北京、深圳、上海相比，金融机构数量、规模以及金融工具品种存在较大差距。

2004 年 3 月的政府工作报告首次明确提出促进中部崛起。2004 年 12 月，中央经济工作会议再次强调中部发展的重要性和紧迫性。2005 年 3 月，温家宝总理在政府工作

① 根据《2008 年中国区域金融运行报告》及各省、市、自治区（为简单起见，以下简称省份）《2008 年金融运行报告》计算得到。

报告中提出：抓紧研究制定促进中部崛起的规划和措施，从中部崛起的国家发展策略提出到现在，中部抓住了这一政策吸引了大量资金与企业进入中部，随着国内实行适度宽松的货币政策，中部地区在金融业迅速发展的同时，也面临着局部流动性过剩、区域性通货膨胀、资产价格泡沫、金融机构结构和设置不合理等一系列问题。比较庆幸的是，2008 年由美国次贷危机引发了全球性金融危机，在其蔓延过程中，中部地区由于对国际市场需求的依赖程度相对较低而使实体经济免于全球经济衰退带来的巨大冲击。根据中部各省 GDP 增长速度看，中部地区在 2008 年至 2009 年经济增速有所放缓。但是相对于亚洲其他国家金融运行的严峻状况，中部地区的金融业的发展仍然健康，发展模式上也有更清晰的定位和认识。无论如何，在金融危机导致的严峻外部环境下，考虑到在前期快速发展过程中积累的各种问题，中部金融风险有加大与扩散的可能性，如果不提早预警和防范，将严重影响我国金融体系的稳定。

## 一、中部经济运行概况

中部地区横跨我国南北界限，跨度广泛，人口密集，有着丰富的自然资源和人力资源。2003 年以来，中部地区经济发展较快，但距离东部仍然有一定差距。2004 年提出中部崛起的国家战略后，中部各省份在经济建设中都取得较好的成就。如表 16.1，2008 年中部地区产业结构特征为：所有省份的第二产业均占据最大份额，其中，内蒙古、江西、河南和黑龙江的第二产业占比超过 50%，而山西、河南第一产业占比不到 10%。从整体产业结构看，中部大部分省份产业结构较为合理。其中，河南省和山西省的经济依靠第二产业拉动明显，这主要是山西作为我国第一产煤大省所带来的强势煤炭经济以及河南雄厚的工业基础，而黑龙江作为我国传统重工业基地亦保持着较高的第二产业占比。

**表 16.1　2008 年中部各省份产业结构表**　　（单位：%）

| 地区 | 山西 | 内蒙古 | 吉林 | 湖南 | 安徽 | 江西 | 河南 | 湖北 | 黑龙江 |
|---|---|---|---|---|---|---|---|---|---|
| 第一产业 | 7.2 | 11.7 | 14.3 | 18.0 | 16.0 | 16.0 | 6.5 | 15.7 | 13.1 |
| 第二产业 | 59.2 | 55.0 | 47.7 | 44.2 | 47.6 | 52.0 | 68.5 | 43.8 | 52.5 |
| 第三产业 | 33.6 | 33.3 | 38.0 | 37.8 | 37.4 | 30.0 | 25.0 | 40.5 | 34.4 |

注：本表数据来自 2008 年中部各省份金融运行报告和各省份 2008 年统计年鉴。

从整体来讲，中部经济具有两个明显的特点：

第一，以河南、山西、江西为代表的资源引导型经济。

自从提出中部崛起战略之后，河南省率先提出改善产业结构、发展自有龙头工业企业的发展思路。随后，江西省和安徽省依靠其自身的资源优势亦提出了类似的经济策略。2000年河南省三大产业结构为10.2∶62.6∶27.2，而江西省和安徽省分别为24∶35∶40和25.6∶36.4∶38.0，从这三个省的产业结构占比的变动中可以发现，从2004年起，其第二产业发展速度远远高于第一、三产业，最终形成了现在的产业结构格局。而各省在发展方向上亦有着各自的特性，河南省依托其丰富的铝矿石储备大力发展电解铝和铝制品深加工行业；江西省依靠其丰富的稀有金属储备发展了稀有金属深加工行业并在出口创汇上取得了显著的成效；山西省则通过其自身煤矿资源的开发利用实现了连续数十年的高GDP增长。

第二，以湖北、安徽、黑龙江为代表的技术引导型经济。

湖北省大力发展光谷科技园区，建成了以光纤生产为核心的一系列高技术产业，与此同时，武钢等传统重工业也继续保持良好的发展。而安徽则试图在其传统优势领域机电制造方面实现新的突破，在保证经济快速增长的同时，也不断地向着自主生产、自主知识产权的方向发展。黑龙江则一直以振兴其老工业基地为方向进行自身的经济建设，与河南、山西、江西等省份相比，黑龙江缺少突出的优势资源储备，故而在确立发展方向和构建产业结构上具有更广阔的空间，成为中部地区的又一特点。

## 二、中部金融运行概况

改革开放以来，我国金融体系的建设取得了令人瞩目的成就，中部地区的金融体系发展也从中获益。

国有控股商业银行在中部地区商业银行体系中占据绝对主导地位，发展迅速，整体稳定运营。2008年中部区域银行业机构共有60 910家，其中国有商业银行18 640家，政策性银行865家，股份制商业银行987家，城市商业银行2 013家，总数达到46 734家，76.73%的中部金融机构属于国有控股商业银行及其衍生机构。[①] 从中部地区银行存贷款比重看，中部地区存贷款主要集中于四大国有控股商业银行机构。由于受到金融政策的影响和追求利益的驱动，我国的股份制商业银行的分支机构主要集中在东部地区，但中部地区亦有着大量股份制商业银行分支机构。虽然从绝对数量和银行业内部的地位看，中部距离东部的传统金融行业仍然有着一定的差距，但是不可否认的是，中部地区的传统银行业发展已经较为成熟和完善，其分支机构遍布各省，而且在二、三线城市中都有着大量的网点；

① 数据来源：经整理各省金融运行报告中的数据得到。

农村信用社也有着较好的发展，其分支机构数量在2008年达到4 064家。

改革开放后，外资金融机构对我国金融行业亦有着越来越显著和重要的影响。这些外资银行在我国一些经济发达地区和一些重要业务领域已占据重要地位，外资银行在银团贷款、贸易融资、零售业务、资金管理和金融衍生产品等业务方面服务的优势进一步显现。然而，中部地区由于地理位置和实际外资需求方面的限制，对外资银行的吸引力远远小于东部，截至2008年，外资银行网点总共只有12家，这其中除了有6家均在湖北武汉外，其他各省份最多只有一家外资银行网点入驻，山西、内蒙古等省份甚至没有外资银行机构。整体来说，中部区域外资银行的发展缓慢，规模较小。

目前中部地区金融体系的发展有两个特点，一是传统金融业发展较为完善且国有银行占据着绝对的领导地位，二是在金融服务业方面与东部仍然有着明显的差距，国家政策支持不足。中部地区金融体系基础完善，但仍然有着较大的发展空间。

## 三、文献综述

近年来，国内学者对区域金融风险的研究逐渐重视起来，但是相关文献研究的内容大多数局限于对区域金融差异、区域经济增长等方面。有关中部地区金融风险的研究主要集中在中微观层次的风险上，主要对中部金融发展与经济增长的实证关系，以及单个省份、单个行业或单个金融机构的金融风险等进行研究。

田霖（2007）对中部包括山西、河南、安徽、江西、湖北、湖南6省的金融产业竞争力进行了分析，主要是从存贷款余额和对外贸易方面比较了中部地区与全国平均水平，认为中部地区整体金融产业竞争力水平较低，并提出了加强中部地区作为全国金融后台服务中心的目标，以提升中部地区金融产业竞争力。曹立（2007）对中部金融市场的现状进行了研究，通过对中部金融水平的现状描述，提出以武汉为中心建立区域金融中心的设想及具体措施，组建中部开发银行，优化发展中部金融市场。进而提出中部金融市场发展思路：一是形成中部区域金融中心城市并带动中部整体金融市场发展，二是组建中部开发银行最大限度地发挥市场信用以支持金融市场发展。刘创刚（2007）在新增长理论框架下，考察中部地区资本、金融发展等因素对经济增长的贡献，分别从规模报酬不变和无规模报酬限制的条件下，对中部的总量生产函数和各要素的贡献率进行实证分析。结果发现，不管在哪种规模报酬假定下，资本的贡献份额都为最大；但是在规模报酬递增条件下，金融发展的贡献份额大于人力资本的贡献份额；而在规模报酬不变条件下则刚好相反。罗秀娟、孙压超（2005）从供求角度讨论了中部金融支撑平台的建设问题，认为中部地区作为战略互动轴心，历来被认为承担着协调沿海与内陆、接应东西部地区的重任，因此逐步推进中部金融区域性市场的发展对实现“中部崛起”意义重大，并提出了建立中部金融支撑平台的想法。

## 第 2 节 中部部门资产负债表编制及分析

本节在对经济体系中部门划分的基础上，选取中部主要经济部门——金融部门和企业部门编制宏观资产负债表并进行风险度量。

### 一、金融部门资产负债表编制及分析

中部金融部门发展不断加快，融资规模持续扩大，金融体系日趋完善。截至 2008 年年底，中部九省的银行类金融机构（总部除外）总数达 60 910 个，法人机构 1 458 个，金融机构资产总计为 114 923 亿元；辖区内有证券公司 17 个，期货公司 32 个，上市公司达 340 家，通过 A 股筹资共计 456 亿元，通过国内债券筹资共计 669 亿元，其中，短期融资债券筹资 391 亿元；总部设在辖区内的保险公司有 6 个，保险公司分支机构有 6 001 个，财产险和人寿险的保费收入分别为 631 亿元、1 798 亿元。[①] 金融部门在快速发展的同时也面临着各种风险，以下编制资产负债表进行风险度量并进行研究。

**（一）金融部门资产负债表编制**

考虑数据的可获得性，编制的金融部门资产负债表主要涵盖中部 9 个省份的银行类金融机构，如表 16.2。

**表 16.2 中部金融部门资产负债表** 单位：亿元

| 年份 | 2003 | 2004 | 2005 | 2006 | 2007 | 2008 |
|---|---|---|---|---|---|---|
| **总资产** | 49 753.56 | 56 895.31 | 67 181.26 | 78 707.80 | 90 187.00 | 114 923.70 |
| 贷款余额 | 34 923.20 | 38 202.90 | 39 543.25 | 45 375.80 | 51 808.71 | 58 042.11 |
| 短期贷款 | 20 003.90 | 20 518.40 | 19 799.01 | 21 892.70 | 24 373.17 | 25 096.94 |
| 票据融资 | 659.60 | 818.85 | 2 504.08 | 2 610.20 | 2 269.76 | 3 419.01 |
| 中长期贷款 | 12 775.10 | 15 172.70 | 16 752.24 | 20 255.10 | 24 445.74 | 28 843.12 |
| 本币贷款 | 33 856.00 | 37 211.10 | 38 734.89 | 44 604.80 | 50 873.09 | 57 173.59 |
| 外币贷款 | 1 067.20 | 991.80 | 808.36 | 771.00 | 935.62 | 868.52 |

① 根据中部九省《金融运行报告》中的相关数据，进行加总整理得到中部金融部门相应统计数据。

续表

| 年份 | 2003 | 2004 | 2005 | 2006 | 2007 | 2008 |
|---|---|---|---|---|---|---|
| **总负债和权益** | 26 332.56 | 56 895.31 | 67 181.26 | 78 707.80 | 90 187.00 | 114 923.70 |
| 存款余额 | 41 615.10 | 48 397.70 | 56 744.56 | 66 406.40 | 75 630.37 | 92 256.74 |
| 企业存款 | 10 982.70 | 12 586.09 | 13 766.67 | 16 865.90 | 20 615.69 | 24 237.51 |
| 居民储蓄 | 25 384.95 | 29 213.82 | 34 277.88 | 39 381.50 | 42 307.14 | 52 626.58 |
| 活期存款 | 8 386.97 | 9 713.48 | 11 623.93 | 13 855.27 | 15 871.54 | 18 857.37 |
| 定期存款 | 17 191.58 | 19 500.35 | 22 654.03 | 25 401.60 | 26 316.09 | 33 623.63 |
| 本币存款 | 40 603.90 | 47 353.80 | 55 918.84 | 65 598.70 | 74 933.27 | 91 566.38 |
| 外币存款 | 1 011.20 | 1 043.90 | 825.72 | 807.70 | 697.10 | 690.36 |

注：表格的编制过程如下：

① 根据2003—2008年中部9个省份的金融运行报告得出各省份金融部门总资产、贷款余额、短期贷款、票据融资、中长期贷款的各项数值。加总得中部金融部门的总资产、贷款余额、短期贷款、票据融资、中长期贷款的各项数值（以本外币表示）。

② 同样根据《金融运行报告》统计中部各省市2003—2008年本外币贷款余额和本外币存款余额，分别加总后计算中部各省份本外币贷款余额和本外币存款余额。

③ 继续使用各年度金融运行报告，统计中部九省份存款余额、企业与居民储蓄额，并将其加总得中部金融部门的存款余额、企业储蓄和居民储蓄额（本外币合计）。

④ 根据2003—2009年各省份统计年鉴，抽取各省份城乡居民储蓄的活定期储蓄额并进行加总，作为中部金融部门的居民活期储蓄和定期储蓄额。

### （二）金融部门资产负债表分析

中部金融部门总资产保持着快速增长，2003年金融部门总资产约为49 753.56亿元，2008年已达114 923.7亿元，较2003年增加了1.3倍。

1. 资本结构错配分析

如图16.1，贷款余额在2003年到2008年之间保持稳定增长，且存款余额相对于贷款余额增加幅度较大，中部金融部门发展状况良好，存款始终高于贷款，且存贷比例呈下降趋势。中部金融部门资产结构良好，有大量富裕资金。而贷款占比的持续下降，可以归功于从2003年开始的金融体制改革，特别是剥离三大商业银行（中、工、建）及其分支机构不良资产，极大地改善了商业银行的资产负债状况。

2. 期限错配风险分析

如图16.2，中部贷款总额和中长期贷款在2003—2008年间总体上呈增长趋势，但存在一定波动。中长期贷款作为长期资产的一部分，主要投向基础设施行业，长期资产占比持续攀升使金融部门资产负债期限结构错配的问题凸显，由此可能产生的流动性风险和利率风险值得关注。

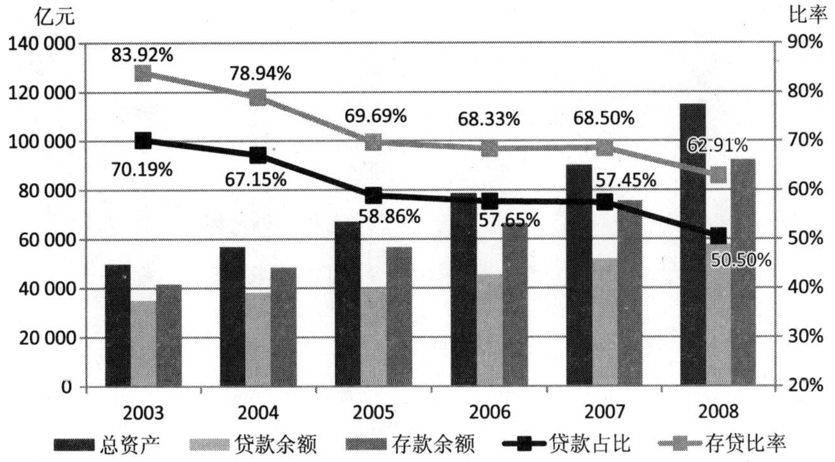


图 16.1　中部金融部门资本结构

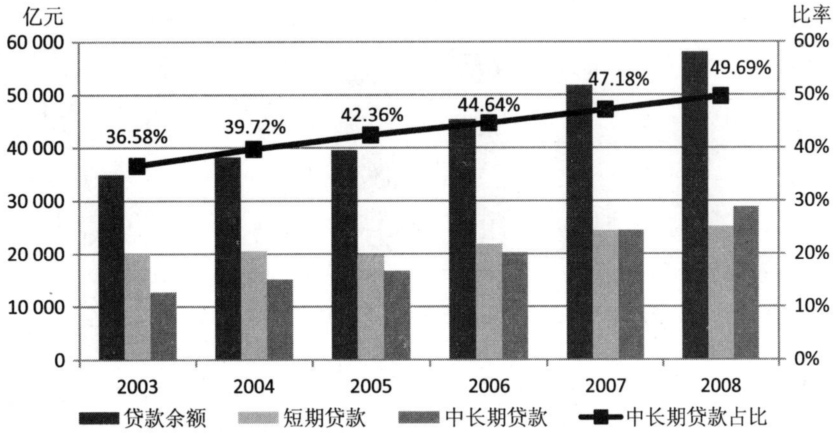


图 16.2　中部金融部门贷款结构

如图 16.3，2003—2008 年间，中部地区居民总储蓄在总体上呈现增长趋势。其中定期存款占比总体上呈现下降趋势，2007 年出现一个明显的下降，这与中部金融部门的中长期贷款占比不断上升的趋势相反。综合中部金融部门贷款结构和居民储蓄结构的分析可以得出结论：在数据统计的时间区间内，中部金融部门存在一定的流动性风险和期限错配风险，需要予以关注。

3. 货币错配风险分析

如图 16.4，中部金融部门中仅有少量的外币存款和贷款。中部各省所处的地理位置决定了其对外贸易不发达的特性，中部地区对外贸易并不具有优势，且没有强烈的对外贸易的需求。外币贷款和外币存款的数量都存在下降趋势，但是外币存贷比有上涨趋势，在 2007 年达到最高值 134.22%，未来的货币错配风险值得关注。另外，在金融危机之后，

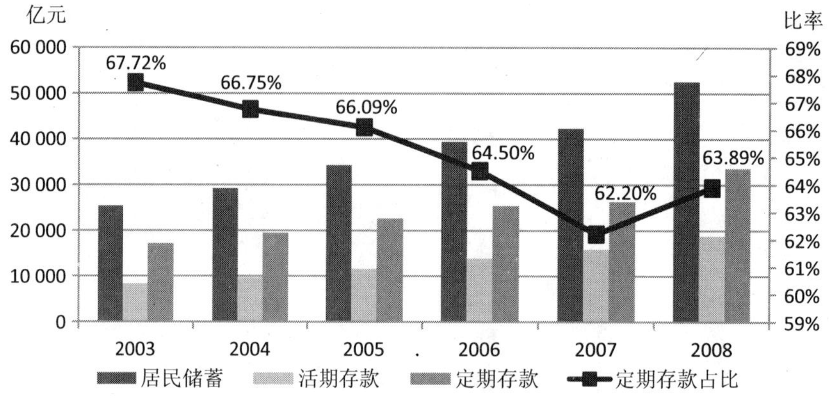


图 16.3　中部金融部门存款结构

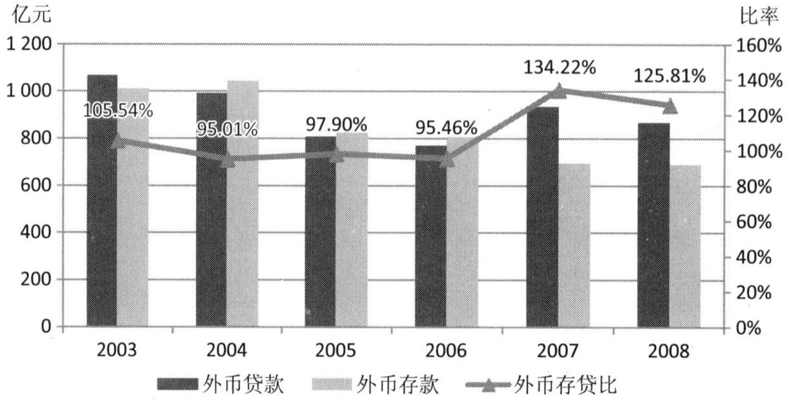


图 16.4　中部金融部门货币结构

长三角和珠三角等以出口为主的制造业产业逐渐向中部各省转移，给中部地区经济发展带来机遇的同时也可能带来货币错配的风险，但目前此趋势尚处于萌芽状态，风险并未凸显，应密切关注。

## 二、企业部门资产负债表编制及分析

### （一）企业部门资产负债表编制

考虑到数据的可获得性，企业部门资产负债表主要考察中部 9 个省市、自治区的全部国有及规模以上非国有工业企业、餐饮业、批发零售业以及建筑业，编制 2003—2008 年资产负债表，如表 16.3。

### （二）企业部门资产负债表分析

1. 期限错配分析

如图 16.5，自 2003 年以来，中部企业部门的流动资产和流动负债均维持稳步增长的

表 16.3　中部企业部门资产负债表　　单位：亿元

| | 2003 | 2004 | 2005 | 2006 | 2007 | 2008 |
|---|---|---|---|---|---|---|
| 流动资产 | 20 131.28 | 23 359.11 | 27 643.63 | 32 243.75 | 38 261.51 | 48 202.28 |
| 长期资产 | 26 462.50 | 30 382.95 | 35 423.15 | 42 102.71 | 50 871.78 | 63 741.09 |
| 资产总计 | 46 561.48 | 53 728.72 | 63 066.77 | 74 346.46 | 90 052.18 | 111 927.79 |
| 流动负债 | 19 944.08 | 22 570.38 | 27 732.79 | 32 596.43 | 39 079.05 | 48 250.67 |
| 长期负债 | 9 593.59 | 11 123.62 | 11 441.99 | 12 767.66 | 15 171.03 | 18 441.42 |
| 负债合计 | 29 411.36 | 33 638.71 | 39 338.89 | 45 364.11 | 54 250.09 | 66 632.64 |
| 所有者权益 | 15 809.40 | 19 085.54 | 23 213.25 | 28 383.20 | 36 350.13 | 47 558.01 |

注：数据来源于国家统计局网站（http://www.stats.gov.cn/）2003—2008 年度统计数据；中部各省份统计信息网有关工业、建筑业，以及批发零售业和餐饮业等统计数据。

① 中部 9 个省份企业部门资产负债数据来源于历年中国统计年鉴，以及各省的统计信息网。工业企业总资产、流动资产和总负债统计数据均可得到，无缺失，且工业企业的资产负债在总资产负债中占比最高；餐饮业、批发零售及建筑业在总体中占比较低，产生的影响小，因此将缺失数据补齐时产生的偏差对总体影响很小。

② 数据缺失情况：2003—2006 年餐饮业及批发零售业的流动负债，2004 年餐饮业、批发零售业、建筑业三个行业的总资产、流动资产、总负债、流动负债，以及 2004 年工业企业的流动负债数据缺失。

处理方法：2004 年餐饮业、批发零售业或建筑业缺失的总资产、流动资产、总负债统计数据，以 2003 年和 2005 年相应指标的中值替代；2003—2006 年餐饮业或批发零售业缺失的流动负债统计数据，首先以前三年的流动负债 / 总负债的均值作为当年的比例，然后乘以总负债得到缺失数据的合理替代值；2004 年建筑业或工业企业缺失的流动负债数据，首先根据 2003 年和 2005 年的中值确定 2004 年流动负债 / 总负债比率，然后乘以总负债可得替代值。

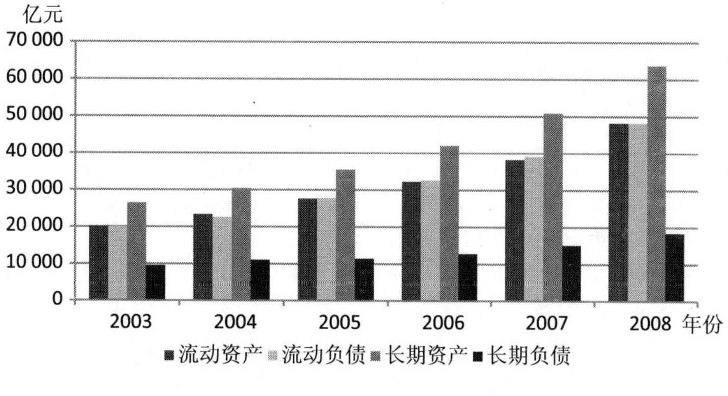


图 16.5　中部企业部门资产负债期限结构

趋势，其中，流动资产的增长速度要快于流动负债。这在流动资产和流动负债的差额上也有体现。具体来看，2003 年企业部门的流动资产略高于流动负债，2003—2008 年间差额变化不大，但 2007 年流动负债略有增多。总体来说，2003—2008 年之间，中部企业部门的流动资产总额均超过其流动负债总额，两者差额呈现逐渐扩大的趋势，企业部门的流动性状况逐年向好的方面发展。

中部企业部门流动资产、流动负债、长期资产和长期负债这四项指标均处于平稳上升状态。虽然长期负债的绝对值相对较低，但五年间长期负债由 9 593.59 亿元增加到 18 441.42 亿元，增幅达到 92.23%，年均增长率达 13.96%。而流动负债由 2003 年的 19 944.08 亿元增加到 2008 年的 48 250.67 亿元，增幅为 226.89%，年均增长率为 17.8%，流动负债增长偏快，易聚集风险，流动负债的大幅增加意味着中部的企业部门倾向于使用短期融资杠杆解决资金问题，短期负债的增长率远高于长期负债的增长率，中部企业部门的债务流动性较强。短期债务的快速增长，一方面说明中部企业在经营过程中利用各种融资渠道提高了资金周转的能力，另一方面，也增加了企业经营的风险，容易受到外部经济金融环境变化的影响。

如图 16.6，中部企业部门的流动资产占比和流动负债占比均在数据调查的六年间保持稳定。其中，流动资产占总资产的比重稳定在 43% 左右，仅在 2007 年降至 42.49%，说明中部企业部门整体资产负债结构稳定。在数据调查的六年期间，中部企业部门的流动资产占比呈缓慢上升态势且始终高于 67%，存在潜在的期限错配风险，当大量短期负债到期时，充足的流动资产能保证企业按时按量的偿还贷款。

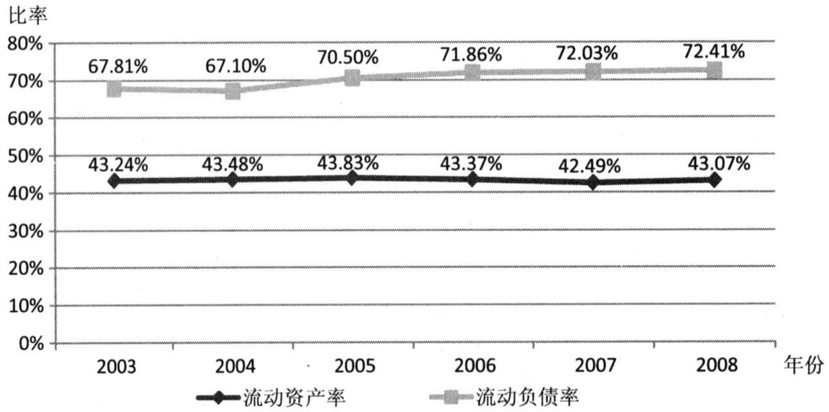


图 16.6　中部企业部门流动资产率和流动负债率

如图 16.7，中部企业部门 2003 年流动比率为 1.009，2007 年下降到最低点 0.979，之后提高到 0.999。从 2005 年开始，中部企业部门的流动资产低于流动负债，但相差较小，企业日常经营状况可能因负债压力而受到一定影响，但随着流动比率在 2008 年的回升，期限错配风险略有下降。

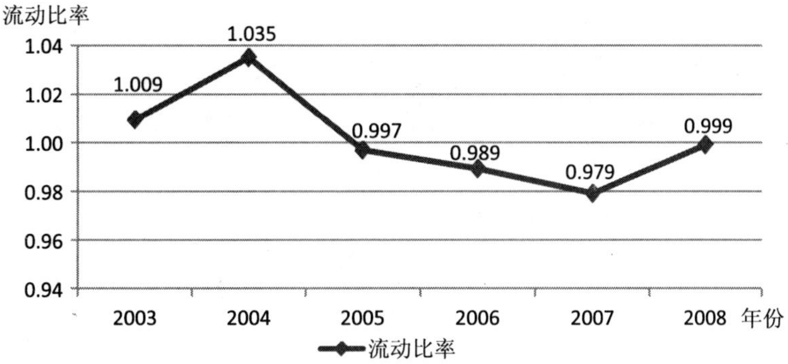


图 16.7　中部企业部门流动比率

2. 资本结构与清偿力风险分析

如图 16.8，从中部企业部门资本结构看：在数据调查的 6 年间，中部企业部门的总资产、总负债和总权益均呈增加态势，企业规模不断扩大，数量不断增加，整体来说，中部企业部门发展形势良好。

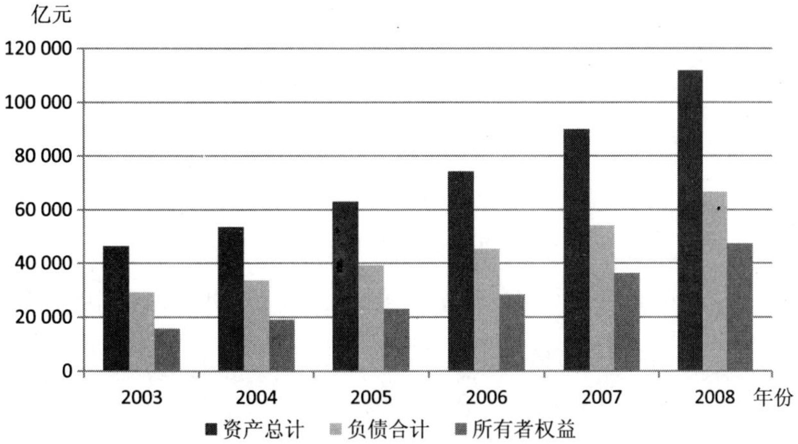


图 16.8　中部企业部门资本结构

如图 16.9，2003 年中部企业部门的资产负债率为 63.17%，2008 年该比率下降到最低点 59.53%，2003 年到 2005 年间，中部企业部门的资产负债率下降趋势并不明显，而从 2005 年开始到 2008 年，中部企业部门的资产负债率下降了将近两个百分点。这意味着中部企业部门正在逐渐减少对债务融资的依赖，企业的盈利能力有所提升。

如图 16.10，中部企业部门的产权比率在 2003 年为 1.860 4，之后整体呈现下降趋势，至 2008 年达到最低点 1.401 1，企业部门杠杆率虽然较高但是保持着下降的趋势。2000 年以来中国经济稳步增长，在经历了前些年的通货紧缩和经济发展放缓后又开始复苏，因此

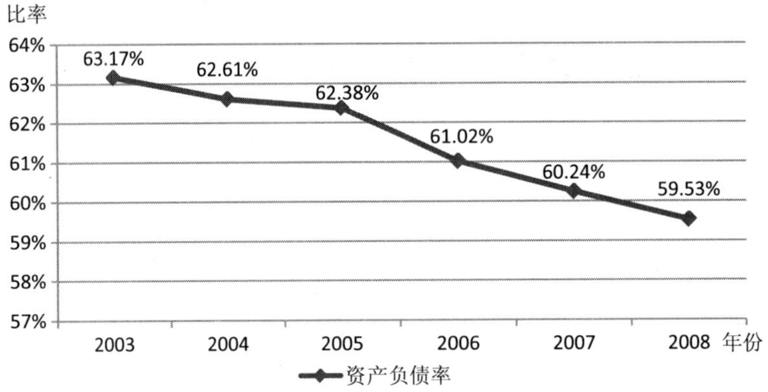


图 16.9 中部企业部门资产负债率

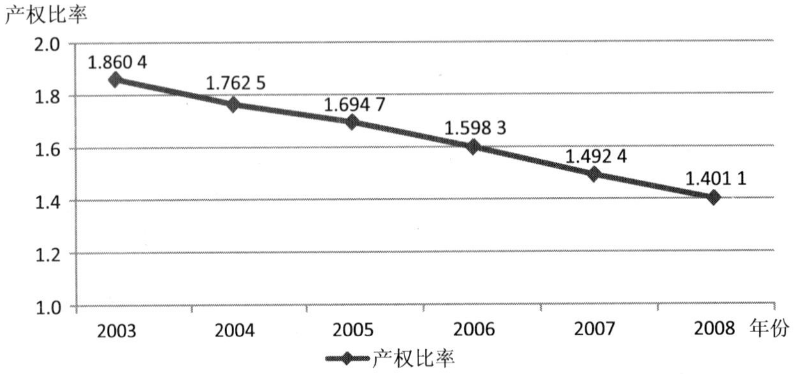


图 16.10 中部企业部门产权比率

提高债务杠杆率，增加借贷规模对企业自身经营是有利的。综合资产负债率和股权比率来讲，中部企业财务结构尚处在稳定状态，资本结构错配风险较小，资本结构配置比较合理。

**（三）上市企业部门资产负债表分析**

表 16.4 为中部上市企业部门资产负债表。

**表 16.4 中部上市企业部门资产负债表** 单位：亿元

| 年份 | 流动资产 | 资产合计 | 流动负债 | 长期负债 | 负债合计 | 违约点 | 权益 |
|---|---|---|---|---|---|---|---|
| 2001 | 1 866.37 | 3 833.05 | 1 186.75 | 356.22 | 1 542.97 | 1 364.86 | 2 290.08 |
| 2002 | 2 134.26 | 4 573.61 | 1 529.66 | 412.47 | 1 942.13 | 1 735.89 | 2 631.48 |
| 2003 | 2 642.94 | 5 763.36 | 2 056.99 | 636.16 | 2 693.14 | 2 375.06 | 3 070.21 |
| 2004 | 3 094.43 | 7 104.67 | 2 694.23 | 921.07 | 3 615.30 | 3 154.77 | 3 489.37 |
| 2005 | 3 249.75 | 7 872.77 | 3 113.06 | 1 055.97 | 4 169.04 | 3 641.05 | 3 703.73 |
| 2006 | 3 958.71 | 10 048.14 | 3 950.82 | 1 506.80 | 5 457.62 | 4 704.22 | 4 590.53 |
| 2007 | 5 480.13 | 13 462.96 | 5 488.84 | 2 013.37 | 7 502.22 | 6 495.53 | 5 960.74 |
| 2008 | 6 279.13 | 15 761.89 | 6 525.34 | 2 490.78 | 9 016.12 | 7 770.73 | 6 745.77 |
| 2009 | 7 150.08 | 16 896.45 | 7 062.05 | 2 935.77 | 9 997.82 | 8 529.94 | 6 898.63 |

注：本表数据来自国泰君安数据库统计数据、金融界上市公司相关财务统计数据。

1. 期限错配分析

如图 16.11，近年来中部企业部门流动资产、长期资产以及流动负债均稳步上升，长期负债绝对数值一直处于较低水平，但自身仍然保持增长趋势。九年间，长期负债由 356.22 亿元增加到 2 935.77 亿元，增幅达到 824.15%，年均增长率为 26.4%，远超我国经济增长速度；而流动负债由 1 186.75 亿元增加到 7 062.05 亿元，增幅为 595.07%，年均增长率为 21.92%，流动负债和长期负债均增长较快，存在一定风险。企业债务的快速增长与中部地区经济发展方式的转变有直接关系，进入 21 世纪以来，中部地区大力发展第三产业，完善金融平台，提倡企业进行长短期债务融资，企业也充分利用各种金融平台进行融资，促进自身发展。

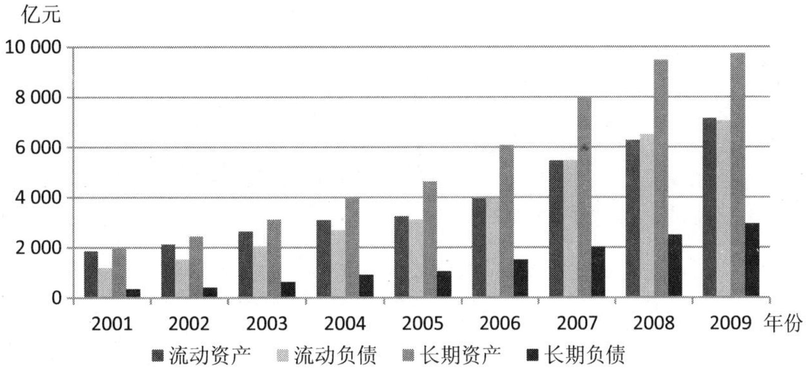


图 16.11　中部上市企业部门期限结构

如图 16.12，2001 年，企业部门流动资产占比为 48.69%，表明企业部门非流动资产占较大比重；流动负债为 1 186.75 亿元，长期负债为 356.22 亿元（流动负债与长期负债比值为 3.331 5），流动负债远高于长期负债。企业流动资产与长期资产比值接近于 1，但其负债主要是流动负债，流动负债到期时企业将没有十分充足的流动资产予以偿付，企业资产负债期限结构存在错配问题。特别是非流动资产多为固定利率的，而流动负债多为浮动利率的，如果利率上升，企业部门的利息支付增加，企业将面临较高的利率风险。2001 年以来，企业资产中流动资产占比略有下降，到 2002 年为 46.66%，表明总资产中流动资产始终略低于长期资产，错配问题未改善，2006 年流动负债为 3 950.82 亿元，长期负债为 1 506.80 亿元，流动负债与长期负债比值为 2.622。流动资产占比始终保持在 50% 以下，远低于流动负债占比。

如图 16.13，考察上市企业部门的流动比率。2001 年流动比率为 1.572 7，从 2001 年开始流动比率持续下降，并于 2009 年下降到最低点 0.962 3。流动资产在 2001 年时远高

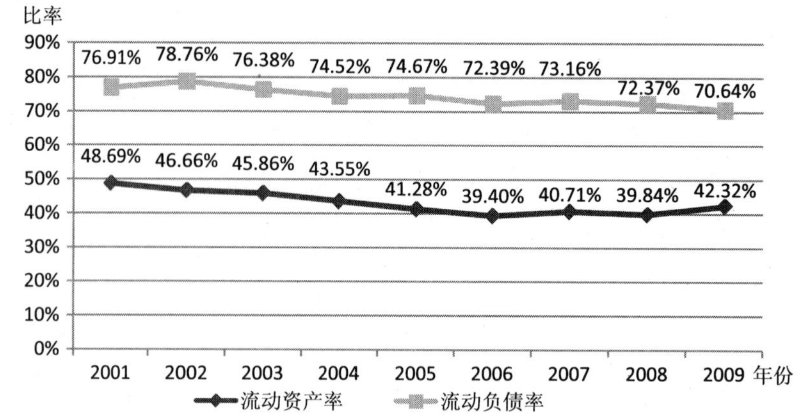


图 16.12　中部上市企业部门流动资产率和流动负债率

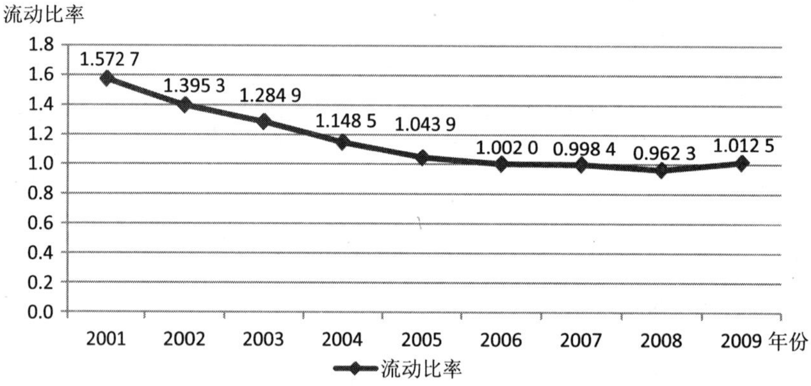


图 16.13　中部上市企业部门流动比率

于流动负债，到 2008 年，则略低于流动负债，虽然两者之间差额不大，但是企业日常经营状况仍可能因负债压力而受到影响，而且随着流动比率不断下降，中部上市企业部门的期限错配风险越来越明显。

2. 资本结构与清偿力风险分析

如图 16.14，中部上市企业部门总资产、总负债和所有者权益呈稳定增长趋势，2001—2005 年总资产增幅较缓，2006 年开始大幅增长，同比增长率达到 27.63%，随着 2007 年股市进一步升温，同年资产增长率升至 33.98%，负债和所有者权益的增幅也处于历史最高水平。

如图 16.15，2001 年中部上市企业部门的资产负债率为 40.25%，2009 年该比率上升到最高点 59.17%，资产负债率的持续上升表明中部上市企业部门对负债融资依赖程度正在不断提高。总的来说，中部上市企业部门财务结构较为稳定，资本结构错配风险虽然

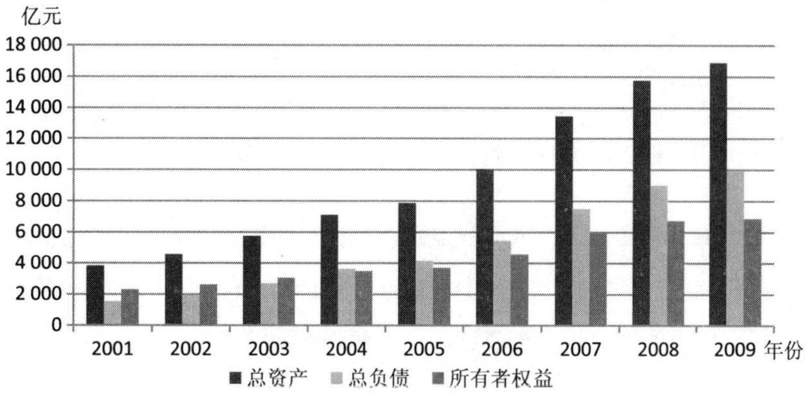


图 16.14　中部上市企业部门资本结构

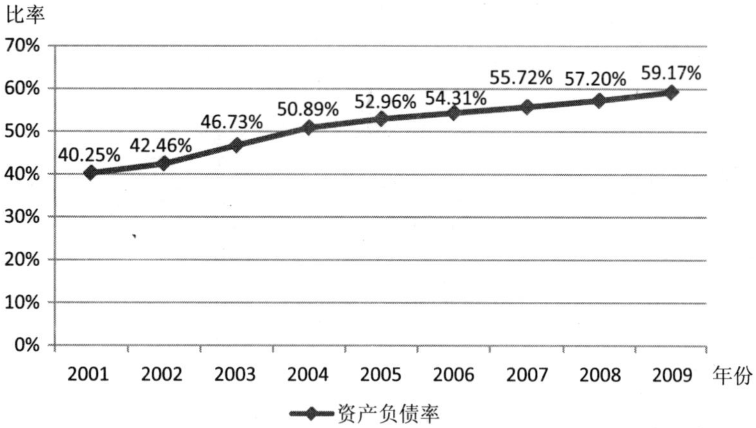


图 16.15　中部上市企业部门资产负债率

存在，但是较小，资本结构配置比较合理安全。总体来说，企业部门未出现资不抵债的情形，权益为正，权益占比亦处于较为合理的水平，整体清偿力风险不大。

企业部门往往是其他部门风险的源头。我国中部上市企业部门表现出良好的抗风险能力，其资本结构较为稳定，没有明显的结构风险。而清偿力风险虽然存在，但是并不严重，随着经济周期和产业结构调整，2001—2009 年期间中部上市企业部门的清偿能力缓慢下降，资产负债率呈下降趋势，则应予以关注。

## 第 3 节　中部或有权益资产负债表编制及分析

本节运用或有权益分析进行的实证研究反映的是部门和整体实际风险，主要包括或有权益资产负债表的编制与分析、风险指标的选取和风险表的编制，以及基于现实数据进行的利率压力测试和敏感性分析。

## 一、上市企业部门或有权益资产负债表编制及分析

首先确定编制上市企业部门或有权益资产负债表的输入参数。股权市值和股权波动率根据股票分析软件中部九省市板块中的数据得到，股票价格采用前复权的方法，每个企业（不包括金融企业）的权益市值可通过股票价格乘以现有股本数得到，加总处理后可得中部上市企业部门日权益市值，进一步计算可得企业部门的年权益市值波动率；输入参数中的权益市值采用年末数据；上市企业部门的违约点通过短期债务加一半的长期债务获得。具体可得 2001—2009 年中部上市企业部门或有权益资产负债表的输入参数，如表 16.5。

**表 16.5　中部上市企业部门或有权益资产负债表输入参数**

| 年份 | 无风险利率 | 违约点（亿元） | 股权市值（亿元） | 权益市值波动率 |
|---|---|---|---|---|
| 2001 | 2.25% | 1 364.857 7 | 6 033.52 | 23.43% |
| 2002 | 2.02% | 1 735.891 1 | 5 199.87 | 27.44% |
| 2003 | 1.98% | 2 375.063 9 | 5 602.51 | 17.78% |
| 2004 | 2.03% | 3 154.766 1 | 4 681.95 | 24.68% |
| 2005 | 2.25% | 3 641.049 7 | 4 001.31 | 27.58% |
| 2006 | 2.35% | 4 704.217 3 | 10 336.20 | 24.41% |
| 2007 | 3.26% | 6 495.529 3 | 33 598.30 | 38.01% |
| 2008 | 3.92% | 7 770.728 7 | 11 830.10 | 50.77% |
| 2009 | 2.25% | 9 197.520 0 | 29 152.75 | 34.69% |

数据来源：中国人民银行统计数据，金融界上市公司数据，以及证券上市公司数据。

### （一）或有权益资产负债表分析

根据或有权益资产负债表编制范式和输入参数，通过 MATLAB 编程计算，即得到中部上市企业部门或有权益资产负债表，如表 16.6。

**表 16.6　中部上市企业部门或有权益资产负债表**　　单位：亿元

| 年份 | 资产市值 | 负债市值 | 权益市值 | 年份 | 资产市值 | 负债市值 | 权益市值 |
|---|---|---|---|---|---|---|---|
| 2001 | 7 368.44 | 1 334.92 | 6 033.52 | 2006 | 14 930.64 | 4 594.45 | 10 336.19 |
| 2002 | 6 901.53 | 1 701.66 | 5 199.87 | 2007 | 39 889.58 | 6 291.30 | 33 598.28 |
| 2003 | 7 930.35 | 2 327.84 | 5 602.51 | 2008 | 19 333.34 | 7 503.28 | 11 830.06 |
| 2004 | 7 773.21 | 3 091.26 | 4 681.95 | 2009 | 38 146.44 | 8 993.69 | 29 152.75 |
| 2005 | 7 561.48 | 3 560.17 | 4 001.31 | | | | |

数据来源：根据表 16.5，通过 MATLAB 编程计算得出。

如图 16.16，从中部上市企业部门资产账面价值和资产市值在 2001—2009 年间的走势看，账面价值在 2001—2009 年间保持上升趋势，在 2004—2005 年增速放缓，而资产市值在 2001—2007 年间均有少量增加，在 2008 年有明显下降，在同一年，账面价值仍保持增长势头。可见两者基本保持同步变化，但是资产市值受股市变化影响比账面价值更敏感，这一点从 2008 年的资产市值大幅下降可以看出。

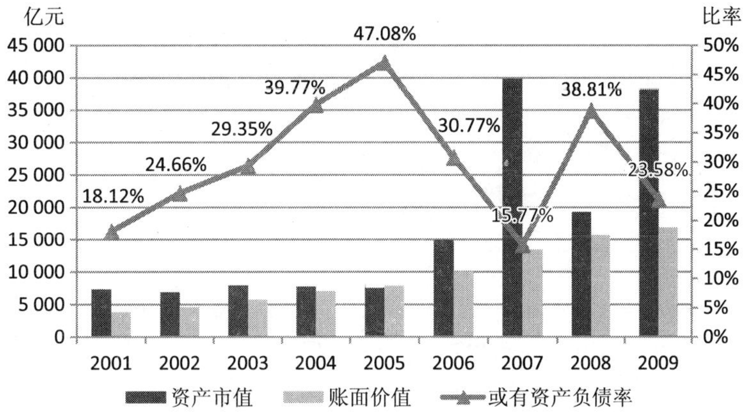


图 16.16　中部上市企业部门或有资本结构

结合中部上市企业部门 2001—2009 年或有权益资产负债表进行分析，基于市场价值的资本结构是较为合理的，权益市值在总资产市值中占有较高的比例，这与账面价值的分析一致。总体看来，资产账面价值从 2001 年的 3 833.05 亿元增长到 2009 年的 16 896.45 亿元，市值从 2001 年 7 368.44 亿上升到 38 146.44 亿，上市企业部门的资产账面价值和资产市值呈现上升的趋势，期间企业部门的资产市值始终高于账面价值，在 2007 年更是大幅超出账面价值，这与当年股市行情较好有密切联系。而从上市企业部门的或有资产负债率可以看出：虽然从 2001 年到 2009 年中部上市企业部门或有资产负债率波动较大，但其最高值也只是在 2005 年达到了 47.08% 的水平，仍处于安全区间内，上市企业部门资本结构良好，无结构错配风险。

**（二）风险表分析**

表 16.7 为中部上市企业部门风险表。

如图 16.17，中部上市企业部门的资产市值波动率没有明显的变化趋势，在 10%~35% 之间振荡，2007—2009 年较历史水平平均上升 15% 左右。

图 16.18 所示的违约距离在所考察的时间范围内始终在 1.8~5.6 之间波动，2007 年至 2009 年有下降趋势，风险有所增加。2008 年处于历史最低值，降至 2 以下，但 2009 年

表 16.7　中部上市企业部门风险表

| 年份 | 资产市值波动率 | 违约概率 | 违约距离 | 年份 | 资产市值波动率 | 违约概率 | 违约距离 |
|---|---|---|---|---|---|---|---|
| 2001 | 19.18% | 0 | 4.247 5 | 2006 | 16.90% | 0 | 4.052 9 |
| 2002 | 20.67% | 0 | 3.620 6 | 2007 | 32.02% | 0 | 2.614 7 |
| 2003 | 12.56% | 0 | 5.577 7 | 2008 | 31.13% | 0.19% | 1.921 4 |
| 2004 | 14.86% | 0 | 3.997 2 | 2009 | 26.51% | 0 | 2.862 5 |
| 2005 | 14.59% | 0 | 3.552 5 | | | | |

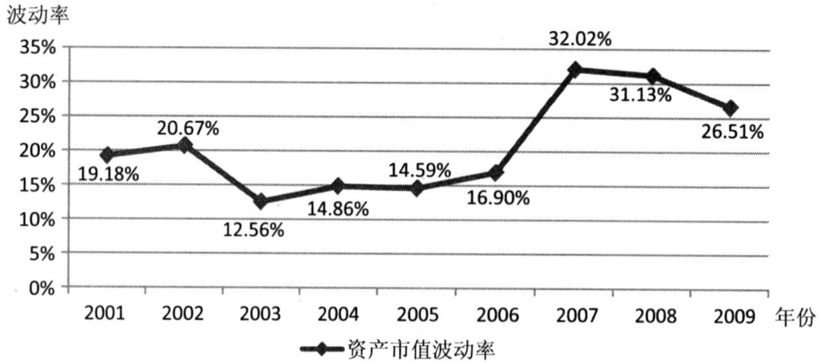


图 16.17　中部上市企业部门资产市值波动率

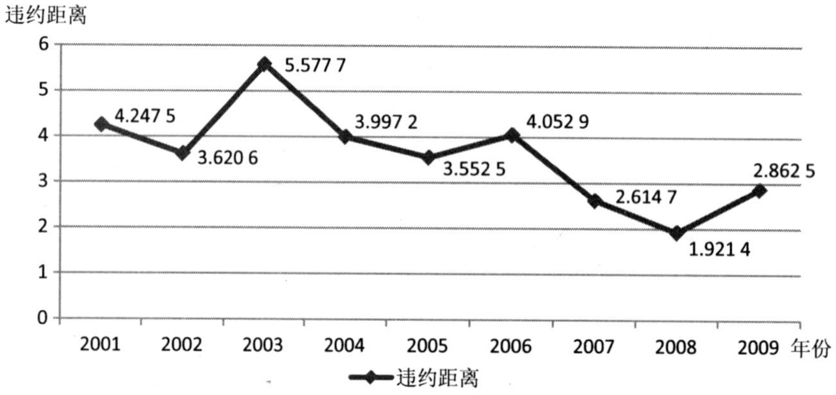


图 16.18　中部上市企业部门违约距离

随着全国资本市场逐渐转好，且中部地区各行业因地域原因受金融危机冲击较小，违约距离快速恢复至较高水平，预计未来上市企业部门风险状况会进一步改善。

从 2001—2009 年违约距离指标的变化趋势看，整体中部企业的违约风险状况并不是十分稳定，但考虑到违约概率近似为 0，中部上市企业部门的违约风险较小。

**（三）压力测试和敏感性分析**

本节采用压力测试（见表 16.8）和敏感性分析来考察利率变动对上市企业部门的影响。

表 16.8 中部上市企业部门利率压力测试

| 指标 | 实际利率 | 利率上调至 10% | 利率下调至 1.00% |
| --- | --- | --- | --- |
| 利率 | 2.25% | 10% | 1% |
| 资产市值 | 38 146.44 | 37 475.92 | 38 255.76 |
| 资产市值波动率 | 26.51% | 26.99% | 26.43% |
| 违约概率 | 0 | 0 | 0 |
| 违约距离 | 2.862 5 | 2.796 2 | 2.873 4 |

上市企业部门的压力测试和敏感度分析主要针对上市企业在 2009 年的现实利率及或有权益资产负债表和各风险指标。从违约距离看，利率调高时违约距离变小，利率调低时违约距离变大，而且变动的幅度不大。当利率上调至 10% 或下调至 1% 时，上市企业部门的资产市值、负债市值、违约距离和违约概率的变化更不显著。同样，敏感性分析的结果表明上市企业部门因利率变动带来各指标的变化很小，违约概率的变化亦难以观察到。可见上市企业部门对利率的变化较不敏感，如表 16.9。

表 16.9 中部上市企业部门利率敏感性分析

| 指标 | 实际利率 | 利率上调 27 个基点 | 利率下调 27 个基点 |
| --- | --- | --- | --- |
| 利率 | 2.25% | 2.52% | 1.98% |
| 资产市值 | 38 146.44 | 38 124.57 | 38 168.30 |
| 资产市值波动率 | 26.51% | 26.53% | 26.50% |
| 违约概率 | 0 | 8 971.82 | 9 015.55 |
| 违约距离 | 2.862 5 | 0 | 0 |

通过压力测试和敏感性分析，可以看到，中部上市企业部门对于利率变化带来的冲击具有较高的抵抗力，利率的变化不会带来无法抵御的大幅度风险的增加，从这一方面看，中部上市企业部门经济金融运行较为安全。

## 二、企业部门或有权益资产负债表编制及分析

在编制企业部门或有权益资产负债表的输入参数过程中，权益市值和权益市值波动率根据股票分析软件中部九省市板块中的数据得到，股票价格采用前复权的方法后，每个企业（不包括金融企业）的权益市值可通过股票价格乘以现有股本数得到，加总处理后可得中部上市企业部门日权益市值，套算即可得企业部门的年权益市值波动率；输入参数中的权益市值采用年末数据；企业部门的违约点通过短期债务加一半的长期债务获得。具体可得 2003—2008 年中部企业部门或有权益资产负债表的输入参数，如表 16.10。

表 16.10　企业部门或有权益资产负债表输入参数

| 年份 | 无风险利率 | 违约点（亿元） | 权益市值（亿元） | 权益市值波动率 |
|---|---|---|---|---|
| 2003 | 1.98% | 24 740.88 | 28 848.90 | 17.78% |
| 2004 | 2.03% | 28 132.19 | 25 608.48 | 24.68% |
| 2005 | 2.25% | 33 453.79 | 25 078.31 | 27.58% |
| 2006 | 2.35% | 38 980.26 | 63 908.66 | 24.41% |
| 2007 | 3.26% | 46 664.56 | 204 891.05 | 38.01% |
| 2008 | 3.92% | 57 471.38 | 83 402.83 | 50.77% |

注：数据来源于中国人民银行统计数据，金融界上市公司数据，以及证券上市公司数据。

### （一）或有权益资产负债表分析

根据或有权益资产负债表编制范式和输入参数，通过 MATLAB 编程计算，即得到中部企业部门或有权益资产负债表，如表 16.11。

表 16.11　企业部门或有权益资产负债表　　单位：亿元

| 年份 | 资产市值 | 负债市值 | 权益市值 | 年份 | 资产市值 | 负债市值 | 权益市值 |
|---|---|---|---|---|---|---|---|
| 2003 | 53 103.62 | 37 294.22 | 15 809.40 | 2006 | 101 982.25 | 73 599.05 | 28 383.20 |
| 2004 | 53 169.83 | 34 084.29 | 19 085.54 | 2007 | 250 069.53 | 213 719.40 | 36 350.13 |
| 2005 | 57 808.15 | 34 594.90 | 23 213.25 | 2008 | 138 907.41 | 91 349.40 | 47 558.01 |

如图 16.19，从中部企业部门的账面价值和资产市值 2003—2008 年间的走势看，资产市值在 2007 年急剧上升之后在 2008 年重新回到了与 2006 年基本相同的水平，而资产的账面价值在这期间略有增加。这意味着投资者对企业价值的估计趋向于准确，但仍要注意防范类似的金融风险带来的冲击。

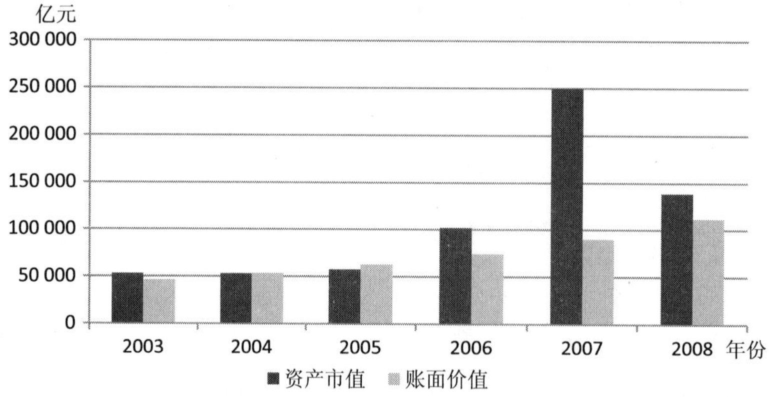


图 16.19　企业部门资产账面价值与市值

结合中部企业部门 2003—2008 年或有权益资产负债表进行分析，基于市值的资本结构是较为合理的，权益市值在总资产市值中占有较低的比例，这与账面价值的分析一致。

总体看，资产账面价值从 2003 年的 46 561.48 亿元增长到 2008 年的 111 927.79 亿元，市值从 2003 年 53 103.62 亿上升到 2008 年的 138 907.41 亿元，企业部门的资产账面价值和资产市值呈现上升的趋势，期间除 2005 年外，企业部门的资产市值始终高于账面价值，整体运营状况良好。

**（二）风险表分析**

表 16.12 为中部企业部门风险表。

**表 16.12　中部企业部门风险表**

| 年份 | 资产市值波动率 | 违约概率 | 违约距离 | 年份 | 资产市值波动率 | 违约概率 | 违约距离 |
|---|---|---|---|---|---|---|---|
| 2003 | 9.66% | 0 | 5.530 1 | 2006 | 15.29% | 0 | 4.040 2 |
| 2004 | 11.89% | 0 | 3.962 0 | 2007 | 31.14% | 0 | 2.612 4 |
| 2005 | 11.98% | 0 | 3.515 6 | 2008 | 30.56% | 0.21% | 1.918 1 |

如图 16.20，企业部门的波动率在 2003 年到 2006 年之间保持缓慢增长，在 2007 年明显上升，但 2008 年略有下降，下降为 30.56%。而违约距离整体呈现下降趋势，从 2003 年的 5.530 1 下降到 2008 年的 1.918 1。

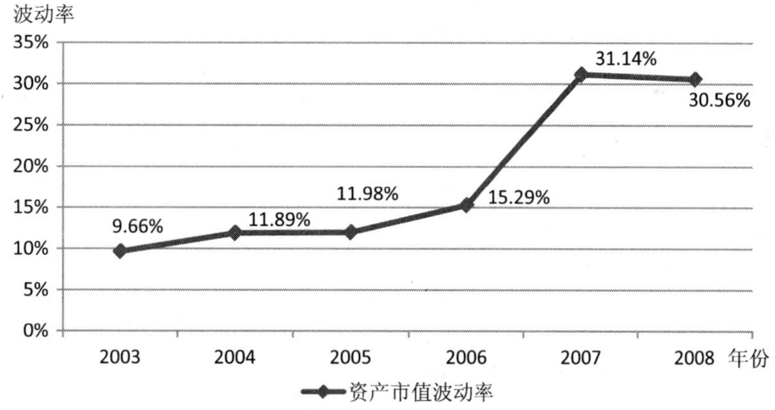


图 16.20　中部企业部门资产市值波动率

如图 16.21，从 2003—2008 年 6 年的趋势看，整体中部企业的经济情况比较稳定，但是不断下降的违约距离意味着中部企业部门存在一定的违约风险。从另一方面看，违约概率近似为 0，中部企业部门的违约风险虽然存在，但并不明显。

**（三）压力测试和敏感性分析**

本节采用压力测试和敏感性分析来判断利率变动对企业部门的影响。

企业部门的压力测试和敏感度分析基于企业部门在 2008 年的现实利率及或有权益资

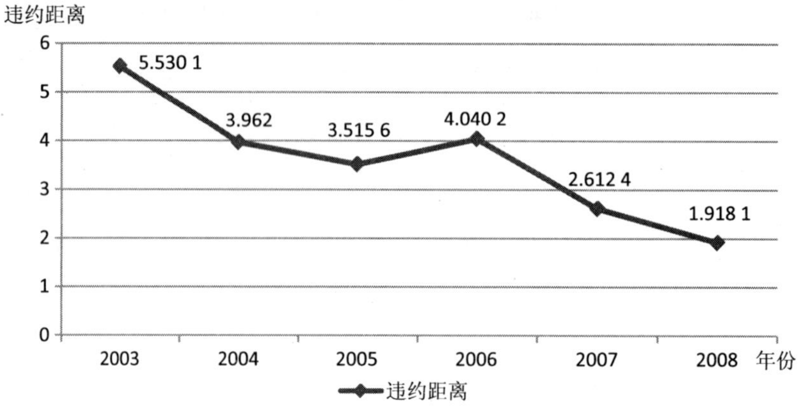


图 16.21　中部企业部门违约距离

产负债表和各风险指标。从违约距离看，利率调高时违约距离变小，利率调低时违约距离变大，存在一定的变动幅度。如表 16.13 和表 16.14 所示，当利率上调至 10% 或下调至 1% 时，企业部门的资产市值、负债市值、违约距离和违约概率的变化不显著，而违约概率和信用溢价几乎没有变化，依然可近似等于 0。同样，敏感性分析的结果表明企业部门随利率的变动各指标的变化较小，违约概率的变化亦难以观察到。可见企业部门对利率的变化不敏感，能够较好抵抗利率变化带来的压力。

**表 16.13　企业部门利率压力测试**

| 指标 | 实际利率 | 利率上调至 10% | 利率下调至 1.00% |
|---|---|---|---|
| 资产市值 | 138 907.41 | 135 529.59 | 140 575.46 |
| 资产市值波动率 | 30.56% | 31.29% | 30.19% |
| 违约概率 | 0.21% | 0.18% | 0.22% |
| 违约距离 | 1.918 1 | 1.840 5 | 1.958 1 |

通过压力测试和敏感性分析，可以看到，中部企业部门对于利率变化带来的冲击具有较高的抵抗力，利率的变化不会带来无法抵御的大幅度风险的增加，从这一方面看，中部企业部门经济运行较为安全。

**表 16.14　企业部门利率敏感性分析**

| 指标 | 实际利率 | 利率上调 27 个基点 | 利率下调 27 个基点 |
|---|---|---|---|
| 利率 | 3.92% | 4.19% | 3.65% |
| 资产市值 | 138 907.41 | 138 761.45 | 139 053.36 |
| 资产市值波动率 | 30.56% | 30.58% | 30.52% |
| 违约概率 | 0.21% | 0.21% | 0.21% |
| 违约距离 | 1.918 1 | 1.915 7 | 1.922 6 |

## 第 4 节　中部宏观金融风险结构性分析

在前面的三节中，使用资产负债表法、或有权益法和风险指标法分析了中部金融部门和企业部门的整体金融风险情况，然而仅仅通过观测数据对中部地区进行考察是不够的。正如绪论中所提到的，由于我国的客观现实，地区间存在着经济发展水平、财政和金融资源发展不均衡等问题，即使在经济发展水平整体较高的东部，区域内不同省份的宏观金融也存在较大差异。本节按照不同的划分标准对中部内部风险差异进行比较分析，共分三小节，第一小节以省域为划分标准，分别比较中部各地区之间金融部门和企业部门的金融风险状况；第二小节以行业为划分标准，比较中部主体行业之间的金融风险情况；第三节从中部各地区实际利用外资和固定资产投资两个方面进一步阐述中部的金融风险异同。从分析方法看，前两小节的分析仍然是在资产负债表方法的框架下进行，第三小节则从不同的角度对前两小节的资产负债表方法进行补充，以使整体中部金融风险的分析更加全面和完善。

### 一、基于资产负债表法的中部省份宏观金融风险比较分析

#### （一）中部各省金融部门风险状况

中部经济的发达带动了金融部门的快速发展，总体来说，中部地区金融部门发达程度高于西部，但不及东部，且中部不同的省市还是存在较大的差异。首先，就各省市金融部门资产在中部总资产的份额来讲，2004 年，河南位于首位，资产占有份额 18.18%，其次湖北为 15.90%、黑龙江为 11.68%、湖南为 11.56%，占有份额最少的省份是内蒙古，只有 5.61%，如图 16.22。2008 年，河南资产份额尽管下降到了 17.13%，但仍位于首位，其次是湖北（14.38%）、山西（13.24%）、湖南（12.17%），占比最低依然为内蒙古（6.99%），如图 16.23。金融部门资产的

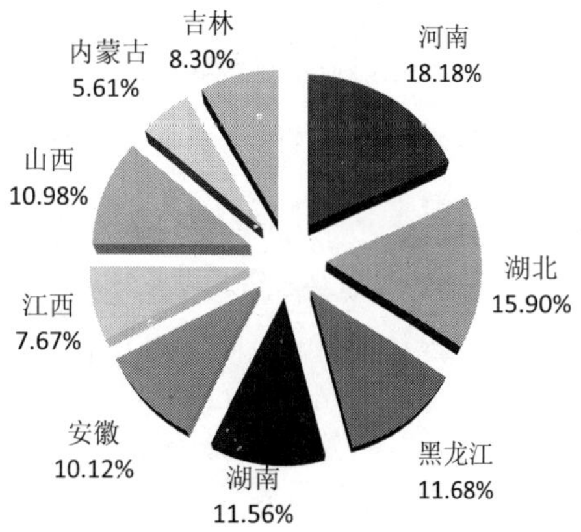


图 16.22　2004 年中部各省金融部门资产份额

份额可以说明该地区金融发达程度，由上述分析可见，金融的发达程度显然与一个地区经济发达程度紧密相关，经济发展越快，对金融要求越高，地区金融部门就发展越快。

对省份金融部门货币错配风险可从外币存贷比进行分析，计算各省份外币存贷比例并将其列示在表 16.15 中。

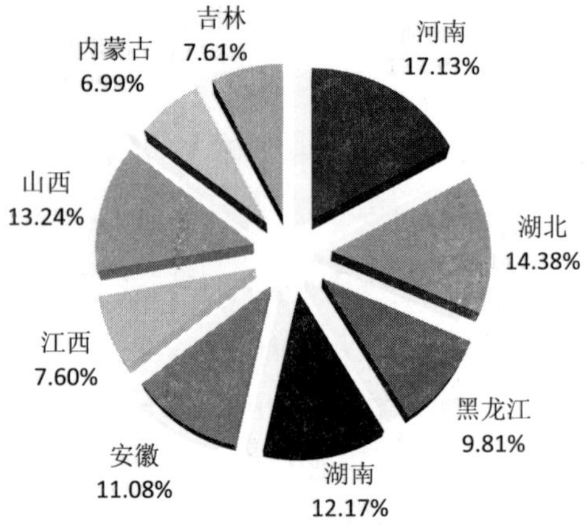


图 16.23　2008 年中部各省金融部门资产份额

**表 16.15　中部各省外币存贷比**

| 年份 | 2003 | 2004 | 2005 | 2006 | 2007 | 2008 |
|---|---|---|---|---|---|---|
| 河南 | 120% | 61% | 94% | 85% | 104% | 85% |
| 湖北 | 127% | 143% | 143% | 192% | 244% | 213% |
| 黑龙江 | 67% | 53% | 54% | 52% | 76% | 73% |
| 湖南 | 98% | 96% | 88% | 75% | 167% | 164% |
| 安徽 | 147% | 132% | 114% | 94% | 108% | 97% |
| 江西 | 111% | 123% | 159% | 115% | 172% | 133% |
| 山西 | 127% | 98% | 88% | 90% | 109% | 92% |
| 内蒙古 | 95% | 108% | 66% | 47% | 69% | 78% |
| 吉林 | 105% | 95% | 98% | 95% | 133% | 127% |

如表 16.15，中部各省份的外币存贷款比例变化趋势并不一致。黑龙江省的外币存款一直高于外币贷款，江西、湖北两省的外币存贷比则一直保持在 100% 以上，其余各省在 100% 左右波动，其中安徽省的外币存贷比波动较大，从 2003 年的 147% 降到了 2008 年的 97%。外币存贷比的相对稳定以及其绝对值在大部分省份均没有明显增幅，说明中部整体金融部门的外币存贷业务未得到充分发展，这与中部的地域特点相吻合。

与近年来资本市场活跃、通货膨胀预期上升有所不同，中部多数省份居民存款和企业存款呈活期化趋势，资金的运用却呈现出长期化趋势，中长期贷款占比上升，其中，湖北、湖南、山西三省的中长期贷款占比近年来都比较高，而河南的中长期贷款占比则位居中部最低。

由表 16.16 可以发现，整个中部存在明显的区域特性，所有省份中长期贷款占比均处在稳定上升的过程中，其绝对值在 30%~55% 之间。从金融部门资金去向看，上升态势的中长期贷款给中部带来了一定的流动性风险。而各省份保持基本完全相同的增势则说明中部的企业部门发展状况良好，且普遍对经济保持增速有较强信心。为了更好地了解期限错配情况，下面从金融部门资金来源的角度进行分析。

**表 16.16　中部各省份中长期贷款占比**

| 年份 | 2003 | 2004 | 2005 | 2006 | 2007 | 2008 |
|---|---|---|---|---|---|---|
| 河南 | 32.59% | 34.78% | 36.48% | 37.76% | 39.55% | 41.41% |
| 湖北 | 43.61% | 45.59% | 48.58% | 51.24% | 54.56% | 57.15% |
| 黑龙江 | 33.33% | 35.00% | 37.88% | 39.30% | 41.22% | 43.06% |
| 湖南 | 39.28% | 41.58% | 46.36% | 48.98% | 52.67% | 54.10% |
| 安徽 | 32.19% | 36.43% | 39.94% | 43.27% | 46.31% | 51.71% |
| 江西 | 38.68% | 44.96% | 45.15% | 47.29% | 49.11% | 50.99% |
| 山西 | 35.78% | 39.03% | 39.67% | 42.20% | 42.25% | 45.74% |
| 内蒙古 | 44.36% | 49.44% | 51.99% | 52.51% | 55.54% | 56.99% |
| 吉林 | 33.96% | 37.64% | 40.85% | 44.22% | 47.45% | 47.81% |

如表 16.17，在 2003 年，中部九省中山西省拥有最高的定期存款占比，达到 74.51%，而到了 2008 年，该值下降到了 69.74%，仍然是中部九省中的最高值。从数据表中可以发现：中部地区的居民储蓄呈现活期化趋势，五年间定期存款占比下降了 1~5 个百分点不等，其绝对值仍然在 60% 以上，但内蒙古的定期存款始终保持在 50% 以下，且在 2008 年略有反弹。考虑到中部金融部门的中长期贷款占比仅仅在 50% 左右，其期限错配问题值得关注，大量活期储蓄到期时，可能没有足够的流动性进行支付。

**表 16.17　中部各省份定期存款占比**

| 年份 | 2003 | 2004 | 2005 | 2006 | 2007 | 2008 |
|---|---|---|---|---|---|---|
| 河南 | 71.67% | 70.38% | 69.99% | 67.28% | 64.77% | 65.89% |
| 湖北 | 66.00% | 66.00% | 65.41% | 62.75% | 59.89% | 62.63% |
| 黑龙江 | 68.63% | 68.43% | 68.12% | 65.66% | 64.06% | 65.65% |
| 湖南 | 61.90% | 63.59% | 63.45% | 60.85% | 58.22% | 60.43% |
| 安徽 | 70.71% | 69.84% | 69.70% | 68.00% | 66.37% | 68.06% |
| 江西 | 63.45% | 62.43% | 62.20% | 59.88% | 56.79% | 58.35% |
| 山西 | 74.51% | 72.46% | 71.50% | 70.84% | 68.37% | 69.74% |
| 内蒙古 | 48.73% | 45.83% | 42.20% | 52.50% | 48.89% | 49.52% |
| 吉林 | 67.68% | 67.98% | 67.21% | 63.90% | 63.82% | 65.60% |

之所以会出现这种短存长贷的局面，与中部金融部门发展不完善有较大关系。部分省市虽然实现了经济的快速增长，但是未能调整其居民消费理念和创建完善的企业发展环境，企业部门对流动性的重要性认识不足，对间接融资渠道的依赖仍然主要停留在固定资产投

资等中长期资金流动上。企业运营者对金融市场和金融工具认识的不完善意味着一旦出现短期的大额流动性缺口，企业运营者们不善于利用短期贷款来解决问题。而金融部门过于关注贷款指标和运营业绩，对短期小额贷款支持不利，也造成了短期贷款占比不断下降的现状。另外，中部仍然存在着中介机构不健全，银企关系欠融洽，不良贷款比例大，金融债权保护不力等金融部门的长期问题。最后，金融服务的软硬条件差，金融生态环境、金融系统不健全，省市间、金融部门间、部门与企业间、部门与政府间金融交易结算系统相互割裂。这些情况综合造成了这种“短存长贷”的局面，在经济繁荣期，这种负面影响会被掩饰起来，而一旦经济陷入周期性低谷，则会放大银行经营的风险。

**（二）中部各省企业部门风险状况**

由于资源禀赋和发展基础不同，中部各省的发展有着较大的差异，对比各省企业部门的资产负债表，从在资产总额中的份额看，在 2008 年，河南省企业资产份额最高，为 18.68%，其次，湖北省为 16.30%，山西为 14.25%，内蒙古为 10.27%，江西企业资产份额最低，只有 6.35%，远远低于平均占比份额，如图 16.24。回顾 2003 年各省份企业资产占比，内蒙古以 18.21% 高居榜首，这可能与当时内蒙古牧畜业的快速扩张有关。其次为山西，达 16.16%，考虑到山西作为煤炭大省，在 21 世纪初小煤矿大量出现的背景下，山西排名靠前是合乎情理的。河南（11.84%）仅排第三位，如图 16.25，可见在 2003—2008 年间，河南省的企业部门取得了长足的发展。

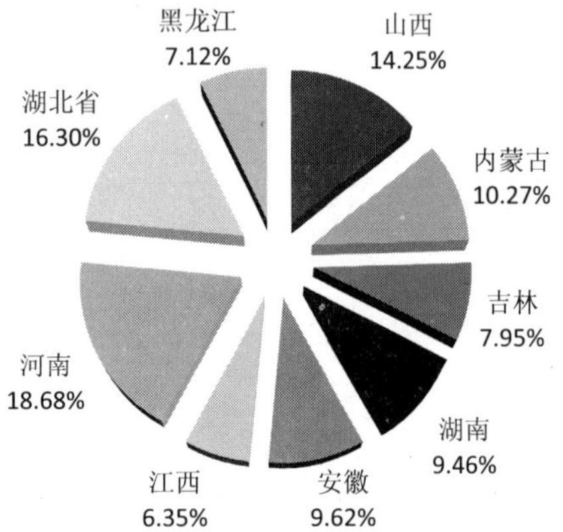


图 16.24　2008 年中部各省企业部门资产份额

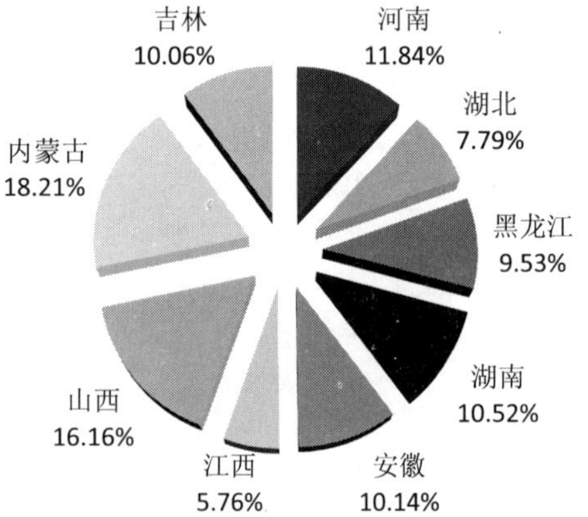


图 16.25　2003 年中部各省企业部门资产份额

如表 16.18，从企业部门资产负债率看，中部九省份都在 50%~70% 之间波动，较为稳定，资本结构较为合理，清偿力风险较低。内蒙古、吉林、河南、湖南资产负债率缓慢下降，山西省的资产负债率始终稳定在 68%，在 2008 年首次降到 67.70%，其余各省未呈现出某一特定的变化趋势。

表 16.18　中部各省企业部门资产负债率

| 年份 | 2003 | 2004 | 2005 | 2006 | 2007 | 2008 |
|---|---|---|---|---|---|---|
| 山西 | 68.31% | 68.38% | 68.46% | 68.53% | 68.11% | 67.70% |
| 内蒙古 | 66.68% | 62.59% | 62.00% | 61.41% | 60.61% | 59.84% |
| 吉林 | 65.22% | 63.31% | 63.18% | 57.35% | 58.27% | 57.83% |
| 湖南 | 64.48% | 63.02% | 61.84% | 60.37% | 58.19% | 59.18% |
| 安徽 | 62.13% | 62.06% | 62.55% | 63.46% | 63.78% | 62.06% |
| 江西 | 66.68% | 64.89% | 63.14% | 61.42% | 59.78% | 58.21% |
| 河南 | 65.80% | 64.47% | 63.16% | 61.85% | 59.70% | 57.65% |
| 湖北 | 60.62% | 59.67% | 58.76% | 56.65% | 57.22% | 56.97% |
| 黑龙江 | 53.20% | 54.27% | 57.52% | 54.95% | 52.51% | 53.68% |

数据来源：根据中部各省编制的企业部门资产负债表计算得出。

从中部企业部门流动比率看，2003 年江西企业部门流动比率最高，且中部各省总体处于下降趋势，短期偿债能力减弱，期限错配风险略有增加；综合对中部省份金融部门和企业部门的风险分析，区域内风险状况基本一致，各省份金融部门和企业部门保持着相近的货币结构风险和期限错配风险，如表 16.19。

表 16.19　中部各省企业部门流动比率

| 年份 | 2003 | 2004 | 2005 | 2006 | 2007 | 2008 |
|---|---|---|---|---|---|---|
| 山西 | 1.052 5 | 1.020 2 | 0.988 7 | 0.957 9 | 0.919 1 | 0.882 3 |
| 内蒙古 | 0.951 2 | 0.965 2 | 0.979 5 | 0.994 2 | 0.976 9 | 0.960 0 |
| 吉林 | 0.931 9 | 0.872 4 | 0.878 7 | 0.903 9 | 0.964 4 | 0.935 5 |
| 湖南 | 1.002 6 | 1.031 2 | 1.055 6 | 1.053 5 | 1.125 0 | 1.091 1 |
| 安徽 | 1.028 0 | 0.996 7 | 1.074 1 | 0.940 0 | 0.741 4 | 0.976 4 |
| 江西 | 1.112 3 | 1.087 6 | 1.063 3 | 1.039 3 | 1.050 5 | 1.061 8 |
| 河南 | 0.959 4 | 0.976 4 | 0.993 8 | 1.011 7 | 1.044 5 | 1.077 9 |
| 湖北省 | 1.099 1 | 1.383 2 | 1.011 5 | 1.039 0 | 1.036 1 | 1.037 4 |
| 黑龙江 | 0.959 7 | 0.960 1 | 0.936 4 | 0.953 4 | 0.970 8 | 0.962 4 |

数据来源：根据中部各省编制的企业部门资产负债表计算得出。

## 二、基于或有权益分析法的中部省份宏观金融风险比较分析

### （一）中部各省上市企业部门或有权益横向比较

如表 16.20，中部上市企业部门 2002 年至 2005 年的资产市值波动率保持在 10%~30% 之间水平上。在 2006 年，由于市场环境的变化，交易的活跃，各省份资产市值波动率均有上升。波动率在 25%~45% 之间变化。市值波动的增加加大了中部上市企业部门的风险。

表 16.20　中部省份上市企业部门资产市值波动率

| 年份 | 2001 | 2002 | 2003 | 2004 | 2005 | 2006 | 2007 | 2008 | 2009 |
|---|---|---|---|---|---|---|---|---|---|
| 山西 | 20.85% | 21.22% | 15.30% | 17.13% | 17.43% | 25.44% | 42.93% | 35.55% | 35.00% |
| 内蒙古 | 22.11% | 21.44% | 13.61% | 13.38% | 13.98% | 18.96% | 34.58% | 27.53% | 29.21% |
| 吉林 | 18.37% | 21.78% | 14.65% | 15.01% | 15.92% | 17.05% | 36.88% | 37.21% | 30.13% |
| 黑龙江 | 19.35% | 21.72% | 12.62% | 14.91% | 14.67% | 19.56% | 33.59% | 36.48% | 26.22% |
| 安徽 | 20.48% | 21.09% | 16.58% | 17.07% | 15.78% | 19.03% | 34.31% | 33.44% | 27.47% |
| 江西 | 24.73% | 26.43% | 17.33% | 20.55% | 19.98% | 28.20% | 41.90% | 36.96% | 36.01% |
| 河南 | 19.17% | 20.13% | 14.17% | 14.75% | 13.49% | 15.29% | 34.12% | 30.24% | 27.92% |
| 湖北 | 19.07% | 20.55% | 13.42% | 16.58% | 15.46% | 18.21% | 35.26% | 29.25% | 25.38% |
| 湖南 | 19.24% | 21.64% | 12.68% | 14.31% | 11.92% | 17.01% | 30.75% | 30.06% | 25.37% |

如表 16.21，中部各省份上市企业部门违约距离保持同步的变化趋势，在 2008 年达到最低点，之后在 2009 年略有反弹，说明中部上市企业部门有较高的联动性和一致性。

表 16.21　中部省份上市企业部门违约距离比较

| 年份 | 2001 | 2002 | 2003 | 2004 | 2005 | 2006 | 2007 | 2008 | 2009 |
|---|---|---|---|---|---|---|---|---|---|
| 山西 | 3.689 4 | 3.152 6 | 4.216 9 | 3.527 9 | 2.939 2 | 2.958 4 | 2.072 7 | 1.840 3 | 2.330 3 |
| 内蒙古 | 3.781 4 | 3.432 9 | 4.941 4 | 4.110 5 | 3.858 8 | 3.395 4 | 2.304 5 | 1.769 4 | 2.441 2 |
| 吉林 | 4.270 7 | 3.292 6 | 4.581 6 | 3.788 6 | 3.301 8 | 4.157 4 | 2.388 9 | 1.828 8 | 2.634 4 |
| 黑龙江 | 4.107 6 | 3.561 7 | 5.676 7 | 3.881 3 | 3.262 3 | 3.228 0 | 2.436 6 | 1.838 6 | 2.986 8 |
| 安徽 | 3.947 2 | 3.545 4 | 4.250 9 | 3.581 7 | 3.437 6 | 3.643 3 | 2.343 4 | 1.813 0 | 2.747 8 |
| 江西 | 3.520 0 | 3.078 7 | 4.416 2 | 3.294 6 | 3.212 3 | 2.584 8 | 2.050 1 | 1.620 6 | 2.216 4 |
| 河南 | 4.210 7 | 3.616 2 | 5.133 3 | 4.302 4 | 3.872 8 | 4.280 2 | 2.442 6 | 1.955 1 | 2.742 4 |
| 湖北 | 4.344 7 | 3.685 5 | 5.215 2 | 3.565 5 | 3.265 5 | 3.631 9 | 2.277 7 | 1.839 4 | 2.733 7 |
| 湖南 | 4.309 9 | 3.525 4 | 5.539 3 | 3.799 9 | 3.735 4 | 3.672 8 | 2.656 8 | 1.924 7 | 2.807 7 |

### （二）中部各省企业部门或有权益横向比较

如表 16.22，从中部整体与各省市之间的对比可以看到，中部非金融部门整体的资产市值波动率明显小于中部各省市的资产市值波动率。一是因为中部整体的资产市值波动率相当于一个资产组合，其中的一些波动相互抵消，中部非金融部门的风险显得更小；二是中部地区作为整体而言，地方产业结构特点及地方经济特色所产生的局部性金融风险都得到了一定程度的中和。

如表 16.23，中部各省企业部门违约距离最明显的特征是 2007 年和 2008 年均呈下降态势，除湖南省以外，其余省份在 2008 年的违约距离均降低至 3 以下，违约风险凸显。而从各省的比较看，样本区间内安徽省和湖南省违约距离的整体水平高于中部其余省份。

**表 16.22　中部省份企业部门资产市值波动率**

| 年份 | 2003 | 2004 | 2005 | 2006 | 2007 | 2008 |
|---|---|---|---|---|---|---|
| 山西 | 14.34% | 15.85% | 15.57% | 19.73% | 39.14% | 29.60% |
| 内蒙古 | 10.64% | 10.93% | 10.98% | 16.57% | 32.52% | 26.50% |
| 吉林 | 10.96% | 11.08% | 11.71% | 15.70% | 34.52% | 33.16% |
| 黑龙江 | 11.71% | 14.53% | 14.84% | 20.46% | 34.11% | 37.02% |
| 安徽 | 9.28% | 8.33% | 7.01% | 11.66% | 26.45% | 17.83% |
| 江西 | 9.97% | 10.23% | 9.41% | 17.84% | 34.20% | 20.35% |
| 河南 | 9.98% | 10.72% | 10.42% | 13.91% | 33.67% | 31.22% |
| 湖北 | 11.40% | 14.71% | 13.46% | 17.58% | 35.78% | 31.74% |
| 湖南 | 6.64% | 6.80% | 5.25% | 10.82% | 25.44% | 19.31% |

**表 16.23　中部省份企业部门违约距离比较**

| 年份 | 2003 | 2004 | 2005 | 2006 | 2007 | 2008 |
|---|---|---|---|---|---|---|
| 山西 | 4.207 9 | 3.517 0 | 2.922 3 | 2.928 8 | 2.064 7 | 1.822 2 |
| 内蒙古 | 4.911 9 | 4.062 1 | 3.814 0 | 3.374 4 | 2.291 8 | 1.796 4 |
| 吉林 | 4.535 7 | 3.728 7 | 3.250 0 | 4.139 7 | 2.378 2 | 1.836 2 |
| 黑龙江 | 5.663 8 | 3.878 0 | 3.266 3 | 3.233 3 | 2.438 1 | 1.840 1 |
| 安徽 | 5.937 3 | 5.727 8 | 6.151 5 | 5.176 6 | 2.887 1 | 2.884 8 |
| 江西 | 5.684 5 | 4.762 0 | 4.875 8 | 3.497 2 | 2.367 8 | 2.617 4 |
| 河南 | 5.073 5 | 4.252 7 | 3.825 6 | 4.265 1 | 2.439 6 | 1.960 2 |
| 湖北 | 5.189 2 | 3.550 0 | 3.242 9 | 3.627 0 | 2.279 3 | 1.848 6 |
| 湖南 | 7.740 2 | 6.828 7 | 8.152 6 | 5.794 9 | 3.229 8 | 3.252 1 |



## 三、小结

通过本节对中部九省市的比较分析，从期限错配角度看，中部金融部门存在存款短期化、贷款长期化的发展趋势，有一定的期限错配风险。从中部金融部门外币业务看，其外币存贷比在 100% 左右，高于 75% 的安全值，有一定的挤兑风险，但是结合金融部门整体业务量分析，微量的外币存贷款货币错配风险并不会对中部金融部门产生较大的影响。而综合本节对中部企业部门的分析看，总部各省份企业部门的资产负债率基本都保持在安全水平，资本结构较为合理，清偿力风险不明显。而中部各省及整体区域的流动比例均只在 1 左右，偿债能力较弱，需要注意企业部门短期债务的偿债风险问题。而从中部各省的比较结果看，中部区域作为一个整体，其企业部门资产波动率低于各省的对应数值，说明整个中部的产业结构发展是比较合理的，消除了地方支柱产业对省份资产波动率的影响。

首先，从金融所有制结构看，国有金融机构在整个金融体系中所占比重过大。中部金融机构总体发育程度较高，但是大型国有金融机构仍然占据其中大部分市场份额，其他金融机构进驻、发展远远慢于东部。其次，中部社会经济发展较为协调，各省份之间完全相同的趋势说明整个中部作为一个整体，有着较明显的协调性，故而要注意风险上升时的传递效应。产业结构比较合理，但各省企业部门对金融市场的理解和金融工具的运用仍然有待提高，单一的融资渠道给企业带来了一定的期限错配风险。

再次，中部金融生态环境仍然需要提高。受限于中部的地理位置，大部分的中部企业部门从事于国内相关产业的生产和服务，对于对外经济开发不够，这一点从金融部门极低的外币存款占比和外币贷款占比就可以看出。

由于以上各种因素的存在，导致了中部省份经济金融发展的不完善，但是中部经济金融发展未有明显的结构性差异。

## 第5节　结论及政策建议

### 一、结论

本章共有5节内容，从中部的经济金融运行概况入手，先后分析了中部区域金融部门和企业部门整体的资产负债表状况，通过对金融部门存款结构、贷款结构、外币资本结构等各方面进行综合分析，说明了中部地区金融部门整体的宏观金融风险状况。之后用同样的分析方法为中部企业部门整体建立了资产负债表并进行了宏观金融风险分析。但是仅仅从账面价值分析宏观金融风险是不全面的。本章的第三节对中部上市企业部门进行了单独的或有权益分析，数据全部来源于中国股市原始数据，并在上市企业部门的基础上计算了企业部门的权益市值、资产市值、权益市值波动率等多项风险指标，完成了对整个中部地区的宏观风险建模、观测以及分析。与此同时，为了进一步了解在面临可能存在的危机情况下中部地区有没有隐藏的宏观金融风险，本章第三节分别对上市企业部门和企业部门进行了压力测试和敏感性分析，考察了极端条件下中部上市企业部门和企业部门的金融风险状况。在第三节完成了对中部整体的宏观金融风险分析后，为了更深入的了解中部各省份之间的个体差异以及其在区域整体中所发挥的作用，本章在第四节进行了中部宏观金融风险的结构性分析，比较了中部九省份的各类风险指标，完成了对整个中部地区由整体到局部，由账面价值到或有权益的宏观金融风险分析工作。

第二节基于资产负债表分析法对中国中部两个主要经济部门的宏观金融风险进行实证研究，分别编制金融部门和企业部门资产负债表，并根据所包含科目进行相关金融风险分析。金融部门涵盖中国中部银行业金融机构，通过2003—2008年数据分析表明，中国中部金融部门存在着较高的期限错配风险，短期资产不足以偿付短期负债使得流动性风险有加剧的趋势；在负债活期化趋势加剧的背景下，长期资产占比持续攀升使金融部门资产负债期限结构错配的问题更为突出，由此可能产生的流动性风险和利率风险也值得关注。货币错配风险有加剧的趋势。

企业部门涵盖中国中部9个省（市、自治区）的工业企业、餐饮业、批发零售业以及建筑业几个产业部门，编制2003—2008年企业部门资产负债表。分析表明，2003—2008年企业部门流动资产与长期资产占比相当，但流动负债远远高于长期负债，企业资产主要是长期资产，而负债主要是流动负债，到期的负债企业虽有流动资产予以偿付，但不是很充足，而且从流动资产占比和流动负债占比来看，企业部门依然存在期限错配问题。我国中部企业部门在2003—2008年均表现出较为合理的资本结构和清偿能力，未曾出现负债大于资产、资不抵债的情形，这对于企业部门的健康发展是很重要的。但是在保证资本结构合理和偿债能力的情况下，应加强企业部门资产的流动性，提高流动资产的比例，以与企业部门的高流动负债率相匹配。

第三节分析了上市企业部门和企业部门的或有权益资产负债表，上市企业部门基于市场价值的资本结构正在逐步合理化，权益占比处于较高的水平。对于资产市值，上市企业部门的资产市值和账面价值相差不多，资产质量较高；而上市企业部门的资产缩水现象较为严重，绝大部分的资产无法被市场认可，但由于其具有很高的权益占比，不大可能出现明显的清偿力风险。对于企业部门来说，其资产市值与账面价值总体波动趋势相同，但在2007年两者变化有明显的差距，资产市值相比2006年有极大增幅，这与当年股市看好有密不可分的联系。企业部门的资产负债率在总体上保持下降趋势，而在或有权益分析中，资产市值波动率则保持上升的趋势，并在2007—2008年达到较高值，考虑到整体企业部门的融资渠道日趋多样化，波动率较低的银行贷款（债务融资）比例降低在一定程度上加大了资产市值波动率。

## 二、相关政策建议

中部金融行业要实现稳定快速的发展，区域性金融中心的建设十分关键，目前中部地区建设区域性金融中心的时机和条件日渐成熟。例如，武汉的金融业机构进驻较全，金融总量在中部位于前列，具有打造区域金融中心的产业规模和必要条件；而且武汉是央行九大分行的所在城市之一，也是银监会、证监会、保监会派出机构所在地。通过武汉或者其他城市的中部区域金融中心建设，能够更好的合理规划和引导中部地区的金融发展，并能就各种宏观金融风险指标进行检测和预警，从而实现规避风险，更好发展中部地区金融行业的作用。

与此同时，加速金融体制改革也是必须采取的措施之一。针对目前中部大部分省份的经济发展主要依靠政府引导和政策贷款支持的现状，政府部门要充分意识到：政府的职责是宏观调控和维护市场秩序，而不是参与企业的经营和干预企业经营的自主权，加强银行业自主性和有效性对地区性商业银行尤为重要。尊重金融机构经营的自主权是金融改革的核心，良好的法制环境是保证金融改革的必要条件。

建立并完善适合中国中部经济发展的金融体系。中部经济发展的特点是非国有经济发展迅速，对 GDP 的贡献逐步增加，但是非国有企业贷款难；第二产业占比较大，以工业为中心的经济建设趋势性明显，第三产业有待进一步发展。加速金融改革、建立与中部经济相适应的金融体系，是经济发展和发展民营企业、第三产业的迫切要求。

最后，建立完善的宏观金融风险理论体系，并依托此体系对中部地区整体风险进行监控和分析，能够从大局方面为中部地区经济金融发展指引方向。在预防和控制区域金融风险上，主观因素是不能忽略的，在物质条件也就是硬件环境已经具备的情况下，如何有效的预防和控制风险主要是靠理论研究来及时发现风险的苗头，采取必要措施。因此，要预防和控制区域风险必须加大对区域金融风险的研究力度，加强人才培养。中部当前在区域金融风险的研究上还比较薄弱，从事这方面研究的人员少，研究的水平不高，存在着重融资、轻风险的不对称研究，这也是由中部地区相对于东部地区较差的就业条件和发展前景决定的，大量中部地区培养的经济金融人才纷纷流向东部，中部地区各级政府需要发展中部金融环境，吸引更多的优质金融机构以完善中部金融就业环境。

# 第 17 章　内蒙古自治区宏观金融风险研究



内蒙古自治区幅员辽阔，是全国资源最丰富的地区之一，煤炭资源更是全国领先。在我国经济增长的强劲推动下，资源需求量大大增加促使自治区的资源优势转化为经济优势，经济高速增长。随着国际金融危机在世界各国的不断蔓延，内蒙古自治区经济金融发展也面临一定的风险。本章将基于账面价值和市场价值的宏观资产负债表对内蒙古自治区主要经济部门运行潜在的风险进行识别和度量，并提出相关政策建议。

## 第 1 节　引言

改革开放以来，内蒙古自治区经济飞速发展，生产总值从 1978 年的 58.04 亿元增长到 2007 年的 6 018.8 亿元，经济总规模从全国第 25 位跃居第 16 位，人均生产总值达到 3 339 美元，成为中西部首个迈过 3 000 美元门槛的省份。本部分首先介绍内蒙古自治区经济金融发展情况，在梳理内蒙古自治区金融风险研究相关文献的基础上，提出本章的设计思路和内容结构。

### 一、内蒙古自治区经济金融概况

**（一）内蒙古自治区经济运行概况**

从内蒙古自治区近年来 GDP 增长情况可以发现，内蒙古自治区经济总量在逐年递增，并且增速较快。如表 17.1，2007 年内蒙古自治区 GDP 达到 6 018.8 亿元，较前一年大幅增长 25.7%。根据内蒙古自治区统计局的数据，2008 年内蒙古自治区 GDP 为 7 761.8 亿元，按可比价格计算，比上年增长 17.2%。其中，第一产业增加值为 906.98 亿元，增长 7.5%；第二产业增加值为 4 271.03 亿元，增长 20.5%；第三产业增加值为 2 583.79 亿元，增长 15.5%。全区 GDP 中一、二、三次产业比例由 2007 年的 12.5∶51.8∶35.7 调整为 11.7∶55.0∶33.3。可以看出，内蒙古自治区第一产业和第三产业占经济总量的份额在减少，第二产业所占份额在增加。

**表 17.1　内蒙古自治区 2000—2008 年 GDP**　　单位：亿元

| 年份 | 2000 | 2001 | 2002 | 2003 | 2004 | 2005 | 2006 | 2007 | 2008 |
|---|---|---|---|---|---|---|---|---|---|
| GDP | 1 400 | 1 545.5 | 1 732.48 | 2 093 | 3 041.07 | 3 822.8 | 4 790 | 6 018.81 | 7 761.8 |

注：数据来源于内蒙古自治区国民经济和社会发展统计公报。

如图 17.1，在我国经济总体呈现稳步发展的情况下，内蒙古自治区 GDP 呈现飞速上升的态势，2008 年 GDP 比 2000 年增长了 6 361.8 亿元，而且 2003—2008 年内蒙古自治区经济增长速度连续六年居全国第一。2005 年内蒙古自治区人民政府印发《关于建设大型重化工基地的指导意见》，明确提出在呼—包—鄂“大金三角”及煤炭等资源富集区建设 5 个大型重化工基地；2007 年 4 月，全长 270 千米，总投资 114.9 亿元的我国第一条重载高速公路准—兴运煤高速公路建成使用；2007 年 6 月末，内蒙古自治区已查明煤炭资源矿产地 445 处，查明和预查煤炭资源储量 6 583.4 亿吨，跃居全国第一位。这些政策措施和数据都表明，内蒙古自治区依托自身资源优势处于高速发展的过程中，正逐步建立自身独特的竞争优势。

内蒙古自治区地区 2008 年生产总值构成如图 17.2，其中第二产业占比较大，达

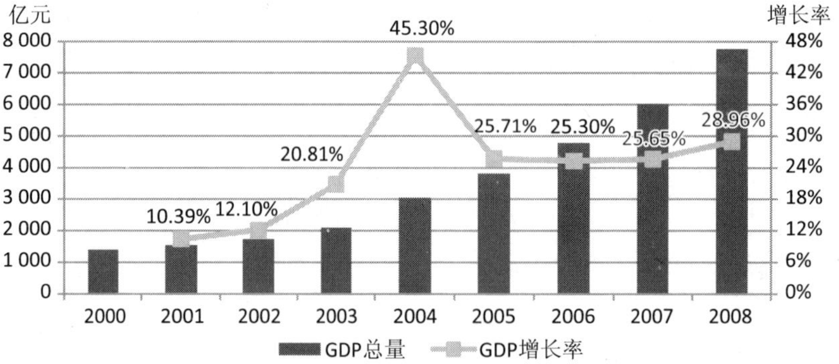


图 17.1　内蒙古自治区地区生产总值

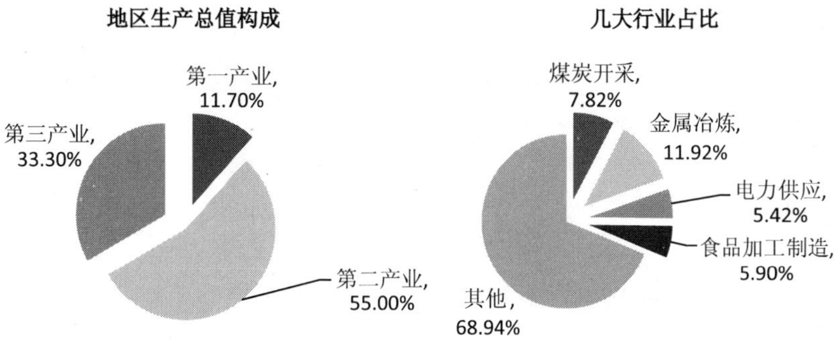


图 17.2　内蒙古自治区 2008 年地区生产总值构成①

55%。从行业发展状况看，内蒙古自治区优势产业突出，金属冶炼占比最高，达到 11.92%，煤炭开采占地区生产总值的 7.82%，电力供应占 5.42%。

### （二）内蒙古自治区金融运行基本状况

内蒙古自治区金融运行平稳，银行业稳健经营，银行业存贷款快速增长，信贷结构进一步优化。虽受金融危机的影响，证券市场发展有些波折，但是整体上看发展健康迅速。保险业进一步发展，但是其发展程度远远落后于经济发展程度。金融生态环境建设稳步推进。

内蒙古境内金融机构总资产从 2003 年的 2 722.7 亿元增加到 2008 年的 8 032 亿元，增幅为 195%，增幅较大，但不论是数据统计阶段 2003 年的起始数值，还是 2008 年的最终数值，内蒙古与中部其他省份均有较大差距，增幅也不及其他省份。

从传统银行业务看，金融机构存款贷款分别从 2003 年的 2 028.5 亿元和 1 978.9 亿元增长到 6 380.5 亿元和 4 564.2 亿元，增幅分别达到 214.5% 和 130.64%，发展迅速。从信贷体系看，内蒙古银行业各项贷款在 2003—2008 年间保持稳定增长，其短期贷款略有增加，而中长期贷款增加明显。

从股票市场看，内蒙古上市企业数量从 2004 年的 22 家降低到 2009 年的 19 家，数量不增反降，但是上市公司的总市值增加明显，总量从 676.42 亿元增长到 2 732.30 亿元，涨幅达到 303.94%。其上市公司绝对数量和上市公司市值均在中部各省份的平均线以下，远远落后于中部大部分省份，仍然有待提高。

从保险业情况看，境内保险业务收入从 2004 年的 103.9 亿元上升到 2009 年的 293.2 亿元，保险业务在内蒙古增长稳定，但增速比起中部其他省份仍然略有差距。

① 数据来源于《内蒙古自治区统计年鉴 2009》，由于年鉴中各行业统计的是产出值不是增加值，在这里将各行业产出值占工业总产出值的比率乘以工业增加值占地区生产总值的比率，得到行业占地区生产总值比率。

综上，内蒙古金融状况总体良好，发展迅速，传统银行和保险业务是金融发展的主力。但内蒙古的金融业仍然距离中部其他省份有较大差距，这与其内陆省份的地理位置和较为薄弱的经济基础有关。

### 二、文献综述

目前，我国学术界对于内蒙古自治区宏观金融风险的研究非常少，主要介绍金融发展历史和现状居多。而对于内蒙古自治区经济的研究虽然多，但少有实证方面的分析，多是从现实情况出发提出政策建议。以下是近年来比较典型的相关文献：

范淑芳、王桂贤（2006）从金融规模、金融结构及金融市场机制三方面对内蒙古自治区金融深化状况进行了分析，指出内蒙古自治区金融深化在“规模”上表现出较快的扩张，在“质量”上的提高并不明显，并认为要想发挥金融支持作用，必须调整现有金融结构，打破国有商业银行垄断金融业的格局，加快建立健全金融市场机制。郝爱莲（2007）对内蒙古自治区金融运行的状况进行了基本分析，并提出内蒙古自治区金融发展中存在的金融风险：一是存贷款期限错配问题突出；二是信贷需求旺盛与宏观调控的矛盾依然存在；三是金融机构信贷投向依旧集中。张凤仙（2008）对内蒙古自治区金融机构布局的问题进行了探讨，认为内蒙古自治区金融机构发展极不平衡，存款比例相对太高而贷款比例相对太低，且金融结构不合理，银行业金融机构多而非银行业金融机构太少，并提出了相应的政策建议。

## 第 2 节　内蒙古自治区部门资产负债表编制及其分析

本节针对内蒙古自治区主要经济部门——金融部门和企业部门编制宏观资产负债表，就其账面价值进行资本结构、货币结构、期限结构的错配分析以及清偿力分析等，以此来衡量与内蒙古自治区宏观经济运行相关的金融风险。

### 一、内蒙古自治区金融部门资产负债表的编制及分析

#### （一）金融部门资产负债表的编制

截至 2008 年年末，内蒙古自治区银行类金融机构营业网点（不含总部）达 4 367 个，其中国有商业银行分支机构 1 585 个、农村合作机构 2 343 个；总部设在辖区内的证券公

司有 2 个，分别为恒泰证券和内蒙古自治区证券；总部设在辖区内的保险公司 1 个，保险公司分支机构 1 638 个，金融市场规模持续扩大。表 17.2 为编制内蒙古自治区金融部门 2003—2008 年资产负债表，主要涵盖内蒙古自治区银行类金融机构。

表 17.2 内蒙古自治区金融部门资产负债表 单位：亿元

| 年份 | 2003 | 2004 | 2005 | 2006 | 2007 | 2008 |
|---|---|---|---|---|---|---|
| **总资产** | 2 722.7 | 3 191.0 | 3 986.8 | 5 052.3 | 5 909.6 | 8 032.0 |
| 贷款余额 | 1 978.9 | 2 278.5 | 2 618.0 | 3 240.0 | 3 803.1 | 4 564.2 |
| 短期贷款 | 999.6 | 1 047.7 | 1 131.7 | 1 358.6 | 1 535.3 | 1 784.2 |
| 票据融资 | 101.4 | 104.4 | 125.1 | 148.5 | 125.4 | 161.4 |
| 中长期贷款 | 877.9 | 1 126.4 | 1361.2 | 1 701.3 | 2 112.1 | 2 601.3 |
| 本币贷款 | 1 931.7 | 2 239.8 | 2 588.6 | 3 205.2 | 3 767.7 | 4 527.9 |
| 外币贷款 | 47.2 | 38.7 | 29.4 | 34.8 | 35.4 | 36.3 |
| **总负债和权益** | 2 722.7 | 3 191 | 3 986.8 | 5 052.3 | 5 909.6 | 8 032 |
| 存款余额 | 2 128.5 | 2 615.9 | 3 331.5 | 4 075.3 | 4 986.1 | 6 380.5 |
| 企业存款 | 552.7 | 690.1 | 844.8 | 1 047.1 | 1 376.0 | 1 772.0 |
| 居民储蓄 | 1 355.6 | 1 603.9 | 1 973.6 | 2 294.7 | 2 559.5 | 3 228.3 |
| 活期存款 | 695.074 7 | 868.783 9 | 1 140.724 9 | 1 089.885 1 | 1 308.250 2 | 1 629.713 8 |
| 定期存款 | 660.525 3 | 735.116 1 | 832.875 1 | 1 204.814 9 | 1 251.249 8 | 1 598.586 2 |
| 本币存款 | 2 091.4 | 2 576.4 | 3 298.2 | 4 036.6 | 4 953.7 | 6 341.0 |
| 外币存款 | 37.1 | 39.5 | 33.3 | 38.7 | 32.4 | 39.5 |

注：内蒙古自治区金融部门资产负债表涵盖银行类金融机构资产负债表，数据来源于《中国统计年鉴》、《内蒙古自治区统计年鉴》、《内蒙古自治区金融运行报告》等，具体如下：

① 总资产、总负债和权益数据从 2004—2008 年《内蒙古自治区金融运行报告》获得，2003 年数据根据 2004 年的增长率推算出。

② 贷款余额、短期贷款、票据融资、中长期贷款数据从 2004—2008 年《内蒙古自治区统计年鉴》获得，本币贷款和外币贷款数据从 2004—2008 年《内蒙古自治区金融运行报告》中附表获得，2003 年数据根据 2004 年的增长率推算出。

③ 存款余额、企业存款、居民储蓄、活期存款和定期存款数据从 2004—2008 年《内蒙古自治区统计年鉴》获得，本币存款和外币存款数据从 2004—2008 年《内蒙古自治区金融运行报告》中附表获得，2003 年数据根据 2004 年的增长率推算出。

从表 17.2 可以看出，2003—2008 年内蒙古自治区金融部门均有正的流动资产、流动负债、长期资产和长期负债，但流动资产长期低于流动负债。2003—2008 年金融部门权益逐渐扩大，资产负债表整体结构逐步改善。

### （二）金融部门资产负债表分析

1. 资本结构错配分析

如图 17.3，内蒙古自治区金融部门存贷比总体呈下降趋势，从 2003 年的 93% 降至 2008 年 72%，除 2008 年外，均高于我国央行规定的商业银行最高存贷比 75%，但是从存贷比逐年下降的趋势看，风险正在逐年降低。

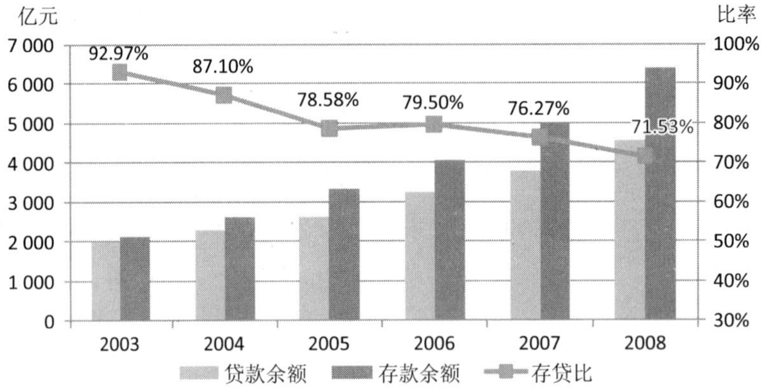


图 17.3　内蒙古自治区金融部门存贷结构

如图 17.4，内蒙古自治区金融部门存款余额保持稳定的增长态势，2003 年以来存款余额增长率都在 22% 以上。内蒙古自治区金融部门总资产在 2003—2008 年呈现稳定强劲的增长趋势，总资产与存款余额都保持了很高的增长速度，其中 2008 年金融部门总资产达到 8 032 亿元，增速高达 35.9%。分析原因可以发现：2004 年新华人寿内蒙古分公司、中华联合内蒙古自治区分公司、华夏银行呼和浩特分行等金融机构相继入驻内蒙古自治区；2005 年华夏银行呼和浩特分行挂牌营业；2006 年交通银行呼和浩特分行正式开业；2007 年上海浦东发展银行、招商银行、中信银行呼和浩特分行相继开业，同年内蒙

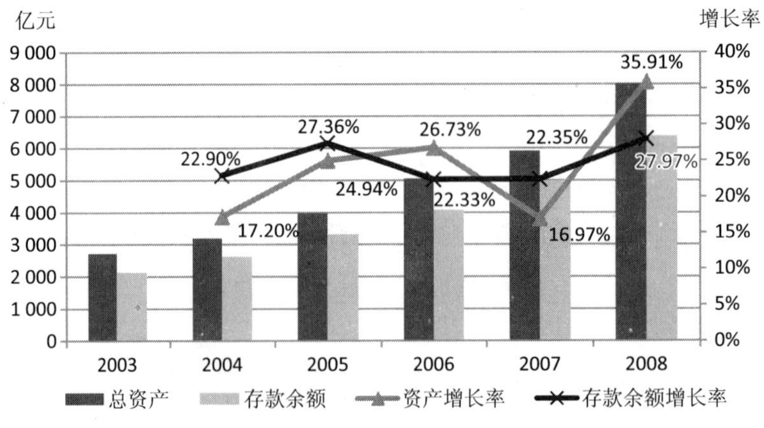


图 17.4　内蒙古自治区金融部门资产增长率

古自治区首家农村股份制商业银行——鄂尔多斯东胜农村商业银行股份有限公司正式挂牌。内蒙古自治区金融部门总体状况发展良好，与该自治区经济运行状况相符。

从图17.5可以看出，内蒙古自治区贷款占金融部门总资产比重总体呈现下降趋势，在2008年达到最低值56.8%。贷款资产在总资产结构中的不断下降，说明内蒙古自治区金融部门资金运用正朝着多样化发展。

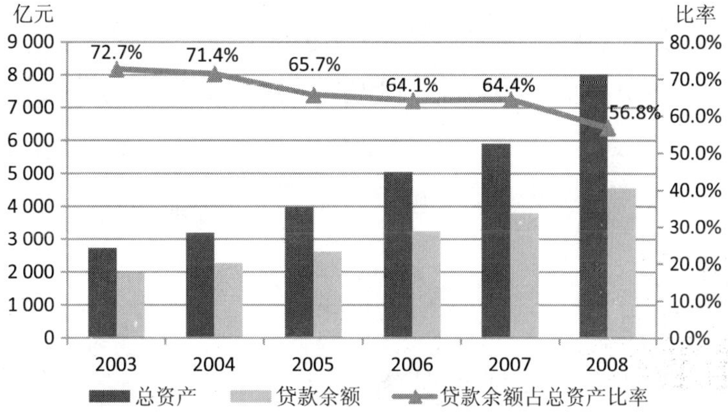


图17.5　内蒙古自治区金融部门贷款余额占总资产比率

2. 期限错配风险分析

如图17.6，内蒙古自治区贷款总额、中长期贷款和短期贷款在2003—2008年间总体保持增长趋势，其中短期贷款增长速度较慢，中长期贷款则保持着稳定的增长势头。中长期贷款占比的不断上升意味着内蒙古自治区金融部门的资产流动性有所下降，在面临突然性的经济波动时，有可能流动性不足。2005年之后内蒙古自治区中长期贷款占总贷款余额的比率均超过50%，并且有继续增长的趋势。不论是从绝对量还是从相对发展趋

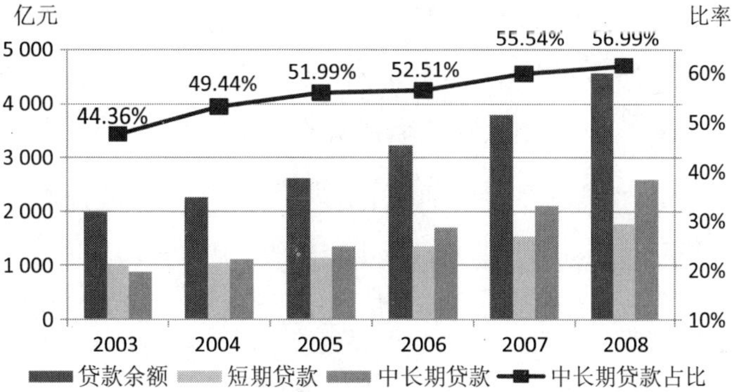


图17.6　内蒙古自治区金融部门贷款结构

势而言，内蒙古自治区金融部门流动性风险都有扩大的可能。

固定资产投资过高可能是金融部门中长期贷款不断上升的重要原因之一。内蒙古自治区经济发展的一大特点就是较高的固定资产投资拉动经济增长，从历年来的金融运行报告可以看到，城镇固定资产投资占地区生产总值的比重一直很大，在 2004 年这一比值为 63.2%，而到 2008 年该值上升到了 71.1%。《内蒙古自治区统计年鉴 2009》显示，内蒙古自治区固定资产投资的资金来源除去自筹资金以外，贷款所占比重最大，因此过高的固定资产投资很有可能是金融部门资金运用长期化的一个主要原因，如图 17.6 和图 17.7。2006 年，内蒙古自治区累计完成固定资产投资 3 340.7 亿元，增长 25.7%，增幅为 2002 年以来的最低点。在这种情况下，长期贷款占总贷款余额的比率在 2006 年放慢了增长步伐，但是在随后的 2007 年又出现大幅上升。

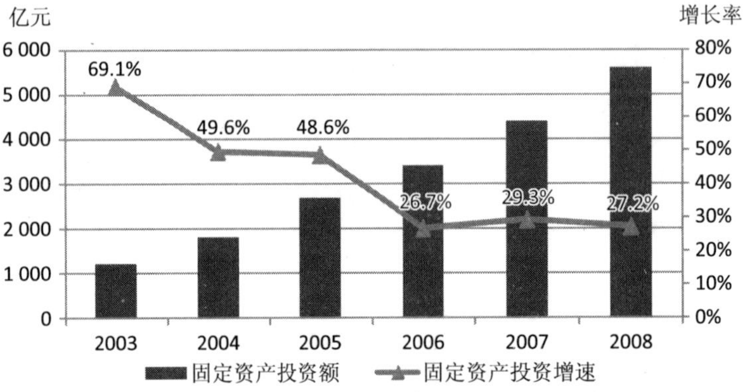


图 17.7 内蒙古自治区固定资产投资总额及其增速

2003—2008 年间，内蒙古自治区居民储蓄在总体上呈现强劲增长趋势。其中定期存款占比总体平稳，在 2006 年略有上升。

综合图 17.6 与图 17.8 来看，内蒙古自治区金融部门在资金来源和资金运用上存在着一些问题。从资金来源方面看，定期存款占比相对稳定，波动幅度较小，活期存款上升较快，在 2003—2006 年上升了 950 亿元。总的来说内蒙古自治区金融部门资金来源比较稳定，没有明显的短期化趋势。而从图 17.6 中可以看出内蒙古自治区金融部门资金运用长期化趋势十分明显。具体来说中长期贷款余额在 2003—2008 年的 5 年上升了 1 724 亿元，升幅达到 196%，占全部贷款余额的比例 6 年增加了 12.5 个百分点。同时考虑定期存款占比的绝对数额可以发现，其在 2007 年、2008 年降到 50% 以下，意味着期限错配风险加大。

综上所述，内蒙古自治区金融部门存在一定的期限错配风险，主要表现在资金运用

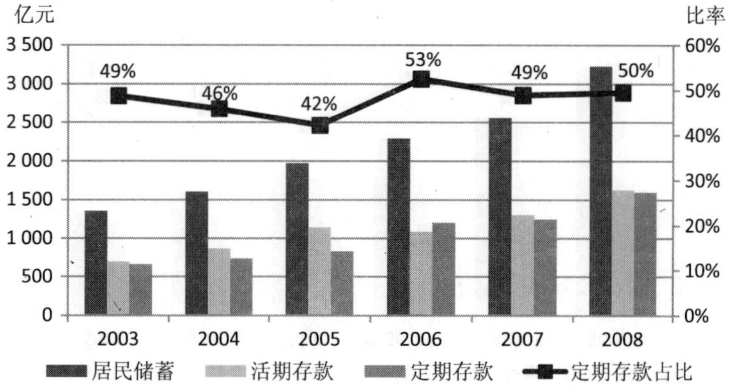

图 17.8　内蒙古自治区金融部门居民储蓄结构

长期化方面，应引起重视。

3. 货币错配风险分析

内蒙古自治区金融部门的对外经营仍处于起步阶段，其金融部门中仅有微量的外币存贷款。从图 17.9 可以看到，内蒙古自治区金融部门外币存贷比从 2003 年以来一直缓慢下降，但在 2007 年出现了明显上升，并且超过 100%，到达了 109%。在人民币升值的环境下，内蒙古自治区金融部门持有的外币资产相对外币负债增长更快，存在一定的汇率风险。但是外币存贷款占金融机构资产比重很小，这意味着内蒙古自治区金融部门货币错配风险很小。

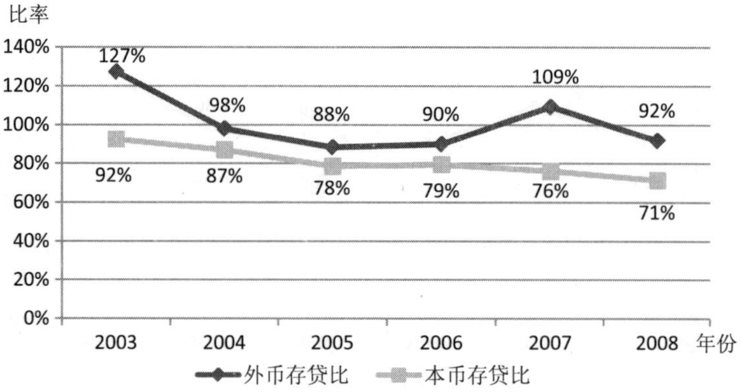

图 17.9　内蒙古自治区金融部门外币存贷比

### （三）小结

从上述对内蒙古自治区金融部门资产负债表分析看，内蒙古自治区金融部门正在减少对传统银行业务的依赖，积极开拓新的金融业务途径，存在一定的资本结构错配风险和期限错配风险，虽然在良好的经济大环境下，这些风险并没有达到影响金融部门日常运行的地步，但是要注意在经济发展减速的时候适时调整以规避风险。最后，内蒙古自治区金融部门基本不存在货币错配风险。

## 二、内蒙古自治区企业部门资产负债表分析

### （一）企业部门资产负债表的编制

企业部门主要考察2003—2008年内蒙古自治区全部国有及规模以上非国有工业企业、限额以上餐饮企业、限额以上批发零售业以及所有建筑业企业，编制2003—2008年企业部门资产负债表，如表17.3。

**表 17.3　内蒙古自治区企业资产负债表**　　单位：亿元

| 年份 | 流动资产 | 长期资产 | 资产总计 | 流动负债 | 长期负债 | 负债合计 | 所有者权益 |
|---|---|---|---|---|---|---|---|
| 2003 | 1 173.50 | 2 451.50 | 3 625.00 | 1 233.64 | 1 056.62 | 2 290.26 | 1 334.74 |
| 2004 | 1 513.89 | 2 920.12 | 4 434.01 | 1 568.41 | 1 206.78 | 2 775.19 | 1 658.82 |
| 2005 | 1 937.87 | 3 441.37 | 5 379.24 | 1 978.35 | 1 356.68 | 3 335.03 | 2 044.21 |
| 2006 | 2 461.21 | 4 010.97 | 6 472.18 | 2 475.65 | 1 498.81 | 3 974.46 | 2 497.72 |
| 2007 | 3 125.57 | 5 454.73 | 8 580.30 | 3 199.60 | 2 001.31 | 5 200.91 | 3 379.39 |
| 2008 | 4 013.02 | 7 482.18 | 11 495.20 | 4 180.06 | 2 698.57 | 6 878.63 | 4 616.57 |

注：企业部门资产负债编制过程如下：

① 对于工业企业、建筑业企业、批发零售业、餐饮业缺失数据进行估算处理。相对建筑业、批发零售业及餐饮业，工业企业的资产负债在企业部门总的资产负债中占比最高，统计数据基本无缺失；餐饮业、批发零售及建筑业资产负债在总体中占比较低，统计数据存在个别缺失情况，对于缺失数据进行估算补齐后产生的偏差对总体分析影响不大。

② 数据缺失及处理：全部国有及规模以上非国有工业企业2004年流动负债数据缺失，以2003年流动负债的年增长率进行替代，估算出2004年的流动负债，并进一步计算出长期负债；建筑业企业2004年统计数据中资产负债数据缺失，均以2003年各指标的年增长率替代，估算出2004年资产、负债、流动资产和流动负债，并进一步计算出长期资产负债；限额以上餐饮企业、限额以上批发零售业2003—2008年流动负债数据缺失，本文以前三年的流动负债/总负债的均值作为当年的比例，结合总负债得到流动负债缺失数据的合理替代值，并进一步计算出长期负债。

③ 通过以上步骤获得总资产、总负债、总权益、流动资产、长期资产、流动负债、长期负债数据，编制出工业企业、餐饮业、批发零售业以及建筑业四大行业的资产负债表，综合后得到企业部门2003—2008年资产负债表。

### （二）企业部门资产负债表分析

1. 资本结构分析

从图17.10，2008年内蒙古自治区企业部门资产负债率维持在60%附近，基本不

存在风险。从资产负债率逐年递减的情况看，内蒙古自治区企业部门正在降低对债务融资的依赖，而且权益增加较快，资本结构逐年优化。内蒙古自治区企业大力发展权益融资，不仅通过国内 A 股市场进行融资，而且很多优秀企业积极寻求在海外市场上市融资的机会。2004 年蒙牛乳业在香港成功上市；2008 年内蒙古自治区小肥羊股份有限公司在香港联合交易所有限公司主板成功上市，成为首个在香港上市的中国品牌餐饮企业。

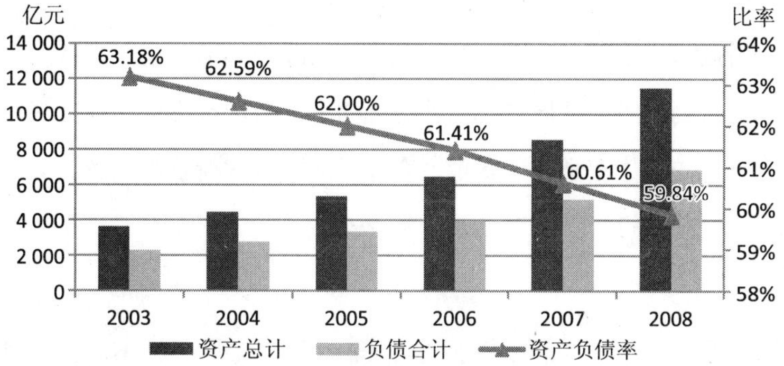


图 17.10　内蒙古自治区企业资本结构

2. 期限错配分析

从图 17.11 可以得知，2003 年以来内蒙古自治区企业部门短期负债和短期资产基本相等，短期资产基本可以偿还短期负债，但是从绝对数量看，短期负债始终略高于短期资产，流动比率在 0.95~1 之间，存在较小的期限错配风险。根据内蒙古自治区 2009 年国民经济和社会发展统计公报披露的数据，能源、冶金、化工、装备制造、农畜产品加工业和高新技术六大优势特色产业增加值占规模以上工业的 87.4%。除了高新技术行

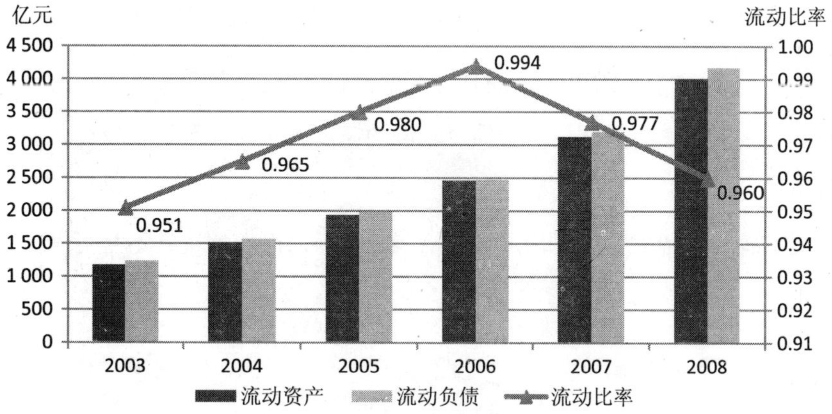


图 17.11　内蒙古自治区企业的流动比率

业外，内蒙古自治区其他支柱产业均是固定资产占比很高的行业，这可能是内蒙古自治区企业部门流动比率较小的原因之一。从内蒙古自治区金融运行报告中的数据可知，从 2004 年起固定资产投资占地区生产总值的比例在 70% 左右，特别是 2008 年该比值到达 71%。

3. 清偿力风险分析

如图 17.12，内蒙古自治区企业部门产权比率在 2003—2008 年间呈下降趋势，产权比率均高于 1，2008 年最低为 1.49，企业部门的清偿力风险逐步改善。但是从绝对数值看产权比率除 2008 年外均高于 1.4，企业发展逐渐降低对债务融资的依赖，不存在严重的清偿力风险。从内蒙古自治区产业结构看，内蒙古自治区支柱产业大多是资本密集型行业，若没有强大的资本市场作为支持，企业只能采取银行贷款的方式进行融资，这也是内蒙古自治区企业部门高负债的主要原因之一。

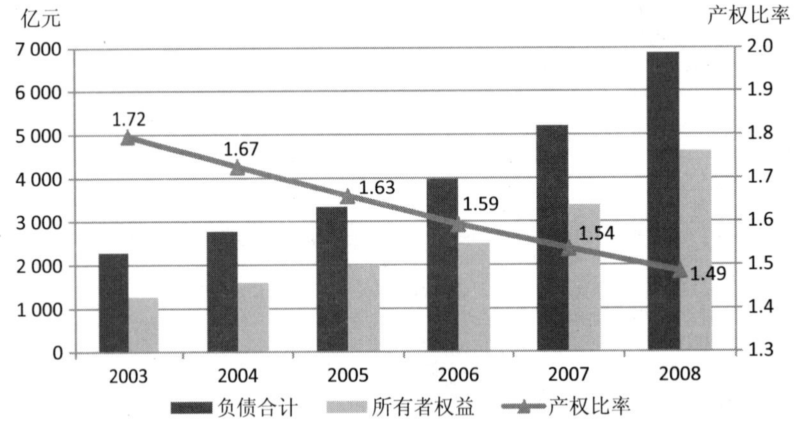


图 17.12　内蒙古自治区企业部门产权比率

**（三）小结**

对内蒙古自治区企业部门宏观运行状况的分析表明企业部门存在一定的风险。随着总资产规模持续扩大，企业部门总负债以较慢的速度增长，权益增长较快。流动性资产与流动性负债逐年增加，但是流动性负债在 2003—2008 年间均大于流动性资产，企业部门面临一定的流动性风险。同时内蒙古自治区企业部门产权比率并不是很大，清偿力风险并不严重。

## 第 3 节　内蒙古自治区或有权益资产负债表编制及分析

### 一、内蒙古自治区上市企业部门或有权益资产负债表编制及分析

2001—2009 年内蒙古自治区上市企业部门或有权益资产负债表的输入参数如表 17.4。

**表 17.4　内蒙古自治区上市企业部门或有权益输入数据**

| 年份 | 无风险利率 | 违约点（亿） | 权益市值（亿） | 权益市值波动率 |
|---|---|---|---|---|
| 2001 | 2.25% | 110.203 | 563.701 | 26.33% |
| 2002 | 2.02% | 159.962 | 448.956 | 28.94% |
| 2003 | 1.98% | 233.838 | 485.342 | 20.04% |
| 2004 | 2.03% | 304.171 | 377.688 | 23.94% |
| 2005 | 2.25% | 312.022 | 372.314 | 25.43% |
| 2006 | 2.35% | 389.567 | 713.810 | 29.07% |
| 2007 | 3.26% | 571.377 | 2 259.184 | 43.04% |
| 2008 | 3.92% | 758.748 | 740.445 | 54.59% |
| 2009 | 2.25% | 783.940 | 1 965.680 | 40.60% |

从上市企业构成看，内蒙古自治区上市企业主要由能源行业和冶炼行业的企业构成。截至 2010 年第一季度，在内蒙古自治区上市企业总市值超过 100 亿元的 8 家企业中，除了伊利股份和鄂尔多斯之外，其他 6 家企业均属于能源和冶炼行业。这与内蒙古自治区经济产业结构相符合，而正是这样的产业结构使得内蒙古自治区上市企业的权益市值波动率较高。

#### （一）或有权益资产负债表分析

将表 17.4 中的参数代入方程组，经计算后得到上市企业部门或有权益资产负债表，如表 17.5。

**表 17.5　内蒙古自治区上市企业部门或有权益资产负债表**　　单位：亿元

| 年份 | 资产市值 | 负债市值 | 权益市值 | 年份 | 资产市值 | 负债市值 | 权益市值 |
|---|---|---|---|---|---|---|---|
| 2001 | 671.509 | 107.808 | 563.701 | 2006 | 1 093.914 | 380.104 | 713.810 |
| 2002 | 606.091 | 157.135 | 448.956 | 2007 | 2 812.114 | 552.930 | 2 259.184 |
| 2003 | 714.545 | 229.203 | 485.342 | 2008 | 1 479.559 | 739.114 | 740.445 |
| 2004 | 676.062 | 298.374 | 377.688 | 2009 | 2 732.300 | 766.620 | 1 965.680 |
| 2005 | 677.425 | 305.111 | 372.314 | | | | |

从表 17.5 可以看到，内蒙古自治区上市企业部门资产市值在 2005 年之前变化不大，在 600~750 亿元之间，2006 年、2007 年由于股市行情转好，资产市值大幅增加，2007 年达到最大值 2 812 亿元；权益市值也在 2007 年达到顶峰，为 2 259 亿元。2008 年国际金融危机的爆发使得市值大幅缩水，资产市值下降到 1 664 亿元，权益市值下降到 740 亿元，而负债市值由 2007 年的 552.93 亿元上升到 2009 年的 766.62 亿元。

从 2001—2009 年或有权益资本结构看，内蒙古自治区企业部门负债市值波动不大，如图 17.13，呈现平稳上升的趋势，从 2001 年的 108 亿元上升到 2008 年的 739.11 亿元。内蒙古自治区上市企业部门资产市值和权益市值随着经济环境的变化出现大幅度的变化，因为内蒙古上市企业主要集中在工业资源行业，故其市场价值随经济状况变化而变化。

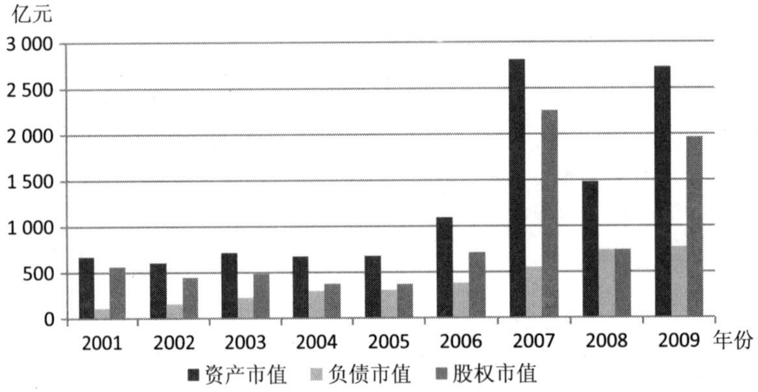


图 17.13　内蒙古自治区上市企业或有权益资本结构

如图 17.14，从整体趋势看，内蒙古自治区上市企业部门的或有资产负债率在 2001—2005 年之间不断上升，说明企业部门整体风险有不断上升的趋势，2006 年开始

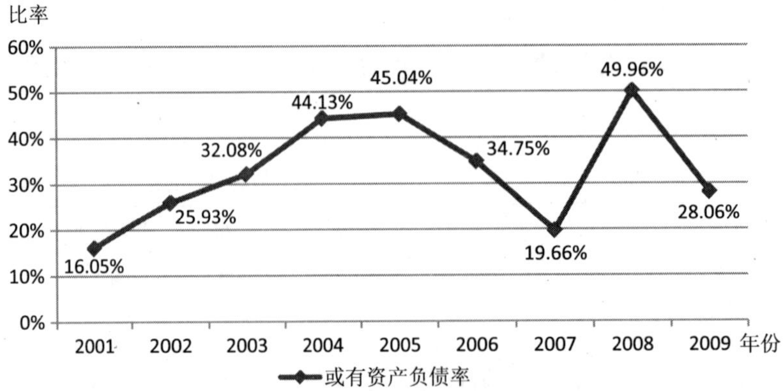


图 17.14　内蒙古自治区上市企业部门或有资产负债率

出现明显下降。随着股市的复苏，或有资产负债率从 2005 年的高点降低到 2007 年的最低点。从另外一个方面看，或有资产负债率远小于账面资产负债率，说明市场估值的真实企业风险小于账面价值反映的金融风险。2008 年金融危机爆发，内蒙古自治区上市企业部门风险迅速增大，2008 年或有资产负债率超过了 2005 年的高点，达到约 50%，随后由于危机的缓和，经济的好转，或有资产负债率在 2009 年下降到 28%。2007—2009 年内蒙古自治区上市企业或有资产负债率出现了大幅度的波动，其中部分原因可以归结为上市企业部门资产市值波动过于剧烈，内蒙古自治区上市企业部门的产业结构依赖于能源及资源行业，发展不够平衡。

**（二）风险表分析**

表 17.6 为内蒙古自治区上市企业部门风险表。

**表 17.6　内蒙古自治区上市企业部门风险表**

| 年份 | 资产市值波动率 | 违约概率 | 违约距离 |
|---|---|---|---|
| 2001 | 22.11% | 0 | 3.781 4 |
| 2002 | 21.44% | 0 | 3.432 9 |
| 2003 | 13.61% | 0 | 4.941 4 |
| 2004 | 13.38% | 0 | 4.110 5 |
| 2005 | 13.98% | 0 | 3.858 8 |
| 2006 | 18.96% | 0 | 3.395 4 |
| 2007 | 34.58% | 0 | 2.304 5 |
| 2008 | 27.53% | 0.75% | 1.769 4 |
| 2009 | 29.21% | 0 | 2.441 2 |

如图 17.15，内蒙古上市企业部门资产市值波动率在 2003—2006 年之间相对平稳，2007 年到 2009 年波动率均处于相对较高的水平，2007 年资产市值波动率达到最高峰，

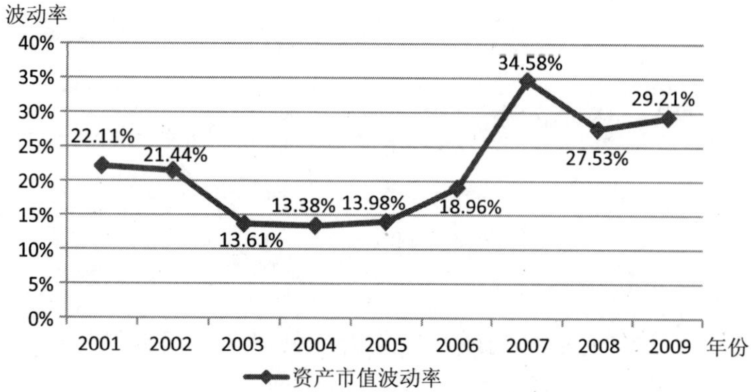


图 17.15　内蒙古自治区上市企业部门资产市值波动率

资产风险处于最大化水平，这与之前的分析相符合。在随后2008年股市大跌和2009年股市回暖的市场环境下，从资产市值波动率衡量的风险看，内蒙古自治区上市企业部门风险并没有得到改善，这更说明了内蒙古自治区上市企业部门的风险主要源于其自身经济发展方式和产业结构的不合理。在同其他省份的对比中可以看出，在2001—2008年内蒙古自治区上市企业部门资产市值波动率处于较低水平，但是到了2009年这种优势明显消失，出现了和其他省份不同的变化趋势。

如图17.16，内蒙古上市企业部门违约距离在2003—2008年间不断下降，于2008年达到波谷，可见内蒙古自治区上市企业部门的违约风险持续扩大，积累了相当程度的风险，不过在2009年风险有所缓解和释放，但从长期看，难以判断风险趋势是否会就此反转。这与之前资产市值波动率反映的风险状况是相符的。内蒙古自治区经济经过连续多年的高速增长，特别是靠投资拉动的高速增长，再加上其产业结构的特殊性，内蒙古自治区上市企业部门积累了一定的风险。内蒙古自治区上市企业部门的风险随着市场环境的恶化而恶化，而在环境逐步改善的情况下并没有出现明显的改善。虽然在2009年，市场环境已经明显优于2008年，但是内蒙古自治区上市企业部门资产市值波动率依然上升；同时2009年内蒙古自治区上市企业部门违约距离较2007年而言并没有明显改善。在与其他省份的对比中可以发现，内蒙古自治区上市企业部门违约距离在2009年的变化幅度远小于其他省份，风险状况改善相对不明显。

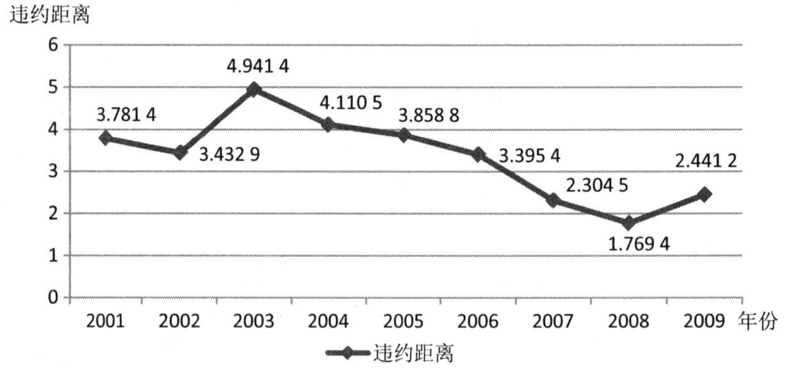


图17.16　内蒙古自治区上市企业部门违约距离

## 二、内蒙古自治区企业部门或有权益资产负债表的编制和分析

2003—2008年内蒙古自治区企业部门或有权益资产负债表的输入参数如表17.7。

表 17.7　内蒙古自治区企业部门或有权益输入数据

| | 无风险利率 | 违约点（亿元） | 权益市值（亿元） | 权益市值波动率 |
|---|---|---|---|---|
| 2003 | 1.98% | 1 774.645 | 1 977.620 | 20.05% |
| 2004 | 2.03% | 2 176.915 | 1 785.769 | 23.95% |
| 2005 | 2.25% | 2 656.690 | 1 973.334 | 25.43% |
| 2006 | 2.35% | 3 225.055 | 4 169.967 | 29.07% |
| 2007 | 3.26% | 4 200.250 | 12 462.510 | 43.04% |
| 2008 | 3.92% | 5 530.200 | 5 080.713 | 54.59% |

## （一）或有权益资产负债表分析

将表 17.7 中的参数代入方程组，经计算后得到企业部门或有权益资产负债表，如表 17.8。

表 17.8　内蒙古自治区企业部门或有权益资产负债表　　单位：亿元

| 年份 | 资产市值 | 负债市值 | 权益市值 | 年份 | 资产市值 | 负债市值 | 权益市值 |
|---|---|---|---|---|---|---|---|
| 2003 | 3 717.431 | 1 739.811 | 1 977.620 | 2006 | 7 315.170 | 3 145.200 | 4 169.970 |
| 2004 | 3 914.102 | 2 128.332 | 1 785.770 | 2007 | 16 494.119 | 4 031.619 | 12 462.500 |
| 2005 | 4 570.835 | 2 597.505 | 1 973.330 | 2008 | 10 554.387 | 5 473.677 | 5 080.710 |

内蒙古自治区企业部门资产市值在 2005 年之前有微弱增长，在 3 500~4 500 亿元区间内缓慢上升，2006 年、2007 年由于股市行情转好，资产市值大幅增加，2007 年达到最大值 16 494 亿元；负债市值在 2008 年达到顶峰，为 5 473 亿元，权益市值在 2007 年处于最高位，为 12 462 亿元。

从图 17.17 看，内蒙古自治区企业部门资产市值在 2003—2007 年期间持续增长且增长趋势明显，负债市值在 2003—2008 年期间的增长相对比较稳定，而权益市值增长则呈现剧烈波动的走势。

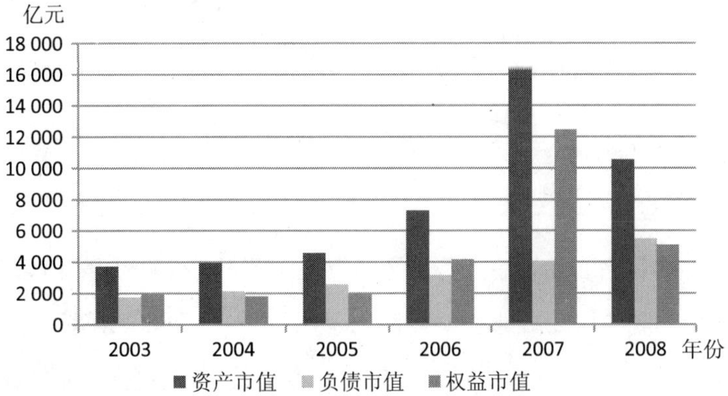


图 17.17　内蒙古自治区企业部门或有权益资本结构

如图 17.18，内蒙古自治区企业部门的或有资产负债率在 2003—2008 年之间有明显波动，2003—2005 年或有资产负债率呈现稳定上升的趋势，说明企业部门整体风险有增强的趋势，2005—2007 年持续下降并达到最小值，风险在 2007 年达到最小，而 2008 年的反弹超过 2007 年的一倍。此外，内蒙古自治区企业部门的或有资产负债率远小于资产负债率，说明了市场估值的真实企业风险小于账面价值显示的金融风险。与上市企业部门相比，内蒙古自治区企业部门的或有资产负债率在绝对值上较大，但是两者的变化趋势基本一致。

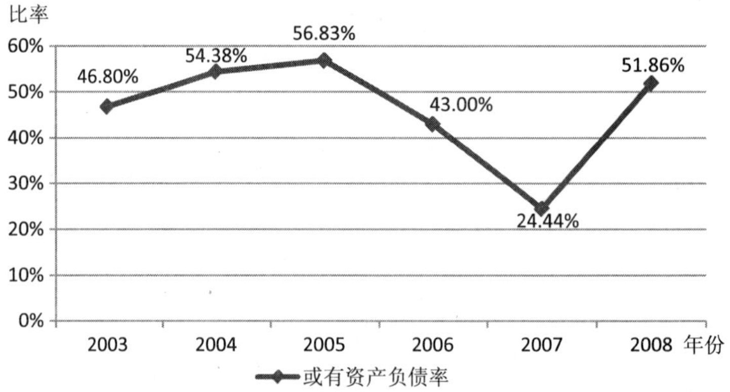


图 17.18　内蒙古自治区企业部门或有资产负债率

**（二）风险表分析**

根据风险指标的求解模型，输入各已知变量，运用 MATLAB 求解得出内蒙古自治区上市企业部门的风险指标，如表 17.9。

**表 17.9　内蒙古自治区企业部门或有权益风险表**

| 年份 | 资产市值波动率 | 违约概率 | 违约距离 |
|---|---|---|---|
| 2003 | 10.64% | 0 | 4.911 948 |
| 2004 | 10.93% | 0 | 4.062 055 |
| 2005 | 10.98% | 0 | 3.814 004 |
| 2006 | 16.57% | 0 | 3.374 405 |
| 2007 | 32.52% | 0 | 2.291 842 |
| 2008 | 26.50% | 0.84% | 1.796 390 |

如图 17.19，内蒙古自治区企业部门资产市值波动率在 2005 年之前无明显变动，而在 2006—2008 年增长迅速，处于相对较高的水平。2003—2008 年间，内蒙古自治区企业部门的资产市值波动率与上市企业部门变化趋势相近，然而企业部门资产市值波动率水平相对略低。

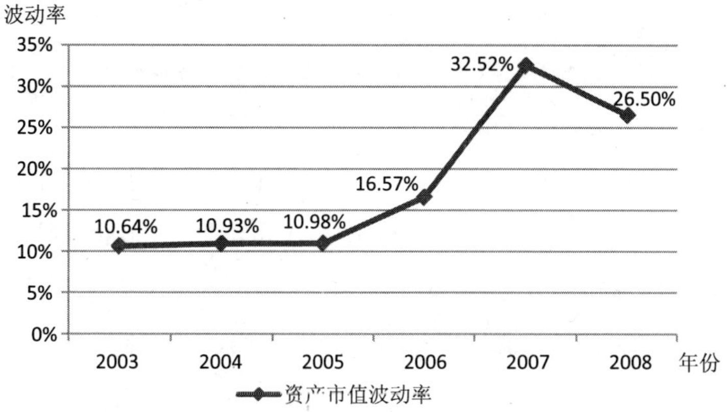


图 17.19　内蒙古自治区企业部门资产市值波动率

如图 17.20，企业部门违约距离在 2003—2008 年间持续明显下降，可见内蒙古自治区上市企业部门的实际风险状况与账面价值分析并不一致，实际风险并未明显改善且有恶化的趋势。与上市企业部门相比，内蒙古自治区企业部门的违约距离自 2003 年以来，无论是绝对数值还是变化趋势都无太大差别。

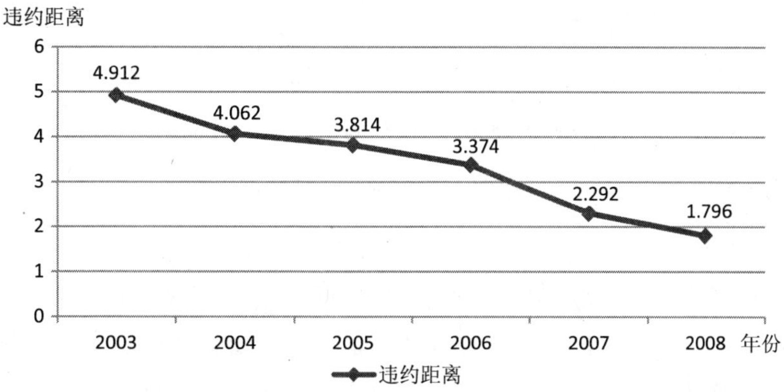


图 17.20　内蒙古自治区企业部门违约距离

## 第 4 节　结论及政策建议

基于资产负债表方法的实证研究主要包括对内蒙古自治区企业部门和金融部门风险的识别和度量，以及对整体风险进行基于账面价值的评判。通过编制内蒙古自治区金融部门 2003—2008 年资产负债表并进行分析，内蒙古自治区金融部门 2008 年资本结构错配风险有所改善；流动性风险较小，但是风险呈现逐年增加的趋势；内蒙古自治区对外业务量很小，不会对金融部门产生较大冲击。企业部门逐年降低对债务融资的依赖，资产负债率呈现逐年下降的态势；期限错配问题较小，流动性略显不足；在2003—2008年产权比率逐年下降，清偿力风险较小。

从或有权益资产负债表分析可以看到，内蒙古自治区上市企业部门和企业部门或有资产负债率最高值出现在2008年，为50%左右；上市企业部门和企业部门资产市值波动率2007年开始处于较高的水平，同时违约距离逐年降低，违约风险在逐年增大。

结合内蒙古自治区的实际情况，认为控制内蒙古自治区各部门金融风险，应从以下几方面着手：

第一，转变经济增长方式，摆脱过分依靠投资拉动的经济增长现状。从前文的分析可以知道，内蒙古自治区经济发展过分依赖固定资产投资拉动，2008年固定资产投资占这个地区生产总值的71%。这种状况也造成了内蒙古自治区企业部门流动性不足，抵御风险的能力不足，并且使金融部门资金运用日益长期化，导致期限错配风险。所以为增强内蒙古自治区企业部门和金融部门抵御风险的能力，内蒙古自治区必须大力促进消费，提高消费在地区生产总值中的比重，改变单一依靠固定资产投资的经济增长方式。

第二，优化产业结构，减小经济周期性波动。内蒙古自治区第二产业产值在2008年占地区总产值的50%以上，其中又以能源和冶炼等资本密集型、强周期行业为主。要改善这种不合理的产业结构并减少由此产生的风险，内蒙古自治区应发挥自身草原资源丰富、地广人稀的优势，大力发展农业、畜牧业；同时，加大对第三产业的支持力度，力争能够取得突破。

第三，优化金融部门资产负债结构。金融机构应积极推进金融创新，推出有针对性的新金融产品，吸收长期资金；在资金运用方面也应改善现在中长期贷款比重大的状况，适当增加短期资产持有量。同时加大金融对经济的支撑，加大对新兴行业的支持，促进地区经济转型。

# 第 18 章　吉林省宏观金融风险研究



吉林省是中国北方老工业基地，是全国机械、化工、森工、造纸、制糖等的重要工业区，也是林业、粮、豆和畜牧基地，在国家振兴东北老工业基地的计划中有着举足轻重的地位。随着国际金融危机在世界各地的不断蔓延，吉林省经济发展受到较大的冲击，经济金融发展面临巨大的不确定性和严峻的挑战。本章将基于账面价值和市场价值的宏观资产负债表对吉林省主要经济部门运行潜在的风险进行识别和度量，并提出相关建议。

## 第 1 节　引言

改革开放以来，吉林省经济腾飞，1978 年全省全年地区生产总值仅有 82 亿元，而到 2008 年实现地区生产总值 6 424.06 亿元。本节介绍了吉林省经济金融发展情况，梳理了吉林省金融风险研究的文献。

### 一、吉林省经济金融概况

#### （一）吉林省经济运行概况

从 2000 年至 2008 年，吉林省经济保持了稳定快速的增长势头，2007 年和 2008 年吉林省 GDP 增长率达到两位数。如表 18.1，2008 年吉林省实现地区生产总值（GDP）

6 424.06 亿元，按可比价格计算，增长 16.0%。其中，第一产业增加值达 916.70 亿元，增长 9.5%；第二产业增加值为 3 064.63 亿元，增长 17.2%；第三产业增加值达 2 442.73 亿元，增长 16.7%。按常住人口计算，当年人均 GDP 达到 23 514 元，增长 15.7%。产业结构进一步优化，三次产业比例为 14.3 : 47.7 : 38.0。

**表 18.1　吉林省 2000—2008 年生产总值（GDP）**　　单位：亿元

| 年份 | 2000 | 2001 | 2002 | 2003 | 2004 | 2005 | 2006 | 2007 | 2008 |
|---|---|---|---|---|---|---|---|---|---|
| GDP | 1 951.51 | 2 120.35 | 2 348.54 | 2 662.08 | 3 122.01 | 3 620.27 | 4 275.12 | 5 284.69 | 6 424.06 |

从图 18.1 可以看出，2000—2008 年间，吉林省 GDP 呈现稳步上升的态势，增长迅速。

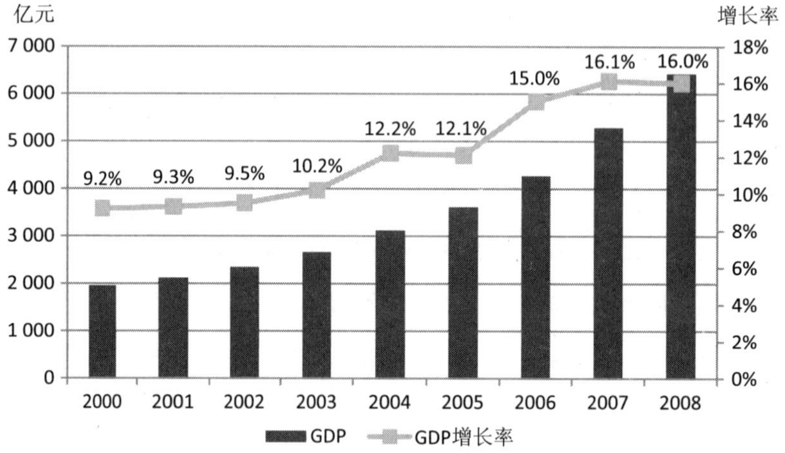


图 18.1　吉林省地区生产总值

如图 18.2，从吉林省地区生产总值构成看，吉林省第二产业占据主导地位，其中又以交通运输设备制造为重心，在 2008 年吉林省交通运输设备制造业增加值占整个地区生产总值的 10.34%。另外，石油开采以及由石油衍生的化工、医药制造行业也在吉林省经济中占有很大比重。

**（二）吉林省金融运行概况**

从 2000 年至 2008 年，吉林省银行业、证券业和保险业均取得了长足的进步。金融环境进一步改善，金融服务地方经济发展的能力明显增强。但是也应看到，吉林省整体金融体系的发展还是倚重银行业的发展，证券业和保险业发展相对滞后，在整个金融产业中比重较小。

吉林省银行业发展态势良好，资产与利润同步增长。存贷款总量分别从 2003 年的 3 446.9 亿元和 3 414.8 亿元增加至 2008 年的 6 433.34 亿元和 4 891.01 亿元，增幅分别达

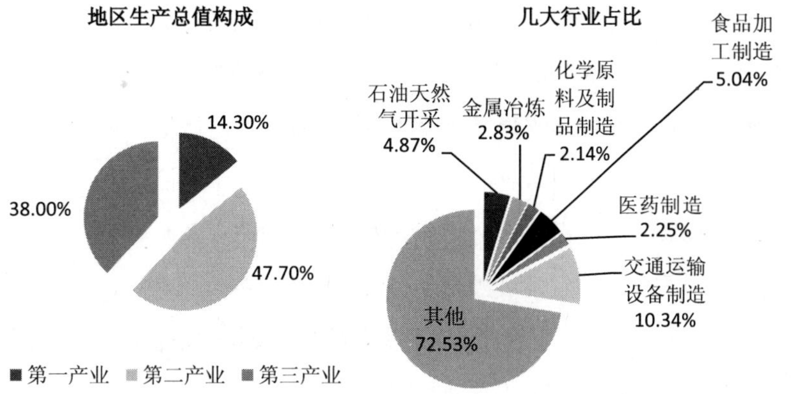


图 18.2　吉林省 2008 年地区生产总值构成[①]

到 86.64% 和 43.23%。其中存贷款总量均有增加，但增幅远远落后于中部其他省份，吉林省金融机构存贷款业务发展稳定，但发展速度较缓。从贷款结构看，长期贷款增速较快，增幅在 2003 年至 2008 年的五年间达到 102.15%。

吉林省证券市场基础性制度建设稳步推进，上市公司数量从 2004 年的 36 家减少至 2009 年的 33 家，有 3 家公司退市，但从总市值来说，从 643.278 亿元增加到 3 379.271 亿元，发展较快。

总的来说，吉林省的金融行业发展以政策服务为主导，以推动已有的大型国有企业发展为主要目标。与此同时，其证券业以及保险业均处于稳定增长的过程中，而新型金融工具和金融市场仍然有待发展和完善。

## 二、文献综述

目前，我国学术界对于吉林宏观金融风险的研究非常少，主要是以介绍金融发展历史和现状居多。而对于吉林经济的金融状况研究虽然多，但也少有实证方面的分析，多是从现实情况出发提出政策建议。以下是比较典型的相关文献：

李纯净、董小刚（2009）利用 VAR 模型、协整分析与格兰杰（Granger）因果检验法，对吉林省金融发展与经济增长的关系进行实证分析。实证分析结果表明，吉林省金融发展不是由于经济增长的格兰杰原因，即金融发展没有推动经济增长，而经济增长没有促进金融的发展；但吉林省金融发展与资本市场发育程度具有双向格兰杰因果关系，即金融发展推动了资本市场的发育，同时资本市场发育也推动了金融发展。张艾莲、张艾莉

① 数据来源于《吉林省统计年鉴 2009》，年鉴统计的为规模以上工业企业的工业增加值，这里用各行业规模以上工业企业工业增加值占总独立核算工业企业工业增加值的比率乘以工业占地区生产总值的比率，得到各行业占地区生产总值的比率。

（2009）对吉林省商业银行信用与区域经济发展的关联性进行了分析，认为为保持吉林省地区经济的发展，应在保持银行资产总规模不断扩大的前提条件下，提高其盈利能力。与此同时，商业银行还需继续改善资产负债结构，提高资产质量，降低不良资产，带动当地经济的发展。另一方面，商业银行在贯彻落实宏观经济调控措施的条件下，应合理稳步的增加信贷投放，不断提高信贷资金整体的配置效率。杨明（2009）从金融对新农村建设支持方面对吉林省金融发展进行了分析，认为农村金融存在以下几点问题：①农业生产资金短缺严重，金融信贷供给不足；②农村金融体系的发育程度不高；③农村金融服务品种创新滞后与新农村建设快速发展矛盾突出。

## 第 2 节　吉林省部门资产负债表编制及分析

本节针对吉林省主要经济部门金融部门和企业部门编制宏观资产负债表，就其账面价值进行资本结构、货币结构、期限结构的错配分析以及部门清偿力分析等，以此来衡量与吉林省宏观经济运行相关的金融风险。

### 一、吉林省金融部门资产负债表编制及分析

#### （一）金融部门资产负债表的编制

截至 2009 年年末，吉林省银行类金融机构营业网点（不含总部）达 4 741 个，其中国有商业银行分支机构 1 527 个、农村合作机构 1 633 个；总部设在辖区内的证券公司有 2 个；总部设立在辖区内的期货公司有 5 个；保险公司分支机构 1 807 个，金融市场规模持续扩大。吉林省金融部门 2003—2009 年的资产负债表主要涵盖吉林省银行类金融机构，如表 18.2。

**表 18.2　吉林省金融部门资产负债表**　　单位：亿元

| 年份 | 2003 | 2004 | 2005 | 2006 | 2007 | 2008 | 2009 |
|---|---|---|---|---|---|---|---|
| **总资产** | 4 266.9 | 4 723.4 | 5 556.8 | 6 353.5 | 7 055.4 | 8 743.0 | 11 464.3 |
| 贷款余额 | 3 414.8 | 3 564.1 | 3 401.3 | 3 921.6 | 4 361.1 | 4 891.0 | 6 300.4 |
| 短期贷款 | 2 116.6 | 2 011.6 | 1 833.2 | 2 013.2 | 2 130.9 | 2 295.4 | 2 714.7 |
| 票据融资 | 138.5 | 210.8 | 178.7 | 148.5 | 126.2 | 224.5 | 260.4 |
| 中长期贷款 | 1 159.7 | 1 341.7 | 1 389.4 | 1 734.1 | 2 069.4 | 2 338.2 | 3 271.5 |

续表

| 年份 | 2003 | 2004 | 2005 | 2006 | 2007 | 2008 | 2009 |
|---|---|---|---|---|---|---|---|
| 本币贷款 | 3 281.3 | 3 435 | 3 332.9 | 3 870.3 | 4 306.0 | 4 836.0 | 6 234.7 |
| 外币贷款 | 133.5 | 129.1 | 68.4 | 51.3 | 55.1 | 55.0 | 65.7 |
| **总负债和权益** | 4 266.9 | 4 723.4 | 5 556.8 | 6 353.5 | 7 055.4 | 8 743.0 | 11 464.3 |
| 存款余额 | 3 446.9 | 3 804.1 | 4 374.5 | 5 071.8 | 5 398.6 | 6 433.3 | 8 405.7 |
| 企业存款 | 768.3 | 804.9 | 877.7 | 1 057.1 | 1 357.6 | 1 544.2 | 2 347.5 |
| 居民储蓄 | 2 161.4 | 2 405.6 | 2 798.1 | 3 195.2 | 3 247.3 | 3 975.6 | 4 678.7 |
| 活期存款 | 698.6 | 770.2 | 917.5 | 1 065.8 | 1 114.4 | 1 315.2 | — |
| 定期存款 | 1 462.8 | 1 635.4 | 1 880.6 | 2 041.7 | 2 072.3 | 2 607.9 | — |
| 本币存款 | 3 307.3 | 3 683.5 | 4 270.5 | 4 963.7 | 5 318.6 | 6 362.5 | 8 318.0 |
| 外币存款 | 139.6 | 120.6 | 104.0 | 108.1 | 80.0 | 70.9 | 87.7 |

注：吉林省金融部门资产负债表涵盖银行类金融机构资产负债表，数据来源于《中国统计年鉴》、《吉林省统计年鉴》、《吉林省金融运行报告》等，具体如下：

① 总资产、总负债和权益数据从 2004—2008 年《吉林省金融运行报告》获得，2003 年数据根据 2004 年的增长率推算出。

② 贷款余额、短期贷款、票据融资、中长期贷款数据从 2004—2008 年《吉林省统计年鉴》获得，本币贷款和外币贷款数据从 2004—2008 年《吉林省金融运行报告》附表获得，2003 年数据根据 2004 年的增长率推算出。

③ 存款余额、企业存款、居民储蓄、活期存款和定期存款数据从 2004—2008 年《吉林省统计年鉴》获得，本币存款和外币存款数据从 2004—2008 年《吉林省金融运行报告》附表获得，2003 年数据根据 2004 年的增长率推算出。



从表 18.2 可以看出，2003—2008 年吉林省金融部门流动资产、流动负债、长期资产和长期负债的值均为正，且流动资产高于流动负债，资产负债表结构稳健。2007—2008 年，受资本市场和房地产回调的影响，投资渠道收窄，存款大幅增加，金融部门存款增长大于贷款增长。

### （二）金融部门资产负债表分析

1. 期限错配分析

如图 18.3，吉林省金融部门存贷比总体呈下降趋势，从 2003 年的 99% 降至 2009 年的 76%，均高于我国央行规定的商业银行最高存贷比 75%，因支付能力不足而导致危机的可能性较大。但是吉林省金融部门存贷比从 2003 年开始持续下降，其支付能力不足的情况正逐步改善。较高的存贷比也反映了吉林省金融对经济的支持力度较大。

如图 18.4，吉林省金融部门总资产从 2003 年到 2008 年呈现稳定增长，2008 年金融部门总资产达到 8 743 亿元，增长最为迅速，吉林省金融部门发展良好。存款余额相对于贷款余额增加幅度较大，吉林省金融部门资金相对充裕。

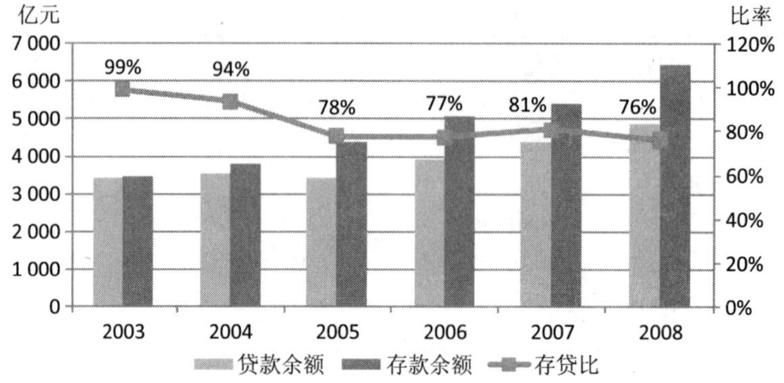


图 18.3　吉林省金融部门存贷结构

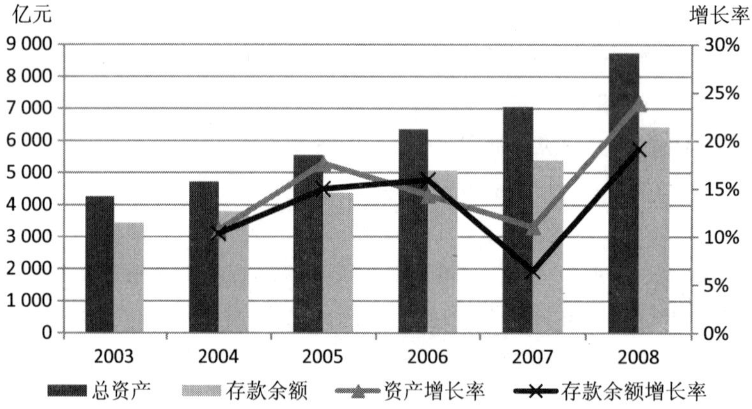


图 18.4　吉林省金融部门资产增长率

如图 18.5，吉林省贷款占比总体呈现下降趋势，在 2008 年达到最低值 56%。贷款资产在总资产结构中的不断下降说明吉林省金融部门正在逐步实现多样化增长，尝试降低对传统贷款的依赖，致力于建立宽口径多方向的金融平台，存贷比的下降也说明了这

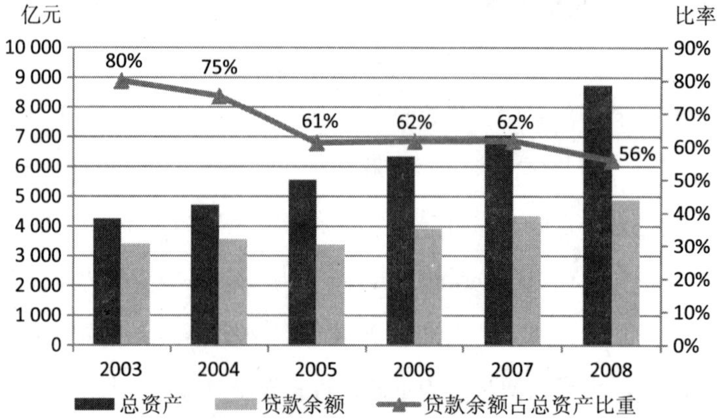


图 18.5　吉林省金融部门贷款余额占总资产比重

个问题。

2. 期限错配风险分析

如图 18.6，吉林省贷款总额、中长期贷款和短期贷款在 2003—2008 年间总体保持增长趋势，短期贷款在波动中略有增长，中长期贷款则保持稳定的增长势头。考虑到短期贷款对政策调整的及时反应能力较强，其绝对值的适当波动说明吉林省金融部门在一定程度上分担了短期经济波动给实体经济带来的影响。而中长期贷款占比的不断上升，意味着金融部门的资产流动性有所下降，在面临突然的经济波动时，有可能遭受较大损失。2003—2008 年吉林省中长期贷款占比从未达到过 50%，流动性风险较小，但是从增长趋势看，未来几年，中长期贷款有超过短期贷款的可能，吉林省需警惕流动性风险扩大。

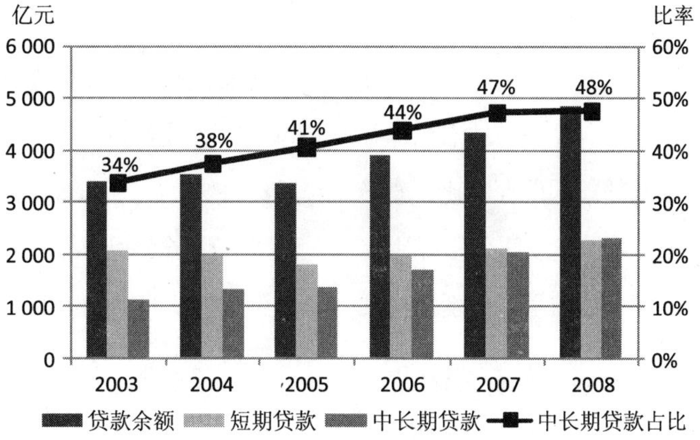


图 18.6　吉林省金融部门贷款结构图

如图 18.7，2003—2008 年间，吉林省居民储蓄在总体上呈现稳定增长趋势，其中 2006—2007 年居民储蓄增长缓慢，与储蓄资金大量流入其他金融市场有关。定期存款占比总体呈现下降趋势，在 2008 年略有上升。

结合图 18.6 和图 18.7 分析，吉林省金融部门在资金来源和资金运用上存在着一些问题，主要体现为资金来源短期化与资金运用长期化的矛盾。定期存款占比从 2003 年到 2008 年上升了 1.8 个百分点，资金来源短期化趋势明显。而从金融部门贷款结构可以看出，中长期贷款余额从 2003 年年末至 2008 年年末升幅达到 102%，占全部贷款余额的比例增加 14 个百分点，资金运用长期化趋势十分明显。吉林省金融部门存在着一定的期限错配风险。

综合吉林省金融部门贷款结构和居民储蓄结构的分析，可以看出吉林省金融部门存在着一定的期限错配风险，需要予以关注。

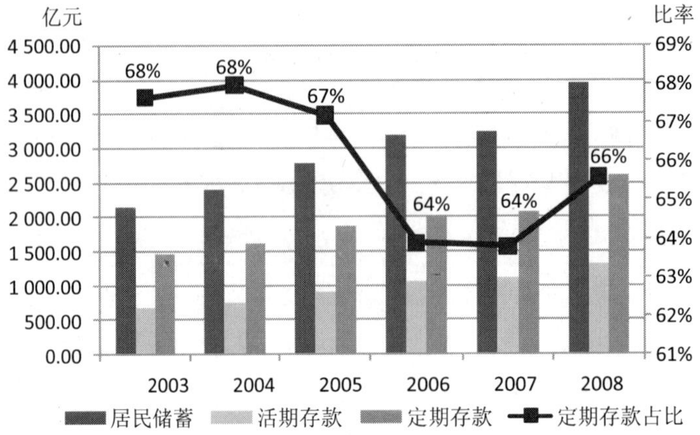


图 18.7　吉林省金融部门居民储蓄结构图

3. 货币错配风险分析

吉林省金融部门的对外经营仍处于起步阶段，其金融部门中仅有微量的外币存贷款。外币存贷款余额非常小，意味着吉林省金融部门基本不存在货币错配风险。从图 18.8 可以看到，吉林省金融部门外币存贷比一直较小，且经过 2004 年到 2006 年间的快速下降，可以说金融部门并没有太大的货币错配风险。考虑到经济全球化的长期趋势，吉林省金融部门必须增加对外业务的重视程度，以便在将来获得更好的发展。

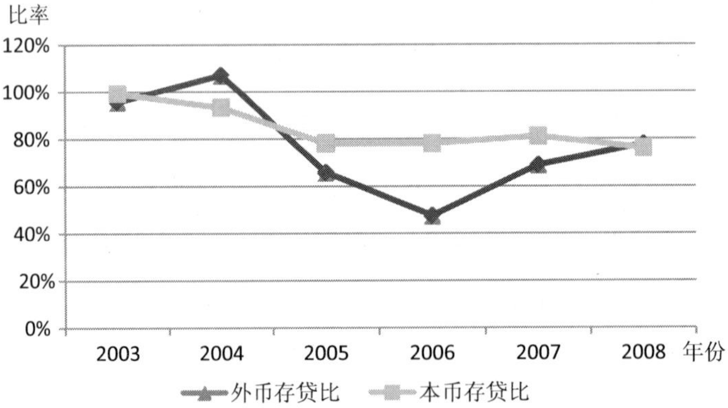


图 18.8　吉林省金融部门外币存贷比

**（三）小结**

从上述对吉林省金融部门资产负债表的分析看，吉林省金融部门在资本结构方面正在逐渐减少对传统银行业务的依赖，主动探索新的金融发展方式。而在期限错配方面存在一定的流动性风险和期限错配风险，虽然在良好的经济大环境下，这些风险并没有影响金融部门日常运行，但是要注意在经济发展减速的时候适时调整以规避风险。吉林省金融部门基本不存在货币错配风险。

## 二、吉林省企业部门资产负债表分析

### （一）企业部门资产负债表的编制

企业部门主要考察2003—2008年吉林省全部国有及规模以上非国有工业企业、限额以上餐饮企业、限额以上批发零售业以及所有建筑业企业，编制2003—2008年资产负债表，如表18.3。

**表 18.3 吉林省企业部门资产负债表** 单位：亿元

| 年份 | 总资产 | 流动资产 | 固定资产 | 总负债 | 流动负债 | 长期负债 | 总权益 |
|---|---|---|---|---|---|---|---|
| 2003 | 4 439.19 | 2 089.41 | 2 349.78 | 2 895.25 | 2 242.2 | 653.05 | 1 543.94 |
| 2004 | 4 822.21 | 2 183.54 | 2 638.68 | 3 052.96 | 2 502.99 | 549.98 | 1 769.25 |
| 2005 | 5 520.63 | 2 463.95 | 3 056.68 | 3 487.69 | 2 804.05 | 683.64 | 2 032.94 |
| 2006 | 6 368.96 | 2 599.73 | 3 769.23 | 3 652.55 | 2 875.98 | 776.56 | 2 716.42 |
| 2007 | 6 970.88 | 3 033.7 | 3 937.18 | 4 061.59 | 3 145.58 | 916.01 | 2 909.29 |
| 2008 | 8 893.22 | 3 755.62 | 5 137.6 | 5 142.76 | 4 014.37 | 1 128.38 | 3 750.47 |

注：企业部门资产负债编制过程如下：

① 对于工业企业、建筑业企业、批发零售业、餐饮业缺失数据进行估算处理。相对建筑业、批发零售业及餐饮业，工业企业的资产负债在企业部门总的资产负债中占比最高，统计数据基本无缺失；餐饮业、批发零售及建筑业在总体中占比较低，统计数据存在个别缺失情况，对于缺失数据进行估算补齐后产生的偏差对总体分析影响不大。

② 数据缺失及处理：全部国有及规模以上非国有工业企业2004年流动负债数据缺失，以2003年流动负债年增长率进行推算，估算出2004年的流动负债，并进一步计算出长期负债；建筑业企业2004年统计数据中资产负债数据缺失，均按2003年各指标的年增长率推算，估算出2004年资产、负债、流动资产和流动负债，并进一步计算出长期资产和负债；限额以上餐饮企业、限额以上批发零售业2003—2008年流动负债数据缺失，本文以前三年的流动负债/总负债的均值作为当年的比例，结合总负债得到流动负债缺失数据的合理替代值，并进一步计算出长期负债。

③ 通过以上步骤获得总资产、总负债、总权益、流动资产、长期资产以及流动负债和长期负债数据，并编制工业企业、餐饮业、批发零售业以及建筑业四大行业的资产负债表，综合后得到企业部门2003—2008年资产负债表。

### （二）企业部门资产负债表分析

1. 资本结构分析

从图18.9可以得知，吉林省企业部门资产负债率从2003年以来一直处于下降趋势，该指标从2003年的65%降低到2008年的58%。可以看到，吉林省企业部门资产负债率一直小于70%，负债的增速也小于资产的增速，吉林省企业部门资本结构较为合理，风

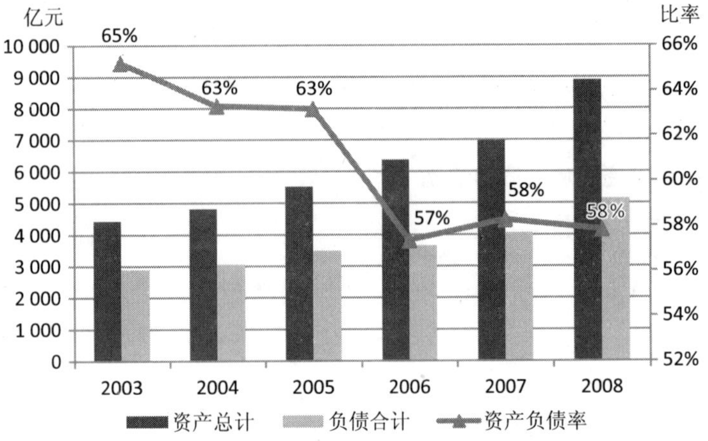


图 18.9　吉林省企业部门资本结构

险较小。

2. 期限错配分析

从图 18.10 可以得知，2003 年以来吉林省企业部门短期负债和短期资产比较接近，但从绝对数量看，短期资产始终小于短期负债，期限错配风险较大，尤其是 2004 年流动比率低至 0.87，期限错配风险比较明显。随后在 2005 年到 2007 年，吉林省企业部门流动性风险得到一定改善，但是流动性一直不充裕，2008 年流动性风险进一步扩大。

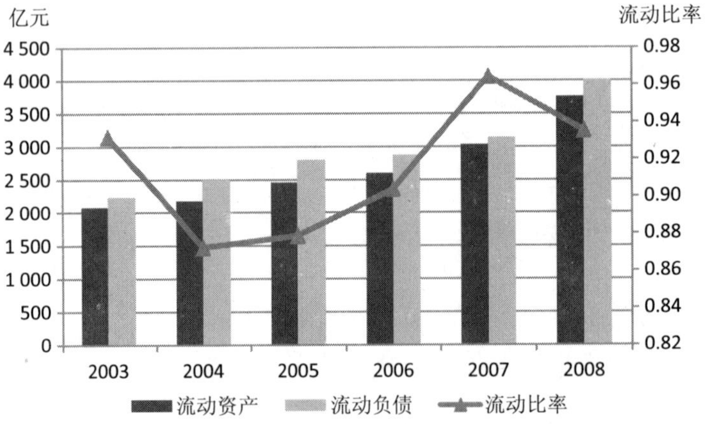


图 18.10　吉林省企业部门的流动比率

图 18.11 描述了吉林省固定资产投资的增长，吉林省经济发展的一大特点就是较高的固定资产投资拉动经济增长，吉林省城镇固定资产投资占地区生产总值的比重一直在高速增长，2004 年这一比值为 34.4%，而到 2008 年，该值上升到了 73.0%，上升势头非常明显。

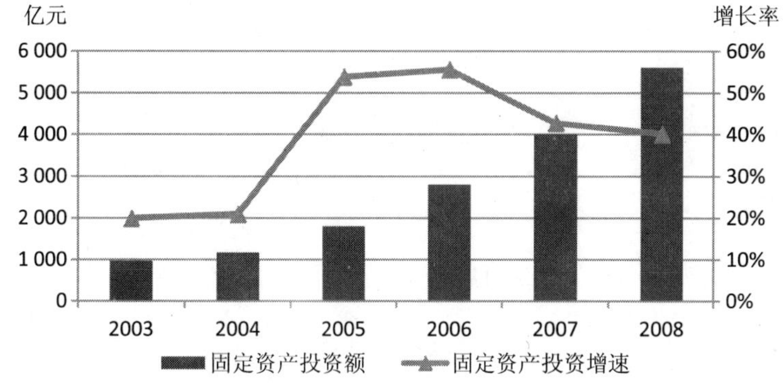


图 18.11　吉林省固定资产投资总额及其增长率

3. 清偿力风险分析

如图 18.12，吉林省企业部门产权比率在 2003—2008 年间呈下降趋势，产权比率到 2006 年以后均处于 1.5 以下，2008 年最低为 1.37，企业部门的清偿力逐步改善。但是从绝对数值看产权比率均高于 1，企业发展较依赖于债务融资，但并不存在严重的清偿力风险。

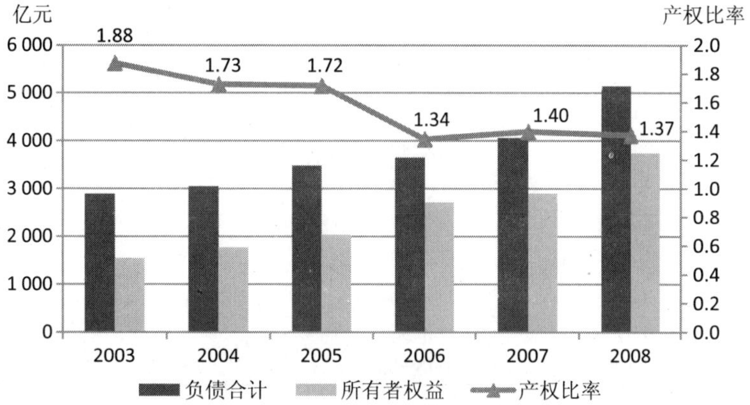


图 18.12　吉林省企业部门产权比率

## （三）小结

对吉林省企业部门宏观运行状况的分析表明，企业部门存在一定的风险，主要表现为流动性不足。对于企业部门来讲，随着总资产规模持续扩大，总负债以较慢的速度增长，但是资本市场发展不足，企业对债务融资较为依赖。流动资产与流动负债逐年增加，但是流动负债从 2003—2008 年一直大于流动资产，企业部门面临较大的流动性风险。同时吉林省企业部门产权比率较合理，清偿力风险较小。总的来看，吉林省企业部门存在一定的风险，应予以密切关注。

## 第 3 节　吉林省或有权益资产负债表编制及分析

### 一、吉林省上市企业部门或有权益资产负债表编制及分析

上市企业部门的或有权益资产负债表输入数据有权益市值、违约点、权益市值波动率和无风险利率，权益市值和权益市值波动率根据招商证券股票分析软件吉林省板块中的数据得到，股票价格采用前复权的方法后，每个企业（不包括金融企业）的权益市值可通过股票价格乘以现有股本数得到，加总处理后可得吉林省上市企业部门日权益市值，进一步计算即可得企业部门的年权益市值波动率；输入参数中的权益市值采用年末数据；上市企业部门的违约点通过短期债务加一半的长期债务获得。具体可得 2001—2009 年吉林省上市企业部门或有权益资产负债表的输入参数，如表 18.4。

**表 18.4　吉林省上市企业部门或有权益输入数据**

| 年份 | 无风险利率 | 违约点（亿元） | 权益市值（亿元） | 权益市值波动率 |
|---|---|---|---|---|
| 2001 | 2.3% | 164.416 | 602.720 | 23.3% |
| 2002 | 2.0% | 208.074 | 531.435 | 30.1% |
| 2003 | 2.0% | 271.889 | 559.903 | 21.6% |
| 2004 | 2.0% | 277.533 | 371.301 | 26.0% |
| 2005 | 2.3% | 287.971 | 325.367 | 29.7% |
| 2006 | 2.4% | 314.405 | 772.173 | 23.8% |
| 2007 | 3.3% | 342.361 | 2 543.330 | 41.7% |
| 2008 | 3.9% | 428.423 | 927.554 | 53.7% |
| 2009 | 2.3% | 696.500 | 2 698.590 | 37.8% |

#### （一）或有权益资产负债表分析

将表 18.4 中的参数代入方程组，进行计算后得到上市企业部门或有权益资产负债表，如表 18.5。

**表 18.5　吉林省上市企业部门或有权益资产负债表**　　单位：亿元

| 年份 | 资产市值 | 负债市值 | 权益市值 | 年份 | 资产市值 | 负债市值 | 权益市值 |
|---|---|---|---|---|---|---|---|
| 2001 | 763.495 | 160.775 | 602.720 | 2006 | 1 079.305 | 307.132 | 772.173 |
| 2002 | 735.374 | 203.938 | 531.435 | 2007 | 2 874.599 | 331.268 | 2 543.330 |
| 2003 | 826.417 | 266.514 | 559.903 | 2008 | 1 341.243 | 413.689 | 927.554 |
| 2004 | 643.278 | 271.978 | 371.301 | 2009 | 3 379.310 | 680.720 | 2 698.590 |
| 2005 | 606.971 | 281.605 | 325.367 | | | | |

吉林省上市企业部门资产市值在2006年之前均在1 000亿元以下，2006年、2007年由于股市行情转好，资产市值大幅增加，2008年金融危机的爆发使得市值大幅缩水，资产市值下降53.34%，权益市值下降63.53%。2009年经济回暖，资产市值达到最大值3 379.31亿元，权益市值也在2009年达到顶峰，为2 698.591亿元。吉林省上市企业部门并没有利用有利时机拓宽融资渠道，增加债务融资。

如图18.13，吉林省企业部门依然存在较高的风险，其中负债市值与权益市值的比率2007年为0.13∶1，2008年上升至0.45∶1，违约风险在2008年大幅上升，但是总体仍然处在较低的水平，负债市值远远小于权益市值，说明吉林省企业在风险管理方仍然有很大的空间。

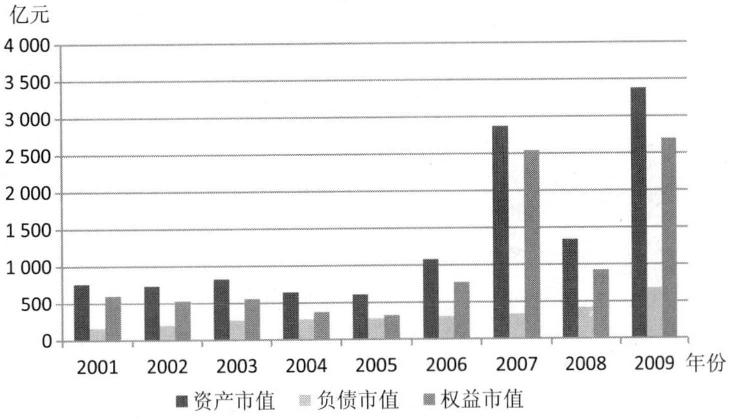


图18.13　吉林省上市企业部门或有权益资本结构

如图18.14，吉林省上市企业部门的或有资产负债率从2003年开始先增大后减小，然后在2008年又上升至30.8%。上市企业部门的整体运行风险虽然有逐步加大的趋势，

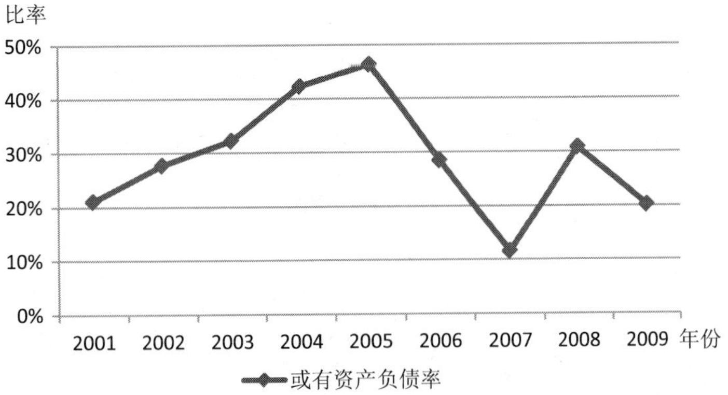


图18.14　吉林省上市企业部门或有资产负债率

但是负债市值距离资产市值仍然有较大的距离。从2003年到2005年或有权益资产负债率一直在快速上升，2006年、2007年或有权益资产负债率有所下降，与2006年开始股票市场回暖，权益市值膨胀有关。总体看，吉林省上市企业部门或有资产负债率较低，风险不大。

**（二）风险表分析**

根据风险指标的求解模型，输入各已知变量，运用MATLAB求解得出吉林省上市企业部门的风险指标，编制风险表如表18.6。

**表18.6 吉林省上市企业部门风险表**

| 年份 | 资产市值波动率 | 违约概率 | 违约距离 |
|---|---|---|---|
| 2001 | 18.37% | 0 | 4.270 7 |
| 2002 | 21.78% | 0 | 3.292 6 |
| 2003 | 14.65% | 0 | 4.581 6 |
| 2004 | 15.01% | 0 | 3.788 6 |
| 2005 | 15.92% | 0 | 3.301 8 |
| 2006 | 17.05% | 0 | 4.157 4 |
| 2007 | 36.88% | 0 | 2.388 9 |
| 2008 | 37.21% | 0.14% | 1.828 8 |
| 2009 | 30.14% | 0 | 2.634 4 |

如图18.15，上市企业部门资产市值波动率变动较大，且2007年到2009年波动率均处于相对较高的水平。吉林省上市企业部门的风险相比其他省市而言在2006年以及之前一直处于较低的水平，而2007年吉林省上市企业部门资产市值波动率忽然大幅上升，到2008年和2009年吉林省该指标已经处于全国较高水平。可以说，吉林省上市企业部门相比其他省份，所受金融危机的冲击更大。

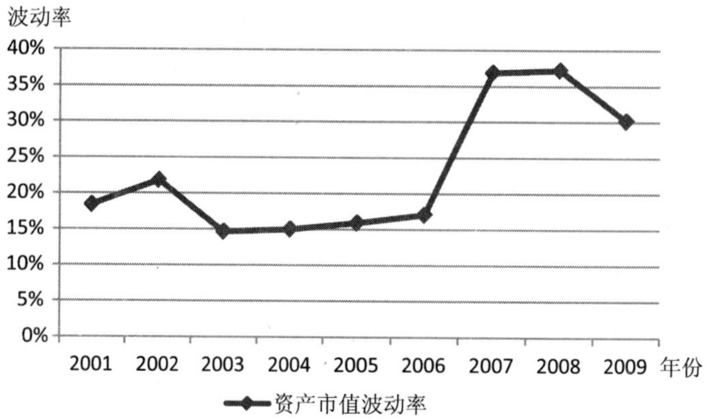


图18.15 吉林省上市企业部门资产市值波动率

如图 18.16,违约距离的下降,进一步表明 2008 年上市企业部门违约风险有上升趋势。上市企业部门违约距离在 2003—2005 年间有所下降，2006 年开始微弱上升，可见吉林省上市企业部门的实际风险状况与账面价值反映的风险状况并不一致，实际风险尚未呈现出明显的改善趋势。而到 2009 年，在经济环境好转的情况下，吉林省上市企业部门违约距离迅速上升，并且超过了 2007 年的水平，风险状况改善明显。从违约距离反映的上市企业部门风险状况看，经过 2008 年的国际金融危机，吉林省上市企业部门风险状况在 2009 年迅速好转，抗风险的能力较强。

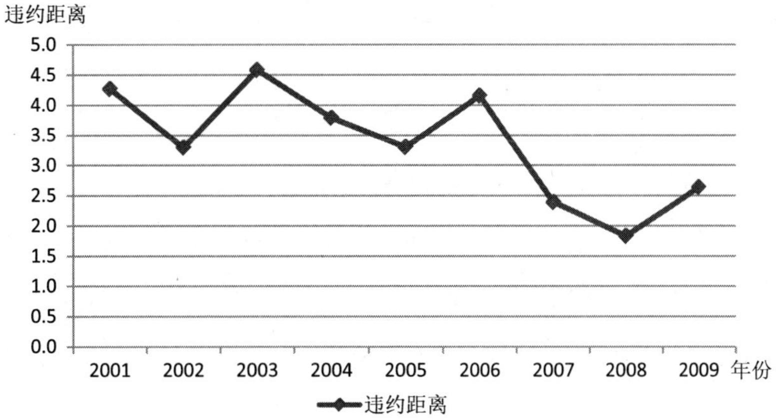


图 18.16　吉林省上市企业部门违约距离

## 二、吉林省企业部门或有权益资产负债表编制及分析

吉林省企业部门的或有权益资产负债表输入数据有权益市值、违约点、权益市值波动率和无风险利率，权益市值通过对上市企业部门进行套算得到，权益市值波动率采用与上市企业部门相同的数据，企业部门的违约点通过国家统计局统计公报中的短期债务加一半的长期债务获得。具体可得 2003—2008 年吉林省企业部门或有权益资产负债表的输入参数，如表 18.7。

**表 18.7　吉林省企业部门或有权益输入数据**

| 年份 | 无风险利率 | 违约点（亿元） | 权益市值（亿元） | 权益市值波动率 |
|---|---|---|---|---|
| 2003 | 1.98% | 2 568.73 | 2 590.10 | 21.62% |
| 2004 | 2.25% | 2 777.98 | 2 015.83 | 26.00% |
| 2005 | 2.25% | 3 145.87 | 2 002.40 | 29.69% |
| 2006 | 2.52% | 3 264.26 | 6 143.26 | 23.83% |
| 2007 | 4.14% | 3 603.59 | 16 678.98 | 41.68% |
| 2008 | 2.25% | 4 578.56 | 7 205.57 | 53.73% |

### （一）企业部门或有权益资产负债表分析

将表 18.7 中的参数代入方程组，计算后得到企业部门或有权益资产负债表，如表 18.8。

表 18.8　吉林省企业部门或有权益资产负债表　　单位：亿元

| 年份 | 资产市值 | 负债市值 | 权益市值 | 年份 | 资产市值 | 负债市值 | 权益市值 |
|---|---|---|---|---|---|---|---|
| 2003 | 5 108.32 | 2 518.22 | 2 590.10 | 2006 | 9 322.40 | 3 179.14 | 6 143.26 |
| 2004 | 4 732.29 | 2 716.46 | 2 015.83 | 2007 | 20 135.70 | 3 456.72 | 16 678.98 |
| 2005 | 5 078.22 | 3 075.82 | 2 002.40 | 2008 | 11 709.05 | 4 503.48 | 7 205.57 |

吉林省企业部门资产市值在 2006 年之前保持着稳定的增长，从 6 000 亿元开始快速上升，2006 年、2007 年由于股市行情转好，资产市值大幅增加，2007 年达到最大值 20 135.70 亿元；权益市值也在 2007 年达到顶峰，为 16 678.98 亿元。2008 年金融危机的爆发使得市值有所缩水，资产市值下降 41.85%，权益市值下降 56.80%。

如图 18.17，负债市值在 2003—2006 年期间增长并不明显。而比较吉林省负债市值和权益市值的增长率，发现权益市值在 2007 年的增长远远超过负债市值的增长，与之前两者保持基本同步的增长不同。负债市值增长未能高于权益市值的增长，显示了吉林省企业部门在面对股市利好的时候仍然采取了保守的经营措施。

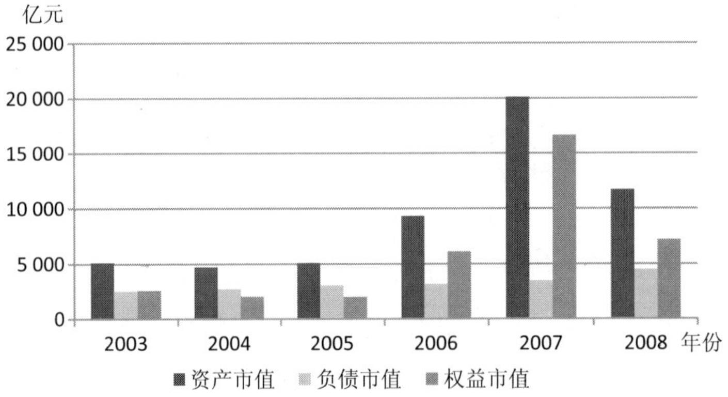


图 18.17　吉林省企业部门或有权益资本结构

如图 18.18，吉林省企业部门的或有资产负债率基本保持下降趋势，尤其在 2005 年之后，下降的趋势较为明显，说明企业部门整体风险有不断下降的趋势，但是在 2008 年有较为明显的反弹。从另一方面看，或有资产负债率远小于资产负债率说明了市场估值的真实企业风险小于账面价值显示的风险水平。违约点与资产市值之间有较大距离，企业部门的违约风险整体来看是非常小的。

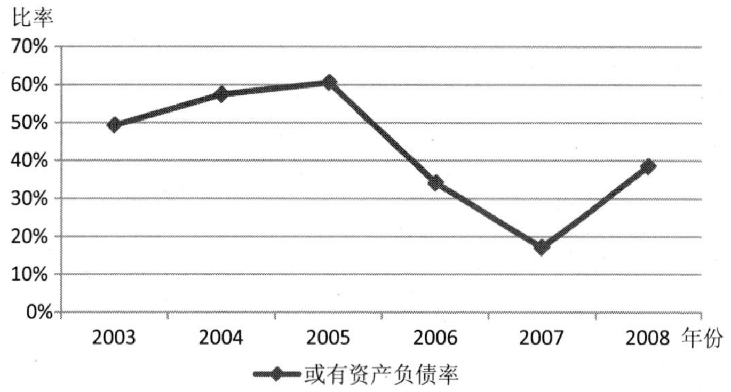


图 18.18　吉林省企业部门或有资产负债率

### （二）风险表分析

根据风险指标的求解模型，输入各已知变量，运用 MATLAB 求解得出吉林省企业部门的风险指标，如表 18.9。

**表 18.9　吉林省企业部门风险表**

| 年份 | 资产市值波动率 | 违约概率 | 违约距离 | 年份 | 资产市值波动率 | 违约概率 | 违约距离 |
|---|---|---|---|---|---|---|---|
| 2003 | 10.96% | 0 | 4.535 708 | 2006 | 15.70% | 0 | 4.139 725 |
| 2004 | 11.08% | 0 | 3.728 726 | 2007 | 34.52% | 0 | 2.378 211 |
| 2005 | 11.71% | 0 | 3.249 989 | 2008 | 33.16% | 0.31% | 1.836 223 |

如图 18.19，上市企业部门资产市值波动率在 2006 年之前先降后升，2007 年和 2008 年波动率均处于相对较高的水平。与上市企业部门相比，吉林省企业部门资产市值波动率只是在绝对值上较大，两者的变化趋势相似。

如图 18.20，2003—2006 年吉林省企业部门违约距离均在 3.25 以上，企业部门运行是比较安全的，但 2006 年开始持续下降，风险暴露有所增加。吉林省企业部门的金融风

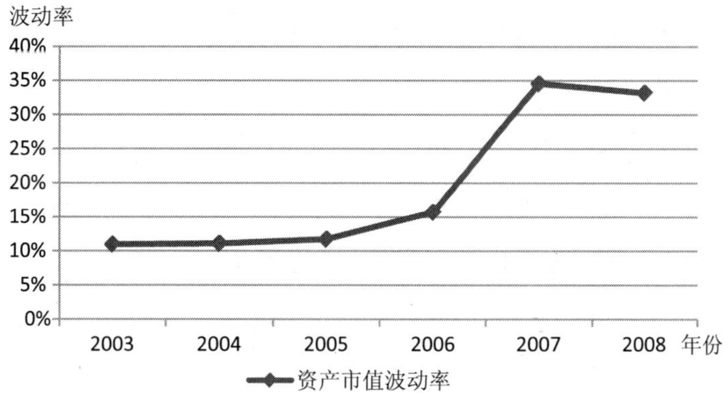


图 18.19　吉林省企业部门资产市值波动率

图 18.20　吉林省企业部门违约距离

险是一个不断变化的过程，随着我国宏观经济的高速发展，企业的经济实力也得到极大增强，企业更多的参与到多渠道的融资环境中，受股市波动影响增大。这一点从违约距离的变动趋势与权益市值变动的相关性可以看出来。

## 第 4 节　结论及政策建议

吉林省地处我国东北地区，是经济、资源、人口大省。本章通过资产负债表和或有权益法对吉林省宏观金融风险进行分析。

基于资产负债表方法的实证研究主要包括对吉林省企业部门和金融部门风险的识别和度量，以及对整体风险进行基于账面价值的评判。通过对编制吉林省金融部门 2003—2008 年资产负债表进行分析，可以得知金融机构资金主要来源于存款，在 2008 年，吉林省金融部门存款余额占总资产比率为 74%；流动性风险较小，但是风险呈现出逐年增加的趋势；吉林省金融部门对外业务量很小，对金融部门影响较小。企业部门资产负债表编制涵盖规模以上工业企业、餐饮业、批发零售业以及建筑业四个产业部门，分析可知企业部门较依赖债务融资，资产负债率 2008 年为 58%，但是呈现逐年下降的态势；存在一定的期限错配问题，但是流动比率逐年递增，到 2008 年为 0.96，流动性良好；从 2006 年到 2008 年产权比率均低于 1.5，清偿力风险较小。

通过对吉林省金融部门和企业部门资产负债表分析，可以初步了解吉林省的风险状况，但由历史信息和账面价值所反映的风险状况并不能反映投资者对未来的预期和不同时期的市场风险。从或有权益资产负债表分析中，可以看到，吉林省上市企业部门和企业部门或有资产负债率在50%以下，并且从2006年开始大幅下降，上市企业部门在2009年仅为20.1%，企业部门在2008年为38.5%，总体看违约风险很小；从风险分析看，上市企业部门和企业部门资产市值波动率2007年开始处于较高的水平，同时违约距离在较低水平，存在较大风险且有逐年增大的趋势。

结合吉林省的实际情况，将吉林省宏观金融风险形成的原因归纳为融资渠道单一、金融体系不完善、信贷结构失衡等。在此基础上相应地提出了一系列的政策建议：

第一，大力发展本地经济，利用经济发展推动金融发展。目前吉林省依靠投资拉动的经济增长模式受投资总量限制，发展速度虽然较快但是结构单一且可持续性较差。吉林省固定资产投资增长较快，2008年固定资产投资占整个地区生产总值的73%。这种状况造成了吉林省企业部门流动性不足，抵御风险的能力不足。所以为了增强企业部门抵御风险的能力，吉林省必须改变经济增长方式，培养本地企业，发展民营经济和自主经济，改变单一依靠固定资产投资的经济增长方式。

第二，注意防范金融部门流动性风险和期限错配风险，优化金融部门资产负债结构。具体来说就是一方面控制长期资金的投放规模，一方面增加长期资金来源，避免出现较大的流动性敞口。

第三，准确把握国家对吉林省的定位，加快重点优势行业的发展。大量技术密集产业的发展和老工业基地的复苏都对金融服务和金融市场提出了更高的要求，改善金融市场策略，使其对经济发展提供更有针对性的支持，能够更好地以金融推动经济，以经济完善金融，控制宏观金融风险。

教育部哲学社会科学研究后期资助项目

# 宏观金融工程：区域卷（下册）

Hongguan Jinrong Gongcheng: Quyu Juan Xiace

○ 叶永刚 宋凌峰 张 培 等著

高等教育出版社·北京
HIGHER EDUCATION PRESS BEIJING

**图书在版编目(CIP)数据**

宏观金融工程．区域卷：全2册/叶永刚等著．—北京：高等教育出版社，2013.3

ISBN 978-7-04-035220-7

Ⅰ．①宏… Ⅱ．①叶… Ⅲ．①金融工程－研究
Ⅳ．①F830.49

中国版本图书馆CIP数据核字(2012)第266847号

策划编辑 蒋忠秀　　责任编辑 蒋忠秀　　封面设计 张 志　　版式设计 童 丹
责任校对 殷 然　　责任印制 张福涛

| | | | |
|---|---|---|---|
| 出版发行 | 高等教育出版社 | 咨询电话 | 400-810-0598 |
| 社　　址 | 北京市西城区德外大街4号 | 网　　址 | http://www.hep.edu.cn |
| 邮政编码 | 100120 | | http://www.hep.com.cn |
| 印　　刷 | 北京市白帆印务有限公司 | 网上订购 | http://www.landraco.com |
| 开　　本 | 787mm×1092mm 1/16 | | http://www.landraco.com.cn |
| 本册印张 | 28.75 | 版　　次 | 2013年3月第1版 |
| 本册字数 | 520千字 | 印　　次 | 2013年3月第1次印刷 |
| 购书热线 | 010-58581118 | 总 定 价 | 128.00元 |

本书如有缺页、倒页、脱页等质量问题，请到所购图书销售部门联系调换

物 料 号 35220-001

# 目　　录

## 第 3 篇　西部宏观金融风险研究

## 第 4 篇　港澳台地区宏观金融风险研究

# 第19章　湖南省宏观金融风险研究



湖南是我国的农业大省，近年致力于农业内部结构调整、发展新兴产业、优化工业产业结构，取得了较好的成绩。冶金、石化、有色金属、机械、食品等传统工业经过改组改造，继续稳定发展。近年涌现的一批电子信息、生物医学等工业，成为新的支柱产业。随着中部崛起的推进和长沙两型社会的建设，湖南省在我国经济改革中的独特地位越来越凸显。然而随着国际金融危机的爆发及其在世界各地的不断蔓延，我国经济金融发展存在很大的不确定性，湖南省经济金融发展也面临巨大的考验。本章基于账面价值和市场价值的宏观资产负债表对湖南省主要经济部门运行潜在的风险进行识别和度量，并提出相关政策建议。

## 第1节　引言

改革开放以来，湖南省经济飞速发展，1978年湖南人均地区生产总值仅为286元，而2008年达到1.75万元，地区生产总值年均增长率达到9.5%。本部分首先介绍湖南省经济金融发展情况，在梳理湖南省金融风险研究文献的基础上，提出本章的研究思路和内容结构。

## 一、湖南省经济金融概况

### （一）湖南省经济运行概况

从2000年以来，湖南省地区生产总值保持较快的增长势头，年均增长率超过10%，特别是2007年湖南省GDP增长率达到了21.6%。2008年全省地区生产总值突破万亿元，达到11 156.64亿元，比上年增长12.8%。其中，第一产业增加值达2 007.40亿元，增长5.3%；第二产业增加值达4 933.08亿元，增长14.9%；第三产业增加值达4 216.16亿元，增长13.3%。而从经济结构看，第一产业和第二产业占湖南省GDP的份额在增大，第三产业增加值虽然在增长，但是所占份额却在萎缩。表19.1是湖南省2000—2008年GDP数值。

表19.1　湖南省2000—2008年GDP　　单位：亿元

| 年份 | 2000 | 2001 | 2002 | 2003 | 2004 | 2005 | 2006 | 2007 | 2008 |
|---|---|---|---|---|---|---|---|---|---|
| GDP | 3 551.49 | 3 983.00 | 4 340.94 | 4 638.73 | 5 612.26 | 6 473.61 | 7 568.89 | 9 200.00 | 11 156.64 |

如图19.1，2000—2008年间在我国经济总体飞速发展的背景下，湖南省GDP呈现稳步上升的态势，增长迅速。2008年GDP为11 156.64亿元，比2000年增长7 605.15亿元。湖南省在保持自身经济健康增长和产业结构的同时，努力寻求经济增长突破口。2006年湖南省提出抓住中部崛起机遇加速推进湖南新型工业化，以工业的发展带动全省经济持续较快增长。

湖南省地区生产总值构成如图19.2，各行业发展较均衡，并没有出现某个行业所占

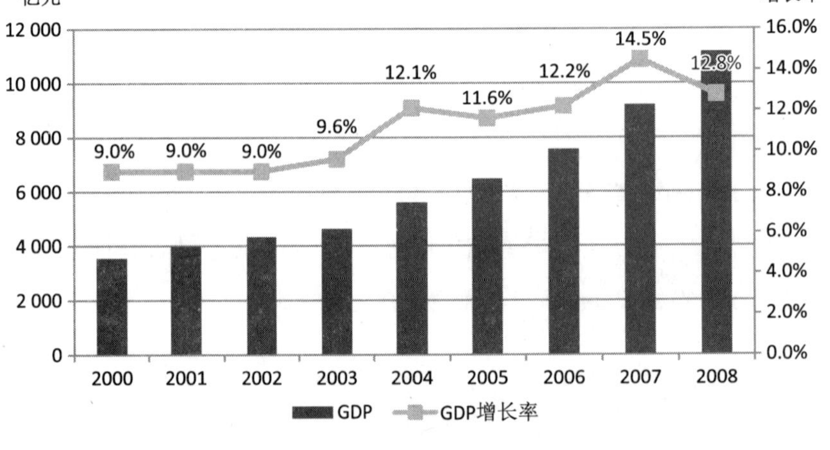


图19.1　湖南省地区生产总值

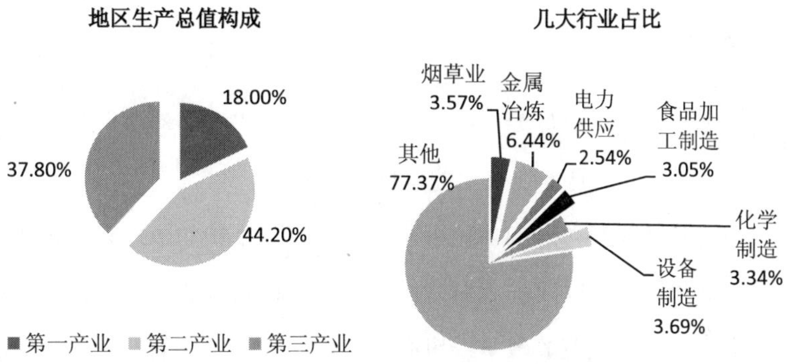


图 19.2　湖南省 2008 年地区生产总值构成[①]

比重过大的情况，占湖南地区生产总值比重最大的金属冶炼行业（包括黑色金属冶炼和有色金属冶炼）仅占地区生产总值的 6.44%。但从另一个方面来讲，湖南省并没有特别突出的优势行业。

**（二）金融运行概况**

2000 年以来，湖南省金融运行稳健，银行业发展稳定迅速，无论是银行资产还是存贷款余额都有较快速度的增长。证券市场发展有所反复，主要是由于外部环境剧烈变化，但是整体看是健康发展的。保险业保持了较快的发展速度，但是发展程度不够，与湖南省经济发展状况并不匹配。金融服务地方经济发展的能力明显增强，较好地实现了经济金融的良性互动。

从传统银行业务看，金融机构存款贷款分别从 2003 年的 4 774.70 亿元和 3 897.40 亿元增长到 2008 年的 10 971.70 亿元和 7 115.30 亿元，增幅分别达到 129.79% 和 82.57%，发展迅速。从信贷体系看，湖南省银行业各项贷款在 2003 年到 2008 年间保持稳定增长，其短期贷款略有增加，而其中长期贷款有较为明显的增加。

从股票市场看，湖南省上市企业数量在 2009 年达到 54 家。境内上市公司总市值从 2003 年的 816.47 亿元增长到 2008 年的 4 635.84 亿元，涨幅达 467.80%。增幅明显，绝对数额在中部也居于前列。

综上，湖南省金融状况总体良好，发展迅速，传统银行和保险业务是金融发展的主力。

① 数据来源于《湖南省统计年鉴 2009》，年鉴统计的为独立核算工业企业的工业增加值，这里用各行业独立核算工业企业工业增加值占总规模以上工业企业工业增加值的比率乘以工业占地区生产总值的比率，得到各行业占地区生产总值的比率。

## 二、文献综述

目前，关于湖南宏观金融风险的研究非常少，而关于湖南经济的研究多是从现实情况出发提出政策建议，以下是近年来比较典型的相关文献。

中国人民银行长沙支行（2004）通过对湖南省金融机构与100多家企业贷款利率水平调查研究了贷款利率浮动区间扩大对湖南省金融机构与企业的影响，研究认为利率区间扩大对金融机构与大型企业的政策效应有限，而对中小企业的政策效应非常明显。蔡忠雁（2009）利用VAR模型与协整检验方法，并引进脉冲效应函数和方差分解技术，对1978—2007年湖南省的金融发展和城乡收入差距关系进行了实证检验。结果表明：湖南金融发展与城乡收入差距之间存在一种长期的均衡关系；湖南金融发展规模和金融发展效率与城乡收入差距正相关，而短期内的金融发展不能描述城乡收入差距的变化。殷斯霞、邹楚沅（2009）运用ADF单位根检验、协整检验、格兰杰因果检验等方法检验湖南地区1991—2006年金融发展与经济增长之间的因果关系，检验结果表明：湖南金融发展与经济增长之间没有明显关联。湖南省存在较为严重的金融抑制，从而阻碍了经济和投资的增长。湖南省银行信贷在大范围和长时间里是企业外部融资的主要来源，银行在金融体系中起着主导作用。

# 第2节　湖南省部门资产负债表编制及分析

本节将湖南省作为一个整体，使用国家资产负债表方法对湖南省的经济和金融风险问题进行研究，主要选取企业部门与金融部门进行资产负债表的编制与分析。

## 一、湖南省金融部门资产负债表编制及分析

### （一）金融部门资产负债表的编制

经过数据整理得出2003—2008年湖南省金融部门资产负债表，如表19.2。

**表19.2　湖南省金融机构资产负债表**　　单位：亿元

| 年份 | 2003 | 2004 | 2005 | 2006 | 2007 | 2008 |
|---|---|---|---|---|---|---|
| **总资产** | 5 687.70 | 6 574.40 | 7 747.60 | 8 963.50 | 11 044.00 | 13 983.00 |
| 贷款余额 | 3 897.40 | 4 355.10 | 4 590.00 | 5 233.60 | 6 157.51 | 7 115.30 |

续表

| 年份 | 2003 | 2004 | 2005 | 2006 | 2007 | 2008 |
|---|---|---|---|---|---|---|
| 短期贷款 | 2 184.70 | 2 380.30 | 2 266.50 | 2 465.90 | 2 709.27 | 2 879.50 |
| 票据融资 | — | — | 146.40 | 163.20 | 140.76 | 295.20 |
| 中长期贷款 | 1 530.90 | 1 810.80 | 2 127.90 | 2 563.30 | 3 243.04 | 3 849.70 |
| 本币贷款 | 3 793.20 | 4 258.00 | 4 509.10 | 5 173.90 | 6 037.39 | 6 989.40 |
| 外币贷款 | 104.20 | 97.10 | 80.90 | 59.70 | 120.12 | 125.90 |
| **总负债和权益** | 5 687.70 | 6 574.40 | 7 747.60 | 8 963.50 | 11 044.00 | 13 983.00 |
| 存款余额 | 4 774.70 | 5 601.20 | 6 589.50 | 7 799.50 | 9 155.27 | 10 971.70 |
| 企业存款 | 1 171.90 | 1 377.40 | 1 553.50 | 1 932.30 | 2 431.14 | 2 752.80 |
| 居民储蓄 | 3 036.50 | 3 483.20 | 4 092.10 | 4 762.31 | 5 321.73 | 6 549.45 |
| 活期存款 | 1 065.61 | 1 268.39 | 1 495.80 | 1 864.53 | 2 223.62 | 2 591.83 |
| 定期存款 | 1 970.84 | 2 214.84 | 2 596.32 | 2 897.77 | 3 098.12 | 3 957.62 |
| 本币存款 | 4 668.90 | 5 500.50 | 6 498.20 | 7 719.40 | 9 083.27 | 10 895.50 |
| 外币存款 | 105.80 | 100.70 | 91.30 | 80.10 | 72.00 | 76.20 |

注：湖南省金融部门资产负债表涵盖银行类金融机构资产负债表，数据来源于《中国统计年鉴》、《湖南省统计年鉴》、《湖南省金融运行报告》等，具体如下：

① 总资产、总负债和权益数据从 2004—2008 年《湖南省金融运行报告》获得，2003 年数据根据 2004 年的增长率推算出。其中 2003 年、2004 年用银行总资产代替金融机构总资产。

② 贷款余额、短期贷款、票据融资、中长期贷款数据从 2004—2008 年《湖南省统计年鉴》获得，本币贷款和外币贷款数据从 2004—2008 年《湖南省金融运行报告》附表获得，2003 年数据根据 2004 年的增长率推算出。

③ 存款余额、企业存款、居民储蓄、活期存款和定期存款数据从 2004—2008 年《湖南省统计年鉴》获得，本币存款和外币存款数据从 2004—2008 年《湖南省金融运行报告》附表获得，2003 年数据根据 2004 年的增长率推算出。

### （二）金融部门资产负债表分析

1. 资本结构错配分析

如图 19.3，湖南省金融部门存贷比总体呈下降趋势，从 2003 年的 82% 降至 2009 年的 65%，除 2003 年、2004 年外，均低于我国央行规定的商业银行最高存贷比 75%，说明银行业基本上不存在支付能力不足的风险，并且结合湖南省金融部门存贷比逐年降低的情况看，银行支付能力正在进一步加强。

如图 19.4，湖南省金融部门总资产 2003—2008 年间呈现稳定增长，2008 年金融部门总资产达到 13 983 亿元，其中 2007 年、2008 年两年增长迅速。2004 年中国银行湖南省分行剥离不良资产 54 亿元，建设银行湖南省分行剥离可疑类贷款和处置不良资产共计 39 亿元，资产质量进一步改善。观察贷款余额与存款余额增长可以看出，存款余额相对于贷款余额增加幅度较大，湖南省金融部门有更多的业务发展空间。

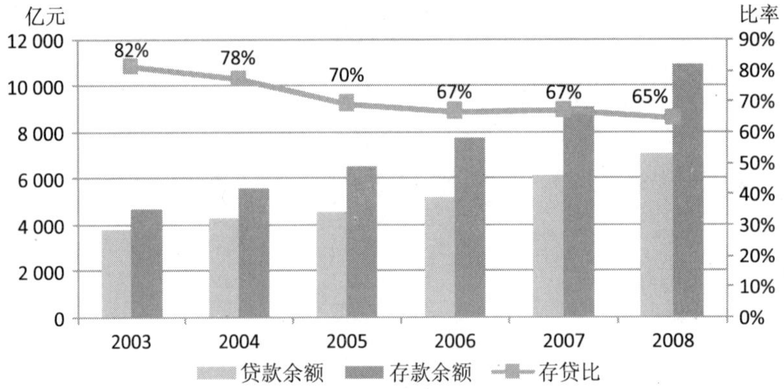


图 19.3　湖南省金融部门存贷结构

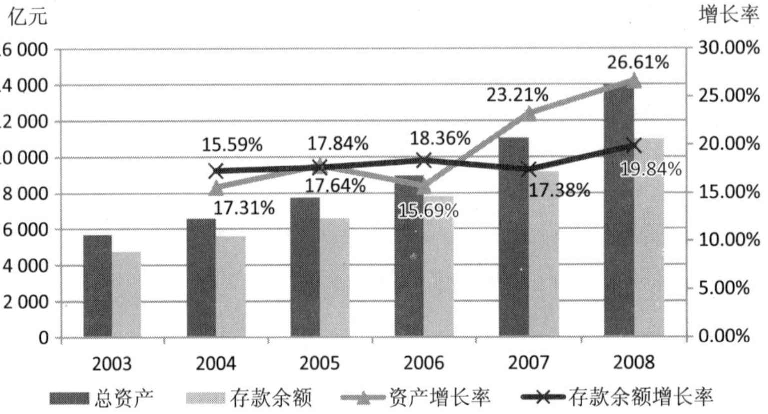


图 19.4　湖南省金融部门资产增长率

如图 19.5，该省贷款占比总体呈现下降趋势，在 2008 年达到最低值 51%。贷款资产在总资产结构中的不断下降说明湖南省金融部门正在不断地拓宽业务渠道，增加资产

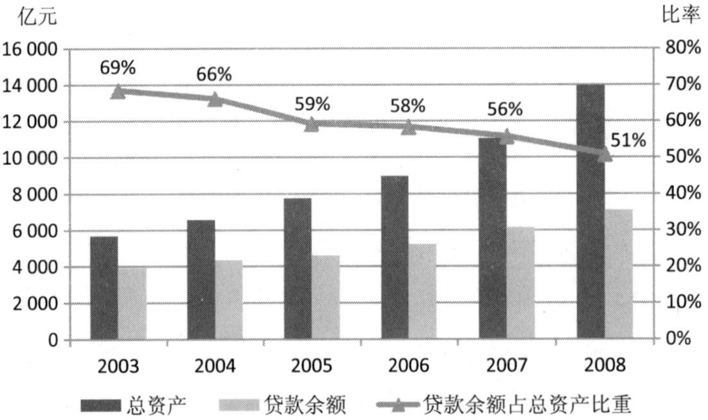


图 19.5　湖南省金融部门贷款余额占总资产比重

来源，逐步实现多样化增长。

2. 期限错配风险分析

湖南省贷款总额、中长期贷款和短期贷款在 2003—2008 年间总体保持增长趋势，如图 19.6，短期贷款在 2004 年到 2005 年间略有下降，中长期贷款则保持稳定的增长势头。而中长期贷款占比的不断上升意味着湖南省金融部门的资产流动性有所下降，在面临突然的经济波动时，有可能遭受较大损失。

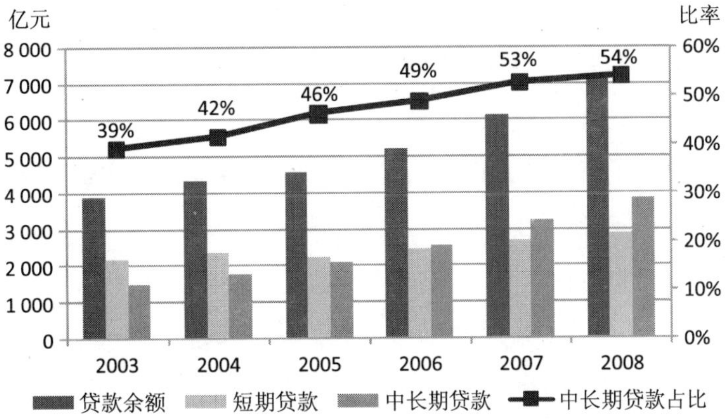


图 19.6　湖南省金融部门贷款结构

如图 19.7，2003—2008 年间，湖南省居民储蓄在总体上呈现增长趋势。其中定期存款占比总体上呈现下降趋势，在 2008 年略有上升。

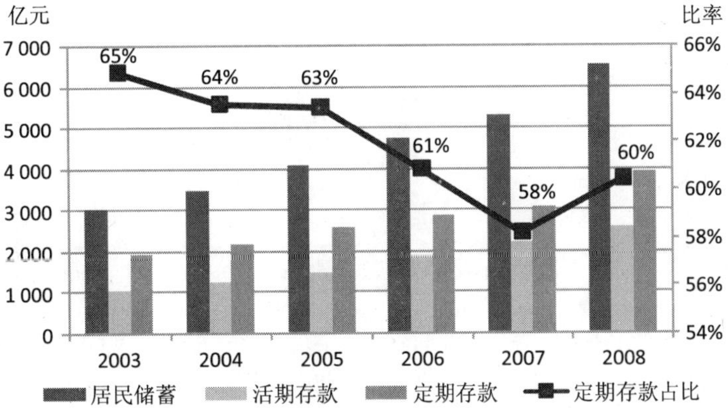


图 19.7　湖南省金融部门居民储蓄结构

综合图 19.6 与图 19.7 分析，湖南省金融部门在资金来源和资金运用上存在一些问题。从居民储蓄结构看，活期存款余额从 2003 至 2008 年年末上升了 1 526.2 亿元，而定期存款占比总体呈现下降趋势，尽管 2008 年由于受高利率和股市大跌的影响，定期存款占比上升了 2 个百分点，但是总的来看湖南省金融部门资金来源呈现短期化趋势。另外，从金融机构贷款结构看，中长期贷款余额从 2003 年年末至 2008 年年末上升了 151.5%，占全部贷款余额的比例增加了 15 个百分点，资金运用长期化趋势十分明显，所以湖南省金融部门存在一定的期限错配风险。但是考虑定期存款占比的绝对数额可以发现，它从未降到 50% 以下，这意味着虽然期限错配风险存在，但是并不十分严重。

综合湖南省金融部门贷款结构和居民储蓄结构的分析可以得出如下结论：湖南省金融部门存在一定的期限错配风险，需要予以关注。

3. 货币错配风险分析

湖南省金融部门的对外经营仍处于起步阶段，其金融部门中仅有微量的外币存贷款。从图 19.8 中可以看到，在 2003—2006 年间，湖南省金融部门外币存贷比处于缓慢下降的阶段，外币存贷比在 2006 年达到最低点。但在 2007 年人民币升值预期的背景下，湖南省金融部门外币资产却迅速上升，外币存贷比到达了 167%。但外币存贷款余额占湖南省金融部门资产的比重很小，金融部门基本上没有太大的货币错配风险。

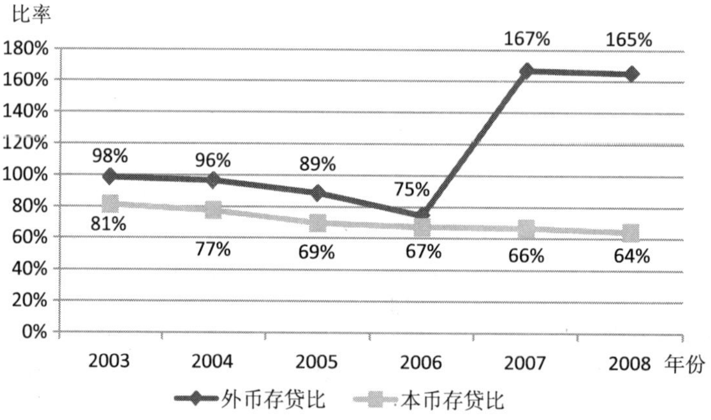


图 19.8　湖南省金融部门外币存贷比

**（三）小结**

从上述对湖南省金融部门资产负债表的分析来看，湖南省金融部门在资本结构方面正在主动减少对传统银行业务的依赖，积极开拓新的金融业务途径。但仍存在一定的期限错配风险，基本不存在货币错配风险。

## 二、湖南省企业部门资产负债表编制及分析

### （一）企业部门资产负债表编制

企业部门主要考察2003—2008年湖南省全部国有及规模以上非国有工业企业、限额以上餐饮企业、限额以上批发零售业以及所有建筑业企业，编制2003—2008年资产负债表，如表19.3。

**表19.3 湖南省企业部门资产负债表** 单位：亿元

| | 总资产 | 流动资产 | 固定资产 | 总负债 | 流动负债 | 长期负债 | 总权益 |
|---|---|---|---|---|---|---|---|
| 2003 | 4 897.33 | 2 196.76 | 2 700.57 | 3 157.67 | 2 191.06 | 966.61 | 1 739.66 |
| 2004 | 5 472.00 | 2 457.02 | 3 014.98 | 3 448.60 | 2 382.63 | 1 065.97 | 2 023.40 |
| 2005 | 6 046.67 | 2 717.27 | 3 329.40 | 3 739.52 | 2 574.19 | 1 165.33 | 2 307.14 |
| 2006 | 7 238.34 | 3 192.26 | 4 046.08 | 4 370.03 | 3 030.23 | 1 339.80 | 2 868.31 |
| 2007 | 8 643.73 | 3 785.04 | 4 858.69 | 5 029.74 | 3 364.62 | 1 665.12 | 3 614.00 |
| 2008 | 10 588.05 | 4 651.53 | 5 936.51 | 6 266.50 | 4 263.23 | 2 003.27 | 4 321.53 |

注：企业部门数据来自于《湖南省统计年鉴2000—2008》以及中国国家统计局2000—2008年年度数据，选取工业企业、建筑业、限额以上连锁零售业及限额以上餐饮业四个行业作为非金融部门的典型代表进行统计。交通运输业和邮电业因为所占比例小、国有成分大且数据不易获得，故不列入考察范围。资产负债表编制过程如下：

① 对于工业企业、建筑业企业、批发零售业、餐饮业缺失数据进行估算处理。相对建筑业、批发零售业及餐饮业，工业企业的资产负债在企业部门总的资产负债中占比最高，统计数据基本无缺失；餐饮业、批发零售及建筑业在总体中占比较低，统计数据存在个别缺失情况，对于缺失数据进行估算补齐后产生的偏差对总体分析影响不大。

② 数据缺失及处理：全部国有及规模以上非国有工业企业2004年流动负债数据缺失，以2003年流动负债的年增长率进行推算，估算出2004年的流动负债，并进一步计算出长期负债；建筑业企业2004年统计数据中资产负债数据缺失，均以2003年各指标的年增长率推算，估算出2004年资产、负债、流动资产和流动负债，并进一步计算出长期资产、负债；限额以上餐饮企业、限额以上批发零售业2002—2007年流动负债数据缺失，本文以前三年的流动负债/总负债的均值作为当年的比例，结合总负债得到流动负债缺失数据的合理替代值，并进一步计算出长期负债。

③ 通过以上步骤获得总资产、总负债、总权益、流动资产和长期资产以及流动负债和长期负债数据，从而编制工业企业、餐饮业、批发零售业以及建筑业四大行业的资产负债表，综合后即得到企业部门2003—2008年资产负债表。

### （二）企业部门资产负债表分析

1. 资本结构分析

从图19.9可知，湖南省企业部门资产负债率从2003年以来基本上一直处于下降的

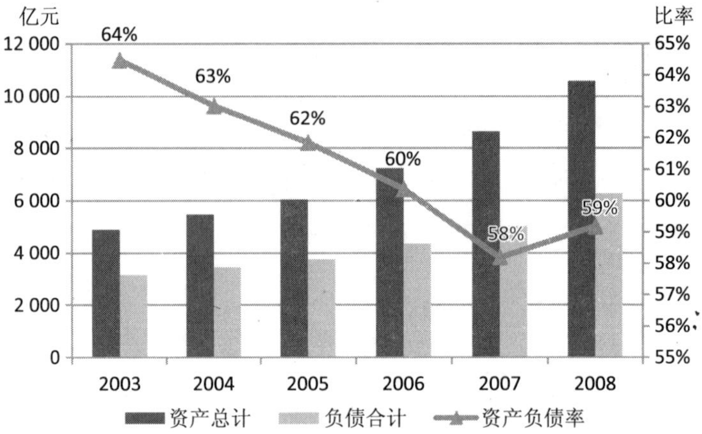


图 19.9　湖南省企业资本结构

趋势，该指标从 2003 年的 64% 降低至 2008 年的 59%。可以看到，2008 年湖南省企业部门资产负债率水平不高，并且从趋势看，负债的增速也小于资产的增速，这说明湖南省企业部门资本结构较为合理，风险较小，发展势头良好。

2. 期限错配分析

从图 19.10 和表 19.3 可以得知，2003 年以来湖南省企业部门短期负债和短期资产基本相等，流动比率呈现稳步上升的趋势，短期资产大于短期负债，尤其是 2007 年达到 1.12，期限错配风险较小。从发展趋势看，湖南省企业部门流动比率呈现稳步上升的状态，期限错配风险进一步减小。湖南省产业结构合理，三大产业比例基本维持在 1∶2∶2 左右，并且固定资产投资占地区生产总值比率不大，在 2008 年仅为 44.8%，企业部门流动性风险较小。

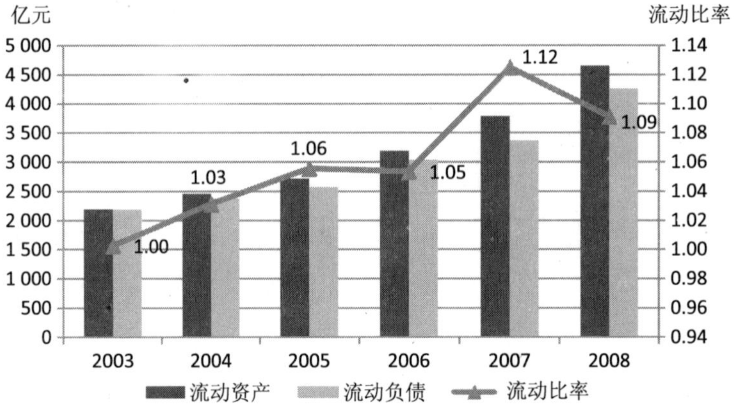


图 19.10　湖南省企业的流动资产和流动负债

3. 清偿力风险分析

如图 19.11，从湖南企业部门产权比率看，在 2003—2008 年间呈下降趋势，产权比率均高于 1，但在 2007 年和 2008 年都小于 1.5，2007 年最低，为 1.39，企业部门的清偿能力逐步增强，清偿力风险并不大。

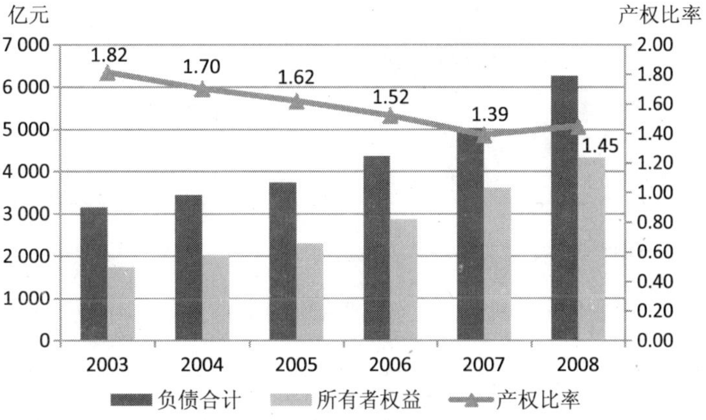

图 19.11　湖南省企业部门产权比率

### （三）小结

通过对湖南省企业部门宏观运行状况进行分析，发现企业部门存在一定的风险。对于企业部门来讲，随着总资产规模持续扩大，总负债以较慢速度增长，资本市场发展趋势明显，但企业仍然较依赖债务融资。流动资产与流动负债逐年增加，流动负债在 2003—2008 年间一直小于流动资产，并且流动比率呈逐年上升的状态，企业部门不存在较大的流动性风险。同时湖南省企业部门产权比率逐年降低，且在近年降到 1.5 以下，清偿力风险小。总的来看，湖南省企业部门基本不存在风险。

## 第 3 节　湖南省或有权益资产负债表的编制及其分析

### 一、湖南省上市企业部门或有权益资产负债表的编制和分析

2001—2009 年湖南省上市企业部门或有权益资产负债表的输入参数如表 19.4。

截至 2010 年第一季度，湖南省 A 股上市企业总计 51 家，行业分布较广，其中机械、冶金所占比重较大。

表 19.4 湖南省上市企业部门或有权益输入数据

| 年份 | 无风险利率 | 违约点（亿元） | 权益市值（亿元） | 权益市值波动率 |
|---|---|---|---|---|
| 2001 | 2.25% | 158.10 | 770.76 | 23.09% |
| 2002 | 2.02% | 183.41 | 593.69 | 28.19% |
| 2003 | 1.98% | 242.82 | 578.44 | 17.90% |
| 2004 | 2.03% | 436.50 | 529.09 | 25.88% |
| 2005 | 2.25% | 549.22 | 453.31 | 26.05% |
| 2006 | 2.35% | 607.96 | 1 026.99 | 26.85% |
| 2007 | 3.26% | 761.08 | 3 419.23 | 37.37% |
| 2008 | 3.92% | 983.03 | 1 383.37 | 50.58% |
| 2009 | 2.25% | 1 333.02 | 3 332.74 | 35.30% |

### （一）或有权益资产负债表分析

将表 19.4 中的参数代入方程组，经计算后得到上市企业部门或有权益资产负债表，如表 19.5。

表 19.5 湖南省上市企业部门或有权益资产负债表　　单位：亿元

| 年份 | 资产市值 | 负债市值 | 权益市值 | 年份 | 资产市值 | 负债市值 | 权益市值 |
|---|---|---|---|---|---|---|---|
| 2001 | 924.92 | 154.15 | 770.76 | 2006 | 1 620.85 | 593.86 | 1 026.99 |
| 2002 | 773.42 | 179.74 | 593.69 | 2007 | 4 156.07 | 736.85 | 3 419.23 |
| 2003 | 816.47 | 238.03 | 578.44 | 2008 | 2 332.71 | 949.34 | 1 383.37 |
| 2004 | 956.86 | 427.77 | 529.09 | 2009 | 4 635.84 | 1 303.10 | 3 332.74 |
| 2005 | 990.25 | 536.94 | 453.31 | | | | |

湖南省上市企业部门的整体运行风险在逐步加大，负债市值逐渐逼近资产市值，需要关注其清偿力风险。湖南省上市企业部门资产市值在 2006 年之前变化不大，在 700~1 000 亿元范围内，2006—2009 年由于股市行情波动加大，资产市值大幅波动，2007 年达到一个峰值 4 156.07 亿元，2009 年达到最大值 4 635.84 亿元；权益市值在 2007 年达到顶峰，为 3 419.23 亿元。2008 年金融危机的爆发使得市值大幅缩水，资产市值下降到 2 332.71 亿元，权益市值下降到 1 383.37 亿元。而负债市值相对在一个较小的范围波动，并且呈现逐年递增的趋势，在 2009 年达到最大值 1 303.10 亿元。

如图 19.12，从 2001—2009 年或有权益资本结构看，湖南省上市企业部门或有资产负债率波动较大，并且存在较高的风险，2008 年上升至 40.7%，违约风险在 2008 年大幅上升，随后在 2009 年随着股市的回暖，或有资产负债率下降到 28.1%。可以看出，湖南省上市企业资产市值受宏观经济环境的影响很大。

从整体趋势看，如图 19.13，湖南省上市企业部门的或有资产负债率从 2001 年起不

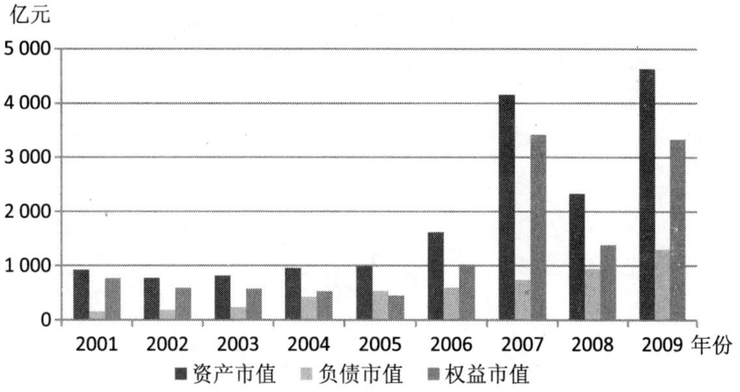


图 19.12 湖南省上市企业部门或有权益资本结构

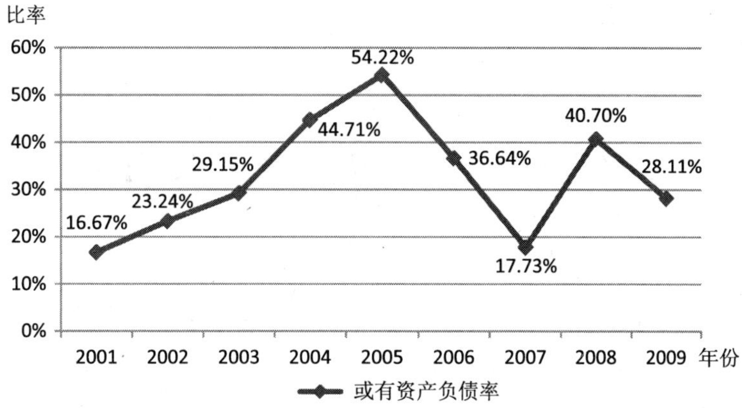


图 19.13 湖南省上市企业部门或有资产负债率



断上升，并且在 2005 年达到最大值 54%，说明上市企业部门整体风险有不断上升的趋势。从 2005 年起又开始下降，2008 年的金融危机导致或有资产负债率再次大幅上升，达到 40%。从另外一个方面看，或有资产负债率远小于资产负债率说明了市场估值的真实企业风险是小于账面价值所显示的金融风险的。

**（二）风险表分析**

根据风险指标的求解模型，输入各已知变量，运用 MATLAB 求解得出湖南省上市企业部门的风险指标，如表 19.6 所示。

如图 19.14，湖南省上市企业部门资产市值波动率在 2006 年之前相对平稳，2007—2009 年波动率均处于相对较高的水平，并且湖南省上市企业资产市值波动率在 2005 年最小，而在 2007 年达到最大。从波动率的绝对数值看，湖南省上市企业部门资产市值波动率并不算大，这可能与湖南省上市企业所处行业多样化有关，这说明湖南省上市企业

表 19.6　湖南省上市企业部门风险表

| 年份 | 资产市值波动率 | 违约概率 | 违约距离 | 年份 | 资产市值波动率 | 违约概率 | 违约距离 |
|---|---|---|---|---|---|---|---|
| 2001 | 19.24% | 0 | 4.309 9 | 2006 | 17.01% | 0 | 3.672 8 |
| 2002 | 21.64% | 0 | 3.525 4 | 2007 | 30.75% | 0 | 2.656 8 |
| 2003 | 12.68% | 0 | 5.539 3 | 2008 | 30.06% | 0.22% | 1.924 7 |
| 2004 | 14.31% | 0 | 3.799 9 | 2009 | 25.37% | 0 | 2.807 7 |
| 2005 | 11.92% | 0 | 3.735 4 | | | | |

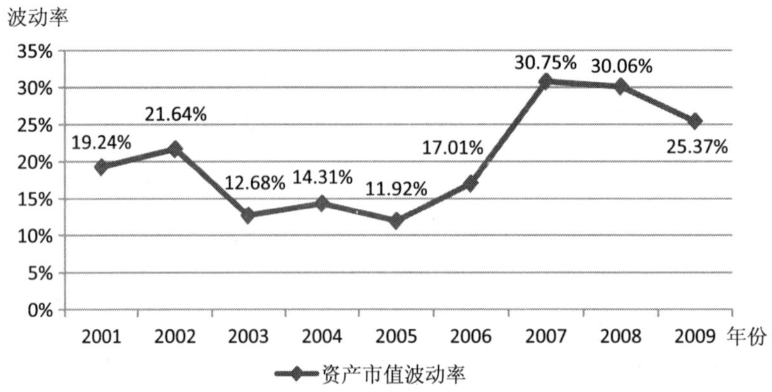


图 19.14　湖南省上市企业部门资产市值波动率

部门抵御风险的能力较强。在同全国其他省份的比较中可以发现，湖南省上市企业部门资产市值波动率处于较低水平，但是在 2009 年该指标相对较大。较低的资产市值波动率反映了湖南省上市企业部门较好的风险抵御能力，但是经过 2008 年危机后，这种优势在同其他省份的比较中出现明显的弱化。

如图 19.15，湖南省上市企业部门违约距离在 2003—2008 年间不断下降，2009 年略有上升。从 2007 年与 2009 年违约距离的比较可以发现，在 2009 年经济回暖之后，湖南

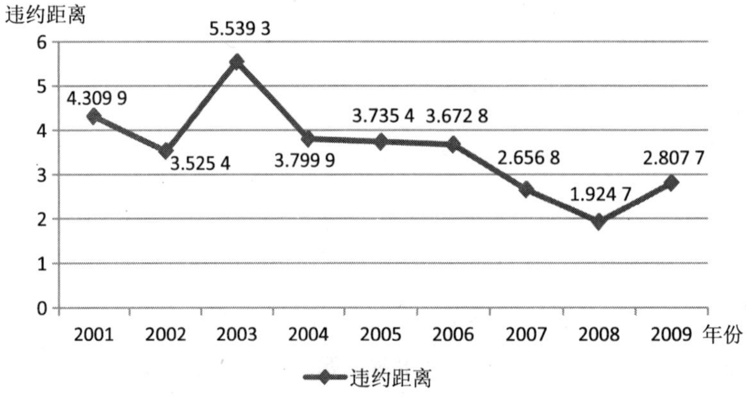


图 19.15　湖南省上市企业部门违约距离

省上市企业部门的风险迅速降低，甚至低于2007年的风险水平。与其他省份相比，湖南省上市企业部门基于违约距离所表现的风险一直处于较好的水平。与资产市值波动率不同的是，在经过2008年的危机之后，2009年湖南省上市企业部门违约距离相对其他省份而言仍有明显的优势。

## 二、湖南省企业部门或有权益资产负债表的编制和分析

2003—2008年湖南省企业部门或有权益资产负债表的输入参数如表19.7。

**表19.7　湖南省企业部门或有权益输入数据**

| 年份 | 无风险利率 | 违约点（亿元） | 权益市值（亿元） | 权益市值波动率 |
|---|---|---|---|---|
| 2003 | 1.98% | 2 674.37 | 2 881.02 | 12.68% |
| 2004 | 2.03% | 2 915.61 | 2 589.59 | 14.31% |
| 2005 | 2.25% | 3 156.86 | 2 426.96 | 11.92% |
| 2006 | 2.35% | 3 700.13 | 6 306.74 | 17.01% |
| 2007 | 3.26% | 4 197.17 | 19 474.47 | 30.75% |
| 2008 | 3.92% | 5 264.87 | 9 090.87 | 30.06% |

### （一）或有权益资产负债表分析

将表19.7中的参数代入方程组，经计算后得到企业部门或有权益资产负债表，如表19.8。

**表19.8　湖南省企业部门或有权益资产负债表**　　单位：亿元

| 年份 | 资产市值 | 负债市值 | 权益市值 | 年份 | 资产市值 | 负债市值 | 权益市值 |
|---|---|---|---|---|---|---|---|
| 2003 | 5 502.74 | 2 621.72 | 2 881.02 | 2006 | 9 917.35 | 3 610.61 | 6 306.74 |
| 2004 | 5 446.36 | 2 856.77 | 2 589.59 | 2007 | 23 534.90 | 4 060.43 | 19 474.47 |
| 2005 | 5 516.60 | 3 089.64 | 2 426.96 | 2008 | 14 152.22 | 5 061.34 | 9 090.87 |

如图19.16，湖南省企业部门资产市值在2006年之前变化不大，有微弱增长，在5 000亿元上缓慢上升，2006年、2007年由于股市行情转好，资产市值大幅增加，2007年达到最大值23 534.90亿元；权益市值也在2007年达到顶峰，为19 474.47亿元。2008年金融危机的爆发使得市值大幅缩水，资产市值下降到14 152.22亿元，权益市值下降到9 090.87亿元。

从湖南省企业部门的负债市值看，负债市值在2003—2008年期间增长并不明显。通过比较湖南省负债市值和权益市值的增长率，发现负债市值在2007年资产市值增长很快的情况下也没有明显的增长，负债市值的增长速度明显低于资产市值和权益市值的增长

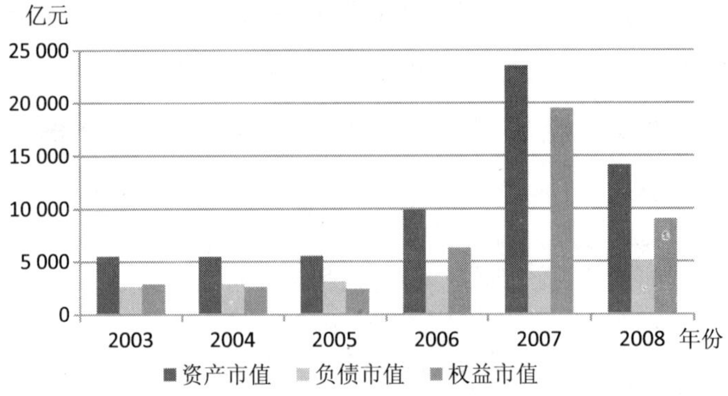


图 19.16　湖南省企业部门或有权益资本结构

速度。

如图 19.17，从整体趋势看，湖南省企业部门或有资产负债率在波动中逐渐下降，在 2005 年之后下降的趋势较为稳定，说明企业部门整体风险有不断下降的趋势。但是在 2008 年，风险有所加大。从另外一个方面看，或有资产负债率远小于资产负债率说明了市场估值的真实企业风险小于账面价值显示的金融风险。企业部门的违约风险整体来看非常小。与上市企业的或有资产负债率相比，两者的变化趋势是基本一致的，在 2005 年湖南省企业或有资产负债率达到最高点 56%，而在 2007 年达到最低点 17.25%，2008 年又上升到 35.76%，同样的，上市企业部门或有资产负债率在 2005 年达到最高 54.22%，而在 2007 年达到最低的 17.73%，2008 年又上升到 40.7%。

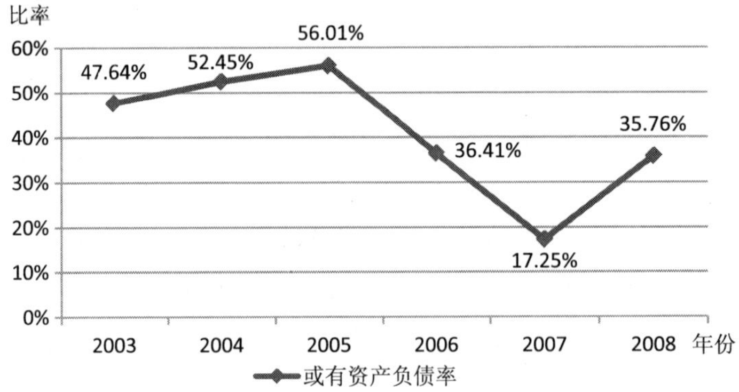


图 19.17　湖南省企业部门或有资产负债率

**（二）风险表分析**

根据风险指标的求解模型，输入各已知变量，运用 MATLAB 求解得出湖南省企业部门的风险指标，如表 19.9。

**表 19.9　湖南省企业部门风险表**

| 年份 | 资产市值波动率 | 违约概率 | 违约距离 | 年份 | 资产市值波动率 | 违约概率 | 违约距离 |
|---|---|---|---|---|---|---|---|
| 2003 | 6.64% | 0 | 7.740 2 | 2006 | 10.82% | 0 | 5.794 9 |
| 2004 | 6.80% | 0 | 6.828 7 | 2007 | 25.44% | 0 | 3.229 8 |
| 2005 | 5.25% | 0 | 8.152 6 | 2008 | 19.31% | 0 | 3.252 1 |

如图 19.18，上市企业部门资产市值波动率在 2006 年之前有一定增长，2007 年和 2008 年波动率均处于相对较高的水平。湖南省企业部门资产市值波动率在绝对数值上小于上市企业部门，但两者在变化趋势上是基本一致的。

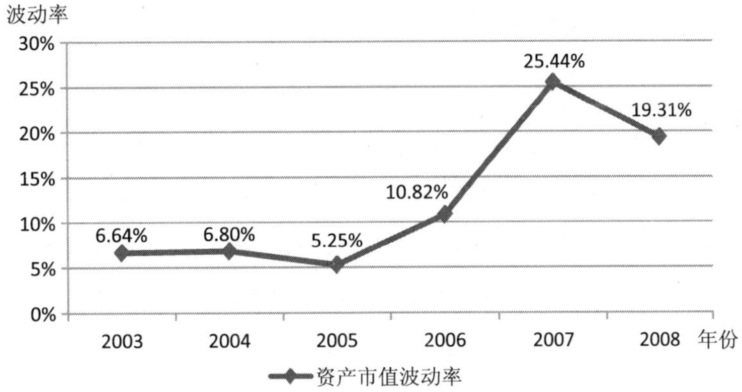


图 19.18　湖南省企业部门资产市值波动率

如图 19.19，企业部门违约距离在 2003—2008 年间总体下降，在 2008 年略有上升。可见湖南省企业部门的实际风险状况与账面价值分析并不一致，实际风险尚未呈现出明显的改善趋势。与上市企业部门相比，湖南省企业部门的违约距离在数值上远大于上市企业部门，特别是在 2003—2005 年，这种差别非常明显。而在 2007 年到 2008 年，湖南

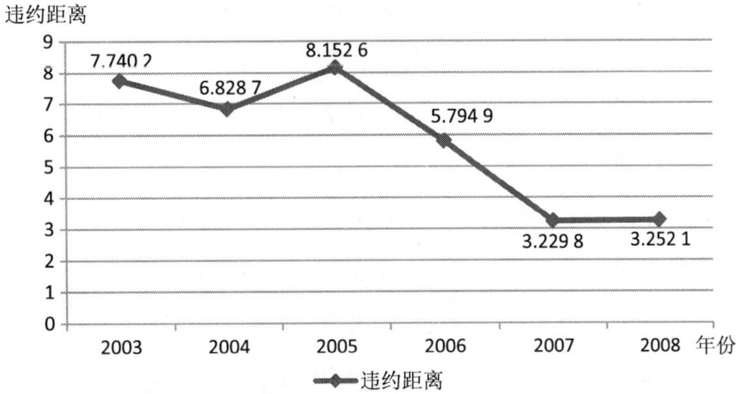


图 19.19　湖南省企业部门违约距离

省企业部门违约距离并没有发生很大变化，而上市企业部门违约距离有明显的增大，风险减小。

## 第4节　结论及政策建议

通过对湖南省金融部门2003—2008年资产负债表的分析，可以得知金融机构资金来源仍然主要依存于存款，2008年湖南省金融部门存款余额占总资产的比率为78%；流动性风险较小，但是风险发展呈现逐年增加的趋势；虽然金融部门外币存贷款绝对数额不断增长，但是占比很小，该部分的风险很难对金融部门整体产生冲击。企业部门较依赖债务融资，资产负债率2008年为59%，总体呈现逐年下降的态势，资本结构日趋合理；基本不存在期限错配问题，流动比率从2003年以来都大于1，到2008年为1.09，流动性充足；从2003年到2008年产权比率较为合理，清偿力风险较小。

从或有权益资产负债表分析可以看到湖南省上市企业部门和企业部门或有资产负债率最高值仅在50%左右，上市企业部门在2008年达到40.7%，企业部门在2008年为35.76%，总体看违约风险很小；从风险分析看，上市企业部门和企业部门资产市值波动率在2007年开始进入较高的水平。

通过全文的分析，湖南省宏观金融风险状况较好，抵御风险的能力较强，但是也存在金融部门期限错配风险、金融部门资金运用效率不高、产业结构合理但是优势行业不突出、企业融资渠道单一等问题。所以针对湖南省的现状，提出以下建议：

第一，加大金融发展规模，提高金融发展效率，加快金融体制改革，特别是农村金融机构改革，湖南省的农村信贷体系相较于中部其他省份并不是特别完善，要在更广泛铺设信贷网点的同时加大信贷力度，改变信贷倾斜方向，加强对农村经济发展的推动和支持。与此同时，改变湖南省经济发展过于偏重大型国有企业的现状，加大对非国有经济的支持力度，放宽金融市场的准入制度，组织人力资源帮助中等规模的企业建设多样化融资渠道，如非上市企业股权转让，企业债券发行，完善各种直接融资方式，推动高质量非国有企业的发展，实现经济结构的多样化发展，平衡经济结构，完善金融系统。

第二，优化金融部门资产负债结构，降低金融部门期限错配风险。金融行业也要力争以创新促发展，推进金融创新，创造有吸引力的金融产品，增加金融部门长期资金的来源，逐步摆脱对传统存贷款业务的绝对依赖；同时在资金运用方面应合理配置，适当减少回收周期过长的信贷,在规避风险的同时也能提高资金的周转率,提高资金运用效率。

第三，突出优势行业，打造特色经济。从湖南省经济发展状况可知，湖南省经济发展均衡，产业结构合理，但是湖南省缺少明显的优势行业，经济发展特点不鲜明。但是湖南省并不缺乏发展特色产业的基础和条件，湖南是我国棉、麻的重要产区和重要的纺织省份之一，近年来湖南省纺织产业始终保持持续快速的发展。截至 2009 年，湖南已初步形成了常德棉纺织、益阳麻纺织、株洲纺织服装 3 个产业集群，以及华容棉纺家纺、汉寿棉纺和苎麻纺织、蓝山毛织、宁乡服装、炎陵棉纺等 7 个产业基地，但是仍然缺乏具有领导性质的大型优势企业，湖南省应结合自身特点和发展历史，培养特色行业和领头企业，丰富湖南省经济发展层次，促进经济又好又快的发展。

# 第20章　安徽省宏观金融风险研究



进入21世纪以来，安徽省经济发展主要依赖制造业投资拉动，其中机电制造业贡献了全省GDP超过40%的份额。在进出口方面，安徽省纺织服装和农产品等传统出口产品增长放慢，其利用外部资源和市场能力显著增强，重要资源性商品进口迅猛增长，各方面呈现良好态势。本部分首先介绍安徽省经济金融发展情况，在梳理安徽省金融风险研究文献的基础上，分析了安徽省金融部门和企业部门的金融风险。

## 第1节　引言

改革开放以来，安徽省金融部门运作良好。人民币贷款余额多年高居中部九省的前三位，贷款结构逐步改善。银行间同业票据融资活跃，绝对数额有明显增长，金融产品和理财产品的种类不断扩张。总的来说，安徽省金融部门在各方面都有明显的发展和进步。

### 一、安徽省经济金融概况

#### （一）安徽省经济运行概况

如表20.1，安徽省1998年GDP产值达2 542.96亿元，2008年产值达到8 874.2亿元，增幅达到348.97%，增幅较大，但绝对数值仍然与中部较为发达的省份有明显差距。

**表 20.1　安徽省 1998—2008 年国内生产总值（GDP）**　　单位：亿元

| 年份 | 1998 | 1999 | 2000 | 2001 | 2002 | 2003 |
|---|---|---|---|---|---|---|
| GDP 总量 | 2 542.96 | 2 712.34 | 2 902.09 | 3 246.71 | 3 519.72 | 3 923.10 |
| 年份 | 2004 | 2005 | 2006 | 2007 | 2008 | |
| GDP 总量 | 4 759.30 | 5 375.12 | 6 148.73 | 7 345.70 | 8 874.20 | |

数据来源：各年安徽省统计年鉴。

在 2000 年，安徽省生产总值产业结构比重为 25.6：36.4：38.0，在之后的数年中，安徽省的第二产业结构比重明显上升,第一产业比重明显下降,第三产业略有下降。至 2008 年，第一、二、三产业比重变为 16.0：46.6：37.4。从产业结构看，安徽省经济主要靠第二产业拉动，其中出口加工和机电制造是安徽省的经济支柱产业，发展良好。

从企业规模看，安徽省大中小型规模企业产值结构在 2005 年为 41.2：32.2：26.6，至 2008 年变为 35.7：29.6：34.7，大型企业所占比重下降，中小型企业占比上升。民营企业发展增速加快，经济格局趋向完善。

如图 20.1，安徽省 GDP 保持着加速稳定增长态势，并于 2008 年成功突破 8 000 亿元，达到 8 874 亿元。虽然与中部部分发达省份仍然有一定差距，但是其 GDP 增长率在中部九省中相当可观。

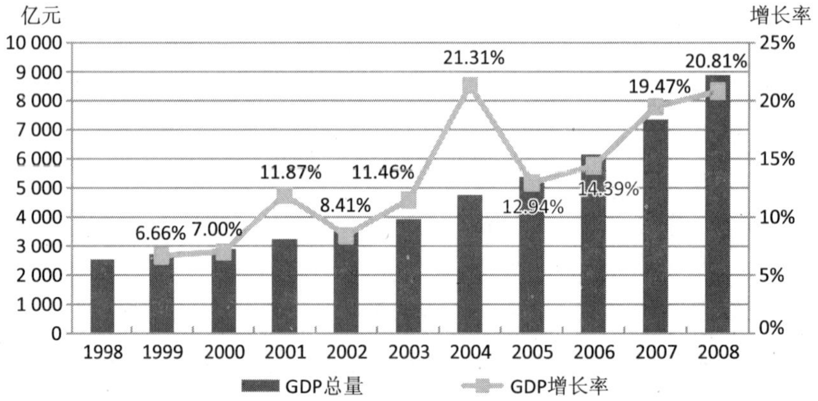


图 20.1　安徽省 1998—2008 年 GDP

**（二）安徽省金融运行概况**

安徽省金融状况总体良好，发展迅速，传统银行和保险业务是金融发展的主力。安徽省境内金融机构总资产从 2003 年的 4 678.7 亿元增加到 2008 年的 12 732 亿元，增幅为 272.13%，增幅明显，但绝对数值与中部其他发达省份仍略有差距。

从传统银行业务看，金融机构存款贷款分别从 2003 年的 4 279.4 亿元和 3 495.4 亿元增加到2008年的10 389.1亿元和7 030.1亿元，增幅分别达到242.77%和201.13%，发展迅速。从信贷体系看，安徽省银行业各项贷款在2003—2008年间保持稳定增长，短期贷款略有增加，而中长期贷款增加明显。

从股票市场看，安徽省上市企业数量从2000年的34家增加到2009年的61家，增加幅度接近90%。境内上市公司总市值从856亿元增长到5 317亿元，涨幅达到621.12%。其上市公司绝对数量和上市公司市值处于中部各省份的平均水平，相对于GDP有较为明显的优势。

从保险业情况看，境内保险业务收入从2003年的103亿元上升到2007年的201.8亿元，人均保险密度从162.1元上升至302.3元，保险业务在安徽省亦有稳定发展。

## 二、文献综述

目前已有的文献中，对安徽省金融发展与金融风险的研究主要集中在以下三方面：

一是通过理论模型对安徽省的金融现状进行分析研究。苏振天（2008）以安徽省的产业结构和金融结构为研究对象，建立向量自回归（VAR）模型，运用脉冲响应函数和方差分解方法，探讨了安徽省产业结构和金融结构之间的互动关系，认为从长期看，安徽省产业结构的发展状况对直接融资的影响不容忽视。蒋满霖、孙士金（2009）基于1978—2008年时间序列，利用协整与格兰杰（Granger）因果关系检验方法，采用金融发展规模、效率以及股票市场规模等指标，研究了安徽省金融发展与经济增长之间的因果方向性问题。得到的结论是：安徽金融规模的扩张与经济增长存在双向因果关系；金融发展效率是经济增长的原因，但反过来，经济增长并没有促进金融发展效率的提高；股票市场的发展与经济增长不存在格兰杰因果关系。

二是着眼于区域金融改革和金融发展的未来方向提出可能性分析和政策建议。刘吉鹏、陈剑锐（2003）通过对区域金融改革的现状分析及趋势分析，联系国外最新的金融改革趋势，结合安徽省金融改革的具体情况，提出了相应的对策。徐亚平（2006）以促进安徽经济发展为主线，从理论和实践的结合上，探讨“十一五”时期安徽省金融改革及发展的基本方向，从安徽经济发展的全局出发，全面、系统、综合地研究安徽金融结构优化的途径。

三是通过对历史数据的计量分析发现金融运行与安徽宏观经济状况之间的联系，研究金融发展与经济发展关系的实证性质文献。邹勇、肖燕（2007）以国内外学者的研究成果为基础，结合安徽省 1990—2005 年的金融和经济发展数据，采用线性回归分析方法对安徽省金融发展和经济增长关系进行实证分析，结果表明安徽省金融发展与经济增长之间呈正相关关系，人均 GDP 对国民生产总值的作用力度较强。在此基础上，为安徽省金融发展如何更好地促进经济增长提出相关建议。

## 第 2 节　安徽省部门资产负债表编制及分析

本章把安徽省看作一个整体，使用国家资产负债表方法对安徽省的金融风险问题进行研究。由于家户部门与公共部门资产负债数据缺失，本章仅选取企业部门与金融部门进行资产负债表的编制与分析。

### 一、安徽省金融部门资产负债表编制及分析

#### （一）金融部门资产负债表的编制

安徽省金融部门主要包括安徽省银行业相关数据，经过数据整理得出 2003—2008 年安徽省金融部门资产负债表，如表 20.2。

**表 20.2　安徽省金融部门资产负债表**　　单位：亿元

| 年份 | 2003 | 2004 | 2005 | 2006 | 2007 | 2008 |
|---|---|---|---|---|---|---|
| **总资产** | 4 678.70 | 5 758.30 | 7 181.60 | 8 428.00 | 10 273.00 | 12 732.00 |
| 贷款余额 | 3 495.40 | 4 006.20 | 4 399.30 | 5 205.20 | 6 127.90 | 7 030.30 |
| 短期贷款 | 2 141.00 | 2 259.10 | 2 278.90 | 2 584.00 | 2 953.90 | 2 983.30 |
| 票据融资 | | | 256.90 | 308.10 | 274.00 | 362.80 |
| 中长期贷款 | 1 125.20 | 1 459.60 | 1 757.10 | 2 252.10 | 2 837.90 | 3 635.40 |
| 本币贷款 | 3 370.60 | 3 900.60 | 4 313.60 | 5 132.00 | 6 042.50 | 6 948.70 |
| 外币贷款 | 124.80 | 105.60 | 85.70 | 73.20 | 85.40 | 81.60 |
| **总负债和权益** | 4 678.70 | 5 758.30 | 7 181.60 | 8 428.00 | 10 273.00 | 12 732.00 |
| 存款余额 | 4 279.40 | 5 125.60 | 6 068.80 | 7 177.90 | 8 485.90 | 10 389.10 |
| 企业存款 | 1 245.00 | 1 489.50 | 1 661.40 | 2 053.00 | 2 584.50 | 3 078.00 |
| 居民储蓄 | 2 475.80 | 2 972.40 | 3 508.70 | 4 077.80 | 4 546.49 | 5 647.51 |
| 活期存款 | 725.20 | 896.37 | 1 063.13 | 1 304.91 | 1 529.16 | 1 803.82 |

续表

| 年份 | 2003 | 2004 | 2005 | 2006 | 2007 | 2008 |
|---|---|---|---|---|---|---|
| 定期存款 | 1 750.63 | 2 076.00 | 2 445.54 | 2 772.89 | 3 017.33 | 3 843.69 |
| 本币存款 | 4 194.60 | 5 045.30 | 5 993.80 | 7 100.40 | 8 406.60 | 10 305.40 |
| 外币存款 | 84.80 | 80.30 | 75.00 | 77.50 | 79.30 | 83.70 |

注：安徽省金融部门资产负债表涵盖银行类金融机构资产负债表，数据来源于《中国统计年鉴》、《安徽省统计年鉴》、《安徽省金融运行报告》等，具体如下：

① 总资产、总负债和权益数据从2004—2008年《安徽省金融运行报告》获得，2003年数据根据2004年的增长率推算出。其中2003年、2004年用银行总资产代替金融机构总资产。

贷款余额、短期贷款、票据融资、中长期贷款数据从2004—2008年《安徽省统计年鉴》获得，本币贷款和外币贷款数据从2004—2008年《安徽省金融运行报告》附表获得，2003年数据根据2004年的增长率推算出。

② 存款余额、企业存款、居民储蓄、活期存款和定期存款数据从2004—2008年《安徽省统计年鉴》获得，本币存款和外币存款数据从2004—2008年《安徽省金融运行报告》附表获得，2003年数据根据2004年的增长率推算出。

## （二）金融部门资产负债表分析

### 1. 资本结构错配分析

如图20.2，安徽省金融部门总资产在2003—2008年间呈现高速增长态势，仅2006年的增长速度低于20%，2008年金融部门总资产达到12 732亿元。而且，存款余额也保持近20%的年增长速度，2008年最高达到22.43%的年增长速度。安徽省金融部门总体状况发展良好，与该省经济运行状况相符。

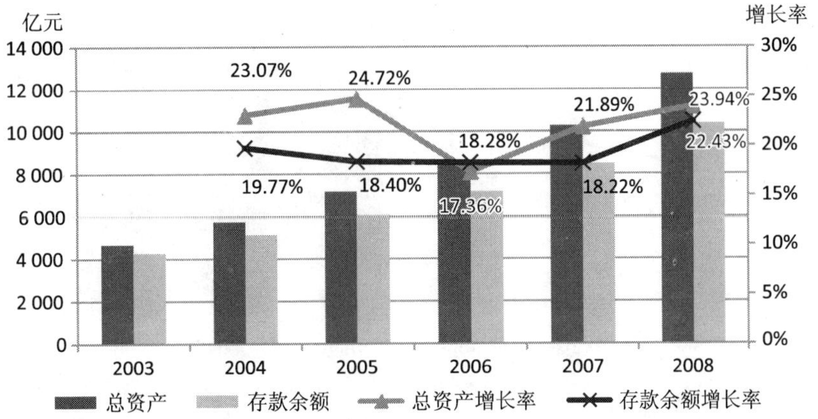


图20.2　安徽省金融部门总资产增长率

如图20.3，安徽省金融部门存贷比总体呈下降趋势，从2003年的81.68%降至2009年的67.67%，从2005年起该指标值低于我国央行规定的商业银行最高存贷

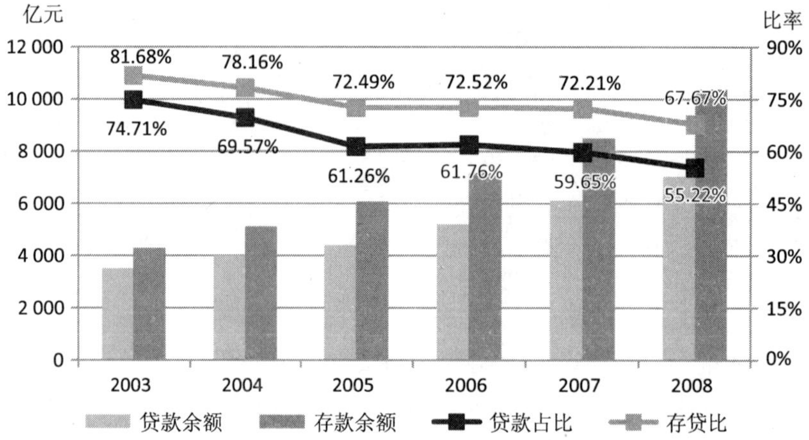


图 20.3　安徽省金融部门资本结构

比 75%，说明银行支付不足的情况在逐步改善。安徽省金融部门贷款余额占总资产的比例与存贷比呈现类似的下降态势，到 2008 年贷款余额仅占金融部门总资产的 55.22%。

2. 期限错配风险分析

如图 20.4，2003—2008 年间安徽省金融部门短期贷款增长速度较慢，中长期贷款保持稳定的增长势头。而安徽省中长期贷款占比不断上升，2008 年中长期贷款的占比超过 50%，未来的流动性风险值得关注。

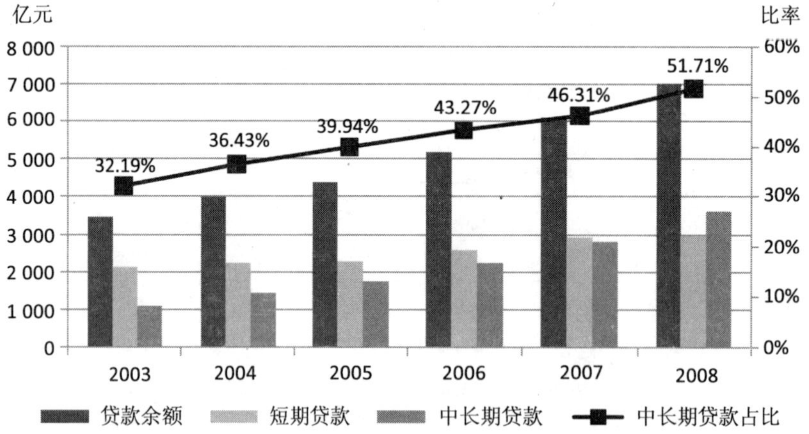


图 20.4　安徽省金融部门贷款结构

如图 20.5，2003—2008 年间，安徽省居民储蓄总体上呈现增长趋势，其中定期存款占比总体上呈现下降趋势，仅在 2008 年略有上升。

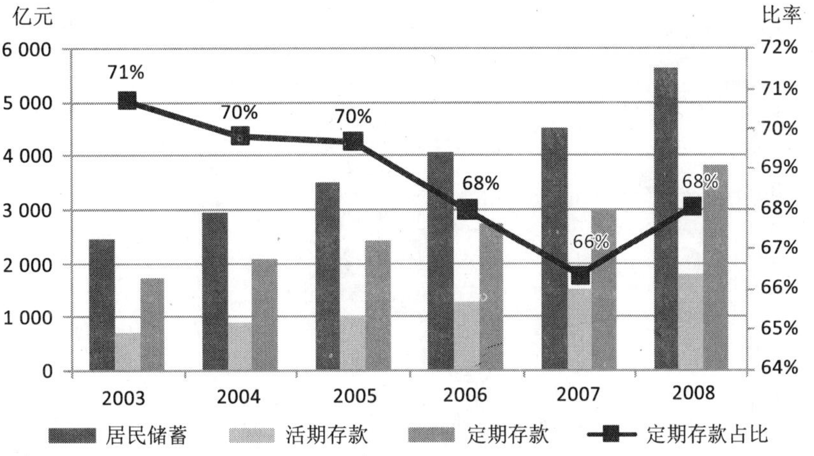


图 20.5　安徽省金融部门存款结构

综合图 20.4 与图 20.5，安徽省金融部门在资金来源和资金运用上存在一些问题：一是资金来源呈现短期化趋势。活期存款余额在 2003—2008 年间上升了 1 078.62 亿元，而定期存款占比总体上呈现下降趋势，尽管 2008 年定期存款上升了 2 个百分点，但是并不能改变安徽省金融部门总体上短期存款增加的趋势。二是资金运用长期化：中长期贷款余额在 2003—2008 年间上升了 2 510.2 亿元，增幅高达 223.1%，占全部贷款余额的比例在 6 年间激增了 20 个百分点，资金运用长期化趋势十分明显。综合以上分析可以看出，安徽省金融部门存在着一定的期限错配风险。

3. 货币错配风险分析

如图 20.6，安徽省金融部门的外币业务仍处于起步阶段，其金融部门中仅有微量的

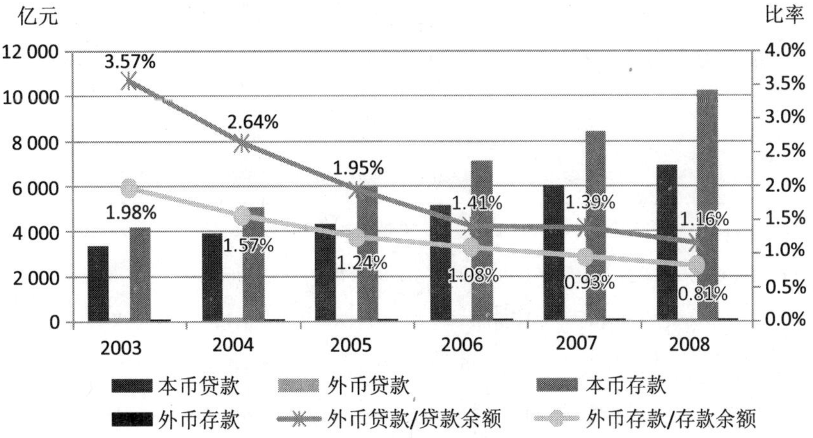


图 20.6　安徽省金融部门货币结构

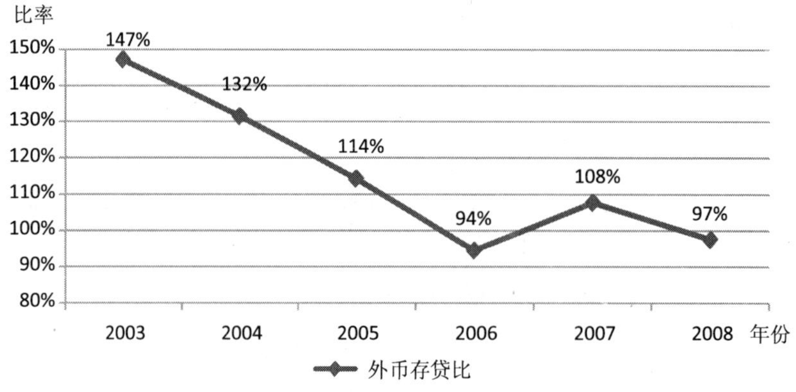


图 20.7　安徽省金融部门外币存贷比

外币存贷款。安徽省金融部门外币贷款占比和外币存款占比都存在下降趋势，但是其绝对数值是上升的，说明相较于本币业务，安徽省外币业务增长较慢。

如图 20.7，安徽省金融部门外币存贷比总体上保持下降趋势，从 2003 年的 1.47 下降到 2008 年的 0.97，在 2007 年略有回升，基本不存在货币错配风险。

### （三）小结

从上述对安徽省金融部门资产负债表的分析看，安徽省金融部门在资本结构方面正在主动减少对传统银行业务的依赖，积极开拓新的金融业务途径。而在期限错配方面存在着一定的流动性风险和期限错配风险，基本不存在货币错配风险。

## 二、安徽省企业部门资产负债表编制及分析

### （一）企业部门资产负债表的编制

企业部门主要考察 2003—2008 年安徽省全部国有及规模以上非国有工业企业、限额以上餐饮企业、限额以上批发零售业以及所有建筑业企业，编制 2003—2008 年资产负债表，如表 20.3。

**表 20.3　安徽省企业部门资产负债表**　　单位：亿元

| 年份 | 资产总计 | 流动资产 | 长期资产 | 负债总计 | 流动负债 | 长期负债 | 所有者权益 |
|---|---|---|---|---|---|---|---|
| 2003 | 4 719.02 | 2 227.03 | 2 491.99 | 2 948.77 | 2 166.41 | 782.36 | 1 770.25 |
| 2004 | 5 433.06 | 2 556.46 | 2 876.6 | 3 371.90 | 2 564.84 | 807.06 | 2 061.16 |
| 2005 | 6 478.52 | 3 117.07 | 3 361.45 | 4 061.56 | 2 901.92 | 1 159.64 | 2 416.96 |
| 2006 | 7 903.46 | 3 729.95 | 4 173.51 | 5 015.72 | 3 968.00 | 1 047.72 | 2 887.74 |
| 2007 | 9 084.37 | 3 290.12 | 4 875.35 | 5 794.25 | 4 437.72 | 1 356.53 | 3 290.12 |

续表

| 年份 | 资产总计 | 流动资产 | 长期资产 | 负债总计 | 流动负债 | 长期负债 | 所有者权益 |
|---|---|---|---|---|---|---|---|
| 2008 | 10 768.84 | 4 814.14 | 5 954.70 | 6 683.05 | 4 930.31 | 1 752.74 | 4 085.79 |

注：企业部门资产负债编制过程如下：

① 对于工业企业、建筑业企业、批发零售业、餐饮业缺失数据进行估算处理。相对建筑业、批发零售业及餐饮业，工业企业的资产负债在企业部门总的资产负债中占比最高，统计数据基本无缺失；餐饮业、批发零售及建筑业在总体中占比较低，统计数据存在个别缺失情况，对于缺失数据进行估算补齐后产生的偏差对总体分析影响不大。

② 数据缺失及处理：全部国有及规模以上非国有工业企业 2004 年流动负债数据缺失，以 2003 年流动负债的年增长率进行推算，估算出 2004 年的流动负债，并进一步计算出长期负债；建筑业企业 2004 年统计数据中资产负债数据缺失，均以 2003 年各指标的年增长率进行推算，估算出 2004 年资产、负债、流动资产和流动负债，并进一步计算出长期资产、负债；限额以上餐饮企业、限额以上批发零售业 2003—2007 年流动负债数据缺失，本文以前三年的流动负债 / 总负债的均值作为当年的比例，结合总负债得到流动负债缺失数据的合理替代值，并进一步计算出长期负债。

③ 通过以上步骤获得总资产、总负债、总权益、流动资产和长期资产以及流动负债和长期负债，编制出工业企业、餐饮业、批发零售业以及建筑业四大行业的资产负债表，综合后即得到企业部门 2003—2008 年资产负债表。

### （二）企业部门资产负债表分析

1. 资本结构错配分析

如图 20.8，安徽省企业部门资产规模稳定增长，而且资产负债率变化不大，在 62%~64% 之间波动，存在一定资本结构错配风险。

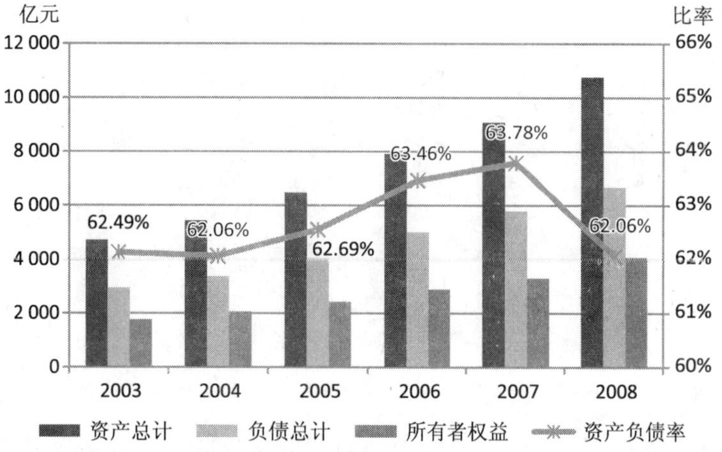


图 20.8　安徽省企业部门资本结构

2. 期限错配分析

如图 20.9，2003—2006 年安徽省企业部门流动负债和流动资产基本相等，波动幅

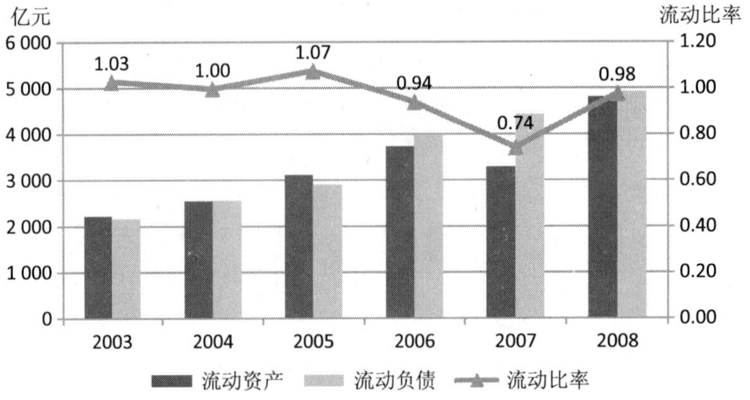


图 20.9 安徽省企业部门流动资产和流动负债

度不大，但 2007 年安徽省企业部门流动比率下降至 0.74，流动性风险大大增加。虽然 2008 年流动比率回升到 0.98，但期限错配风险不容忽视。

3. 清偿力风险分析

如图 20.10，安徽省企业部门产权比率在 2003—2008 年间波动不大，但产权比率均高于 1.6，企业部门的清偿力风险始终存在，但在 2008 年有较明显下降趋势。

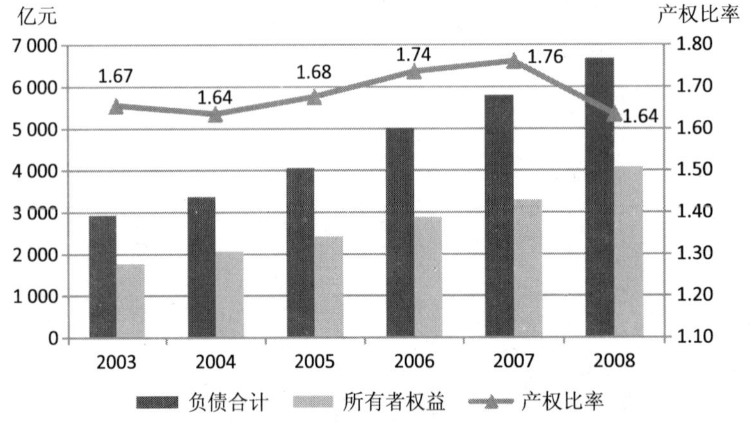


图 20.10 安徽省企业部门产权比率

### （三）小结

随着总资产规模持续扩大，安徽省企业部门资本结构错配风险未有明显改善，企业长期依赖债务融资。流动性资产与流动性负债逐年增加，流动负债从 2006 年起一直大于流动资产，企业部门存在期限错配风险。同时安徽省企业部门产权比率一直远大于 1.6，存在一定清偿力风险。总的来看，安徽省企业部门存在一定的风险，应予以密切关注。

## 第3节 安徽省或有权益资产负债表编制及分析

### 一、安徽省上市企业部门或有权益资产负债表的编制和分析

上市企业部门的或有权益资产负债表输入数据有权益市值、违约点、权益市值波动率和无风险利率，其中，权益市值和权益市值波动率根据股票分析软件安徽省板块中的数据得到，股票价格采用前复权的方法，每个企业（不包括金融企业）的权益市值可通过股票价格乘以现有股本数得到，加总处理后可得安徽省上市企业部门日权益市值，进一步计算即可得企业部门的年权益市值波动率；输入参数中的权益市值采用年末数据；上市企业部门的违约点通过短期债务加一半的长期债务获得。具体可得2001—2009年安徽省上市企业部门或有权益资产负债表的输入参数，如表20.4。

**表20.4 安徽省上市企业部门或有权益输入数据**

| 年份 | 无风险利率 | 违约点（亿元） | 权益市值（亿元） | 权益市值波动率 |
|---|---|---|---|---|
| 2001 | 2.25% | 164.181 5 | 695.958 5 | 25.20% |
| 2002 | 2.02% | 232.422 0 | 693.820 0 | 28.02% |
| 2003 | 1.98% | 381.161 6 | 917.403 0 | 23.33% |
| 2004 | 2.03% | 500.501 9 | 798.031 1 | 27.57% |
| 2005 | 2.25% | 588.166 8 | 710.331 9 | 28.55% |
| 2006 | 2.35% | 744.420 6 | 1 699.544 0 | 27.17% |
| 2007 | 3.26% | 1 156.319 0 | 4 779.350 0 | 42.34% |
| 2008 | 3.92% | 1 150.596 0 | 1 808.282 0 | 53.88% |
| 2009 | 2.25% | 1 353.810 0 | 4 200.400 0 | 36.13% |

#### （一）或有权益资产负债表分析

通过计算机处理得到安徽省上市企业部门或有权益表，如表20.5。

**表20.5 安徽省上市企业部门或有权益资产负债表** 单位：亿元

| 年份 | 资产市值 | 负债市值 | 权益市值 | 年份 | 资产市值 | 负债市值 | 权益市值 |
|---|---|---|---|---|---|---|---|
| 2001 | 856.550 9 | 160.592 4 | 695.958 5 | 2006 | 2 426.518 2 | 726.974 2 | 1 699.544 0 |
| 2002 | 921.566 4 | 227.746 4 | 693.820 0 | 2007 | 5 898.913 0 | 1 119.563 0 | 4 779.350 0 |
| 2003 | 1 291.015 4 | 373.612 4 | 917.403 0 | 2008 | 2 922.633 0 | 1 114.350 0 | 1 808.282 0 |
| 2004 | 1 288.421 2 | 490.390 1 | 798.031 1 | 2009 | 5 524.580 0 | 1 324.180 0 | 4 200.400 0 |
| 2005 | 1 285.345 6 | 575.013 7 | 710.331 9 | | | | |

如图 20.11，安徽省上市企业部门资产市值在 2001—2005 年之间小幅上升，从 2001 年的 856 亿上升至 2005 年的 1 285 亿元，2006 年、2007 年由于股市行情转好，资产市值大幅增加，2007 年达到最大值 5 898.913 亿元；权益市值也在 2007 年达到顶峰，为 4 779.35 亿元。2008 年金融危机的爆发使得市值大幅缩水，资产市值下降到 2 922.633 亿元，权益市值下降到 1 808.282 亿元，而负债市值变动不大。

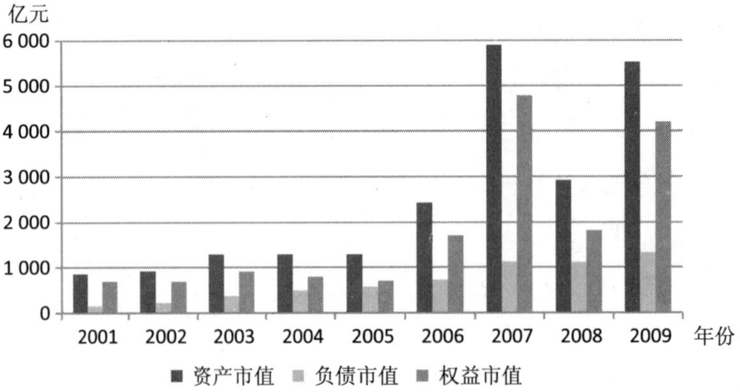


图 20.11　安徽省上市企业部门或有权益资本结构

如图 20.12，从 2001—2009 年或有权益资本结构看，安徽省上市企业部门依然存在一定的风险，其中或有资产负债率从 2001 年的 18.75% 逐年增加到 2005 年的峰值 44.74%，之后的两年或有资产负债率大幅下降。而进入 2008 年后，随着全球金融危机的爆发，或有资产负债率再次上升，达到 38.13% 的高点。2009 年随着股市的回暖和经济的复苏，或有资产负债率下降至 23.97%。

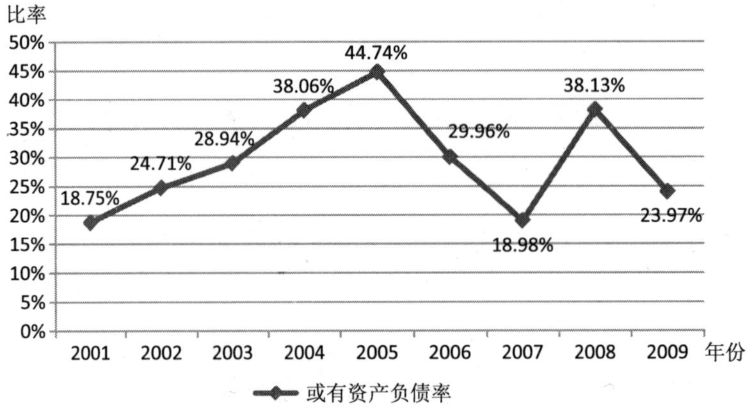


图 20.12　安徽省上市企业部门或有资产负债率

### （二）风险表分析

运用 matlab 求解得出安徽省上市企业部门的风险指标，编制风险表如表 20.6。

表 20.6　安徽省上市企业部门风险表

| 年份 | 资产市值波动率 | 违约概率 | 违约距离 | 年份 | 资产市值波动率 | 违约概率 | 违约距离 |
|---|---|---|---|---|---|---|---|
| 2001 | 25.20% | 0 | 3.947 156 | 2006 | 27.17% | 0 | 3.643 324 |
| 2002 | 28.02% | 0 | 3.545 431 | 2007 | 42.34% | 0 | 2.343 369 |
| 2003 | 23.33% | 0 | 4.250 945 | 2008 | 53.88% | 0.31% | 1.813 035 |
| 2004 | 27.57% | 0 | 3.581 672 | 2009 | 27.47% | 0 | 2.747 800 |
| 2005 | 28.55% | 0 | 3.437 574 | | | | |

如图 20.13，上市企业部门资产市值波动率在 2005 年之前相对平稳，2006 年开始快速上升，在 2008 年达到峰值并在 2009 年有明显下降。与中部其他省份比较，安徽省上市企业部门 2008 年资产市值波动率有明显的升高，而且绝对数值在中部省份中最高。这不仅与国际上金融危机的影响有关，而且受到安徽省地方上市公司的行业性质影响。安徽的上市公司主要集中在制造业，2009 年 61 家上市公司中有 43 家属于制造业范畴，主要集中在酒类、化工产品、塑料产品以及机电产品等方面。这其中除去两家酒类上市公司,其他的制造业都在较大程度上依赖于经济环境是否景气,故而当面对金融危机冲击时,安徽上市企业部门特殊的组成结构造成了安徽省在中部地区明显偏高的资产市值波动率。

如图 20.14，安徽省上市企业部门违约距离在 2001—2006 年间保持较高水平，最低值为 3.43，最高值高达 4.25，违约风险较低。2007 年和 2008 年，安徽省上市企业部门违约距离明显下降，并且 2008 年的违约概率也明显增加，达到样本期限内的最大值 0.31%。而 2009 年违约距离又反弹回到 2.747 8，上市企业部门违约风险有下降趋势，但仍不容忽视。

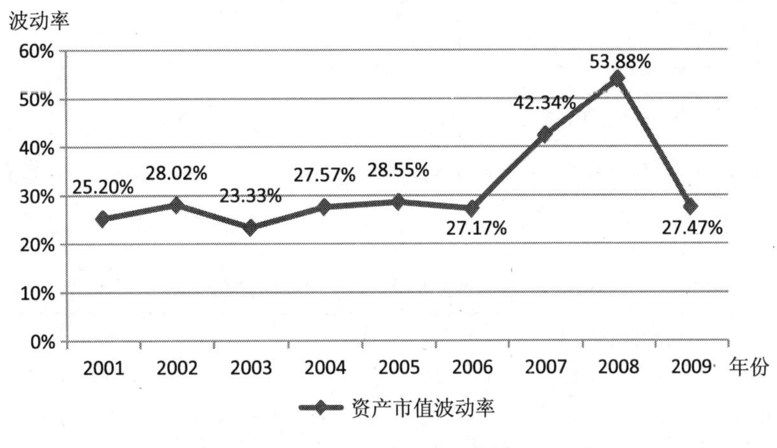


图 20.13　安徽省上市企业部门资产市值波动率

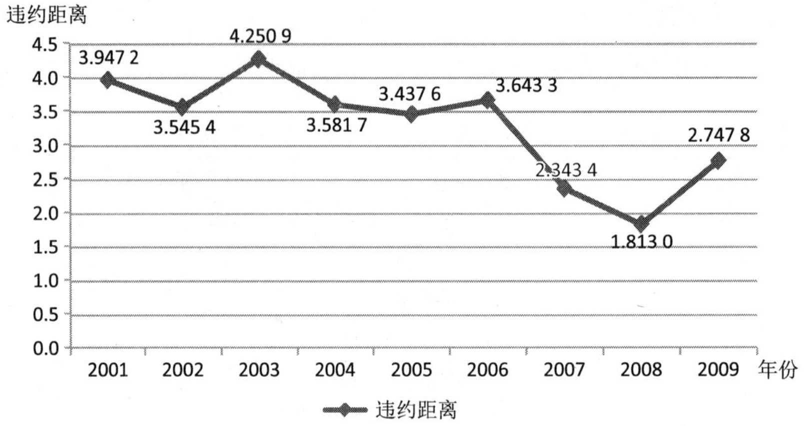


图 20.14　安徽省上市企业部门违约距离

## 二、安徽省企业部门或有权益资产负债表的编制和分析

安徽省企业部门权益市值通过对上市企业部门进行套算得到，权益市值波动率采用与上市企业部门相同的数据，企业部门的违约点通过国家统计局统计公报中的短期债务加一半的长期债务获得。具体可得 2003—2008 年安徽省企业部门或有权益资产负债表的输入参数，如表 20.7。

**表 20.7　安徽省企业部门或有权益输入数据**

| 年份 | 无风险利率 | 违约点（亿元） | 权益市值（亿元） | 权益市值波动率 |
|---|---|---|---|---|
| 2003 | 1.98% | 2 539.300 | 3 162.744 | 16.58% |
| 2004 | 2.03% | 2 968.372 | 2 770.063 | 17.07% |
| 2005 | 2.25% | 3 394.994 | 2 650.160 | 15.78% |
| 2006 | 2.35% | 4 491.837 | 6 936.539 | 19.03% |
| 2007 | 3.26% | 5 115.986 | 16 676.470 | 34.31% |
| 2008 | 3.92% | 5 806.684 | 6 378.600 | 33.44% |

### （一）或有权益资产负债表分析

代入表 20.7 中的参数通过 MATLAB 计算后得到企业部门或有权益资产负债表，如表 20.8。

**表 20.8　安徽省企业部门或有权益资产负债表**　　　　单位：亿元

| 年份 | 资产市值 | 负债市值 | 权益市值 | 年份 | 资产市值 | 负债市值 | 权益市值 |
|---|---|---|---|---|---|---|---|
| 2003 | 5 652.61 | 2 489.87 | 3 162.74 | 2006 | 11 323.90 | 4 387.36 | 6 936.54 |
| 2004 | 5 677.01 | 2 906.95 | 2 770.06 | 2007 | 21 637.72 | 4 961.25 | 16 676.47 |
| 2005 | 5 966.70 | 3 316.54 | 2 650.16 | 2008 | 11 959.88 | 5 581.28 | 6 378.60 |

如图 20.15，安徽省企业部门资产市值在 2006 年之前略有增长，2006 年、2007 年由于股市行情转好，资产市值大幅增加，2007 年达到最大值 21 637 亿元；负债市值和权益市值也分别在 2008 年、2007 年达到顶峰，分别为 5 581 亿元和 16 676 亿元。从安徽省企业部门的负债市值的情况看，负债市值在 2003—2008 年期间一直明显增长。而比较安徽省负债市值和权益市值的增长率，发现负债市值在 2003—2008 年期间的增长率都小于权益市值增长率。

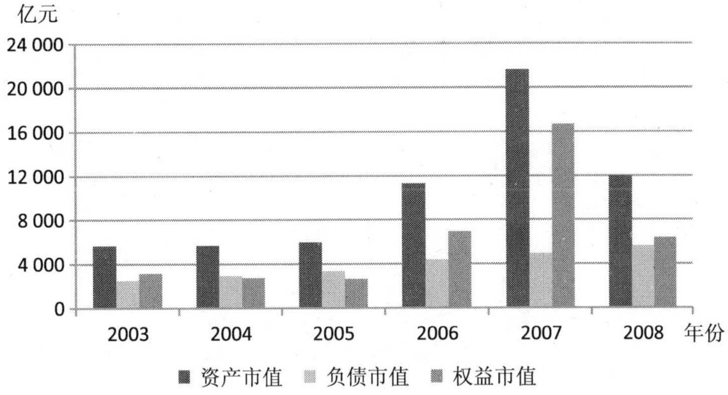


图 20.15　安徽省企业部门或有权益资本结构

如图 20.16，从整体趋势看，安徽省企业部门或有资产负债率波动较大，2005 年之后下降的趋势加快，说明企业部门整体风险有不断下降的趋势。而在 2008 年由于金融危机的发生，安徽企业或有资产负债率大幅上升，达到 46.67%。从另一方面看，或有资产负债率远小于资产负债比，说明了市场估值的真实企业风险是小于账面价值显示的金融风险的，企业部门的违约风险整体来看非常小。与上市企业部门相比，企业部门的或有资产负债率变动趋势相同，幅度较平缓。

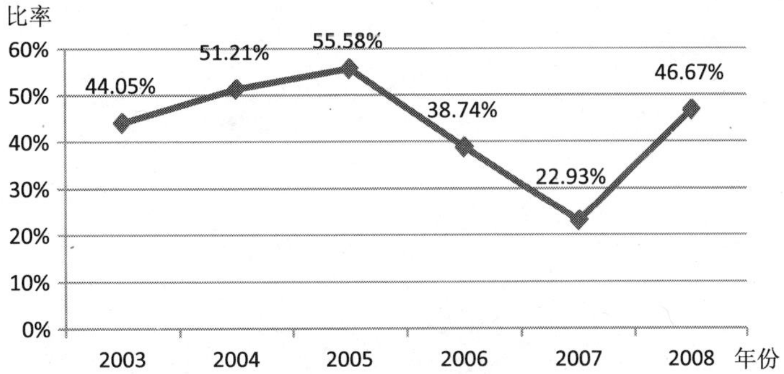


图 20.16　安徽省企业部门或有权益资产负债率

### （二）风险表分析

表 20.9 为安徽省企业部门或有权益风险表。

**表 20.9　安徽省企业部门或有权益风险表**

| 年份 | 资产市值波动率 | 违约概率 | 违约距离 | 年份 | 资产市值波动率 | 违约概率 | 违约距离 |
|---|---|---|---|---|---|---|---|
| 2003 | 9.28% | 0 | 5.937 3 | 2006 | 11.66% | 0 | 5.176 6 |
| 2004 | 8.33% | 0 | 5.727 8 | 2007 | 26.45% | 0 | 2.887 1 |
| 2005 | 7.01% | 0 | 6.151 5 | 2008 | 17.83% | 0 | 2.884 8 |

如图 20.17，上市企业部门资产市值波动率在 2006 年之前有一定增长，2007 年和 2008 年波动率均处于相对较高的水平。

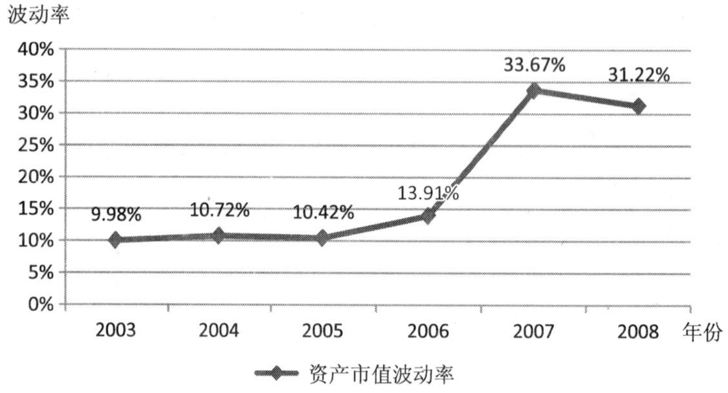


图 20.17　安徽省企业部门资产市值波动率

如图 20.18，安徽省企业部门违约距离在 2003—2005 年间基本持平，绝对数值较高，意味着在这三年中安徽省企业部门基本不存在违约风险。随着 2007 年中国股市大涨，安徽省企业部门的违约距离出现大幅下降，在 2007 年降至 2.88，并在 2008 年继续保持较

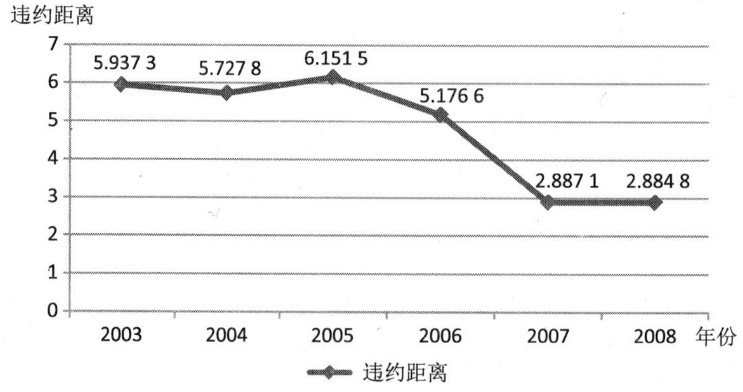


图 20.18　安徽省企业部门违约距离

低水平，这与经济环境有较大关联。而与上市企业部门的违约距离相比，企业部门的违约距离变动较为和缓，幅度较小，两者之间仍然保持着相似的趋势。

## 第4节 结论及政策建议

通过对安徽省金融部门的分析发现，安徽省金融部门的中长期贷款占比不断上升，而与之匹配的定期存款占比有下降趋势，虽然在绝对比率上仍然未降至60%以下，但是如果保持该趋势，则期限错配问题凸显；从资本结构方面看，安徽省金融部门存款与贷款均保持稳定增长,存贷比不断下降。而从货币错配方面看,其外币存贷款绝对数额不高，仅在总量贷款中占有微量比例，虽然外币存贷比偏高，始终高于100%，存在一定的货币错配风险，但是微量的外币存贷款意味着即使发生汇率波动等突发事件，金融部门也可以通过向本币转移来控制风险。总的来说，安徽省金融部门货币错配风险存在但有限。

通过对安徽省企业部门资产负债表状况进行分析可以发现：随着总资产规模持续扩大，安徽省企业部门资本结构错配风险未有明显改善，企业长期依赖债务融资。流动性资产与流动性负债逐年增加，流动负债从2006年起一直大于流动资产，企业部门存在期限错配风险。同时安徽省企业部门产权比率一直大于1.6，存在一定清偿力风险。总的来看，安徽省企业部门存在一定的风险，应予以密切关注。

或有权益的分析表明，与中部其他省份比较，安徽省上市企业部门2008年资产市值波动率有明显的升高，而且绝对数值在中部省份中最高。安徽省企业部门或有资产负债率在波动中逐渐下降，说明企业部门整体风险有不断下降的趋势，企业部门的违约风险整体来看较小。与上市企业部门相比，安徽省企业部门或有资产负债率变动趋势相近，幅度较平缓。

根据分析，为控制安徽省各部门金融风险，可考虑从以下几方面着手：

第一，关注金融部门的期限错配问题。安徽省金融部门存在一定期限错配风险，对银行流动性管理不利。需要拓宽资金运用方式和资金来源渠道，防范期限错配风险。

第二，健全和完善外资银行的准入制度和相关政策优惠，适度引入外资银行。在国家法律法规体系内适当鼓励优质资本建立民营银行，实现金融市场服务提供方的多样化，改善竞争环境。需要注意的是，在引入外资银行，组建民营银行的同时，应加强对其的金融监管，使之健康、有序的发展，为安徽省金融改革做出贡献。

第三，针对安徽省上市企业部门的特点，重点培育相关行业抗风险能力。加快资本市场发展，构筑全方位的金融支持体系，实现资源的合理配置。为经济发展提供稳定、长期的资金，离不开资本市场的有效推动。在我国经济日益市场化，我国资本市场在市场准入、市场运行和市场退出等各个方面竞争越来越激烈的大趋势之下，各区域能够在多大程度上介入和利用资本市场，根本性地取决于区域企业的竞争能力。因此，寻找有效途径，大力培育安徽强势企业群体，调整安徽上市公司结构，提高安徽上市公司整体盈利能力，成为安徽资本市场发展的必然选择。为了大力发展安徽省资本市场，应有针对性地抓好以下两方面工作：一方面，积极培育优势企业上市，支持已经上市的公司再融资。另一方面，加快企业股份制改造，广开直接融资渠道。

# 第 21 章　江西省宏观金融风险研究



江西省是我国的资源大省，水资源和有色金属资源尤其丰富。江西省拥有全国第一大淡水湖鄱阳湖，环湖经济圈建设是该省经济发展的突出特点，未来将作为带动全省经济高速增长的引擎。与此同时，江西省是我国已探明有色金属储量第一的矿产资源省份，江西省依托该优势在精密制造、特色冶金和金属制品、中成药和生物制药、电子信息和现代家电产业、食品工业、精细化工及新型建材等方面发展迅速，其中特色冶金和金属制品深加工是江西省的经济支柱产业。然而随着国际金融危机的爆发及其在世界各地的不断蔓延，我国经济金融发展出现了较大的不确定性，江西省经济金融发展也面临着巨大的考验。本章将建立基于账面价值和市场价值的宏观资产负债表，并对江西省主要经济部门运行的潜在风险进行识别和度量，最后提出相关政策建议。

## 第 1 节　引言

江西省金融业发展以传统银行业为主，其贷款流向主要为该省机械加工业和有色金属冶炼行业。保险业和证券行业发展迅速，上市公司市值稳定上升，金融市场总体平稳。本节首先介绍江西省经济金融发展情况，之后梳理江西省金融风险研究相关文献。

## 一、江西省经济金融概况

### （一）江西省经济运行概况

从经济总量看，江西省 2000 年 GDP 总量为 2 023.43 亿元，居中部九省末位，仅是当年安徽 GDP 的 70%；而在 2008 年，江西省 GDP 增长至 6 480.3 亿元，增幅 320.3%，虽然绝对数值与中部其他省份仍有差距，但江西省从 2003 年开始每年 GDP 增幅均超过 15%，在中部地区名列前茅。从产业结构看，江西省产业结构有一个明显的从第一、三产业向第二产业过渡的过程，其在 2000 年三大产业结构比为 24∶35∶40，而在 2008 年，该比值变为 16∶52∶30，第二产业占比增加明显，第一、三产业占比明显下降。这与江西省大力发展工业有密不可分的关系。在第二产业的增加值中，工业占比从 27.2% 增加到 42.7%，更具体的说明了这一问题。江西省工业 GDP 的主要支柱产业为有色金属加工和机械制造，形成了数个龙头企业领导的产业集群，有较大的发展前景。

根据维基百科的数据，编制江西省 2000—2008 年 GDP 明细表，如表 21.1，并绘制图 21.1。

**表 21.1　江西省 2000—2008 年生产总值**　（单位：亿元）

| 年份 | 2000 | 2001 | 2002 | 2003 | 2004 |
|---|---|---|---|---|---|
| GDP 总量 | 2 023.43 | 2 191.48 | 2 468.68 | 2 844.89 | 3 456.70 |
| 年份 | 2005 | 2006 | 2007 | 2008 | |
| GDP 总量 | 4 056.80 | 4 670.50 | 5 469.30 | 6 480.30 | |

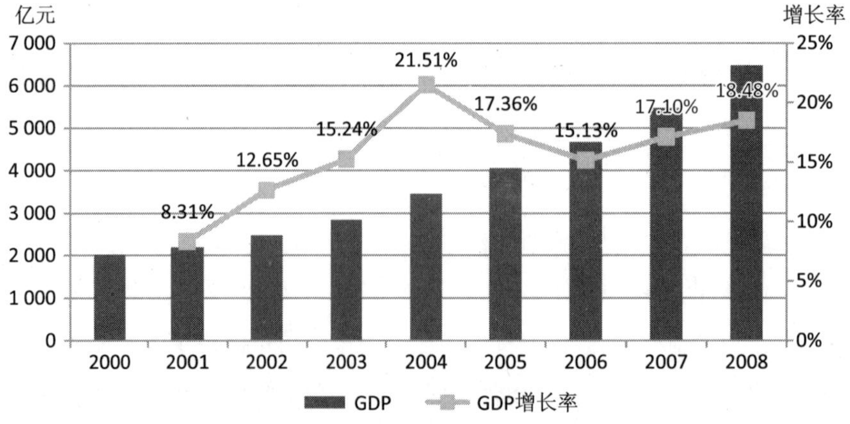


图 21.1　江西省 2000—2008 年 GDP

如图 21.1，江西省 GDP 呈现稳步上升的态势，经济运行比较平稳，2000 年江西省名义 GDP 只有 2 023.43 亿元，11 年间 GDP 飞速增长，2008 年已经达到 6 480.3 亿元。

**（二）江西省金融运行概况**

江西省金融业有鲜明的地方特点，有着大量的民间富余资金。此外，全省金融机构总资产从 2003 年的 3 813.8 亿元增加至 2008 年的 8 736.7 亿元，增幅达 229%。

从传统银行业务看，江西省银行业发展态势良好，资产与利润同步增长。存贷款总量分别从 2003 年的 3 308.5 亿元和 2 603.4 亿元增加至 2008 年的 7 262 亿元和 4 613 亿元，增幅分别达到 219.5% 和 177%。其中贷款总量增加虽然绝对数值较大，但相对中部其他省份仍然较低。从贷款结构看，长期贷款增速较快，增幅在 2003 年至 2008 年的 5 年间达到 233.57%，远高于短期贷款的 130%。

江西省上市公司数量从 2000 年的 11 家增至 2009 年的 27 家，且其中 17 家均为金属冶炼和机械制造企业。上市公司的结构特点明显，企业发展倾向性较强。此外，与中部其他省份相比，江西省上市公司的绝对数量和资产市值仍然存在较大差距。

总的来说，江西省的金融行业发展以服务为主导，通过控制贷款数额和贷款流向带动该省经济发展。与此同时，其证券业以及保险业均处于稳定增长的过程中，新型金融工具和金融市场仍然有待发展和完善。

## 二、文献综述

关于江西省金融运行的文献，主要集中在以下两方面：

一是江西省金融发展和金融与实业之间促进关系方面的文献。李中亚（2008）提出利用产权市场配置资源、发现价格、改善信息不对称的功能和作用，为江西企业融通资金，实现多元化的融资渠道发展。戴志敏（2008）则从科技发展的角度入手，认为科技进步和创新已经成为世界各国推动经济可持续发展、创造最大资源配置效率的必由之路，同时科技进步在新时代的金融发展方面也有着极大的影响，所起的作用也越来越显著，以金融创新活动为主的金融服务业对江西经济发展所施加的影响日趋深入。

二是通过典型分析方法，对江西省的某一具体地市进行调研分析得出金融发展建议或通过对实际数据建模的分析方法，试图分析江西省金融行业和金融部门的发展程度和发展方向并提出作者自己的看法的文献。江卜万、刘守敏（2009）从对江西省赣州市国家扶贫龙头企业调研分析入手，了解国际金融危机对赣州市扶贫龙头企业生产发展的影响情况，建议有针对性地采取措施，积极应对，并就江西省如何积极应对金融危机提出了实证性质的观点。肖新成（2006）则采用典型相关分析方法，构建了金融市场与金融中介的典型相关模型，借助于SAS软件，定量判别了它们相互作用的程度，指出金融中介就像一种金融产品孵化装置，任何金融产品在走向市场之前都需要在金融中介部门经过处理和改善。

## 第2节　江西省部门资产负债表编制及分析

本章将江西省看作一个整体，使用国家资产负债表方法对江西省的经济和金融风险问题进行研究，采用资产负债表方法对企业部门和金融部门进行资产负债表的编制与分析。

### 一、江西金融部门资产负债表编制及分析

#### （一）金融部门资产负债表编制

江西省金融部门数据主要包括江西省银行业相关数据，整理得到2003—2008年江西省金融部门资产负债表，如表21.2。

**表21.2　江西省金融部门资产负债表**　　单位：亿元

| 年份 | 2003 | 2004 | 2005 | 2006 | 2007 | 2008 |
|---|---|---|---|---|---|---|
| **总资产** | 3 813.8 | 4 363.0 | 5 060.2 | 5 910.4 | 6 787.9 | 8 736.7 |
| 贷款余额 | 2 603.4 | 2 912.9 | 3 064.1 | 3 501.2 | 4 083.6 | 4 613.3 |
| 短期贷款 | 1 507.5 | 1 487.6 | 1 503.1 | 1 661.6 | 1 897.7 | 1 965.0 |
| 票据融资 | — | — | 155.9 | 177.0 | 171.3 | 279.5 |
| 中长期贷款 | 1 007.1 | 1 309.5 | 1 383.5 | 1 655.8 | 2 005.3 | 2 352.3 |
| 本币贷款 | 2 552.9 | 2 854.0 | 3 019.0 | 3 460.8 | 4 026.7 | 4 544.8 |
| 外币贷款 | 50.5 | 58.9 | 45.1 | 40.4 | 56.9 | 68.5 |
| **总负债和权益** | 3 813.8 | 4 363.0 | 5 060.2 | 5 910.4 | 6 787.9 | 8 736.7 |
| 存款余额 | 3 308.5 | 3 822.9 | 4 510.1 | 5 275.4 | 5 954.4 | 7 262.0 |
| 企业存款 | 2 015.5 | 2 347.7 | 2 752.9 | 3 151.7 | 3 360.8 | 4 166.2 |
| 居民储蓄 | 873.5 | 991.7 | 1 050.2 | 1 276.4 | 1 542.3 | 1 845.6 |
| 活期存款 | 736.7 | 882.0 | 1 040.6 | 1 264.5 | 1 452.1 | 1 735.1 |
| 定期存款 | 1 278.7 | 1 465.8 | 1 712.3 | 1 887.2 | 1 908.8 | 2 431.1 |

续表

| 年份 | 2003 | 2004 | 2005 | 2006 | 2007 | 2008 |
|---|---|---|---|---|---|---|
| 本币存款 | 3 239.8 | 3 758.3 | 4 445.5 | 5 213.8 | 5 900.1 | 7 206.6 |
| 外币存款 | 68.7 | 64.6 | 64.6 | 61.6 | 54.3 | 55.4 |

注：江西省金融部门资产负债表涵盖银行类金融机构资产负债表，数据来源于《中国统计年鉴》、《江西省统计年鉴》、《江西省金融运行报告》等，具体如下：

① 总资产、总负债和权益数据从 2004—2008 年《江西省金融运行报告》获得，2003 年数据根据 2004 年的增长率推算出。其中 2003 年、2004 年用银行总资产代替金融机构总资产。

贷款余额、短期贷款、票据融资、中长期贷款数据从 2004—2008 年《江西省统计年鉴》获得，本币贷款和外币贷款数据从 2004—2008 年《江西省金融运行报告》附表获得，2003 年数据根据 2004 年的增长率推算出。

② 存款余额、企业存款、居民储蓄、活期存款和定期存款数据从 2004—2008 年《江西省统计年鉴》获得，本币存款和外币存款数据从 2004—2008 年《江西省金融运行报告》附表获得，2003 年数据根据 2004 年的增长率推算出。



### （二）金融部门资产负债表分析

1. 资本结构错配分析

如图 21.2，江西省金融部门总资产从 2003 年到 2008 年呈现稳定增长，2008 年金融部门总资产增长率高达 28.71%。存款余额增长率与总资产增长率的趋势在样本期间内很相似，2008 年达到 21.96%。

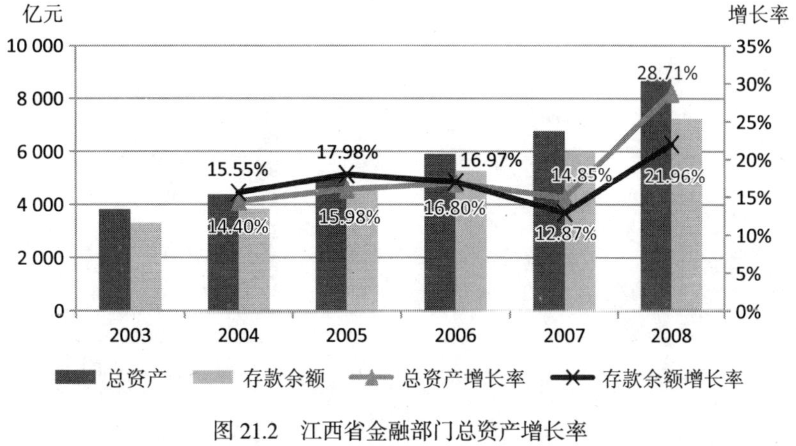


图 21.2　江西省金融部门总资产增长率

如图 21.3，江西省金融部门贷款占比总体呈现下降趋势，在 2008 年达到最低值 53%。江西省金融部门存贷比总体呈下降趋势，从 2003 年的 79% 降至 2009 年的 64%，自 2005 年起均低于我国央行规定的商业银行最高存贷比 75%，说明银行相对支付不足的风险得到较大改善。

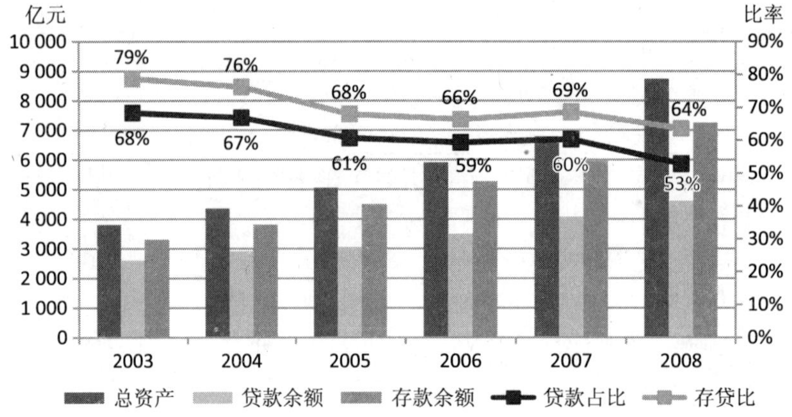


图 21.3　江西省金融部门资本结构

2. 期限错配风险分析

如图 21.4，江西省贷款总额、中长期贷款和短期贷款在 2003—2008 年间总体保持增长趋势，短期贷款在 2004—2005 年间略有下降，中长期贷款则保持稳定的增长势头，其中 2008 年江西省中长期贷款的占比超过了 50%。考虑到短期贷款对政策调整的即时反应能力较强，其绝对值的适当波动说明江西省金融部门在一定程度上分担了短期经济波动给实体经济带来的影响。而中长期贷款占比的不断上升，意味着江西省金融部门的资产流动性有所下降，在面临突然的经济波动时，有可能遭受损失。

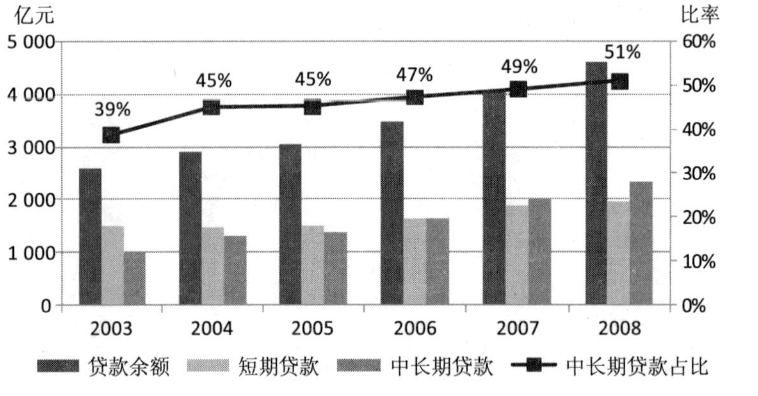


图 21.4　江西省金融部门贷款结构

如图 21.5，2003—2008 年间，江西省居民储蓄在总体上呈现增长趋势，其中定期存款占比总体上呈现下降趋势，在 2008 年略有上升。

综合图 21.4 与图 21.5 来看，江西省金融部门存在一定的期限错配风险。一是资金来源呈活期化趋势，其中活期存款余额在 2003—2008 年的 6 年间上升了 998.36 亿元，而

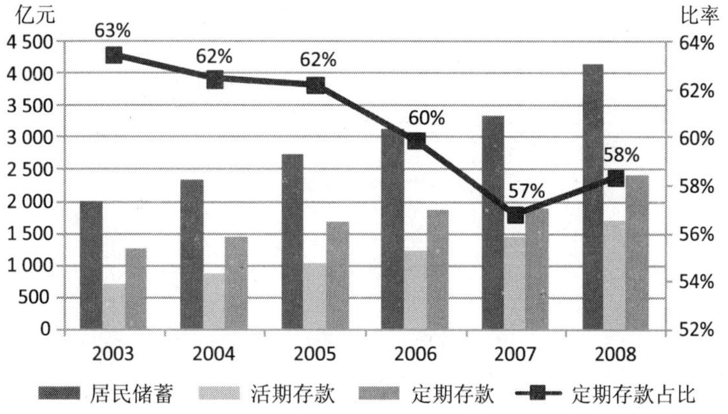


图 21.5　江西省金融部门存款结构图

且定期存款占比总体呈现下降趋势。2008 年由于高利率的影响，定期存款占比上升了 1 个百分点，但是总的来看江西省金融部门资金来源仍然偏向于短期化。二是资金运用长期化，中长期贷款余额在 2003—2008 年的 6 年间上升了 1 345.2 亿元，升幅高达 133.6%，占全部贷款余额的比例增加了 12 个百分点，资金运用长期化趋势十分明显。

3. 货币错配风险分析

江西省金融部门外币存贷款的绝对数额远远少于本币存贷款，如图 21.6，外币存款呈下降趋势，外币贷款波动较大。如图 21.7，从外币存贷比情况看，江西省外币存贷比总体呈现增加趋势，在 2005 年和 2006 年略有下降。从 2003 年的 74% 增加到 2008 年的 124%，有 50% 的比例增幅。从 2006 年开始，随着江西省新一轮的招商引资和相应的政策扶持，并且在人民币升值的预期下，更多的企业倾向于尝试外币贷款来扩宽其国际业务，这是 2006—2008 年外币存贷比明显增加的主要原因。但从外币业务自身看，江西省的外

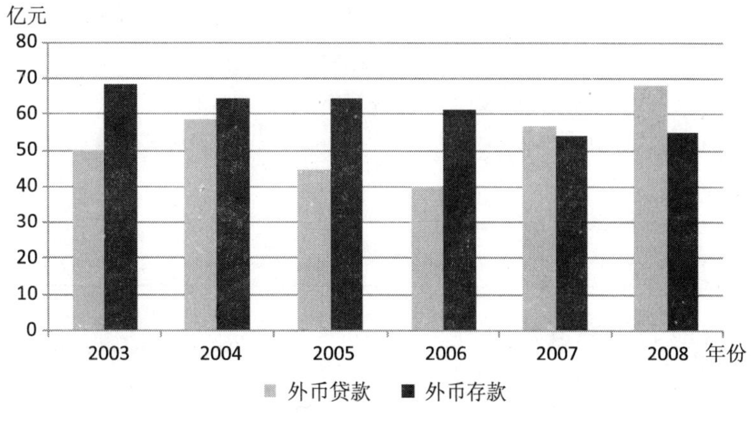


图 21.6　江西省金融部门货币结构图

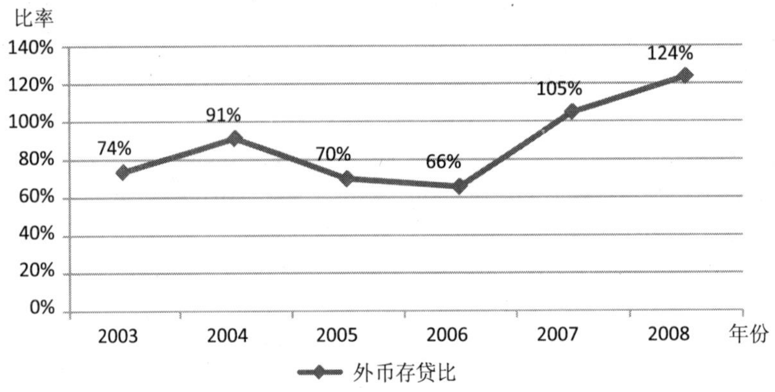


图 21.7　江西省金融部门外币存贷比

币存贷比在 2007 年后上升到了 100% 以上，存在一定的外币货币结构风险。

**（三）小结**

从上述对江西省金融部门资产负债表的分析看，江西省金融部门在资本结构方面正在主动减少对传统银行业务的依赖，积极开拓新的金融业务途径，而在期限错配方面存在一定的流动性风险和期限错配风险，存在一定的货币错配风险。

## 二、江西省企业部门资产负债表编制和分析

**（一）企业部门资产负债表的编制**

企业部门资产负债表是根据历年国家统计年鉴显示的江西省数据计算得来。通过加总江西省工业、建筑业、批发零售业以及餐饮业四行业的资产负债表数据，得出江西省企业部门资产负债表，如表 21.3。

**表 21.3　江西省企业部门资产负债表**　　单位：亿元

| 年份 | 流动资产 | 长期资产 | 资产总计 | 流动负债 | 长期负债 | 负债合计 | 所有者权益 |
|---|---|---|---|---|---|---|---|
| 2003 | 1 163.25 | 1 525.93 | 2 680.19 | 1 045.79 | 857.84 | 1 787.21 | 892.98 |
| 2004 | 1 447.59 | 1 776.31 | 3 220.27 | 1 330.97 | 802.11 | 2 089.75 | 1 130.52 |
| 2005 | 1 786.97 | 2 050.01 | 3 836.98 | 1 680.62 | 741.99 | 2 422.61 | 1 414.37 |
| 2006 | 2 188.03 | 2 345.38 | 4 533.41 | 2 105.31 | 678.95 | 2 784.26 | 1 749.15 |
| 2007 | 2 703.79 | 2 940.44 | 5 644.23 | 2 573.75 | 800.64 | 3 374.38 | 2 269.85 |
| 2008 | 3 378.97 | 3 727.65 | 7 106.26 | 3 182.44 | 955.35 | 4 136.83 | 2 969.43 |

**（二）企业部门资产负债表分析**

1. 资本结构分析

如图 21.8，江西省企业部门发展迅速，2006 年的总资产是 2003 年的 2 倍多，并

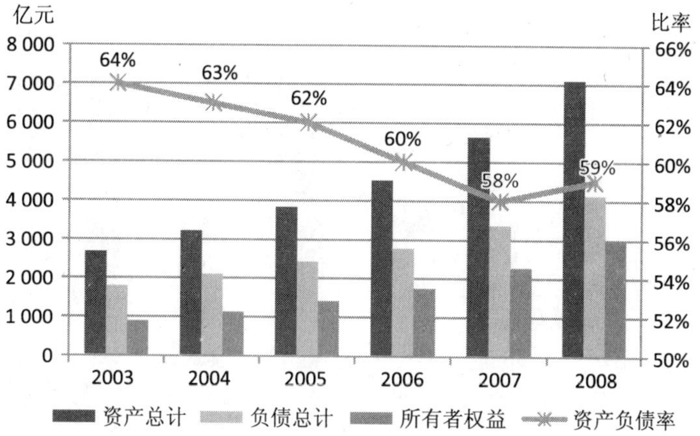


图 21.8　江西省企业部门资本结构

且所有者权益的增长速度超过负债的增长速度。因此，江西省企业部门资产负债率呈下降趋势，仅在 2008 年略有回升。可见，江西省企业部门资本结构错配风险正在逐步改善。

2. 期限错配分析

如图 21.9，2003—2006 年间江西省企业部门流动资产均略高于流动负债，期限错配风险较小。但流动比率有下降的趋势，并于 2006 年达到流动比率的低谷，为 1.04。而 2006—2008 年流动比率呈现稳步上升的趋势，期限错配风险有所缓解。

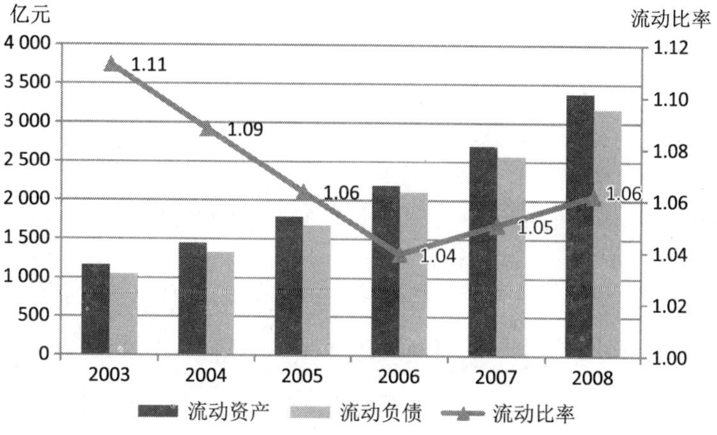


图 21.9　江西省企业的流动资产和流动负债

3. 清偿力风险分析

如图 21.10，江西省企业部门产权比率在 2003—2008 年间呈逐年下降趋势，2008 年最低为 1.37，企业部门的清偿力风险下降趋势明显。

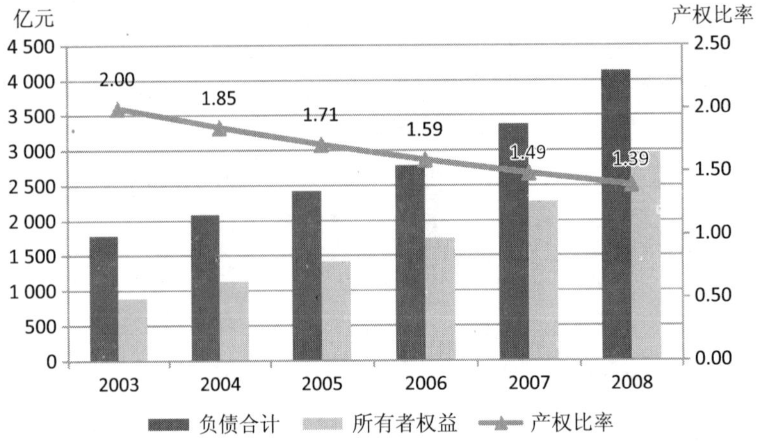


图 21.10　江西省企业部门产权比率

**（三）小结**

通过对江西省企业部门宏观运行状况进行分析，可以发现企业部门存在一定的风险。对于企业部门来讲，随着总资产规模持续扩大，所有者权益以更快的速度增长，资产负债率有下降趋势。流动性资产与流动性负债逐年增加，流动性负债从 2003—2008 年一直小于流动性资产，而从 2006 年开始，流动比率逐年上升，企业部门不存在明显的期限错配风险。总的来看，江西省企业部门存在的风险较小。

## 第 3 节　江西省或有权益资产负债表编制及分析

### 一、江西省上市企业部门或有权益资产负债表编制和分析

上市企业部门的或有权益资产负债表输入数据有权益市值、违约点、权益市值波动率，其中，权益市值和权益市值波动率根据股票分析软件江西省板块中的数据得到，股票价格采用前复权的方法，每个企业（不包括金融企业）的权益市值通过股票价格乘以现有股本数得到，加总处理后可得江西省上市企业部门日权益市值，进一步计算即可得企业部门的年权益市值波动率；输入参数中的权益市值采用年末数据；上市企业部门的违约点通过短期债务加一半的长期债务获得。具体可得 2001—2009 年江西省上市企业部门或有权益资产负债表的输入参数，如表 21.4。

**表 21.4　江西省上市企业部门或有权益输入数据**

| 年份 | 无风险利率 | 违约点（亿元） | 权益市值（亿元） | 权益市值波动率 |
|---|---|---|---|---|
| 2001 | 2.25% | 62.23 | 420.00 | 28.32% |
| 2002 | 2.02% | 113.08 | 496.04 | 32.33% |
| 2003 | 1.98% | 153.12 | 502.19 | 22.52% |
| 2004 | 2.03% | 180.52 | 382.26 | 30.06% |
| 2005 | 2.25% | 197.06 | 357.64 | 30.75% |
| 2006 | 2.35% | 328.19 | 889.46 | 38.36% |
| 2007 | 3.26% | 499.00 | 3 057.74 | 48.52% |
| 2008 | 3.92% | 570.58 | 864.84 | 60.31% |
| 2009 | 2.25% | 674.67 | 2 683.37 | 44.86% |

## （一）或有权益资产负债表分析

表 21.4 是江西省上市企业部门或有权益资产负债表的相关数据，通过 MATLAB 运算得到江西省上市企业部门或有权益资产负债表，如表 21.5。

**表 21.5　江西省上市企业部门或有权益资产负债表**　　　　单位：亿元

| 年份 | 资产市值 | 负债市值 | 权益市值 | 年份 | 资产市值 | 负债市值 | 权益市值 |
|---|---|---|---|---|---|---|---|
| 2001 | 480.90 | 60.90 | 420.00 | 2006 | 1 210.12 | 320.65 | 889.46 |
| 2002 | 606.91 | 110.87 | 496.04 | 2007 | 3 540.86 | 483.12 | 3 057.74 |
| 2003 | 652.85 | 150.66 | 502.19 | 2008 | 1 422.66 | 557.82 | 864.84 |
| 2004 | 559.15 | 176.89 | 382.26 | 2009 | 3 342.81 | 659.44 | 2 683.37 |
| 2005 | 550.32 | 192.68 | 357.64 | | | | |

如图 21.11，江西省上市企业部门资产市值在 2006 年之前较稳定，2006 年、2007 年由于股市行情转好，资产市值大幅增加，2007 年达到最大值 3 540.86 亿元；权益市值也在 2007 年达到顶峰，为 3 057.74 亿元。2008 年金融危机的爆发使得市值大幅缩水，资

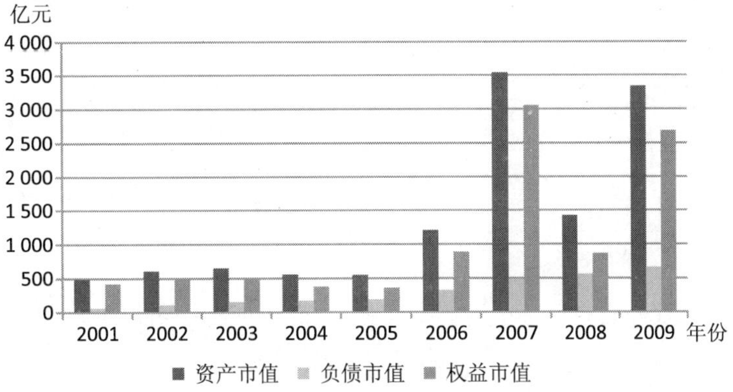


图 21.11　江西省上市企业部门或有权益资本结构

产市值下降到 1 422.66 亿元，权益市值下降到 864.84 亿元。而负债市值在 2001—2009 年一直处于上升态势，并且在 2006—2009 年增长迅速，在 2009 年达到最大值 659.44 亿元。

如图 21.12，江西省上市企业部门或有资产负债率从 2001 年的 12.66% 逐年上升为 2005 年的 35%，随着 2006 年、2007 年上市企业市值大幅增加，或有资产负债率下降到 2007 年的 13.6%。2008 年金融危机的爆发，使得江西省上市企业或有资产负债率上升到样本区间内的最高值 39.21%，而在 2009 年经济逐步好转的情况下，或有资产负债率下降到 19.73%。

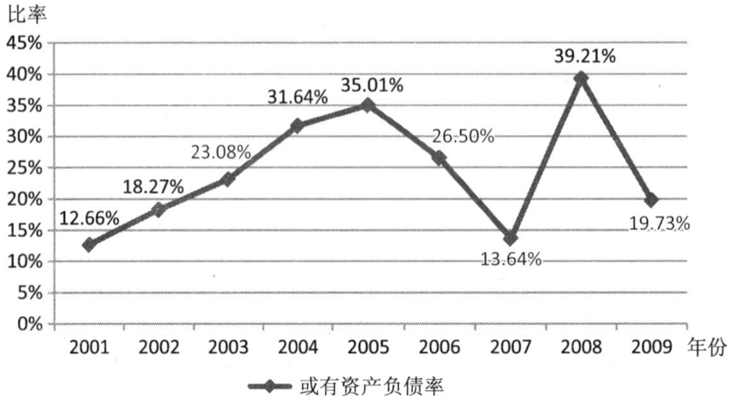


图 21.12 江西省上市企业部门或有权益资产负债率

### （二）风险表分析

运用 MATLAB 求解得出江西省上市企业部门的风险指标，编制的风险表如表 21.6。

**表 21.6 江西省上市企业部门风险表**

| 年份 | 资产市值波动率 | 违约概率 | 违约距离 | 年份 | 资产市值波动率 | 违约概率 | 违约距离 |
|---|---|---|---|---|---|---|---|
| 2001 | 24.73% | 0 | 3.520 0 | 2006 | 28.20% | 0 | 2.584 8 |
| 2002 | 26.43% | 0 | 3.078 7 | 2007 | 41.90% | 0 | 2.050 1 |
| 2003 | 17.33% | 0 | 4.416 2 | 2008 | 36.96% | 0.83% | 1.620 6 |
| 2004 | 20.55% | 0 | 3.294 6 | 2009 | 36.01% | 0 | 2.216 4 |
| 2005 | 19.98% | 0 | 3.212 3 | | | | |

如图 21.13，江西省上市企业部门资产市值波动率在 2006 年之前相对平稳，2007—2009 年处于相对较高的水平。

如图 21.14，江西省企业部门违约距离在 2003—2008 年间不断下降，其绝对数值从 3.29 下降至 1.62，降幅超过 50%，2009 年违约距离略有上升，回升到 2.216 4。违约距离的下降，进一步表明 2008 年上市企业部门违约风险有上升趋势。基于市场价值的分析

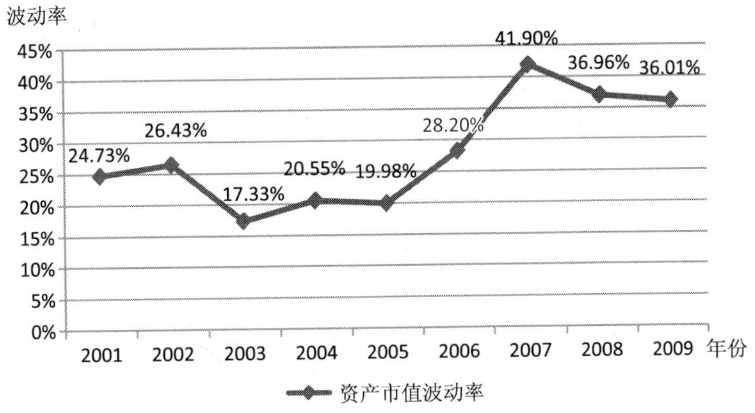


图 21.13　江西省上市企业部门资产市值波动率

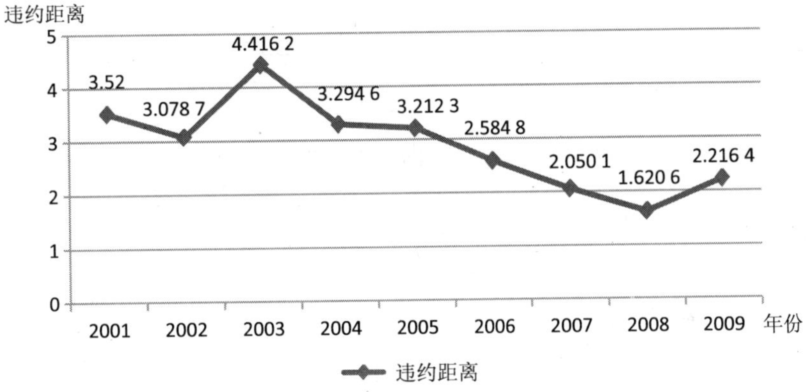


图 21.14　江西省上市企业部门违约距离



表明上市企业违约风险自 2003 年进入上升通道，并于 2008 年达到违约风险的顶点，而 2009 年违约风险开始减小。

## 二、江西省企业部门或有权益资产负债表的编制和分析

江西省企业部门或有权益资产负债表输入数据有权益市值、违约点、权益市值波动率，权益市值通过对上市企业部门进行套算得到，权益市值波动率采用与上市企业部门相同的数据，企业部门的违约点通过短期债务加一半的长期债务计算所得。具体可得 2003—2008 年江西省企业部门或有权益资产负债表的输入参数，如表 21.7。

### （一）或有权益资产负债表分析

代入表 21.7 中的参数进行方程组计算后得到企业部门或有权益资产负债表，如表 21.8。

表 21.7　江西省企业部门或有权益输入数据

| 年份 | 无风险利率 | 违约点（亿元） | 权益市值（亿元） | 权益市值波动率 |
|---|---|---|---|---|
| 2003 | 1.98% | 1 474.710 | 1 959.913 | 17.33% |
| 2004 | 2.03% | 1 732.025 | 1 681.462 | 20.55% |
| 2005 | 2.25% | 2 051.615 | 1 784.574 | 19.98% |
| 2006 | 2.35% | 2 444.785 | 4 115.522 | 28.20% |
| 2007 | 3.26% | 2 974.070 | 12 763.470 | 41.90% |
| 2008 | 3.92% | 3 660.115 | 4 313.214 | 36.96% |

表 21.8　江西省企业部门或有权益资产负债表　　单位：亿元

| 年份 | 资产市值 | 负债市值 | 权益市值 | 年份 | 资产市值 | 负债市值 | 权益市值 |
|---|---|---|---|---|---|---|---|
| 2003 | 3 405.84 | 1 445.93 | 1 959.91 | 2006 | 6 502.53 | 2 387.01 | 4 115.52 |
| 2004 | 3 377.45 | 1 695.99 | 1 681.46 | 2007 | 15 635.25 | 2 871.78 | 12 763.47 |
| 2005 | 3 790.36 | 2 005.79 | 1 784.57 | 2008 | 7 832.80 | 3 519.58 | 4 313.22 |

如图 21.15，江西省企业部门资产市值在 2006 年之前有微弱增长，在 4 000 亿元基础上缓慢上升，2006 年、2007 年由于股市行情转好，资产市值大幅增加，2007 年达到最大值 15 635 亿元；权益市值也在 2007 年达到顶峰，为 12 673.47 亿元。随着 2008 年金融危机的爆发，市值大幅缩水，资产市值下降到 7 832.80 亿元，权益市值下降到 4 313.21 亿元。从江西省企业部门负债市值的情况看，负债市值在 2003—2008 年间呈现稳步上升的趋势。负债市值始终小于权益市值增长，显示了江西省企业部门在面对股市利好的时候并没有采取更为激进的经营措施。

如图 21.16，江西省企业部门或有资产负债率波动较大，最低点出现在 2007 年仅为 18.37%。综合看，江西省企业部门或有资产负债率的整体水平偏高，尤其是 2004 年和

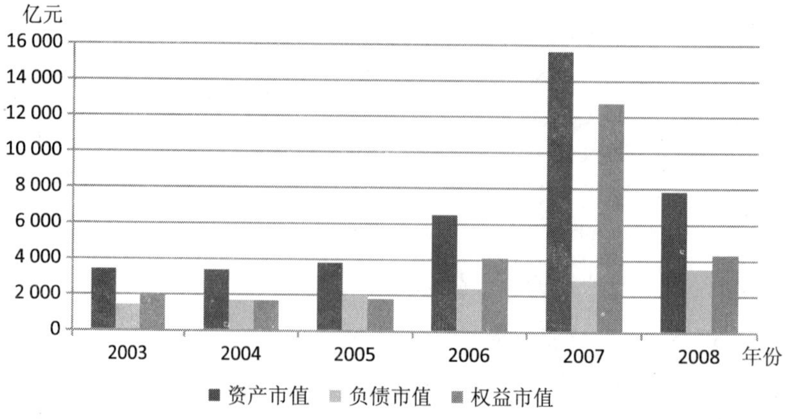


图 21.15　江西省企业部门或有权益资本结构

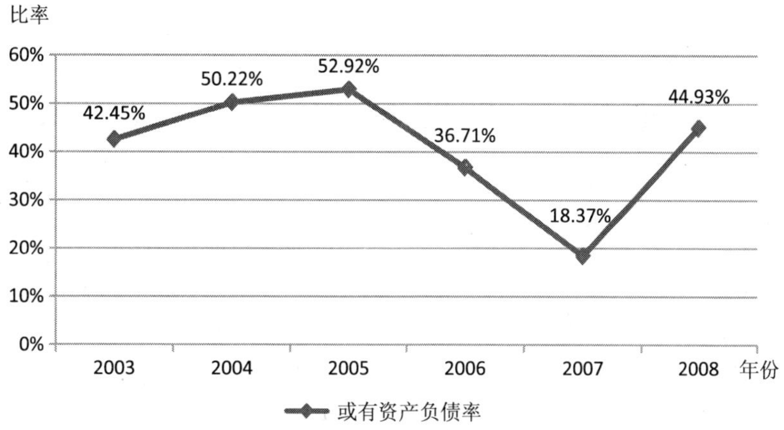


图 21.16　江西省企业部门或有资产负债率

2005 年均超过 50%。

### （二）风险表分析

根据风险指标的求解模型，输入各已知变量，运用 MATLAB 求解得出江西省企业部门的风险指标，所编制的风险表如表 21.9。

**表 21.9　江西省企业部门风险表**

| 年份 | 资产市值波动率 | 违约概率 | 违约距离 | 年份 | 资产市值波动率 | 违约概率 | 违约距离 |
|---|---|---|---|---|---|---|---|
| 2003 | 9.97% | 0 | 5.684 5 | 2006 | 17.84% | 0 | 3.497 2 |
| 2004 | 10.23% | 0 | 4.762 0 | 2007 | 34.20% | 0 | 2.367 8 |
| 2005 | 9.41% | 0 | 4.875 8 | 2008 | 20.35% | 0 | 2.617 4 |

如图 21.17，江西省企业部门资产市值波动率在 2003—2005 年变化较小，之后有一定增长，2006—2008 年波动率均处于相对较高的水平且有一个波峰。

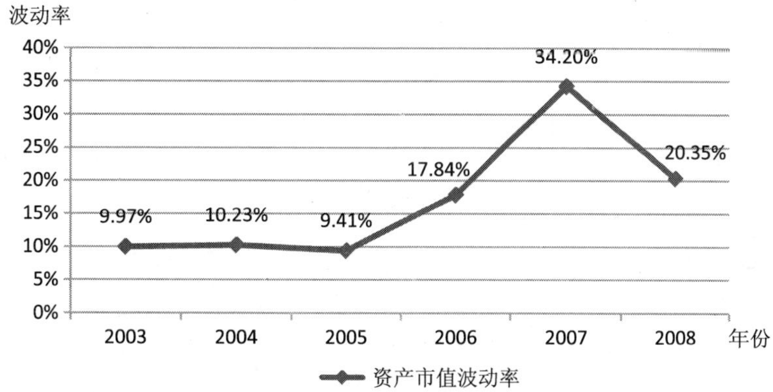


图 21.17　江西省企业部门资产市值波动率

如图 21.18，违约距离的下降进一步表明 2007 年金融部门违约风险有上升趋势。企业部门违约距离在 2003—2007 年间总体呈下降趋势，在 2007 年下降幅度明显。可见江西省企业部门的实际风险状况与账面价值分析并不一致，实际风险尚未呈现出明显的改善趋势。

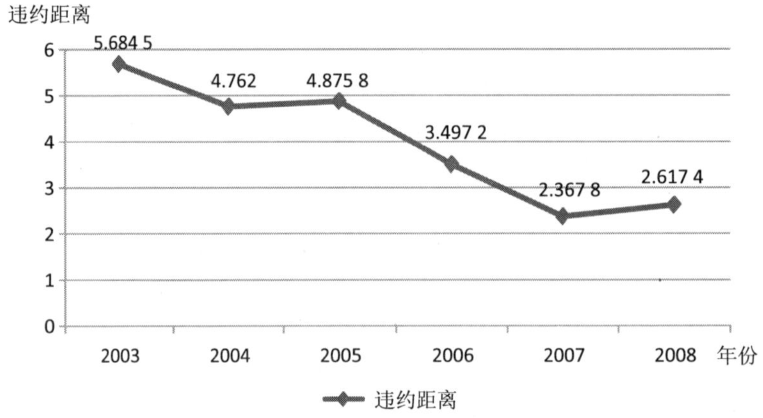


图 21.18　江西省企业部门违约距离

## 第 4 节　结论及政策建议

基于资产负债表方法的实证研究主要包括对江西省金融部门和企业部门风险的识别和度量，以及对整体风险进行基于账面价值的评判。本章通过对所编制的江西省金融部门 2003—2008 年资产负债表进行分析，可以得知金融部门总资产增长较快，存贷比呈下降趋势，有一定期限错配风险和货币错配风险。企业部门资产负债表编制涵盖规模以上工业企业、餐饮业、批发零售业以及建筑业四个产业，分析可知企业部门几乎不存在期限错配问题，资本结构趋向合理化，清偿力风险较低。

基于市场价值的上市企业部门分析发现，2001—2003 年的各项风险指标表明江西省上市企业部门面临的金融风险较小，此后风险状况发生变化，2008 年的各项风险指标表明其面临的风险是样本区间内的最大值，2009 年的状况又有所好转。基于市场价值的企业部门分析表明，2007 年的企业部门同样面对着资产市值和负债市值的急剧增长，在这一年或有资产负债率明显下降，到了 18.37% 的历史最低值。而 2008 年的各项风险指标均出现恶化，或有权益资产负债率和资产市值波动率均处于较高水平，而违约距离也降至了 2.6 的低点，江西省企业部门整体的风险有所增加。

基于以上分析，控制江西省各部门金融风险，应从以下几方面着手：

第一，建立符合江西省特点的完整金融体系，满足不同层次的资金需求。一是大力发展票据、债券和股票市场，扩大直接融资比例。提高票据业务专营化水平，支持在市场竞争中产生商业化、专业化的票据中介；二是地方金融既要结合江西经济和金融发展特点，突出重点，注重急需解决的问题，同时要考虑政策的可行性。此外，积极探索江西金融产业政策方向，制定大、中、小并举的金融产业发展规划，发展多元化的金融产业主体，以适应多类型、多层次金融资源配置的需要。

第二，深化银行改革，加大创新力度。银行业的发展对于金融市场是极其重要的，江西省金融在全国总体落后的情况下，尤其需要加大银行发展力度，发挥银行的带头作用，提升江西金融业的整体发展实力。具体措施主要有加快不良资产处置，提高资产质量;完善银行治理结构,尤其是风险管理和内控体系。我国银行普遍存在创新不足的情况，理财产品开发之后经济发展不能满足居民投资理财的需要，可以加大高层次人才的引进，并且与高校联合培养和研发，在法律范围内开发多元化的理财产品，丰富产品种类。加强银行与证券公司、保险机构、基金公司等非银行类金融机构的合作，大力推动江西金融业发展。

# 第 22 章　河南省宏观金融风险研究



2000 年以来，河南省经济发展迅速，GDP 总额连续占据中部九省份前列，但人均 GDP 仍有待提高。作为地处黄河流域、华中平原的传统产粮省份，河南省近年来并未忽视农业建设，第一产业的稳定增长为河南经济发展提供了良好的基础。与此同时，双汇、新飞等龙头民营企业发展令人瞩目，白鹭化纤、新郑电解铝、郑州日产汽车等国有股份制企业很好地发挥了支柱产业的作用，成为河南经济发展又一鲜明的特色。

## 第 1 节　引言

改革开放以来，河南的经济开始了新一轮的发展，而且金融领域的快速发展为河南省的经济建设发挥了巨大作用。河南郑州粮食期货交易所为全国仅有的两家商品期货交易所之一，大量的粮食期货交易催生了完善的期货管理和运营环境，远远优先于其他中部省份。与此同时，传统金融行业亦有良好发展，存贷结构良好，证券融资发展迅速。本部分首先介绍河南省经济金融发展情况，之后梳理河南省金融风险研究相关文献。

### 一、河南省经济金融概况

**（一）河南省经济运行概况**

从经济总量看，河南省 GDP 从 1998 年的 4 308.24 亿元增加到 2008 年的 18 407.18

亿元，增幅达到427%，在中部六省中名列第一。其2009年GDP绝对数值亦是中部六省的第一名，且人均GDP于2005年突破1万元，在2009年达到19 593元。河南省是中部突出的劳动力大省和产粮大省，为其发展相关产业提供了良好的先天条件，而河南省在金属铝方面的巨大矿产储备也使得铝制品加工成为河南工业的支柱产业之一。

从产业结构对经济增长贡献率看，河南省在2000年该指标为10.2：62.6：27.2，至2008年，变为6.5：68.5：25，第二产业在GDP增长中贡献明显，且保持稳定，没有较为明显的变化。第一产业的贡献率下降明显，从10.2下降至6.5，降幅接近50%。第三产业亦有微量下降，这与河南省近年来大力发展工业有着密不可分的关系。表22.1为河南省1998—2008年生产总值。

**表22.1　河南省1998—2008年生产总值（GDP）**　　单位：亿元

| 年份 | 1998 | 1999 | 2000 | 2001 | 2002 | 2003 |
|---|---|---|---|---|---|---|
| GDP | 4 308.24 | 4 517.94 | 5 052.99 | 5 533.01 | 6 035.48 | 6 867.70 |
| 年份 | 2004 | 2005 | 2006 | 2007 | 2008 | |
| GDP | 8 553.79 | 10 587.42 | 12 362.79 | 15 012.46 | 18 407.78 | |

数据来源：维基百科。

如图22.1，1998年到2008年，河南省的GDP迅速增长，尤其是2004年以后增长速度明显加快，GDP的绝对数值在2008年达到了18 407亿元，成为中部地区的首位。

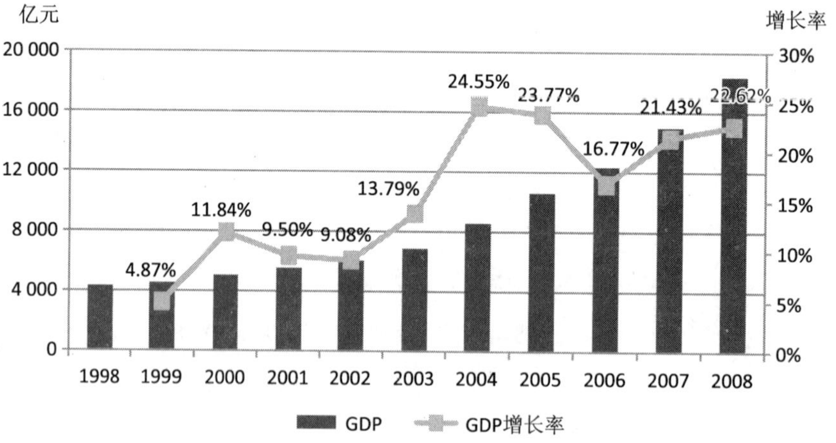


图22.1　河南省GDP

### （二）河南省金融运行概况

河南省境内金融机构总资产从2003年的9 125亿元增加到2008年的19 681亿元，增幅达到215.7%，绝对数值明显高于中部其他省份，但是相对增幅并没有明显优势。

从传统银行业务看，河南省金融机构存款和贷款分别从2003年的7 779.4亿元和6 680.6亿元增长到2008年的15 340.1亿元和10 439.7亿元，增幅分别为197.2%和156.3%，发展迅速。其中，河南省银行业各项贷款在2003—2008年间保持稳定增长，其短期贷款略有增加，而中长期贷款增加明显。

从股票市场看，河南省上市企业数量在2009年达到43家。境内上市公司总市值从2003年的777.98亿元增长到2008年的4 168.49亿元，涨幅535.8%。但是相对于中部其他省份，河南省在上市企业数量和总市值方面并没有明显的优势，与经济发展状况不符。

综上，河南省金融状况总体良好，发展迅速，传统银行和保险业务是金融发展的主力。

## 二、文献综述

关于河南省金融运行的文献，主要集中于探讨河南省金融发展与经济增长的实证关系以及如何提高金融机构的竞争力等问题上。

张维（2001）从中国加入WTO出发，提出加入WTO对河南金融业来讲，既要承担义务，又可以享有一定的权利；既对某些金融机构发展有益，又会给某些金融机构带来震荡，甚至对金融全局会造成一定的冲击。存款货币银行机构、特定存款货币金融机构、证券、保险等金融机构都面临着核心业务、新业务的竞争与考验。金融安全准备不足，还会触及整个河南省金融业的安全。因此，要合理配置河南省金融资源，提升微观核心业务竞争能力，从不确定的对弈中进行仿真操作。

王桂兰（2006）从金融生态环境的角度出发，认为金融生态好，就会有更多的资金向这个地方流动，形成资金聚集的“洼地效应”；反之，则会引发资金外流，削弱一个地方经济的竞争力。河南要实现在中部的率先崛起，必须要加强金融生态环境建设，促进金融与经济的健康协调发展。

田霖（2008）以河南省为研究重点，选取了31个省份作为对照样本，使用主成分和因子分析法对各个区域的金融产业竞争力进行计量分析和排序，结果认为，东部地区金融产业竞争力仍然保持着绝对优势地位，中部六省中河南省的金融产业竞争力发挥着龙头作用，被划入我国区域金融产业发展的前三个梯度内，表现出良好的发展态势。在对金融产业竞争力的模糊曲线分析后认为，影响金融产业竞争力提高的八个分力，依其重要程度依次为经济力、科技力、文化力、开放力、设施力、劳动力、聚集力和环境力，均对其产生正向贡献。

## 第2节　河南省部门资产负债表编制及分析

### 一、河南省金融部门资产负债表编制及分析

#### （一）金融部门资产负债表编制

本章使用银行业金融机构数据编制河南省金融部门资产负债表，如表22.2。

**表22.2　河南省金融部门资产负债表**　　单位：亿元

| 年份 | 2003 | 2004 | 2005 | 2006 | 2007 | 2008 |
|---|---|---|---|---|---|---|
| **总资产** | 9 125.0 | 10 342.0 | 12 326.9 | 13 946.0 | 15 563.7 | 19 681.0 |
| 贷款余额 | 6 680.6 | 7 243.1 | 7 550.3 | 8 663.6 | 9 642.6 | 10 439.7 |
| 短期贷款 | 4 085.9 | 4 238.4 | 4 113.5 | 4 753.1 | 5 233.2 | 5 185.7 |
| 票据融资 | — | — | 585.1 | 551.5 | 481.0 | 852.9 |
| 中长期贷款 | 2 177.5 | 2 518.9 | 2 754.7 | 3 271.0 | 3 814.1 | 4 322.6 |
| 本币贷款 | 6 487.1 | 7 092.3 | 7 434.5 | 8 567.3 | 9 545.5 | 10 368.1 |
| 外币贷款 | 193.5 | 150.8 | 115.8 | 96.3 | 97.1 | 71.6 |
| **总负债和权益** | 9 125.0 | 10 342.0 | 12 326.9 | 13 946.0 | 15 563.7 | 19 681.0 |
| 存款余额 | 7 779.4 | 8 879.4 | 10 126.7 | 11 606.6 | 12 669.4 | 15 340.1 |
| 企业存款 | 1 836.3 | 1 988.2 | 2 138.7 | 2 609.2 | 3 012.9 | 3 458.5 |
| 居民储蓄 | 4 919.5 | 5 607.3 | 6 488.5 | 7 443.9 | 7 812.2 | 9 568.9 |
| 活期存款 | 1 393.9 | 1 660.9 | 1 947.3 | 2 435.95 | 2 752.25 | 3 263.9 |
| 定期存款 | 3 525.6 | 3 946.4 | 4 541.3 | 5 007.95 | 5 059.95 | 6 305.0 |
| 本币存款 | 7 618.3 | 8 631.8 | 10 004.0 | 11 492.5 | 12 576.4 | 15 255.4 |
| 外币存款 | 161.1 | 247.6 | 122.7 | 114.1 | 93.0 | 84.7 |

注：本表中居民储蓄的数据来源于2005年、2007年和2009河南省统计年鉴。2004—2008年的其余数据来源于各年度河南省金融运行报告。2003年的数据除居民储蓄项目外，其他的数据均由2004年统计年鉴数据根据2004年金融运行报告中的增幅和增长率逆推而得。

#### （二）金融部门资产负债表分析

1. 资本结构错配分析

如图22.2，河南省金融部门总资产从2003年到2008年呈现稳定增长，从9 125亿元增长到19 681亿元，说明河南省金融部门总体状况发展良好，与该省经济运行状况相符。河南省贷款资产在总资产结构中的比例不断下降，在2008年达到最低值53%。存

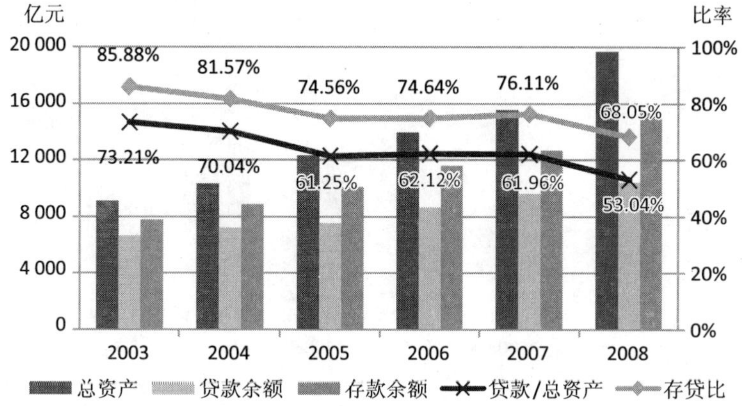


图 22.2 河南省金融部门资本结构

贷比率和贷款占总资产的比率呈相似的下降趋势，从 2003 年的 85.88% 下降至 2008 年的 68.05%。综合来看，河南省金融部门资本结构错配风险逐步改善。

2. 期限错配风险分析

如图 22.3，河南省金融部门的贷款总额、中长期贷款和短期贷款在 2003—2008 年间呈增长趋势，其中，短期贷款在 2005 年和 2008 年略有下降，而中长期贷款稳定增长并在 2008 年突破四千亿元。河南省金融部门的中长期贷款占比不断上升，从 2003 年的 33% 上升到 2008 年的 41%，意味着河南省金融部门的资产流动性有所下降，但是这个水平相对其他省份来说依然不算很高。

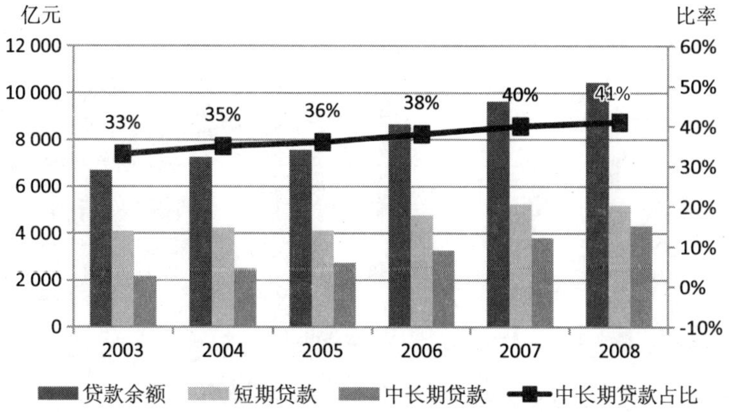


图 22.3 河南省金融部门贷款结构

如图 22.4，2003—2008 年河南省居民储蓄呈现增长趋势，其中，定期存款占比总体上呈现下降趋势，在 2008 年略有上升。这与中长期贷款占比不断上升的趋势相反，因此河南省金融部门存在期限错配风险。但考虑到中长期贷款和定期存款的绝对数量，可以

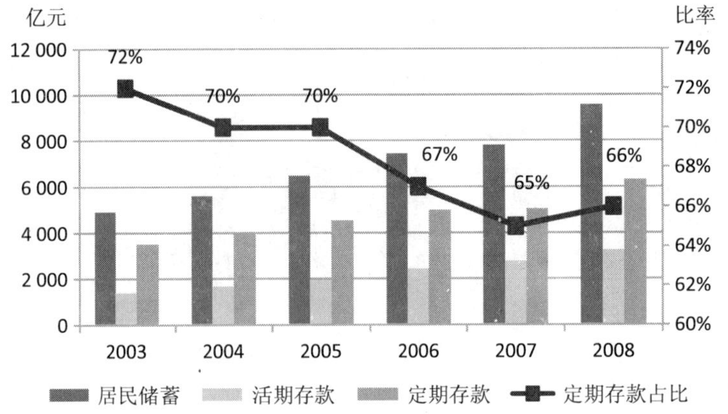


图 22.4　河南省金融部门存款结构

发现定期存款远高于中长期贷款，期限错配风险较小。

3. 货币错配风险分析

河南省金融部门的对外业务总量微小，其金融部门中仅有微量的外币存贷款，如图 22.5。与此同时，如图 22.6，河南省外币存贷比波动明显，在 2004 年达到最低值 61%，在 2007 年上涨到 104%，之后又略有下降。综合看，河南省金融部门基本不存在货币错配风险。

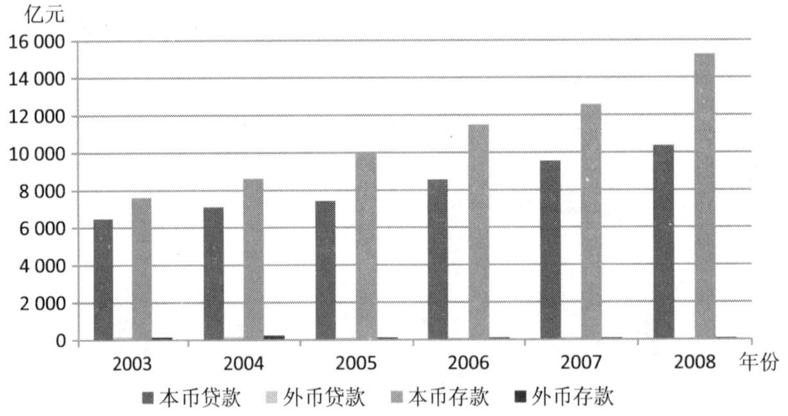


图 22.5　河南省金融部门货币结构

**（三）小结**

从上述对河南省金融部门资产负债表分析看，河南省金融部门资本结构错配风险逐步减弱，存在着一定的流动性风险和较小的期限错配风险，基本不存在货币错配风险。

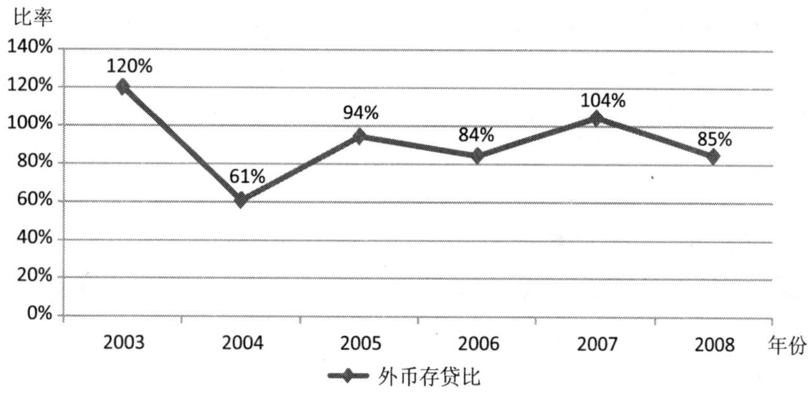


图 22.6　河南省金融部门外币存贷比

## 二、河南省企业部门资产负债表编制及分析

### （一）企业部门资产负债表编制

表 22.3 为河南省企业部门资产负债表。

**表 22.3　河南省企业部门资产负债表**　　单位：亿元

| 年份 | 流动资产 | 长期资产 | 资产总计 | 流动负债 | 长期负债 | 负债合计 | 所有者权益 |
|---|---|---|---|---|---|---|---|
| 2003 | 3 497.38 | 4 028.60 | 7 525.98 | 3 645.25 | 1 307.19 | 4 952.44 | 2 573.54 |
| 2004 | 4 236.23 | 4 945.25 | 9 181.48 | 4 338.65 | 1 580.81 | 5 919.46 | 3 262.02 |
| 2005 | 5 088.81 | 6 020.52 | 11 109.33 | 5 120.55 | 1 895.57 | 7 016.12 | 4 093.21 |
| 2006 | 6 062.08 | 7 268.81 | 13 330.89 | 5 992.16 | 2 253.63 | 8 245.79 | 5 085.10 |
| 2007 | 7 646.78 | 8 957.32 | 16 604.1 | 7 321.33 | 2 591.77 | 9 913.10 | 6 691.00 |
| 2008 | 9 752.79 | 11 160.66 | 20 913.45 | 9 047.84 | 3 008.48 | 12 056.32 | 8 857.13 |

注：企业部门资产负债编制过程如下：

① 对于工业企业、建筑业企业、批发零售业、餐饮业缺失数据进行估算处理。相对建筑业、批发零售业及餐饮业，工业企业的资产负债在企业部门总的资产负债中占比最高，统计数据基本无缺失；餐饮业、批发零售及建筑业在总体中占比较低，统计数据存在个别缺失情况，对于缺失数据进行估算补齐后产生的偏差对总体分析影响不大。

② 数据缺失及处理：全部国有及规模以上非国有工业企业 2004 年流动负债数据缺失，以 2003 年流动负债的年增长率进行推算，估算出 2004 年的流动负债，并进一步计算出长期负债；建筑业企业 2004 年统计数据中资产负债数据缺失，均以 2003 年各指标的年增长率推算，估算出 2004 年资产、负债、流动资产和流动负债，并进一步计算出长期资产、负债；限额以上餐饮企业、限额以上批发零售业 2003—2007 年流动负债数据缺失，本文以前三年的流动负债 / 总负债的均值作为当年的比例，结合总负债得到流动负债缺失数据的合理替代值，并进一步计算出长期负债。

③ 通过以上步骤获得总资产、总负债、总权益、流动资产和长期资产以及流动负债和长期负债数据，编制出工业企业、餐饮业、批发零售业以及建筑业四大行业的资产负债表，综合后即得到企业部门 2003—2008 年资产负债表。

### （二）企业部门资产负债表分析

1. 资本结构错配风险

如图 22.7，河南省企业部门总资产规模逐年增加，从 2003 年的 7 525.98 亿元增长到 2008 年的 20 913.45 亿元，6 年间翻了一番以上，企业发展态势良好。此外，2003—2008 年河南省企业部门的资产负债率下降了 8 个百分点，到 2008 年仅为 58%。这说明河南省企业部门的所有者权益增速高于其总资产增速，资本结构错配风险逐步改善。

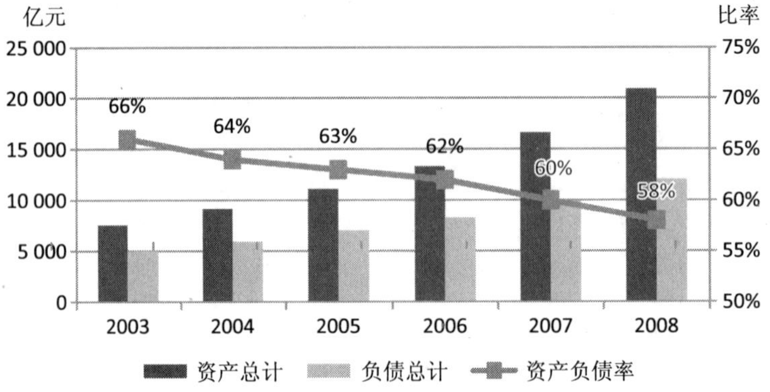


图 22.7　河南省企业部门资本结构

2. 期限错配分析

如图 22.8，河南省企业部门的流动资产和流动负债均呈逐年增加的趋势，并且流动比率也在逐步改善，2003 年仅为 0.96，从 2006 年开始上升到 1 以上，2008 年已经达到 1.08。可以认为，河南省企业部门短期偿债能力增强，不存在期限错配风险。

河南省工业部门的建设则主要集中在铝冶炼、化纤生产和汽车制造等行业，相比轻工业和服务业，这些产业对短期贷款的需求并不太大，这导致了河南省流动比率持续增长的趋势。

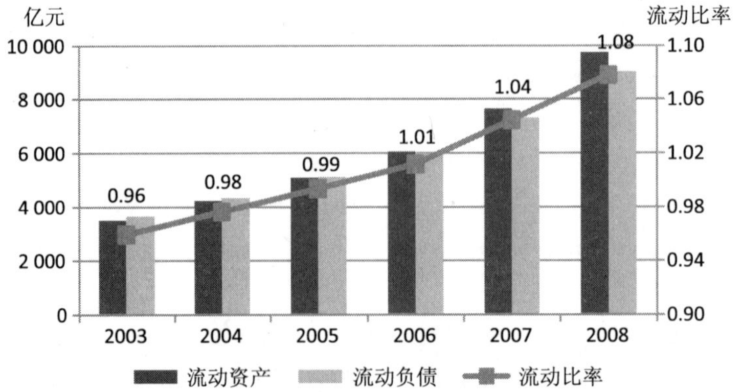


图 22.8　河南省企业部门流动资产和流动负债

3. 清偿力风险分析

如图22.9，河南省企业部门产权比率2003年至2008年不断下降，从1.92下降到1.36，总权益的增长速度均超过总负债的增长速度。可见，河南省企业部门的清偿力风险逐渐下降。

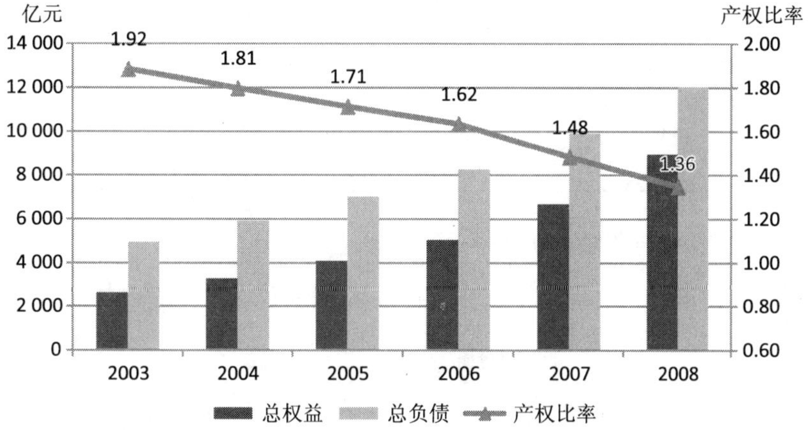


图22.9　河南省企业部门产权比率

**（三）小结**

综合以上分析，河南省企业部门的资本结构错配风险逐步改善，流动比率有逐渐增加的趋势，不存在期限错配风险，并且清偿力风险较小。

## 第3节　河南省或有权益资产负债表编制及分析

### 一、河南省上市企业部门或有权益资产负债表编制及分析

上市企业部门的或有权益资产负债表输入数据有权益市值、违约点、权益市值波动率和无风险利率，其中，权益市值和权益市值波动率根据股票分析软件河南省板块中的数据得到，股票价格采用前复权的方法后，每个企业（不包括金融企业）的权益市值可通过股票价格乘以现有股本数得到，加总处理后可得河南省上市企业部门日权益市值，进一步计算即可得企业部门的年权益市值波动率；输入参数中的权益市值采用年末数据；上市企业部门的违约点通过短期债务加一半的长期债务获得。具体可得2001—2009年河南省上市企业部门或有权益资产负债表的输入参数，如表22.4。

**表 22.4　河南省上市企业部门或有权益输入数据**

| 年份 | 无风险利率 | 违约点（亿元） | 权益市值（亿元） | 权益市值波动率 |
|---|---|---|---|---|
| 2001 | 2.25% | 149.92 | 631.35 | 23.62% |
| 2002 | 2.02% | 179.84 | 484.88 | 27.45% |
| 2003 | 1.98% | 230.34 | 619.64 | 19.34% |
| 2004 | 2.03% | 293.07 | 514.69 | 22.98% |
| 2005 | 2.25% | 362.59 | 404.92 | 25.30% |
| 2006 | 2.35% | 507.36 | 972.03 | 23.08% |
| 2007 | 3.26% | 698.30 | 3 514.80 | 40.68% |
| 2008 | 3.92% | 869.21 | 1 288.99 | 49.83% |
| 2009 | 2.25% | 975.41 | 3 212.71 | 36.22% |

### （一）或有权益资产负债表分析

代入表 22.4 中参数进行方程组计算后得到上市企业部门或有权益资产负债表，如表 22.5。

**表 22.5　河南省上市企业部门或有权益资产负债表**　　单位：亿元

| 年份 | 资产市值 | 负债市值 | 权益市值 | 年份 | 资产市值 | 负债市值 | 权益市值 |
|---|---|---|---|---|---|---|---|
| 2001 | 777.98 | 146.63 | 631.35 | 2006 | 1 467.53 | 495.50 | 972.03 |
| 2002 | 661.13 | 176.25 | 484.88 | 2007 | 4 190.52 | 675.72 | 3 514.80 |
| 2003 | 845.49 | 225.85 | 619.64 | 2008 | 2 126.83 | 837.84 | 1 288.99 |
| 2004 | 801.89 | 287.20 | 514.69 | 2009 | 4 166.08 | 953.37 | 3 212.71 |
| 2005 | 759.22 | 354.30 | 404.92 | | | | |

如图 22.10，河南省上市企业部门资产市值在 2006 年之前变化不大，在 800 亿元左右，2006 年、2007 年由于股市行情转好，资产市值大幅增加，2007 年达到最大值 4 190.52 亿元；权益市值也在 2007 年达到顶峰，为 3 514.80 亿元。2008 年金融危机的爆发使得市值大幅缩水，资产市值下降 49.25%，权益市值下降 63.33%。

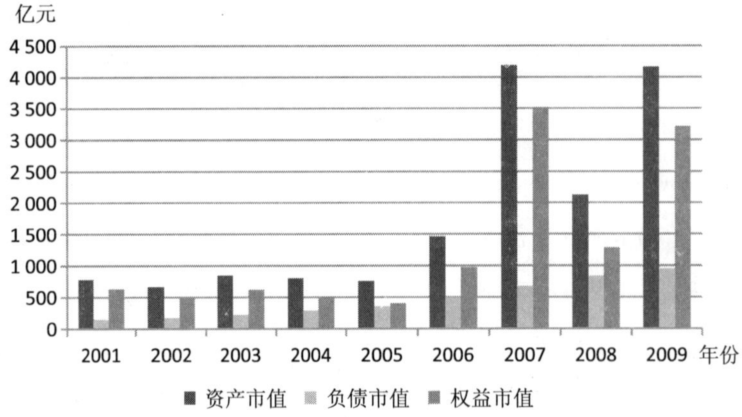


图 22.10　河南省上市企业部门或有权益资本结构

如图 22.11，河南省上市企业部门或有资产负债率从 2003 年开始逐年增大并于 2005 年达到顶峰，之后迅速减少，2007 年达到波谷，仅为 16.12%，2008 年和 2009 年持续波动。河南省上市企业部门基本不存在清偿力风险。

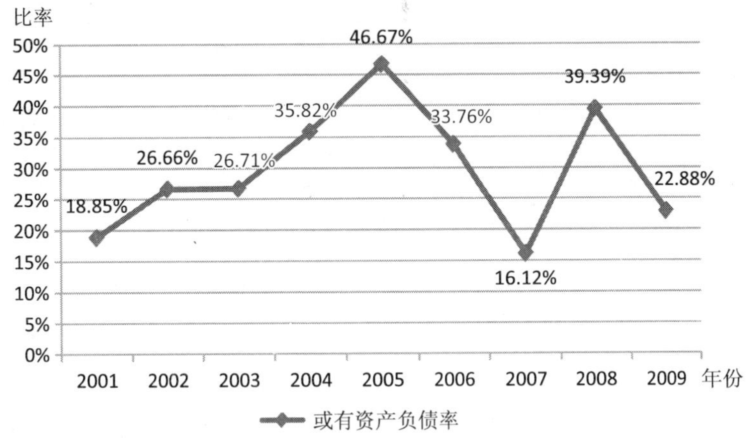


图 22.11　河南省上市企业部门或有资产负债率

### （二）风险表分析

根据风险指标的求解模型，输入各已知变量，运用 MATLAB 求解得出河南省上市企业部门的风险指标，所编制的风险表如表 22.6。

**表 22.6　河南省上市企业部门风险表**

| 年份 | 资产市值波动率 | 违约概率 | 违约距离 | 年份 | 资产市值波动率 | 违约概率 | 违约距离 |
|---|---|---|---|---|---|---|---|
| 2001 | 19.17% | 0 | 4.210 7 | 2006 | 15.29% | 0 | 4.280 2 |
| 2002 | 20.13% | 0 | 3.616 2 | 2007 | 34.12% | 0 | 2.442 6 |
| 2003 | 14.17% | 0 | 5.133 3 | 2008 | 30.24% | 0.17% | 1.955 1 |
| 2004 | 14.75% | 0 | 4.302 4 | 2009 | 27.93% | 0 | 2.742 4 |
| 2005 | 13.49% | 0 | 3.872 8 | | | | |

如图 22.12，河南省上市企业部门资产市值波动率在 2006 年之前相对平稳，2007 年到 2009 年波动率均处于相对较高的水平。在 2007 年，由于股市行情看好，大量民间资本入市，资产市值波动率达到了 9 年来的最高值，为 34.12%。在之后的两年中，随着股市行情的逐渐降温，上市企业部门的资产波动率亦逐步回落，在 2009 年降至 27.93%，但从绝对数值来看仍然较高。

如图 22.13，河南省上市企业部门违约距离于 2003 年达到样本期限内的最大值 5.133 3，违约风险降到最低点，之后三年内上市企业部门的违约风险略有扩大。2007 年河南省上

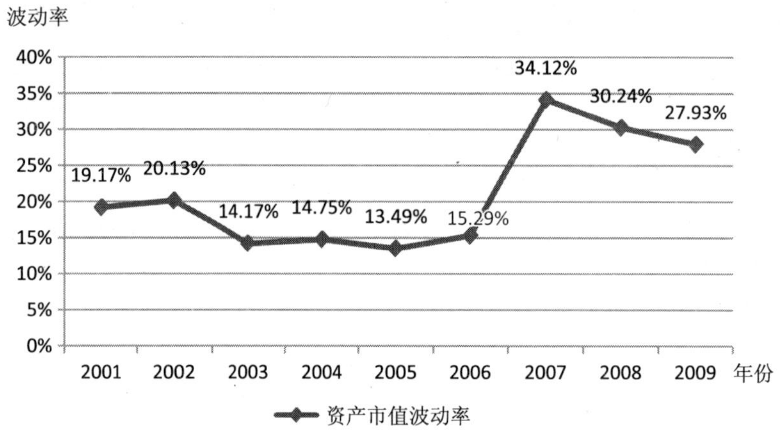


图 22.12　河南省上市企业部门资产市值波动率

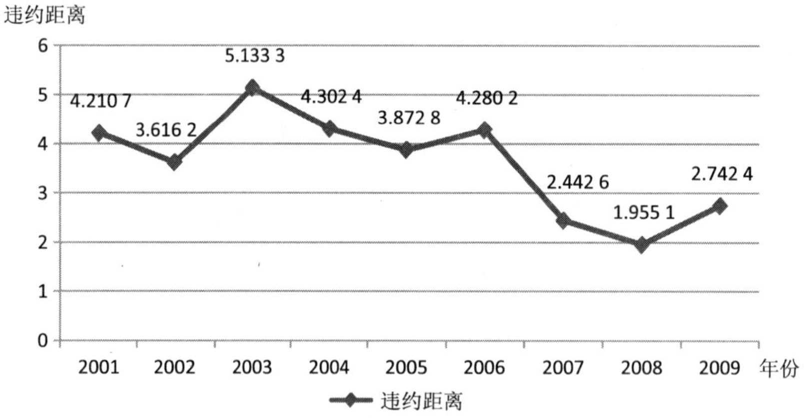


图 22.13　河南省上市企业部门违约距离

市企业部门违约距离大幅下降，违约风险增加。2008 年，河南省上市企业部门违约距离继续下降，违约风险达到样本期间内的最高点，违约距离仅为 1.955 1。而到了 2009 年违约距离有所增加，基于市场价值的分析表明上市企业部门的违约风险下降，而账面价值资产负债表未能反映出来。

## 二、河南省企业部门或有权益资产负债表编制及分析

河南省企业部门或有权益资产负债表输入数据中，股权市值通过对上市企业部门进行套算得到，权益市值波动率采用与上市企业部门相同的数据，企业部门的违约点通过国家统计局统计公报中的短期债务加一半的长期债务获得。具体可得 2003—2008 年河南省企业部门或有权益资产负债表的输入参数，如表 22.7。

表 22.7　河南省企业部门或有权益资产负债表输入数据

| 年份 | 无风险利率 | 违约点（亿元） | 权益市值（亿元） | 权益市值波动率 |
|---|---|---|---|---|
| 2003 | 1.98% | 4 299.20 | 4 496.66 | 19.34% |
| 2004 | 2.03% | 5 129.20 | 4 395.37 | 22.98% |
| 2005 | 2.25% | 6 068.34 | 4 154.11 | 25.30% |
| 2006 | 2.35% | 7 118.98 | 10 544.13 | 23.08% |
| 2007 | 3.26% | 8 617.21 | 39 966.17 | 40.68% |
| 2008 | 3.92% | 10 556.30 | 17 023.68 | 49.83% |

### （一）企业部门或有权益资产负债表分析

代入表 22.7 中参数进行方程组计算后得到企业部门或有权益资产负债表，如表 22.8。

表 22.8　河南省企业部门或有权益资产负债表　　单位：亿元

| 年份 | 资产市值 | 负债市值 | 权益市值 | 年份 | 资产市值 | 负债市值 | 权益市值 |
|---|---|---|---|---|---|---|---|
| 2003 | 8 711.16 | 4 214.50 | 4 496.66 | 2006 | 17 497.98 | 6 953.85 | 10 544.13 |
| 2004 | 9 424.90 | 5 029.53 | 4 395.37 | 2007 | 48 259.15 | 8 292.98 | 39 966.17 |
| 2005 | 10 088.61 | 5 934.50 | 4 154.11 | 2008 | 27 208.09 | 10 184.41 | 17 023.68 |

如图 22.14，河南省企业部门资产市值在 2003 年至 2005 年间有较缓慢的增长，2006 年、2007 年由于股市行情转好，资产市值大幅增加，2007 年达到最大值 48 259.15 亿元；负债市值和权益市值也在 2007 年达到顶峰，分别为 8 292.98 亿元和 39 966.17 亿元。2008 年金融危机的爆发使得市值大幅缩水，资产市值下降 43.7%，权益市值下降 57.41%。

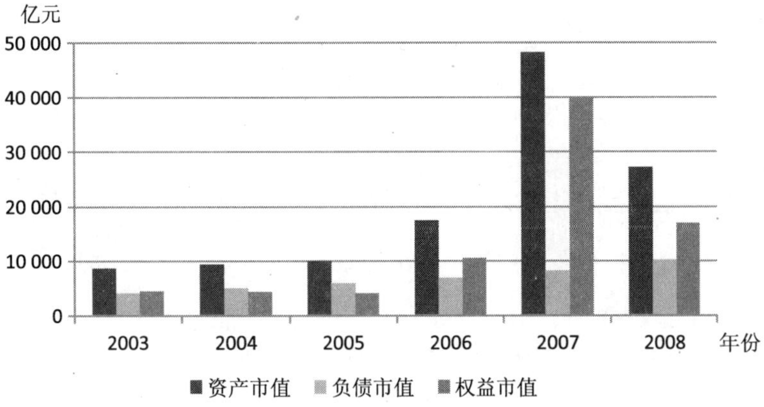


图 22.14　河南省企业部门或有权益资本结构

如图 22.15，从整体趋势看，河南省企业部门或有资产负债率在 2005 年以前较为稳定，2005 年之后下降的趋势较为明显，说明企业部门基于市场价值的资本结构错配风险有不

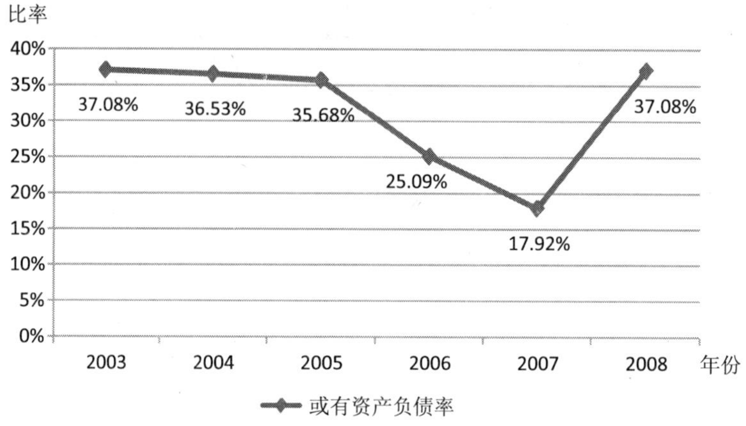


图 22.15　河南省企业部门或有资产负债率

断下降的趋势。河南省企业部门或有资产负债率在 2007 年达到最低点，仅为 17.92%，但是在 2008 年有明显的上升。

将图 22.15 与图 22.11 对比发现，河南省上市企业部门和企业部门资产负债率均在 2007 年有一次明显的下跌，除此之外，其他年份并无明显的一致性，并且上市企业部门的资产负债率相比企业部门有更明显的波动。

**（二）风险表分析**

根据风险指标的求解模型，输入各已知变量，运用 MATLAB 求解得出河南省企业部门的风险指标，如表 22.9。

**表 22.9　河南省企业部门风险表**

| 年份 | 资产市值波动率 | 违约概率 | 违约距离 | 年份 | 资产市值波动率 | 违约概率 | 违约距离 |
|---|---|---|---|---|---|---|---|
| 2003 | 9.98% | 0 | 5.073 5 | 2006 | 13.91% | 0 | 4.265 1 |
| 2004 | 10.72% | 0 | 4.252 7 | 2007 | 33.67% | 0 | 2.439 6 |
| 2005 | 10.42% | 0 | 3.825 6 | 2008 | 31.22% | 0.11% | 1.960 2 |

如图 22.16，河南省企业部门资产市值波动率在 2007 年之前缓慢增长，2007 年和 2008 年均处于相对较高的水平，而且企业部门的资产市值波动率变动略低于上市企业部门。

如图 22.17，2003—2006 年河南省企业部门违约距离超过 4，违约概率接近于 0，企业部门运行是比较安全的。整体看，河南省企业部门的违约距离呈下降趋势，到 2008 年违约距离达到样本期间内的最低点，仅为 1.96，并且 2008 年的违约概率也有明显增加，达到 0.11%。2008 年河南省企业部门面临的违约风险是样本期限内的最大值。

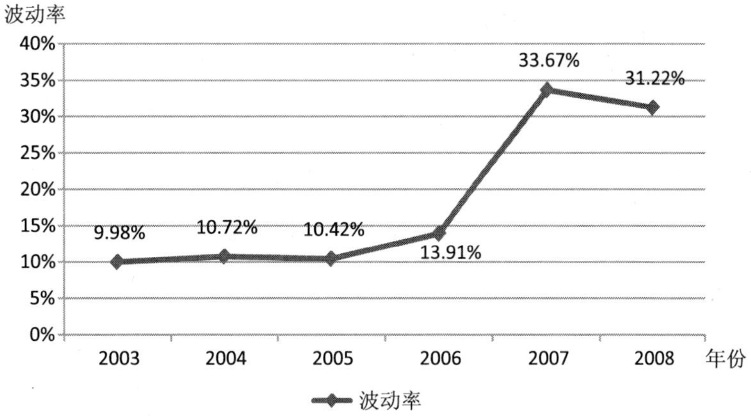


图 22.16　河南省企业部门资产市值波动率

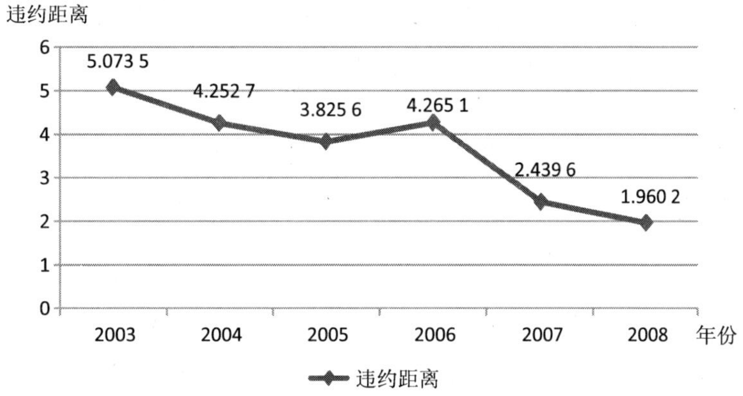


图 22.17　河南省企业部门违约距离

## 第 4 节　结论及政策建议

本章基于资产负债表方法对河南省企业部门和金融部门风险进行了识别和度量，并对整体风险进行基于账面价值的评判。本章编制河南省金融部门 2003—2008 年资产负债表进行分析得出，河南省金融运行状况良好，资本结构错配风险逐步改善，没有明显的期限错配风险，基本不存在货币错配风险。企业部门资产负债表编制涵盖规模以上工业企业、餐饮业、批发零售业以及建筑业四个产业部门，分析可知企业部门资本结构有所优化，存在较低的清偿力风险，期限错配风险低。

本章基于或有权益资产负债表方法的实证研究表明，河南省上市企业部门的资产负债率相比企业部门有更明显的波动，企业部门的或有资产负债率在2005年以前基本保持稳定，2006年之后整体风险有加大的趋势。与此同时，上市企业部门和企业部门的或有资产负债率均远小于资产负债率，说明了市场估值的风险是小于账面价值显示的金融风险的。从违约距离的计算结果看，2003—2006年河南省上市企业部门和企业部门运行是比较安全的，但2007年和2008年的违约风险呈上升态势。

在本章分析的基础上，为了降低河南省面临的宏观金融风险，实现区域金融安全，提出了以下政策建议：

第一，以河南省粮食期货交易所为中心，建立多层次、多方面完善的金融机构，满足不同层次的资金需求。大力发展期货运作市场，与证券公司合作，加大期货交易普及程度。推进票据业务专营化水平，支持在市场竞争中产生商业化、专业化的票据中介；探索发展区域性债券市场和银行间债券市场，争取发行更多企业债券，促进河南经济发展；考虑地方金融特色，既要结合河南经济和金融发展特点，突出重点，解决急需解决的问题，同时要考虑政策的可行性。总之，要积极探索河南金融产业政策方向，制定大、中、小并举的金融产业发展规划，发展多元化的金融产业主体，以适应多类型、多层次金融资源配置的需要。

第二，加快河南银行业改革和创新。河南省各大国有股份制商业银行要认真落实已出台的各项货币信贷政策措施，通过信贷结构的调整，促进经济的发展和繁荣。由于河南省内银行业务发展总体繁荣，但是比较依赖传统业务，可考虑培养和提高其金融创新能力。

# 第23章　湖北省宏观金融风险研究



湖北省2007年和2008年GDP增长均超过1 000亿元，其经济发展主要依赖于投资和重工业生产。亚洲最大光纤生产基地的落成更是推进了湖北省经济结构的完善，与此同时湖北省形成了“武汉城市圈”等一系列经济增长点，但在经济发展中仍然存在一定风险。本章将基于账面价值和市场价值的宏观资产负债表对湖北省主要经济部门运行潜在的风险进行识别和度量，并提出相关政策建议。

## 第1节　引言

湖北金融运行状况良好，金融运行环境日益完善，传统贷款行业稳定发展，证券融资份额不断提高。本节首先介绍湖北省经济金融发展情况，在梳理湖北省金融风险研究文献的基础上，提出了本章的设计思路和内容结构。

### 一、湖北省经济金融概况

**（一）湖北省经济运行概况**

从表23.1可以看出，湖北省2000年GDP总量为3 545.39亿元，略高于中部九省的平均水平。至2008年，湖北省GDP增加至11 330.38亿元，增幅达319.6%，绝对数值居于中部第三，且增幅亦在中部地区位于前列。从产业结构看，湖北省的产业结构有一个明显的从第一、三产业向二产业过渡的过程，在 2000 年，湖北省三大产业结构比为 18.7∶40.5∶40.8，而在 2008 年，该比值变为 15.7∶43.8∶40.5，第二产业占比增加明显，第一产业占比明显下降，第三产业占比略有下降。相对于其他中部省份，湖北省的第二、三产业在 GDP 中所占比重基本相同，说明湖北省第三产业较为发达，与第二产业共同成为 GDP 增长的支柱。从工业产值看，轻重工业占比从 2000 年的 38.4∶61.6 变为 2008 年的 24.9∶75.1，湖北省的重工业发展居于中部各省前列。

**表 23.1　湖北省 1998—2008 年生产总值（GDP）**　　单位：亿元

| 年份 | 1998 | 1999 | 2000 | 2001 | 2002 | 2003 |
|---|---|---|---|---|---|---|
| GDP | 3 114.02 | 3 229.29 | 3 545.39 | 3 880.53 | 4 212.82 | 4 757.45 |
| 年份 | 2004 | 2005 | 2006 | 2007 | 2008 | |
| GDP | 5 633.24 | 6 520.14 | 7 581.32 | 9 230.68 | 11 330.38 | |

数据来源：维基百科。

从图 23.1 可以看出，1998—2008 年这 11 年间，湖北省 GDP 呈现稳步上升的态势，2008 年 GDP 为 11 330.38 亿元，比 1998 年增长 8 216.36 亿元。其增长率从 1999 年的 3.7% 不断攀升，最高在 2008 年实现了 22.75% 的 GDP 名义增长。

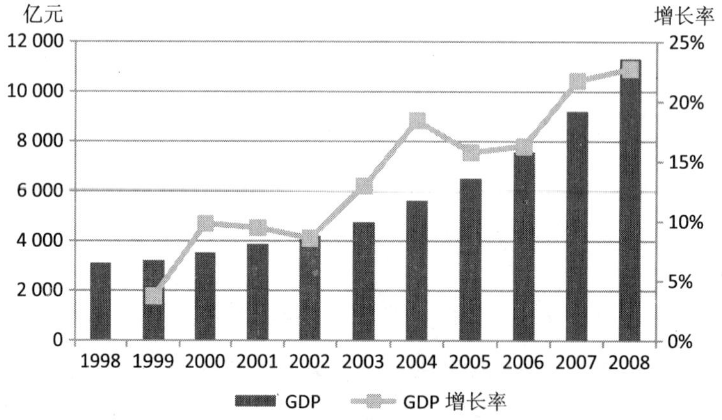


图 23.1　湖北省 GDP 变化情况

**（二）湖北省金融运行概况**

湖北省金融发展稳定，增幅明显。金融部门总资产从 2003 年的 8 467 亿元增加到 2008 年的 16 529 亿元，增幅达到 195.2%。存贷款分别从 2003 年的 6 163.6 亿元和 5 082.3 亿元增加到 2008 年的 13 574.9 亿元和 8 752.4 亿元，存款增幅显著，贷款虽有明显增加，但远远低于存款。

从证券业看，长江证券、银河证券等多家券商在武汉建立了一级运营中心，而本土基金公司天风证券亦有不凡的发展。截至2009年年末，湖北上市公司总数为64家，总资产市值达到5 441.26亿元。

总的来说，湖北省金融行业发展稳定、进步迅速。传统银行业、证券保险业均保持良好发展势头。与此同时，武汉城市圈的金融经济辐射效应对湖北省金融业分布结构有着明显的影响。大量的金融机构分布在武汉市及其经济辐射区内，湖北的其他地市金融行业发展明显不及武汉城市圈。实现全省金融行业的同步健康发展，是湖北省金融发展在下一个阶段需要注意的问题。

### 二、文献综述

关于湖北省金融运行的研究文献，主要集中于对湖北省金融发展与经济增长的实证关系以及金融机构的运行风险上，关注湖北省整体金融风险的文献仍然匮乏。

宋清华（2004）主要从金融行业的表现出发，从银行体系不良贷款、证券行业上市公司的表现不佳、金融犯罪活动猖獗等方面给出实例，得出的结论是湖北省是全国金融高风险区，并对此提出相应政策建议，认为加大金融体系平台建设，发展武汉金融稳定架构是缓解湖北省高风险的有效途径。

冯占民（2006）以金融深化和区域金融理论为基础，从金融发展与经济增长的角度出发，通过实证分析证明了湖北省金融结构与经济增长之间的长期正相关关系，同时通过横向比较，认为金融发展的滞后阻碍了湖北省经济增长。冯占民认为区域金融与区域经济相互促进，相互影响。区域经济是区域金融发展的基础，区域金融为区域经济发展提供有力的资金支持，推动区域经济发展。而湖北金融与经济的协调发展存在诸多问题，推动两者协调发展，需要从优化产业结构、推进金融生态建设、深化区域金融机构改革等多方面努力。

喻言（2007）从两缺口模型即储蓄缺口和外汇缺口模型出发，得出湖北省储蓄负缺口和外汇负缺口过大的同时伴随着外国资本流入这一实证结论，并认为这是湖北省潜在金融风险的表现形式之一，湖北省金融机构的大量不良贷款是导致湖北省金融风险较大的根本原因。

## 第2节　湖北省部门资产负债表编制及分析

本章使用国家资产负债表方法对湖北省的经济和金融风险问题进行研究。由于家户部门与公共部门资产负债数据缺失，本章主要选取企业部门与金融部门进行资产负债表的编制与分析。

## 一、湖北省金融部门资产负债表的编制及分析

### （一）金融部门资产负债表的编制

本文在湖北省金融部门资产负债表编制中用银行业金融机构数据分析湖北省金融部门。湖北省金融部门资产负债表如表23.2。

表23.2 湖北省金融部门资产负债表 单位：亿元

| 年份 | 2003 | 2004 | 2005 | 2006 | 2007 | 2008 |
|---|---|---|---|---|---|---|
| **总资产** | 8 467.0 | 9 048.8 | 9 451.5 | 12 069.2 | 13 308.4 | 16 529.0 |
| 贷款余额 | 5 082.3 | 5 620.0 | 5 866.7 | 6 703.8 | 7 788.1 | 8 752.4 |
| 短期贷款 | 2 456.1 | 2 627.0 | 2 460.3 | 2 603.7 | 2 960.9 | 3 041.6 |
| 票据融资 | — | — | 380.4 | 404.3 | 313.6 | 386.6 |
| 中长期贷款 | 2 216.5 | 2 562.3 | 2 850.1 | 3 435.3 | 4 248.9 | 5 001.8 |
| 本币贷款 | 4 858.8 | 5 377.0 | 5 649.7 | 6 434.9 | 7 496.5 | 8 465.7 |
| 外币贷款 | 223.5 | 243.0 | 217.0 | 268.9 | 291.6 | 286.7 |
| **总负债和权益** | 8 467.0 | 9 048.8 | 9 451.5 | 12 069.2 | 13 308.4 | 16 529.0 |
| 存款余额 | 6 163.6 | 7 204.0 | 8 335.9 | 9 711.2 | 11 211.1 | 13 574.9 |
| 企业存款 | 2 085.6 | 2 354.2 | 2 503.6 | 2 954.5 | 3 677.1 | 4 379.0 |
| 居民储蓄 | 3 296.7 | 3 865.7 | 4 465.8 | 5 190.3 | 5 489.7 | 6 800.4 |
| 活期存款 | 1 314.4 | 1 314.4 | 1 544.6 | 1 846.4 | 2 142.8 | 2 486.4 |
| 定期存款 | 2 175.9 | 2 551.3 | 2 921.2 | 3 257.1 | 3 288.0 | 4 259.1 |
| 本币存款 | 5 986.5 | 7 033.0 | 8 185.0 | 9 571.4 | 11 093.0 | 13 439.5 |
| 外币存款 | 177.1 | 171.0 | 150.9 | 139.8 | 118.1 | 135.4 |

注：本表中居民储蓄的数据来源于2005年、2007年和2009年湖北省统计年鉴。2004—2008年的其余数据来源于各年度湖北省金融运行报告。2003年的数据由2004年数据逆推计算而得。

### （二）金融部门资产负债表分析

下面从资本结构、期限错配和货币错配三方面对湖北省金融部门的潜在风险进行分析。

1. 资本结构错配分析

如图23.2，湖北省金融部门总资产2003—2008年稳定增长，从8 467亿元增长到16 529亿元，说明湖北省金融部门总体发展良好。湖北省贷款占总资产的比重在波动中呈下降趋势，在2008年达到最低值53%。贷款资产在总资产中保持稳定说明湖北省金融部门的资产结构保持稳定，其对传统业务有所依赖。存款余额相对于贷款余额增加幅度较大，存贷比率明显下降，到2008年仅为64%。

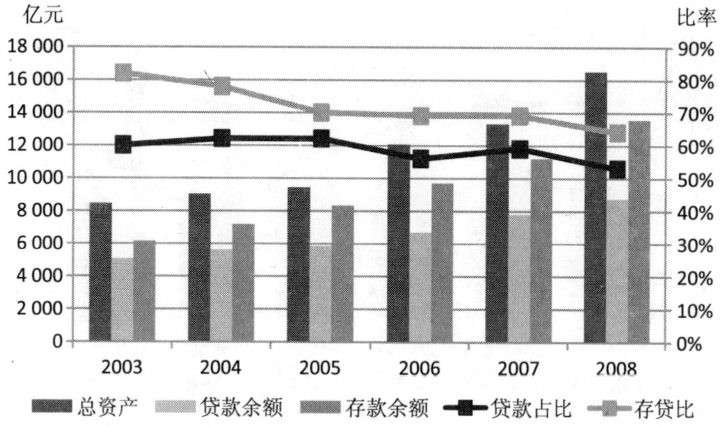


图 23.2　湖北省金融部门资本结构

2. 期限错配风险分析

如图 23.3，湖北省金融部门贷款总额、中长期贷款在 2003—2008 年间总体上保持增长趋势，短期贷款在 2004 年到 2005 年间略有下降，而中长期贷款稳定增长并在 2008 年突破 5 000 亿，说明湖北省的整体金融运行状况良好，企业对经济的长期稳定增长有较强信心。而中长期贷款占比的不断上升，意味着湖北省金融部门的资产流动性有所下降，在面临突然的经济波动时，有可能遭受较大损失。

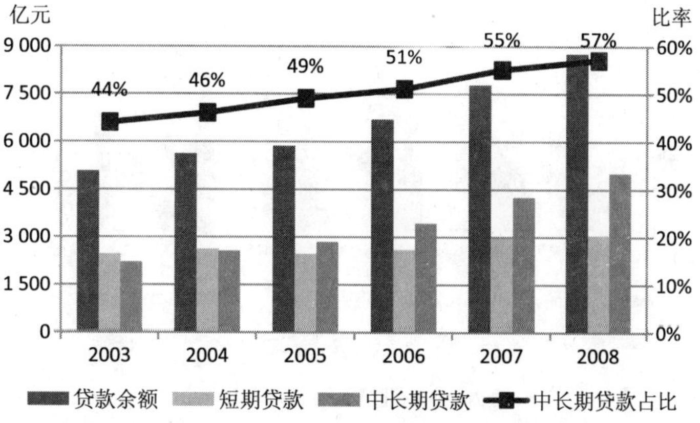


图 23.3　湖北省金融部门贷款结构

如图 23.4，2003—2008 年间，湖北省居民储蓄在总体上呈现增长趋势。其中定期存款占居民储蓄的比重在 2007 年之前呈现加速下降趋势，仅 2008 年有跳跃性的上升，这与湖北省金融部门中长期贷款占比不断上升的趋势相矛盾，存在着一定的期限错配风险。

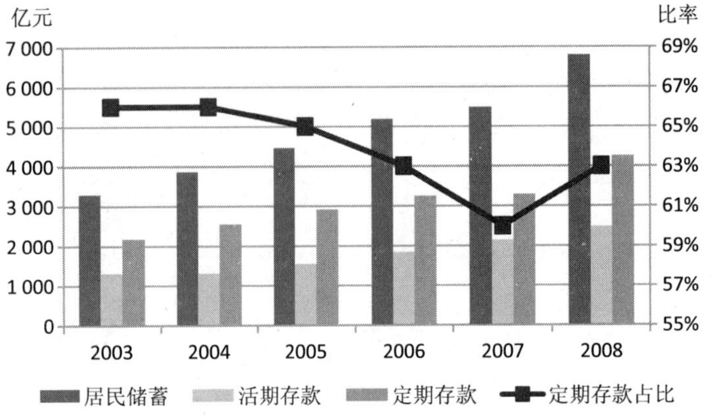


图 23.4 湖北省金融部门存款结构

3. 货币错配风险分析

湖北省金融部门的外币存贷款业务仍处于起步阶段，其金融部门中仅有微量的外币存贷款。从图 23.5 可知，外币存款占存款余额的比重逐年下降，且外币存款的绝对值也是下降的，而外币贷款占贷款余额的比重则在波动中略有下降，湖北省金融部门可增加对外业务的重视程度以便在将来获得更好的发展。

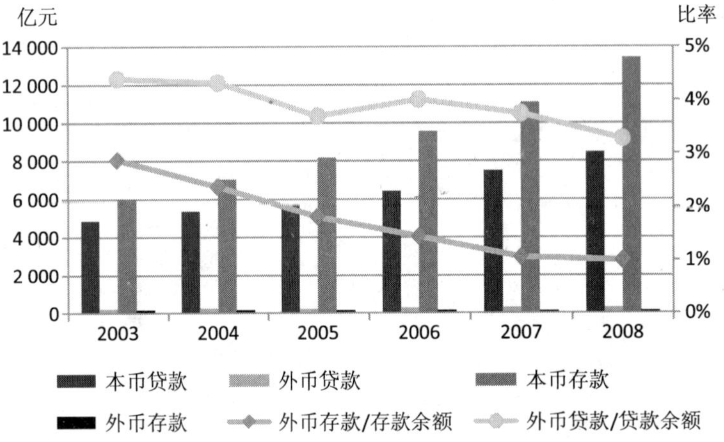


图 23.5 湖北省金融部门货币结构

如图 23.6，与中部其他省份相比，湖北省虽然在外币存贷总量上较低，但外币存贷比始终保持在 126% 以上，2007 年和 2008 年甚至在 200% 以上，这与中部其余省份的该指标值存在着明显差异。这说明相对于中部其他省份，湖北省有着较旺盛的外币业务需求。外币存贷比在 2003 年到 2007 年间保持增长势头，从 126% 增加到 247%，在 2008 年仍然处于 212% 的高位，有较大的外币错配风险。

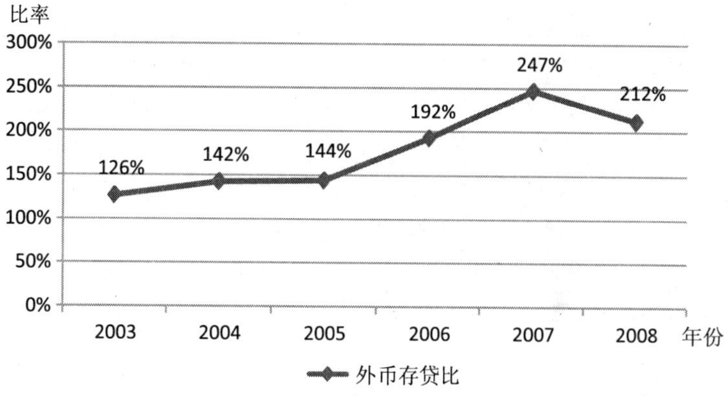


图 23.6 湖北省金融部门外币存贷比

### （三）结论

从上述对湖北省金融部门资产负债表分析来看，湖北省金融部门在资本结构方面对传统银行业务的依赖性仍然较强，需要积极开拓新的金融业务。金融部门也存在着一定的流动性风险和期限错配风险，虽然在良好的经济环境下，这些风险并没有影响金融部门日常运行，但是要注意在经济减速的时候适时调整以规避风险。最后，湖北省金融部门存在货币错配风险，但是仍需注意发展对外业务，以增加自身的竞争力。

## 二、湖北省企业部门资产负债表分析

### （一）湖北省企业部门资产负债表的编制

企业部门资产负债表是根据历年国家统计年鉴显示的湖北省数据计算得来。计算方法为加总湖北省工业、建筑业、批发零售业以及餐饮业四行业的资产负债表数据，得出湖北省企业部门资产负债表，如表 23.3。

**表 23.3 1998—2008 年湖北省企业部门资产负债表** 单位：亿元

| 年份 | 总资产 | 流动资产 | 长期资产 | 总负债 | 流动负债 | 长期负债 | 总权益 |
|---|---|---|---|---|---|---|---|
| 1998 | 5 471.94 | 2 428.75 | 3 043.19 | 3 741.42 | 2 567.69 | 1 173.73 | 1 730.52 |
| 1999 | 5 882.37 | 2 641.25 | 3 241.12 | 3 924.63 | 2 638.38 | 1 286.25 | 1 957.74 |
| 2000 | 6 085.28 | 2 752.32 | 3 332.96 | 4 092.40 | 2 719.21 | 1 373.19 | 1 992.88 |
| 2001 | 6 333.78 | 2 884.51 | 3 449.27 | 4 081.69 | 2 791.04 | 1 290.65 | 2 252.09 |
| 2002 | 6 725.50 | 3 073.56 | 3 651.94 | 4 281.26 | 2 901.30 | 1 379.96 | 2 444.24 |
| 2003 | 8 477.74 | 3 432.86 | 5 044.88 | 5 139.08 | 3 123.24 | 2 015.84 | 3 338.66 |
| 2004 | 9 546.73 | 3 951.98 | 5 594.75 | 5 696.91 | 2 857.07 | 2 839.84 | 3 849.82 |
| 2005 | 10 866.99 | 4 451.08 | 6 415.91 | 6 385.19 | 4 400.27 | 1 984.92 | 4 481.80 |
| 2006 | 12 095.60 | 4 917.31 | 7 178.29 | 6 852.02 | 4 732.53 | 2 119.49 | 5 243.58 |

续表

| 年份 | 总资产 | 流动资产 | 长期资产 | 总负债 | 流动负债 | 长期负债 | 总权益 |
|---|---|---|---|---|---|---|---|
| 2007 | 15 267.43 | 6 397.28 | 8 870.15 | 8 735.81 | 6 174.39 | 2 561.42 | 6 531.62 |
| 2008 | 18 242.02 | 7 543.06 | 10 698.96 | 10 391.89 | 7 271.28 | 3 120.61 | 7 850.13 |

注：企业部门资产负债表编制过程如下：

① 对于工业企业、建筑业企业、批发零售业、餐饮业缺失数据进行估算处理。相对建筑业、批发零售业及餐饮业，工业企业的资产负债在企业部门总的资产负债中占比最高，统计数据基本无缺失；餐饮业、批发零售及建筑业在总体中占比较低，统计数据存在个别缺失情况，对于缺失数据进行估算补齐后产生的偏差对总体分析影响不大。

② 数据缺失及处理：全部国有及规模以上非国有工业企业 2004 年流动负债数据缺失，以 2003 年流动负债的年增长率进行推算，估算出 2004 年流动负债，并进一步计算出长期负债；建筑业企业 2004 年统计数据中资产负债数据缺失，均以 2003 年各指标的年增长率推算，估算出 2004 年资产、负债、流动资产和流动负债，并进一步计算长期资产、负债；限额以上餐饮企业、限额以上批发零售业 2003—2007 年流动负债数据缺失，本文以前三年的流动负债 / 总负债的均值作为当年的比例，结合总负债得到流动负债缺失数据的合理替代值，并进一步计算长期负债。

③ 通过以上步骤获得总资产、总负债、总权益、流动资产和长期资产以及流动负债和长期负债数据，编制出工业企业、餐饮业、批发零售业以及建筑业四大行业的资产负债表，综合后即得到企业部门 2003—2008 年资产负债表。

### （二）企业部门资产负债表分析

1. 资本结构分析

如图 23.7，1998—2008 年，湖北省企业部门资产负债率略有下降，说明企业部门整体发展状况良好，企业部门偿债能力总体增强。2004—2008 年，企业部门资产负债率处于 60% 以下的水平，2006 年达到最低点 56.65%。这种比率对于企业部门来说比较合理，债务清偿能力较强。

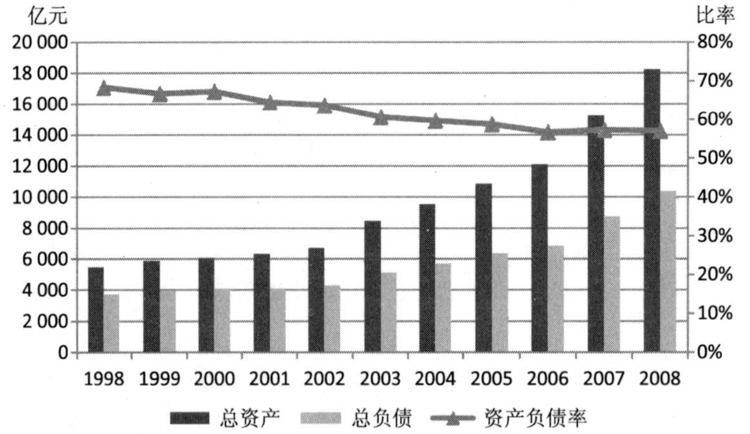


图 23.7 湖北省企业部门资产负债率

2. 清偿力风险分析

从图 23.8 可以看出，企业部门的产权比率呈现递减的趋势。1998 年的产权比率高达 2.16，企业部门有较为明显的清偿力风险，到 2008 年的产权比率下降至 1.34，清偿力风险下降明显，企业基本运行在安全区间内。2004 年以来湖北省企业部门的产权比率位于 1.45 左右，并且处于比较稳定的水平，由此可见，企业部门的清偿力风险处于较低的水平。

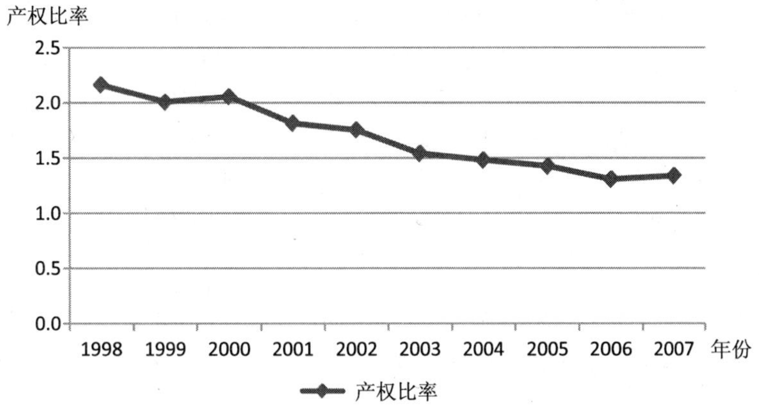


图 23.8　湖北省企业部门产权比率

**（三）结论**

综合以上分析，可知湖北省的企业部门发展速度较快，整体发展状况良好。相对于企业部门的发展，金融部门的发展略显缓慢。在资产负债表的调整中趋于保守，略高的流动比率和较低的资产负债率，说明湖北省的金融部门仍有调整自身债务融资总量的可能性和资金条件，这是金融部门的发展目标之一。

## 第 3 节　湖北省或有权益资产负债表编制及分析

### 一、湖北省上市企业部门或有权益资产负债表编制及分析

上市企业部门或有权益资产负债表输入数据有权益市值、违约点、无风险利率，权益市值和权益市值波动率根据国信股票分析软件湖北省板块中的数据得到，股票价格采用前复权的方法后，每个企业（不包括金融企业）的权益市值可通过股票价格乘以现有股本数得到，加总处理后可得湖北省上市企业部门日权益市值，进一步计算即可得企业

部门的年权益市值波动率；输入参数中的权益市值采用年末数据；上市企业部门的违约点通过短期债务加一半的长期债务获得。具体可得 2001—2009 年湖北省上市企业部门或有权益资产负债表的输入参数，如表 23.4。

**表 23.4　湖北省上市企业部门或有权益输入数据**

| 年份 | 无风险利率 | 违约点（亿元） | 权益市值（亿元） | 权益市值波动率 |
|---|---|---|---|---|
| 2001 | 2.25% | 265.93 | 1 291.68 | 22.91% |
| 2002 | 2.02% | 319.78 | 1 005.11 | 26.96% |
| 2003 | 1.98% | 383.12 | 901.58 | 19.01% |
| 2004 | 2.03% | 554.94 | 813.05 | 27.66% |
| 2005 | 2.25% | 651.11 | 678.43 | 29.97% |
| 2006 | 2.35% | 753.64 | 1 490.33 | 27.21% |
| 2007 | 3.26% | 1 158.67 | 4 760.79 | 43.56% |
| 2008 | 3.92% | 1 422.29 | 1 700.59 | 52.73% |
| 2009 | 2.25% | 1 675.67 | 3 833.22 | 36.23% |

**（一）或有权益资产负债表分析**

代入表 23.4 中参数通过 MATLAB 计算后得到上市企业部门或有权益资产负债表，如表 23.5。

**表 23.5　湖北省上市企业部门或有权益资产负债表**　　单位：亿元

| 年份 | 资产市值 | 负债市值 | 权益市值 | 年份 | 资产市值 | 负债市值 | 权益市值 |
|---|---|---|---|---|---|---|---|
| 2001 | 1 551.63 | 259.95 | 1 291.68 | 2006 | 2 226.55 | 736.22 | 1 490.33 |
| 2002 | 1 318.45 | 313.34 | 1 005.11 | 2007 | 5 881.96 | 1 121.17 | 4 760.79 |
| 2003 | 1 277.09 | 375.51 | 901.58 | 2008 | 3 078.92 | 1 378.33 | 1 700.59 |
| 2004 | 1 356.79 | 543.74 | 813.05 | 2009 | 5 471.92 | 1 638.70 | 3 833.22 |
| 2005 | 1 315.14 | 636.71 | 678.43 | | | | |

如图 23.9，湖北省上市企业部门资产市值在 2006 年之前保持逐步加快的增长速度，在 2007 年有跳跃式的增长，2006 年、2007 年由于股市行情转好，资产市值大幅增加，2007 年达到最大值 5 881.96 亿元；权益市值也在 2007 年达到顶峰，为 4 760.79 亿元。2008 年金融危机的爆发使得市值大幅缩水，资产市值下降 47.66%，权益市值下降 64.38%。

如图 23.10，从 2001—2009 年或有权益资本结构看，湖北省上市企业部门依然存在较高的风险，其中负债市值与权益市值的比率在 2008 年为 81%，2009 年下降至 43%，违约风险在 2008 年较为明显。

湖北省上市企业部门或有资产负债率从 2003 年开始先增大后减小，然后在 2008 年

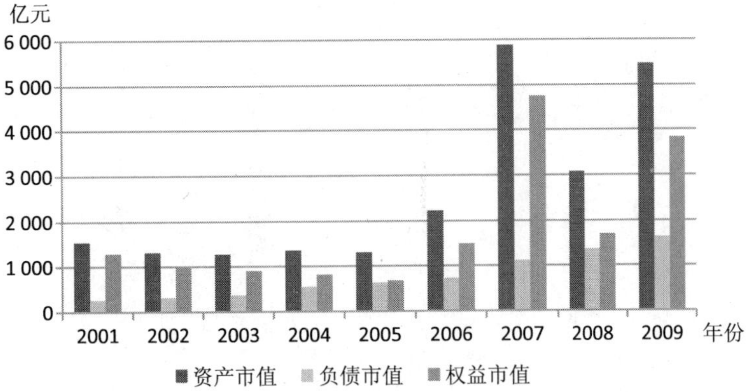


图 23.9　湖北省上市企业部门或有权益资本结构

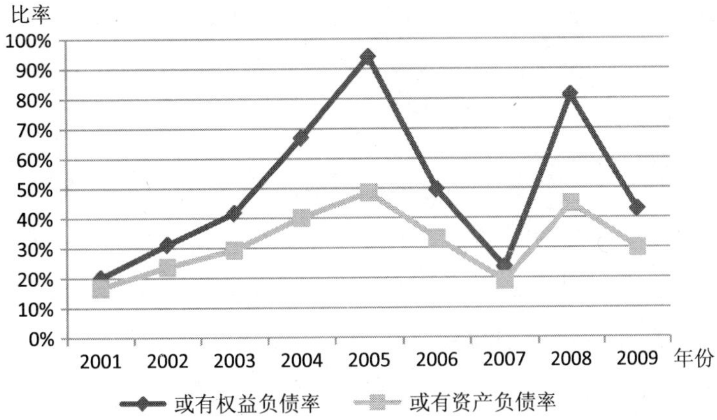


图 23.10　湖北省上市企业部门或有资产负债率

又上升至 44.77%。说明上市企业部门的整体运行风险是逐步加大的，负债市值逐渐逼近资产市值，需要关注清偿力风险。从 2003 年到 2005 年或有资产负债率一直在快速上升，2006 年、2007 年或有资产负债率有所下降，与 2006 年开始股票市场回暖、股权市值膨胀有关。

如图 23.11，上市企业部门违约点始终保持增加趋势，在 2006—2007 年有较明显的增加。而其资产市值则随着股市行情的变动而变动，在经历了 2001—2005 年的下跌之后于 2007 年和 2009 年有明显的回升。比较两者之间的比值可以发现，其始终在 2 以上，上市企业部门违约风险较低。

**（二）风险表分析**

根据风险指标的求解模型，输入各已知变量，运用 MATLAB 求解得出湖北省上市企业部门的风险指标，所编制的风险表如表 23.6。

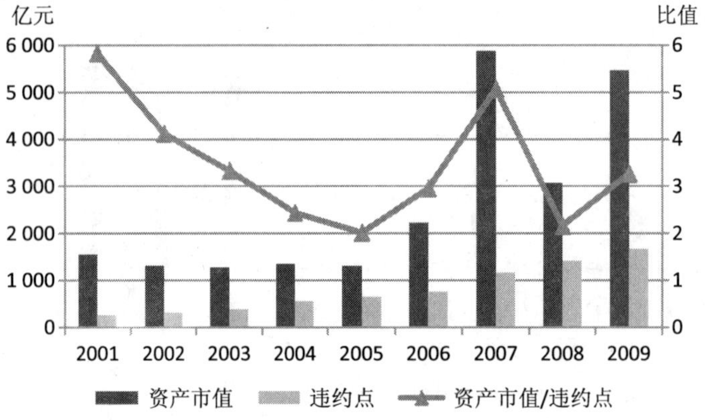


图 23.11　湖北省上市企业部门资产市值与违约点

**表 23.6　湖北省上市企业部门风险表**

| 年份 | 资产市值波动率 | 违约概率 | 违约距离 | 年份 | 资产市值波动率 | 违约概率 | 违约距离 |
|---|---|---|---|---|---|---|---|
| 2001 | 19.07% | 0 | 4.344 7 | 2006 | 18.21% | 0 | 3.631 9 |
| 2002 | 20.55% | 0 | 3.685 5 | 2007 | 35.26% | 0 | 2.277 7 |
| 2003 | 13.42% | 0 | 5.215 2 | 2008 | 29.25% | 0.43% | 1.839 4 |
| 2004 | 16.58% | 0 | 3.565 5 | 2009 | 25.38% | 0 | 2.733 7 |
| 2005 | 15.46% | 0 | 3.265 5 | | | | |

如图 23.12，湖北省上市企业部门资产市值波动率在 2006 年之前相对平稳，在 18% 左右波动。随着 2007 年股市行情的转好，企业获得了更多的股权融资，其经营策略趋于开放，有更频繁的资金流动和经营行为，故而 2007 年到 2009 年资产市值波动率均处于相对较高的水平，在 2007 年达到最高值，为 35.26%，之后于 2009 年降至 25.38%。

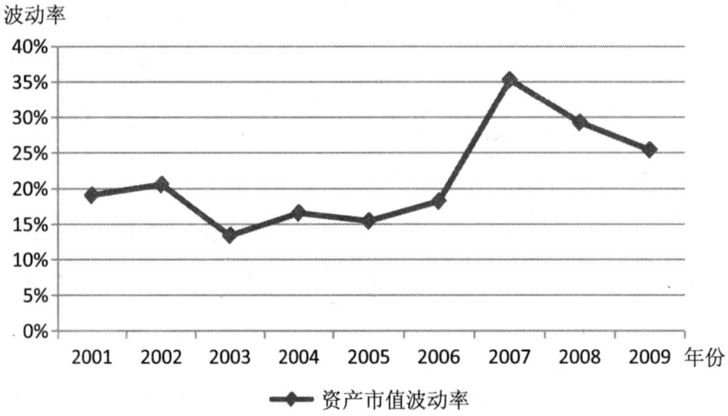


图 23.12　湖北省上市企业部门资产市值波动率

如图 23.13，违约距离的下降进一步表明 2008 年上市企业部门违约风险有上升趋势。上市企业部门违约距离保持着波动下降趋势，其绝对数值在 2003 年达到最大值 5.215 2，在 2008 年达到最小值 1.839 4。

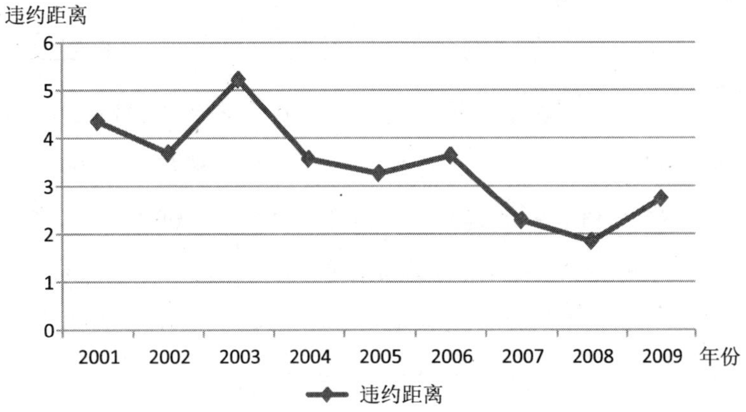


图 23.13　湖北省上市企业部门违约距离

## 二、湖北省企业部门或有权益资产负债表编制和分析

湖北省企业部门或有权益资产负债表输入数据有权益市值、违约点、无风险利率，其中，权益市值通过对上市企业部门进行套算得到，权益市值波动率采用与上市企业部门相同的数据，企业部门的违约点通过国家统计局统计公报中的短期债务加一半的长期债务获得。2001—2008 年湖北省企业部门或有权益资产负债表的输入参数如表 23.7。

**表 23.7　湖北省企业部门或有权益输入数据**

| 年份 | 无风险利率 | 违约点（亿元） | 权益市值（亿元） | 权益市值波动率 |
|---|---|---|---|---|
| 2001 | 2.25% | 3 436.37 | 6 616.88 | 22.91% |
| 2002 | 2.02% | 3 591.28 | 5 274.68 | 26.96% |
| 2003 | 1.98% | 4 131.16 | 6 065.36 | 19.01% |
| 2004 | 2.03% | 4 276.99 | 4 758.63 | 27.66% |
| 2005 | 2.25% | 5 392.73 | 4 300.09 | 29.97% |
| 2006 | 2.35% | 5 792.28 | 10 323.61 | 27.21% |
| 2007 | 3.26% | 7 455.10 | 33 188.60 | 43.56% |
| 2008 | 3.92% | 8 831.58 | 12 827.37 | 52.73% |

### （一）企业部门或有权益资产负债表分析

代入表 23.7 中参数通过 MATLAB 计算后得到企业部门或有权益资产负债表，如表 23.8。

表 23.8　湖北省企业部门或有权益资产负债表　　　　单位：亿元

| 年份 | 资产市值 | 负债市值 | 权益市值 | 年份 | 资产市值 | 负债市值 | 权益市值 |
|---|---|---|---|---|---|---|---|
| 2001 | 9 974.95 | 3 358.07 | 6 616.88 | 2005 | 9 572.10 | 5 272.01 | 4 300.09 |
| 2002 | 8 794.21 | 3 519.53 | 5 274.68 | 2006 | 15 980.95 | 5 657.34 | 10 323.61 |
| 2003 | 10 115.51 | 4 050.15 | 6 065.36 | 2007 | 40 407.12 | 7 218.52 | 33 188.60 |
| 2004 | 8 949.79 | 4 191.16 | 4 758.63 | 2008 | 21 373.61 | 8 546.24 | 12 827.37 |

如图 23.14，湖北省企业部门资产市值在 2006 年之前比较稳定，在波动中略有上升，2006 年、2007 年由于股市行情转好，资产市值大幅增加，2007 年达到最大值 40 407.12 亿元；权益市值也在 2007 年达到顶峰，为 33 288.60 亿元。2008 年金融危机的爆发使得市值略有减少，资产市值下降 47.2%，权益市值下降 61.4%。从湖北省企业部门的负债市值看，负债市值在 2001—2006 年间基本持平。而比较湖北省负债市值和权益市值的增长率，发现权益市值在 2007 年的增长与以前一样，远远大于负债市值的增长。负债市值增长未能高于权益市值的增长显示了湖北省企业部门的经营方略仍然趋向保守。

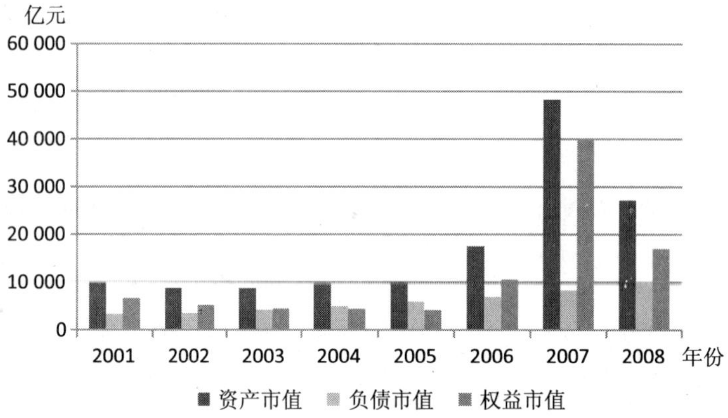


图 23.14　湖北省企业部门或有权益资本结构

如图 23.15，湖北省企业部门或有资产负债率在 2005 年以前基本保持上升趋势，从 2005 年到 2007 年，下降的趋势较为明显，说明企业部门整体风险有下降的趋势。或有资产负债率远小于资产负债率，说明市场估值的真实企业风险小于账面价值显示的风险。

**（二）风险表分析**

根据风险指标的求解模型，输入各已知变量，运用 MATLAB 求解得出湖北省企业部门的风险指标，所编制的风险表如表 23.9。

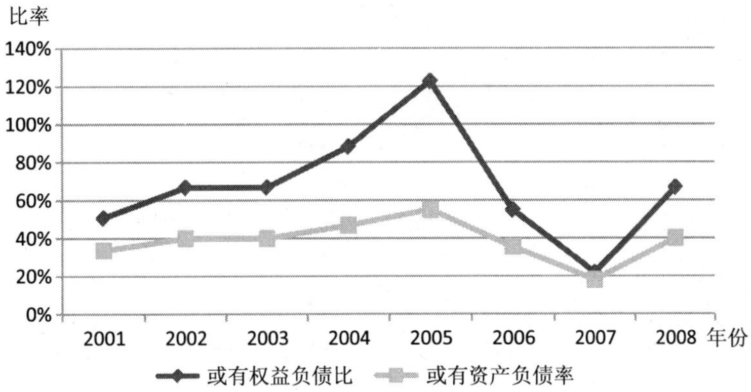


图 23.15　湖北省企业部门或有资产负债率

**表 23.9　湖北省企业部门风险表**

| 年份 | 资产市值波动率 | 违约概率 | 违约距离 | 年份 | 资产市值波动率 | 违约概率 | 违约距离 |
|---|---|---|---|---|---|---|---|
| 2001 | 15.20% | 0 | 4.313 6 | 2005 | 13.46% | 0 | 3.242 9 |
| 2002 | 16.17% | 0 | 3.658 7 | 2006 | 17.58% | 0 | 3.627 0 |
| 2003 | 11.40% | 0 | 5.189 2 | 2007 | 35.78% | 0 | 2.279 3 |
| 2004 | 14.71% | 0 | 3.550 0 | 2008 | 31.74% | 0.29% | 1.848 6 |

如图 23.16，企业部门资产市值波动率在 2001—2006 年发展稳定，在 13% 左右，并在 2003—2006 年间保持 11% 左右的低位水准，运营状况良好。进入 2007 年后，随着股市行情的看好，资产市值波动率明显上升，在 2007 年和 2008 年资产市值波动率均处于相对较高的水平。

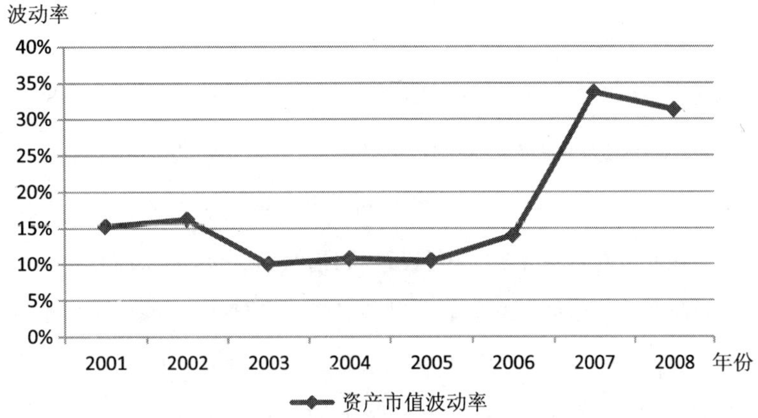


图 23.16　湖北省企业部门资产市值波动率

如图 23.17，2001—2006 年企业部门运行是比较安全的，2007 年和 2008 年两年违约距离有明显下降，反映了湖北省企业部门违约风险的加大。

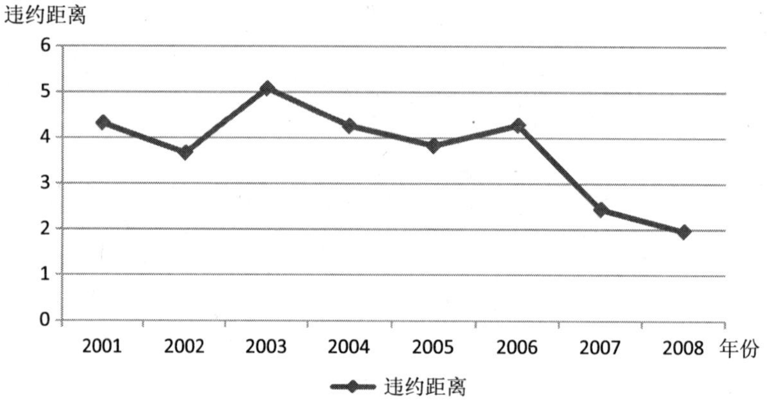


图 23.17　湖北省企业部门违约距离

## 第 4 节　结论及政策建议

基于资产负债表方法的实证研究主要包括对湖北省企业部门和金融部门风险的识别和度量，以及对整体风险进行基于账面价值的评判。本文在湖北省金融部门资产负债表编制中用银行业金融机构代替所有的金融部门。通过对编制的湖北省金融部门 2003—2008 年资产负债表进行分析可以得知，金融部门对短期债务融资过于关注且造成短期债务偿还能力不足，存在明显的期限错配风险。企业部门资产负债表编制涵盖规模以上工业企业、餐饮业、批发零售业以及建筑业四个产业部门，分析可知企业部门资本结构比较合理，资产负债表表现良好。

通过对湖北省金融部门和企业部门资产负债表分析，可以初步了解湖北省的风险状况，但由历史信息和账面价值所反映的风险状况并不能反映投资者对未来的预期和不同时期的市场风险。第三节运用或有权益法分析湖北省部门和整体的实际风险，主要包括或有权益资产负债表的编制与分析、风险指标的选取和风险表的编制。

从湖北省企业部门的整体趋势来看，其或有资产负债率在 2005 年以前基本保持上升趋势，从 2005 年到 2007 年企业部门整体风险有下降的趋势。而从或有层面来看，或有资产负债率远小于资产负债率，说明了市场估值的真实企业风险小于账面价值显示的金融风险。企业部门的违约风险整体来看非常小。

从第三节的分析可以得出如下结论：2001—2006 年企业部门运行是比较安全的，但是并不能完全排除风险发生的可能性，而 2007 年和 2008 年两年企业部门存在明显的风险。

从违约距离的特征看，湖北省企业部门的金融风险是趋于下降的，而从与上市企业部门的比较看，企业部门和上市企业部门在风险指标同类分析中仍然保持着极高的一致性。

结合湖北省的实际情况，将湖北省宏观金融风险形成的原因归纳为金融部门过于关注短期融资渠道，融资渠道发展失衡，从而产生严重的期限错配风险，在一定程度上制约了企业部门的进一步市场化和其融资渠道的进一步多样化。为此，应更加重视金融业持续稳定的发展，以促进湖北经济发展。根据分析，控制湖北省各部门金融风险，应从以下几方面着手：

第一，建立多方面、全方位、多渠道的金融融资理念，改变湖北省现有的大量依赖传统债务融资的现状，完善金融部门资产负债表。发展银行业票据市场，完善中小企业股权交易市场。通过对金融部门领导层和中层管理人员的分批分次培训，改变其经营管理理念，从思想上树立宏观金融理念，从而能够增加其发展多样化融资渠道、调整期限错配问题的主观能动性。

第二，改善金融生态环境。积极建立以武汉经济圈为中心的良性互动金融关系和城市金融体系。政府要充分发挥其建设市场、维护市场、发展市场的作用，投入更多人力物力在金融平台的完善上。通过政府部门的积极建设和金融部门的理念转变，调动湖北省业绩良好的企业，使其与金融部门联动起来，改善金融部门可能存在的期限错配问题。

# 第24章　黑龙江省宏观金融风险研究



黑龙江省是中国少有的自然资源和矿产资源大省，同时也是重要的粮食产地和重工业集群所在，其经济发展有着绝佳的先天条件和雄厚基础。近年来，黑龙江省的经济发展主要靠两个方面带动：一是老工业基地复兴。2003年以来，几大重点重工业所在地的企业通过股份制改革和管理体系改革，实现了重新发展，为黑龙江省GDP增长做出了贡献。二是粮食深加工。通过提高粮食种植标准，发展精细粮食制作，黑龙江省连年成为中国粮食原材料和加工品的出口第一大省。

## 第1节　引言

相比发展状况良好的经济建设，黑龙江省的金融发展有待提高，其传统金融业务的总量和增量都并不突出，而新型金融市场的建设仍然不完全。本章首先介绍黑龙江省经济金融发展情况，在梳理黑龙江省金融风险研究文献基础上，通过对黑龙江省金融部门和企业部门资产负债表的编制和分析，最终提出有关金融风险防范的政策建议。

### 一、黑龙江省经济金融概况

#### （一）黑龙江省经济运行概况

根据黑龙江省统计年鉴，编制黑龙江省1998—2008年GDP明细表，如表24.1。

表 24.1　黑龙江省 1998—2008 年生产总值（GDP）　　单位：亿元

| 年份 | 1998 | 1999 | 2000 | 2001 | 2002 | 2003 |
|---|---|---|---|---|---|---|
| GDP | 2 774.4 | 2 866.3 | 3 151.4 | 3 390.1 | 3 637.2 | 4 057.4 |
| 年份 | 2004 | 2005 | 2006 | 2007 | 2008 | |
| GDP | 4 750.6 | 5 511.5 | 6 201.4 | 7 065.0 | 8 310.0 | |

数据来源：黑龙江省历年统计年鉴。

从图 24.1 可以看出，1998—2008 年这 11 年间，在我国经济总体呈现飞速发展的情况下，黑龙江省 GDP 呈现稳步上升的态势，经济运行状况良好。

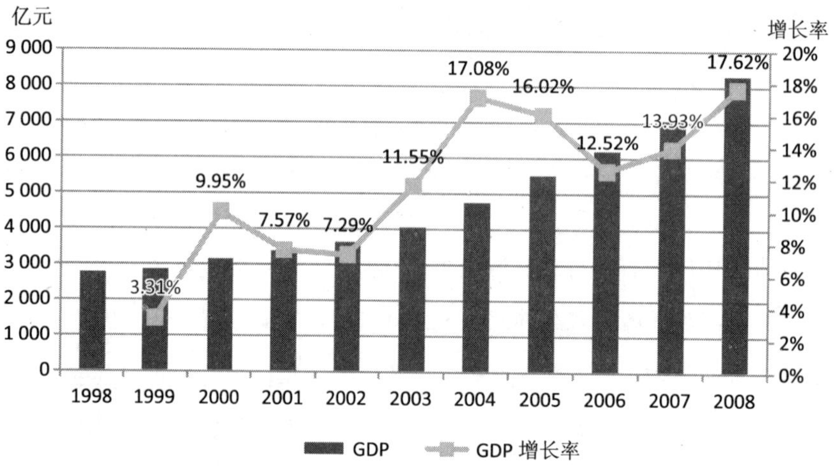


图 24.1　黑龙江省 1998—2008 年 GDP 变化情况

从总量看，黑龙江省 GDP 增加明显。从 2000 年的 3 151.4 亿元增加至 2008 年的 8 310.0 亿元，增幅达到 263.7%。从产业构成看，其三次产业构成从 2000 年的 12.2：55：32.9 变化到 2008 年的 13.1：52.5：34.4。第一产业有所增加，这与黑龙江大力发展高质量种植和粮食深加工有密不可分的关系。第二产业有所下降，第三产业上升较为明显。在第二产业中，工业的比重从 2000 年的 49.7 降到了 2008 年的 47.3，与整体趋势相符，说明黑龙江省的工业基础虽然雄厚，但近年来发展状况仍然有待提高。

**（二）黑龙江省金融运行概况**

经过 2000 年以来的大力发展，黑龙江省基本完成了金融市场的体制构建，黑龙江省证券委员会成功吸引了海通证券、江海证券等多家券商在该省拓展业务；而该省经济的较快增长，也为金融业的进一步发展提供了可能。但是比起北京、上海等发达城市甚至中部大部分其他省份，黑龙江省的金融潜力仍然有待开发。

从传统银行业务看，黑龙江省金融部门总资产在2003年为5 829亿元，2008年增加至11 274亿元，增幅达193.5%，在中部省份中偏低。存款余额从2003年的4 979.9亿元增加到2008年的9 077.5亿元，贷款余额从2003年的4 091.3亿元增加到2008年的4 594亿元。相对于存款数量的快速增长，黑龙江贷款数额在5年间仅仅增长了12.3%，远远低于河南、安徽、江西等近年来发展迅速的省份。从贷款结构看，短期贷款萎缩，中长期贷款无明显增长，该省有较大的空间来通过贷款拉动经济增长。

## 二、文献综述

关于黑龙江省的金融发展与金融风险文献，主要集中在金融体系构建、农村金融建设方面以及对黑龙江目前金融行业和金融环境发展落后于其他省份的原因。

王学宝、邱玉兴、于春梅（2009）着眼于黑龙江新农村建设中的金融供求问题，认为目前黑龙江的金融供给表现出总量的奇缺性、结构的割裂性、机制的掠夺性特征。农村金融失衡的原因在于供求双方，但供给方是主导方面，主要是：思维层面的金融发展观偏离；经济层面的商业化改革中逐利主义；制度层面的农村金融领域制度创新严重滞后；文化道德层面的金融业社会责任感重大缺失等。应采取理念创新、机构创新、产品创新、技术创新和制度创新的途径，解决黑龙江省农村金融供求问题。

刘春玲（2009）把眼光放在黑龙江对外资银行的引进方面，认为随着中国金融业的进一步放开，黑龙江省的金融市场也越来越多地受到外资金融机构的关注。加大力度推进黑龙江省与外资银行的金融合作，对加快黑龙江省经济发展，推进区域经济合作，具有重要的战略意义。

郗修方、刘思文（2009）继续对农村金融区域发展状况进行深入研究，农业大省的省情是黑龙江省农业及农村金融发展的重要参照系。相对于农业总量而言，黑龙江省的农村金融发展相对迟缓，大农业、小金融的特点十分明显，并由此产生了金融规模与农业规模、工业能力与农业体系、金融体系与市场体系、金融资源与财政资源、资源配置与需求路径等一系列功能错位。认识农业、农村金融的功能错位对深入了解黑龙江省农业及农村金融省情，促进区域农村经济发展具有重要意义。

王丽红（2009）则将打造黑龙江省区域金融生态作为研究方向，认为区域金融生态环境作为整个金融生态环境体系中最基本的组成部分，在金融生态环境体系建设和区域经济金融协调发展中具有举足轻重的作用。加强区域金融生态环境建设，改善区域金融生态环境是确保经济金融协调和可持续发展的重要保障。

## 第2节　黑龙江省部门资产负债表编制及分析

本章使用国家资产负债表方法对黑龙江省的经济和金融风险问题进行研究。由于家户部门与公共部门资产负债数据缺失，因此对黑龙江省企业部门和金融部门采用资产负债表方法进行资产负债表的编制与分析。

### 一、黑龙江省部门资产负债表分析

#### （一）金融部门资产负债表编制

本文在黑龙江省金融部门资产负债表编制中用银行业金融机构代替整个金融部门，金融部门资产负债表如表24.2。

**表24.2　黑龙江省金融部门资产负债表**　　单位：亿元

| 年份 | 2003 | 2004 | 2005 | 2006 | 2007 | 2008 |
|---|---|---|---|---|---|---|
| **总资产** | 5 829.0 | 6 646.5 | 7 428.2 | 8 269.9 | 9 280.0 | 11 274.0 |
| 贷款余额 | 4 091.3 | 4 115.4 | 3 724.6 | 4 028.1 | 4 330.6 | 4 594.0 |
| 短期贷款 | 2 569.6 | 2 422.9 | 2 079.5 | 2 141.9 | 2 268.3 | 2 167.2 |
| 票据融资 | — | 43.1 | 196.3 | 281.4 | 244.2 | 427.7 |
| 中长期贷款 | 1 363.8 | 1 440.3 | 1 411.0 | 1 583.2 | 1 785.1 | 1 978.2 |
| 本币贷款 | 3 979.4 | 4 038.3 | 3 658.5 | 3 971.9 | 4 256.3 | 4 532.7 |
| 外币贷款 | 111.9 | 77.1 | 66.1 | 56.2 | 74.3 | 61.3 |
| **总负债和权益** | 5 829.0 | 6 646.5 | 7 428.2 | 8 269.9 | 9 280.0 | 11 274.0 |
| 存款余额 | 4 979.9 | 5 458.8 | 6 256.4 | 7 032.7 | 7 657.7 | 9 077.5 |
| 企业存款 | 1 182.4 | 1 332.1 | 1 387.8 | 1 681.0 | 1 972.8 | 2 113.2 |
| 居民储蓄 | 3 342.5 | 3 585.7 | 4 078.6 | 4 469.4 | 4 547.0 | 5 603.5 |
| 活期存款 | 1 048.5 | 1 132.1 | 1 300.1 | 1 534.7 | 1 634.0 | 1 924.8 |
| 定期存款 | 2 294.0 | 2 453.6 | 2 778.5 | 2 934.7 | 2 913.0 | 3 678.7 |
| 本币存款 | 4 813.0 | 5 313.3 | 6 135.1 | 6 923.4 | 7 559.7 | 8 993.8 |
| 外币存款 | 166.9 | 145.5 | 121.3 | 109.3 | 98.0 | 83.7 |

注：本表中居民储蓄的数据来源于2005年、2007年和2009年黑龙江省统计年鉴。2004—2008年的其余数据来源于各年度黑龙江省金融运行报告。2003年的数据由2004年数据根据2004年金融运行报告逆推而得。

下面从资本结构、期限错配和货币错配三方面对黑龙江省金融部门的潜在风险进行分析。

## （二）金融部门资产负债表分析

1. 资本结构错配分析

如图 24.2，黑龙江省金融部门总资产从 2003 年到 2008 年呈现稳定增长，从 5 829 亿元增长到 11 274 亿元，说明黑龙江省金融部门总体状况发展良好，与该省经济运行状况相符。观察贷款余额与存款余额增长可以看出，存款余额相对于贷款余额增加趋势稳定且幅度较大，金融部门资金来源稳定。

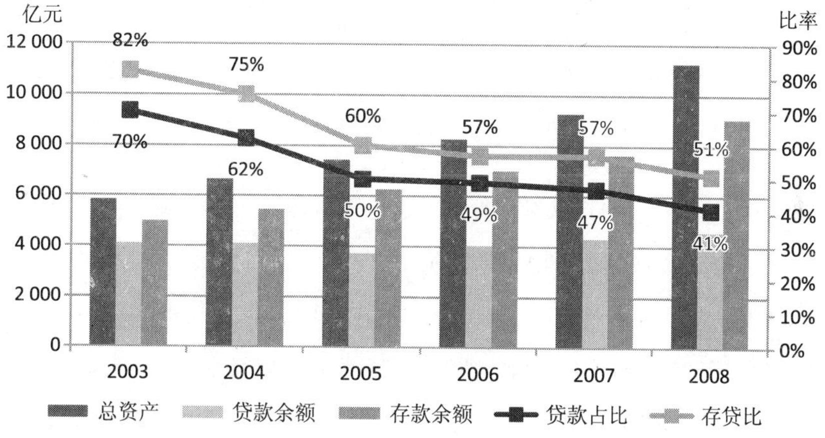


图 24.2　黑龙江省金融部门资本结构

而黑龙江省贷款占比总体呈现下降趋势，贷款额自 2005 年起出现了 12% 左右的下跌并在之后的几年内一直保持较低水平，在 2008 年达到最低值 0.41。相较于中部其他省份，黑龙江省在贷款增长方面明显落后。由图 24.2 可知，这是两方面的综合作用导致的：一是贷款余额在 2005 年有反常的明显下降，而存款余额的绝对值不断上升，综合两者变化，就产生了 15% 左右的存贷比波动。考虑到从 2005 年起，黑龙江政府连续实施了几项较大的金融和经济政策，包括把振兴老工业基地正式提到全省发展规划以及官方实施的对俄经贸合作战略，这两项被称为黑龙江新经济支柱的决策在很大程度上把政策倾向于大型国企和重工业，对短期贷款的主要群体——民营企业和轻工业以及加工业有明显的抑制作用，从而使得当年贷款数量急剧下降。而自 2005 年开始，黑龙江省提出的“三驾马车”的经济导向使得该省的贷款余额一直处于中部各省的底部。存贷比的同步下降从另一个方面也说明了这个问题。

2. 期限错配风险分析

如图 24.3，2003—2008 年间，黑龙江省贷款总额存在一定的波动，2004 年到 2005 年有较为明显的下降，从 2005 年开始保持稳定增长。短期贷款在 2004 年到 2005 年间下降较多，

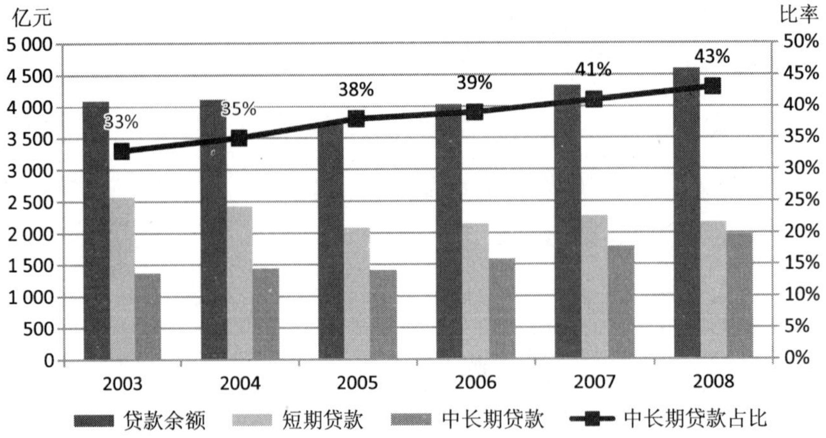


图 24.3　黑龙江省金融部门贷款结构

之后则呈波动态势。中长期贷款保持着增长趋势，但是在 2005 年亦有明显下降。而中长期贷款稳定增长并在 2008 年达到 1 978 亿元，说明了黑龙江省的远景发展预期良好，企业对经济的长期稳定增长有较强信心。与此同时，中长期贷款占比的不断上升，意味着黑龙江省金融部门的资产流动性有所下降，在面临突然性的经济波动时，有可能遭受较大损失。

如图 24.4，2003—2008 年间，黑龙江省居民储蓄在总体上呈现增长趋势，但其中定期存款占比呈现下降趋势，而在 2008 年有明显反弹，与黑龙江省金融部门的中长期贷款占比不断上升的趋势相矛盾，存在着一定的期限错配风险。

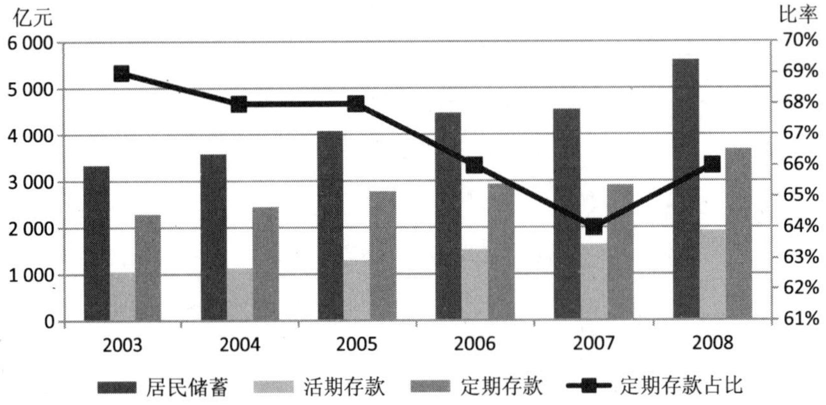


图 24.4　黑龙江省金融部门存款结构

3. 货币错配风险分析

黑龙江省金融部门的对外经营仍处于起步阶段，其金融部门中仅有微量的外币存贷款，这可从图 24.5 表现出的巨大差异看出。

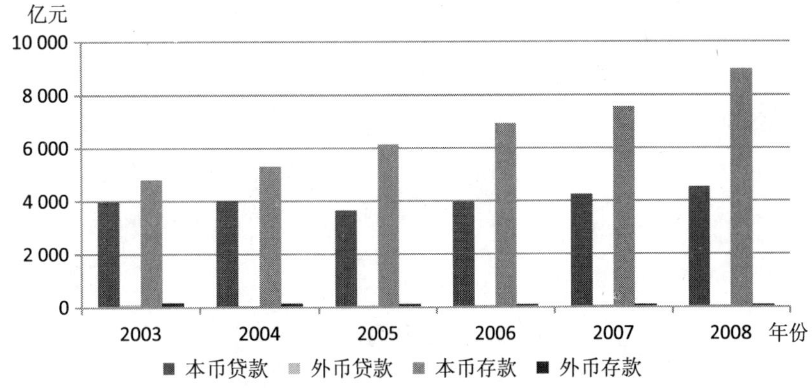


图 24.5　黑龙江省金融部门货币结构

考虑黑龙江金融部门的外币存贷比，由图 24.6 可以看出，该比率始终保持较低水平，最高在 2007 年达到 75.82%，最低在 2006 年，仅有 51.42%。从趋势看，从 2003 年开始到 2007 年结束，黑龙江外币存贷比下降后上升，在 2008 年又略有下降。相对于中部其他省份，黑龙江的外币贷款明显偏低，这可能与黑龙江的经济环境和投资环境有关。而长期低于 80% 的外币存贷比意味着黑龙江存在着一定的外币结构风险，需要注意。

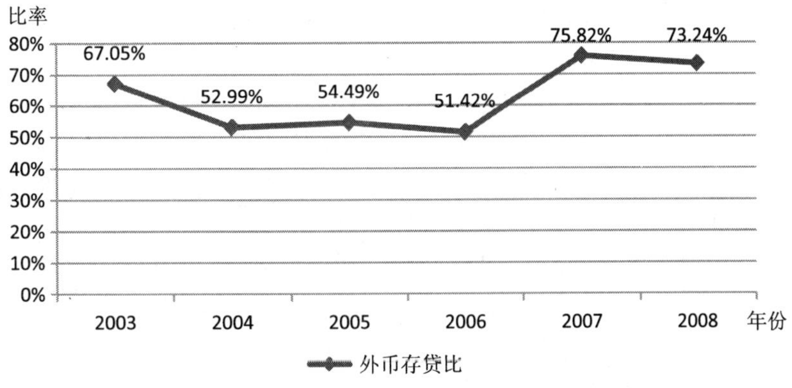


图 24.6　黑龙江省金融部门外币存贷比

**（三）小结**

从上述对黑龙江省金融部门资产负债表分析看，黑龙江省金融部门在资本结构方面正在主动减少对传统银行业务的依赖，积极开拓新的金融业务途径。而在期限错配方面存在着一定的流动性风险和期限错配风险，黑龙江省金融部门基本不存在货币错配风险，但是仍需注意发展对外业务，以增加自身在同业竞争中的生存能力。

## 二、黑龙江省企业部门资产负债表分析

### （一）黑龙江省企业部门资产负债表编制

企业部门主要考察2000—2008年黑龙江省全部国有及规模以上非国有工业企业、限额以上餐饮企业、限额以上批发零售业以及所有建筑业企业，编制2000—2008年黑龙江省企业部门资产负债表，如表24.3。

表24.3　黑龙江省企业部门资产负债表　　单位：亿元

| 年份 | 流动负债 | 长期负债 | 总负债 | 所有者权益 | 流动资产 | 长期资产 | 资产合计 |
|---|---|---|---|---|---|---|---|
| 2003 | 1 842.03 | 650.24 | 2 492.27 | 2 192.23 | 1 767.77 | 2 916.73 | 4 684.50 |
| 2004 | 1 896.41 | 645.62 | 2 542.03 | 2 142.43 | 1 820.75 | 2 863.71 | 4 684.46 |
| 2005 | 2 316.71 | 659.57 | 2 976.28 | 2 198.19 | 2 169.28 | 3 005.19 | 5 174.47 |
| 2006 | 2 453.29 | 673.82 | 3 127.11 | 2 563.32 | 2 339.02 | 3 351.41 | 5 690.43 |
| 2007 | 2 597.92 | 688.38 | 3 286.30 | 2 971.54 | 2 522.04 | 3 735.80 | 6 257.84 |
| 2008 | 3 367.47 | 908.13 | 4 275.60 | 3 689.91 | 3 240.71 | 4 724.80 | 7 965.51 |

注：企业部门资产负债编制过程如下：

① 对于工业企业、建筑业企业、批发零售业、餐饮业缺失数据进行估算处理。相对建筑业、批发零售业及餐饮业，工业企业的资产负债在企业部门总的资产负债中占比最高，统计数据基本无缺失；餐饮业、批发零售及建筑业在总体中占比较低，统计数据存在个别缺失情况，对于缺失数据进行估算补齐后产生的偏差对总体分析影响不大。

② 数据缺失及处理：全部国有及规模以上非国有工业企业2004年流动负债数据缺失，以2003年流动负债的年增长率进行推算，估算出2004年的流动负债，并进一步计算出长期负债；建筑业企业2004年统计数据中资产负债数据缺失，均以2003年各指标的年增长率进行推算，估算出2004年资产、负债、流动资产和流动负债，并进一步计算出长期资产、负债；限额以上餐饮企业、限额以上批发零售业2003—2007年流动负债数据缺失，本文以前三年的流动负债/总负债的均值作为当年的比例，结合总负债得到流动负债缺失数据的合理替代值，并进一步计算出长期负债。

③ 通过以上步骤获得总资产、总负债、总权益、流动资产和长期资产以及流动负债和长期负债，编制出工业企业、餐饮业、批发零售业以及建筑业四大行业的资产负债表，综合后即得到企业部门2003—2008年资产负债表。

### （二）企业部门资产负债表分析

1. 资本结构错配分析

如表24.3和图24.7所示，黑龙江省企业机构总资产和总负债均稳步增长，资产和负债增长的幅度和趋势几乎相同，所有者权益也不断增加，表明所有者权益逐年增大。资产负债率保持总体平稳的情况下在2008年有明显上升，达到了72%，这一负债率仍处于安全状态，但企业部门须做好应对较差金融环境的准备，为将来的预期债务偿还留出空间。

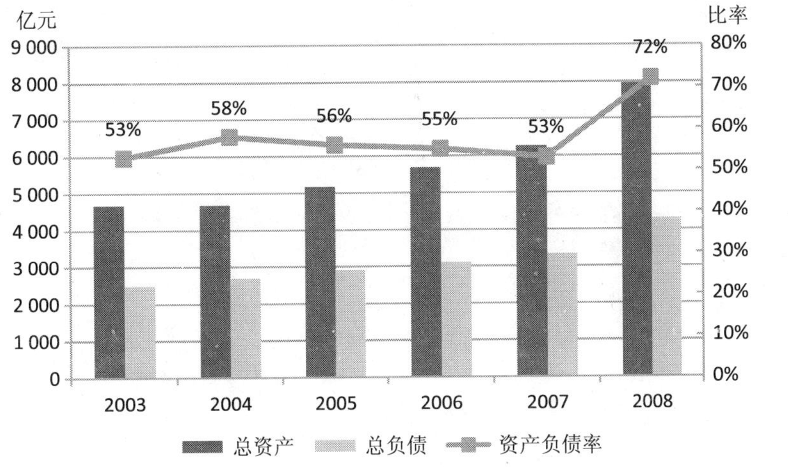


图 24.7　黑龙江省企业部门资本结构

2. 期限错配分析

如图 24.8，黑龙江省企业部门所有年份的短期资产都略低于短期负债，一般来说短期资产均有能力支付短期负债，资金缺口基本不存在，所以期限错配风险并不明显。

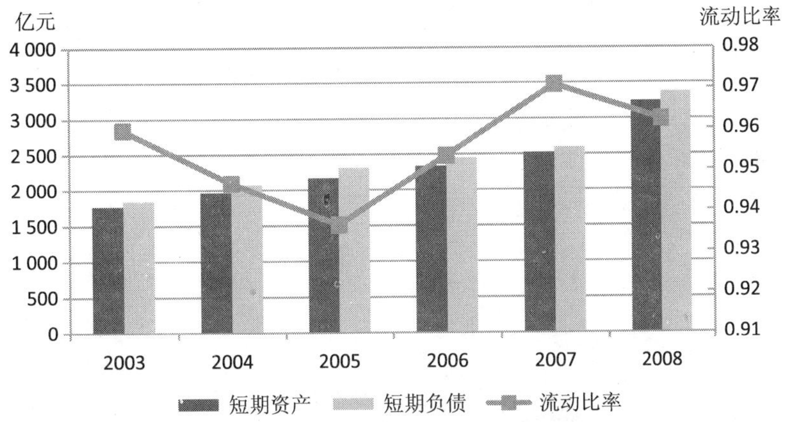


图 24.8　黑龙江省企业部门流动资产和流动负债

3. 清偿力风险分析

如图 24.9，2003—2008 年间，黑龙江省企业部门产权比率始终较低，在 2007 年达到最高值 0.89，未超过 1，之后略有回落，在 2008 年保持在 0.86 左右的平稳数值。黑龙江省企业部门产权比率始终在 1 以下，偿债能力较强，应对长期债务风险的能力较强，基本不存在清偿力风险。

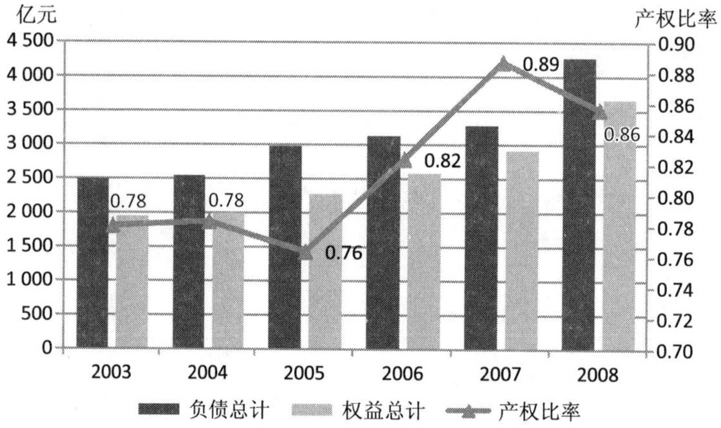


图 24.9　黑龙江省企业部门产权比率

**（三）小结**

综合以上分析，黑龙江省的企业部门发展状况良好，资产负债表完善，但是权益相对不足，债务融资总量较大但债务融资渠道有限，资产负债率略高，特别是在 2008 年，达到了 72% 的高值，企业部门负债比例偏高，存在一定风险。这是黑龙江作为老工业区在发展过程中必然要经历的阶段，对该省大量的国有企业和重工业企业来说，如何避免仅使用单一的债务杠杆来提高权益收益率和企业盈利仍然是一个关键的问题。

## 第 3 节　黑龙江省或有权益资产负债表编制及分析

### 一、黑龙江省上市企业部门或有权益资产负债表编制及分析

上市企业部门的或有权益资产负债表输入数据包括权益市值、违约点、权益市值波动率，其中，权益市值和权益市值波动率根据股票分析软件黑龙江省板块中的数据得到，股票价格采用前复权的方法后，每个企业（不包括金融企业）的权益市值可通过股票价格乘以现有股本数得到，加总处理后可得黑龙江省上市企业部门日权益市值，进一步计算即可得企业部门的年权益市值波动率；输入参数中的权益市值采用年末数据；上市企业部门的违约点通过短期债务加一半的长期债务获得。具体可得 2001—2009 年黑龙江省上市企业部门或有权益资产负债表的输入参数，如表 24.4。

表 24.4　黑龙江省上市企业部门或有权益输入数据

| 年份 | 无风险利率 | 违约点（亿元） | 权益市值（亿元） | 权益市值波动率 |
|---|---|---|---|---|
| 2001 | 2.25% | 155.19 | 605.48 | 24.20% |
| 2002 | 2.02% | 181.88 | 624.72 | 27.91% |
| 2003 | 1.98% | 223.46 | 569.15 | 17.48% |
| 2004 | 2.03% | 289.61 | 403.69 | 25.39% |
| 2005 | 2.25% | 334.02 | 314.15 | 29.91% |
| 2006 | 2.35% | 356.05 | 618.34 | 30.57% |
| 2007 | 3.26% | 378.47 | 1 717.67 | 40.75% |
| 2008 | 3.92% | 382.93 | 792.95 | 53.41% |
| 2009 | 2.25% | 433.64 | 1 576.53 | 33.28% |

### （一）或有权益资产负债表分析

代入表 24.4 中参数进行方程组计算后得到上市企业部门或有权益资产负债表，如表 24.5。

表 24.5　黑龙江省上市企业部门或有权益资产负债表　　单位：亿元

| 年份 | 资产市值 | 负债市值 | 权益市值 | 年份 | 资产市值 | 负债市值 | 权益市值 |
|---|---|---|---|---|---|---|---|
| 2001 | 756.85 | 151.37 | 605.48 | 2006 | 966.16 | 347.82 | 618.34 |
| 2002 | 802.92 | 178.20 | 624.72 | 2007 | 2 083.96 | 366.30 | 1 717.67 |
| 2003 | 788.27 | 219.12 | 569.15 | 2008 | 1 162.67 | 369.71 | 792.95 |
| 2004 | 687.48 | 283.79 | 403.69 | 2009 | 2 000.62 | 424.08 | 1 576.53 |
| 2005 | 640.49 | 326.34 | 314.15 | | | | |

如图 24.10，黑龙江省上市企业部门资产市值在 2006 年之前变化不大，在 800 亿元左右波动，2006 年、2007 年由于股市行情转好，资产市值大幅增加，2007 年达到最大值 2 083.96 亿元；权益市值也在 2007 年达到顶峰，为 1 717.67 亿元。2008 年金融危机的

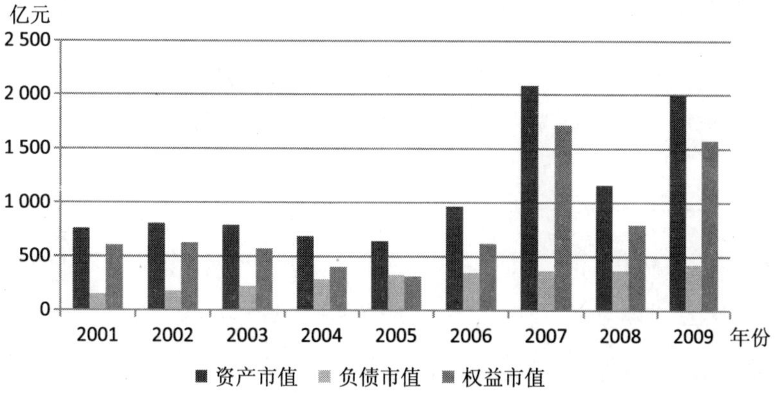


图 24.10　黑龙江省上市企业部门或有权益资本结构

爆发使得市值大幅缩水，资产市值下降44.21%，权益市值下降53.84%。

如图24.11，从或有资产负债率看，黑龙江省上市企业部门或有资产负债率从2001年到2005年逐渐增大。从2003年到2005年或有资产负债率一直在快速上升，其峰值出现在2005年，达到了50.95%，与我国这一阶段经济快速发展的情况保持一致。2006、2007年或有资产负债率有所下降，降至17.58%，这与2006年开始股票市场回暖，股权市值膨胀有关。总的来说，或有资产负债率保持在较低水平，黑龙江省上市企业部门或有资产错配风险并不明显。

图24.11　黑龙江省上市企业部门或有资产负债率

## （二）风险表分析

根据风险指标的求解模型，输入各已知变量，运用MATLAB求解得出黑龙江省上市企业部门的风险指标，所编制的风险表如表24.6。

**表24.6　黑龙江省上市企业部门风险表**

| 年份 | 资产市值波动率 | 违约概率 | 违约距离 | 年份 | 资产市值波动率 | 违约概率 | 违约距离 |
|---|---|---|---|---|---|---|---|
| 2001 | 19.35% | 0 | 4.107 6 | 2006 | 19.56% | 0 | 3.228 0 |
| 2002 | 21.72% | 0 | 3.561 7 | 2007 | 33.59% | 0 | 2.436 6 |
| 2003 | 12.62% | 0 | 5.676 7 | 2008 | 36.48% | 0.15% | 1.838 6 |
| 2004 | 14.91% | 0 | 3.881 3 | 2009 | 26.22% | 0 | 2.986 8 |
| 2005 | 14.67% | 0 | 3.262 3 | | | | |

如图24.12，上市企业部门资产市值波动率在2001—2002年处于较高位置，2003年有明显下降，从21.72%降到12.62%，之后2003—2006年资产市值波动率保持相对稳定的状态，2007—2009年期间，随着股市行情的看好，资产市值波动率明显升高，上市企业部门经营风险加大，在2008年达到最高值36.48%。

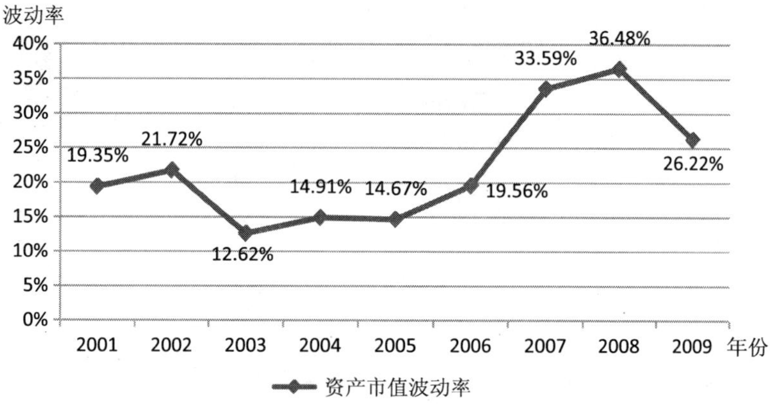


图 24.12　黑龙江省上市企业部门资产市值波动率

如图 24.13，上市企业部门违约距离在 2001—2008 年间虽然存在波动，但是总体保持了下降趋势，其最低值在 2008 年达到 1.838 6，而最高值在 2003 年达到 5.676 7。违约距离的下降，进一步表明黑龙江省上市企业部门违约风险有上升趋势。这与股市利好消息和上市企业部门逐步采用更激进的债务杠杆有密不可分的关系。

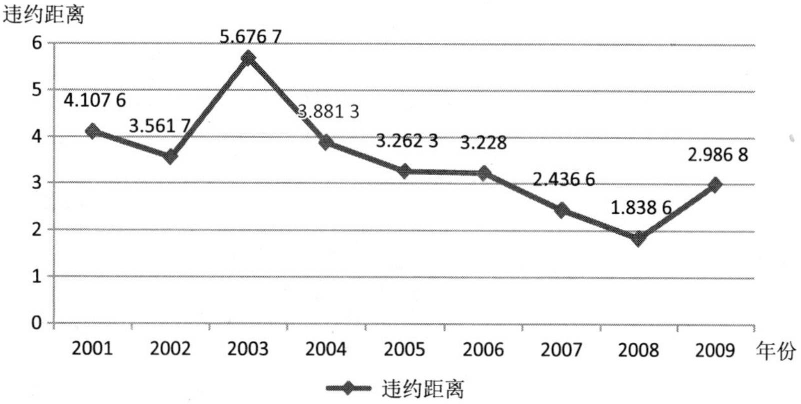


图 24.13　黑龙江省上市企业部门违约距离

## 二、黑龙江省企业部门或有权益资产负债表编制及分析

黑龙江省企业部门的或有权益资产负债表输入数据包含权益市值、违约点、权益市值波动率，权益市值通过对上市企业部门进行套算得到，权益市值波动率采用与上市企业部门相同的数据，企业部门的违约点通过国家统计局统计公报中的短期债务加一半的长期债务获得。具体可得 2003—2008 年黑龙江省企业部门或有权益资产负债表的输入参数，如表 24.7。

表 24.7　黑龙江省企业部门或有权益输入数据

| 年份 | 无风险利率 | 违约点（亿元） | 权益市值（亿元） | 权益市值波动率 |
|---|---|---|---|---|
| 2001 | 2.25% | 2 118.00 | 4 937.85 | 24.20% |
| 2002 | 2.02% | 2 116.66 | 4 922.62 | 27.91% |
| 2003 | 1.98% | 2 167.15 | 4 313.46 | 17.48% |
| 2004 | 2.03% | 2 219.22 | 2 910.54 | 25.39% |
| 2005 | 2.25% | 2 646.50 | 2 549.84 | 29.91% |
| 2006 | 2.35% | 2 790.20 | 5 517.12 | 30.57% |
| 2007 | 3.26% | 2 942.11 | 14 621.62 | 40.75% |
| 2008 | 3.92% | 3 821.54 | 8 298.33 | 53.41% |

**（一）企业部门或有权益资产负债表分析**

代入表 24.7 中参数进入计算机进行方程组计算后得到企业部门或有权益资产负债表，如表 24.8。

表 24.8　黑龙江省企业部门或有权益资产负债表　　单位：亿元

| 年份 | 资产市值 | 负债市值 | 权益市值 | 年份 | 资产市值 | 负债市值 | 权益市值 |
|---|---|---|---|---|---|---|---|
| 2001 | 7 009.28 | 2 071.43 | 4 937.85 | 2005 | 5 137.51 | 2 587.67 | 2 549.84 |
| 2002 | 6 997.51 | 2 074.89 | 4 922.62 | 2006 | 8 242.57 | 2 725.45 | 5 517.12 |
| 2003 | 6 437.83 | 2 124.37 | 4 313.46 | 2007 | 17 469.19 | 2 847.57 | 14 621.62 |
| 2004 | 5 085.44 | 2 174.90 | 2 910.54 | 2008 | 11 986.94 | 3 688.61 | 8 298.33 |

如图 24.14，黑龙江省企业部门资产市值在 2005 年之前有一定程度的下降，2006 年开始资产市值大幅增加，并于次年达到最大值 17 469.19 亿元；负债市值和权益市值也在 2007 年达到顶峰，分别为 2 847.56 亿元和 14 621.62 亿元。2008 年金融危机的爆发使得市值大幅缩水，资产市值下降 31.4%，权益市值下降 43.25%。

从黑龙江省企业部门的负债市值情况看，负债市值在 2001—2007 年期间并没有明显

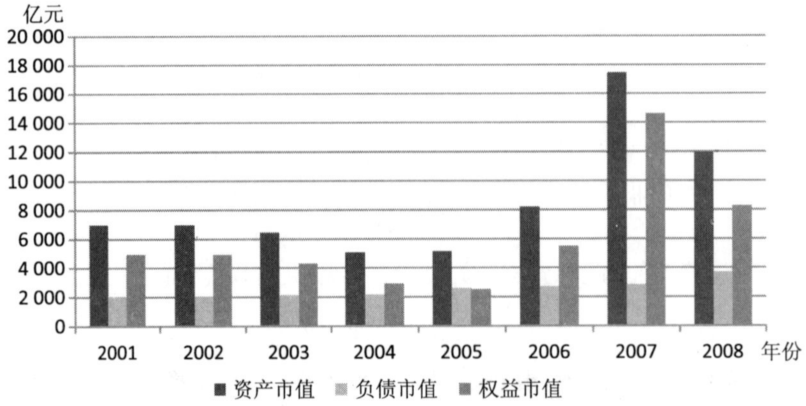


图 24.14　黑龙江省企业部门或有权益资本结构

的变化。而比较黑龙江省负债市值和权益市值的增长率，发现2007年以前两者一直保持较小差距，但权益市值在2007年的增长远远超过了负债市值的增长。

如图24.15，从整体趋势看，黑龙江省企业部门或有资产负债率在2005年达到了一个峰值，之后下降的趋势较为明显，2008年资产负债率均有上升，说明黑龙江的企业部门在这一年金融风险明显增加。从另一方面看，或有资产负债率远小于账面资产负债率，说明市场估值的真实企业风险是小于账面价值显示的金融风险的，企业部门或有资本错配风险是非常小的。

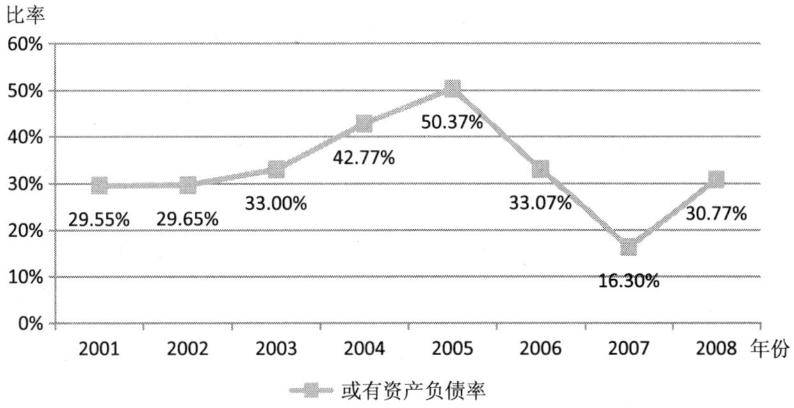


图24.15　黑龙江省企业部门或有资产负债率

### （二）风险表分析

根据风险指标的求解模型，输入各已知变量，运用MATLAB求解得出黑龙江省企业部门的风险指标，所编制的风险表如表24.9。

**表24.9　黑龙江省企业部门风险表**

| 年份 | 资产市值波动率 | 违约概率 | 违约距离 | 年份 | 资产市值波动率 | 违约概率 | 违约距离 |
|---|---|---|---|---|---|---|---|
| 2001 | 17.05% | 0 | 4.093 6 | 2005 | 14.84% | 0 | 3.266 3 |
| 2002 | 19.64% | 0 | 3.552 2 | 2006 | 20.46% | 0 | 3.233 3 |
| 2003 | 11.71% | 0 | 5.663 8 | 2007 | 34.11% | 0 | 2.438 1 |
| 2004 | 14.53% | 0 | 3.878 0 | 2008 | 37.02% | 0.13% | 1.840 1 |

如图24.16，企业部门资产市值波动率在2006年之前有一定增长但不明显，2008年达到了一个高点。2007年和2008年资产市值波动率均处于相对较高的水平。与上市企业部门在2009年资产市值波动率有明显下降不同，企业部门的资产市值波动率在2009年仍然保持着上升态势，并首次明显高出上市企业部门，说明黑龙江企业部门整体的风

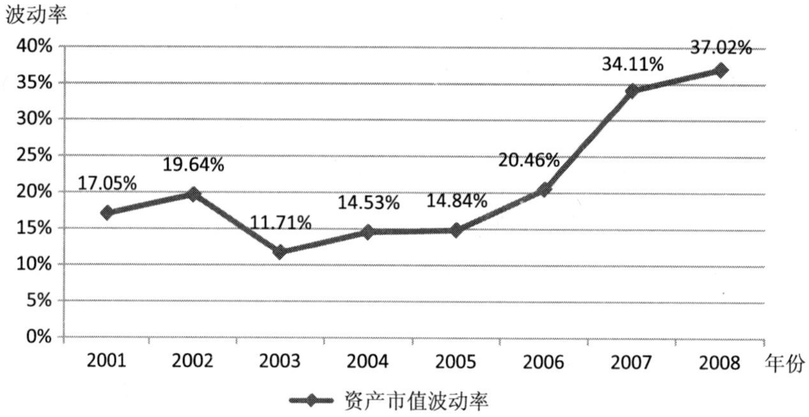


图 24.16　黑龙江省企业部门资产市值波动率

险有放大趋势，需要特别关注。

如图 24.17，2001—2006 年黑龙江省企业部门违约距离在 4 左右，违约概率趋近于 0，因此黑龙江省企业部门的运行是比较安全的。而从 2007 年开始，黑龙江省企业部门的违约距离迅速下降，2008 年甚至下降到了 1.84。从违约距离反映的特征看，黑龙江省企业部门的金融风险总体呈上升趋势。

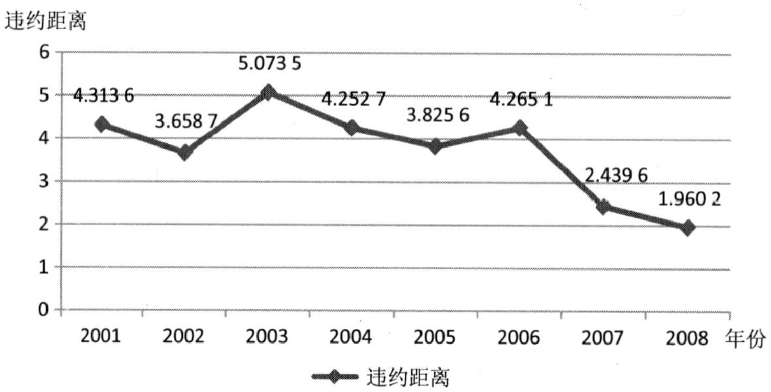


图 24.17　黑龙江省企业部门违约距离

## 第 4 节　结论及政策建议

本章在对黑龙江省经济金融运行概况以及相关文献进行归纳的基础上，基于账面价值资产负债表对黑龙江省金融部门和企业部门在运行过程中潜在的风险进行了分析，并结合市场信息编制上市企业和企业部门整体的或有权益资产负债表，分析宏观经济运行过程中的潜在风险。

通过本章的系统数据统计分析和指标构建，可以发现黑龙江省的金融部门仍处于发展阶段，金融部门的风险指标未出现显著趋势或明显规律，而企业部门在融资方面对债务杠杆过于依赖，其资产负债率近年来始终保持上升趋势，更趋近于老的传统经营企业，对更多金融工具的运用是需要迫切解决的问题。

在基于账面价值的资产负债表分析中，发现金融部门和企业部门均存在不同程度和不同类别的风险。分析表明黑龙江省金融部门资本结构错配问题有所改善，但面临着较为严重的结构性矛盾——持续增加的中长期贷款需求与存款结构存在明显的结构性错配。此外，黑龙江省金融机构总体发育程度不高，其中大型国有金融机构仍然占据大部分市场份额，其他金融机构进驻、发展比较缓慢。通过对企业部门资产负债表分析可以看出，企业部门期限错配风险已逐步改善，但是随着总资产规模持续扩大，总负债以更快的速度增长，资产负债率虽然绝对数值仍然处于安全区间，但随着比率的进一步攀升，在2008年达到最高值72%，黑龙江省企业部门应继续致力于降低资产负债率，通过合理途径增加股权融资比例。黑龙江省的企业部门发展状况良好，资产负债表完善，但是权益相对不足，债务融资渠道有限且总量不大。

从或有权益风险分析的结果看，2001—2006年黑龙江省企业部门运行是比较安全的，企业部门的金融风险呈总体下降的趋势，而从2007年开始，黑龙江省企业部门的违约距离迅速下降，2008年达到样本区间内的最低点，违约风险上升。

结合黑龙江省的实际情况，将黑龙江省宏观金融风险形成的原因归纳为金融部门发展不足，企业部门金融意识薄弱，整体金融架构不完善，融资渠道不通畅等问题。在此基础上相应地提出了一系列的政策建议：

第一，吸取先进国家和省份金融部门发展过程中的经验教训，以建立功能完整、业绩稳定、报表良好的金融部门为短期目标，以建立多层次、多种类金融机构互补并存的完整的金融体系，满足不同层次的资金需求为长期目标。大力发展金融市场和金融机构，推进本省金融业务的大步前进。

第二，改变企业经营理念，引进金融操作人才。通过制度和人力资源的变革，拓宽企业融资渠道，改变企业发展步骤。从单纯的生产销售再生产的传统企业发展成为能够有效利用高效率多渠道的金融市场来发展自我完善自我的新时代企业，与将要发展的金融部门一起，共同建设黑龙江省的金融市场。

第三，应尝试组建大型金融控股集团。黑龙江省目前还没有大型金融集团和商业银行集团的总部进驻。面对本省份金融水平和金融服务有待提高的现状，政府部门必须充分挖掘潜力，发挥现有优势，通过收购、兼并、重组和上市融资等途径，尽快组建一批大型金融控股集团。同时要降低金融行业进入壁垒，集聚和培育外资、民营金融机构。黑龙江省应抓住我国金融业全面开放、国际金融产业梯度转移的机遇，制定各种优惠政策，吸引国际金融机构地区总部或功能总部落户，通过经验丰富的外资机构来迅速提高自身金融发展水平。

# 第 25 章　山西省宏观金融风险研究



山西省是中国重要的能源基地，区内煤炭资源丰富，能源、冶金、化工是区内支柱产业，在全国的经济发展格局中起着不可或缺的作用。但是山西省产业结构不合理，经济周期性较强，抵御风险的能力相对较弱。随着 2008 年国际金融危机在世界各地的爆发和不断蔓延，山西省经济金融状况面临挑战。本章将基于账面价值和市场价值的宏观资产负债表对山西省主要经济部门运行的潜在风险进行识别和度量，并提出相关的政策建议。

## 第 1 节　引言

改革开放以来，山西省经济得到飞速发展，地方 GDP 增长迅速。本部分首先介绍山西省经济金融发展情况，之后梳理山西省金融风险研究的相关文献。

### 一、山西省经济金融概况

#### （一）山西省经济运行概况

通过山西省 2000 年来 GDP 增长情况可以发现，山西省经济总量在逐年递增，并且增速较快，特别是在 2007 年，地区生产总值达到 6 733.4 亿元，较前一年大幅增长 14.4%。如表 25.1 所示，2008 年山西省地区生产总值达 6 938.73 亿元，比上年增长 8.1%。根据山西省 2008 年统计公报的消息，山西省 2008 年度第一产业增加值达 302.48 亿元，增长 2.5%；第二产业增加值为 4 265.77 亿元，增长 7.4%；第三产业增加值为 2 370.48 亿元，增长 10.6%。总的来看，第三产业的增长速度高于第一、二产业的增长速度,经济结构进一步改善。人均地区生产总值首次突破两万元,达到 20 300 元,按 2008 年平均汇率计算超过 2 900 美元。

表 25.1　山西省近年生产总值（GDP）　　单位：亿元

| 年份 | 2000 | 2001 | 2002 | 2003 | 2004 | 2005 | 2006 | 2007 | 2008 |
|---|---|---|---|---|---|---|---|---|---|
| GDP | 1 640.1 | 1 774.6 | 2 017.5 | 2 445.6 | 3 042.4 | 4 121.2 | 4 715.0 | 6 733.4 | 6 938.7 |

注：数据来源于山西省国民经济和社会发展统计公报。

从图 25.1 可以看出，2000—2008 年间，在我国经济总体呈现飞速发展的情况下，山西省 GDP 呈现总体上升的趋势，但在 2007 年至 2008 年增速明显放缓。2008 年 GDP 为 6 938.7 亿元，比 2000 年增长 5 298.6 亿元。山西省注重培育本地区的优势产业，利用地区资源优势，做大做强当地经济，为此，山西省政府曾多次出台相关政策。2004 年 2 月 23 日，山西省委省政府出台行业结构调整方案及实施办法，对山西省国民经济中处于重要地位和具有广阔发展前景的特色农业、煤炭、焦炭、冶金、电力等 13 个行业进行了整体部署和安排。2005 年 6 月 1 日国家确定的晋北、晋中和晋东三大煤炭基地，推动山西省由煤炭大省向煤炭和煤化工大省转变，由资源大省向经济强省转变。2006 年山西省政府发出通告，将以 13 个铝土矿资源集中区为依托，以现有和规划建设的氧化铝、电解铝及铝材加工企业为中心，构建东、西、南、北、中五大铝工业基地。

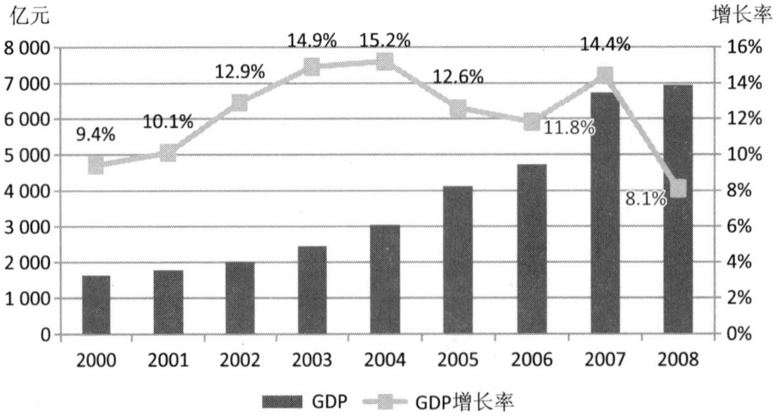


图 25.1　山西省地区生产总值

山西省2008年地区生产总值构成如图25.2，第二产业占整个地区生产总值的59.2%，其中煤炭开采业十分突出，仅此一项便占据地区生产总值的26.62%，可以说山西省经济对煤炭开采业较为依赖。

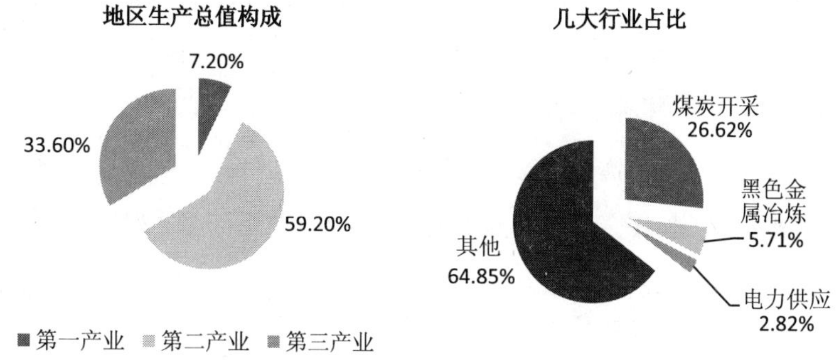


图25.2　山西省2008年地区生产总值构成①

**（二）山西省金融运行概况**

2000年以来，山西省各金融机构认真贯彻落实国家宏观调控政策，支持地方经济又好又快发展，银行业存贷款快速增长，信贷结构进一步优化。证券业发展体现了较强的周期性，在金融危机爆发的时候受到了较大的冲击，但是整体看是健康快速发展的。保险业进一步发展，但是其发展程度还远远落后于经济发展程度。金融生态环境建设持续改善，有利于金融业长期发展。

由表25.2可以看出，山西省近年来金融业产值呈逐年递增的良好势头，并且增长速度较快。但是从金融业产值占地区生产总值的比重看，在2007年这一比重出现了较大幅度的下滑。山西省金融业的发展速度滞后于经济增长的速度，经济和金融发展并不同步。

**表25.2　山西省历年金融业产值及占GDP比重**

| 年份 | 2006 | 2007 | 2008 |
|---|---|---|---|
| 金融产值（亿元） | 138.3 | 157.4 | 189.8 |
| GDP（亿元） | 4 715.0 | 6 733.4 | 6 938.7 |
| 金融业占GDP比重 | 2.93% | 2.34% | 2.73% |

## 二、文献综述

关于山西省金融运行的文献，主要集中于金融机构的运行状况以及对山西省金融发

① 数据来源于《山西省统计年鉴2009》。

展与经济增长的实证关系上。

赵英杰（2005）从对山西目前大多数企业的自融资能力差并且主要的金融资源分布在银行体系中的现状分析出发，认为山西目前在金融体制方面存在的缺陷，阻碍和扭曲了其推动行业结构调整机制作用的有效发挥，成为制约山西行业发展和经济持续健康发展的因素，并认为只有通过金融改革，变革已有的金融资源分布状况，才能真正建立起市场主导的行业结构调整机制。

张丽华（2008）提出，优化金融生态环境是改善地区投资环境、吸引资金流入、实现金融协调发展的关键所在，并在目前山西金融生态环境不佳、与大省份相比存在较大差距的情况下，分析了山西金融生态环境建设中存在的问题以及探讨山西金融生态环境的建设思路。

王保庆、何凤隽、王保忠（2008）对山西省金融增长和经济发展作了实证分析，结果显示，山西省金融相关比率对经济增长的解释力非常强，同时由于山西省的金融结构是银行主导型的，应大力提高商业银行的资产质量，从微观上改善经营机制，宏观上为企业创造良好的竞争环境，对于该省的经济可持续发展有着至关重要的意义。

## 第 2 节　山西省部门资产负债表编制及分析

本节针对山西省主要经济部门——金融部门和企业部门编制宏观资产负债表，就其账面价值进行资本结构、货币结构、期限结构的错配分析以及部门清偿力分析等，以此来衡量与山西省宏观经济运行相关的金融风险。

### 一、山西省金融部门资产负债表编制及分析

#### （一）金融部门资产负债表编制

截至 2008 年年末，山西省银行类金融机构营业网点（不含总部）达 5 174 个，其中国有商业银行分支机构 2 537 个、农村合作机构 2 532 个；总部设在辖区内的证券公司有 2 个，分别为大同证券和山西证券；总部设立在辖区内的期货公司有 1 个；保险公司一级分支机构 28 个，金融市场规模持续扩大。编制山西省金融部门 2003—2008 年资产负债表主要涵盖山西省银行类金融机构，如表 25.3。

表 25.3　山西省金融部门资产负债表　　单位：亿元

| 年份 | 2003 | 2004 | 2005 | 2006 | 2007 | 2008 |
|---|---|---|---|---|---|---|
| **总资产** | 5 162.8 | 6 247.9 | 8 441.7 | 9 715.0 | 10 965.0 | 15 213.0 |
| 贷款余额 | 3 679.1 | 4 107.6 | 4 328.9 | 4 878.7 | 5 514.2 | 6 041.9 |
| 短期贷款 | 1 942.9 | 2 043.8 | 2 132.3 | 2 310.7 | 2 683.7 | 2 795.0 |
| 票据融资 | 419.7 | 460.6 | 479.3 | 427.7 | 393.3 | 428.4 |
| 中长期贷款 | 1 316.5 | 1 603.2 | 1 717.3 | 2 059.0 | 2 329.9 | 2 763.6 |
| 本币贷款 | 3 601.0 | 4 016.1 | 4 229.0 | 4 788.5 | 5 394.5 | 5 960.3 |
| 外币贷款 | 78.1 | 91.5 | 99.9 | 90.2 | 119.7 | 81.6 |
| **总负债和权益** | 5 162.8 | 6 247.9 | 8 441.7 | 9 715.0 | 10 965.0 | 15 213.0 |
| 存款余额 | 4 754.2 | 5 885.8 | 7 151.2 | 8 656.0 | 10 111.9 | 12 827.6 |
| 企业存款 | 1 267.0 | 1 558.0 | 1 749.0 | 2 255.3 | 2 661.4 | 3 294.2 |
| 居民储蓄 | 2 781.5 | 3 342.3 | 4 119.6 | 4 796.2 | 5 422.4 | 7 086.7 |
| 活期存款 | 709.0 | 920.4 | 1 174.2 | 1 448.6 | 1 715.0 | 2 106.7 |
| 定期存款 | 2 072.6 | 2 421.9 | 2 945.5 | 3 397.5 | 3 707.4 | 4 941.9 |
| 本币存款 | 4 684.1 | 5 811.7 | 7 088.6 | 8 577.5 | 10 041.9 | 12 766.7 |
| 外币存款 | 70.1 | 74.1 | 62.6 | 78.5 | 70.0 | 60.9 |

注：山西省金融部门资产负债表涵盖银行类金融机构资产负债表，数据来源于《中国统计年鉴》、《山西省统计年鉴》、《山西省金融运行报告》等，具体如下：

① 总资产、总负债和权益数据从 2004—2008 年《山西省金融运行报告》获得，2003 年数据根据 2004 年的增长率推算出。

② 贷款余额、短期贷款、票据融资、中长期贷款数据从 2004—2008 年《山西省统计年鉴》获得，本币贷款和外币贷款数据从 2004—2008 年《山西省金融运行报告》附表获得，2003 年数据根据 2004 年的增长率推算出。

③ 存款余额、企业存款、居民储蓄、活期存款和定期存款从 2004—2008 年《山西省统计年鉴》获得，本币存款和外币存款从 2004—2008 年《山西省金融运行报告》附表获得，2003 年数据根据 2004 年的增长率推算出。

### （二）金融部门资产负债表分析

1. 资本结构错配分析

如图 25.3，山西省金融部门存贷比总体呈下降趋势，从 2003 年的 77% 降至 2009 年 47%，除 2003 年外均低于我国央行规定的商业银行最高存贷比 75%。2004 年 7 月 8 日，太原中心支行出台《关于金融支持山西省行业结构调整的指导意见》，引导金融机构加强对山西省行业结构调整的金融服务和信贷投入力度。从数据看，山西省贷款额有了很大增长，但是与存款的增长速度相比，贷款增速相对较低。由此可见，山西省金融部门在注意控制风险的同时并没有充分的利用银行资金，金融机构信贷投入力度不够。

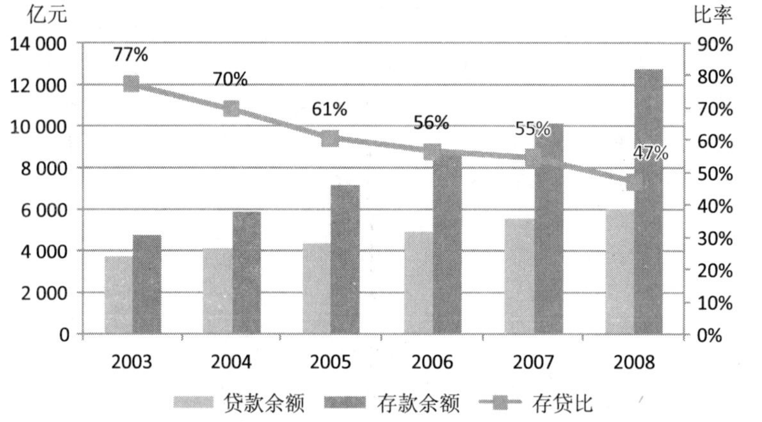


图 25.3　山西省金融部门存贷结构

如图 25.4，山西省金融部门总资产从 2003 年到 2008 年呈现稳定增长，2008 年金融部门总资产达到 15 213 亿元，且增长最为迅速。2007 年 8 月 21 日，中信银行太原分行成立；12 月 18 日，中国邮政储蓄银行山西省分行正式挂牌。多家金融机构在山西省建立分支机构是山西省金融部门总资产增加的重要原因之一。山西省金融部门总体状况发展良好，与该省经济运行状况相符。观察贷款余额与存款余额增长可以看出，存款余额相对于贷款余额增加幅度较大，山西省金融部门有更多的可用资产用于发展自身。

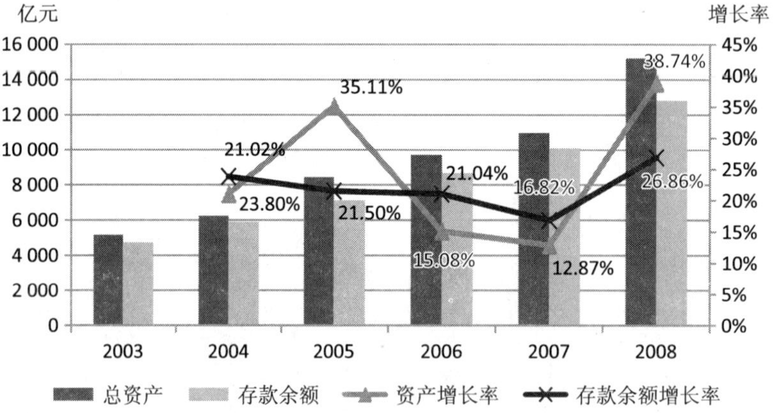


图 25.4　山西省金融部门资产增长率

如图 25.5，山西省贷款余额占总资产比例总体呈现下降趋势，在 2008 年达到最低值 39%。贷款资产在总资产结构中的比重不断下降说明山西省金融部门资产正在逐步实现多样化增长，降低了对传统贷款的依赖。

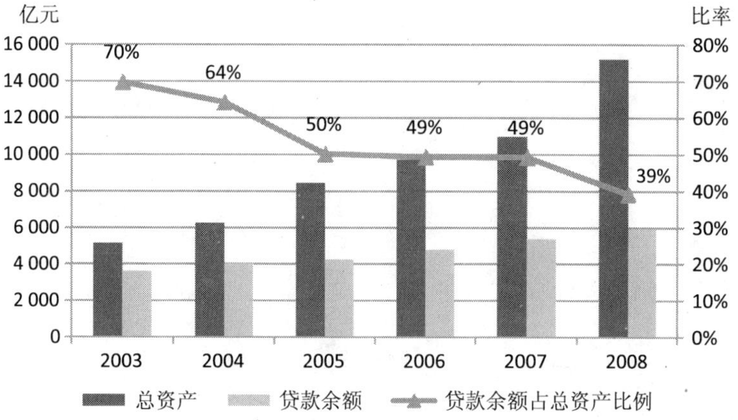


图 25.5　山西省金融部门贷款余额占总资产比例

2. 期限错配风险分析

如图 25.6，山西省贷款总额、中长期贷款和短期贷款在 2003—2008 年间总体呈增长趋势，短期贷款增长速度较慢，中长期贷款则保持着稳定的增长势头。而中长期贷款占贷款余额的比重不断上升，意味着山西金融部门的资产流动性有所下降。

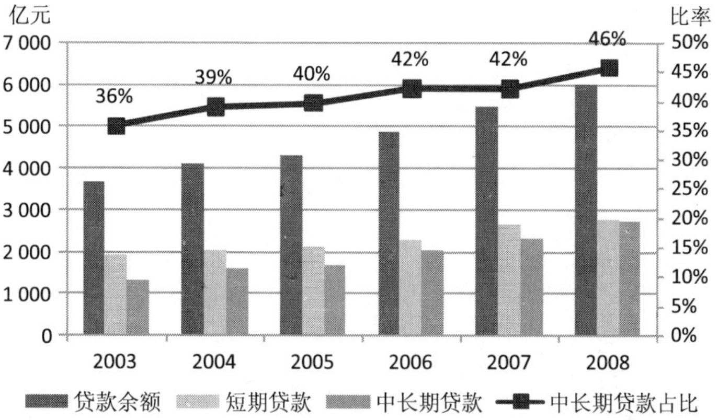


图 25.6　山西省金融部门贷款结构

如图 25.7，2003—2008 年间，山西省居民储蓄在总体上呈现强劲增长趋势。其中定期存款占比总体呈现下降趋势，仅在 2008 年略有上升。

从图 25.6 和图 25.7 来看，山西省金融部门在资金来源和资金运用上存在着一些问题，主要体现为资金来源的短期化和资金运用的长期化。分析山西省居民储蓄结构可以发现，活期存款余额从 2003 年年末至 2008 年年末，6 年上升了 1 400 亿元，而定期存款占比总体上呈现下降趋势，尽管 2008 年由于高利率的影响，定期存款占比

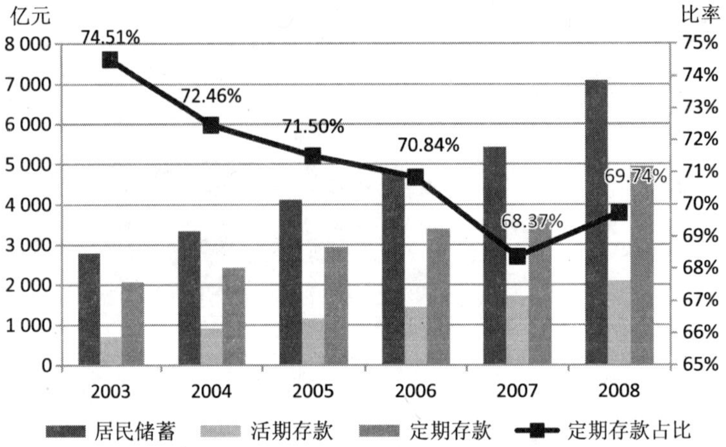


图 25.7　山西省金融部门居民储蓄结构

上升了 2 个百分点，但是总的来看山西省金融部门资金来源仍然呈现短期化趋势。而从山西省金融部门贷款结构中可以看出，中长期贷款余额从 2003 年年末至 2008 年年末，6 年上升了 1 447 亿元，升幅达到 110%，占全部贷款余额的比例也相应增加 10 个百分点，资金运用长期化趋势十分明显。综合山西省金融部门贷款结构和居民储蓄结构的分析，山西省金融部门从趋势看存在着期限错配风险，但是从绝对量看流动性风险较小。

3. 货币错配风险分析

如图 25.8，山西省金融部门的对外经营仍处于起步阶段，其金融部门中仅有微量的外币存贷款。但从图 25.7 可以看出，山西省金融部门外币存贷比从 2003 年来一直处于较高的位置，其值都大于 100%，特别是在 2007 年，随着人民币的强烈升值预期，外币

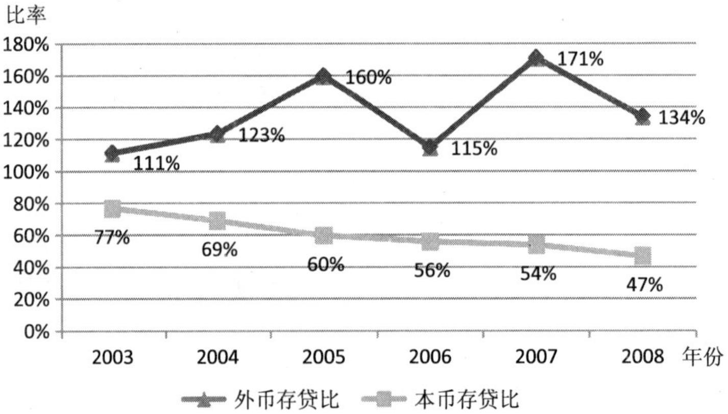


图 25.8　山西省金融部门外币存贷比

存贷比达到最高值171%，这对规避汇率风险极为不利。但是考虑到外币存贷款的绝对量少，山西省金融机构货币错配风险并不大。

### （三）小结

从上述对山西省金融部门资产负债表分析来看，山西省金融部门在资本结构方面不存在错配风险，但是存贷比过低。而山西省金融部门在期限错配方面不存在流动性风险，但外币存贷比偏高，存在一定货币错配风险。

## 二、山西省企业部门资产负债表编制及分析

### （一）企业部门资产负债表的编制

企业部门主要考察2003—2008年山西省全部国有及规模以上非国有工业企业、限额以上餐饮企业、限额以上批发零售业以及所有建筑业企业，编制2003—2008年资产负债表，如表25.4。



**表25.4 山西省企业部门资产负债表** 单位：亿元

| 年份 | 2003 | 2004 | 2005 | 2006 | 2007 | 2008 |
|---|---|---|---|---|---|---|
| 流动资产 | 2 583.32 | 3 191.66 | 3 911.33 | 4 754.16 | 5 757.19 | 7 052.44 |
| 长期资产 | 2 933.61 | 3 744.71 | 4 742.62 | 5 959.03 | 7 242.11 | 8 902.85 |
| 资产总计 | 5 512.53 | 6 934.50 | 8 653.94 | 10 713.19 | 12 999.30 | 15 955.24 |
| 流动负债 | 2 454.46 | 3 128.41 | 3 956.13 | 4 963.28 | 6 264.15 | 7 993.67 |
| 长期负债 | 1 314.32 | 1 614.93 | 1 968.15 | 2 378.93 | 2 589.86 | 2 855.75 |
| 负债合计 | 3 765.38 | 4 741.91 | 5 924.28 | 7 342.22 | 8 854.01 | 10 801.05 |
| 所有者权益 | 1 671.32 | 2 102.56 | 2 624.04 | 3 248.63 | 4 131.71 | 5 312.68 |

注：企业部门资产负债编制过程如下：

① 对于工业企业、建筑业企业、批发零售业、餐饮业缺失数据进行估算处理。相对建筑业、批发零售业及餐饮业，工业企业的资产负债在企业部门总的资产负债中占比最高，统计数据基本无缺失；餐饮业、批发零售及建筑业在总体中占比较低，统计数据存在个别缺失情况，对于缺失数据进行估算补齐后产生的偏差对总体分析影响不大。

② 数据缺失及处理：全部国有及规模以上非国有工业企业2004年流动负债数据缺失，以2003年流动负债的年增长率进行推算，估算出2004年的流动负债，并进一步计算出长期负债；建筑业企业2004年统计数据中资产负债数据缺失，均以2003年各指标的年增长率进行推算，估算出2004年资产、负债、流动资产和流动负债，并进一步计算出长期资产、负债；限额以上餐饮企业、限额以上批发零售业2003—2008年流动负债数据缺失，本文以前三年的流动负债/总负债的均值作为当年的比例，结合总负债得到流动负债缺失数据的合理替代值，并进一步计算出长期负债。

③ 通过以上步骤获得总资产、总负债、总权益、流动资产和长期资产以及流动负债和长期负债数据，编制出工业企业、餐饮业、批发零售业以及建筑业四大行业的资产负债表，综合后即得到企业部门2003—2008年资产负债表。

### （二）企业部门资产负债表分析

1. 资本结构分析

从图 25.9 可以得知，2003—2008 年，山西省企业部门资产和负债总量都在不断升高，但是资产负债率并没有明显的波动。从绝对值看，山西省企业部门资产负债率一直处于较高的水平，相比中部其他省份企业部门资产负债率下降的变化趋势而言，山西省企业部门可能更依赖于债务融资。从这个角度看，山西省企业部门资产结构不够合理，需要进一步改善。

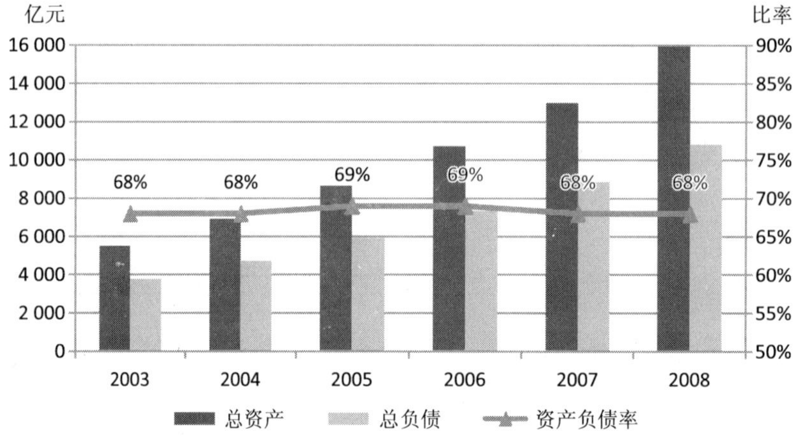


图 25.9　山西省企业部门资本结构

2. 期限错配分析

从图 25.10 和表 25.4 表可以得知，2003 年山西企业部门短期负债和短期资产基本

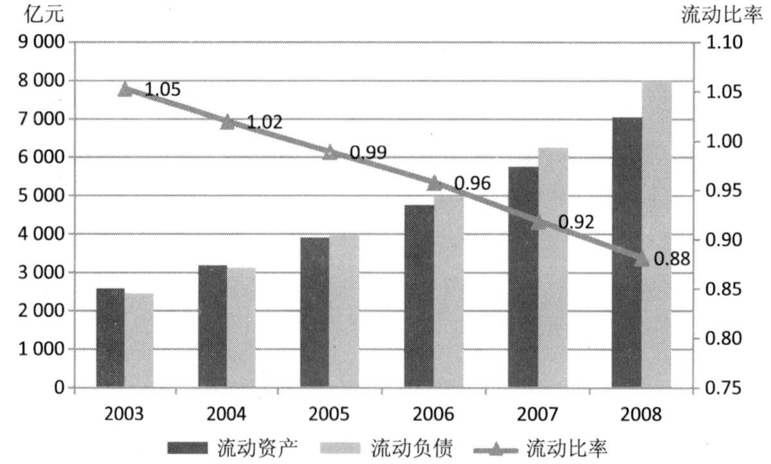


图 25.10　山西省企业部门流动资产和流动负债

相等，短期资产基本可以偿还短期负债，期限错配风险不是很大。但从 2004 年开始，流动比率不断降低，到 2008 年降低到 0.88，说明存在较大的期限错配风险隐患。从山西省 2005 年以来的金融运行报告可以看出，山西省固定资产投资一直保持着较大的数额以及很快的增长速度，其增长速度每年均大于地区生产总值的增长速度，这可能是山西省企业部门流动性不足的一个原因。特别是 2008 年，在引投资和保发展的指导方针下，山西省地区生产总值和工业增加值增速明显放缓，但固定资产投资依然保持很高的增速。

3. 清偿力风险分析

从图 25.11 可以得知，山西省企业部门有着较高的产权比率，从 2003 年到 2008 年，始终在 2 以上，存在较为明显的清偿力风险。相比其他省份，山西省明显偏高的产权比例与其主导产业特征相关。山西省的 GDP 很大程度上依赖于其矿业资源，而该产业的特点是初期固定资本投入极高，这也意味着大量的煤矿企业均采取了负债经营的方式，从而导致了山西省产权比率一直高于 2，虽然从趋势看在 2007 年和 2008 年出现了下降的现象，但是山西企业部门依然存在较大的清偿力风险。

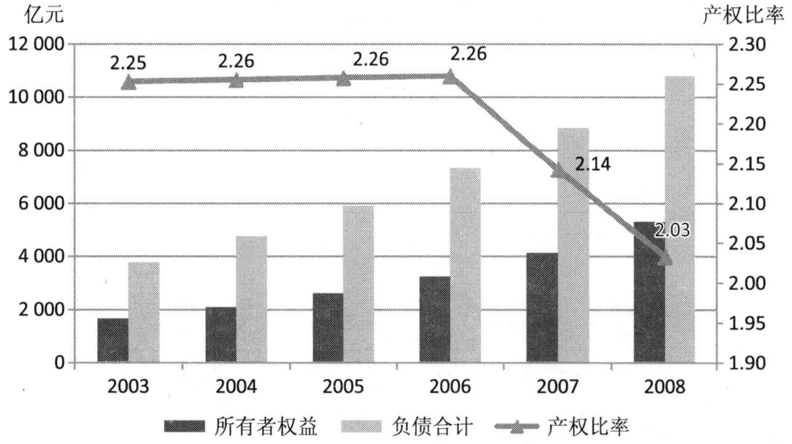


图 25.11　山西省企业部门产权比率

## （三）小结

通过对山西省企业部门宏观运行状况进行分析，表明企业部门存在一定的风险。对于企业部门来讲，随着总资产规模持续扩大，总负债也以相同的速度增长，企业长期依赖于债务融资。流动性资产与流动性负债逐年增加，但是流动性负债从 2003—2008 年一直大于流动性资产，企业部门面临较大的流动性风险。同时，山西省企业部门产权比率较高，清偿力风险较大。

## 第 3 节　山西省或有权益资产负债表编制及分析

### 一、山西省上市企业部门或有权益资产负债表编制及分析

上市企业部门或有权益资产负债表输入数据有权益市值、违约点、权益市值波动率，权益市值和权益市值波动率根据招商证券股票分析软件山西省板块中的数据得到，股票价格采用前复权的方法，每个企业（不包括金融企业）的权益市值可通过股票价格乘以现有股本数得到，加总处理后可得山西省上市企业部门日权益市值，进一步计算即可得企业部门的年权益市值波动率；输入参数中的权益市值采用年末数据；上市企业部门的违约点通过短期债务加一半的长期债务获得。具体可得 2001—2009 年山西省上市企业部门或有权益资产负债表的输入参数，如表 25.5。

表 25.5　山西省上市企业部门或有权益输入数据

| 年份 | 无风险利率 | 违约点（亿元） | 权益市值（亿元） | 权益市值波动率 |
|---|---|---|---|---|
| 2001 | 2.25% | 134.68 | 451.87 | 26.93% |
| 2002 | 2.02% | 157.45 | 321.23 | 31.41% |
| 2003 | 1.98% | 255.33 | 468.86 | 23.46% |
| 2004 | 2.03% | 317.92 | 492.15 | 27.98% |
| 2005 | 2.25% | 358.88 | 384.85 | 33.33% |
| 2006 | 2.35% | 702.63 | 2 153.51 | 33.55% |
| 2007 | 3.26% | 929.96 | 7 546.19 | 48.06% |
| 2008 | 3.92% | 1 204.92 | 2 323.03 | 53.25% |
| 2009 | 2.25% | 1 270.84 | 5 649.51 | 42.70% |

#### （一）或有权益资产负债表分析

将表 25.5 中的参数代入方程组，经计算后得到上市企业部门或有权益资产负债表，如表 25.6。

表 25.6　山西省上市企业部门或有权益资产负债表　　单位：亿元

| 年份 | 资产市值 | 负债市值 | 股权市值 | 年份 | 资产市值 | 负债市值 | 股权市值 |
|---|---|---|---|---|---|---|---|
| 2001 | 583.59 | 131.72 | 451.87 | 2006 | 2 839.94 | 686.43 | 2 153.51 |
| 2002 | 475.50 | 154.27 | 321.23 | 2007 | 8 446.07 | 899.88 | 7 546.19 |
| 2003 | 719.24 | 250.38 | 468.86 | 2008 | 3 484.55 | 1 161.52 | 2 323.03 |
| 2004 | 803.69 | 311.54 | 492.15 | 2009 | 6 892.40 | 1 242.89 | 5 649.51 |
| 2005 | 736.03 | 351.18 | 384.85 | | | | |

如图 25.12，山西省上市企业部门资产市值在 2005 年之前变化不大，大约在 500~800 亿元区间，2006 年、2007 年由于股市行情转好，资产市值大幅增加，2007 年达到最大值 8 446.07 亿元；权益市值也在 2007 年达到顶峰，为 7 546.19 亿元。2008 年金融危机的爆发使得市值大幅缩水，资产市值下降 58.74%，权益市值下降 69.22%。截至 2010 年第一季度，山西省 A 股上市企业共 28 家，其中资源类占绝大部分，而且大秦铁路、西山煤电和潞安环能的总市值占据前三位，三家上市公司都与煤炭资源相关，这也反映出了山西省经济发展的特点。

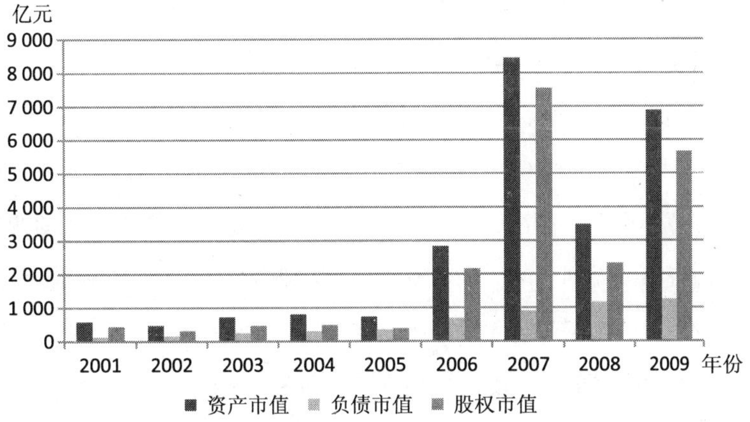

图 25.12　山西省上市企业或有权益资本结构

如图 25.13，从整体趋势看，山西省上市企业部门的或有资产负债率从 2001 年起在波动中逐渐上升，说明部门整体风险有不断上升的趋势。其中在 2003 年和 2008 年有两次明显下降。从另一方面看，或有资产负债比远小于资产负债比说明了市场估值的真实企业风险是小于账面价值显示的金融风险的。企业部门的违约风险整体来看较小。

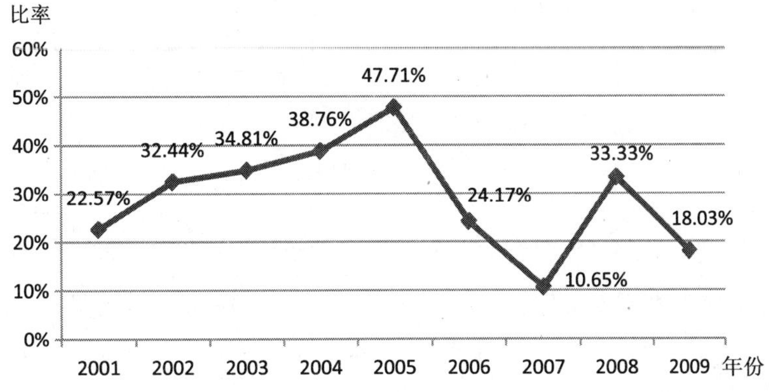

图 25.13　山西省上市企业部门或有资产负债率

### （二）风险表分析

根据风险指标的求解模型，输入各已知变量，运用 MATLAB 求解得出山西省上市企业部门的风险指标，所编制的风险表如表 25.7。

表 25.7　山西省上市企业部门风险表

| 年份 | 资产市值波动率 | 违约概率 | 违约距离 | 年份 | 资产市值波动率 | 违约概率 | 违约距离 |
|---|---|---|---|---|---|---|---|
| 2001 | 20.85% | 0 | 3.689 405 | 2006 | 25.44% | 0 | 2.958 401 |
| 2002 | 21.22% | 0 | 3.152 551 | 2007 | 42.93% | 0 | 2.072 681 |
| 2003 | 15.30% | 0 | 4.216 89 | 2008 | 35.55% | 0.18% | 1.840 265 |
| 2004 | 17.13% | 0 | 3.527 851 | 2009 | 35.00% | 0 | 2.330 300 |
| 2005 | 17.43% | 0 | 2.939 23 | | | | |

从图 25.14 可以看到，山西省上市企业部门资产市值波动率在 2006 年之前相对平稳，2006 年后迅速增大，2007—2009 年资产市值波动率均处于相对较高的水平。山西省上市企业大部分是资源类企业，在 2007 年大宗商品牛市和 2008 年金融危机的背景下，山西省上市企业部门资产波动剧烈的原因不难理解。产业结构单一、经济周期性强，这些是山西省抵御金融危机能力不足的主要原因之一。与其他省份相比，山西省上市企业部门资产市值波动率绝对值处于相对较高的水平，其反映的风险也相对更大。

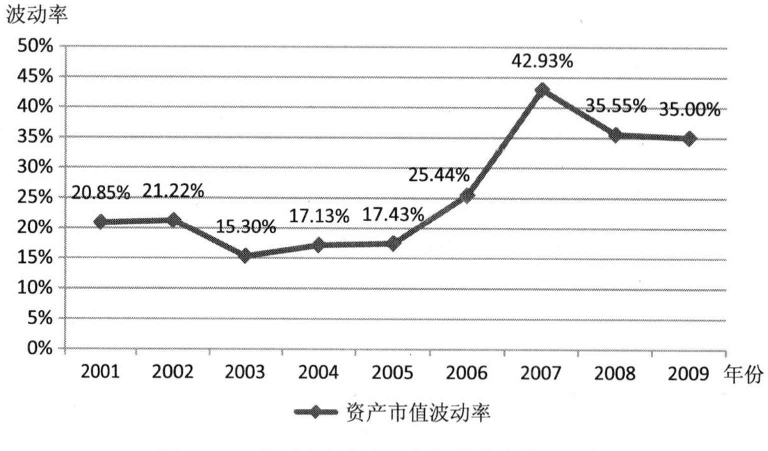


图 25.14　山西省上市企业部门资产市值波动率

从图 25.15 可以看出，山西省上市企业部门违约距离在 2003—2008 年间保持总体下降趋势，在 2008 年达到最低点，仅为 1.84，而 2009 年略有反弹。可见，山西省上市企业部门的实际风险状况与账面价值分析并不一致，实际风险持续恶化，此种情况在 2009 年随经济复苏有所改善。在 2007 年股市深度调整情况下，山西省上市企业部门资产市值

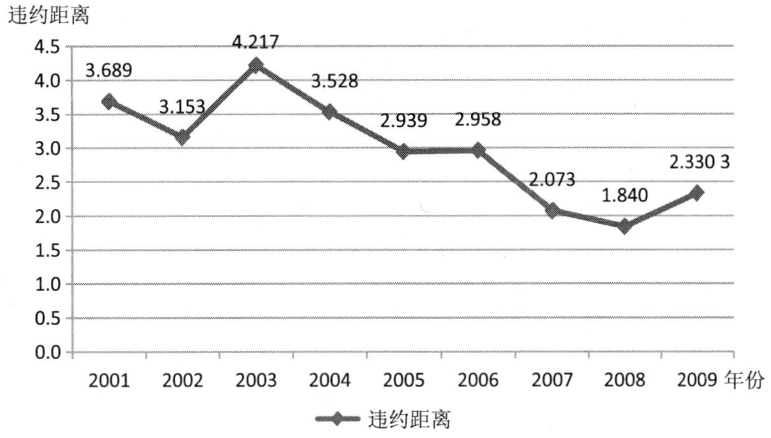


图 25.15　山西省上市企业部门违约距离

波动率大幅上升而且违约距离有明显的下降。在金融危机爆发时，山西省上市企业部门的风险指标灵敏的反映出了上市企业的风险状况。与其他省份相比，山西省上市企业部门违约距离反映的风险在全国排名靠前，这与前面资产市值波动率反映的情况是一致的。

## 二、山西省企业部门或有权益资产负债表编制及分析

山西省企业部门或有权益市值及输入参数如表 25.8。

**表 25.8　山西省企业部门或有权益输入数据**

| 年份 | 无风险利率 | 违约点（亿元） | 权益市值（亿元） | 权益市值波动率 |
|---|---|---|---|---|
| 2003 | 1.98% | 3 111.620 | 4 791.059 | 18.64% |
| 2004 | 2.03% | 3 935.875 | 5 038.676 | 25.90% |
| 2005 | 2.25% | 4 940.205 | 4 231.743 | 33.22% |
| 2006 | 2.35% | 6 152.745 | 8 571.709 | 32.59% |
| 2007 | 3.26% | 7 559.080 | 32 098.992 | 50.55% |
| 2008 | 3.92% | 9 421.545 | 11 318.762 | 54.62% |

### （一）或有权益资产负债表分析

将表 25.8 中的参数代入方程组，经计算后得到企业部门或有权益资产负债表，如表 25.9。

**表 25.9　山西省企业部门或有权益资产负债表**　　单位：亿元

| 年份 | 资产市值 | 负债市值 | 权益市值 | 年份 | 资产市值 | 负债市值 | 权益市值 |
|---|---|---|---|---|---|---|---|
| 2003 | 7 841.77 | 3 050.71 | 4 791.06 | 2006 | 14 571.91 | 6 000.20 | 8 571.71 |
| 2004 | 8 893.26 | 3 854.58 | 5 038.68 | 2007 | 39 401.51 | 7 302.52 | 32 098.99 |
| 2005 | 9 062.81 | 4 831.06 | 4 231.74 | 2008 | 20 455.83 | 9 137.07 | 11 318.76 |

如图 25.16，山西省企业部门资产市值在 2005 年之前变化不大，在 7 800~9 100 亿元之间波动，2006 年、2007 年由于股市行情转好，资产市值大幅增加，2007 年达到最大值 39 401 亿元；权益市值也在 2007 年达到最高值，为 32 099 亿元；负债市值在 2008 年达到最高值，为 9 137 亿元。2008 年金融危机的爆发使得市值大幅缩水，资产市值下降 48.08%，权益市值下降 64.74%。对于山西省企业部门资产市值在 2007 年的大幅增长和 2008 年的快速萎缩，也可以从山西省经济增长方式和经济结构上找到答案。山西省经济发展依赖资源，经济对大宗商品价格反应敏感，企业部门市值随着经济周期大幅的波动。从 2003—2008 年或有权益资本结构看，山西省企业部门依然存在较高的风险，其中负债市值与权益市值的比率 2007 年为 23%，2008 年上升至 81%，违约风险在 2008 年大幅上升。

如图 25.17，山西省企业部门或有资产负债率在 2005 年至 2007 年经历了大幅的下降，特别是在 2007 年，下降幅度巨大，并且达到最低点。对比前文分析的上市企业部门或有

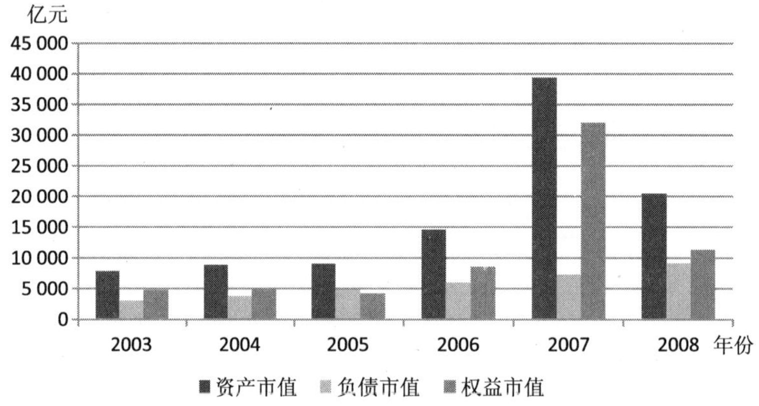


图 25.16　山西省企业部门或有权益资本结构

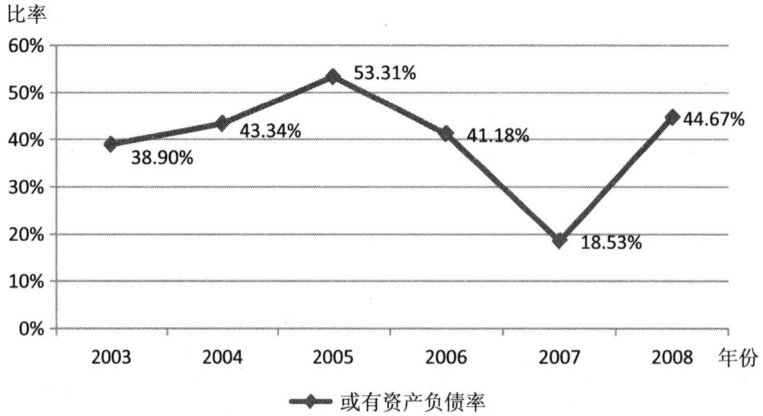


图 25.17　山西省企业部门或有资产负债率

资产负债率来看，从 2005 年开始，山西省上市企业部门和企业部门的风险变化趋势基本相同。

### （二）风险表分析

根据风险指标的求解模型，输入各已知变量，运用 matlab 求解得出山西省企业部门的风险指标。

**表 25.10　山西省企业部门风险表**

| 年份 | 资产市值波动率 | 违约概率 | 违约距离 | 年份 | 资产市值波动率 | 违约概率 | 违约距离 |
|---|---|---|---|---|---|---|---|
| 2003 | 14.34% | 0 | 4.207 864 | 2006 | 19.73% | 0 | 2.928 795 |
| 2004 | 15.85% | 0 | 3.516 992 | 2007 | 39.14% | 0 | 2.064 660 |
| 2005 | 15.57% | 0 | 2.922 313 | 2008 | 29.60% | 0.46% | 1.822 249 |

如图 25.18，山西省企业部门资产市值波动率在 2006 年之前相对平稳，2007 年和 2008 年波动率均处于相对较高的水平。与山西省上市企业部门资产市值波动率相比，山西省企业部门的资产市值波动率较小。结合前面的分析，山西省企业部门资产市值波动率在 2007 年和 2008 年迅速增大，其原因也与能源、冶金行业在山西省经济总量中占较大的比重，其经济发展周期性较强相关。

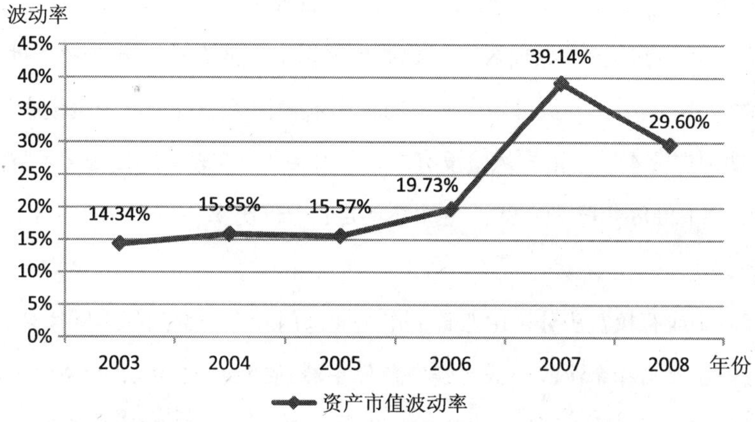


图 25.18　山西省企业部门资产市值波动率

如图 25.19，2003—2008 年，山西省企业部门违约距离持续下降，山西省企业部门违约风险有上升趋势。违约距离整体数值偏低，山西省企业部门的实际风险状况与账面价值分析并不一致，实际违约风险偏大，而且呈现持续恶化的趋势。尤其是 2008 年，山西省违约距离跌到 1.82 的最低点，并且违约概率也达到最大值为 0.46%，违约风险达到样本区间内最大值。

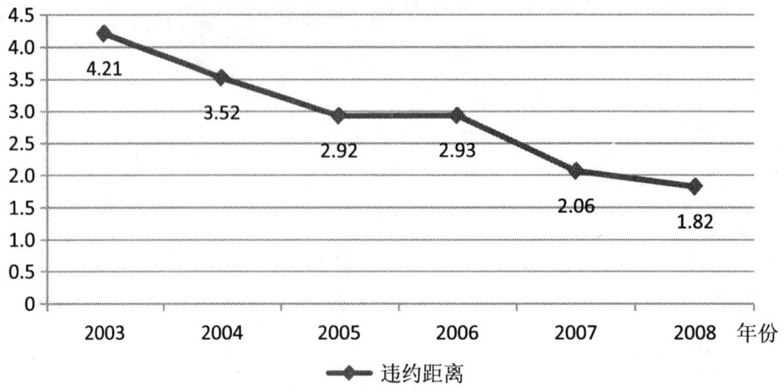


图 25.19　山西省企业部门违约距离

## 第 4 节　结论及政策建议

本章通过编制山西省金融部门 2003—2008 年资产负债表并进行分析，可以得知山西省金融部门不存在流动性风险，资本结构方面不存在错配风险，但是存贷比过低。而外币存贷比偏高，存在一定货币错配风险，但山西省外币业务量较小，不会对金融部门产生较大冲击。企业部门资产负债表编制涵盖规模以上工业企业、餐饮业、批发零售业以及建筑业四个产业部门，分析可知企业部门长期依赖债务融资，资产负债率在 2008 年为 68%，样本期限内资本结构错配风险没有改善的迹象；存在较大的期限错配问题，流动比率逐年递减，到 2008 年降为 0.88，流动性不足；产权比率一直远高于 1.5，存在较大的清偿力风险。

第三节运用或有权益法分析山西省上市企业部门和企业部门的实际风险，可以看到，山西省上市企业部门和企业部门或有资产负债率波动较大，其中，2008 年上市企业部门和企业部门的该指标值分别高达到 53.25% 和 44.67%；从风险表的分析看，上市企业部门和企业部门资产市值波动率从 2007 年开始处于较高的水平，同时违约距离处于较低水平，存在较大风险并且逐年增大。

结合山西省的实际情况，可将山西省宏观金融风险形成的原因归纳为以下方面：产业结构比较单一，经济周期性强；企业部门对债务融资依赖性强；上市公司数量少且分布不均匀；贷款呈长期化趋势，信贷结构失衡。根据分析，本文认为控制山西省各部门金融风险，应从以下几方面入手：

第一，转变传统经济增长方式。根据山西省 2009 年国民经济和社会发展统计公报公布的数据，规模以上工业主营业务收入达 9 060.1 亿元；其中，煤炭、焦炭、冶金和电力工业四大传统支柱产业实现主营业务收入达 7 257.0 亿 元，其占比达到了 80% 以上。而这四个行业均是周期性较强的行业，这就决定了山西省在经济波动中面临比其他省份更大的风险。所以山西省当前一方面应依靠制度创新、科技创新和管理创新，加快技术创新步伐，另一方面应深挖现有资源，争取在更多领域获得突破，以改善山西省的产业结构和提升整体经济竞争力。同时，山西省更应努力发展循环经济，走节约型发展道路，缓解资源环境的约束，统筹人和自然的协调发展，提高经济增长的单位效率。

第二，拓宽融资渠道，改变过度依赖债务融资的现状，鼓励有竞争优势的企业上市融资，在这一过程中，特别注意加大对新兴产业的支持力度，鼓励企业走出一条山西经济发展的新道路，改善山西对几大传统优势行业过度依赖的现状。

第三，优化金融机构信贷配置，规避期限错配风险。从分析中可以看到，山西省金融部门资金来源短期化而资金运用长期化，存在潜在的期限错配风险。对此，金融部门应改变信贷期限结构，减少长期资金占用份额；同时加快金融创新，推出新的金融产品，增加长期资金来源。

第四，控制固定投资增速，规避流动性风险。过度的固定资产投资不仅危及企业部门，而且也使金融机构面临较大的风险，使银行贷款呈现长期化趋势。要改变目前的状况，山西省必须改变经济增长方式，降低经济增长对投资需求的依赖，扩大消费需求，逐步由投资拉动经济增长转变为投资和消费共同拉动经济增长。

# 第3篇

# 西部宏观金融风险研究

# 第 26 章　西部宏观金融风险总论



随着西部大开发的推进，中国西部地区经济在加速发展的同时也加快了风险的积累。西部作为中国较落后的地区，金融市场发展缓慢，金融监管措施不够完善，在经济金融的深入发展过程中金融风险和金融稳定问题将更为突出。本章分别从资产负债表和或有权益两个方面，通过总量分析和结构性分析来研究西部金融部门和企业部门金融风险的来源及构成，并提出相应风险防范及管理措施。

## 第 1 节　引言

金融危机对中国的影响由东向西逐步显现，西部地区经济发展受到影响，如硅铁、电石等企业倒闭、部分省份工业增加值出现下降、就业问题突出等。西部地区由于经济外向程度低，受到金融危机的影响相对较小，但西部经济总量偏小、基础薄弱、产业结构不尽合理、企业竞争力不强，其抗风险能力较低。因此，对西部地区宏观金融风险防范的研究是西部大开发战略推进的迫切要求。

### 一、西部经济运行概况

西部地区幅员辽阔，自然资源丰富，但其经济发展远远落后于东部和中部地区。表 26.1 是 2008 年西部地区各省（市、自治区）（以下简称省份）产业结构表。2008 年西部地区产业结构差异明显：新疆、四川、云南、西藏和贵州的第一产业比重偏大；陕西、宁夏、青海、新疆和甘肃的产业结构大致相似，第二产业在整个产业结构中所占的比例较大，第一产业所占的比重较小；重庆和西藏的第一产业和第二产业比重较小，产业结构趋于合理；新疆主要以第二产业为主，第三产业是十个省份中所占份额最小的。

**表 26.1　2008 年西部各省份产业结构表**　　单位：%

| 地区 | 新疆 | 四川 | 贵州 | 重庆 | 西藏 | 陕西 | 甘肃 | 宁夏 | 青海 | 云南 |
|---|---|---|---|---|---|---|---|---|---|---|
| 第一产业占比 | 16.4 | 18.9 | 16.4 | 11.3 | 15.3 | 11.0 | 14.6 | 10.9 | 11.0 | 17.9 |
| 第二产业占比 | 49.7 | 46.2 | 42.3 | 47.7 | 29.2 | 56.1 | 46.3 | 52.9 | 55.0 | 43.0 |
| 第三产业占比 | 33.9 | 34.9 | 41.3 | 41.0 | 55.5 | 32.9 | 39.1 | 36.2 | 34.0 | 39.1 |

注：本表数据来自 2008 年西部各省份《金融运行报告》。其中，四川和陕西的数据分别根据《2008 年四川省统计年鉴》和《2008 年陕西省统计年鉴》中的三次产业的值计算得来。

从整体讲，西部经济可以分为以下三类地区：

第一类：四川、重庆——经济枢纽区。重庆和四川是西南地区甚至是整个西部区的“龙头”，具有辐射带动的独特作用。四川是地域辽阔、人口众多的内陆大省，在西部具有举足轻重的地位。重庆市作为西部地区唯一的直辖市，由于国家的政策倾斜等因素，经济发展速度较快，其第三产业增加值占地区国内生产总值的比重位居全国前列。

第二类：陕西、新疆——经济发展前景良好地区。这两个省区资源丰富，很大程度上保证了经济的发展。陕西具有承东中而启西的独特优势，其工业增加值占地区生产总值的比重位居西部前列。新疆具有很好的资源优势和向西开放的区位优势，对外贸易近年来强劲增长，人均地方国内生产总值位居西部前列。

第三类：云南、贵州、甘肃、青海、宁夏、西藏——资源开发兼具扶贫区。这六个省区由于历史和自然的原因，就经济总体而言仍处于低水平。很多地区虽然资源丰富但交通不便利，经济发展受到严重阻碍。而且这些地区的城镇化率和农村居民人均生活消费支出很低，贫困县也较多，需要国家政策支持。

## 二、西部金融运行概况

改革开放以来，西部金融体系的建设取得很大成绩，但仍存在着问题：西部金融体系仍以商业银行为主体，国有独资或控股商业银行仍处于垄断状态，股份制商业银行、城市商业银行以及外资银行等仍处于弱势地位，非银行金融机构发展滞后，多元化的金融体系格局还远未形成。①

① 翟立宏，赵天荣，刘嘉汉：《论西部地区金融体系的现状与发展》，《经济体制改革》，2007 年第 4 期。

**表 26.2　西部各省份银行类金融机构数量**　　单位：个

| 地区 | 重庆 | 四川 | 贵州 | 云南 | 西藏 | 陕西 | 甘肃 | 青海 | 宁夏 | 新疆 |
|---|---|---|---|---|---|---|---|---|---|---|
| 数目 | 4 212 | 12 065 | 3 960 | 4 221 | 599 | 6 303 | 4 183 | 959 | 1 071 | 2 567 |

注：本表数据来自 2008 年西部各省份《金融运行报告》。

西部地区分支营业网点设置的密度要远低于东部发达地区。2008 年年末，全国各地区银行业金融机构个数 18.7 万个[1]，而西部地区十个省份加起来只有 40 140 个（表 26.2），这仅占全国的 21.47%。而且这些分支营业网点在西部各省的分布也不尽合理，四川省的银行营业网点数占西部各省份银行营业网点分布数最多，而西藏是西部地区中银行营业网点最少的地区，其次是青海和宁夏。整体看，西部各省份银行类金融机构营业网点的个数之间差距很大，最多省份是最少省份的 20 倍。

**表 26.3　西部各省份银行类金融机构法人机构个数**　　单位：个

| 地区 | 重庆 | 四川 | 贵州 | 云南 | 西藏 | 陕西 | 甘肃 | 青海 | 宁夏 | 新疆 |
|---|---|---|---|---|---|---|---|---|---|---|
| 城市商业银行 | 2 | 12 | 3 | 3 | 0 | 3 | 1 | 1 | 1 | 2 |
| 城市信用社 | 0 | 1 | 1 | 0 | 0 | 3 | 2 | 0 | 1 | 3 |
| 农村信用合作社 | 1 | 729 | 88 | 140 | 0 | 241 | 378 | 34 | 20 | 154 |
| 农村新型机构 | 8 | 15 | 3 | 6 | 0 | 5 | 10 | 1 | 2 | 1 |

注：本表数据来自 2008 年西部各省份《金融运行报告》。

而西部各省份银行类金融机构法人机构个数与营业网点数的机构个数呈现类似的分布特征。如表 26.3，四川省的银行类金融机构法人机构个数达到 757 个，远远超过西部其他省份。西藏、青海和宁夏依然是银行类金融机构法人机构个数最少的省份。

改革开放后，外资金融机构的引进促进了我国金融业的改革与发展。这些外资银行在我国一些经济发达地区和一些重要业务领域已占据重要地位，外资银行在银团贷款、贸易融资、零售业务、资金管理和金融衍生产品等业务方面服务的优势进一步显现。然而，西部地区由于经济欠发达、环境配套差、管理不规范等因素限制，对外资银行的吸引力一直很小，但 2008 年以来，西部对外资银行的吸引力有所增加，外资银行 2008 年进入的地区中包括西部的重庆和四川。

从在资本市场上起主导作用的证券机构分布格局看，东部地区与西部地区之间同样是严重失衡。西部地区的证券机构无论是发展层次、数量分布，还是资金、市场占有等综合实力，与东部发达地区相比都呈现明显劣势。总之，西部地区金融体系的单一化，既不能够给居民和企业提供多样化的投融资渠道，也阻碍了西部地区有效地使

① 数据来源：《2008 年中国区域金融运行报告》。

用大量资金。

### 三、文献综述

关于西部金融风险的文献，主要集中于对西部金融发展与经济增长的实证关系以及金融机构的风险上。20 世纪 90 年代初，余长福、徐敬跃（1991）从当时西部经济、金融的发展状况着手，研究了西部金融业发展的特点，提出了国家财政资金分配和政策性信贷资金适度向西部倾斜、建立政策性开发银行、发展同业拆借市场和证券市场等西部金融发展战略构想。刘生仁、郭振海等（1998）认为，西部地区金融风险主要表现为不良贷款增幅居高不下、信贷资金供求矛盾突出，以及部分非银行机构因超范围经营、资产质量低下而亏损严重，以此从社会因素、企业因素和金融机构分析金融风险形成的原因及其危害性，提出支持企业改制和银行维护金融债权、加强中央银行的监管力度、健全金融机构内控机制等风险防范化解措施。江其务（2000）对我国西部经济与金融的关系进行了研究，提出了建立区域化融资体制的目标构想和相应的可选择措施。谢平（2001）则分析了西部金融发展状况并提出了相关对策。杨明基等（2002）对西部地区金融成长与经济发展的关系进行了相对比较系统的论述，但缺乏完整的数据支撑。周立（2002）和周好文等（2004）研究我国各地区经济发展与经济增长的逻辑关系，从数据整理分析逐步进入实证检验。庞正阳（2008）立足西部地区金融产业发展现状，从西部经济和金融产业发展本身分析了制约西部金融服务水平的因素，进而提出了促进西部经济金融互动双赢、和谐发展的措施建议。陈长民（2008）对西部地区金融资源的配置问题进行了分析，认为应从健全与优化金融结构、改善金融外生态、调整和优化区域产业结构等多角度入手，优化西部金融资源配置，推动区域经济协调发展。李敬、冉光和等（2008）运用基尼系数、Theil 指数和对数离差均值对 1978—2004 年中国金融发展的省际差异，东、中、西部金融发展差异和城乡金融发展差异进行度量，结果表明中部地区和西部地区金融发展差异大致相当，而东、中、西部区域间发展差异较小，但在未来发展差异可能继续扩大。

## 第 2 节　西部部门资产负债表编制及分析

根据西部地区宏观金融风险研究框架，基于资产负债表方法的实证研究主要包括对西部地区各部门风险的识别和度量，以及对整体风险进行基于账面价值的评判。鉴于构建资产负债表数据的可获得性，对西部地区宏观金融风险的实证研究主要针对金融部门和企业部门进行风险的识别和度量。

## 一、西部金融部门资产负债表编制及分析

西部地区金融部门发展滞后，金融网点不足且布局不合理，商业银行近年来在欠发达地区大量撤并分支机构。并且，西部地区国有商业银行所占比重较大，政策性银行、股份制商业银行所占比重较小。

### （一）金融部门资产负债表编制

将西部十个省份的历年数据汇总，编制西部金融部门 2003—2008 年资产负债表，如下表 26.4。

**表 26.4　西部金融部门资产负债表**　　单位：亿元

| 年份 | 2003 | 2004 | 2005 | 2006 | 2007 | 2008 |
|---|---|---|---|---|---|---|
| **总资产** | — | 36 300.53 | 43 606.60 | 50 216.40 | 61 014.40 | 78 339.70 |
| 贷款余额 | 22 581.31 | 25 093.02 | 27 011.90 | 30 841.98 | 36 080.33 | 42 431.63 |
| 短期贷款 | 10 701.36 | 11 315.66 | 11 284.20 | 12 206.82 | 13 457.84 | 14 834.90 |
| 票据融资 | — | — | — | 1 668.83 | 1 406.78 | 2 112.25 |
| 中长期贷款 | 10 393.96 | 12 196.87 | 13 721.00 | 16 671.67 | 20 830.02 | 25 156.38 |
| 本币贷款 | 22 029.88 | 24 642.07 | 26 579.50 | 30 374.73 | 35 483.45 | 41 817.96 |
| 外币贷款 | 551.43 | 450.95 | 432.40 | 467.25 | 596.88 | 613.67 |
| **总负债和权益** | — | 36 300.53 | 43 606.60 | 50 216.40 | 61 014.40 | 78 339.70 |
| 存款余额 | 27 924.85 | 32 386.91 | 37 875.36 | 44 594.22 | 51 854.67 | 65 024.66 |
| 企业存款 | 8 698.73 | 10 163.36 | 10 920.64 | 12 933.76 | 16 213.92 | 19 403.25 |
| 居民储蓄 | 14 793.28 | 17 092.46 | 20 128.90 | 23 437.29 | 25 126.51 | 31 861.63 |
| 本币存款 | 27 313.52 | 31 855.60 | 37 412.60 | 44 084.28 | 51 356.05 | 64 598.02 |
| 外币存款 | 611.33 | 531.31 | 462.76 | 509.94 | 498.62 | 426.64 |

注：本表数据根据西部各省份历年编制的资产负债表加总得来。

### （二）金融部门资产负债表分析

2008 年年末，全国各地区银行业金融机构资产总额为 58.2 万亿元[①]，西部地区银行业金融机构总资产仅占全国的 13.46%。但是，从西部地区银行业金融机构自身的发展看，其总资产近年来保持稳步发展，年增长率保持在两位数以上。

---

① 数据来源：《2008 年中国区域金融运行报告》。

1. 资本结构分析

2003—2008 年间西部地区金融部门资产负债规模平稳扩大，贷款和投资仍然是总资产的主要部分，约占 7 成以上。截至 2008 年年底，西部地区金融部门资产总额达 7.8 万亿元；负债的主要部分是存款，2008 年年底存款总额 6.5 万亿元。由于金融业务创新不足，西部地区金融机构的竞争主要集中在存贷款业务上，业务品种单一。图 26.1 为西部金融部门资本结构。

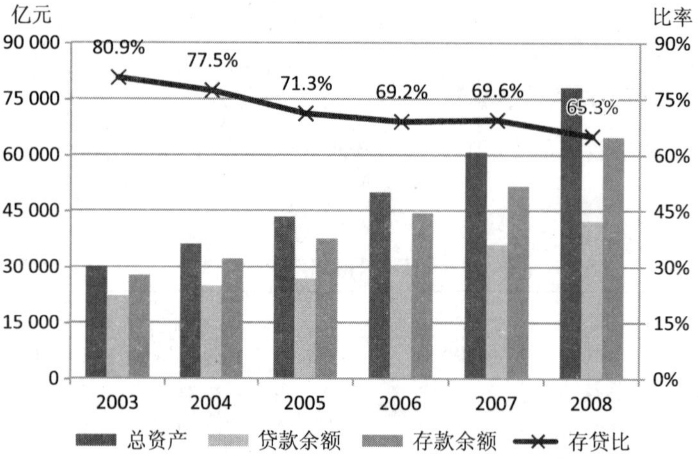


图 26.1　西部金融部门资本结构

2003—2008 年西部地区金融部门的存款和贷款之间的差额不断扩大，这导致其存贷比逐年下降。银行各分支机构通过存款项或同业拆出的方式将在西部经济欠发达地区所吸收的资金投放于其他地区，造成本来就资金匮乏的西部地区资金大量流出，进一步加剧了西部建设资金的匮乏。

2. 期限错配分析

如图 26.2，从中国西部地区金融部门资产负债的期限结构看，2003—2008 年间短期贷款增长缓慢，中长期贷款余额增长相对快一些，这些导致中长期贷款占贷款余额的比例不断攀升，从 2003 年的 46% 增长至 2008 年的近 60%。

西部地区经济增长对固定资产投资的依赖度较高、对中长期信贷资金的需求较大，银行业金融机构资金来源短期化、资金运用长期化趋势明显。与此相对应出现的负债短期化、长期资产占比持续攀升的情况，令西部金融部门期限错配问题日益突出，由此可能产生的流动性风险和利率风险值得关注。

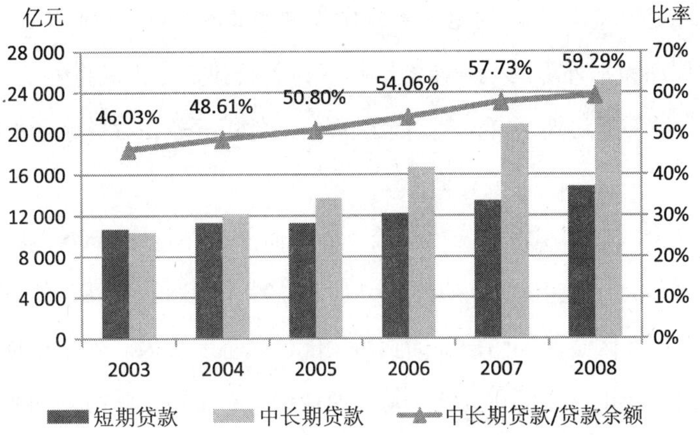


图 26.2　西部金融部门期限结构

3. 货币错配分析

从西部金融部门外币贷款和外币存款看，2003—2005 年间两者呈现出明显的下降趋势。在 2005 年达到波谷之后，外币贷款稳定增长，外币存款有较大波动。从币种结构看，西部地区由于经济外向程度低，外汇资产在总资产中的比重较低。2008 年年末，西部地区的外币存款占比仅为 0.66%，远远低于全国当年的平均水平 2.2%①。2008 年年末，西部地区的外币贷款占比为 1.45%，也远远低于全国当年的平均水平 4.6%②，如图 26.3 所示。

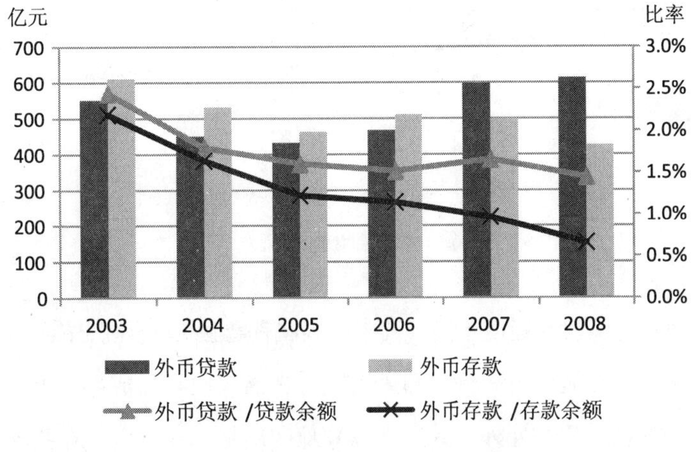


图 26.3　西部金融部门货币结构

从整体上看，西部地区的外币贷款占比和外币存款占比近年来均呈下降趋势，且后者下降更快。2003—2008 年间，外币贷款占贷款余额的比例从 2.45% 持续下降至

① 数据来源：《2008 年中国区域金融运行报告》。

② 数据来源：《2008 年中国区域金融运行报告》。

1.45%；而外币存款占存款余额的比例从 2003 年的 2.03% 降至 2008 年的 0.66%。目前，在人民币升值预期和本外币巨大利差的影响下，居民和企业积极将外汇兑换成人民币，这些导致外汇存款需求迅速下降，从而金融部门的外币存款占存款余额的比例逐年快速下降。

此外，西部金融机构本币存贷比缓慢下降，而外币存贷比 2006 年后迅速增长，到 2008 年年底已经远远超过 100%，如图 26.4 所示。外币资产长期高于外币负债，且差额在不断扩大，西部地区金融部门面临的货币错配风险不断加大。外币存贷比的增加，从长期看必然导致商业银行外汇资金的短缺，商业银行将不得不从海外抽回资金，或者加剧国内外汇市场存款的竞争。其次，较高的外币存贷比隐藏着汇率风险，一旦汇率出现浮动，银行随时会承受巨大的损失，外币存贷比越高，损失越大。第三，商业银行在本币资产负债期限错配较为严重的情况下，再加上外汇贷款急剧扩张，会大大加剧其流动性不足的局面。

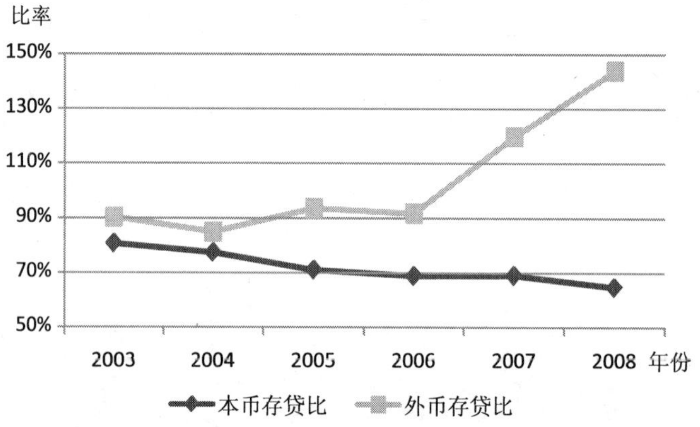


图 26.4　西部金融部门贷款结构

西部金融机构总体发育程度不高，其中大型国有金融机构仍然占据大部分市场份额，其他金融机构进驻、发展比较缓慢。而外资银行在西部地区除成都、重庆、西安、昆明等城市设立几家分行、代表处外，其他大部分地区还是一片空白。在我国正规金融构成体系中，除受制度安排平均布点的城市商业银行和合作制小银行外，其他股份制银行很少把总部设在西部。这使得西部地区经济外向程度低，利用外资规模小、形式单一，因此外币资产负债规模小。同时，在人民币升值预期与美元贷款利率相对较低等因素的影响下，外汇贷款需求增加，外币资产长期高于外币负债，且差额仍在扩大，西部地区金融部门面临的货币错配风险不断加大。

## 二、西部企业部门资产负债表编制及分析

### （一）企业部门资产负债表编制

这里主要考察西部地区国有及规模以上非国有工业企业、所有建筑业企业、限额以上餐饮企业以及限额以上批发零售企业资产负债情况，编制企业部门 1998—2008 年资产负债表，见下表 26.5。

**表 26.5　西部地区企业部门资产负债表**　　单位：亿元

| 年份 | 总资产 | 流动资产 | 总负债 | 流动负债 | 所有者权益 |
|---|---|---|---|---|---|
| 1998 | 18 520.90 | 9 322.27 | 13 513.38 | 9 560.52 | 5 007.52 |
| 1999 | 21 418.76 | 9 653.46 | 15 728.15 | 11 215.84 | 5 690.61 |
| 2000 | 22 820.92 | 10 441.37 | 15 141.94 | 10 541.28 | 7 678.98 |
| 2001 | 24 700.16 | 11 065.68 | 15 592.18 | 10 998.76 | 9 107.98 |
| 2002 | 26 696.82 | 11 887.82 | 16 551.45 | 11 783.62 | 10 145.37 |
| 2003 | 30 022.72 | 13 652.37 | 20 582.60 | 15 327.07 | 9 440.12 |
| 2004 | 33 032.22 | 14 920.06 | 20 452.74 | 14 943.42 | 12 579.48 |
| 2005 | 39 388.36 | 18 286.20 | 24 059.70 | 17 592.44 | 15 328.66 |
| 2006 | 46 025.64 | 21 362.28 | 27 953.27 | 20 267.34 | 18 072.37 |
| 2007 | 55 600.97 | 25 940.74 | 33 080.08 | 24 132.29 | 22 520.89 |
| 2008 | 72 143.67 | 33 438.25 | 43 124.49 | 31 043.71 | 29 019.18 |

注：数据来自《中国统计年鉴》各年。根据 1998—2008 年全部国有及规模以上非国有工业企业、限额以上餐饮企业、限额以上批发和零售业以及所有建筑业企业四个行业资产负债数据加总，得到 1998—2008 年企业部门资产负债表。具体如下：

① 工业行业数据来源于《中国统计年鉴》——各地区规模以上工业企业主要指标统计表；建筑业资产、流动资产数据来源于《中国统计年鉴》——各地区建筑业企业资产统计表，负债、流动负债数据来源于《中国统计年鉴》——各地区建筑业企业负债及所有者权益统计表；批发零售业数据来源于各地区限额以上批发和零售业资产及负债统计表；餐饮业数据来源于各地区限额以上餐饮业资产及负债统计表。

② 数据缺失及处理：2004 年，全部国有及规模以上非国有工业企业的流动负债数据缺失，以 2003 年流动负债的年增长率作为 2004 年流动负债的年增长率，估算出 2004 年流动负债的数量；2004 年，建筑业、批发零售业和餐饮业的资产负债表各数据缺失，均以对应各指标前 5 年（1998—2003 年）的年平均增长率作为 2004 年该指标的增长率，进而计算出 2004 年的各指标值；2002—2008 年，批发零售业和餐饮业的流动负债数据缺失，均以该省该行业流动负债前 4 年（1998—2001 年）的年平均增长率作为 2002—2008 年流动负债的年增长率，进而计算出各年的流动负债指标值。

### （二）企业部门资产负债表分析

西部大开发战略实施以来，西部地区产业结构得到调整，资产负债的规模持续扩大。如图 26.5，企业部门总资产 1998 年为 1.85 万亿元，经过近十年快速的发展，截至 2008 年

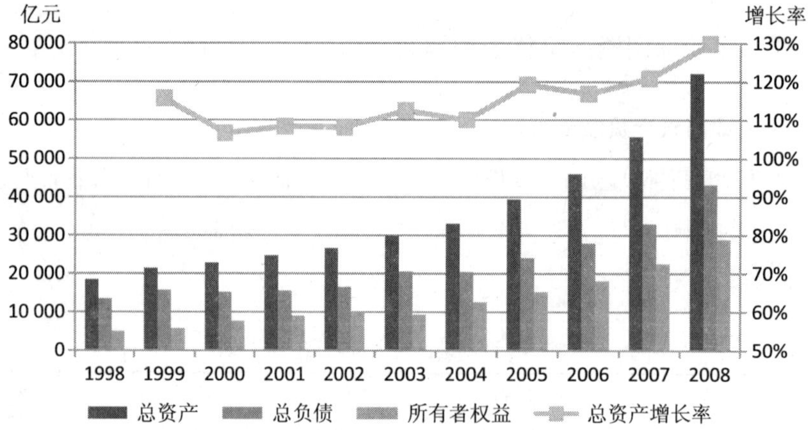


图 26.5　西部企业部门资本结构

年底总资产已达 7.21 万亿元，增加了 2.9 倍。而且，从企业部门的总资产增长率看，近年来呈现出逐年加速增长的趋势，到 2008 年总资产年增长率已经达到 130%。此外，所有者权益的增长相对更快一些，10 年间从 0.5 万亿元扩大到 2.9 万亿元，增加了 4.8 倍。也就是，所有者权益的增长速度要远远高于资产的增长速度，西部地区企业部门整体发展态势较好。

1. 资本结构分析

西部企业部门资产负债率近年来呈现不断下降的趋势，从 1998 年的 73% 下降至 2008 年的 60%，资本结构朝着合理的方向发展，资本结构错配风险降低。可以认为，随着资本市场改革的进一步深化，西部企业开始通过资本市场融资，对债务融资的依赖程度降低。但是，不容忽视的是，2003 年企业部门的资产负债率有一个突然的增长。进入 2003 年以来，我国经济增长依然强劲，银行贷款相应较快增长，与之相对应，我国投资增长迅猛，全年固定资产投资实现 42 643.42 亿元，比上年增长 28.4%。西部的一些行业，诸如钢铁、电解铝和水泥等出现投资热潮，过度投资严重。这些情况在一定程度上致使 2003 年西部地区企业部门资产负债率突然增加，如图 26.6。

2. 期限错配分析

从资产负债表期限结构来看，西部地区企业部门总资产中一半左右的是长期资产，而总负债中流动负债占到 7 成以上，存在一定的期限错配风险。从流动资产和流动负债的数额来看，流动资产增速快于流动负债增速，逐渐扭转了企业部门流动资产不足以支付流动负债的局面。2001 年企业部门流动资产开始超过流动负债，流动比率升至 1.01；随着西部产业结构的不断调整升级，企业部门发展逐步合理化，2008 年流动比率升至 1.08，期限错配问题有所缓解，如图 26.7。

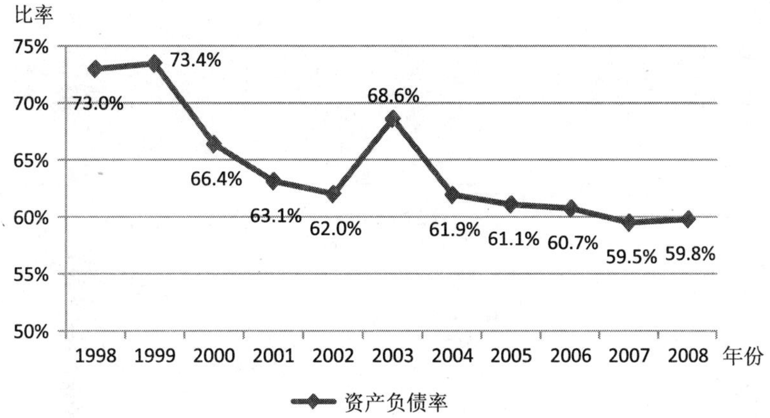


图 26.6　西部企业部门资产负债率

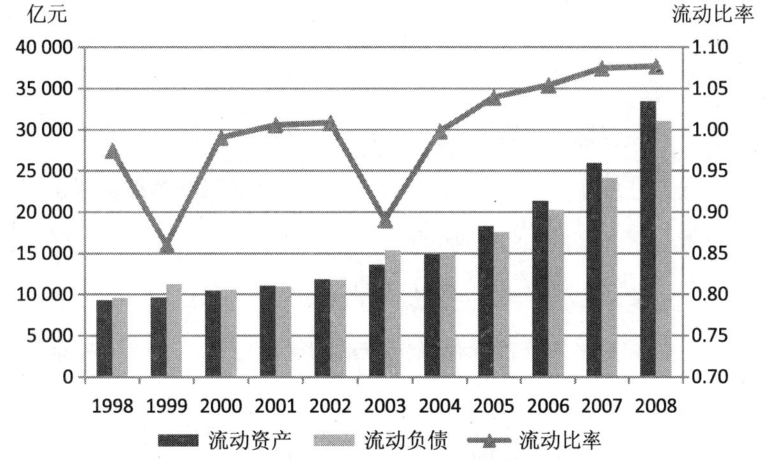


图 26.7　西部企业部门期限结构

西部地区资本市场不够发达，使得多数企业无论是融短期资金和长期资金都寻求银行，因而银行的信用风险和流动性风险不断累积，一定程度上破坏了金融部门的清偿力。目前，西部地区对期限错配的预警信号不强，主要原因在于中国经济长达二十多年的高速增长，一定程度上掩盖了企业部门潜在的资产期限错配问题。

3. 清偿力风险分析

如图 26.8，1998—2008 年间西部地区企业部门未曾出现资不抵债的情形，产权比率也逐年下降，1998 年高达 2.70，而 2008 年已达到 1.49，可以认为西部企业部门的产权比率正朝着比较合理的方向发展，正在逐步扭转对债务融资的依赖性。

随着西部资本市场的发展，企业部门对债权融资的依赖程度可能进一步降低，但在国内外经济金融环境存在诸多不确定因素的情形下，企业部门面临的清偿力风险不容忽

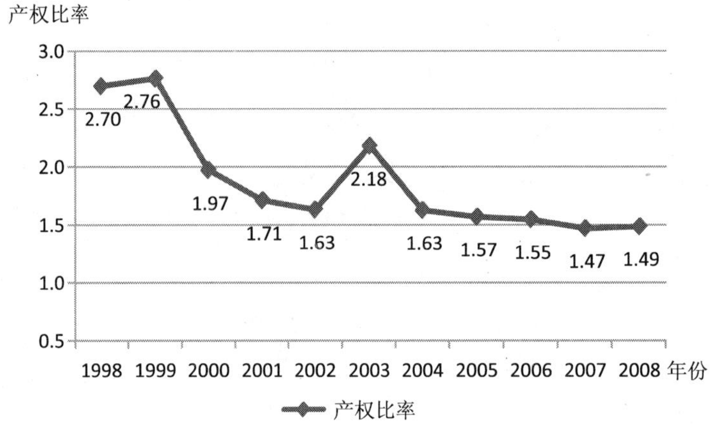


图 26.8　西部企业部门产权比率

视。尽管西部也有部分地区发展程度相对较高，但从整体看，内、外因素共同决定了西部的发展水平处于要素推动阶段。西部地区地域广阔、自然资源丰富、生产技术水平较低，长期以来依靠自然资源、土地等投入为主来推动经济发展，农业、采掘业及原材料工业构成其发展的支柱性产业。尽管新中国成立后，国家在西部投资建设了一批拥有较多固定资产、技术水平较高的航空、航天、军工、机械等企业，但这些带有国家计划下的典型植入特征，并没有与西部的经济发展紧密结合起来促进技术进步、带动经济增长，因而未能从根本上改变西部主要依赖初级资源推动经济增长的特征。西部资本形成不足使其无法实现产业的升级换代，并且由于东部地区的市场发育程度高从而吸引了大量西部资本，在一定程度上造成资本外流。

**（三）上市企业部门资产负债表分析**

表 26.6 为西部上市企业部门资产负债表。

**表 26.6　西部上市企业部门资产负债表**　　单位：亿元

| 年份 | 流动资产 | 总资产 | 流动负债 | 总负债 | 所有者权益 |
|---|---|---|---|---|---|
| 2001 | 1 230.14 | 2 221.69 | 843.49 | 978.82 | 1 242.87 |
| 2002 | 1 344.00 | 2 534.95 | 1 037.52 | 1 202.62 | 1 332.33 |
| 2003 | 1 582.26 | 3 003.36 | 1 249.27 | 1 497.46 | 1 505.90 |
| 2004 | 1 814.31 | 3 526.68 | 1 540.49 | 1 858.86 | 1 667.82 |
| 2005 | 1 899.09 | 3 845.05 | 1 729.59 | 2 103.29 | 1 741.76 |
| 2006 | 2 126.83 | 4 461.31 | 2 025.59 | 2 539.52 | 1 921.79 |
| 2007 | 3 148.32 | 6 086.71 | 2 749.38 | 3 467.81 | 2 618.90 |
| 2008 | 4 024.22 | 7 691.92 | 3 345.87 | 4 364.94 | 3 326.98 |
| 2009 | 5 463.0 | 11 223.36 | 4 724.68 | 6 842.81 | 4 380.55 |

注：本表数据根据西部各省份的数据加总而来。

1. 期限错配分析

近年来西部地区上市企业部门流动资产和流动负债均稳步上升。其中，流动资产在2006年以前增长缓慢，之后增长加快。流动负债在绝对值上也表现出相同的增长趋势，而流动资产绝对值较大，导致流动比率出现逐年下降并于2006年达到低谷（仅为1.05），此后又有缓慢上升的趋势，如图26.9。总体来看，西部地区上市企业部门的流动比率始终高于1，出现期限错配风险的可能性不是很大。

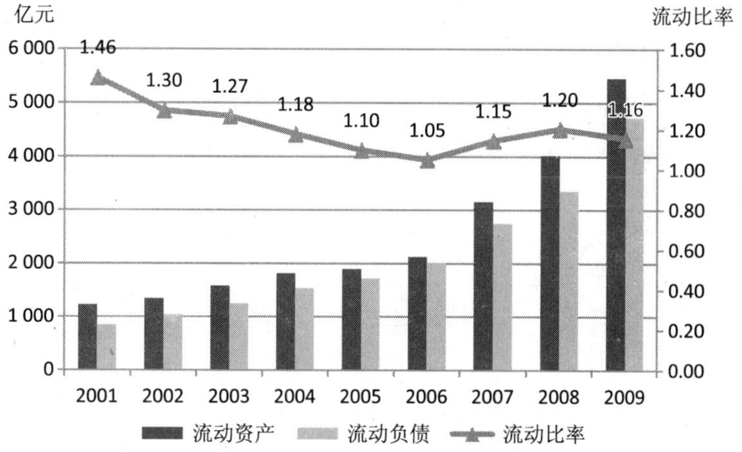


图 26.9　西部上市企业部门期限结构

如图26.10，从流动负债率看，2001年西部地区上市企业部门的该指标值高达86.2%，这表明负债大部分集中在流动负债上，一旦遇到利率上升，企业部门的利息支付将大幅度增加，企业将面临较高的利率风险；此后，流动负债率逐年下降，到2009年第

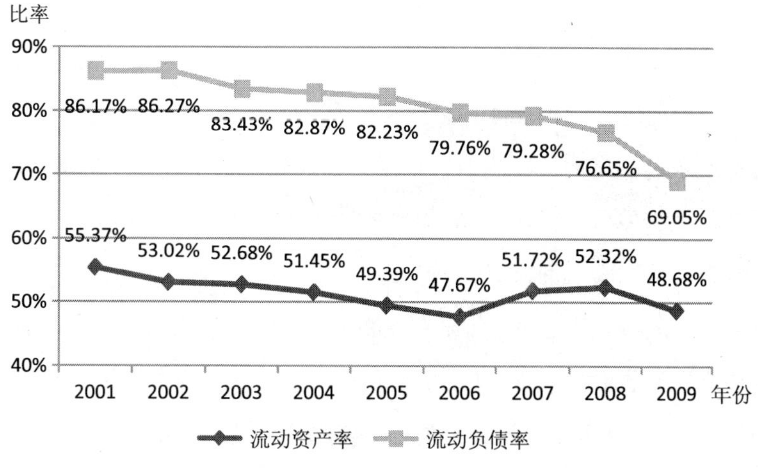


图 26.10　西部上市企业部门流动资产率和流动负债率

三季度时已经到达71.9%，这仍然是一个较高的水平。总体来说，西部地区流动负债一直都远远高于长期负债。

如图26.10所示，从流动资产率看，2001年以来，西部地区上市企业部门的该指标值呈缓慢下降趋势，2006年达到低谷，此后又有所增加。总体来看，近年来西部上市企业部门的流动资产约占总资产的一半，固定资产所占比例低于欧美一些发达国家。

2. 资本结构与清偿力风险分析

如图26.11，西部地区上企业部门资产负债率2001年仅为44.06%，此后维持稳定的上升态势，截至2009年达到60.97%。总体来看，该指标值目前处于合理水平，但是要防止进一步上升。也就是说，2001—2009年西部上市企业部门的清偿能力在下降，随着经济周期和产业结构调整，未来的清偿力风险值得密切关注。

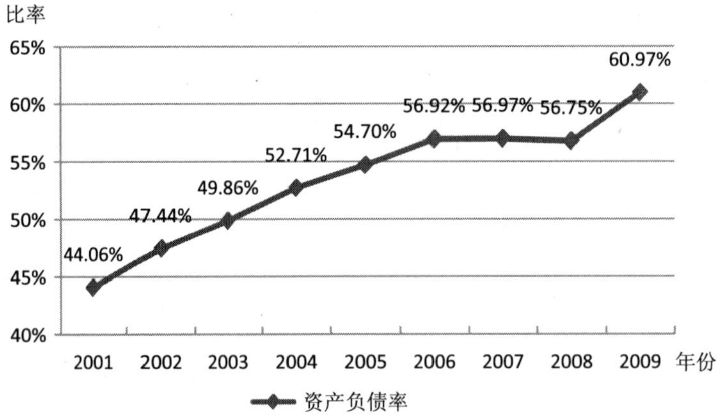


图26.11　西部上市企业部门资产负债率

## 三、小结

西部地区金融部门存贷比较低，而且有持续下降趋势，资本结构问题较为突出；中长期贷款占贷款余额的比例不断攀升，期限错配风险呈上升趋势；外币贷款持续增长，外币存款波动较大，外币存贷比2007年和2008年快速增长，货币错配问题较为突出，总体来说西部地区金融部门面临的风险较高。

西部地区企业部门流动比率近年来在不断上升，但由于长期资产和短期负债的主导地位使得期限错配问题不容忽视；随着资产负债率的下降，资本结构错配问题和清偿力问题逐步缓解；但因未从根本上扭转对债务融资的依赖性，使得企业部门总体风险仍不可忽视。

西部地区上市企业部门的流动比率始终高于 1，出现期限错配风险的可能性不是很大，但是流动负债率很高；随着资产负债率的逐步上升，资本结构错配问题和清偿力问题值得密切关注。

## 第 3 节　西部或有权益资产负债表编制及分析

通过对金融部门和企业部门资产负债表分析，初步了解了西部地区的风险状况，但由历史信息和账面价值所反映的风险状况并不代表各部门的实际风险。本章运用或有权益分析法实证研究反映的是部门和整体实际风险，主要包括或有权益资产负债表的构建与分析、风险指标的选取和风险表的编制，以及基于现实数据进行的利率压力测试和敏感性分析。

### 一、上市企业部门或有权益资产负债表编制及分析

#### （一）上市企业部门或有权益资产负债表编制

2001—2009 年西部地区上市企业部门或有权益资产负债表的输入参数如表 26.7。

**表 26.7　西部上市企业部门或有权益资产负债表输入参数**

| 年份 | 权益市值（亿元） | 权益市值波动率 | 违约点（亿元） | 无风险利率 | 年份 | 权益市值（亿元） | 权益市值波动率 | 违约点（亿元） | 无风险利率 |
|---|---|---|---|---|---|---|---|---|---|
| 2001 | 4 677.73 | 22.53% | 911.154 | 2.25% | 2006 | 6 202.74 | 23.96% | 2 282.558 | 2.35% |
| 2002 | 3 804.31 | 26.72% | 1 120.068 | 2.02% | 2007 | 19 688.1 | 38.95% | 3 108.596 | 3.26% |
| 2003 | 3 237.57 | 17.37% | 1 373.366 | 1.98% | 2008 | 9 155.12 | 42.53% | 3 855.407 | 3.92% |
| 2004 | 3 209.81 | 24.03% | 1 699.672 | 2.03% | 2009 | 20 566.4 | 32.58% | 5 783.75 | 2.25% |
| 2005 | 3 026.73 | 27.09% | 1 916.441 | 2.25% | | | | | |

注：本表数据来自中国人民银行统计数据、国泰君安数据库以及招商证券软件。

根据或有权益资产负债表编制范式和输入参数，通过 MATLAB 编程计算，得到西部地区上市企业部门或有权益资产负债表，如表 26.8。

**表 26.8　西部上市企业部门或有权益资产负债表**　　单位：亿元

| 年份 | 资产市值 | 负债市值 | 权益市值 | 年份 | 资产市值 | 负债市值 | 权益市值 |
|---|---|---|---|---|---|---|---|
| 2001 | 5 570.37 | 892.64 | 4 677.73 | 2006 | 8 428.90 | 2 226.16 | 6 202.74 |
| 2002 | 4 897.25 | 1 092.94 | 3 804.31 | 2007 | 22 709.18 | 3 021.08 | 19 688.10 |
| 2003 | 4 586.22 | 1 348.65 | 3 237.57 | 2008 | 12 867.51 | 3 712.39 | 9 155.12 |
| 2004 | 4 875.19 | 1 665.38 | 3 209.81 | 2009 | 26 222.16 | 5 655.76 | 20 566.40 |
| 2005 | 4 904.06 | 1 877.33 | 3 026.73 | | | | |

## （二）上市企业部门或有权益资产负债表分析

西部地区企业部门资产市值、负债市值持续扩大，2001—2005年间增长较慢，2006年增速提高，2007年资产市值增长率接近170%；负债市值增长较为平稳；权益市值受股市景气程度影响明显，2002—2005年持续下降，2006年股市开始转向牛市，2009年权益市值达历史最高水平，为20 566.4亿元，如图26.12。

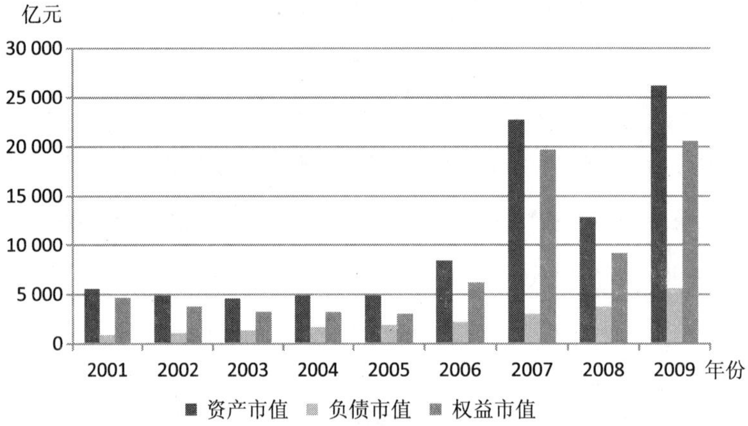


图26.12　西部上市企业部门或有权益资本结构

从2002—2006年或有权益资本结构看，西部地区上市企业部门依然存在较高的风险，其中权益市值与负债市值的比值在2001年为5.24，2008年下降至2.47，违约风险在2008年大幅下降。

西部地区在2006年以前，通过国内A股市场直接融资不畅，导致企业部门的资本结构中负债占大部分，金融机构承担着企业的大部分风险，非金融部门的经营成本也较高。截至2008年年底，西部地区上市企业为248家，股票和基金交易额约占全国的9.3%。2006年中国A股市场恢复IPO，中部和东部新增上市公司占全国新增的大部分，西部地区在2005年未从A股市场中融资，2006年实现融资额为101.7亿元，占全国的4.8%。到2007年，西部地区占全国的融资额为8.5%。西部地区仍需大力推进优质企业的上市，拓宽企业部门的融资渠道，优化企业的资本结构。

如图26.13，西部地区上市企业部门或有资产负债率波动较大，最高在2005年达38.28%，最小为2007年13.30%，所反映的风险状况也未与账面价值保持一致，基于市场信息的资本结构错配风险和清偿力风险在2002—2005年上升。总体而言，西部地区企业部门权益融资所占比重处于较高水平，资本结构错配风险较低。

如图26.14，西部地区上市企业部门违约点值逐年递增，资产市值与违约点两者

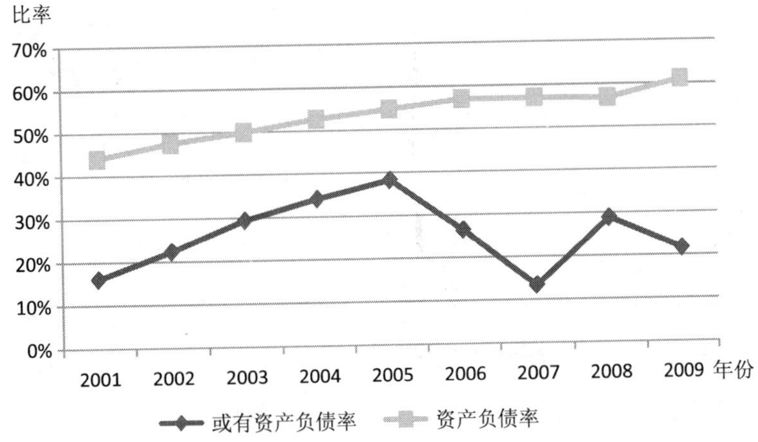


图 26.13　西部上市企业部门资产负债率和或有资产负债率

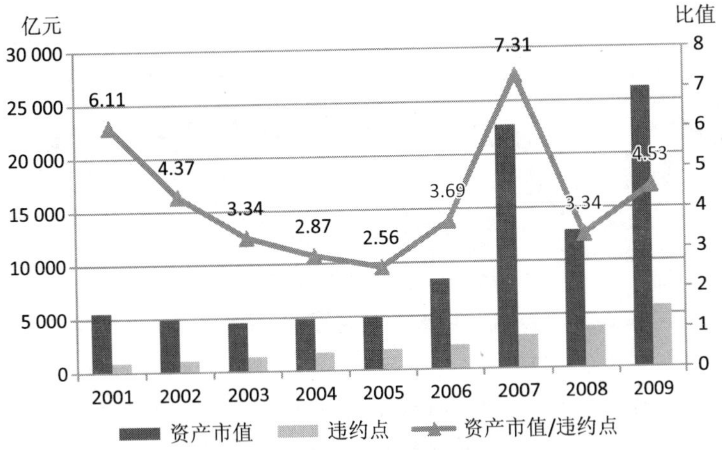


图 26.14　西部上市企业部门资产市值和违约点比较

之比在 2002—2005 年间持续下降，从 2001 年的 6.11 降至 2005 年的 2.56，2007 年上升至 7.31。从总体看，历年资产都是大大高于违约点的，即发生信用违约的风险较小。但同时也发现，2007 年资本市场大幅上涨的行情，对西部企业的资产市值影响较大，原因是市场对中国整体经济抱有好的预期，从而对整体企业部门的发展看好，公允市场价值提高，企业融资通道拓宽，通过资本市场直接融资规模扩大，违约风险降低。

**（三）上市企业部门风险表分析**

表 26.9 是西部上市企业部门风险表。

表 26.9　西部上市企业部门风险表

| 年份 | 资产市值波动率 | 违约概率 | 违约距离 | 年份 | 资产市值波动率 | 违约概率 | 违约距离 |
|---|---|---|---|---|---|---|---|
| 2001 | 18.93% | 0 | 4.418 4 | 2006 | 17.63% | 0 | 4.136 9 |
| 2002 | 20.73% | 0 | 3.720 7 | 2007 | 33.79% | 0 | 2.554 3 |
| 2003 | 12.27% | 0 | 5.710 1 | 2008 | 30.27% | 0 | 2.313 5 |
| 2004 | 15.82% | 0 | 4.116 3 | 2009 | 25.55% | 0 | 3.050 7 |
| 2005 | 16.74% | 0 | 3.639 1 | | | | |

如图 26.15 从资产市值波动率看，2001—2009 年在 12%~34% 之间波动，2003 年资产市值波动率最低。2007 年相对较高，为 33.79%。2008 年、2009 年资产市值波动率均呈下降趋势。

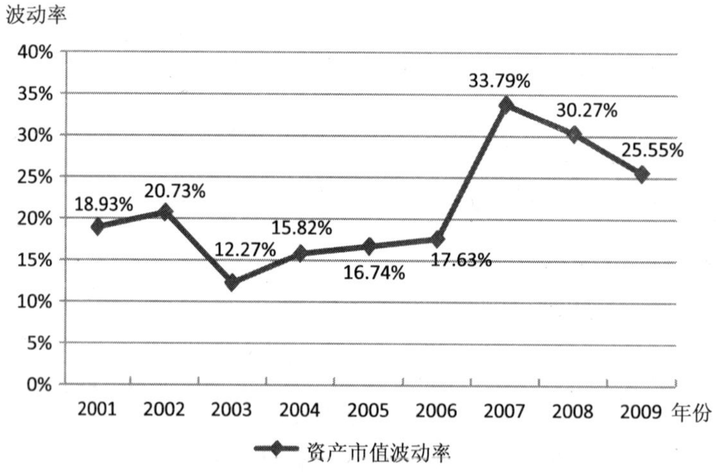


图 26.15　西部上市企业部门资产市值波动率

如图 26.16，从违约距离看，2003 年西部地区企业部门违约距离最高，2007 年、2008 年违约距离处于较低水平。由此所反映出西部上市企业部门的违约风险在 2003 年最低，2007 年、2008 年处于较高水平，2009 年违约距离较 2008 年有所上升，违约风险减小。

**（四）上市企业部门利率压力测试和敏感性分析**

上市企业部门利率压力测试以 2008 年现实利率以及相应指标为基础，通过上、下调节利率使其变动，对上市企业部门进行压力测试。可以观察到，若无风险利率由 3.92% 上调到 10% 时，资产市值下降，因为权益市值不变，负债市值相对亦下降，同时资产市值波动率略微上升至 30. 79%，违约概率、违约距离均略有下降，违约风险略有下降。若利率下调至 1%，资产市值和负债市值上升，资产市值波动率下降至 30%，违约距离上升

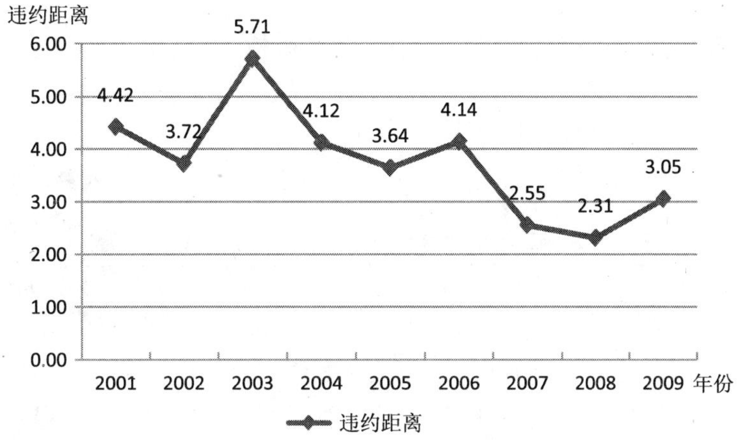


图 26.16　西部上市企业部门违约距离

至 2.341 7。相对而言，西部上市企业部门对利率上调反应更加强烈，但从利率变化引起市场的波动总体看，大幅上调利率或是下调利率，各指标反应均不够明显，西部上市企业部门抵抗利率变动风险的能力较强，如表 26.10。

**表 26.10　西部上市企业部门利率压力测试结果**

| 风险指标 | 情景 1（实际利率 3.92%） | 情景 2（利率下调至 1%） | 情景 3（利率上调至 10%） |
|---|---|---|---|
| 资产市值（亿元） | 12 867.51 | 12 977.43 | 12 649.96 |
| 资产市值波动率 | 30.27% | 30.02% | 30.79% |
| 违约概率 | 0 | 0 | 0 |
| 违约距离 | 2.313 5 | 2.341 7 | 2.257 6 |

其次，上市企业部门利率敏感度测试基于利率微调。同样采用上市部门 2008 年现实数据，将利率将其上调至 4.19% 进行测试。利率微调对上市企业部门或有权益资产负债表基本不存在影响，资产市值波动率和违约概率基本无变化，可见上市企业部门风险指标对利率的敏感度很低。唯一对利率变化比较敏感的指标是违约距离，利率上调后，违约距离从 2.313 5 增加至 2.311 1，如表 26.11。

**表 26.11　西部上市企业部门利率敏感性测试结果**

| 风险指标 | 情景 1（实际利率 2.25%） | 情景 2（利率调整至 2.42%） |
|---|---|---|
| 资产市值（亿元） | 12 867.51 | 12 858.35 |
| 资产市值波动率 | 30.27% | 30.30% |
| 违约概率 | 0 | 0 |
| 违约距离 | 2.313 5 | 2.311 1 |

## 二、企业部门或有权益资产负债表编制及分析

### （一）企业部门或有权益资产负债表编制

2001—2009 年西部地区上市企业部门或有权益资产负债表的输入参数如表 26.12。

表 26.12　西部地区企业部门或有权益资产负债表输入参数

| 年份 | 股权市值（亿元） | 权益市值波动率 | 违约点（亿元） | 无风险利率 | 年份 | 股权市值（亿元） | 权益市值波动率 | 违约点（亿元） | 无风险利率 |
|---|---|---|---|---|---|---|---|---|---|
| 2001 | 34 279.25 | 22.53% | 13 295.47 | 2.25% | 2005 | 26 637.27 | 27.09% | 20 826.07 | 2.25% |
| 2002 | 28 968.91 | 26.72% | 14 167.54 | 2.02% | 2006 | 58 330.23 | 23.96% | 24 110.31 | 2.35% |
| 2003 | 20 295.56 | 17.37% | 17 954.83 | 1.98% | 2007 | 169 305.50 | 38.95% | 28 606.19 | 3.26% |
| 2004 | 24 209.85 | 24.03% | 17 698.08 | 2.03% | 2008 | 79 854.35 | 42.53% | 37 084.10 | 3.92% |

注：本表数据来自中国人民银行统计数据、国泰君安数据库以及招商证券软件。

根据或有权益资产负债表编制范式和输入参数，通过 MATLAB 编程计算，得到西部地区上市企业部门或有权益资产负债表，如表 26.13。

表 26.13　西部地区企业部门或有权益资产负债表　　单位：亿元

| 年份 | 资产市值 | 负债市值 | 权益市值 | 年份 | 资产市值 | 负债市值 | 权益市值 |
|---|---|---|---|---|---|---|---|
| 2001 | 47 279.59 | 13 000.34 | 34 279.25 | 2005 | 47 001.52 | 20 364.25 | 26 637.27 |
| 2002 | 42 852.25 | 13 883.34 | 28 968.91 | 2006 | 81 881.02 | 23 550.79 | 58 330.23 |
| 2003 | 37 896.96 | 17 601.40 | 20 295.56 | 2007 | 196 987.53 | 27 682.03 | 169 305.50 |
| 2004 | 41 550.07 | 17 340.22 | 24 209.85 | 2008 | 115 509.39 | 35 655.04 | 79 854.35 |

注：本表数据根据表 26.12，通过 MATLAB 编程计算得出。

### （二）企业部门或有权益资产负债表分析

如图 26.17，从资产市值与资产账面价值看，西部地区企业部门的资产账面价值逐年增加，从 2001 年的 24 700.16 亿元上升到 2008 年的 72 143.67 亿元。2001—2003 年西部企业部门的资产市值有所下降，从 47 279.59 亿元下降到 37 897 亿元。从 2003 年开始资产市值呈上升趋势，2006、2007 年资产市值增长率分别为 74.21% 和 141%。2001—2005 年资产市值与资产账面价值的差额越来越小，随着资本市场行情的好转，两者之间的差额越来越大，到 2007 年达到最高，为 141 386.6 亿元。2008 年差额下降为 43 365.72 亿元。

如图 26.18，西部地区企业部门负债市值持续扩大，2001—2004 年间增长步伐较慢，2004 年开始增速提高。2004—2008 年 5 年期间负债市值增加了 15 290.79 亿元；西部地区企业部门的负债账面价值高于负债市场价值，且波动趋势一致，负债市场价值与负债账面价值的比例维持在 82%~86% 之间。西部地区企业部门负债市值随着负债账面价值

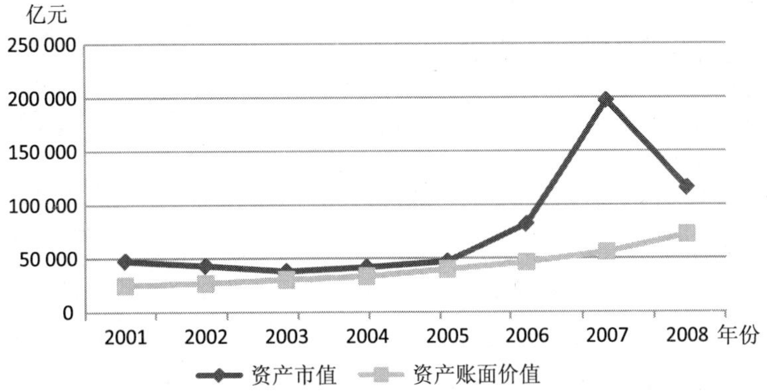


图 26.17　西部企业部门资产市值与资产账面价值

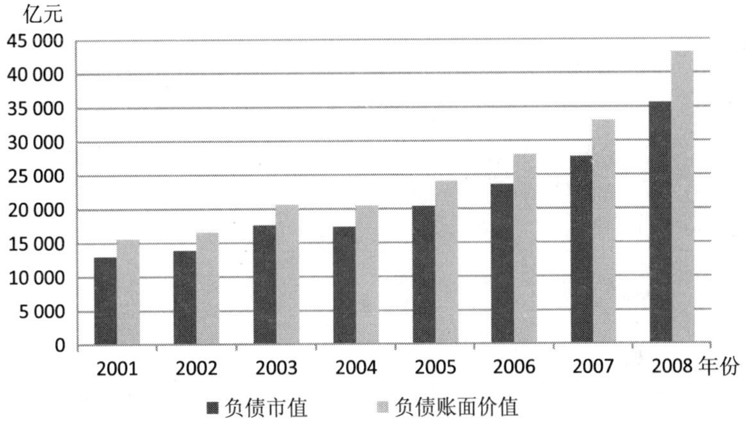


图 26.18　西部企业部门负债市场价值和负债账面价值



上升而上升，看跌期权的价值较小，违约风险较小。

如图 26.19，从 2001—2008 年或有权益资本结构看，西部地区企业部门依然存在较高的风险，其中权益市值与负债市值的比值在 2002 年为 2.09，2003 年下降至 1.15，2007 年权益市值与负债市值的比值为 6.12，资产泡沫太大，存在一定的风险。

如图 26.20，相对于账面资产负债率来说，西部地区企业部门或有资产负债率波动较大。西部地区企业部门账面资产负债率在 59%~69% 之间波动。或有资产负债率随市场行情波动，最高在 2003 年达 46.45%，最小为 2007 年 14.05%，所反映的风险状况也未与账面价值保持一致，基于或有权益资产负债表表现出来的风险在 2008 年上升。总体而言，西部地区企业部门权益融资所占比重处于较高水平，相应存在较大的资本结构错配风险。

资产市值和违约点的比较可反映出企业部门所隐含的违约状况。如图 26.21 所示，

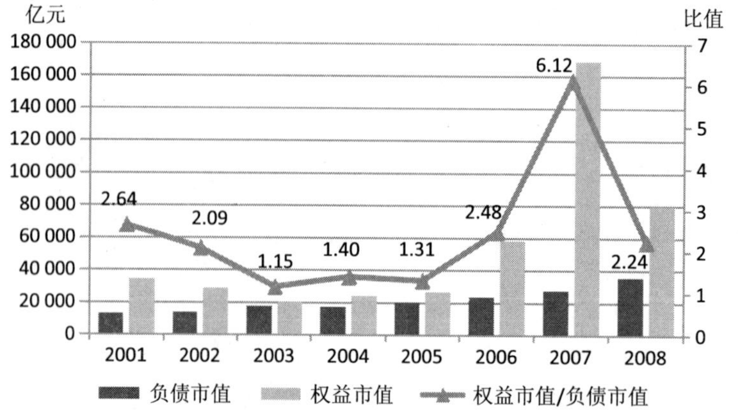


图 26.19 西部企业部门负债市值和权益市值

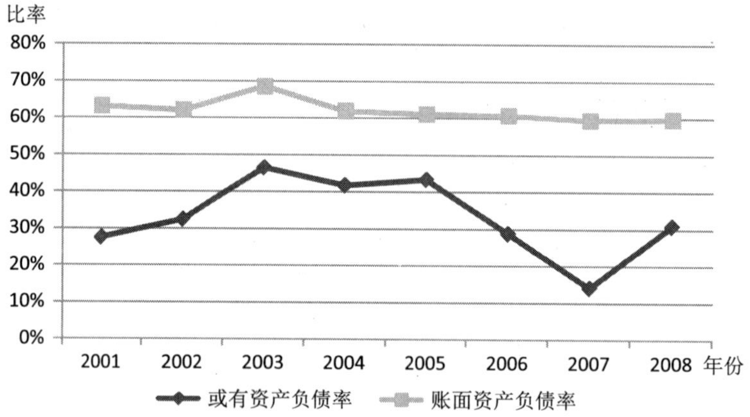


图 26.20 西部企业部门资产负债率和或有资产负债率

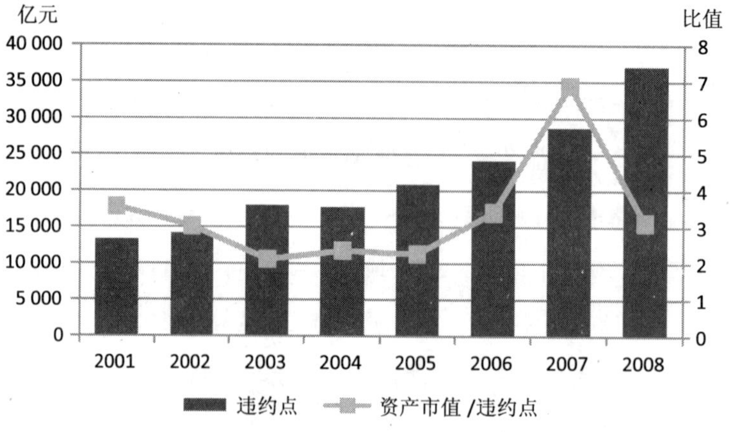


图 26.21 西部企业部门资产市值和违约点比较

西部地区企业部门违约点值逐年递增，资产市值与违约点两者之比在2001—2003年间持续下降，从2001年3.56降至2005年2.11，2007年上升至6.89。从总体看，历年资产都是大大高于违约点的，即发生信用违约的风险较小。但两者之间的比值在波动，2007年资本市场大幅上涨的行情，使西部企业的资产市值名义值增长较大，违约风险降低。

**（三）企业部门风险表分析**

表26.14为西部上市企业部门风险表。

**表26.14　西部上市企业部门风险表**

| 年份 | 资产市值波动率 | 违约概率 | 违约距离 | 年份 | 资产市值波动率 | 违约概率 | 违约距离 |
|---|---|---|---|---|---|---|---|
| 2001 | 16.34% | 0 | 4.399 7 | 2005 | 15.36% | 0 | 3.626 7 |
| 2002 | 18.06% | 0 | 3.706 3 | 2006 | 17.07% | 0 | 4.132 8 |
| 2003 | 9.30% | 0 | 5.658 0 | 2007 | 33.48% | 0 | 2.553 3 |
| 2004 | 14.00% | 0 | 4.099 5 | 2008 | 29.40% | 0 | 2.309 4 |

西部地区部门违约概率均接近于0。而从违约距离看，西部地区企业部门违约距离在2003—2005年间不断下降，2006年略有上升，2007、2008年又有较大幅度的下降，并在2008年达到6年来的最小值，仅为2.309 4，如图26.22。可见西部地区企业部门的实际风险状况与账面价值分析并不一致，实际信用风险尚未呈现出明显的改善趋势。

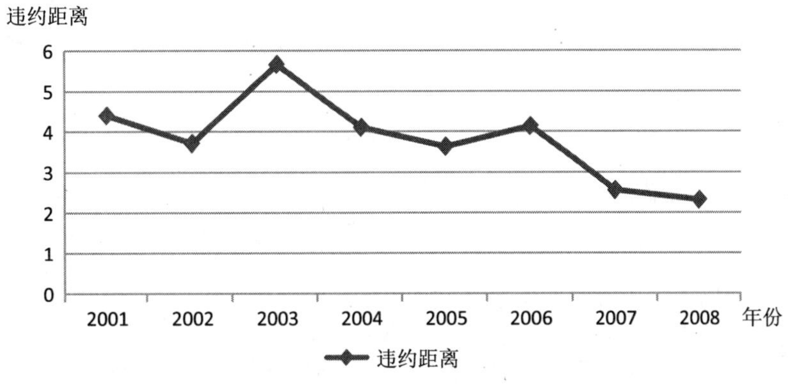


图26.22　西部上市企业部门违约距离

如图26.23，从西部上市企业部门资产市值波动率趋势图看，企业部门资产市值波动率变化较大，在9%~34%之间振荡。2003年企业部门资产市值波动率最低，而2008年最高。结合企业部门的违约距离可以看出，2003年违约距离最高，资产市值波动率最低，违约风险最小。2008年违约距离最小，资产市值波动率较高，违约风险较大。

**（四）企业部门利率压力测试和敏感性分析**

对企业部门的压力测试和敏感度分析均基于2008年现实利率及上市企业或有权益

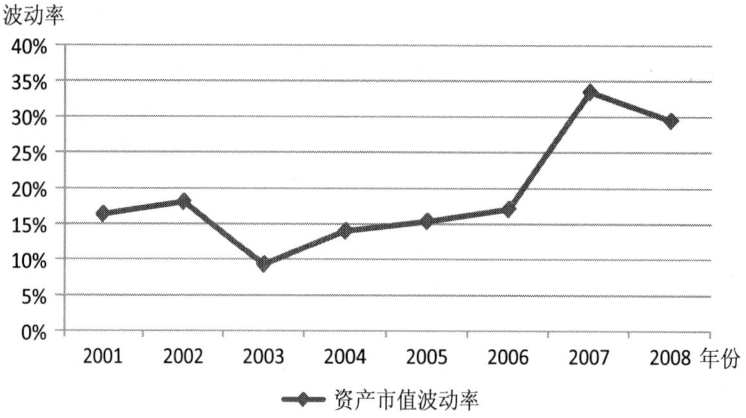


图 26.23　西部上市企业部门资产市值波动率

资产负债表。利率上调至 10% 时，资产市值和负债市值下降，资产市值波动率增加至 29.94%，违约距离下降至 2.247 6，可见总体风险有所上升；利率下调至 1% 时，资产市值和负债市值增加，但变化幅度较小，违约距离增加至 2.340 6，风险下降，如表 26.15。

**表 26.15　西部企业部门利率压力测试结果**

| 风险指标 | 情景 1（实际利率 3.92%） | 情景 2（利率下调至 1%） | 情景 3（利率上调至 10%） |
|---|---|---|---|
| 资产市值（亿元） | 115 509.39 | 116 567.46 | 113 413.21 |
| 资产市值波动率 | 29.40% | 29.13% | 29.94% |
| 违约概率 | 0 | 0 | 0 |
| 违约距离 | 2.309 4 | 2.340 6 | 2.247 6 |

如表 26.16，从敏感性分析结果看，企业部门对利率变动的敏感性依然很低，资产市值、负债市值以及风险表中的各项指标基本不发生变动，可见西部地区企业部门对利率的变化很不敏感，利率的变化不会使企业部门面临的风险发生变化。

**表 26.16　西部企业部门利率敏感性测试结果**

| 风险指标 | 情景 1（实际利率 3.92%） | 情景 2（利率调整至 4.19%） |
|---|---|---|
| 资产市值（亿元） | 115 509.39 | 115 429.54 |
| 资产市值波动率 | 29.40% | 29.42% |
| 违约概率 | 0 | 0 |
| 违约距离 | 2.309 4 | 2.306 9 |

通过测算企业部门在利率变化时各指标值可能出现的波动，可知其对运营和资本结构带来的负面影响较上市企业部门更小，企业部门对利率变动风险有较强的抵抗力。

### 三、小结

西部地区上市企业部门和企业部门的资产市值和负债市值均持续扩大。通过或有权益资产负债表和风险表分析，实际风险状况与账面价值分析不完全一致。首先，或有权益资产负债表分析表明上市企业部门风险较高。其中，或有资产负债率处于上升趋势，直到2007年有所下降。但总体较账面价值资产负债率低，而权益市值因受证券市场影响在2002—2005年间持续下降，2006年、2007年骤然上升，相应2006年上市企业部门存在的资本结构错配风险和清偿力风险较2005年有小幅改善；同时，分析显示企业部门或有资产负债率在2005—2007年间持续下降，其2007年的实际资本结构错配风险也显著高于账面价值错配风险，2008年出现向上趋势，由或有权益资产负债表反映的企业部门风险并非呈逐步改善的趋势。

从风险指标测度的结果看，2001—2008年间上市企业部门和企业部门变化趋势相似，2007年资产市值波动率最大。而企业部门违约距离较上市企业部门大，面临违约风险小。同时，采用2008年现实数据进行压力测试和敏感性分析，结果表明西部地区上市企业部门和企业部门对利率变动风险抵抗力较强，利率微调对部门的或有权益资产负债表的影响基本可以忽略，受到影响的风险指标有违约概率和违约距离，两部门对利率变化的敏感性很小。



## 第4节 西部宏观金融风险结构性分析

在西部大开发战略的推动下，西部地区经济金融保持较为平稳快速的增长，但由于西部各省资源禀赋、经济基础的不同，区域内经济金融发展存在梯度差异。本章使用宏观金融工程的分析方法，对西部省份的金融风险进行结构性分析。

上节对西部经济整体分析中将其划分为三类地区，并比较了西部省份GDP值和各经济部门资产负债规模，西部区域呈现为明显的非均衡格局。其中，四川、陕西、云南和重庆对西部地区经济金融发展推动作用较强，新疆、甘肃、贵州次之，青海、宁夏、西藏发挥作用最弱。其中，四川是地域辽阔、人口众多的内陆大省，在西部具有举足轻重的地位；新疆是中国行政面积最大的省区，农业竞争力、工业竞争力和企业竞争力均位于西部地区前列；西藏是少数民族聚居区，经济总体处于较低水平，各项经济指标基本处于全国末位。2008年，四川、新疆、西藏GDP值在西部国内生产总值占比分别为

26.8%、10.2% 和 0.95%。

## 一、基于资产负债表方法的西部省份宏观金融风险比较分析

### （一）西部各省份金融部门比较分析

总体来说，西部各省份金融部门的资产规模结构和风险状况存在较大的差异。

如图 26.24，2008 年年底，西部地区金融部门总资产的构成中，四川所占比例达到近三成，是西部地区的金融大省，陕西、云南和重庆紧随其后；西藏、青海和宁夏所占比例很低，仅为 1.03%、2.19% 和 2.52%。很明显，西部地区各省份的金融发展十分不均衡。

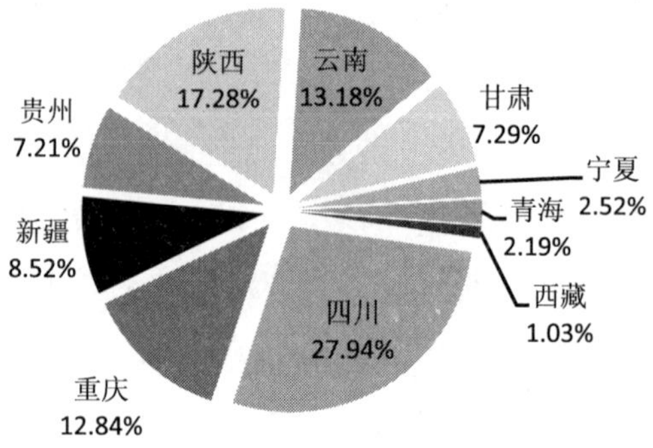


图 26.24　2008 年西部金融部门的总资产构成

从西部地区各省份金融部门存贷比看，西藏的存贷比很低，尤其是 2008 年才达到 26.5%；青海和贵州该指标值在 2003 年时都很高，但近年来有较大幅度下降；宁夏的该指标值近年来一直都很高，始终超过 75% 的监管临界点，见表 26.17。其中，除了重庆外，西部地区其余省份 2008 年的存贷比低于 2007 年，而且基本处于近 6 年的最低点。整体看，西部地区大部分省份金融部门的存贷比近年来都有所下降，资本外流比较严重，其缘由既有西部整体经济的融资环境因素，也有地方金融自身的发展环境因素。其结果是：一方面是银行有大量闲置资金，另一方面是众多中小企业因缺乏资金而遇到发展瓶颈，这严重影响了西部地区经济平稳较快发展。

**表 26.17　西部各省份金融部门的存贷比**

| 年份 | 2003 | 2004 | 2005 | 2006 | 2007 | 2008 |
|---|---|---|---|---|---|---|
| 西藏 | 44.99% | 46.38% | 39.29% | 37.40% | 34.78% | 26.45% |
| 四川 | 82.32% | 77.13% | 68.64% | 67.01% | 66.83% | 60.65% |
| 重庆 | 84.45% | 80.61% | 78.99% | 75.15% | 75.90% | 77.17% |
| 新疆 | 79.29% | 75.50% | 69.10% | 60.98% | 59.66% | 53.80% |
| 贵州 | 90.02% | 86.85% | 83.03% | 81.68% | 81.93% | 75.40% |
| 陕西 | 74.18% | 70.92% | 61.73% | 60.04% | 60.53% | 56.73% |
| 云南 | 78.85% | 77.09% | 77.52% | 78.40% | 79.47% | 78.50% |
| 甘肃 | 82.34% | 76.28% | 66.28% | 63.79% | 65.03% | 58.33% |
| 宁夏 | 88.80% | 90.55% | 84.71% | 87.16% | 92.88% | 88.49% |
| 青海 | 102.65% | 102.37% | 86.96% | 80.76% | 79.82% | 74.40% |

究其原因，西部各省份企业储蓄存款增速差异较大，而居民存款变化趋势较为一致。2007—2008年，受股市财富效应驱动、各类理财产品推出、物价上涨预期增强等因素影响，西部总体企业储蓄增长放缓，但省份差异很大，在新疆企业储蓄增速大幅下降的同时，四川、甘肃和西藏等地区增速则加大。相对而言，西部各省份企业存款增长步伐较为一致。

如表26.18，从西部地区各省份金融部门中长期贷款占贷款余额的比例看，西部地区各省份近年来均呈现该指标值不断增长的趋势。与资本市场活跃、通货膨胀预期上升相适应，西部多数省份居民存款和企业存款呈活期化趋势，而资金的运用却呈现出长期化趋势，短期贷款率下降，由此产生的期限错配问题是存在区域差异的。具体来说，青海和贵州的该指标值远远高于西部地区其他省份，其中，贵州2008年该指标值已高达72.32%。新疆的该指标值最低，2006年后才有所增长，并且远远低于西部的平均水平，到2008年也仅为51.07%。这种“短存长贷”的局面，在经济繁荣期其负面影响会被掩饰起来，而一旦经济陷入低谷，则会放大银行经营失败的风险。



**表26.18 西部各省份金融部门的中长期贷款占贷款余额的比例**

| 年份 | 2003 | 2004 | 2005 | 2006 | 2007 | 2008 |
|---|---|---|---|---|---|---|
| 西藏 | 48.76% | 48.96% | 52.54% | 54.53% | 55.99% | 68.22% |
| 四川 | 43.92% | 45.92% | 48.40% | 51.28% | 55.32% | 57.22% |
| 重庆 | 43.02% | 46.93% | 48.30% | 55.24% | 62.61% | 64.89% |
| 新疆 | 43.31% | 44.46% | 43.50% | 44.05% | 47.73% | 51.07% |
| 贵州 | 59.56% | 62.49% | 63.27% | 65.77% | 69.31% | 72.32% |
| 陕西 | 42.47% | 45.00% | 48.03% | 53.23% | 56.92% | 57.86% |
| 云南 | 48.23% | 52.89% | 55.72% | 56.88% | 59.10% | 57.68% |
| 甘肃 | 42.49% | 43.43% | 46.07% | 49.27% | 51.27% | 51.43% |
| 宁夏 | 53.93% | 55.54% | 54.82% | 54.06% | 53.75% | 56.66% |
| 青海 | 62.38% | 62.21% | 67.78% | 68.39% | 65.30% | 67.84% |

### （二）西部各省份企业部门比较分析

如图26.25从各省份占西部地区资产总额中的比重看，在1998年，四川省资产份额最高，为25.01%；紧跟其后的是：云南省为15.70%，陕西省为13.14%，新疆为11.59%；西藏企业部门所占资产份额最低，只有0.44%，远远低于平均占比份额。

经过11年的发展，到2008年，四川省在西部地区企业资产占比略有增加，仍居于首位，为26.64%；陕西次之，为16.22%，超过云南省跃居西部第二；西藏企业部门所占资产份额变化不大，依然最低，仅为0.47%，如图26.26。

此外，四川省企业部门持续稳定的发展，使其在西部具有绝对的优势地位；重庆

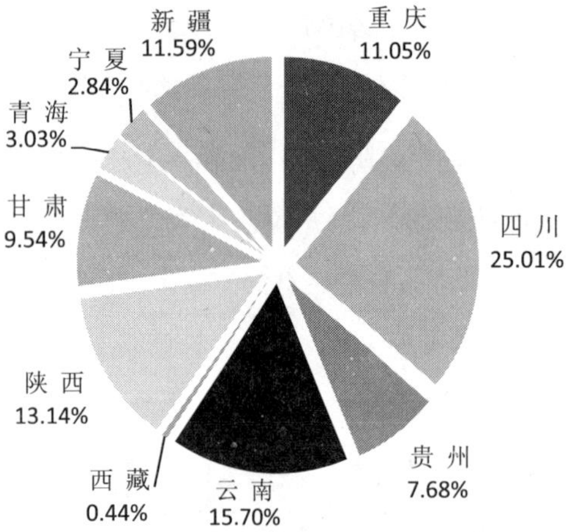


图 26.25 1998 年西部各省份企业部门的总资产构成

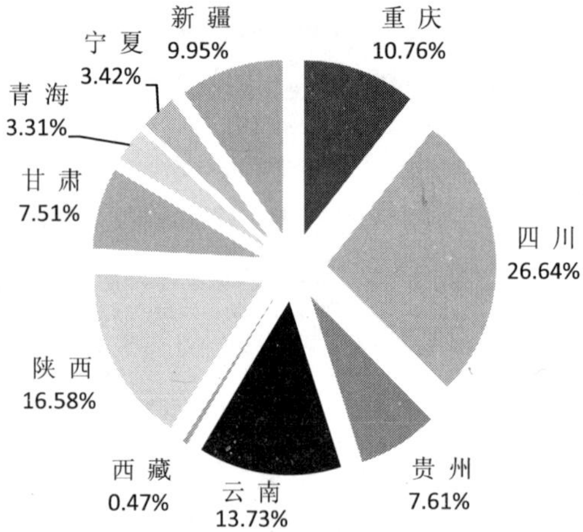


图 26.26 2008 年西部各省份企业部门的总资产构成

超过新疆，从 1998 年的第 5 位提高到第 4 位；贵州超过甘肃，从 1998 年的第 6 位提高到第 5 位；这些与四川省、重庆市和贵州省近年来企业的快速发展有着必然联系，这些也从侧面反映出西部地区企业部门资产发展差距在加大，有两极分化的趋势。

从资本结构看，四川和西部总体接近，资产负债率基本处于 60%~70%，如表 26.19。由此反映出的资本结构问题和清偿力问题也与西部总体分析保持一致。而西藏的资本结构十分安全，不存在资本结构错配问题，资产负债率基本位于 40% 以下，清偿力风险很小。新疆、陕西和青海的资产负债率下降最多，都达到 20%。总体来说，西部地区大部分省份在 1998 年以来资产负债率有明显的下降，对债务融资的依赖性有较大程度的降低，资本结构问题和清偿力问题开始缓解。

**表 26.19 西部各省份企业部门资产负债率** 单位：%

| 年份 | 西藏 | 四川 | 重庆 | 新疆 | 贵州 | 陕西 | 云南 | 甘肃 | 宁夏 | 青海 |
|---|---|---|---|---|---|---|---|---|---|---|
| 1998 | 41.42 | 69.69 | 75.23 | 76.84 | 74.64 | 77.40 | 68.58 | 73.85 | 73.01 | 82.21 |
| 1999 | 45.23 | 63.44 | 66.14 | 77.05 | 77.53 | 76.57 | 67.51 | 75.44 | 76.70 | 73.64 |
| 2000 | 33.20 | 63.91 | 65.50 | 67.91 | 72.03 | 69.89 | 61.06 | 67.22 | 62.16 | 73.67 |
| 2001 | 31.34 | 61.80 | 63.28 | 64.52 | 65.55 | 64.84 | 57.95 | 66.45 | 59.49 | 69.48 |
| 2002 | 31.28 | 59.86 | 59.49 | 62.94 | 65.78 | 64.61 | 57.32 | 64.30 | 62.14 | 66.83 |
| 2003 | 39.92 | 58.24 | 58.98 | 60.72 | 71.39 | 70.69 | 64.62 | 70.07 | 73.68 | 71.41 |
| 2004 | 31.73 | 60.28 | 59.12 | 60.23 | 67.21 | 64.69 | 57.65 | 61.27 | 64.38 | 69.14 |
| 2005 | 29.72 | 61.80 | 58.64 | 59.75 | 65.86 | 63.98 | 55.56 | 59.68 | 62.72 | 66.45 |
| 2006 | 40.48 | 60.77 | 58.93 | 58.24 | 66.11 | 61.72 | 57.12 | 59.87 | 62.22 | 64.78 |
| 2007 | 28.70 | 60.17 | 61.19 | 56.56 | 64.44 | 59.87 | 55.85 | 58.53 | 63.49 | 62.29 |
| 2008 | 30.06 | 60.56 | 61.62 | 56.18 | 65.54 | 58.14 | 58.77 | 57.39 | 65.19 | 61.43 |

如表 26.20，除西藏外，西部地区大部分省份企业部门流动比率在 1 附近徘徊，总的来说期限错配风险不是很大。其中，西藏的流动比率最高，但波动也十分剧烈，两个波谷出现在 1999 年和 2003 年，但也均大于 1，其最大值出现在 2007 年，高达 1.68，可以认为西藏是西部地区企业部门中最不会出现期限错配风险的省份。而西部地区最有可能出现期限错配风险的省份是青海省和宁夏回族自治区，这两个省份的波谷值均在 0.7 左右，而且很多年份流动比率都不到 1，由此反映出的期限错配问题较其他省份更为突出。

**表 26.20　西部各省份企业部门流动比率**

| 年份 | 西藏 | 四川 | 重庆 | 新疆 | 贵州 | 陕西 | 云南 | 甘肃 | 宁夏 | 青海 |
|---|---|---|---|---|---|---|---|---|---|---|
| 1998 | 1.328 | 1.026 | 1.125 | 0.974 | 0.975 | 0.887 | 1.065 | 0.940 | 1.005 | 0.856 |
| 1999 | 1.027 | 1.040 | 1.053 | 0.845 | 0.881 | 0.819 | 0.940 | 0.829 | 0.841 | 0.690 |
| 2000 | 1.346 | 1.056 | 0.957 | 0.905 | 0.970 | 0.941 | 1.047 | 1.036 | 1.047 | 0.952 |
| 2001 | 1.324 | 1.064 | 1.002 | 0.917 | 0.993 | 0.965 | 1.104 | 0.930 | 1.007 | 1.005 |
| 2002 | 1.648 | 1.084 | 1.018 | 0.973 | 0.973 | 0.968 | 1.130 | 0.917 | 0.976 | 1.023 |
| 2003 | 1.091 | 1.086 | 1.045 | 1.004 | 0.881 | 0.871 | 1.008 | 0.856 | 0.792 | 0.851 |
| 2004 | 1.477 | 1.069 | 1.101 | 0.992 | 0.971 | 0.935 | 1.186 | 0.970 | 0.732 | 0.927 |
| 2005 | 1.577 | 1.026 | 1.096 | 1.020 | 0.956 | 0.975 | 1.198 | 1.074 | 1.030 | 0.914 |
| 2006 | 1.278 | 1.066 | 1.078 | 1.099 | 1.000 | 0.986 | 1.210 | 1.007 | 1.028 | 0.957 |
| 2007 | 1.683 | 1.087 | 1.146 | 1.060 | 1.025 | 1.019 | 1.223 | 1.073 | 0.971 | 0.903 |
| 2008 | 1.643 | 1.101 | 1.443 | 1.178 | 0.997 | 1.072 | 1.162 | 1.094 | 0.952 | 0.962 |

综合对西部省份金融部门和企业部门的风险分析，区域内风险状况存在明显差异。对于以上分析，四川省的风险与西部地区总体水平最为接近；西藏地区金融部门存贷比很低，但企业部门的总体风险很小；新疆面临的宏观金融风险高于西部总体风险水平。可见由于区域内经济金融发展的不均衡格局，产生的金融风险也是存在很大差异的。

## 二、基于或有权益分析法的西部各省份宏观金融风险比较分析

### （一）西部各省份上市企业部门或有权益比较分析

如表 26.21 所示，从或有资产负债率看，西部地区各省份上市企业部门或有资产负债率的地区差异很大。处于第一梯队的是重庆、宁夏和新疆，这三个省份上市企业部门的或有资产负债率较高，最高点都超过 50%，波动也最大；处于第三梯队的是青海和贵州，这两个省份的上市企业部门或有资产负债率较低，最大值也不到 28%，而且历年来的波动也较小；其余省份都处于中间梯队。

表 26.21 西部各省份上市企业部门或有资产负债率比较

| 年份 | 2001 | 2002 | 2003 | 2004 | 2005 | 2006 | 2007 | 2008 | 2009Q3 |
|---|---|---|---|---|---|---|---|---|---|
| 西藏 | 10.35% | 14.89% | 24.53% | 33.72% | 38.83% | 21.21% | 11.60% | 24.95% | 8.47% |
| 四川 | 17.61% | 25.08% | 30.47% | 35.54% | 39.14% | 21.91% | 12.66% | 32.90% | 30.58% |
| 重庆 | 21.86% | 26.63% | 31.41% | 46.67% | 56.51% | 40.60% | 18.37% | 39.21% | 25.73% |
| 新疆 | 17.78% | 22.76% | 31.65% | 45.95% | 51.51% | 32.68% | 11.48% | 23.93% | 20.51% |
| 贵州 | 12.91% | 17.17% | 25.41% | 27.48% | 26.23% | 10.13% | 4.21% | 14.00% | 10.31% |
| 陕西 | 15.25% | 19.84% | 24.10% | 35.48% | 40.38% | 20.87% | 10.09% | 20.48% | 13.49% |
| 云南 | 16.39% | 23.98% | 26.85% | 34.24% | 39.94% | 25.64% | 13.19% | 32.50% | 22.75% |
| 甘肃 | 14.77% | 24.31% | 21.32% | 33.22% | 40.85% | 35.59% | 12.68% | 30.56% | 26.85% |
| 宁夏 | 22.87% | 32.57% | 38.75% | 45.57% | 53.80% | 46.54% | 19.00% | 39.66% | 29.22% |
| 青海 | 6.32% | 9.67% | 15.16% | 21.04% | 26.06% | 19.37% | 6.67% | 13.04% | 12.57% |

整体来看，西部地区各省份上市企业部门或有资产负债率均呈现如下特点：2001 年开始出现缓慢增长趋势，并于 2005 年达到峰值，此后该指标值迅速下降，并于 2007 年达到波谷，2008 年又重新达到顶点，2009 年又有所下降。

如表 26.22 所示，从权益市值波动率看，西部地区各省份上市企业部门该指标值总体呈现波动上升的趋势，并于 2008 年达到峰值，当年各省份的该指标值均在 50% 左右。分开来看，青海该指标值历年来的总体水平最高，始终高于 30%，且历年来的波动很小；新疆该指标值历年来的波动最剧烈，最大值高达 54.55%，而最小值仅为 13.11%。

表 26.22 西部各省份上市企业部门的权益市值波动率

| 年份 | 2001 | 2002 | 2003 | 2004 | 2005 | 2006 | 2007 | 2008 | 2009Q3 |
|---|---|---|---|---|---|---|---|---|---|
| 西藏 | 23.35% | 28.02% | 16.24% | 28.46% | 35.13% | 33.92% | 43.96% | 55.91% | 41.10% |
| 四川 | 22.94% | 27.12% | 19.77% | 24.57% | 25.34% | 29.68% | 37.70% | 46.29% | 27.60% |
| 重庆 | 24.02% | 27.55% | 19.61% | 27.77% | 30.21% | 27.51% | 43.71% | 52.55% | 34.71% |
| 新疆 | 19.70% | 19.85% | 13.11% | 23.42% | 25.70% | 26.65% | 38.59% | 54.55% | 36.85% |
| 贵州 | 27.37% | 26.77% | 23.32% | 29.11% | 29.63% | 30.25% | 38.06% | 42.79% | 27.42% |
| 陕西 | 24.08% | 28.94% | 18.27% | 23.72% | 29.32% | 33.43% | 39.53% | 55.82% | 39.25% |
| 云南 | 24.80% | 30.81% | 21.26% | 28.04% | 29.27% | 29.16% | 45.68% | 44.27% | 37.80% |
| 甘肃 | 24.61% | 27.31% | 19.48% | 23.42% | 25.10% | 23.50% | 47.64% | 55.69% | 32.40% |
| 宁夏 | 22.29% | 28.81% | 22.40% | 25.65% | 29.62% | 26.91% | 39.36% | 48.27% | 32.99% |
| 青海 | 33.00% | 38.03% | 31.91% | 37.24% | 43.93% | 32.62% | 44.89% | 49.73% | 36.88% |

如表 26.23，从资产市值波动率看，西部地区各省份上市企业部门该指标值总体呈现波动上升的趋势，并于 2007 年或 2008 年达到顶点，此后又有所下降。其中，青海省该指标值总体水平高于西部地区的其他省份，新疆的该指标值历年来的波动最剧烈。整体看，资产市值波动率与权益市值波动率呈现比较一致的状态。

表 26.23　西部各省份上市企业部门的资产市值波动率

| 年份 | 2001 | 2002 | 2003 | 2004 | 2005 | 2006 | 2007 | 2008 | 2009Q3 |
|---|---|---|---|---|---|---|---|---|---|
| 西藏 | 20.93% | 23.83% | 12.25% | 18.86% | 21.49% | 26.73% | 38.86% | 42.00% | 37.62% |
| 四川 | 18.90% | 20.32% | 13.74% | 15.84% | 15.42% | 23.18% | 32.93% | 31.07% | 19.16% |
| 重庆 | 18.77% | 20.21% | 13.45% | 14.81% | 13.14% | 16.34% | 35.67% | 32.03% | 25.78% |
| 新疆 | 16.20% | 15.33% | 8.96% | 12.66% | 12.46% | 17.94% | 34.16% | 41.52% | 29.29% |
| 贵州 | 23.84% | 22.17% | 17.39% | 21.11% | 21.86% | 27.19% | 36.46% | 36.80% | 24.59% |
| 陕西 | 20.41% | 23.19% | 13.87% | 15.31% | 17.48% | 26.45% | 35.54% | 44.41% | 33.95% |
| 云南 | 20.74% | 23.42% | 15.56% | 18.44% | 17.58% | 21.68% | 39.65% | 29.89% | 29.20% |
| 甘肃 | 20.97% | 20.67% | 15.33% | 15.64% | 14.84% | 15.13% | 41.60% | 38.76% | 23.70% |
| 宁夏 | 17.19% | 19.43% | 13.72% | 13.96% | 13.68% | 14.38% | 31.88% | 29.16% | 23.35% |
| 青海 | 30.90% | 34.36% | 27.07% | 29.40% | 32.47% | 26.30% | 41.90% | 43.23% | 32.24% |

如表 26.24，从违约距离看，2007 年以前西部地区各省份上市企业部门的违约距离基本都在 3 以上，信用风险较低，而 2008 年西部各省份上市企业部门的信用风险都比较突出，大部分省份的违约距离不到 2。具体来说，西部地区各省份上市企业部门的违约距离总体呈现如下趋势:2003 年达到峰值,此后呈现下降趋势,并于 2008 年达到波谷（违约距离仅为 2 左右），2009 年又有所回升。也就是说，从 2003 年以来，西部整体的违约状况逐渐变坏。其中有重大事件的影响，如“德隆事件”、“啤酒花事件”等对整个西部上市企业体系造成了严重的冲击，并影响到一系列相关行业，给西部上市企业的健康发展蒙上了阴影。2008 年的国际金融危机更是推动了西部地区各省份上市企业的信用风险上升到历史的最低点，其中，西藏、陕西和甘肃上市企业部门的信用风险最为突出，其违约距离均不足 1.8。

表 26.24　西部各省份上市企业部门违约距离比较

| 年份 | 2001 | 2002 | 2003 | 2004 | 2005 | 2006 | 2007 | 2008 | 2009Q3 |
|---|---|---|---|---|---|---|---|---|---|
| 西藏 | 4.272 | 3.554 | 6.120 | 3.477 | 2.805 | 2.929 | 2.265 | 1.766 | 2.427 |
| 四川 | 4.339 | 3.663 | 5.014 | 4.024 | 3.888 | 3.347 | 2.640 | 2.118 | 3.587 |
| 重庆 | 4.136 | 3.603 | 5.053 | 3.535 | 3.213 | 3.576 | 2.269 | 1.857 | 2.858 |
| 新疆 | 5.051 | 5.008 | 7.559 | 4.195 | 3.797 | 3.708 | 2.580 | 1.811 | 2.698 |
| 贵州 | 3.641 | 3.720 | 4.259 | 3.408 | 3.348 | 3.296 | 2.624 | 2.321 | 3.638 |
| 陕西 | 4.135 | 3.437 | 5.442 | 4.170 | 3.358 | 2.973 | 2.521 | 1.773 | 2.539 |
| 云南 | 4.014 | 3.225 | 4.669 | 3.529 | 3.363 | 3.401 | 2.178 | 2.215 | 2.628 |
| 甘肃 | 4.048 | 3.638 | 5.106 | 4.225 | 3.922 | 4.199 | 2.089 | 1.767 | 3.060 |
| 宁夏 | 4.455 | 3.436 | 4.408 | 3.832 | 3.287 | 3.640 | 2.521 | 2.018 | 3.003 |
| 青海 | 3.025 | 2.624 | 3.123 | 2.671 | 2.256 | 3.048 | 2.222 | 1.998 | 2.703 |

整体来看，青海省的上市企业部门的违约距离历年来都处于西部地区中最低，信

用风险状况有待进一步改善；新疆和西藏的该指标值波动最大，信用风险状况需要多加注意。

**（二）西部各省份企业部门或有权益比较分析**

如表 26.25，从或有资产负债率看，西部地区各省份上市企业部门或有资产负债率均呈现如下特点：2001 年开始缓慢增长，并于 2003—2005 年达到各省份的峰值，此后该指标值迅猛下降，并于 2007 年达到波谷，2008 年又有所回升。

**表 26.25　西部各省份企业部门或有资产负债率**

| 年份 | 2001 | 2002 | 2003 | 2004 | 2005 | 2006 | 2007 | 2008 |
|---|---|---|---|---|---|---|---|---|
| 西藏 | 7.81% | 9.09% | 15.58% | 17.25% | 16.34% | 12.40% | 4.42% | 11.70% |
| 四川 | 32.80% | 38.25% | 41.07% | 46.14% | 49.66% | 27.20% | 12.52% | 28.74% |
| 重庆 | 27.27% | 29.82% | 43.29% | 49.37% | 55.61% | 36.05% | 20.54% | 43.66% |
| 新疆 | 21.10% | 22.71% | 29.58% | 36.72% | 38.98% | 22.10% | 5.53% | 13.91% |
| 贵州 | 23.98% | 29.39% | 38.84% | 37.22% | 34.43% | 14.14% | 7.60% | 16.91% |
| 陕西 | 32.40% | 37.24% | 47.92% | 51.27% | 49.14% | 28.20% | 13.04% | 39.07% |
| 云南 | 21.86% | 28.57% | 39.39% | 35.92% | 39.58% | 24.53% | 10.87% | 32.27% |
| 甘肃 | 35.90% | 40.12% | 44.26% | 41.18% | 45.68% | 38.64% | 14.71% | 32.43% |
| 宁夏 | 20.00% | 32.89% | 53.85% | 48.58% | 50.21% | 38.12% | 16.20% | 38.38% |
| 青海 | 13.04% | 13.85% | 20.98% | 25.09% | 25.39% | 17.15% | 9.71% | 17.49% |

整体看，西部地区各省份企业部门或有资产负债率的地区差异非常大。处于第一梯队的是重庆、宁夏、陕西和四川，这四个省份企业部门的或有资产负债率较高，最高点都差不多达到 50% 以上，且历年来的波动也很大。处于中间梯队的是新疆、贵州、云南和甘肃，这四个省份除 2007 年以外大部分年份在 30% 上下浮动。处于第三梯队的是西藏和青海，这两个省份的企业部门的或有资产负债率较低，而且历年来的波动也比较小，其中，西藏该指标值的最大值仅为 17%，最小值甚至低达 4.42%。可以看出，第一梯队的该指标值历年来都高出第三梯队 30% 左右，区域内差异悬殊。

如表 26.26，从违约距离来看，2007 年以前西部地区各省份企业部门的违约距离基本都在 3 以上，信用风险较低，而 2008 年西部各省份上市企业部门的信用风险都比较突出，大部分省份的违约距离不到 2。具体来说，西部地区各省份企业部门的违约距离总体呈现如下趋势：2003 年达到峰值，此后呈现下降趋势，并于 2008 年达到波谷（违约距离仅为 2 左右）。整体看，青海省企业部门的违约距离历年来都处于西部地区中最低，信用风险状况有待进一步改善；新疆和西藏的该指标值波动最大，信用风险状况需要多加注意。这些现象与各省份上市企业部门该指标值所表现出来的状况十分相近。

表 26.26　西部各省份企业部门违约距离

| 年份 | 2001 | 2002 | 2003 | 2004 | 2005 | 2006 | 2007 | 2008 |
|---|---|---|---|---|---|---|---|---|
| 西藏 | 4.274 | 3.564 | 6.135 | 3.499 | 2.834 | 2.938 | 2.271 | 1.778 |
| 四川 | 4.309 | 3.639 | 4.951 | 3.993 | 3.858 | 3.339 | 2.640 | 2.125 |
| 重庆 | 4.126 | 3.597 | 5.022 | 3.526 | 3.216 | 3.586 | 2.268 | 1.848 |
| 新疆 | 5.045 | 5.008 | 7.566 | 4.219 | 3.834 | 3.727 | 2.586 | 1.821 |
| 贵州 | 3.628 | 3.704 | 4.232 | 3.394 | 3.334 | 3.292 | 2.620 | 2.318 |
| 陕西 | 4.107 | 3.414 | 5.372 | 4.124 | 3.335 | 2.963 | 2.517 | 1.750 |
| 云南 | 4.006 | 3.217 | 4.645 | 3.526 | 3.366 | 3.403 | 2.180 | 2.216 |
| 甘肃 | 4.011 | 3.613 | 5.052 | 4.205 | 3.908 | 4.192 | 2.089 | 1.763 |
| 宁夏 | 4.458 | 3.436 | 4.361 | 3.823 | 3.299 | 3.662 | 2.524 | 2.021 |
| 青海 | 3.020 | 2.621 | 3.117 | 2.667 | 2.259 | 3.050 | 2.219 | 1.994 |

## 三、小结

西部地区各省份的金融发展十分不均衡，四川、陕西、云南和重庆是西部地区的金融大省，而西藏、青海和宁夏所占比例很低。西部地区大部分省份金融部门的存贷比近年来都有所下降，其中西藏的资本外流最严重。西部地区各省份的中长期贷款占贷款余额的比例不断增长，期限错配风险有加剧的趋势。

西部地区企业部门中，四川省的资产份额居于首位；陕西省超过云南省跃居西部第二；西藏自治区企业部门所占资产份额最低，但其资本结构十分安全，资产负债率基本位于 40% 以下。总体来说，西部地区大部分省份在 1998 年以来资产负债率有明显的下降，资本结构问题和清偿力问题逐渐缓解，而西部地区最有可能出现期限错配风险的省份是青海省和宁夏回族自治区。

西部地区各省份上市企业部门或有资产负债率的地区差异很大，重庆、宁夏和新疆的该指标值较高，青海和贵州的该指标值较低。而青海权益市值波动率历年来的总体水平最高，新疆的该指标值历年来波动最剧烈。青海省上市企业部门的违约距离历年来都处于西部地区中最低，信用风险状况有待进一步改善；新疆和西藏的该指标值波动最大，信用风险状况需要多加注意。在 2008 年金融危机的影响下，西藏、陕西和甘肃的上市企业部门信用风险最为突出。

西部地区各省份企业部门或有资产负债率的地区差异非常大，重庆、宁夏、陕西和四川的该指标值较高，历年来的波动也很大；西藏和青海的该指标值较低，历年来的波动也比较小。青海省企业部门违约距离历年来都处于西部地区中最低，信用风险状况有待进一步改善；新疆和西藏的该指标值波动最大。

通过西部地区各省份的比较分析，可以看出西部地区金融所有制结构单一、经济发展不协调、产业结构不合理以及金融生态环境差等，这些是导致西部各省份发展格局不平衡的关键因素，从而也制约了西部整体经济金融的发展。

## 第5节　结论及政策建议

### 一、结论

结合中国西部地区的经济金融发展形势，前文对西部地区的金融风险进行了总体分析、结构性分析。

西部地区金融部门存贷比较低，而且有持续下降趋势，资本结构问题较为突出；中长期贷款占贷款余额的比例不断攀升，期限错配风险呈上升趋势；外币贷款持续增长，外币存款波动较大，货币错配问题较为突出，总体来说西部地区金融部门面临的风险较高。

西部地区企业部门总体风险在降低，但上市企业部门的流动负债率很高，其资本结构错配问题和清偿力问题值得密切关注。西部地区上市企业部门和企业部门或有权益分析基于市场价值之上，两部门的资产市值和负债市值均持续扩大。或有资产负债率处于上升趋势，直到2007年有所下降，但低于账面价值资产负债率。而企业部门违约距离较上市企业部门大，面临违约风险小。同时，采用2008年现实数据进行压力测试和敏感性分析，结果表明西部地区上市企业部门和企业部门对利率变动风险抵抗力较强。

西部地区各省份的金融发展十分不均衡，四川、陕西、云南和重庆是西部地区的金融大省，而西藏、青海和宁夏所占比例很低。西部地区大部分省份金融部门的存贷比近年来都有所下降，其中西藏的资本外流最严重。西部地区各省份的中长期贷款占贷款余额的比例不断增长，期限错配风险有加剧趋势。

西部地区企业部门中，四川的资产份额居于首位；陕西超过云南跃居西部第二；西藏企业部门所占资产份额最低，但其资本结构十分安全。总体来说，西部地区大部分省份在1998年以来资产负债率有明显的下降，资本结构问题和清偿力问题逐渐缓解，而西部地区最有可能出现期限错配风险的省份是青海省和宁夏回族自治区。从西部地区各省份的或有权益指标看，地区内差异很大，新疆、青海和西藏上市企业部门的风险较高；重庆、宁夏、陕西、青海和四川企业部门信用风险状况有待进一步改善。

综合对西部地区金融部门和企业部门的资产负债表分析、或有权益资产负债表分析和风险表分析表明，西部地区金融部门面临的风险较高。同时，对西部地区金融风险的结构性分析和比较分析，表明了区域内和区域间的风险状况均存在很大差异，西部地区经济金融发展格局不均衡，区域金融安全可能受到进一步威胁。

## 二、政策建议

第一，在发展中完成结构调整，在发展中实现风险控制。中国西部地区区域内经济发展不平衡，与东部、中部地区间的经济差异日益加大，加上面对2008年以来的国际金融危机，西部地区经济金融运行面临的宏观风险可能会增加。西部必须抓住西部大开发的机会，结合西部拥有丰富的石油、天然气、有色金属、煤炭等矿产资源和旅游资源，以及丰富的光热资源、风力资源及水能资源的优势，在发展中完成结构调整，在发展中实现风险控制。

第二，加快西部地区投资环境改善，为吸引外部资金和改善西部地区投资来源结构创造良好的外部环境。不能单靠银行信贷支持，而应与积极的财政政策、利用外资政策有机结合起来，国家应继续实施并加大财政转移支付力度，突出转移支付的均衡功能。国家还应从战略上考虑协调市场效率和政府效率，共同促进西部地区经济的快速发展，并通过经济的发展探索西部大开发的金融发展道路。

第三，优化资本市场结构，发挥信托、租赁等非银行业金融机构的融资功能，促使居民储蓄存款向投资转化，为加快西部经济发展提供更多的融资渠道，避免对债务融资的过分依赖和金融风险过度集中，以有效缓解金融部门和企业部门的资本结构问题、期限错配问题以及清偿力问题。

第四，在充分发挥政策性银行在西部作用的同时，可考虑在西部地区组建一批地方性中小金融机构，大力发展区域性地方金融组织体系，解决区域不平衡发展的资金问题。

第五，优化西部地区金融机构和产业的区域布局，提高经济金融建设的外向程度，尤其加快青海、宁夏、西藏地区的发展进程。对于区域内严重资不抵债、无法持续经营的金融机构或企业，按市场化方式进行清算、关闭或重组，提高金融部门和企业部门的风险管理能力和竞争力。最终促进西部地区经济协调发展，把区域宏观金融风险降到最低，实现区域金融稳定和金融安全。

# 第 27 章　重庆市宏观金融风险研究



自 1997 年重庆市转为直辖市以来，重庆进入新的发展阶段，经济实力逐步增强，基础设施显著改善，而且有生产成本低、配套能力和要素集聚能力强、自身及周边市场成长快等优势，具有持续发展的较好条件。本章将基于账面价值和市场价值的资产负债表对重庆市主要部门进行风险度量并提出相关政策建议。

## 第 1 节　引言

2009 年重庆市金融业增加值达 389.9 亿元，占 GDP 比重达 6%，金融业增速为 31%，全国最高。重庆金融业不仅发挥了资金筹措功能，而且对经济拉动作用明显，历史性地成为支柱产业。本节首先对重庆市经济、金融发展状况作了简单的论述，在梳理重庆市金融风险研究文献的基础上，为重庆市宏观金融风险研究提供了基础。

### 一、重庆市经济金融概况

#### （一）重庆市经济运行概况

改革开放初期，由于重庆地理位置的影响，其所受政策优惠与沿海地带不可比拟，沿海地区尤其是广东珠三角迅猛的经济发展并没有良好地带动内陆城市的起步。重庆成为直辖市后，经济发展势头较好。刚列为直辖市时，重庆市 GDP 仅为 1 360.24 亿元。

1997—2008 年生产总值年增速一直处于稳步上升的状态。经过十多年的发展，2008 年重庆市全年地区国内生产总值突破 5 000 亿元，人均地区国内生产总值达到 2 573 美元，经济发展迈上了新的台阶。按产业分，第一产业实现增加值 575.40 亿元，第二产业实现增加值 2 433.27 亿元，第三产业实现增加值 2 087.99 亿元，地区国内生产总值构成为 11.3 : 47.7 : 41。可见，重庆市整体经济中能最有效地拉动经济增长的是第二产业，从行业结构看，工业比建筑业更能有效地拉动经济增长。第三产业在重庆市国内生产总值中所占比例超过第一产业，但其快速发展已经与第一、二产业发展不相适应。

图 27.1 为 1997—2008 年重庆市国内生产总值（GDP）及其增长速度。

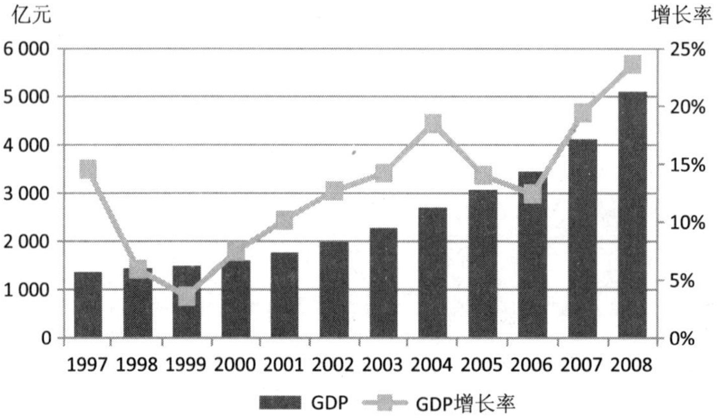


图 27.1　1997—2008 年重庆市国内生产总值及其增长速度

### （二）重庆市金融运行概况

重庆成为直辖市以来，金融机构数量不断增加，金融体系不断完善。银行组织体系趋于完善，形成以政策性银行、国有控股商业银行分行为主体，股份制商业银行分行、城市商业银行和农村信用社并存，外资银行重庆分行为补充的银行组织体系。2008 年 8 月，重庆大足汇丰村镇银行有限责任公司获准开业，成为中国西部地区首家外资独资村镇银行。

2003—2008 年，重庆市银行业发展迅速，资产总额从 3 930.4 亿元增加到 10 056 亿元；2003 年贷款余额为 2 966.6 亿元，存款余额为 3 512.82 亿元。经过 5 年的发展，重庆市银行信贷大幅增长，2008 年存款余额达到了 8 102 亿元，贷款余额突破 6 200 亿元，位列全国第三；重庆直接融资增加 322.6 亿元，比 2007 年增加了 200 多亿元；重庆新增 H 股上市公司 1 家，上市公司总数达 31 家。尽管由于金融危机的影响，上市公司总市值有所下降，但主营业务收入和利润仍保持较快增长；重庆保险业继续保持快速增长，全年新增保险分支机构 54 家，市场体系进一步完善。重庆保险业收入高速增长，突破 200 亿元大关。

2009 年上半年，重庆金融业增加值超过 100 亿元，占全市 GDP 比重近 5%，金融业已经成为重庆市支柱产业。截至 2009 年 8 月，重庆市金融机构本外币贷款余额达 8 541.9 亿元，人民币贷款同比增速已连续 8 个月全国第一，贷款余额上升至西部第二，在重庆历史上绝无仅有。贷款余额与 GDP 的比值接近 1.5，金融产业对全市经济的拉动作用明显，长江上游地区金融中心建设进一步提速。随着长江上游地区金融中心建设的推进，以及金融生态环境的全面改善和“统筹城乡”的先行先试优势，重庆金融业发展正提速上档，势头将更为迅猛。

## 二、文献综述

对重庆市金融风险的研究主要集中在重庆金融发展与经济增长的关系、重庆市金融发展中存在的问题和对策分析以及区域性金融中心的建立。

关于重庆市金融发展与经济增长的关系方面的文献主要有：张强春（2002）在《重庆金融发展与经济增长的关系研究》一文中对重庆地区金融发展与经济增长之间的关系进行了分析。对重庆金融结构的分析中发现，重庆地区地方金融很不发达，全国性金融机构占有主导地位，重庆地区的金融发展受全国性因素的影响很大，重庆地区的金融发展水平落后于全国水平，而且重庆地区的金融发展受益于全国或其他地区的金融发展。在进行了相对直观的研究以后，使用时间序列向量自回归分析中的误差纠正模型，对地区金融发展与经济增长所蕴含的关系进行了实证研究。通过检验发现，重庆的金融发展与总产出、第二产业产出、全国金融发展、全国经济发展存在显著正相关关系，与第一产业产出存在负相关关系。重庆总产出、第一产业产出、第二产业产出对金融发展有单向因果关系，重庆的经济增长是金融发展的原因；全国金融发展对重庆金融发展有双向因果关系，全国经济发展对重庆金融发展有双向因果关系。周振（2007）以重庆为例对金融发展与二元经济结构实证关系进行研究，研究结果表明重庆市金融发展对二元经济结构转换有显著负影响。重庆市近年来金融发展是以城市金融为支撑的，在金融总量和效益不断提高的背后，是农村金融的相对萎缩。因此，重庆市应注重激活农村金融潜力，促使城乡经济发展以较快的速度趋同。胡杰（2009）在《欠发达地区金融支持区域经济增长的分析——基于陕西与重庆的实证对比》一文中对陕西省重庆市进行区域金融发展和经济增长关系的比较研究。文章利用 1978—2007 年的样本数据，通过 ADF 检验、

E–G 协整检验、向量误差修正模型（ECM）和 Granger 因果检验展开实证分析。比较两地的金融对经济增长的支持力度，从金融发展的角度探讨以西部为代表的欠发达地区经济增长策略，以此来促进整个西部地区经济金融发展。

关于重庆市金融发展中存在的问题和对策分析方面的文献主要有：马正兵（2004）在《重庆直辖以来经济增长中的金融效率分析》一文中应用数据包络分析方法对重庆直辖以来各年度的金融相对效率进行了实证研究，发现重庆金融投入对于经济增长是 DEA 规模有效的。DEA 模型分析揭示了金融调节经济结构、引导金融经济相互适应的政策建议。杨国中（2007）在《充分发挥金融在重庆统筹城乡发展中的杠杆作用》一文中首先指出了金融支持重庆统筹城乡发展存在的问题，然后针对存在的问题给出了政策建议。陈利（2008）在《新特区重庆在城乡统筹下金融资源配置效率研究》一文中指出重庆直辖市在 2007 年被批准设立为全国统筹城乡综合配套改革试验区后，新特区的关键点是统筹城乡，而在统筹城乡促进经济发展的过程中，核心是如何合理有效地配置金融资源。石玉容（2009）在《重庆农村金融改革模式研究》一文中分析了重庆农村金融现状以及重庆农村金融改革模式，并指出了重庆模式的难点和不足。

关于区域性金融中心建立的文献有：周祖德（2000）在《构建重庆金融中心，促进西部大开发》中指出重庆在实施西部大开发战略中，构建重庆金融中心，降低金融商品的“交易费用”，提高资本积累效率，优化资源配置，调整产业结构，融通国际、国内资本，是重庆突破资金约束，赶超发达地区，实现“梯度超越”的重要举措。颜蕾（2006）在《构建和发展重庆区域性金融中心的政策思路》一文中依据区域金融中心理论及重庆市建立区域金融中心所面临的问题，从金融中心模式的选择、金融机构组织体系的建立、资本市场制度的创新、区域信贷市场的发展及建立、区域性民营银行等方面，提出了构建和发展重庆市区域金融中心的政策思路。尹丽（2008）对重庆建设西部和长江上游区域经济中心的优劣势进行了分析。

## 第 2 节　重庆市部门资产负债表编制及分析

在了解重庆市经济金融概况以及梳理重庆市金融风险文献的基础上，本节对重庆市金融部门和企业部门的资产负债表进行分析，对这两部门的风险和整体风险进行基于账面价值的评判。

## 一、重庆市金融部门资产负债表编制及分析

### （一）金融部门资产负债表编制

以下编制的2003—2008年重庆市金融部门资产负债表主要涵盖重庆市银行类金融机构，如表27.1。

**表27.1 重庆市金融部门资产负债表** 单位：亿元

| 年份 | 2003 | 2004 | 2005 | 2006 | 2007 | 2008 |
|---|---|---|---|---|---|---|
| **总资产** | 3 930.4 | 4 496.4 | 5 225.8 | 6 058.9 | 7 508.0 | 10 056.0 |
| 贷款余额 | 2 966.6 | 3 309.1 | 3 779.3 | 4 199.2 | 5 056.6 | 6 252.5 |
| 短期贷款 | 1 393.7 | 1 378.4 | 1 484.8 | 1 517.3 | 1 604.4 | 1 625.3 |
| 票据融资 | — | — | 285.6 | 325.5 | 247.7 | 540.6 |
| 中长期贷款 | 1 276.1 | 1 552.9 | 1 825.5 | 2 319.7 | 3 165.7 | 4 057.4 |
| 本币贷款 | 2 883.2 | 3 246.3 | 3 719.5 | 4 143.6 | 4 991.2 | 6 189.2 |
| 外币贷款 | 83.4 | 62.8 | 59.8 | 55.6 | 65.4 | 63.3 |
| **总负债和权益** | 3 930.4 | 4 496.4 | 5 225.8 | 6 058.9 | 7 508.0 | 10 056.0 |
| 存款余额 | 3 512.8 | 4 105.0 | 4 784.8 | 5 587.5 | 6 662.4 | 8 102.0 |
| 企业存款 | 1 120.4 | 1 251.8 | 1 357.1 | 1 584.1 | 2 048.8 | 2 425.4 |
| 居民储蓄 | 1 941.4 | 2 227.9 | 2 577.6 | 2 980.2 | 3 255.5 | 4 016.8 |
| 活期存款 | 637.1 | 729.4 | 814.1 | 957.6 | 1 135.9 | 1 355.4 |
| 定期存款 | 1 304.3 | 1 498.5 | 1 763.6 | 2 022.7 | 2 119.6 | 2 661.4 |
| 本币存款 | 3 438.6 | 4 039.6 | 4 727.7 | 5 468.0 | 6 531.7 | 8 021.9 |
| 外币存款 | 74.2 | 65.4 | 57.1 | 119.5 | 130.7 | 80.1 |

注：重庆金融部门资产负债表涵盖银行类金融机构资产负债表，数据来源于《重庆统计年鉴》、《重庆金融运行报告》等，具体如下：

①总资产、总负债和权益数据从2004—2008年《重庆金融运行报告》获得，2003年数据根据2004年的增长率推算出。

②贷款余额、本币贷款、外币贷款、存款余额、本币存款、外币存款数据从2004—2008年《重庆金融运行报告》附表中获得，2003年数据根据2004年的增长率推算出。

③2005—2008年短期贷款、票据融资、中长期贷款数据从2006—2008年《重庆金融运行报告》附表获得，2005年数据根据2004年的增长率推算出。2003年、2004年短期贷款、中长期贷款数据从《重庆金融运行报告》附表获得，票据融资数据无法获取。

④企业存款、居民活期存款和定期存款数据从2004—2009年《重庆统计年鉴》中获得。

### （二）金融部门资产负债表分析

1. 资本结构错配分析

2003—2008年，重庆市金融部门存款余额和贷款余额持续增长。存款余额从2003

年的 3 512.82 亿元增加至 2008 年的 8 102 亿元，贷款余额从 2 966.6 亿元增加至 6 252.5 亿元。在这 6 年间，重庆市金融部门存款余额均高于贷款余额，资金来源稳定。从图 27.2 可以看出，贷款余额占总资产的比例逐年下降，说明重庆市金融部门资产比例逐渐优化，其他资产业务发展迅速；存款余额与总资产的差额很小，且呈逐年增加趋势，到 2008 年差额达到最大，为 1 984 亿元；2003—2007 年重庆市金融部门存贷比逐年下降，从 84.45% 下降到 75.9%，2008 年增加到 77.17%。可见，尽管存贷比有所下降，但仍然较高，超过了央行规定的商业银行最高存贷比例 75%，抗风险能力较差。

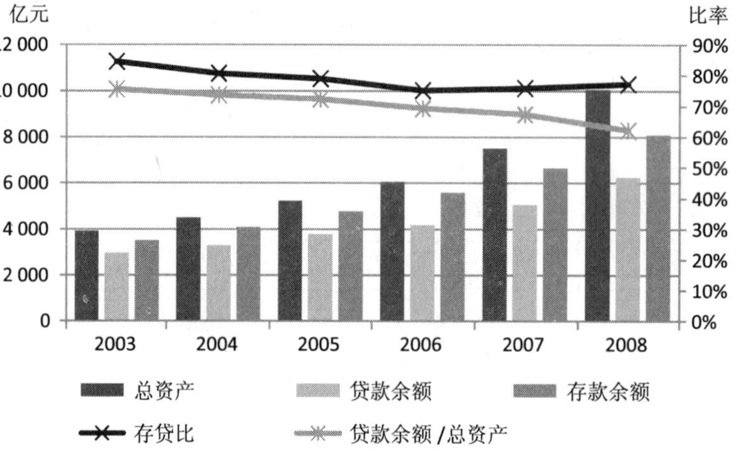


图 27.2　重庆市金融部门资本结构

2. 货币错配风险分析

重庆市金融部门本外币资产和本外币负债情况如图 27.3。可以看出，本币存贷款远远高于外币存贷款，2003 年外币贷款大于外币存款 9.18 亿元，2004 年外币贷款小于

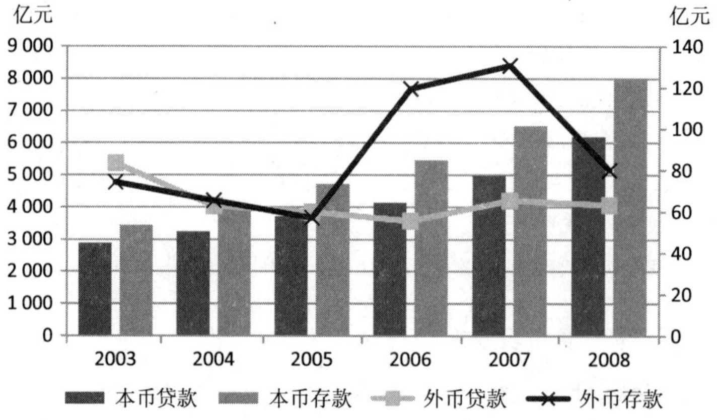


图 27.3　重庆市金融部门本外币资产和本外币负债

外币存款，到 2005 年外币贷款又重新大于外币存款，差额仅为 2.7 亿元。从 2006 年开始，外币贷款小于外币存款。可见，2003 年、2005 年的外币存贷比大于 100%，其余年份的外币存贷比小于 100%，如图 27.4。2006—2008 年重庆市金融部门外币存贷比小于 100%，外币存贷比逐年增加，但面临的货币错配风险较小。

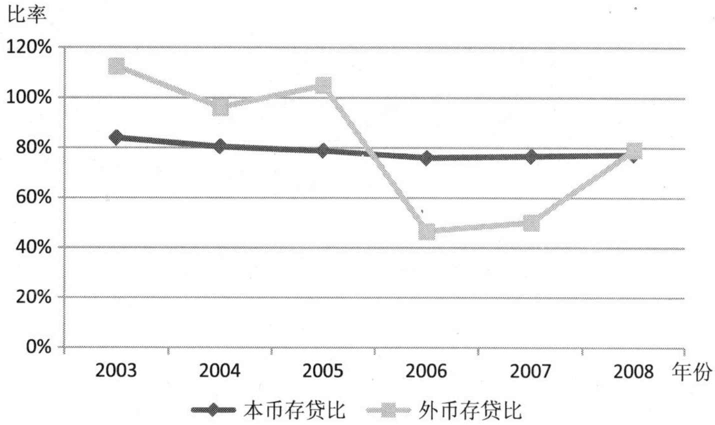

图 27.4　重庆市金融部门本外币存贷比

3. 期限错配风险分析

图 27.5 表示的是重庆市金融部门的短期贷款、中长期贷款以及居民活期存款和定期存款的变化趋势。从图 27.5 可以看出，重庆市金融部门存款增长加快，定期化趋势明显。从存款期限看，居民和企业倾向于定期存款，2008 年 6 成以上新增存款为定期存款，反映出在国际金融危机影响下，居民和企业投资风险意识不断增强。2008 年重庆市贷款增

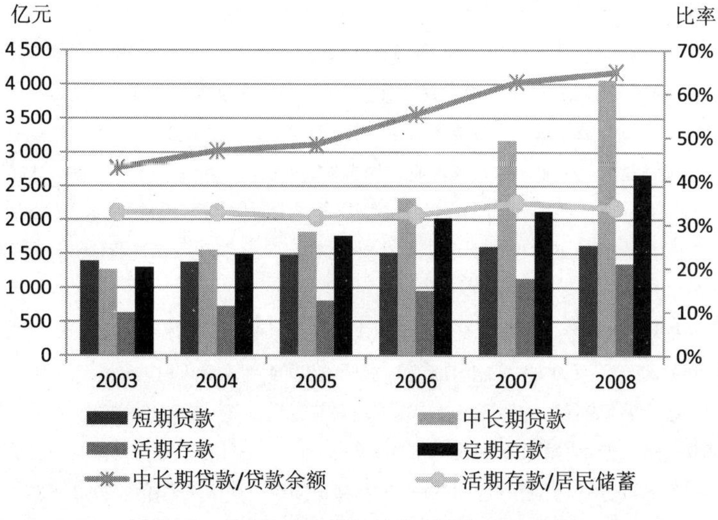

图 27.5　重庆市金融部门的流动资产和流动负债

幅在全国各省（区、市）排第二，新增贷款以中长期贷款为主，但受票据融资大幅增长和个人住房贷款增幅回落影响，其占比较上年下降近3成。近几年来，重庆市短期贷款与活期存款之间的差距越来越小，可见重庆金融部门期限错配风险有所缓解。

## 二、重庆市企业部门资产负债表编制及分析

### （一）企业部门资产负债表编制

企业部门主要考察1998—2008年重庆市全部国有及规模以上非国有工业企业、限额以上餐饮企业、限额以上批发零售业以及所有建筑业企业。综合后得到企业部门1998—2008年资产负债表，如表27.2。

**表27.2　重庆市企业部门资产负债表**　　单位：亿元

| 年份 | 流动资产 | 总资产 | 流动负债 | 总负债 | 所有者权益 |
|---|---|---|---|---|---|
| 1998 | 1 061.50 | 2 046.36 | 1 122.33 | 1 475.77 | 570.59 |
| 1999 | 1 127.30 | 2 349.21 | 1 341.35 | 1 741.32 | 607.89 |
| 2000 | 1 217.16 | 2 484.75 | 1 271.24 | 1 627.44 | 857.31 |
| 2001 | 1 320.63 | 2 658.52 | 1 317.53 | 1 682.27 | 976.25 |
| 2002 | 1 418.86 | 2 859.33 | 1 421.89 | 1 767.56 | 1 091.77 |
| 2003 | 1 663.03 | 3 233.50 | 1 844.84 | 2 239.77 | 993.73 |
| 2004 | 1 810.50 | 3 676.72 | 1 783.48 | 2 230.16 | 1 446.56 |
| 2005 | 2 323.24 | 4 300.12 | 2 102.52 | 2 619.52 | 1 680.60 |
| 2006 | 2 608.96 | 5 021.30 | 2 432.05 | 3 050.27 | 1 971.03 |
| 2007 | 3 185.64 | 6 048.28 | 2 926.19 | 3 685.69 | 2 362.59 |
| 2008 | 4 133.75 | 7 765.53 | 3 776.04 | 4 782.52 | 2 983.01 |

注：本表数据来源于1999—2009年《中国统计年鉴》和《重庆统计年鉴》，具体如下：

① 工业行业数据来源于《中国统计年鉴》——各地区规模以上工业企业主要指标统计表；建筑业资产、流动资产数据来源于《中国统计年鉴》——各地区建筑业企业资产统计表，负债、流动负债数据来源于《中国统计年鉴》——各地区建筑业企业负债及所有者权益统计表；批发零售业数据来源于各地区限额以上批发和零售业资产及负债统计表；餐饮业数据来源于各地区限额以上餐饮业资产及负债统计表。

② 对于工业企业、建筑业企业、批发零售业、餐饮业缺失数据进行估算处理。相对建筑业、批发零售业及餐饮业，工业企业的资产负债在企业部门总的资产负债中占比最高，统计数据基本无缺失；餐饮业、批发零售及建筑业在总体中占比较低，2004年统计数据存在缺失情况，对于缺失数据进行估算补齐后产生的偏差对加总后的总体分析影响不大。

③ 数据缺失及处理：2004年，全部国有及规模以上非国有工业企业的流动负债数据缺失，以2003年流动负债的年增长率作为2004年流动负债的年增长率，估算出2004年流动负债的数值；2004年，建筑业、批发零售业和餐饮业的资产负债表各数据都缺失，均以对应各指标前5年（1998—2003年）的年平均增长率作为2004年该指标的增长率，进而计算出2004年的各指标值；2002—2008年，批发零售业和餐饮业的流动负债数据缺失，均以该省该行业流动负债前4年（1998—2001年）的年平均增长率作为2002—2008年流动负债的年增长率，进而计算出各年的流动负债数值。

### （二）企业部门资产负债表分析

如图 27.6，从重庆市企业部门四大行业资产在企业部门总资产的比重可以看出，工业企业占比最高，为 71%，其次是建筑业，占 16%，餐饮业仅占 1%。从重庆市企业部门的资产、负债、权益结构的变化情况可以看出，11 年来重庆市企业部门发展十分迅速，经济总量稳步增长，资产总值增长了近 3 倍，权益总值更是增长了 4.3 倍。其中，1998—1999 年资产的增长率最高，为 14.8%，其主要原因是重庆成为直辖市后，政治地位提高，经济环境得到改善。由于重庆深居内陆，经济结构中外向性因素占比不高，受世界经济影响有滞后效应，2008 年开始的全球金融危机对企业部门的整体影响不很明显。

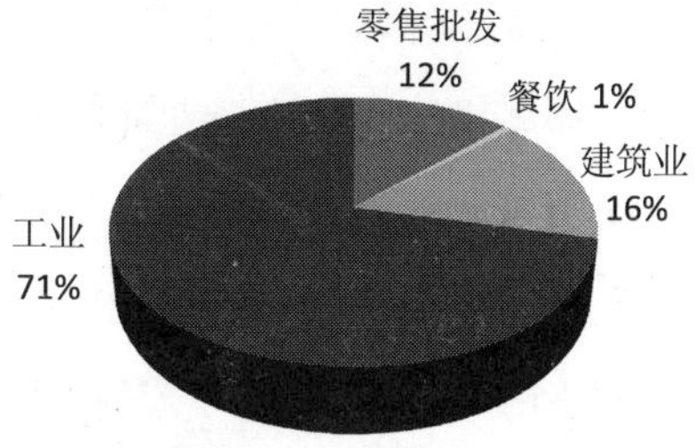

图 27.6　重庆市企业部门四大行业资产占企业部门总资产的比重

1. 期限错配分析

图 27.7 对重庆市企业部门各年流动资产和流动负债进行了比较。从图 27.7 可以看出，企业部门作为一个整体，其流动资产和流动负债均呈逐年增长的态势，流动资产从 1 061.5 亿元增加到 4 133.75 亿元，流动负债从 1 122.33 亿元增加到 3 776.04 亿元。在图中所示的 11 年中，1998—2004 年间，流动资产有时低于流动负债，但从 2004 年开始流动资产高于流动负债，流动比率大于 1，2004 年流动比率为 1.02。除 2006 年略有降低外，随后几年一直处于缓慢上升趋势，到 2008 年流动比率上升到 1.10，可以认为重庆市企业部门发生整体期限错配风险较小。这说明重庆市企业部门的财务管理状况良好，短期偿

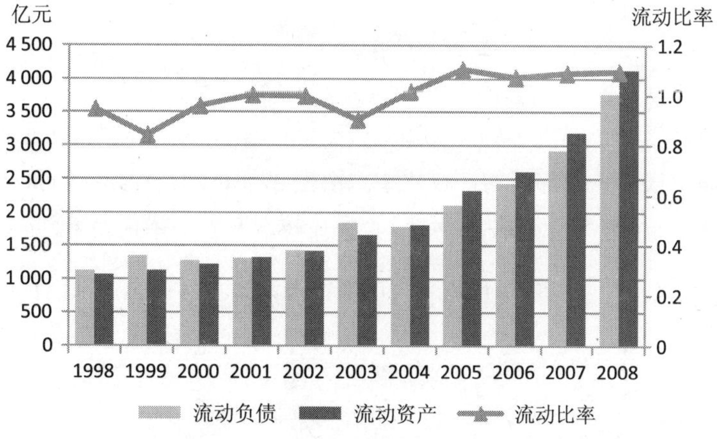

图 27.7　重庆市企业部门期限错配分析

债能力较好，在整体经济环境发生波动时能抵御一定的风险。

2. 资本结构分析

图 27.8 为重庆市企业部门资本结构与资产负债率。由图 27.8 可知，1998—2008 年，重庆市企业部门发展迅速，总资产一直处于稳步上升状态，从 1998 年的 2 046.36 亿元上升到 2008 年的 7 765.53 亿元。1998—2002 年，重庆市企业部门资产负债率总体呈现下降趋势，从 1998 年的 72.12% 下降到 2002 年的 61.82%。重庆市企业对债务融资的依赖程度逐步下降，资本结构错配风险得到有力的缓解。2003 年资产负债率又增加到 69.27%，2004 年之后，重庆市企业部门资产负债率维持在 60% 上下浮动，可以认为重庆市企业部门资本结构在朝好的方向发展。但是，2004—2008 年间，企业部门资产负债率又有新一轮上涨的趋势，但仍在合理范围内。从期限错配和资本结构风险分析可以看出，重庆市企业部门短期偿债能力较好，资本结构也朝着较好的方向发展。

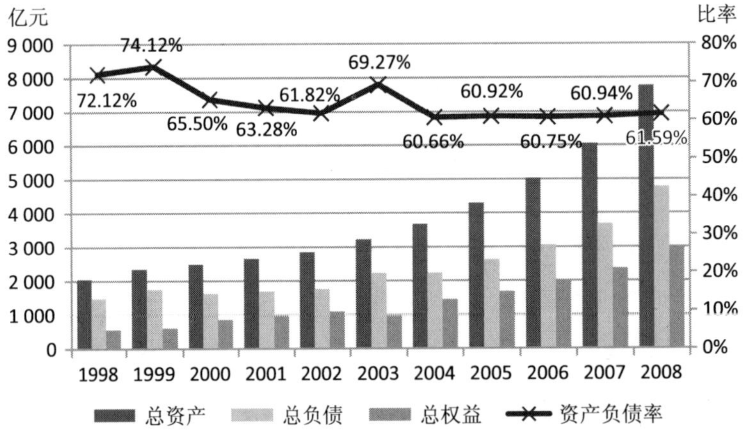


图 27.8　重庆市企业部门资本结构分析

3. 清偿力分析

图 27.9 是重庆市企业部门的产权比率。由图 27.9 可知，1998—2008 年间重庆市企业部门的产权比率均大于 1，2004—2008 年有所降低，基本维持在 1.5 左右，对债务的保障程度有所增加。但是，如果出现较大的经济波动，重庆市企业部门仍然要注意防范清偿力风险。

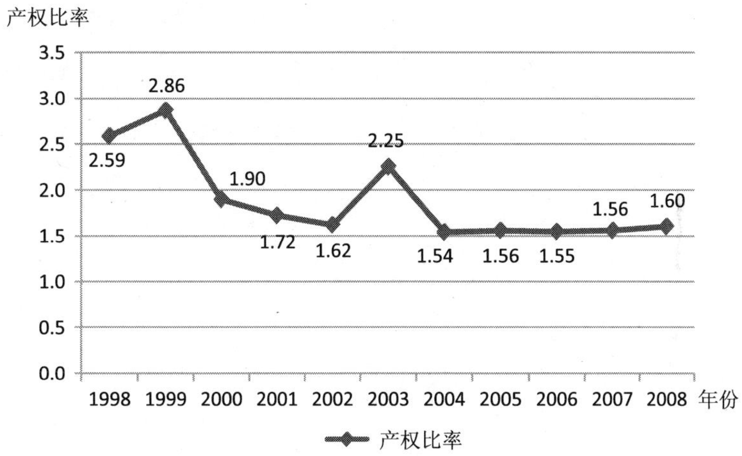


图 27.9　重庆市企业部门产权比率



## 第 3 节　重庆市或有权益资产负债表编制及分析

在第 2 节中，通过对重庆市金融部门和企业部门资产负债表分析，初步了解了重庆市的风险状况。本节运用或有权益法分析重庆市上市企业部门和企业部门整体的实际风险，主要包括或有权益资产负债表的编制与分析、风险指标的选取和分析。

### 一、重庆市上市企业部门或有权益资产负债表编制及分析

#### （一）或有权益资产负债表编制

重庆市上市企业资产负债表的数据均来自国泰君安数据库，具体得到 2001—2009 年重庆市上市企业部门资产负债表如表 27.3。

**表 27.3　重庆市上市企业部门资产负债表**　　单位：亿元

| 年份 | 流动资产 | 资产 | 流动负债 | 负债 | 所有者权益 |
| --- | --- | --- | --- | --- | --- |
| 2001 | 154.34 | 281.81 | 136.30 | 154.69 | 127.12 |
| 2002 | 180.15 | 327.38 | 169.55 | 185.05 | 142.33 |
| 2003 | 209.10 | 385.19 | 195.02 | 217.81 | 167.38 |
| 2004 | 248.04 | 451.90 | 231.55 | 256.01 | 195.89 |
| 2005 | 265.06 | 525.68 | 279.17 | 320.07 | 205.61 |
| 2006 | 270.74 | 575.53 | 312.44 | 372.45 | 203.08 |
| 2007 | 305.22 | 667.73 | 311.76 | 383.37 | 284.36 |
| 2008 | 341.19 | 755.74 | 332.86 | 434.55 | 321.19 |
| 2009 | 466.42 | 1 081.11 | 429.17 | 674.89 | 406.22 |

根据或有权益资产负债表编制输入参数（表 27.4），通过 MATLAB 编程计算，得到重庆市上市企业部门或有权益资产负债表（表 27.5）以及风险指标表（表 27.6）。

**表 27.4　重庆市上市企业部门或有权益资产负债表输入参数**

| 年份 | 无风险利率（%） | 违约点（亿元） | 权益市值（亿元） | 权益市值波动率 | 年份 | 无风险利率（%） | 违约点（亿元） | 权益市值（亿元） | 权益市值波动率 |
|---|---|---|---|---|---|---|---|---|---|
| 2001 | 2.25 | 145.50 | 508.56 | 24.02% | 2006 | 2.35 | 342.44 | 489.40 | 27.51% |
| 2002 | 2.02 | 177.30 | 478.58 | 27.55% | 2007 | 3.26 | 347.56 | 1 490.13 | 43.71% |
| 2003 | 1.98 | 206.41 | 441.91 | 19.61% | 2008 | 3.92 | 383.70 | 575.57 | 52.55% |
| 2004 | 2.03 | 243.78 | 272.80 | 27.77% | 2009 | 2.25 | 552.03 | 1 518.84 | 34.87% |
| 2005 | 2.25 | 299.62 | 225.50 | 30.21% | | | | | |

注：违约点 = 流动负债 + $\frac{1}{2}\times$ 长期负债。股权市值取自上市公司的每年最后一个交易日的收盘价乘以总股本，然后将重庆市 26 家上市公司的该数据加总得到。所有者权益市值波动率是基于重庆市 26 家上市公司的收盘价和总股本的数据处理得到，这里对股票价格采取了向前复权的方法，在计算股权市值时使用现有的总股本数。

在计算重庆上市企业部门的所有者权益市值波动率的过程中，发现重庆市上市企业频繁出现停牌的公司，停牌期达到一个月左右的情况常常发生。其中，停牌期最长的几次有：

000625 在 2008 年 10 月 9 日停牌至 2009 年 2 月 16 日；

000736 在 2006 年 11 月 28 日停牌至 2007 年 10 月 15 日，仅仅 5 个交易日后，又于 2007 年 10 月 19 日停牌至 2008 年 12 月 05 日；

000892 于 2007 年 07 月 18 日停牌至 2008 年 04 月 24 日，仅仅 4 个交易日后从 2008 年 04 月 29 日停牌至 2008 年 10 月 15 日，又在短短的 5 个交易日后，从 2008 年 10 月 21 日停牌至 2009 年 04 月 08 日。

**表 27.5　重庆市上市企业部门或有权益资产负债表**　　单位：亿元

| 年份 | 资产市值 | 负债市值 | 权益市值 | 年份 | 资产市值 | 负债市值 | 权益市值 |
|---|---|---|---|---|---|---|---|
| 2001 | 650.83 | 142.27 | 508.56 | 2006 | 823.90 | 334.50 | 489.40 |
| 2002 | 652.31 | 173.73 | 478.58 | 2007 | 1 825.41 | 335.28 | 1 490.13 |
| 2003 | 644.31 | 202.40 | 441.91 | 2008 | 946.81 | 371.24 | 575.57 |
| 2004 | 511.50 | 238.70 | 272.80 | 2009 | 2 059.60 | 540.76 | 1 518.84 |
| 2005 | 518.49 | 292.99 | 225.50 | | | | |

### （二）或有权益资产负债表分析

重庆市上市企业部门资产市值和资产账面价值如图 27.10。由图 27.10 可见，重庆市上市企业部门资产市值一直高于资产账面价值。资产账面价值呈缓慢增加趋势，但资产市值波动较大。2005 年资产市值和资产账面价值之间的差距最低。2001—2003 年重庆市

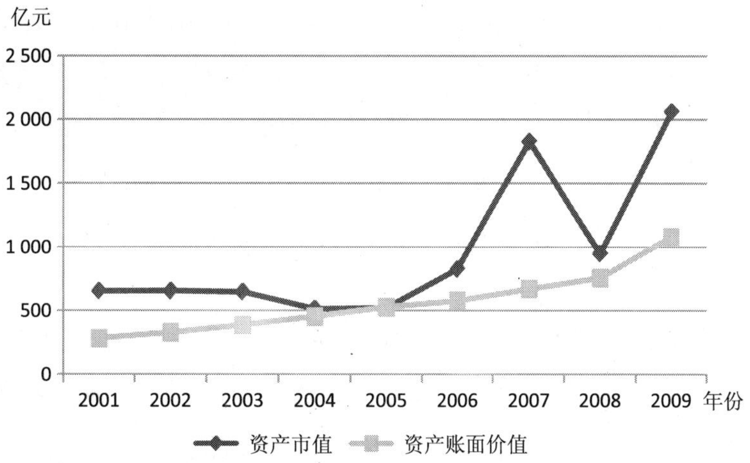


图 27.10　重庆市上市企业部门资产市值和账面价值

上市企业部门资产市值呈增加趋势，2003—2005 年资产市值又有所降低，2006 年资产市值增长率为 58.9%。2007 年受股市繁荣的影响，重庆市上市企业资产市值远高于资产账面价值，资产市值的增长率高达 121.6%，远高于同期资产账面价值的增长率。2008 年，受国际金融危机的影响，资产市值大量降低，但上市企业部门资产市值仍然高于资产账面价值，但两者之间的差距缩小很多，说明重庆市企业部门市场价值高估程度有所降低。2009 年，资产市值大幅增加，甚至高于 2007 年的资产市值。可见，2009 年重庆上市企业部门资产被高估程度很高，风险加剧。



从图 27.11 可以看出，重庆市上市企业部门负债市值从 2001—2009 年都保持稳定水平的增长，而同期权益市值的波动较大。在这九年之间，重庆市的股权市值经历了两次大的上扬和两次大的下跌，而且两次很大的波动显然是与全国证券市场的行情相一致

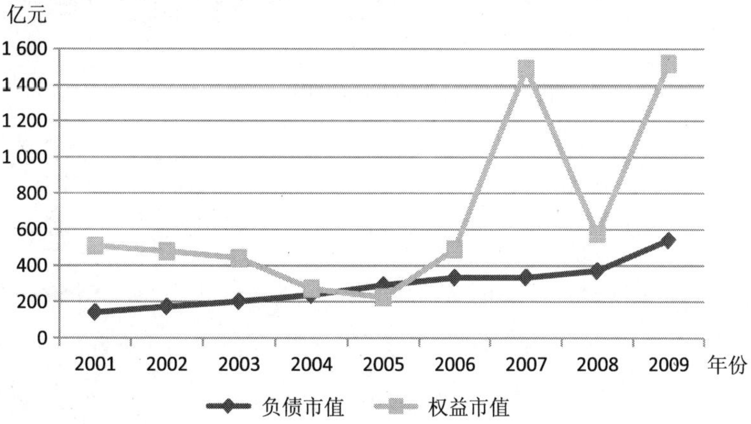


图 27.11　重庆市上市企业部门债务市值与权益市值

的。也就是说，股权市值的增长率更多地取决于全国总体的经济形势，与负债市值的增长率无关。在 2005—2007 年间，上证指数从 1 161 点的低点后转头向上，两年间增长约 4.5 倍，而在此期间，重庆市上市企业部门的市值增大了 3.52 倍，低于全国水平。而从 2007—2008 年，上证指数跌了 65%，重庆市上市企业部门的市值跌了 48.13%。这一轮的涨跌对比，从一个侧面反映了重庆市上市企业对经济环境的敏感度低于全国平均水平。

图 27.12 为重庆市上市企业部门资产市值与违约点的比值。在这九年内，资产市值一直远大于违约点，总体态势还是比较乐观的。然而从图 27.12 可以发现，随着股权市值的波动，资产市值也在发生相似的波动，从而导致资产市值与违约点的比值在 2005 年达到一个最低点。这说明从 2000 年到 2005 年违约点越来越接近资产的市场价值，资产市值中可作为缓冲风险的区域相对很狭窄。而在 2006 年和 2007 年有显著的改善，2007 年资产市值与违约点的比例增至 5.25，到 2008 年资产市值与违约点的比例又降为 2.47，违约风险增加。2009 年资产市值与违约点的比例又增加至 3.73。

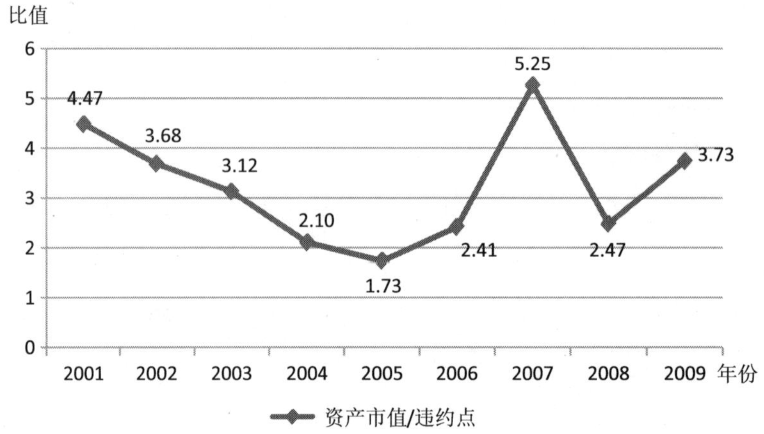


图 27.12　重庆市上市企业部门资产市值 / 违约点

图 27.13 为重庆市上市企业部门或有资产负债率与账面资产负债率。从图 27.13 可以看出，相对于账面价值资产负债率的缓慢变化，或有资产负债率波动很大。具体说来，2007 年或有资产负债率达到波谷值 18.37%，2005 年该值达到峰值 56.5%，可见市场因素对其或有权益资产负债率的影响很大。重庆上市企业部门的或有资产负债率始终远远低于账面价值的该指标值，仅仅在 2005 年两者比较接近。可见，在加入市场信息后，上市企业部门的偿债风险降低了。

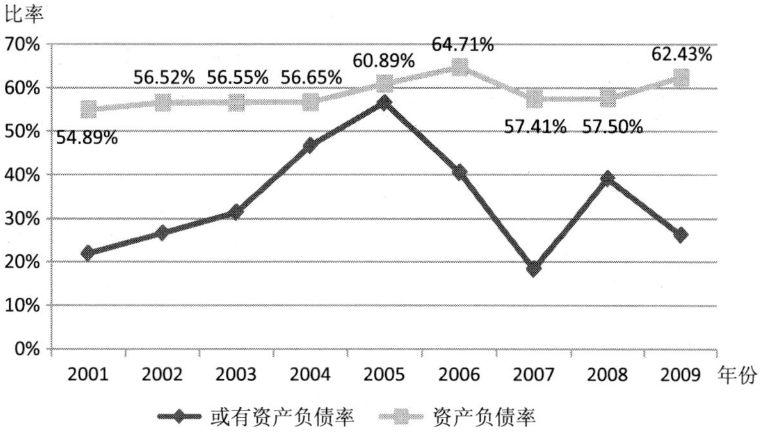


图 27.13　重庆市上市企业部门资产负债率

### （三）风险表分析

通过重庆市或有权益资产负债表输入参数以及 MATLAB 编程得到重庆市上市企业部门风险指标，2001—2009 年重庆市上市企业部门风险指标如表 27.6。

**表 27.6　重庆市上市企业部门风险指标**

| 年份 | 资产市值波动率 | 违约概率 | 违约距离 | 年份 | 资产市值波动率 | 违约概率 | 违约距离 |
|---|---|---|---|---|---|---|---|
| 2001 | 18.77% | 0 | 4.135 9 | 2006 | 16.34% | 0 | 3.575 6 |
| 2002 | 20.21% | 0 | 3.603 0 | 2007 | 35.67% | 0 | 2.269 4 |
| 2003 | 13.45% | 0 | 5.053 2 | 2008 | 32.03% | 0.27% | 1.856 8 |
| 2004 | 14.81% | 0 | 3.535 1 | 2009 | 25.73% | 0 | 2.844 7 |
| 2005 | 13.14% | 0 | 3.212 7 | | | | |

重庆市上市企业部门违约距离如图 27.14。从图 27.14 可知，违约距离在 2001—2009

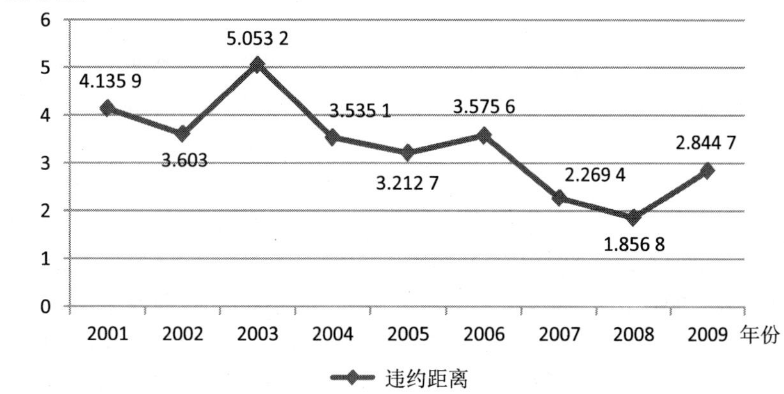


图 27.14　重庆市上市企业部门违约距离

年间一直处于波动阶段，2003 年达到最高值 5.053 2，2008 年为最低值 1.856 8，2009 年违约距离有所上升，达到 2.844 7。上市企业部门违约距离的变化清楚地表明上市企业部门潜在的风险变化趋势。

重庆市上市企业部门资产市值波动率如图 27.15。2003 年，资产市值波动率最小，违约距离达到最大值，这一年上市企业部门面临的风险很小，总体情况良好而且稳定。而在 2008 年，资产市值波动率较大，违约距离达到最小值，违约概率也达到峰值，可以认为这一年上市企业部门面临的风险比以往要大得多。

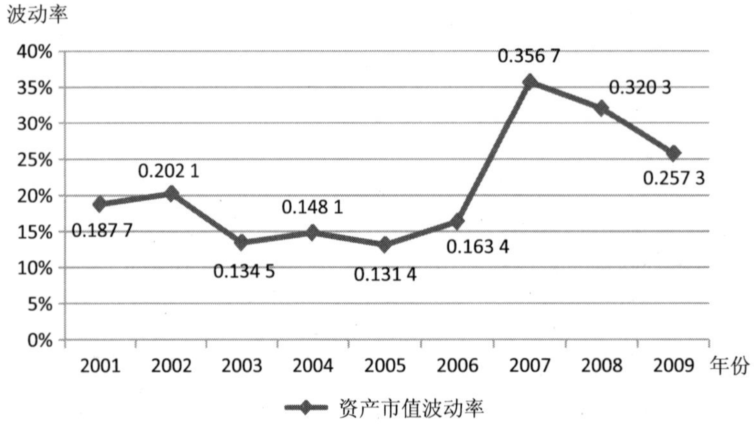


图 27.15　重庆市上市企业部门资产市值波动率

## 二、重庆市企业部门或有权益资产负债表编制及分析

### （一）或有权益资产负债表编制

根据企业部门或有权益资产负债表编制输入参数（表 27.7），通过 MATLAB 编程计算，得到重庆市企业部门或有权益资产负债表（表 27.8）以及重庆市企业部门风险指标表（表 27.9）。

**表 27.7　重庆市企业部门或有权益资产负债表输入数据**

| 年份 | 无风险利率（%） | 违约点（亿元） | 权益市值（亿元） | 权益市值波动率 | 年份 | 无风险利率（%） | 违约点（亿元） | 权益市值（亿元） | 权益市值波动率 |
|---|---|---|---|---|---|---|---|---|---|
| 2001 | 2.25 | 1 499.90 | 3 905.70 | 24.02% | 2005 | 2.25 | 2 361.02 | 1 843.21 | 30.21% |
| 2002 | 2.02 | 1 594.73 | 3 670.96 | 27.55% | 2006 | 2.35 | 2 741.16 | 4 749.82 | 27.51% |
| 2003 | 1.98 | 2 042.31 | 2 623.60 | 19.61% | 2007 | 3.26 | 3 305.94 | 12 380.69 | 43.71% |
| 2004 | 2.03 | 2 006.82 | 2 014.49 | 27.77% | 2008 | 3.92 | 4 279.28 | 5 345.50 | 52.55% |

注：本表数据来自中国人民银行统计数据，金融界上市公司数据，以及招商证券上市公司数据。其中，企业部门权益市值根据上市企业权益市值 / 上市企业总权益 = 企业部门的权益市值 / 企业部门的总权益进行套算，权益市值波动率用上市企业的权益市值波动率代替。

表 27.8 重庆市企业部门或有权益资产负债表 单位：亿元

| 年份 | 资产市值 | 负债市值 | 权益市值 | 年份 | 资产市值 | 负债市值 | 权益市值 |
|---|---|---|---|---|---|---|---|
| 2001 | 5 370.34 | 1 464.64 | 3 905.70 | 2005 | 4 151.85 | 2 308.64 | 1 843.21 |
| 2002 | 5 231.11 | 1 560.15 | 3 670.96 | 2006 | 7 427.53 | 2 677.71 | 4 749.82 |
| 2003 | 4 626.06 | 2 002.46 | 2 623.60 | 2007 | 15 581.10 | 3 200.41 | 12 380.69 |
| 2004 | 3 978.62 | 1 964.13 | 2 014.49 | 2008 | 9 488.26 | 4 142.76 | 5 345.50 |

### （二）或有权益资产负债表分析

重庆市企业部门资产市值和资产账面价值如图 27.16。由图 27.16 可知，2001—2008 年资产市值一直高于资产账面价值。重庆市企业部门资产账面价值呈稳步增加趋势，从 2001 年的 2 658.52 亿元增加到 2008 年的 7 556.04 亿元。但资产市值波动较大，2001—2005 年资产市值一直处于下降的状态，从 5 370.34 亿元下降到 4 151.85 亿元。资产市值与资产账面价值的差距越来越小，2005 年两者之间的差额仅为 354.64 亿元。2006—2007 年资产市值增加率很高，2008 年资产市值又有所下降。可见重庆企业部门资产市值的变化与股市的繁荣程度密切相关。

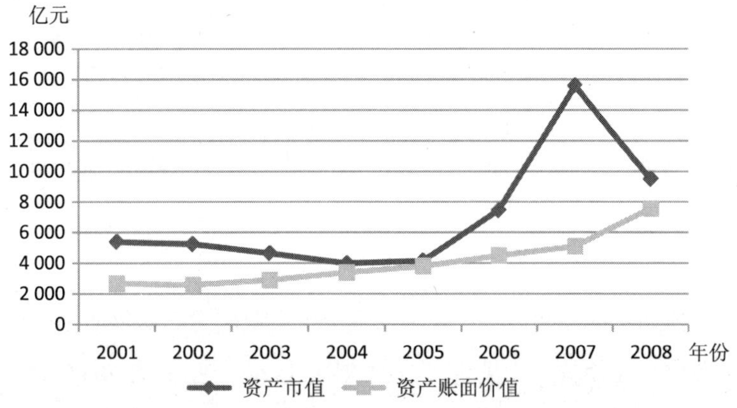


图 27.16 重庆市企业部门资产市值和资产账面价值

图 27.17 表示的是重庆市企业部门的或有资本结构。重庆市企业部门负债市值基本处于持续增加的状态，从 1 464.64 亿元增加到 4 142.76 亿元。权益市值与资产市值的变化情况一致，2001—2004 年资产市值与权益市值处于不断降低的状态，而 2006 年、2007 年资产市值与权益市值增加幅度较大，2007 年资产市值增加率超过 100%，权益市值增加率高达 160.66%。受全球金融危机的影响，2008 年资产市值和权益市值又有所降低。

图 27.18 表示的是重庆市企业部门或有资产负债率以及账面资产负债率。2001—2008 年的账面资产负债率均高于或有资产负债率，表明以市场公允价值计量的真实企业

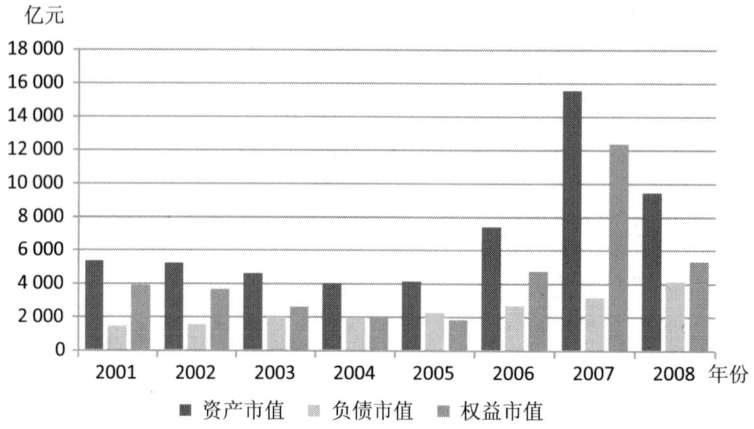


图 27.17　重庆市企业部门或有权益资本结构

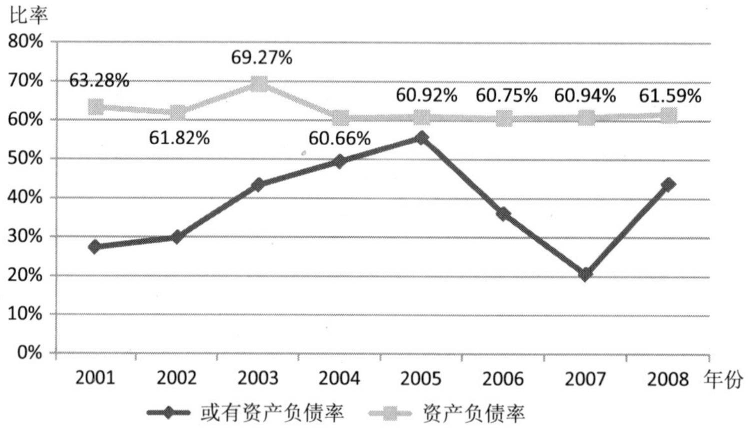


图 27.18　重庆市企业部门资产负债率

风险小于账面价值显示的金融风险。相对于重庆市企业部门账面价值资产负债率变化趋势，或有资产负债率波动较大，最高在 2005 年达 55.6%，最低为 2007 年的 20.54%。总的来说，重庆市企业部门资产负债率所反映的资本结构比较合理。

**（三）风险表分析**

通过重庆市或有权益资产负债表输入参数以及 MATLAB 编程得到重庆市企业部门风险指标，2001—2008 年重庆市企业部门风险指标如表 27.9。

**表 27.9　重庆市企业部门风险指标**

| 年份 | 资产波动率 | 违约概率 | 违约距离 | 年份 | 资产波动率 | 违约概率 | 违约距离 |
|---|---|---|---|---|---|---|---|
| 2001 | 17.47% | 0 | 4.125 5 | 2005 | 13.41% | 0 | 3.216 0 |
| 2002 | 19.33% | 0 | 3.596 7 | 2006 | 17.59% | 0 | 3.586 0 |
| 2003 | 11.12% | 0 | 5.022 1 | 2007 | 34.74% | 0 | 2.268 0 |
| 2004 | 14.05% | 0 | 3.526 2 | 2008 | 29.71% | 0.39% | 1.847 5 |

重庆市企业部门违约距离如图 27.19，违约距离在 2001—2008 年一直处于波动状态，2003 年重庆企业部门的违约距离达到 8 年间的最高值，为 5.022 1，2008 年为最低值 1.847 5。重庆市企业部门资产市值波动率如图 27.20。2001—2006 年间重庆市企业部门资产波动率在 10%~20% 之间波动，2007 年资产市值波动率增至 34.74%，风险大幅上升，2008 年资产市值波动率略有降低，为 29.71%。结合重庆市企业部门违约概率与资产市值波动率看，2003 年，资产市值波动率较小，违约距离达到最大值，这一年企业部门面临的风险很小。2008 年，资产市值波动率较大，违约距离达到最小值，违约概率为 0.39%，这一年企业部门面临的风险比以往都要大。

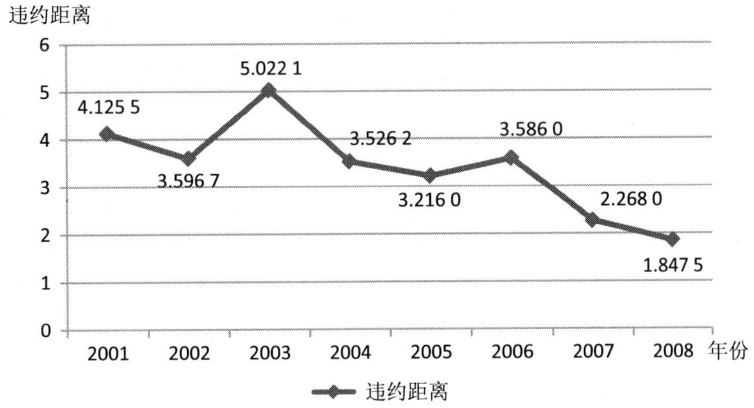


图 27.19　重庆市企业部门违约距离

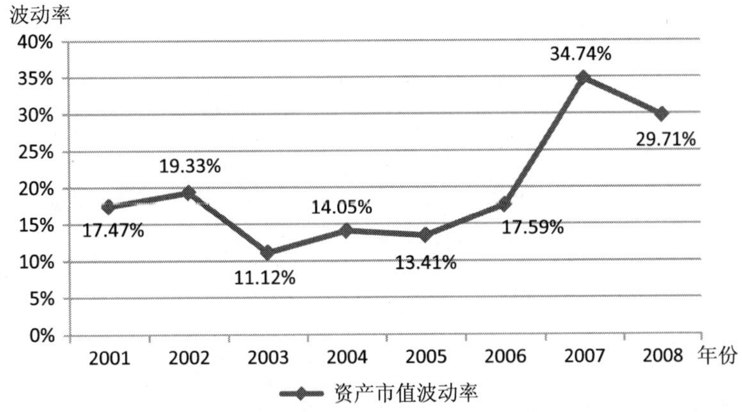


图 27.20　重庆市企业部门资产市值波动率

## 第4节 结论及政策建议

本章基于账面价值资产负债表对重庆市金融部门和企业部门在运行过程中潜在的风险进行了分析，并根据上市企业和企业部门整体的或有权益资产负债表分析了重庆市宏观经济运行过程中的潜在风险。

从对重庆市金融部门的资产负债表分析可知，重庆市银行机构的短期偿债能力增强，期限错配风险降低；重庆市金融部门存贷比较高，抗风险能力较差。重庆市金融部门基本不存在货币错配风险；重庆市的企业部门资产结构比较合理，相比其他许多省份的企业部门都存在流动资产不足以弥补流动负债的问题，重庆市企业部门整体的期限错配风险情况有所改善，资本结构错配风险也比较小，清偿力风险并不显著，可以认为，重庆市企业部门的日常经营情况在逐年改善。

本章第3节从资产负债表、或有权益资产负债表和风险表三个层次分析了重庆市上市企业部门和整体企业部门的风险状况。重庆市上市企业对经济环境的敏感度低于全国平均水平。应该在资本市场快速发展的契机下，加大对企业本身质量的改善，并支持更多的企业上市融资，以改变现今受资本市场行情好坏影响过大，波动率过大的局面，进一步分散风险。2003年，重庆上市企业部门面临的风险很小，总体情况良好而且稳定。而在2008年，资产市值波动率较大，违约距离达到最小值，违约概率也达到峰值，2008年重庆上市企业部门面临的风险比以往都大得多。

重庆市作为我国西部的一个重要地区，在抵御我国金融风险的问题上必须起到重要的作用，因此要认真做好防范宏观金融风险的准备。为此，提出以下几点建议：

（1）扩大股权融资比例，促使更多企业转向资本市场获得资金，降低金融部门存贷比。重庆市相关部门应主动协助培育优质企业，引导、鼓励、帮助和推动这些优质企业上市，充分利用资本市场，提升企业的经济实力，优化企业的资本结构，为企业的长远发展、为重庆的经济发展开辟一条可有效利用资本市场的通道。

（2）积极发展重庆市信贷市场。培育和发展非银行金融机构，包括证券公司、保险公司、期货公司、信托投资公司、财务公司等。信贷主体的多元化，不仅使信贷市场能充分竞争、提高信贷资源配置效率，更重要的是使不同渠道的资金充分流动，满足重庆市经济发展对信贷资金的需求，使信贷市场主体多元化和企业融资方式多样化；重庆市还可以对信贷工具进行创新，信贷工具的创新对于信贷市场的发展、有效的投融资机制的建立、重庆市经济发展对于资金巨大需求的满足具有重大意义。

# 第28章　四川省宏观金融风险研究



四川省是中国西部地域辽阔、资源丰富、人口众多的一个多民族聚居的内陆大省。改革开放以来，四川省社会经济迅速发展，呈现出崭新的面貌和巨大的发展潜力，成为国内外人士注目的投资热土。本章介绍了有关四川省的经济金融运行情况，并基于账面价值和或有权益资产负债表两个方面对四川省金融部门和企业部门进行风险分析并提出相关的政策建议。

## 第1节　引言

2009年四川省继续加快西部经济高地建设，加快灾后恢复重建，从金融方面进一步提升服务经济建设和灾后重建的能力，为经济发展和结构调整提供有力资金支持。本节首先介绍四川省的经济金融运行概况，然后梳理最近5年四川省金融风险研究文献，为四川省金融风险的研究提供理论及背景基础。

### 一、四川省经济金融概况

#### （一）四川省经济运行概况

四川省是中国西部地区的资源大省、人口大省、科技大省、文化大省、经济大省，是西部最大的商品市场、生产要素市场和西南地区重要的物资集散地。在国家实施西部大开发战略中，具有非常重要的战略地位。1998—2008 年是四川经济社会飞速发展的 10 年，GDP 年均增幅超过 10%。2008 年 1 月，四川发生严重雨雪冰冻灾害，5 月又发生了强烈地震，直接经济损失超过了 8 450 亿元。2008 年四川省生产总值 12 506.3 亿元，其中，第一产业增加值为 2 366.2 亿元，第二产业增加值为 5 790.1 亿元，第三产业增加值为 4 350.0 亿元，三次产业对经济增长的贡献率分别为 5.2%、61.9% 和 32.9%。[①]2000—2008 年四川省 GDP 以及各年增速如图 28.1，由图可以看出，2000—2008 年四川省生产总值逐年增加，增长率也呈增加趋势，且 2003 年和 2007 年增长率最高，分别为 19.62% 和 21.62%，2008 年增长率有所降低，为 19.05%。

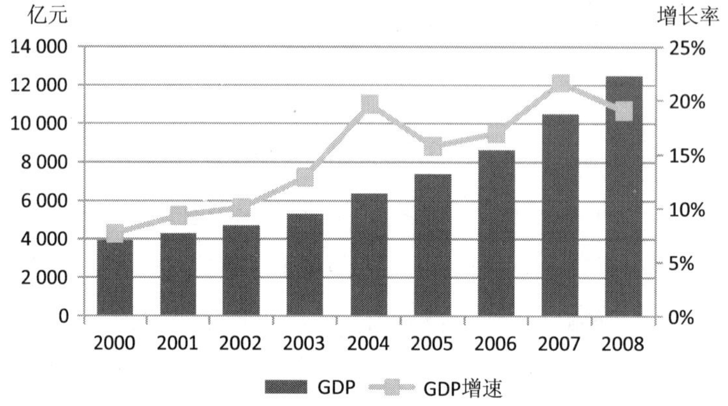


图 28.1　2000—2008 年四川省 GDP 及各年增速

**（二）四川省金融运行概况**

金融体系的不断完善为四川省经济发展注入了新的活力。2004—2008 年，四川省银行业发展迅速，银行资产从 9 632 亿元增加至 21 891 亿元；证券业规范化和整体质量提高，但受金融危机的影响，上市企业融资额从 2004 年的 342 亿元减少至 111 亿元；保险业呈快速增长态势，保费收入从 2004 年的 160 亿元增加至 494 亿元；融资结构有所改善，债务融资市场发展较快。

2008 年末，金融机构各项存款余额 18 661 亿元，各项贷款余额 11 163 亿元。截至 2008 年年底，共有保险公司 47 家，全年原保险保费收入 494 亿元，全年支付各项赔款和给付 124 亿元。四川省共有境内外上市公司 72 家，其中 H 股公司 6 家、A 股 67 家，居全国第 8 位、中西部第 1 位；有 7 家企业实现首发上市，其中 A 股上市公司 6 家，H

① 数据来源：《2008 年四川省国民经济和社会发展统计公报》。

股上市公司1家，新增上市企业数位居中西部地区第一。[①]

2008年9月爆发的由次贷危机引发的金融危机迅速波及全球，全球经济陷入衰退，中国面临重大考验。尽管四川地处内陆，经济外向程度低，受金融危机的直接影响较小，但金融危机逐步向实体经济蔓延，四川经济发展的外部环境不容乐观。四川整体经济在2008年汶川地震中受到很大影响，经济发展增速放缓，资本市场整体低迷，2008年四川累计实现直接融资143亿元，其中7家企业首发上市融资49.7亿元，6家上市公司再融资93.34亿元，与2007年相比，直接融资总额减少了96.81亿元。可见，在金融危机大背景下，加快四川省金融业的发展，防范四川省宏观金融风险，促进四川省各部门持续快速发展，是目前亟待解决的问题。

## 二、文献综述

通过对四川省金融风险研究文献进行梳理，发现对四川省金融风险的研究主要集中在金融发展与经济增长的关系以及金融发展问题中存在的潜在问题和风险。

郑长德（2006）对四川省金融发展与经济增长的关系进行实证比较研究，结果表明，四川省金融体系与经济增长之间具有明显的相互制约作用，而且表现出很强的结构性特征。杨宇焰（2006）认为金融业对经济有直接推动作用：金融业是全省国民经济的重要组成部门，金融业成为全省经济增长的重要推动力量，金融业成为吸纳社会就业的重要渠道，金融业是全省财富创造的重要支柱。要树立金融是重要产业的观念，改善金融生态环境，促进金融产业健康发展。杨小玲（2009）通过对经济增长与金融发展进行实证分析，得出全社会固定资产投资、私人储蓄率和金融发展规模与四川省经济增长都呈现长期正相关关系。要做大做强金融产业，大力推动四川省金融发展以促进经济增长。四川省与西部各省份的经济金融情况有很大差异，人民银行成都分行课题组（2006）的研究报告《四川与西部其他地区经济增长的差距及金融对策》对2000—2004年四川与西部其他省市区经济增长情况进行了比较分析和研究，着重分析四川与西部其他地区的不足和差距，客观分析其原因，提出了促进四川经济可持续健康发展的金融对策。

更多的文献指出，四川金融发展中存在着许多问题和潜在风险。李由（2006）研究了银行类金融机构、农村信用社和证券类金融机构存在的问题，指出只有解决自身存在的问题，加强金融改革，才是解决问题的关键，才能化解金融风险。四川省银监局课题

① 数据来源：《2008年四川省金融运行报告》。

组（2006）在《四川银行业机构存差现象分析报告》中指出近年来四川省银行业金融机构存差呈扩大趋势，存贷比不断下降。该报告分析认为存差规模不断扩大暴露了银行信贷管理存在的问题：信贷营销理念较为落后、贷款权限过度集中、贷款营销动力不足、对中小企业的需求研究不够以及部分银行较高的内部资金上存利率，增加了商业银行分支机构的上存资金。人民银行成都分行（2007）的研究报告《当前四川省金融机构存差现象分析》从法律、金融机构信贷资金使用效率、融资方式多元化、金融统计制度及商业银行不良贷款剥离与核销因素分析了四川省存贷差扩大的原因，并针对各个原因提出了政策建议。四川省银监局课题组（2008）在《四川银行业房地产信贷风险情况调研》中分析了当前银行房地产信贷的主要风险，提出了稳定房价、防范信贷风险的政策建议。

## 第 2 节　四川省部门资产负债表编制及分析

本节运用资产负债表方法对四川省金融部门和企业部门金融风险进行分析，以识别和度量这两部门的风险，并对整体风险进行基于账面价值的评判。

### 一、四川省金融部门资产负债表编制及分析

#### （一）金融部门资产负债表编制

表 28.1 为四川省金融部门资产负债表。

**表 28.1　四川省金融部门资产负债表**　　单位：亿元

| 年份 | 2003 | 2004 | 2005 | 2006 | 2007 | 2008 |
|---|---|---|---|---|---|---|
| **总资产** | — | 9 632.2 | 11 732.3 | 13 042.0 | 16 804.0 | 21 891.0 |
| 贷款余额 | 6 100.1 | 6 649.6 | 6 898.6 | 8 003.1 | 9 416.2 | 11 395.4 |
| 短期贷款 | 3 090.4 | 3 118.3 | 2 991.0 | 3 324.2 | 3 787.1 | 4 275.4 |
| 票据融资 | — | — | 457.7 | 480.0 | 287.7 | 450.2 |
| 中长期贷款 | 2 678.9 | 3 053.4 | 3 338.7 | 4 103.9 | 5 209.2 | 6 520.5 |
| 本币贷款 | 5 913.9 | 6 475.9 | 6 743.0 | 7 833.3 | 9 200.9 | 11 163.4 |
| 外币贷款 | 186.2 | 173.7 | 155.6 | 169.8 | 215.3 | 232.0 |
| **总负债和权益** | — | 9 632.2 | 11 732.3 | 13 042.0 | 16 804.0 | 21 891.0 |
| 存款余额 | 7 410.6 | 8 621.4 | 10 050.0 | 11 943.6 | 14 089.0 | 18 787.7 |
| 企业存款 | 2 016.9 | 2 378.9 | 2 543.7 | 3 156.8 | 4 062.6 | 5 220.2 |
| 居民储蓄 | 4 333.8 | 5 019.4 | 5 902.7 | 6 786.3 | 7 450.9 | 9 646.8 |

续表

| 年份 | 2003 | 2004 | 2005 | 2006 | 2007 | 2008 |
|---|---|---|---|---|---|---|
| 活期存款 | 1 291.9 | 1 460.3 | 1 690.4 | 2 054.5 | 2 424.1 | 3 076.7 |
| 定期存款 | 3 041.9 | 3 559.2 | 4 212.2 | 4 731.9 | 5 026.8 | 6 570.1 |
| 本币存款 | 7 232.0 | 8 462.1 | 9 905.3 | 11 802.1 | 13 950.4 | 18 661.0 |
| 外币存款 | 178.6 | 159.3 | 144.7 | 141.5 | 138.6 | 126.7 |

注：四川省金融部门资产负债表涵盖银行类金融机构资产负债表，数据来源于《中国统计年鉴》、《四川省统计年鉴》、《四川省金融运行报告》等，具体如下：

① 总资产、总负债和权益数据从2004—2008年《四川省金融运行报告》获得，2003年数据根据2004年的增长率推算出。

② 贷款余额、短期贷款、票据融资、中长期贷款数据从2004—2008年《四川省统计年鉴》获得，本币贷款和外币贷款数据从2004—2008年《四川省金融运行报告》附表获得，2003年数据根据2004年的增长率推算出。

③ 企业存款、居民储蓄、居民活期存款和定期存款数据从2004—2008年《四川省统计年鉴》获得，本币存款和外币存款数据从2004—2008年《四川省金融运行报告》附表获得，2003年数据根据2004年的增长率推算出。

## （二）金融部门资产负债表分析

### 1. 资本结构分析

四川省金融部门总资产、存贷款余额如图28.2，四川省总资产、存款余额和贷款余额在2003—2008年间平稳增加。2008年银行业资产规模为2.2万亿元，增长30%。但由于受地震灾害的影响，银行业资产质量和盈利能力下降，同期银行业金融机构直接经济损失40多亿元。在灾后重建和扩大内需等因素拉动下，四川省货币信贷加快运行。在这六年间，贷款余额占总资产的比例总体是下降的，2003年贷款余额占总资产的69%，2008年该比例下降为52.1%，说明资金运用更加多样化。

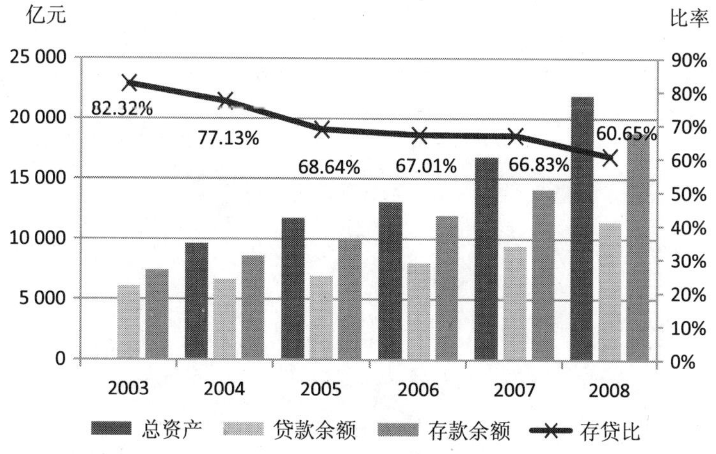


图28.2 四川省金融部门资本结构

2003—2008 年四川省存款余额和贷款余额之间的差额逐年增加，且存款余额的增长率高于贷款余额的增长率，存贷比处在下降趋势中，从 2003 年的 82.32% 下降到 2008 年的 60.65%，资本结构错配风险显著降低，四川省金融部门抗风险能力有所增强。

2. 货币错配分析

如图 28.3，四川省金融部门本币贷款和本币存款逐年增加，本币贷款从 7 232 亿元增加到 11 163.4 亿元，本币存款从 7 232 亿元增加到 18 661 亿元。联系图 28.4，与本币相反，外币存款从 2003 年 178.64 亿元降低到 2008 年的 126.7 亿元，呈下降趋势。2003—2005 年外币贷款也是逐年减少的，2006—2008 年外币贷款恢复增长。

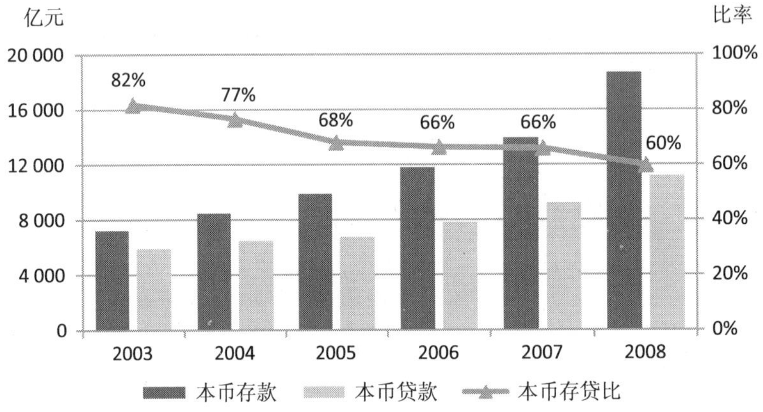


图 28.3　四川省金融部门本币存款和贷款比较

如图 28.4，2003—2008 年间，外币贷款一直大于外币存款，2003—2005 年两者之间的差额较小，2005 年开始差额逐渐扩大。2003 年外币存贷比为 104%，但 2005 年以后外

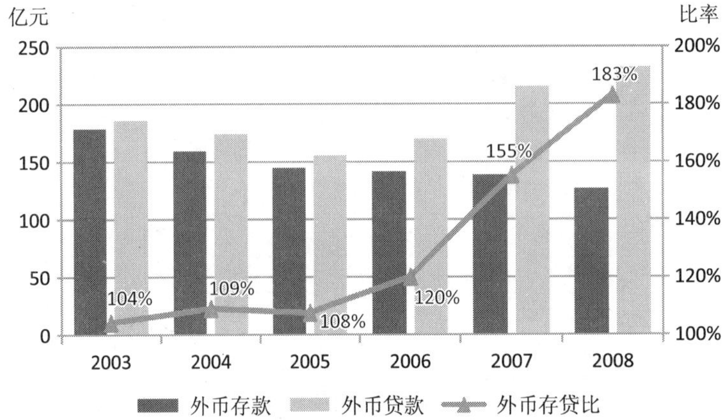


图 28.4　四川省金融部门外币存款和贷款比较

汇存贷比增长速度很快，2008 年达到 183%。逐渐增加的外汇存贷比会使银行承受损失的可能性增加，四川省金融部门面临的货币错配风险有所加剧。

3. 期限错配分析

如图 28.5，四川省金融部门贷款呈中长期化趋势，中长期贷款的增长率高于短期贷款的增长率，中长期贷款占贷款余额的比重逐年增加。2008 年，新增贷款中中长期贷款占比 60.4%，主要投向交通运输、制造、电力等行业和灾后重建领域。贷款增长较快，且呈中长期化趋势。2003—2008 年，定期存款占居民储蓄的比重降低，存款呈活期化趋势，期限错配风险有所增加。

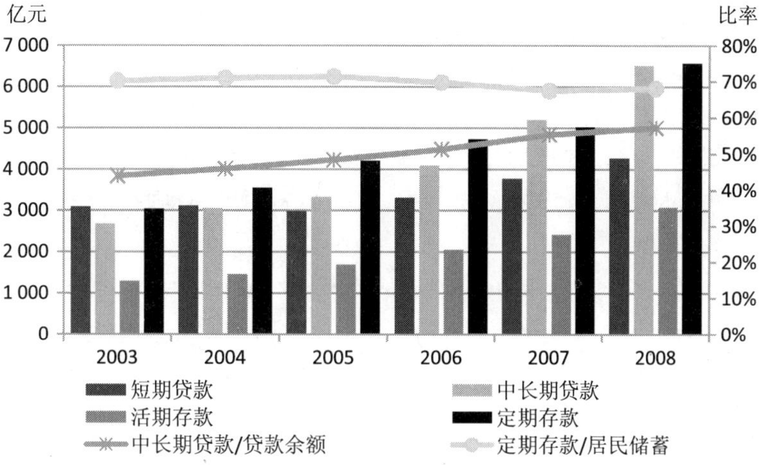


图 28.5　四川省金融部门流动资产和流动负债

## 二、四川省企业部门资产负债表编制及分析

### （一）企业部门资产负债表编制

企业部门主要考察 1998—2008 年四川省全部国有及规模以上非国有工业企业、限额以上餐饮企业、限额以上批发零售业以及所有建筑业企业，编制 1998—2008 年四川省企业部门资产负债表，如表 28.2。

**表 28.2　四川省企业部门资产负债表**　　单位：亿元

| 年份 | 总资产 | 流动资产 | 总负债 | 流动负债 | 总权益 |
|---|---|---|---|---|---|
| 1998 | 4 631.99 | 2 377.20 | 3 267.21 | 2 371.73 | 1 364.78 |
| 1999 | 5 545.60 | 2 442.34 | 3 972.37 | 2 778.60 | 1 573.23 |
| 2000 | 5 682.60 | 2 565.70 | 3 705.08 | 2 487.66 | 1 977.52 |
| 2001 | 6 105.05 | 2 767.35 | 3 833.17 | 2 652.47 | 2 271.88 |

续表

| 年份 | 总资产 | 流动资产 | 总负债 | 流动负债 | 总权益 |
|---|---|---|---|---|---|
| 2002 | 6 785.29 | 3 095.09 | 4 120.49 | 2 908.76 | 2 664.80 |
| 2003 | 7 845.57 | 3 612.94 | 5 300.99 | 4 004.24 | 2 544.58 |
| 2004 | 8 871.39 | 4 128.64 | 5 391.93 | 4 304.23 | 3 479.46 |
| 2005 | 10 153.24 | 4 719.02 | 6 237.67 | 4 576.27 | 3 915.57 |
| 2006 | 11 436.91 | 5 444.34 | 7 003.61 | 5 104.49 | 4 433.30 |
| 2007 | 14 303.12 | 6 835.44 | 8 633.05 | 6 368.86 | 5 670.07 |
| 2008 | 19 221.03 | 9 092.33 | 11 627.64 | 8 467.02 | 7 593.39 |

注：本表数据来源于1999—2009年《中国统计年鉴》和《四川省统计年鉴》，具体如下：

① 工业行业数据来源于《中国统计年鉴》——各地区规模以上工业企业主要指标统计表；建筑业资产、流动资产数据来源于《中国统计年鉴》——各地区建筑业企业资产统计表，负债、流动负债数据来源于《中国统计年鉴》——各地区建筑业企业负债及所有者权益统计表；批发零售业数据来源于各地区限额以上批发和零售业资产及负债统计表；餐饮业数据来源于各地区限额以上餐饮业资产及负债统计表。

② 对于工业企业、建筑业企业、批发零售业、餐饮业缺失数据进行估算处理。相对建筑业、批发零售业及餐饮业，工业企业的资产负债在企业部门总的资产负债中占比最高，统计数据基本无缺失；餐饮业、批发零售及建筑业在总体中占比较低，统计数据2004年存在缺失情况，对于缺失数据进行估算补齐后产生的偏差对加总后的总体分析影响不大。

③ 数据缺失及处理：2004年的全部国有及规模以上非国有工业企业的流动负债数据缺失，以2003年流动负债的年增长率作为2004年的流动负债的年增长率，估算出2004年流动负债的数量；2004年，建筑业、批发零售业和餐饮业的资产负债表各数据都缺失，均以对应各指标前5年（1998—2003年）的年平均增长率作为2004年该指标的增长率，进而计算出2004年的各指标值；2002—2008年，批发零售业和餐饮业的流动负债数据缺失，均以该省该行业流动负债前4年（1998—2001年）的年平均增长率作为2002—2008年流动负债的年增长率，推算出各年的流动负债数值。

### （二）企业部门资产负债表分析

在1998—2008年这11年间，四川省企业部门发展迅速，总资产规模不断扩大，从1998年的4 631.99亿元增加到2008年的19 221.04亿元。如图28.6，按行业分，2008年四川工业企业的资产为15 589.47亿元，占总资产的81%；建筑业资产为2 066.86亿元，占总资产的11%；零售批发企业的资产为1 476.1亿元，占比为8%；餐饮业资产仅为88.6亿元，约占0.005%。

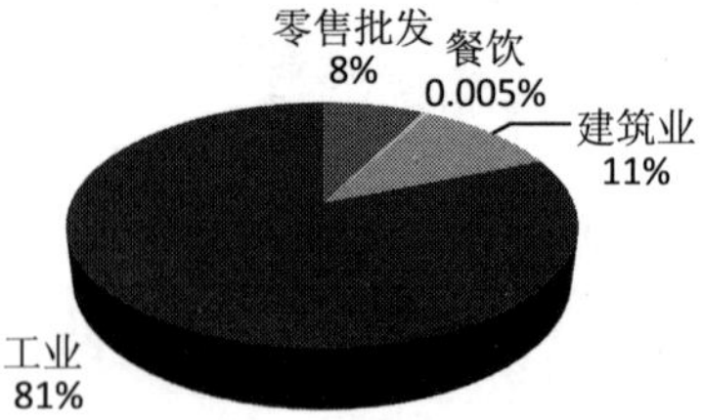


图28.6　四川省企业部门四大行业资产在企业部门总资产中的比重

从表28.3可以看出，1999年、2003年和2004年四川省企业部门流动资产低于流动负债，资产负债表属于风险结构型，其余8年流动资产均高于流动负债，资产负债表属于稳健结构型。以下结合四川省经济发展状况，对四川省企业部门宏观金融风险做进一步分析。

1. 期限错配分析

四川省企业部门期限结构如图 28.7。结合表 28.3 可知，总资产中以长期资产为主，但总负债中流动负债所占比重很高。四川省企业部门流动比率在 1999—2002 年期间是逐渐上升的，期限错配问题有所缓解，但随后 2003 年该比率又有所下降，2004—2008 年流动比率大幅度上升。2008 年，四川省企业部门流动比率为 1.07，可见四川省企业部门仍然存在一定的期限错配风险。

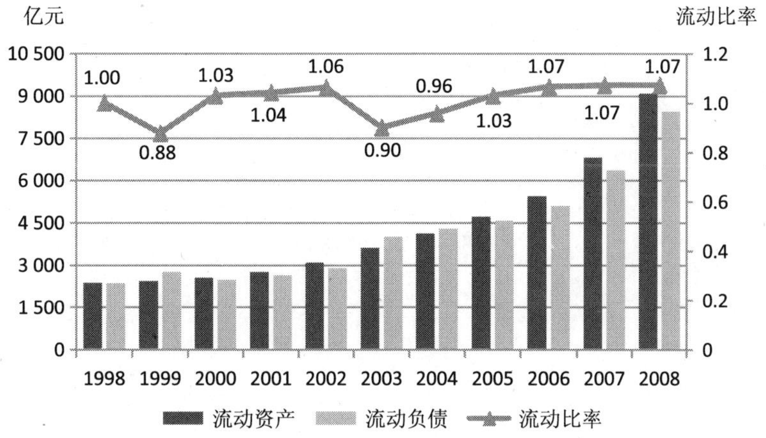


图 28.7 四川省企业部门期限结构

2. 资本结构风险分析

如图 28.8，在 1998—2008 年期间，四川省企业部门发展迅速，资产负债规模基本处于上升趋势。1998 年四川省企业部门总资产为 4 632 亿元，2008 年增加为 19 221 亿

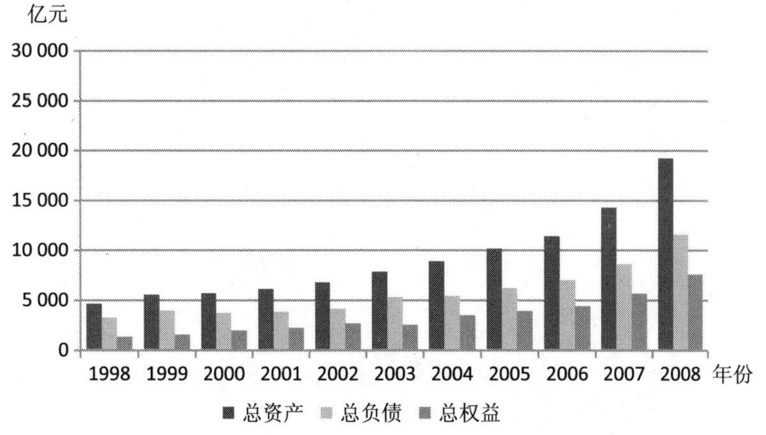


图 28.8 四川省企业部门资本结构

元。企业部门的总权益除2003年略有降低外，一直处于增加趋势，从1 248亿元增加到7 593亿元。随着资本市场的发展，四川省企业部门股权融资加快，对债务融资的依赖程度降低，资产负债率有所降低，如图28.9，资产负债率从1999年的65%下降到2002年的60.73%。受投资过热的影响，2003年四川企业部门的资产负债率增加到67.6%，2004—2008年四川省资产负债率在60%~62%之间，可见四川省企业部门资本结构有所改善，资本结构错配风险不明显。

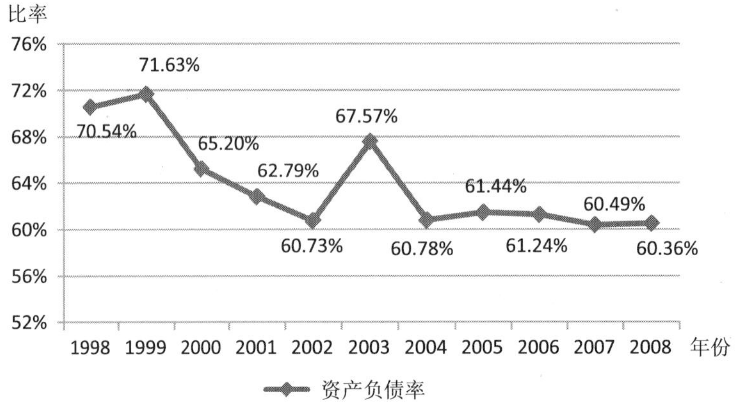


图28.9　四川省企业部门资产负债率

3. 清偿力风险分析

图28.10是四川省企业部门产权比率的变化趋势，1999—2002年四川省产权比率逐渐下降，2003年略有增加，随后又开始下降，2004—2008年产权比率略有下降，但基本在1.5~1.6之间。由于未从根本上扭转对债务融资的高度依赖性，企业部门清偿力风险

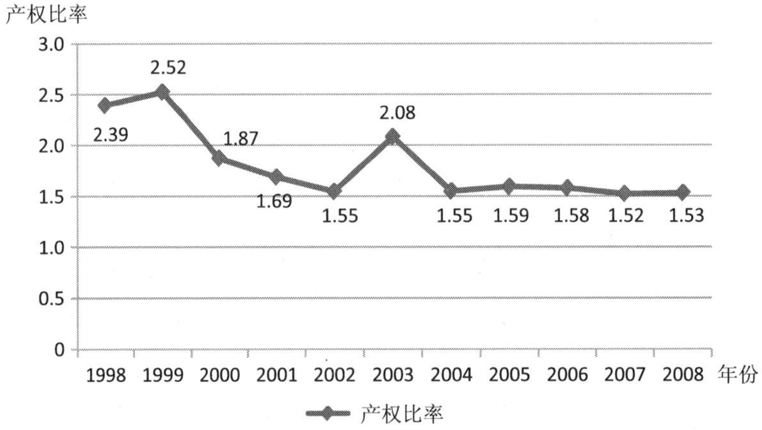


图28.10　四川省企业部门产权比率

仍存在。随着资本市场的发展，四川省企业部门对债权融资的依赖程度可能进一步降低，但在国内外经济金融环境存在诸多不确定因素的情形下，企业部门的清偿力风险在近期难以得到有效缓解。

## 第3节　四川省或有权益资产负债表编制及分析

在上节中，通过对四川省金融部门和企业部门资产负债表分析，初步了解了四川省的风险状况。但是，由历史信息和账面价值所反映的风险状况并不能反映投资者对未来的预期和不同时期的市场风险。本节将运用或有权益法分析四川省上市企业部门和企业部门整体的实际风险，主要包括或有权益资产负债表的编制与分析、风险指标的选取和分析。

### 一、四川省上市企业部门或有权益资产负债编制及分析

#### （一）或有权益资产负债表编制

四川省上市企业资产负债表数据来自国泰君安数据库，加总可得2001年至2009年四川省上市企业部门资产负债表，如表28.3。

**表28.3　四川省上市企业部门资产负债表**　　单位：亿元

| 年份 | 流动资产 | 资产 | 流动负债 | 负债 | 所有者权益 |
|---|---|---|---|---|---|
| 2001 | 452.27 | 790.44 | 267.09 | 306.69 | 483.75 |
| 2002 | 473.59 | 871.53 | 320.04 | 366.50 | 505.03 |
| 2003 | 543.69 | 1 012.01 | 401.34 | 447.17 | 564.84 |
| 2004 | 565.00 | 1 088.74 | 447.44 | 512.94 | 575.80 |
| 2005 | 609.22 | 1 181.87 | 505.89 | 582.09 | 599.78 |
| 2006 | 672.57 | 1 337.78 | 582.89 | 699.62 | 638.16 |
| 2007 | 1 132.44 | 2 000.57 | 989.63 | 1 185.18 | 815.39 |
| 2008 | 1 462.80 | 2 501.88 | 1 335.46 | 1 583.12 | 918.76 |
| 2009 | 1 893.30 | 3 413.63 | 1 817.57 | 2 206.75 | 1 206.88 |

注：数据来源于国泰君安数据库。

根据四川省上市企业部门的资产负债表计算出上市企业的违约点，股权市值和股权波动率根据招商证券股票分析软件四川省板块中剔除金融企业的数据得到，股票价格采用前复权的方法后，每个企业的股权市值可通过股票价格乘以现有股本数得到，加总处理后可得四川省上市企业部门日股权市值，进一步计算即可得企业部门的年股权波动率；

输入参数中的股权市值采用年末数据，如表 28.4。

**表 28.4　四川省上市企业部门或有权益资产负债表输入数据**

| 年份 | 无风险利率（%） | 违约点（亿元） | 权益市值（亿元） | 权益市值波动率 | 年份 | 无风险利率（%） | 违约点（亿元） | 权益市值（亿元） | 权益市值波动率 |
|---|---|---|---|---|---|---|---|---|---|
| 2001 | 2.25 | 286.89 | 1 311.58 | 22.94% | 2006 | 2.35 | 641.26 | 2 233.29 | 29.68% |
| 2002 | 2.02 | 343.27 | 1 004.97 | 27.12% | 2007 | 3.26 | 1 087.41 | 7 256.08 | 37.70% |
| 2003 | 1.98 | 424.26 | 948.91 | 19.77% | 2008 | 3.92 | 1 459.29 | 2 864.42 | 46.29% |
| 2004 | 2.03 | 480.19 | 853.46 | 24.57% | 2009 | 2.25 | 2 012.164 | 5 640.51 | 31.33% |
| 2005 | 2.25 | 543.99 | 826.95 | 25.34% | | | | | |

### （二）或有权益资产负债表分析

表 28.5 是四川省上市企业部门或有权益资产负债表。

**表 28.5　四川省上市企业部门或有权益资产负债表**　　单位：亿元

| 年份 | 资产市值 | 负债市值 | 权益市值 | 年份 | 资产市值 | 负债市值 | 权益市值 |
|---|---|---|---|---|---|---|---|
| 2001 | 1 591.93 | 280.35 | 1 311.58 | 2006 | 2 859.73 | 626.44 | 2 233.29 |
| 2002 | 1 341.38 | 336.41 | 1 004.97 | 2007 | 8 308.21 | 1 052.13 | 7 256.08 |
| 2003 | 1 364.77 | 415.86 | 948.91 | 2008 | 4 268.70 | 1 404.28 | 2 864.42 |
| 2004 | 1 323.92 | 470.46 | 853.46 | 2009 | 7 614.00 | 1 973.49 | 5 640.51 |
| 2005 | 1 358.88 | 531.93 | 826.95 | | | | |

四川省上市企业部门资产市值和资产账面价值如图 28.11。由图可知，2001—2005 年四川省上市企业部门资产市值缓慢下降，而资产账面价值呈缓慢增加趋势，到 2005 年两者差距最小。2006—2008 年，资产市值的变化率要远高于资产账面价值的变化率，2006 年资产账面价值的增长率为 13.19%，而资产市值的增长率高达 110.2%，2007 年资

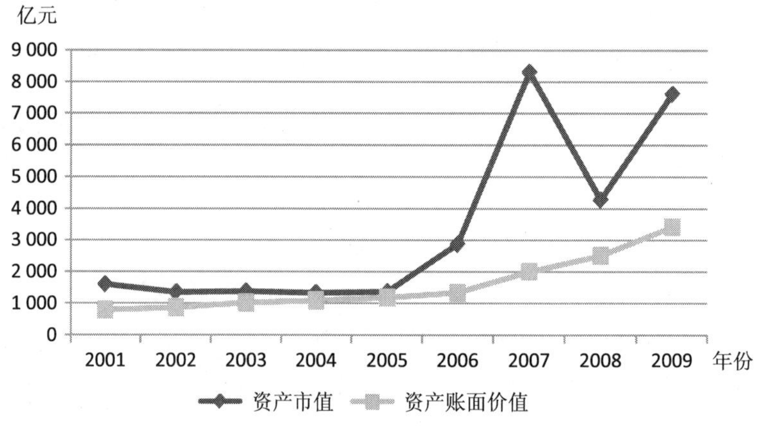


图 28.11　四川省上市企业部门资产市值和账面价值

产账面价值的增长率为49.54%，同期资产市值的增长率高达190.2%。2008年，受金融危机的影响资产市值下降到4 268.7亿元。随着经济情况的好转，2009年四川上市企业资产市值又增长到7 614亿元。

四川省上市企业部门资产结构如图28.12。由图可知，2001—2009年，四川省上市企业部门资产市值与权益市值的走势大致相同，2001—2005年四川上市企业部门的权益市值与资产市值略有下降，随后两年有了很大程度的增加，2008年又下降到接近2006年的水平，2009年权益市值与资产市值又有所增加。负债市值在2001—2009年间波动不大，呈稳步上升态势。

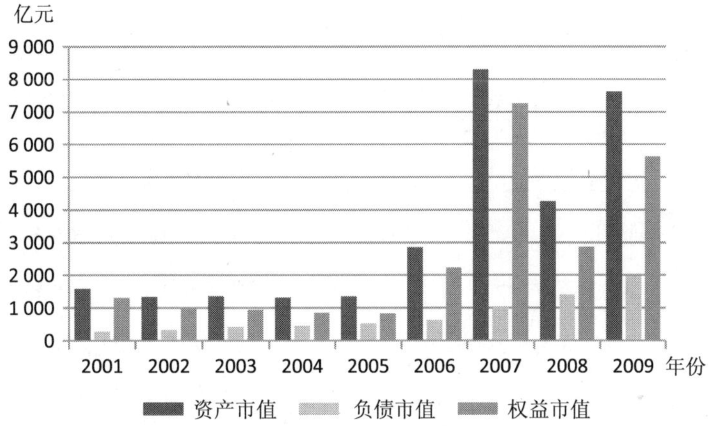


图28.12　四川省上市企业部门或有权益资本结构

如图28.13，2001—2009年账面价值的资产负债率大于或有资产负债率，表明以市场公允价值计量的真实企业风险是小于账面价值显示的金融风险的。相对于四川省上市

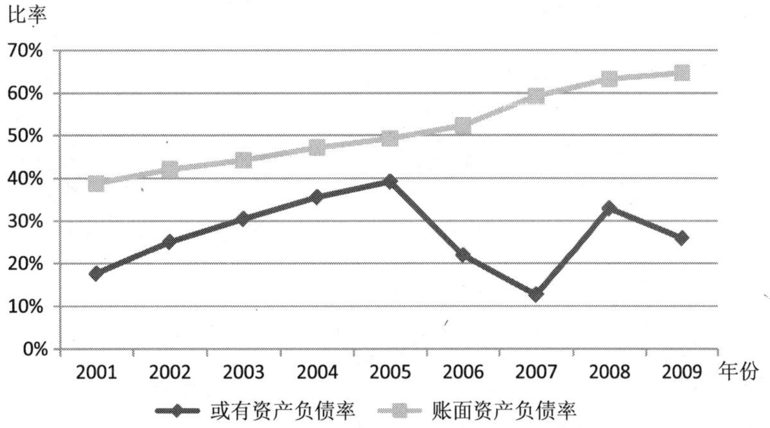


图28.13　四川省上市企业部门资产负债率

企业部门账面价值资产负债率变化趋势，或有资产负债率波动较大，最高在2005年达39.14%，最小为2007年12.66%。但2001—2009年，账面资产负债率一直处于稳步增加状态，四川省上市企业部门资本结构错配风险有所增加。

### （三）风险表分析

通过四川省或有权益资产负债表输入参数以及MATLAB编程得到四川省上市企业部门风险指标，2001—2009年四川省上市企业部门风险指标如表28.6。

**表28.6　四川省上市企业部门风险指标**

| 年份 | 资产市值波动率 | 违约概率 | 违约距离 | 年份 | 资产市值波动率 | 违约概率 | 违约距离 |
|---|---|---|---|---|---|---|---|
| 2001 | 18.90% | 0 | 4.338 6 | 2006 | 23.18% | 0 | 3.347 0 |
| 2002 | 20.32% | 0 | 3.662 7 | 2007 | 32.93% | 0 | 2.639 5 |
| 2003 | 13.74% | 0 | 5.013 9 | 2008 | 31.07% | 0.03% | 2.118 2 |
| 2004 | 15.84% | 0 | 4.023 6 | 2009 | 23.21% | 0 | 3.168 6 |
| 2005 | 15.42% | 0 | 3.888 3 | | | | |

四川省上市企业部门违约距离如图28.14，违约距离在2001—2005年处于波动阶段，2001年违约距离为4.34，2003年增加到8年最高水平，为5.01，2005年违约距离为3.888 3，违约距离减小。2005—2008年违约距离处于下降趋势，2007年股市暴涨，大部分上市企业的估值水平都处于历史性高位，所以企业的资产市值和资产市值收益率变化都较大，同时企业面临股权市值大幅缩水的风险也较大，因此企业违约距离有所下降，为2.639 5。由于金融危机的影响，2008年违约距离又降为2.118 6。随着经济状况的好转，2009年违约距离又有所增加，为3.168 6，违约风险有所降低。

四川省上市企业部门资产市值波动率如图28.15。2001—2005年资产市值波动率

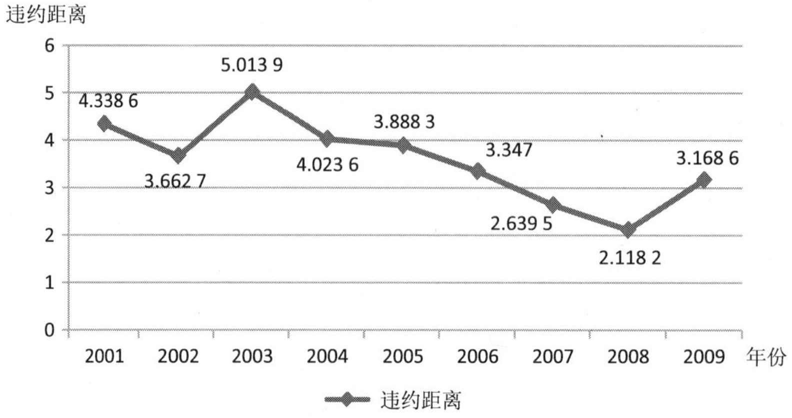


图28.14　四川省上市企业部门违约距离

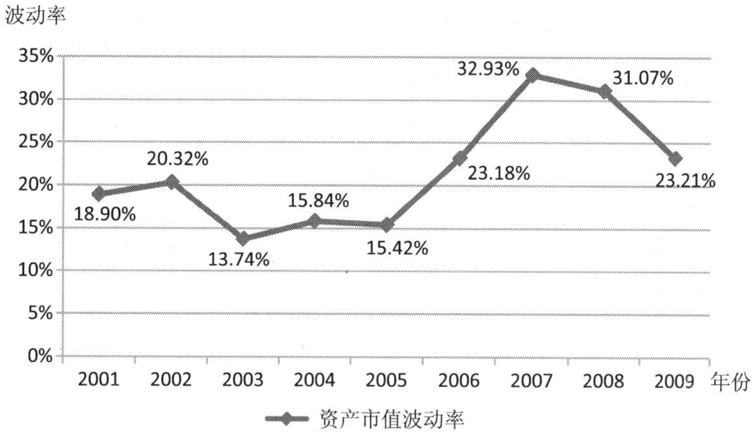


图 28.15　四川省上市企业部门资产市值波动率

一直处于相对稳定状态，2001 年波动率为 18.9%，2003 年降低到 8 年来最低值，为 13.74%。2006 年以来资产市值波动率开始大幅上升，2007 年高达 32.93%，为 9 年来最高值，风险大幅上升，2009 年降为 23.21%，风险有所降低。

## 二、四川省企业部门或有权益资产负债编制及分析

### （一）或有权益资产负债表编制

根据或有权益资产负债表编制输入参数（表 28.7），通过 MATLAB 编程计算，得到四川省企业部门或有权益资产负债表（表 28.8）以及四川省企业部门风险指标表。

**表 28.7　四川省企业部门或有权益资产负债表输入参数**

| 年份 | 无风险利率（%） | 违约点（亿元） | 权益市值（亿元） | 权益市值波动率 | 年份 | 无风险利率（%） | 违约点（亿元） | 权益市值（亿元） | 权益市值波动率 |
|---|---|---|---|---|---|---|---|---|---|
| 2001 | 2.25 | 3 242.82 | 6 159.67 | 22.94% | 2005 | 2.25 | 5 406.97 | 5 398.57 | 25.34% |
| 2002 | 2.02 | 3 514.62 | 5 302.78 | 27.12% | 2006 | 2.35 | 6 054.05 | 15 514.64 | 29.68% |
| 2003 | 1.98 | 4 652.61 | 4 274.78 | 19.77% | 2007 | 3.26 | 7 500.96 | 50 457.58 | 37.70% |
| 2004 | 2.03 | 4 848.08 | 5 157.27 | 24.57% | 2008 | 3.92 | 10 047.33 | 23 673.82 | 46.29% |

注：本表数据来自中国人民银行统计数据，金融界上市公司数据，以及招商证券上市公司数据。其中企业部门权益市值根据上市企业权益市值 / 上市企业总权益 = 企业部门的权益市值 / 企业部门的总权益进行套算，权益市值波动率用上市企业的权益市值波动率代替。

**表 28.8　四川省企业部门或有权益资产负债表**　　单位：亿元

| 年份 | 资产市值 | 负债市值 | 权益市值 | 年份 | 资产市值 | 负债市值 | 权益市值 |
|---|---|---|---|---|---|---|---|
| 2001 | 9 330.86 | 3 171.19 | 6 159.67 | 2005 | 10 686.88 | 5 288.30 | 5 398.57 |
| 2002 | 8 745.00 | 3 442.22 | 5 302.78 | 2006 | 21 413.25 | 5 898.61 | 15 514.64 |
| 2003 | 8 831.82 | 4 557.04 | 4 274.78 | 2007 | 57 759.38 | 7 301.79 | 50 457.58 |
| 2004 | 9 911.07 | 4 753.80 | 5 157.27 | 2008 | 33 363.68 | 9 689.85 | 23 673.82 |

注：本表数据根据表 28.7，通过 MATLAB 编程计算得出。

**（二）或有权益资产负债表分析**

如图 28.16，2001—2008 年四川省企业部门资产市值和上市企业资产市值的变化基本保持一致。2001—2008 年资产市值一直高于资产账面价值。2001—2005 年，两者之间的差距逐年缩小。随着股市的好转，2006—2007 年四川省企业部门资产市值的变化较多，2007 年企业部门资产市值增加 170%。2008 年，四川省企业部门的资产账面价值继续增加，资产市值下降到 33 363.68 亿元。

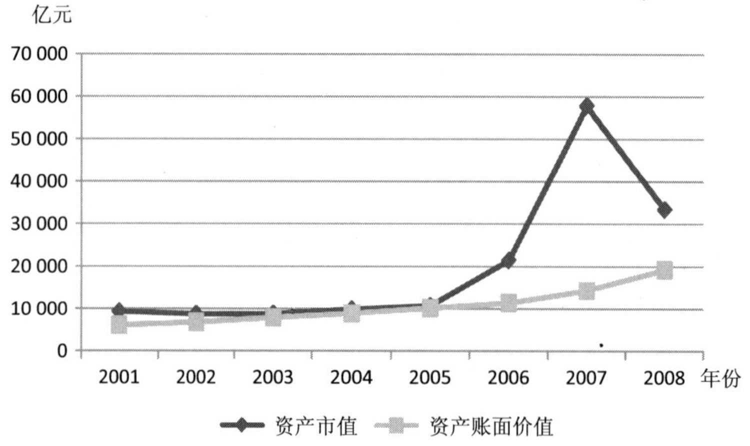


图 28.16　四川省企业部门资产市值和账面价值

四川省企业部门资本结构如图 28.17。2001—2005 年，资产市值与权益市值变化趋势一致，2002 年略有下降，随后稳步增加，但增长率很低。2007 年受股市上涨的影响，资产市值和权益市值达到最高值。2001—2009 年，四川省企业部门负债市值处于持续增加状态。

如图 28.18，2001—2008 年账面价值的资产负债率大于或有资产负债率，表明以市场公允价值计量的真实企业风险是小于账面价值显示的金融风险的。相对于四川省企业部门账面价值资产负债率变化趋势，或有资产负债率波动较大，最高在 2003 年达 51.6%，最小为 2007 年的 12.64%。但总的来说，四川省企业部门的资本结构较为合理。

**（三）风险表分析**

通过四川省或有权益资产负债表输入参数以及 MATLAB 编程得到四川省企业部门风险指标，2001—2008 年四川省企业部门风险指标如表 28.9。

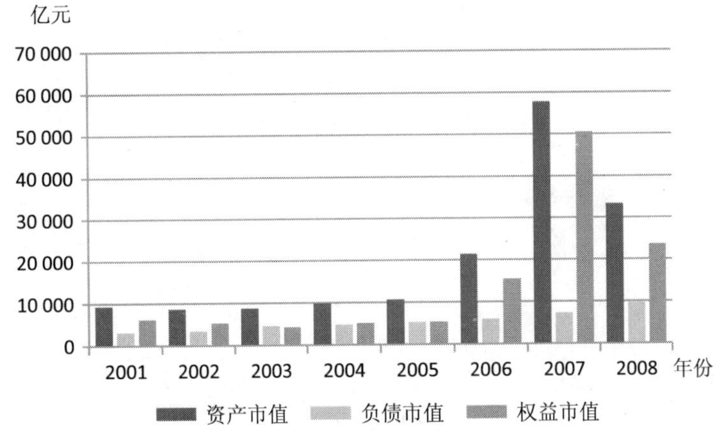


图 28.17　四川省企业部门或有权益资本结构

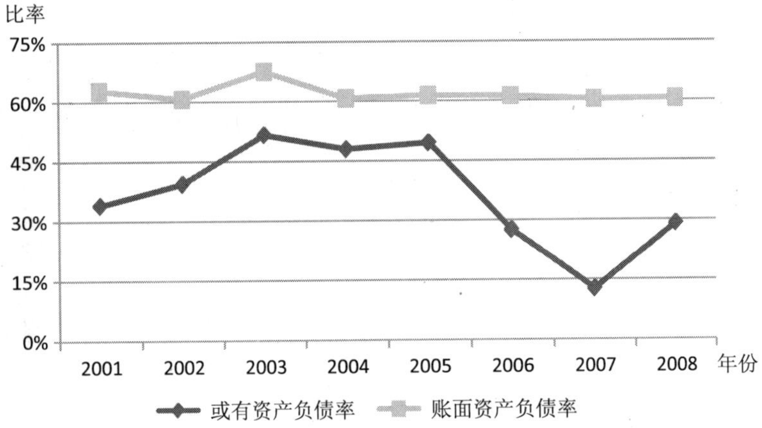


图 28.18　四川省企业部门资产负债率

**表 28.9　四川省企业部门风险指标**

| 年份 | 资产市值波动率 | 违约概率 | 违约距离 | 年份 | 资产市值波动率 | 违约概率 | 违约距离 |
|---|---|---|---|---|---|---|---|
| 2001 | 15.14% | 0 | 4.309 2 | 2005 | 12.81% | 0 | 3.858 1 |
| 2002 | 16.43% | 0 | 3.639 3 | 2006 | 21.48% | 0 | 3.338 8 |
| 2003 | 9.56% | 0 | 4.950 9 | 2007 | 32.96% | 0 | 2.639 6 |
| 2004 | 12.79% | 0 | 3.993 2 | 2008 | 32.89% | 0.02% | 2.125 0 |

如图 28.19，四川省企业部门违约距离在 2001—2004 年处于波动阶段，2001 年为 4.309 2，2003 年为 4.950 6，为 8 年间的最高水平，风险降低。2004—2008 年违约距离处于下降趋势，2008 年降为 2.125 0，违约风险增加。

四川省企业部门资产市值波动率如图 28.20。2001—2005 年资产市值波动率处于波

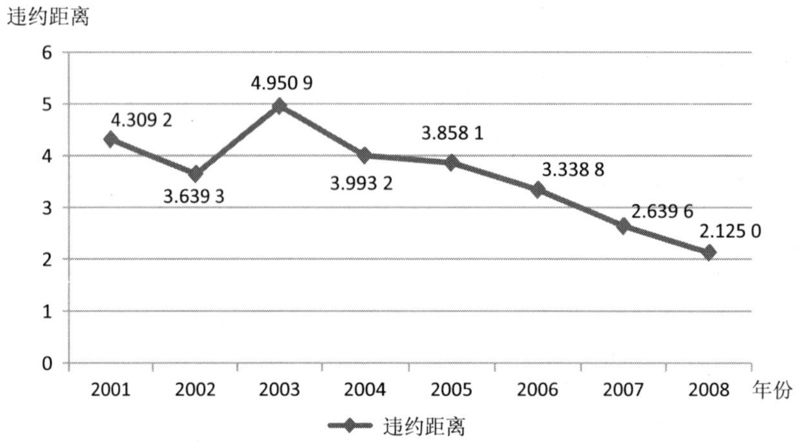


图 28.19　四川省企业部门违约距离

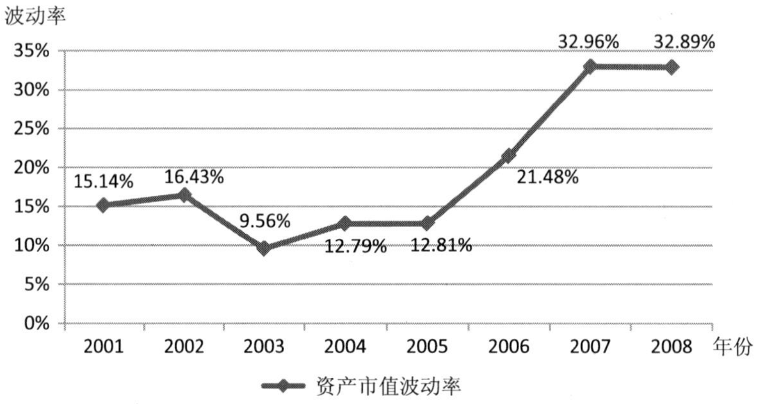


图 28.20　四川省企业部门资产市值波动率

动状态，2003 年资产市值波动率为 8 年间最低水平。2005 年资产市值波动率开始上升，2006 年、2007 年资产市值波动率上升较快，风险大幅上升，2008 年资产市值波动率略有下降，为 32.89%。结合违约距离、违约概率和资产市值波动率可以看出，四川省企业部门违约风险在 2003 年最低，2007 年违约距离下降，资产市值波动率为 8 年来最高水平。2008 年违约距离最低，资产市值波动率稍有下降，违约概率为 0.02%，表明四川省企业部门存在一定的违约风险。

## 第4节　结论及政策建议

本章通过资产负债表和或有权益资产负债表对四川省宏观金融风险进行分析。从对四川省金融部门资产负债表的分析可以看出，金融部门货币错配风险加剧，期限错配风险呈增加趋势。分析四川省企业部门的资产负债表可知，企业部门资本结构有所合理化；期限错配风险有所缓解，但存在一定的期限错配问题。

通过对四川省上市企业部门和企业部门或有权益资产负债表分析可知，上市企业部门方面，以市场公允价值计量的真实企业风险是小于账面价值显示的金融风险的，但账面反映的资产负债率较高，资本结构风险比较明显。企业部门方面，基于市场价值的整体企业部门所反映的资本结构基本合理。结合违约距离、资产市值波动率以及违约概率看，2008年上市企业部门和企业部门均面临一定的违约风险。

结合四川省的实际情况，发现四川省金融业存在以下问题：四川省资本市场容量小，股票、债券的发行规模较小，且由于上市公司经营能力问题，再融资能力低；金融开放程度低，外资银行机构少，金融体系不完善；贷款呈长期化趋势，信贷结构失衡。金融业自身的发展和结构状况，不仅决定金融业对国民经济发展的直接贡献，而且直接决定了筹融资作用能否有效发挥和多大程度的发挥。为此，应更加重视金融业持续稳定的发展，以促进四川经济发展。通过综合资产负债表和或有权益资产负债表的分析结论以及四川省金融业发展中存在的问题，本文认为控制四川省各部门金融风险，应从以下几方面着手：

第一，四川省银行业应创造长期资金来源，化中长期资产为短期资产，降低期限错配风险。可以发行长期金融债券以创造长期资金来源，也可以发行大额可转让定期存单等，把相当一部分活期存款转化为商业银行稳定的中长期资金来源，在一定程度优化负债结构；在中长期贷款过多、资产结构不合理的情况下，可在金融市场上采用出售贷款的方式使中长期贷款变现，或者通过贷款互换的形式将中长期贷款的期限变短，另外还可以通过资产证券化的形式将贷款风险分散，以利用金融市场对资产期限进行调整。

第二，组建具有四川特色的产业投资基金，缓解商业银行的中长期信贷压力。组建产业投资基金不仅可以吸引大量民间资金投入生产和开发建设领域，在一定程度上可以缓解商业银行中长期贷款的压力，而且还有助于将消费资金转化为生产建设资金，避免重复建设。此外，产业投资基金不同于债券等债务融资方式，在项目建设运行中不必集中偿付大量本息，可以降低开发项目的债务率，减轻债务负担，降低融资成本。

# 第29章 贵州省宏观金融风险研究



贵州是我国的能源大省，尤以水力和煤最为突出，“黔电东送”是南方电网中“西电东送”的主力。本章首先介绍贵州省经济金融现状，然后在梳理贵州省金融风险研究文献的基础上，编制金融部门和企业部门资产负债表，利用或有权益资产负债表分析方法分析其面临的宏观金融风险，并提出政策建议。

## 第1节 引言

贵州省作为我国西南资源大省和西部地区较不发达的省份，在金融和经济的发展与现状上有着自身的特点。从1979年开始，贵州省政府以及人民银行致力于金融体制的改革，经过30年的改革实践，金融经济实力显著增强，金融业稳健发展。本节首先介绍贵州省经济金融运行概况，并对相关文献进行归纳总结。

### 一、贵州省经济金融概况

#### （一）贵州省经济运行概况

贵州素以“西南煤海”著称，煤炭资源储量居全国第五位。煤炭不仅储量大，且煤种齐全、煤质优良，为发展火电、实施“西电东送”奠定了坚实的基础，同时为煤化工、实施“煤变油”工程提供了资源条件。贵州也是矿产资源大省，境内矿产资源种类繁多，分布广泛，门类齐全，储量丰富，且成矿地质条件好。进入21世纪以来，贵州烟酒工业的支柱产业地位得到巩固，磷及磷化工、铝及铝加工等优势原材料工业进一步壮大，航空、航天、电子信息、医药制品、新材料等高新技术产业获突破性进展。

如图29.1，贵州省GDP年增长情况可以分成两个阶段，第一阶段是1978—1998年伴随改革开放的波动增长阶段，第二阶段是1998—2008年经历亚洲经济危机之后重新加速发展的阶段。2008年，面对国内外各种重大挑战和困难，贵州仍实现了经济平稳较快增长，GDP比2007年增长21.57%。

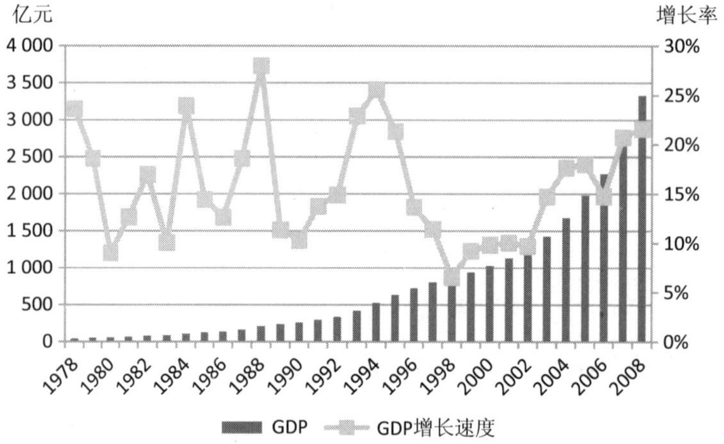


图29.1　1978—2008年贵州省GDP及其增长率

改革开放以来，贵州省三次产业结构渐趋合理，第二产业的优势地位得到加强，同时第三产业也获得较大突破。2008年，贵州省三次产业呈现协调发展，第一产业保持稳定增长，第二产业结构调整，第三产业发展加快，三次产业比重为16.4∶42.3∶41.3。①

**（二）贵州省金融运行概况**

实施西部大开发战略以来，贵州省金融业得到了快速发展，并对贵州经济社会的发展起到越来越大的促进作用。

2008年，贵州省银行类金融机构资产规模持续扩大，资产总额比上年增加21.7%，但经营效益增长不多。截至2008年年末，贵州省金融机构人民币各项存款余额4 736.9亿元，是2000年的4.28倍。其中，储蓄存款持续、快速增长。贵州省金融机构储蓄存款余额为2 237.1亿元，是2000年的4.15倍。企业存款稳步上升，2008年年末余额达1 259.2亿元，是2000年的2.93倍。存款总量的大幅增长，为发放贷款支持经济发展提

① 资料来源：《2008年贵州省金融运行报告》。

供了较为充足的信贷资金来源。贷款方面，截至2008年年末，全省金融机构人民币贷款余额达3 569.3亿元，是2000年的3.35倍。贷款投向结构更趋优化，主要投向电力、交通等基础设施和制造、农林牧渔等主要行业，积极支持抗灾救灾和灾后重建，增加“三农”信贷投入，创新中小企业信贷产品。在扶持重点产业、保障民生方面发挥了重要作用。

2008年，贵州上市公司17家，数量在全国各省区中处于落后地位，上市公司总市值1 361.3亿元，相当于贵州当期GDP的40%，整体营运平稳，未出现亏损上市公司。2008年国内股票筹资10.7亿元，国内债券筹资15亿元。贵州金融机构衍生产品交易始于2006年，交易品种主要集中于外汇掉期和利率掉期，至2008年累计交易40.0亿美元；理财产品呈现多样化和快速发展的良好势头，国有商业银行积极拓展个人理财产品市场。

## 二、文献综述

研究贵州省金融风险的相关文献较少，这里从金融和经济发展两方面来梳理文献。

在金融方面，向明（2008）根据协整理论方法，利用贵州1986—2006年的年度数据，实证分析了货币信贷政策从贷款、储蓄，到企业生产和居民消费，再到物价指数的传导过程，结合贵州经济金融发展水平，系统论证了货币信贷政策在贵州传导的特征及其原因。刘宁、申锦（2008）对贵州区域金融成长进行对比分析发现：贵州金融相关比率（FIR）低于全国水平，这是由中国金融发展二元特性决定的；贵州的广义货币供应量（M2）/GDP一直高于全国水平，这可以从经济的信用化和国有银行信用垄断两方面解释；贵州的SLR（金融中介效率）无论是时间上的纵比还是空间上的横比，正好与经济增长趋势和经济发展程度相背离，说明贵州金融机构在从储蓄到贷款再向投资转化、促进贵州经济增长方面是无效率的。

在经济发展方面，谭永生（2006）借鉴C-D生产函数，选取物质资本、人力资本以及劳动力作为经济增长的主要影响因素，得出结论：贵州需要从树立科学的发展观、加快产业结构调整、重视人力资本投资以提高劳动者素质、降低农村人口比重、加快城镇化进程以及进行制度创新等方面进行努力。吴述松（2005）认为在国家政策、区域分工和投资依赖国家的影响下，贵州产业以资源重工业为主、制度生产成本高、政府制度供给不足，注重外来制度，忽视内生制度。其结果是不易产生适合本省经济发展的制度，并造成贵州产业结构二元化；制度依赖到制度抑制，形成经济发展战略被动；发展缺乏内在制度支持，经济难以高质量稳定增长和发展。

## 第2节　贵州省部门资产负债表编制及分析

本节基于资产负债表方法的实证研究主要包括对贵州省企业部门和金融部门风险的识别和度量，以及对整体风险进行基于账面价值的评判，以此来度量与贵州省宏观经济运行相关的金融风险。

### 一、贵州省金融部门资产负债表编制及分析

#### （一）金融部门资产负债表编制

以下编制的贵州省金融部门2003—2008年资产负债表主要涵盖贵州省银行类金融机构，如表29.1。

**表29.1　贵州省金融部门资产负债表**　　单位：亿元

| 年份 | 2003 | 2004 | 2005 | 2006 | 2007 | 2008 |
|---|---|---|---|---|---|---|
| **总资产** | — | 2 104.70 | 3 200.70 | 3 780.10 | 4 382.00 | 5 648.00 |
| 贷款余额 | 1 726.66 | 2 034.00 | 2 319.00 | 2 708.50 | 3 145.00 | 3 581.50 |
| 短期贷款 | 653.83 | 716.60 | 785.20 | 850.70 | 869.20 | 894.60 |
| 票据融资 | — | — | — | 66.30 | 86.30 | 86.70 |
| 中长期贷款 | 1 028.40 | 1 271.10 | 1 467.20 | 1 781.30 | 2 179.70 | 2 590.10 |
| 本币贷款 | 1 687.55 | 2 020.00 | 2 303.90 | 2 696.10 | 3 128.60 | 3 569.30 |
| 外币贷款 | 39.10 | 14.00 | 15.10 | 12.40 | 16.40 | 12.20 |
| **总负债和权益** | | 2 104.70 | 3 200.70 | 3 780.10 | 4 382.00 | 5 648.00 |
| 存款余额 | 1 918.10 | 2 342.00 | 2 793.00 | 3 316.00 | 3 838.70 | 4 750.00 |
| 本币存款 | 1 898.86 | 2 322.30 | 2 777.50 | 3 300.10 | 3 826.40 | 4 736.90 |
| 企业存款 | 655.26 | 840.70 | 895.80 | 954.40 | 1 100.70 | 1 259.20 |
| 居民储蓄 | 912.80 | 1 094.60 | 1 350.90 | 1 596.90 | 1 790.10 | 2 237.10 |
| 定期存款 | 414.10 | 582.00 | 638.80 | 828.00 | 863.00 | — |
| 活期存款 | 498.70 | 512.60 | 712.10 | 768.90 | 927.10 | — |
| 外币存款 | 19.24 | 19.70 | 15.50 | 15.90 | 12.30 | 13.10 |

注：贵州省金融部门资产负债表涵盖银行类金融机构资产负债表，数据来源于《中国区域经济统计年鉴》、《贵州省金融运行报告》等，具体如下：

① 总资产数据从2004—2008年《贵州省金融运行报告》获得。

② 贷款余额、短期贷款、中长期贷款、本币贷款和外币贷款数据从2004—2008年《贵州省金融运行报告》附表3获得，2003年数据根据2004年的增长率推算出。票据融资数据从2006—2008年《贵州省金融运行报告》附表获得。

③ 存款余额、企业存款、居民储蓄、本币存款和外币存款数据从2004—2008年《贵州省金融运行报告》附表获得，2003年数据根据2004年的增长率推算出。活期存款和定期存款从2004—2008年《中国区域经济统计年鉴》获得。

## （二）金融部门资产负债表分析

1. 资本结构风险分析

如图 29.2，从 2004 年到 2008 年的 5 年间，贵州金融部门资产稳步增长，并且 2007 年以来表现出加速增长的态势。贷款余额占总资产的比重从 2004 年到 2008 年越来越小，说明贵州金融部门资产多样化。存款余额高于贷款余额，说明贷款来源稳定，存款余额与总资产的差额逐渐扩大，说明存款在总负债和权益中的比重逐渐下降，除了债务融资，其他融资手段的作用日益增大。从贵州省金融部门的存贷比看，2003 年存贷比高达 90.02%，面临的风险较大，随后几年存贷比除 2007 年略有上升外都是逐年下降的，2008 年为 75.4%，略高于央行规定的 75% 的比例，总的来说贵州省金融部门抵御风险能力有所增强。

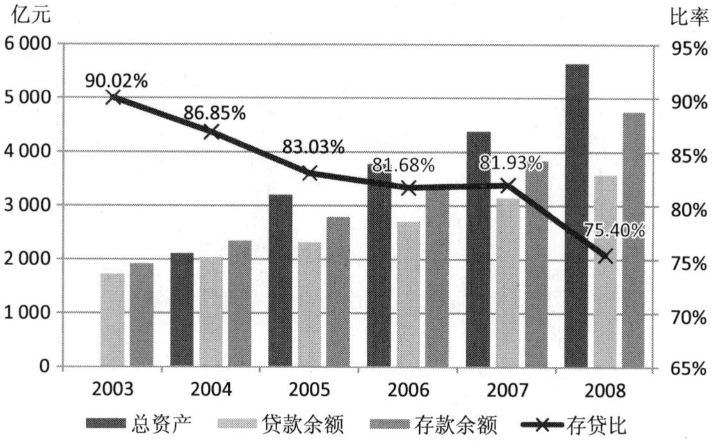


图 29.2　贵州省金融部门资本结构

2. 期限错配风险分析

如图 29.3，贵州省金融部门贷款规模稳定扩张。各项贷款余额中，中长期贷款的比重逐年增加，说明贵州省近年来大力支持固定资产投资。同时，短期资产量缓慢增加，占资产比重逐渐下降，资产的流动性减弱。

如图 29.4，2003—2007 年，居民存款和定活期存款规模稳定增长，定期存款的比重波动，贵州省定期存款量和活期存款量基本持平。总的来说，贵州省银行的资金来源较稳定，资金运用则逐渐偏向中长期贷款，潜在的期限错配风险有所增加。

3. 货币错配风险分析

从表 29.1 可以看出，2003—2008 年，贵州省金融部门外币存款和外币贷款在波动中

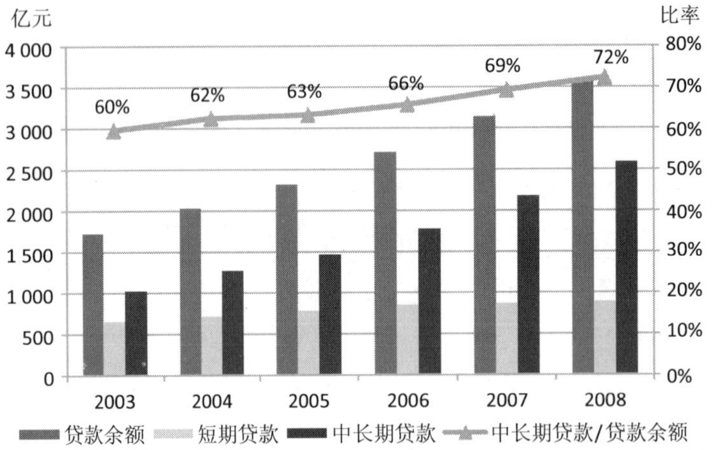


图 29.3　贵州省金融部门贷款结构

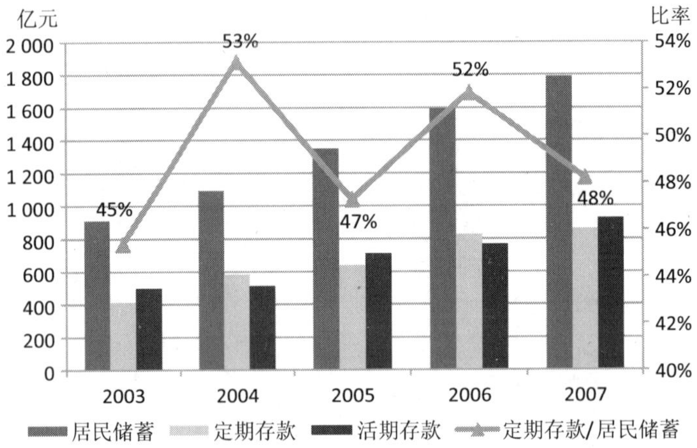


图 29.4　贵州省金融部门存款结构

呈下降趋势。如图 29.6，外币存贷比在 2003—2008 年间一直波动。2003 年外币存贷比高达 203%，外币贷款远高于外币存款，存在货币错配风险。2008 年外币存款量高于外币贷款量，外币存贷比为 93%，货币错配风险有所降低。由于外币净资产为正的情形存在，贵州省金融部门要警惕出现人民币升值预期下的货币错配问题。

## 二、贵州省企业部门资产负债表编制及分析

### （一）企业部门资产负债表编制

企业部门主要考察 1998—2008 年贵州省全部国有及规模以上非国有工业企业、限额以上餐饮企业、限额以上批发零售业以及所有建筑业企业，编制 1998—2008 年资产负债

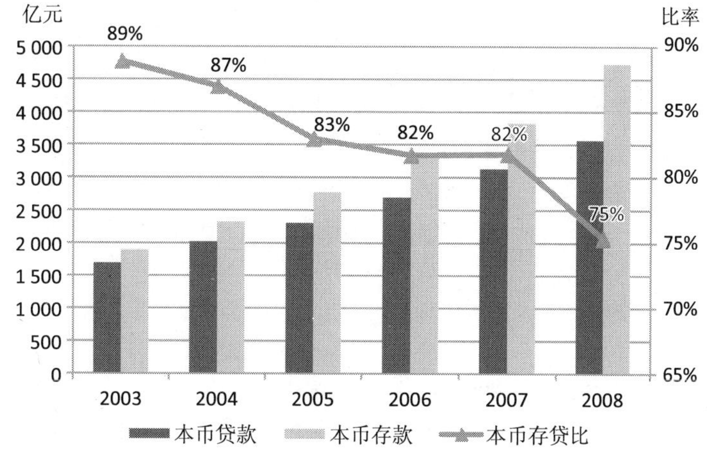


图 29.5　贵州省金融部门本币贷款与本币存款比较

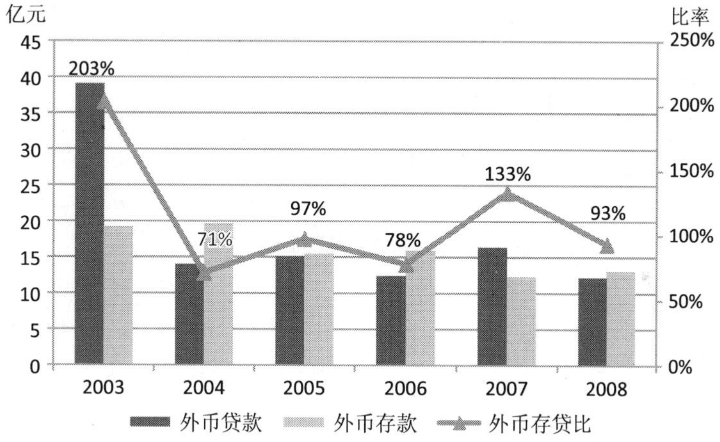


图 29.6　贵州省金融部门外币资产与外币负债比较

表，如表 29.2。

**（二）企业部门资产负债表分析**

表 29.2 反映了贵州省企业的发展状况，期间总资产保持增长趋势，其中，1998—2004 年增长平稳，2005 年开始增长速度加快，说明贵州省加大了企业建设力度。流动资产从 2005 年开始不断增长、规模变大，企业资金流动变化频繁。长期资产在 2005 年之后增长速度加快，说明企业基础建设强度增大，用以扩大生产的固定投资增多。负债的突然加速增长同样出现在 2005 年后，所有者权益的增长情况相似，说明贵州省企业通过加强债务融资和股权融资支持资本的扩张。2008 年，金融部门加大了对企业融资的支持力度，企业部门债务融资增长量超过股权融资增长量的 2 倍。债务融资的增长主要来自

表 29.2　贵州省企业部门资产负债表　　单位：亿元

| 年份 | 资产 | 流动资产 | 长期资产 | 负债 | 流动负债 | 长期负债 | 所有者权益 |
|---|---|---|---|---|---|---|---|
| 1998 | 1 421.50 | 792.95 | 628.55 | 1 061.04 | 813.20 | 247.84 | 360.46 |
| 1999 | 1 657.79 | 855.32 | 802.47 | 1 285.33 | 971.09 | 314.24 | 372.46 |
| 2000 | 1 888.38 | 949.70 | 938.68 | 1 360.23 | 978.97 | 381.26 | 528.15 |
| 2001 | 2 083.39 | 982.74 | 1 100.65 | 1 365.61 | 989.25 | 376.36 | 717.78 |
| 2002 | 2 236.89 | 1 017.65 | 1 219.24 | 1 471.40 | 1 045.83 | 425.57 | 765.49 |
| 2003 | 2 402.96 | 1 091.45 | 1 311.51 | 1 715.49 | 1 239.45 | 476.04 | 687.47 |
| 2004 | 2 507.85 | 1 129.28 | 1 378.57 | 1 685.48 | 1 162.50 | 522.98 | 822.37 |
| 2005 | 3 251.51 | 1 374.54 | 1 876.97 | 2 141.57 | 1 437.77 | 703.80 | 1 109.94 |
| 2006 | 3 764.00 | 1 534.67 | 2 229.33 | 2 488.50 | 1 534.32 | 954.18 | 1 275.50 |
| 2007 | 4 156.76 | 1 731.38 | 2 425.38 | 2 678.80 | 1 688.40 | 990.40 | 1 477.96 |
| 2008 | 5 492.90 | 2 329.30 | 3 164.59 | 3 600.02 | 2 334.78 | 1 265.24 | 1 892.88 |

注：数据来自中国统计年鉴和贵州省统计信息网的相关数据，根据 1998—2008 年全部国有及规模以上非国有工业企业、限额以上餐饮企业、限额以上批发和零售业以及所有建筑业企业四个行业的数据加总，得到 1998—2008 年企业部门资产负债表。具体如下：

① 工业行业数据来源于《中国统计年鉴》——各地区规模以上工业企业主要指标统计表；建筑业资产、流动资产数据来源于《中国统计年鉴》——各地区建筑业企业资产统计表，负债、流动负债数据来源于《中国统计年鉴》——各地区建筑业企业负债及所有者权益统计表；批发零售业数据来源于各地区限额以上批发和零售业资产及负债统计表；餐饮业数据来源于各地区限额以上餐饮业资产及负债统计表。

② 数据缺失及处理：2004 年全部国有及规模以上非国有工业企业的流动负债数据缺失，以 2003 年流动负债的年增长率作为 2004 年流动负债的年增长率，估算出 2004 年流动负债的数值；2004 年，建筑业、批发零售业和餐饮业的资产负债表各数据都缺失，均以对应各指标前 5 年（1998—2003 年）的年平均增长率作为 2004 年该指标的增长率，进而计算出 2004 年的各指标值；2002—2008 年，批发零售业和餐饮业的流动负债数据缺失，均以该省该行业流动负债前 4 年（1998—2001 年）的年平均增长率作为 2002—2008 年流动负债的年增长率，进而计算出各年的各指标值。

流动负债，长期负债每年稳定增长，增长量在 2008 年发生明显变化，说明这一年贵州省企业部门中长期建设力度加强。综合看，贵州省企业部门的第一轮加速发展发生在 2005 年之后，债务融资和股权融资都在这一轮企业发展过程中发挥了重要作用，第二轮加速发展发生在 2008 年。

1. 期限错配分析

如图 29.7，贵州省企业部门流动资产和流动负债在 1998—2008 年间稳定增加。2006 年之前，流动比率小于 1，流动资产小于流动负债，存在流动资产无法偿付流动负债的情况。但是在 2006 年后，流动负债逐渐小于流动资产，流动比率上升，这在一定程度上反映出企业的期限结构改善。如图 29.8，流动资产绝对值增长，但是在总资产中的比重

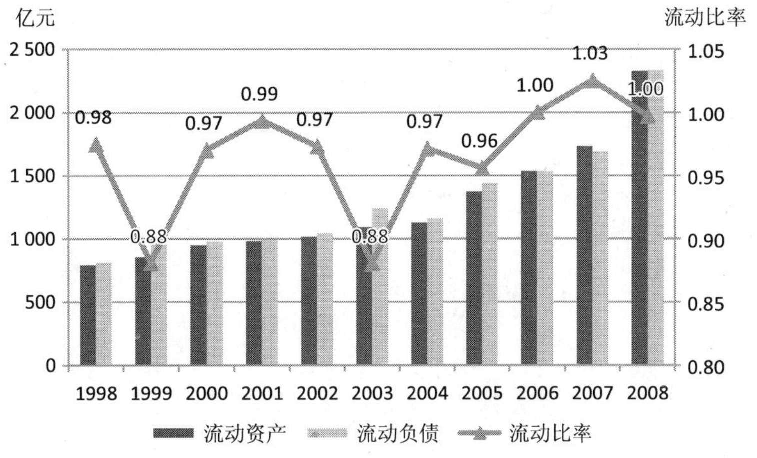


图 29.7 贵州省企业部门流动资产和流动负债

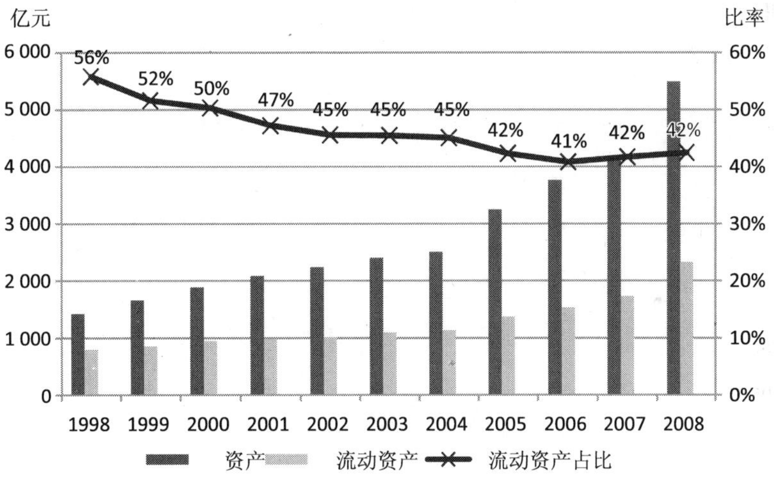


图 29.8 贵州省企业部门资产和流动资产

从 1998 年开始逐年下降，企业部门的流动性并不乐观。

2. 资本结构风险分析

如图 29.9，从资产方面看，企业部门资产在 14 年间一直保持上升的趋势。同时，伴随着资产的增长，负债也随之增加，增长速度略低于资产增长速度。从 1998 年到 2008 年，资产负债率处于下降趋势，11 年里下降了 9 个百分点，但债务融资仍然偏高，存在一定的资本结构风险。

3. 清偿力风险分析

贵州省产权比率如图 29.10，在 1998—2008 年间大致呈下降趋势，大幅度的下降是在 1999—2001 年，之后产权比率在 2 附近浮动。总的来说，贵州省企业部门的清偿力在

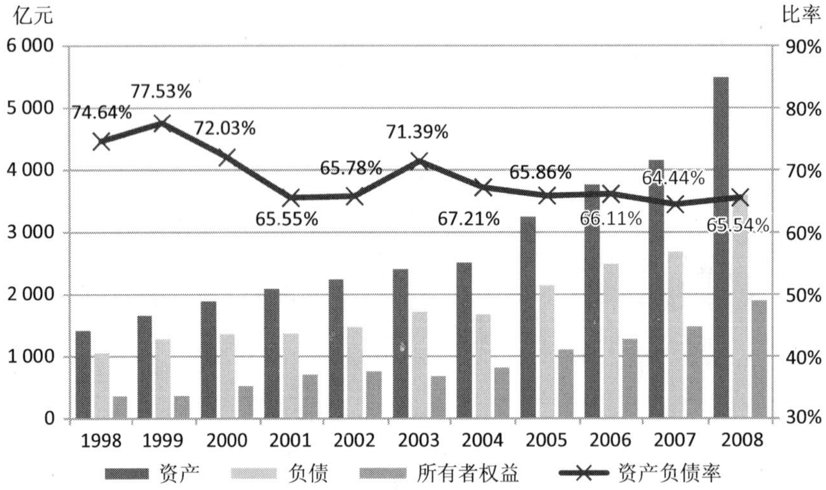


图 29.9　贵州省企业部门资本结构

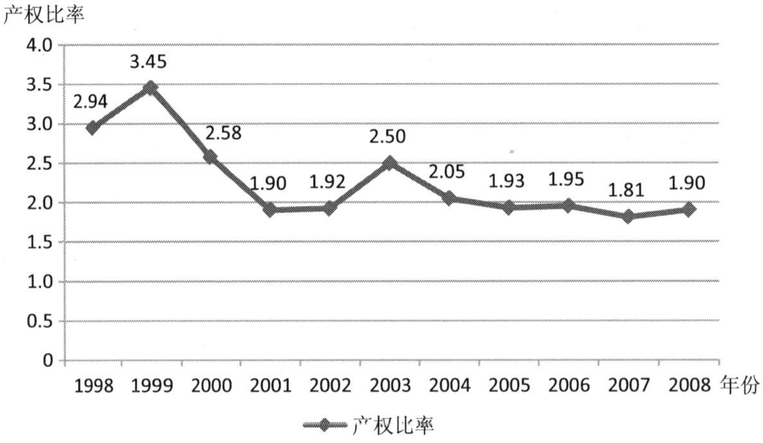


图 29.10　贵州省企业部门产权比率

最近 10 年有很大改善，但是资本结构仍不是很合理，仍然存在一定的清偿力风险。

## 第 3 节　贵州省或有权益资产负债表编制及分析

通过对贵州省金融部门和企业部门资产负债表分析，初步了解了贵州省的风险状况，但由历史信息和账面价值所反映的风险状况并不能反映投资者对未来的预期和不同时期的市场风险。本节将运用或有权益法分析贵州省部门和整体的实际风险，主要包括或有权益资产负债表的编制与分析、风险指标的选取和风险表的编制。

## 一、贵州省上市企业部门或有权益资产负债表编制及分析

### （一）或有权益资产负债表编制

贵州省企业部门上市公司资产负债表数据均来自国泰君安数据库，2001 年到 2009 年贵州省上市企业部门资产负债表如表 29.3。

**表 29.3　贵州省上市企业部门资产负债表**　　单位：亿元

| 年份 | 流动资产 | 资产 | 流动负债 | 负债 | 所有者权益 | 年份 | 流动资产 | 资产 | 流动负债 | 负债 | 所有者权益 |
|---|---|---|---|---|---|---|---|---|---|---|---|
| 2001 | 106.58 | 157.96 | 43.12 | 54.35 | 103.61 | 2006 | 186.12 | 317.43 | 109.12 | 137.43 | 180.01 |
| 2002 | 103.31 | 164.77 | 48.96 | 57.69 | 107.08 | 2007 | 224.23 | 388.53 | 110.96 | 147.08 | 241.45 |
| 2003 | 115.96 | 189.84 | 59.52 | 69.50 | 120.34 | 2008 | 321.03 | 603.85 | 181.54 | 301.84 | 302.01 |
| 2004 | 164.14 | 259.92 | 91.29 | 105.82 | 154.10 | 2009 | 457.09 | 836.49 | 261.11 | 427.62 | 408.87 |
| 2005 | 176.65 | 295.93 | 101.85 | 126.91 | 169.02 | | | | | | |

贵州省企业部门上市公司编制或有权益资产负债表的数据来自招商证券股票分析软件。股票价格采用前复权的方法，每个企业（不包括金融企业）的权益市值通过股票价格乘以现有股本数得到，加总处理后可得贵州省上市企业部门日权益市值，进一步计算可得企业部门的年权益市值波动率；输入参数中的权益市值采用年末数据，违约点等于短期债务加一半的长期债务。具体可得 2001 年到 2009 年贵州省上市企业部门或有权益资产负债表的输入参数如表 29.4。

**表 29.4　贵州省上市企业部门或有权益资产负债表输入数据**

| 年份 | 无风险利率（%） | 违约点（亿元） | 权益市值（亿元） | 权益市值波动率 | 年份 | 无风险利率（%） | 违约点（亿元） | 权益市值（亿元） | 权益市值波动率 |
|---|---|---|---|---|---|---|---|---|---|
| 2001 | 2.25 | 48.732 0 | 321.195 3 | 27.37% | 2006 | 2.35 | 123.274 9 | 1 066.934 9 | 30.25% |
| 2002 | 2.02 | 53.326 7 | 252.148 8 | 26.77% | 2007 | 3.26 | 129.019 9 | 2 839.562 7 | 38.06% |
| 2003 | 1.98 | 64.513 8 | 185.613 2 | 23.32% | 2008 | 3.92 | 241.689 0 | 1 426.930 9 | 42.79% |
| 2004 | 2.03 | 98.556 0 | 254.780 2 | 29.11% | 2009 | 2.25 | 344.364 8 | 2 648.590 0 | 30.48% |
| 2005 | 2.25 | 114.381 3 | 314.546 6 | 29.63% | | | | | |

### （二）或有权益资产负债表分析

根据表 29.4 中的输入数据，计算得到贵州省企业部门 2001—2009 年或有权益资产负债表，如表 29.5。

如图 29.11，贵州省上市企业部门或有资产从 2001 年到 2005 年变化不大，在一个小区间内波动，而 2005 年以来股市大涨，造就了资产市值 2006 年到 2007 年的一波飞涨，

表 29.5　贵州省上市企业部门或有权益资产负债表　　单位：亿元

| 年份 | 资产市值 | 负债市值 | 权益市值 | 年份 | 资产市值 | 负债市值 | 权益市值 |
|---|---|---|---|---|---|---|---|
| 2001 | 368.812 6 | 47.617 2 | 321.195 4 | 2006 | 1 187.226 4 | 120.291 4 | 1 066.935 0 |
| 2002 | 304.406 6 | 52.257 8 | 252.148 8 | 2007 | 2 964.500 6 | 124.938 0 | 2 939.562 6 |
| 2003 | 248.860 8 | 63.247 7 | 185.613 1 | 2008 | 1 659.162 9 | 232.231 9 | 1 426.931 0 |
| 2004 | 351.341 9 | 96.561 7 | 254.780 2 | 2009 | 2 985.623 1 | 337.033 1 | 2 648.590 0 |
| 2005 | 426.367 9 | 111.821 3 | 314.546 6 | | | | |

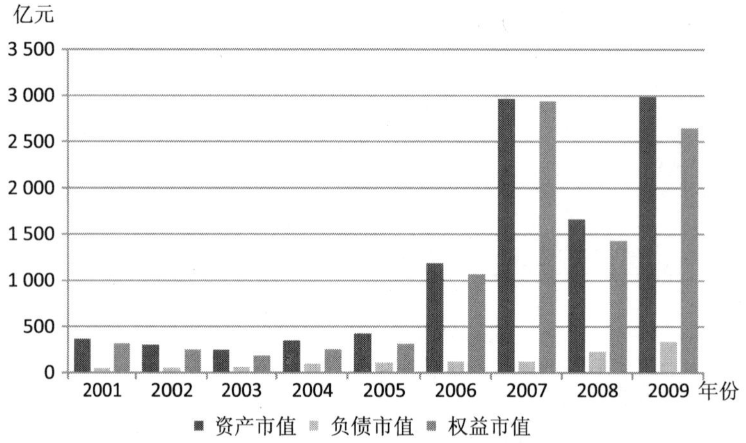


图 29.11　贵州省上市企业部门或有权益资本结构

但是在 2008 年年末，随着金融危机的冲击资产市值又回到上涨之前的水平，2009 年股价回升使得资产市值和权益市值上升，但未超过 2007 年的高点。企业部门资产市值增加的同时，负债市值的变化并不是十分明显，2001—2009 年负债市值总体上稳定增加。

图 29.12 是贵州上市企业部门资产市值和资产账面价值的比较。从贵州省上市企业部门市场价值和账面价值的比较看，资产市值和资产账面价值的变化在 2001 年至 2005 年间基本保持同步，说明这段时间贵州上市企业部门的市场价值评价是合理的。2006—2007 年由于股市的火热，贵州省上市企业部门的市场价值被严重高估，偏离账面价值很多。2008 年股市的低迷，又使得贵州省上市企业部门的市场价值大幅回落，甚至低于其账面价值。截至 2009 年，资产市值随着股市调整又有所回升。

如图 29.13，贵州省上市企业部门或有资产负债率波动较大。在样本年份内，账面价值的资产负债率始终高于或有资产负债率，表明以市场公允价值计量的真实企业风险是小于账面价值显示的金融风险的。或有资产负债率在 2005 年后开始下降，这与资产市值的变化是相符的，资产市值从 2005 年开始增长速度加快，此时负债市值的变化不大，这导致了或有资产负债率的下降，于 2007 年达到最低点，仅为 4.21%。2008 年年末资产

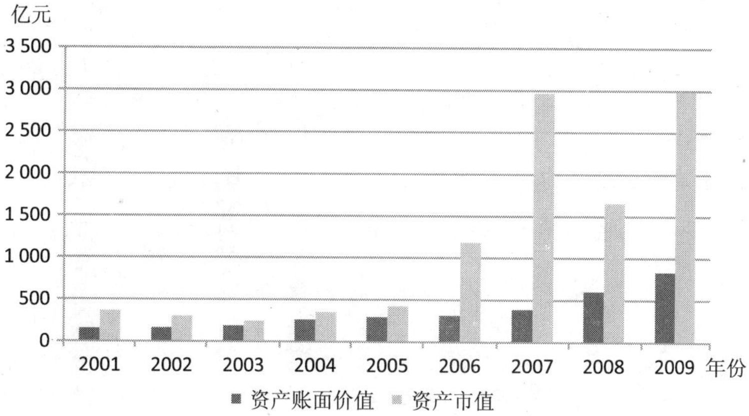


图 29.12　贵州省上市企业部门资产账面价值和资产市值

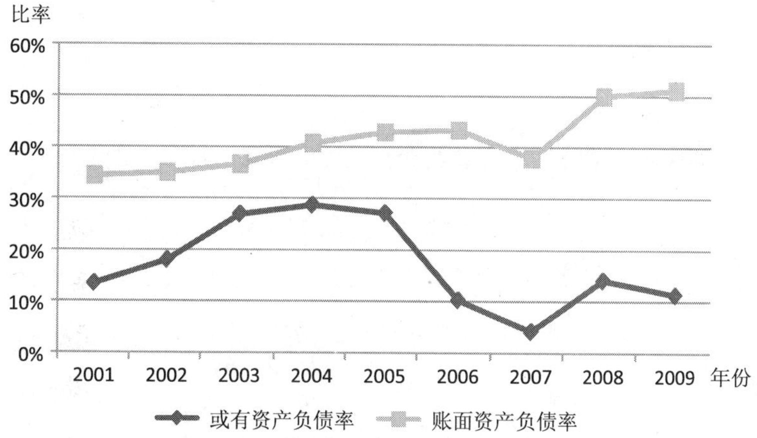


图 29.13　贵州省上市企业部门资产负债率

负债率再度增加，这仍然是资产市值缩水的结果，2009 年或有资产负债率略有下降。从贵州省上市企业资产负债率可以看出，资产负债率处于波动上升趋势，从 34.41% 增加至 51.12%，但总体上资本结构较为合理。

如图 29.14，从 2001 年到 2009 年，资产市值一直远高于违约点。贵州省上市企业部门的违约风险在 2005 年达到最大，在 2006 年和 2007 年有显著的改善，但同时也应发现，2007 年资本市场大幅上涨的行情，对贵州省上市企业资产市值的影响较大，市场对中国整体经济抱有好的预期而对整体企业部门的发展看好，公允市场价值提高，企业融资通道拓宽，通过资本市场直接融资规模扩大，违约风险降低。在 2008 年，资产市值大幅下降，这说明违约点相对于资产市场价值来说越来越大，可作为缓冲风险的区域相对越来越狭窄，面临的违约风险增加。2009 年，两者比值有所增加，贵州省

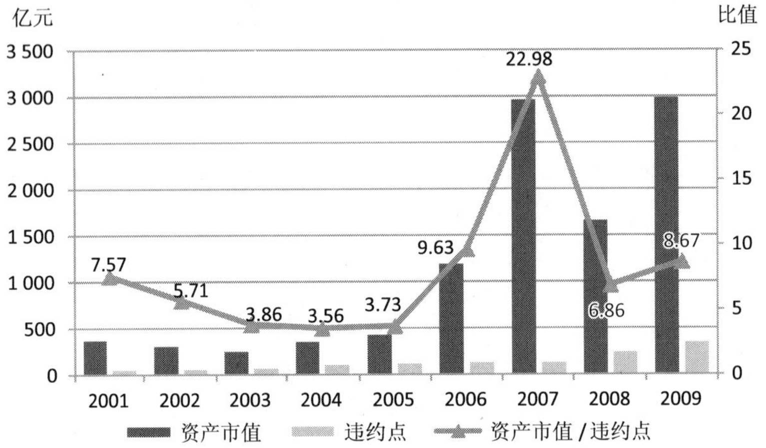


图 29.14　贵州省上市企业部门资产市值和违约点

的风险情况有所改善。

**（三）风险表分析**

企业部门的资产市值波动率和违约距离的变化如表 29.6。从图 29.15 可以看出，从 2001 年开始，贵州省上市企业资产市值波动率缓慢下降，2003 年之后波动率一直处于逐步上升的过程，但是 2008 年突然下降。

**表 29.6　贵州省上市企业部门风险指标**

| 年份 | 资产市值波动率 | 违约概率 | 违约距离 | 年份 | 资产市值波动率 | 违约概率 | 违约距离 |
|---|---|---|---|---|---|---|---|
| 2001 | 23.84% | 0 | 3.641 1 | 2006 | 27.19% | 0 | 3.296 4 |
| 2002 | 22.17% | 0 | 3.719 9 | 2007 | 36.46% | 0 | 2.623 7 |
| 2003 | 17.39% | 0 | 4.258 7 | 2008 | 36.80% | 0 | 2.321 4 |
| 2004 | 21.11% | 0 | 3.408 4 | 2009 | 27.04% | 0 | 3.271 7 |
| 2005 | 21.86% | 0 | 3.347 6 | | | | |

如图 29.16，当资产市值波动率增加的时候，违约距离在减小，说明 2004 年之后，企业部门上市公司的违约风险逐渐增大。在 2003 年违约距离最大，为 4.26，资产市值波动率最小，贵州省上市企业部门面临的风险较小。2008 年，违约距离最低，资产波动率最大，面临的风险增加。

## 二、贵州省企业部门或有权益资产负债表编制及分析

**（一）或有权益资产负债表编制**

表 29.7 是贵州省企业部门或有权益资产负债表输入数据。

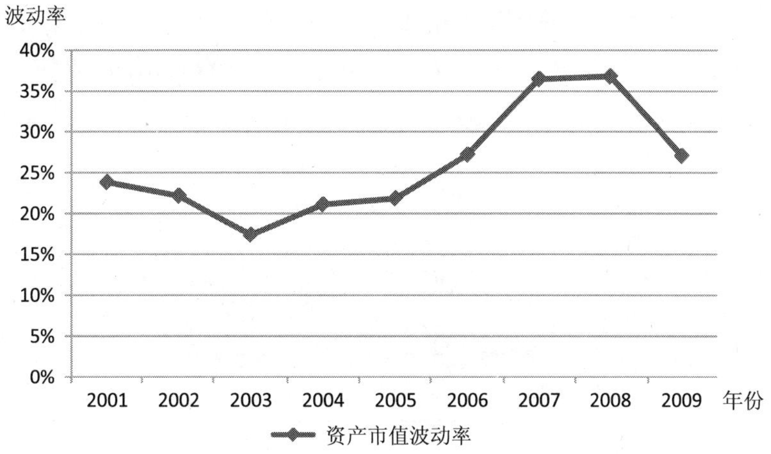


图 29.15　贵州省上市企业部门资产市值波动率

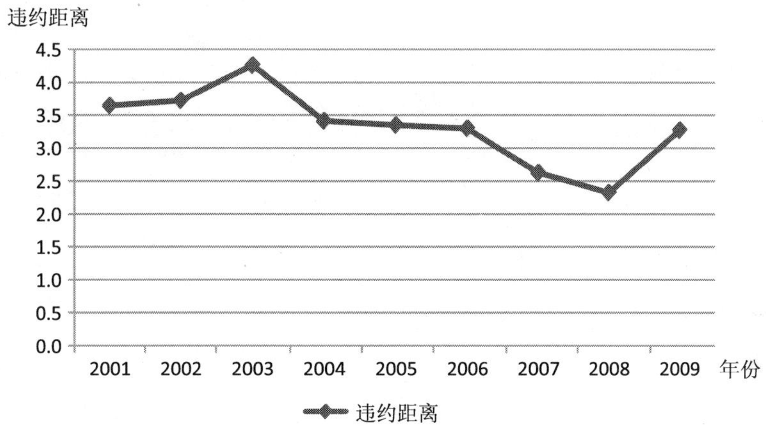


图 29.16　贵州省上市企业部门违约距离

**表 29.7　贵州省企业部门或有权益资产负债表输入数据**

| 年份 | 无风险利率（%） | 违约点（亿元） | 权益市值（亿元） | 权益市值波动率 | 年份 | 无风险利率（%） | 违约点（亿元） | 权益市值（亿元） | 权益市值波动率 |
|---|---|---|---|---|---|---|---|---|---|
| 2001 | 2.25 | 1 177.429 1 | 3 650.010 7 | 27.37% | 2005 | 2.25 | 1 789.672 3 | 3 330.716 0 | 29.63% |
| 2002 | 2.02 | 1 258.617 3 | 2 963.901 8 | 26.77% | 2006 | 2.35 | 2 011.410 5 | 11 922.787 1 | 30.25% |
| 2003 | 1.98 | 1 477.470 1 | 2 278.820 7 | 23.32% | 2007 | 3.26 | 2 183.602 7 | 25 679.835 4 | 38.06% |
| 2004 | 2.03 | 1 423.986 6 | 2 354.341 1 | 29.11% | 2008 | 3.92 | 2 967.398 2 | 14 020.365 4 | 42.79% |

注：企业部门权益市值根据上市企业权益市值 / 上市企业总权益 = 企业部门的权益市值 / 企业部门的总权益来进行套算，权益市值波动率用上市企业的权益市值波动率代替。

### （二）或有权益资产负债表分析

根据或有权益资产负债表编制范式和输入参数，通过 MATLAB 编程计算，即得到贵州省企业部门或有权益资产负债表（表 29.8）以及贵州省企业部门风险指标表。

表 29.8　贵州省企业部门或有权益资产负债表　　单位：亿元

| 年份 | 资产市值 | 负债市值 | 权益市值 | 年份 | 资产市值 | 负债市值 | 权益市值 |
|---|---|---|---|---|---|---|---|
| 2001 | 4 801.589 1 | 1 151.578 4 | 3 650.010 7 | 2005 | 5 079.341 9 | 1 748.625 9 | 3 330.716 0 |
| 2002 | 4 197.625 9 | 1 233.724 1 | 2 963.901 8 | 2006 | 13 887.066 3 | 1 964.279 2 | 11 922.787 1 |
| 2003 | 3 725.871 8 | 1 447.051 1 | 2 278.820 7 | 2007 | 27 792.001 9 | 2 112.166 5 | 25 679.835 4 |
| 2004 | 3 749.876 8 | 1 395.535 7 | 2 354.341 1 | 2008 | 16 873.509 8 | 2 853.144 4 | 14 020.365 4 |

图 29.17 为贵州省企业部门或有权益资本结构，由图可知，贵州省企业部门资产市值和权益市值从 2001 年到 2005 年没有大的变化，只是在一个小区间内波动。2005 年以来股市大涨，资产市值和权益市值在 2006 年到 2007 年也大幅增长，在 2008 年有所下跌，但仍高于 2006 年的水平。贵州省企业部门资产市值和权益市值变动的同时，负债市值总体上稳定增加。

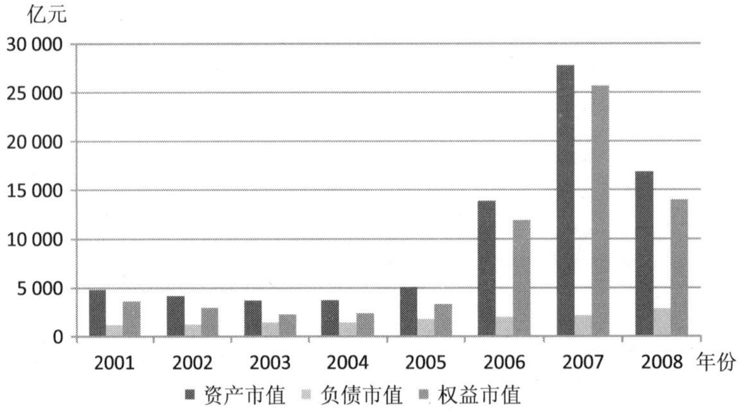


图 29.17　贵州企业部门或有权益资本结构

如图 29.18，在考察期内，资产市值始终高于资产账面价值。2001—2005 年贵州省的资产市值偏离账面价值不大，波动也较平稳。2007 年企业部门的资产市值爆炸式增长，严重偏离资产账面价值的增长途径。2008 年又回落到接近 2006 年的水平。

相对于账面价值资产负债率变化趋势，贵州省企业部门或有资产负债率波动较大。在样本年份内，账面价值的资产负债率始终高于或有资产负债率，表明以市场公允价值计量的真实企业风险是小于账面价值显示的金融风险的。贵州省在 2006 年以前，通过国

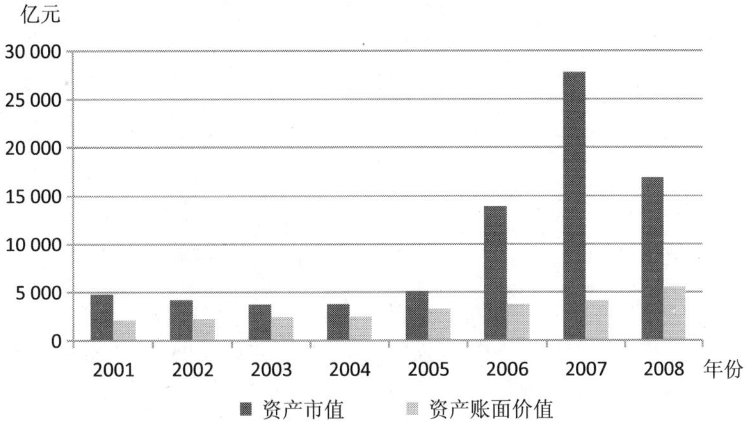


图 29.18　贵州省企业部门资产市值和账面价值

内 A 股市场直接融资不畅，导致企业部门的资本结构中负债占大部分，金融机构承担着企业的大部分风险，非金融部门的经营成本也较高。或有资产负债率在 2005 年达到最高，最低在 2007 年，总体上贵州省企业部门资产负债率一直偏高，存在一定的资本结构风险，如图 29.19。

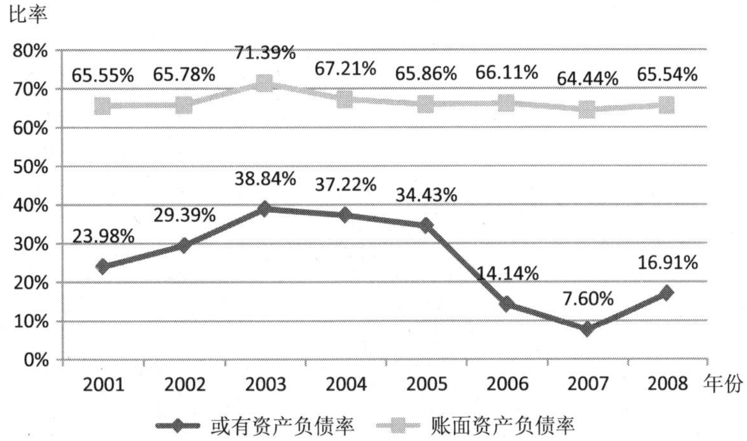


图 29.19　贵州省企业部门资产负债率比较

如图 29.20，在样本区间，贵州省企业部门资产市值一直远远大于违约点。从两者之间的倍数关系看，2003 年，资产市值降为违约点的 2.52 倍，这说明违约点相对于资产市场价值来说越来越大，可作为缓冲风险的区域相对越来越狭窄。2007 年资本市场大幅上涨，贵州省企业的资产市值也大幅增长，公允市场价值提高，资产市值是违约点的 12.73 倍，违约风险降低。2008 年资产市值与违约点的比值降为 5.69，贵州省企业部门面临的违约风险增加。

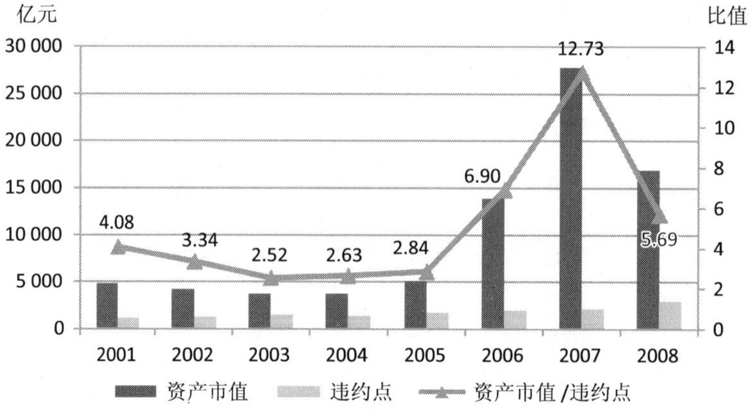


图 29.20　贵州省企业部门资产市值和违约点

### （三）风险表分析

表 29.9 是贵州省企业部门风险表。

表 29.9　贵州省企业部门风险表

| 年份 | 资产市值波动率 | 违约概率 | 违约距离 | 年份 | 资产市值波动率 | 违约概率 | 违约距离 |
|---|---|---|---|---|---|---|---|
| 2001 | 20.81% | 0 | 3.627 6 | 2005 | 19.43% | 0 | 3.333 8 |
| 2002 | 18.90% | 0 | 3.704 2 | 2006 | 25.97% | 0 | 3.292 4 |
| 2003 | 14.26% | 0 | 4.231 5 | 2007 | 35.17% | 0 | 2.620 3 |
| 2004 | 18.28% | 0 | 3.393 7 | 2008 | 35.56% | 0 | 2.317 8 |

贵州省企业部门的资产市值波动率变化如图 29.21。总体而言，资产市值波动率变化先降后升，2003 年是谷底。在此之后，资产市值波动率持续上升，随着股市上涨，风险逐步增加。

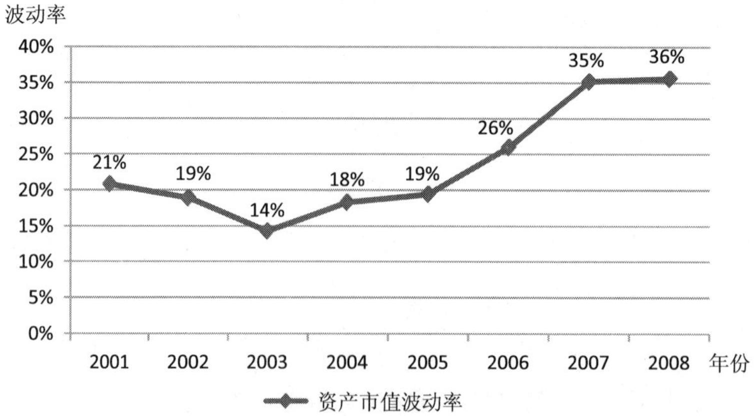


图 29.21　贵州省企业部门资产市值波动率

企业部门违约距离情况如图 29.22。在 2003 年之后，违约距离持续减小。结合甘肃省企业部门资产市值波动率和违约距离分析，2003 年资产市值波动率最低，违约距离最大，为 4.23，违约风险较低。随后几年资产市值波动率逐年增加，违约距离逐年下降，风险增加。2008 年，资产市值波动率为 36%，违约距离为 2.32，违约风险上升。

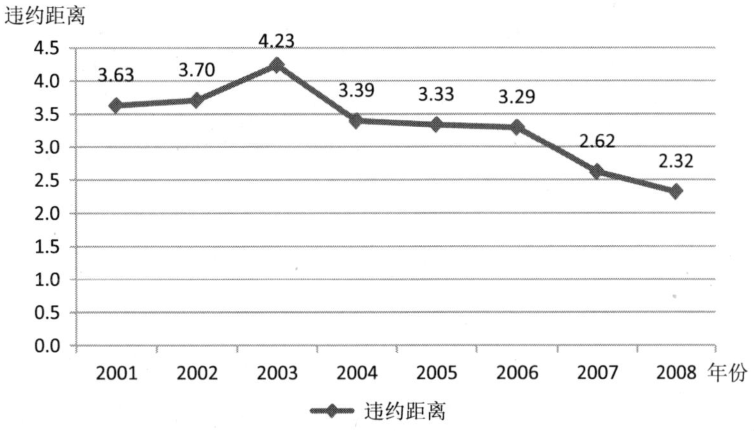


图 29.22　贵州省企业部门违约距离



## 第 4 节　结论及政策建议

本章在介绍贵州省经济金融运行概况以及对相关文献进行归纳的基础上，基于账面价值资产负债表对贵州省金融部门和企业部门在运行过程中潜在的风险进行了分析，并结合市场信息编制上市企业和企业部门整体的或有权益资产负债表，分析宏观经济运行过程中的潜在风险。

对贵州省金融部门资产负债表进行分析，结果表明贵州省金融部门存贷比偏高，但呈逐年下降趋势，抵御风险能力有所增强；贵州省银行业金融机构的资金来源较稳定，资金运用则逐渐偏向中长期贷款，持续增加的中长期贷款需求与存款结构存在较为明显的结构性错配矛盾，为了防止资产流动性不足，贵州省银行业金融机构应加强其他长期负债的吸收或者开拓其他短期投资项目；贵州金融部门外币存款量高于外币贷款，但目前货币错配问题不突出，不过历史数据显示，外币净资产为正的情形存在，贵州省金融部门要警惕出现人民币升值预期下的货币错配问题。

基于规模以上工业企业、所有建筑业企业、限额以上餐饮企业以及限额以上批发零售企业等四大行业数据构成的企业部门资产负债表分析表明，贵州省企业部门流动比率逐渐上升，但是流动资产占总资产的比重逐渐降低，资产流动性降低，具有一定的期限错配风险。虽然 2002 年以来对债务融资依赖性的降低也使得资本结构错配风险和清偿力风险有所改善，但这两种风险仍然存在。

基于市场价值的或有权益资产负债表及相关指标分析结果表明，基于市场价值的资产负债表分析与账面价值资产负债表分析所体现出的企业部门风险并不完全一致。上市企业和企业部门资产市值在 2001—2005 年间变化幅度均较小，2006 年、2007 年随着资本市场发展的加快，股票市场波动性增大，资产市值在 2007 年大幅提升，这其中也隐含了资产价格泡沫。随着 2008 年国际金融危机的蔓延，国内资本市场受到严重影响，上市企业和企业部门公允价值均大幅下滑，上市企业和企业部门各项指标均表明了违约风险的上升。2009 年，由于经济复苏，股市回升，上市企业迅速做出反应，风险有所下降。

贵州省的金融部门和经济结构较沿海发达地区还是较为落后，虽然近年来经济发展较快，但是整体上经济发展不够活跃，仍然属于靠资源和一些特色产业来发展的经济结构，同时，贵州省金融中介机构发展不足，信用担保公司实力不强，创业基金规模小等问题阻碍了直接融资市场的发展；金融缺乏创新能力，不能更广泛地吸收资金，成为制约直接融资市场和金融市场健康发展的不利因素。在促进贵州省经济金融发展的同时，也应关注金融风险，对此提出以下几点建议：

第一，拓展融资渠道，降低贵州省企业资本结构错配风险。目前，贵州省上市公司数量在全国各省处于较落后的地位，企业部门资产负债率偏高，应进一步完善金融市场体系，引导企业积极参与直接融资市场，使贵州省基本形成市场交易相对活跃、金融工具较为丰富的金融结构。但金融的优先发展不能过于激进，要与贵州省的经济结构相适应。

第二，为了弥补资产流动性不足，贵州省银行应加强其他长期负债的吸收、降低中长期贷款。商业银行发行长期负债工具，增加长期资金来源，提高主动负债的能力；严格贯彻中长期贷款比例管理，加大商业银行资产负债比例管理的监管压力；积极推动中长期贷款证券化试点，有效降低中长期贷款比例。

第三，针对贵州省对外开放程度低的缺陷，要借助中央西部大开发重大战略部署的契机，积极主动引进国内外资本投资于贵州的实体与金融部门，为贵州的经济注入新的活力。

# 第30章　云南省宏观金融风险研究



云南省地处我国西南边陲，拥有丰富的矿产、能源、生物等多种资源，烟草产业、生物产业、矿业新材料、旅游业、电力产业是云南省的五大支柱产业。本章梳理了有关云南省经济和金融风险的文献，分析了金融部门和企业部门的资产负债表，利用或有权益资产负债表分析方法分析其面临的宏观金融风险，并提出了政策建议。

## 第1节　引言

2008年国际金融危机以来，云南省矿产资源开发行业中的磷化工、有色金属、黑色金属等产业受到了较严重的冲击，云南省经济发展面临较大的困难。2009年，云南省加大投资扩内需政策逐步显效，经济出现企稳回升势头，发展态势较好。本节首先介绍云南省经济金融概况，之后对相关文献进行了归纳总结。

### 一、云南省经济金融概况

#### （一）云南省经济运行概况

改革开放以来，云南省经济布局遵循中心城市扩散的模式，即以昆明为经济增长极，通过昆明的迅速发展，带动周围地区的经济增长，再辐射到边远地区，进而促进全省经济发展。目前，以昆明为中心，以玉溪、曲靖、楚雄为腹地的经济增长中心区域已初步形成。云南省对外经济贸易迅速发展，从 1993 年开始，云南省连续 16 次成功地举办了“中国昆明出口商品交易会”。随着澜沧江—湄公河次区域经济合作的加强，云南正成为中国西南地区对外开放的通道和前沿。

云南省经济发展迅速，地区生产总值逐年增长。如图 30.1，1997 年之前，云南 GDP 年增长率不断波动，但基本保持在高位，1997 年由于亚洲经济危机的影响逐渐加强，GDP 增长率下降，2000 年之后 GDP 增长率一路上升，这种势头保持到 2008 年。2008 年，云南省积极应对经济形势变化，努力克服自然灾害和金融危机带来的不利影响，全年地区生产总值增长 20.22%，三次产业结构调整为 17.9∶43.0∶39.1，国民经济保持平稳较快增长，结构调整成效明显。目前，云南正对矿产、电力、生物（云药、云南花卉）、旅游、烟草业等传统支柱产业进行改造提升，使新材料新能源、生物制药、先进机械制造、以旅游为龙头的现代服务业成为新兴战略产业。

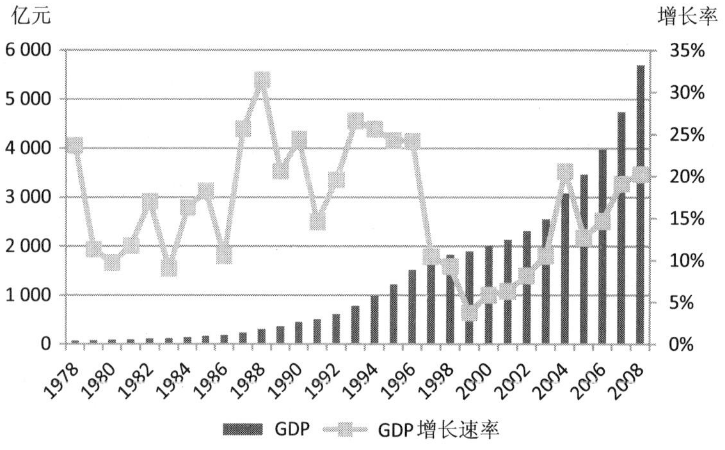


图 30.1　1978—2008 年 GDP 及其增长速度

### （二）云南省金融运行概况

2003—2008 年，云南省金融运行总体稳健，金融业资产规模不断壮大，金融创新成效明显，信贷结构调整成效明显，金融市场运行正常，金融改革稳步推进。

云南省银行类金融机构资产总额从 2004 年的 5 462.4 亿元增加到 2008 年的 10 327 亿元。2008 年，存贷款增量双双突破千亿，融资结构继续改善。各项存款增势平稳，定期化特征明显，贷款增速有所减缓。在信贷政策的引导下，银行机构对薄弱环节的信贷支持力度增强。2005 年 3 月，云南省农村信用联合社正式成立。2007 年 12 月中国邮政储蓄银行云南省分行在昆明正式挂牌成立。2007 年 12 月昆明市商业银行重组，更名组建“富滇银行”。2008年云南省新增外资银行分支机构1家、农村新型金融组织6家。

2003年以来，云南省证券机构经营状况明显改善，股权分置改革成效显著。尤其是2006年，云南省证券业务发展加快，股市交易活跃，成交量成倍增长。但到了2008年，由于国内外经济形势的变化和国际金融危机的影响，证券市场投资者投资意愿减弱，证券成交量明显萎缩。云南省有红塔证券股份有限公司和太平洋证券有限责任公司两家证券公司，受市场成交量下降和资产公允价值变动的影响，2008年两家证券公司经营业绩大幅下滑。截至2008年年底，云南共有27家上市公司，发行27只A股和1只H股，上市公司总市值1 114.7亿元。

## 二、文献综述

目前，我国学术界对于云南宏观金融风险的研究非常少，对于云南经济的研究虽然多，但主要是以介绍金融发展历史和现状居多，少有实证方面的分析。以下是近年来比较典型的相关文献。

陈铁军（2003）从经济全球化和区域化以及云南省经济发展不平衡的实际出发，提出云南省面对新的经济增长因素，应加快经济布局的调整，形成中心城市与口岸城市双向辐射、双向带动的地域分工和全方位参与国际经济合作的对外开放格局。谢昌浩（2004）从经济理论和数据形成过程出发，依据云南省1978年至2002年的主要经济指标，运用协整理论建立误差修正模型，研究影响云南经济总量增长的需求因素，提出云南经济的增长在一定时期还是要靠投资需求的增加，盲目提倡刺激消费的效果是有限的，而注意运用出口杠杆的作用，则将加大对经济增长的贡献。云南经济增长的类型还是属于投资驱动型。于恬（2004）认为，云南现阶段的经济发展体现为典型的投资拉动型经济，云南的经济发展非常需要资金的支持。云南的资金使用效率在全国处于前列，资本在竞争中必然要流向增值能力高的地区，云南理应具有较高的资金吸引度。资金流动需要资本市场的渠道，加快云南资本市场的发展已成为加速云南经济发展的关键。王小九（2004）对云南金融体系建设提出了如下建议：中央应赋予云南省政府一定的融资权限；充分发挥金融市场配置资源以及推动经济持续增长的强大功能；加强国家开发银行西部各省区分行与辖区内商业银行的业务合作，以增加向基础行业的资金投入；规范发展信托业务。刘稚（2004）认为经济结构不够合理是制约云南经济快速发展的主要问题之一，云南应通过参与中国—东盟自由贸易区建设，进一步加快产业结构、产品结构、企业组织结构、所有制结构和生产力布局的合理调整，促进经济社会跨越式发展。中国人民银行昆明中心支行课题组（2007）通过深入分析金融业对云南省经济的直接推动和间接贡献，提出了进一步发展金融产业，推动区域经济健康发展的政策建议。

## 第2节 云南省部门资产负债表编制及分析

本节基于资产负债表方法的实证研究主要包括对云南省企业部门和金融部门风险的识别和度量，以及对整体风险进行基于账面价值的评判。

### 一、云南省金融部门资产负债表编制及分析

#### （一）金融部门资产负债表的编制

以下编制的云南省金融部门 2003—2008 年资产负债表，主要涵盖云南省银行类金融机构，如表 30.1。

#### （二）金融部门资产负债表分析

1. 资本结构风险分析

云南省金融部门资产规模在 2004—2008 年间平稳增加。从图 30.2 中可以看出，从 2004 年到 2008 年这 5 年间，云南省金融部门资产有了稳步的增长，并且在最近两年里表现出了加速增长的态势。各项贷款余额在 2003—2008 年稳定增长，占总资产的比重稳定在 63% 左右，资金运用以贷款支出为主，其他方式的比重不大。各项存款余额高于贷款余额，说明资金来源稳定。存款稳定增长，占总资产的比重稳定在 80%，银行资产稳定增长主要是由于负债高速增长。从云南省金融部门存贷比可以看出，这 6 年间存贷比都偏高，最低为 2004 年的 77%，高于央行规定的 75% 的水平，抗风险能力较低。

**表 30.1 云南省金融部门资产负债表** 单位：亿元

| 年份 | 2003 | 2004 | 2005 | 2006 | 2007 | 2008 |
|---|---|---|---|---|---|---|
| **总资产** | — | 5 462.40 | 6 493.80 | 7 493.00 | 9 094.00 | 10 327.00 |
| 贷款余额 | 3 025.61 | 3 449.20 | 4 030.90 | 4 855.30 | 5 733.90 | 6 649.30 |
| 短期贷款 | 1 440.04 | 1 510.60 | 1 623.50 | 1 892.10 | 2 146.60 | 2 531.70 |
| 票据融资 | — | — | — | 177.70 | 176.20 | 271.30 |
| 中长期贷款 | 1 459.36 | 1 824.20 | 2 246.10 | 2 761.50 | 3 389.00 | 3 835.10 |
| 本币贷款 | 2 955.04 | 3 398.30 | 3 987.60 | 4 803.50 | 5 671.70 | 6 594.30 |
| 外币贷款 | 70.57 | 50.90 | 43.30 | 51.80 | 62.20 | 55.00 |

续表

| 年份 | 2003 | 2004 | 2005 | 2006 | 2007 | 2008 |
|---|---|---|---|---|---|---|
| **总负债和权益** | — | 5 462.40 | 6 493.80 | 7 493.00 | 9 094.00 | 10 327.00 |
| 存款余额 | 3 837.14 | 4 474.10 | 5 199.50 | 6 192.70 | 7 215.60 | 8 470.50 |
| 本币存款 | 3 748.43 | 4 404.40 | 5 140.50 | 6 131.30 | 7 170.90 | 8 418.90 |
| 企业存款 | 1 344.59 | 1 688.80 | 1 773.60 | 2 066.50 | 2 578.80 | 2 882.70 |
| 居民储蓄 | 1 766.51 | 2 052.12 | 2 430.28 | 2 854.86 | 3 046.40 | 3 783.78 |
| 定期存款 | 1 065.01 | 1 197.15 | 1 399.14 | 1 567.39 | 1 563.36 | 2 046.46 |
| 活期存款 | 701.50 | 854.97 | 1 031.15 | 1 287.48 | 1 483.05 | 1 737.32 |
| 外币存款 | 88.71 | 69.70 | 59.00 | 61.40 | 44.70 | 51.60 |

注:云南省金融部门资产负债表涵盖银行类金融机构资产负债表，数据来源于《云南省金融运行报告》、《云南省统计年鉴》等，具体如下：

① 总资产数据从2004—2008年《云南省金融运行报告》获得。

② 贷款余额、短期贷款、中长期贷款、本币贷款和外币贷款数据从2004—2008年《云南省金融运行报告》附表获得，2003年数据根据2004年的增长率推算出。票据融资数据从2006—2008年《云南省金融运行报告》附表获得。

③ 存款余额、企业存款、本币存款和外币存款数据从2004—2008年《云南省金融运行报告》附表获得，2003年数据根据2004年的增长率推算出。居民储蓄和定期存款数据从2005年、2009年《云南省统计年鉴》获得。活期存款数据由居民储蓄减去定期存款得到。

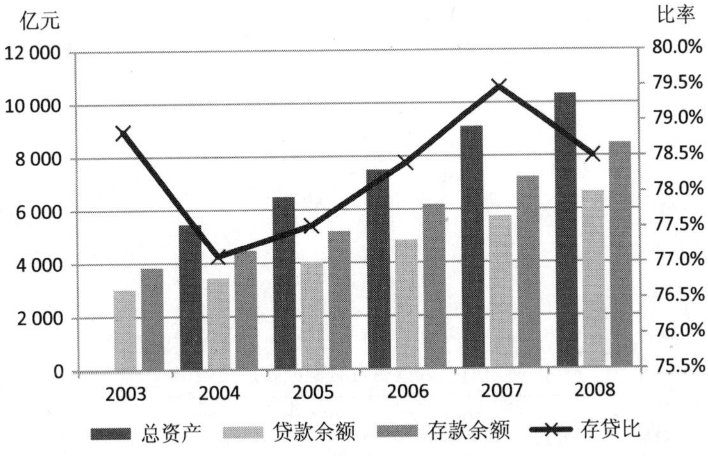


图 30.2　云南省金融部门资本结构

2. 期限错配风险分析

如图30.3，云南省金融部门贷款规模稳定扩张。各项贷款余额中，中长期贷款的比重逐年增加，说明资金运用多投向了中长期贷款，原因之一是云南省近年大力支持固定资产投资。同时，短期资产的比重较小，资产的流动性不足。

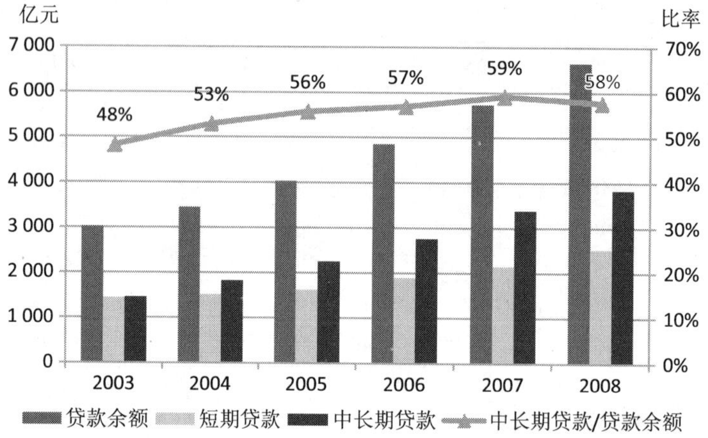


图 30.3　云南省金融部门贷款结构

如图 30.4，在 2003—2008 年，居民存款和定活期存款规模稳定增长，定期存款的比重超过一半，而且有下降趋势。2003 年之后，企业和居民储蓄明显以短期为主。云南省面临着一定的期限错配风险。银行的资金来源是短期性的企业和居民储蓄，而资金运用则多投向中长期贷款，资金来源的稳定性不足以及资产的流动性不足扭曲了金融的效率机制。2009 年定期存款占比提高，期限错配问题有所改善。

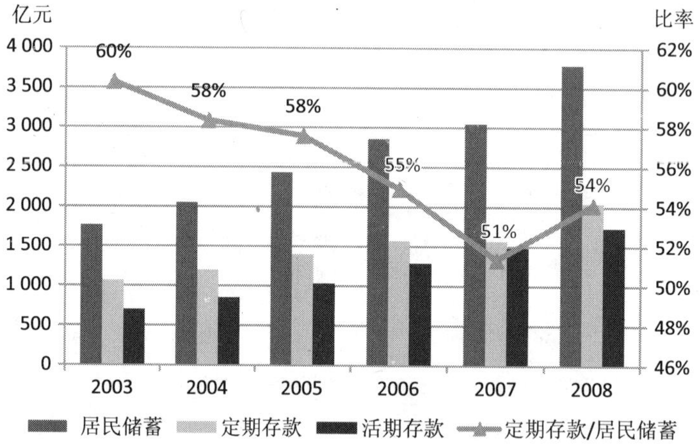


图 30.4　云南省金融部门存款结构

3. 货币错配风险分析

从云南省金融部门货币存贷比重结构可以看出，本币贷款和本币存款远远高于外币贷款和外币存款。如图 30.5，本币存款和本币贷款呈现稳步增长的趋势，本币存贷比在 77%~80% 的较小区间内波动。

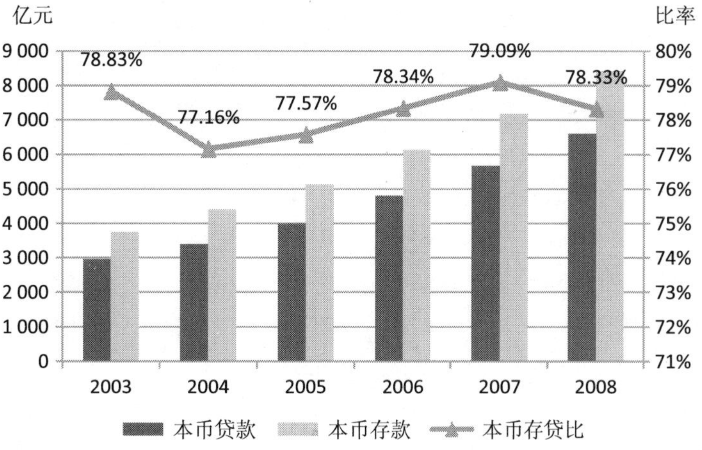


图 30.5 云南省金融部门本币存款和本币贷款比较

如图 30.6，云南省金融部门外币贷款和外币存款不断波动，外币存贷比总体有上升趋势，在 2007 年之后大于 100%，云南省金融部门的货币错配风险较明显。2008 年外币存贷比略有下降，货币错配风险有所降低。

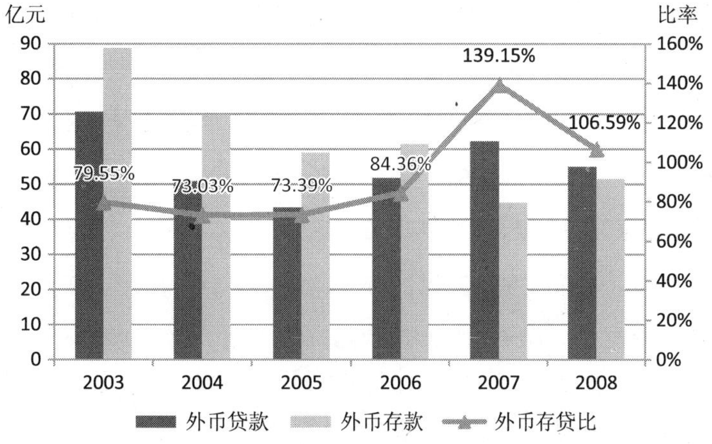


图 30.6 云南省金融部门外币存款和外币贷款比较

## 二、云南省企业部门资产负债表编制及分析

### （一）企业部门资产负债表编制

企业部门主要考察 1998—2008 年云南省国有及规模以上非国有工业企业、限额以上餐饮企业、限额以上批发零售业以及所有建筑业企业，编制 1998—2008 年资产负债表，如表 30.2。

表 30.2　云南省企业部门资产负债表　　单位：亿元

| 年份 | 资产 | 流动资产 | 长期资产 | 负债 | 流动负债 | 长期负债 | 所有者权益 |
|---|---|---|---|---|---|---|---|
| 1998 | 2 906.92 | 1 538.85 | 1 368.07 | 1 993.59 | 1 444.50 | 549.09 | 913.33 |
| 1999 | 3 275.16 | 1 545.51 | 1 729.65 | 2 211.08 | 1 643.82 | 567.26 | 1 064.08 |
| 2000 | 3 482.02 | 1 640.67 | 1 841.35 | 2 126.07 | 1 567.46 | 558.61 | 1 355.95 |
| 2001 | 3 696.06 | 1 758.02 | 1 938.04 | 2 141.76 | 1 592.30 | 549.46 | 1 554.30 |
| 2002 | 3 857.52 | 1 815.15 | 2 042.37 | 2 211.03 | 1 607.03 | 604.00 | 1 646.49 |
| 2003 | 4 297.11 | 2 095.09 | 2 202.02 | 2 777.00 | 2 077.65 | 699.35 | 1 520.11 |
| 2004 | 4 530.43 | 2 161.79 | 2 368.64 | 2 612.02 | 1 823.40 | 788.62 | 1 918.41 |
| 2005 | 5 556.12 | 2 854.52 | 2 701.60 | 3 087.06 | 2 383.70 | 703.36 | 2 469.06 |
| 2006 | 6 630.11 | 3 449.72 | 3 180.39 | 3 787.07 | 2 850.42 | 936.65 | 2 843.04 |
| 2007 | 8 056.34 | 4 122.06 | 3 934.28 | 4 499.49 | 3 369.99 | 1 129.50 | 3 556.85 |
| 2008 | 9 906.75 | 4 902.26 | 5 004.49 | 5 822.42 | 4 219.66 | 1 602.76 | 4 084.33 |

以下结合云南省经济发展状况，对云南省企业部门宏观金融风险做进一步分析。

**（二）企业部门资产负债表分析**

表 30.2 反映了云南省企业的发展状况，总资产保持增长趋势，1998—2004 年增长平稳，2005 年开始，总资产增长速度突然加快，流动资产增长规模变大，企业资金流动更加频繁，长期资产增长速度也加快。2005 年之后负债加速增长，所有者权益增长也较快，说明云南省企业通过加强债务融资和股权融资支持资本的扩张。2008 年，云南省债务融资增长量是股权融资增长量的 2 倍，云南省企业债务融资得到了金融部门的支持。债务融资的增长主要来自流动负债，长期负债每年稳定增长，2008 年其增长量有大幅提高，说明这一年云南省企业部门中长期建设力度加强。综合来看，云南省企业部门的加速发展发生在 2005 年之后，债务融资和股权融资都在这一轮企业扩张过程中发挥了重要作用。

1. 期限错配分析

云南省企业部门 1998 年至 2008 年的流动资产和流动负债情况如图 30.7，云南省企业部门流动资产在 1998—2008 年间稳定增加，流动负债为波动上升趋势。流动比率在大多数年份大于 1，流动资产足以覆盖全部的流动负债，这表明云南省企业部门期限错配问题不明显。

如图 30.8，从云南省企业部门流动资产与总资产比例看，总资产中长期资产和流动资产占比大致相同，两者比例均衡。总的来看，云南省企业部门期限错配风险较小。

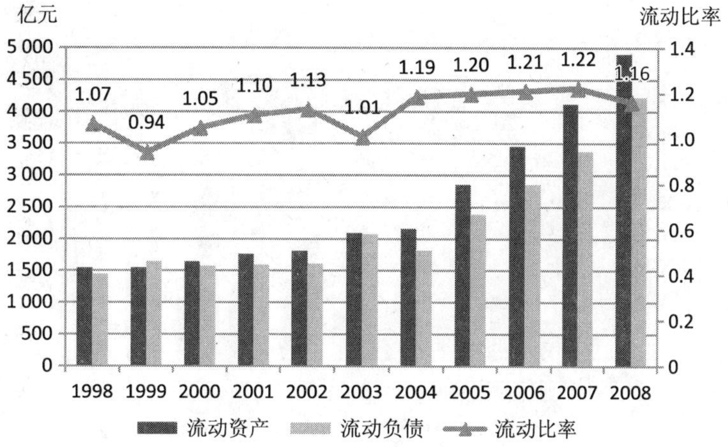


图 30.7 云南省企业部门流动比率

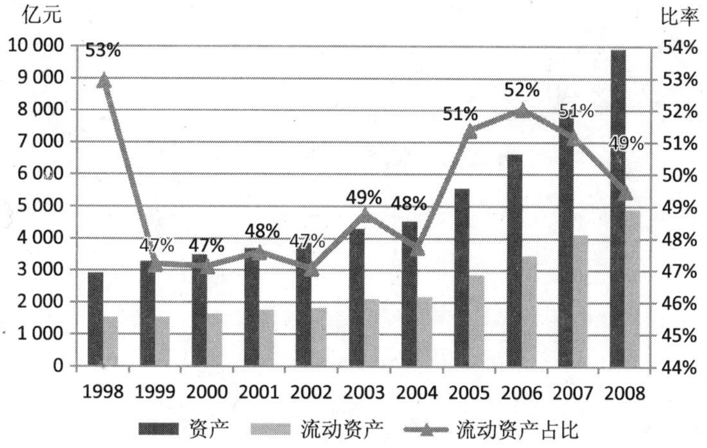


图 30.8 云南省企业部门资产和流动资产

2. 资本结构分析

在 1998—2008 年期间，云南省企业部门发展迅速，资产、负债和所有者权益规模均处于稳定上升趋势。随着资本市场的发展，云南省企业逐步转向股权融资，对债务融资的依赖程度降低，资产负债率有所降低，从 1998 年的 69% 下降到 2008 年的 59%。云南省企业部门资本结构错配风险降低，资本结构趋于合理化，如图 30.9。

3. 清偿力风险分析

从以上的资本结构、期限错配情况看，云南省企业部门基本不存在清偿能力方面的风险。如图 30.10，云南省产权比率在 11 年间保持了下降的趋势。2001 年之后都低于 1.5，2003 年产权比率突然增加只是因为所有者权益负增长所致。总的来说，云南省的清

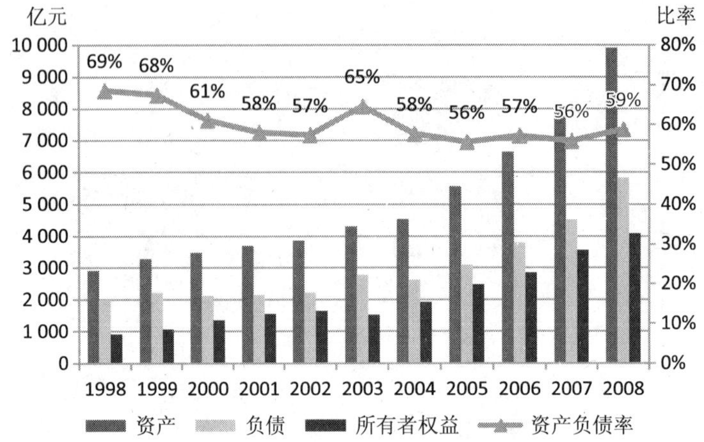


图 30.9　云南省企业部门资本结构

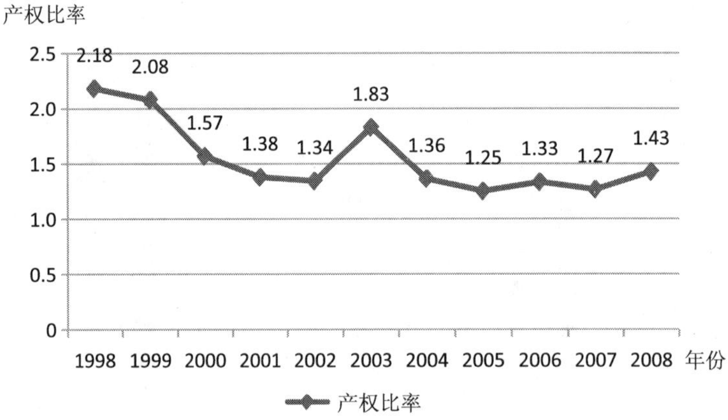


图 30.10　云南省企业部门产权比率

偿力在最近 10 年有很大改善，目前基本不存在清偿力风险。

## 第 3 节　云南省或有权益资产负债表编制及分析

通过对云南省金融部门和企业部门资产负债表的分析，初步了解了云南省的风险状况，但由历史信息和账面价值所反映的风险状况并不能反映投资者对未来的预期和不同时期的市场风险。本节运用或有权益法分析云南省上市企业部门和整体企业的实际风险，主要包括或有权益资产负债表的编制与分析、风险指标的分析。

## 一、云南省上市企业部门或有权益资产负债表编制及分析

### （一）或有权益资产负债表编制

云南省企业部门上市公司编制资产负债表的数据均来自国泰君安数据库。2001—2009年云南省上市企业部门资产负债表如表30.3。

表30.3 云南省上市企业部门资产负债表 单元：亿元

| 年份 | 流动资产 | 资产 | 流动负债 | 负债 | 所有者权益 |
|---|---|---|---|---|---|
| 2001 | 98.10 | 189.65 | 73.19 | 91.71 | 97.94 |
| 2002 | 105.62 | 210.04 | 86.36 | 105.12 | 104.92 |
| 2003 | 123.78 | 246.26 | 93.15 | 125.26 | 121.00 |
| 2004 | 184.32 | 346.60 | 145.17 | 190.42 | 156.18 |
| 2005 | 199.66 | 395.32 | 167.94 | 222.13 | 173.19 |
| 2006 | 317.81 | 582.28 | 258.88 | 340.28 | 242.00 |
| 2007 | 535.10 | 925.36 | 431.00 | 564.23 | 361.13 |
| 2008 | 526.78 | 1 025.36 | 416.61 | 611.53 | 413.83 |
| 2009 | 714.93 | 1 299.23 | 476.46 | 795.13 | 504.10 |

云南省企业部门上市公司编制或有权益资产负债表的输入参数来自招商证券股票分析软件。股票价格采用前复权的方法，每个企业（不包括金融企业）的股权市值通过股票价格乘以现有股本数得到，加总处理后可得上市企业部门日权益市值，进一步计算即可得企业部门的年权益市值波动率；输入参数中的权益市值采用年末数据；违约点由流动负债加一半的长期债务获得。具体可得2001年到2009年云南省上市企业部门或有权益资产负债表的输入参数，如表30.4。

表30.4 云南省上市企业部门或有权益资产负债表输入参数

| 年份 | 无风险利率（%） | 违约点（亿元） | 权益市值（亿元） | 权益市值波动率 |
|---|---|---|---|---|
| 2001 | 2.25 | 82.45 | 411.35 | 0.248 0 |
| 2002 | 2.02 | 95.74 | 297.28 | 0.308 1 |
| 2003 | 1.98 | 109.21 | 291.82 | 0.212 6 |
| 2004 | 2.03 | 167.79 | 315.72 | 0.280 4 |
| 2005 | 2.25 | 195.03 | 286.45 | 0.292 7 |
| 2006 | 2.35 | 299.58 | 848.59 | 0.291 6 |
| 2007 | 3.26 | 497.62 | 3 169.00 | 0.456 8 |
| 2008 | 3.92 | 514.07 | 1 027.00 | 0.442 7 |
| 2009 | 2.25 | 635.80 | 2 360.21 | 0.411 7 |

### （二）或有权益资产负债表分析

根据或有权益资产负债表的输入参数，通过 MATLAB 编程计算，即得到云南省上市企业部门或有权益资产负债表（表 30.5）以及云南省企业部门风险指标表。

表 30.5　云南省上市企业部门或有权益资产负债表　　单位：亿元

| 年份 | 资产市值 | 负债市值 | 权益市值 | 年份 | 资产市值 | 负债市值 | 权益市值 |
|---|---|---|---|---|---|---|---|
| 2001 | 491.98 | 80.63 | 411.35 | 2006 | 1 141.14 | 292.55 | 848.59 |
| 2002 | 391.08 | 93.79 | 297.29 | 2007 | 3 650.69 | 481.69 | 3 169.00 |
| 2003 | 398.92 | 107.10 | 291.82 | 2008 | 1 521.49 | 494.50 | 1 027.00 |
| 2004 | 480.13 | 164.41 | 315.72 | 2009 | 2 982.13 | 621.92 | 2 360.21 |
| 2005 | 476.93 | 190.49 | 286.44 | | | | |

图 30.11 是云南省上市企业部门资产市值和资产账面价值的比较图。云南省上市企业部门资产账面价值在 2001—2009 年平稳增加。2001—2006 年资产市值和资产账面价值差距不大，说明这段时间云南上市企业部门的市场估价是合理的。2007 年由于股市大涨从而使资产市值创下新高，2008 年资产市值又随股市而回落，2009 年则有所回升。在样本年限内，云南省上市企业资产账面价值均低于资产市值。

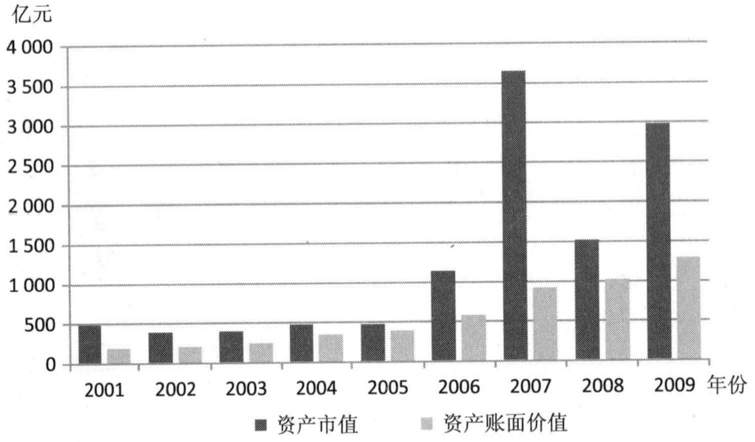


图 30.11　云南省上市企业部门资产市值和资产账面价值

如图 30.12，云南省企业部门资产市值从 2001 年到 2005 年没有大的变化，只是在一个小区间内波动，但 2006 年至 2007 年有一轮暴涨，但在 2008 年年末，整个资产市值因金融危机的冲击而有所下降，2009 年股价回升使得资产市值和权益市值又重新上升，但未超过前期高点。资产市值变化主要是受到权益市值变化的影响。企业部门或有资产增加的同时，负债市值稳定增加，但是负债市值一直很小。

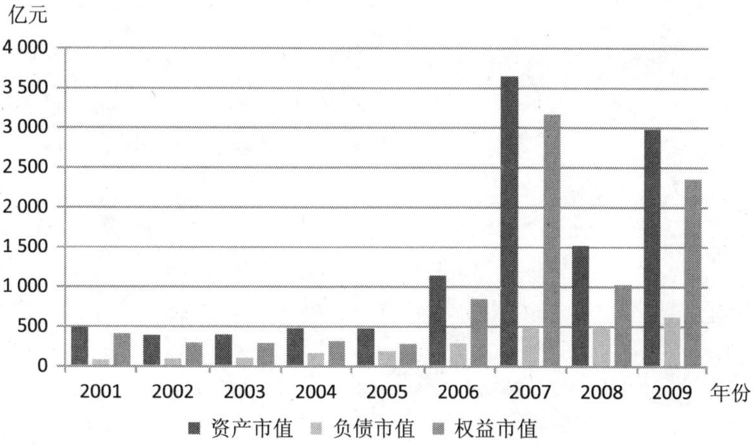


图 30.12 云南省上市企业部门或有权益资本结构

如图 30.13，云南省上市企业部门或有资产负债率的波动大于账面资产负债率。在样本年限内，或有资产负债率始终小于账面价值的资产负债率，表明以市场公允价值计量的企业风险是小于账面价值显示的金融风险的，但是，市场价值的不稳定性也使得以市场公允价值计量的企业风险的可信度降低。2005 年股市大跌，云南省上市企业部门权益市值缩水，使得或有资产负债率达到高点。2007 年股市大涨使得上市企业部门的权益市值急剧增长，股权融资更容易，或有资产负债率大幅下降，2008 年股市回落或有资产负债率回升，到了 2009 年又有所回落。云南省上市企业账面资产负债率基本不受股市的影响，大体保持平稳上升态势。

如图 30.14，2001—2009 年云南省资产市值一直远远大于违约点。云南省的风险状

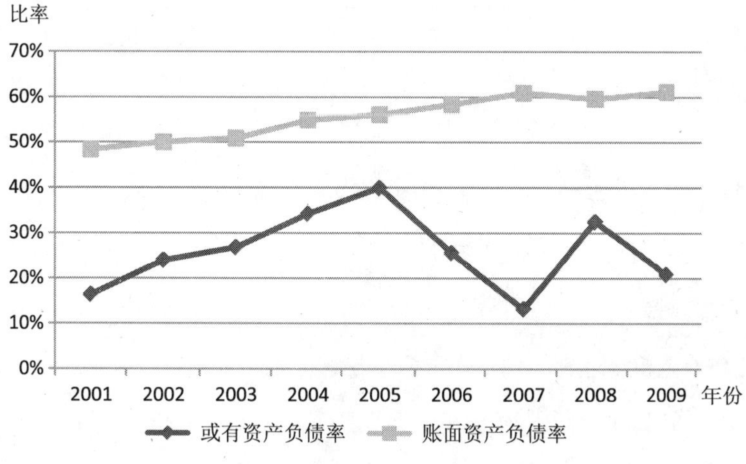


图 30.13 云南省上市企业部门资产负债率

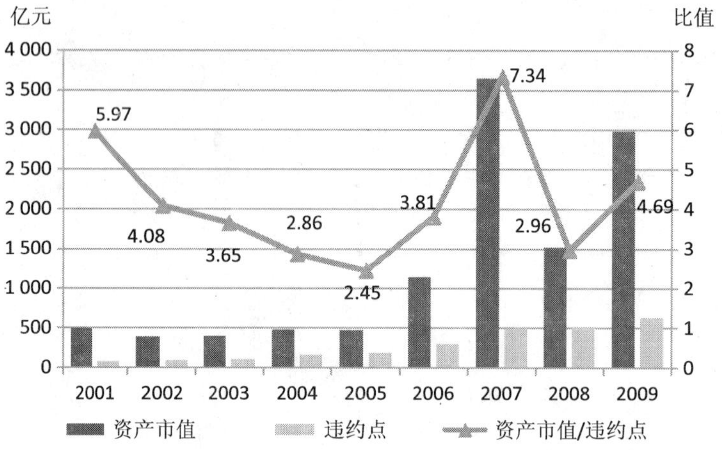


图 30.14　云南省上市企业部门资产市值和违约点比较

况在 2005 年比较差，在 2006 年和 2007 年有显著的改善，2007 年资本市场的大幅上涨，对云南省上市企业资产市值的影响较大，市场对中国整体经济抱有好的预期而对整体企业部门的发展看好，企业融资通道拓宽，通过资本市场直接融资规模扩大，违约风险降低。在 2008 年，资产市值大幅下降，违约点相对于资产市值来说越来越大，可作为缓冲风险的区域相对越来越狭窄。2009 年，资产市值与违约点的比值又有所上升，云南省上市企业风险状况有所改善。

**（三）风险表分析**

根据或有权益资产负债表编制范式和输入参数，通过 MATLAB 编程计算，即得到云南省企业部门风险指标表，如表 30.6。

表 30.6　云南省上市企业部门风险指标

| 年份 | 资产市值波动率 | 违约概率 | 违约距离 | 年份 | 资产市值波动率 | 违约概率 | 违约距离 |
|---|---|---|---|---|---|---|---|
| 2001 | 20.74% | 0 | 4.013 9 | 2006 | 21.68% | 0 | 3.401 3 |
| 2002 | 23.42% | 0 | 3.224 9 | 2007 | 39.65% | 0 | 2.178 2 |
| 2003 | 15.56% | 0 | 4.668 5 | 2008 | 29.89% | 0.02% | 2.215 3 |
| 2004 | 18.44% | 0 | 3.528 7 | 2009 | 32.58% | 0 | 2.414 8 |
| 2005 | 17.58% | 0 | 3.362 9 | | | | |

为了更清晰地看出这些风险指标呈现的宏观风险特征，绘制各项指标的变化图。

如图 30.15，上市企业部门的资产市值波动率从 2001 年到 2006 年基本没有很大的变化，说明这段时间内云南省上市企业市值比较稳定。但是从 2006 年起市值波动率开始攀升，2007 年受股票市场的影响，资产市值波动率达到最大。

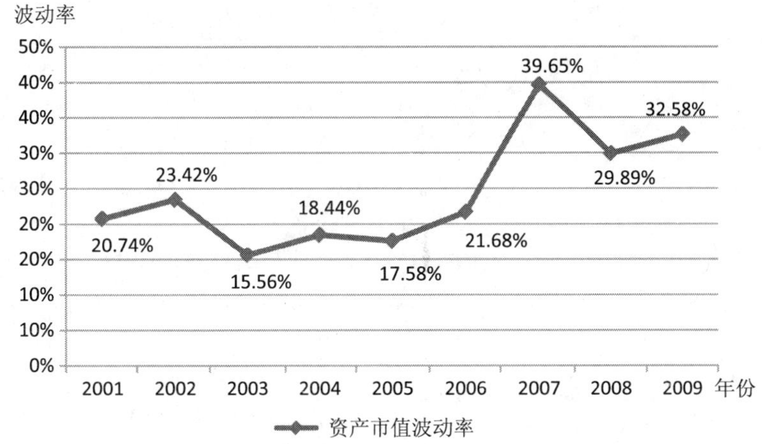


图 30.15　云南省上市企业部门资产市值波动率

如图 30.16，云南上市企业的违约距离在样本年限内不断波动。2007 年，违约距离急剧减小，2008 年开始违约距离又有所上升。结合资产市值波动率、违约距离和违约概率分析，2003 年资产市值波动率最低，违约距离最高，云南省上市企业面临的违约风险较小。2008 年资产市值波动率最高，违约距离较低，违约概率为 0.02%，云南省上市企业部门存在潜在的违约风险。

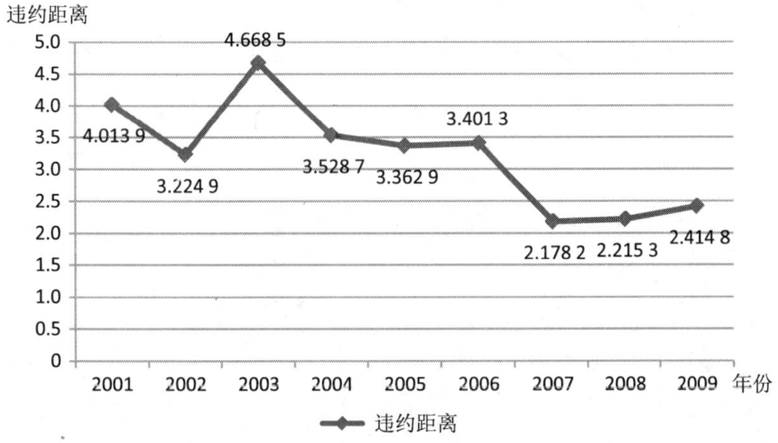


图 30.16　云南省上市企业部门违约距离

## 二、云南省企业部门或有权益资产负债表编制及分析

### （一）或有权益资产负债表编制

通过对云南省企业部门资产负债表的处理，得到表 30.7，然后通过计算机处理得到云南省企业部门或有权益资产负债表，如表 30.8。

表 30.7　云南省企业部门或有权益资产负债表输入参数

| 年份 | 无风险利率（%） | 违约点（亿元） | 权益市值（亿元） | 权益市值波动率 |
|---|---|---|---|---|
| 2001 | 2.25 | 1 867.03 | 6 527.69 | 24.80% |
| 2002 | 2.02 | 1 909.03 | 4 665.29 | 30.81% |
| 2003 | 1.98 | 2 427.33 | 3 666.15 | 21.26% |
| 2004 | 2.03 | 2 217.71 | 3 877.94 | 28.04% |
| 2005 | 2.25 | 2 735.38 | 4 083.66 | 29.27% |
| 2006 | 2.35 | 3 318.74 | 9 969.43 | 29.16% |
| 2007 | 3.26 | 3 934.74 | 31 212.91 | 45.68% |
| 2008 | 3.92 | 5 021.04 | 10 135.92 | 44.27% |

注：企业部门权益市值根据上市企业权益市值 / 上市企业总权益 = 企业部门的权益市值 / 企业部门的总权益来进行套算，权益市值波动率用上市企业的权益市值波动率代替。

表 30.8　云南省企业部门或有权益资产负债表　　单位：亿元

| 年份 | 资产市值 | 负债市值 | 权益市值 | 年份 | 资产市值 | 负债市值 | 权益市值 |
|---|---|---|---|---|---|---|---|
| 2001 | 8 353.81 | 1 826.12 | 6 527.69 | 2005 | 6 758.46 | 2 674.80 | 4 083.66 |
| 2002 | 6 531.41 | 1 866.12 | 4 665.29 | 2006 | 13 209.50 | 3 240.07 | 9 969.43 |
| 2003 | 6 049.15 | 2 383.00 | 3 666.15 | 2007 | 35 020.90 | 3 807.99 | 31 212.91 |
| 2004 | 6 051.53 | 2 173.59 | 3 877.94 | 2008 | 14 965.70 | 4 829.78 | 10 135.92 |

### （二）或有权益资产负债表分析

从表 30.8 中的数据以及图 30.17 可以看出，2001—2008 年云南省企业部门权益市值逐年增加，从 1 826.12 亿元增加至 4 829.78 亿元。资产市值和权益市值的变化趋势相同，2001—2005 年变化比较平缓，2006 年、2007 年资产市值和权益市值大幅增加，2008 年下降很多，基本回落到 2006 年的水平。

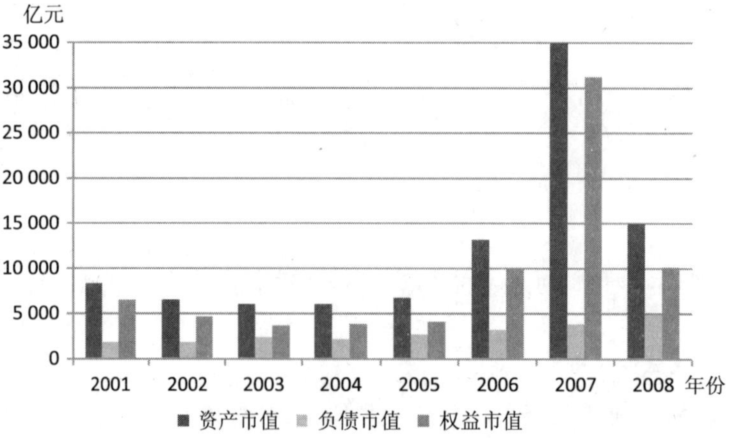


图 30.17　云南省企业部门或有权益资本结构

如图 30.18，在考察期内，资产市场价值始终高于资产账面价值，说明云南省企业部门价值一直被高估。2001—2006 年云南省的资产市值变化较平稳。2007 年，资产市值呈现爆炸式增长，严重偏离资产账面价值，这跟 2007 年股市大涨密切相关。2008 年股市回落，资产市值也向实际账面价值靠拢。

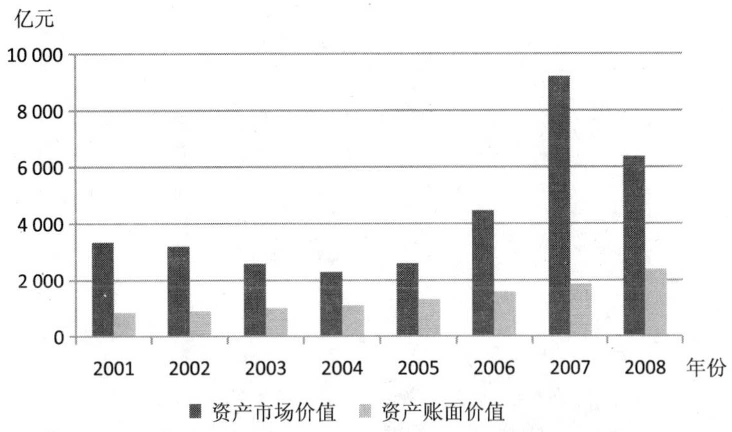


图 30.18　云南省企业部门资产市值和资产账面价值

相对于云南省企业部门账面价值资产负债率变化趋势，或有资产负债率波动较大。在样本年份内，账面价值的资产负债率始终高于或有资产负债率，表明以市场公允价值计量的真实企业风险是小于账面价值显示的金融风险的。2007 年股市的大涨使得企业部门的账面权益和权益市值急剧增长，股权融资更容易，或有资产负债率大幅下降。2008 年股市回落，账面资产负债率略有上升，或有资产负债率从 10.87% 增加至 32.27%，如图 30.19。

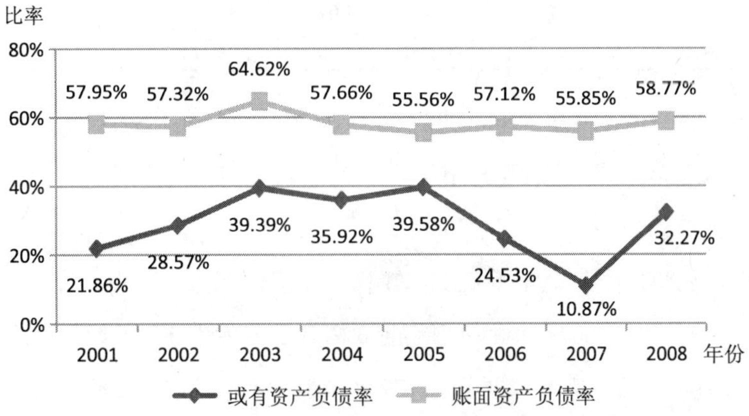


图 30.19　云南省企业部门资产负债率比较

从图 30.20 可以看出，在样本区间，云南省企业部门资产市值一直远远大于违约点。从资产市值和违约点之间的倍数关系看，2007 年股票市场大幅上涨，对云南省企业部门资产市值增长影响较大，企业融资通道拓宽，通过资本市场直接融资规模扩大，违约风险降低。2008 年违约点和资产市值的差距相对下降很多，可作为缓冲风险的区域变狭窄，违约风险增加。

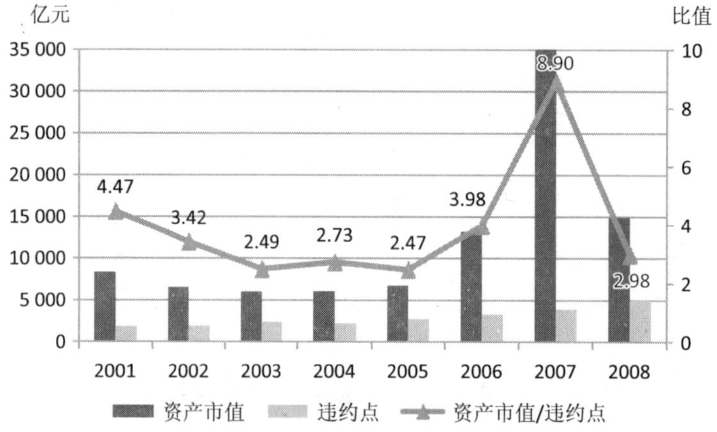


图 30.20　云南省企业部门资产市值和违约点比较

### （三）风险表分析

表 30.9 是云南省企业部门风险表。

**表 30.9　云南省企业部门风险表**

| 年份 | 资产市值波动率 | 违约概率 | 违约距离 | 年份 | 资产市值波动率 | 违约概率 | 违约距离 |
|---|---|---|---|---|---|---|---|
| 2001 | 19.38% | 0 | 4.006 4 | 2005 | 17.69% | 0 | 3.365 6 |
| 2002 | 22.00% | 0 | 3.217 3 | 2006 | 22.00% | 0 | 3.402 8 |
| 2003 | 12.89% | 0 | 4.644 6 | 2007 | 40.71% | 0 | 2.180 3 |
| 2004 | 17.97% | 0 | 3.526 2 | 2008 | 29.99% | 0.01% | 2.215 7 |

如图 30.21，资产市值波动率从 2001 年到 2006 年维持在比较小的区间内，2007 年后我国股市波动比较剧烈，因而资产市值波动率增大，波动率增加的过程就是风险积累的过程。

企业部门违约距离情况如图 30.22。在样本年限内，违约距离是波动下降的趋势，2003 年违约距离最大，2007—2009 年违约距离较小，有发生违约风险的可能。结合云南省资产市值波动率和违约概率看，2008 年资产市值波动率较高，违约距离较低，违约概率最大，为 0.01%，云南省企业部门违约风险凸显。

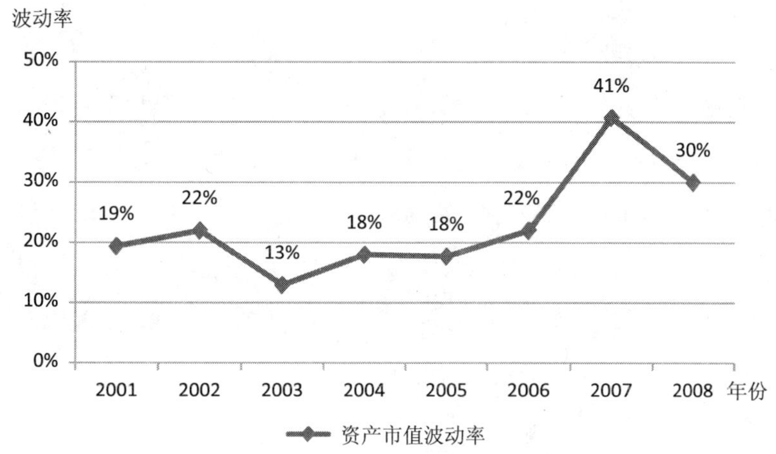


图 30.21　云南省企业部门资产市值波动率

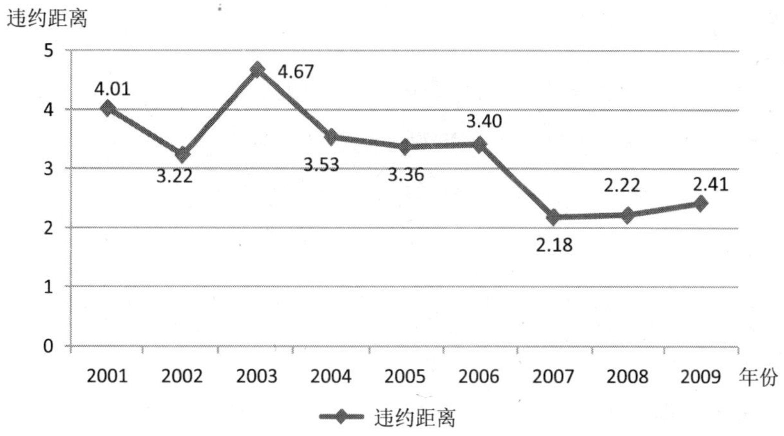


图 30.22　云南省企业部门违约距离



## 第 4 节　结论及政策建议

本章在对云南省经济金融运行概况以及相关文献进行归纳的基础上，基于账面价值资产负债表对云南省金融部门和企业部门在运行过程中潜在的风险进行了分析，并结合市场信息编制上市企业和企业部门整体的或有权益资产负债表，分析云南省宏观经济运行过程中的潜在风险。

在基于账面价值的资产负债表分析中，发现金融部门和企业部门均存在不同程度和不同类别的风险。对云南省金融部门资产负债表进行分析，结果表明云南省金融部门存贷比偏高，抗风险能力较低；而云南省金融机构的资金来源主要是短期性的企业和居民储蓄，而资金运用则多投向中长期贷款，资金来源的稳定性不足以及资产的流动性不足扭曲了金融的效率机制，2009年定期存款占比提高，表明云南省期限错配问题有所改善；2007年后，云南省金融部门的货币错配风险较明显，但2008年外币存贷比有所下降，货币错配风险有所改善。分析云南省企业部门资产负债表可知，流动负债相对流动资产逐渐减小，流动比率上升，这在一定程度上反映出企业部门的期限错配风险较小。云南省企业部门资产负债率处于下降趋势，资本结构趋于合理化，清偿力风险改善，目前基本不存在清偿力风险。

对基于市场价值的云南省或有权益资产负债表及风险指标进行分析，结果表明企业部门面临的风险与账面价值资产负债表分析所体现出的企业部门风险并不完全一致。云南省上市企业和企业部门资产市值在2001—2005年间变化幅度较小，2006年、2007年随着资本市场发展的加快，股票市场波动性增大，资产市值在2007年大幅提升，或有资产负债率波动较大，2007年为样本区间的最低水平，但这其中也隐含了资产价格泡沫。2008年，云南省企业部门资产市值波动率较高，违约距离较小，违约概率最大，违约风险凸显。

虽然最近几年云南省经济发展较快，但是云南省的金融部门和经济结构较沿海发达地区还是较为落后，整体上经济发展不够活跃，仍然是靠资源和一些特色经济来发展的经济结构，同时，储蓄率很高，金融机构对经济的发展并没有起到很好的作用。为了在充分利用金融资源发展经济的同时控制金融风险，提出以下建议：

（1）扩大云南省股票市场规模、发展企业债券市场，降低银行存贷比，增加云南省银行业抵御风险的能力。相对于发达省区，云南省上市公司数量偏少，远不能满足云南省经济发展的实际需要。因此应积极增加股票上市规模，同时活跃场外股票交易市场，例如鼓励那些效益好、质量高但暂不具备上市条件的企业进行场外交易。此外，可以通过培育企业债券市场来拓宽企业融资渠道。

（2）扶持云南省货币市场，拓宽短期融资渠道。作为金融市场体系的基础，货币市场发展滞后已经对云南省经济金融的发展造成了不良影响。省内除了少数上市企业外，大多数企业对短期资金的需求只能单纯依靠银行信贷，因此其需求远远得不到满足。由此看来，发展货币市场，拓宽企业短期融资渠道具有重要意义。

# 第31章　西藏自治区宏观金融风险研究



随着经济金融的持续发展和体制改革的不断深化，西藏自治区社会发展的物质基础有所增强，但从总体看，西藏仍属西部落后地区。在加快西藏自治区经济发展的同时有效防范控制金融风险对于维护西藏自治区经济安全和金融稳定具有重要意义。本章将基于账面价值和或有权益资产负债表对西藏自治区金融部门和企业部门进行风险度量并提出相关的政策建议。

## 第1节　引言

2009年，西藏自治区积极应对金融危机的冲击，全区生产总值首次突破了400亿元，保持了12%以上的增速，继续保持跨越式发展的良好势头。本节对西藏自治区经济金融运行概况进行分析，并对现有相关文献进行总结，为西藏自治区金融风险的研究提供背景基础。

### 一、西藏自治区经济金融概况

**（一）西藏自治区经济运行概况**

西藏自治区作为中国五大民族自治区之一，经济发展主要以农牧业为主，辅之以较小比例的手工业和商业，西藏地区工业不发达，现代产业起点很低。为促进西藏自治区社会稳定发展和经济繁荣，国家制定了一系列优惠政策并不断加大对西藏发展建设扶持力度。在国际金融危机、国内经济增长整体放缓和"3·14"事件的持续影响下，西藏自治区经济增长有所减弱，经济发展面临的不确定性加大，对此自治区政府出台了一系列应对措施，以保持经济平稳较快增长。图 31.1 为 2000—2008 年西藏自治区地区生产总值（GDP），可以看出西藏自治区生产总值是逐年增加的，年增长率一直在 10% 以上，2001 年增长率最高，为 18.1%，2000 年的增长率最低，为 11.22%。

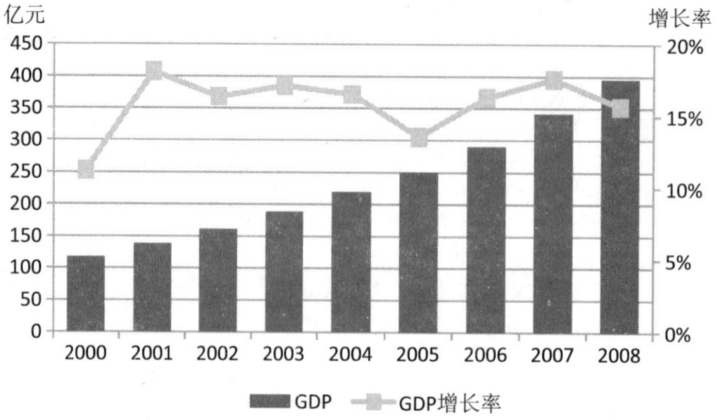


图 31.1　2000—2008 年西藏自治区地区生产总值与增速

1978 年，西藏三大产业的比例为 50.7：27.7：21.6，农业对西藏经济的贡献非常大，工业发展比较落后。随着经济的发展，西藏自治区产业结构有所优化，第一产业比重不断降低，第二产业和第三产业的比重不断增加。2008 年，西藏农业建设取得良好成效，工业生产增速有所下降，旅游业因"3·14"事件受到一定影响，地区生产总值总体增速有所回落，实现产值 395.9 亿元。其中，第一产业增加值达 60.5 亿元，第二产业增加值达 115.8 亿元，第三产业增加值达 219.6 亿元，三大产业的比例调整为 15.3：29.2：55.5，呈现出第一产业基础稳固，第二产业比重提高，第三产业快速发展的良好态势。西藏积极发展特色优势产业，以旅游、藏医药、优势矿产开发、农畜产品加工为主的特色优势产业所占比重逐年增加，初步形成了富有西藏特点的产业体系。

**（二）西藏自治区金融运行概况**

1978 年以前，西藏仅有中国人民银行和中国建设银行的分支机构，且营业网点极少。经过 30 多年的发展，西藏金融业发生了巨大变化，金融组织体系不断完善，管理模式不断创新，经营规模不断扩大，服务水平不断提高，金融业为支持和促进西藏经济快速健康发展做出了积极的贡献。但西藏自治区仍属于全国极不发达的金融体系，金融机构仍然种类较少。截至 2008 年，西藏金融机构仅有国有控股商业银行和邮政储蓄银行，只有西藏证券经纪有限责任公司一家证券机构，共有省级保险公司 4 家，西藏辖区仅有 8 家上市公司。

截至 2008 年，西藏银行业金融机构有 599 个，资产总额达 809.7 亿元。从西藏历年金融机构存贷总额看，规模和种类都有了很大幅度的增加。其中，贷款总额从 1979 年的 2.46 亿元增加到 2008 年 219 亿元；存款总额由 1979 年的 7.06 亿元增加到 2008 年 827.9 万元；同时，西藏历年企业存款、财政性存款、城乡储蓄存款都有了大幅度的增加，贷款种类由以前的偏重于商业逐渐转向工业、商业并重。这为西藏自治区经济社会跨越式发展提供了一定的资金基础。但随着存款余额和贷款余额的快速增长，区内存贷差也在逐年增加，并呈现出扩大的趋势，存在资金外流的可能性。在国内经济逐步企稳的大背景下，西藏逐步加快信贷结构调整、金融服务改善的步伐。

西藏资本市场发展缓慢，截至 2008 年年末共有 8 家上市公司，资产总额为 68.2 亿元，实现净利润 1.2 亿元，较上年增长 5.5 倍[①]，全年没有在公开市场上募集资金。8 家上市公司已基本建立了结构较完善、制度较健全、相对独立透明、运作有效的公司治理模式，治理状况明显改进。此外，西藏自治区共有省级保险公司 4 家，分支机构 49 家，其中包括人保西藏分公司为开展农业保险业务新成立的 31 家营销服务部。总体而言，西藏金融市场业务量较小，各商业银行均未得到各自总行加入全国同业拆借市场、外汇交易市场、银行间债券市场和黄金交易市场的授权，融资渠道仍较单一，票据业务量小，有待加快金融市场建设，为西藏地区经济发展提供有力支持。

## 二、文献综述

有关西藏自治区金融风险的研究多侧重于研究西藏金融发展水平以及金融发展中存在的问题。张致恒、毛杨海（2005）分析得出西藏金融发展在 20 世纪 50 年代初期以来就表现出典型的外生发展特征，而这种外生发展模式实质上是一种有效的“次优”制度安排，是一种“帕累托改进”。黄林（2005）提出西藏民营经济已成为推动西藏经济持续、健康发展的生力军和新的经济增长点，其发展壮大离不开金融业的大力支持，但当前西藏地区民营企业在融资方面还存在瓶颈，因此西藏金融业在实践商业化经营过程中应坚持以市场为导向，创新思路和措施，把民营企业列为信贷支持的着力点，在有力

① 数据来源：《2008 年西藏自治区金融运行报告》。

支持西藏地区民营经济发展的同时，自身效益也将得到相应提高，达到银行和企业双赢的目的。张致恒（2006）分析了财政与金融两大宏观因素对西藏经济发展所起的作用，认为西藏财政对西藏经济发展和社会的促进作用是直接和明显的，但金融作为宏观经济因素之一对西藏经济发展和社会进步也发挥了不可替代的作用,传统的“强财政，弱金融”的命题无疑有商榷之处。德庆央吉（2006）认为当前西藏处于低层次的金融发展水平，并且存在金融机构单一化突出、金融工具多元化不足、资本市场发展滞后、对外开放和金融深化程度低等问题，需逐步改进金融资源配置体系。安七一、杨明洪等（2008）分析归纳出西藏金融发展面临的两个主要问题,即存贷差不断扩大、资金“外流”问题和特殊优惠金融政策“执行难”问题，提出西藏的金融政策应注重农牧业的发展与基础设施建设的需要，积极扶持优势产业，培育主导产业，并在区域内建立良好的担保体系和信用保险基金，通过一系列政策的出台和实施以更有力地发挥金融行业对西藏经济的促进作用。杨松（2009）分析得出西藏地区金融因素与财政因素都能较好地解释西藏地区的经济增长，然而金融因素更能推动地区经济增长。财政因素在推动地区经济增长的过程中发挥的作用不如金融因素大，很大原因是投资在基本建设支出、企业挖潜改造资金、科技三项费用和农业支出的部分占固定资产投资总额比例较低。

## 第 2 节　西藏自治区部门资产负债表编制及分析

本节基于资产负债表方法的实证研究主要包括对西藏自治区金融部门和企业部门风险的识别和度量，以及对整体风险进行基于账面价值的评判。

### 一、西藏自治区金融部门资产负债表编制及分析

#### （一）金融部门资产负债表编制

西藏自治区银行业金融部门目前由国有控股商业银行和邮政储蓄组成，截至 2008 年年末，西藏自治区有农行、中行、建行三家商业银行和邮政储蓄银行，三家商业银行的资产总额为 782.4 亿元，邮政储蓄银行的资产为 27.3 亿元。本文编制西藏自治区金融部门 2003—2008 年资产负债表，主要涵盖自治区银行业金融机构。表 31.1 为西藏自治区金融部门资产负债表。

表 31.1　西藏自治区金融部门资产负债表　　单位：亿元

| 年份 | 2003 | 2004 | 2005 | 2006 | 2007 | 2008 |
|---|---|---|---|---|---|---|
| **总资产** | — | 369.2 | 466.6 | 526.0 | 613.3 | 809.7 |
| 贷款余额 | 145.0 | 168.5 | 179.3 | 204.1 | 223.8 | 219.3 |
| 短期贷款 | 73.7 | 84.7 | 84.7 | 92.4 | 98.1 | 67.3 |
| 票据融资 | 0 | 0 | 0 | 0 | 0 | 2.1 |
| 中长期贷款 | 70.7 | 82.5 | 94.2 | 111.3 | 125.3 | 149.6 |
| 本币贷款 | 144.4 | 167.9 | 178.9 | 203.7 | 223.5 | 219.0 |
| 外币贷款 | 0.6 | 0.6 | 0.4 | 0.4 | 0.3 | 0.3 |
| **总负债和权益** | — | 369.2 | 466.6 | 526.0 | 613.3 | 809.7 |
| 存款余额 | 322.3 | 363.3 | 456.3 | 545.7 | 643.4 | 829.0 |
| 企业存款 | 189.8 | 207.5 | 219.6 | 247.6 | 295.7 | 386.8 |
| 居民储蓄 | 91.9 | 107.5 | 123.1 | 140.6 | 160.1 | 185.4 |
| 本币存款 | 320.8 | 361.7 | 455.1 | 544.5 | 642.4 | 827.9 |
| 外币存款 | 1.5 | 1.6 | 1.2 | 1.2 | 1.0 | 1.1 |

注：西藏金融部门资产负债表涵盖银行类金融机构资产负债表，数据来源于《西藏统计年鉴》、《西藏金融运行报告》等，具体如下：

① 总资产、总负债和权益数据从 2004—2008 年《西藏金融运行报告》获得，2004 年《西藏金融运行报告》中没有提到增长率，推算不出 2003 年的总资产。

② 贷款余额、短期贷款、票据融资、中长期贷款数据从 2004—2008 年《西藏金融运行报告》获得，本币贷款和外币贷款数据从 2004—2008 年《西藏金融运行报告》附表获得，2003 年数据根据 2004 年的增长率推算出。

③ 存款余额、企业存款、居民储蓄数据从《西藏金融运行报告》附表获得，2003 年数据根据 2004 年的增长率推算出。

### （二）金融部门资产负债表分析

1. 资本结构分析

图 31.2 为西藏金融部门 2003—2008 年的总资产、贷款余额和存款余额以及存贷比。从图中可以看出，2003—2007 年西藏金融部门的贷款余额和存款余额在逐年增加，但存款余额远高于贷款余额，且存贷差逐渐扩大。截至 2008 年年末，全区金融机构本外币各项存款余额 829.0 亿元，比年初增长 28.9%。存款大幅增加的主要原因是国家财政划拨资金到位率高、居民消费投资意愿减弱等。2008 年贷款余额略有下降，存贷差增加到 609.7 亿元。西藏信贷投入环境的制约、融资渠道多元化是存差扩大的主要原因。

存款余额是银行业金融机构负债主要科目，但对总资产和存款余额进行比较，发现两者的数额非常接近，且 2006—2008 年总资产小于存款余额，可见这三年西藏金融部门权益是负的。从图 31.2 可以看出，西藏存贷比不高，且呈下降趋势，2008 年存贷比仅为

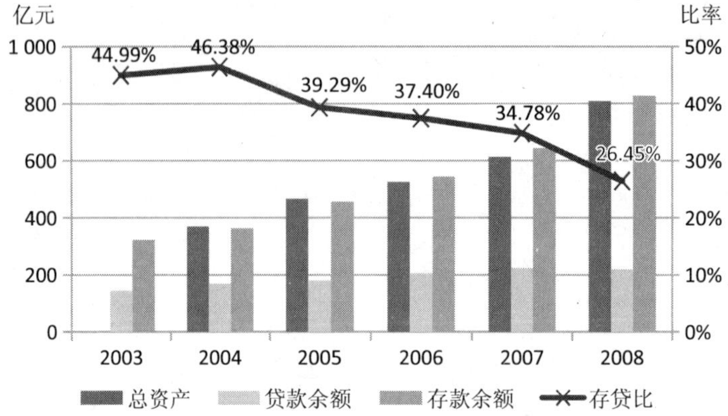


图 31.2　西藏金融部门资产和存贷款余额

26.45%。金融支持西藏自治区经济发展的力度不够。

2. 货币错配分析

图 31.3 为西藏金融部门本外币存贷款的变化趋势。从图中可以看出，西藏金融部门的外币存贷款远远小于本币存贷款。本币存款呈逐年上升的趋势，从 2003 年的 320.8 亿元增加到 2008 年的 827.9 亿元。本币贷款从 2003 年的 144.4 亿元增加到 2007 年的 223.5 亿元，2008 年略有降低，为 219 亿元。本币存贷比基本处于下降趋势，2003 年本币存贷比为 45%，2008 年下降为 26%。西藏自治区外币存贷款基本处于下降趋势，且外币存款远大于外币贷款。2004 年，外币存贷款差额最大，达到 1 亿元，2005 年、2006 年和 2008 年均为 0.8 亿元。外币存贷比一直很低，2003 年外币存贷比仅为 40%，2008 年降低为 27%，如图 31.4。可见，西藏自治区不存在货币错配风险，但西藏自治区外汇资金利

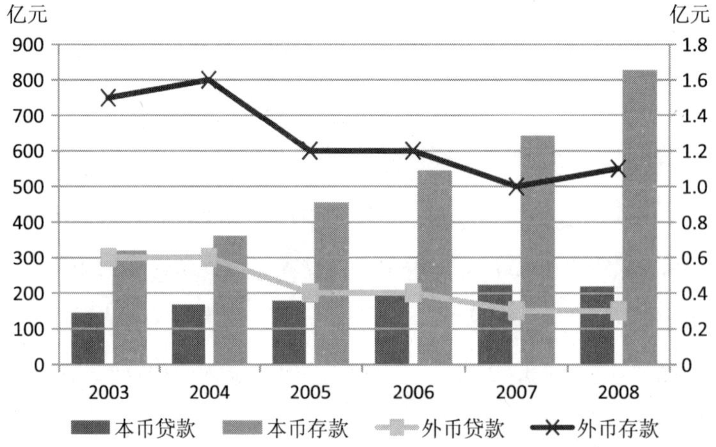


图 31.3　西藏金融部门本外币资产和本外币负债

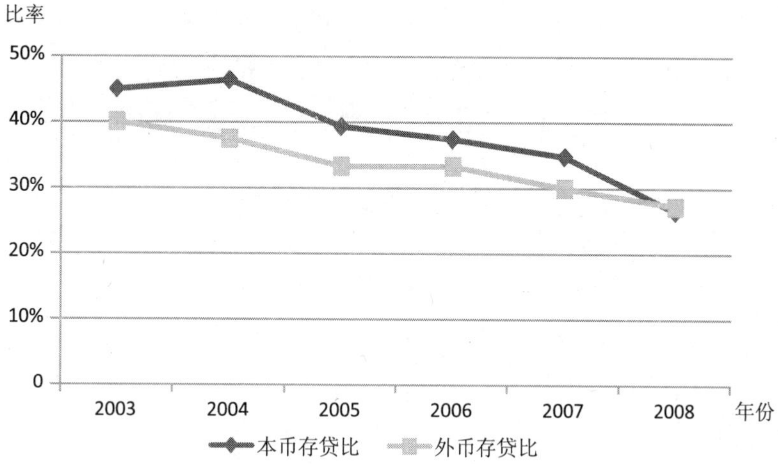


图 31.4　西藏金融部门本外币存贷比

用率不高，外汇资金外流，应提高西藏地区外币资金的使用效率。

3. 期限错配风险

从图 31.5 中可以看出，中长期贷款平稳增长。截至 2008 年年末西藏自治区金融机构本外币各项贷款余额 219.3 亿元，贷款主要投向社会主义新农村建设、特色经济和个人消费等领域。短期贷款余额比年初下降 11.9%，中长期贷款余额比年初增长 28.2%。西藏自治区金融机构中长期贷款占贷款总额的比例处于增加趋势，由 2003 年的 48.76% 上升到 2008 年的 68.22%。

但西藏自治区新增存款定期化趋势明显。截至 2008 年年末，全区金融机构本外币各项存款余额 829.0 亿元，比年初增长 28.9%。受存款基准利率不断下调，特别是活期存款

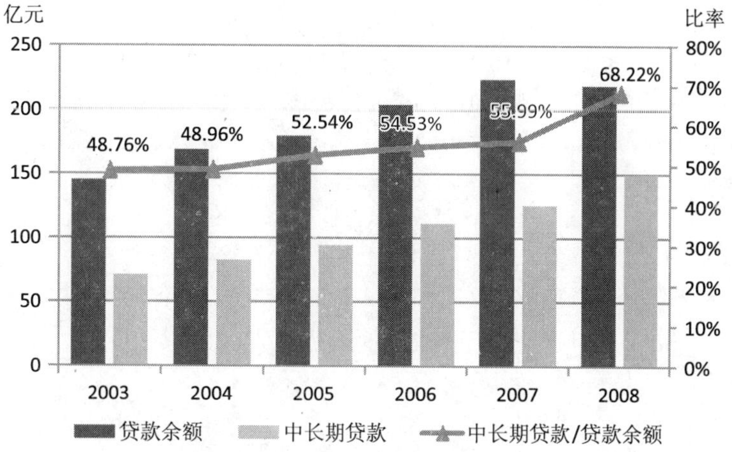


图 31.5　西藏金融部门贷款余额和中长期贷款

利率大幅下调以及证券市场低迷等因素影响，导致定期存款增速明显高于活期存款。[①] 可见，西藏自治区期限错配风险有所改善，但在辖区金融机构总体资产质量不高、资产流动性较差的情况下，期限错配问题潜伏着一定的流动性风险，阻碍货币政策的传导。

## 二、西藏自治区企业部门资产负债表编制及分析

### （一）企业部门资产负债表编制

本文主要考察西藏自治区国有及规模以上非国有工业企业、所有建筑业企业、限额以上餐饮企业以及限额以上批发零售企业资产负债情况，编制企业部门 1998—2008 年资产负债表，如表 31.2。

**表 31.2　西藏自治区企业部门资产负债表**　　　　单位：亿元

| 年份 | 资产 | 流动资产 | 长期资产 | 负债 | 流动负债 | 长期负债 | 所有者权益 |
|---|---|---|---|---|---|---|---|
| 1998 | 81.37 | 37.64 | 43.73 | 33.70 | 28.34 | 5.36 | 47.67 |
| 1999 | 93.98 | 36.18 | 57.80 | 42.51 | 35.23 | 7.28 | 51.47 |
| 2000 | 114.02 | 42.02 | 72.00 | 37.86 | 31.21 | 6.65 | 76.16 |
| 2001 | 115.14 | 39.46 | 75.68 | 36.09 | 29.81 | 6.28 | 79.05 |
| 2002 | 135.64 | 59.21 | 76.42 | 42.43 | 36.1 | 6.33 | 93.21 |
| 2003 | 154.35 | 54.93 | 99.42 | 61.60 | 50.89 | 10.71 | 92.75 |
| 2004 | 159.56 | 57.29 | 102.27 | 50.59 | 44.32 | 6.27 | 108.97 |
| 2005 | 183.18 | 66.17 | 117.01 | 55.21 | 43.49 | 11.72 | 127.97 |
| 2006 | 199.25 | 84.92 | 114.33 | 80.66 | 66.95 | 13.71 | 118.59 |
| 2007 | 240.29 | 94.76 | 145.53 | 69.15 | 56.66 | 12.49 | 171.14 |
| 2008 | 339.16 | 120.48 | 218.68 | 101.78 | 77.35 | 24.43 | 237.38 |

注：本表数据来源于 1999—2009 年《中国统计年鉴》及《西藏统计年鉴》。

① 工业行业数据来源于《中国统计年鉴》——各地区规模以上工业企业主要指标统计表；建筑业资产、流动资产数据来源于《中国统计年鉴》——各地区建筑业企业资产统计表，负债、流动负债数据来源于《中国统计年鉴》——各地区建筑业企业负债及所有者权益统计表；批发零售业数据来源于各地区限额以上批发和零售业资产及负债统计表；餐饮业数据来源于各地区限额以上餐饮业资产及负债统计表。

② 对于工业企业、建筑业企业、批发零售业、餐饮业缺失数据进行估算处理。相对建筑业、批发零售业及餐饮业，工业企业的资产负债在企业部门总的资产负债中占比最高，统计数据基本无缺失；餐饮业、批发零售及建筑业在总体中占比较低，统计数据 2004 年存在缺失情况，对于缺失数据进行估算补齐后产生的偏差对加总后的总体分析影响不大。

③ 数据缺失及处理：2004 年，全部国有及规模以上非国有工业企业的流动负债数据缺失，以 2003 年流动负债的年增长率作为 2004 年流动负债的年增长率，估算出 2004 年流动负债的数值；2004 年，建筑业、批发零售业和餐饮业的资产负债表各数据都缺失，均以对应各指标前 5 年（1998—2003 年）的年平均增长率作为 2004 年该指标的增长率，进而计算出 2004 年的各指标值；2002—2008 年，批发零售业和餐饮业的流动负债数据缺失，均以该省该行业流动负债前 4 年（1998—2001 年）的年平均增长率作为 2002—2008 年流动负债的年增长率，进而计算出各年各指标值。

---

① 数据来源：《2008 年西藏自治区金融运行报告》。

### （二）企业部门资产负债表分析

由表 31.2 中的数据可知，随着经济的发展，西藏自治区企业部门的总资产不断增加，从 1998 年的 81.37 亿元增加到 2008 年的 339.16 亿元。按四大行业资产占企业部门总资产的份额看，份额最高的是工业部门，比例高达 66%，其次是建筑业，最低的为餐饮业，仅占 0.003%，如图 31.6。根据表 31.2 中资产负债组成结构，1998—2008 年流动资产均大于流动负债，可见这 11 年的资产负债表均为稳健结构。以下结合西藏经济发展经济状况，对西藏自治区企业部门宏观金融风险做进一步分析。

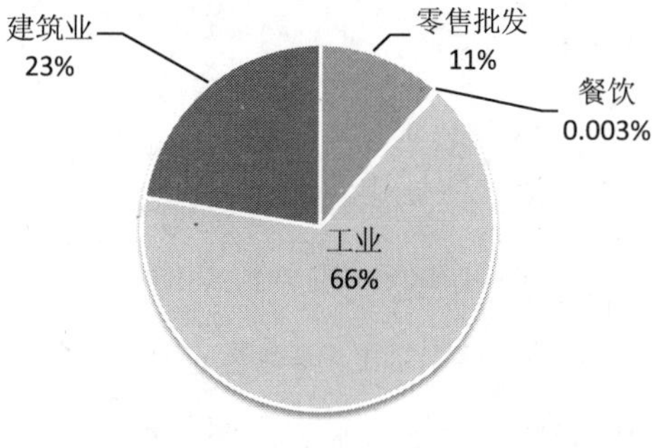


图 31.6　西藏自治区企业部门四大行业资产占企业部门总资产的比重

1. 资本结构分析

图 31.7 是西藏企业部门资产、负债和所有者权益以及各年的资产负债率。从图中可知，1998—2008 年西藏自治区的资产一直处于增加趋势，2008 年资产增加率最高，达到 41.15%。除 2003 年略有下降外，1998—2005 年西藏企业所有者权益在逐年增加，2006 年后所有者权益增长率变大，2008 年达到 237.38 亿元。在这 11 年间，企业部门负债从 1998 年的 33.7 亿元增加到 2008 年的 101.78 亿元。

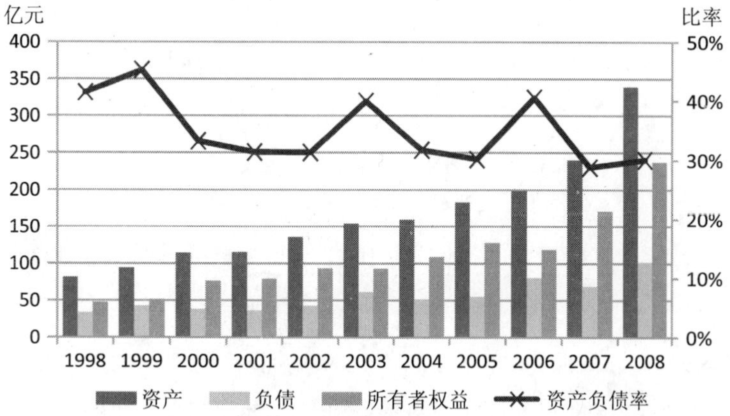


图 31.7　西藏企业部门资本结构

在 1998—2008 年，西藏企业部门的资产负债率在 28%~42% 之间波动，维持在较低水平，明显低于我国的平均水平。可见，西藏企业部门不存在资本结构风险，但是西藏企业部门经营较为谨慎，没有充分利用债券融资，财务杠杆运用不足。截至 2009 年年末，西藏仅有 9 家上市企业，可见西藏的发展主要依靠自有资金，应该充分利用债券和股权进行融资。

2. 期限错配分析

1998—2008 年西藏企业部门流动资产、流动负债以及流动比率如图 31.8。总资产以长期资产为主，但负债中流动负债占的比重较高。在考察期限内，流动资产均高于流动负债。由西藏企业部门流动比率的变化趋势可知，流动比率在 1998—2008 年期间均是大于 1 的，波动较大，最低为 1999 年的 1.03，2003 年流动比率也较低，为 1.08。1999 年和 2003 年流动比率接近 1，存在潜在的期限错配风险。2007 年流动比率为 10 年间最高，达到 1.67，期限错配风险有所改善。2008 年流动比率略有下降，为 1.56。但总的来说，与 11 年前相比，企业部门的期限错配风险有所改善。

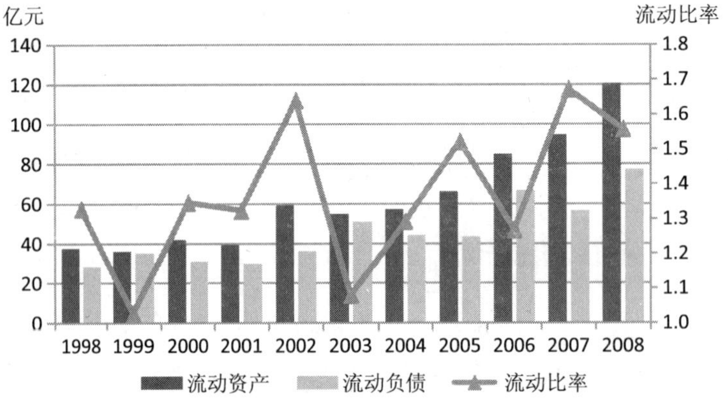


图 31.8　西藏企业部门期限结构

3. 清偿力分析

图 31.9 是 1998—2008 年西藏企业部门的产权比率，可见西藏企业部门的产权比率很低，一直是低于 1 的，财务风险较低。尽管在这 11 年间，产权比率是波动的，最高为 1999 年的 82.61%，最低为 2007 年的 40.40%。但从这 11 年的总体状况看，西藏企业部门产权比率从 1998 年的 70% 下降到 2008 年的 43%，企业长期偿债能力更强。但是，西藏自治区资金运用过于保守，应充分利用债务融资来扩大企业规模，带动地方经济的发展。

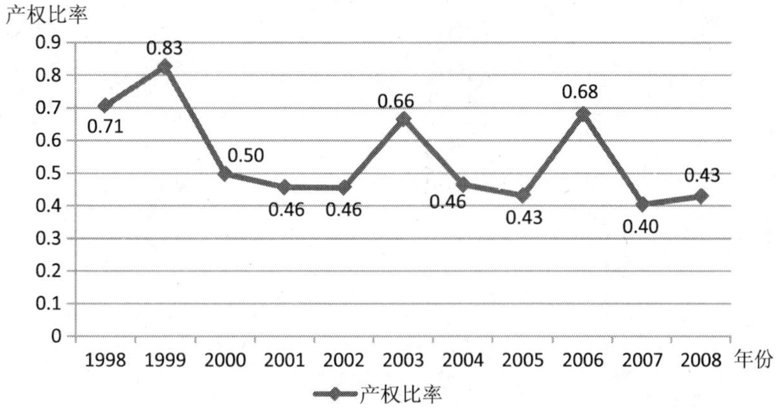


图 31.9　西藏企业部门产权比率



## 第 3 节　西藏自治区或有权益资产负债表及分析

### 一、西藏自治区上市企业或有权益资产负债编制及分析

#### （一）或有权益资产负债表编制

西藏自治区上市企业资产负债表的数据均来自国泰君安数据库，具体可得 2001 年至 2009 年西藏自治区上市企业部门资产负债表如表 31.3。在西藏自治区 9 家上市公司中，只有 6 家公司的主要资产和业务在西藏，且都处于西藏自治区所确立的农牧业及加工业、矿产业、旅游业、藏医药业、民族手工业、建筑建材业六大特色优势产业中。目前西藏

**表 31.3　西藏上市企业部门资产负债表**　　单位：亿元

| 年份 | 流动资产 | 资产 | 流动负债 | 负债 | 所有者权益 |
|---|---|---|---|---|---|
| 2001 | 26.14 | 47.95 | 15.74 | 18.12 | 29.83 |
| 2002 | 25.74 | 49.22 | 19.31 | 21.81 | 27.41 |
| 2003 | 27.12 | 49.92 | 24.69 | 26.12 | 23.80 |
| 2004 | 26.23 | 54.30 | 25.62 | 28.73 | 25.57 |
| 2005 | 27.77 | 54.43 | 28.28 | 30.85 | 23.58 |
| 2006 | 31.45 | 58.28 | 27.47 | 32.82 | 25.46 |
| 2007 | 37.87 | 68.82 | 29.05 | 36.37 | 32.45 |
| 2008 | 33.33 | 68.52 | 26.98 | 35.26 | 33.26 |
| 2009 | 98.46 | 135.41 | 64.48 | 80.47 | 54.94 |

注：数据来源于国泰君安数据库。

9家上市公司总体规模偏小，总股本最大的西藏天路为4.56亿股，而总股本最小的五洲明珠仅1.08亿股。这些西藏特色优势产业中的代表企业，未来有望受益西藏跨越式发展，依托资本市场实现较快发展。

上市企业部门或有权益资产负债表输入数据有权益市值、违约点、权益市值波动率和无风险利率。2001—2009年西藏自治区上市企业部门或有权益资产负债表的输入参数如表31.4。

**表31.4　西藏上市企业部门或有权益资产负债表输入参数**

| 年份 | 无风险利率（%） | 违约点（亿元） | 权益市值（亿元） | 权益市值波动率 |
|---|---|---|---|---|
| 2001 | 2.25 | 16.93 | 143.47 | 23.35% |
| 2002 | 2.02 | 20.56 | 114.36 | 28.02% |
| 2003 | 1.98 | 25.41 | 76.69 | 16.24% |
| 2004 | 2.03 | 27.17 | 52.35 | 28.46% |
| 2005 | 2.25 | 29.57 | 45.55 | 35.13% |
| 2006 | 2.35 | 30.15 | 109.35 | 33.92% |
| 2007 | 3.26 | 32.71 | 241.21 | 43.96% |
| 2008 | 3.92 | 31.12 | 90.37 | 55.91% |
| 2009 | 2.25 | 72.47 | 383.75 | 41.16% |

注：权益市值和股权波动率根据招商证券分析软件西藏自治区板块中的数据得到，股票价格采用前复权的方法后，每个企业（不包括金融企业）的股权市值可通过股票价格乘以现有股本数得到，加总处理后可得西藏自治区上市企业部门日权益市值，进一步计算即可得企业部门的年权益市值波动率；输入参数中的权益市值采用年末数据；上市企业部门的违约点通过短期债务加一半的长期债务获得。

### （二）或有权益资产负债表分析

根据西藏自治区上市企业部门或有权益资产负债表的输入数据，通过MATLAB编程处理得到西藏自治区上市企业部门或有权益资产负债表，如表31.5。

**表31.5　西藏上市企业部门或有权益资产负债表**　　单位：亿元

| 年份 | 资产市值 | 负债市值 | 权益市值 | 年份 | 资产市值 | 负债市值 | 权益市值 |
|---|---|---|---|---|---|---|---|
| 2001 | 160.04 | 16.57 | 143.47 | 2006 | 138.79 | 29.44 | 109.35 |
| 2002 | 134.38 | 20.07 | 114.36 | 2007 | 272.87 | 31.66 | 241.21 |
| 2003 | 101.62 | 24.93 | 76.69 | 2008 | 120.42 | 30.05 | 90.37 |
| 2004 | 78.98 | 26.63 | 52.35 | 2009 | 454.74 | 70.99 | 383.75 |
| 2005 | 74.46 | 28.91 | 45.55 | | | | |

首先对2001—2009年西藏自治区上市企业的资产市值与资产账面价值进行比较。从图31.10可以看出，这9年间资产市值一直高于资产账面价值。2001—2005年，资产账面价值逐年增加，资产市值逐年下降，两者之间的差距越来越小。2006年，资产市值增

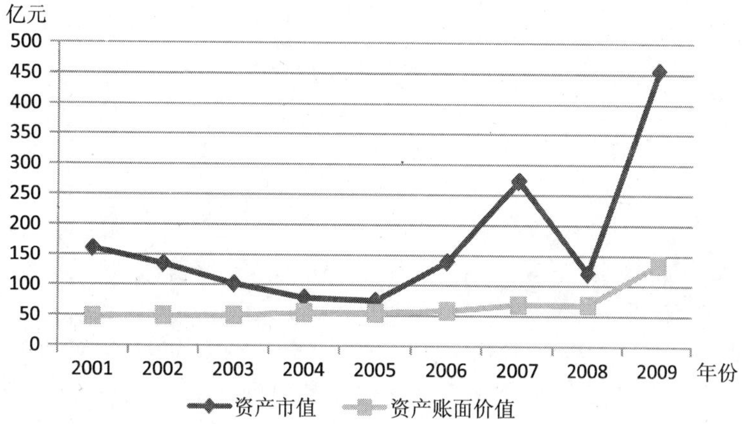


图 31.10　西藏上市企业资产账面价值和市场价值

加到 138.79 亿元，约为 2005 年的两倍。2007 年，受股市繁荣的影响，资产市值远高于资产账面价值，资产市值接近资产账面价值的 4 倍，资产市值虚高，存在潜在的泡沫风险。受金融危机的影响，2008 年资产市值下降到 120.42 亿元，低于 2006 年的水平。随着股市行情的好转，2009 年西藏上市企业部门的资产市值增加到 454.74 亿元，是 2007 年的 1.67 倍，是 2008 年的 3.78 倍。可见，随着经济的复苏，2009 年西藏上市企业发展较快，市场对西藏上市企业的预期较好。

2009 年西藏上市企业发展迅速，主要是因为 9 家上市企业基本处于西藏自治区确立的六大特色产业中，而 2009 年以来，西藏以特色工业、旅游等为重点，加大自治区特色产业发展资金的扶持力度，落实国家产业振兴贷款贴息和投资补助资金达 1.1 亿元，这是“十五”以来中央投资用于扶持西藏产业发展力度最大的一年，加快了西藏产业结构调整，经济发展的质量和效益进一步提高，特色优势产业的快速发展是西藏经济实现平稳较快发展的有力支撑点。

图 31.11 是西藏上市企业部门的资产市值、负债市值和权益市值的变化趋势。从图中可以看出，资产市值和权益市值的变化趋势一致，2001—2005 年两者均呈下降趋势，2005—2007 年又有所增加，且增长率较高。受金融危机的影响，2008 年资产市值和权益市值有了较大幅度的下降，2008 年的资产市值仅为 120.42 亿元，低于 2006 年的水平。随着经济状况的好转，2009 年资产市值和权益市值又有较大幅度的增加，超过了 2007 年的水平，资产市值高达 454.74 亿元。除 2008 年外，西藏上市企业的负债市值处于平稳增加趋势，在这 9 年间，从 16.57 亿元增加到 70.99 亿元。

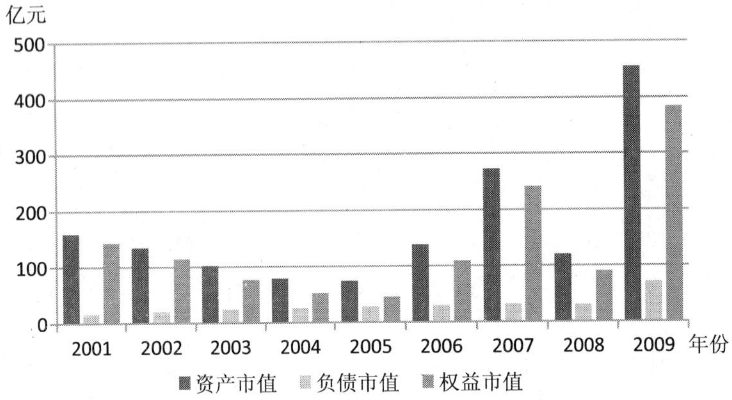


图 31.11　西藏上市企业部门或有权益资本结构

图 31.12 为西藏自治区上市企业或有资产负债率和账面资产负债率。2001—2005 年，或有资产负债率逐年上升，从 2001 年的 10.35% 上升到 2005 年的 38.83%。2005—2007 年或有资产负债率下降，2007 年为 9 年间的最低水平，2008 年金融危机的爆发使得权益市值减少，资产负债率增加。2009 年资产负债率又有所降低。2001—2005 年，西藏上市企业资产负债率逐年增加，随后几年一直下降，2008 年降为 51.46%，2009 年增加至 59.43%。但总的来说，西藏上市企业资产负债率不高，基本不存在资本结构错配风险。

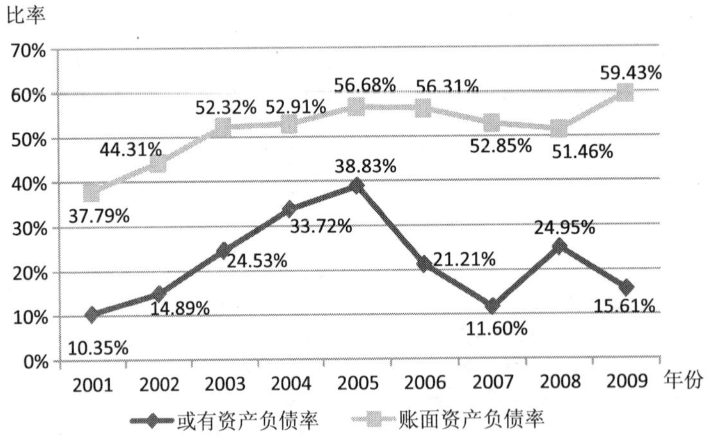


图 31.12　西藏上市企业部门资产负债率

图 31.13 是西藏上市企业的资产市值与违约点的比较。从图中可知，最近 9 年间资产市值一直高于违约点，2001 年、2007 年两者的比值较高，在 10 左右浮动。在 2005 年资产市值仅为违约点的 2.52 倍，作为缓冲风险的区域较狭窄。比较西部各省资产市值

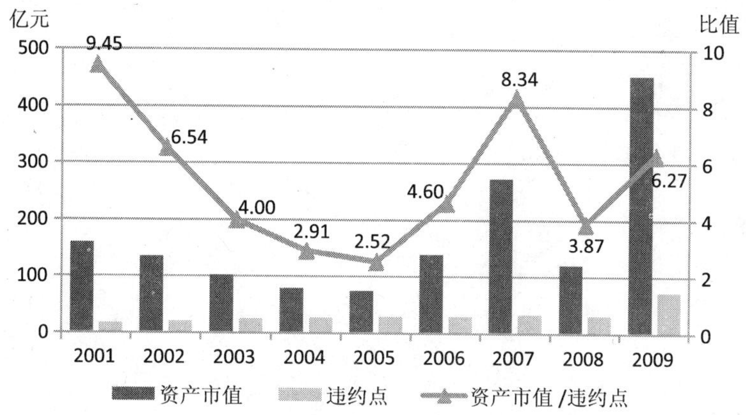


图 31.13　西藏上市企业部门资产市值和违约点比较

与违约点的比值，可以发现大致趋势是相同的，2005 年最低，2007 年上升到最高水平，2008 年有所下降，2009 年又有所增加。可见资产市值与违约点的比值主要受中国整体资本市场行情的影响。从以上的分析可以看出，西藏上市企业部门的风险状况在 2005 年达到最差，之后得到了一定程度的改善，经过 2008 年金融危机调整后，2009 年风险状况得到很大的改善。

### （三）风险表分析

根据前文风险指标的求解模型，输入各已知变量，运用 MATLAB 软件求解得出西藏自治区上市企业部门的风险指标，所编制的风险表如表 31.6。

**表 31.6　西藏上市区企业部门风险表**

| 年份 | 资产市值波动率 | 违约概率 | 违约距离 | 年份 | 资产市值波动率 | 违约概率 | 违约距离 |
|---|---|---|---|---|---|---|---|
| 2001 | 20.93% | 0 | 4.272 1 | 2006 | 26.73% | 0 | 2.929 0 |
| 2002 | 23.83% | 0 | 3.553 8 | 2007 | 38.86% | 0 | 2.264 8 |
| 2003 | 12.25% | 0 | 6.119 9 | 2008 | 42.00% | 0.10% | 1.765 5 |
| 2004 | 18.86% | 0 | 3.477 3 | 2009 | 34.74% | 0 | 2.420 1 |
| 2005 | 21.49% | 0 | 2.805 2 | | | | |

从西藏自治区上市企业的资产市值波动率的变化可以看出，2001—2003 年资产市值波动率处于比较稳定的水平，在 10%~30% 之间，2003 年资产市值波动率为 9 年来最低水平，仅为 12.25%。从 2006 年开始，资产市值波动率急剧增加，2008 年达到最高，为 42%，2009 年略有下降，为 0.347 4，如图 31.14。2003 年西藏上市企业部门违约距离最高，2008 年为最低水平，如图 31.15。

结合资产市值波动率和违约距离两个风险指标看，2003 年资产市值波动率最小，违

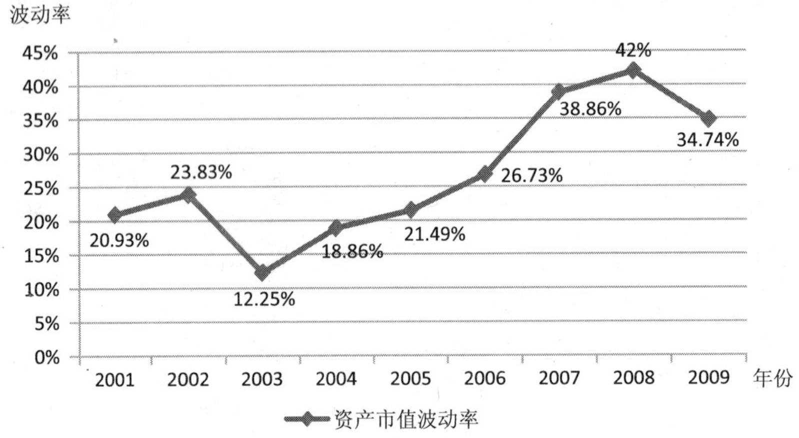


图 31.14　西藏上市企业部门资产市值波动率

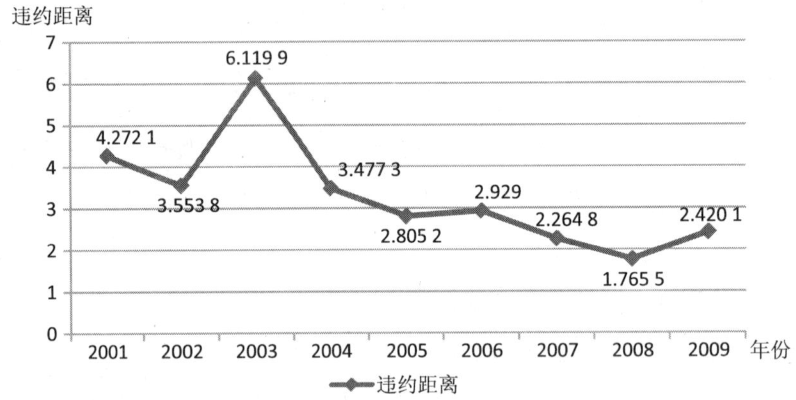


图 31.15　西藏上市企业部门违约距离

约距离最大，发生违约的可能性很小。2003 年开始，资产市值波动率逐渐增加，违约距离逐渐减少，到 2008 年达到最低水平，2008 年西藏自治区上市企业部门风险凸显，宏观层面上表现出经济、金融危机爆发的可能性。随着经济状况的好转，2009 年资产市值波动率略有降低，违约距离略有增加，风险稍有降低。

## 二、西藏自治区企业部门或有权益资产负债编制及分析

### （一）或有权益资产负债表编制

根据前文所述处理企业部门整体或有权益相关数据的方法，整理相关数据如表 31.7。通过 MATLAB 编程处理得到西藏自治区企业部门或有权益资产负债表，如表 31.8。

表 31.7　西藏企业部门或有权益资产负债表输入数据

| 年份 | 无风险利率（%） | 违约点（亿元） | 权益市值（亿元） | 权益市值波动率 |
|---|---|---|---|---|
| 2001 | 2.25 | 31.02 | 380.16 | 23.35% |
| 2002 | 2.02 | 38.87 | 388.88 | 28.02% |
| 2003 | 1.98 | 34.54 | 298.83 | 16.24% |
| 2004 | 2.03 | 32.95 | 223.06 | 28.46% |
| 2005 | 2.25 | 39.27 | 247.17 | 35.13% |
| 2006 | 2.35 | 56.25 | 509.29 | 33.92% |
| 2007 | 3.26 | 47.46 | 1 272.07 | 43.96% |
| 2008 | 3.92 | 49.35 | 645.03 | 55.91% |

注：本表数据来自中国人民银行统计数据，招商证券上市公司数据。其中企业部门权益市值根据上市企业权益市值 / 上市企业总权益 = 企业部门的权益市值 / 企业部门的总权益来进行套算，权益市值波动率用上市企业的权益市值波动率代替。

表 31.8　西藏企业部门或有权益资产负债表　　单位：亿元

| 年份 | 资产市值 | 负债市值 | 权益市值 | 年份 | 资产市值 | 负债市值 | 权益市值 |
|---|---|---|---|---|---|---|---|
| 2001 | 412.38 | 32.22 | 380.16 | 2005 | 295.43 | 48.26 | 247.17 |
| 2002 | 427.77 | 38.89 | 388.88 | 2006 | 581.35 | 72.06 | 509.29 |
| 2003 | 353.96 | 55.13 | 298.83 | 2007 | 1 330.96 | 58.89 | 1 272.07 |
| 2004 | 269.57 | 46.51 | 223.06 | 2008 | 730.49 | 85.47 | 645.03 |

注：本表数据根据表 31.7，通过 MATLAB 编程计算得出。

### （二）或有权益资产负债表分析

图 31.16 为 2001—2008 年西藏企业部门资产市值与资产账面价值。从图可以看出，这 8 年间资产市值一直高于资产账面价值，资产账面价值逐年增加。2004 年、2005 年两者之间的差距较小，这与股票市场的不景气密切相关。2007 年，受股市繁荣的影响，资产市值远高于资产账面价值，资产市值大约为资产账面价值的 5.5 倍，资产市值虚高，

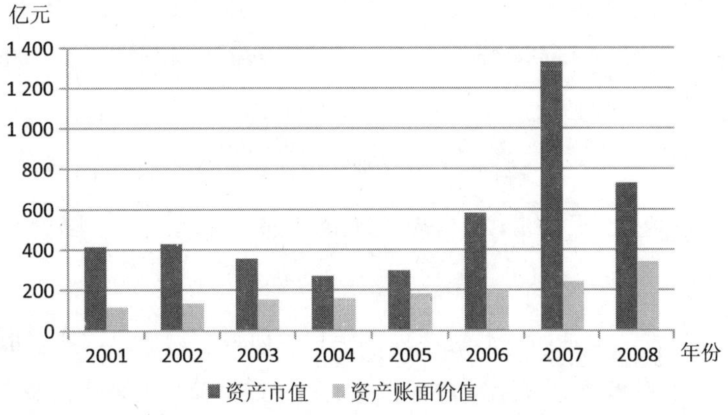


图 31.16　西藏企业资产账面价值和市场价值

存在潜在的风险。

图 31.17 是西藏企业部门的权益市值和负债市值。与图 31.13 进行比较可以很清楚地看出西藏企业部门权益市值的变化趋势与资产市值的变化趋势一致，且变化的趋势与中国资本市场的繁荣程度相关。2001 年西藏企业部门的权益市值为 380.16 亿元。2002—2004 年西藏企业部门的权益市值下降，从 2002 年的 388.88 亿元下降到 2004 年的 223.06 亿元。从 2005 年开始，权益市值直线上升，2007 年增加到 1 272.07 亿元，较 2006 年同期增长了 150%。在这 8 年间，权益市值从 380.16 亿元增加到 645.06 亿元，增长率为 70%，但负债市值从 32.22 亿元增加到 85.47 亿元，增长率高达 165%。

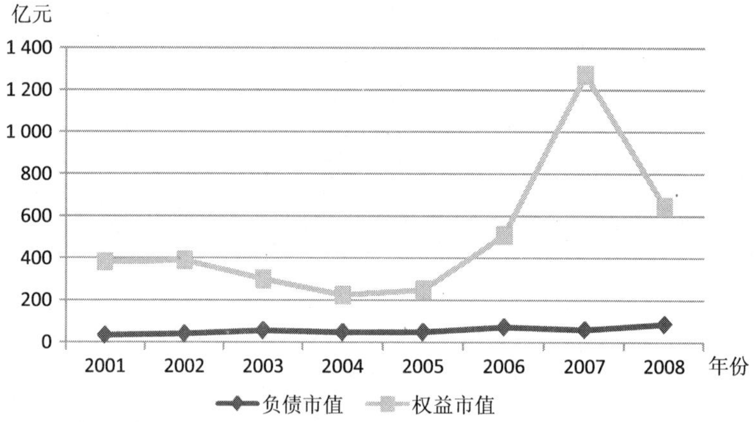


图 31.17　西藏企业资产权益市值与负债市值

从图 31.18 可以看出西藏企业部门资产市值远高于违约点，但两者之间的倍数关系有所变化。2001—2004 年资产市值与违约点的比值不断下降，从 2001 年的 12.5 下降到 8 年来的最低水平为 5.68。随后几年，资产市值与违约点的比例逐渐上升，2007 年资本市场大幅上涨，资产市值增长幅度很大，资产市值与违约点的比值也达到 8 年来的最高水平，高达 21.16，在 2007 年西藏企业部门的违约风险很低。2008 年，资产市值下降了 45.12%，资产市值与违约点的比例下降到 8.16，违约风险有所增加。

图 31.19 是西藏企业部门或有资产负债率和账面资产负债率的变化情况。2001 年西藏企业部门或有资产负债率仅为 7.8%，经过三年的增加，2004 年西藏企业部门或有资产负债率才达到 17.25%，随后几年或有资产负债率又有所降低，2007 年降为 4.42%，

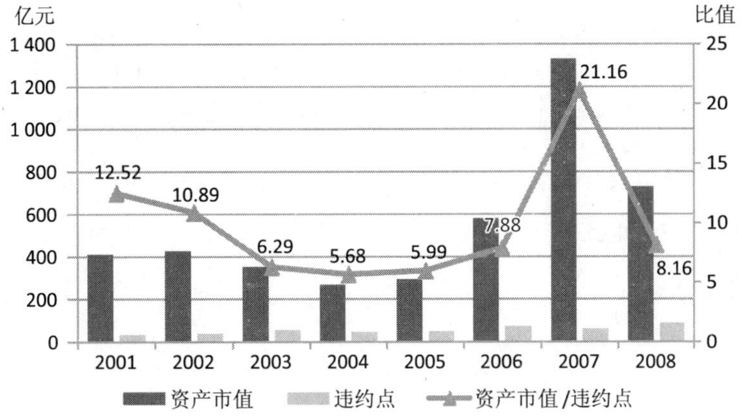


图 31.18　西藏企业资产市值和违约点比较

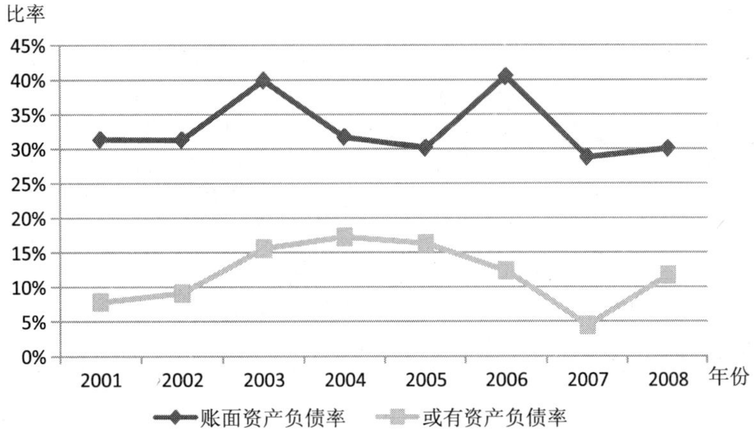


图 31.19　西藏企业部门资产负债率

2008 年又增加到 11.7%。由此可见，西藏企业部门或有资产负债率过低，负债融资较少。2001—2008 年，西藏企业部门大部分年份的资产负债率在 30% 左右波动，维持在较低水平，西藏企业部门不存在资本结构风险。

### （三）风险表分析

西藏企业部门的风险指标如表 31.9。

**表 31.9　西藏企业部门风险表**

| 年份 | 资产市值波动率 | 违约概率 | 违约距离 | 年份 | 资产市值波动率 | 违约概率 | 违约距离 |
|---|---|---|---|---|---|---|---|
| 2001 | 21.53% | 0 | 4.274 4 | 2005 | 29.39% | 0 | 2.834 0 |
| 2002 | 25.48% | 0 | 3.563 7 | 2006 | 29.71% | 0 | 2.938 1 |
| 2003 | 13.71% | 0 | 6.134 8 | 2007 | 41.95% | 0 | 2.271 2 |
| 2004 | 23.55% | 0 | 3.498 7 | 2008 | 49.35% | 0 | 1.778 0 |

图 31.20 是西藏自治区企业资产市值波动率的变化情况，从图可以看出，与上市企业资产市值波动率的变化一样，2001—2005 年企业部门资产市值波动率处于比较稳定的水平，在 10%~30% 之间，2003 年资产市值波动率为 9 年来最低水平，仅为 13.71%。从 2006 年开始，资产市值波动率急剧增加，2008 年达到 50%。从图 31.21 来看，2003 年西藏上市企业部门违约距离最大，除 2006 年略有上升外，随后几年一直在下降，2008 年达到最低水平。

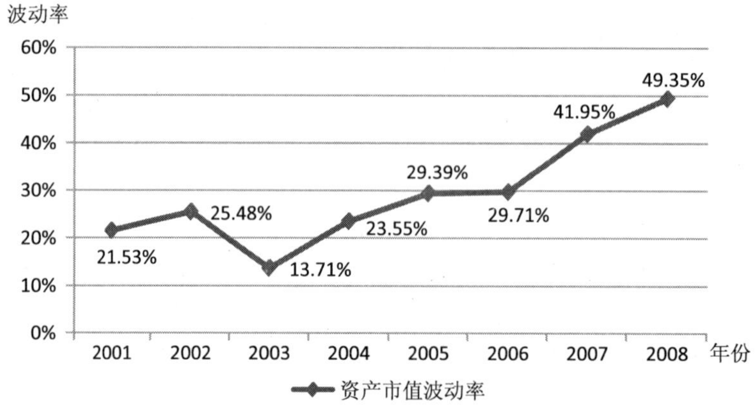


图 31.20　西藏企业部门资产市值波动率

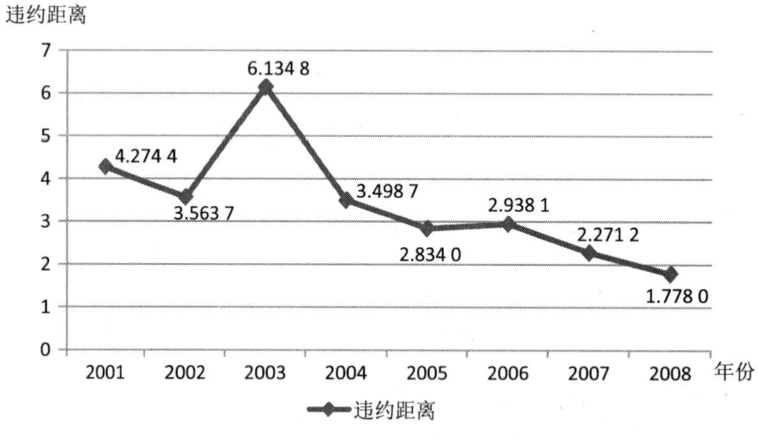


图 31.21　西藏企业部门违约距离

结合资产市值波动率、违约距离两个风险指标看，2003 年资产市值波动率最小，违约距离最大，发生违约的可能性很小。2003 年开始，资产市值波动率逐渐增加，违约距离逐渐减少，到 2008 年达到最低水平，2008 年西藏企业部门风险凸显，宏观层面上表现出经济、金融危机爆发的可能性。

## 第 4 节　结论及政策建议

综上所述，从上述西藏金融部门资产负债表的分析看，西藏金融部门贷款余额偏低，存贷比很低，2006—2008 年总资产小于存款余额，这三年西藏金融部门权益是负的；不存在货币错配风险；期限错配风险有所改善。分析西藏自治区企业部门资产负债表可知，西藏企业部门资产负债率很低，不存在资本结构风险，但西藏企业部门的经营较为谨慎，没有充分利用债券融资；期限错配风险有所改善，不存在清偿力风险，但财务杠杆运用不足。西藏上市企业部门的资产负债率一直较低，没有资本结构风险，基本不存在清偿力风险。2008 年西藏自治区企业部门违约风险凸显，随着经济状况的好转，2009 年资产市值波动率略有降低，违约距离略有增加，风险稍有降低。

西藏的经济本来就处于不发达的阶段，加上特殊的环境和地理条件，就更需要大量的资本来推动区域的经济发展。但是由于各方面的种种原因，银行存贷差不断扩大，银行一直存在大量的剩余储蓄无法在区内贷出，就有可能寻找其他有较高收益的经济途径，这和西藏经济建设缺乏大量资金却得不到相应的经济、金融支持一起形成了一个窘困的局面。

从企业方面看，资金需求有不同程度的下降。一是效益好的企业通过上市发行股票筹资，对银行的贷款需求减少。到 2008 年年底，西藏 8 家上市企业资产总额为 68.52 亿元，占 2008 年西藏 GDP 的 17.31%；二是中小企业贷款困难。西藏作为一个经济欠发达的地区，辖区内的企业几乎都属于中小企业。但是由于中小企业可供抵押的有效资产不足，资产负债结构不合理，未来偿债能力有限，市场竞争能力不足，经营风险较大等多方面原因，造成以风险管理责任追究制度管理的商业银行不愿意把资金贷给中小企业。加上商业银行不良贷款遗留问题严重，造成银行对中小企业发放贷款非常谨慎。另外，西藏的特殊优惠利率政策规定，各商业银行发放的贷款利率一律按比全国低 2 个百分点执行，不得浮动，贷款的额外风险无法补偿，银行对小中企业贷款的积极性受到抑制，造成银行有大量的资金却不贷，中小企业缺资金却又得不到银行的信贷，又无其他的融资方式，经济上面临无法正常运行的局面。

为了解决以上问题，控制西藏自治区金融部门和企业部门的风险，提出以下建议：

第一，西藏银行机构要采取有效的手段积极拓展新的贷款业务，可以从扩大消费信贷业务、拓展中间业务和创新信贷品种三方面着手：由于目前西藏消费信贷业务品种较单一，三家银行应积极开拓消费信贷业务领域；未来信贷业务可能出现萎缩，西藏商业银行应抓住中央加大对西藏投资力度的有利时机，在优良的服务中竞争，大力拓展中间业务，培育新的盈利增长点；根据不同的企业以及同一企业在不同时期的需求，创新出适应中小企业需求的信贷品种；对暂时不具备贷款条件，但有市场、有效益、有信用的企业，要积极探索质押、联保、打捆贷款等方式，多途径缓减企业贷款难问题。

第二，充分用好、用足、用活中央赋予西藏的特殊优惠金融政策，支持西藏经济跨越式发展。商业银行在确保信贷资金“三性”的前提下，要针对西藏交通、通信、能源等基础设施较为薄弱的现状，加大信贷投入力度，在支持地方经济发展的同时，也为自身培育新的盈利增长点。由此可见，要进一步增加贷款投放，需要各种政策和有关部门的总体配合和协调，增加社会有效需求，整顿社会信用秩序，打击企业逃废银行债务行为，改善西藏金融生态环境，降低银行贷款风险，为贷款的总体增加提供一个宽松的社会环境。①

第三，尽快建立西藏自治区中小企业信贷担保中介机构。由于大多数企业不愿在办理贷款业务中实行联保、互保，而办理抵押手续繁琐，有关部门收费过高，企业往往费时费力，延误生产经营时机。2009 年 12 月，西藏首家商业性担保公司——西藏世丰担保公司成立，该公司的成立不仅结束了西藏没有商业性担保公司的历史，而且将有效缓解中小企业融资难问题，有力推动西藏经济社会发展。因此，应进一步发展中小企业信贷担保中介机构来解决中小企业融资难的问题。

① 旺堆：《对西藏金融机构存差问题的理性思考》，《西南金融》，2009 年第 2 期。

# 第 32 章　陕西省宏观金融风险研究



2000 年以来，陕西省经济综合实力显著增强，电子、能源化工、装备制造、医药、食品、纺织服装、非金属矿物制品、有色冶金等八大支柱产业在陕西经济发展中起到主导作用。本章首先介绍陕西省经济金融现状，在梳理陕西省金融风险研究文献的基础上，编制金融部门和企业部门资产负债表，利用或有权益资产负债表分析方法分析其面临的宏观金融风险，并提出政策建议。

## 第 1 节　引言

西部大开发十年，陕西经济进入持续快速发展期，充分发挥制造、旅游、文化、科技、区位等比较优势，全力推动经济发展。特别是“西部强省”战略提出后，陕西省经济增长率连续八年保持两位数，2008 年增速达到了 20 年来最高水平。本节首先介绍陕西省经济金融概况，然后对陕西省相关文献进行归纳总结。

### 一、陕西省经济金融概况

**（一）陕西省经济运行概况**

从 1978 年到 2008 年的 30 年间，陕西省经济增长大致有 2 个高速发展期，如图 32.1。第一个在 1984—1997 年，GDP 年增长率保持在 10% 以上，1997 年之后经济衰退，

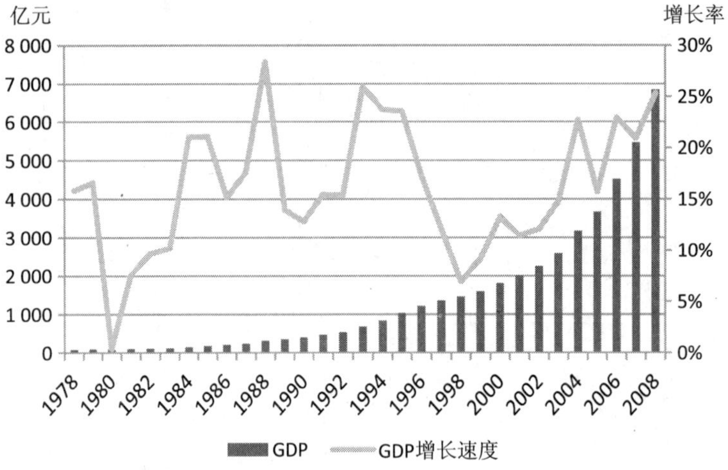


图 32.1　陕西省 GDP 及增长速度

2000 年进入第二轮高速增长阶段。2008 年在国际金融危机影响不断加剧的背景下，陕西省资源、区位、科教、旅游比较优势进一步显现，投资拉动效应显著，消费需求贡献度提高，承接产业转移加速，陕西经济保持了平稳较快的发展态势，实现地区生产总值 6 851.3 亿元，以 15.6% 的增速居全国前列。陕西省三次产业协调发展，第二产业仍是经济增长的主要支撑。2008 年陕西省第一、二、三产业增加值分别增长 7.6%、18.8% 和 13.0%，第二产业依然主导经济增长，贡献率较上年有所提高。①

**（二）陕西省金融运行概况**

2003 年以来陕西省的金融体系不断健全，在逐步改变西部地区金融弱势的基础上，金融运行逐渐走上健康发展的轨道。金融机构数量有所增加，金融改革及金融创新稳步推进，同时金融监管与市场风险防范能力不断得到加强，全省金融环境的优化也大大改善了实体经济运行的环境。金融业根据市场行情变化进行调整，总体上保持了稳健的运行态势。

全省金融行业总资产在规模上不断取得突破，2003 年以来每年保持高速增长，2008 年达到 13 541 亿元，比上年增长 39.8%。金融资产在数量上飞速增长的同时也保证了质量上的提高，不良贷款余额及不良贷款率不断下降。金融资产结构趋于合理化，存贷款余额同步增长，贷款投向更加优化，2008 年全年新增贷款首次突破千亿，贷款主要流向八大优势行业，向民生、三农等薄弱环节和关乎国计民生的重点领域倾斜，有力地保证了信贷利用效率。资本市场更加活跃，融资渠道更加畅通，在证券交易规模收缩的同时直接融资实现突破，直接融资比重在 2008 年首次超过 20%。截至 2008 年年末，全省

① 中国人民银行西安分行，货币政策分析小组：《2008 年陕西省金融运行报告》，第 8~13 页。

29 家上市公司总市值达到 839.3 亿元，当年通过 IPO 实现融资 166.4 亿元，良好的资金渠道确保了实体经济的发展。同时，期货交易创新高，保险业务更广泛开展，保险深度和保险密度都有很大程度提高。

但是陕西省的金融创新仍然不够，跟上海、深圳等发达地区相比，还有很大差距。陕西省金融机构参与资产证券化和金融衍生产品交易的程度较低，无论是在金融业务的拓展上，还是金融产品的开发上，陕西省都有很大的发展空间。这对于规避汇率、利率等一系列风险，确保陕西省经济平稳发展，充分发挥金融在推动地方经济发展中的作用有着极其重要的意义。

### 二、文献综述

随着各省经济和金融发展差距的增大，陕西省金融风险引起一些学者的关注。

吴旺延（2002）认为金融安全有其特定的内涵和衡量指标。从金融安全的指标看，陕西金融存在着不安全因素。壮大企业实力是陕西金融安全的基础，增强金融安全意识，加强金融监管，化解金融风险是必须采取的对策。王满仓、佘镜怀、杨二宝（2005）以国内学者的研究成果为基础，利用改革开放以来陕西金融发展数据，采用格兰杰因果关系检验和线性回归分析方法，对西部金融体系发展与经济增长的关系进行实证研究，结果认为：西部地区的实际利率与经济增长呈负相关关系；金融发展指标与经济增长率呈负相关关系；保险市场对经济增长起促进作用；股票市场对经济增长有不显著的促进作用，且存在明显的滞后效应，这是影响西部经济发展的一个主要原因。李慧（2006）认为实施西部经济一体化，是陕西实现跨越式发展、建设西部经济强省的重大战略措施，体现了经济发展的现实要求与内在规律，能够发挥陕西科教、文化优势，发挥两市带动辐射作用，加快关中经济区的发展，带动全省经济社会实现跨越式全面发展。屈小娥（2007）通过对改革开放以来，陕西经济增长中资本、劳动、技术进步作用的实证分析，得出陕西经济增长是典型的投资拉动型，技术进步对陕西经济增长的作用并不明显。推进体制改革，提高要素质量和效率，建立有利于技术进步的经济体制是今后陕西经济增长的关键。

## 第 2 节　陕西省部门资产负债表编制及分析

本节基于资产负债表方法的实证研究主要包括对陕西省企业部门和金融部门风险的

识别和度量，以及对整体风险进行基于账面价值的评判。

## 一、陕西省金融部门资产负债表编制及分析

### （一）金融部门资产负债表编制

以下编制的陕西省金融部门2003—2008年资产负债表，主要涵盖陕西省银行类金融机构，如表32.1。

表32.1 陕西省金融部门资产负债表　　单位：亿元

| 年份 | 2003 | 2004 | 2005 | 2006 | 2007 | 2008 |
|---|---|---|---|---|---|---|
| **总资产** | — | 5 272.59 | 6 828.00 | 8 138.00 | 9 683.80 | 13 540.60 |
| 贷款余额 | 3 508.56 | 3 894.50 | 4 043.00 | 4 535.60 | 5 210.90 | 6 198.90 |
| 短期贷款 | 1 688.44 | 1 811.70 | 1 692.60 | 1 777.80 | 1 933.90 | 2 168.10 |
| 票据融资 | — | — | — | 282.20 | 251.50 | 365.60 |
| 中长期贷款 | 1 490.14 | 1 752.40 | 1 941.80 | 2 414.50 | 2 966.20 | 3 586.90 |
| 本币贷款 | 3 453.20 | 3 829.60 | 3 983.20 | 4 463.20 | 5 121.20 | 6 096.10 |
| 外币贷款 | 55.36 | 64.90 | 59.80 | 72.40 | 89.70 | 102.80 |
| **总负债和权益** | — | 5 272.59 | 6 828.00 | 8 138.00 | 9 683.80 | 13 540.60 |
| 存款余额 | 4 730.06 | 5 491.60 | 6 549.00 | 7 554.50 | 8 608.80 | 10 927.60 |
| 本币存款 | 4 594.62 | 5 380.30 | 6 446.50 | 7 452.50 | 8 501.40 | 10 829.00 |
| 企业存款 | 1 454.93 | 1 665.90 | 1 848.80 | 2 152.20 | 2 676.20 | 3 418.50 |
| 居民储蓄 | 2 519.90 | 2 948.30 | 3 534.00 | 4 067.60 | 4 273.60 | 5 494.50 |
| 定期存款 | 1 749.80 | 2 070.50 | 2 434.20 | 2 695.40 | 2 649.90 | — |
| 活期存款 | 770.10 | 877.80 | 1 099.80 | 1 372.20 | 1 623.70 | — |
| 外币存款 | 135.44 | 111.30 | 102.50 | 102.00 | 107.40 | 98.60 |

注：陕西省金融部门资产负债表涵盖银行类金融机构资产负债表，数据来源于《陕西省金融运行报告》、《中国区域经济统计年鉴》等，具体如下：

① 总资产数据从2005—2008年《陕西省金融运行报告》获得。2004年总资产按2005年同比增长推算。

② 贷款余额、短期贷款、中长期贷款、本币贷款和外币贷款数据从2004—2008年《陕西省金融运行报告》附表获得，2003年数据根据2004年的增长率推算出。票据融资从2006—2008年《陕西省金融运行报告》附表获得。

③ 存款余额、企业存款、本币存款和外币存款数据从2004—2008年《陕西省金融运行报告》附表获得，2003年数据根据2004年的增长率推算出。居民储蓄和定期存款数据从2004—2008年《中国区域经济统计年鉴》获得。活期存款由居民储蓄减去定期存款得到。

### （二）金融部门资产负债表分析

1. 资本结构风险分析

陕西省金融部门资产规模在2004—2008年间平稳增加。从图32.2中看出，2004—2008年这5年间，陕西省金融部门资产有了稳步的增长，并且在最近两年里表现出加速

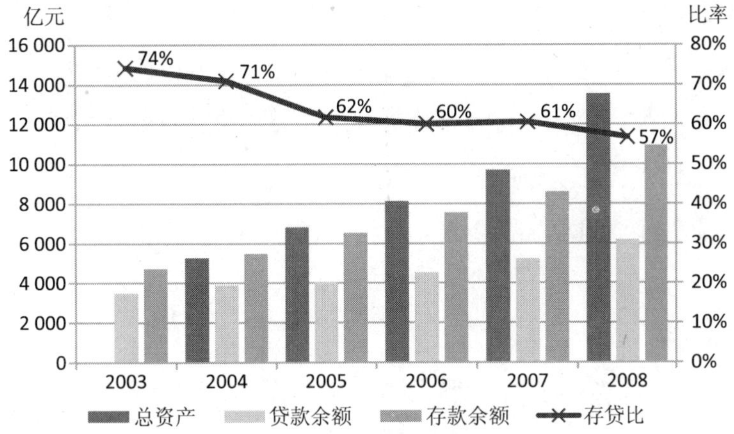


图 32.2　陕西省金融部门资本结构

的态势。各项贷款余额在 2004—2008 年间稳定增长，占总资产的比重却持续下降，2004 年贷款占总资产的 74%，2008 年下降到 46%，贷款支出不再是资金运用的绝对主力，资金运用方式多样化。各项存款余额高于贷款余额，说明资金来源稳定。存款稳定增长，占总负债的比重逐年下降，其他筹措资金的渠道逐步发展，筹措资金能力增强。从陕西省金融部门存贷比看，2003—2008 年存贷比逐年降低，抗风险能力有所增强。然而较低的存贷比不利于以金融支持当地经济发展，因而可以适当考虑加大信贷投放力度，以期更好地扶持陕西省经济腾飞。

2. 期限错配风险分析

如图 32.3，陕西省金融部门贷款规模稳步扩张。各项贷款余额中，中长期贷款的比重逐年增加，说明资金运用多投向了中长期贷款，可能与陕西省近年大力支持固定资产

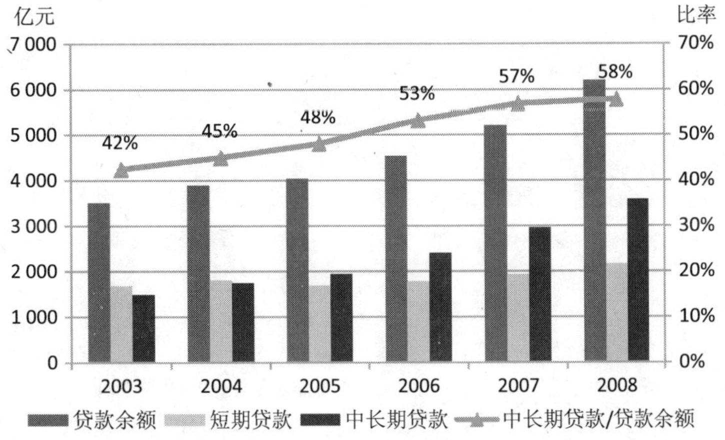


图 32.3　陕西省金融部门贷款结构

投资有紧密的联系。同时，短期资产比重较小，资产流动性不足。

如图 32.4，2003—2008 年间，居民存款和定活期存款规模稳定增长，定期存款的比重超过一半，而且有下降趋势。2003 年后，居民储蓄明显开始偏向活期存款。陕西省银行的资金来源是短期性的居民储蓄，而资金运用多投向中长期贷款，存款短期化和贷款中长期化将增加陕西省的期限错配风险。

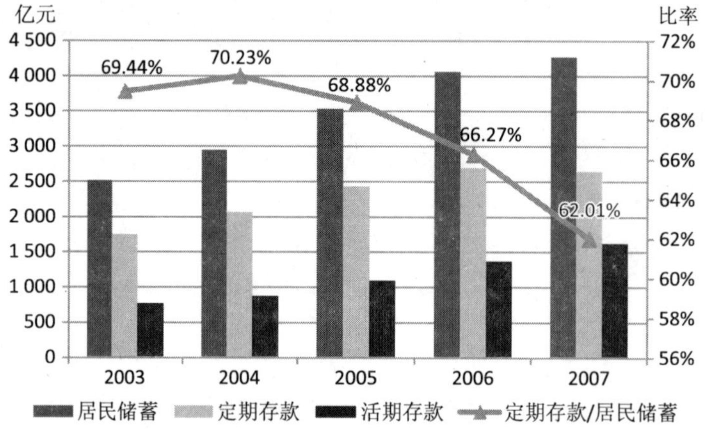


图 32.4　陕西省金融部门存款结构

3. 货币错配风险分析

从陕西省金融部门比重结构可以看出，本币贷款和本币存款远远高于外币贷款和外币存款。外汇业务不是陕西省金融机构的主要业务。如图 32.5，本币存款、本币贷款呈现不断上升的趋势，本币存贷比有下降趋势。

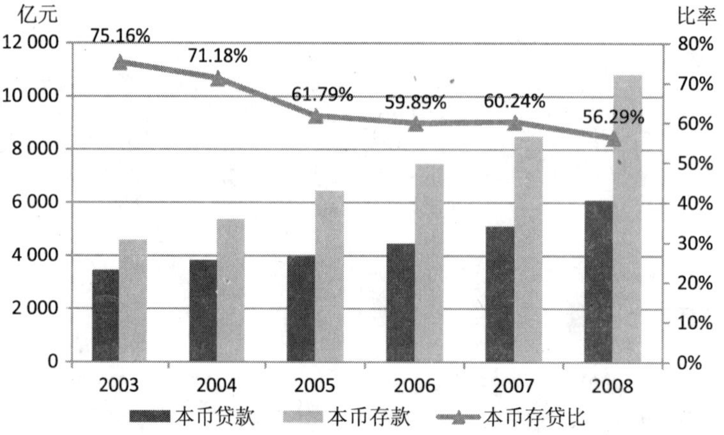


图 32.5　陕西省金融部门本币存款和本币贷款比较

如图 32.6，外币存货比逐年上升，2008 年超过 100%，外币贷款大于外币存款。由于存在人民币升值预期，货币错配的风险则暴露于本币升值方面，这会导致以本币计值的外币净资产缩水。陕西省外币存贷比不断增加，货币错配风险逐渐凸显。

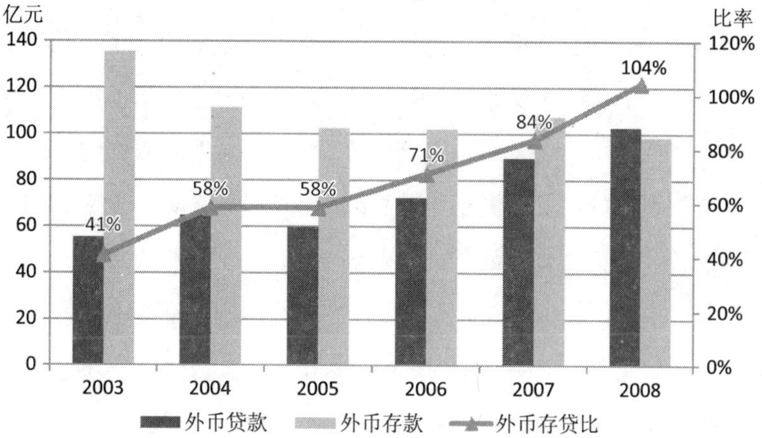


图 32.6　陕西省金融部门外币存款和外币贷款比较

## 二、陕西省企业部门资产负债表编制及分析

### （一）企业部门资产负债表编制

企业部门主要考察 1998—2008 年陕西省全部国有及规模以上非国有工业企业、限额以上餐饮企业、限额以上批发零售业以及所有建筑业企业，编制 1998—2008 年资产负债表，如表 32.2。

表 32.2　陕西省企业部门资产负债表　　单位：亿元

| 年份 | 资产 | 流动资产 | 长期资产 | 负债 | 流动负债 | 长期负债 | 所有者权益 |
|---|---|---|---|---|---|---|---|
| 1998 | 2 433.47 | 1 205.33 | 1 228.14 | 1 883.47 | 1 358.38 | 525.09 | 550.00 |
| 1999 | 3 004.24 | 1 320.01 | 1 684.23 | 2 300.35 | 1 612.61 | 687.74 | 703.90 |
| 2000 | 3 210.21 | 1 442.10 | 1 768.11 | 2 243.54 | 1 533.09 | 710.45 | 966.67 |
| 2001 | 3 622.25 | 1 555.58 | 2 066.67 | 2 348.81 | 1 611.65 | 737.16 | 1 273.44 |
| 2002 | 3 874.62 | 1 691.66 | 2 182.96 | 2 503.51 | 1 747.68 | 755.83 | 1 371.11 |
| 2003 | 4 392.55 | 1 961.62 | 2 430.93 | 3 105.11 | 2 250.88 | 854.23 | 1 287.44 |
| 2004 | 4 954.76 | 2 176.88 | 2 777.88 | 3 205.32 | 2 329.40 | 875.92 | 1 749.44 |
| 2005 | 6 124.32 | 2 718.05 | 3 406.27 | 3 918.23 | 2 788.12 | 1 130.11 | 2 206.09 |
| 2006 | 7 298.44 | 3 299.54 | 3 998.90 | 4 504.83 | 3 347.74 | 1 157.09 | 2 793.61 |
| 2007 | 8 955.87 | 4 140.91 | 4 814.96 | 5 361.66 | 4 063.18 | 1 298.48 | 3 594.21 |
| 2008 | 11 961.55 | 5 587.20 | 6 374.35 | 6 954.22 | 5 213.43 | 1 740.80 | 5 007.33 |

以下结合陕西省经济发展状况，对陕西省企业部门宏观金融风险作进一步分析。

**（二）企业部门资产负债表分析**

表 32.2 反映了陕西省企业的发展状况，总资产保持增长趋势，1998—2004 年增长平稳，2005 年开始增长速度突然加快，说明最近 4 年，陕西省加大了企业建设力度。从 2005 年开始，流动资产增长规模变大，企业资金流动变得频繁。2005 年之后长期资产增长速度加快，说明企业基础建设加强，用以扩大生产的固定投资增多。负债的突然加速增长也是在 2005 年之后，所有者权益的增长情况相同，说明陕西省企业通过加强债务融资和股权融资支持资本的扩大。债务融资主要的增长来自流动负债，长期负债每年稳定增长，长期负债增长量发生明显变化是在 2008 年，说明这一年陕西省企业部门中长期建设力度加强。综合来看，陕西省企业部门的加速发展发生在 2005 年之后，债务融资和股权融资都在这一轮企业发展过程中发挥了重要作用。

1. 期限错配分析

1998—2008 年陕西省企业部门的流动资产和流动负债情况如图 32.7，陕西省企业部门流动资产、流动负债在 1998—2008 年间稳定增加。流动比率有上升趋势，到 2007 年之后超过 1，改变了流动资产不足以覆盖全部流动负债的问题，这表明陕西省企业部门期限错配问题得到明显改善。

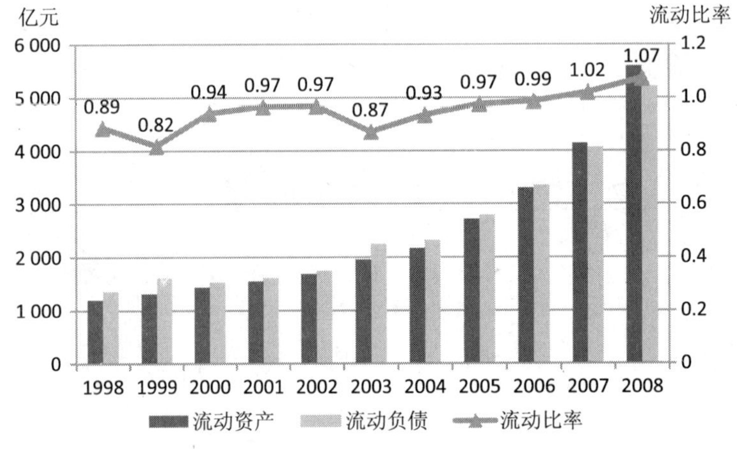


图 32.7　陕西省企业部门流动资产与流动负债

如图 32.8，从陕西省企业部门流动资产与总资产比例看，总资产中长期资产占比大于流动资产占比，资产流动性不足，不过近年来流动资产率逐渐上升，资产流动性增强。总的来看，陕西省企业部门期限错配风险得到改善。

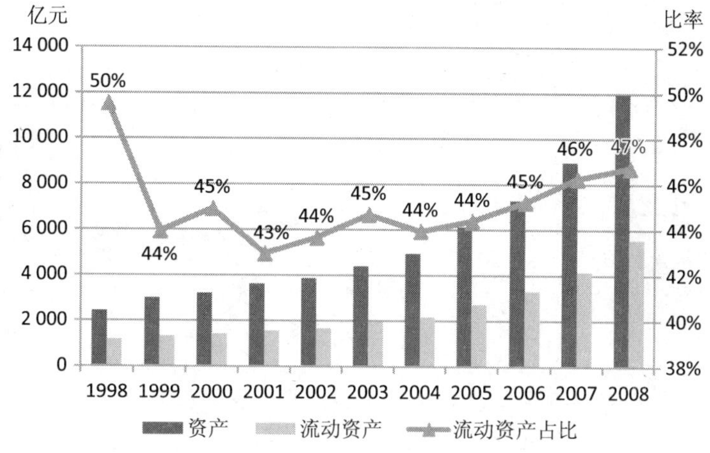


图 32.8　陕西省企业部门流动资产占比

2. 资本结构分析

如图 32.9，在 1998—2008 年间，陕西省企业部门发展迅速，资产、负债和所有者权益规模呈稳定上升趋势。随着资本市场的发展，陕西省企业股权融资增加，对债务融资的依赖程度降低，资产负债率有所降低，从 1998 年的 77% 下降到 2008 年的 58%。陕西省企业部门资本结构错配风险降低，资本结构逐步向合理水平发展，这与陕西金融部门逐年降低的存贷比传达出较为一致的信息。

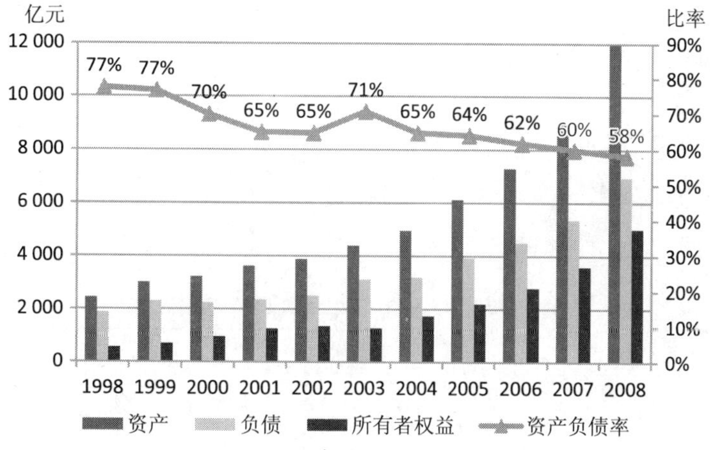


图 32.9　陕西省企业部门资本结构

3. 清偿力风险分析

如图 32.10，陕西省产权比率在 11 年间保持了下降的趋势。2007 年之后都低于 1.5，2003 年产权比率突然增加，主要是因为所有者权益负增长。总的来说，陕西省的清偿力在最近 10 年有很大改善。

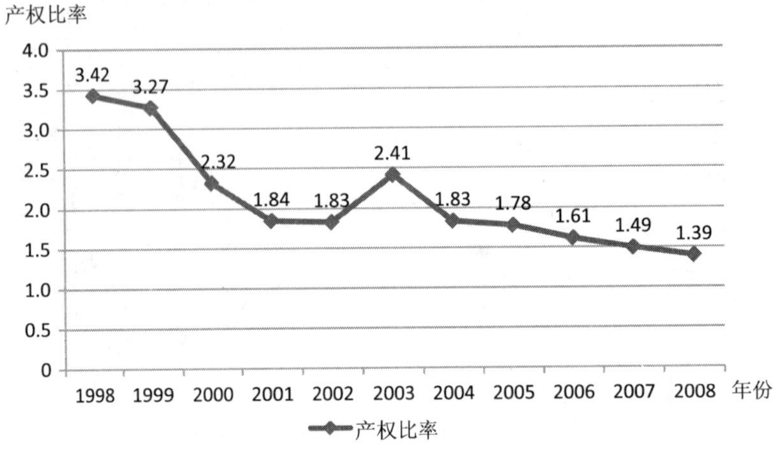


图 32.10　陕西省企业部门产权比率

## 第 3 节　陕西省或有权益资产负债表编制及分析

通过对陕西省金融部门和企业部门资产负债表分析，初步了解了陕西省的风险状况，但由历史信息和账面价值所反映的风险状况并不能反映投资者对未来的预期和不同时期的市场风险。本节将运用或有权益法分析陕西省上市企业部门和企业部门面临的风险。

### 一、陕西省上市企业部门或有权益资产负债表编制及分析

陕西省企业部门上市公司编制资产负债表的数据均来自国泰君安数据库。上市企业部门的违约点通过短期债务加一半的长期债务获得。具体可得 2001—2009 年陕西省上市企业部门资产负债表，如表 32.3。

**表 32.3　陕西省上市企业部门资产负债表**　　单元：亿元

| 年份 | 流动资产 | 资产 | 流动负债 | 负债 | 所有者权益 |
|---|---|---|---|---|---|
| 2001 | 96.54 | 187.05 | 62.83 | 71.77 | 115.28 |
| 2002 | 112.63 | 214.09 | 77.56 | 87.16 | 126.93 |
| 2003 | 117.42 | 232.42 | 89.68 | 99.90 | 132.52 |
| 2004 | 135.61 | 267.08 | 113.85 | 123.43 | 143.65 |
| 2005 | 140.02 | 271.59 | 128.26 | 143.85 | 127.74 |
| 2006 | 145.22 | 285.33 | 129.88 | 141.53 | 143.80 |
| 2007 | 166.23 | 331.15 | 150.70 | 168.21 | 162.95 |
| 2008 | 396.94 | 634.00 | 193.44 | 217.01 | 416.98 |
| 2009 | 464.59 | 742.24 | 255.77 | 304.97 | 437.27 |

2001—2009 年陕西省上市企业部门或有权益资产负债表的输入参数如表 32.4。

**表 32.4　陕西省上市企业部门或有权益资产负债表输入参数**

| 年份 | 无风险利率（%） | 违约点（亿元） | 权益市值（亿元） | 权益市值波动率 |
|---|---|---|---|---|
| 2001 | 2.25 | 67.30 | 365.72 | 24.08% |
| 2002 | 2.02 | 82.36 | 325.10 | 28.94% |
| 2003 | 1.98 | 94.79 | 293.64 | 18.27% |
| 2004 | 2.03 | 118.64 | 211.63 | 23.72% |
| 2005 | 2.25 | 136.06 | 196.45 | 29.32% |
| 2006 | 2.35 | 135.70 | 502.53 | 33.43% |
| 2007 | 3.26 | 159.45 | 1 375.49 | 39.53% |
| 2008 | 3.92 | 205.23 | 767.54 | 55.82% |
| 2009 | 2.25 | 280.37 | 1 863.80 | 42.89% |

### （一）或有权益资产负债表分析

根据以上或有权益资产负债表的输入参数，通过 MATLAB 编程计算，即得到陕西省上市企业部门或有权益资产负债表（表 32.5）以及陕西省上市企业部门风险指标表。

**表 32.5　陕西省上市企业部门或有权益资产负债表**　　单位：亿元

| 年份 | 资产市值 | 负债市值 | 权益市值 | 年份 | 资产市值 | 负债市值 | 权益市值 |
|---|---|---|---|---|---|---|---|
| 2001 | 431.55 | 65.83 | 365.72 | 2006 | 635.08 | 132.54 | 502.54 |
| 2002 | 405.56 | 80.46 | 325.10 | 2007 | 1 529.89 | 154.40 | 1 375.49 |
| 2003 | 386.87 | 93.23 | 293.64 | 2008 | 965.18 | 197.64 | 767.54 |
| 2004 | 328.03 | 116.40 | 211.63 | 2009 | 2 137.78 | 273.98 | 1 863.80 |
| 2005 | 329.49 | 133.04 | 196.45 | | | | |

图 32.11 是陕西省上市企业部门资产市值和资产账面价值的比较图。陕西省上市企

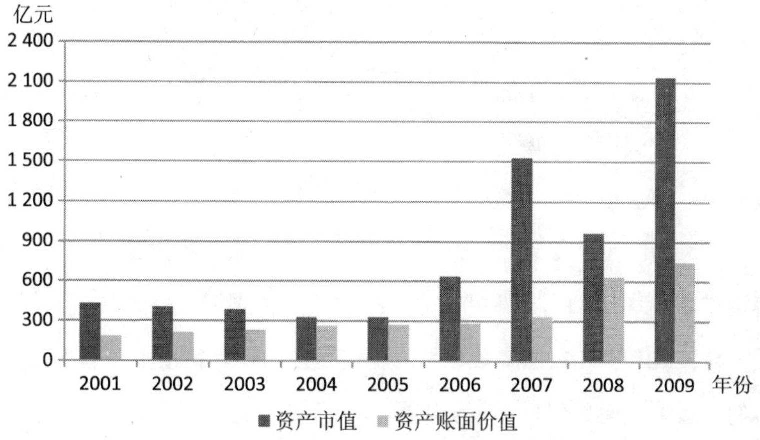


图 32.11　陕西省上市企业部门资产市值和账面价值

业部门资产账面价值在 2001—2009 年平稳增加。资产市值在 2001—2007 年间先降后升，2001—2006 年资产市值和资产账面价值差距不大，说明这段时间陕西上市企业部门的市场价值评价是理性的。2007 年由于股市上涨从而使资产市值达到一个新的高度，2008 年随股市回落而回落，2009 年在股市上涨的同时资产市值大幅增加并超过 2007 年高点水平。在样本年限内，资产账面价值均低于资产市值。

2001—2009 年，陕西省企业部门或有资产在 2001—2005 年间几乎没有大的变化，只是在一个区间内波动，而自 2006 年以来股市大幅上升，造就了 2007 年后资产市值的快速上涨，但是在 2008 年年末，资产价值随着金融危机的冲击而有所回落，2009 年股市逐步调整，股票增发，股价回升使得资产市值和权益市值上升，甚至大幅超过 2007 年的高点水平。资产市值变化主要是受到权益市值变化的影响。如图 32.12，企业部门或有资产增加的同时，负债市值稳定增加，但是负债市值很小。

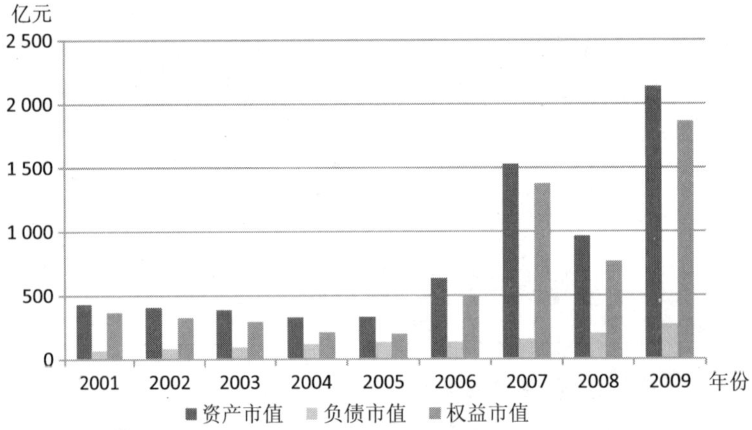


图 32.12　陕西省上市企业部门或有资本结构

如图 32.13，陕西省上市企业部门或有资产负债率的变动先于账面资产负债率的变动。在样本年限内，或有资产负债率小于账面价值的资产负债率，表明以市场公允价值计量的企业风险小于账面价值显示的金融风险，但是市场价值的不稳定性也使得以市场公允价值计量的企业风险的可信度降低。2005 年股市大跌，陕西省上市部门加大了债务融资力度，使得资产负债率达到高点。2007 年股市的大涨使得上市部门权益市值急剧增长，股权融资更容易，或有资产负债率大幅下降，但是账面资产负债率略有增加。受 2008 年金融危机影响，上市企业部门权益市值降低，或有资产负债率上升，2009 年股市上涨又带动其下降。

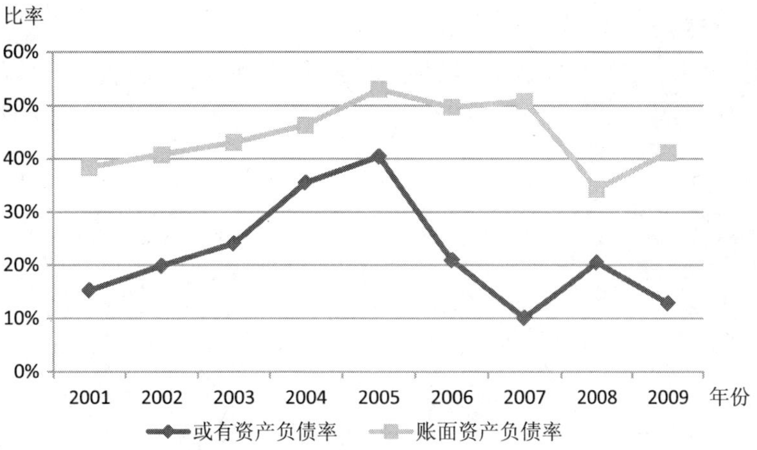


图 32.13　陕西省上市企业部门资产负债率

从资产市值与违约点看，如图 32.14，在 2001—2009 年间，资产市值一直远远大于违约点。一般来说，资产市值小于违约点时，企业发生清偿力危机，从而发生违约。陕西省的风险状况在 2005 年达到最差，在 2006—2007 年有显著的改善，2007 年资本市场大幅上涨的行情对陕西省上市企业资产市值名义值的影响较大，市场对中国整体经济抱有好的预期，从而对整体企业部门的发展看好，企业融资通道拓宽，通过资本市场直接融资规模扩大，违约风险降低。2008 年资产市值大幅下降，说明违约点相对于资产市值来说越来越大，可作为缓冲风险的区域相对越来越狭窄，然而资产市值仍大比例高于违约点，资产市值与违约点的比例小幅高于 2006 年水平，说明陕西省上市企业部门抗风险能力较强。2009 年违约点与往年基本持平，而资产市值大幅度增加，使得风险大大降低。

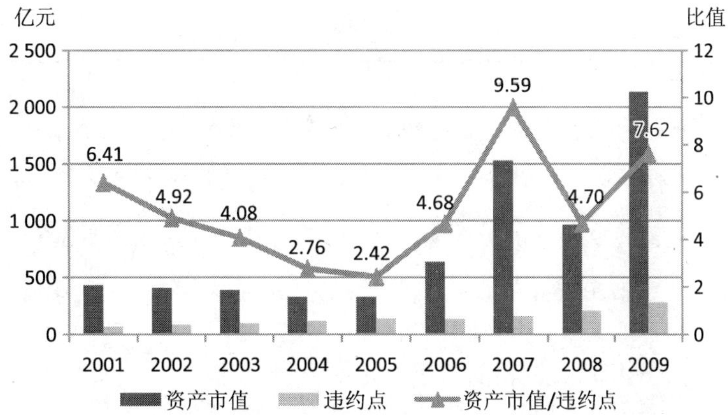


图 32.14　陕西省上市企业部门资产市值和违约点比较

### （二）风险表分析

如表 32.6，为了更清晰地看出这些风险指标所呈现的宏观风险特征，绘制各项指标的变化图。

表 32.6　陕西省上市企业部门风险指标

| 年份 | 资产市值波动率 | 违约概率 | 违约距离 | 年份 | 资产市值波动率 | 违约概率 | 违约距离 |
|---|---|---|---|---|---|---|---|
| 2001 | 20.41% | 0 | 4.135 5 | 2006 | 26.45% | 0 | 2.972 8 |
| 2002 | 23.19% | 0 | 3.436 5 | 2007 | 35.54% | 0 | 2.520 5 |
| 2003 | 13.87% | 0 | 5.442 3 | 2008 | 44.41% | 0.04% | 1.773 1 |
| 2004 | 15.31% | 0 | 4.169 8 | 2009 | 37.40% | 0 | 2.323 4 |
| 2005 | 17.48% | 0 | 3.357 8 | | | | |

如图 32.15，企业的市场价值波动率在前几年都比较平稳，在 2001—2005 年基本没有很大变化，说明这段时间陕西省上市部门市值比较稳定。2006 年起股市整体上涨，市值波动率开始攀升，陕西上市企业部门的市场价值波动变大，不太稳定。2008 年股市大涨大落之后资产市值波动率达到高点。2009 年市场波动情况有所改善。

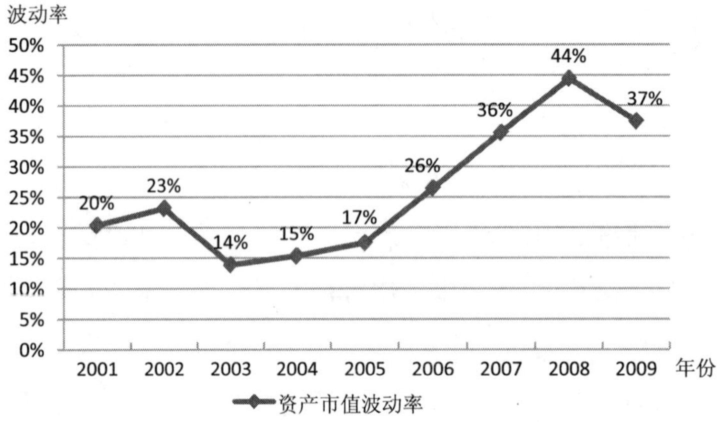


图 32.15　陕西省上市企业部门资产市值波动率

从违约距离看，陕西上市企业的违约距离在 2001—2005 年间上下波动且处于一个较为良性的区间，风险较小。如图 32.16，2006—2007 年，违约距离持续减小且处于较低水平，2008 年违约距离达到这 9 年间的最低值，仅为 1.77，违约风险较为明显。2009 年违约距离有所增加，但仍低于 2007 年的水平。

## 二、陕西省企业部门或有权益资产负债编制及分析

根据前文有关数据，整理数据如表 32.7 所示。

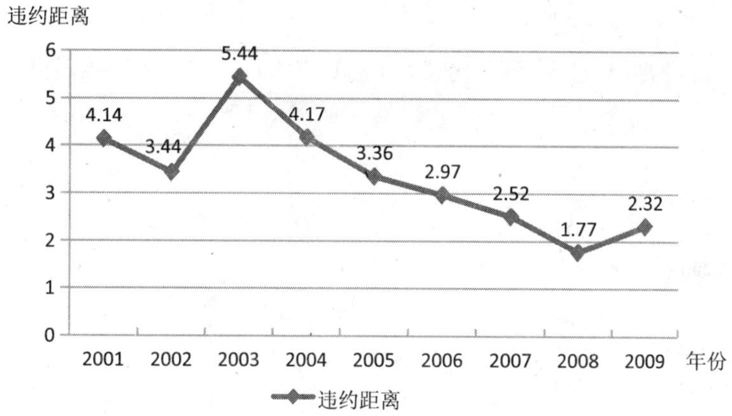


图 32.16　陕西省上市企业部门违约距离

**表 32.7　陕西省企业部门或有权益资产负债表输入参数**

| 年份 | 无风险利率（%） | 违约点（亿元） | 权益市值（亿元） | 权益市值波动率 |
|---|---|---|---|---|
| 2001 | 2.25 | 1 980.23 | 4 039.85 | 24.08% |
| 2002 | 2.02 | 2 125.59 | 3 511.66 | 28.94% |
| 2003 | 1.98 | 2 678.00 | 2 852.76 | 18.27% |
| 2004 | 2.03 | 2 767.36 | 2 577.41 | 23.72% |
| 2005 | 2.25 | 3 353.18 | 3 392.69 | 29.32% |
| 2006 | 2.35 | 3 926.29 | 9 762.54 | 33.43% |
| 2007 | 3.26 | 4 712.42 | 30 339.92 | 39.53% |
| 2008 | 3.92 | 6 083.83 | 9 216.98 | 55.82% |

注：企业部门权益市值根据上市企业权益市值 / 上市企业总权益 = 企业部门的权益市值 / 企业部门的总权益来进行套算，权益市值波动率用上市企业的权益市值波动率代替。

### （一）或有权益资产负债表分析

根据或有权益资产负债表的输入参数（表 32.7），通过 MATLAB 编程计算，得到陕西省企业部门或有权益资产负债表，如表 32.8。

**表 32.8　陕西省企业部门或有权益资产负债表**　　单位：亿元

| 年份 | 资产市值 | 负债市值 | 权益市值 | 年份 | 资产市值 | 负债市值 | 权益市值 |
|---|---|---|---|---|---|---|---|
| 2001 | 5 975.95 | 1 936.10 | 4 039.85 | 2005 | 6 670.87 | 3 278.18 | 3 392.69 |
| 2002 | 5 594.95 | 2 083.29 | 3 511.66 | 2006 | 13 596.77 | 3 834.24 | 9 762.54 |
| 2003 | 5 478.02 | 2 625.26 | 2 852.76 | 2007 | 34 890.91 | 4 550.99 | 30 339.92 |
| 2004 | 5 289.12 | 2 711.71 | 2 577.41 | 2008 | 15 127.36 | 5 910.39 | 9 216.98 |

由表 32.8 中数据分析可知陕西省企业部门或有权益总体情况和变化趋势。2001—2005 年资产市值变化不大，随着股市的大幅上涨，陕西省企业部门资产市值的上涨很快，

从 2005 年的 6 670.87 亿元增加到 2007 年的 34 890.91 亿元，2008 年又下降到 15 127.36 亿元。陕西省企业部门负债市值变化较为平缓，在 2001—2008 年稳定上升，从 1 936.10 亿元增加到 5 910.39 亿元，如图 32.17。

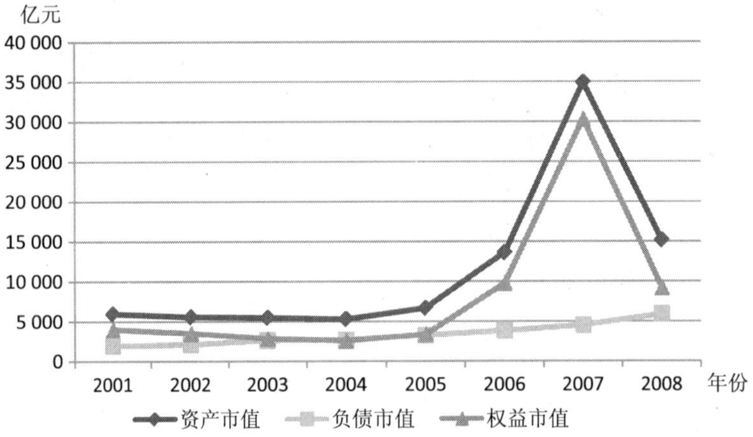


图 32.17　陕西省企业部门或有权益资本结构

如图 32.18，在考察期内，资产市值始终高于资产账面价值，说明陕西省企业部门的市场价值一直被高估，企业的资产有泡沫存在。2001—2005 年陕西省资产市值波动较平稳。2007 年资产市值呈爆炸式增长，严重偏离资产账面价值的增长轨迹，这与 2007 年股市大牛市密切相关。2008 年股市回落，资产市值也向实际账面价值靠拢。2006 年和 2008 年资产市值相近，说明陕西省资产市值对股市涨跌的反应是同样灵敏的。

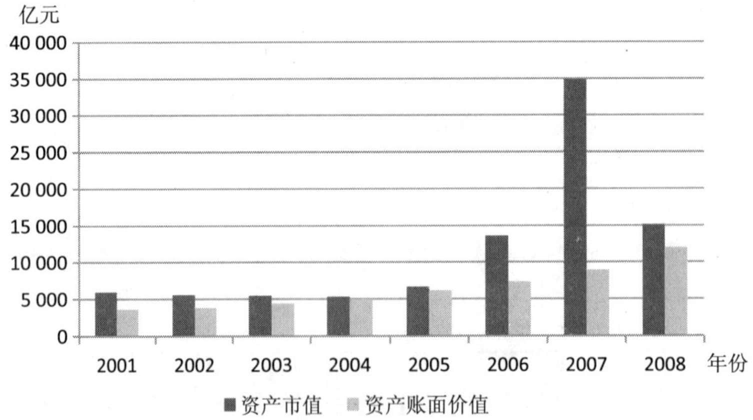


图 32.18　陕西省企业部门资产市值和账面价值

如图 32.19，相对于陕西省企业部门账面价值资产负债率变化趋势，或有资产负债率波动较大。在样本年份内，账面价值的资产负债率始终大于或有资产负债率，表明以市场公允价值计量的真实企业风险小于账面价值显示的金融风险。2007 年股市的大涨使得企业部门的账面权益和权益市值急剧增长，股权融资更容易，或有资产负债率大幅下降，2008 年股市回落账面资产负债率回升。对于陕西省企业部门而言，账面资产负债率受股市影响不明显。

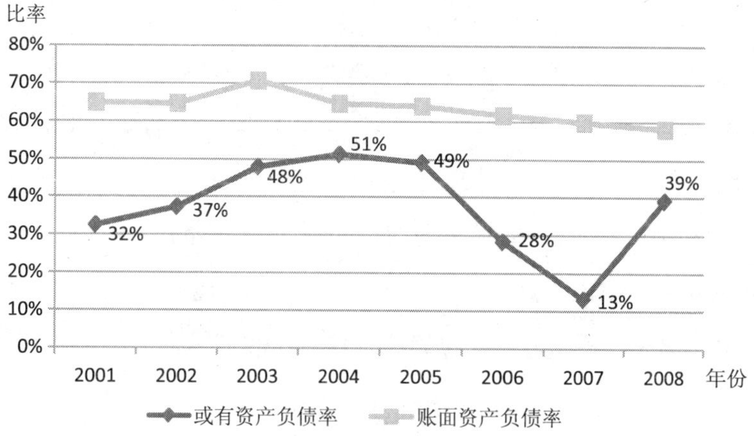


图 32.19　陕西省企业部门资产负债率比较

如图 32.20，样本区间内资产市值一直远远大于违约点。从两者之间的倍数关系看，2007 年资本市场的大幅上涨的行情对陕西省上市企业的资产市值名义值的影响较大，企业融资通道拓宽，通过资本市场直接融资规模扩大，违约风险降低。2008 年违约点和资产市值的差距相对下降很多，资产市值依然高于违约点，可作为缓冲风险的区域相对越

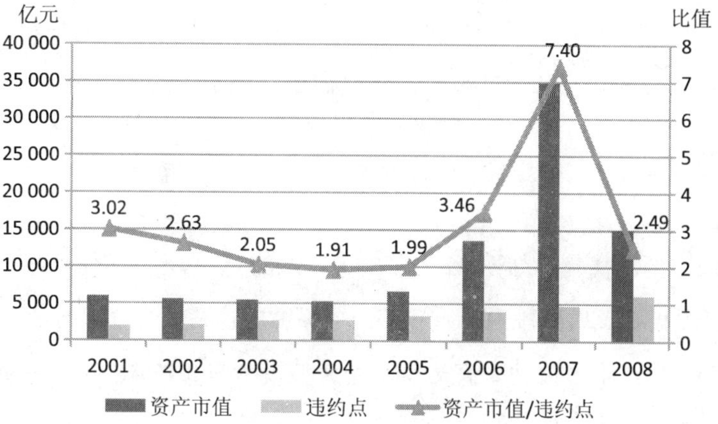


图 32.20　陕西省企业部门资产市值和违约点比较

来越狭窄。

**（二）风险表分析**

陕西企业部门的资产市值波动率、违约距离、违约概率等均可利用或有权益的分析结果直接计算得到，如表 32.9。

**表 32.9　陕西省企业部门风险表**

| 年份 | 资产市值波动率 | 违约概率 | 违约距离 | 年份 | 资产市值波动率 | 违约概率 | 违约距离 |
|---|---|---|---|---|---|---|---|
| 2001 | 16.28% | 0 | 4.107 0 | 2005 | 14.91% | 0 | 3.334 9 |
| 2002 | 18.16% | 0 | 3.413 9 | 2006 | 24.00% | 0 | 2.963 4 |
| 2003 | 9.51% | 0 | 5.372 4 | 2007 | 34.37% | 0 | 2.516 8 |
| 2004 | 11.56% | 0 | 4.124 3 | 2008 | 34.17% | 0.45% | 1.749 7 |

从以上陕西省企业部门的若干风险指标以及两幅折线图能够清晰地观察到陕西省企业总体的宏观风险情况。如图 32.21，资产市值波动率从 2003 年之后持续上升，2007 年之后我国股市大涨大落，所以导致股市波动比较剧烈，资产市值波动率达到高点，波动率增加的过程就是风险积累的过程，2008 年这种风险状况仍然没有明显好转。

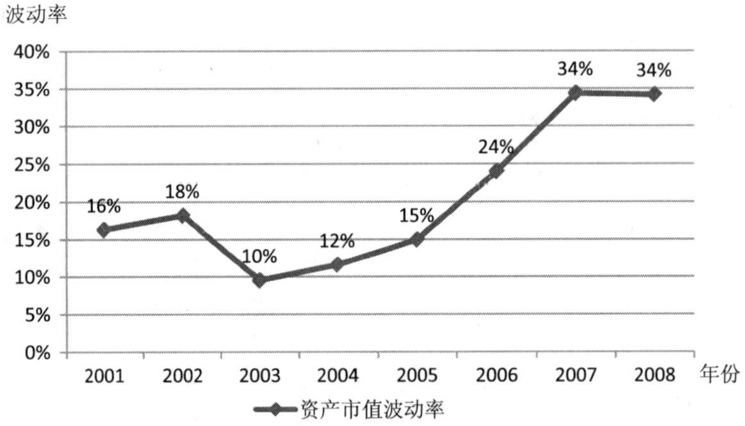


图 32.21　陕西省企业部门资产市值波动率

企业部门违约距离情况如图 32.22。2003—2008 年，陕西省企业部门违约距离逐年下降，也就是说在该时间段内，企业部门所面临的违约风险逐渐增加。2008 年违约距离仅为 1.75，资产市值波动率高达 34%，违约概率为 0.45%，陕西省企业部门面临的违约风险较大。

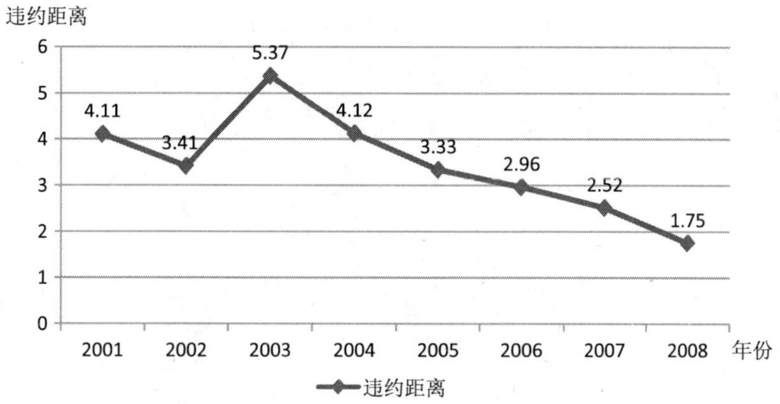


图 32.22　陕西省企业部门违约距离

## 第 4 节　结论及政策建议

本章在对陕西省经济金融运行概况以及相关文献进行归纳的基础上，基于账面价值资产负债表对陕西省金融部门和企业部门在运行过程中潜在的风险进行了分析，并结合市场信息编制上市企业和企业部门整体的或有权益资产负债表，分析宏观经济运行过程中的潜在风险。

首先，资本结构分析表明陕西省金融部门资产在最近两年里表现出了加速的态势，贷款支出不再是资金运用的绝对主力，资金运用方式多样化，存款稳定增长，其他筹措资金的渠道逐步发展，筹措资金能力增强，然而较低的存贷比不利于以金融支持区域经济发展。陕西省银行的资金来源是短期性的居民储蓄，而资金运用则多投向中长期贷款，存款短期化和贷款中长期化将增加陕西省的期限错配风险。陕西省金融部门加强了外汇业务，目前外币净资产绝对值不大，然而外币存贷比逐渐增加，货币错配风险开始显现。

对由规模以上工业企业、所有建筑业企业、限额以上餐饮企业以及限额以上批发零售企业等四大行业数据构成的企业部门资产负债表进行分析，结果表明总资产中长期资产占比大于流动资产占比，资产流动性不足，但是近年来流动资产占比逐渐上升，资产流动性增强，陕西省企业部门期限错配风险得到缓解。资产、负债和所有者权益规模均处于稳定上升趋势，随着陕西省企业加强股权融资，对债务融资的依赖程度降低，资产负债率有所降低，陕西省企业部门资本结构错配风险降低，资本结构逐步向合理水平发展，清偿力在最近 10 年有很大改善。

其次，基于市场价值的或有权益资产负债表及相关指标分析中，将上市企业进行了单独分析，上市企业资产市值在2001—2005年间变化幅度均较小，2006—2007年随着资本市场发展的加快，股票市场波动性增大，风险增大，随着2008年国际金融危机的蔓延，国内资本市场受到严重影响，上市企业市场价值均大幅下滑，风险达到高点。2009年由于经济复苏，股市回升，上市企业市值迅速大幅回升，违约风险有所下降。由整体企业部门的或有权益资产负债表分析结果可知，基于市场价值的企业部门风险不同于基于账面价值的分析结果，或有资产负债率波动较大，2007年仅为13%。2008年，陕西省企业部门资产市值波动率最高，违约距离最小，所面临的风险最大。

综合前文的分析，陕西省金融部门的数据显示，期限错配风险逐渐凸显，流动性略显不足，目前货币错配风险不明显。陕西企业部门各类风险分析表明，企业部门期限错配风险近年来有好转迹象然而亟待加强管理。在资本结构和清偿力分析方面，陕西省企业部门表现比较理想。

通过对陕西省各个部门金融风险的分析，提出如下建议：

第一，加强陕西省企业部门流动资产管理，逐步改善资产期限错配风险大的问题。企业流动资产若少于流动负债则面临较严重的流动性不足，严重时可能导致企业破产清算。一方面，陕西省应在企业监督管理过程中加强对其流动资产审查力度，对流动资产占总资产比重过小或流动资产不抵流动负债的企业限期要求其进行整改；对流动资产较多、流动比率较小、流动资产占总资产比重较大的企业给予适当的政策倾斜，适当放宽其贷款审核标准，辅助其拓宽融资渠道，积极推动其上市筹资或进行增资扩股，以适应企业发展的资金需求。另一方面，应完善社会融资体系，在当前金融政策体系的前提下，组建较完善的融资担保体系及信用评级体系；监督改善企业管理，从企业内部着手增强企业信用。

第二，推动陕西省金融体系多元化发展。陕西省可以大力发展本省证券公司，引进省外大型金融机构，制定吸引境外金融机构的发展计划，促进金融体系的多元化。金融机构体系的完善有助于推动优质企业上市，且有助于吸纳资本，扶持更多企业的发展。扩大市场准入条件引进境外金融机构，有助于推动金融机构间的竞争以促进其发展，同时有利于吸引外资。

# 第33章　甘肃省宏观金融风险研究

实施西部大开发战略以来，甘肃经济社会发展取得很大成就，正处在加快发展的重要阶段。但由于自然、地理、历史等原因，甘肃经济社会发展还面临一些困难和问题。本章在甘肃省经济金融运行概况以及相关文献归纳的基础上，从基于账面价值资产负债表和或有权益资产负债表两方面分析了甘肃省宏观经济金融运行过程中所面临的风险。

## 第1节　引言

甘肃省利用丰富的优势资源，重点发展基础工业，形成以重工业为主，轻重工业协调配合的生产体系，并成为中国有色金属、电力、石油化工、石油机械制造和建筑材料的重要基地。甘肃省面临的宏观金融风险与其经济结构是密切相关的，本节首先介绍甘肃省的经济金融运行概况，并对相关文献进行了归纳及梳理。

### 一、甘肃省经济金融概况

#### （一）甘肃省经济运行概况

甘肃省自然资源丰富，各种林地资源面积396.65万公顷，有白龙江、洮河、祁连山脉、大夏河等地的成片原始森林；各类草地资源面积1 575.29万公顷，是中国主要的牧业基地之一。矿产资源种类多而储量丰富，其中有色金属矿产中的铜、镍、钴、铅、锌、锑、铂、硒等矿产是甘肃的优势矿产。甘肃农业经济中种植业居突出地位，形成了种类繁多、布局合理的种植体系，很多产品已成为甘肃省的名优特产；畜牧业是仅次于种植业的农业经济部门。此外，还依靠省境森林资源和宜林土地资源积极发展林业生产。

1978 年后，改革开放打开了中国高速发展的新时代，甘肃省地处内陆，直到 1982 年才进入高速增长的时期，GDP 增长率超过 10% 并持续到 1996 年。1997 年甘肃省 GDP 增速大幅下降，直到 2002 年之后才恢复。2008 年，甘肃省积极应对国际国内经济形势急剧变化和严重自然灾害带来的不利影响，国民经济保持了平稳较快的发展态势，总体上呈现出增长较快、价格回稳、结构优化、民生改善的良好格局。2008 年甘肃省实现地区生产总值 3 176.1 亿元，三次产业协调发展，结构进一步优化，三次产业比重为 14.6 : 46.3 : 39.1，对生产总值的贡献率分别为 9.9%、38.5% 和 51.6%。[①] 图 33.1 是 1978—2008 年甘肃省 GDP 及增长速度。

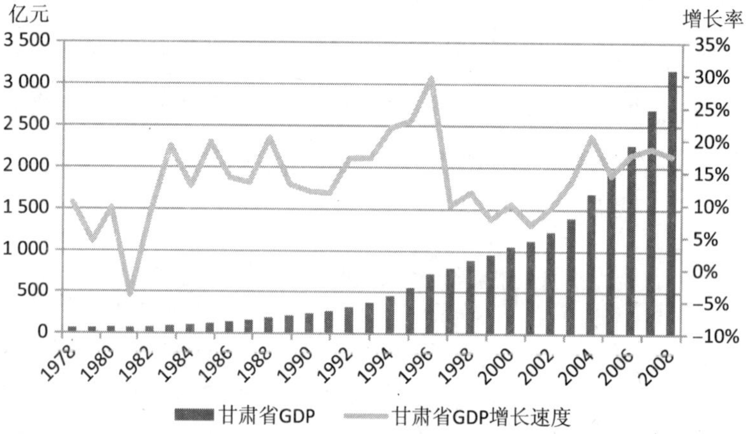


图 33.1　1978—2008 年甘肃省 GDP 及增长速度

**（二）甘肃省金融运行概况**

随着经济的发展和金融改革的不断深化，甘肃省的整体金融状况得到改善，金融体系更加健全，金融市场功能不断完善，业务范围也逐渐扩大，显示出良好的发展趋势。

甘肃省银行业经过股份制改革，体系更趋完善，经营效益也逐步提高。2003 年，甘肃省金融部门资产总额为 2 990.13 亿元，贷款余额为 1 721.70 元，存款余额为 2 172.69 亿元。

① 数据来源：《2008 年甘肃省金融运行报告》。

2007 年，国有商业银行甘肃省分支机构改革力度加大，工行、建行、中行甘肃分行改革取得较大成果，不良贷款率下降 1.1 个百分点，而且全省启动农村信用社试点改革，使农村地区银行业金融机构规模、质量都获得较大的提升，为农村发展注入强大的资金活力。2008 年，全省新增 4 家法人银行机构，1 家省级银行分支机构，银行业资产规模较快增长，达到 5 710.4 亿元，存款余额增加至 4 745.7 亿元，贷款余额增加至 2 768.4 亿元。银行体系在结构完善的同时，功能也得到提高，资金使用效率提高，推动了农业、基础设施建设等重点领域的发展，对经济薄弱环节的增强、弱势群体生活水平的提高等方面都起了很好的作用。

2003 年，甘肃省有 A 股上市公司 18 家，上市公司市值 320.61 亿元。2007 年，上市公司数量实现突破，新上市公司 2 家，全省上市公司总市值达到 1 069 亿元。2008 年，随着股票市场的萎靡，全省 21 家上市公司市值大幅缩水，直接融资与间接融资比重为 10.5：89.5，略低于 2007 年。保险业近年来发展较快，2008 年保险主体发展到 17 家，分支机构数量增加到 989 家，截至 2008 年年末，保险密度达 365 元 / 人，保险深度为 3%，为全省经济的平稳运行提供了强有力的保障。2008 年以来，地方政府和有关部门，积极推动金融生态环境建设，开展信贷市场信用评级工作，极大改善了全省的金融生态环境。

## 二、文献综述

与甘肃省金融风险相关的文献主要集中在甘肃省经济、金融发展中存在的问题，以及如何优化金融生态建设、促进甘肃省经济发展方面。

陈丽新（2004）以经济发展为研究的逻辑主线，通过对甘肃民族地区现实经济发展状况进行的宏观经济学、制度经济学、公共经济学考察透视民族地区现实经济运行中的相对优势和主要制约因素，剖析民族地区的财政收支和结构缺陷，研究民族地区的资金供应与平衡发展，探讨使用 BOT（build-operate-transfer）、租赁等现代市场手段的必要性和构建民族地区基金市场的迫切性。李兴坚（2006）将金融生态这一概念运用到分析甘肃省金融健康发展中，认为加强甘肃省金融生态建设对促进经济金融协调健康发展尤为紧迫。罗哲、李树基、曲玮等（2007）以甘肃为例，在利用统计资料和较为先进的计量方法对甘肃县域经济基本竞争力进行深入研究的基础上，提出甘肃县域经济竞争力评价的指标体系；对甘肃县域经济发展的状况做出综合评价，提出了对策建议。高树棠、程贵（2007）针对甘肃省金融生态环境的现状，分析了甘肃金融生态环境存在的问题，并就如何进一步优化金融生态环境，提出相关政策建议。郭建萍、魏颖（2008）运用VEC模型和1978—2006年甘肃省的主要宏观经济变量数据，对其宏观经济运行进行了实证分析，结果表明甘肃省经济属于外向型和消费驱动型，投资的增长主要靠消费推动，GDP的增长对消费的促进作用不明显。孟钊兰、邵洪选（2008）基于金融与经济互动的事实，在没有设定因果关系的前提下，利用典型相关分析的方法考察了甘肃省金融与经济协调发展中所存在的问题，探索研究区域金融发展与经济增长关系的新途径。实证结果表明从经典模型、结构分析以及能力解析方面可以验证甘肃金融发展与经济增长之间的内外均不协调，结合金融发展与经济增长的相关理论，可得出甘肃省资本形成与经济增长矛盾，金融效率与金融发展冲突和经济增长与市场投资主体脱节等三个主要结论。李玮（2009）针对在金融危机影响下甘肃经济下滑的局面，提出甘肃省应从自身的实际出发，从扩大内需、加大基础设施建设、转变出口模式等方面来刺激经济快速复苏。

## 第2节　甘肃省部门资产负债表编制及分析

本节基于资产负债表方法进行实证研究，主要包括对甘肃省企业部门和金融部门风险的识别和度量，以及对整体风险进行基于账面价值的评判。

### 一、甘肃省金融部门资产负债表编制及分析

#### （一）金融部门资产负债表编制

编制2003—2008年甘肃省金融部门资产负债表主要涵盖甘肃省银行业金融机构，如表33.1。

**表33.1　甘肃省金融部门资产负债表**　　单位：亿元

| 年份 | 2003 | 2004 | 2005 | 2006 | 2007 | 2008 |
|---|---|---|---|---|---|---|
| **总资产** | 2 990.16 | 3 441.67 | 3 419.90 | 3 939.90 | 4 529.00 | 5 710.40 |
| 贷款余额 | 1 721.70 | 1 928.30 | 1 942.80 | 2 131.30 | 2 448.20 | 2 768.40 |
| 短期贷款 | 898.04 | 1 005.80 | 939.00 | 941.20 | 1 049.70 | 1 214.40 |
| 票据融资 | — | — | — | 122.00 | 103.40 | 119.10 |
| 中长期贷款 | 745.11 | 837.50 | 895.10 | 1 050.10 | 1 255.10 | 1 423.80 |
| 本币贷款 | 1 698.44 | 1 907.35 | 1 923.50 | 2 112.08 | 2 403.60 | 2 731.90 |
| 外币贷款 | 23.25 | 20.95 | 19.30 | 19.22 | 44.60 | 36.50 |

续表

| 年份 | 2003 | 2004 | 2005 | 2006 | 2007 | 2008 |
|---|---|---|---|---|---|---|
| **总负债和权益** | 2 990.16 | 3 441.67 | 3 419.90 | 3 939.90 | 4 529.00 | 5 710.40 |
| 存款余额 | 2 172.69 | 2 528.00 | 2 931.40 | 3 341.30 | 3 765.00 | 4 745.70 |
| 本币存款 | 2 128.98 | 2 482.39 | 2 895.90 | 3 317.00 | 3 747.10 | 4 728.80 |
| 企业存款 | 699.24 | 824.40 | 873.90 | 972.00 | 1 125.40 | 1 366.20 |
| 居民储蓄 | 1 217.40 | 1 383.10 | 1 586.66 | 1 825.44 | 1 915.24 | — |
| 定期存款 | 819.40 | 928.10 | 1 047.32 | 1 174.29 | 1 171.08 | — |
| 活期存款 | 398.00 | 455.00 | 539.33 | 651.15 | 744.16 | — |
| 外币存款 | 44.71 | 45.61 | 35.50 | 24.30 | 17.90 | 16.90 |

注:甘肃省金融部门资产负债表涵盖银行类金融机构资产负债表，数据来源于《甘肃省金融运行报告》、《甘肃省统计年鉴》、《中国区域经济统计年鉴》等，具体如下：

① 总资产数据从2004—2008年《甘肃省金融运行报告》获得。2003年总资产按2004年同比增长推算。

② 贷款余额、短期贷款、中长期贷款、本币贷款和外币贷款数据从2004—2008年《甘肃省金融运行报告》附表获得，2003年数据根据2004年的增长率推算出。票据融资数据从2006—2008年《甘肃省金融运行报告》附表获得。

③ 存款余额、企业存款、本币存款和外币存款数据从2004—2008年《甘肃省金融运行报告》附表获得，2003年数据根据2004年的增长率推算出。居民储蓄和定期存款从2004—2008年《甘肃省统计年鉴》和《中国区域经济统计年鉴》获得。活期存款由居民储蓄减去定期存款得到。



### （二）金融部门资产负债表分析

1. 资本结构风险分析

如图33.2，甘肃省金融部门资产规模在2003—2008年间平稳增加。2003年到2008年这6年间，甘肃省金融部门资产有了稳步的增长，并且在2007年和2008年两年里表现出了加速的态势。各项贷款余额2004—2008年稳定增长，占总资产的比重却持续下降，2004

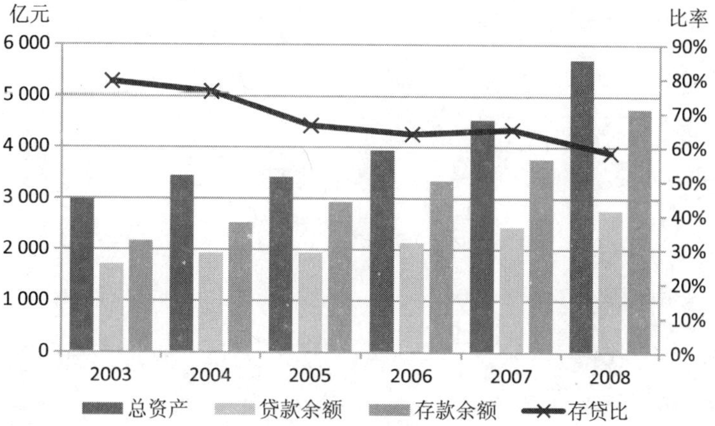


图33.2 甘肃省金融部门资本结构

年贷款占总资产的59%，2008年下降到48%，贷款支出在资金运用方面的作用日益减小，资金运用方式多样化。各项存款余额高于贷款余额，说明资金来源稳定。存款稳定增长，存贷比逐年降低，从2003年的79.24%降低到2008年的58.33%，抗风险能力有所增强。但甘肃省金融部门对存款筹资的依赖加强，筹措资金方式少，这会限制金融部门筹资能力的发展。

2. 期限错配风险分析

如图33.3，甘肃省金融部门贷款规模稳定扩张。各项贷款余额中，中长期贷款的比重逐年增加，资金运用多投向中长期贷款，说明甘肃省近年大力支持固定资产投资。同时，短期资产的比重较大，资产的流动性良好。

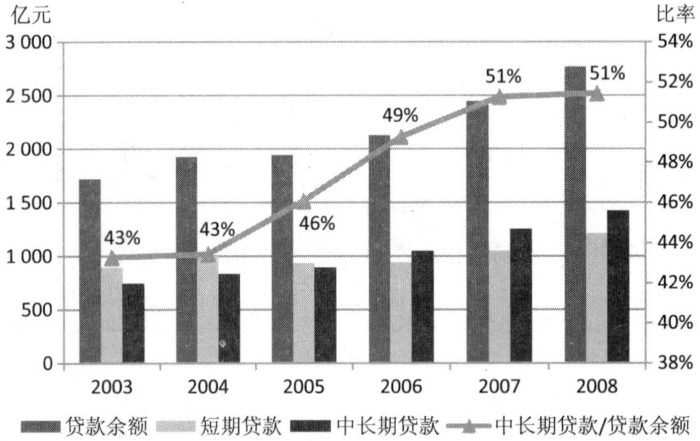


图 33.3　甘肃省金融部门贷款结构

如图33.4，在2003—2008年，居民存款和定活期存款规模稳定增长，定期存款的比重超过一半，而且有下降趋势。2003年之后，居民储蓄明显开始偏向活期存款。甘肃省银行的资金来源是短期性的居民储蓄，而资金运用则多投向中长期贷款，存款短期化和贷款中长期化将增加甘肃省的期限错配风险。

3. 货币错配风险分析

如图33.5，从甘肃省金融部门本外币存贷款可以看出，本币贷款和本币存款远远高于外币贷款和外币存款。2003—2008年，本币存款、本币贷款呈现不断上升的趋势，本币存款从2 128.98亿元增加到4 728.8亿元，本币贷款从1 698.44增加到2 731.9亿元，本币存款的增长率高于本币贷款的增长率，存贷比下降。

如图33.6，甘肃省金融部门外币贷款总体有上升趋势，外币存款呈下降趋势。

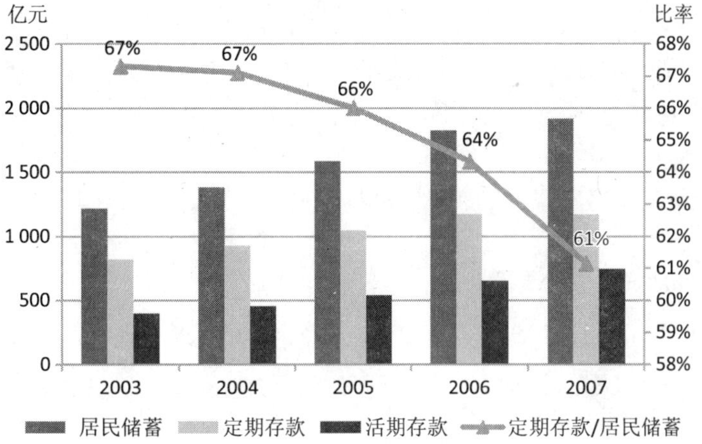


图 33.4 甘肃省金融部门存款结构

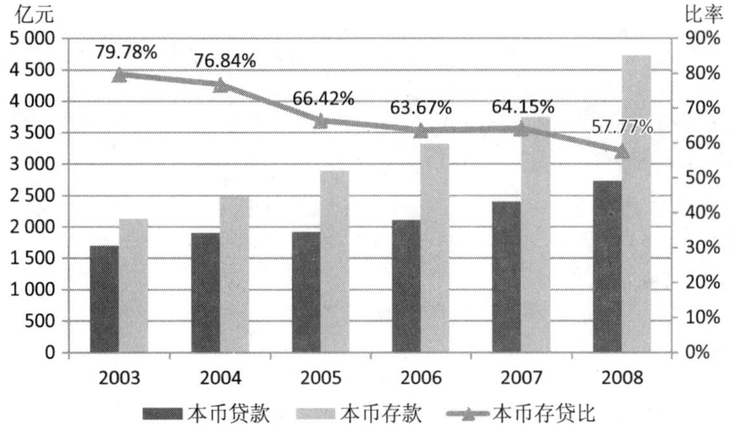


图 33.5 甘肃省金融部门本币存款和本币贷款比较

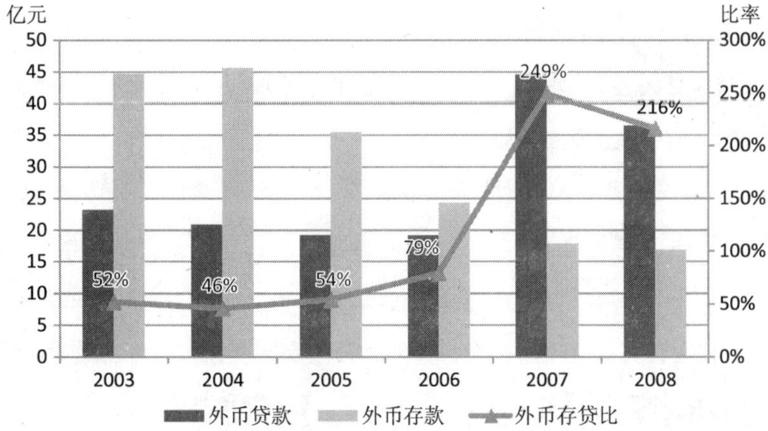


图 33.6 甘肃省金融部门外币存款和外币贷款比较

2003—2008 年外币存贷比总体有上升趋势，2007 年外币存贷比超过 200%，外币贷款大于外币存款。在外币贷款大于外币存款的情况下，外币流动性不足，存在货币错配风险。

## 二、甘肃省企业部门资产负债表编制及分析

### （一）企业部门资产负债表编制

对于企业部门，主要考察 1998—2008 年甘肃省全部国有及规模以上非国有工业企业、限额以上餐饮企业、限额以上批发零售业以及所有建筑业企业，编制 1998—2008 年资产负债表，如表 33.2。

表 33.2　甘肃省企业部门资产负债表　　单位：亿元

| 年份 | 资产 | 流动资产 | 长期资产 | 负债 | 流动负债 | 长期负债 | 所有者权益 |
|---|---|---|---|---|---|---|---|
| 1998 | 1 767.00 | 770.86 | 996.14 | 1 304.85 | 819.91 | 484.94 | 462.15 |
| 1999 | 1 869.34 | 791.62 | 1 077.72 | 1 410.22 | 955.00 | 455.22 | 459.12 |
| 2000 | 2 043.43 | 895.29 | 1 148.14 | 1 373.63 | 864.02 | 509.61 | 669.80 |
| 2001 | 2 216.93 | 898.35 | 1 318.58 | 1 473.23 | 966.04 | 507.19 | 743.70 |
| 2002 | 2 448.66 | 962.55 | 1 486.11 | 1 574.56 | 1 049.92 | 524.64 | 874.10 |
| 2003 | 2 679.67 | 1 115.64 | 1 564.03 | 1 877.55 | 1 303.11 | 574.44 | 802.12 |
| 2004 | 2 966.75 | 1 265.87 | 1 700.88 | 1 817.62 | 1 304.61 | 513.01 | 1 149.13 |
| 2005 | 3 097.78 | 1 393.52 | 1 704.26 | 1 848.87 | 1 297.84 | 551.03 | 1 248.91 |
| 2006 | 3 874.48 | 1 688.65 | 2 185.83 | 2 319.56 | 1 676.29 | 643.27 | 1 554.92 |
| 2007 | 4 507.43 | 2 031.21 | 2 476.22 | 2 638.08 | 1 892.43 | 745.65 | 1 869.35 |
| 2008 | 5 420.02 | 2 405.42 | 3 014.60 | 3 110.35 | 2 199.39 | 910.96 | 2 309.67 |

以下结合甘肃省经济发展状况，对甘肃省企业部门宏观金融风险做进一步分析。

### （二）企业部门资产负债表分析

表 33.2 反映了甘肃省企业的发展状况，总资产保持增长趋势，1998—2005 年增长平稳，2006 年开始，增长速度突然加快，说明甘肃省加大了企业建设力度。流动资产也是从 2006 年开始，增长规模变大，企业资金流动变得频繁。长期资产增长在 2006 年之后增长速度加快，说明企业基础建设投入增大，用以扩大生产的固定投资增多。负债的突然加速增长也出现在 2006 年之后，所有者权益的增长情况相同，说明甘肃省企业通过加强债务融资和股权融资支持资本的扩大，债务融资主要的增长来自流动负债。综合来看，甘肃省企业部门的加速发展发生在 2006 年之后，债务融资和股权融资都在这一轮企业发展过程中发挥了重要作用。

1. 期限错配分析

甘肃省企业部门1998年至2008年的流动资产和流动负债情况如图33.7，甘肃省企业部门流动资产、流动负债在1998—2008年间稳步上升，流动比率有上升趋势，2005年之后，不再出现流动资产不足以偿付全部流动负债的问题，这表明甘肃省企业部门期限错配问题得到明显改善。

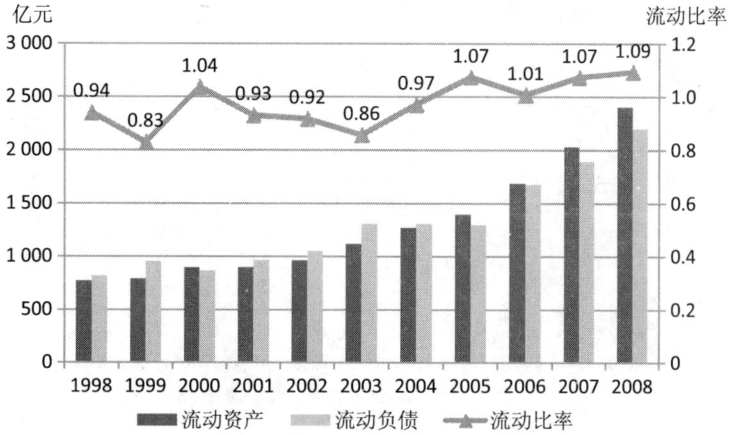


图33.7 甘肃省企业部门流动资产负债比较

如图33.8，从甘肃省企业部门流动资产与总资产比例看，总资产中长期资产占比大于流动资产占比，资产流动性不足，不过近年来流动资产比率逐渐上升，资产流动性增强。总的来看，甘肃省企业部门期限错配风险正在改善。

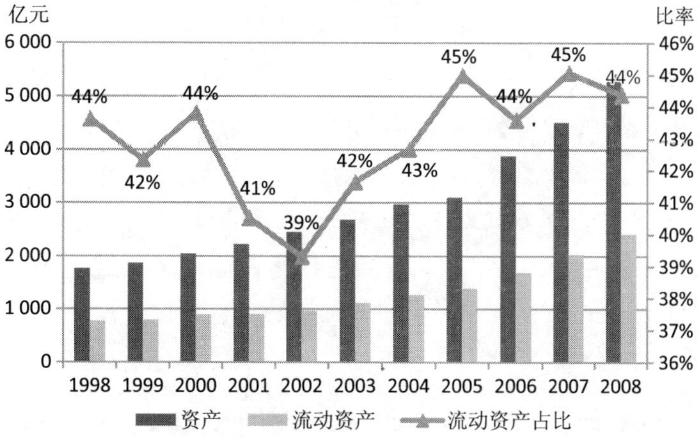


图33.8 甘肃省企业部门流动资产、总资产与流动资产占比

2. 资本结构分析

在 1998—2008 年期间，甘肃省企业部门发展迅速，资产、负债和所有者权益规模均处于稳定上升趋势。随着资本市场的发展，甘肃省企业开始进行股权融资，对债务融资的依赖程度降低，资产负债率有所降低，从 1998 年的 74% 下降到 2008 年的 57%。甘肃省企业部门资本结构错配风险降低，资本结构趋于合理化，如图 33.9。

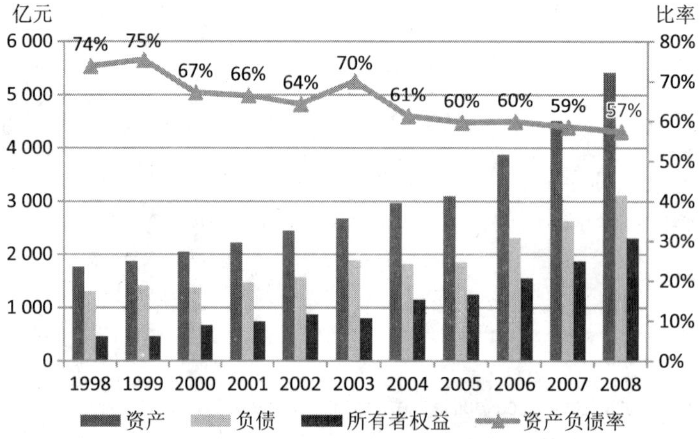


图 33.9　甘肃省企业部门资本结构

3. 清偿力风险分析

从以上的资本结构、期限错配情况看，甘肃省企业部门资本结构趋于合理，期限错配风险在改善。如图 33.10，甘肃省产权比率在 11 年间保持了下降的趋势，2005 之后都低于 1.5，2003 年产权比率突然增加主要是因为所有者权益负增长。总的来说，甘肃省的清偿力有很大改善，目前不存在清偿力风险。

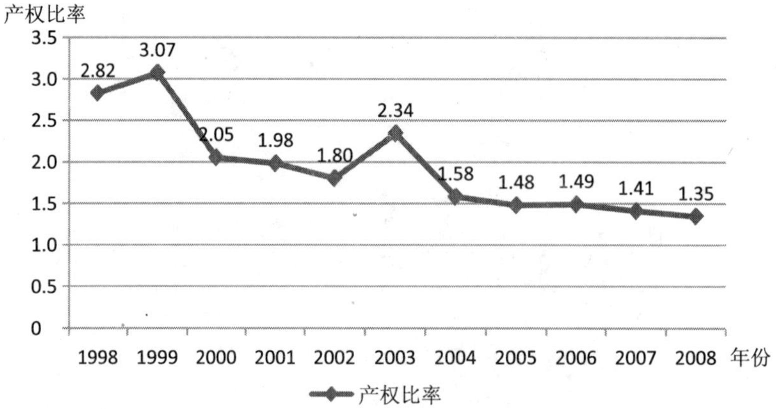


图 33.10　甘肃省企业部门产权比率

## 第 3 节　甘肃省或有权益资产负债表编制及分析

通过对甘肃省金融部门和企业部门资产负债表分析，初步了解了甘肃省的风险状况，但由历史信息和账面价值所反映的风险状况并不能反映投资者对未来的预期和不同时期的市场风险。本节运用或有权益法分析甘肃省部门和整体的实际风险，主要包括或有权益资产负债表的编制与分析、风险指标的选取和风险表的编制。

### 一、甘肃省上市企业部门或有权益资产负债编制及分析

#### （一）或有权益资产负债表编制

甘肃省企业部门上市公司编制资产负债表的数据均来自国泰君安数据库。上市企业部门的违约点通过流动负债加一半的长期负债获得。具体可得 2001 年到 2009 年甘肃省上市企业部门资产负债表，如表 33.3。

**表 33.3　甘肃省上市企业部门资产负债表**　　单位：亿元

| 年份 | 流动资产 | 资产 | 流动负债 | 负债 | 所有者权益 |
|---|---|---|---|---|---|
| 2001 | 73.59 | 158.10 | 46.92 | 56.27 | 101.83 |
| 2002 | 87.88 | 216.78 | 69.34 | 99.51 | 117.27 |
| 2003 | 97.08 | 236.90 | 71.37 | 105.92 | 130.98 |
| 2004 | 131.32 | 333.35 | 118.95 | 178.93 | 154.42 |
| 2005 | 132.74 | 347.63 | 134.60 | 190.52 | 157.11 |
| 2006 | 137.84 | 447.88 | 168.66 | 258.48 | 189.40 |
| 2007 | 190.75 | 514.56 | 190.71 | 283.79 | 230.77 |
| 2008 | 234.37 | 567.77 | 222.09 | 313.34 | 254.43 |
| 2009 | 325.63 | 1 461.96 | 478.19 | 1 032.49 | 429.47 |

甘肃省企业部门上市公司编制或有权益资产负债表的数据来自招商证券股票分析软件。股票价格采用前复权的方法，每个企业（不包括金融企业）的权益市值通过股票价格乘以现有股本数得到，加总处理后可得上市企业部门日权益市值，进一步计算即可得企业部门的年权益市值波动率；输入参数中的权益市值采用年末数据。具体可得 2001 年到 2009 年甘肃省上市企业部门或有权益资产负债表的输入参数如表 33.4。

表 33.4　甘肃省上市企业部门或有权益资产负债表输入参数

| 年份 | 无风险利率（%） | 违约点（亿元） | 权益市值（亿元） | 权益市值波动率 |
|---|---|---|---|---|
| 2001 | 2.25 | 51.60 | 291.36 | 24.61% |
| 2002 | 2.02 | 84.43 | 257.64 | 27.31% |
| 2003 | 1.98 | 88.64 | 320.61 | 19.48% |
| 2004 | 2.03 | 148.94 | 293.32 | 23.42% |
| 2005 | 2.25 | 162.56 | 230.09 | 25.10% |
| 2006 | 2.35 | 213.57 | 377.46 | 23.50% |
| 2007 | 3.26 | 237.25 | 1 580.28 | 47.64% |
| 2008 | 3.92 | 267.72 | 590.18 | 55.69% |
| 2009 | 2.25 | 755.34 | 1 270.00 | 36.65% |

### （二）或有权益资产负债表分析

根据或有权益资产负债表的输入参数，通过 MATLAB 编程计算，可得到甘肃省上市企业部门或有权益资产负债表（表 33.5）以及甘肃省企业部门风险指标表（表 33.6）。

表 33.5　甘肃省上市企业部门或有权益资产负债表　　单位：亿元

| 年份 | 资产市值 | 负债市值 | 权益市值 | 年份 | 资产市值 | 负债市值 | 权益市值 |
|---|---|---|---|---|---|---|---|
| 2001 | 341.84 | 50.48 | 291.36 | 2006 | 586.01 | 208.55 | 377.46 |
| 2002 | 340.41 | 82.77 | 257.64 | 2007 | 1 809.82 | 229.54 | 1 580.28 |
| 2003 | 407.50 | 86.89 | 320.61 | 2008 | 849.85 | 259.68 | 590.18 |
| 2004 | 439.25 | 145.93 | 293.32 | 2009 | 2 008.51 | 738.51 | 1 270.00 |
| 2005 | 389.03 | 158.94 | 230.09 | | | | |

图 33.11 是甘肃省上市企业部门资产市值和资产账面价值的比较图。2001—2008 年甘肃省上市企业部门资产账面价值平稳增加，2009 年增长较快。2001—2006 年，资产

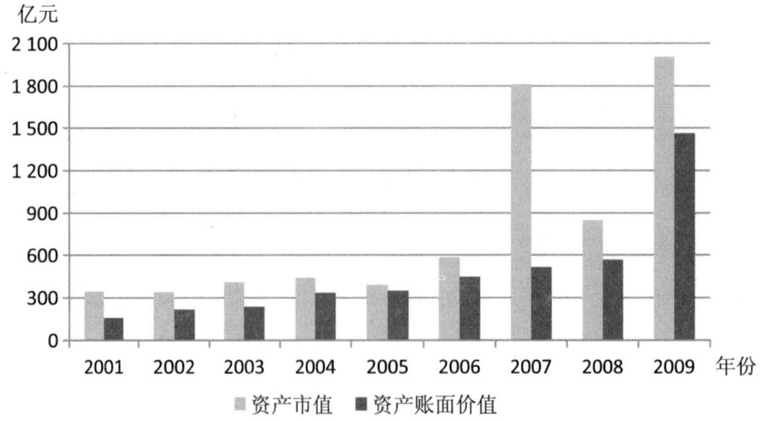


图 33.11　甘肃省上市企业部门资产市值和账面价值

市值和资产账面价值差距不大，说明这段时间甘肃上市企业部门的市值评价是理性的。2007 年由于股市大爆发从而使资产市值达到一个新的高度，2008 年随股市回落而降低，2009 年出现扭转，最终高于 2007 年水平。在样本年限内，甘肃省上市企业资产账面价值均低于资产市值。

如图 33.12，甘肃省上市企业或有资产从 2001 年到 2005 年几乎没有大的变化，只是在一个区间内波动，而自 2006 年以来的股市大幅上升，造就了 2007 年以后的一波快速上涨。但是在 2008 年年末，整个资产随着金融危机的冲击而有所降低，2009 年股市逐步调整，股价回升使得资产市值和权益市值快速上升。资产市值变化主要是受到权益市值变化的影响。企业部门或有资产增加的同时，负债市值稳定增加，但是负债市值相对很小。

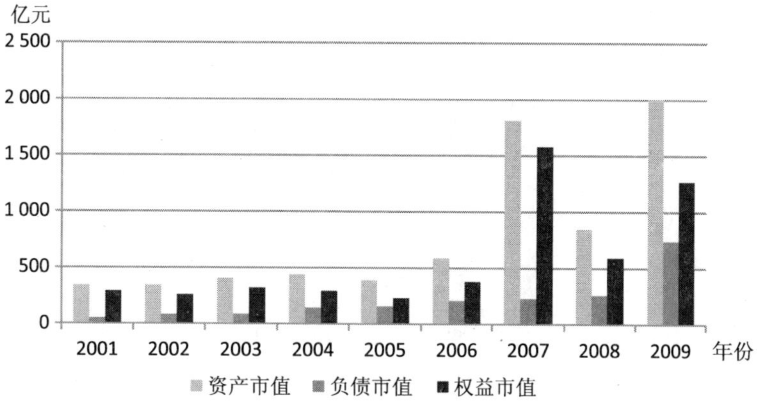

图 33.12　甘肃省上市企业部门或有权益资本结构

如图 33.13，甘肃省上市企业部门或有资产负债率的变动与账面资产负债率的变动基本同步，或有资产负债率的波动程度高于账面资产负债率。在样本年限内，或有资产负债率小于账面价值的资产负债率，表明以市场公允价值计量的企业风险是小于账面价值显示的金融风险的。2005 年股市大跌，甘肃省上市部门股权市值大幅下降，使得或有资产负债率达到高点。2007 年股市的大涨使得上市部门权益市值急剧增长，股权融资更容易，或有资产负债率大幅下降。2008 年下半年股市经历一次大跌，造成或有资产负债率在大幅下降后又急剧上涨。2009 年，股市经过一段时间的上涨后盘中振荡，总体看或有资产负债率持续上涨且速度放缓。

如图 33.14，从资产市值与违约点看，从 2001 年到 2009 年，资产市值一直远远大于违约点。甘肃省的风险状况在 2005 年达到最差，在 2006 年和 2007 年有显著的改善，

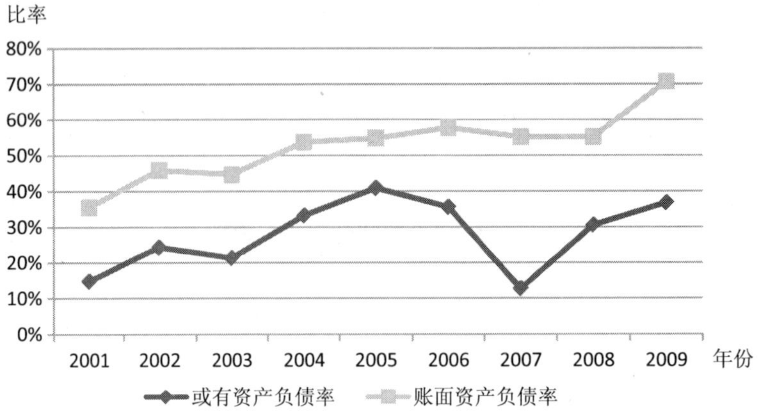


图 33.13　甘肃省上市企业部门资产负债率

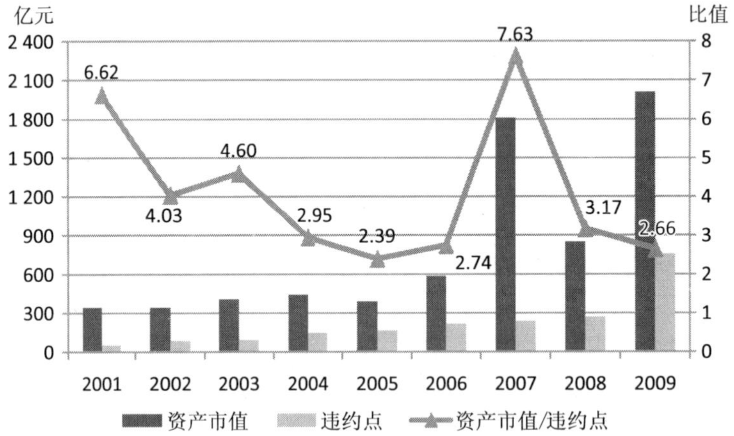


图 33.14　甘肃省上市企业部门资产市值和违约点比较

2007 年资本市场大幅上涨的行情，对甘肃省上市企业的资产市值名义值影响较大，市场对中国整体经济抱有好的预期，对整体企业部门的发展看好，企业融资通道拓宽，通过资本市场直接融资规模扩大，违约风险降低。在 2008 年，资产市值大幅下降，这说明违约点相对于资产市值来说越来越大，可作为缓冲风险的区域相对越来越狭窄。2009 年相对于 2008 年违约点上升，然而其上升幅度相对于资产市值较小，风险增加。

**（三）风险表分析**

如表 33.6，为了更清晰地看出这些风险指标所呈现的宏观风险特征，绘制各项指标的变化图。

**表 33.6 甘肃省上市企业部门风险指标**

| 年份 | 资产市值波动率 | 违约概率 | 违约距离 | 年份 | 资产市值波动率 | 违约概率 | 违约距离 |
|---|---|---|---|---|---|---|---|
| 2001 | 20.97% | 0 | 4.048 3 | 2006 | 15.13% | 0 | 4.199 4 |
| 2002 | 20.67% | 0 | 3.638 0 | 2007 | 41.60% | 0 | 2.088 8 |
| 2003 | 15.33% | 0 | 5.105 5 | 2008 | 38.76% | 0.19% | 1.767 1 |
| 2004 | 15.64% | 0 | 4.225 2 | 2009 | 23.17% | 0 | 2.692 4 |
| 2005 | 14.84% | 0 | 3.921 7 | | | | |

如图 33.15，甘肃省上市企业的资产市值波动率在前几年比较平稳，从 2001 年到 2006 年基本没有大的变化，说明这段时间甘肃省上市企业部门资产市值比较稳定。但是 2007 年资产市值波动率攀升，甘肃省上市企业部门的资产市值波动变大，不太稳定，2008 年股市大跌，但是资产市值波动率有所回落，2009 年资产市值波动率进一步下降，风险进一步减小。

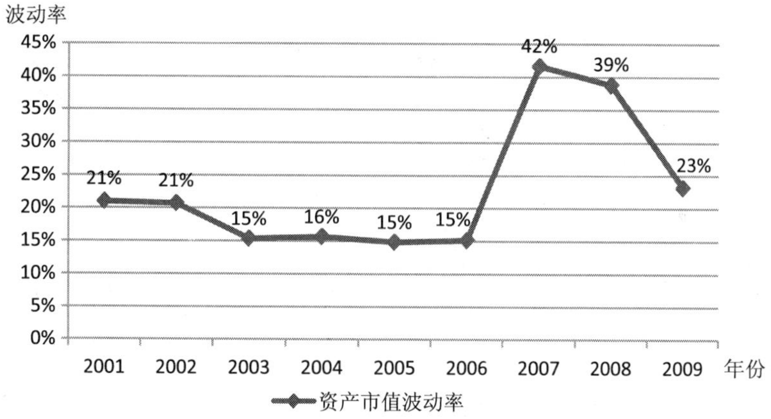


图 33.15 甘肃省上市企业部门资产市值波动率

如图 33.16，从违约距离看，甘肃上市企业的违约距离在 2001—2006 年间波动不大。2007 年违约距离开始减小，风险增大。2008 年金融危机爆发，股市下跌，资产市值出现缩水，违约距离进一步下降，违约风险增加。2009 年，违约距离有所增加。结合资产市值波动率、违约概率和违约距离分析，2008 年资产市值波动率较高，违约距离最低，违约概率为 0.19%，甘肃省上市企业部门面临一定的违约风险。

## 二、甘肃省企业部门或有权益资产负债表编制及分析

### （一）或有权益资产负债表编制

通过对甘肃省企业部门资产负债表的处理得到表 33.7，然后通过计算机处理得到甘

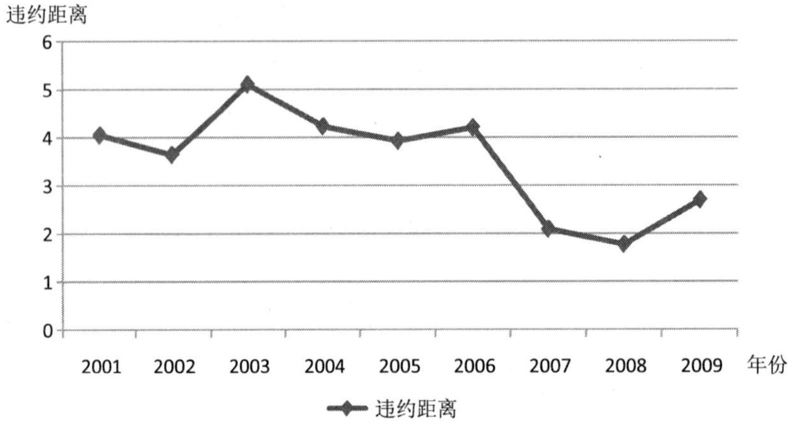


图 33.16　甘肃省上市企业部门违约距离

**表 33.7　甘肃省企业部门或有权益资产负债表输入参数**

| 年份 | 无风险利率（%） | 违约点（亿元） | 权益市值（亿元） | 权益市值波动率 |
|---|---|---|---|---|
| 2001 | 2.25 | 1 219.64 | 2 128.03 | 24.61% |
| 2002 | 2.02 | 1 312.24 | 1 920.31 | 27.31% |
| 2003 | 1.98 | 1 590.33 | 1 963.49 | 19.48% |
| 2004 | 2.03 | 1 561.12 | 2 182.85 | 23.42% |
| 2005 | 2.25 | 1 573.35 | 1 828.99 | 25.10% |
| 2006 | 2.35 | 1 997.92 | 3 098.81 | 23.50% |
| 2007 | 3.26 | 2 265.25 | 12 800.89 | 47.64% |
| 2008 | 3.92 | 2 654.87 | 5 357.63 | 55.69% |

注：企业部门权益市值根据上市企业权益市值 / 上市企业总权益 = 企业部门的权益市值 / 企业部门的总权益来进行套算，权益市值波动率用上市企业的权益市值波动率代替。

肃省企业部门或有资产负债权益表，如表 33.8。

**（二）或有权益资产负债表分析**

根据或有权益资产负债表的输入参数，通过 MATLAB 编程计算，得到甘肃省企业部门或有权益资产负债表，如表 33.8。

**表 33.8　甘肃省企业部门或有权益资产负债表**　　单位：亿元

| 年份 | 资产市值 | 负债市值 | 权益市值 | 年份 | 资产市值 | 负债市值 | 权益市值 |
|---|---|---|---|---|---|---|---|
| 2001 | 3 319.73 | 1 191.70 | 2 128.03 | 2005 | 3 367.17 | 1 538.18 | 1 828.99 |
| 2002 | 3 206.91 | 1 286.61 | 1 920.31 | 2006 | 5 050.28 | 1 951.47 | 3 098.81 |
| 2003 | 3 522.50 | 1 559.01 | 1 963.49 | 2007 | 15 009.04 | 2 208.15 | 12 800.89 |
| 2004 | 3 710.84 | 1 527.99 | 2 182.85 | 2008 | 7 929.29 | 2 571.66 | 5 357.63 |

图 33.17 是甘肃省企业部门或有权益资产负债比较图，随着近年股市的大幅上涨，使得资产市值上涨很快，甘肃省企业部门的资产市值从 2001 年的 3 319.73 亿元增长到 2008 年的

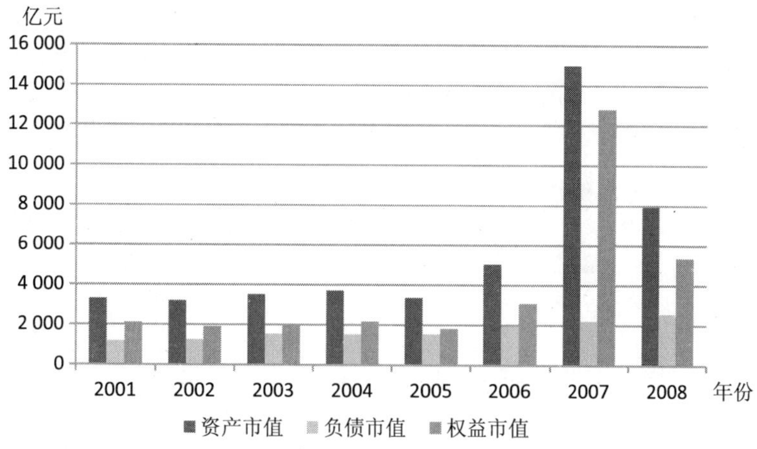


图 33.17　甘肃省企业部门或有权益资产负债比较图

7 929.29 亿元。2001—2008 年负债市值也稳定上升，从 1 191.70 亿元增加至 2 571.66 亿元。

如图 33.18，在考察期内，资产市值始终高于资产账面价值，说明甘肃省企业部门资产市值一直被高估。2001—2006 年，甘肃省的资产市值波动较平稳。2007 年，资产市值爆炸式增长，严重偏离资产账面价值的增长轨迹，这与 2007 年股市大牛市密切相关。2008 年股市回落，资产市值也向实际账面价值靠拢。

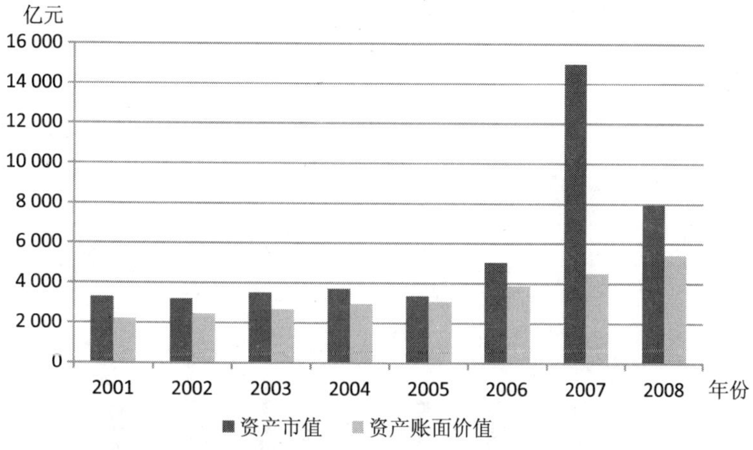


图 33.18　甘肃省企业部门资产市值和账面价值

如图 33.19，相对于甘肃省企业部门账面价值资产负债率变化趋势，或有资产负债率波动较大。在样本年份内，账面价值的资产负债率始终大于或有资产负债率，表明以市场公允价值计量的真实企业风险是小于账面价值显示的金融风险的。2007 年股市的大涨使得企业部门的账面权益和权益市值急剧增长，股权融资更容易，或有资产负债率大幅

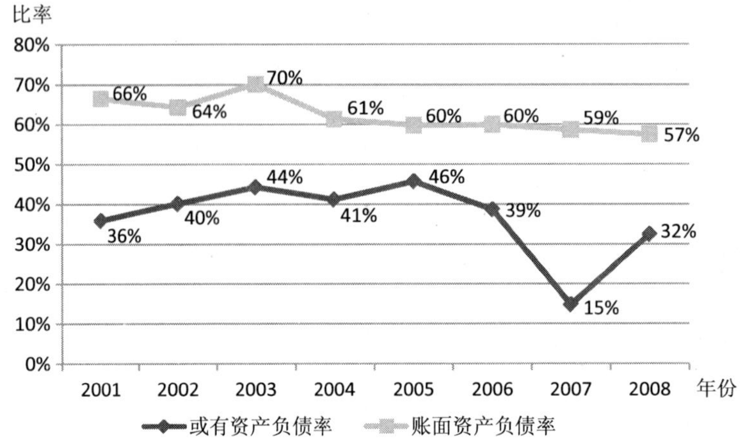


图 33.19 甘肃省企业部门资产负债率比较

下降，2008 年股市回落账面资产负债率回升。对于甘肃省企业部门而言，账面资产负债率受股市影响不明显。

从图 33.20 可以看出，在样本年份内，甘肃省企业部门资产市值一直远远大于违约点。从两者之间的倍数关系看，2007 年资本市场大幅上涨的行情对甘肃省企业资产市值影响较大，企业融资通道拓宽，通过资本市场直接融资规模扩大，违约风险降低。2008 年，违约点和资产市值的距离相对下降很多，可作为缓冲风险的区域相对越来越狭窄。

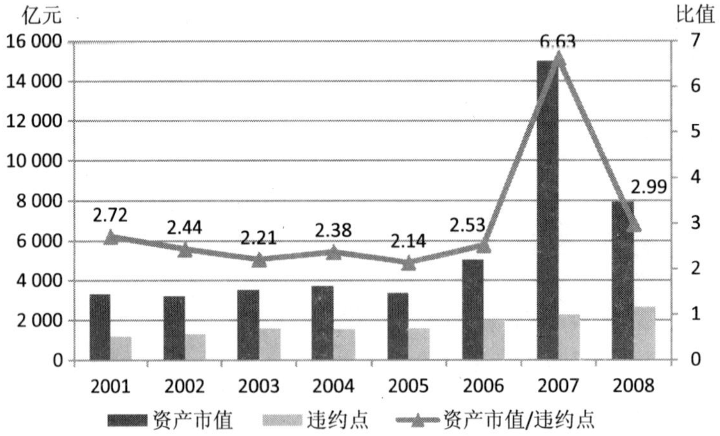


图 33.20 甘肃省企业部门资产市值和违约点比较

### （三）风险表分析

如表 33.9，从甘肃省企业部门资产市值波动率和违约距离能够清晰地观察到甘肃省

表 33.9　甘肃省企业部门风险表

| 年份 | 资产市值波动率 | 违约概率 | 违约距离 | 年份 | 资产市值波动率 | 违约概率 | 违约距离 |
|---|---|---|---|---|---|---|---|
| 2001 | 15.77% | 0 | 4.011 2 | 2005 | 13.63% | 0 | 3.907 9 |
| 2002 | 16.35% | 0 | 3.612 5 | 2006 | 14.42% | 0 | 4.192 1 |
| 2003 | 10.86% | 0 | 5.051 8 | 2007 | 40.65% | 0 | 2.088 5 |
| 2004 | 13.78% | 0 | 4.205 2 | 2008 | 37.72% | 0.24% | 1.763 4 |

企业总体的宏观风险情况。如图 33.21，甘肃省企业部门资产市值波动率从 2003 年之后开始缓慢上升，2007 年由于我国股市大涨大落，导致股市波动比较剧烈，波动率达到高点。2008 年资产市值波动率略有下降，降为 37.72%。

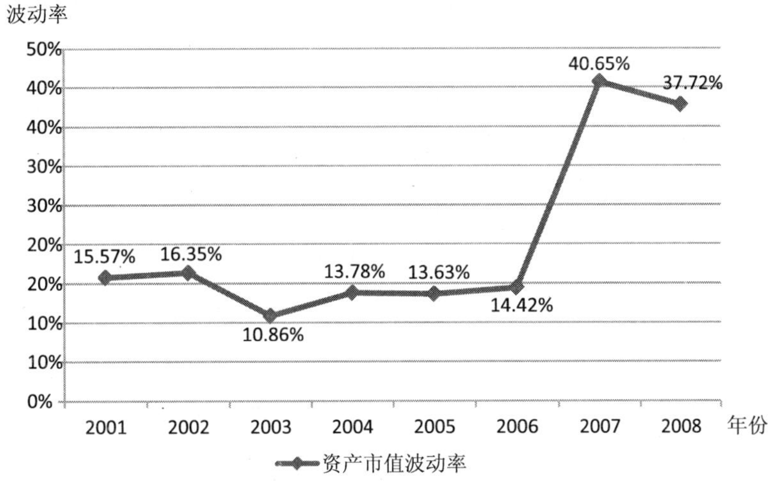


图 33.21　甘肃省企业部门资产市值波动率

甘肃省企业部门违约距离变化情况如图 33.22。从图中可以看出，除 2003 年违约距

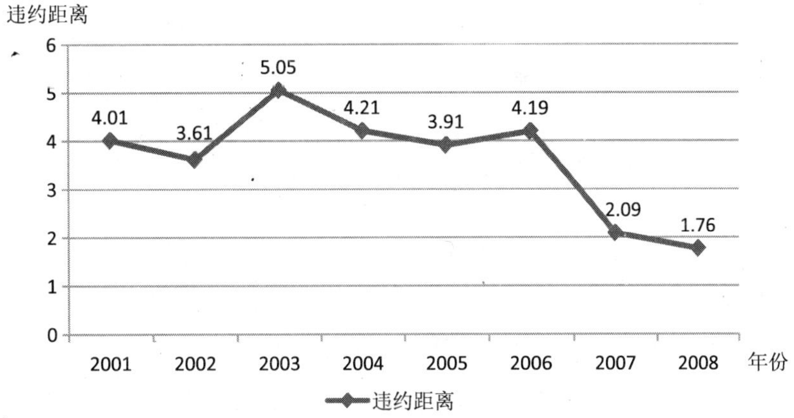


图 33.22　甘肃省企业部门违约距离

离较高外，2001—2006 年违约距离变化不大，在 4 上下波动，2007 年急剧下降为 2.09，2008 年进一步下降到 1.76。结合资产市值波动率、违约距离以及违约概率看，2003 年甘肃省企业部门资产市值波动率最低，违约距离最大，风险最小。2008 年，资产市值波动率均较高，违约距离较低，违约概率为 0.24%，甘肃省面临一定的违约风险。

## 第 4 节　结论及政策建议

本章基于账面价值资产负债表对甘肃省金融部门和企业部门在运行过程中潜在的风险进行了分析，并结合市场信息编制上市企业和企业部门整体的或有权益资产负债表分析宏观经济运行过程中的潜在风险。

首先，通过金融部门资产负债表对金融部门进行资本结构分析，甘肃省金融部门资产在 2007 年和 2008 年两年里表现出了加速的态势，贷款支出不再是资金运用的绝对主力，资金运用方式多样化，存款稳定增长，甘肃省金融部门对存款筹资的依赖加强，筹措资金方式少，这会限制金融部门筹资能力的发展。甘肃省金融部门存贷比逐年下降，抵御风险能力有所增强。甘肃省银行的资金来源是短期性的居民储蓄，而资金运用则多投向中长期贷款，存款短期化和贷款中长期化将增加甘肃省的期限错配风险。2004—2008 年甘肃省金融部门外币存贷比总体有上升趋势，而且外币净资产绝对值较大，货币错配风险明显。

对由规模以上工业企业、所有建筑业企业、限额以上餐饮企业以及限额以上批发零售企业等四大行业数据构成的企业部门资产负债表进行分析，结果表明总资产中长期资产占比大于流动资产占比，资产流动性不足，不过近年来流动资产占比逐渐上升，资产流动性增强，甘肃省企业部门期限错配风险得到改善。资产、负债和所有者权益规模均处于稳定上升趋势，随着甘肃省企业加强股权融资，对债务融资的依赖程度降低，资产负债率有所降低，甘肃省企业部门资本结构错配风险降低，资本结构有所合理化，清偿力有很大改善。

其次，基于市场价值的或有权益资产负债表及相关指标分析中，将上市企业进行了单独分析，上市企业资产市值在 2001—2005 年间变化幅度均较小，2006 年、2007 年随着资本市场发展的加快，股票市场波动性增大，风险增大，随着 2008 年国际金融危机的蔓延，国内资本市场受到严重影响，上市企业市场价值均大幅下滑，风险达到高点。

2009年由于经济复苏，股市回升，上市企业市值大幅回升，市值风险有所下降。同时，甘肃省上市企业部门或有资产负债率的变动与账面资产负债率的变动基本一致。企业部门的权益市值以上市企业为基础进行估算，并直接采用上市企业权益市值波动率，分析结果表明2003年甘肃省企业部门面临的风险最小。2008年，资产市值波动率均较高，违约距离较低，面临的风险较大。

综合以上分析，提出以下几点建议：

第一，拓展商业银行长期资金来源，防范甘肃省金融部门期限错配风险。甘肃省商业银行要采取积极主动的负债策略，降低负债成本，提高中长期负债的比重。积极发行人民币衍生品，规避风险。大力发展债券市场，增加长期资金来源，提高主动负债的能力。金融债券不仅可以突破存贷关系的束缚，发行债券所筹资金也无需缴纳存款准备金，商业银行还可以根据资金运用的需求来确定发行数量、期限。

第二，调整优化甘肃省信贷结构，防范信贷集中风险。甘肃省商业银行要逐步优化信贷结构，防范信贷过度集中于资源型行业的风险，定期分析企业的资产负债状况和偿债能力，加强风险控制能力，及时发现潜在的信贷风险，控制贷款行业集中的风险，并满足不同产业、不同行业的合理资金需求。

第三，保障甘肃省金融资源的优化配置。在资金短缺的前提下，要遵循金融市场投资收益与风险对等的原则，充分发挥金融市场分散风险、提高配置效率的功能，保证投入到风险等级不同项目上的资金都能获得相应的经济效益。

# 第34章　宁夏回族自治区宏观金融风险研究



宁夏回族自治区（以下简称宁夏）资源丰富，非金属矿、农牧业和沙产业具有比较优势，拥有很大的发展潜力。本章在对宁夏经济金融运行概况以及相关文献进行归纳的基础上，从账面价值资产负债表和基于市场信息的或有权益资产负债表两方面分析了宁夏宏观经济运行过程中面临的风险。

## 第1节　引言

2003年以来，宁夏加速工业化进程，进一步将自然资源优势转化成为经济增长优势，煤炭行业崛起为自治区第一大行业，能源工业逐渐成为经济发展的主要带动力量，轻工业也逐渐壮大，初步形成具有区域比较优势的工业体系，经济总体运行稳中趋升。2009年宁夏地区生产总值达到1 334.56亿元。本节介绍宁夏经济金融的基本概况，并对相关文献进行了归纳总结。

### 一、宁夏经济金融概况

#### （一）宁夏经济运行概况

宁夏主要有农业优势和资源优势，宁夏现有耕地1 220万亩，有待开发的宜农荒地1 000多万亩，有天然草场4 000多万亩，是全国十大牧区之一；宁夏地下矿产资源十分丰富，已经发现的矿产有50余种，以非金属矿为主。煤电工业发展迅速，带动了电解铝、铁合金、碳素制品等高耗能原材料工业的快速发展；宁夏三面环沙，沙化土地1 774.5万亩，占自治区总面积的22.8%，是我国土地沙化最为严重的省区之一。广阔的沙漠和半沙漠地区为高效利用风能、太阳能发电以及发展生物能源提供了数以百万亩的理想场地，以沙为原料的建材加工业也已初见端倪。

如图34.1，宁夏经济在1982年以后进入高速增长的时期，其中1988年、1993—1995年、2004年、2007年、2008年的年增长率都超过20%；而且大部分年份的GDP增长率保持在两位数。近些年的低谷出现在1996—2000年，之后进入新一轮的高速发展时期。宁夏近年来经济保持着积极发展势头，2008年全区实现地区生产总值1 098.5亿元，连续9年保持两位数增长率。在重点项目建设的带动下，全区投资需求增势强劲，消费需求持续扩大，出口需求稳步增长，2008年城镇居民人均可支配收入和农民人均纯收入分别增长19.1%和15.8%，分别连续5年和3年保持两位数增长。全区经济发展基本面良好，第一、二、三产业增加值分别增长7.2%、14.3%和11%。三次产业比为10.9 ∶ 52.9 ∶ 36.2，第二产业占比继续上升。

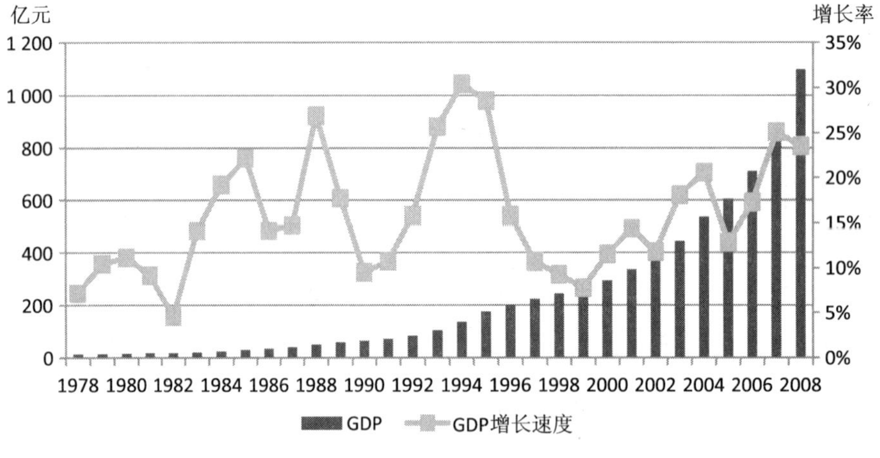


图34.1　1978—2008年宁夏GDP及增长速度

**（二）宁夏金融运行概况**

2003年来宁夏金融业总体运行平稳，金融改革初见成效，无论是资产规模，还是资产质量都有了较为显著的提高，正在逐渐改变金融底子薄弱的局面。良好金融业的发展势头也为宁夏地区的经济发展提供了强有力的金融支持，同时也促进了西部大开发的进展。

2003年以来，宁夏银行业取得了飞速发展。2007年交通银行银川分行成立，成为首家进驻宁夏的全国性股份银行，同年邮政储蓄银行宁夏分行正式挂牌成立，极大的充实了宁夏的银行体系。宁夏银行业金融机构规模不断壮大，总资产规模每年都有较大幅度增长，其中2007年为1 544亿元，较上年增长了12.5%，2008年达到1 974亿元，较上年提高15.3个百分点，而且资产质量也有明显提高，不良贷款余额和不良贷款率都有不同程度的降低。银行体系壮大的同时，存贷款结构也逐渐优化，2008年存款增速逐月上升，储蓄存款同比增长29.3%，企业存款同比增长5.6%，改善了金融机构的流动性状况。信贷总量自2003年以来不断增长，2008年达到最大增速，为22.2%；在贷款投向方面重点突出，支农再贷款发挥了重大作用，对煤炭、电力等重要行业的支持力度也明显加大。

宁夏金融体系更趋完善，证券业稳健发展，抗风险能力得到提高。2007年西北证券公司顺利进入司法破产清算程序，促使全区证券业更注重风险管理能力的提高。上市公司股权分置改革顺利完成，上市公司质量显著提高，截至2008年年末，全区11家上市公司总市值达到159亿元，股权、债权融资规模得到提高，但是直接融资占比仍然偏低。资本市场、保险市场、票据市场都在不同程度上得到发展，宁夏正在构建一个完整而健康的金融体系，势必会为自治区的发展带来更大的金融动力。

## 二、文献综述

目前国内缺乏对宁夏金融风险的研究，现有研究主要关注自治区经济发展状况。杨少晶（2003）对宁夏面临的利率风险进行了研究，根据对宁夏金融市场利率风险状况的调研情况，从不相匹配风险、基本点风险、内涵选择风险、竞争风险等不同侧面对利率风险进行简要分析。苗馨允（2008）对江苏、上海和宁夏三省市20世纪90年代以来金融深化对经济发展贡献的研究表明，国有金融和以银行业为主导的金融体制对东部沿海地区的经济增长贡献有限，而对落后省份的区域金融有较为明显的促进作用。王磊、黄磊等（2008）以宁夏回族自治区为研究对象，以1978—2005年的人均地区生产总值和金融机构存贷款余额为样本，对宁夏金融发展与经济增长进行了实证分析，结果表明宁夏金融发展与经济增长之间具有明显的相互制约作用。顾宁军（2008）认为宁夏经济跨越式发展的驱动因素有科技进步驱动、三次产业驱动、产业竞争力驱动及比较优势项目，但限制因素不可忽视，人均收入水平低、产业结构层次低、城乡发展不协调等问题限制着宁夏跨越式发展。推进产业结构升级、加快转变经济发展方式等是实现宁夏经济跨越式发展的重要途径。

## 第 2 节　宁夏部门资产负债表编制及分析

本节基于资产负债表方法对宁夏宏观金融风险进行实证研究，主要包括对宁夏企业部门和金融部门风险的识别和度量，以及对整体风险进行基于账面价值的评判。

### 一、宁夏金融部门资产负债表编制及分析

#### （一）金融部门资产负债表的编制

以下编制的宁夏金融部门 2003—2008 年资产负债表，主要涵盖宁夏银行类金融机构，经过数据整理得到表 34.1。

**表 34.1　宁夏金融部门资产负债表**　　单位：亿元

| 年份 | 2003 | 2004 | 2005 | 2006 | 2007 | 2008 |
|---|---|---|---|---|---|---|
| **总资产** | — | 1 026.80 | 1 161.80 | 1 372.80 | 1 544.30 | 1 974.00 |
| 贷款余额 | 675.96 | 770.60 | 841.80 | 993.85 | 1 196.50 | 1 414.30 |
| 短期贷款 | 274.01 | 311.00 | 344.60 | 410.33 | 449.20 | 534.10 |
| 票据融资 | — | — | — | 39.03 | 59.85 | 71.40 |
| 中长期贷款 | 364.57 | 428.00 | 461.50 | 537.24 | 643.10 | 801.30 |
| 本币贷款 | 636.68 | 762.10 | 833.90 | 983.37 | 1 184.60 | 1 402.60 |
| 外币贷款 | 39.29 | 8.50 | 7.90 | 10.48 | 11.90 | 11.70 |
| **总负债和权益** | — | 1 026.80 | 1 161.80 | 1 372.80 | 1 544.30 | 1 974.00 |
| 存款余额 | 761.18 | 851.00 | 993.70 | 1 140.30 | 1 288.20 | 1 598.20 |
| 本币存款 | 746.41 | 841.20 | 985.30 | 1 131.20 | 1 278.50 | 1 590.60 |
| 企业存款 | 247.67 | 260.30 | 292.30 | 343.49 | 410.32 | 433.30 |
| 居民储蓄 | 377.70 | 425.52 | 509.50 | 581.14 | 613.96 | 794.06 |
| 定期存款 | 243.50 | 277.63 | 331.60 | 363.55 | 356.67 | 457.96 |
| 活期存款 | 134.20 | 147.89 | 177.90 | 217.58 | 257.29 | 336.11 |
| 外币存款 | 14.77 | 9.80 | 8.40 | 9.10 | 9.70 | 7.60 |

注：宁夏回族自治区金融部门资产负债表涵盖银行类金融机构资产负债表，数据来源于《中国统计年鉴》、《宁夏回族自治区金融运行报告》、《宁夏回族自治区统计年鉴》等，具体如下：

① 总资产数据从 2004—2006 年、2008 年《宁夏回族自治区金融运行报告》获得。2007 年总资产数值根据 2008 年同比增长率求得。

② 贷款余额、短期贷款、中长期贷款、本币贷款和外币贷款数据从 2004—2008 年《宁夏回族自治区金融运行报告》附表获得，2003 年数据根据 2004 年的增长率推算出。票据融资数据从 2006—2008 年《宁夏回族自治区金融运行报告》附表获得。

③ 存款余额、企业存款、本币存款和外币存款数据从 2004—2008 年《宁夏回族自治区金融运行报告》附表获得，2003 年数据根据 2004 年的增长率推算出。居民储蓄、活期存款和定期存款数据从 2005 年、2009 年《宁夏回族自治区统计年鉴》获得。

### （二）金融部门资产负债表分析

1. 资本结构风险分析

宁夏金融部门资产负债规模在2004—2008年间平稳增加。可以从图34.2看出，宁夏金融部门资产有了稳步的增长，并且在2007年和2008年两年里表现出了加速增长的态势。2004—2008年，各项贷款余额占总资产的比重稳定在70%左右，各项存款余额高于贷款余额，存款在总负债和权益的比重稳定在80%左右。从图中还可以看出，这6年间宁夏金融部门存贷比在84%以上，资本结构风险较大，抵御风险能力较差。

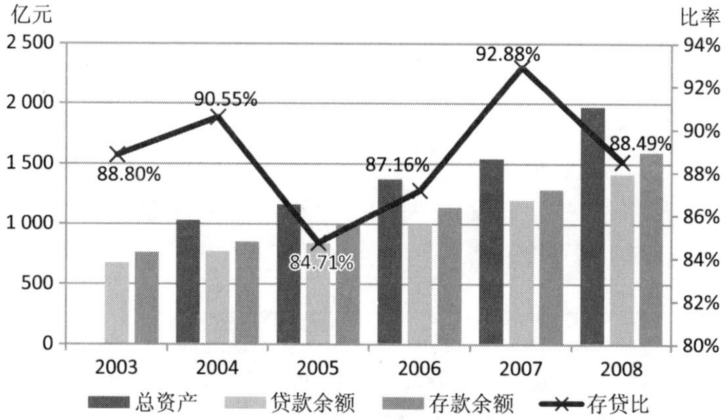


图34.2　宁夏自治区金融部门资本结构

2. 期限错配风险分析

如图34.3，宁夏金融部门贷款余额逐年增加，从2003年的675.96亿元增加到2008年的1 414.3亿元。在宁夏金融部门的各项贷款余额中，中长期贷款的比重超过一半，说明资金运用多投向了中长期贷款。短期资产的比重较小，资产的流动性不足。

如图34.4，在2003—2008年，定期存款的比重超过一半，但是总体有下降趋势。2007—2008年由于央行调息频繁，居民储蓄中的活期存款所占比例增加。目前来看，宁夏期限错配风险还不明显，但是银行的资金来源逐步偏向于短期性的居民储蓄，而资金运用则多投向企业中长期贷款，这在一定程度上加大了潜在的期限错配风险。

3. 货币错配风险分析

从宁夏金融部门比重结构可以看出，本币贷款和本币存款远远高于外币贷款和外币存款，外汇业务不是宁夏金融机构的主要业务。如图34.5，本币存款、本币贷款业务呈

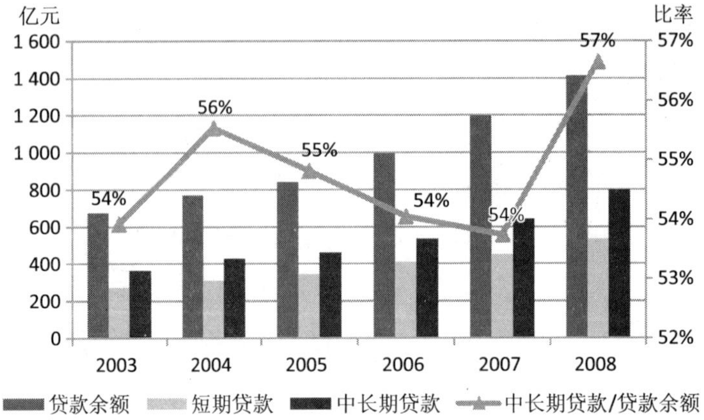


图 34.3　宁夏金融部门贷款结构

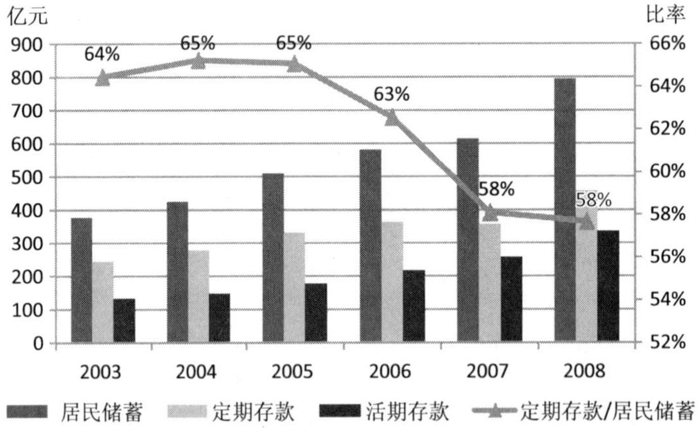


图 34.4　宁夏金融部门存款结构

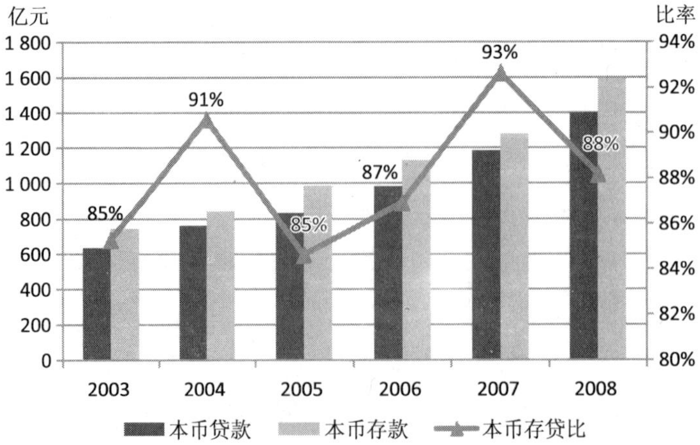


图 34.5　宁夏金融部门本币存款和本币贷款比较

现出明显的快速上升趋势，外币存款、外币贷款业务增长缓慢。

如图 34.6，外币存贷比的比例逐年上升，2005—2008 年外币贷款和外币存款的绝对值在扩大。由于存在人民币升值预期，银行持有的外币资产会缩水，而不断上升的外币存贷比更加剧了这种风险。

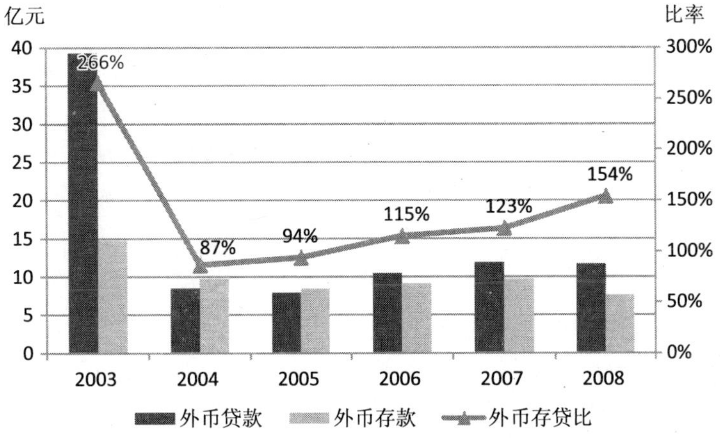


图 34.6　宁夏金融部门外币存款和外币贷款比较

## 二、宁夏企业部门宏观金融风险分析

### （一）企业部门资产负债表编制

企业部门主要考察 1998—2008 年宁夏全部国有及规模以上非国有工业企业、限额以上餐饮企业、限额以上批发零售业以及所有建筑业企业，编制 1998—2008 年资产负债表，如表 34.2。

表 34.2　宁夏企业部门资产负债表　　单位：亿元

| 年份 | 资产 | 流动资产 | 长期资产 | 负债 | 流动负债 | 长期负债 | 所有者权益 |
|---|---|---|---|---|---|---|---|
| 1998 | 525.331 | 245.060 | 280.271 | 383.569 | 243.837 | 139.732 | 141.762 |
| 1999 | 601.656 | 262.395 | 339.261 | 461.459 | 311.976 | 149.483 | 140.197 |
| 2000 | 626.755 | 287.215 | 339.540 | 389.577 | 274.297 | 115.280 | 237.178 |
| 2001 | 726.971 | 310.641 | 416.330 | 432.465 | 308.348 | 124.117 | 294.506 |
| 2002 | 744.132 | 312.504 | 431.628 | 462.374 | 320.162 | 142.212 | 281.758 |
| 2003 | 917.808 | 395.489 | 522.319 | 676.247 | 499.604 | 176.643 | 241.561 |
| 2004 | 1 004.598 | 456.134 | 548.464 | 646.780 | 622.990 | 23.790 | 357.818 |
| 2005 | 1 375.382 | 618.149 | 757.233 | 862.641 | 600.385 | 262.256 | 512.741 |
| 2006 | 1 591.549 | 720.492 | 871.057 | 990.288 | 700.929 | 289.359 | 601.261 |

续表

| 年份 | 资产 | 流动资产 | 长期资产 | 负债 | 流动负债 | 长期负债 | 所有者权益 |
|---|---|---|---|---|---|---|---|
| 2007 | 1 867.616 | 783.656 | 1 083.960 | 1 185.659 | 807.272 | 378.387 | 681.957 |
| 2008 | 2 467.138 | 1 047.555 | 1 419.583 | 1 608.375 | 1 100.252 | 508.123 | 858.763 |

注：数据来自《中国统计年鉴》。根据 1998—2008 年全部国有及规模以上非国有工业企业、限额以上餐饮企业、限额以上批发和零售业以及所有建筑业企业四个行业资产负债值加总，得到 1998—2008 年企业部门资产负债表。具体如下：

① 工业行业数据来源于《中国统计年鉴》——各地区规模以上工业企业主要指标统计表；建筑业资产、流动资产数据来源于《中国统计年鉴》——各地区建筑业企业资产统计表，负债、流动负债数据来源于《中国统计年鉴》——各地区建筑业企业负债及所有者权益统计表；批发零售业数据来源于各地区限额以上批发和零售业资产及负债统计表；餐饮业数据来源于各地区限额以上餐饮业资产及负债统计表。

② 数据缺失及处理：2004 年全部国有及规模以上非国有工业企业的流动负债数据缺失，以 2003 年流动负债的年增长率作为 2004 年流动负债的年增长率，估算出 2004 年流动负债的数值；2004 年，建筑业、批发零售业和餐饮业的资产负债表各数据都缺失，均以对应各指标前 5 年（1998—2003 年）的年平均增长率作为 2004 年该指标的增长率，进而计算出 2004 年的各指标值；2002—2008 年，批发零售业和餐饮业的流动负债数据缺失，均以该省该行业流动负债前 4 年（1998—2001 年）的年平均增长率作为 2002—2008 年流动负债的年增长率，进而计算出各年的各指标值。

### （二）企业部门资产负债表分析

表 34.2 反映了宁夏企业的发展状况，总资产保持增长趋势，1998—2002 年增长平稳，2003 年开始增长速度加快，说明宁夏加大了企业建设力度，流动资产和长期资产都扩大了增长规模。负债的突然加速增长也在 2003 年，流动负债大幅增加，但是长期负债却大幅下降。所有者权益的增长情况相同，说明宁夏企业通过加强债务融资和股权融资支持资本的扩大，债务融资主要的增长来自于流动负债。2008 年宁夏又迎来一波资产负债的高速增加，流动资产、流动负债、长期资产和长期负债都大幅增加，宁夏企业部门加强了长期投资，债务融资和股权融资都在这一轮企业发展过程中发挥了重要作用。

1. 期限错配分析

宁夏企业部门 1998—2008 年流动资产和流动负债情况如图 34.7，宁夏企业部门流动资产在 1998—2008 年稳定增加，流动负债在波动中呈上升趋势。从流动比率看，宁夏企业部门流动比率在 1 上下波动，2002—2004 年、2007—2008 年流动比率均低于 1，存在一定的期限错配风险。

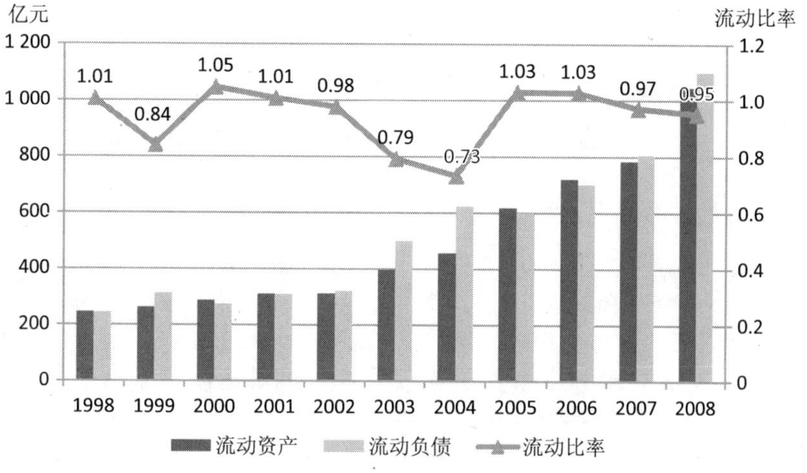


图 34.7　宁夏企业部门流动资产负债比较

如图 34.8，从宁夏企业部门流动资产与总资产比例看，总资产中长期资产为主，流动资产占比为 40% 左右，并且有下降趋势，但总负债中流动负债所占比重很高。总的来看，目前宁夏存在一定的期限错配风险，且 2007 年和 2008 年呈加剧趋势。

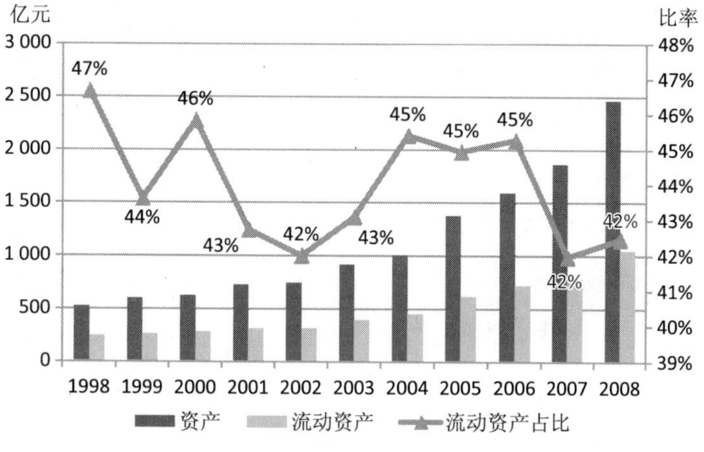


图 34.8　宁夏企业部门流动资产、总资产及流动资产占比

2. 资本结构分析

在 1998—2008 年期间，宁夏企业部门发展迅速，如图 34.9，资产负债规模基本处于上升趋势。随着资本市场的发展，宁夏企业开始进行股权融资，对债务融资的依赖程度降低，资产负债率有所降低，从 1998 年的 73% 下降到 2007 年的 63%，2008 年略有回升，至 65%。可见宁夏企业部门资本结构错配风险降低，资本结构有所合理化。1998—2008 年间企业部门未曾出现资不抵债的情形，然而企业部门的资产负债率仍在高位运行，未

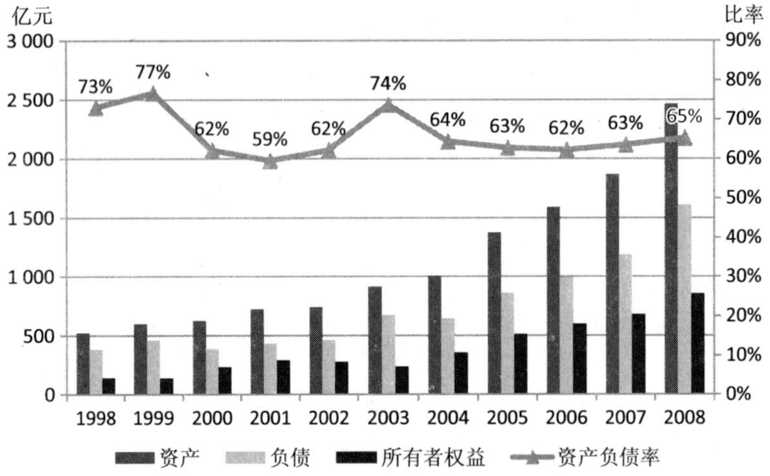


图 34.9　宁夏企业部门资本结构

从根本上扭转对债务融资的依赖性。宁夏企业部门还应继续致力于降低企业部门的资产负债率。

3. 清偿力风险分析

随着资本市场的发展，宁夏企业部门对债权融资的依赖程度可能进一步降低，但在国内外经济金融环境存在诸多不确定因素的情形下，企业部门的清偿能力是和资本结构、期限结构密切相关的。从以上的资本结构、期限结构来看，宁夏企业部门的清偿能力没有大的风险，但是资本结构并不是很合理，同时存在一定的期限错配风险。如图 34.10，宁夏企业部门产权比率在 11 年间保持了下降的趋势，大幅度的下降是在 1999 年之后，之后产权比率在 1.6 附近浮动。总的来说，宁夏企业部门的清偿力在最近 10 年有很大改善，

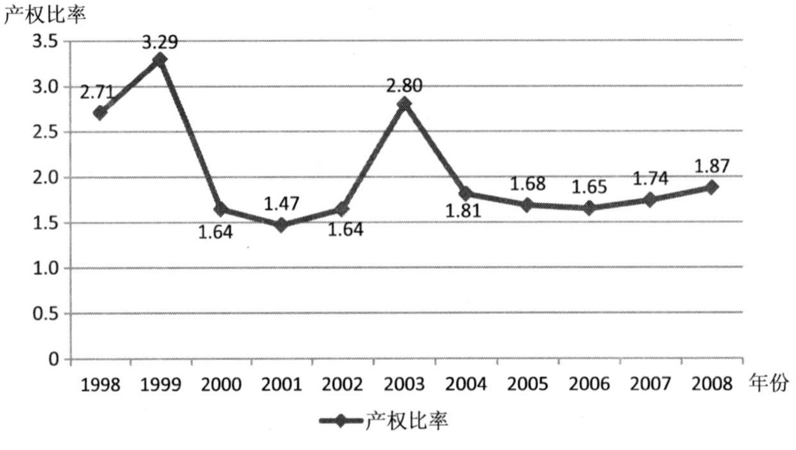


图 34.10　宁夏企业部门产权比率

但仍然存在一定的清偿力风险。

## 第3节　宁夏或有权益资产负债表编制及分析

通过对宁夏金融部门和企业部门资产负债表的分析，初步了解了宁夏的风险状况，但由历史信息和账面价值所反映的风险状况并不能反映投资者对未来的预期和不同时期的市场风险。本节将运用或有权益法分析宁夏上市企业部门和企业部门面临的风险。

### 一、宁夏上市企业部门或有权益资产负债表编制及分析

2001—2009年宁夏上市企业部门资产负债表如表34.3。

**表34.3　宁夏上市企业部门资产负债表**　　单元：亿元

| 年份 | 流动资产 | 资产 | 流动负债 | 负债 | 所有者权益 |
|---|---|---|---|---|---|
| 2001 | 55.76 | 106.72 | 55.11 | 66.00 | 40.72 |
| 2002 | 57.41 | 110.99 | 53.74 | 66.91 | 44.08 |
| 2003 | 64.87 | 125.07 | 61.31 | 73.86 | 51.21 |
| 2004 | 57.59 | 126.87 | 63.09 | 81.04 | 45.83 |
| 2005 | 60.29 | 137.53 | 67.88 | 89.70 | 47.83 |
| 2006 | 65.31 | 166.15 | 86.53 | 115.35 | 50.80 |
| 2007 | 72.22 | 170.60 | 89.46 | 113.40 | 57.20 |
| 2008 | 88.53 | 194.76 | 94.02 | 128.04 | 66.72 |
| 2009 | 109.65 | 231.13 | 108.79 | 153.09 | 78.04 |

2001—2009年宁夏上市企业部门或有权益资产负债表的输入参数如表34.4。

**表34.4　宁夏上市企业部门或有权益资产负债表输入数据**

| 年份 | 无风险利率（%） | 违约点（亿元） | 权益市值（亿元） | 权益市值波动率 |
|---|---|---|---|---|
| 2001 | 2.25 | 60.553 6 | 199.609 8 | 22.29% |
| 2002 | 2.02 | 60.327 3 | 122.406 6 | 28.81% |
| 2003 | 1.98 | 67.587 5 | 104.705 8 | 22.40% |
| 2004 | 2.03 | 72.066 1 | 84.340 0 | 25.65% |
| 2005 | 2.25 | 78.793 0 | 66.164 6 | 29.62% |
| 2006 | 2.35 | 100.943 1 | 113.262 6 | 26.91% |
| 2007 | 3.26 | 101.430 1 | 418.570 4 | 39.36% |
| 2008 | 3.92 | 111.030 6 | 162.832 2 | 48.27% |
| 2009 | 2.25 | 130.941 3 | 393.891 3 | 37.04% |

根据或有权益资产负债表的输入参数，通过 MATLAB 编程计算，即得到宁夏上市企业部门或有权益资产负债表以及宁夏上市企业部门风险指标表。

**（一）或有权益资产负债表分析**

根据表 34.4 中的输入参数，计算得到宁夏企业部门 2001—2009 年或有权益资产负债表，如表 34.5。

**表 34.5　宁夏上市企业部门或有权益资产负债表**　　单位：亿元

| 年份 | 资产市值 | 负债市值 | 权益市值 | 年份 | 资产市值 | 负债市值 | 权益市值 |
|---|---|---|---|---|---|---|---|
| 2001 | 258.794 2 | 59.184 4 | 199.609 8 | 2006 | 211.857 7 | 98.595 1 | 113.262 6 |
| 2002 | 181.529 0 | 59.122 4 | 122.406 6 | 2007 | 516.725 1 | 98.154 7 | 418.570 4 |
| 2003 | 170.958 4 | 66.252 6 | 104.705 8 | 2008 | 269.853 6 | 107.021 4 | 162.832 2 |
| 2004 | 154.953 7 | 70.613 7 | 84.340 0 | 2009 | 521.906 0 | 128.014 7 | 393.891 3 |
| 2005 | 143.206 3 | 77.041 7 | 66.164 6 | | | | |

如图 34.11，宁夏上市企业部门资产账面价值 2001—2009 年平稳增加。资产市值在 2001—2007 年间先降后升，2007 年由于股市大涨使资产市值达到一个新的高度，2008 年随股市回落而回落，2009 年随股市上涨而回升，最终略高于 2007 年水平。

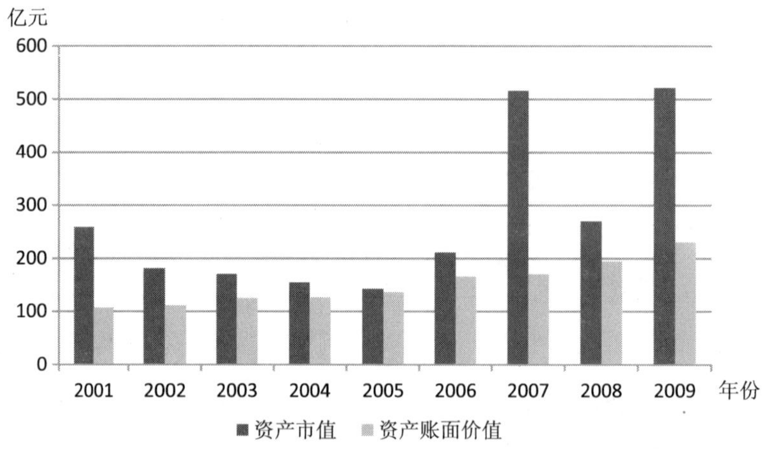


图 34.11　宁夏上市企业部门资产市值和账面价值

如图 34.12，2001—2009 年间，宁夏企业部门或有资产在 2001—2006 年在一个小区间内波动，而自 2006 年之后股市大幅上升造就了 2006 年到 2007 年一波很高的上涨，但是在 2008 年年末，资产随着金融危机的冲击而回落到上涨之前的状况，2009 年股市逐步调整，股价回升使得资产市值和权益市值上升，基本与 2007 年的高点持平。资产市值变化主要是受权益市值变化的影响。企业部门或有资产增加的同时，负债市值稳定增加。

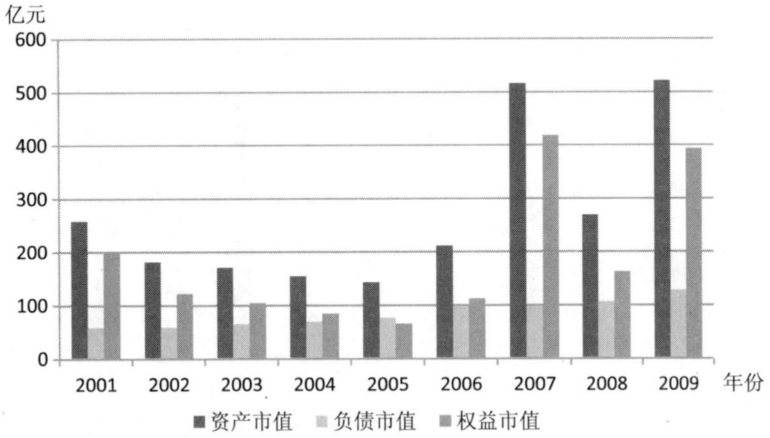


图 34.12　宁夏上市企业部门或有权益资本结构

相对于宁夏上市企业部门账面价值资产负债率变化趋势，或有资产负债率波动较大，所反映的风险状况基本与用账面价值表现的风险状况保持一致。如图 34.13，在样本年限内，或有资产负债率小于账面价值的资产负债率，表明以市场公允价值计量的企业风险小于账面价值显示的金融风险，但是市场价值的不稳定性也使得以市场公允价值计量的企业风险的可信度降低。2001—2009 年宁夏上市企业部门资产负债率一直在 60% 以上，2009 年达到 66.24%，宁夏上市企业存在一定的资本结构错配风险。

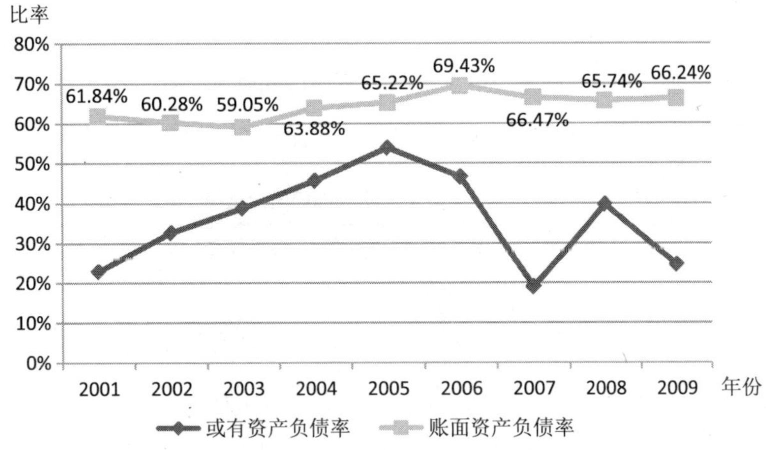


图 34.13　宁夏上市企业部门资产负债率

从资产市值与违约点看，如图 34.14，2001—2009 年资产市值一直远远大于违约点。宁夏上市企业部门的风险状况在 2005 年达到最差，2006 年和 2007 年有显著的改善，但

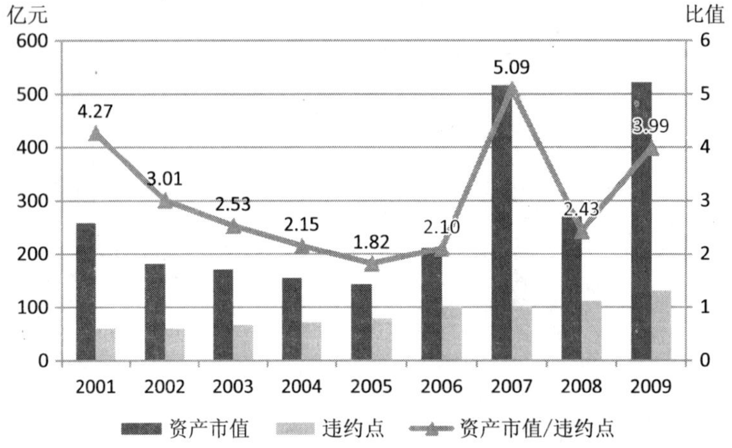


图 34.14 宁夏上市企业部门资产市值和违约点比较

同时也应发现，2007 年资本市场的大幅上涨行情对宁夏上市企业的资产市值名义值影响较大。2008 年，资产市值大幅下降，这说明违约点相对于资产市场价值来说越来越大，可作为缓冲风险的区域相对越来越狭窄。2009 年资产市值与违约点的比例有所上升，宁夏自治区的风险情况有所改善。

**（二）风险表分析**

宁夏上市企业部门的资产市值波动率和违约距离的变化如表 34.6 所示。总体而言，当资产市值波动率越大、违约距离越小的时候，面临的风险越大。从图 34.15 中可以看出，2001 年资产市值波动率小幅上升后，2002 年再度下降至更低水平。2003—2006 年资产市值波动率大致保持在 15% 左右，2007 跳跃式增加至约 32%，2008 年后下降。从整个趋势看，资产市值波动率上升表示宁夏上市企业部门面临的风险有所增加。但总的来说，宁夏自治区资产市值波动率在西部地区是偏低的，面临的风险不大。

**表 34.6 宁夏上市企业部门风险指标**

| 年份 | 资产市值波动率 | 违约概率 | 违约距离 | 年份 | 资产市值波动率 | 违约概率 | 违约距离 |
|---|---|---|---|---|---|---|---|
| 2001 | 17.19% | 0 | 4.455 1 | 2006 | 14.38% | 0 | 3.639 7 |
| 2002 | 19.43% | 0 | 3.436 3 | 2007 | 31.88% | 0 | 2.520 7 |
| 2003 | 13.72% | 0 | 4.408 1 | 2008 | 29.16% | 0.12% | 2.018 2 |
| 2004 | 13.96% | 0 | 3.831 7 | 2009 | 27.96% | 0 | 2.679 6 |
| 2005 | 13.68% | 0 | 3.287 2 | | | | |

如图 34.16，宁夏违约距离处于波动中下降的趋势。结合资产市值波动率、违约距离以及违约概率看，在样本年限内，2001 年、2003 年资产市值波动率较低，违约距离较大，上市企业面临的风险较小。2008 年违约距离最小，资产市值波动率较高，违约概率

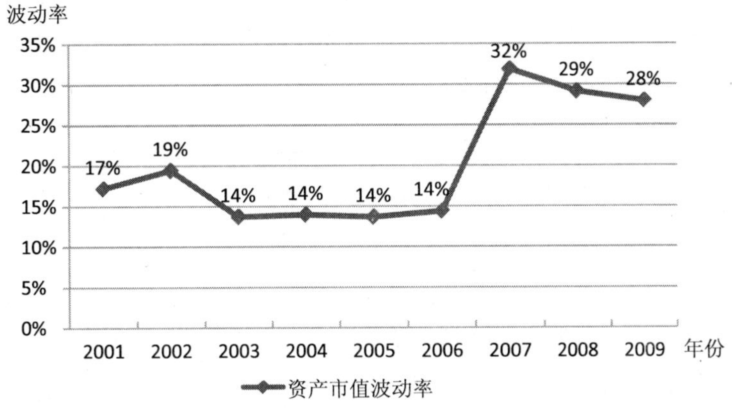


图 34.15　宁夏上市企业部门资产市值波动率

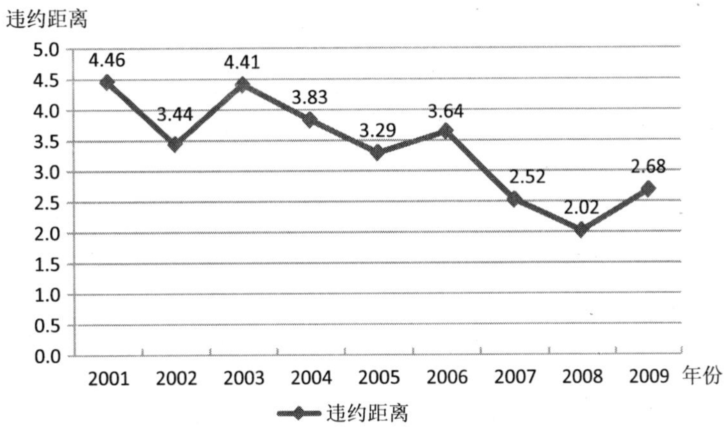


图 34.16　宁夏上市企业部门违约距离

为 0.12%，宁夏上市企业的抗风险能力较弱，整体面临的风险逐渐增大。

## 二、宁夏企业部门或有权益资产负债编制及分析

宁夏企业部门或有资产负债表输入数据如表 34.7。

**表 34.7　宁夏企业部门或有权益资产负债表输入数据**

| 年份 | 无风险利率（%） | 违约点（亿元） | 权益市值（亿元） | 权益市值波动率 |
|---|---|---|---|---|
| 2001 | 2.25 | 370.406 9 | 1 443.359 0 | 22.29% |
| 2002 | 2.02 | 391.268 1 | 782.388 5 | 28.81% |
| 2003 | 1.98 | 587.925 6 | 493.934 3 | 22.40% |
| 2004 | 2.03 | 634.885 2 | 658.475 8 | 25.65% |
| 2005 | 2.25 | 731.513 2 | 709.321 0 | 29.62% |
| 2006 | 2.35 | 845.608 3 | 1 340.758 0 | 26.91% |

续表

| 年份 | 无风险利率（%） | 违约点（亿元） | 权益市值（亿元） | 权益市值波动率 |
|---|---|---|---|---|
| 2007 | 3.26 | 996.465 3 | 4 989.806 0 | 39.36% |
| 2008 | 3.92 | 1354.313 3 | 2 095.927 0 | 48.27% |

注：企业部门权益市值根据上市企业权益市值 / 上市企业总权益 = 企业部门的权益市值 / 企业部门的总权益来进行套算，权益市值波动率用上市企业的权益市值波动率代替。

### （一）或有权益资产负债表分析

根据或有权益资产负债表的输入参数（表 34.7）和图 34.17 企业部门或有权益资本结构，通过 MATLAB 编程计算，得到宁夏企业部门或有权益资产负债表（表 34.8）以及宁夏企业部门风险指标表。

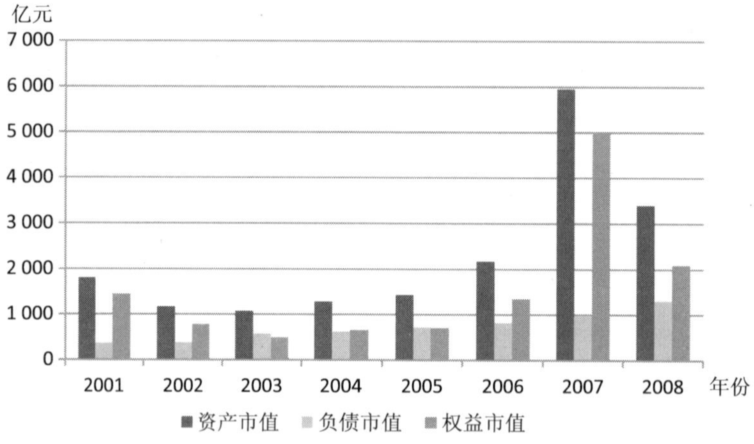


图 34.17　宁夏企业部门或有权益资本结构

**表 34.8　宁夏企业部门的或有权益资产负债表**　　单位：亿元

| 年份 | 资产市值 | 负债市值 | 权益市值 | 年份 | 资产市值 | 负债市值 | 权益市值 |
|---|---|---|---|---|---|---|---|
| 2001 | 1 804.198 8 | 360.839 8 | 1 443.359 0 | 2005 | 1 424.621 9 | 715.300 9 | 709.321 0 |
| 2002 | 1 165.758 9 | 383.370 4 | 782.388 5 | 2006 | 2 166.664 9 | 825.906 9 | 1 340.758 0 |
| 2003 | 1 070.318 6 | 576.384 3 | 493.934 3 | 2007 | 5 954.086 0 | 964.280 0 | 4 989.806 0 |
| 2004 | 1 280.570 8 | 622.095 0 | 658.475 8 | 2008 | 3 401.165 5 | 1 305.238 5 | 2 095.927 0 |

从图 34.17 可以看出，2001—2003 年宁夏企业部门的资产市值和权益市值逐年下降，随后 3 年平稳上升。2007 年由于股市急剧上涨，资产市值和权益市值大幅上升，2008 年又有所下降。与资产市值和权益市值波动不同的是，2001—2008 年宁夏企业部门负债市值平稳增加。

如图 34.18，在考察期内，宁夏企业部门资产市值始终高于资产账面价值。2001—

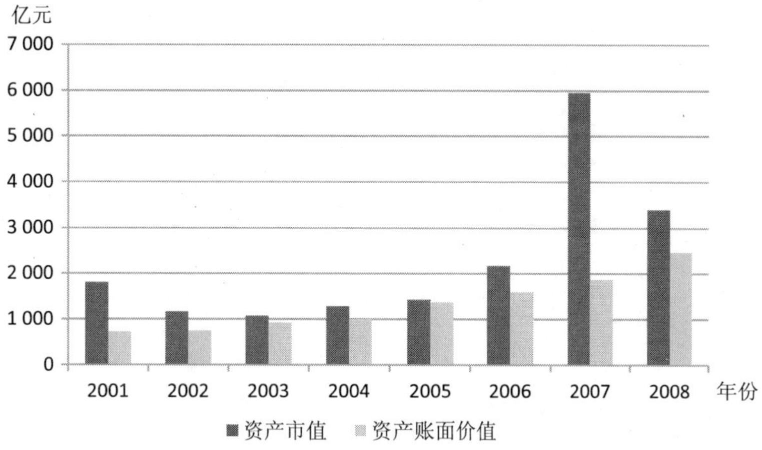


图 34.18　宁夏企业部门资产市值和账面价值

2006 年宁夏的资产市值偏离账面价值不大，波动也较平稳。2007 年资产市值爆炸式增长，严重偏离资产账面价值的增长途径，这与 2007 年股市大涨密切相关。2008 年股市回落，资产市值也向实际账面价值靠拢。

相对于宁夏企业部门账面价值资产负债率变化趋势，或有资产负债率波动较大。在样本年份内，账面价值的资产负债率始终大于或有资产负债率，表明以市场公允价值计量的真实企业风险小于账面价值显示的金融风险。如图 34.19，2003 年宁夏企业部门的账面资产负债率和或有资产负债率均为最大，分别为 73.68% 和 53.85%，股权融资比例偏低，资本结构不尽合理。2006—2008 年随着股市行情的变化，或有资产负债率先降后升，但账面资产负债率逐渐增加，2008 年资产负债率达到 65.19%，存在一定的资本结构错配风险。

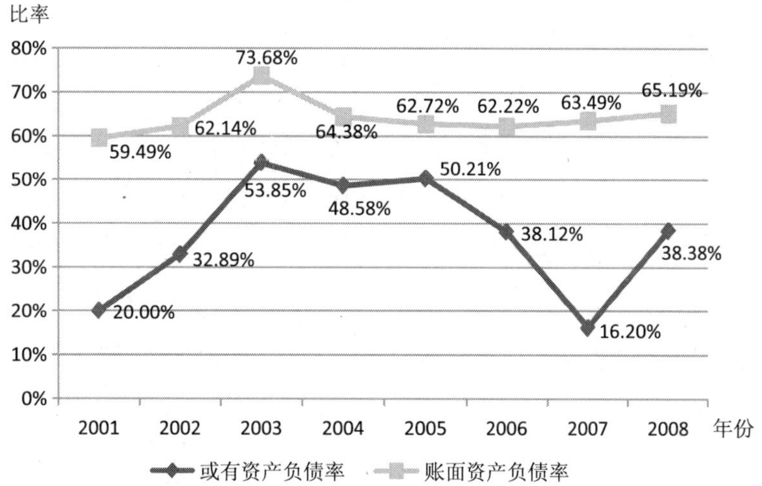


图 34.19　宁夏企业部门资产负债率比较

如图 34.20，样本年间资产市值一直远远大于违约点。从两者之间的倍数关系看，2003 年资产市值已经降为违约点的 2 倍，可作为缓冲风险的区域相对越来越狭窄。2008 年，资产市值与违约点的比值下降，面临的违约风险增加。

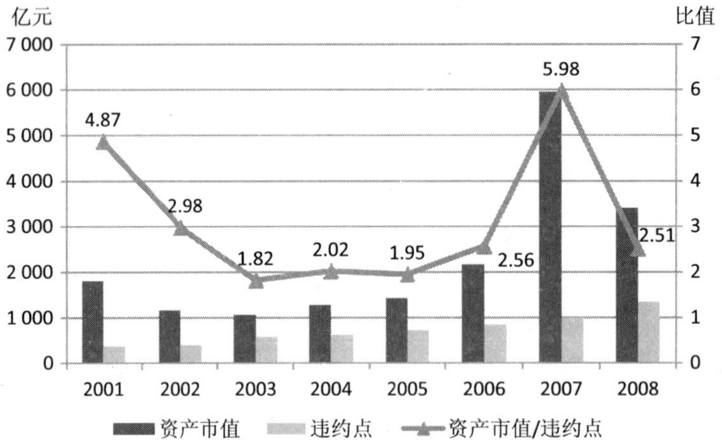


图 34.20　宁夏自治区企业部门资产市值和违约点比较

### （二）风险表分析

表 34.9 是宁夏企业部门风险表。

**表 34.9　宁夏企业部门风险表**

| 年份 | 资产市值波动率 | 违约概率 | 违约距离 | 年份 | 资产市值波动率 | 违约概率 | 违约距离 |
|---|---|---|---|---|---|---|---|
| 2001 | 17.83% | 0 | 4.457 6 | 2005 | 14.75% | 0 | 3.299 3 |
| 2002 | 19.34% | 0 | 3.435 6 | 2006 | 16.65% | 0 | 3.662 1 |
| 2003 | 10.34% | 0 | 4.360 6 | 2007 | 32.99% | 0 | 2.524 2 |
| 2004 | 13.19% | 0 | 3.823 1 | 2008 | 29.78% | 0.11% | 2.021 0 |

宁夏企业部门的资产市值波动率变化如图 34.21。总体而言，资产市值波动率先降后升，2003 年达到谷底。2004 年后，资产市值波动率持续上升，2007 年资产市值波动率达到最高，为 32.99%。2008 年资产市值波动率略有降低，为 29.78%。

企业部门违约距离情况如图 34.22。在样本年限内，违约距离处于下降通道，也就是说在该时间段内企业部门面临的风险逐渐增加。2001 年宁夏违约距离最大，为 4.457 6。2007 年违约距离急剧下降，为 2.524 2。结合资产市值波动率、违约距离和违约概率来看，2008 年宁夏资产市值波动率较高，违约距离最小，违约概率最高，面临的违约风险较大。

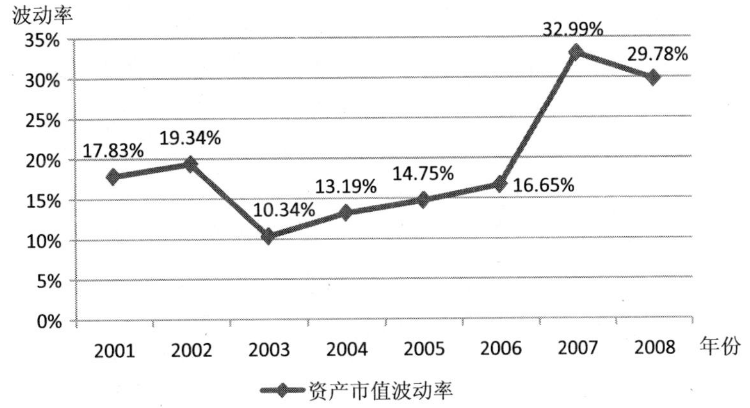


图 34.21　宁夏企业部门资产市值波动率

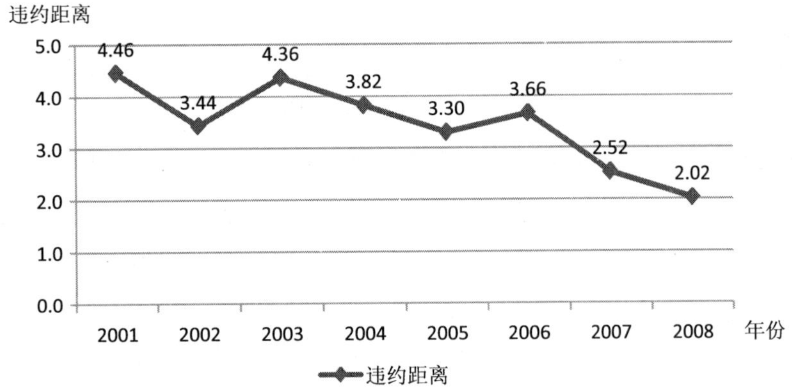


图 34.22　宁夏企业部门违约距离



## 第 4 节　结论及政策建议

本章基于账面价值资产负债表对宁夏回族自治区金融部门和企业部门在运行过程中潜在的风险进行了分析，并结合市场信息编制上市企业和企业部门整体或有权益资产负债表，分析宏观经济运行过程中的潜在风险。

首先，通过金融部门资产负债表对金融部门进行资本结构分析，宁夏金融部门资产大部分流向贷款，其他资产业务发展力度不够，存贷比相对于其他省（市、自治区）来说十分高，抗风险能力不足。中长期贷款占贷款的比重超过一半并有上涨趋势，而定期存款的比重总体有下降趋势，2007—2008 年由于央行调息频繁，使得居民储蓄以短期为主，目前来看宁夏期限错配风险还不明显，但是银行的资金来源开始偏向短期性的居民储蓄，这在一定程度上加大了潜在的期限错配风险。宁夏金融部门的外币贷款量大于外币存款量，外币存贷差为负的情形已经持续了3年，并且绝对值在扩大，由于存在人民币升值预期，这会导致以本币计值的外币净资产缩水，然而由于外币资产与负债占总资产与总负债比重不大，因此货币错配风险有限。

对由规模以上工业企业、所有建筑业企业、限额以上餐饮企业以及限额以上批发零售企业等四大行业数据构成的企业部门资产负债表进行分析，可知流动比率在1左右波动，流动资产占比在40%左右，并且有下降趋势，但总负债中流动负债所占比重很高，目前宁夏自治区存在一定的期限错配风险。企业部门的资产负债率在60%以上，位于高位运行，未从根本上扭转对债务融资的依赖性。宁夏产权比率在11年间保持了下降的趋势，但仍然较高，存在一定的清偿力风险。

分析企业或有权益资产负债表及相关指标可知：上市企业资产市值在2001—2006年间上下波动，2007年随着资本市场发展的加快，股票市场波动性增大，风险增大，随着2008年国际金融危机的蔓延，国内资本市场受到严重影响，上市企业市场价值均大幅下滑，风险达到高点。2009年由于经济复苏，股市回升，上市企业市值大幅回升，风险有所下降。宁夏企业部门资产负债率偏高，存在一定的资本结构错配风险。2008年，资产市值波动率较高，违约距离最小，违约概率最高，违约风险凸显。

为了在促进宁夏金融发展的同时，控制宁夏的金融风险，提出以下几点建议：

（1）进一步提升宁夏上市公司质量，引导优势产业公司上市，降低资本结构错配风险。提升上市公司质量，积极推动上市公司整合资源，实现优质资源向优势企业集中。例如，煤化工、火力发电是宁夏重点发展的优势产业，应重点培养，尽快上市，利用资本市场发展优势产业。鼓励通过非公开发行等创新方式将优质资产注入上市公司，提高再融资能力。

（2）完善宁夏金融组织体系，构建和谐的金融生态环境。大力发展资本市场，扩大股权融资比例，完善小额贷款市场，鼓励各种股份制商业银行到宁夏设立分支机构，以扩大中小企业融资渠道。

（3）建设宁夏社会信用体系、社会担保体系。将规范民间借贷、打击非法集资、整顿金融秩序与加快宁夏信用体系建设结合起来，在风险控制中实现宁夏金融业的持续健康安全发展；完善社会担保体系，解决中小企业贷款难的问题：如扩大中小企业担保机构的数量和资金规模，不断创新信用担保方式，增加有效担保抵押品种，规范担保程序等。

# 第 35 章　青海省宏观金融风险研究



青海省自然资源十分丰富，尤其矿产资源种类多、储量大，资源开发型的重工业比重高是青海工业经济的主要特点。本章在对青海省经济金融运行概况以及相关文献进行归纳的基础上，从基于账面价值的资产负债表和基于市场价值的或有权益资产负债表两个方面分析青海省宏观经济运行过程中存在的潜在风险。

## 第 1 节　引言

改革开放以来，青海省四大支柱产业（电力、有色金属、盐化、石油天然气）和四大优势产业（冶金、医药制造、建材、畜产品加工）发展较快，对青海省的经济发展作出了很大的贡献。但是这种资源开发型的工业目前面临着急需产业升级和经济结构调整的难题，青海省金融风险与其宏观经济金融状况密切相关。以下介绍青海省经济金融运行概况，并对相关文献进行归纳总结。

### 一、青海省经济金融概况

#### （一）青海省经济运行概况

"十五"期间，青海以"四大支柱、四大优势"为主的资源开发型工业支撑并拉动了青海生产总值的高速增长。如图 35.1，1978 年青海省地区生产总值只有 15.54

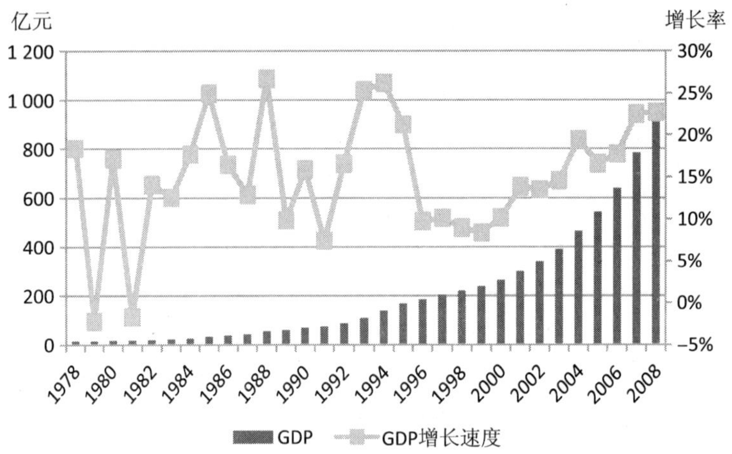


图 35.1　青海省 GDP 及其增长速度

亿元，而 2008 年青海省地区生产总值已经达到 961.53 亿元，30 年间青海省的经济总量翻了近五番。2008 年青海省一批惠及面广、辐射作用强的固定资产投资项目，如重点项目建设、公共基础设施、新农村“五改三建”工程等，有效刺激了政府以及民间的投资热情，从而实现了以固定资产投资项目带动内需，并进一步推动省域经济快速发展的目的。伴随着青海省主题鲜明的“四大支柱、四大优势”产业结构调整的步伐，三次产业结构进一步得到优化，其中第二业优势逐渐凸显，三次产业比重调整为 11∶55∶34。

从 GDP 的增长速度看，青海省在 1978—1996 年间该指标值波动很大，而此后 13 年里都保持着稳步加速的增长趋势。改革开放给青海省的经济发展带来了很好的机遇，由于青海省的经济底子差，刚开始的近 20 年间 GDP 的增速不稳定，超过 25% 的年增长率出现过 4 年，负数增长出现过 2 年，这段时间里青海省经济在发展中调整。1996 年以后，青海省经济基本走上正轨，经济持续在高速增长平台上稳步运行，整体上呈现速度快、运行平稳、效益提高的良好态势。其中，不仅传统的资源型产业、化工业等保持快速增长，纺织业也成为新的增长亮点。

**（二）青海省金融运行概况**

青海省金融业发展势态良好，同时金融业的持续健康发展为实体经济的平稳快速发展提供了有力的支撑，从而逐渐走上良性循环的道路。然而当前青海省金融业仍存在发展水平相对于其他发达省市偏低的现状，金融服务于社会快速发展的空间仍可进一步提升，2008 年青海省建立了隔夜头寸拆借市场，金融市场体系逐步趋于完善。

2008年青海省金融业得到了良好的发展，特别是银行业与保险业，均有较大幅度的提升。全省银行类金融机构实现了资产总额同比增长27%的佳绩，同时不良贷款率进一步下降至3.8%，并实现盈利15.7亿元。存贷款均大幅增长，2008年存款余额与贷款余额分别为1 389.6亿元与1 033.9亿元，同比增长25.73%和17.2%。受国际金融危机蔓延带来的负面影响，证券交易趋冷，证券交易量、期货交易量、股民开户数相比2007年均有所下降，年末拥有10家国内上市公司，通过发行国内债券筹得资金10亿元。与证券业低迷的情况相反，2008年青海保险业增长迅速，保险密度与保险深度分别达到254元/人与1%，分别提高了22.68个和0.4个百分点，实现保费收入14亿元。金融业对青海省域经济的快速发展起到了不可忽视的支撑作用。

## 二、青海省金融风险文献综述

关于青海省的文献多集中于两个方面：一方面是研究青海省经济建设中的问题以及如何发展当地经济，多为定性论述；另一方面是研究青海省经济发展中存在的风险，定性和定量的论述均有。赵永祥、杨生玉、王述友等人（2006）认为青海工业经济提速需要解决五大问题：工业生产力规划布局问题、工业园区建设和发展问题、工业结构调整问题、中小工业企业融资问题、交通、资源和产业工人方面的“瓶颈”制约问题等。那小红（2006）提出可以根据青海省的资源禀赋和经济社会发展特点，把全省分为四大区域，即以西宁为中心的东部经济区、以矿产资源开发为重点的柴达木资源开发区、以生态建设和环境保护为主的三江源生态环境保护区和环青海湖经济区。四大区域各有侧重，明确区域经济的发展方向，合理配置区域资源。孙发平、马洪波、王兰英等人（2007）对包括青海在内的西北五省区经济活力进行排位，结果青海经济活力综合指数低于陕西和新疆，高于宁夏和甘肃，位居西北五省区第三。青海省需要通过加快企业发展，发展多元化的市场主体，通过创新和体制机制的优化来营造良好的经济发展氛围，提高青海经济活力。张晓容（2007）从青海经济增长的“三驾马车”角度分析，针对青海省内有两个国家级自然保护区，大部分地区属于限制开发区和禁止开发区这样的发展困难，提出要培植青海省经济增长点，努力增加自我增长能力，即推动西宁服务全省和海西带动全省；拓宽融资渠道，突破资金瓶颈；跨区域合作，拓宽发展空间。代戈资（2007）运用因子分析方法，从定量和定性分析相结合的角度对青海工业行业进行了综合分析，指出青海企业有必要权衡财务风险与资金成本的关系，确定最优的资本结构。青海省银监局课题组（2008）指出青海省银行业不断调整优化信贷结构，银行信贷投向与产业结构相关性明显增强，但产业结构的调整也给银行业信贷资金的使用带来了较大的风险。同时由于长期以来青海工业形成了以能源原材料为主，高耗能、高污染产业比重过大的基本结构，宏观调控政策在短期内将影响工业经济的增长，对金融运行带来一定影响，加大了银行信贷风险。

## 第 2 节　青海省部门资产负债表编制及分析

本节基于资产负债表方法对青海省宏观金融风险进行实证研究，主要包括对青海省企业部门和金融部门风险的识别和度量，以及对整体风险进行基于账面价值的评判。

### 一、青海省金融部门资产负债表编制及分析

#### （一）金融部门资产负债表编制

以下编制的青海省金融部门2003—2008年资产负债表，主要涵盖青海省银行类金融机构，如表35.1。

**表 35.1　青海省金融部门资产负债表**　　单位：亿元

| 年份 | 2003 | 2004 | 2005 | 2006 | 2007 | 2008 |
|---|---|---|---|---|---|---|
| **总资产** | — | 782.29 | 887.90 | 1 085.00 | 1 348.00 | 1 712.00 |
| 贷款余额 | 558.76 | 621.90 | 641.60 | 729.83 | 882.13 | 1 033.90 |
| 短期贷款 | 204.59 | 218.50 | 188.70 | 210.89 | 279.94 | 304.49 |
| 票据融资 | — | — | — | 17.60 | 24.93 | 28.85 |
| 中长期贷款 | 348.56 | 386.90 | 434.90 | 499.13 | 576.02 | 701.42 |
| 本币贷款 | 556.96 | 619.90 | 638.60 | 723.18 | 873.15 | 1 025.63 |
| 外币贷款 | 1.80 | 2.00 | 3.00 | 6.65 | 8.98 | 8.27 |
| **总负债和权益** | — | 782.29 | 887.90 | 1 085.00 | 1 348.00 | 1 712.00 |
| 存款余额 | 544.35 | 607.50 | 737.80 | 903.72 | 1 105.21 | 1 389.58 |
| 本币存款 | 538.76 | 601.80 | 733.10 | 896.78 | 1 092.65 | 1 383.68 |
| 企业存款 | 187.83 | 212.56 | 220.38 | 274.61 | 361.05 | 430.51 |
| 活期存款 | 162.68 | 183.46 | 185.39 | 229.14 | 282.04 | 344.43 |
| 定期存款 | 25.14 | 29.10 | 34.99 | 45.47 | 79.00 | 86.08 |
| 居民储蓄 | 260.50 | 299.29 | 348.94 | 406.27 | 442.30 | 580.47 |
| 活期存款 | 111.10 | 126.83 | 146.03 | 181.17 | 221.66 | 281.67 |

续表

| 年份 | 2003 | 2004 | 2005 | 2006 | 2007 | 2008 |
|---|---|---|---|---|---|---|
| 定期存款 | 149.40 | 172.45 | 202.91 | 225.10 | 220.64 | 298.81 |
| 外币存款 | 5.59 | 5.70 | 4.70 | 6.94 | 12.56 | 5.90 |

注：青海省金融部门资产负债表涵盖银行类金融机构资产负债表，数据来源于《中国统计年鉴》、《青海省金融运行报告》、《青海省统计年鉴》等，具体如下：

① 总资产数据从 2005—2008 年《青海省金融运行报告》获得。2004 年总资产数据根据 2005 年同比增长率求得。贷款余额、短期贷款、中长期贷款、本币贷款和外币贷款数据从 2004—2008 年《青海省金融运行报告》附表获得，2003 年数据根据 2004 年的增长率推算出。票据融资数据从 2006—2008 年《青海省金融运行报告》附表获得。

② 存款余额、本币存款和外币存款数据从 2004—2008 年《青海省金融运行报告》附表获得，2003 年数据根据 2004 年的增长率推算出。企业存款、居民储蓄、活期存款和定期存款从 2005 年、2009 年《青海省统计年鉴》获得。

### （二）金融部门资产负债表分析

1. 资本结构风险分析

青海省金融部门资产规模在 2004—2008 年间平稳增加。可以从图 35.2 看出，在 2004—2008 年的这 5 年间，青海省金融部门资产有了稳步的增长，并且在 2007 年和 2008 年两年里表现出加速态势。贷款余额占总资产的比重逐年递减，2004 年贷款占比为 80%，2008 年该项占比下降到 60%，贷款支出是主要的资金支出，然而资金运用逐渐多样化，其他方式的支出比重扩大。其中 2008 年贷款余额相比前一年增加 151.77 亿元，增幅达 17.2%，极大地满足了包括农业、工业、民生等领域的贷款需求，从而有力地支持了青海省总体经济发展。

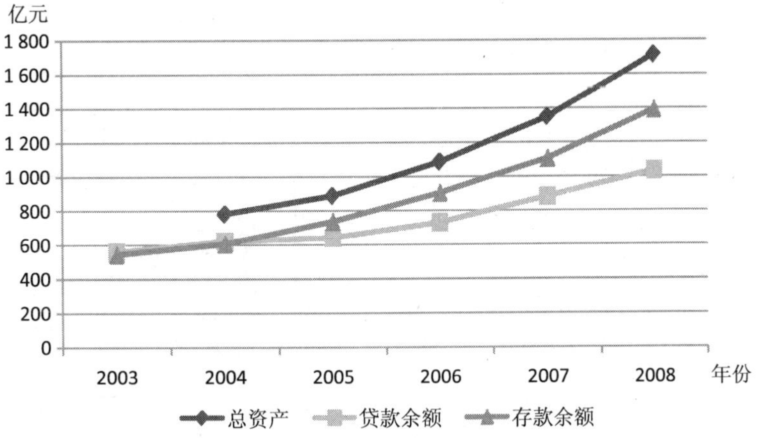


图 35.2　青海省金融部门资本结构

2. 期限错配风险分析

如图 35.3，青海省金融部门的各项贷款余额中，中长期贷款的比重超过一半，说明资金运用多投向了中长期贷款。短期资产的比重较小，而且中长期贷款占比有上升的趋势，资产流动性面临一定问题。

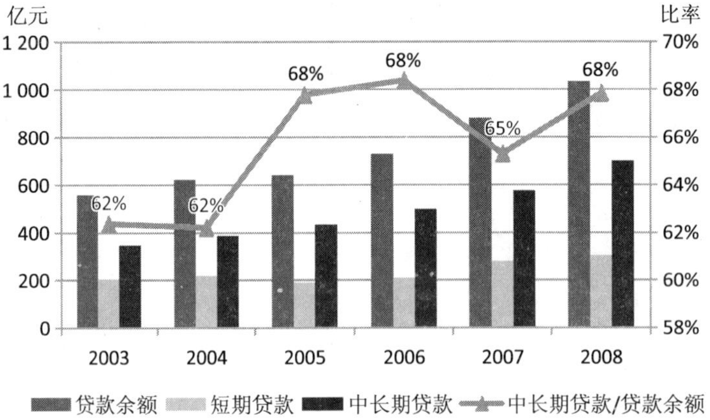


图 35.3　青海省金融部门贷款结构

如图 35.4，在 2003—2008 年，定期存款的比重不足 40%，而且有下降趋势。银行的资金来源是存款，而企业和居民存款多是短期性的，但资金运用则多投向中长期贷款，资金来源的稳定性不足以及资产的流动性不足将使青海省金融机构面临一定的期限错配风险。

3. 货币错配风险分析

从青海省金融部门币种结构可以看出，本币贷款和本币存款远远高于外币贷款和外

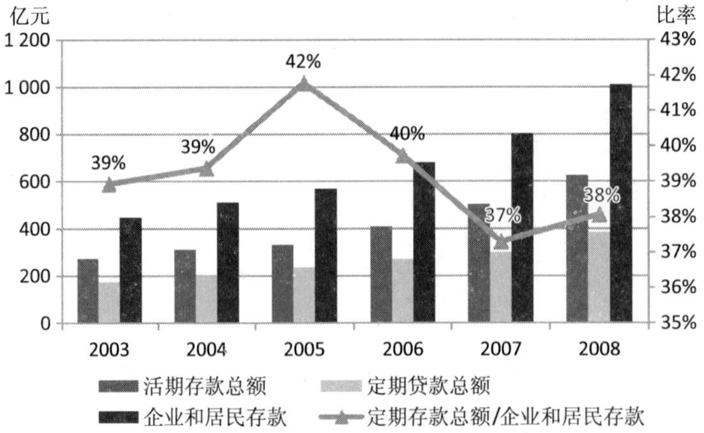


图 35.4　青海省金融部门存款结构

币存款。从图35.5可以看出，青海省金融部门的本币存款和本币贷款呈现不断上升的趋势，其中2008年本币存款有大幅度的增加，这主要是由于居民储蓄和企业活期存款均有较高的增长。青海省金融部门本币存贷比呈逐年稳步下降的趋势，至2008年该指标值已达到74%的合理水平。

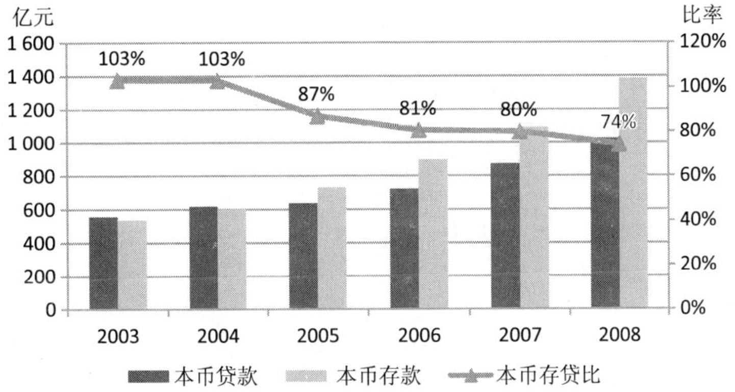


图35.5　青海省金融部门本币存款和本币贷款

如图35.6，外币存款、外币贷款总体有上升趋势，但2008年受金融危机的影响，外币存款和贷款均有所下降。其中外币存款下降更为剧烈，这主要是由于存在人民币升值预期。外币存贷比逐年上升，在2008年超过100%，外币资产大于外币负债，青海省金融部门存在一定的货币错配风险。

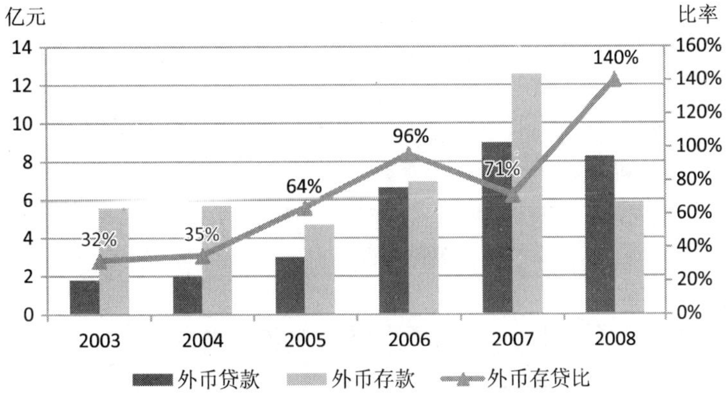


图35.6　青海省金融部门外币存款和外币贷款

## 二、青海省企业部门宏观金融风险分析

### （一）企业部门资产负债表编制

企业部门主要考察1998—2008年青海省全部国有及规模以上非国有工业企业、限额以上餐饮企业、限额以上批发零售业以及所有建筑业企业，编制1998—2008年资产负债表，如表35.2。

表35.2 青海省企业部门资产负债表 单位：亿元

| 年份 | 资产 | 流动资产 | 长期资产 | 负债 | 流动负债 | 长期负债 | 所有者权益 |
|---|---|---|---|---|---|---|---|
| 1998 | 560.40 | 221.60 | 338.80 | 460.73 | 258.96 | 201.78 | 99.67 |
| 1999 | 725.64 | 227.58 | 498.06 | 534.38 | 329.93 | 204.45 | 191.26 |
| 2000 | 785.95 | 287.92 | 498.03 | 578.98 | 302.33 | 276.65 | 206.97 |
| 2001 | 839.38 | 309.58 | 529.80 | 583.17 | 308.07 | 275.09 | 256.21 |
| 2002 | 893.24 | 313.00 | 580.24 | 596.98 | 305.94 | 291.04 | 296.26 |
| 2003 | 1 002.50 | 330.67 | 671.83 | 715.89 | 388.46 | 327.43 | 286.61 |
| 2004 | 1 100.43 | 379.05 | 721.38 | 760.80 | 408.73 | 352.07 | 339.63 |
| 2005 | 1 310.02 | 433.91 | 876.11 | 870.57 | 474.86 | 395.71 | 439.45 |
| 2006 | 1 567.31 | 528.29 | 1 039.02 | 1 015.26 | 552.28 | 462.98 | 552.05 |
| 2007 | 1 867.29 | 623.76 | 1 243.52 | 1 163.17 | 690.41 | 472.76 | 704.12 |
| 2008 | 2 388.70 | 816.86 | 1 571.84 | 1 467.42 | 849.19 | 618.23 | 921.28 |

注：数据来自《中国统计年鉴》。根据1998—2008年全部国有及规模以上非国有工业企业、限额以上餐饮企业、限额以上批发和零售业以及所有建筑业企业，四个行业的数据加总，得到1998—2008年企业部门资产负债表。具体如下：

① 工业行业数据来源于《中国统计年鉴》——各地区规模以上工业企业主要指标统计表；建筑业资产、流动资产数据来源于《中国统计年鉴》——各地区建筑业企业资产统计表，负债、流动负债数据来源于《中国统计年鉴》——各地区建筑业企业负债及所有者权益统计表；批发零售业数据来源于各地区限额以上批发和零售业资产及负债统计表；餐饮业数据来源于各地区限额以上餐饮业资产及负债统计表。

② 数据缺失及处理：2004年，全部国有及规模以上非国有工业企业的流动负债数据缺失，以2003年流动负债的年增长率作为2004年流动负债的年增长率，估算出2004年流动负债的数值；2004年，建筑业、批发零售业和餐饮业的资产负债表各数据都缺失，均以对应各指标前5年（1998—2003年）的年平均增长率作为2004年该指标的增长率，进而计算出2004年的各指标值；2002—2008年，批发零售业和餐饮业的流动负债数据缺失，均以该省该行业流动负债前4年（1998—2001年）的年平均增长率作为2002—2008年流动负债的年增长率，进而计算出各年的各指标值。

### （二）企业部门资产负债表分析

表35.2反映出青海省企业的发展状况，总资产保持增长趋势，年增长量有两次大规模上升。资产年增长量的第一次大幅上升发生在2003年，资产增长量主要源于长期资产

的增加，表明青海省企业固定资产类投资力度增加，但是负债的增加却是以流动负债为主，存在一定的期限错配问题。2008 年资产年增长量第二次大额上升，流动资产和长期资产都有大幅上升，负债中流动负债和长期负债大幅上升，除去债券融资，股权融资也在这一轮企业资产规模扩大中发挥了重要作用。

1. 期限错配分析

如图 35.7，青海省企业部门流动资产在 1998—2008 年间稳定增加。其中流动比率的两个低谷分别是 1999 年和 2003 年，这主要是由于这两年中青海省企业部门的固定资产投资增加较快，但是负债的增加却是以流动负债为主，这就导致这两年的流动比率突然下降。总体来看，青海省企业部门的流动比率在大多数年份小于 1，流动资产不足以覆盖全部流动负债，持续偏低的流动比率表明青海省企业部门存在一定的期限错配问题。



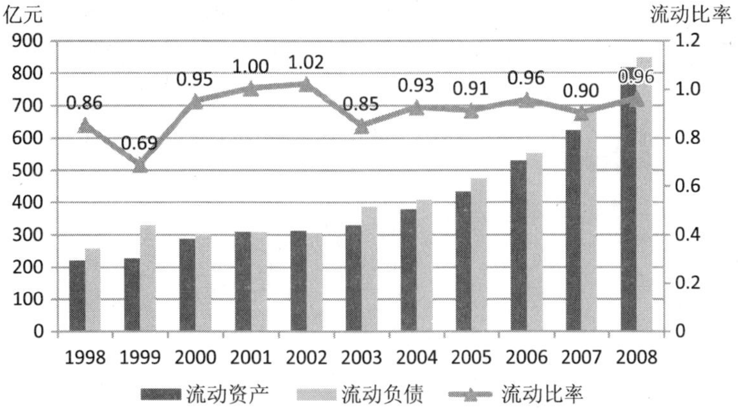


图 35.7 青海省企业部门流动比率

如图 35.8，青海省企业部门总资产以长期资产为主，流动资产占比仅为 34% 左右，资产的流动性不足。综合来看，青海省企业部门存在一定的期限错配风险，应注意防范。

2. 资本结构分析

如图 35.9，1998—2008 年期间青海省企业部门发展迅速，资产、负债和所有者权益规模均处于稳定上升趋势。一方面，随着资本市场的发展，青海省企业逐渐扩大股权融资的份额；另一方面，企业部门自身发展状况不断改善，这就导致青海省企业部门对债务融资的依赖程度降低，资产负债率有所降低，从 1998 年的 82% 下降到 2008 年的 61%。青海省企业部门资本结构错配风险降低，资本结构趋向合理化。

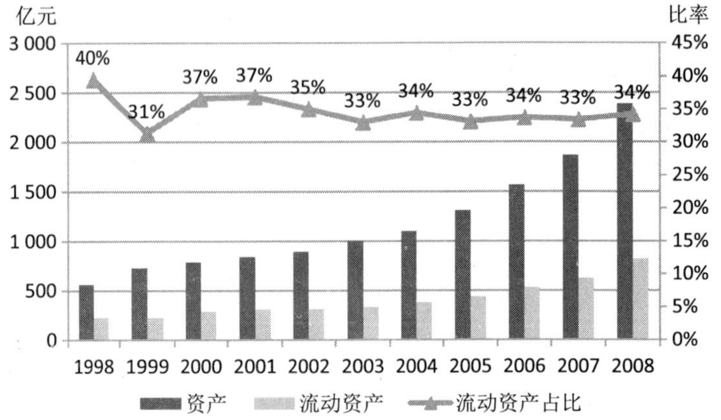


图 35.8　青海省企业部门流动资产率

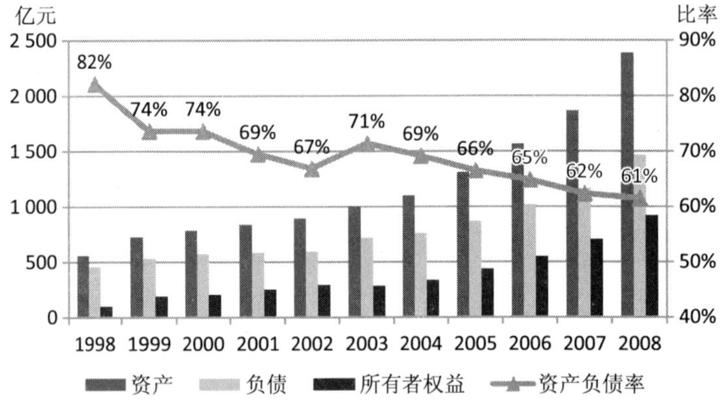


图 35.9　青海省企业部门资本结构

3. 清偿力风险分析

如图 35.10，青海省产权比率在 11 年间保持了下降的趋势。2008 年产权比率降至

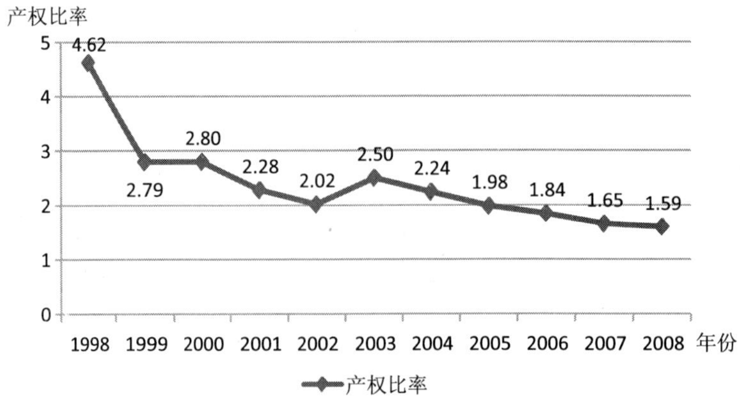


图 35.10　青海省企业部门产权比率

1.6附近，总的来说，青海省的清偿力在最近10年有很大改善。

## 第3节　青海省或有权益资产负债表编制及分析

本节将运用或有权益法分析青海省主要企业部门的风险，主要包括或有权益资产负债表和风险表的编制与分析。

### 一、青海省上市企业部门或有权益资产负债编制及分析

2001—2009年青海省上市企业部门资产负债表如表35.3。

**表35.3　青海省上市企业部门资产负债表**　　单元：亿元

| 年份 | 流动资产 | 总资产 | 流动负债 | 总负债 | 所有者权益 |
|---|---|---|---|---|---|
| 2001 | 39.69 | 69.70 | 26.12 | 31.07 | 38.63 |
| 2002 | 45.49 | 79.59 | 35.58 | 38.90 | 40.69 |
| 2003 | 57.08 | 114.37 | 42.37 | 65.40 | 48.97 |
| 2004 | 69.85 | 135.48 | 50.95 | 76.53 | 58.95 |
| 2005 | 66.29 | 149.13 | 60.82 | 86.49 | 62.64 |
| 2006 | 66.91 | 162.02 | 68.92 | 98.87 | 63.16 |
| 2007 | 174.70 | 355.54 | 129.36 | 171.11 | 184.43 |
| 2008 | 253.53 | 559.19 | 181.40 | 269.39 | 289.80 |
| 2009 | 274.46 | 644.33 | 219.76 | 328.04 | 316.30 |

2001—2009年青海省上市企业部门或有权益资产负债表的输入参数，如表35.4。

**表35.4　青海省上市企业部门或有权益资产负债表输入参数**

| 年份 | 无风险利率 | 违约点（亿元） | 权益市值（亿元） | 权益市值波动率 |
|---|---|---|---|---|
| 2001 | 2.25% | 28.594 5 | 409.910 5 | 33.00% |
| 2002 | 2.02% | 37.241 9 | 341.316 3 | 38.03% |
| 2003 | 1.98% | 53.883 9 | 295.467 7 | 31.91% |
| 2004 | 2.03% | 63.744 2 | 234.457 9 | 37.24% |
| 2005 | 2.25% | 73.656 0 | 203.724 9 | 43.93% |
| 2006 | 2.35% | 83.890 5 | 341.074 7 | 32.62% |
| 2007 | 3.26% | 150.232 7 | 2 032.370 0 | 44.89% |
| 2008 | 3.92% | 225.395 4 | 1 437.650 0 | 49.73% |
| 2009 | 2.25% | 273.901 1 | 1 746.660 0 | 40.03% |

### （一）或有权益资产负债表分析

根据或有权益资产负债表编制范式和以上输入参数，通过 MATLAB 编程计算，得到青海省上市企业部门或有权益资产负债表，如表 35.5。

表 35.5　青海省上市企业部门或有权益资产负债表　　　单位：亿元

| 年份 | 资产市值 | 负债市值 | 权益市值 | 年份 | 资产市值 | 负债市值 | 权益市值 |
|---|---|---|---|---|---|---|---|
| 2001 | 437.579 4 | 27.669 0 | 409.910 5 | 2006 | 423.017 9 | 81.943 2 | 341.074 7 |
| 2002 | 377.837 1 | 36.520 8 | 341.316 3 | 2007 | 2 177.680 0 | 145.310 0 | 2 032.370 0 |
| 2003 | 348.282 5 | 52.814 8 | 295.467 7 | 2008 | 1 653.300 0 | 215.650 0 | 1 437.650 0 |
| 2004 | 296.940 9 | 62.483 0 | 234.457 9 | 2009 | 2 014.335 6 | 267.675 6 | 1 746.660 0 |
| 2005 | 275.537 9 | 71.813 0 | 203.724 9 | | | | |

表 35.5 所示的样本期间内，仅 2001 年和 2007 年各新增 1 家上市公司。

图 35.11 是青海省上市企业部门资产市值和资产账面价值的比较图。青海省上市企业部门资产账面价值 2001—2009 年平稳增加。资产市值在 2001—2007 年间先降后升，2001—2005 年资产市值和资产账面价值差距有缩小趋势，说明这段时间青海上市企业部门的市场价值评价趋于合理。2007 年由于股票市场经历大牛市从而使资产市值达到一个新的高度，2008 年又随股市回落而回落，2009 年则有所回升。

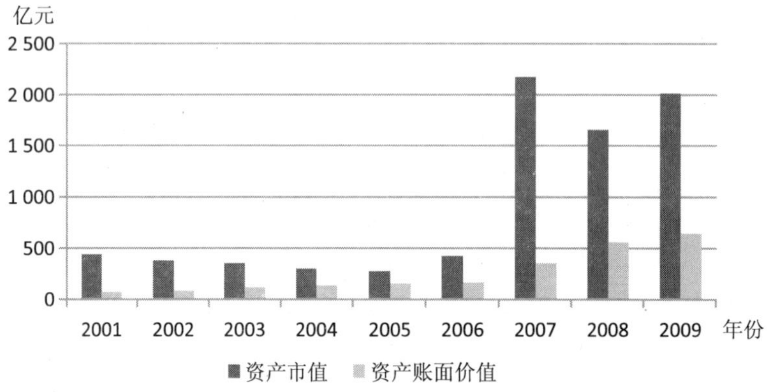


图 35.11　青海省上市企业部门资产市值和账面价值

如图 35.11，青海省上市企业部门资产市值在 2001—2006 年没有太大的变化，仅在一个小区间内波动，而 2006 年以来的股市大幅上升造就了 2007 年以后权益市值的一波快速上涨，但是在 2008 年年末，或有资产又随着金融危机的冲击而有所降低，2009 股市逐步调整，股价回升使得资产市值和权益市值上升，但未超过 2007 年的高点。资产市值变化主要是受到了权益市值变化的影响。企业部门或有资产增加的同时，负债市值稳定增加，但是负债市值一直很小，如图 35.12。

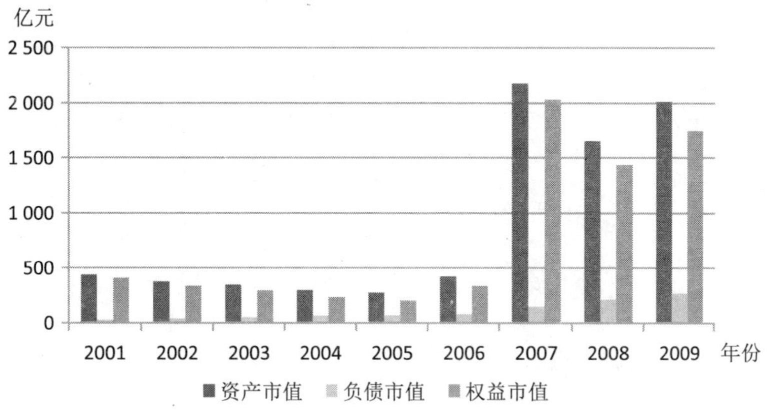


图 35.12　青海省上市企业部门或有权益资本结构

如图 35.13，相对于青海省上市企业部门账面价值资产负债率变化趋势，或有资产负债率波动较大，或有资产负债率的变动先于账面资产负债率。在样本年限内，或有资产负债率小于账面价值的资产负债率，表明以市场公允价值计量的企业风险小于账面价值显示的金融风险，但是市场价值的不稳定性也使得以市场公允价值计量的企业风险的可信度降低。总体而言，2001—2009 年上市企业部门债务融资所占比重水平不高，基本不存在明显的资本结构错配。

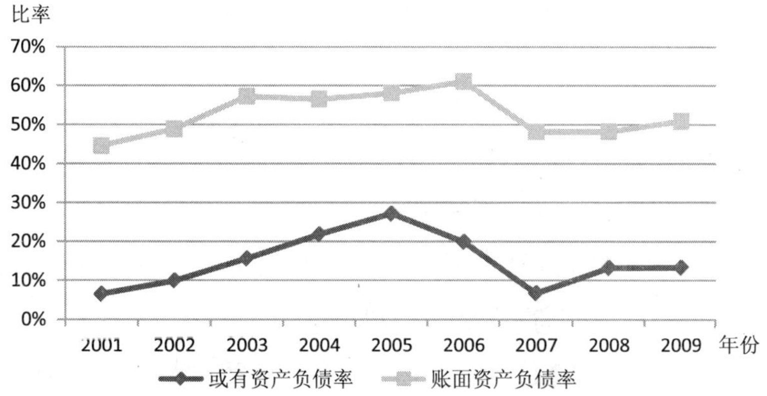


图 35.13　青海省上市企业部门或有资产负债率

如图 35.14，在 2001—2009 年间，资产市值一直远远大于违约点。青海省的风险状况在 2005 年比较突出，在 2006 年和 2007 年有显著的改善，2007 年资本市场大幅上涨的行情，对青海省上市企业资产市值的影响较大，企业融资通道拓宽，通过资本市场直接融资规模扩大，违约风险降低。2008 年资产市值大幅下降，违约点相对于资产市场价

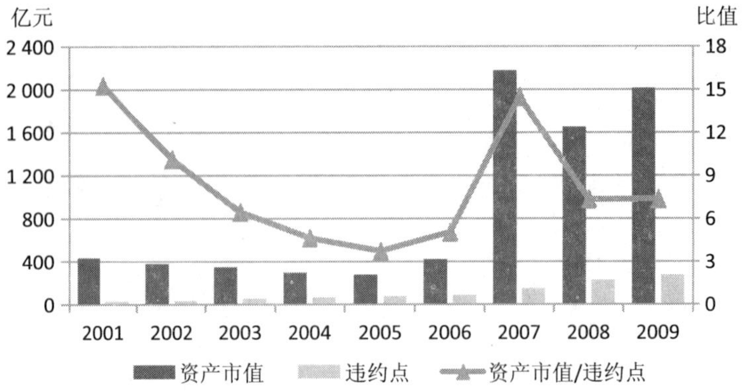


图 35.14　青海省上市企业部门资产市值和违约点比较

值越来越高，可作为缓冲风险的区域相对越来越狭窄。2009 年情况有所改善。青海省应在资本市场快速发展的契机下，加大对企业本身质量的改善，并支持更多的企业上市融资，以改变现今受资本市场行情好坏影响过大、波动率过大的局面，进一步分散风险。

**（二）风险表分析**

根据以上或有权益资产负债表编制范式和输入参数，通过 MATLAB 编程计算，得到青海省上市企业部门风险指标表，如表 35.6。

**表 35.6　青海省上市企业部门风险指标**

| 年份 | 资产市值波动率 | 违约概率 | 违约距离 | 年份 | 资产市值波动率 | 违约概率 | 违约距离 |
|---|---|---|---|---|---|---|---|
| 2001 | 30.90% | 0 | 3.024 8 | 2006 | 26.30% | 0 | 3.048 0 |
| 2002 | 34.36% | 0 | 2.623 6 | 2007 | 41.90% | 0 | 2.222 2 |
| 2003 | 27.07% | 0 | 3.122 6 | 2008 | 43.23% | 0 | 1.998 0 |
| 2004 | 29.40% | 0 | 2.670 8 | 2009 | 34.71% | 0 | 2.489 5 |
| 2005 | 32.47% | 0 | 2.256 4 | | | | |

为了更清晰地看出这些风险指标所呈现的宏观风险特征，绘制各项指标的变化图。

如图 35.15，企业的市场价值波动率在 2001—2006 年基本没有很大的变化，说明这段时间青海省上市企业部门市值相对比较稳定。但是从 2006 年起市值波动率开始攀升，说明在金融危机期间，青海的上市企业部门市场价值波动变大，不太稳定。2008 年市场不稳定性进一步扩大，违约风险明显，2009 年则有所改善。

如图 35.16，青海上市企业的违约距离在样本年限内不断波动。2006 年以来，违约距离逐步减小，这主要是由于金融危机爆发，资产市值出现缩水，同时负债又显著增加，违约点升高，于是违约距离进一步降低，风险达到样本期间内的最大值。2009 年违约距离上升，风险较 2008 年有所改善。

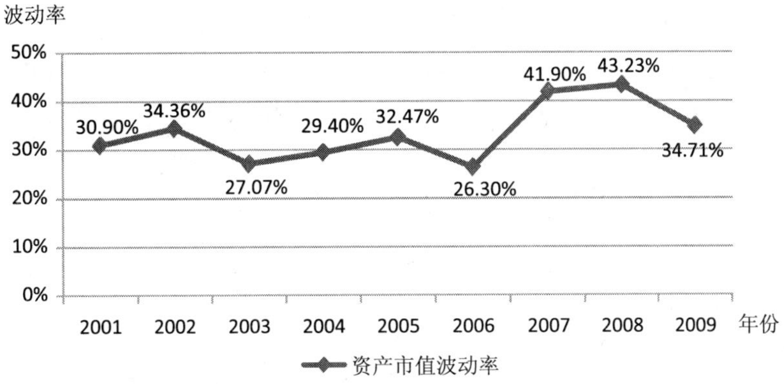


图 35.15　青海省上市企业部门资产市值波动率

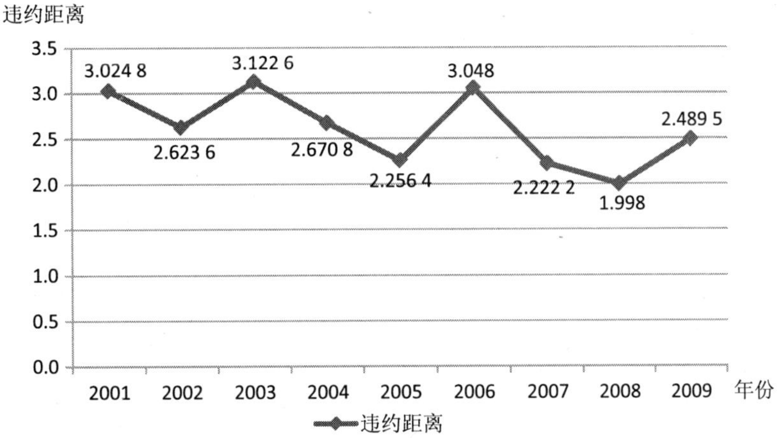


图 35.16　青海省上市企业部门违约距离

## 二、青海省企业部门或有权益资产负债编制及分析

对青海企业部门进行或有权益分析时，首先将所需有关数据整理如表 35.7。

**表 35.7　青海省企业部门或有权益资产负债表输入参数**

| 年份 | 无风险利率（%） | 违约点（亿元） | 权益市值（亿元） | 权益市值波动率 |
|---|---|---|---|---|
| 2001 | 2.25 | 445.619 8 | 2 901.999 2 | 33.00% |
| 2002 | 2.02 | 451.462 3 | 2 751.260 9 | 38.03% |
| 2003 | 1.98 | 552.177 7 | 2 038.206 6 | 31.91% |
| 2004 | 2.03 | 584.766 8 | 1 710.868 4 | 37.24% |
| 2005 | 2.25 | 672.712 3 | 1 933.171 4 | 43.93% |
| 2006 | 2.35 | 783.770 5 | 3 697.537 5 | 32.62% |
| 2007 | 3.26 | 926.787 5 | 8 313.971 5 | 44.89% |
| 2008 | 3.92 | 1 158.302 6 | 5 255.895 5 | 49.73% |

注：企业部门权益市值根据上市企业权益市值 / 上市企业总权益 = 企业部门的权益市值 / 企业部门的总权益来进行套算，权益市值波动率用上市企业的权益市值波动率代替。

### （一）或有权益资产负债表分析

根据或有权益资产负债表编制范式和以上输入参数，通过 MATLAB 编程计算，得到青海省企业部门或有权益资产负债表（表 35.8）以及青海省企业部门风险指标表（表 35.9）。

表 35.8　青海省企业部门或有权益资产负债表

| 年份 | 资产市值 | 负债市值 | 权益市值 | 年份 | 资产市值 | 负债市值 | 权益市值 |
|---|---|---|---|---|---|---|---|
| 2001 | 3 337.299 1 | 435.299 9 | 2 901.999 2 | 2005 | 2 590.932 9 | 657.761 5 | 1 933.171 4 |
| 2002 | 3 193.526 1 | 442.265 2 | 2 751.260 9 | 2006 | 4 462.927 7 | 765.390 2 | 3 697.537 5 |
| 2003 | 2 579.350 5 | 541.143 9 | 2 038.206 6 | 2007 | 9 207.723 5 | 893.752 0 | 8 313.971 5 |
| 2004 | 2 284.009 3 | 573.140 9 | 1 710.868 4 | 2008 | 6 370.145 4 | 1 114.249 9 | 5 255.895 5 |

随着近年股市的大幅上涨，资产市值上涨很快，其中负债市值占资产市值的比重较小，2001—2008 年稳定缓慢上升，而权益市值占资产市值的比重始终较大，而且变化较为剧烈。

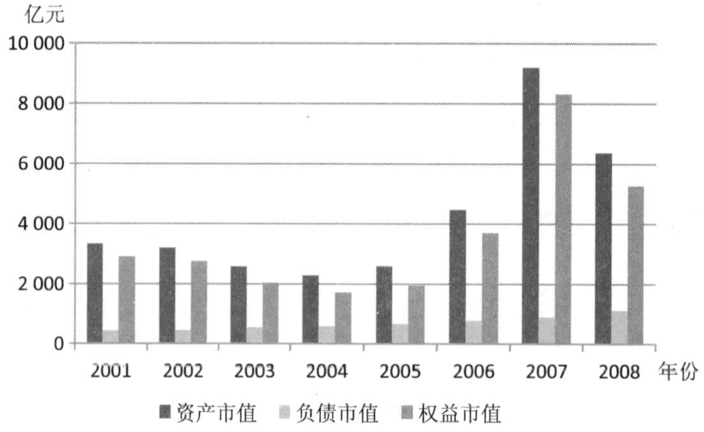


图 35.17　青海省企业部门或有权益资本结构

如图 35.18，在考察期内资产市场价值始终高于资产账面价值，说明青海省企业部门的资产存在泡沫。2001—2006 年青海省的资产市值偏离账面价值不大，波动也较平稳。2007 年资产市值爆炸式增长，严重偏离资产账面价值，这与 2007 年股市大牛市密切相关。2008 年股市回落，资产市值也向实际账面价值靠拢。

如图 35.19，相对于青海省企业部门账面价值资产负债率变化趋势，或有资产负债率波动较大。在样本年份内，账面价值的资产负债率始终大于或有资产负债率，表明以市场公允价值计量的真实企业风险小于账面价值显示的金融风险。

如图 35.20，样本期间内，资产市值一直远远大于违约点。从两者之间的倍数关系看，

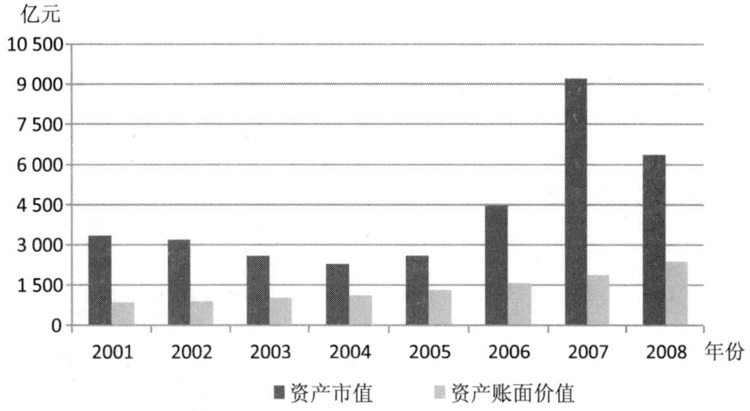


图 35.18 青海省企业部门资产市值和账面价值

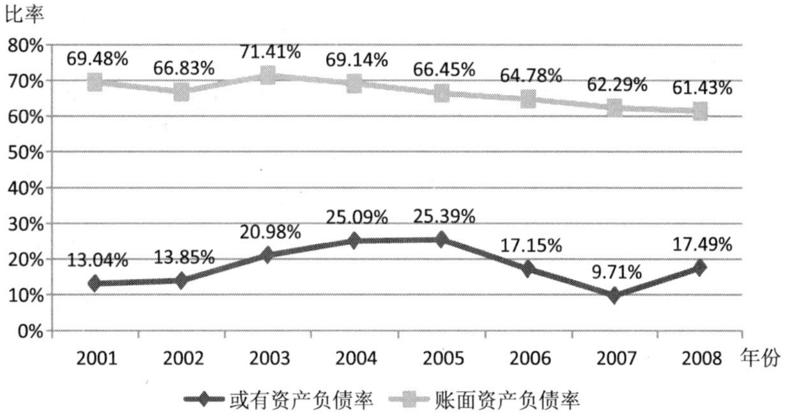


图 35.19 青海省企业部门或有资产负债率

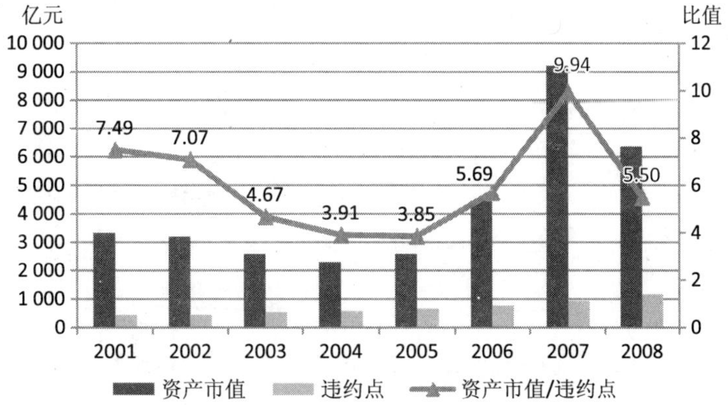


图 35.20 青海省企业部门资产市值和违约点比较

2007年资本市场大幅上涨的行情，对青海省上市企业资产市值名义值的影响较大，企业融资通道拓宽，通过资本市场直接融资规模扩大，违约风险降低。2008年的违约点和资产市值的相对距离下降了很多，资产市值依然高于违约点，可作为缓冲风险的区域相对越来越狭窄。青海省应致力于改变现今企业部门受资本市场行情好坏影响过大、波动率过大的局面，进一步分散风险。

**（二）风险表分析**

如图35.21，青海省资产市值波动率在2001—2006年维持在比较稳定的区间内，在25%~33%范围内上下波动，2007年之后我国股市大涨大落，导致股市波动比较剧烈，企业部门资产市值由2006年的4 463亿元上涨到2007年的9 208亿元，又在2008年下降至6 370亿元，因而资产市值波动率增大。2007—2008年资产市值波动率指标偏高，显示出青海企业部门面临着较高的违约风险，如表35.9。

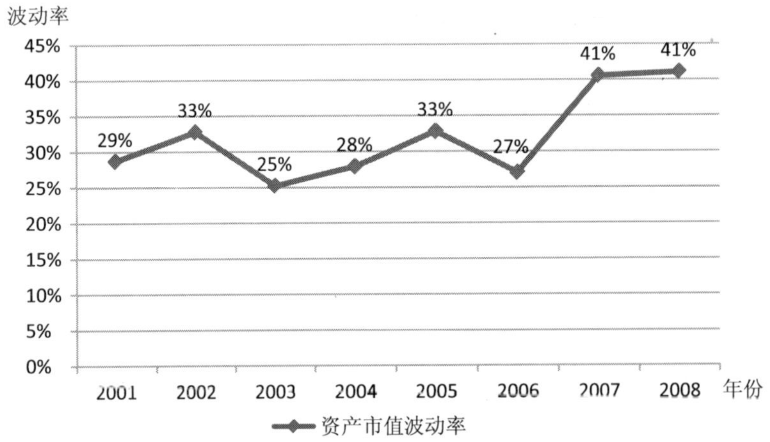


图35.21　青海省企业部门资产市值波动率

**表35.9　青海省企业部门风险表**

| 年份 | 资产市值波动率 | 违约概率 | 违约距离 | 年份 | 资产市值波动率 | 违约概率 | 违约距离 |
|---|---|---|---|---|---|---|---|
| 2001 | 28.69% | 0 | 3.020 0 | 2005 | 32.78% | 0 | 2.258 6 |
| 2002 | 32.77% | 0 | 2.620 5 | 2006 | 27.03% | 0 | 3.050 4 |
| 2003 | 25.21% | 0 | 3.117 0 | 2007 | 40.53% | 0 | 2.219 1 |
| 2004 | 27.90% | 0 | 2.667 0 | 2008 | 41.03% | 0 | 1.994 0 |

企业部门违约距离情况如图35.22。2001—2006年间，青海省企业部门违约距离在2.2~3.2的范围内上下波动，水平并不高，然而2007年的2.22较2006年有明显下降，2008年在金融危机的负面影响下，违约距离进一步下降，陷入较高的违约风险中。违约

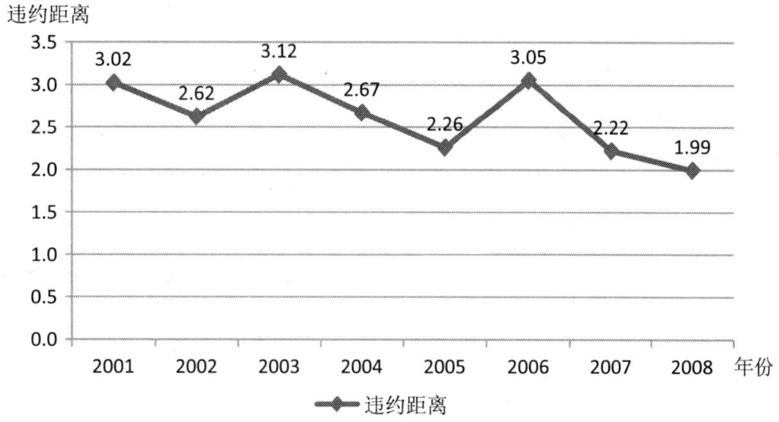


图 35.22 青海省企业部门违约距离

距离与资产市值波动率两指标显示出相近的结果，即 2007 年以来青海企业部门违约风险急剧增加。

## 第 4 节 结论及政策建议

本章基于账面价值资产负债表对青海省金融部门和企业部门在运行过程中潜在的风险进行了分析，并结合市场信息编制上市企业和企业部门整体的或有权益资产负债表，分析宏观经济运行过程中的潜在风险。

首先，通过金融部门资产负债表对金融部门进行资本结构分析，各项贷款余额占总资产的比重逐年递减，金融机构资金运用变得多样化。青海省银行的中长期贷款占贷款余额的比重超过一半，说明资金运用多投向中长期贷款，短期资产的比重较小并有继续减少的趋势，资产流动性面临较大问题，而且青海省银行的资金来源主要是短期性的居民储蓄，期限错配风险较明显。2004—2008 年青海省金融部门外币存贷比总体有上升趋势，而且外币净资产绝对值较大，有一定的货币错配风险。

对由规模以上工业企业、所有建筑业企业、限额以上餐饮企业以及限额以上批发零售企业等四大行业数据构成的企业部门资产负债表进行分析，结果表明流动资产占总资产的比重很小，资产流动性不足，流动比率在大多数年份小于 1，青海省企业部门期限错配问题较明显。资产、负债和所有者权益规模均处于稳定上升趋势，对债务融资的依赖程度降低，资产负债率有所降低，青海省企业部门资本结构错配风险降低，资本结构趋向合理化，清偿力在最近10年有很大改善。

其次，基于市场价值的或有权益资产负债表及相关指标分析中，将上市企业作为企业部门的一个群体进行了单独分析，上市企业资产市值在2001—2006年间变化幅度均较小，2007年随着资本市场发展的加快，股票市场波动性增大，风险增大，随着2008年国际金融危机的蔓延，国内资本市场受到严重影响，上市企业市场价值均大幅下滑，风险达到高点。2009年，由于经济复苏，股市回升，上市企业市值大幅回升，市值风险有所下降，同时青海省上市企业部门或有资产负债率的变动与账面资产负债率的变动基本一致。企业部门的权益市值以上市企业为基础进行估算，并直接采用上市企业权益市值波动率，分析结果表明上市企业和企业部门整体趋势基本一致，但与账面价值资产负债表分析所体现出的企业部门风险并不完全一致。

为了能更好地促进青海的发展，针对以上数据分析结果，给出以下建议：

第一，大力开发资源、发展金融业。结合当地资源特色与金融业，一方面有助于从资金、规避风险等方面有力推动资源相关产业的理性发展，一方面有助于推动青海第三产业的兴起，从而逐步实现产业结构调整与升级。充分发挥青海省作为资源大省的优势，着力发展资源金融。通过设立产业投资基金，广泛聚集和引导社会资金投资优势资源领域，以创新的金融产品和工具支撑资源综合利用。

第二，关注企业部门的期限错配风险。青海省企业部门中工业占了绝大部分，而工业行业的固定资产占总资产的比重很大，导致企业部门的流动性偏低，自2003年以来，流动比率持续在0.96以下，虽然从单个年份流动比率水平看期限错配风险并不明显，然而持续较低的流动比率揭示出其期限错配风险不容忽视。各企业应加大对流动资产与流动负债的管理力度，使企业发展扩张的速度与其实际经营情况相匹配，同时政府及银行也应从税收减免与合理的信贷投放等方面加大对企业的扶持。

# 第36章　新疆维吾尔自治区宏观金融风险研究



新疆维吾尔自治区（以下简称新疆）位于中国西北部，地处欧亚大陆中心，是中国西部经济增长的重要支点。全区面积166多万平方千米，约占全国面积的1/6，是中国面积最大的一个省区，丰富和品种齐全的自然资源是新疆发展经济的有利条件和优势。本章着重定量分析层面，主要运用资产负债表分析方法及或有权益分析方法对新疆的金融风险状况进行说明，并提出相关政策建议。

## 第1节　引言

新疆宏观金融风险与新疆经济金融运行情况密切相关。本节首先就新疆的经济、金融发展状况作简单的论述，之后梳理新疆金融风险的相关研究文献。

### 一、新疆经济金融概况

**（一）新疆经济运行概况**

半个世纪以来，新疆的发展经过了三次大的飞跃，实现了农牧大区向资源基地建设的战略转向，由生产基地建设到资源转换的飞跃，由资源转化向产业聚焦发展的转变。目前新疆正面临着第四次大的飞跃，即“十五”期末提出了进一步实施优势资源转化战略，加快推进新型工业化发展，由资源型产业向新型工业化的转型。2000—2008年

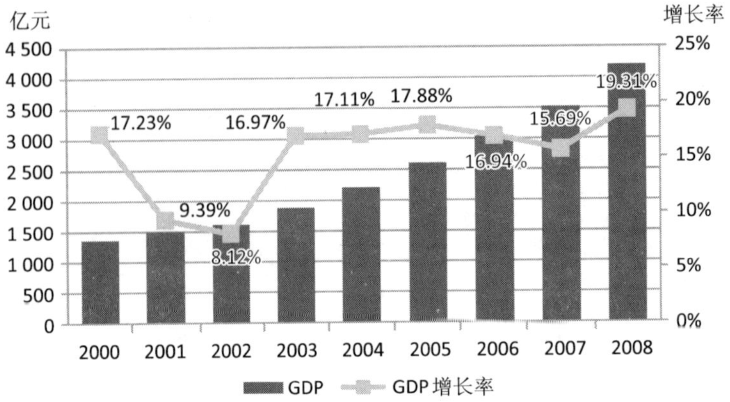


图 36.1　2000—2008 年新疆 GDP 以及各年增速

新疆 GDP 以及各年增速如图 36.1。可以看出，新疆生产总值是逐年增加的，但增长率有所波动。2001 年、2002 年增长率较低，在 9% 左右，其他年份均超过了 15%，2008 年，新疆资源地缘优势进一步显现，经济持续快速发展，经济结构不断优化，整体实力显著增强。全年生产总值达 4 203.4 亿元。分产业看，第一产业增加值达 691.10 亿元，第二产业增加值达 2 086.74 亿元，第三产业增加值达 1 425.57 亿元，三次产业比例为 16.4 : 49.7 : 33.9，第二产业接近 50%。

2009 年，遭受国际金融危机和乌鲁木齐“7・5”事件双重冲击的新疆过经济发展极为困难的一年。新疆的第二产业产值占 GDP 总量的 50% 左右，且石油工业增加值多年来占到其规模以上工业增加值的 80% 以上。国际金融危机直接导致国际原油价格的下跌，2009 年从上年最高的 147 美元 / 桶，跌破每桶 40 美元，国际原油的下跌对新疆经济的发展造成了较大影响。但凭借着不可替代的资源禀赋和国家政策对新疆的大力支持，新疆依然具有良好的经济发展势头。

**（二）新疆金融运行概况**

1979 年新疆金融改革开始全面推进，同年 6 月中国农业银行新疆分行从人民银行分设出来。伴随着西部大开发战略的推进，新疆稳步推进金融改革，新疆金融系统逐渐形成了以人民银行为中央银行，银、证、保三家监管委员会，以国有金融机构为主体、不同所有制经济形式共存的金融机构格局。2003—2008 年，新疆银行业发展迅速，资产总额从 3 379.7 亿元增加到 6 671 亿元。

截至 2008 年年底，新疆银行业金融机构有 2 家政策性银行、5 家国有商业银行、5 家股份制商业银行及中国邮政储蓄银行分支机构，以及 1 家外资银行（东亚银行）、4 家城市商业银行、82 家农村信用联社、1 家村镇银行、1 家农村合作银行等地方法人金融机构及 12 家小额贷款公司。2008 年新疆金融机构本外币各项存款余额 5 424.4 亿元，金融机构本外币各项贷款余额 2 918.1 亿元；新疆 31 家证券营业部 29 家盈利，实现利润 6.7 亿元；保险业总资产 263.4 亿元，财险和人身险保费收入均实现较快增长。

新疆银行业中长期信贷在重点支持新疆能源、交通、水利、公共设施等基本建设的同时，积极支持农业退耕还林还草、林业防风治沙等生态环境建设项目。截至 2009 年第三季度末，新疆基本建设贷款余额 931.47 亿元，基本建设贷款占全部各项贷款的比重为 25.9%。新疆加大对工业企业的信贷投入，推动产业结构的优化升级。2001 年至 2009 年上半年，新疆金融机构累计发放短期工业企业贷款 2 567.89 亿元，占全部贷款发放额的 14.18%，累计票据融资 3 625 亿元，在推动产业结构优化升级方面发挥了应有的作用。

## 二、文献综述

卢爱珍、刘俊峰（2006）首次就新疆金融发展与经济增长的关系进行了检验，得出了如下结论：一是 1995 年以前新疆处在经济决定金融的阶段，金融安排属于“需求引致型”；二是 1995 年以后情况发生反转，金融对经济的影响力加大，基本属于“供给主导型”。这种划分为现阶段地方政府准确把握金融问题提供了客观依据。董兴华（2004）通过分析 2003 年 11 月 4 日发生的轰动证券市场的“啤酒花”事件着重从公司治理角度探讨如何借助公司治理结构防范上市公司过度担保。提出要从界定清晰的财务主体、决策权的适当划分、建立相应的激励约束机制和切实完善董事会建设四方面完善公司治理，以减少上市公司的各类恶意担保。

虽然直接分析新疆地区金融风险状况的文献并不多见，但大量学者对新疆的金融、工业、农业及产业结构方面做过研究，也得到过一些有意义的结论。钟伟（2004）指出，在新疆的社会经济发展过程中，期望政府有较多的资金投入是不现实的，但有以下思路可以考虑：第一，新疆作为中国重要的西北大区，应该也完全可以有更大的地方政府自主权，这对中国总体大局并无损害，可以考虑赋予西部各省在对外开放、设立边境自由贸易区、引进外资方面更大的权力；第二，在新疆，可以考虑将一定的待开发治理土地以低价、无偿或先期注入资金扶持的方式，承包、分租或批租给某些单位和个人，在治理开发的前期给予贷款、补贴、贴息、雇佣工人工资、医疗保障等政策，规定几十年不变，承包或承租者拥有充分的土地使用、转让和经营管理权；第三，形成新疆区域金融发展的配套政策，以支撑新疆经济的超速发展。这包括一系列的内容，例如，央行给予人民银行乌鲁木齐中心支行以更优惠的再贷款条件，赋予其一定的自主再贷款权限，在建立地方民营银行以及设立商品期货交易中心等方面给予更大的权力和优惠。

刘文翠（2007）对新疆金融发展中存在的问题提出了一些对策和建议，具体措施包括：充分利用现有的国家政策性银行，拓展新疆的融资渠道；争取国家对落后地区的特殊政策，尽快建立新疆的政策性金融体系；积极推动地方商业性金融机构的建立与发展，完善新疆的融资体系；加快农村金融机构体系建设，弥补县级经济主体的融资缺位；争取差别性区域金融监管与政策，促进区域经济的协调发展；加快新疆社会诚信文化建设，创造良好的融资环境；改变“人治风险”，建立“制治风险”的金融机构管理模式；建立地方政府、人民银行、银监局、证监局的四方联席会议制度，促进地方经济协调发展。

可见，现有的一些对新疆金融发展问题方面的研究还多停留在定性政策建议层面，并没有对新疆的具体风险状况做出定量评估。本文研究着重在定量分析层面上，主要运用资产负债表分析方法及或有权益方法对新疆的风险状况进行说明。

## 第 2 节　新疆部门资产负债表编制及分析

本节编制了新疆金融部门和企业部门资产负债表，就其账面价值对资本结构、货币错配、期限错配、清偿力等进行分析，以此来衡量新疆的宏观金融风险。

### 一、新疆金融部门资产负债表编制及分析

编制的 2003—2008 年新疆金融部门资产负债表主要涵盖自治区银行业金融机构，资产负债表如表 36.1。新疆银行业金融机构体系不断完善，资产规模继续扩大，经营效益明显提升，2008 年资产规模达到 6 671 亿元。

#### （一）金融部门资产负债表编制

**表 36.1　新疆金融部门资产负债表**　　单位：亿元

| 年份 | 2003 | 2004 | 2005 | 2006 | 2007 | 2008 |
|---|---|---|---|---|---|---|
| **总资产** | 3 379.7 | 3 712.3 | 4 189.8 | 4 780.7 | 5 508.0 | 6 671.0 |
| 贷款余额 | 2 152.4 | 2 267.3 | 2 335.6 | 2 481.2 | 2 767.1 | 2 918.1 |
| 短期贷款 | 984.6 | 1 160.1 | 1 150.1 | 1 189.9 | 1 239.7 | 1 219.5 |
| 票据融资 | — | — | 116.6 | 158.5 | 169.2 | 176.4 |
| 中长期贷款 | 932.1 | 1 008.0 | 1 016.0 | 1 093.0 | 1 320.7 | 1 490.3 |

续表

| 年份 | 2003 | 2004 | 2005 | 2006 | 2007 | 2008 |
|---|---|---|---|---|---|---|
| 本币贷款 | 2 100.5 | 2 214.7 | 2 267.4 | 2 412.7 | 2 685.0 | 2 826.5 |
| 外币贷款 | 51.9 | 52.6 | 68.2 | 68.5 | 82.1 | 91.6 |
| **总负债和权益** | 3 379.7 | 3 712.3 | 4 189.8 | 4 780.7 | 5 508.0 | 6 671.0 |
| 存款余额 | 2 714.6 | 3 003.0 | 3 379.9 | 4 068.9 | 4 638.4 | 5 424.4 |
| 企业存款 | 763.5 | 832.5 | 909.4 | 1 106.4 | 1 452.3 | 1 473.2 |
| 居民储蓄 | 1 371.6 | 1 534.7 | 1 816.4 | 2 035.6 | 2 054.9 | 2 551.0 |
| 活期存款 | 1 071.2 | 1 150.2 | 1 322.3 | 1 605.7 | 1 974.9 | 2 140.3 |
| 定期存款 | 1 063.9 | 1 208.0 | 1 403.5 | 1 536.4 | 1 532.2 | 1 883.9 |
| 本币存款 | 2 666.1 | 2 959.8 | 3 345.7 | 4 040.8 | 4 614.6 | 5 399.3 |
| 外币存款 | 48.5 | 43.2 | 34.2 | 28.1 | 23.8 | 25.0 |

注:新疆金融部门资产负债表涵盖银行类金融机构资产负债表,数据来源于《新疆维吾尔自治区统计年鉴》、《新疆金融运行报告》等，具体如下:

① 总资产、总负债和权益数据从 2004—2008 年《新疆金融运行报告》获得，2003 年数据根据 2004 年的增长率推算出。

② 贷款余额、本币贷款、外币贷款、存款余额、本币存款、外币存款数据从 2004—2008 年《新疆金融运行报告》附表获得, 2003 年数据根据 2004 年的增长率推算出。

③ 2005—2008 年短期贷款、票据融资、中长期贷款数据从 2006—2008 年《新疆金融运行报告》附表获得,2005 年数据根据 2004 年的增长率推算出。2003 年、2004 年短期贷款、中长期贷款数据从《新疆金融运行报告》附表获得，票据融资获取不到数据。

④ 企业存款、居民活期存款和定期存款数据从 2004—2009 年《新疆统计年鉴》获得。

### （二）金融部门资产负债表分析

1. 资本结构风险分析

图 36.2 为 2003—2008 年新疆金融部门的总资产、存款余额和贷款余额占总资产的比重。总资产处于稳步上升的趋势,从 2003 年的 3 379.7 亿元增加到 2008 年的 6 671 亿元；从存款余额和贷款余额占总资产的比例可以看出新疆金融部门资产结构变化情况，存款余额是银行业金融机构负债的主要科目，从图中可以看出存款余额占总资产的比重变化不大，2003 年存款余额占总资产的 80.32%，2008 年存款余额占总资产比重的 81.31%，相对于 2003 年略有增加，可见新疆银行业金融机构对债务融资的依赖程度有所增加。贷款余额的增长率低于总资产的增长率，贷款余额占总资产的比重逐年降低，从 2003 年的 63.69% 降低到 2008 年的 43.74%，可见新疆银行业资产比例逐渐优化，其他资产业务发展迅速。

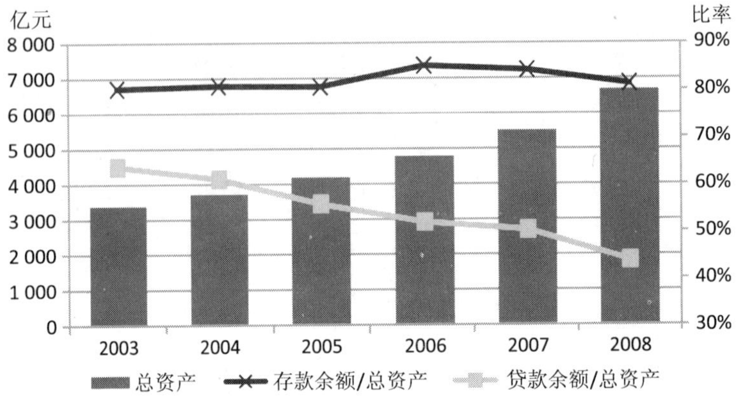


图 36.2　新疆金融部门资本结构

从图 36.3 可以看出，存款余额和贷款余额都处于增加趋势，存款余额从 2 714.6 亿元增加到 5 424.38 亿元，贷款余额从 2 152.4 亿元增加到 2 918.13，存款余额的增长率高于贷款余额的增长率，存贷比不断降低，抵御风险能力加强。另一方面，新疆银行业各分支机构通过上存款项或同业拆出的方式将吸收的资金投放于其他地区，造成本就资金匮乏省区的资金大量流出。这可以从新疆各主要商业银行分支机构存贷差不断扩大及在全国同业拆借市场上属于净拆出行的地位中得以验证。

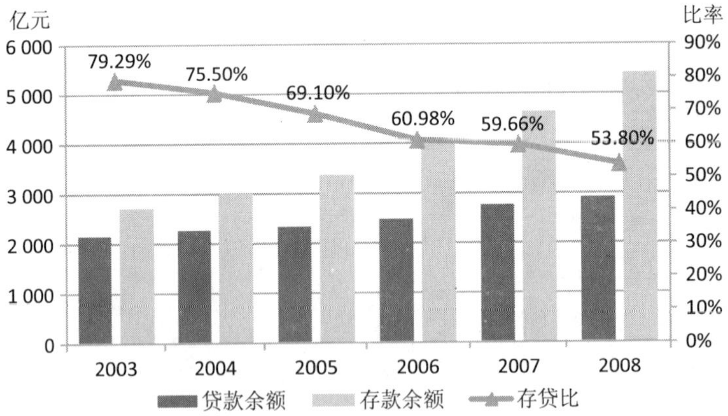


图 36.3　新疆金融部门存款余额、贷款余额以及存贷比

2. 货币错配分析

从图 36.4 可以看出，新疆金融部门的外币存贷款远远小于本币存贷款。2003—2008 年本币存款和本币贷款是逐年增加的，但本币存款的增加率高于本币贷款的增加率，本币存贷比逐年下降。本币存款从 2003 年的 2 666.1 亿元增加到 2008 年的 5 399.34

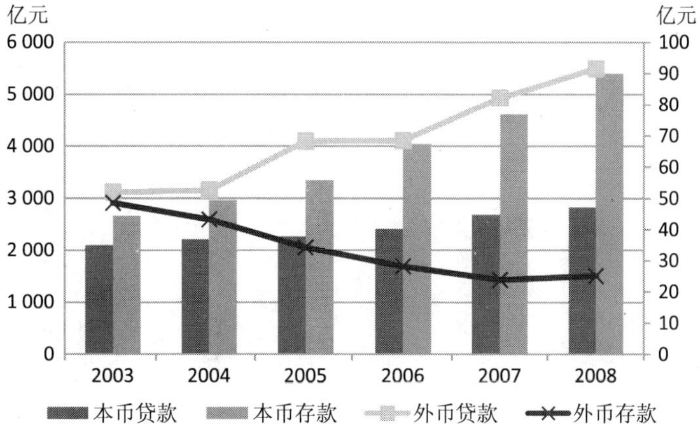


图 36.4　新疆金融部门本外币存款和贷款

亿元，增长率超过了 100%；本币贷款从 2 100.5 亿元增加到 2 826.53 亿元，增长率仅为 39.35%。

2003—2008 年，新疆自治区金融部门的外币贷款一直大于外币存款。在 2003 年，新疆金融部门外币存款和外币贷款基本持平，外币存贷比接近 100%。但随后几年中，外币贷款持续增加，外币存款不断下降，外币贷款与外币存款的差额不断增加，外币存贷比逐年增加，2008 年外币存贷比增加到 366%，如图 36.5 可见，新疆自治区金融部门潜在的货币错配风险加剧。

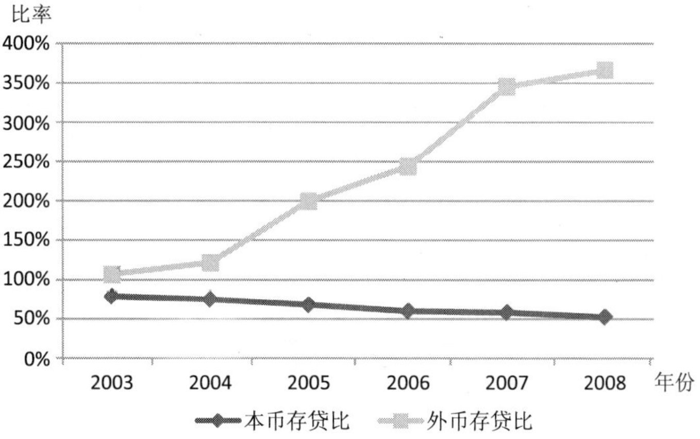


图 36.5　新疆金融部门本外币存贷比

3. 期限错配分析

图 36.6 为新疆金融部门的短期贷款、中长期贷款以及居民和企业的活期存款和定期存款。由图可知，各项贷款呈现长期化趋势，中长期贷款占贷款余额的比重逐渐增加，

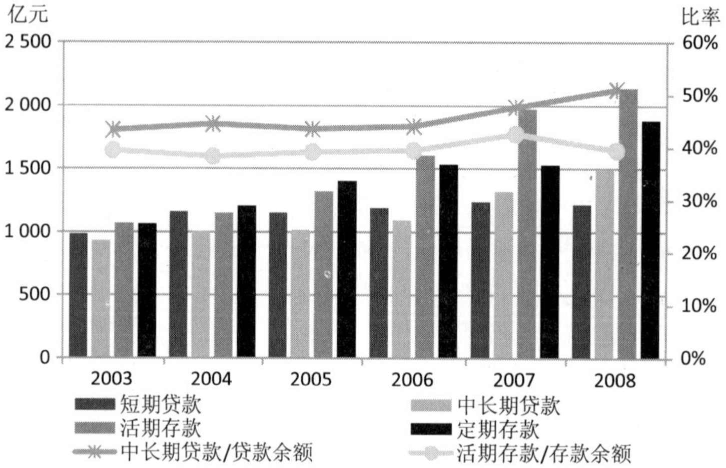


图 36.6 新疆金融部门流动资产和流动负债

由 43.3% 增加到 51.7%。尤其是国家实施扩大内需政策以来，全区新增投资增多，配套中长期贷款快速增加，2008 年新增中长期贷款占新增贷款的 68.1%。

2003—2005 年活期存款小于定期存款，2006—2008 年活期存款超过定期存款。2003—2007 年活期存款占存款余额的比例是逐渐增加的，2008 年略有下降。中长期贷款在银行贷款中所占比例不断上升，存款却不断呈现活期化。这一期限错配局面仍在发展中，并给银行体系尤其是中小银行的流动性带来了较大的潜在风险。新疆金融部门活期存款和短期贷款之间差额的不断扩大也说明了新疆金融部门期限错配风险加剧。

## 二、新疆企业部门资产负债表编制及分析

### （一）企业部门资产负债表编制

选取新疆规模以上工业企业、限额以上批发零售贸易企业、限额以上餐饮企业和建筑业四个行业作为企业部门的典型代表进行统计。因为交通运输业和邮电业所占比例小、国有成分大，而且数据不易获得，故不列入考察范围。新疆企业部门的资产负债表如表 36.2。

### （二）企业部门资产负债表分析

截至 2008 年年末，新疆企业部门的总资产达到 7 180.89 亿元。按行业分，如图 36.7，新疆工业资产为 5 652.57 亿元，所占份额高达 79%；零售批发企业的资产为 968.9 亿元，所占份额为 13%；资产份额排第三的行业是建筑业，资产为 548.52 亿元，仅占

表 36.2　新疆企业部门资产负债表　　单位：亿元

| 年份 | 总资产 | 流动资产 | 总负债 | 流动负债 | 所有者权益 |
| --- | --- | --- | --- | --- | --- |
| 1998 | 2 146.56 | 1 071.29 | 1 649.46 | 1 099.34 | 497.10 |
| 1999 | 2 296.15 | 1 045.21 | 1 769.15 | 1 236.23 | 527.00 |
| 2000 | 2 502.82 | 1 113.59 | 1 699.54 | 1 230.99 | 803.28 |
| 2001 | 2 636.47 | 1 123.31 | 1 695.61 | 1 223.28 | 940.86 |
| 2002 | 2 861.50 | 1 202.14 | 1 801.10 | 1 340.32 | 1 060.40 |
| 2003 | 3 096.70 | 1 331.50 | 2 112.93 | 1 667.95 | 983.77 |
| 2004 | 3 259.73 | 1 354.64 | 2 052.03 | 1 159.77 | 1 207.70 |
| 2005 | 4 036.70 | 1 785.07 | 2 418.37 | 1 887.49 | 1 618.33 |
| 2006 | 4 642.29 | 2 002.70 | 2 713.23 | 2 001.86 | 1 929.06 |
| 2007 | 5 597.97 | 2 391.92 | 3 165.33 | 2 268.89 | 2 432.64 |
| 2008 | 7 180.89 | 3 004.10 | 4 049.74 | 2 806.62 | 3 131.15 |

注：本表数据来源于 1999—2009 年《中国统计年鉴》和《新疆统计年鉴》，具体如下：

① 工业行业数据来源于《中国统计年鉴》——各地区规模以上工业企业主要指标统计表；建筑业资产、流动资产数据来源于《中国统计年鉴》——各地区建筑业企业资产统计表，负债、流动负债数据来源于《中国统计年鉴》——各地区建筑业企业负债及所有者权益统计表；批发零售业数据来源于各地区限额以上批发和零售业资产及负债统计表；餐饮业数据来源于各地区限额以上餐饮业资产及负债统计表。

② 对于工业企业、建筑业企业、批发零售业、餐饮业缺失数据进行估算处理。相对建筑业、批发零售业及餐饮业，工业企业的资产负债在企业部门总的资产负债中占比最高，统计数据基本无缺失；餐饮业、批发零售及建筑业在总体中占比较低，统计数据 2004 年存在缺失情况，对于缺失数据进行估算补齐后产生的偏差对加总后的总体分析影响不大。

③ 数据缺失及处理：2004 年全部国有及规模以上非国有工业企业的流动负债数据缺失，以 2003 年流动负债的年增长率作为 2004 年流动负债的年增长率，估算出 2004 年流动负债的数值；2004 年，建筑业、批发零售业和餐饮业的资产负债表各数据都缺失，均以对应各指标前 5 年（1998—2003 年）的年平均增长率作为 2004 年该指标的增长率，进而计算出 2004 年的各指标值；2002—2008 年，批发零售业和餐饮业的流动负债数据缺失，均以该省该行业流动负债前 4 年（1998—2001 年）的年平均增长率作为 2002—2008 年流动负债的年增长率，进而计算出各年各指标值。

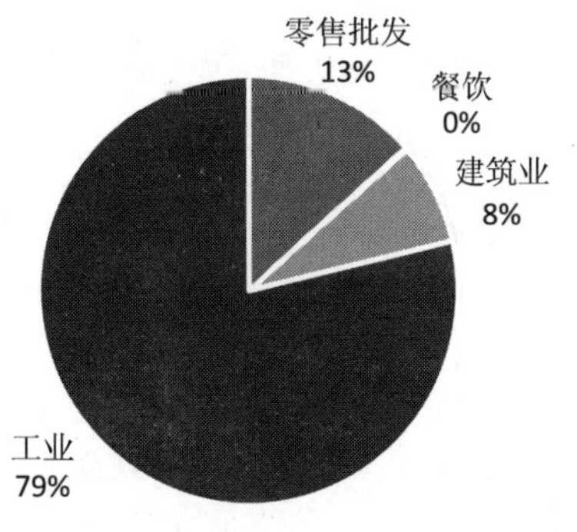


图 36.7　新疆企业部门四大行业资产在企业部门总资产中的比重

8%；与其他省份相同的是，餐饮业资产占比最低，仅为 0.002%。从新疆企业部门资产负债表看，总资产均高于总负债，但仅有少数几年的流动资产高于流动负债，资产负债表并不总呈现稳健结构。

1. 期限错配分析

图 36.8 显示的是新疆企业部门流动资产、负债以及流动比率。如图所示，新疆企业部门的流动资产和流动负债在 1998 年至 2005 年这 8 年间呈波动的态势，其中 1999 年的情况不太乐观，该年的流动比率为 0.85，流动资金缺口达到 190 亿元以上，存在明显的利率敏感性风险。自 1999 年起，流动资金缺口逐渐减小，但 2003 年、2004 年又有所增加，在 2005 年成功地转负为正，但总而言之，新疆企业部门在 1999 年至 2005 年间成功地把期限错配风险降低到了较低的水平。

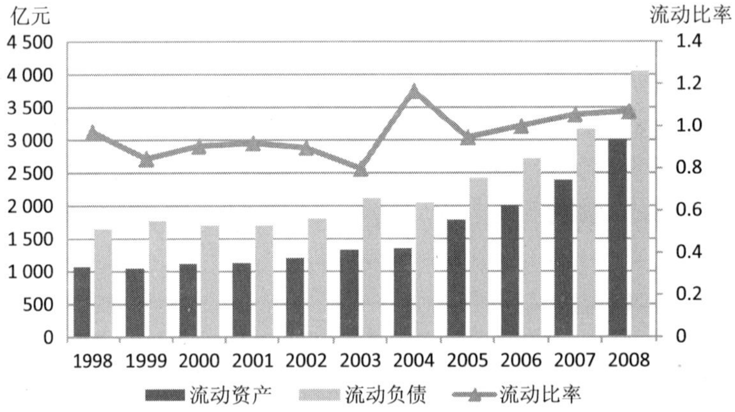


图 36.8　新疆企业部门期限错配结构

自 2005 年起，流动资产和流动负债都出现了明显的跳跃式上升，其中流动负债的上升幅度更大，2006 年的流动资产相比 2004 年增加了约 50%，而流动负债则增加了约 73%。从图中也可以清楚地看出，流动比率在 2005 年连续出现明显的下降拐点，而流动资产盈余在 2007 年一举达到 123 亿元，流动比率接近 1.06。2008 年流动资产盈余更是达到近 200 亿元，发展状况良好。

如前所述，在 2001 年至 2004 年的 4 年间，流动资产和流动负债一方面稳定上升，而另一方面上升的幅度却很小。究其原因，“稳定上升”是因为“西部大开发”的国家政策已经深入实施，东中部发达省份的流动资金开始逐渐注入新疆地区，各项公共设施（交通、邮电）均已投入建设，各产业如农业（林果业）、制造业、旅游业均开始提速发展。而上升幅度小是因为新疆和整个西部地区一样，虽然有着国家的政策扶持，但是其本土企业部门、金融部门和政府部门的管理能力及战略眼光不会因为国家的新政策在一夜之间上一个新台阶。事实上，在这4年间，新疆企业部门内部控制力是不够理想的。其内部控制制度的健全性、内部控制作用的有效性、内部控制方法应用的适当性，以及各单位对内部控制信息披露、内部控制的理解程度均亟待提高。此外，由于新疆金融部门的资产结构尚处于变革和调整中，不仅其自身的风险管理水平不高，与企业部门的配合也不够默契。新疆德隆集团从风光无限到轰然倒闭，仅仅用了不到两年的时间，就是一个很好的佐证。

从2005年开始的流动资产大幅跃升说明，新疆企业部门在经历了西部大开发初期的不适应之后，迅速调整了发展策略，具备了长期的战略性眼光，强化了内部控制与监管体系，更重要的是优化了企业资本结构和债务。越来越多的企业开始通过股权融资，变相地减少了债务头寸。此外，国家的货币政策逐渐收紧以及国家基准利率的提高，使全国金融部门的“银根”开始紧缩，也导致了流动负债的增幅小于流动资金的增幅，从而在2008年出现了200亿元的流动资金盈余。

2. 资本结构分析

图36.9为新疆企业部门总资产、总负债与资产负债率。如图所示，新疆地区企业部门的总资产在1998年至2008年间呈快速增长的势头，至2008年的总资产数额已经达到了7 180.89亿元，是1998年的2 146.56亿元的3.35倍。同时，总负债的波动情形与流动负债比较相似，在2001年至2003年间小幅上升，2004年稳中有降，而在2005年至2008年三年间有了跳跃式的变化。

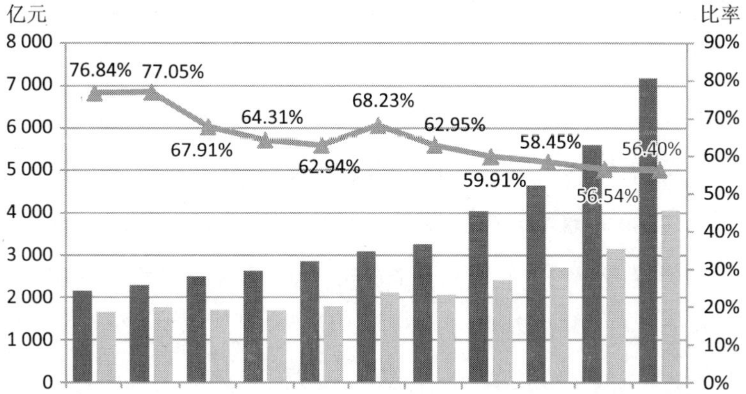


图36.9 新疆企业部门资本结构

在总资产方面，自2001年起，在国家“西部大开发”政策和全区经济内在扩张动力的共同作用下，全区宏观经济实现了平稳而快速的增长，呈现结构优化、效益提高、活力增强的良好发展态势。表现在资产负债表上，就是从2001年到2002年的高速增长和2002年至2004年三年间的平稳过渡。这里必须提到在2004年，全区有效贯彻落实国家宏观调控政策，固定资产投资增速稳定，消费需求稳中趋旺，对外贸易平稳发展，使得该年成为继1993年来经济增速最快、效益最好的一年。接下来，在2005年，全区的经济形势在经历了2004年的“啤酒花事件”、“德隆危机”之后有了明显的恢复性好转，企业部门总资产数额大幅攀升，这与当年的经济运行情况是一致的。

在总负债方面，企业部门的情形是与国家的宏观金融政策休戚相关的，故企业部门的总负债实际上是金融部门信贷政策的客观反映。截至2004年，全区企业部门总负债呈现平稳增长，其中2004年还有小幅度的下降，其主要原因是金融机构继续执行稳健的货币政策，进一步深化金融体制改革，结果导致全区金融部门存贷款出现低速增长，信贷增速快速回落（从年初的16.5%下降到年末的6.5%）。2005年至2008年，总负债又有明显的上升，虽然其上升幅度小于总资产的上升幅度，但仍由2005年的2 418.37亿元增加至2008年的4 049.74亿元。在此期间内，金融机构货币信贷运行平稳，信贷结构不断改善，宏观调控的深入进行使得企业部门的总负债继续处于一种不温不火的上升中。另一方面，在这两年间证券市场交易活跃，金融市场欣欣向荣，股权直接融资比例扩大，间接导致2008年总负债增速放缓。

总而言之，新疆企业部门的总资产负债比在2001年至2008年间稳定在相对比较安全的水平，且有逐年下降的趋势，可以认为全区的企业部门不存在较大的资本结构错配风险。在接下来的几年中，应一方面使经济持续快速发展，另一方面将资产负债比稳定在这一区间内。

3. 清偿力风险分析

由图36.10可知，1998年、1999年新疆企业部门的产权比率很高，超过了3，清偿力风险较高。2000—2004年有所降低，但仍然在1.5~2.5之间，存在清偿力风险。2004—2008年新疆企业部门产权比率逐年降低，可以认为新疆企业部门的资产结构在朝着好的方向发展，清偿力风险在减弱。

**（三）产业宏观金融风险分析**

新疆自治区近10多年的三大产业优化升级的研究结果显示，相关变化与新疆实施了一些颇有成效的政策和战略是分不开的。总的来看，随着中央政府财力的增强，新疆得

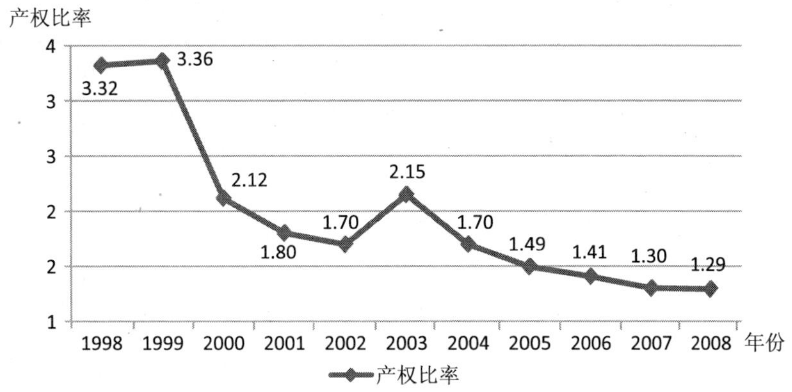


图 36.10　新疆企业部门产权比率

到的中央政府一般性财政补助逐年增长，中央政府还通过各种专项财政转移支付、民族优惠政策财政转移支付，加大资金的投入和支持，这些使得新疆的第二产业和第三产业得到迅猛的发展。2000 年后，随着西部大开发战略的实施，新疆政府积极利用国际金融组织和外国政府贷款，带动经济发展。新疆的经济核心正是以钢铁、石化为主业的一批大中型工业企业，充分利用国际组织和外国政府的贷款，对促进新疆经济发展发挥了积极而重要的作用。

2008 年，新疆进一步巩固农业基础地位，积极加快新型工业化进程，提升服务业水平，三次产业稳步健康发展，工业对经济的拉动作用显著增强，三次产业占比由 2007 年的 17.4∶46.6∶36 调整为 16.4∶49.7∶33.9。全区以农业结构调整为主线，继续全面推进粮食、棉花、畜牧、林果四大基地和特色农产品基地建设，在灾害频发之年，实现粮食总产量同比增长 16.5%，主要林果品种丰产丰收，畜产品产量平稳增长，经济效益显著提升，反季节果蔬等区域特色农业加快发展。自治区企农利益联结机制试点稳步推进，农业产业化经营组织快速发展，有效带动地方农业发展和农户增收；加快实施优势资源转换、大企业大集团战略和中小企业成长工程，在石油、煤炭、钢铁、化工、电力等优势资源行业带动下，全区工业继续保持稳步增长。规模以上工业累计完成增加值 1 727.4 亿元，增长 15.5%。其中，轻、重工业分别增长 11.2% 和 16.1%，重工业比重进一步提高，主要产品产量稳步增加。工业效益继续提高，规模以上工业实现利润同比增长 13.7%。由于原油价格下行，石油和天然气开采业利润增速下滑，致使年内全区利润增速有所回落；全区以加快发展旅游开发、物流配送、金融保险等现代服务业为重点，不断提升传统服务业水平，大力发展生产型服务业，积极推进消费型服务业，加快市场化、产业化、社会化进程，全年第三产业同比增长 9.7%。表 36.3 为新疆产业生产总值及其增长速度。

表 36.3　新疆产业生产总值及其增长速度

| 年份 | 第一产业生产总值（亿元） | 第一产业增速 | 第二产业生产总值（亿元） | 第二产业增速 | 第三产业生产总值（亿元） | 第三产业增速 |
|---|---|---|---|---|---|---|
| 1998 | 291.05 | 4.05% | 395.75 | 2.69% | 420.15 | 12.11% |
| 1999 | 268.51 | –7.74% | 420.48 | 6.25% | 474.18 | 12.86% |
| 2000 | 288.18 | 7.33% | 537.58 | 27.85% | 537.80 | 13.42% |
| 2001 | 288.12 | –0.02% | 573.91 | 6.76% | 629.57 | 17.06% |
| 2002 | 305.00 | 5.86% | 603.15 | 5.09% | 704.50 | 11.90% |
| 2003 | 412.90 | 35.38% | 719.54 | 19.30% | 753.91 | 7.01% |
| 2004 | 446.13 | 8.05% | 914.47 | 27.09% | 848.49 | 12.55% |
| 2005 | 510.00 | 14.32% | 1 164.80 | 27.37% | 929.34 | 9.53% |
| 2006 | 527.80 | 3.49% | 1 459.30 | 25.28% | 1 058.16 | 13.86% |
| 2007 | 628.72 | 19.12% | 1 647.55 | 12.90% | 1 246.89 | 17.84% |
| 2008 | 691.10 | 9.92% | 2 086.74 | 26.66% | 1 425.57 | 14.33% |

注：数据来源于 2009 年《新疆统计年鉴》。

1. 第一产业分析

一直以来，新疆的第一产业都是当地的重要经济产业。经过 50 多年特别是改革开放以来的开发建设，新疆的农田灌溉网络初步形成，现代化装备水平提高。久负盛名的吐鲁番葡萄、库尔勒香梨、哈密瓜等远销国内外市场；特色园艺业、种植业近年来迅速发展；农牧结合、依靠科技的现代畜牧业不断发展。新疆已成为全国最大商品棉、啤酒花和番茄酱生产基地，全国重要的畜牧业和甜菜糖生产基地。

从表 36.4 可以看出，农业和牧业是第一产业的主要组成部分。第一产业总产值的迅猛增长过程与农业产值的增长密切相关。究其原因，这与国家适时推出的农户小额贷款政策有比较密切的关系。对于农业大区新疆来说，通过近年来逐步探索，新疆自治区已形成一套适合区域特点的小额农户贷款方式，对促进小额农贷工作的开展、完善农村金融服务、支持农业发展和农民增收发挥了重要作用。

表 36.4　新疆农林牧渔业产值　　单位：亿元

| 年份 | 农林牧渔业总产值 | 农业产值 | 林业产值 | 牧业产值 | 渔业产值 | 农林牧渔服务业产值 |
|---|---|---|---|---|---|---|
| 1998 | 499.23 | 387.36 | 7.44 | 100.88 | 3.57 | — |
| 1999 | 461.15 | 340.93 | 7.56 | 109.23 | 3.43 | — |
| 2000 | 487.20 | 360.54 | 8.34 | 114.51 | 3.80 | — |
| 2001 | 496.81 | 348.84 | 10.08 | 134.02 | 3.86 | — |
| 2002 | 525.04 | 362.76 | 11.09 | 148.04 | 3.15 | — |
| 2003 | 688.31 | 482.75 | 13.69 | 161.98 | 3.21 | 26.68 |

续表

| 年份 | 农林牧渔业总产值 | 农业产值 | 林业产值 | 牧业产值 | 渔业产值 | 农林牧渔服务业产值 |
|---|---|---|---|---|---|---|
| 2004 | 750.67 | 515.00 | 13.82 | 187.47 | 4.30 | 30.10 |
| 2005 | 831.06 | 595.84 | 15.29 | 183.52 | 4.34 | 32.07 |
| 2006 | 883.54 | 638.59 | 17.20 | 189.07 | 4.70 | 33.98 |
| 2007 | 1 063.46 | 766.95 | 20.86 | 231.51 | 7.01 | 37.13 |
| 2008 | 1 176.69 | 784.19 | 23.18 | 318.23 | 9.91 | 41.18 |

注：数据来源于 2009 年《新疆统计年鉴》。

2. 建筑业分析

新疆建筑业资产负债表如表 36.5 所示。

**表 36.5　新疆建筑业资产负债表**　　单位：亿元

| 年份 | 流动资产 | 资产合计 | 流动负债 | 负债合计 | 所有者权益 |
|---|---|---|---|---|---|
| 1998 | 106.70 | 156.18 | 104.41 | 117.58 | 38.60 |
| 1999 | 118.64 | 174.09 | 120.59 | 132.58 | 41.51 |
| 2000 | 185.52 | 325.64 | 194.13 | 206.84 | 118.80 |
| 2001 | 218.74 | 374.03 | 216.84 | 230.06 | 143.97 |
| 2002 | 252.74 | 424.46 | 258.54 | 271.77 | 152.69 |
| 2003 | 229.28 | 337.53 | 220.64 | 232.74 | 104.79 |
| 2004 | 263.22 | 381.08 | 251.78 | 263.13 | 117.95 |
| 2005 | 266.54 | 381.80 | 255.50 | 265.13 | 116.67 |
| 2006 | 295.23 | 411.58 | 279.75 | 288.62 | 122.96 |
| 2007 | 338.75 | 461.16 | 313.97 | 324.02 | 134.14 |
| 2008 | 404.08 | 552.80 | 366.95 | 380.69 | 172.11 |

注：数据来源于 2009 年《新疆统计年鉴》。

（1）期限错配分析

在 1998—2002 年间，新疆建筑业流动资产和流动负债均处于逐年稳定增长的趋势，并且有加快增长的迹象。而在 2003 年新疆建筑业的流动资产和流动负债均出现了显著性的回落。从 2003 年到 2008 年，新疆的建筑业又出现了新的持续稳定的增长。总的来看，历年流动资产和流动负债两者之间的绝对差额不大，发生期限错配的可能性较小。

（2）资本结构错配分析

1993 年到 1999 年，新疆建筑业的资产负债比率一直维持在 70% 以上，但 2000 年出现大幅度回落，从 1999 年的 76.16% 下降到 2000 年的 63.52%。之后是个短暂的调整期，从 1999 年到 2003 年呈缓慢增长的趋势，到 2003 年达到 69%。再往后的四年基本维持在 70% 的水平。总的来说，一般维持在比正常水平高 20% 左右的区间，因此在宏观经济出现波动时将面临较大的偿债压力和信用风险。

（3）清偿力风险分析

从前面期限错配和结构错配分析可以看出，新疆建筑业流动资产负债比长期处于较平稳的趋势，不存在很大的期限错配风险。不过，自 1994 年以来的 13 年里，新疆建筑业资产负债比大概在 70% 附近，比较稳定，资金来源主要是负债融资，企业部门总体来说杠杆比例较高，一旦宏观经济出现大的波动，存在一定的风险。另一方面，资产中非流动资产占较大比重，而负债却大部分集中在非流动负债。

2002 年是我国宏观经济从不景气走向景气的调整期，为进一步拉动内需，促进投资和经济发展，我国利率政策延续前几年的做法，进一步下调。对企业来说，贷款等负债融资成本进一步下降，企业有增加负债融资的内在激励。可以看到 2003 年和 2004 年新疆建筑业资产负债比率进一步上升就是很好的佐证。但是前几年持续低利率政策的结果一方面会促使企业增加银行贷款等负债融资，从而增加企业投资，但是另外一方面滥用银行贷款，失败的投资数量也大幅增加，企业的信用风险增加，清偿力下降，导致银行不良贷款也增加。2004 年和 2005 年，为了调控过热的经济，减少盲目投资和重复建设，国家进行宏观调控。在货币政策上开始加息，希望以此来遏制企业对银行贷款的过度需求。对建筑业来说，这使得企业的利率风险上升。因为从新疆建筑业资产负债的期限结构看，资产中非流动资产占较大比重，而负债却大部分集中在流动负债，流动负债大多是浮动利率的，那么一旦银行加息，企业的利息支出就会增加，企业的利率风险就增加，就会造成建筑企业清偿力的下降。

3. 工业分析

新疆工业部门的资产负债情况如表 36.6 所示。

**表 36.6　新疆工业资产负债表**　　单位：亿元

| 年份 | 资产合计 | 流动资产 | 负债合计 | 流动负债 | 所有者权益 |
|---|---|---|---|---|---|
| 1998 | 1 447.94 | 537.67 | 1 042.77 | 565.17 | 405.17 |
| 1999 | 1 638.81 | 561.72 | 1 179.71 | 712.48 | 459.10 |
| 2000 | 1 708.80 | 578.79 | 1 069.22 | 648.51 | 639.58 |
| 2001 | 1 832.46 | 588.71 | 1 102.76 | 680.81 | 729.70 |
| 2002 | 1 939.70 | 599.88 | 1 130.08 | 722.13 | 809.62 |
| 2003 | 2 096.68 | 618.73 | 1 345.42 | 751.26 | 751.26 |
| 2004 | 1 968.21 | 535.50 | 1 276.73 | 691.48 | 691.48 |

续表

| 年份 | 资产合计 | 流动资产 | 负债合计 | 流动负债 | 所有者权益 |
| --- | --- | --- | --- | --- | --- |
| 2005 | 2 837.00 | 902.48 | 1 808.06 | 1 028.94 | 1 028.94 |
| 2006 | 3 375.02 | 1 063.37 | 2 269.33 | 1 105.69 | 1 105.69 |
| 2007 | 4 336.32 | 1 450.70 | 2 194.81 | 1 372.46 | 2 141.51 |
| 2008 | 4 485.58 | 1 268.35 | 2 289.77 | 1 232.20 | 2 195.82 |

注：数据来源于 2009 年《新疆统计年鉴》。

（1）期限错配分析

2003 年到 2004 年，新疆工业部门的流动资产和流动负债数量都有小幅度的下降，但之后在 2004—2007 年的 4 年间，新疆工业的流动资产呈现稳步上升的趋势，2008 年流动资产略有下降，流动负债与流动资产的变化趋势一致。

2003 年，新疆工业的流动资产和流动负债之间有 1 325 283 万元的缺口，占到当年流动资产的 21.42%，存在一定的期限错配风险。但是，经过几年的调整和增长过程，新疆工业的流动资产和流动负债之间的缺口在缩小。到了 2008 年，缺口值为仅 36.15 亿元，发生期限错配的可能性很小。可以看出，随着新疆工业的发展，期限错配风险发生的概率减小，正在朝健康的方向发展。

（2）资本结构错配分析

当融资主要是通过负债融资而非通过股权融资时会产生资本结构错配风险。2003 年，新疆工业的资产负债率为 64.17%，2004 年资产负债率为 64.87%，2005 年资产负债率为 63.73%，2006 年资产负债率为 67.24%。可以看出这四年中，新疆工业的资产负债率基本维持在 65% 左右，新疆工业企业主要依赖于负债融资。对于银行等企业的债权人来说，企业主要通过负债融资会使其企业贷款存在较大违约风险。但 2007 年资产负债率有所下降，为 51.04%，违约风险降低。2002—2005 年我国经济增长稳步上升，宏观经济在经历了前些年的通货紧缩，发展放缓后又开始走强，因此杠杆率高，多借债对企业自身经营是有利的，企业财务结构还是比较稳定的。

（3）清偿力风险分析

从前面期限错配和资本结构错配分析可以看出，近四年新疆工业的流动资产呈现稳步上升的趋势，流动负债伴随流动资产的上升也在增加，不过，新疆工业的流动资产和流动负债之间的缺口在缩小。另一方面，新疆工业的资产负债率处于较平稳的趋势，不存在很大的结构错配风险。

从新疆工业的资产负债期限结构看，资产中非流动资产占比很小，维持在 30% 左右；

而负债中每年约有 55% 是流动负债。流动负债大多是浮动利率的，而非流动资产大多利率固定，那么随着加息，企业的利息支出增加，企业的利率风险也增加，这造成企业清偿力的下降。

综上所述，在经济大环境良好的时候，新疆工业处于一种比较稳定的发展状态中，基本不会有很大的问题。不过，如果出现大的经济波动或是危机，整个工业应对风险的能力将面临一定的考验。

## 第 3 节　新疆或有权益资产负债表编制及分析

通过对新疆金融部门和企业部门资产负债表分析，初步了解了新疆的风险状况。本节运用或有权益分析对实际风险进行分析，主要包括或有权益资产负债表的编制与分析、风险指标的选取和风险表的编制。

### 一、新疆上市企业部门或有权益资产负债编制及分析

#### （一）或有权益资产负债表编制

新疆上市企业的资产负债表数据均来自国泰君安数据库，具体可得 2001 年至 2009 年新疆上市企业部门资产负债表，如表 36.7。

**表 36.7　新疆上市企业部门资产负债表**　　单位：亿元

| 年份 | 流动资产 | 资产 | 流动负债 | 负债 | 权益 |
|---|---|---|---|---|---|
| 2001 | 127.13 | 232.31 | 117.06 | 128.17 | 104.14 |
| 2002 | 152.19 | 290.56 | 157.07 | 173.96 | 116.60 |
| 2003 | 226.16 | 411.37 | 210.82 | 266.51 | 144.86 |
| 2004 | 232.21 | 462.44 | 252.57 | 305.00 | 157.44 |
| 2005 | 221.40 | 485.95 | 254.90 | 310.68 | 175.27 |
| 2006 | 232.87 | 528.64 | 280.80 | 342.71 | 185.93 |
| 2007 | 309.57 | 663.86 | 316.75 | 415.09 | 248.77 |
| 2008 | 365.72 | 780.87 | 361.46 | 470.86 | 310.01 |
| 2009 | 658.47 | 1 377.82 | 613.38 | 839.36 | 538.46 |

新疆上市企业部门或有权益资产负债表输入数据有权益市值、违约点、权益市值波动率和无风险利率。具体可得 2001—2009 年新疆上市企业部门或有权益资产负债表的输入数据，如表 36.8。

**表 36.8　新疆上市企业部门或有权益资产负债表输入数据**

| 年份 | 无风险利率（%） | 违约点（亿元） | 权益市值（亿元） | 权益市值波动率 |
|---|---|---|---|---|
| 2001 | 2.25 | 122.61 | 554.22 | 19.70% |
| 2002 | 2.02 | 165.52 | 550.14 | 19.85% |
| 2003 | 1.98 | 238.67 | 505.38 | 13.11% |
| 2004 | 2.03 | 278.79 | 321.34 | 23.42% |
| 2005 | 2.25 | 282.79 | 260.25 | 25.70% |
| 2006 | 2.35 | 311.75 | 627.08 | 26.65% |
| 2007 | 3.26 | 365.92 | 2 727.57 | 38.59% |
| 2008 | 3.92 | 416.16 | 1 275.73 | 54.55% |
| 2009 | 2.25 | 776.37 | 2 740.20 | 37.10% |

注：权益市值和权益市值波动率根据国信股票分析软件新疆板块中的数据得到，股票价格采用前复权的方法后，每个非金融企业的权益市值通过股票价格乘以现有股本数得到，加总处理后可得新疆上市企业部门日股权市值，进一步计算即可得企业部门的年权益市值波动率；输入参数中的股权市值采用年末数据；上市企业部门的违约点通过短期债务加一半的长期债务获得。

### （二）或有权益资产负债表分析

根据新疆上市企业部门或有权益资产负债表输入数据，通过 MATLAB 编程处理得到新疆上市企业部门或有权益资产负债表，如表 36.9。

**表 36.9　新疆上市企业部门或有权益资产负债表**　　单位：亿元

| 年份 | 资产市值 | 负债市值 | 权益市值 | 年份 | 资产市值 | 负债市值 | 权益市值 |
|---|---|---|---|---|---|---|---|
| 2001 | 674.07 | 119.85 | 554.22 | 2006 | 931.53 | 304.45 | 627.08 |
| 2002 | 712.29 | 162.15 | 550.14 | 2007 | 3 081.47 | 353.90 | 2 727.57 |
| 2003 | 739.37 | 233.99 | 505.38 | 2008 | 1 676.95 | 401.22 | 1 275.73 |
| 2004 | 594.48 | 273.14 | 321.34 | 2009 | 3 450.35 | 710.16 | 2 740.19 |
| 2005 | 536.73 | 276.49 | 260.24 | | | | |

注：本表数据根据表 36.8，通过 matlab 编程计算得出。

图 36.11 对 2001—2009 年新疆上市企业部门资产市值与资产账面价值进行了比较。从图可以看出，新疆上市企业部门资产账面价值一直稳步上升，但资产市值波动较大。2001—2005 年资产市值处于波动下降状态。受“德隆事件”的影响，新疆板块的股票市值下降，2004 年、2005 年资产市值下降幅度较大，2005 年资产市值最接近资产账面价值，随着股市行情的好转，资产市值增长率增加，2007 年资产市值急剧增加，为 3 081.47 亿元，市场价值虚高。2008 年新疆企业部门资产市值又下降到 1 677 亿元。但 2009 年新疆上市企业部门的资产市值达到了 3 450.35 亿元，高于 2007 年金融危机前的资产市值。

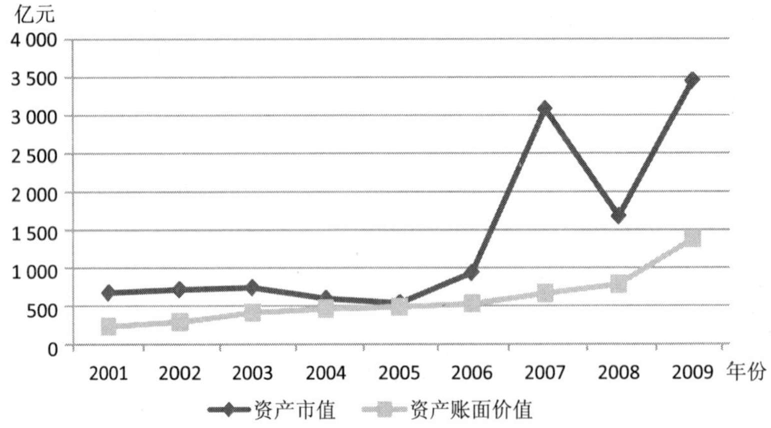


图 36.11　新疆上市企业部门资产市值与资产账面价值

如图 36.12，新疆上市企业部门负债市值从 2001 年到 2006 年都是保持在稳定的水平，而同期权益市值的波动较大。从 2001 年到 2005 年，新疆上市企业部门的权益市值每年递减，从 554.22 亿减少到 2004 年的 321.34 亿，减少了接近一半。而在 2007 年，新疆上市企业部门的权益市值有了爆发性的上扬，达到 2 727.57 亿。出现此现象显然是与 2007 年证券市场的行情相关。而在此期间，新疆的权益市值增长高于平均水平，说明新疆非金融上市企业对投资者的吸引力更大些，从一个侧面反映了新疆企业在全国来说富有竞争力，新疆的经济发展环境较好，应进一步加大扶持龙头、名牌、质优、新型的行业领头羊。2008 年权益市值又下降为 1 275.73 亿元，2009 年权益市值大幅增加，为 2 740.19 亿元。从新疆的负债市值的情况看，负债市值在 2001—2009 年期间一直保持绝对数量的增长，从 2001 年的 119.85 亿元上

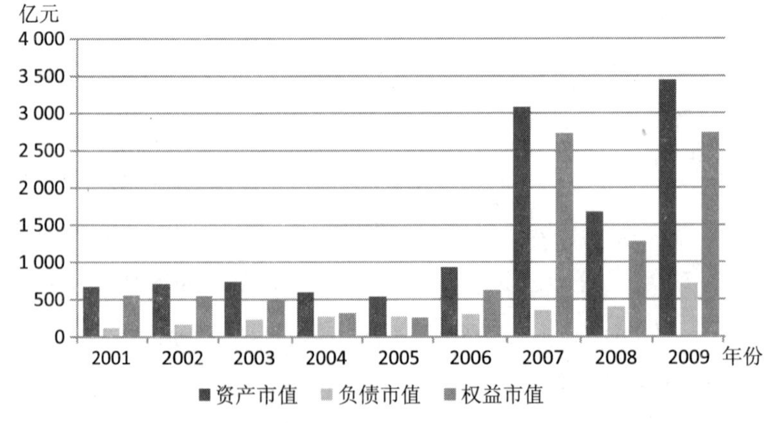


图 36.12　新疆上市企业部门或有权益资本结构

升到 689.77 亿元。

如图 36.13，2001—2005 年新疆上市企业部门或有资产负债率一直处于上升趋势，从 2001 年的 17.78% 上升到 2005 年的 51.51%，2005 年新疆上市企业部门或有资产负债率达到 8 年中的最高值。随后或有资产负债率有所下降，2007 年降为 11.48%，2008 年略有增加，为 23.93%。但 2009 年或有资产负债率又有所下降。2001—2004 年上市企业账面资产负债率逐年增加，随后几年为波动下降趋势，2008 年降为 60.3%，资本结构趋于合理化。2009 年账面资产负债率略有增加，为 60.92%。

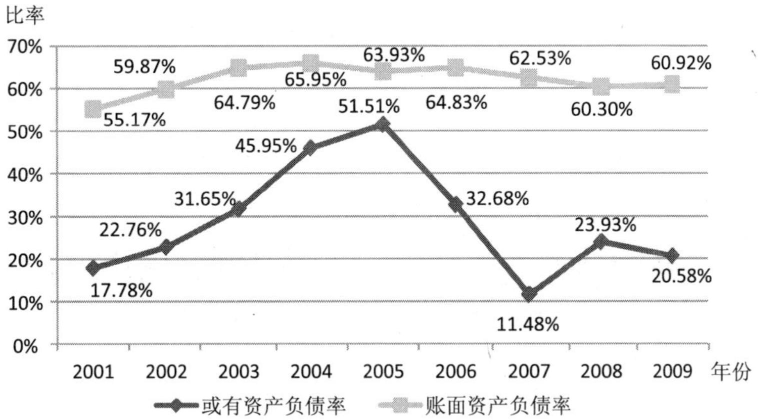


图 36.13　新疆上市企业部门或有资产负债率

图 36.14 是新疆上市企业部门资产市值和违约点以及两者之间的比值。从图中可以看出，2001—2009 年新疆上市企业部门资产市值一直远远大于违约点。资产市值远高于违约点，但是两者之间的倍数关系有所降低，特别是 2005 年，资产市值已经降为违约点

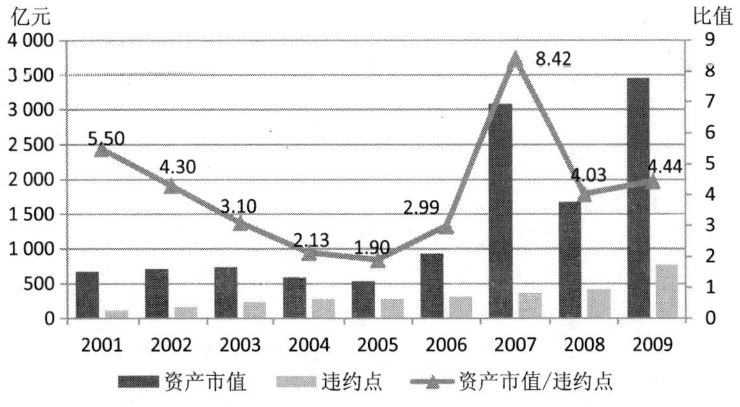


图 36.14　新疆上市企业部门资产市值与违约点

的 1.9 倍，这说明可作为缓冲风险的区域相对越来越狭窄。2007 年资产市值与违约点的比值上升到 8.4 倍，缓冲风险的区域增大。但 2008 年两者比值有所下降，面临的违约风险增加，2009 年两者比值略有上升。

### （三）风险表分析

根据新疆上市企业部门资产负债表的输入变量，运用 MATLAB 编程处理得出新疆上市企业部门的风险指标，所编制的风险表如表 36.10。

表 36.10 新疆上市企业部门风险表

| 年份 | 资产市值波动率 | 违约概率 | 违约距离 | 年份 | 资产市值波动率 | 违约概率 | 违约距离 |
|---|---|---|---|---|---|---|---|
| 2001 | 16.20 | 0 | 5.050 7 | 2006 | 17.94 | 0 | 3.708 4 |
| 2002 | 15.33 | 0 | 5.007 9 | 2007 | 34.16 | 0 | 2.579 8 |
| 2003 | 8.96 | 0 | 7.558 9 | 2008 | 41.52 | 0.06% | 1.810 6 |
| 2004 | 12.66 | 0 | 4.195 1 | 2009 | 29.46 | 0 | 2.679 7 |
| 2005 | 12.46 | 0 | 3.796 9 | | | | |

由图 36.15 可知，新疆上市企业部门资产市值波动率在 2006 年之前相对平稳，且 2003 年资产市值波动率为 8 年中的最低水平。2007 年和 2008 年波动率均处于相对较高的水平。其原因可能与 2007 年股指的大幅上升以及 2008 年的金融危机相关。从图 36.16 可以看出，2003 年新疆上市企业部门违约距离最大，达到 7.558 9，2008 年为 8 年来的最低水平，为 1.810 6，2009 年违约距离又略有上升。结合资产市值波动率、违约距离和违约概率可以看出，2003 年新疆上市企业部门资产市值波动率最低，违约距离最大，不存在违约风险。2008 年资产市值波动率最高，违约距离最小，违约概率最高，2008 年新

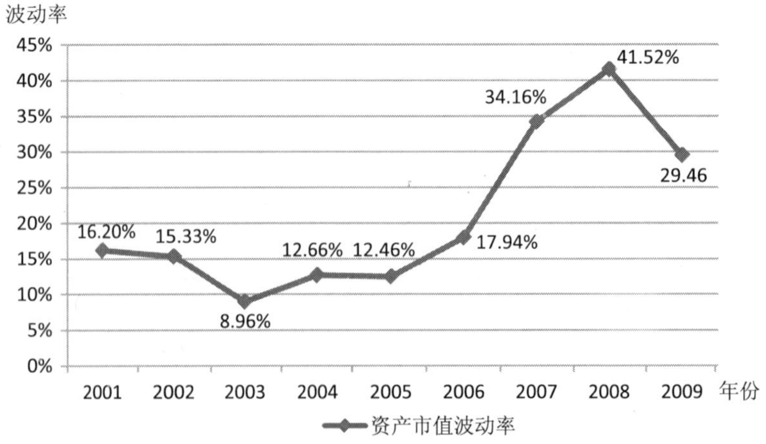


图 36.15 新疆上市企业部门资产市值波动率

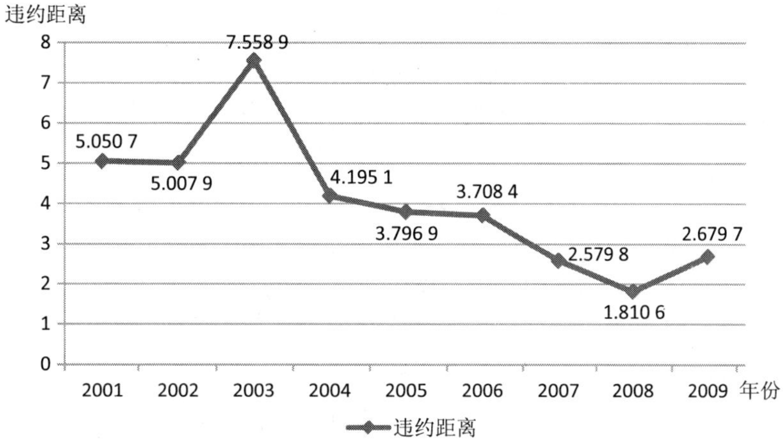


图 36.16　新疆上市企业部门违约距离

疆上市企业部门存在一定的违约风险。

## 二、新疆企业部门或有权益资产负债编制及分析

### （一）或有权益资产负债表编制

根据新疆企业部门或有权益资产负债表编制输入参数，如表 36.11，通过 MATLAB 编程计算，得到新疆企业部门或有权益资产负债表（表 36.12）以及新疆企业部门风险指标表，如表 36.13。

**表 36.11　新疆企业部门或有权益资产负债表输入数据**

| 年份 | 无风险利率（%） | 违约点（亿元） | 权益市值（亿元） | 权益市值波动率 |
|---|---|---|---|---|
| 2001 | 2.25 | 1 459.44 | 5 007.11 | 19.70% |
| 2002 | 2.02 | 1 570.71 | 5 003.47 | 19.85% |
| 2003 | 1.98 | 1 890.44 | 3 432.18 | 13.11% |
| 2004 | 2.03 | 1 605.90 | 2 465.08 | 23.42% |
| 2005 | 2.25 | 2 152.93 | 2 402.99 | 25.70% |
| 2006 | 2.35 | 2 357.55 | 6 506.12 | 26.65% |
| 2007 | 3.26 | 2 717.11 | 26 672.33 | 38.59% |
| 2008 | 3.92 | 3 428.18 | 12 885.38 | 54.55% |

注：本表数据来自中国人民银行统计数据，金融界上市公司数据，以及招商证券上市公司数据。

其中，企业部门权益市值根据上市企业权益市值 / 上市企业总权益 = 企业部门的权益市值 / 企业部门的总权益来进行套算，权益市值波动率用上市企业的权益市值波动率代替。

## （二）或有权益资产负债表分析

表 36.12　新疆企业部门或有权益资产负债表　　　　单位：亿元

| 年份 | 资产市值 | 负债市值 | 权益市值 | 年份 | 资产市值 | 负债市值 | 权益市值 |
|---|---|---|---|---|---|---|---|
| 2001 | 6 346.51 | 1 339.40 | 5 007.11 | 2005 | 3 937.90 | 1 534.91 | 2 402.99 |
| 2002 | 6 473.24 | 1 469.77 | 5 003.47 | 2006 | 8 352.23 | 1 846.11 | 6 506.12 |
| 2003 | 4 873.70 | 1 441.52 | 3 432.18 | 2007 | 28 232.63 | 1 560.30 | 26 672.33 |
| 2004 | 3 895.44 | 1 430.36 | 2 465.08 | 2008 | 14 967.23 | 2 081.85 | 12 885.38 |

新疆企业部门资产市值和资产账面价值如图 36.17。由图可见，2001—2008 年新疆企业部门资产市值和资产账面价值的变化情况与新疆上市企业部门的变化情况基本一致，企业部门资产账面价值呈稳步增加趋势，但企业部门资产市值在 2002 年有所增加，随后一直处于下降的趋势，直到 2005 年、2006 年企业部门资产市值有所增加，到 2007 年资产市值是 2006 年的 3 倍左右，2008 年资产市值又有所下降，可见企业部门资产市值的变化情况与股票市场的繁荣程度基本一致。

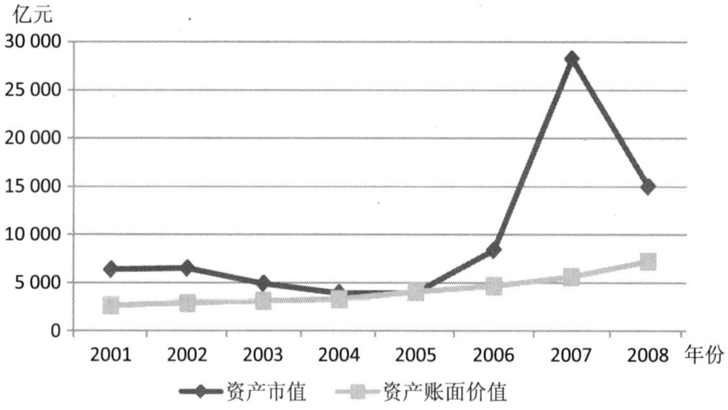


图 36.17　新疆企业部门资产市值和资产账面价值

新疆企业部门或有权益资产结构如图 36.18。由图可知，2001—2005 年，除了 2002 年略有上升外，新疆企业部门资产市值和权益市值基本处于不断减少的状态，2006 年资产市值有很大增长，2007 年资产市值增加率更高，2008 年资产市值低于 2007 年的资产市值，但仍接近 2006 年资产市值的两倍。2001—2008 年负债市值呈稳步上升趋势。2001 年，新疆企业部门负债权益比为 0.26，随后一直处于增加趋势，2005 年企业部门负债权益比为 0.64，2006 年负债权益比有所下降，为 0.28，2007 年降低至 0.06，2008 年又增加为 0.16。说明 2001—2005 年新疆企业部门清偿力风险一直在增加，

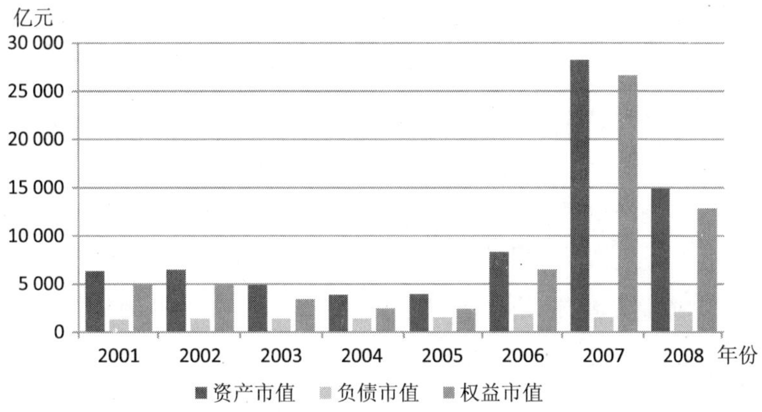


图 36.18　新疆企业部门或有权益资本结构

2006 年开始有所下降。

如图 36.19，相对于新疆企业部门账面价值资产负债率变化趋势，或有资产负债率波动较大，最高在 2005 年达到 39%，最小为 2007 年的 5.5%，但从 2003 年开始新疆企业部门账面资产负债率一直处于缓慢下降状态，新疆企业部门资本结构趋于合理化。2001—2008 年整体企业部门账面价值的资产负债率大于或有资产负债率，表明以市场公允价值计量的真实企业风险是小于账面价值显示的金融风险的。

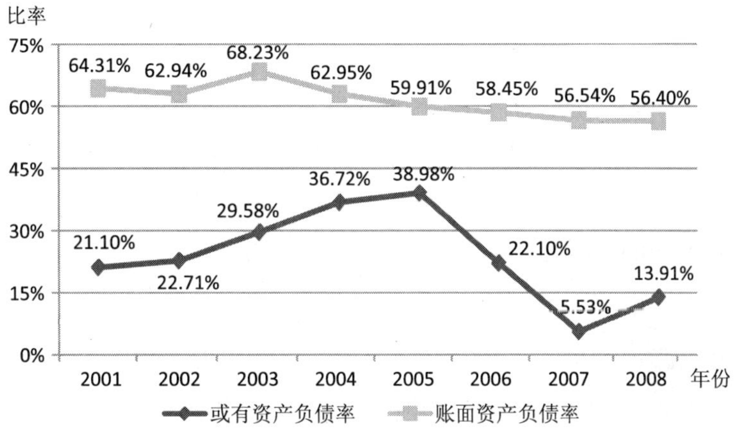


图 36.19　新疆企业部门或有资产负债率

### （三）风险表分析

通过新疆或有权益资产负债表输入参数以及 MATLAB 编程得到新疆企业部门风险指标，2001—2008 年新疆企业部门风险指标如表 36.13。

表 36.13　新疆企业部门风险表

| 年份 | 资产市值波动率 | 违约概率 | 违约距离 | 年份 | 资产市值波动率 | 违约概率 | 违约距离 |
|---|---|---|---|---|---|---|---|
| 2001 | 15.54% | 0 | 5.044 9 | 2005 | 15.68% | 0 | 3.834 3 |
| 2002 | 15.34% | 0 | 5.008 1 | 2006 | 20.76% | 0 | 3.726 7 |
| 2003 | 9.23% | 0 | 7.565 9 | 2007 | 36.46% | 0 | 2.586 1 |
| 2004 | 14.82% | 0 | 4.218 8 | 2008 | 47.02% | 0.003 5% | 1.821 4 |

如图 36.20，新疆企业部门违约距离在 2001—2008 年处于波动阶段，2001 年违约距离为 5.044 9，2003 年增加为 7.565 9，违约距离增加，违约风险较小。2004 年违约距离下降为 4.218 8，随后几年违约距离一直下降，2008 年为 1.821 4，违约距离较小，违约风险增加。总体而言，新疆企业部门违约风险是增加的，2008 年违约风险尤为严重，受股市影响较大，与企业部门资产市值一直被高估有很大关系。

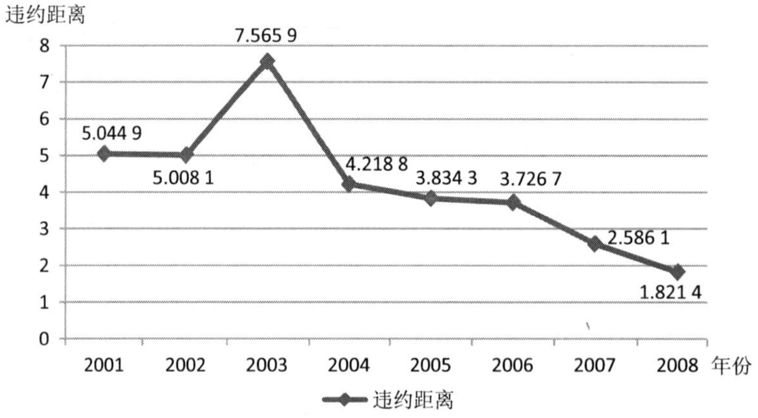


图 36.20　新疆企业部门违约距离

新疆企业部门资产市值波动率如图 36.21。由图可知，2001—2003 年资产市值波动率有所下降，2004 年有所增加，到 2005 年又有所下降。2005 年后资产市值波动率一直在增加，2008 年资产市值波动率达到 47.02%。结合新疆企业部门的违约距离和资产市值波动率来看，2008 年违约距离最小，而资产市值波动率最高，违约概率为 0.003 5%，新疆企业部门面临一定的违约风险。

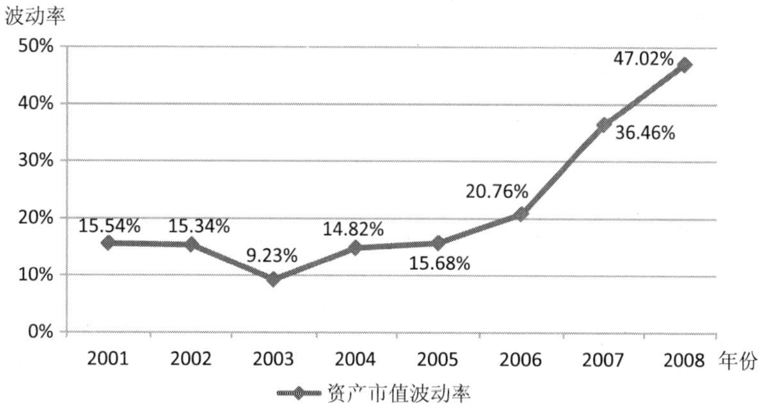


图 36.21　新疆企业部门资产市值波动率

## 第 4 节　结论及政策建议

前文从资产负债表、或有权益资产负债表和风险表三个层次，分析了新疆维吾尔自治区金融部门和企业部门的风险状况。

通过分析新疆金融部门的资产负债表可知，新疆金融部门存在较大的期限错配风险；新疆金融部门货币错配风险加剧。结合新疆金融部门发展的实际情况，新疆金融部门发展目前面临以下几个问题：新疆金融结构长期处于失衡状态。新疆存、贷款集中于国有控股商业银行，国有商业银行占据绝对的垄断地位。地区金融结构的失衡，不仅不利于非国有经济的发展，而且加大了国有商业银行的资金压力和金融风险；信贷资金集中，风险加大。在各商业银行总行严格控制分支行新增贷款的情况下，商业银行将资金投向少数收益相对稳定、投资回报较高的领域，而长此以往，银行信贷所面临的违约风险势必越来越大。新疆资本市场规模过小，市场化水平相对偏低，证券化水平不高，市场融资能力相对较弱。

总的来说，新疆维吾尔自治区企业部门的总资产负债比在 2001 年至 2008 年间稳定在相对比较安全的水平，且有逐年下降的趋势，可以认为全区的企业部门基本不存在资本结构错配风险；新疆企业部门资产结构在朝着好的方向发展，清偿力风险在减弱。通过对上市企业部门和企业部门进行或有权益分析可知，新疆上市企业部门的风险状况在 2008 年较差。新疆企业部门资产价值被高估，要注意风险的防范。

但不可忽视的是，新疆企业部门也存在一些问题：一方面，截至 2009 年年底新疆仅有 34 家上市公司，其中包括金融类公司 1 家（宏源证券），这也就意味着只有这 34 家企业能通过股权融资，而新疆大部分企业资产来自于借债融资，这也是存在风险的，一旦经济大环境发生变化，新疆企业部门将面临一定的结构错配风险和清偿力风险；另一方面，新疆工业处于一种比较稳定的发展状态中，但对建筑业来说，建筑企业的利率风险较大。因为从新疆建筑业资产负债的期限结构看，资产中非流动资产占较大比重，而负债却大部分集中在流动负债，流动负债大多是浮动利率的，而非流动资产大多利率固定，那么一旦银行加息，企业的利息支出就会增加，企业的利率风险就会增加，这会造成建筑企业清偿力的下降。

在我国经济持续保持增长的情况下，上述问题还没有暴露出来。但新疆作为西北经济大省，在防御金融风险的问题上能够起到重要的作用，因此必须认真做好预防金融危机的准备。为此，提出以下几点建议：

（1）充分利用国家支援新疆发展政策大力发展金融市场。由于新疆即将获得中央财政金融税收等全方位的政策支持，将作为中国西部大开发新 10 年的重点区域，凭借地缘优势和能源储备战略基地的定位，成为未来中国经济的增长极。因此，更加需要更发达的金融市场来发挥资源配置的作用。要鼓励股份制商业银行和外资银行到新疆设立分支机构，金融主管部门应帮助更多的优质企业上市，充分发挥公司债券的筹资作用，加快企业债券市场的发展。

（2）积极推动地方商业性金融机构的建立与发展，完善新疆的融资体系。从目前的情况看，长期以来新疆的经济发展主要依靠银行的间接融资，国有商业银行、政策性银行和国有非银行金融机构是主要的资金提供者。而且贷款规模很集中，潜在的违约风险上升，要大力发展地方性民营金融机构和地方性股份制金融机构。

（3）调整优化信贷结构，防范信贷集中风险。新疆商业银行要逐步优化信贷结构，防范信贷过度集中于资源型行业的风险。金融机构要加强市场调研和预测，建立和完善金融风险监测分析预警制度，定期分析企业的资产负债状况和偿债能力，加强风险控制能力。

# 第4篇

# 港澳台地区宏观金融风险研究

# 第 37 章　香港宏观金融风险研究



中国香港是国际著名的金融中心，也是小规模开放经济体的典型代表。香港经济迅速发展，成为亚洲四小龙之一和全球性金融中心之一。2008 年下半年，全球金融危机爆发，香港经济受到冲击，但 2009 年以来，世界经济开始转暖，而香港背靠中国内地亦增加其竞争优势，较其他经济体更受益于中国经济稳步增长。本章将对中国香港主要经济部门宏观运行中存在的金融风险进行识别和度量，并就相关风险提出防范和管理建议。

## 第 1 节　引言

### 一、香港经济运行情况

中国香港是国际著名的金融中心，也是小规模开放经济体的典型代表。20 世纪 50 年代以前，香港经济以转口贸易为主；20 世纪 50 年代至 70 年代，香港逐步转变为工业化城市；20 世纪 70 年代初，香港开始推行经济多元化方针，随着内地改革开放，香港的制造业开始大部分转移到内地，金融、房地产、贸易、旅游业等各类服务业得到全面高速发展。20 世纪 80 年代以来，香港经济迅速发展，但在 1997 年开始的亚洲金融危机中，香港经济受到极大的冲击，经济出现衰退。

亚洲金融危机爆发后，虽然香港金融部门健康发展，金融监管也符合国际标准，但作为亚太地区的主要金融中心，香港受到金融危机的传染和负面影响比较深远。在亚洲金融危机的第二阶段，港币成为国际投机者狙击的对象，香港金融当局不得不干预金融市场，提高利率，而这一举措引发资本市场暴跌，使经济增长幅度急剧回落，甚至出现负增长，从而导致香港三十多年来最严重的经济衰退。

金融危机后，为刺激经济，香港政府开始采取税收减免与扩大支出的财政政策，政府连续四年出现财政赤字。为摆脱金融危机的影响，香港开始建立政府管理经济的直接介入模式：外汇基金与汇丰银行的会计安排，使外汇基金实质上成为同业市场最后贷款人；成立外汇基金管理局，发行外汇基金票据，增加政府调控经济的金融工具；完善银行监管法律条令，成立金融管理局。这些措施帮助香港政府成功地挽回信心，将损失最小化，最终使香港经济走出金融危机的影响。

2003—2007年，香港经济进入复苏期，年均GDP增长率超过6%，通货紧缩问题也得到解决。2008年上半年，经济增长速度仍然高达5.8%；2008年下半年，全球金融危机爆发，香港经济受到冲击，外资存量跌幅达31%，出口增长速度明显放缓，内部需求萎缩，失业率在半年间上升了4%，中小企业融资困难，经营举步维艰，第四季度GDP衰退2.5%。① 香港政府积极应对金融危机。香港经济机遇委员会于2008年10月底成立，向市民作出百分之百存款保证的承诺以稳住金融系统；推出系列措施协助中小企业摆脱困境；推动十大工程和一系列中小型工程以创造就业。2009年以来，世界经济开始转暖，而香港背靠中国内地亦增加其竞争优势，较其他经济体更受益于中国经济稳步增长。

## 二、香港金融运行概况

香港金融业历史较悠久，20世纪70年代以后香港金融业迅速发展；20世纪70年代初，随着香港经济向现代化和多元化的发展，香港提出了建立香港国际金融中心的规划；在20世纪70年代后香港国际金融中心逐渐形成。香港银行业迅速发展，成为香港国际金融中心最主要的标志。

由于历史原因香港没有建立真正的中央银行，而是授权商业银行代理央行的货币发行以及票据交换结算等职能。香港拥有多样化、集团化的银行机构和层次广泛并不断发展的金融市场，由外汇基金控制货币发行准备金，以特殊的联系汇率制度稳定港币汇价，

① 数据来源于香港金融管理局。

以银行公会等民间自律组织实现对银行等金融机构的间接管理。此外，香港实行货币发行局制度以来取得了很好的效果，成功抵御了多次金融和政治危机。

香港本地和海外金融机构高度集中，银行体系国际化，是世界四大银行中心之一，仅次于伦敦和纽约。香港是亚洲唯一没有离岸业务和本地业务限制的金融中心，香港银行业的繁荣得益于这种宽容自由的金融环境。香港致力于金融技术等的创新和吸收，目前香港各主要基础金融工具几乎都有衍生产品，一般国际上推出的新业务品种会很快出现在香港金融市场上。

香港金融制度的最大特点是有一套较为健全的法律制度，且金融业的自律意识和自控能力较强。香港金融管理体系建立在国际化基础上，主要通过银行、证券、期货和保险方面的专门法律条例和监管机构进行监管。

## 第2节　文献综述

在香港金融风险研究中，国内外学者的意见基本一致，认为香港抵御金融风险的能力较强。多数学者认为，这主要归因于香港良好的经济运行情况、健康的监管环境、港币币值的稳定和完善的市场经济制度。

一些学者认为香港地区金融风险并不大，金融运行较为稳定。王敬伟（2006）认为，香港金融稳定是社会各种“合力”的结果，包括银行业发展的稳健，积极推行“风险”为本的监管理念，港币的稳定，金融分业监管当局之间的信息交流和共享机制，金融基础设施的完备，市场经济制度的完善等[①]。屠海鸣（2006）提出中国香港在金融人才、监管环境和市场的流通性三方面的绝对优势是其金融中心竞争力在亚洲排名第一的原因[②]。韩秀云等（1997）认为作为国际金融中心之一的中国香港，能在多次国际金融危机中平稳度过的原因在于：港币稳定，经济结构相对合理，外汇储备规模大，金融管理体系健康以及中国内地的支持和推动[③]。

但也有一些学者指出中国香港仍然面临潜在的金融风险，并对这些风险进行了阐述和分析。程静（2001）提出，香港股票市场最大的问题是缺乏实业基础，金融、房地产

① 王敬伟：《金融稳定需要“合力”——香港的金融稳定对内地金融稳定建设的启示》，《金融理论与实践》，2006年第5期。
② 屠海鸣：《香港：金融中心竞争力亚洲第一》，《沪港经济》，2006年第10期。
③ 韩秀云，王辉，吴栋：《东南亚金融危机与香港》，《清华大学学报》，1997年第4期。

等服务性行业占85%，工业和其他行业只占15%，股市泡沫多，易被投机力量操纵，导致香港在金融危机中股市暴跌[①]。中国香港的联系汇率制度有其局限性，比如货币政策的灵活性受到限制，易受美元汇率的影响，甚至有可能在极端条件下导致美元全面代替港币等。1997年东南亚金融危机也体现了香港这种联系汇率制的缺陷。曹煜（1999）指出香港对其自身功能定位有偏差，导致其发展过程中出现问题，香港应发挥其与内地紧密相依的优势，对其功能定位进行调整[②]。

对于香港在2008年全球金融危机背景下金融风险问题的研究，主要集中在危机对香港的影响及应对措施方面。慎少辉（2008）指出，金融危机造成香港经济整体衰退，金融业、房地产业、贸易等都受到重创，但同时“危中有机”，金融危机使得欧美金融规则崩溃，加上香港自身优势，以及中国内地的支持，为香港的金融业发展提供了历史性的机遇；同时利用此次金融危机，香港有机会重新审视自身产业存在的问题，及时改变产业结构，推进新兴产业发展，走产业多元化的发展道路。

## 第3节　香港部门资产负债表编制及分析

### 一、香港公共部门资产负债表编制及分析

#### （一）公共部门资产负债表编制

香港公共部门资产负债表数据由香港政府部门资产负债表和香港货币当局资产负债表合并而成。其中，政府部门资产负债表摘自香港政府库务司年度报告，外汇基金（货币当局）资产负债表摘要是节录自《金融管理局年报》[③]内的外汇基金资产负债表。

外汇基金账目明细项目划分遵循香港金融管理局资产负债表中的明细项目。政府部门的资产负债表明细账遵循香港政府库务司关于香港政府账目年度报告中明细账目编制。其中，政府对外汇资金的投资为政府相对于外汇基金的债权，所以在政府与基金合并组建公共部门资产负债总表时，相应剔除了两部门相互之间的资产和负债。香港公共部门

① 程静：《香港与新加坡金融业的比较》，《当代港澳》，2001年第1期。

② 曹煜：《香港的金融体制、功能定位和汇率制度调整》，《亚太经济》，1999第2期。

③ 香港金融管理局，http：//www.info.gov.hk/hkma/chi/public/index.htm.

资产负债表编制过程与结果如表 37.1 与表 37.2。

**表 37.1　香港政府资产负债表**　　单位：十亿港币

| 年份 | 2002 | 2003 | 2004 | 2005 | 2006 | 2007 | 2008 |
|---|---|---|---|---|---|---|---|
| 总资产 | 570.82 | 523.55 | 558.18 | 631.37 | 711.30 | 852.43 | 871.95 |
| 总负债 | 353.34 | 367.67 | 405.75 | 445.91 | 470.27 | 497.07 | 510.37 |
| 总权益 | 217.48 | 155.88 | 152.43 | 185.46 | 241.03 | 355.36 | 361.58 |

**表 37.2　香港“中央银行”资产负债表**　　单位：十亿港币

| 年份 | 2002 | 2003 | 2004 | 2005 | 2006 | 2007 | 2008 |
|---|---|---|---|---|---|---|---|
| 总资产 | 957.63 | 994.42 | 1 075.34 | 1 075.34 | 1 187.27 | 1 410.72 | 1 426.08 |
| 总负债 | 635.51 | 621.56 | 658.97 | 637.00 | 683.20 | 788.74 | 987.55 |
| 总权益 | 322.12 | 372.86 | 416.37 | 438.34 | 504.07 | 621.98 | 438.53 |

加总上述两表即可得香港公共部门资产负债表，如表 37.3。

**表 37.3　香港公共部门资产负债表**　　单位：十亿港币

| 年份 | 2002 | 2003 | 2004 | 2005 | 2006 | 2007 | 2008 |
|---|---|---|---|---|---|---|---|
| 总资产 | 1 528.45 | 1 517.97 | 1 633.52 | 1 706.71 | 1 898.58 | 2 263.15 | 2 298.03 |
| 总负债 | 988.85 | 989.23 | 1 064.71 | 1 082.91 | 1 153.47 | 1 285.81 | 1 497.93 |
| 总权益 | 539.60 | 528.74 | 568.81 | 623.80 | 745.10 | 977.34 | 800.11 |

### （二）公共部门资产负债表分析

1. 资本结构分析

2008 年全球金融危机爆发以后，经济和金融对外开放程度较强的香港受到较大冲击，作为支柱产业的金融业盈利水平大幅下降，导致政府财政收入受到影响。同时，为减少金融危机的影响，政府积极采取包括为市民提供存款担保等多项措施以稳定金融体系，因此政府支出大幅增加，总负债规模显著上升。由图 37.1 可知，在 2002 年至 2007 年，总资产规模不断上升，从 2002 年的 15 285 亿港元上升至 2007 年的 22 632 亿港元；资产负债率呈逐年下降趋势，从 2002 年的 65% 左右下降至 2007 年的 57% 左右，资本结构稳定。香港公共部门的资产负债率由 2007 年的 56.82% 上升至 2008 年的 65.18%，2008 年公共部门资本结构风险有所上升。

2. 清偿力风险分析

香港公共部门产权比率一直处于较低水平。由图 37.2 可知，2002—2008 年产权比率基本在 2 以下，尽管 2008 年受全球金融危机影响，产权比率有所上升，但是总体来看，香港公共部门清偿力状况良好，基本不存在清偿力风险。

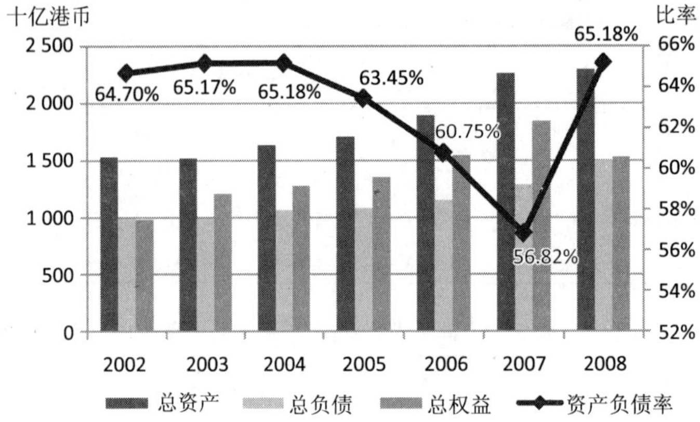


图 37.1　香港公共部门资本结构

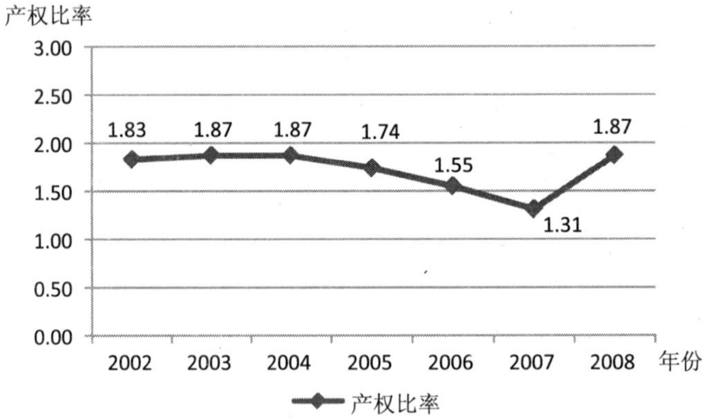


图 37.2　香港公共部门产权比率

## 二、香港金融部门资产负债表编制及分析

### （一）金融部门资产负债表编制

香港金融部门主要指认可机构（authorized institutions），即根据《银行业条例》获认可经营接受存款业务的机构。香港金融部门实行三级银行发牌制度，分为认可机构、持牌银行、有限制牌照银行及接受存款公司，金融部门资产负债表由上述四类金融机构汇总而成。

香港金融部门资产负债表相关的数据来自香港金融监管当局官方网站公开统计数据，根据金融数据月报表编制完成。

香港金融部门资产负债表编制结果如表 37.4。

表 37.4　香港金融部门资产负债表　　单位：十亿港币

| 年份 | 总资产 | 本币资产 | 外币资产 | 总负债 | 本币负债 | 外币负债 | 总权益 |
|---|---|---|---|---|---|---|---|
| 2000 | 13 322.01 | 5 627.50 | 7 694.51 | 12 117.81 | 5 203.55 | 6 914.26 | 1 204.20 |
| 2001 | 12 307.91 | 5 436.71 | 6 871.20 | 11 105.06 | 4 884.74 | 6 220.32 | 1 202.85 |
| 2002 | 11 998.16 | 5 373.94 | 6 624.22 | 10 711.40 | 4 696.82 | 6 014.58 | 1 286.76 |
| 2003 | 12 981.44 | 5 566.39 | 7 415.05 | 11 547.14 | 4 989.04 | 6 558.12 | 1 434.30 |
| 2004 | 14 275.63 | 5 885.32 | 8 390.31 | 12 664.48 | 5 178.60 | 7 485.88 | 1 611.15 |
| 2005 | 14 493.94 | 6 093.58 | 8 400.36 | 12 722.66 | 5 356.82 | 7 365.84 | 1 771.28 |
| 2006 | 16 611.62 | 7 013.11 | 9 598.51 | 14 668.79 | 6 442.24 | 8 226.55 | 1 942.83 |
| 2007 | 20 700.08 | 8 149.66 | 12 550.42 | 18 243.90 | 7 635.87 | 10 608.03 | 2 456.18 |
| 2008 | 21 508.13 | 7 866.05 | 13 642.08 | 18 409.74 | 7 171.25 | 11 238.49 | 3 098.39 |

### （二）金融部门资产负债表分析

1. 货币错配分析

香港金融部门外币资产负债结构如图 37.3，香港金融部门外币资产存量一直略高于外币负债存量，2002—2007 年以来随着经济形势的好转，外币资产与外币负债呈现逐年升高的趋势。2008 年，外币资产与外币负债继续扩张，但增幅有所下降。从本外币资产结构看，香港地区不存在金融资产币种错配的问题。

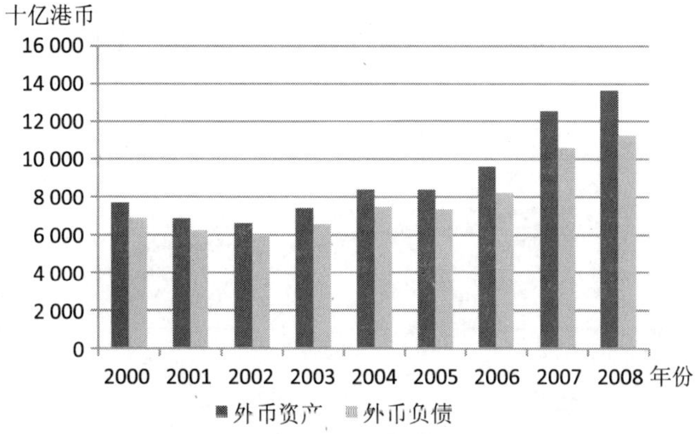


图 37.3　香港金融部门外币资产与外币负债

2. 资本结构分析

由图 37.4 可知，2000—2005 年，香港金融部门资产负债率呈下降趋势。由此可以看出，1998 年金融危机之后，香港金融部门的风险越来越低。2006 年和 2007 年的资产负债率与 2005 年基本持平，可见香港金融部门运行平稳，状态良好。至 2008 年次贷危机爆发以后，由于香港金融机构持有大量的华尔街次级抵押贷款衍生品，香港多家银行面临巨

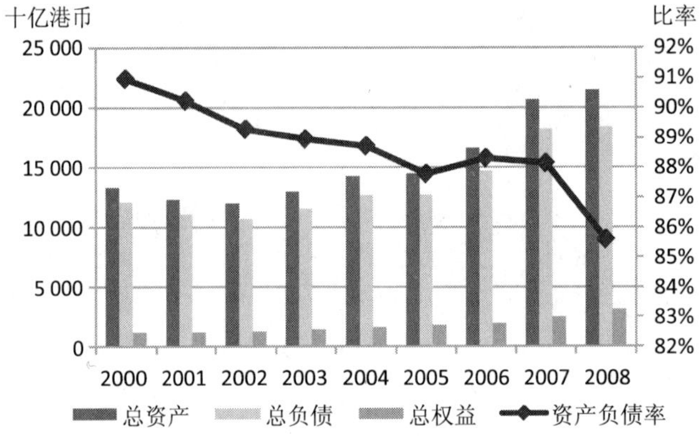


图 37.4 香港金融部门资本结构

大损失。尽管得到公共部门提供隐性担保或注资，使其年末资产负债率不升反降，但是该部门资本结构风险仍需进一步关注。

3. 清偿力风险分析

香港金融部门产权比率如图 37.5，2000—2008 年间，香港金融部门产权比率一直处于下降趋势，而 2008 年的下降幅度尤为显著。总体来看，香港金融部门资本结构基本合理，清偿力风险较小。作为国际金融中心，香港金融部门整体运行效率较高，资本结构稳定，独立抵御金融风险的能力较强。但由全球金融危机的爆发及传导看，香港金融机构仍需在国家投资过程中，加强实时的监控和预警机制，防止国际金融危机对其带来的市场风险。

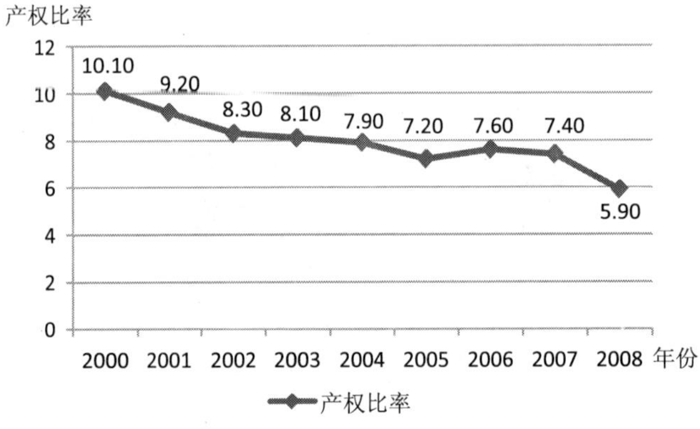


图 37.5 香港金融部门产权比率

## 三、香港上市企业部门资产负债表编制及分析

### （一）上市企业部门资产负债表编制

香港上市企业部门资产负债表数据来源于 BvD 全球金融分析、宏观经济指标数据库

中统计的权益市值排名前100的上市非金融企业，剔除有关年份数据缺失的企业，最后对87家上市企业的资产负债表进行加总，编制香港上市企业部门资产负债表，如表37.5。

**表37.5 香港上市企业部门资产负债表** 单位：十亿港币

| 年份 | 2002 | 2003 | 2004 | 2005 | 2006 | 2007 | 2008 |
|---|---|---|---|---|---|---|---|
| 总资产 | 1 725.45 | 1 929.33 | 2 090.41 | 2 257.03 | 2 588.46 | 3 060.16 | 3 346.41 |
| 总负债 | 837.04 | 962.86 | 1 034.13 | 1 076.84 | 1 221.08 | 1 427.77 | 1 559.95 |
| 总权益 | 888.41 | 966.47 | 1 056.28 | 1 180.19 | 1 367.38 | 1 632.39 | 1 786.46 |

**（二）上市企业部门资产负债表分析**

1. 资本结构分析

1998年之后香港经济出现金融危机后的补偿性增长，但好景不长。由于受香港制造业转移、经济结构性调整等不利因素影响，2001年经济增长再次出现下降。2003年，受"非典"传播及经济结构转型等因素影响，以服务业为主导的香港经济继续衰退。如图37.6，2003年87家香港上市企业总资产规模仅小幅上涨2 863亿港币，资产负债率上升至49.91%，为近年来最高水平。从2004年开始，受全球经济回暖影响，加上CEPA和大陆与香港一系列合作项目的签订再次推动香港服务业的发展，上市企业部门进入快速增长期，总资产规模不断大幅上升，资产负债率下降。2008年受全球金融危机影响，上市企业总资产规模增速再次下降，资产负债率基本维持在47%左右。

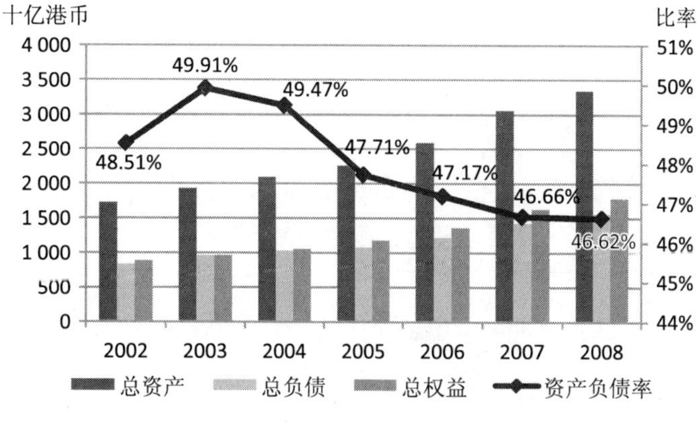


图37.6 香港上市企业部门资本结构

综上，尽管经历了2003年和2008年的波动，香港上市企业部门总资产、总负债与总权益规模呈逐步上升的趋势，资产负债率在50%以下小幅波动，总体呈下降趋势。由此可见，香港上市企业部门运作基本正常，不存在资本结构风险。

2. 清偿力风险分析

香港上市企业部门产权比率如图 37.7，2002—2003 年，产权比率呈现上升的趋势，但在以后的年份中，产权比率逐步下降，而且各年产权比率绝对值水平较低，2008 年产权比率为 0.87。可见，香港企业部门不存在清偿力风险。

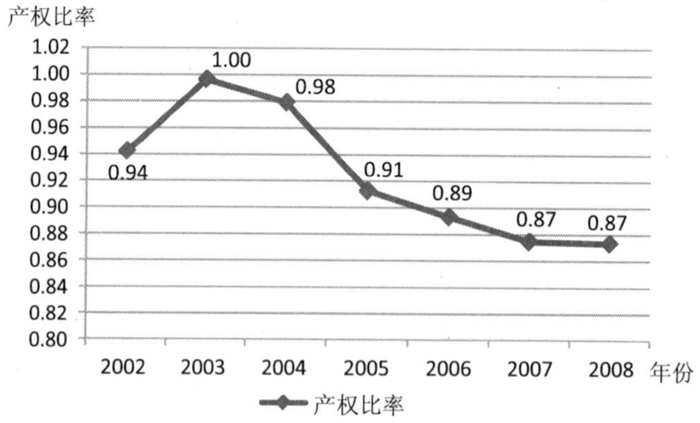


图 37.7　香港上市企业部门产权比率

虽然近 10 年来，香港经济遭遇了数次大的经济波动，但质量较好的上市企业负债权益比率基本保持稳定。从既有数据看，香港企业部门主要风险来自内外环境的变化对其增长速度带来的影响，尚未出现资产负债结构性错配导致严重的信用风险状况。

## 第 4 节　香港或有权益资产负债表编制及分析

### 一、香港金融部门或有权益资产负债表编制及分析

#### （一）上市金融部门或有资产负债表编制

本文选取 14 家香港金融部门上市公司作为研究对象，对资产负债表相关数据进行搜集和整理，编制 2002—2008 年香港上市金融部门或有权益资产负债表，并在资产负债表的基础上计算得到一系列风险指标，最后根据风险指标对金融部门的风险进行分析。具体编制过程如下：

① 从 BvD 全球金融分析、宏观经济指标数据库全球上市公司分析库[①] 获取 14 家上

① BvD 全球金融分析、宏观经济指标数据库全球上市公司分析库，https: //www.osiris.bvdep.com/ip.

市金融企业资产、负债、权益、权益市值等数据。

② 违约点通常为短期负债加长期负债的一半，由于数据的限制，本节按照总负债的75% 计算违约点，这里只是近似的算法。

③ 根据香港金融管理局的基准利率（base rate），将每月月末利率加权平均得当年的市场无风险利率。基准利率历史数据从香港金融管理局网站[①]公布的统计数据中得到。

④ 以香港恒生指数的年波动率代替上市金融部门权益市值波动率，由此得到或有权益资产负债表编制输入参数，如表 37.6。

**表 37.6　香港上市金融部门或有权益资产负债表输入参数**

| 年份 | 2002 | 2003 | 2004 | 2005 | 2006 | 2007 | 2008 |
|---|---|---|---|---|---|---|---|
| 无风险利率 | 3.17% | 2.60% | 2.88% | 4.73% | 6.50% | 6.52% | 3.13% |
| 违约点（十亿港币） | 1 188.75 | 1 280.73 | 1 377.19 | 1 481.31 | 1 726.19 | 2 023.24 | 2 138.36 |
| 权益市值（十亿港币） | 357.49 | 490.51 | 537.47 | 526.28 | 686.14 | 903.59 | 513.68 |
| 权益市值波动率 | 19.15% | 16.79% | 16.22% | 11.38% | 14.30% | 25.94% | 50.56% |

⑤ 通过 MATLAB 编程计算，得到香港金融部门或有权益资产负债表（表 37.7）以及香港金融部门风险指标表，如表 37.8。

**表 37.7　香港金融部门或有权益资产负债表**　　单位：十亿港币

| 年份 | 2002 | 2003 | 2004 | 2005 | 2006 | 2007 | 2008 |
|---|---|---|---|---|---|---|---|
| 资产市值 | 1 509.11 | 1 738.59 | 1 875.74 | 1 939.04 | 2 303.60 | 2 799.16 | 2 600.24 |
| 负债市值 | 1 151.62 | 1 248.08 | 1 338.27 | 1 412.76 | 1 617.46 | 1 895.57 | 2 086.56 |
| 权益市值 | 357.49 | 490.51 | 537.47 | 526.28 | 686.14 | 903.59 | 513.68 |

### （二）上市金融部门或有资产负债表分析

香港上市金融部门资产市值和资产账面价值如图 37.8。2002 年至 2007 年，资产账面价值和市场价值均呈现上升趋势，且 2004 年以后资产规模增长明显加快。通过对资产市值和账面价值的对比分析可见，资产市值明显低于其账面价值，可见上市金融部门资产质量在资本市场上受到国内外投资者认可程度较低。资产市值长期低于账面价值将对上市金融企业通过资本市场进行股权融资造成一定程度的影响，为上市金融企业带来一定程度的风险。

受金融危机影响，金融部门资产市值在 2008 年出现大幅下降，14 家上市金融企业的总市值由 2007 年的 27 992 亿港元缩水至 2008 年的 26 002 亿港元。资产市值的大幅缩

① 香港金融管理局网站，http://www.info.gov.hk/hkma/index.htm.

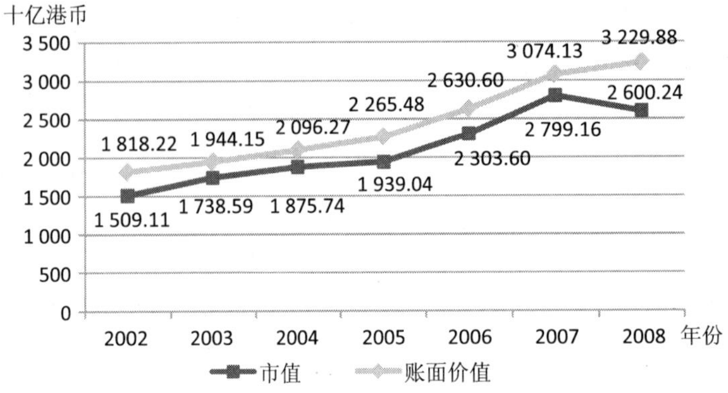


图 37.8　香港上市金融部门资产市值和账面价值

水主要由权益市值的缩水造成。美国次贷危机以后，以金融股为代表的香港股市出现剧烈波动，2008 年恒生指数年波动率高达 50.56%，金融股总市值缩水近一半，直接导致上市金融部门资产市值大幅下降。

由图 37.9 可知，同账面资本结构一致，2002—2007 年，香港金融部门资产市值和负债市值总体处于上升的状态，或有资本结构基本稳定，2005 年开始其规模扩张速度明显加快，可见 2005 年以后随着全球经济回暖，对金融支持的需求加大，香港金融业进入短暂的快速增长期。或有资产负债率从 2003 年的 76.31% 下降至 2007 年的 67.72%，上市金融机构对债务融资的依赖有所下降。

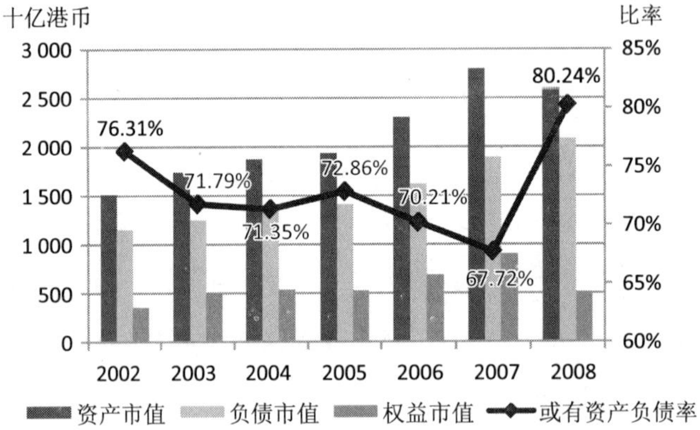


图 37.9　香港上市金融部门或有资本结构

2008 年，受全球金融危机的影响，资产市值大幅下降，或有资产负债率上升至 80.24%。由此可见，同账面资产负债表反映的信息不同，从或有资本结构分析看，由金融危机导致的香港股市大跌对香港上市金融部门造成较为严重的冲击，宏观风险显著上升。

### （三）风险表分析

表 37.8　香港上市金融部门风险指标

| 年份 | 2002 | 2003 | 2004 | 2005 | 2006 | 2007 | 2008 |
|---|---|---|---|---|---|---|---|
| 资产市值（十亿港币） | 1 509.11 | 1 738.59 | 1 875.74 | 1 939.04 | 2 303.60 | 2 799.16 | 2 600.24 |
| 资产市值波动率 | 4.54% | 4.74% | 4.65% | 3.09% | 4.26% | 8.37% | 10.13% |
| 违约概率 | 0 | 0 | 0 | 0 | 0 | 0 | 1.43% |
| 违约距离 | 4.678 5 | 5.560 0 | 5.719 0 | 7.640 0 | 5.885 3 | 3.310 1 | 1.753 1 |

香港上市金融部门资产市值波动率如图 37.10。2002—2006 年上市金融部门资产市值波动率基本持平，保持在 3%~5% 之间。2005 年随着经济形势的好转和全球资本市场的繁荣，资产市值波动率开始上升，2007 年由于经历了股票市场年初的快速增长和年末的暴跌，资产市值波动率上升至 8.37%，如表 37.8，高于同期亚洲其他经济体水平。2008 年随着恒生指数的大幅跳水，金融部门资产市值波动率升至 10.13%，风险增大。



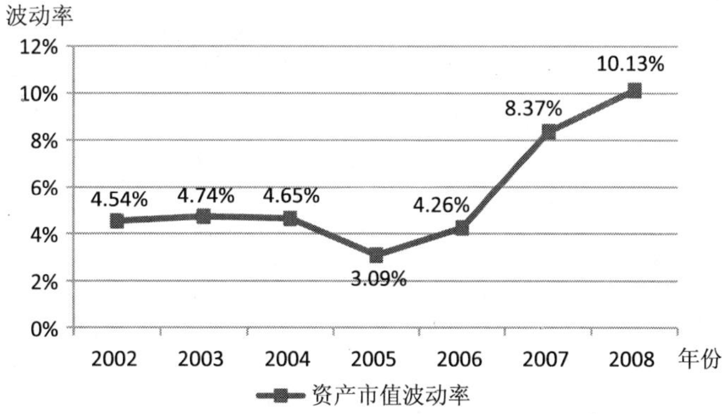


图 37.10　香港上市金融部门资产市值波动率

随着资产市值波动率的快速攀升，2005 年以后香港金融部门违约距离不断减小，在金融危机全面爆发的 2008 年违约距离降为 1.753 1，如图 37.11。可见，近年来香港上市金融部门的宏观风险不断加大。结合 2008 年 1.43% 的违约概率分析，该部门具有一定的违约风险。

### （四）利率压力测试和敏感性分析

1. 利率压力测试

采用香港金融部门 2008 年数据，并将利率分别下调至 1% 和上调至 10% 进行测试，调整利率的计算结果如表 37.9。由测试结果可知，尽管利率出现了巨大变化，但香港金融部门的资产市值、资产市值波动率及违约概率变化较小，可见香港金融部门抗压能力较强。

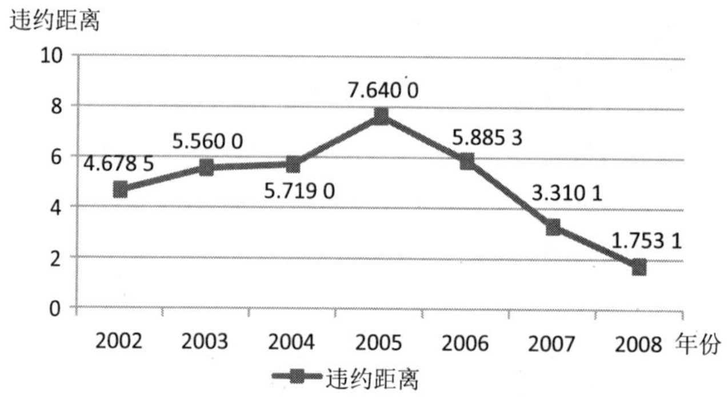


图 37.11　香港上市金融部门违约距离

**表 37.9　香港上市金融部门利率压力测试结果**

| 风险指标 | 情景 1（实际利率 3.13%） | 情景 2（利率下调至 1.00%） | 情景 3（利率上调至 10.00%） |
|---|---|---|---|
| 资产市值（十亿港币） | 2 600.24 | 2 645.15 | 2 462.32 |
| 资产市值波动率 | 10.13% | 9.96% | 10.70% |
| 违约概率 | 1.43% | 1.44% | 1.39% |
| 违约距离 | 1.753 1 | 1.923 2 | 1.230 1 |

2. 敏感性分析

金融部门利率敏感度测试基于利率微调，同样采用香港金融部门 2008 年现实数据，并将利率分别下调 5% 和上调 5%，进行测试，调整利率的计算结果如表 37.10。由测试结果可知，当利率发生微小变动时，香港金融部门各项指标几乎没有变化，可见其敏感性很低。

**表 37.10　香港上市金融部门利率敏感性测试结果**

| 风险指标 | 情景 1（实际利率 3.13%） | 情景 2（利率下调 5%） | 情景 3（利率上调 5%） |
|---|---|---|---|
| 资产市值（十亿港币） | 2 600.24 | 2 603.99 | 2 597.04 |
| 资产市值波动率 | 10.13% | 10.12% | 10.15% |
| 违约概率 | 1.43% | 1.43% | 1.43% |
| 违约距离 | 1.753 1 | 1.767 2 | 1.740 9 |

## 二、香港企业部门或有权益资产负债表编制及分析

### （一）上市企业部门或有资产负债表编制

本节选取香港上市企业部门资产市值排名前 100 名上市公司中的 87 家作为代表，对香港企业部门的整体风险状况进行定性和定量分析。2002—2008 年香港上市企业部门或

有权益资产负债表编制过程如下：

① 从 BvD 全球金融分析、宏观经济指标数据库的全球上市公司分析库[①]中获取 87 家上市非金融企业资产、负债、权益、权益市值等数据。

② 违约点通常为短期负债加长期负债的一半，由于数据的限制，本节按照总负债的 75% 计算违约点，这里只是近似的算法。

③ 根据香港金融管理局的基准利率（base rate），将每月月末利率加权平均得当年的市场无风险利率。基准利率历史数据从香港金融管理局网站[②]公布的统计数据中得到。

④ 以香港恒生指数的年波动率代替上市企业部门权益市值波动率，由此得到或有权益资产负债表编制输入参数，如表 37.11。

**表 37.11　香港企业部门或有权益资产负债表输入参数**

| 年份 | 2002 | 2003 | 2004 | 2005 | 2006 | 2007 | 2008 |
|---|---|---|---|---|---|---|---|
| 无风险利率 | 3.17% | 2.60% | 2.88% | 4.73% | 6.50% | 6.52% | 3.13% |
| 违约点（十亿港币） | 627.78 | 722.15 | 775.60 | 807.63 | 915.81 | 1 070.83 | 1 169.96 |
| 权益市值（十亿港币） | 1 224.21 | 1 614.37 | 1 922.05 | 2 214.41 | 3 240.86 | 5 333.20 | 2 776.68 |
| 权益市值波动率 | 19.15% | 16.79% | 16.22% | 11.38% | 14.30% | 25.94% | 50.56% |

⑤ 根据或有权益资产负债表编制输入参数，通过 MATLAB 编程计算得到香港上市企业部门或有权益资产负债表，如表 37.12。

**表 37.12　香港上市企业部门或有权益资产负债表**　　单位：十亿港币

| 年份 | 2002 | 2003 | 2004 | 2005 | 2006 | 2007 | 2008 |
|---|---|---|---|---|---|---|---|
| 资产市值 | 1 832.33 | 2 317.84 | 2 676.46 | 2 984.47 | 4 098.87 | 6 335.84 | 3 912.34 |
| 负债市值 | 608.12 | 703.47 | 754.41 | 770.06 | 858.021 | 1 002.64 | 1 135.66 |
| 权益市值 | 1 224.21 | 1 614.37 | 1 922.05 | 2 214.41 | 3 240.86 | 5 333.20 | 2 776.68 |

### （二）上市企业部门或有资产负债表分析

香港企业部门资产市值和资产账面价值如图 37.12，2002—2007 年资产账面价值和资产市场价值均呈现平稳上升的趋势，且资产市场价值的上升速度快于账面价值。不同于上市金融部门，企业部门资产市值明显高于其账面价值，表明国内外投资者充分认可香港上市企业的发展前景和资产质量，从一定程度上能够确保上市企业股权融资渠道。但是 2007 年该部门资产市值较其账面价值溢出超过 100%，即资产市值为其账面价值的 1 倍以上，揭示了香港资本市场存在一定的泡沫，一旦经济环境转变，上市企业将面临

① BvD 全球金融分析、宏观经济指标数据库全球上市公司分析库，https：//www.osiris.bvdep.com/ip.

② 香港金融管理局网站，http：//www.info.gov.hk/hkma/index.htm.

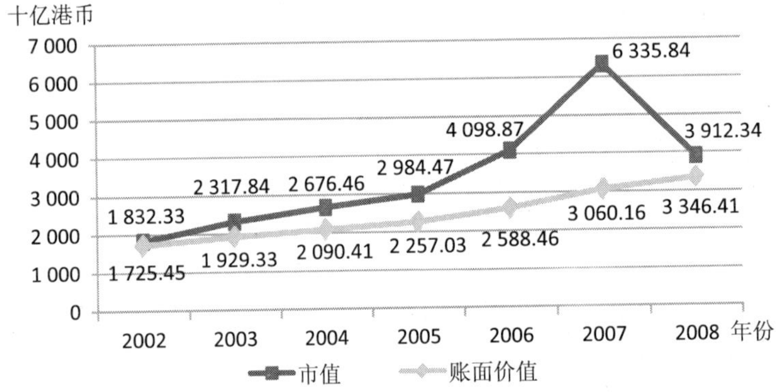


图 37.12　香港上市企业部门资产市值和账面价值

较大的资本泡沫破灭的风险。

2008 年全球金融危机爆发，迅速传至香港资本市场。上市企业部门资产市值缩水近一半，逼近其账面价值。2006 年以来资产市值的大幅波动揭示香港企业部门面临的潜在风险。

香港上市企业部门资本结构如图 37.13。由图可知，2003—2007 年，香港企业部门资产市值和负债市值总体处于持续上升状态，且资产负债率一直在平稳下降。2008 年，受全球金融危机的影响，资产市值出现大幅下降，而资产负债率大幅上升，由 15.82% 升至 29.03%，这主要是由 2008 年权益市值的下降引起的。综合来看，香港企业部门或有资本结构良好，但是 2008 年宏观风险显著上升。

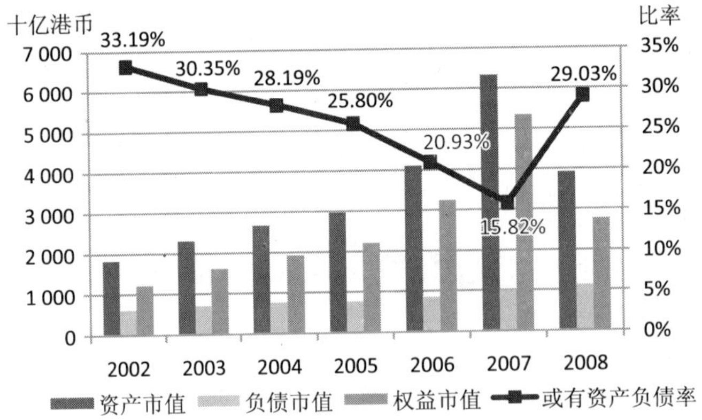


图 37.13　香港上市企业部门或有资本结构

### （三）风险表分析

通过香港企业部门或有权益资产负债表输入参数以及 MATLAB 编程得到香港企业部门

风险指标，2002—2008 年香港企业部门风险指标如表 37.13。

**表 37.13　香港上市企业部门公司风险指标**　　单位：十亿港币

| 年份 | 资产市值 | 资产市值波动率 | 违约概率 | 违约距离 |
|---|---|---|---|---|
| 2002 | 1 832.33 | 12.80% | 0 | 5.136 9 |
| 2003 | 2 317.84 | 11.69% | 0 | 5.888 2 |
| 2004 | 2 676.46 | 11.65% | 0 | 6.096 8 |
| 2005 | 2 984.47 | 8.45% | 0 | 8.635 4 |
| 2006 | 4 098.87 | 11.31% | 0 | 6.868 8 |
| 2007 | 6 335.84 | 21.84% | 0 | 3.805 7 |
| 2008 | 3 912.34 | 35.90% | 0.05% | 1.952 5 |

香港上市企业部门资产市值波动率如图 37.14。由图可知，2002—2004 年资产市值波动较为平稳，2005 年随着经济形势的好转和企业部门的较快发展，资产市值波动率开始上升。2007 年和 2008 年分别升至 21.84% 和 35.90%，远高于亚洲其他国家水平。



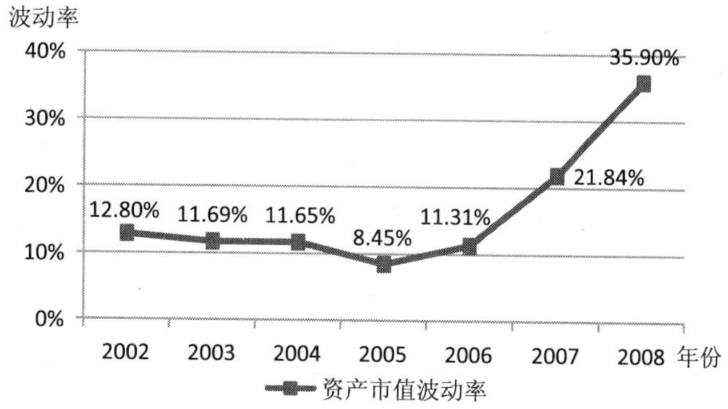


图 37.14　香港上市企业部门资产市值波动率

香港上市企业部门违约距离如图 37.15。随着资产市值波动率的上升，2005 年开始企业部门违约距离不断下降。尤其是 2007 年之后，违约距离从 2006 年的 6.868 8 降至 3.805 7。2008 年金融危机爆发后，违约距离下降至 1.952 5，几乎为亚洲经济体中的最低水平。可见，近年来香港企业部门风险逐步增大。

**（四）压力测试与敏感性分析**

1. 利率压力测试

企业部门压力测试基于压力变化幅度，本节采用香港企业部门 2008 年数据，并将利率分别下调至 1% 和上调至 10% 进行测试，调整利率之计算结果如表 37.14。通过压力

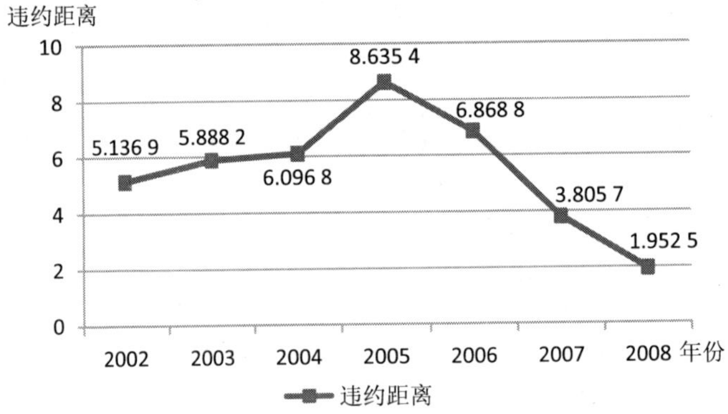


图 37.15　香港上市企业部门违约距离

测试结果可以看到，对于剧烈的利率变化，香港企业部门的资产市值、资产市值波动率和违约距离基本没有变化，可见香港企业部门抗压能力很大。

**表 37.14　香港上市企业部门利率压力测试结果**

| 风险指标 | 情景 1（实际利率 3.13%） | 情景 2（利率下调至 1%） | 情景 3（利率上调至 10%） |
|---|---|---|---|
| 资产市值（十亿港币） | 3 912.34 | 3 937.33 | 3 836.68 |
| 资产市值波动率 | 35.90% | 35.68% | 36.61% |
| 违约概率 | 0 | 0 | 0 |
| 违约距离 | 1.952 5 | 1.970 1 | 1.898 8 |

2. 利率敏感性分析

企业部门利率敏感度测试基于利率微调，同样采用部门 2008 年现实数据，并将利率分别上下调整 5% 进行测试，调整利率后的计算结果如表 37.15。通过敏感性分析，可以看到，对于微小的利率调整来说，香港企业部门资产市值基本没有变化，违约距离的变动幅度极小。香港企业部门的资产市值对利率的敏感度较低。

**表 37.15　香港上市企业部门利率敏感性分析**

| 风险指标 | 情景 1（实际利率 3.13%） | 情景 2（利率下调 5%） | 情景 3（利率上调 5%） |
|---|---|---|---|
| 资产市值（十亿港币） | 3 912.34 | 3 914.42 | 3 910.95 |
| 资产市值波动率 | 35.90% | 35.88% | 35.92% |
| 违约概率 | 0 | 0 | 0 |
| 违约距离 | 1.952 5 | 1.953 9 | 1.951 4 |

## 第5节　结论及政策建议

中国香港与内地经济金融联系紧密，作为国际金融中心，金融发展的指标和“窗口”作用较强，尽管其金融行业具有一流的金融环境和金融监管体制，但是仍在近年来爆发的几次经济金融危机中受到严重冲击。本章使用香港三个部门即香港公共部门、金融部门、企业部门的资产负债表以及一些相关的经济数据分析了香港自2002年金融危机以来的风险状况，然后使用或有权益资产负债表分析得到香港资产负债的市场价值，并基于或有权益资产负债表的相关数据得到香港金融部门和企业部门各个年度的风险表，利用资产市值及其波动率的分布得到所有风险指标的分布，较好地解释甚至预测了香港地区各个部门的金融风险状况。

首先通过资产负债表账面信息识别香港公共部门的宏观风险。根据对公共部门资产负债表资本结构和清偿力的分析，可知其金融稳定性良好，基本不存在资本结构问题。从宏观层面看，香港整体开放度较高，其外向型高附加值服务业发展优势突出、潜力巨大，而香港是国际金融中心，服务业中的金融业整体运营效率较高。中国香港公共部门运营效率较高，是世界最廉洁高效的政府，因此公共部门负债较少，资本结构良好，基本不存在影响金融安全的期限、币种、结构等问题，而且外汇储备等缓冲机制和预警机制较为先进，在很多方面值得中国大陆学习和借鉴。

其次通过资产负债表账面信息识别香港金融部门的宏观风险。根据对金融部门和企业资产负债表货币错配、资本结构和清偿力的分析可知，币种错配风险基本不存在，香港金融部门资本结构良好，不存在资本结构风险，清偿力风险处于较低水平。2008年受金融危机影响，香港金融部门资产规模增长明显放慢，风险有所上升。在公共部门多种救市措施下，宏观金融风险尚处于可控范围。

之后通过或有权益资产负债表方法分析了香港上市金融部门和上市企业部门的宏观金融风险。分析结果表明，近年来香港金融部门风险在逐渐增大，但抗压能力较强，敏感性较弱。与金融部门类似，香港企业部门风险状况近年来也在逐步恶化，抗压性较强，敏感性较弱。

按照或有权益资产负债表分析的框架，对香港金融安全和金融风险可得到如下结论：

（1）从账面资产负债表数据看，资产负债表方法很好地解释了香港作为小规模开放经济体在管理金融风险和支持经济增长中显示的特有优势，尤其是香港有特色的开放经济金融环境和高效独立的金融监管构架使得香港经济发展迅猛，而同时外债规模也保持在较低水平；国际化、开放化的经营模式促使香港经济体资产负债币种结构合理；金融衍生工具的相对广泛应用使得资产负债极限结构更加优化。这些开放化的管理模式对小规模经济体的风险管理有着有益的借鉴。

（2）从引入 7 年市场数据的或有权益资产负债表看，或有权益资产负债表较真实地反映了香港经济在金融危机后的波动性走势，客观反映了企业部门隐含的信用违约问题，尽管数据有限，但是该方法一定程度上佐证了或有权益方法实时精确监控金融风险的能力，为监管当局的金融管理政策提供了重要的数量参考。

# 第 38 章　澳门宏观金融风险研究



2008 年，虽然全球金融危机爆发，但由于中国澳门自身的经济特色以及内地的支持，其实际 GDP 增长率仍高达 12.9%。中国澳门的经济以发展博彩业为重点，博彩业总收入超过 1 000 亿澳门元，政府博彩税总收入也接近 30 亿澳门元。本章基于资产负债表和或有权益资产负债表对中国澳门的宏观金融风险进行研究，发现公共部门和企业部门对博彩业依赖度较大，金融部门则受中国香港及国际金融环境的影响较大。金融危机爆发后，中国澳门上市金融部门面临一定的违约风险。实现产业结构多元化是保持中国澳门经济健康持续发展的有效途径。

## 第 1 节　引言

### 一、澳门经济概况

中国澳门特别行政区位于珠江三角洲的西岸，相对于与其毗邻的亚洲金融中心城市香港来说，其经济规模较小。2003—2008 年，中国澳门生产总值持续增长，如表 38.1。2008 年，生产总值为 1 735.5 亿澳门元。2008 年上半年，澳门经济发展受金融危机的冲击较小，继续保持较快发展；下半年金融危机的影响开始凸显，来澳门内地游客减少，博彩旅游业增长放缓，整体投资持续下跌，经济明显收缩。

表 38.1 按支出法估算的澳门本地生产总值 单位：百万澳门元

| 年份 | 生产总值 | 年份 | 生产总值 | 年份 | 生产总值 | 年份 | 生产总值 |
|---|---|---|---|---|---|---|---|
| 1998 | 49 360.4 | 2001 | 49 704.4 | 2004 | 82 233.9 | 2007 | 150 207.1 |
| 1999 | 47 287.4 | 2002 | 54 818.7 | 2005 | 92 191.3 | 2008 | 173 547.4 |
| 2000 | 48 972.4 | 2003 | 63 566.3 | 2006 | 113 708.9 | | |

注：生产总值以当年价格计，数据来源于澳门特别行政区网站。

目前澳门工业进入转型调整阶段。轻纺工业是中国澳门的传统工业，在澳门工业中占有绝对优势地位，重工业所占比重较小。澳门工业以劳动密集型的加工业为主，其中制衣、毛纺毛织占总产值的约 70%，工厂规模较小。随着邻近的珠江三角洲及东南亚一些国家出口加工业的迅速发展，澳门工业生产成本低廉的优势逐渐丧失，竞争力下降，发展明显放慢。由于传统工业的衰落，中国澳门工业结构逐渐调整，新的高技术、高产值工业开始出现和发展。

博彩旅游业是中国澳门经济发展的支柱。博彩税是澳门政府财政收入的重要来源，2007 年来博彩税占澳门政府财政收入的比重高达 50%。2008 年，澳门直接和间接从事博彩业服务的人员约为 7.5 万人左右，如表 38.2。旅游业被认为是澳门最有发展前途的产业，政府一直积极扶持旅游业的发展。博彩、娱乐、中西文化的交汇，吸引了大量外来游客到澳门，同时带动了当地酒店业、餐饮业、旅客运输业、珠宝金饰业和商业的发展。受金融危机的影响，2009 年澳门游客人数下降超过 10%，尤其是内地旅客大幅减少，对博彩业、旅游业和娱乐业造成显著冲击。

表 38.2 澳门行业就业人口统计 单位：千人

| 年份 | 制造业 | 建筑业 | 批发及零售业 | 酒店及饮食业 | 运输通信及仓储业 | 金融业 | 文娱博彩及其他服务业 |
|---|---|---|---|---|---|---|---|
| 1998 | 41.4 | 20.5 | 32.3 | 22.6 | 13.3 | 5.7 | 19.6 |
| 1999 | 42.7 | 16.2 | 30.4 | 21.0 | 14.5 | 5.8 | 19.3 |
| 2000 | 38.0 | 16.2 | 30.1 | 21.1 | 14.6 | 6.9 | 21.5 |
| 2001 | 44.6 | 17.1 | 30.5 | 22.7 | 14.7 | 6.1 | 22.4 |
| 2002 | 42.0 | 15.3 | 31.4 | 23.6 | 13.1 | 6.3 | 23.5 |
| 2003 | 37.7 | 16.4 | 33.2 | 22.4 | 14.4 | 6.3 | 23.9 |
| 2004 | 36.1 | 18.1 | 35.2 | 24.1 | 15.0 | 6.2 | 31.3 |
| 2005 | 35.3 | 22.9 | 35.3 | 24.9 | 14.8 | 6.6 | 40.8 |
| 2006 | 29.5 | 31.1 | 36.4 | 30.0 | 16.8 | 6.9 | 52.5 |
| 2007 | 24.0 | 38.6 | 38.4 | 34.7 | 16.4 | 7.9 | 69.1 |
| 2008 | 24.6 | 38.4 | 39.6 | 41.3 | 16.0 | 7.5 | 78.9 |

注：数据来源于澳门特别行政区网站。

对外贸易对中国澳门经济也十分重要。进口货品主要是消费品及资本货物，出口产品主要是纺织品及成衣，主要贸易伙伴是中国内地、美国、欧盟和中国香港。由于环球经济持续不景气，澳门本地主要出口产品纺织品及成衣受到较大冲击，2009 年上半年出口额大幅下跌 70.5%，仅为 15.1 亿澳门元。同期总出口额为 39.0 亿澳门元，下跌 54.2%；而总进口货值也受内部经济收缩影响，下跌 21.4% 至 168.5 亿澳门元，贸易逆差为 129.5 亿澳门元。

建筑地产业也在中国澳门经济结构中具有重要作用，也是财政收入的重要组成部分。澳门是世界上人口密度最高的地区之一，土地资源十分珍贵，从 20 世纪 70 年代末建筑业开始得到发展，主要是因为高就业率导致居民对置业的需求增长，此后澳门建筑业一直保持繁荣，这得益于中国的改革开放政策，改革开放政策促使许多内地人移民到澳门定居，增加对住宅的需求，楼价也随之上涨。1999 年澳门顺利回归中国，中国对其经济的支持保证了澳门经济稳定，市场资金充足，建筑地产业持续繁荣。

## 二、澳门金融概况

中国澳门的金融业发展对于香港的金融市场依存度较大，表现为其银行利率追随香港，流通中的货币和银行贷款大部分是港元，银行的黄金、外汇、股票、基金投资等业务大部分通过香港市场操作。同香港一样，澳门没有中央银行，实施的是货币发行局制度，货币当局为澳门金融管理局。澳门汇率实行盯住港元的联系汇率制度，这对澳门元十分重要，因为港元对澳门元在一定程度上提供了保护。亚洲金融风暴期间，港元保护下的澳门元币值稳定，澳门金融产品结构比较简单，金融业运行稳定，因此没有出现明显的金融风险。虽然 2008 年全球经济出现衰退，但是由于澳门特区政府制订了一系列刺激经济复苏的措施，为其经济形势带来正面效应，同时中国整体经济保持良好发展，也对澳门金融提供了强有力的支持，使其维持了经济金融稳定。

澳门金融体系以银行业为主体，银行业对维持经济的发展与稳定起了重要作用。1905 年，葡萄牙政府委任葡萄牙大西洋银行为澳门的发币银行；1989 年，澳门成立监理署，秉承澳门发行机构的大部分职能；1995 年，中国银行澳门分行成为另一家发币银行，澳门发币史进入一个新阶段。随着澳门经济平稳增长，澳门保险业也迅速发展。澳门没有证券交易所，其企业一般在香港证券交易所上市，或者在美国、澳大利亚等国外的交易所上市。

## 三、澳门金融风险研究文献综述

关于中国澳门金融风险的研究较少，而且几乎没有对其整体宏观金融风险的研究文献。关于澳门金融风险的文献研究主要集中于其汇率制度、银行业以及金融监管等方面。

王建华（1991）对澳门进行考察后指出澳门银行业发展的三个阶段及特点。第一阶段是1902—1970年，是澳门银行业的萌发阶段，期间澳门只有一家法定银行即大西洋银行以及一些兑换店。第二阶段是1970—1982年，是澳门银行业的成长阶段，澳门金融市场一改从前狭窄的状况，以香港金融市场发展为重要依托，颁布银行法，一批银号兑换店也成为具有法律资格的银行，从此步入发展和逐步繁荣阶段。第三阶段是从1987年《新银行法》实施之日至今，是澳门银行业的发展阶段，此时澳门允许外资银行进入，其金融市场受国际经济的带动而日益扩大。他认为，政府机构管理与金融界民间自我管理相结合的金融管理体制使澳门银行同业竞争和各项业务得到健康发展。

张继东（1999）从宏观经济角度分析了澳门金融问题。他认为澳门实行联系汇率制失去了货币自主权，无法实行独立的货币政策，澳门元因此成为港元的附属。他指出联系汇率制还存在一些不利因素：一是容易引起汇率方面的问题；二是容易造成汇价扭曲，影响投资效率；三是造成通胀问题。

卜郁（1999）指出澳门金融业的发展有以下特点：首先，金融业的监管具有独立性。现行的监管机构是非政府部门，政府不直接对金融业实施监管。为了维持澳门元的稳定，澳门监理署通过发行金融券来吸纳过剩的澳门元流动资金，还用澳门元来购买外商及娱乐公司的一定比例的外汇收入。其次，金融市场结构比较单一，只有信贷市场。第三，银行业内普遍存在澳门元剩余，澳门元资金存款大于贷款，剩余澳门元多被兑换为港元，流入港元金融市场，以寻求更多的投资机会。第四，金融市场高度开放，符合条件的国际金融机构都可以在中国澳门设立分行。还有，中国澳门与中国香港金融市场有着密切的关系。香港对澳门有强烈的带动作用，双方金融业之间相互渗透。第五，澳门的信贷资产投向偏重房地产业。这可能会影响银行信贷资金的正常回流。他认为应通过完善金融市场结构、鼓励金融创新、完善金融监管机制及加强与内地的金融合作来发展澳门金融业。

中国澳门的经济发展有其独特的地方，虽然其经济地位不如中国香港，但是作为我国重要的港口和全球著名的博彩城，保障其金融稳定仍然十分重要。本章将通过传统资产负债表、或有权益资产负债表和风险表分析方法对澳门宏观金融风险进行实证研究。

## 第 2 节　澳门部门资产负债表编制及分析

### 一、澳门公共部门资产负债表编制与分析

#### （一）公共部门资产负债表编制

中国澳门公共部门资产负债表由澳门中央银行和中国澳门特别行政区政府的资产负债组成，如表 38.3 及表 38.4。

**表 38.3　澳门公共部门资产负债表基本数据**　　单位：百万澳门元

| 年份 | 基础货币（M1） | 财政净收入 | 外汇储备 | 澳门金管局基本利率 | 财政净收入折现值 |
|---|---|---|---|---|---|
| 1999 | 5 363.30 | 875.10 | 22 873.05 | — | 4 685.91 |
| 2000 | 4 945.50 | 1 597.02 | 26 696.06 | 7% | 6 953.46 |
| 2001 | 5 916.70 | 2 679.05 | 28 177.34 | 7.5% | 10 983.70 |
| 2002 | 6 350.80 | 3 053.50 | 30 527.41 | 3.25% | 18 803.89 |
| 2003 | 8 789.50 | 5 645.40 | 34 733.55 | 2.75% | 27 821.73 |
| 2004 | 13 440.70 | 10 775.30 | 43 540.45 | 2.5% | 37 310.67 |
| 2005 | 12 788.90 | 12 555.03 | 53 429.24 | 3.75% | 50 547.28 |
| 2006 | 18 255.20 | 16 141.79 | 73 110.71 | 5.75% | 66 502.38 |
| 2007 | 22 606.60 | 25 900.00 | 106 290.51 | 6.75% | 79 271.03 |
| 2008 | 24 729.60 | 28 500.00 | 127 160.57 | 4.5% | 81 871.03 |

注：本表数据来源于中国澳门经济局和中国澳门金融监管局；对 2008 年数值进行贴现时，假设 2009 和 2010 年具有和 2008 年同样的收入和基本利率。

**表 38.4　澳门公共部门资产负债表**　　单位：百万澳门元

| 年份 | 总资产 | 总负债 | 总权益 | 年份 | 总资产 | 总负债 | 总权益 |
|---|---|---|---|---|---|---|---|
| 1999 | 27 558.96 | 22 195.66 | 5 363.30 | 2004 | 80 851.12 | 67 410.42 | 13 440.70 |
| 2000 | 33 649.52 | 28 704.02 | 4 945.50 | 2005 | 103 976.52 | 91 187.62 | 12 788.90 |
| 2001 | 39 161.04 | 33 244.34 | 5 916.70 | 2006 | 139 613.09 | 121 357.89 | 18 255.20 |
| 2002 | 49 331.30 | 42 980.50 | 6 350.80 | 2007 | 185 561.54 | 162 954.94 | 22 606.60 |
| 2003 | 62 555.28 | 53 765.78 | 8 789.50 | 2008 | 209 031.60 | 184 302.00 | 24 729.60 |

注：①数据来源于中国澳门经济局和中国澳门金融监管局。②公共部门权益为基础货币（M1）。③公共部门资产为折现后当年财政净收入与外汇储备之和。④公共部门负债为资产减去权益所得。

## （二）公共部门资产负债表分析

1. 资本结构分析

1999—2008年，中国澳门公共部门资产呈快速增加趋势，特别是2003年以后地方生产增值幅度加大，公共部门总资产规模快速扩张，如图38.1。“一国两制”的政策环境、外商直接投资的拉动效用、博彩业的规模经济效应和对中国内地旅游业的开放使澳门经济进入加速增长期，2004年和2006年的GDP增长率分别高达30.5%和24.0%①。政府财政净收入与外汇储备同时增长导致中国澳门公共部门总资产规模快速增长。2008年，由于受全球金融危机影响，澳门的出口总额和外商直接投资总额增速均有所下降，其财政收入和公共部门总资产规模增速明显降低，但是高达25.6%的GDP增长率仍将澳门公共部门总资产规模继续推高②。2006—2008年，中国澳门公共部门资产负债率逐渐上升，主要原因是总负债的增长幅度比总权益的增长幅度大。

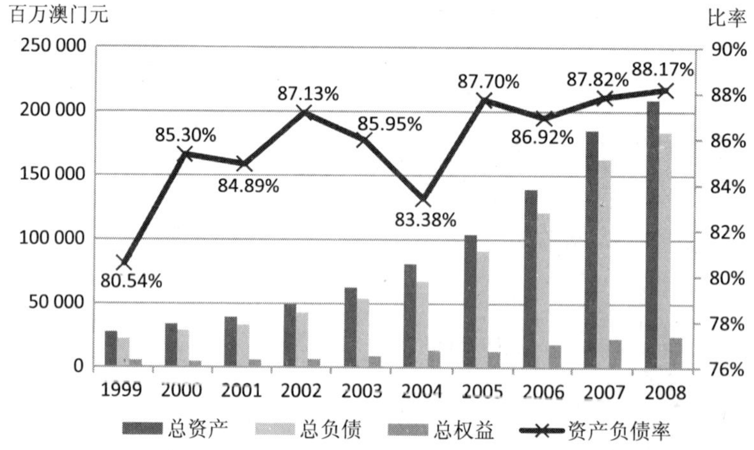


图38.1　澳门公共部门资本结构

2. 货币错配风险分析

中国澳门公共部门对外资产净值一直为正值，对外资产远大于负债，基本不存在货币错配风险，如表38.5。然而，中国澳门对外资产净值呈逐年增加趋势，因此澳门公共部门应高度关注其对外资产头寸的变化，以免汇率波动导致其资产价值产生损失。

① 注：数据来源于澳门统计暨普查局《2003—2007统计年鉴》。

② 注：数据来源于澳门统计暨普查局《2008统计年鉴》。

表 38.5 澳门对外资产净值 单位：百万澳门元

| 年份 | 对外资产净值 | 年份 | 对外资产净值 | 年份 | 对外资产净值 |
|---|---|---|---|---|---|
| 1999 | 22 873.01 | 2003 | 42 483.55 | 2007 | 118 520.00 |
| 2000 | 30 646.24 | 2004 | 52 282.24 | 2008 | 139 390.00 |
| 2001 | 33 426.71 | 2005 | 63 547.36 | 2009 | 154 580.20 |
| 2002 | 36 380.38 | 2006 | 84 505.58 | | |

注：数据来源于澳门金融管理局网站。

3. 清偿力风险分析

1999—2008 年，中国澳门公共部门的产权比率呈上升趋势，虽然 2002 年起产权比率有所下降，但 2005 年开始，产权比率大幅上升，如图 38.2。这主要是因为公共部门总负债增长较快，而总权益增长相对很小。结合对澳门公共部门的资本结构、货币结构和清偿力分析，1999—2008 年澳门公共部门总资产规模快速增长，主要得益于其区域经济的快速增长和由此带来的财政收入增加；风险方面，近年来澳门公共部门资产负债率和产权比率有不断上升的趋势，但总体而言，资本结构稳定、清偿力风险较低。



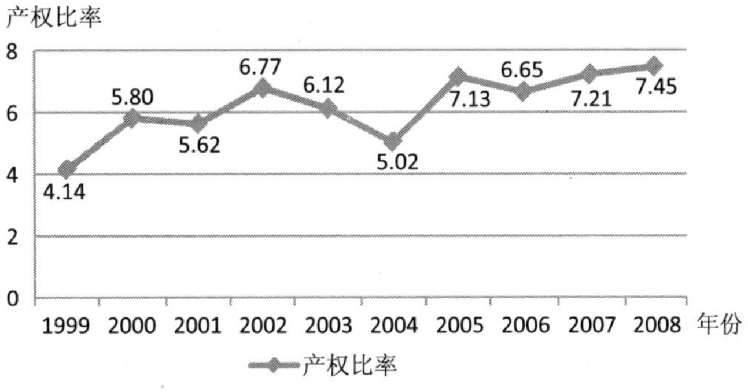


图 38.2 澳门公共部门产权比率

## 二、澳门金融部门资产负债表编制与分析

### （一）金融部门资产负债表编制

金融业是澳门的四大经济支柱之一，银行业和保险业作为澳门金融体系的两大主体。目前，澳门银行共有 27 家，其中 11 家为本地银行，其余为外来资本银行设在澳门的分行。此外还有财务公司、邮政储蓄机构和货币找换店等。保险业方面，澳门共有多于 20 家保险公司。中国银行澳门分行是澳门最大的金融企业[①]。

① 数据来源于澳门金融监管局。

根据金融监管局的统计数据，选取中国澳门商业银行 1999—2008 年的资产负债统计数据来代表中国澳门金融部门资产负债表，其中以资本账目（capital accounts）项数额作为总权益。

**表 38.6　澳门金融部门资产负债表**　　单位：百万澳门元

| 年份 | 总资产 | 总负债 | 总权益 | 年份 | 总资产 | 总负债 | 总权益 |
|---|---|---|---|---|---|---|---|
| 1999 | 139 001.40 | 133 294.00 | 5 707.40 | 2004 | 171 027.90 | 161 516.80 | 9 511.10 |
| 2000 | 142 745.69 | 136 152.29 | 6 593.40 | 2005 | 216 410.30 | 204 530.80 | 11 879.50 |
| 2001 | 142 273.70 | 135 273.30 | 7 000.40 | 2006 | 273 458.50 | 259 345.30 | 14 113.20 |
| 2002 | 151 874.60 | 144 141.30 | 7 733.30 | 2007 | 327 661.00 | 311 261.10 | 16 399.90 |
| 2003 | 155 834.70 | 147 264.10 | 8 570.60 | 2008 | 359 601.10 | 342 253.60 | 17 347.50 |

注：数据来源于中国澳门金融监管局。

### （二）金融部门资产负债表分析

1. 资本结构分析

1999—2003 年，中国澳门金融部门的总资产基本保持不变；2004—2008 年，金融部门总资产迅速增长，这主要是因为负债规模快速增加，如图 38.3。1999—2004 年，资产负债率呈下降趋势，此后资产负债率呈缓慢上升趋势，总体而言资产负债率变化不大，基本维持在 95% 左右，但是 95% 左右的资产负债率水平说明澳门金融部门杠杆率略高于其他亚洲国家。

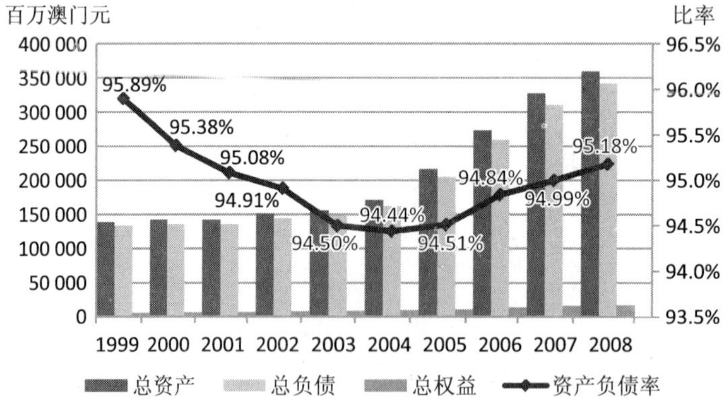


图 38.3　澳门金融部门资本结构

2. 清偿力风险分析

1999—2004 年，中国澳门金融部门的产权比率逐渐下降；2005—2008 年，产权比率呈上升趋势，这主要是因为金融部门总负债增长幅度较大，而总权益增长较少。2008 年达到 19.73，尚在合理的范围内，如图 38.4。因此，中国澳门目前基本上不存在清偿力风险。但是从澳门金融市场特点分析，金融部门仍存在一定的潜在风险。澳门本地金融业不发达，金融业对外依赖程度高，从货币流通看，澳门流通中的货币主要为港币，占到澳门货币供应量的 55%，而澳门币所占的比重不到 31%。一旦香港或国际金融市场出现动荡，澳门金融市场极易受到波及。

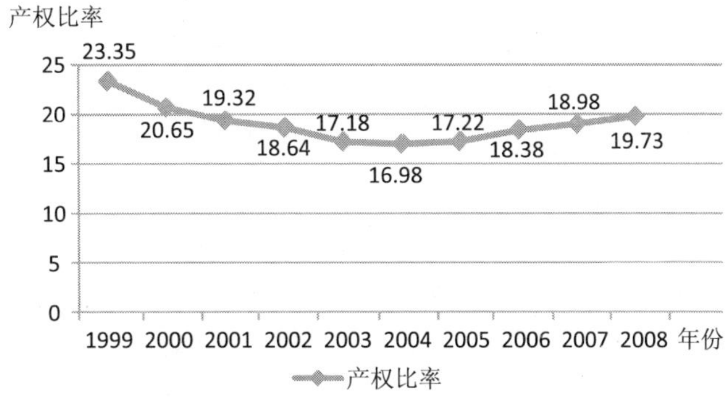


图 38.4　澳门金融部门产权比率

## 三、澳门企业部门资产负债表编制与分析

### （一）企业部门资产负债表编制

由于中国澳门特区政府未对外公布其企业部门资产负债表统计数据，本章选取 5 家澳门上市企业公布的资产负债数据来代表澳门企业部门。这 5 家上市企业分别是奥玛仕控股有限公司（上市地点为香港）、澳门投资控股有限公司（上市地点为 GEORGE TOWN）、信德集团有限公司（上市地点为香港）、实德环球有限公司（上市地点为 HAMILTON）和德祥地产集团有限公司（上市地点为 HAMILTON）。表 38.7 是澳门企业部门资产负债表。

表 38.7　澳门企业部门资产负债表　　单位：百万港元

| 年份 | 2002 | 2003 | 2004 | 2005 | 2006 | 2007 | 2008 |
|---|---|---|---|---|---|---|---|
| 总资产 | 16 182.93 | 13 765.05 | 12 964.97 | 14 735.40 | 19 009.69 | 36 034.88 | 36 586.04 |
| 流动资产 | 8 082.39 | 6 005.48 | 6 009.39 | 6 279.04 | 7 398.49 | 18 655.78 | 16 830.56 |
| 非流动资产 | 8 100.54 | 7 759.57 | 6 955.58 | 8 456.36 | 11 611.2 | 17 379.10 | 19 755.48 |
| 总负债 | 9 881.45 | 6 778.45 | 5 492.38 | 5 111.66 | 6 668.04 | 17 477.30 | 15 816.81 |
| 流动负债 | 2 818.34 | 1 566.71 | 1 559.53 | 956.38 | 969.55 | 5 847.34 | 3 812.20 |
| 非流动负债 | 7 063.11 | 5 211.74 | 3 932.85 | 4 155.28 | 5 698.49 | 11 629.96 | 12 004.61 |
| 总权益 | 6 301.48 | 6 986.6 | 7 472.59 | 9 623.74 | 12 341.65 | 18 557.58 | 20 769.23 |

注：数据来源于 BvD 全球金融分析、宏观经济指标数据库的全球上市公司分析库。

## （二）企业部门资产负债表分析

1. 资本结构分析

2002—2005 年，中国澳门企业部门的总资产呈“V”字形波动；2007 年企业部门总资产急速上升，增幅达 89.6%，这主要是因为中国澳门企业发展较快，规模不断扩张，总负债大幅增加，同时总权益也有较大的增幅；2008 年企业部门总资产基本保持不变，总负债减少、总权益增加，如图 38.5。总体来看，澳门企业部门的情况较好，资产负债率维持在较为合理的水平，基本上不存在资本结构风险。

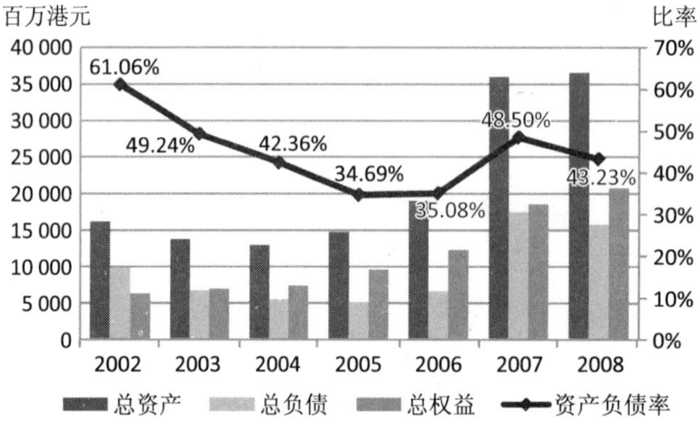


图 38.5　澳门企业部门资本结构

2. 期限错配风险分析

如图 38.6，2002—2008 年，中国澳门企业部门的流动资产远远大于流动负债，特别是 2007 年流动资产快速增长，2008 年流动资产有所回落，这两年企业部门的流动资产比流动负债高出十亿澳门元以上，中国澳门企业部门不存在期限错配风险。

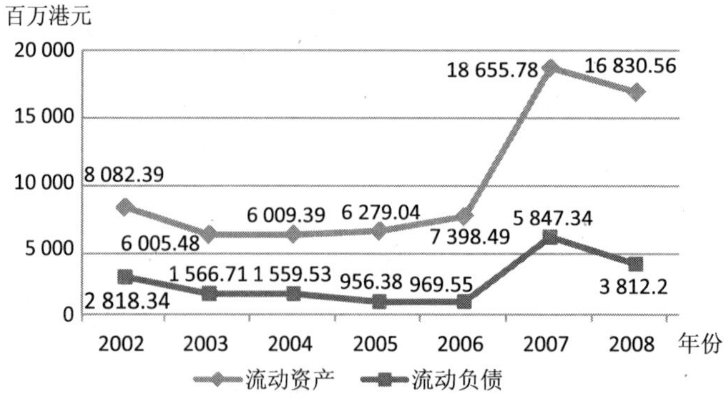


图 38.6　澳门企业部门期限结构

3. 清偿力风险分析

2002—2005 年，中国澳门企业部门的产权比率逐渐下降，这是因为企业部门总权益呈现较快增长、总负债有所减少；2007 年，产权比率大幅上升至 0.94，这是因为当年总负债突然大幅增加。2003—2008 年，产权比率都小于 1，如图 38.7。因此，中国澳门企业部门基本上不存在清偿力风险。

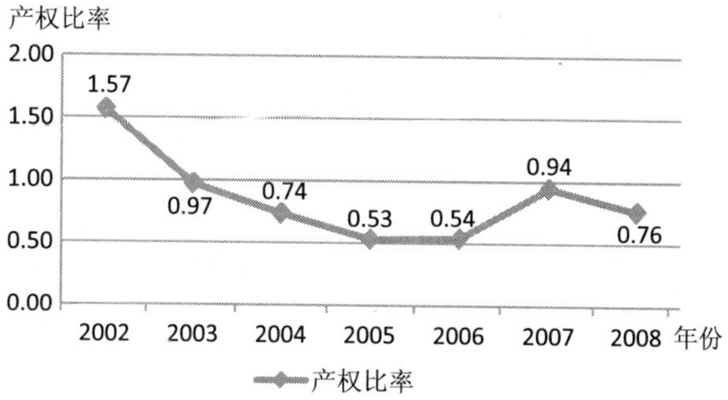

图 38.7　中国澳门企业部门产权比率

## 第 3 节　澳门或有权益资产负债表编制及分析

长期以来，澳门本土的银行受到香港银行的挤压，本土商业银行很弱，其中很多都被外来银行收购，稍具规模的澳门本土银行较少，《中国澳门统计年鉴》显示，2008 年澳门本土银行 11 家，外地银行 16 家。由于缺乏上市银行的资料，因此无法编制澳门的金融部门或有权益资产负债表，也无法利用或有权益资产负债表对金融部门的风险进行分析。

### 一、澳门上市企业部门或有权益资产负债表编制

中国澳门上市企业部门或有权益资产负债表编制过程如下：

① 从 BvD 全球金融分析、宏观经济指标数据库获得中国澳门 5 家上市企业的权益市值（Market Capitalization），加总获得中国澳门企业部门权益市值；

② 从雅虎财经获得 2002 年到 2008 年每个交易日的香港恒生指数[①]，通过公式计

① 中国澳门并没有证券交易所，其企业一般在中国香港上市，因此本章采用香港恒生指数来计算其波动率。

算中国澳门股票市场的波动率，以该波动率代表中国澳门上市企业部门权益市值波动率；

③ 以澳门金融管理局网站中的基本利率（Base rate）作为无风险利率；

④ 从 BvD 数据库获得中国澳门上市企业总资产与所有者权益，加总并核算获得上市金融企业总负债。违约点 DB 通常用流动债务加上一半的非流动债务来计算，这里受数据限制采用近似的做法，按照总负债的 75% 计算违约点。

⑤ 根据或有权益资产负债表编制输入参数（表 38.8），通过 MATLAB 编程计算，得到中国澳门上市企业部门或有权益资产负债表（表 38.9）以及中国澳门上市企业部门风险指标表（表 38.10）。

**表 38.8　澳门上市企业部门或有权益资产负债表输入参数**

| 年份 | 2004 | 2005 | 2006 | 2007 | 2008 |
|---|---|---|---|---|---|
| 无风险利率 | 0.028 8 | 0.047 3 | 0.064 5 | 0.065 6 | 0.033 6 |
| 违约点（百万港元） | 7 411.09 | 5 083.84 | 4 119.29 | 3 833.75 | 5 001.03 |
| 权益市值（百万港元） | 17 573.13 | 15 918.02 | 27 630.43 | 32 914.23 | 8 012.51 |
| 权益市值波动率 | 16.22% | 11.38% | 14.30% | 25.94% | 50.56% |

**表 38.9　澳门上市企业部门或有权益资产负债表**　　单位：百万港元

| 年份 | 2004 | 2005 | 2006 | 2007 | 2008 |
|---|---|---|---|---|---|
| 资产市值 | 24 773.72 | 20 765.06 | 31 491.78 | 36 501.88 | 12 866.09 |
| 负债市值 | 7 200.59 | 4 847.04 | 3 861.35 | 3 587.65 | 4 853.58 |
| 权益市值 | 17 573.13 | 15 918.02 | 27 630.43 | 32 914.23 | 8 012.51 |

## 二、澳门上市企业部门或有权益资产负债表分析

中国澳门企业部门上市公司的资产市场价值与账面价值的变化可以分成两个阶段：2004—2007 年，资产市值大于账面资产，差距呈波动趋势；2007 年以后，资产市值急速下跌，跌幅高达 64.8%，如图 38.8。这是因为全球金融风暴对资本市场造成巨大的冲击，权益市值急剧降低，资产市值也随之迅速减少。

中国澳门上市企业部门负债市值较少，权益市值占资产市值的绝大部分比例。2004—2007 年，或有资产负债率较低，2007 年不到 10%；2008 年，或有资产负债率大幅增加至 37.72%，如图 38.9。这是因为权益市值大幅降低，资产市值随之大幅减少。

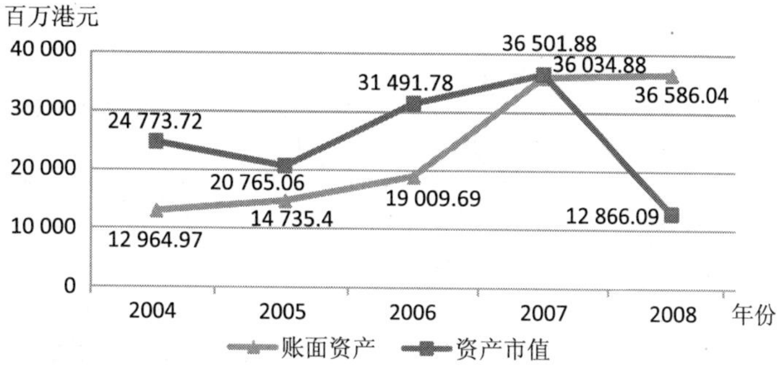


图 38.8 澳门上市企业部门资产市值和账面价值

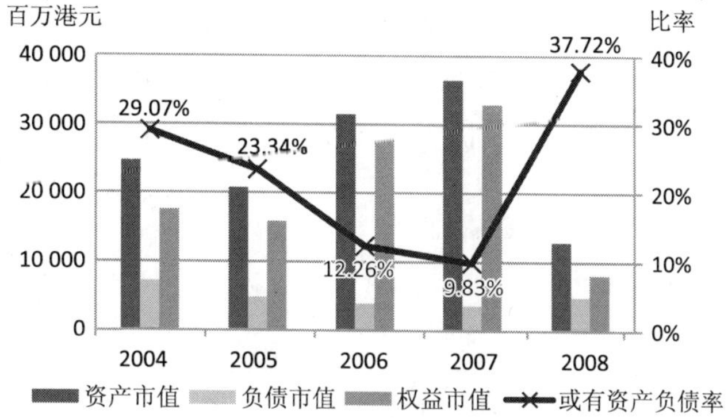


图 38.9 澳门上市企业部门或有资本结构

## 三、风险表分析

通过中国澳门企业部门或有权益资产负债表输入参数以及 MATLAB 编程得到中国澳门上市企业部门的风险指标，如表 38.10。

**表 38.10 澳门上市企业部门风险指标**

| 年份 | 资产市值（十亿港元） | 资产市值波动率 | 违约概率 | 违约距离 |
|---|---|---|---|---|
| 2004 | 24.77 | 11.50% | 0 | 6.091 9 |
| 2005 | 20.77 | 8.73% | 0 | 8.653 7 |
| 2006 | 31.49 | 12.55% | 0 | 6.928 1 |
| 2007 | 36.50 | 23.39% | 0 | 3.826 1 |
| 2008 | 12.87 | 31.54% | 0.16% | 1.938 4 |

2005—2008 年，中国澳门上市企业部门资产市值波动率不断增加，如图 38.10，这主要是因为全球金融风暴对香港资本市场造成巨大冲击，澳门企业部门上市公司的权益市值波动性增加。

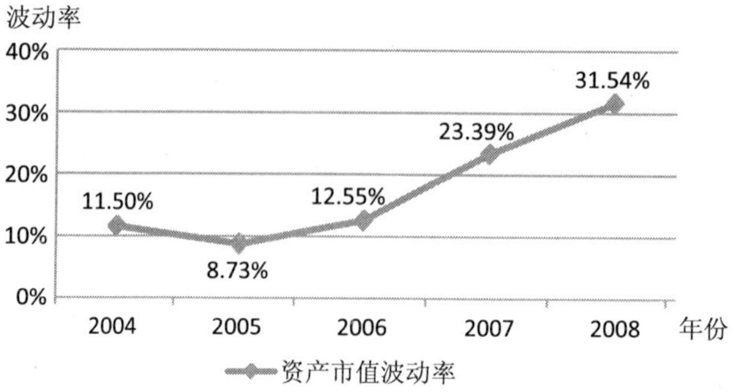


图 38.10　澳门上市企业部门资产市值波动率

2005—2008 年，中国澳门上市企业部门的违约距离逐渐下降，2008 年违约距离低至 1.94，如图 38.11，这是因为企业部门上市公司的负债市值增加较快，权益市值大幅缩水，资产市值波动率显著上升。因此，目前中国澳门企业部门上市企业面临一定的违约风险。

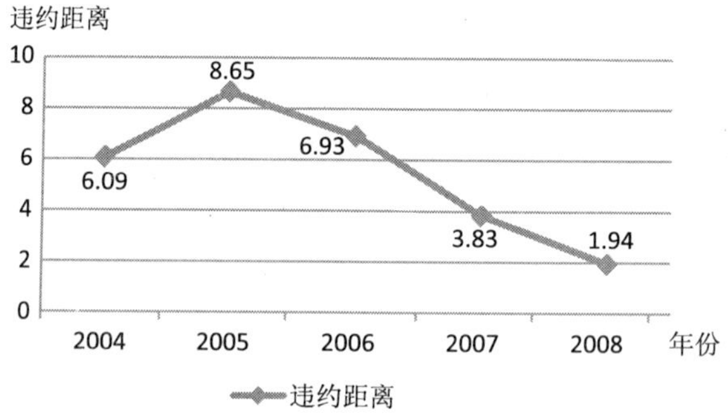


图 38.11　澳门上市企业部门违约距离

## 四、利率压力测试和敏感性分析

### 1. 利率压力测试

对 2008 年中国澳门企业部门上市企业的数据进行压力测试。将利率向上调整到 10% 时，企业部门的资产市值减少了 312.488 百万港元，为原风险资产的 2.43%。当利率下降到 2% 时，风险资产增长了 68.11 百万港元，为原资产市值的 0.53%，如表 38.11。利率上调时各风险指标的变化相对较大。因此利率大幅上调对中国澳门企业部门上市企业的影响较大，抗压能力较弱。

表 38.11 澳门上市企业部门利率压力测试

| 风险指标 | 情景 1<br>（现实利率 3.35%） | 情景 2<br>（利率上升至 10.00%） | 情景 3<br>（利率下调至 2.00%） |
|---|---|---|---|
| 资产市值（百万港元） | 12 866.09 | 12 553.61 | 12 934.20 |
| 资产市值波动率 | 31.54% | 32.31% | 31.37% |
| 违约概率 | 0.16% | 0.14% | 0.17% |
| 违约距离 | 1.938 4 | 1.861 8 | 1.955 0 |

2. 敏感性分析

对 2008 年中国澳门企业部门的上市企业数据进行敏感性分析，当利率调到 3.5% 时，风险资产降幅仅为 0.47%，违约距离减小 0.001 5，其他各项风险指标变化更小，如表 38.12。因此，中国澳门上市企业部门对利率的小幅变化不敏感。

表 38.12 澳门上市企业部门利率敏感性分析

| 风险指标 | 情景 1<br>（现实利率 3.35%） | 情景 2<br>（利率上调至 3.50%） |
|---|---|---|
| 资产市值（百万港元） | 12 866.09 | 12 860.09 |
| 资产市值波动率 | 31.54% | 31.55% |
| 违约概率 | 0.16% | 0.16% |
| 违约距离 | 1.938 4 | 1.936 9 |



## 第 4 节 结论及政策建议

中国澳门实行高度开放的金融体制，2008 年全球金融风暴爆发，澳门不可避免地受到来自外部环境的影响，但在内地经济高速增长以及博彩旅游业的带动下，经济保持继续增长，生产总值仍保持较大幅度的增长，达到 1 735.5 亿澳门元，各行业就业人数统计数据表明 2008 年中国澳门就业人数基本与 2007 年持平，可见就业未受到影响①。

本章基于宏观金融工程视角，采用资产负债表法、或有权益法以及风险表法对中国澳门各部门进行了宏观金融风险分析。通过对澳门公共部门资产负债表分析，2002 年以来澳门地方 GDP 进入加速增长期，年均 GDP 增长在 20% 以上。澳门博彩业、旅游业、外来投资的增长为该地区政府带来不菲的财政盈余，因此澳门公共部门总资产规模不断

① 数据来源：中国澳门《2008 统计年鉴》。

上升。总体来讲，尽管2008年受金融危机影响，GDP增速有所下降，但该地区公共部门资本结构基本稳定，风险较小。

金融业是澳门的四大经济支柱之一，银行业和保险业作为澳门金融体系的两大主体。但是由于澳门没有建立证券交易所，同业拆借市场也尚未建立，澳门金融体系对外依存程度极高。因此，在全球金融危机影响下，澳门金融业必然受到一定程度的冲击。尽管从资产负债表反映，2008年澳门金融部门发生清偿力风险的可能性仍然较小，但是该区域金融业的整体风险仍然较高。

通过计算和观察资产市场价值、资产市值波动率和违约距离等指标，对中国澳门上市企业部门进行了风险监测。受全球经济回暖影响，2003年以后，澳门上市企业部门迅速扩张，总资产规模不断攀升，资产负债率较为合理。但是，受金融危机的影响，2008年澳门上市企业总市值大幅缩水，资产市值波动率增加，违约距离下降，面临一定的宏观金融风险。尽管从当前风险指标看，澳门上市企业部门尚未面临大规模破产和倒闭的风险，但是该部门风险上升之快应引起高度的关注。

通过以上分析，为澳门金融风险监管提出以下政策建议：

首先，政府的外汇储备规模不宜过大，应控制在适度规模。近年来，澳门外汇储备一直快速增长，2008年中国澳门外汇储备为1 271.61亿澳门元，占当年GDP（按支出法估计）的73.27%，公共部门总资产的60.83%，外汇储备规模较为庞大，这将会增加机会成本以及增加货币供应，增加通货膨胀的压力。同时，澳门实行盯住港元的联系汇率制度，港元汇率又与美元相联系，一旦美元发生波动，将会对澳门外汇储备造成影响。

其次，澳门的产业结构单一，应加快产业结构优化。中国澳门博彩旅游业在其经济结构中具有十分关键的地位，对居民就业、政府税收以及经济发展具有很大贡献。同时，借助地理和自由市场优势，澳门的制造业出口企业也曾经十分繁荣，近年来由于竞争优势的减弱，制造业出口企业逐渐衰落。通过或有权益分析发现，2008年全球金融危机的冲击使得中国澳门企业部门市场资产市值巨幅下跌，以服务业为支柱产业的结构缺乏实体支撑，中国澳门应在继续保持服务业优势的前提下，增强实体企业基础、加快企业转型、优化产业结构、增加抗风险能力以及建立有效的资本积累和再生机制。

# 第39章　台湾宏观金融风险研究



台湾地区经济是典型的开放型经济体，受国际环境的影响和制约较大。产业结构方面，台湾正逐渐转变至服务业为主的产业结构。受2008年国际金融危机影响，台湾外需严重不足，内需也大幅萎缩，经济受到重创。随着国际经济趋于好转，台湾经济也稳步回升。本章将基于账面价值和市场价值的宏观资产负债表对中国台湾主要经济部门运行潜在的风险进行识别和度量，并提出相关政策建议。

## 第1节　引言

### 一、台湾地区经济运行概况

中国台湾经济以加工出口为导向，产品销往全球市场。每年进出口贸易总额占本地GDP的比例达60%以上，经济对外贸依存度高达80%以上，其中出口贸易依存度也达40%以上。因此，台湾地区经济是典型的开放型经济体，受国际环境的影响和制约较大。产业结构方面，台湾正逐渐转变至服务业为主的产业结构。工业的生产总值比重不断下降，服务业所占比重已由1981年的49.99%增加至2008年的73.27%。

受2008年国际金融危机影响，台湾外需严重不足，内需也大幅萎缩，经济受到重创。据国际货币基金组织（IMF）统计，2008年台湾地区经济增长率仅为0.06%，几乎是零增长。

2009年负增长2.53%，出现60年来最严重的衰退局面。由于全球采取了一系列措施应对金融危机，自2009年下半年尤其是第四季度全球经济开始好转，与其密切相关的台湾经济也呈现同样的反弹趋势。

2009年1—11月，台湾地区出口总额同比下降24.1%，进口总额同比下降31.7%，对外投资与吸引外资也都大幅衰退，台湾地方政府批准对台投资金额同比下降45.8%，批准台对外投资（不包括大陆）同比下降37.84%，批准对大陆投资同比下降46.1%。同时，工业生产也全面下滑，2009年上半年，台湾工业生产同比衰退24.3%。2009年下半年开始，随着外部需求的逐步回升，尤其是中国大陆订单的增加与工业产品采购的持续扩大，台湾工业发展困难局面得到初步改善。相对于工业和制造业，服务业衰退幅度相对较小，得益于台湾以内需为主的经济结构。2010年，国际经济趋于好转，台湾经济因而也稳步回升。但台湾经济回暖属恢复性增长，由于增长后劲不足，高失业问题很难在短期内有根本性改善。

## 二、台湾地区金融运行概况

中国台湾金融业伴随经济成长，重要性与日俱增，整体金融业产值占GDP的比例达10%以上。在金融自由化、国际化及多元化的趋势下，台湾地区企业近年逐渐采取直接融资的方式筹措资金，降低其对间接融资的依赖，直接融资占间接融资的比重自1990年的10%增加为2008年的23%。截至2008年，台湾地区共有15家金融控制股份公司，本地银行虽然家数较多，但在经营绩效上却不及外资银行在台湾的分行，且营业收入几乎全来自台湾，经营风险难以分散。此外，本地银行多以利息收入为主要收入来源，而外商银行则积极开发其他利润较高的新型业务，以提高手续费和佣金收入的比重。截至2009年8月底台湾保险业公司总计59家，包括产险公司24家，其中7家为外国产险分公司；寿险公司31家，其中9家为外国寿险分公司。为分散业务风险，创造多元化获利来源，台湾证券商总公司家数经过历年的整并，由215家逐年递减至93家，经营形态已向大型综合证券商发展。此外，亦积极向海外发展，目前已有证券商业务扩展到中国香港与东南亚国家。

尽管国际金融危机使得台湾地区经济受到了很大冲击，但2009年台湾金融市场并未大幅动荡，也没有大中型金融机构倒闭，这显示出台湾金融监管比较到位，金融市场发展比较稳健。2009年台湾股市基本呈现稳步走高态势，2009年年底接近8 000点，台股总市值突破20万亿元新台币。

政府财政方面，国际金融危机致使企业盈利减少，再加上台湾采取了扩张性财政政策以及刺激经济的减税措施，导致税收大大减少，财政赤字大幅增加。2009 年台湾全年失业率上升至 6% 左右，高失业与实际收入减少成为台湾地方政府面对的主要民生问题。另外，从 2009 年 7 月开始，台湾消费物价指数一直处于下跌状态，全年 CPI 负增长 0.73%，通货紧缩出现。

### 三、文献综述

对于台湾地区金融问题的研究多集中在 CEPA,即《关于建立更紧密经贸关系的安排》对台湾本地金融业发展的影响方面，针对台湾地区金融风险问题的系统研究较少。

社科院台湾问题研究所于 1998 年在《亚洲金融危机中的台湾金融》一文中分析了亚洲金融危机发生之后台湾“中央银行”采取的措施以及危机对台湾金融业的影响。危机波及台湾后，台湾“中央银行”进场干预，但在干预汇市与保护股市之间左右为难，最终放弃干预汇市，台湾金融在大幅波动之后趋于平缓。文章指出，台湾金融业在亚洲金融危机中所受的冲击较小，但同时也应看到台湾金融尚存在诸多易于引发危机的隐患。

杨胜刚（2000）指出，随着台湾地区金融自由化、国际化步伐的加快以及台湾岛内外经济环境的变化，金融进一步发展的压力也越来越大，其体制性缺陷也日益明显，如金融制度化与地下金融的规范管理、金融自由化与银行综合化的风险防范、金融国际化与金融市场开放的顺序选择方面均存在问题。

陈一端（2005）参考 IMF 已拟订的 39 项金融稳定指标，尝试编制适用于台湾的风险指标，主要分为:信用风险指标、流动性风险指标、市场风险指标、盈余及获利性指标、资本充足率指标，对台湾地区的风险控制问题有较大的借鉴意义。

## 第 2 节　台湾部门资产负债表编制及分析

### 一、台湾地区公共部门资产负债表编制及分析

#### （一）公共部门资产负债表编制

台湾地区公共部门资产负债表数据来源于台湾地区统计资讯网[①]，编制结果如表 39.1。

① 台湾地区统计资讯网，http: //www.stat.gov.tw/.

表 39.1　台湾地区公共部门资产负债表　　　　单位：亿新台币

| 年份 | 总资产 | 本币资产 | 外币资产 | 总负债 | 本币负债 | 外币负债 | 总权益 |
|---|---|---|---|---|---|---|---|
| 2000 | 281 075 | 280 989 | 86 | 40 557 | 40 549 | 8 | 240 518 |
| 2001 | 269 966 | 269 879 | 87 | 49 772 | 49 767 | 5 | 220 194 |
| 2002 | 276 778 | 276 691 | 87 | 43 929 | 43 924 | 5 | 232 849 |
| 2003 | 282 788 | 282 714 | 74 | 46 380 | 46 269 | 111 | 236 408 |
| 2004 | 297 664 | 297 605 | 59 | 49 336 | 49 170 | 166 | 248 328 |
| 2005 | 311 213 | 311 152 | 61 | 50 025 | 49 956 | 69 | 261 188 |
| 2006 | 324 991 | 324 929 | 62 | 50 558 | 50 497 | 61 | 274 433 |
| 2007 | 346 931 | 346 873 | 58 | 49 685 | 49 574 | 111 | 297 246 |

**（二）公共部门资产负债表分析**

1. 货币错配分析

如图 39.1，2000—2002 年，台湾地区公共部门的外币资产总额基本维持在 86 亿新台币的水平，而外币负债总额相对于外币资产总额来说，可以忽略不计。2003 年，外币资产总额有小幅下降，而外币负债却有大幅度的上升，超过了当年的外币资产总额。2004 年，外币资产进一步缩减，而外币负债进一步上升，资产与负债的缺口进一步扩大。2005 年和 2006 年，由于外币负债的减少，外币资产与外币负债基本持平。2007 年，外币负债显著上升，导致外币资产与外币负债的缺口迅速扩大。综上可以看出，近几年来，台湾地区公共部门外币负债规模变化极端不规律导致了较高的货币错配风险。

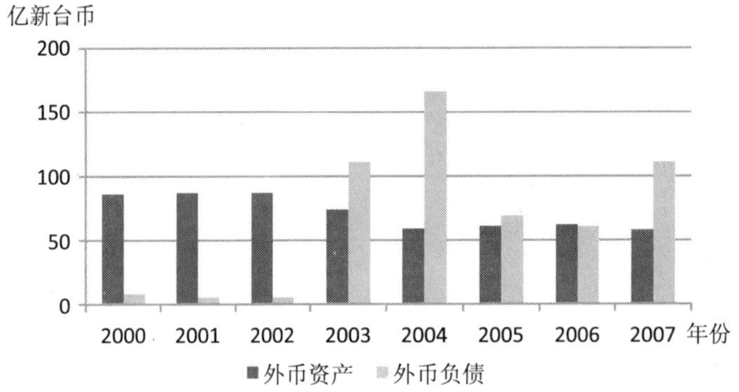


图 39.1　台湾公共部门外币资产与外币负债

2. 资本结构分析

从图 39.2 可以看出，台湾公共部门 2001 年总资产规模与 2000 年基本持平，从 2002 年开始，总资产规模小幅上升，一直持续到 2007 年，在这期间总权益的运动趋势与总资

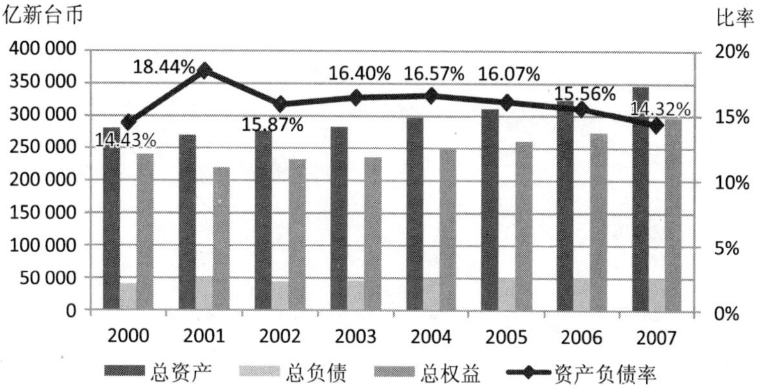


图 39.2　台湾公共部门资本结构

产基本吻合，并且历年的总负债规模大致相当。总资产、总负债和总权益的变动趋势符合经济发展的需要。再从资产负债率的变动趋势看，2001 年相对于 2000 年有较大幅度上升，而 2002 年相对于 2001 年又有一定程度的减小。在随后的几年里，资产负债率波动幅度非常小，各年基本保持平稳。总之，台湾地区公共部门资本结构良好，基本不存在资本结构风险。

3. 清偿力风险分析

由图 39.3 可见，台湾地区公共部门 2000 年产权比率为 0.17，2001 年上升至 0.23，2002—2007 年之间，产权比率都保持在 0.2 以内，由此可以看出，台湾公共部门不存在清偿力风险。

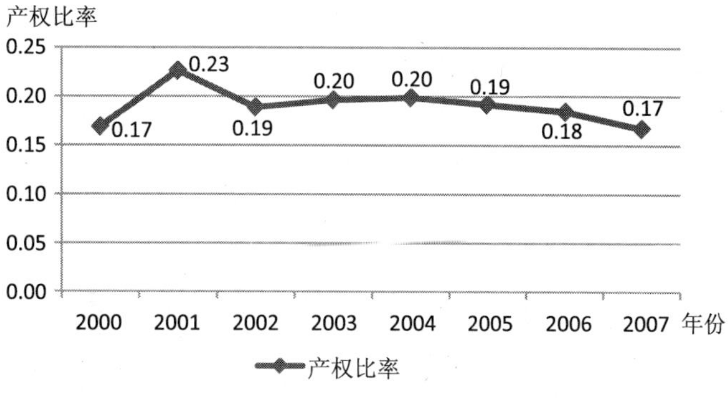


图 39.3　台湾地区公共部门产权比率

由上文对台湾公共部门的货币错配、资本结构和清偿力风险分析可知，台湾地区公共部门的货币错配风险较高，而在资本结构和清偿力方面，台湾地区公共部门表现良好，基本不存在风险。

## 二、台湾地区金融部门资产负债表编制及分析

### （一）金融部门资产负债表编制

台湾地区金融部门资产负债表数据来源于台湾地区统计资讯网，编制结果如表 39.2。

表 39.2　台湾金融部门资产负债表　　单位：亿新台币

| 年份 | 总资产 | 本币资产 | 外币资产 | 总负债 | 本币负债 | 外币负债 | 总权益 |
|---|---|---|---|---|---|---|---|
| 2000 | 360 096 | 301 903 | 58 193 | 367 956 | 360 016 | 7 940 | −7 860 |
| 2001 | 431 720 | 342 841 | 88 879 | 442 798 | 432 529 | 10 269 | −11 078 |
| 2002 | 449 136 | 360 267 | 88 869 | 445 047 | 429 540 | 15 507 | 4 089 |
| 2003 | 516 152 | 406 372 | 109 780 | 498 731 | 477 298 | 21 433 | 17 421 |
| 2004 | 538 213 | 418 837 | 119 376 | 532 881 | 505 742 | 27 139 | 5 332 |
| 2005 | 562 317 | 427 092 | 135 225 | 561 316 | 530 255 | 31 061 | 1 001 |
| 2006 | 594 961 | 447 767 | 147 194 | 594 413 | 560 432 | 33 981 | 548 |
| 2007 | 608 107 | 452 273 | 155 834 | 607 300 | 572 043 | 35 257 | 807 |

### （二）金融部门资产负债表分析

1. 货币错配分析

2000—2007 年，随着台湾岛内外经济形势的好转，台湾地方金融部门对外投资以及台湾岛外机构对台湾岛内的投资均增加。台湾金融部门外币资产与外币负债如图 39.4，外币资产与外币负债规模呈逐年上升的趋势。值得注意的是外币资产总额明显高于外币负债总额，因此台湾金融部门不存在货币错配风险。

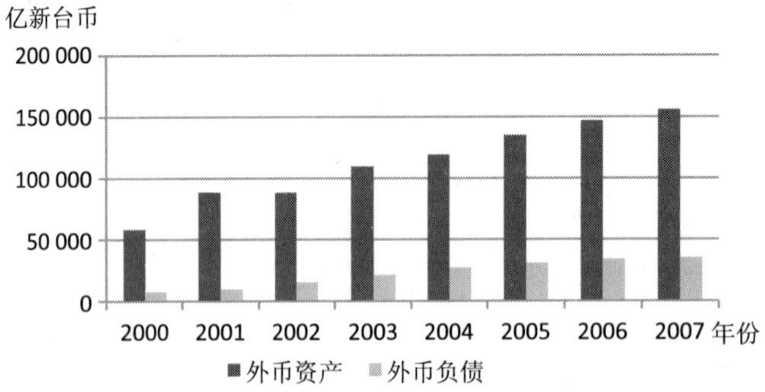


图 39.4　台湾地区金融部门外币资产与外币负债

2. 资本结构分析

台湾地区金融部门资产负债表数据如图 39.5。2000 年至 2007 年，总资产与总负债

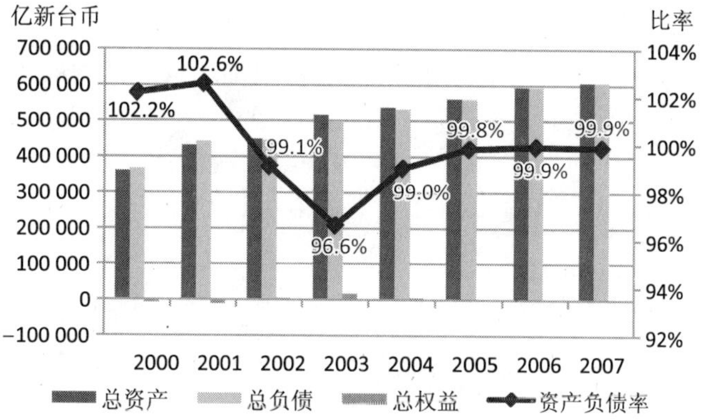


图 39.5　台湾金融部门资本结构

规模呈逐年稳步上升的趋势，2001 年总资产规模仅为 36 万亿新台币，2007 年总资产规模达到了 61 万亿新台币，增幅接近 70%。总负债规模与总权益大体相当，它们之间的差额，即总权益在 2000 年和 2001 年为负，2002 年总权益有所上升，2003 年达到 1.8 万亿的最高水平，随后的几年则逐年降低，2006 年总权益仅为 548 亿。从资本结构看，台湾地区金融部门资产负债率一直处于 95% 以上，这种过度负债使其风险非常大。综合看，台湾地区金融部门存在较高的风险。

3. 清偿力风险分析

2000 年和 2001 年，台湾地区金融部门权益为负数。2002—2006 年，产权比率基本呈逐步上升的趋势，2006 年达到了 1 084.7 的最高点。这些从图 39.6 可以反映出。2007 年产权比率有所下降，但仍然维持在很高的水平。这主要是由于台湾地区金融部门过度依赖债务融资，导致总权益相对于总资产来说显得十分微不足道。总体看，台湾地区金融部门清偿力风险很高。

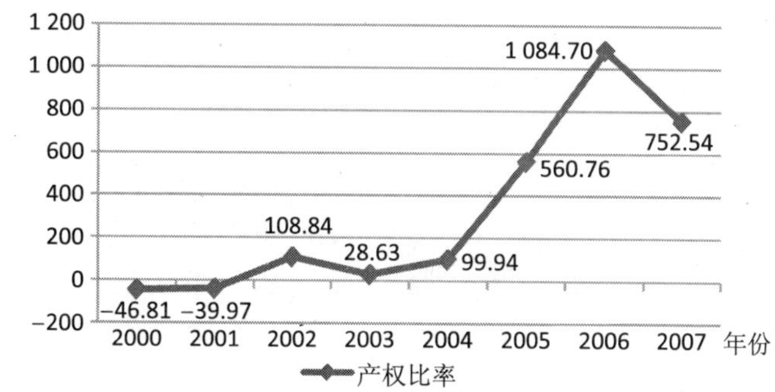


图 39.6　台湾地区金融部门产权比率

由上文对台湾地区金融部门的货币错配、资本结构以及清偿力风险分析可知，台湾金融部门本外币资产良好，不存在货币错配风险。然而，在资本结构和清偿力方面，由于资产负债率和产权比率过高，存在较大风险。

## 三、台湾地区企业部门资产负债表编制及分析

### （一）企业部门资产负债表编制

台湾地区企业部门资产负债表数据来源于中国台湾地区统计资讯网，编制结果如表 39.3。

**表 39.3　台湾地区企业部门资产负债表**　　单位：亿新台币

| 年份 | 总资产 | 本币资产 | 外币资产 | 总负债 | 本币负债 | 外币负债 | 总权益 |
|---|---|---|---|---|---|---|---|
| 2000 | 415 802 | 401 981 | 13 821 | 259 347 | 251 770 | 7 577 | 156 455 |
| 2001 | 409 117 | 388 750 | 20 367 | 273 794 | 261 618 | 12 176 | 135 323 |
| 2002 | 453 525 | 432 992 | 20 533 | 326 577 | 296 645 | 29 932 | 126 948 |
| 2003 | 467 526 | 442 700 | 24 826 | 372 341 | 327 882 | 44 459 | 95 185 |
| 2004 | 492 833 | 463 640 | 29 193 | 386 821 | 339 248 | 47 573 | 106 012 |
| 2005 | 541 382 | 506 646 | 34 736 | 426 385 | 361 058 | 65 327 | 114 997 |
| 2006 | 578 935 | 536 304 | 42 631 | 474 556 | 394 221 | 80 335 | 104 379 |
| 2007 | 606 045 | 553 002 | 53 043 | 491 282 | 397 380 | 93 902 | 114 763 |

### （二）台湾地区企业部门资产负债表分析

1. 货币错配风险分析

台湾地区企业部门外币资产与外币负债如图 39.7，2002—2007 年，外币资产与外币负债呈现逐年上升的趋势，2000 年和 2001 年，外币资产均高于外币负债。但是由于外币资产的上升幅度小于外币负债，从 2002 年开始，外币资产出现了低于外币负债的情形。之后各年份中，外币资产与外币资产的差距越来越大，2007 年外币负债为 9.4 万亿，而

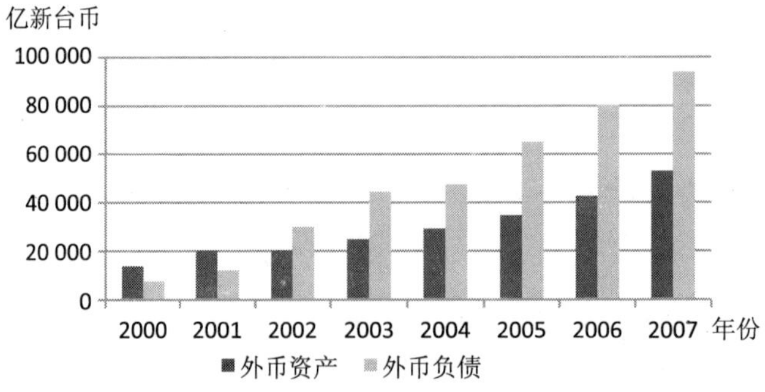


图 39.7　台湾地区企业部门外币资产与外币负债

外币资产仅为5.3万亿，两者缺口较大，可见台湾地区企业部门存在较高的货币错配风险。

2. 资本结构分析

2000—2007年，总资产与总负债规模呈逐步稳步上升趋势，2000年总资产规模为42万亿新台币，2007年总资产规模上升到61万亿，增幅近50%。由于总资产的增长速度小于总负债的增长速度，它们之间的差额即总权益在2000—2003年呈逐步下降趋势，从2004年开始基本保持平稳。如图39.8，从资产负债率看，在2000—2007年期间，资产负债率大致呈现上升趋势，虽然近年来增幅逐渐减小，甚至出现了2007年资产负债率略低于2006年资产负债率的情形，但由于资产负债率绝对值水平很高，2007年达到81.06%。由此可以看出，台湾地区企业部门存在较高的资本结构风险。

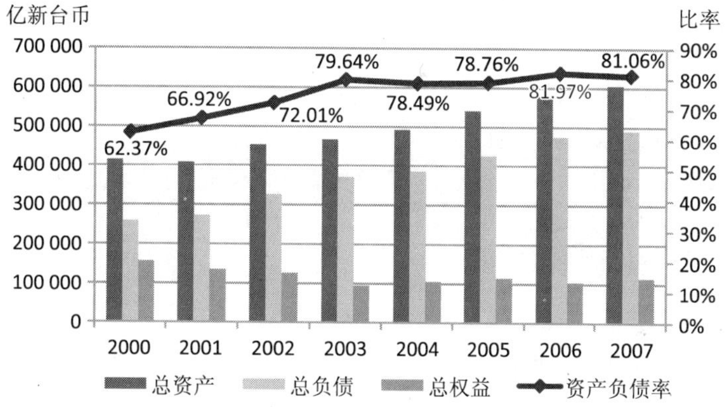


图39.8　台湾地区企业部门资本结构

3. 清偿力风险分析

如图39.9，在2000年至2003年期间，台湾地区企业部门产权比率呈现逐步上升的趋势；在2003年至2005年期间，产权比率维持在稳定的水平，在3.7上下；2006年和

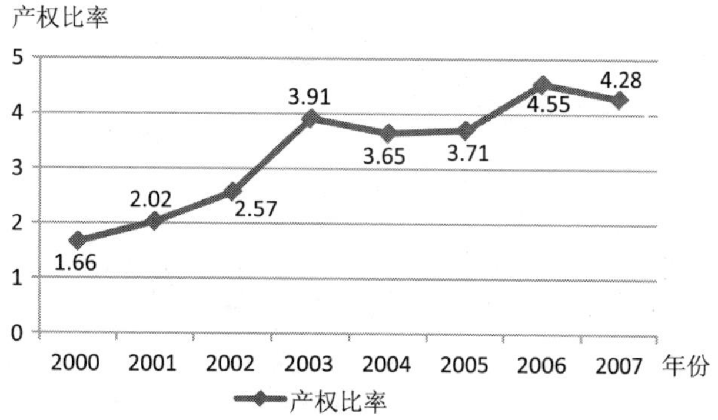


图39.9　台湾地区企业部门产权比率

2007 年的产权比率相对于 2005 年有小幅上升。总体看，台湾企业部门产权比率在这 8 年间总体处于上升状态，上升幅度较大，台湾企业部门存在一定清偿力风险。

根据上文对台湾企业部门进行的货币错配、资本结构及清偿力风险分析可知，台湾地区企业部门存在较高的货币错配风险，资本结构风险也较高，存在一定的清偿力风险。

## 四、台湾地区家户部门资产负债表编制及分析

### （一）家户部门资产负债表编制

台湾地区家户部门资产负债表数据来源于中国台湾地区统计资讯网，编制结果如表 39.4。

表 39.4　台湾地区家户部门资产负债表　　单位：亿新台币

| 年份 | 2000 | 2001 | 2002 | 2003 | 2004 | 2005 | 2006 | 2007 |
|---|---|---|---|---|---|---|---|---|
| 总资产 | 533 753 | 566 385 | 546 667 | 601 485 | 632 349 | 684 240 | 744 331 | 862 436 |
| 总负债 | 71 024 | 68 567 | 88 175 | 93 565 | 102 250 | 112 352 | 116 371 | 120 936 |
| 总权益 | 462 729 | 497 818 | 458 492 | 507 920 | 530 099 | 571 888 | 627 960 | 741 500 |

### （二）家户部门资产负债表分析

1. 资本结构分析

台湾地区家户部门资产负债表数据如图 39.10。2000—2007 年，总资产基本呈现逐步上升的趋势，2000 年总资产规模为 53 万亿新台币，2007 年增加到 86 万亿新台币。历年总负债规模相对于总资产规模而言很小，2000 年为 7 万亿新台币，2007 年增加到 12 万亿新台币。总权益规模从 2000 年的 46 万亿新台币增加到 2007 年的 74 万亿新台币。从资产负债率看，历年资产负债率一直保持在 20% 以下，且波动幅度很小。因此，台湾

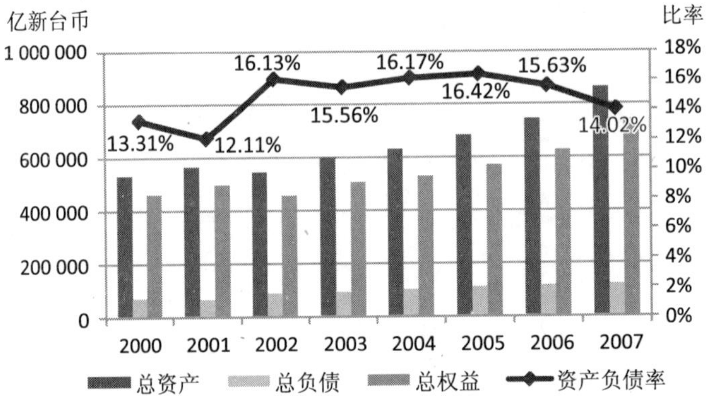

图 39.10　台湾地区家户部门资本结构

地区家户部门不存在资本结构错配风险。

2. 清偿力风险分析

从台湾地区家户部门产权比率看，如图 39.11，2000—2007 年，台湾家户部门的产权比率一直保持在 0.20 以下，而且近年来处于逐步下降的趋势，总体来看走势平稳。可见，台湾地区家户部门清偿力状况良好，不存在风险。

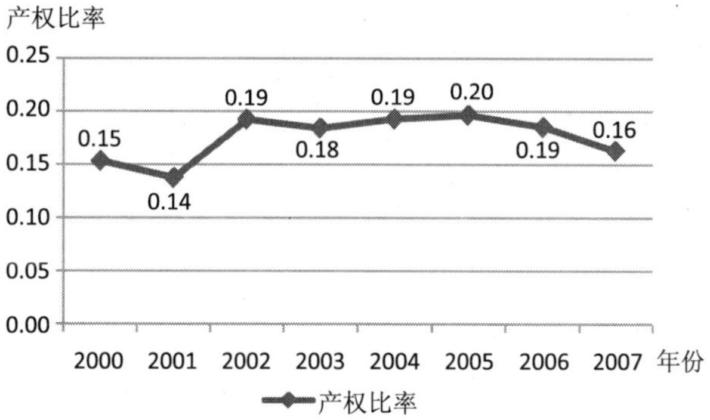


图 39.11　台湾地区家户部门产权比率

根据上文对台湾地区家户部门的资本结构和清偿力分析，台湾家户部门资本结构良好，不存在清偿力风险。

## 第 3 节　台湾或有权益资产负债表编制及分析

### 一、台湾地区上市金融部门或有权益资产负债表编制及分析

#### （一）上市金融部门或有权益资产负债表编制

台湾地区上市金融部门或有权益资产负债表编制过程如下：

① 从 BvD 数据库 OSIRIS 分库[①]，找到台湾地区金融部门各上市公司的资产负债表和权益市值数据，除去 2003—2008 年数据不全的公司，最后得到 19 家上市金融公司的数据。将这些公司权益市值分别加总，得到金融部门的权益市值。

② 波动率为台湾加权指数的波动率，根据当年的每日数据计算得到。台湾加权指数

① BvD 数据库 OSIRIS 分库，https：//www.osiris.bvdep.com/ip.

历史数据从雅虎财经网站[①]下载。

③ 市场无风险利率为台湾地区同业拆借利率，由台湾银行统计数据中得到。

④ 违约点 DB 通常用短期债务加上一半的长期债务来计算，由于台湾地区上市金融部门负债数据没有长期和短期的细项，这里近似地采用全部债务的账面价值乘以 75% 的值作为违约点。

由此得到或有权益资产负债表的编制输入参数，如表 39.5。

**表 39.5　台湾地区上市金融部门或有权益资产负债表输入参数**

| 年份 | 2003 | 2004 | 2005 | 2006 | 2007 | 2008 |
|---|---|---|---|---|---|---|
| 无风险利率 | 1.10% | 1.06% | 1.31% | 1.55% | 2.00% | 2.01% |
| 违约点（亿新台币） | 85 766.76 | 106 068.16 | 127 645.21 | 133 185.81 | 137 856.14 | 142 202.47 |
| 权益市值（亿新台币） | 17 867.66 | 21 285.59 | 19 041.54 | 23 650.54 | 21 507.92 | 13 556.55 |
| 权益市值波动率 | 21.30% | 23.58% | 12.78% | 16.23% | 20.84% | 33.65% |

⑤ 根据或有权益资产负债表编制输入参数，如表 39.5，通过 MATLAB 编程计算，得到台湾地区上市金融部门或有权益资产负债表如表 39.6。

**表 39.6　台湾地区上市金融部门或有权益资产负债表**　　单位：亿新台币

| 年份 | 2003 | 2004 | 2005 | 2006 | 2007 | 2008 |
|---|---|---|---|---|---|---|
| 资产市值 | 102 705.70 | 126 247.63 | 145 036.87 | 154 795.20 | 156 639.04 | 152 867.66 |
| 负债市值 | 84 838.04 | 104 962.04 | 125 995.33 | 131 144.66 | 135 131.12 | 139 311.11 |
| 权益市值 | 17 867.66 | 21 285.59 | 19 041.54 | 23 650.54 | 21 507.92 | 13 556.55 |

### （二）上市金融部门或有权益资产负债表分析

台湾地区上市金融部门资产账面价值和资产市值虽然均呈现上升的趋势，但近年来上升幅度越来越小，资产市值甚至在 2008 年出现了小幅下降。如图 39.12，上市金融部门的市场价值低于资产账面价值，而且从增长趋势和两者的差距看，上市金融部门资产市场价值出现缩水，可见台湾上市金融部门的资产质量未被市场充分认可。

2003—2008 年，台湾地区上市金融部门资产市值和负债市值总体上处于持续上升状态。2008 年，受全球金融危机的影响，资产市值出现小幅下降，这主要是由 2008 年权益市值的下降引起的。再从资产负债率考虑，由图 39.13 可知，2003 年到 2008 年，台湾上市金融部门或有资产负债率一直明显低于账面资产负债率。综合来看，台湾上市金融部门资本结构较好，但仍要注意防范较大的金融冲击。

① 雅虎财经网站，http://biz.cn.yahoo.com/stock/globalstock.html.

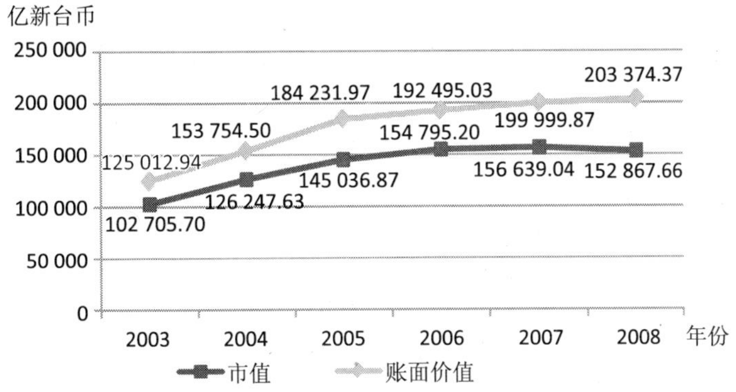


图 39.12 台湾地区上市金融部门资产市值和账面价值

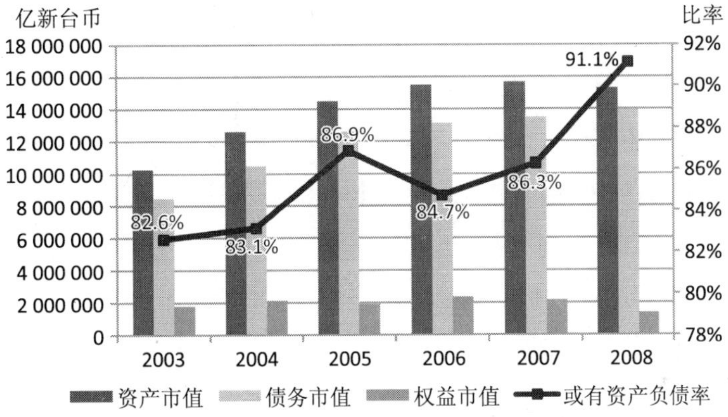


图 39.13 台湾地区上市金融部门资本结构

### （三）金融部门风险表分析

通过台湾地区或有权益资产负债表输入参数以及 MATLAB 编程得到台湾金融部门风险指标，2003 年至 2008 年台湾金融部门风险指标如表 39.7。

**表 39.7 台湾地区金融部门风险指标**

| 年份 | 2003 | 2004 | 2005 | 2006 | 2007 | 2008 |
|---|---|---|---|---|---|---|
| 资产市值（亿新台币） | 102 705.70 | 126 247.63 | 145 036.87 | 154 795.20 | 156 639.04 | 152 867.66 |
| 资产市值波动率 | 3.71% | 3.98% | 1.68% | 2.48% | 2.86% | 2.99% |
| 违约概率 | 0.00% | 0.00% | 0.00% | 0.00% | 0.00% | 0.10% |
| 违约距离 | 4.450 0 | 4.021 1 | 7.144 2 | 5.629 3 | 4.190 4 | 2.336 1 |

台湾地区上市金融部门的违约距离如图 39.14，2003 年的违约距离为 4.45，2004 年与 2003 年基本持平，接下来由于 2005 年经济形势有很大好转，违约距离上升为 7.14。但 2005 年之后，违约距离一直呈现直线下降状态，且降幅显著，2008 年的违约距离仅为 2.34。可见，近年来，台湾上市金融部门风险逐步增大，尤其在 2008 年，违约距离很

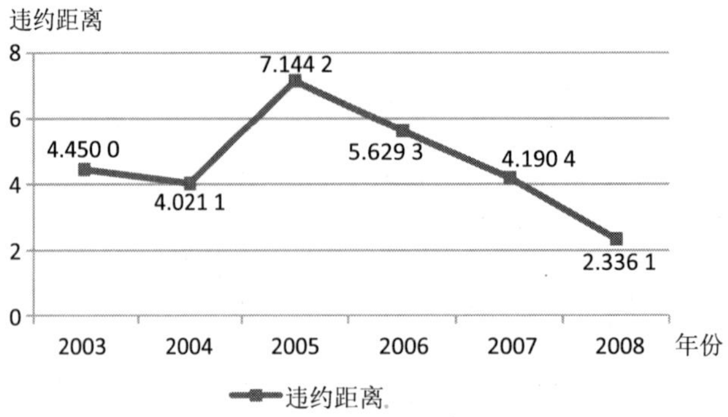


图 39.14　台湾地区上市金融部门违约距离

小，发生金融危机的可能性大增。

由图 39.15 可知，2003 年与 2004 年的资产市值波动率基本持平，2005 年随着经济形势的好转，资产市值波动率出现了大幅下降，降至 1.68%。2005 年之后，资产市值波动率呈现逐步上升的趋势，与违约距离所反映的结果相似，台湾地区上市金融部门的风险在逐步增大。

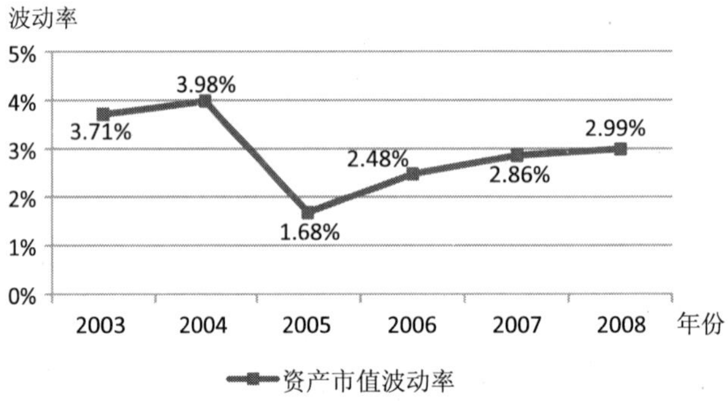


图 39.15　台湾地区金融部门资产市值波动率

**（四）利率压力测试和敏感性分析**

1. 利率压力测试

上市金融部门压力测试基于压力的巨幅变化，用台湾上市金融部门 2008 年数据，并将利率分别下调至 1% 和上调至 10% 进行测试，结果如表 39.8。当利率上调至 10% 时，违约距离变化明显，降至 0，资产市值和资产市值波动率也有较大的变动；当利率减小至 1% 时，违约距离变化不大，可见台湾地区上市金融部门抗压的能力比较差，对利率的大幅度变化反应较大。

表 39.8　台湾地区上市金融部门利率压力测试结果

| 风险指标 | 情景 1（实际利率 2.01%） | 情景 2（利率下调至 1.00%） | 情景 3（利率上调至 10.00%） |
|---|---|---|---|
| 资产市值（亿新台币） | 152 867.66 | 154 360.79 | 142 202.47 |
| 资产市值波动率 | 2.99% | 2.96% | 3.21% |
| 违约概率 | 0.10% | 0.10% | 0.10% |
| 违约距离 | 2.336 1 | 2.662 6 | 0.000 0 |

2. 敏感性分析

金融部门利率敏感度测试基于利率微调。同样采用部门 2008 年现实数据，并将利率分别上调 5% 和下调 5%，进行测试。调整利率后的计算结果如表 39.9。

表 39.9　台湾地区上市金融部门利率敏感性测试结果

| 风险指标 | 情景 1（实际利率 2.01%） | 情景 2（利率下调 5%） | 情景 3（利率上调 5%） |
|---|---|---|---|
| 资产市值（亿新台币） | 152 867.66 | 153 080.96 | 152 867.66 |
| 资产市值波动率 | 2.99% | 2.98% | 2.99% |
| 违约概率 | 0.10% | 0.10% | 0.09% |
| 违约距离 | 2.336 1 | 2.382 3 | 2.335 2 |

通过敏感性分析可以看到，对于微小的利率调整，台湾上市金融部门的资产市值基本没有变化；违约距离变化幅度也很小，说明台湾上市金融部门的资产市值对利率微调的敏感度较低。

## 二、台湾上市企业部门或有权益资产负债表编制及分析

### （一）上市企业部门或有权益资产负债表编制

台湾地区上市企业部门或有权益资产负债表编制过程如下：

① 从 BvD 数据库 OSIRIS 分库，获得台湾企业部门各公司的资产负债表和权益市值数据，除去 2003 至 2008 年期间数据不全的公司，最后得到 354 家上市企业公司的权益市值数据。将这些公司权益市值分别加总，得到上市企业部门的权益市值。

② 波动率为台湾加权指数的波动率，根据当年的每日数据计算得到。台湾加权指数历史数据从雅虎财经网站下载。

③ 市场无风险利率为台湾同业拆借利率，由台湾银行统计数据中得到。

④ 违约点 DB 用短期债务加上一半的长期负债计算。

由此得到台湾上市企业部门或有权益资产负债表输入参数，如表 39.10。

**表 39.10 台湾上市企业部门或有权益资产负债表输入参数**

| 年份 | 2003 | 2004 | 2005 | 2006 | 2007 | 2008 |
|---|---|---|---|---|---|---|
| 无风险利率 | 1.10% | 1.06% | 1.31% | 1.55% | 2.00% | 2.01% |
| 违约点（亿新台币） | 30 685.96 | 34 013.52 | 45 869.49 | 49 823.98 | 56 320.93 | 57 162.30 |
| 权益市值（亿新台币） | 82 662.13 | 82 014.38 | 95 526.64 | 118 945.26 | 133 213.3 | 66 212.43 |
| 权益市值波动率 | 21.30% | 23.58% | 12.78% | 16.23% | 20.84% | 33.65% |

⑤ 根据或有权益资产负债表编制输入参数，如表 39.10，通过 MATLAB 编程计算，得到台湾上市企业部门或有权益资产负债表，如表 39.11。

**表 39.11 台湾上市企业部门或有权益资产负债表** 单位：亿新台币

| 年份 | 2003 | 2004 | 2005 | 2006 | 2007 | 2008 |
|---|---|---|---|---|---|---|
| 资产市值 | 113 019.80 | 115 660.78 | 140 901.79 | 168 010.18 | 188 430.21 | 122 228.15 |
| 负债市值 | 30 357.67 | 33 646.40 | 45 375.15 | 49 064.92 | 55 216.91 | 56 015.72 |
| 权益市值 | 82 662.13 | 82 014.38 | 95 526.64 | 118 945.26 | 133 213.30 | 66 212.43 |

## （二）企业部门或有权益资产负债表分析

2007 年以前，资产账面价值和资产市场价值均呈现上升的趋势，且资产市场价值一直高于账面价值。如图 39.16，2008 年，受全球金融危机的影响，资产市值出现大幅下降，相比 2007 年跌幅在 50% 左右，而资产账面价值也略有缩水，2008 年资产市值略低于同年的资产账面价值。可见，金融危机对台湾上市企业部门的影响较大。

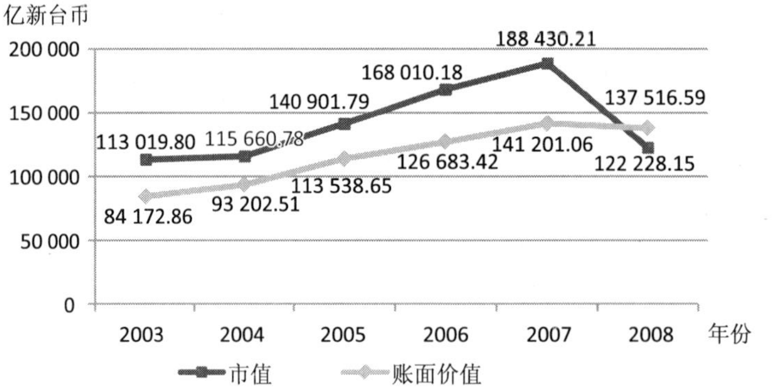


图 39.16 台湾地区上市企业部门资产市值和账面价值

2003—2007 年，台湾地区企业部门资产市值和权益市值总体处于持续上升趋势，负债市值基本保持平稳。2008 年，受全球金融危机的影响，资产市值出现了大幅下降，这主要是由 2008 年权益市值的大幅下降引起的。再从资产负债率考虑，由图 39.17 可知，

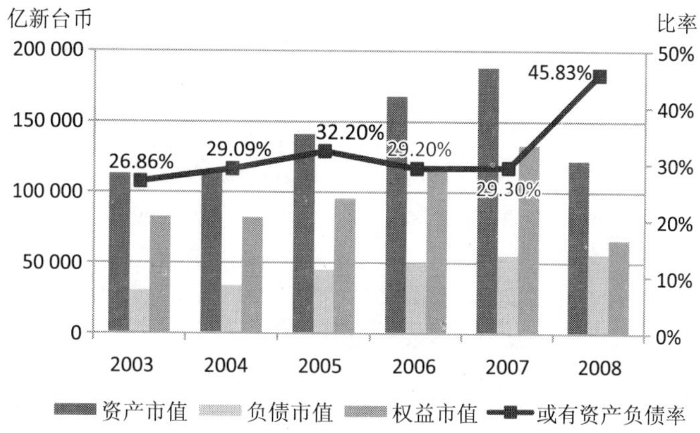


图 39.17　台湾地区上市企业部门资本结构

2003—2007 年，台湾企业部门的资产负债率波动很小，基本保持平稳。但由于 2008 年受金融危机的影响，资产负债率出现了较大幅度的上升，企业部门或有资产负债率一直低于账面资产负债率。综合来看，台湾企业部门资本结构良好，但易受外来冲击的影响。

**（三）企业部门风险表分析**

通过台湾地区或有权益资产负债表输入参数以及 MATLAB 编程得到台湾地区上市企业部门风险指标，2003—2008 年台湾地区企业部门风险指标如表 39.12。

**表 39.12　台湾地区上市企业部门风险指标**

| 年份 | 2003 | 2004 | 2005 | 2006 | 2007 | 2008 |
|---|---|---|---|---|---|---|
| 资产市值（亿新台币） | 113 019.80 | 115 660.78 | 140 901.79 | 168 010.18 | 188 430.21 | 122 228.15 |
| 资产市值波动率 | 15.58% | 16.72% | 8.67% | 11.49% | 14.73% | 18.23% |
| 违约概率 | 0.00% | 0.00% | 0.00% | 0.00% | 0.00% | 0.00% |
| 违约距离 | 4.675 4 | 4.222 9 | 7.779 0 | 6.121 7 | 4.758 5 | 2.920 2 |

台湾地区企业部门违约距离如图 39.18，2003 年的违约距离为 4.67，2004 年与 2003 年基本持平，接下来的 2005 年经济形势有很大好转，违约距离上升为 7.78。但 2005 年之后，违约距离呈直线下降趋势，且降幅显著，2008 年的违约距离仅为 2.92。由此可见，近年来台湾地区企业部门风险逐步增大，尤其在 2008 年，违约距离很小，发生金融危机的可能性大增。

2003 年与 2004 年的资产市值波动率基本持平，2005 年随着经济形势的好转，资产市值波动率大幅下降，降至 8.67%。但由图 39.19 可知，2005 年之后，资产市值波动率呈现逐步上升的趋势，与违约距离所反映的结果相似。由此可见，台湾企业部门的风险在逐步增大。

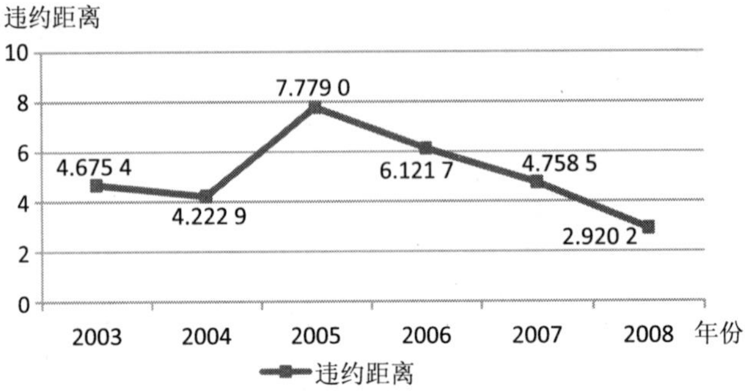


图 39.18　台湾地区上市企业部门违约距离

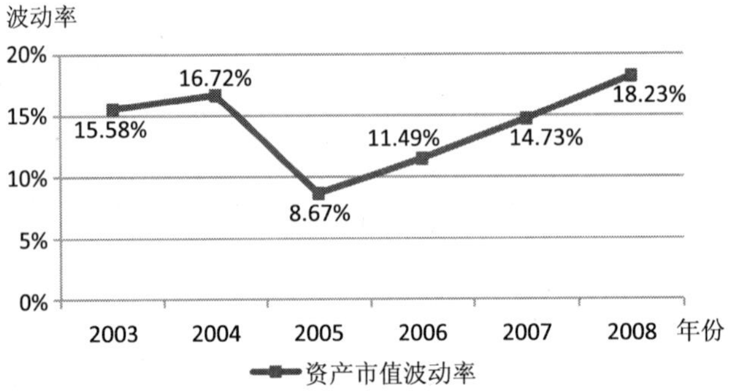


图 39.19　台湾地区上市企业部门资产市值波动率

**（四）利率压力测试和敏感性分析**

1. 利率压力测试

采用台湾地区企业部门 2008 年的现实数据，并将利率分别下调至 1% 和上调至 10% 进行测试，调整利率后的计算结果如表 39.13。当利率下调至 1% 时，企业部门资产市值、资产市值波动率和违约概率变化幅度很小；当利率上升至 10% 时，资产市值下降幅度显著，由 12.2 万亿下降至 11.8 万亿，而资产市值波动率和违约距离下降幅度很小。可见，企业部门具有一定的抗压能力。

**表 39.13　台湾地区上市企业部门利率压力测试结果**

| 风险指标 | 情景 1（实际利率 2.01%） | 情景 2（利率下调至 1%） | 情景 3（利率上调至 10%） |
| --- | --- | --- | --- |
| 资产市值（亿新台币） | 122 228.15 | 122 807.50 | 117 940.89 |
| 资产市值波动率 | 18.23% | 18.14% | 18.89% |
| 违约概率 | 0.00% | 0.00% | 0.00% |
| 违约距离 | 2.920 2 | 2.946 1 | 2.727 7 |

2. 敏感性分析

企业部门利率敏感度测试基于利率微调。同样采用部门2008年的现实数据，并将利率分别上调5%和下调5%进行测试，调整利率后的计算结果如表39.14。由结果可知，不管是上调5%还是下调5%，企业部门各项指标都几乎没有发生变化，可见企业部门对利率变化的敏感性较低。

**表39.14　台湾地区上市企业部门利率敏感性测试结果**

| 风险指标 | 情景1（实际利率2.01%） | 情景2（利率下调5%） | 情景3（利率上调5%） |
|---|---|---|---|
| 资产市值（亿新台币） | 122 228.15 | 122 294.36 | 122 178.49 |
| 资产市值波动率 | 18.23% | 18.22% | 18.24% |
| 违约概率 | 0.00% | 0.00% | 0.00% |
| 违约距离 | 2.920 2 | 2.923 1 | 2.917 9 |



## 第4节　结论及政策建议

本章通过对中国台湾公共部门、金融部门、企业部门和家户部门传统资产负债表的分析，从期限错配、货币错配、资本结构和清偿力风险四个方面研究台湾宏观金融风险问题。台湾公共部门资本结构和清偿力状况良好，基本不存在风险。台湾金融部门本外币资产负债基本匹配，基本不存在发生货币错配风险的可能。然而，在资本结构和清偿力方面，由于资产负债率及产权比率过高，并在某些年份出现负债大于资产的情况，存在一定的清偿力风险。台湾企业部门外币负债远高于资产，并且在2005年以后，外币负债不断大规模攀升，因此该部门存在一定的货币错配风险；同时企业部门资产负债率在多数年份高于70%并不断攀升，2007年高达81.6%。因此，台湾企业部门过度依赖债务融资，存在一定的清偿力风险。

本章接着运用或有权益资产负债表的方法对台湾金融部门和企业部门的风险进行了分析，整体上反映了2003—2008年期间的台湾金融和企业部门实际风险概况。结合市场信息的或有资产负债表分析与风险指标分析的结论与账面信息较为一致，2007年以来台湾地区金融部门和企业部门资产市值波动率加大，违约距离明显下降，宏观金融风险持续走高。

根据以上分析，提出如下政策建议：

第一，构建良好的经济发展环境。台湾经济容易受到外部经济的冲击，如果构建了良好的经济发展环境就能将外界的影响尽量减弱。为此，要从完善金融监管体制、加快产业结构调整、增加居民收入、扩大吸收外资规模等诸多方面构筑良好的经济发展环境，提高应对风险的能力。

第二，完善金融监管制度，强化市场信息系统，提高对市场信息的敏感度，加强信息透明度。在目前快速扩展的国际金融体系中，如何有效监视交易对手，是避免金融体系混乱的主要策略。这就要求政府的管制及监督措施，应能使金融市场交易对手彼此间能有效率地监管交易潜在的信用风险。

第三，促进两岸经贸更紧密合作。在国际金融市场动荡加剧，全球经济增长放缓，国际经济环境中不确定、不稳定的因素增多的复杂形势下，进一步加强两岸经贸更紧密合作有利于推动两岸关系沿着和平发展的轨道继续前行，有利于两岸良性互动的态势健康发展，有利于两岸经贸取得双赢。

# 参 考 文 献



中文著作：

［1］陈丽新．甘肃民族地区经济发展研究［M］．北京：中国社会科学出版社，2004.

［2］陈秀英，刘志强．1998—1999年：世界经济形势分析与预测——金融危机预警指标体系的建立及可行性分析［M］．北京：社会科学文献出版社，1999.

［3］王元龙．中国金融安全论［M］．北京：中国金融出版社，2003.

［4］吴先满．江苏发展金融业的对策研究［M］．北京：中国金融出版社，2009（12）：1~197.

［5］赵英．中国经济面临的危险——国家经济安全论［M］．昆明：云南人民出版社，1994.

［6］中国金融发展报告（2008—2009）［R］．北京：社会科学文献出版社，2009.

中文论文：

［1］阿不都艾尼·阿吾提．新疆金融发展与金融结构优化——基于金融相关比例的分析［J］．乌鲁木齐职业大学学报，2009（17）：11~14.

［2］艾洪德，张羽．辽宁省区域金融风险实证研究［J］．财经问题研究，2005（4）：61~68

［3］安七一．特殊优惠政策支持下西藏金融发展问题研究［J］．西南民族大学学报，2008（3）：8~13.

［4］巴曙松．转轨经济中的非均衡区域金融格局与中国金融运行［J］．改革与战略，1998（4）：

21~27.
[5] 蔡忠雁，王芬 . 地方财政支出结构与地方城乡收入差距关系的研究——基于聚类分析的视角 [J]. 经济研究导刊 .2009 (18): 16~17.
[6] 曹立 . 中部金融市场的现状及发展思路 [J]. 西南农业大学学报，2007 (6): 23~26.
[7] 曹占英 ."十一五" 辽宁经济发展面临的机遇分析 [J]. 环渤海经济瞭望，2007 (2): 1~3.
[8] 陈杰 . 关于山西金融市场发展的若干思考 [J]. 生产力研究，2003 (6): 78~80.
[9] 陈军 .2009 年下半年我国经济形势分析 [J]. 中国住宅设施，2010 (01): 36~38.
[10] 陈可嘉，黄瑾 . 广东省房地产金融风险实证分析 [J]. 南方金融，2008 (2): 19~22.
[11] 陈敏 . 黑龙江地区经济发展滞后原因分析 [J]. 学习与探索，2005 (3): 162~165.
[12] 陈守东，马辉，穆春舟 .2008 年中国金融风险预警研究 [J]. 数量经济研究 .2007 (4).
[13] 陈铁军 . 云南经济增长的地区结构分析 [J]. 云南社会科学，2003 (2): 51~55.
[14] 陈欣欣，寿志敏 . 金融危机下广东省的失业问题研究——基于对外贸易，外商直接投资对广东省就业影响的实证分析 [J]. 商业经济，2009 (2): 26~28.
[15] 陈长民 . 西部地区优化金融资源配置问题思考 [J]. 财会月刊，2008 (1): 94~96.
[16] 陈志强，李朝武 . 从紧货币政策对福建经济的影响 [J]. 发展研究，2008 (2): 23~24.
[17] 崔毅，扬卫，少希卷 . 企业微观风险对宏观金融风险的传导分析 [J]. 山西经济管理干部学院学报 .2002 (3): 25~27.
[18] 代戈资 . 因子分析在青海工业经济中的应用研究 [J]. 攀登，2007 (4): 88~89.
[19] 戴湘毅，王晓文 . 固定资产投资对福建经济增长作用的实证分析 [J]. 云南地理环境研究，2008 (1): 76~80.
[20] 戴志敏，黄春梅，彭继增 . 基于金融生态理论的江西金融经济协调分析 [J]. 南昌大学学报 (人文社会科学版)，2008 (6): 50~58.
[21] 狄颢 . 山东省金融深度和金融宽度实证分析 [J]. 金融发展研究，2009 (10): 30~33.
[22] 丁志杰 . 国际经济形势与我国宏观经济政策应对 [J]. 中国金融，2009 (24): 33~35.
[23] 樊亚宾 . 外商直接投资与河北经济发展方式转变 [J].《经济与管理》，2008 (3): 91~95.
[24] 范淑芳，王桂贤 . 内蒙古利用外资的宏观负经济效应及其对策 [J]. 内蒙古自治区大学学报——人文社会科学版，2006 (6): 96~100.
[25] 范吴宇 . 区域金融生态初探 [D]. 广西大学硕士论文，2007，1~58.
[26] 范晓光 . 合理调整产业结构是实现经济发展的核心保障 [J]. 党政干部学刊，2009 (12):

39~40.

[27] 范兆斌,苏晓艳 . 金融服务贸易自由化与中国宏观金融风险治理[J]. 经济师,2004(5):233~234.

[28] 冯占民 . 湖北金融与经济协调发展研究 [J]. 湖北行政学院学报，2008(2): 26~32.

[29] 逄锦聚，蒋殿春，范小云 . 发展金融市场与实现战略目标——以天津为例的分析 [J]. 南开学报: 哲学社会科学版，2003(4): 16~28.

[30] 符瑞武 . 宏观经济波动影响区域金融稳定实证分析——以海南为例 [J]. 现代商贸工业，2009(22): 15~16.

[31] 甘海源 . 论广西金融体制的选择与对策 [J]. 广西财经学院学报，2007(5): 16~18.

[32] 高鸿 . 金融在山西新型工业化发展中作用研究 [J]. 生产力研究，2005(8): 177~179.

[33] 高敏 . 河南金融业发展中的问题与战略重点 [J]. 金融理论与实践，2008(9): 61~66.

[34] 高树棠，程贵 . 关于甘肃省金融生态环境的思考 [J]. 社科纵横，2007(4): 6~8.

[35] 顾宁军 . 实现宁夏经济跨越式发展的动力及限制因素 [J]. 宁夏社会科学，2008(3): 51~54.

[36] 郭福春 . 构建浙江省区域金融风险预警体系研究 [J]. 浙江金融，2008(5): 17~19

[37] 郭福春 . 浙江省金融发展与经济增长的关系 [J]. 浙江学刊，2007(5): 171~175.

[38] 郭建萍，魏颖 . 基于 VEC 模型的甘肃省宏观经济运行研究 [J]. 现代农业，2008(8): 68~69.

[39] 国家统计局课题组 . 中国金融风险与经济稳定发展 [J]. 统计研究，2000(4): 3~11.

[40] 韩大海 . 区域金融生态影响区域金融资源配置的机理 [J]. 财经研究，2007(4): 41~51

[41] 韩汉君 . 上海国际金融中心建设应立足于为实体经济服务 [J]. 浦东开发，2009(12): 40~42.

[42] 韩文亮、戚焱 . 以金融引领上海新一轮的经济发展 [J]. 上海金融，2009(7): 17~20.

[43] 韩增林 . 关于推进辽宁沿海经济带与沈阳经济区统筹发展的建议 [J]. 决策咨询通讯，2009(6): 19~20

[44] 郝爱莲 . 内蒙古金融运行情况解析 [J]. 北方经济，2007(23): 85~87.

[45] 郝萌 . 农村金融市场改革仍需不断深化——吉林省“三农”融资情况调查 [J]. 吉林省经济管理干部学院学报，2009(5).

[46] 胡杰，杨莉 . 欠发达地区金融支持区域经济增长的分析——基于陕西与重庆的实证对比 [J]. 区域金融研究，2009(8): 28~32.

[47] 胡燕京，高会丽，徐建锋.BP 人工神经网络：金融风险预警新视角［J］. 重庆工商大学学报（西部经济论坛），2003（1）：68~71.

[48] 胡燕京，高会丽. 因子分析：中国的金融风险及应对策略［J］. 财贸研究，2002（5）：25~29.

[49] 黄传照，顾敏，宋树杨. 江苏省主要银行业金融机构中长期贷款变化研究［J］. 金融纵横，2007（21）：16~20.

[50] 黄良波. 关于广西金融改革与发展问题的思考［J］. 区域金融研究，2009（01）：5~10.

[51] 黄林. 论西藏民营经济发展中的金融支持［J］. 西南民族大学学报，2006（2）：220~223.

[52] 黄孝武，方少勇. 构建大武汉金融圈促进湖北中部崛起［J］. 武汉金融，2006（1）：23~27.

[53] 贾康. 我国宏观经济形势与财政政策前瞻［J］. 冶金管理，2009（12）：9~11.

[54] 江其务. 充分发挥投融资体制在西部大开发中的加速器作用［J］. 陕西金融,2000（2）：11~15.

[55] 江苏省金融学会. 江苏金融生态建设研究［J］. 金融生态研究，2005（12）：37~41.

[56] 江振华. 关于广东金融强省“区域合作战略”的思考［J］. 深圳职业技术学院学报，2006（2）：40~43.

[57] 姜波克,朱云高. 资本账户开放研究：一种基于内外均衡分析的框架［J］. 国际金融研究，2004（4）：52~56.

[58] 姜波克. 金融国际化进程中的风险问题研究［J］. 学习与探索，2005（4）：16~17.

[59] 姜健力. 辽宁经济发展与发展方式的转变［J］. 沈阳工业大学学报（社会科学版），2008（1）：7~12.

[60] 姜天怡. 区域金融生态存在的问题及建议——以黑龙江为例［J］. 经济研究参考，2007（70）：44~48.

[61] 姜颖,李楠. 黑龙江省与外省金融与科技相结合的比较研究［J］. 经济研究导刊,2006（3）：95~99.

[62] 姜永宏. 广东金融发展的环境分析和战略选择［J］. 广州大学学报：社会科学版，2006（6）：47~50.

[63] 蒋满霖,孙士金. 安徽省金融发展与经济增长的因果方向性实证研究［J］. 科技与经济，2009（8）：33~36.

[64] 解洪文. 金融宏观调控与区域经济效应分析——山西运城个案分析［J］. 河南金融管理

干部学院学报，2008（3）：123~131.
［65］雷顺英．北海市十四家城市信用社关闭清算六年以来暴露的问题给当前金融机构防范和化解区域金融风险的启示［J］．广西金融研究，2004（11）：22~23.
［66］李承北．黑龙江金融不良资产状况分析及影响［J］．金融理论与教学，2006（4）：13~18.
［67］李纯净，董小刚，王纯杰．吉林省金融发展与经济增长的关系实证分析［J］．长春工业大学学报（自然科学版），2009（3）：269~273.
［68］李方．拓展上海离岸金融的构思、风险与防范［J］．上海经济研究，1993（12）：28~29.
［69］李桂生．珠三角外资企业受金融海啸的影响与对策调研报告——以广东省江门市为例［J］．城市，2009（3）：53~55.
［70］李慧．“西咸一体化”与陕西经济社会跨越式发展［J］．咸阳师范学院学报，2006（5）：22~25.
［71］李敬，冉光和等．中国区域金融发展差异的度量与变动趋势分析［J］．当代财经，2008（3）：34~40.
［72］李冉，文玉春，邵崑．山东省金融结构与经济增长关系的实证分析［J］．沿海企业与科技，2008（8）：13~17.
［73］李玮．浅析国际金融危机对甘肃的影响及应对策略［J］．现代农业，2009（7）：91~92.
［74］李晓峰．北京总部金融发展对策研究［J］．北京社会科学，2009（6）：20~24.
［75］李兴坚．宏观调控以来甘肃金融运行综述［J］．甘肃金融，2006（1）：47~51.
［76］李扬．国际资本流动与我国宏观经济稳定［J］．经济研究，1995（6）：12~20.
［77］李扬．汇率制度改革必须高度关注货币错配风险［J］．财经理论与实践（双月刊），2005（7）：2~5.
［78］李由．四川地方金融发展的现状与思考［J］．四川省情，2006（7）：38~39.
［79］李正辉，邓晓卓．我国宏观金融风险测度研究［J］．统计与信息论坛，2005（1）：24~28.
［80］连家明．支持辽宁沿海经济带发展财政政策研讨会综述［J］．地方财政研究，2009（12）：5~8.
［81］林明恒，符合．海南省金融业发展战略创新的方向与对策建议［J］．海南金融，2008（2）：39~44.
［82］刘成林．消费需求变动与河北经济增长的动力结构［J］．《河北学刊》，2007（1）：214~217.
［83］刘创刚．中部金融发展与经济增长的实证研究［J］．云南财经大学学报，2006（3）：

89~90.

[ 84 ] 刘洪德 . 振兴辽宁经济若干问题的思考 [ J ] . 大连干部学刊，2004 ( 2 ): 29~31.

[ 85 ] 刘惠好，郝钰 . 区域经济发展的金融支持——基于湖北金融资产结构的实证分析 [ J ] . 中南财经政法大学学报，2007 ( 2 ): 57~65.

[ 86 ] 刘立峰 . 宏观经济政策与宏观金融风险 [ J ] . 宏观经济研究，1999 ( 11 ): 32~35.

[ 87 ] 刘宁，申锦 . 贵州经济增长与金融成长的耦合及其实证分析 [ J ] . 贵州社会科学，2009 ( 01 ): 100~102.

[ 88 ] 刘绍辉，董晓青 . 国际金融危机对山东经济的影响 [ J ] . 山东经济战略研究，2009 ( 8 ): 16~20.

[ 89 ] 刘生仁，郭振海等 . 西部地区金融风险的表现形式及防化策略探讨 [ J ] . 柴达木开发研究，1998 ( 2 ): 1267~1269.

[ 90 ] 刘毅，于薇 . 北京金融安全问题的思考 [ J ] . 北京观察，2008 ( 8 ): 38~41.

[ 91 ] 刘正敏 . 金融体制改革对河南经济发展的影响及对策 [ J ] . 信阳农业高等专科学校学报，2009 ( 1 ): 55~61.

[ 92 ] 刘稚 . 参与中国 – 东盟自由贸易区建设与云南经济结构调整 [ J ] . 学术探索，2004 ( 12 ): 30~33.

[ 93 ] 卢崇娇 . 浅谈辽宁银行业的可持续发展之路 [ J ] . 科技信息，2009 ( 31 ): 368.

[ 94 ] 卢盛荣，李文溥 . 福建经济增长率变化分析 [ J ]，东南学术，2006 ( 1 ): 9~15.

[ 95 ] 卢小平 . 健全信用风险防范机制 [ J ] . 大经贸，2009 ( 4 ): 77.

[ 96 ] 陆妙燕 . 浙江省金融生态现状、问题及其演化潜力研究 [ J ] . 浙江金融，2007 ( 7 ): 32~33.

[ 97 ] 陆岷峰，高文芳 . 江苏参与长三角金融合作的对策分析 [ J ] . 南通大学社会科学版，2008 ( 9 ): 8~13.

[ 98 ] 罗芳，赵军 . 改善新疆金融生态环境，提高金融资源配置效率 [ J ] . 经济前沿，2007 ( 4 ): 64~68.

[ 99 ] 罗望，胡国文 . 金融资源区域配置的失衡性探析——四川与东部部分省市金融增长的比较分析 [ J ] . 西南金融，2004 ( 6 ): 8~12.

[ 100 ] 罗秀娟，孙亚超 . 中部金融支撑体系建立的供求分析 [ J ] . 科技进步与对策，2005 ( 10 ): 42~47.

[ 101 ] 罗秀娟，孙亚超 . 中部金融支撑体系建立的供求分析 [ J ] . 科技进步与对策，2005 ( 10 ):

42~44.
[102] 罗哲，李树基，曲玮．甘肃省县域经济竞争力的实证分析与对策研究［J］．开发研究，2007（6）：72~76.
[103] 马经．重中之重：完善区域金融生态环境［J］．广东经济，2005（11）：14~17.
[104] 梅世文．关于浙江省金融产业科学发展的对策建议［J］．浙江金融，2009（1）：9~11.
[105] 孟钊兰，邵洪选．甘肃省金融与经济互动关系实证分析［J］．甘肃省经济管理干部学院学报，2008（4）：3~6.
[106] 苗馨允．江苏、上海、宁夏金融发展对经济增长贡献比较［J］，济源职业技术学院年报，2008（3）：49~51.
[107] 那小红．区域经济理论与青海经济协调发展［J］．青海民族学院学报（社会科学版），2006（3）：96~98.
[108] 牛永涛．关于防范和化解西部地区金融风险探析［J］．青海金融，2000（4）：3~5.
[109] 潘毅刚．危机中浙江经济的机遇［J］．浙江经济，2008（24）：31~32.
[110] 庞正阳．促进西部经济金融良性互动和谐发展的思考［J］．新疆金融，2008（9）：32~33.
[111] 逄锦聚，季任钧等．京津经济一体化研究［J］．南开学报（哲学社会科学版），2002（4）：22~29.
[112] 裴平，孙兆斌．中国的国际收支失衡与货币错配［J］．国际金融研究，2006（8）：66~72.
[113] 彭宝玉，李小建，郭扬．河南省银行业发展格局及其与区域金融经济发展关系研究［J］．地域研究与开发，2008（4）：31~35.
[114] 彭文斌，吴朝霞．资本流动对我国区域经济差距影响的实证分析［J］．生产力研究，2007（21）：82~83.
[115] 齐莲英．山西金融与经济发展实证分析［J］．经济问题，2003（3）：53~55.
[116] 钱达．广东房地产市场发展趋势及其金融风险控制［J］．中国房地产金融，2003（6）：22~25.
[117] 青海省银监局课题组．产业结构调整对青海银行业信贷风险的影响［J］．青海金融，2008（1）：7~11.
[118] 区少芳．我省利用外资中的金融风险因素分析［J］．广东发展导刊，2000（2）：34~36.
[119] 屈小娥．资本、劳动、技术进步与陕西经济增长的实证分析［J］．产业与科技论坛，

2007（1）：45~47.

[120] 人民银行成都分行金融研究处.四川省金融机构存差现象分析[J].西南金融，2006(5)：41~43.

[121] 人民银行成都分行课题组.四川与西部其他地区经济增长的差距及金融对策[J].西南金融，2006（1）：9~13.

[122] 人民银行南昌中心支行调查组.江西金融加强信贷管理改进金融服务调查报告[J].金融与经济，2002（7）：39~43.

[123] 人民银行乌鲁木齐中心支行货币信贷管理处.2009年上半年新疆货币信贷形势分析报告[J].新疆金融，2009（7）：5~9.

[124] 石玉容.重庆农村金融改革模式研究[J].商场现代化，2009（7）：84.

[125] 宋继新.西部开发与河南经济发展的金融对策[J].商丘师范学院学报，2001（3）：86~89.

[126] 苏振天，李蔚.安徽产业结构优化的金融支持研究[J].当代经济管理科学，2008（7）：24~27.

[127] 孙发平，马洪波，王兰英.增强青海经济活力问题研究[J].青海民族研究，2007（3）：87~93.

[128] 孙工声.对当前江西金融运行情况的分析与思考[J].金融与经济，2003（12）：8~12.

[129] 谭砚文，彭素.金融危机对广东农业经济的影响及对策[J].南方农村，2009（1）：26~29.

[130] 谭永生.贵州经济增长的影响因素研究：计量模型及实证分析[J].贵州财经学院学报，2006（01）：77~80.

[131] 唐新平.中部崛起与产业结构调整优化研究[J].全国商情（经济理论研究），2008(15)：6~10.

[132] 田霖.提升中部金融产业竞争力探析[J].区域经济，2007（6）：36~40.

[133] 万解秋.面对WTO：金融业的结构和政策调整——兼论入世后对江苏金融的影响[J].南京社会科学，2000年（S1）：95~100.

[134] 王辰华.新疆金融垄断的实证研究——以银行业为例[J].新疆社会科学，2004（3）：40~45.

[135] 王磊，黄磊，曹庆杰.宁夏金融发展与经济增长实证研究[J]，消费导刊，2008（11）：

77~93.
[136] 王立国．天津资本市场发展面临的问题与选择［J］．理论与现代化，2001（1）：38~40.
[137] 王满仓等．陕西金融发展与经济增长的实证分析[J]. 西北大学学报(哲学社会科学版)，2005（35）：33~36.
[138] 王美福，傅吉青．浙江经济运行走势预测［J］．浙江统计，2009（1）：11~12.
[139] 王硕平．广东省地方金融：现状分析与改革设想［J］．南方金融，2004（1）：17~20.
[140] 王喜平．对外直接投资与出口贸易的实证分析［J］．商业研究，2007（4）：180~183.
[141] 王小九．西部开发：云南金融体系建设需“加油”［J］．时代金融，2004（9）：30~31.
[142] 王欣欣，储伟．上海国际金融中心建设中的金融市场风险研究[J]. 上海金融，2006(3)：4~9.
[143] 王新平，宋岭．浅论市场经济发展中“金融核心作用”的有效发挥——对培育新疆金融市场环境的启示［J］．新疆社会科学，2008（4）：29~31.
[144] 王学宝，邱玉兴，于春梅．论黑龙江新农村建设中的金融供求问题［J］．黑龙江：商业经济，2009（8）：13~17.
[145] 王学信．区域经济发展与地方金融关系的实证研究——以河南经济发展和地方金融的关系为例［J］．河南金融管理干部学院学报，2007（2）：121~127.
[146] 王元龙．加入WTO后中国银行业发展战略研究［J］．金融研究，2000（3）：37~46.
[147] 王振宇，王晓哲．支持辽宁沿海经济带发展的财政政策建议［J］．地方财政研究，2009（12）：19~20.
[148] 旺堆．对西藏金融机构存差问题的理性思考［J］．西南金融，2007（6）：46~48.
[149] 魏祖元，易清华.2004年湖南省贷款期限结构变化原因及对策思考［J］．武汉金融，2005（4）：51~52.
[150] 温彬．2010年宏观经济展望［J］．银行家，2010（1）：32~37
[151] 吴昌南．“泛珠三角”与广东金融中心地位的建设［J］．特区经济，2005（7）：72~73.
[152] 吴晶英．金融危机背景下内蒙古经济发展方式和和产业结构调整思路探析［J］．前沿，2009（9）：74~80.
[153] 吴述松．制度抑制与贵州经济的发展［J］．山地农业生物学报，2005（2）：146~152.
[154] 吴旺延．陕西金融安全问题及其对策［J］．陕西经贸学院学报，2002（15）：39~42.
[155] 吴先满，肖平，万永瑞．江苏金融形势分析与政策建议［J］．现代金融，2008（2）：5~7.

［156］向明．货币政策地区执行效果的脉冲响应分析［J］．金融理论与实践，2008（02）：43~48.
［157］肖科．湖北社区经济与金融和谐共生问题研究［D］．武汉理工大学学位论文，2007.
［158］谢昌浩．对影响云南经济增长的需求因素实证分析［J］．云南财贸学院学报（社会科学版），2004（2）：57~60．
［159］谢海波．论广西的金融风险及其防范［D］．广西大学硕士论文，2002：1~50.
［160］谢洪礼．国内外经济、金融风险评价指标体系简评［J］．统计研究，2000（1）：23~27.
［161］谢平．西部地区金融业发展的若干建议［J］．广西金融研究，2001（10）：4~8.
［162］谢太峰，王子博．上海区域金融发展与区域经济增长关系的实证研究［J］．经济与管理研究，2009（4）：53~57.
［163］谢太峰．金融资源空间整合：北京金融中心建设的模式选择［J］．首都经济贸易大学学报，2008（6）：90~94.
［164］辛珣，唐志道，金丽红．宏观调控背景下江西金融资源配置研究［J］．金融研究，2005（5）：153~159.
［165］邢越，周婷，陈磊．海南省经济金融发展中的问题及对策建议［J］．海南金融，2005（10）：22~24.
［166］徐敬跃．重点发展逐步推进——西部经济金融发展战略思考［J］．金融数学与研究，1991（2）：9~11.
［167］许庆建．论河南中部崛起的金融战略［J］．科技信息，2007（21）：7~11.
［168］闫真宇．关于当前浙江经济金融面临问题的若干思考［J］．浙江金融，2010（3）：22~23.
［169］严思勃．努力构建西藏现代金融体系［J］．西南金融，2008（10）：9~10.
［170］严思勃．西藏金融业与经济发展协调性研究［J］．西南金融，2009（2）：12~14.
［171］颜蕾．构建和发展重庆区域性金融中心的政策思路［J］．重庆工学院学报，2006（7）：26~30．
［172］杨国中．充分发挥金融在重庆统筹城乡发展中的杠杆作用［J］．西部金融，2007（10）：14~16.
［173］杨红员，尹恕好．关于进一步完善天津金融市场的探讨［J］．华北金融，2007（3）：24~26.
［174］杨莉．浙江经济发展理念探析［J］．宏观经济管理，2010（4）：58~59.

[175] 杨明基 .WTO 与西部金融业 [J]. 甘肃金融，2002 (2): 19~31.
[176] 杨少晶 . 浅谈利率风险的衡量与防范——对宁夏金融市场利率风险的调研报告 [J]. 农村金融与市场经济，2003 (6): 4~6.
[177] 杨小玲 . 经济发展中的金融支持——以四川省为例 [J]. 经济与管理，2009 (3): 9~12.
[178] 杨小侠 . 陕西金融发展现状及对策 [J]. 中国国情国力，2009 (4): 29~32.
[179] 杨宇焰 . 四川金融产业化发展的现状与途径 [J]. 四川省情，2006 (5): 28~29.
[180] 姚枝仲，章奇，邹光 . 中国银行业风险报告——各商业银行相对风险指数及其排序 [J]，特别关注，2003: 74~86.
[181] 易纲 . 坚定信心有效应对保持经济平稳较快发展 [J]. 求是，2008 (22): 34.
[182] 殷斯霞、邹楚沅、叶喻 . 湖南金融发展与经济增长关系的实证研究 [J]. 商场现代化，2009 (13): 255.
[183] 尹丽 . 重庆建设西部和长江上游区域经济中心的优劣势分析[J]. 商场现代化，2008(11): 217~218.
[184] 于恬 . 培育资本市场加速云南经济发展 [J]. 商业研究，2004 (01): 93~94.
[185] 郁方 . 金融风险的根源性防范与广东的经济增长 [J]. 新经济，2005 (6): 14~19.
[186] 喻晓鸣，陈骏宇 . 湖北地方金融资金存贷的比较研究 [J]. 武汉工业学院学报，2008 (1): 83~90.
[187] 张艾莲，张艾莉 . 吉林省商业银行信用与区域经济发展的关联性分析 [J]. 吉林省经济管理干部学院学报，2009 (3): 60~62.
[188] 张本照，刘吉鹏，陈剑锐 . 绿色管理与我国金融业发展 [J]. 经济体制改革，2003 (5): 139~143.
[189] 张凤仙 . 对内蒙古金融服务机构布局问题的探讨 [J]. 内蒙古统计，2008 (3): 22~23.
[190] 张国忠，李静，宋阳，刘永祥 . 资源结构金融互动促进黑龙江区域经济发展 [J]. 金融理论与教学，2009 (1): 17~22.
[191] 张海梅，曾长兴 . 广东金融风险形成机制与监测 [J]. 岭南学刊，2008 (2): 114~119.
[192] 张华 . 新疆金融机构区域结构不平衡问题与对策 [J]. 合作经济与科技，2009 (21): 34~35.
[193] 张丽华 . 山西金融生态环境建设现状分析及对策建议[J]. 山西大同大学学报，2008(2):

61~63.

[194] 张敏. 浙江省金融市场发展水平与 FDI 溢出效应的关系 [J]. 统计与咨询，2008 (3): 26~27.

[195] 张萍，陈浮中. 金融发展与经济增长的实证研究：以江苏为例 [J]. 财经论丛，2009 (2): 36~40.

[196] 张献和. 辽宁金融生态环境分析及改善策略 [J]. 辽宁经济管理干部学院学报，2006 (4): 6~10.

[197] 张晓容. 土地、金融政策与青海经济发展 [J]. 青海社会科学，2007 (04): 61~63.

[198] 张野. 长三角区域金融风险及防范 [J]. 金融与经济，2005 (12): 73~74.

[199] 张志恒. 西藏金融发展对西藏经济发展的支持 [J]. 西藏民族学院学报，2006 (9): 51~55.

[200] 赵秀恒，张杨. 河北经济增长提速战略研究 [J].《经济与管理》，2007 (6): 10~15.

[201] 赵永祥，杨生玉，王述友. 青海工业经济提速增效应着力解决的五个问题 [J]. 攀登，2006 (5): 75~78.

[202] 郑伟军，俞北华等.《巴塞尔协议》与上海金融风险防范 [J]. 上海综合经济，1998 (11): 41~43.

[203] 中国人民银行杭州中心支行课题组. 加快发展金融产业，努力打造金融强省——浙江省金融业“十一五”发展主要思路 [J]. 浙江金融，2006 (1): 9~13.

[204] 中国人民银行湖北分行. 金融风险监测、预警及防范对策研究 (上) [J]. 湖北农村金融研究，1997 (05).

[205] 中国人民银行昆明中心支行课题组. 金融业对云南经济增长贡献研究 [J]. 西部金融，2007 (09): 16~18.

[206] 钟士取. 温州农村金融改革探索及启示 [J]. 中国金融，2008 (10): 54~55.

[207] 钟伟. 疆经济发展需要金融体系支撑 [J]. 中国改革，2004 (02): 57~58.

[208] 周好文. 中国金融中介发展与地区经济增长：多变量 VAR 系统分析 [J]. 金融研究，2004 (6): 130~137.

[209] 周立，王子明. 中国各地区金融发展与经济增长实证分析：1978~2000 [J]. 金融研究，2002 (10): 1~13.

[210] 周振. 金融发展与二元经济结构实证关系研究：重庆个案 [J]. 金融理论与实践，2007 (11): 22~24.

[211] 朱晓丹 . 中国宏观金融风险的判定 [J]. 经济研究参考，2007 (12): 18~19.

外文论文：

[1] Abiad，Abdul. Early Warning Systems for Currency Crises：A Survey and a Regime-Switching Approach [J] .IMF Working Paper，03/32.

[2] Andreas Billmeier，Johan Mathisen. Analyzing Balance-Sheet Vulnerabilities in a Dollarized Economy：The Case of Georgia [J] .IMF Working Paper，2006.7.

[3] Christian Mulder，Roberto Perrelli and Manuel Rocha. The Role of Corporate，Legal and Macroeconomic Balance Sheet [J] .IMF Working Paper，2002.3.

[4] Dale F. Gray，Robert C. Merton，Zvi Bodie. A New Framework for Analyzing and Managing Macrofinancial Risks [J] . MF Risk working paper，2003.8.

[5] Dale F.Gray，Mark R. Stone. Corporate Balance Sheets and Macroeconomic Policy [J]. Finance and Development，1999.12.

[6] Dale F. Gray. Assessment of Corporate Sector Value and Vulnerability-Links to Exchange Rate and Financial Crises [J] .World Bank Technical Paper No. 455，1999.11.

[7] DeLisle Worrell. Quantitative Assessment of the Financial Sector [J] . IMF Working Paper，2004.8.

[8] Johan Mathisen，Anthony Pellechio. Using the Balance Sheet Approach in Surveillance：Framework，Data Sources，and Data Availability [J] .IMF Working Paper，2006.4.

[9] Jorge A，Chan-Lau，Arn aud Jobert，Janet Kong. An Option-Based Approach to Bank Vulnerabilities in Emerging IMF [J] . Working Paper，2004.12.

[10] Mark Allen，Christoph Rosenberg，Christian Keller，Brad Setser，and Nouriel Roubini. A Balance Sheet Approach to Financial Crisis [J] . IMF Working paper，2002.12.